PROCESSO PENAL

EVOLUÇÃO HISTÓRICA E FONTES LEGISLATIVAS

CIP-Brasil. Catalogação-na-Publicação
Câmara Brasileira do Livro, SP

P672p Pierangelli, José Henrique, 1934-
Processo penal : evolução histórica e fontes legislativas / José Henrique Pierangelli. -- Bauru, SP : Jalovi, 1983.

Bibliografia.

1. Processo penal - Brasil - História 2. Processo penal - Legislação - Brasil I. Título.

83-1120 CDU-343.1(81)(091)
-343.1(81)(094)

Índices para catálogo sistemático:

1. Brasil : Leis : Processo penal 343.1(81)(094)
2. Brasil : Processo penal : História 343.1(81)(091)
3. Leis : Processo penal : Brasil 343.1(81)(094)

JOSÉ HENRIQUE PIERANGELLI

Procurador de Justiça do Estado de São Paulo e Professor de Direito Penal da Pontifícia Universidade Católica de Campinas

PROCESSO PENAL

EVOLUÇÃO HISTÓRICA E FONTES LEGISLATIVAS

EDITORA JALOVI LTDA.
Avenida Aureliano Cardia, 6-36
Fone 24-2420 — Caixa Postal 631
17 100 — BAURU — SP

PROCESSO PENAL — EVOLUÇÃO HISTÓRICA E FONTES LEGISLATIVAS

José Henrique Pierangelli

1.ª edição

1983

Capa:
Castigo público na Praça de
Santana, por volta de 1835.
Gravura de Johann Moritz Rugendas

EDITORA JALOVI LTDA.
Avenida Aureliano Cardia, 6-36
Fone 24-2420 — Caixa Postal 631
17 100 — BAURU — SP

INDICADOR

ÍNDICES

- UMA EXPLICAÇÃO -

1. O *hoje* é o presente; o *ontem* é a História. História que, muitas vezes, pela sua particularidade, interessa tão somente ao contingente individual, quando, então, não constitui nem ciência e nem arte. Fatos, porém, ocorrem, cuja importância e significado transcende os tempos e os séculos. São aqueles fatos que mais diretamente tocam o homem e a humanidade, e que, por conseqüência, vêm se constituir em um fato histórico.

Dedicada ao estudo das transformações dos grupos humanos, sob diversas influências, a História é a reconstrução lógica do passado. Daí afirmar TOYNBEE que a História é a visão da realidade, sob inúmeros ângulos, acentuando que, em qualquer época de qualquer sociedade, o seu estudo, como o das demais atividades sociais, é governado pelas tendências dominantes tanto no tempo quanto na localidade.

Misto de ciência e de arte, para muitos ciência e para outros arte, a História é, induvidosamente, um incomparável instrumento de cultura intelectual que se funda no testemunho, formando uma disciplina rica de longos séculos de experiência. Como já se afirmou, ela, como todas as outras ciências, está condicionada pelos meios de aproximação. Onde os documentos são mudos, ela se cala; onde eles significam, ela significa; onde eles são um eco deformado, ela deforma.

2. Transmudando para o direito, onde se finca o nosso interesse, queremos, desde logo, acentuar a utilidade e a necessidade da pesquisa histórica, para uma melhor compreensão do direito da atualidade.

O conhecido mestre da Faculdade de Direito da Universidade de Madri, Professor JUAN DEL ROSAL, em magnífica obra didática, afirmou: "La importancia de la historia de las ideas y de los cuerpos legales se ha sobrevalorado en los últimos tiempos, a causa de la inseguridad con que se ha contemplado la función del derecho. Una de las pruebas de ello radica en que el penalista incluso se planteó como problema el método a seguir en la exposición histórica" (1).

---

(1) Juan del Rosal — Derecho Penal Español, tomo I, p. 43, Madrid, 1960.

Entre nós, CÉSAR TRÍPOLI, em obra que dignifica a cultura nacional, ao analisar o aspecto histórico-filosófico do direito, escreveu, com absoluta propriedade, que "o assunto que diz respeito à formação e evolução do Direito é essencialmente histórico, porque, sendo este um fenômeno da civilização humana, à semelhança de toda manifestação civil e cultural do espírito humano, muda, transforma-se e evolve no tempo e no espaço. Com efeito, subindo até às mais remotas épocas da história da humanidade, *não se pode deixar de verificar que todo direito tem seguido a um direito anterior num desenvolvimento contínuo, de sorte que o direito hodierno se afigura como resultado de uma longa evolução, ao mesmo tempo que constitui, por sua vez, o ponto de partida para uma evolução futura*" (2).

A importância do estudo das nossas legislações pretéritas se revela não só para a compreensão de certos institutos, mas também porque o legislador, não é raro, recorre a essas legislações e à experiência vivida, para enfrentar os problemas sociais do momento. O mesmo ocorre com a jurisprudência, bastando, para tanto, exemplificar com a admissibilidade do mandado de segurança contra a coisa julgada, que nada mais é do que a *restitutio ad integrum* do Direito Romano. É verdade que tais institutos redivivos assumem um novo colorido, roupagem nova, mas as suas raízes são encontráveis no seu conteúdo histórico. Ainda que assim não fosse, como bem explicitou o Professor MOACYR LÔBO DA COSTA, em prefácio a uma das obras de ROGÉRIO LAURIA TUCCI, ambos intransigentes defensores de um estudo aprofundado do direito pelas suas raízes, "efêmero é o labor daqueles autores que pretendem construir teorias sobre a base exclusiva do direito positivo, ignorando as lições da história. Suas obras têm a duração das rosas de Malherbe... fenecem com a renovação das leis..."(3).

3. A História, empolgando o homem no seu esforço secular de atingir a uma mais perfeita humanidade, também, por tal razão, o impele a reaver em sua irredutível originalidade, esta gênese e ascensão de que os acontecimentos são a expressão externa e condensada, como já se disse. A síntese e a análise devem caminhar acordes na consideração dos elementos, a considerar frente a um problema histórico. Por meio da síntese, o homem poderá melhor compreender o seu papel na sociedade, ajudando-o na assunção da consciência do seu papel no universo. No campo do direito, o estudo histórico das codificações e leis coloca o jurista e o estudioso em condições de alçar vôos mais seguros, possibilitando maior certeza quanto às suas conclusões.

---

(2) César Trípoli — História do Direito Brasileiro, vol. 1, período colonial p. 3, Editora Revista dos Tribunais, São Paulo, 1947.

(3) Cf. *in* Rogério Lauria Tucci — Lineamentos do Processo Penal Romano, p. 2, José Bushatsky editor, São Paulo, 1976.

Num momento em que o estudioso busca a sua formação jurídica compulsando obras de autores estrangeiros, que vivem ou viveram outras realidades, um estudo de nossas codificações e de nossas legislações, outorga-lhe uma maior e melhor formação. Advertimos que também nós lançamos mão, no desenvolvimento de nossos estudos, das informações que nos chegam por meio de obras de autores de outros países, o que também se nos afigura indispensável. O que pretendemos, com este labor, é que se não perca, nunca, de vista, o grandioso acervo cultural encontrável no nosso País, fonte de tantas soluções para os problemas que nos assaltam. Quantas vezes, lamentavelmente, divisamos com afirmações equivocadas sobre a origem de certos institutos, em trabalhos de autores nacionais. Até mesmo a *Exposição de Motivos* do nosso Código Penal de 1969, ab-rogado sem nunca ter entrado em vigor, cometeu o grave equívoco de atribuir paternidade escandinava ao *dia-multa,* quando o sistema é bem brasileiro, manifestado no artigo 55, do nosso Código Criminal de 1830(4).

Esta passagem, extraída da pena de RUY REBELLO PINHO, dá bem a dimensão do que pretendemos sintetizar: "O passado pode ser estudado com frieza, com indiferença, de um modo estático e tolo, semelhante ao do turista inculto que "coleciona" visitas a museus e entradas de cinemas estrangeiros. Mas pode, também, ser analisado de um modo vivo, dinâmico e útil. Mostrou-o, certa vez, de maneira elegante, num concurso para a Faculdade Nacional de Direito, Alceu Amoroso Lima. Censuravam-no por buscar na antiguidade um tema de economia política, quando o mundo de hoje é prenhe de graves problemas econômicos a resolver. E ele respondeu que agia como aquele escritor, se não me engano Afrânio Peixoto, o qual, cansado de procurar acima do solo as causas do definhamento de linda árvore de seu jardim, mergulhara as mãos na terra e descobrira uma pedra enorme impedindo o desenvolvimento subterrâneo das raízes do vegetal que fenecia"(5).

Não faz muito tempo, assistindo a um conhecido programa levado ao ar por um dos canais de televisão de São Paulo, onde era entrevistado o economista Celso Furtado, um de seus interlocutores, preocupado com o endividamento externo do Brasil, encareceu-lhe uma solução. A resposta veio rápida, franca e espontânea: bastaria que atentássemos para a solução aplicada por ocasião da crise econômica que assolou o nosso País, nos idos de 1929. Vale dizer: recorrer à História Econômica.

---

(4) Cf. no nosso Códigos Penais do Brasil — evolução histórica, p. 173, Editora Jalovi, Bauru, 1980.

(5) Ruy Rebello Pinho — História do Direito Penal Brasileiro, p. 11, obra editada com a colaboração da Universidade de São Paulo, José Bushatsky, São Paulo, 1973.

SÉRGIO MARCOS DE MORAES PITOMBO, comentando a obra de LUIZ CARLOS DE AZEVEDO denominada *O direito de ser citado*, ressaltou a importância do estudo da História, assim se manifestando: "O encontro eventual entre a história e o direito ocorre quando examinamos qualquer sistema normativo. Não se cuida aqui de pôr em relevo, apenas, o método de interpretação, a contar da história do preceito jurídico. Parece evidente o proveito de lhe investigar o surgimento, mediante a perquirição das causas econômicas, políticas e ideológicas, como se tem dito. A descoberta do fim buscado pelo legislador, em face do instante da edição da norma, também importa ao intérprete. A questão, entretanto, pode ostentar-se outra.

Os problemas de maximizar, ou minimizar a função do direito, tendo em vista as variáveis, ou forças internas colaborantes e parâmetros, ou forças externas interferentes, sujeitas umas e outras a restrições histórico-políticas e sócio-econômicas resumem-se em questão de otimização jurídica.

Sabendo de raiz que inexiste um sistema jurídico concluído e lhe conhecendo a estrutura diacrônica, mas dotada de momentos sincrônicos, tal problemática afasta a idéia de institutos extintos e, em definitivo, derrelitos no patrimônio cultural dos povos. A concepção de evolvimento e progresso não se adapta de modo simplório, ao direito, cujo movimento não surge retilíneo e nem aflora uniformemente variado. Na história, a rigor, inexiste um direito antiquado e outro avançado, tal como não há uma cultura adiantada e outra atrasada. Encontramos, sim, direitos diversos e distintas culturas"(6).

Prefaciando uma outra obra de ROGÉRIO LAURIA TUCCI, o Professor JOAQUIM CANUTO MENDES DE ALMEIDA afirmou que a História do Direito Processual é ciência histórica e não jurídica(7). É possível que assim o seja, mas, como bem redargüiu MOACYR LÔBO DA COSTA, sem a História, o Direito Processual se reduz ao puro dogmatismo. E concluindo o seu pensamento, assevera: "É a visão histórica que vivifica as instituições processuais, revelando-lhes suas origens, apontando-lhes a trajetória e as vicissitudes no decorrer dos tempos para a realização de suas finalidades.

As leis do processo, sendo instrumentais, é importante apurar-se a serviço de que fins foram utilizadas nas diversas idades históricas.

O estudo aprofundado do direito processual, como ramo da ciência jurídica, pressupõe o estudo de sua história, o conhecimento de suas fontes, para a pesquisa da origem e finalidade dos seus institutos"(8).

---

(6) Cf. *in* Jornal do Advogado, edição de agosto de 1980, p. 15.

(7) Cf. *in* Direito Intertemporal e a Nova Codificação do Processo Penal, José Bushatsky, 1975.

(8) Cf. *in* O Direito Intertemporal e a Nova Codificação do Processo Penal, p. 2.

Não se trata de incidir nos mesmos equívocos da chamada *Escola Histórica*, tão bem mostrados no trabalho de ALEXANDRE CORREIA(9), mas de utilizar a história como instrumento de compreensão do direito, como bem mostra MIGUEL REALE, emérito jurista patrício: "Daí a necessidade de buscarmos na história o pulsar da espécie humana pelo justo, surpreendendo-a em suas renovadas tentativas, cada uma das quais, no limite de suas contingências, pode ser reveladora, apesar de tudo, de um toque de perenidade, dos fins que marcam a razão de ser da experiência jurídico-positiva.

É possível — prossegue — que a meditação da história nos torne mais conscientes das razões concretas da atividade jurídica, de maneira que as necessárias estruturas e processos formais, garantidores da justiça, não se convertam em rígidos entraves à atualização espontânea dos fins que compõem a constante ética do Direito"(10).

4. A pesquisa que encetamos abrange a legislação processual penal a partir de 1808, quando a família real portuguesa transmudou-se para o Brasil, de onde todas as leis ditadas pela monarquia para reger os destinos do Reino eram editadas. Isto mesmo antes da elevação do Brasil à categoria de Reino Unido, o que só veio acontecer com o decreto de 16 de dezembro de 1815. Entretanto, durante a exposição histórica, evidentemente, nos referiremos a outros diplomas legislativos que aqui vigeram no período colonial.

Também as *Falas do Trono*, maneira pela qual o Imperador se dirigia à Assembléia Geral, nas sessões de abertura e de encerramento dos trabalhos legislativos foram examinadas, e o que de mais interessante apresentaram para o processo penal pátrio, aqui está enfocado. Também nos pareceu oportuno incluir dispositivos da Constituição do Império, de 1824, onde regras de processo penal são encontradas.

Não incluímos o Livro V das Ordenações Filipinas, pois, as mesmas são, presentemente, facilmente encontráveis com a publicação do nosso trabalho Códigos Penais do Brasil — evolução histórica, que esta mesma editora publicou em 1980.

O custo elevado de um livro destinado a uma elite de leitores não permite que a obra possa ser divulgada em dois tomos. Impossível, portanto, a publicação de toda a legislação de processo penal do Brasil editada em quase dois séculos. Houve, portanto, a necessidade de uma seleção. Não obstante, o leitor encontrará uma referência à legislação não reproduzida, com o que se possibilitará uma completa pesquisa.

---

(9) Alexandre Correia — A concepção histórica do Direito — exposição e crítica, Livraria Editora Odeon, São Paulo, 1934.

(10) Miguel Reale — Horizontes do Direito e da História, p. 10, São Paulo, 1956.

Mesmo assim, parece-nos, a ciência jurídica brasileira passa a dever à Editora Jalovi mais este trabalho, fruto de um ideal elevado de servir.

Derradeiramente, queremos deixar aqui assinalado um profundo agradecimento ao Professor Sérgio Marcos de Moraes Pitombo, da tradicional Faculdade de Direito do Largo de São Francisco. Processualista penal de sólida cultura, tanto jurídica como histórica, abriu-nos as portas de sua biblioteca e também as de seu coração, para que pudéssemos concluir este trabalho, nunca nos faltando com o seu estímulo e preciosa colaboração, fruto do seu acendrado amor pelo Direito Processual Penal e da fraterna amizade que nos une.

Bauru, maio de 1983.

O autor.

PREFÁCIO

I

Multifária apresenta-se, induvidosamente, minha satisfação pela honrosa deferência do ilustre autor desta importante obra, Doutor JOSÉ HENRIQUE PIERANGELLI, para prefaciá-la.

Em primeiro lugar, por ser um amante da pesquisa jurídica, notadamente da referente à história do Direito Processual, e, de há alguns anos, sobretudo, do Direito Processual Penal.

Seqüentemente, dada a natureza do lavor que ora é publicado, no qual são postos à calva, nos diversos e mais expressivos momentos da evolução da Ciência Processual Penal, os caracteres de suas mais importantes instituições e as modificações operadas, numa visualização global que se presta para melhor explicá-los.

Assim também porque representa o árduo e, certamente, vitorioso trabalho apresentado, inegável contribuição ao estudo do Direito Processual Penal Brasileiro, justamente no ensejo do Sesquicentenário do Código do Processo Criminal do Império (editado em 29 de novembro de 1832), marcante acontecimento legislativo da era pós-independência pátria.

Por derradeiro, em virtude do relacionamento pessoal e intelectual com o Doutor PIERANGELLI, nos dois anos (1981 e 1982) em que participou dos estudos realizados na disciplina Direito Processual Penal, no Curso de Pós-Graduação da Faculdade de Direito da Universidade de São Paulo, revelando, sempre, "o espírito de colaboração científica e docente, a formação do homem integral, ávido de verdadeiro progresso técnico e com um profundo sentido social do patrimônio intelectual e moral a defender" (cf., acerca do novo humanismo universitário, veementizam os preambulares "Conceitos sobre a Universidade", in História das Universidades, *sob coordenação geral de MARIA AMÉLIA SALGADO LOUREIRO, Estrela Alfa Editora, São Paulo, sem data, p. 13).*

II

Isso necessariamente esclarecido, não se pode perder de vista a importância do elemento histórico para a mais perfeita cognição do que constitui objeto da análise científica; vale dizer, para a correta assimilação de sua essencialidade pelo pesquisador.

Enfatizou-o bem, noutra oportunidade, o eminente Professor MOACYR LOBO DA COSTA, a quem tanto devem o ensino do Direito e as letras jurídicas em nosso País, também, e especialmente, nesse particular.

E gostaria eu de reafirmá-lo, já agora, com as candentes palavras de GIOVANNI BOVIO, quando da apresentação do seu livro intitulado Sommario della Storia del Diritto in Italia (dall'origine di Roma ai nostri tempi), *Ernesto Anfossi Editore-libraio, Nápoles, 1883, págs. 3/4, ao dirigir-se aos "jovens estudantes" do seu tempo,* verbis:

"È inteso dunque che io non imprendo a svolgere la storia universale del diritto, ma per fare opera possibile et utile, svolgo in questo anno la storia del diritto in Italia nelle tre fasi più memorabili del pensiero italiano: de' giureconsulti, de' politici, e de' giureconsulti politici.

L'opera stessa chiarirà la ragione di questa partizione.

Dico svolgere *invece di narrare, perchè non espongo la nuda sucessione, ma, quanto posso, la conessione de' fatti, secondo il principio di casualità, che — risoluto ed integrato in quello· di reciprocità — governa la natura, il pensiero e la storia".*

Esse, exatamente, o escopo da historiografia, tanto mais quanto se tenha presente não bastar a mera narração discursiva, mas, pelo contrário, a exigência de uma exposição crítica, com destaque para as instituições de significado maior no desenvolvimento histórico.

E foi o que fez o criterioso autor deste livro, ao examinar, também, em Capítulos separados, cada um de per si, o habeas corpus, *o* Ministério Público *e a* ação penal de iniciativa privada, *aforável mediante* queixa *do ofendido ou de seu representante legal.*

Sem olvidar, de resto, que é da consciência histórica que emerge a possibilidade de conjunção do pensamento popular, dos ideais políticos que inspiram e orientam os trabalhos de elaboração legislativa e das idéias inseparáveis do eqüo e do justo, as quais, com as de segurança e certeza jurídica, traduzem o aperfeiçoamento da normatividade reguladora das diversificadas relações ocorrentes entre os membros da comunhão social.

III

Imperiosa afigura-se, por isso mesmo — segundo entendimento que, felizmente, aos poucos se difunde em nosso meio universitário, de modo especial em algumas das disciplinas do Curso de Pós-Graduação da Faculdade de Direito da Universidade de São Paulo, — a determinação histórica das principais instituições estudadas.

Sem cogitar das causas da indiferença, a tal propósito, de inúmeros estudiosos (como fez, por exemplo, o tradutor, para o francês, dos Études sur l'ancien droit et la coutume primitive, *de HENRI SUMNER MAINE, Ernest Thorin Editeur, Paris, 1884, págs. XV/XVIII, afiançando que a educação jurídica dos Mestres cede passo à tradição de erudição, resultando num verdadeiro divórcio entre "as teorias da ciência contemporânea e as idéias modernas"; e lembrando o ceticismo do pensamento de STRAUSS, ao ter a história como "uma aristocrata"), gostaria de anotar que é, seguramente, sobre as pilastras da história do Direito que se constrói o mundo de hoje, nos seus mais variados quadrantes.*

Na realidade, com todo o respeito aos que entendem diferentemente, sem os dados históricos a pontuar sua atuação, o jurista reduz-se a um positivista, com uma visão apenas parcial e efêmera do universo jurídico.

IV

Qualificada, destarte, a obra prefaciada, no mais, parafraseando BOVIO, ela explica-se por si mesma.

Bem organizada, de exposição fluente e leitura agradável, propicia ao leitor o almejado contato com os diferentes momentos e as vicissitudes por que passou o Direito Processual Penal, precipuamente no Brasil.

E representa, inequivocamente, mais um passo, avançado, na sobrelevação da história como elemento indispensável à fixação dos integrantes futurais da Ciência do Direito.

Oxalá tenha ela o êxito editorial que faz por merecer!

São Paulo, agosto de 1983.

Rogério Lauria Tucci (*)

(*) Rogério Lauria Tucci é Professor da Faculdade de Direito da Universidade de São Paulo, escritor laureado de Processo e um dos membros da Comissão que elaborou o Anteprojeto do Código de Processo Penal.

DOUTRINA

CAPÍTULO I

O PERÍODO QUE ANTECEDEU AS ORDENAÇÕES

SUMÁRIO: 1 — A razão do estudo abranger este período. 2 — Os povos primitivos. 3 — A romanização. 4 — A invasão bárbara. O Direito dos visigodos. 5 — O Código de Eurico. O Breviário de Alarico. 6 — O Fuero Juzgo. 7 — As Flores de las Leyes. 8 — O Fuero Real. 9 — A Lei das Sete Partidas. 10 — Os Forais. 11 — O Livro de Leis e Posturas.

1. A RAZÃO DO ESTUDO ABRANGER ESTE PERÍODO

Entendemos que o nosso labor deve recuar bastante no tempo, conquanto não objetivemos trazer para aqui mais do que uma breve visão histórica do desenvolvimento do Direito Processual Penal brasileiro. A própria nota explicativa inicial deixa isso bem evidenciado.

Parece-nos equivocada a idéia de limitar o estudo de qualquer ramo do Direito, no nosso País, a partir de nossas primeiras codificações, ou mesmo retroagir essa investigação às Ordenações Manuelinas, aquelas que, por primeiro, aqui foram aplicadas. Esta magnífica passagem da obra de CALASSO justifica perfeitamente os motivos: "Nel vicino Portogallo le cose non andarono in modo sostanzialmente diverso, anche gli svoluppi furono alquanto più lenti e drammatici. Lo stesso sostrato romano (anche qui aveva dominato il *Liber iudiciorum*, al quale si erano aggicente le leggi di Alfonso V di León nel secolo XI); la stessa fioritura di consuetudini locali; anche qui fu pronta e durevole la penetrazione degli *iura communia* accompagnati dalla dottrina bolognese. Sorgevano ben presto gli Studi di Coimbra e di Lisbona, fusi più tardi in quello di Lisbona che re Denys elevava nel 1288 alla dignità di *Studium generale*. Nel 1446 il re Alfonso V promulgaba un codice largamente imbevuto di diritto romano e canonico (vi erano infatti utilizzate le Partidas spagnole), le Ordenações Alfonsinas, cui seguiranno nel 1521 le Ordenações Manuelinas di re Manuel, e infine, nel 1603, dopo che Filippo di Spagna sarà divenuto anche re del Portogallo,

le Ordenações Filipinas, rielaborazione dei precedenti codici, rimaste in vigore fino di tempi moderni"(1).

2. OS POVOS PRIMITIVOS

Afirma-se que a Península Ibérica, onde se desenvolveria a nação portuguesa, era, nos primórdios da era Cristã, muito pouco povoada.

De pouca valia a menção de todos os povos que habitaram a Península Ibérica desde os tempos pré-históricos até à conquista romana. Seguindo BRAGA DA CRUZ, apesar da grande variedade de raças, pode-se agrupar esses povos em cinco grandes classes: *Tartésios, Iberos, Celtas, Celtíberos* e *Franco-pirenaicos.*

a) *Tartésios*, com apoio em ESTRABÃO, o mestre conimbricense afirma tratar-se do povo mais culto que ocupava a península. Dentre estes, destacavam-se os *Turdetanos*, que habitavam a bacia do baixo Guadalquivir;

b) *Iberos*, que ocupavam a orla oriental e as extensas regiões da Catalunha e do Aragão. Dessa mesma raça eram os *povos cantábricos*, que povoavam as montanhas do mesmo nome;

c) *Celtas*, que ocupavam o Noroeste e o Sudoeste da península. Na região Noroeste, recebiam o nome de *Calaicos;*

d) *Celtíberos*, que eram produto da fusão entre os iberos e os celtas, formavam um dos grupos mais importantes, e dele faziam parte vários povos, com características diversas, como os *Astures*, os *Vaceus*, e os *Lusitanos*. Os primeiros habitavam a região de *Oviedo*, os segundos, os interiores dos planaltos de Leão e de Castela-a-Velha, e, os últimos, entre os rios Tejo e Douro;

e) *Franco-Pirenaicos*, entre os quais sobressaíam os *Vasconsos*, que viviam no extremo Norte das atuais províncias de *Navarra, Álava* e *Guipúscoa*(2)

Mencionemos, agora, os povos estrangeiros que estabeleceram na península suas colônias: a) os *Fenícios;* b) os *Gregos;* c) os *Cartagineses*. Estes, são os mais importantes.

a) Os *Fenícios*, povo de comerciantes e navegadores, nos séculos IX e VIII a.C., conseguiram alcançar a hegemonia do comércio na região do Mediterrâneo. Movidos pelo interesse comercial, que já os

(1) Francesco Calasso — Medio Evo del Diritto, tomo I, le fonti, p. 166/167, A. Giuffrè, Milano, 1954.

(2) Guilherme Braga da Cruz — História do Direito Português, p. 84, Coimbra, 1955.

havia levado à costa da África, estabeleceram-se na Península Ibérica, onde fundaram, entre outras, as cidades de Málaga e Cádis. Com a queda de Tiro, em 700 a.C., operou-se a decadência do domínio fenício na Espanha;

b) os *Gregos* sucederam aos Fenícios, no século VIII a.C., estabelecendo na Andaluzia Oriental, onde fundaram várias colônias, estenderam os seus domínios para o Norte, criando a cidade de Marselha. Por terem por metrópole a cidade jônia de *Foceia*, na Ásia Menor, eram chamados de *gregos focenses*. Quando Foceia foi conquistada pelos persas, no século VI a.C., a colônia de Marselha transformou-se na sede da metrópole;

c) Os *Cartagineses* firmaram-se, primeiramente, na Ilha de Iviça, nas Baleares, no século VII a.C., e, no século seguinte, com a vitória conquistada sobre os gregos focenses, fixaram-se na Sardenha e no Sul da Península Ibérica, onde deram origem a várias cidades, sendo a mais importante a de Cartagena (século V a.C.). Ao contrário dos gregos e fenícios, os cartagineses realizaram uma verdadeira ocupação do território, que só foi interrompida por Roma, com a segunda *Guerra Púnica*, e o conseqüente estabelecimento do domínio romano.

A anexação das Espanhas pelos romanos não foi fácil, conquanto a derrota de Cartago fosse geral e completa. É que os povos indígenas ofereceram tenaz resistência aos conquistadores, salientando-se nessa luta, os lusitanos. "Por longo tempo, as superiormente armadas e organizadas legiões romanas amargaram pesadas baixas nos recontros com os montanheses, cujas sortidas rápidas e ferozes impunham respeito. Nesse passo celebrizou-se como notável comandante Viriato, o legendário campeão das tribos lusas, só vencido através da perfídia"(3). Desse povo descendem os portugueses(4).

Os povos indígenas não formavam uma unidade política, eis que os vários grupos existentes não seguiam um modelo uniforme de orga-

---

(3) Augusto Thompson — Escorço histórico do Direito Criminal Luso-Brasileiro, p. 9, Editora Revista dos Tribunais, São Paulo, 1976.

(4) Nem todos os autores vinculam a história de Portugal a esse povo. Assim pensava Herculano (História de Portugal, vol. I, p. 97). Essa opinião é contestada por Marcello Caetano, afirmando que "a transição entre lusitanos e portugueses existe, embora não haja a identidade quase absoluta que os humanistas e antiquários dos séculos XVI e XVII pretendiam" ... "O facto de os Lusitanos se cruzarem com outras raças, adoptarem linguagem e modos alheios (a romanização durou 800 anos e não foi tão profunda como Herculano pensava), não destrói o facto de terem sido eles o *elemento fundamental, permanente e característico* da evolução social verificada no nosso território. Nem se deve pensar que os Lusitanos se limitaram a receber influências: em todo contacto entre dois povos (mesmo entre vencedor e vencido ou entre colonizador e colonizado) há uma permuta de influências — e nem sempre é o vencedor quem nessa troca dá mais..." — (Marcelo Caetano — História do Direito Português, vol. I, p. 57/58, Editorial Verbo, Lisboa/S. Paulo, s/data).

nização interna. A impossibilidade de um estudo de todas as instituições existentes, levou os estudiosos a considerar um tipo vulgar de organização. Dentro deste contexto, a cidade formava a base de toda a organização política e era o centro populacional formado em meio a fortificações, denominadas pelos romanos de *oppidum* e que, hoje, o povo português denomina de *cividades, citânias* e *castros*. "Dentro da cidade os indivíduos agrupam-se em *famílias* do tipo monogâmico e patriarcal, cujo chefe exerceria poderes políticos, judiciais e religiosos sobre os membros delas. As famílias por sua vez constituíam *gentilidades*, "agrupamentos de famílias vinculadas por laços de consangüinidade", isto é, com um antepassado comum a quem todas prestavam culto e donde resultava terem um chefe religioso e político comum"(5). Um grupo de cidades formava a tribo, ou seja, uma unidade política estadual, independente, com um chefe político e com um governo especial, com preponderância da monarquia, conquanto, às vezes, se deparasse com formas republicanas. Estas, porém, apresentavam uma forma aristocrática, com o chefe político escolhido pelos patriarcas das várias famílias ou pelos dirigentes de cada gentilidade. Havia, ainda, as confederações de tribos, organizadas principalmente para enfrentar uma invasão estrangeira que viesse comprometer a segurança e a independência de cada uma dessas tribos. Célebres ficaram as confederações comandadas por Viriato e Sertório.

Mesmo tendo-se em conta toda a obscuridade que cerca esse período, os historiadores puderam afirmar que, sob o aspecto externo, ou seja, no que respeita aos seus modos de formação, o Direito dessa época era exclusivamente consuetudinário. Menciona-se, ainda, as chamadas *leis dos Turdetanos*, que foram os mais sábios dentre os povos primitivos da região. Essas leis eram expostas em versos, para facilitar a atividade mnemônica. Ressalte-se, contudo, que a expressão *lei* não pode ser considerada no seu sentido técnico-jurídico, pois, não passavam de preceitos costumeiros, que eram transmitidos de geração em geração por cerca de sete mil anos(6).

Sob o aspecto interno do Direito, ou, por outras palavras, quanto às instituições jurídicas que vigeram nessa época, em rigor, pouco ou nada se sabe, não obstante os esforços já desenvolvidos. Afirma-se, contudo, que a pena de morte era aplicada em larga escala e que era executada mediante decapitação, precipitação das rochas e esmagamento sob pedras. COELHO DA ROCHA afirma ter sido costume cortar as mãos dos prisioneiros de guerra(7).

---

(5) Marcello Caetano, ob. cit., vol. 1, p. 59.

(6) Guilherme Braga da Cruz — ob. cit., p. 84.

(7) M. A. Coelho da Rocha — Ensaio sobre a História do Governo e da Legislação de Portugal, p. 3, Coimbra, 1841.

3. A ROMANIZAÇÃO

A conquista romana, para melhor compreensão, dividiremos em três fases.

A *primeira fase* começa em 218 a.C., com as lutas iniciais, até a expedição de Décimo Júnio Bruto, em 137 a.C. O objetivo dos romanos era o de subjugar os povos peninsulares e extrair a maior riqueza possível do solo conquistado.

A *segunda fase* começa com a vinda de Décimo Júnio Bruto, em 137 a.C. Nessa segunda fase, sem que se possa abstrair o intuito prevalente dos romanos, inteiramente interesseiro e de rapina, "os romanos têm a preocupação de fazer participar os povos peninsulares da sua civilização, das suas instituições políticas e administrativas, e, sobretudo, do seu direito"(8). Inicia-se, assim, a *romanização*, mas esta é imposta sob o jugo das armas, razão pela qual as revoltas são constantes. As lutas civis entre Mário e Sila, ensejaram um levante geral. Quinto Sertório, antigo magistrado proscrito de Roma pelo partido de Sila, e que se achava no Norte da África, foi chamado pelos lusitanos. Acompanhado pelo seu exército, longe de corresponder ao intuito de libertação dos lusitanos, mas sim o de conquistar o poder em Roma, Quinto Sertório organizou o seu exército à maneira romana, e, durante os oito anos que permaneceu no território, como chefe acatado pelos seus moradores, fez que estes, espontaneamente, absorvessem a cultura, os hábitos, as instituições e as leis romanas. Quando morreu Sertório, assassinado, em 72 a.C., a romanização já havia incoado no Sul do território.

A *terceira fase* começa no ano 19 a.C., com a vitória dos romanos sobre os povos cantábricos, último foco de resistência, e, a seguir, a romanização ganha corpo. Estas datas não são aceitas sem contestação, preferindo alguns autores fazer recair o início da latinização à vinda de Décimo Júnio Bruto. Parece-nos que as duas posições são perfeitamente conciliáveis. Como já consignamos, quando da morte de Sertório, já se iniciava a romanização dos povos conquistados. Mas, até então, a atividade desenvolvida pelos romanos era, ainda, de submissão dos povos conquistados e a extração do máximo possível de riquezas. Tanto que a latinização não se processou, no princípio, pela aceitação espontânea, ou pelo menos voluntária, da cultura, hábitos, e instituições dos conquistadores, mas sim da assimilação do exército de Sertório. A partir do ano 19 a.C., "embora sem abstrair inteiramente de objetivos interesseiros, os romanos têm a preocupação de fazer participar os povos peninsulares da sua civilização, das suas institui-

(8) Guilherme Braga da Cruz — ob. cit., p. 87/88.

ções políticas e administrativas, e, sobretudo, do seu direito"[9]. A assimilação, agora, já é espontânea.

Essa absorção da cultura romana não se processou rapidamente, de jato, mas sim de maneira lenta e segura, para o que concorreram três fatores:

a) a permanência das legiões romanas, dando origem à formação de cidades, como a espanhola de León, possibilitando um contacto constante e duradouro com os nativos; a ação dos funcionários administrativos e dos colonos; a abertura de estradas, e, com a construção destas, o aumento das transações comerciais entre romanos e peninsulares; a superioridade da técnica romana e da sua evoluída engenharia aplicadas na construção de pontes e viadutos, nos quais se empregava mão-de-obra nativa, o que tornava obrigatório o uso da língua latina; a obrigatoriedade do culto ao imperador, com o que vinha unificar toda população na observância de idênticos preceitos litúrgicos; o desenvolvimento do regime municipal, com a adoção de métodos romanos de administração; a vinda de colonos, atraídos pelas riquezas hispânicas; o cristianismo, que se difundiu por todo o território, abolindo a diferença de cultos e preconizando a igualdade entre os homens;

b) a concessão do *jus latii*, por Vespasiano, a todos os habitantes da Península;

c) a concessão por Caracalla (212 d.C.), da *Constitutio Antoniana*, com a qual a qualidade de cidadão romano passou a ser reconhecida a todos, com exceção dos *peregrinos dedíticios*, e, como "os cidadãos romanos tinham o exclusivo de certos direitos e da aplicação das leis romanas, esta providência produziu o efeito de *generalizar a aplicação do direito romano* a todo o império e *igualar os direitos* de todos os habitantes livres"[10].

Essas duas medidas, distantes uma da outra de mais de um século, vieram determinar, em definitivo, a romanização dos povos da Península Ibérica.

No Governo de Augusto, as províncias romanas estavam distribuídas entre o Imperador, o Senado e o Povo. As do Imperador eram governadas por um Legado, denominado *Legatus Caesaris* ou *Proeses provinciae;* as do Senado eram governadas por um *Proconsul* e as do povo, por *Pretores*, donde o nome de *Pretorias*. A organização, contudo, nem sempre era idêntica. Lembra JOÃO MENDES DE ALMEIDA JÚNIOR que na Lusitânia, da parte de Augusto, havia o governo de um Legado com a autoridade de um Pretor, que, nas causas, recebia o

---

(9) Guilherme Braga da Cruz, ob. cit., p. 87/88.

(10) Marcello Caetano — História do Direito Português, p. 64.

nome de *Questor*, com a atribuição de julgar com *judices jurati*, formando o tribunal das *quaestiones*. Ressalva, porém, o processualista, a possibilidade dessas *quaestiones* não possuírem a mesma constituição das *quaestiones perpetuae*, "mas, em todo caso, o princípio da participação popular nos julgamentos ficou salvo"(11). De se salientar que, a partir de Augusto, as *quaestiones perpetuae* perderam a importância, pois apareceram outras cortes judicantes. Ademais, estabeleceu-se a regra "de que todos os crimes praticados fora de Roma deviam ser julgados pelos órgãos do Imperador, senão por ele mesmo"(12).

Com o passar do tempo, agora durante o império de Antonino, a Lusitânia ficou entregue aos governadores, que recebiam o nome de *Comites* (condes), aos quais os Códigos de Justiniano, de Teodósio e de Deocleciano dirigiam disposições.

Com a divisão do Império Romano, por Constantino, em prefeituras ou dioceses e a colocação de cada uma delas sob a administração de um prefeito do pretório, que possuía um subalterno civil, chamado *comes* (conde) e um militar, denominado *Rector* ou *Regedor*, a administração da justiça ficou entregue ao *comes*, que recebia o nome de *Rector Justitiae*.

Nos municípios ou cúrias ficavam magistrados subordinados às leis romanas, para a aplicação de castigos ligeiros aos escravos e *ducenários*, para conhecimento de crimes menos graves. Havia, ainda, três conventos jurídicos (tribunais de apelação): em Mérida *(Emeritensem)*, em Beja *(Pacensem)* e em Santarém *(Scalabitarum)*(13). Nessa época, os bispos já inspecionavam a justiça e eram os verdadeiros autores das formas de processo.

4. A INVASÃO BÁRBARA. O DIREITO DOS VISIGODOS

Quando os bárbaros do Norte, no século V, invadiram a Península, a população ibérica se considerava romana. De origem germânica, os alanos foram os primeiros a invadir a região peninsular, sendo seguidos pelos suevos, vândalos e silingos. Estes povos, porém, com exceção dos suevos, logo foram obrigados a deixar o território que haviam conquistado, derrotados que foram pelos godos, frente aos quais, posteriormente, também os suevos capitularam.

---

(11) João Mendes de Almeida Júnior — O Processo Criminal Brasileiro, vol. I, p. 45, 2.ª edição, São Paulo, 1911.

(12) Rogério Lauria Tucci — Lineamentos do Processo Penal Romano, p. 162, editor José Bushatsky, São Paulo, 1976.

(13) Cf. *in* Antônio Luiz Secco — Da história do Direito Criminal Português, Revista de Legislação e Jurisprudência, ano IV, ns. 157/158, p. 451, Coimbra, 1871/1872.

Ante a impossibilidade de conter as hordas invasoras dos povos germânicos, o decadente Império Romano viu-se na contingência de aliar-se com vários grupos de invasores, para conter os demais. Fundados nesse pacto, os godos, chefiados por Ataulfo, atravessaram os Pirineus, para, em nome do Império Romano, reconquistarem as terras tomadas pelos povos mencionados. A vitória completa, porém, só viria ocorrer em 585, no reinado de Leovigildo, quando, a partir de então, os godos ficaram dominando a Península, agora com o nome de visigodos. "A essa altura, lembra AUGUSTO THOMPSON, a ocupação visigótica se deu em nome próprio, tendo em conta já ninguém recordar o mandato imperial que originara a empreitada, eis que cada vez mais faltavam condições aos governantes latinos para conservar os antigos domínios"(14).

Os visigodos, de todos os povos bárbaros que invadiram o território, tinham sido aqueles que mantiveram um maior contacto com os romanos, aos quais se aliaram em 376, para, juntos, enfrentarem os hunos. Em grande maioria eram cristãos e o próprio Leovigildo era católico e tentara impor o arianismo aos súditos. A conquista de todas as terras peninsulares, contudo, só se operou em 622, no reinado de Suintila.

Várias compilações legislativas tiveram os visigodos, e, a doutrina mais aceita informa que essas legislações, inicialmente, obedeciam ao princípio da personalidade. Também afirma-se a existência de uma legislação aplicável exclusivamente aos visigodos — o *Código de Eurico,* — a princípio, e — o *Código de Leovigildo,* depois — enquanto para o povo hispano-romano era aplicável o *Breviário de Alarico.* Perante o julgador, devia-se declinar a que legislação se sujeitava. No Governo de Recesvindo operou-se a unificação legislativa, com a promulgação de um novo Código, em 654. Era o chamado *Livro dos Juízes,* ou *Liber Judiciorum,* também conhecido por *Código Visigótico,* e, principalmente, por *Fuero Juzgo.*

5. O CÓDIGO DE EURICO. O BREVIÁRIO DE ALARICO

Do Código de Eurico, também conhecido por Código Euriciano, alguns fragmentos são encontráveis na Biblioteca Nacional de Paris, e que foram publicados por Bluhme, em 1847. A parte encontrada começa pelo capítulo 276 e vai até o capítulo 336, mas nem todo o texto está legível. Foi possível reconstituí-lo parcialmente utilizando-se o Código de Recesvindo, onde as leis anteriores aparecem encimadas pela palavra *antiqua.* Esta palavra estava reservada para os preceitos do Código de Leovigildo, mas este estava calcado no Código de Eurico.

(14) Augusto Thompson — ob. cit., p. 14.

Daí a possibilidade de sua parcial reconstituição, permitindo-se afirmar que o Código Euriciano estava dividido em títulos e estes, por sua vez, em capítulos ou fragmentos.

Algumas disposições contidas são constituídas de princípios do Direito Romano, o que possibilita concluir pela intervenção de jurisconsultos romanos em sua elaboração. Contudo, o Código não era totalmente romanizado, pois apresenta em muitas passagens vestígios do Direito Germânico. Donde ser ele considerado como uma das mais antigas *leges barbarorum*, datado de 475. A doutrina, na sua grande maioria, afirma que esse Código fora destinado, exclusivamente, aos visigodos.

Como o Código de Eurico destinava-se tão-somente aos visigodos, havia a necessidade de uma legislação para os hispanos-romanos. Para estes, foi publicada uma legislação por Alarico II, que ficou conhecida como *Breviário de Alarico*, mas a ele também se referem como *Autorictas Alarici Regis*, ou, simplesmente, *Breviário de Aniani*. Esta última palavra extraída de *Aniano*, nome do referendário do rei.

O texto chegou até nós por meio de vários manuscritos dispersos. Sabe-se que o trabalho foi confiado a uma comissão de juristas, que organizou uma coletânea de textos jurídicos romanos, cuja conclusão deu-se em 506. O texto teria sido submetido à aprovação de uma Assembléia de Bispos, na cidade de Aducis, situada ao Sul da Gália. Aprovada a coletânea, o rei proibiu, para o futuro, a aplicação de quaisquer outras leis em seu reino, que não fossem encontradas no Breviário. Seu texto está acompanhado de pequenos comentários, com funções interpretativas, com as quais se pretendia esclarecer o conteúdo de cada fragmento, e que, não raro, alteravam o próprio texto. Conquanto se afirme ter sido o Breviário de Alarico destinado, exclusivamente, aos hispanos-romanos, as disposições de processo deviam ser seguidas tanto pelos primeiros como pelos visigodos(15).

6. O FUERO JUZGO (16)

O *Fuero Juzgo*, a exemplo do Código de Justiniano, está dividido em 12 livros e estes em títulos e leis correspondentes, embora estas

---

(15) V. a respeito: Guilherme Braga da Cruz — ob cit., p. 203/207. A doutrina, a respeito dos destinatários da legislação aqui examinada, é conflitante. ZEUMER adota o posicionamento tradicional, aqui esposado, enquanto GARCIA GALLO entende ser o Código de Eurico de aplicação indistinta a romanos e visigodos.

(16) A expressão *fuero* admite diversas concepções jurídicas, variáveis, inclusive, no espaço e no tempo. Em linhas gerais, entenda-se como a carta de privilégios e pactos anexos de vilas e cidades, consagrantes de usos e costumes expedidos pelos reis ou senhores. Veja-se melhor *in* JUAN ANTONIO SARDIÑA PARAMO — EL CONCEPTO DE FUERO — edição da Universidad Santiago de Compostela, Santiago de Compostela, 1979.

tivessem, às vezes, a denominação de *erae*. Não satisfeitos com a ordem e o método tomados aos romanos, também adotaram muitas disposições daquela legislação.

Muitos historiadores referem-se que no IV Concílio de Toledo foi formada a coletânea de leis do *Fuero Juzgo*. Isto porque, no princípio dos Códigos espanhóis, encontra-se esta inscrição: *"Esti libro fecho de LXVI obispos enno quarto concello de Toledo ante la presencia del Rey Sisenando enno tercero anno de regno, era DC at LXXXI anno"*. Outros estudiosos, contudo, negam essa conclusão. Entre eles, anota-se os nomes de Ambrosio Morales, Padre Andrés Burriel e Manuel de Lardizabal y Urquiza.

O induvidoso é que leis aprovadas durante os vários concílios, foram, posteriormente, incluídas no *Fuero Juzgo*. O historiador Fernandez de Mesa acredita ser o *Fuero Juzgo* a coleção de leis determinadas por Egica. A sua opinião tem sido muito contestada, mas, por outro lado, é compartilhada por outros historiadores, dentre estes, Ambrosio Morales e Manuel de Lardizabal y Urquiza. Este último parte de um raciocínio sumamente lógico, cuja conclusão merece ser transcrita: "No habiendo despues de la colección de Ervigio otra que la de Egica, que fué la ultima de todas, y hallandóse la ley establecida y el exordio que la restablece en la colección que ha llegado a nosotros con el título de *Fuero de Los Jueces*, ó *Fuero Juzgo*, queda demonstrado por el mismo hecho que esta colección debe ser precisamente la de Egica y no puede ser la de Ervigio ni otra alguna anterior, que es lo que convenia aclarar y probar en este discurso"(17).

A primeira versão castelhana do *Fuero Juzgo*, segundo a opinião dominante, deve-se ao Santo Rei Don Fernando, que, em 4 de abril de 1241, ao retomar Córdoba aos mouros, estabeleceu que se dá por *Fuero* ou *Livro dos Juízes*, o Código Latino-Visigótico, que deverá ser traduzido para a língua vulgar, com a denominação de *Fuero de Córdoba*. Ao texto original, porém, durante a invasão árabe, outras leis tinham sido enxertadas, como as referentes às palavras injuriosas, tanto que constituía injúria chamar-se alguém de sarraceno, quando o ofendido não o era.

Durante o domínio árabe, ocorrido no início do século VIII, permitiu-se ao vencido o exercício da sua religião e também a aplicação da legislação visigótica. Afirma-se que um governador sarraceno, durante o reinado de D. Fruela I, designara um *conde* cristão para sentenciar segundo o *Fuero Juzgo*.

---

(17) Manuel de Lardizabal y Urquiza — Discurso sobre la legislación de los visigodos y formación del Libro o Fuero de los Jueces, y su versión castellana — p. XXXVI, *in* edición de la Real Academia Española, Ibarra, Madrid, 1815.

ZURITA, nos índices latinos dos feitos dos reis de Aragão, afirma que Carlos, o Calvo, concedeu aos catalães, tanto espanhóis como visigodos, as franquias e liberdades que gozavam os franceses, e permitiu que se governassem pelas leis visigodas. Ditas leis não foram revogadas com a elaboração de outras, no Concílio de Barcelona, denominadas de *usaticos* ou *usages*.

Parece, contudo, que em Castela, em razão dos *foros municipais*, a observância do *Fuero Juzgo* não foi geral. Nos anos mil, D. Sancho ditou o chamado *Fuero Viejo de Castilla*. Em 27 de abril de 1254, D. Afonso, o Sábio, dirimiu controvérsia acerca da lei aplicável entre o *Fuero de Castilla* e o *Fuero Juzgo*, optando pela vigência deste último. Em 6 de março de 1290, D. Sancho, para cortar pela raiz problemas acerca da validade de legislações, determinou que se julgasse pelas leis visigóticas: *"Et que haya todos el fuero del libro Juzgo de León, é que se juzgan por él"*.

A partir do reinado de D. João II, o prestígio do *Fuero Juzgo* começou a declinar, em razão dos *fueros municipales y cartas pueblas*. Nessa época, porém, Portugal já adquirira a sua independência.

O Código Visigótico admitia, em alguns crimes graves, partir a acusação de qualquer do povo, e, em outros, só o ofendido ou seus parentes próximos podiam acusar.

O *Fuero Juzgo* fazia uma verdadeira apologia da submissão dos homens às leis, convindo que todos, principalmente os mais poderosos, se submetessem aos seus mandamentos, e que, se alguém quisesse amar a Deus *"deve amar iusticia, é si la amar, deve fazerla todavía, y estonze ama omne la iusticia mas verdadera mientre, é mas firmemiente, quando tiene un derecho con su próximo"* (Livro II, Tit. I, Ley II). Para tanto, todos deveriam conhecer as leis, já que a sua ignorância não eximia de pena (Livro II, Tit. I, Ley III).

O Código dos visigodos enumera as pessoas que tinham a função de julgar (Livro II, Tit. I, Ley XXV): o duque, o conde, o vicário (do conde) *"e todos los otros iuezes que indagan por mandado del rey, ó de voluntad de las partes, de qualquier órden..."*. Ainda quanto aos juízes, segundo disposições dos concílios de Toledo, os bispos deveriam verificar como se comportavam aqueles e também os agentes do fisco, em relação ao povo, admoestando-os quando agissem injustamente, e, se não os corrigiam, deveriam denunciar ao Rei os abusos cometidos (Concílio III, cân. 8.º e Concílio IV, câns. 31 e 33)(18).

O procedimento criminal seguia a regra do acusatório, embora existissem delitos que eram perseguidos *ex-officio*, sem necessidade

---

(18) Cf. *in* Salvador Minguijón Adrián — Historia del Derecho Español, tomo II, 4.ª edición, p. 75, Editorial Labor, Barcelona-Buenos Aires, 1953.

de acusação, o que se operava na adulteração de moeda (Livro III, Tit. VI, II) *"de los que falsan la moneda é los moravedis"*), e, no homicídio, à falta de acusação por parte dos parentes próximos do morto, podiam os parentes distantes e os estranhos produzir acusação (Livro II, Tit. V, Ley XV), sendo *in casu*, permitido ao juiz atuar de ofício e *"despues que lo sopiere, lo deve prender, é penar cuemo merece..."* (Livro VI, Tit. V, Ley XIV).

Se alguém se entendesse no dever de acusar a outrem, de igual nobreza à sua ou na dignidade do ofício palatino, nos crimes contra o rei ou contra a pátria, ou de homicídio ou de adultério, deveria certificar-se de que poderia provar a acusação. Se não a pudesse provar desde logo, fazia a acusação por escrito, subscrita por três testemunhas, e *"si por este motivo sufriere tormento un inocente, a éste le será entregado en servidumbre el acusador para que haga de él lo que quiera, pero sin poder infligirle la muerte"*(19). Permitida, porém, era a *compositio*, quando, então, o acusador devia pagar a quem acusara e que por isso fora submetido a tormentos, uma quantia que este fixasse pelos sofrimentos sofridos em razão da acusação feita.

Essa acusação, feita por escrito, deveria ser apresentada secretamente ao juiz, e, se o acusado, submetido a tormentos, a confirmasse, seria considerado culpado. Mas, se o acusado, ainda que submetido a tormentos, se declarava culpado, mas a sua confissão não se ajustava à acusação escrita, entendia-se que fora arrancada, e, por conseqüência, se castigaria o acusador. Na hipótese do acusador não guardar segredo e antes de apresentar a acusação ao juiz, disso inteirasse o acusado, o juiz não podia submeter este a tormento, regra que também se aplicava a pessoas de *classe ingênua, não nobres*.

Quando o delito não acarretava a aplicação da pena capital, os nobres não podiam ser sujeitados a tormento, livrando-se mediante juramento *("Mas si el que lo acusó no lo pudiere provar, el acusado se deve purgar por su iuramiento")*. As pessoas não nobres, pertencentes à classe ingênua, só podiam ser submetidas a tormento nas causas superiores a quinhentos soldos e se a demanda valesse menos de quinhentos soldos, resolvia-se mediante composição. Nas demandas em que a acusação não pudesse ser provada, o acusado se livrava mediante juramento.

Na hipótese do tormentado vir a morrer, fosse ele nobre ou não, em razão dos tormentos infligidos determinados pelo juiz, por ter este agido maliciosamente ou por ter sido subornado pelo acusador *"por ende el iuez mismo seya dado en poder de los parientes del muerto quel dén otra tal pena"* (para que seja castigado com a mesma vingan-

---

(19) Salvador Minguijón Adrián — ob. cit., p. 77.

ça). Mas, se a morte advier em razão da negligência do juiz, afastados a malícia e o suborno, ou porque ao juiz faltasse equilíbrio, deveria este indenizar os herdeiros do morto com quinhentos soldos *("estonz deve pechar el iuez CCC")*, e, caso não pudesse pagar essa importância, seria entregue aos parentes do morto na condição de servo *("sea siervo de los parientes del muerto quel den otra tal pena cuemo al muerto"* — Livro VI, Tit. II, ley II)(20). Estas disposições, permitem-nos admitir a possibilidade de aplicação restrita dos tormentos, ou, pelo menos, a sua aplicação com cuidados redobrados.

Para propor a acusação, o acusador devia jurar que não agia com dolo, fraude ou malícia, com o fim de sujeitar um inocente a tormento.

Esclarece MINGUIJÓN ADRIÁN que "no se encuentran, a lo menos claramente, en la ley visigoda los conjuradores que en el Derecho Germano reforzaban la declaración del acusado. Tampoco se admite el duelo o desafío, ni otras pruebas llamadas pruebas vulgares, ordalias o juicios de Dios. Sólo se habla (en una ley de Egica o de Vitiza, que es la 3 del tit. 1.º del libro VI) de la prueba del agua caliente"(21), ou, na linguagem do *Fuero Juzgo "é sea constrinnido cuemo manda la ley caldaria"*.

Observa, ainda, AUGUSTO THOMPSON "o esforço desenvolvido no combate à justiça privada, circunstância marcante de seu contexto e na qual se enxerga a influência do clero. Apoiava a idéia da solidariedade social na acusação, que era permitida a todos no homicídio. Recusando guarida, quase sempre, aos usos celtibéricos e germânicos de entregar a justiça penal nas mãos do particular, buscava munir o poder público dos instrumentos necessários para, só ele, decidir e julgar as sentenças criminais"(22).

A revogação formal do *Fuero Juzgo* só ocorreu com a edição da *Lei das Sete Partidas*.

A influência do *Fuero Juzgo*, em Portugal, é questão bastante controvertida, em que as opiniões, de muito, de dividem. Assinala JOÃO DA CUNHA NEVES DE CARVALHO não ter sido das maiores a influência dessa legislação em Portugal, mesmo porque se constituiu uma política dos soberanos portugueses "desviar tudo o que pudesse dar pretexto a pensar que este Reino era dependente ou feudatário do de Leão" e porque os costumes estavam grandemente alterados depois da invasão sarracena. Os povos, então divididos em pequenos senho-

---

(20) O texto refere-se a 300 soldos, *quantum* fixado antes de Ervigio, passando, após este, a quinhentos soldos.

(21) Salvador Minguijón Adrián — ob. cit., p. 78.

(22) Augusto Thompson — ob. cit., p. 22/23.

rios ou pequenos territórios eram governados pelos costumes da terra, já escritos nos forais e conservados pela tradição. Ao tempo de D. Henrique e depois dele, no da Rainha D. Tereza, surgem alguns documentos que se referem ao *Fuero Juzgo:* "No do Snr. D. Afonso Henriques por diante, melhor firmado o Trono Lusitano, multiplicados os Forais, e posta em ponto de honra a independência nacional a respeito do Reino de Leão, aqueles vestígios do Código Visigodo tornaram-se raríssimos; aparecem, todavia, alguns exemplos até ao Reinado do Snr. D. Sancho I. Mas, do Snr. D. Afonso II por diante todos esses vestígios desaparecem... A natureza do processo público, verbal, e sumaríssimo, conforme á falta de conhecimentos do tempo, e aos costumes símplices dos Povos, e ao método de julgar em Concelho, que apontei como outro argumento do esquecimento de um Código escrito, foi pouco e pouco mudando. O estabelecimento das escolas de Direito civil no século XII, e depois na Universidade de Coimbra ao tempo do Snr. D. Diniz, a influência, e prática do Direito Canônico, e a mudança dos costumes, produzida por melhor cultura dos espíritos, abriu caminho a um processo mais formulário, escrito, e mais complicado, desgastou os Senhores Feudais da tarefa de julgar, e a Coroa foi abarcando este lugar desocupado, conhecidos de uma vez os seus Direitos no primeiro Código da Monarquia"(23).

7. AS FLORES DE LAS LEYES

Nesta rápida caminhada que encetamos dentro do desenvolvimento histórico do Direito Processual Penal luso-brasileiro, devemos, agora, considerar as obras doutrinárias e legislativas de conteúdo Romano-Justinianeu que influíram de perto no Direito português dos primeiros tempos da monarquia. Ainda que perfunctoriamente, vamos noticiar as *Flores de las Leyes* e o *Fuero Real.* Primeiramente, cuidaremos das *Flores de las Leyes.*

Estas também são conhecidas por *Suma* e constituem uma das obras mais importantes da literatura jurídica medieval, pelo menos no campo do processo penal. Nela se vislumbra uma das formas do renascimento do Direito Romano na Península Ibérica, coletadas que foram, em grande parte, as compilações de Justiniano, quer diretamente, quer através dos glosadores. Apenas de passagem, queremos esclarecer que a *glosa* era o principal método de trabalho dos glosa-

---

(23) João da Cunha Neves de Carvalho — "Que auctoridade teve entre nós o Codigo dos Wisigodos desde o principio da Monarchia? Quando cessou essa auctoridade? E por que causas?", *in* Memoria da Academia Real das Sciencias de Lisboa, tomo VI, parte 2.ª, Lisboa, 1820. V. principalmente as ps. 23/24. Talvez por erro de impressão, no texto aparece a palavra *desgostou,* que substituímos por "*desgastou* os Senhores Feudais...", que nos parece ser a expressão exata. De qualquer maneira, fica a advertência.

dores e era constituída por um pequeno comentário, uma nota interpretativa que era escrita no próprio texto do *Corpus Juris Civilis*(24).

As *Flores de las Leyes*, que muitos preferem chamá-las de *Flores del Derecho*, nada mais eram do que um pequeno manual de Direito Processual, *"uma espécie de cartilha do processo"*, que foi escrita por Jácome Ruiz, conhecido como Jacó das Leis, mestre na Corte de D. Afonso, o Sábio, a quem alguns atribuem também a paternidade das *Sete Partidas* e do *Fuero Real*(25).

Informa MANUEL PAULO MERÊA que "as 'Flores das leis' tiveram aplicação em Portugal"... embora não possamos precisar o âmbito geográfico dessa aplicação; e assim o entendeu HERCULANO quando, no prefácio ao volume das *Leges et Consuetudines*, não hesitou em declarar "ser assás provável que tivessem sido direito vigente entre nós". A circunstância de a versão se encontrar, como as leis gerais de Afonso III, junta ao caderno de costumes da *Guarda* mostra que ela devia servir aos alcaides dêste município, e nada nos proibe de acreditar, antes tudo leva a crer, que estivesse divulgada pelo país, fornecendo precioso subsídio numa época em que era ainda escassa a legislação processual. Depois, com o desenvolvimento da legislação geral, — que, numa grande medida, tende justamente a precisar a chamada "ordem do juízo" — o compêndio foi sendo relegado para um plano secundário, até se tornar perfeitamente dispensável. Isto explica, em parte, o não se conhecer outro exemplar, e, porventura, o ter desaparecido o original, se é que se trata dum apógrafo"(26). É ainda MANUEL PAULO MERÊA quem nos informa constar de um manuscrito lançado por João Pedro Ribeiro à margem dos *Inéditos*, que uma sentença do século XV, do Cartório da Câmara do Porto, "se citam ainda as *leis Jacomeas* — título pelo qual, sem dúvida, se pretendem designar as *Flores de Direito*"(27).

Nas *Flores de las Leyes* alguns aspectos de conteúdo de processo penal devem ser ressaltados. Desde logo salta que sempre deveria

---

(24) Dentre as Escolas de Glosadores, merece destaque a de Bolonha, graças à chamada *Grande Glosa*, trabalho de seu professor Acursio, que, em Portugal, era fonte subsidiária de direito, por força das Ordenações Afonsinas.

(25) Nesse sentido: Marcello Caetano. Lições de História do Direito Português, p. 184, Coimbra Editora, Coimbra, 1962. Moacyr Lobo da Costa escreveu ter sido o livro "escrito com o escopo pedagógico de preparar o infante D. Afonso, de quem era preceptor, para a majestática função de bem julgar como rei e juiz supremo, e 'Doctrinal de los juizios', escrito, também, para servir de guia aos julgadores na direção dos pleitos" (A revogação da sentença na Península Ibérica, São Paulo, 1979, p. 47, em nota).

(26) Manuel Paulo Merêa — Contribuições para a História do Direito Português — versão portuguesa das "Flores de las Leyes", de Jácome Ruiz, p. 12, Coimbra, Imprensa da Universidade, 1918.

(27) Manuel Paulo Merêa — ob. cit., p. 12.

haver o *actus trium personarum* em todo pleito ordinário (*"en todo pleyto ordiado deve aver. iij. persoas. e a persoa do juiz. e a persoa do demandador que e dicta en latin accusator. e a persoa do demandado que e dita en lati reus")*.

Admitida a *querela*, seguia-se a citação *(aplazamento)*, para que o acusado comparecesse a juízo e apresentasse as exceções *(deffensyõ)*. Com as partes em Juízo e em não apresentando o acusado nenhuma exceção, prosseguia o feito com a elaboração do libelo *(libellus)*. Para a apresentação em Juízo era assinalado o prazo de trinta dias, e, se o citado não comparecesse *"el Rey pode tomar todo quanto acharem"*, porém, antes de cumprido um ano *"aaquel dia véér. e der fiador pera conplir o foro e o dereyto e pagar as custas a seu cõtendor todo o seu possa cobrar e yr adeante pelo pleyto assy come da primeyra. Mays se ata. I. ano conplido nõ véér depois do ano passado nõ pode cobrar nenhua cousa do seu. ca a corte o toma por razõ dessa revelia poys que foi aplazado..." (Titulo dos que son aplazados sobre preytos criminaes e son revéés)*. Era a possibilidade de *purgar a revelia* e recuperar os seus bens. Ultrapassado o prazo, não se lhe permitia purgar a revelia.

Com as partes em Juízo, e não apresentando o acusado nenhuma exceção *(deffensyõ)* prosseguia o feito com a apresentação do libelo *(libellus)*, no qual devia constar o nome do demandador e demandado, a descrição do fato, o local onde ocorreu, a razão da demanda, o nome do juiz ("...*e dicta en latin libellus. e deve séér en el o nome de demandador e demandado e a cousa demãdada sijnada por certos logares e a quãtia da demanda e a razon por que a demanda e o nome do juiz".)*

Comparecendo em Juízo o demandado, e aí negando a demanda, ou, na hipótese do demandador desejar provar por juramento, o juiz deveria fazê-lo jurar *"a primeyra cousa que ten que deffende dereyto. e deve iurar estas outras cousas quatro. subreditas. e este sacrameto e dicto en latin iuramento calupnie"*.

Os meios de prova eram três. A primeira, a confissão *("cõfysson da qual quer das partes")*; a segunda por testemunhos *("por testigos")* e a terceira, *"por cartas ou por enstrumentos publicos ca os enducios e as endições e as prosonções nõ son pera provar por sy. pero que aiuda a provar o feyto"*.

Podia ocorrer, ainda, a hipótese do demandado negar a demanda e afirmar que quer que o demandador preste o juramento de calúnia, quando, então, se procedia por cinco maneiras: *"A primeyra e que iure o demandador que cree que demanda dereyto. A segunda e que diga verdade do que souber e do lly preguntare. A terceyra e que nõ deu ne prometeu nenhua cousa por razõ que dissesse polla sentença*

senõ aquellas persoas que manda o dereyto por razon de seu merecimento assy como a seu advogado a ou al escrivã ou outros a quen nõ sea defendudo por ley. A quarta que nõ aduga no pleyto nenhua prova falsa. A quita e que nõ demanda plazo maliciosamete por razon falsa."

Em seguida, o juiz devia conceder às partes prazo razoável para que provassem o que haviam prometido provar. Seguia a sentença, que, nas *Flores de las Leyes* eram duas: *interlocutória e definitiva.* A interlocutória "*e aquella que nõ e dada subre lla demanda principal*" e a definitiva, "*que determinha ha principal demanda e da acabamento a todo o pleyto, assy como quando dize o juiz damos áá tal parte por vençuda*"(28).

8. O FUERO REAL

O *Fuero Real*(29), foi concluído entre 1252 e 1255, ao tempo de D. Afonso X, o Sábio, que "se tornou notável tanto pela sua vasta cultura como pelas obras científicas ou literárias que empreendeu ou patrocinou"(30). Deveria servir de *fuero municipal* na localidade onde não havia *fuero*, e para aquelas que, embora já possuíssem estatuto municipal, desejassem substituí-lo, por ser o *Fuero Real* mais perfeito e atualizado. Era um *fuero extenso,* no qual se apresentam os costumes territoriais castelhanos" em disposições dum outro *fuero* local (o *fuero de Soria)* e em disposições do *Fuero Juzgo,* observa BRAGA DA CRUZ(31).

As causas criminais, no *Fuero Real,* eram públicas ou particulares e recebiam o nome de *acusações.* A expressão *querela* estava reservada para "*os preytos de venda qualquer ou conpra ou de lavor algun que ade fazer ou de qual cousa quer per que nõ deve estas se possã demandar per querelha e nõ per outras acusações*".

Este *fuero* estabelecia quais as pessoas que estavam proibidas de intentar *acusações* públicas e que só poderiam intentar *acusações* particulares, ressalvada a hipótese de serem vítimas, e, entre elas, distinguia-se os mouros, os judeus, os hereges, os acusados durante a ação, o *deytado* da vila, etc. Aos membros da Igreja era reservado o privilégio de jurisdição especial.

---

(28) Todos os trechos transcritos foram extraídos do livro de Manuel Paulo Merêa, já citado.

(29) V. "Fuero Real de Afonso X, o Sábio", versão portuguesa do século XIII, por *Alfredo Pimenta,* Instituto para a alta cultura, Lisboa, 1946.

(30) Guilherme Braga da Cruz — ob. cit., p. 337.

(31) Guilherme Braga da Cruz — ob. cit., p. 338.

As *acusações* deveriam ser feitas por escrito, perante o *Rey* ou ante o *alcayde*, e ela devia conter o dia, mês e ano que era oferecida, e, constar, ainda, que "*se nõ qua el separara aaquelha pea que o outro levaria se lha nõ provasse e en otra guia nõ no possa acusar*(32).

No *Fuero Real* aparece o *perdão do ofendido*, ao estabelecer as maneiras pelas quais o acusado pode se ver *quite*: "*O Acusado pode seer quite da acusaçõ en iij maneyras a primeyra e se el Rey por alguu gouuho que ouver. Como se lhy nacesse filho barõ ou vencesse batalha o que quitar seya quite pero que no queyra seu acusador ante do juyso ou faz feito que deva morrer. A terceyra e quando o acusador o quita sen otra conpostura ante o alcayde que ouve a acusaçõ e o alcayde autorga per algua razõ dereyta que vee. E aquel que en algua destas maneyras nõ e quite da acusaçõ podeo acusar daquel feyto*"(33).

Observa MARCELLO CAETANO que a reação dos povos determinou a revogação do *Fuero Real*, mas que "redigido em castelhano, não deixou mais de ser lido, citado e seguido"(34).

9. A LEI DAS SETE PARTIDAS

Outra obra de D. Afonso X, o Sábio, foi a Lei das Sete Partidas(35), também sob a influência do Direito Romano renascido. A Lei das Sete Partidas, como o próprio nome está a indicar, está dividida em sete partes, tendo sido elaborada com caráter subsidiário em relação aos outros diplomas legislativos. GUILHERME BRAGA DA CRUZ afirma que as Sete Partidas se constituíram em "uma espécie de *Corpus juris* em castelhano"(36).

O procedimento é encontrado, detalhadamente, na *Terceira Partida*, onde se fala da demanda, do aprazamento, da contestação, das

---

(32) Cf. *in* "Fuero Real de Afonso X, o Sábio", versão portuguesa, p. 158, n.º 1.025.

(33) Idem, ibidem, p. 160/161, n.º 1.100.

(34) Marcello Caetano — Lições, p. 183.

(35) Os textos a seguir reproduzidos foram extraídos de Las Siete Partidas del Sabio Rey don Afonso el nono, neuamente glofadas por el Licenciado Gregorio Lopez del Confejo Real de Indias de fu Mageftad — Año MDLV — impreffo en Salamanca por Andrea de Portonaris. Esclarecemos que Afonso III reunia as coroas de Leão e Castela, e, ao morrer, os reinos são deixados a seus filhos Fernando II (Leão) e Sancho III (Castela). O filho do primeiro, Afonso IX só foi rei de Leão. A Sancho sucederam Afonso III e Enrique I, só reis de Castela. Quando se deu a unificação definitiva, Castela só havia tido oito reis com o nome de Afonso. A História, portanto, iria considerar Afonso IX de Leão também na ordem cronológica, o que determinaria a alteração do número de ordem do filho de Fernando III, Afonso de Leão e Castela, de IX para X.

(36) Guilherme Braga da Cruz, ob. cit., p. 338.

provas e da sentença, chamadas de juízo *("juyzio")*, que *"es dicho mandamiento que el judgador faga a alguna de las partes en razon de pleyto q mue ven ante el" (Partida 3.ª, Tít. XXII).*

Os juízos são de três classes: a) a primeira, é a ordem que o juiz expede ao demandado para que pague ou entregue ao demandante a dívida, objeto da demanda; b) a segunda, é a sentença interlocutória acerca de algum artigo de lei e não sobre a substância ou no todo da causa, que não põe fim à demanda principal. Porém, as Partidas incluem também nesta classe, o juízo proferido contra o demandado *"por mengua de respuesta"*; c) a terceira, são as sentenças definitivas, que põem fim à demanda, absolvendo ou condenando o demandado *("acaba do que da en la demanda principal fin, quitãdo, o cõdenando al demãdado").*

No processo penal operou-se uma importante transformação, com a passagem do procedimento acusatório, com as ressalvas já aludidas, para o procedimento inquisitivo(37). Os delitos passam a ser perseguidos *ex-officio*, ante a ausência de acusação, e o juiz não se mantém eqüidistante. Ao contrário, ele representa uma reação contra o delito, que não significa uma simples questão entre as partes, mas sim um ataque a um bem jurídico tutelado, cujas conseqüências atingem toda a sociedade.

No que respeita às acusações, as Partidas estabelecem três formas de procedimento: por *querela;* por *denúncia* e *de ofício*, pelo juiz. *"La primera es qndo alguno acusa a otro de yerro q es de tal natura q si lo no pudiere provar q deve aver el acusador la pena, q deve aver el acusado, si le fuesse provado. La segunda es: quãdo el acusador es tal persona que maguer no provasse el yerro de q oviesse acusado a otro, non caeria porende en pena..."* (Partida 7.ª, Tít. I, ley 1). A terceira, *ex-officio: "E a las vezes aperciben en esta manera mesma a los judgadores de las malfetrias que se fazen en aquellos lugares, en que ellos han poder de judgar, e de perquerir...* (Partida 7.ª, Tít. I, ley XXVII).

A diferença entre a acusação e a denúncia, assinala MINGUIJÓN Y ADRIÁN, consiste "en que en la acusación el acusador toma a su cargo probar el hecho objeto de la acusación, y, si no lo prueba, incurre en la misma pena que correspondería al acusado, de haber sido tal hecho probado, a no ser que el acusador sea de las personas a quienes la ley exime de pena aúnque no probaren su acusación; mientras que en la denuncia el denunciante no se compromete a probar el hecho, sino que se limita a manifestarlo provocando la actividad del

(37) Tudo conduz à crença de que, excluída a época das ações de lei, em Roma, nunca houve processo acusatório puro, no juízo criminal.

juez para que lo averigüe (Part. 7.ª, proemio, y leyes 1, 26 y 27 del tít. 1.º)"(38).

Quanto ao pedido de acusação, as Partidas seguem o velho esquema do Direito ibérico da época. O juramento era considerado meio de prova importante, sendo admitido por três formas:

a) *de voluntad,* quando uma das partes, fora do Juízo, jura a outra determinado fato, devendo esta, se aceita a jura, livrá-la do feito;

b) *de premia,* em que o juiz, em qualquer momento da demanda, não tendo conseguido esclarecer o fato, determina, de ofício, que uma das partes jure acerca desse mesmo fato, e, se essa parte negar-se a fazê-lo, era considerada vencida;

c) *de Juyzio,* aquele juramento feito quando do pedido acional (Partida 3.ª, Tít. XI, ley II).

Uma forma interessante de acusação prevista nas Partidas, era o *repto,* assim conceituado: "*...acusamiento que faze um fidalgo a otro por corte profaçandolo de la traycion, o del aleve que le fizo...*". Querendo um fidalgo acusar o outro de traição, deveria se apresentar perante o rei, e só perante ele, e fazer a acusação da maneira seguinte: "*Señor tal cavallero fizo tal yerro, e pertenesce ami lo acalonar, e pido vospormerced q me otorguedes q lo pueda reptar por ende...*". Feito esse pedido ao rei, devia este dar um prazo de três dias para a apresentação perante ele, publicamente, diante da corte, na presença de doze cavaleiros, pelo menos, devendo proclamar: "*Señor fulan cavallero que esta aqui ante vos, fizo tal traycion e deve le dezir qual fue, e como lo fizo, e digo que es traydor por ello, o alevoso: e si gelo quisiere provar por testigos, o por cartas, o por pesquiza, deve lo luego fazer, e dezir*" (Partida 7.ª, Tit. III, ley IV) (39).

10. OS FORAIS

A palavra *fuero* tem aparecido muitas vezes no desenvolvimento deste trabalho. Agora, surge a palavra *foral.* Queremos, desde logo, salientar que tanto a primeira como a segunda possuem a mesma origem, a mesma raiz: a palavra latina *forum.* Contudo, a castelhana *fuero* possui significação um pouco diferente da lusitana *foral,* esta de

---

(38) Salvador Minguijón y Adrián — ob. cit., p. 219.

(39) A palavra *repto* ou *desafio,* significava combate judicial, meio de prova. Pode ser tomada no sentido de *duelo judicial,* mas não de duelo no sentido de luta física. As Partidas, quanto aos recursos, admitiam duas alçadas contra a sentença. Porém, se em duas alçadas fossem confirmadas as sentenças do juiz inferior, já não caberia apelação ou uma nova alçada (Partida 3.ª, Tít. 23, leis 6 e 16).

conteúdo mais restrito do que aquela. GUILHERME BRAGA DA CRUZ assim esclarece a questão: "É dessa mesma raiz *(forum)* que vem a palavra espanhola *fuero* e a palavra portuguesa *foral*. Simplesmente, entre nós, o significado da palavra torna-se mais restrito. Emprega-se apenas para designar os diplomas que agora vamos estudar e que constituem, como veremos, tipos determinados. *Fuero*, pelo contrário, passou a ter uma significação muito ampla, designando umas vezes o *costume* ou uma *colectânea de costumes* e significando outras vezes *lei* ou *estatuto* de caráter político"(40).

Adverte, todavia, esse mestre de Coimbra, que "deve reconhecer-se, porém, que o emprego normal da palavra *fuero* é no sentido de *foral*, ou no de *estatuto municipal*. E, a esse propósito, fazem na verdade os espanhóis uma distinção, chamando *fueros breves* aos forais e *fueros extensos* aos estatutos municipais".(41).

Os primeiros forais apareceram no século IX e eram chamados de *cartas pueblas* ou *cartas de povoação*. São diplomas de curta extensão e de caráter muito rudimentar, com o objetivo de fomentar o povoamento de locais determinados. Para tanto, outorgava-se regalias aos criminosos fugitivos de outras terras que aí viessem se estabelecer e organizassem honestamente a sua vida.

Os forais propriamente ditos começam a surgir a partir do século XI. Estes são mais extensos e ricos que as *cartas pueblas*, neles se observando a preocupação de fixar o direito público local.

Os forais portugueses surgiram em meio a um embate entre a cultura romana, então decadente, e o sentimento natural da personalidade, de conteúdo germânico, que se travou no século X, em meio do qual se constituiu a nacionalidade lusitana. Nessa época, quando se formou a sociedade portuguesa, as classes dos servos da península já tinham subido ao terceiro grau na escala da liberdade. Tais eram os *homens-lígios, vassalos-lígios*, que estavam ligados ao seu príncipe com particular preito e homenagem. Assim, "o homem-lige corresponde ao estado de malado, freqüentes vezes citado nos documentos dos séculos XI, XII e XIII, que representa uma obrigação pessoal contraída pela dependência da proteção recebida"(42).

Durante toda a Idade Média, em que se produziu profunda renovação social, manifesta-se um grito de consciência do homem buscando a igualdade, querendo firmar-se como homem. O servo foi, com o

(40) Guilherme Braga da Cruz — ob. cit., p. 295.

(41) Guilherme Braga da Cruz — ob. cit., p. 296.

(42) Cf. *in* Theophilo Braga — Historia do Direito Portuguez, os forais, Imprensa da Universidade, p. 16, Coimbra, 1868.

trabalho, *comprando*, paulatinamente, a sua liberdade, deixando, assim, de ser *res*, vendável, doável ou permutável como qualquer animal doméstico. Assinala THEOPHILO BRAGA que "pode-se francamente concluir que o estabelecido de certos serviços nas Cartas de Foral são mais uma isenção do que um gravame, são a compra da liberdade por um ato que tende a prescrever"(43).

A emancipação dos servos era reconhecida nas *cartas de firmidão*, que eram cartas comunais. Os forais portugueses também eram forais comunais. O estabelecimento das primeiras comunas, inicialmente, no Norte da França, propagou-se rapidamente pela Europa, tornando-se modelo associativo com características da independência local. Em Portugal, três tipos distintos de forais são encontrados, cada um deles apresentando alguns caracteres próprios, que não desnaturam o seu conteúdo comum de Direito consuetudinário: o *Foral de Santarém;* o *Foral de Salamanca* e o *Foral de Ávila ou Évora.*

O *Foral de Santarém* serviu de tipo para as regiões de Extremadura, do Alentejo e do Algarve, e apresentava as seguintes características diferenciais: aos juízes municipais é dado o nome de *alvasiz;* havia um sistema de subdelegação do alcaide a um alcaide menor; estabelecia-se que toda questão de terras devia ser decidida pelos tribunais da administração da justiça, mas, também, aos tribunais deveria ser apresentada a querela das causas criminais: *"Custume he, se me queixo aa justiça de mal que my fez alguem, e non no faço chamar a dereyto, e a outra parte vem, e faz de mym queyxume aa justiça, e me faz chamar, que primeyramente ande o seu cá o meu".*

Nos forais do tipo Salamanca, os magistrados jurisdicionais chamavam-se *alcaldes*, o que lhes dá um caráter de município romano. Nele predomina a fórmula: *"por nenhum dos delitos sujeitos a reparação e a coima vá aí exercer seu ofício o meirinho real, mas exerça-o o juiz do vosso concelho".* Neste tipo de foral apresenta-se mais nítida a característica de liberdade; as garantias pessoais chegavam a legitimar a vindicta e o servo torna-se livre pela sua permanência na terra. No *Foro da Guarda* (ano de 1199), que é do modelo Salamanca, o instituto da revelia aparece bem cuidado.

Os magistrados, nos forais tipo Ávila ou Évora, eram chamados, genericamente, de juízes. A melhor maneira de caracterizar este tipo de foral será pela determinação do grau de imunidades e garantias políticas que estabelecia. Também garantia a propriedade, concedendo até o direito de matar aquele que viesse roubar na povoação, não se concedendo aos seus parentes o direito de querelar. Nestes forais, o alcaide era o governador militar e tinha a jurisdição real, mas, ao seu

(43) Theophilo Braga — ob. cit., p. 18.

lado, havia a magistratura municipal, que era eletiva, e, portanto, tratava-se de uma magistratura popular(44).

De uma maneira geral, os forais continham disposições acerca de tributação, serviço militar, aproveitamento de matas comuns, e, no que interessa ao processo penal, as multas e composições pecuniárias pelos crimes e contravenções, regras sobre o ônus da prova e da maneira como as provas deviam ser colhidas. As testemunhas eram inquiridas publicamente(45).

Mais extensos eram os *estatutos municipais*, para os quais se reservava a expressão *fueros extensos*, que teriam surgido no século XII. Estes, constituem verdadeiros códigos, cuja finalidade era de coligir todo o direito local, nos quais todas as matérias estão minuciosamente regulamentadas, inclusive o Direito Penal e o Direito Processual Penal, merecendo especial destaque as sentenças arbitrais *("façanhas")* e a decisões dos juízes municipais.

11. O LIVRO DE LEIS E POSTURAS

Não se conseguiu determinar a data do surgimento do Livro de Leis e Posturas. Teria sido ele encontrado entre o lixo, nos baixos da Torre do Tombo, em 1633. Estima-se, também, que ele teria tido vigência nos fins do século XIV ou no princípio do século XV e que nele estão contidas leis de D. Afonso III, de D. Diniz, de D. Afonso IV e uma lei do Infante D. Pedro, que deve ser o filho de D. Afonso IV.

O Livro de Leis e Posturas possui várias disposições de processo penal. Uma, porém, é básica: a chamada *lei das injúrias*, de 12 de março de 1355, pela qual se determina a forma como procederiam as

---

44) No texto aparecem as palavras *alcaldes* e *alcaides*, que não são sinônimas. *Alcaides*, entre os mouros, era o governador de província ou comarca na justiça e na guerra, mouro reconhecido por presidente ou chefe de uma mouraria. Também é o governador de castelo ou fortaleza, castelão, casteleiro. Ordenacões Manuelitas, I, tit. 55, p. 370 "todo o alcaido que tiver castelo nosso ou de algum senhor." (Cf. *in* Augusto Magne — Dicionário da Língua Portuguesa, especialmente dos períodos medieval e clássico, V. I, p. 146, INL, Rio, 1950). Também tinha o sentido de juiz do povo ou cidade no tempo dos mouros e princípio da monarquia lusitana. Era o mesmo que alvazil (Cf. *in* Elucidário das Palavras. Termos e Frases, ed. Crítica, Fr. Joaquim de S. R. de Viterbo, vol. I, p. 304, Liv. Civilização, Porto, 1962). *Alcalde* era Juiz de Concelho (Augusto Magne, ob. cit., p. 148). "Os alcaldes, alvazis ou simplesmente juízes, vinham a ser os principais magistrados dos municípios" — Herculano — História de Portugal, 7.ª ed., vol. VII, p. 175/176, 180, D. Lopes).

(45) Cf. *in* José Veríssimo Alvares da Silva — Memoria sobre a fórma dos Juizos nos primeiros Seculos da Monarchia Portugueza, Academia Real das Sciencias, tomo VI, p. 55, § XVII, Tipografia da Academia de Lisboa, Lisboa, MDCCXCVI.

justiças em certos crimes[46]. A injúria possui, ali, a mesma significação que tinha no Direito Romano.

Algumas leis compiladas, contudo, não se conseguiu determinar a data de sua edição, como ocorre, *v.g.*, com a lei acerca de sentenças interlocutórias no crime, que é repetida pelas Ordenações Afonsinas (L. III, Tít. 72, ns. 6 e 7); lei sobre o regime de prova de ferimento; lei sobre o delito de merda na boca, que era punido com pena capital, visto tratar-se de injúria gravíssima; lei que estabelecia o prazo para que a mulher virgem pudesse querelar, que era de trinta dias, se o local era povoado, desde que lhe fosse possível assim fazê-lo; lei da mulher forçada, que deveria fazer sinais de forçada, levantando as vestes, caso em que *havia querela com rancura*[47].

Outras leis, porém, têm a data de sua expedição perfeitamente determinada. A guisa de exemplos, mencionaremos as seguintes: lei sobre "homizios por morte ou desonra" (1211); lei de execução de sentença de morte (1211); lei dando poder à Justiça para proceder em caso de queixa contra os tabeliães (1326); lei sobre o encobrimento de homicidas (1311); lei sobre a legítima defesa (1303); lei que estabelece a pena de morte para aqueles que jogam com dados falsos ou chumbados (1266); lei sobre usura (1325-1357); lei sobre traição, quando até mesmo os atos preparatórios da execução do crime eram punidos: "trabalharem contra nós" (1211)[48].

---

(46) V. Livro de Leis e Posturas — p. 478/483, Universidade de Lisboa, Faculdade de Direito, Lisboa, 1971.

(47) As ações podiam ser classificadas em *com rancura* e *sem rancura*. Nas primeiras, "era serem elas com gritaria", o que não ocorria nas sem rancura. As primeiras tinham lugar quando o réu era apanhado em flagrante: o acusador trazia a juízo o corpo de delito e vinha reclamando, hipótese em que havia o combate judicial. (V. a respeito: José Verissimo Alvares da Silva — ob. cit., p. 53/55.

(48) Cf. no Livro de Leis e Posturas: lei da mulher forçada, p. 329; da prova de ferimento, p. 329; prazo para a mulher virgem querelar, p. 257; delito de merda na boca, p. 140; homizios por morte ou desonra, p. 14; execução de pena de morte e cortamento de membros, p. 17; lei para poder as justiças proceder contra os tabeliães, p. 70; encobrimento de homicidas, p. 80; dados falsos ou chumbados, p. 84; usura, p. 322; sentenças interlocutórias, p. 436; lei sobre traição, p. 10.

CAPÍTULO II

AS ORDENAÇÕES DO REINO

SUMÁRIO: 1 — Introdução. 2 — O processo penal deste período. 3 — As Ordenações Afonsinas. 4 — As Ordenações Manuelinas. 5 — A Coleção de Leis Extravagantes de Duarte Nunes Leão. 6 — As Ordenações Filipinas. 7 — As leis extravagantes ou especiais. 8 — Aplicação no Brasil.

1. INTRODUÇÃO

Depois de um período em que o poder central esteve bastante debilitado pelos desmedidos privilégios concedidos à nobreza e ao clero, com o que se possibilitava opressões e espoliações de toda ordem, e que ganhara especial realce no reinado de D. Sancho II, cuja autoridade régia era amiúde desrespeitada, revelando-se o soberano impotente para coibir tais abusos, um novo período se formou.

Deposto D. Sancho II pelo Papa Inocêncio II, que além de chefe da cristandade, tinha Portugal por suserano, foi nomeado D. Afonso, conde de Bolonha para curador do rei, de quem era irmão e legítimo sucessor. O Regente, em Paris, prestou juramento perante representantes do clero e da nobreza, jurando "observar os bons costumes ou foros, escritos ou não escritos", dos concelhos, cavaleiros e de todo o povo, bem como "suprimir os maus costumes e abusos que nos últimos tempos haviam sido introduzidos", especialmente o de "extorquir aos vizinhos do morto a pena pecuniária do homicídio, sobretudo quando é conhecido o autor do crime". Para tanto "poria juízes justos e rectos" por todo o reino, escolhidos por eleição popular ou por outro modo, "para fazer justiça por igual a todos, e para castigar os homicidas com penas exemplares"(1).

O fortalecimento da monarquia já surge com D. Afonso II, mas aparece mais nitidamente sob D. Afonso III, que subiu ao trono em 1248, quando, então, a lei passou a ser expressão exclusiva da vontade

---

(1) Cf. *in* Marcello Caetano — História do Direito Português, tomo I, p. 274.

régia. Este soberano fixou preços sobre mercadorias importadas, em cujas transações passou a incidir imposto régio. Foi esse mesmo rei que, em 1253, criou as *feiras*, depois realizadas periodicamente. Para o seu funcionamento, eram expedidas pelo rei as *cartas de feira*, com as quais se garantia a sua segurança, "definindo-se a *paz* como no mercado, mas considerando qualquer violação dela como crime passível de pesada multa a pagar ao rei". Para a garantia do funcionamento dessas feiras, onde não intervinham as autoridades judiciárias, por faltar-lhes jurisdição, a autoridade era exercida por determinadas pessoas, que MARCELLO CAETANO suspeita tratar-se de *almotacés*(2).

O fortalecimento da monarquia, portanto, coincide, praticamente, com a figura do *rei legislador*, cujas leis foram, paulatinamente, substituindo os usos e costumes fortemente enraizados na sociedade, impregnados de regras implantadas pelos reis visigodos e pelos concílios religiosos regionais, inseridos nos *forais*.

O rei "Afonso III legislou abundantemente e de tal maneira que se pode dizer que essa legislação constitui um verdadeiro corpo legislativo", atividade que depois foi se acentuando com os seus sucessores e que viria, com Afonso V, ser compilada(3).

Em 1279, subiu ao trono D. Diniz. Este rei, em 1290, instituiu o *Estudo Geral de Lisboa*, núcleo das universidades lusitanas. Até então, o ensino que era ministrado nas catedrais e nos mosteiros, não passava do *trivium* e *quatrivium*, com rudimentos de Gramática, Retórica, Dialética, Aritmética, Geometria, Música e Astronomia. O Direito era ensinado sobretudo em Bolonha e Salamanca, para onde acorriam alunos dos vários países, enquanto a Teologia era ministrada em Paris.

Instalado inicialmente em Lisboa, o *Estudo Geral* foi, em 1308, transferido por D. Diniz para Coimbra, onde, após mudanças alternadas entre as duas cidades, fixou-se em definitivo em 1537, agora já estabelecido como Universidade, pois que o Papa Nicolau IV, pela *bula statu regni portugallie*, datada de 9 de agosto de 1290, assim a reconhecera(4).

---

(2) V. Marcello Caetano — História do Direito Português, tomo I, p. 277. *Almotacel* era o homem a cujo cargo estava o de cuidar da exatidão dos pesos e medidas, taxar ou fixar o preço dos gêneros e distribuir mantimentos. A palavra deriva do árabe *al-muhtaçib* (Cf. *in* Dicionário Contemporâneo da Língua Portuguesa — Caldas Aulete, vol. 1, p. 241, edição brasileira da Editora Delta, Rio de Janeiro, 1958).

(3) Nesse sentido: Guilherme Braga da Cruz — ob. cit., p. 373.

(4) A Universidade medieval não possuia a mesma organização da Universidade moderna. O termo *universitas magistrorum et scholarium* designava o conjunto de pessoas consideradas como uma só, para efeitos de direito, constituindo uma pessoa jurídica, que recebia o reconhecimento papal, transformando-se, então, oficialmente, numa corporação ou numa comunidade de professores e alunos, sob a direção de um chefe, o *rector scholarium*. V. a respeito das Universidades de Lisboa e Coimbra, Marcello Caetano, História do Direito Português, tomo I, p. 283/287.

Mas, antes mesmo da sua conversão em Universidade, o *Estudo Geral de Lisboa* já conferia os graus de licenciado em Direito Canônico, em Direito Civil, em Artes e em Medicina, por concessão do Sumo Pontífice ao Bispo de Lisboa, iniciando-se, assim, o desenvolvimento teórico do Direito em Portugal.

Em 1340, os mouros ocupantes foram banidos, definitivamente, do solo lusitano, com a vitória conquistada pelo rei D. Afonso IV, na Batalha do Rio Salado. Antes desse fato, porém, em 1325, D. Afonso IV já havia criado os *Juízes de Fora* e em 2 de dezembro desse mesmo ano, foi promulgada lei sobre as *inquirições devassas.*

Outras modificações, porém, no campo do Direito, foram operadas no reinado de D. Afonso IV. É que, até então, resquícios de vingança privada ainda eram constatados na península, inclusive em Portugal, conquanto não fossem, de regra, tolerados pelo Código Visigótico. Tal ocorria, por exemplo, no homicídio e nas ofensas graves, cujo direito de vingança, a exemplo da investidura militar, era transmitido aos herdeiros. Como informa SILVA FERRÃO, "é bem conhecida a *lei da revindicta,* que prescrevia os termos, a forma, em que cada um podia exercer esse direito, contanto que fosse fidalgo e homem bom. O costume, porém, do reino, ia mais longe, permitindo a todos vingar a desonra dos seus parentes, ou *escoimar;* o costume que D. Afonso IV, em 1363 e 1385, tratou de abolir em grande parte, e que D. Afonso V suprimiu completamente. A *revindicta* importava entre nós, mais alguma cousa, que a vingança das ofensas recebidas, pois, como a mesma palavra o diz, era vingança de vingança tomada. O herdeiro, que tinha recebido o triste legado dela, era obrigado pela força da opinião a retribuir com maior soma de mal ao ofensor, do que aquele que este tinha causado"(5). A *compositio,* contudo, era francamente admitida.

Ao lado das medidas legislativas, onde a lei era a *expressão da vontade do rei,* e que desde Afonso III, já não exigia a convocação das cortes para a sua posterior promulgação, também existiam as *resoluções régias,* que o soberano tomava para atender a pedido do povo, nas cortes. Estas diferiam das leis apenas pelo seu processo formal, pois aquelas não passavam pela chancelaria real e nem tinham de obedecer a outros requisitos formais, reclamados pelas leis propriamente ditas.

D. Pedro I foi o sucessor de D. Afonso IV. Aquele poderia ter ingressado mais profundamente na História de Portugal apenas pelo seu romance com Inês de Castro, que CAMÕES imortalizou. Contudo, a sua passagem pelo trono português está retratada também pelo seu

(5) F.A.F. da Silva Ferrão — Theoria do Direito Penal, vol. I, p. XLVII, Typografia Universal, Lisboa, 1856.

acalentado ideal de justiça, donde o cognome de *o Justiceiro*. Sua justiça, porém, era implacável. PEDRO CALMON, sobre D. Pedro I, escreveu: "Verdade, D. Pedro o cru não provou as consolações da misericórdia, no perdão, que anistiasse os matadores de Inês de Castro. Vingou-a, e ao amor contrário à "razão de Estado", com brutalidade memorável. Mas, insensível à piedade, no coração, que o ódio enregelou, teve pelo menos a mística — ou a mania (pobre desvario de rei passional!) da justiça a todo transe"(6). Mas, não só esse ângulo deve ser visto D. Pedro, o Justiceiro. Afirma-se que este monarca corria todo o território, disposto a ouvir os reclamos do povo, queixas essas que eram efetivamente apuradas. Se verdadeiras, os castigos eram pronta e seguramente aplicados, tanto para o fidalgo como para o peão, na mesma proporção. Daí o amor que lhe era devotado pelo povo, pois, com a sua forma de justiça, ditada mais pelo sentimento pessoal, impedia que as classes privilegiadas tripudiassem sobre os mais pobres e fracos. Mas, talvez em razão das moléstias que o assoberbavam, exagerou na condução dos tormentos, para a obtenção de confissões e na aplicação de sanções crudelíssimas, quando o delito mais lhe despertava a ira.

A D. Pedro I sucedeu seu filho D. Fernando I. Possuidor de espírito débil, deixou-se dominar por sua esposa, Leonor Teles. Esta, mulher arguta, e seu amante, o Conde de Andeiro, diante da fraqueza do governante, determinaram a aproximação dos barões e a tentativa da nobreza de recuperar as prerrogativas perdidas, dando causa a uma aguda crise, em meio à qual ocorreu o passo decisivo na disputa entre os nobres e o clero de um lado, e, de outro, o rei e a burguesia. Antes de morrer, D. Fernando I, moribundo, instado por Leonor Teles, assinou um contrato de casamento de sua única filha, herdeira do trono, com o Rei de Castela, e "lançou-se na aventura de entregar a pátria ao jugo estrangeiro, preço por que esperava garantir-se pessoalmente. Recebeu, para tanto, o apoio de muitos nobres, talvez a maioria, que se não importavam de ver Portugal desaparecer como nação, absorvido no reino vizinho, desde que, por tal via, lograssem resguardar privilégios há tanto tempo periclitantes"(7).

A manobra repugnou a consciência de nacionalidade já existente. Surgiu, então, em meio a um pugilo de heróis, a figura de Nun'Álvares Pereira, o Condestável, quando, então, rompeu-se o equilíbrio existente na luta de classes, operando-se a união da nobreza nacionalista com a burguesia, agora em torno do Mestre de Avis, aspirante ao trono lusitano. Vencida a luta, foi o Mestre de Avis sagrado rei, com o título

(6) Pedro Calmon — O Estado e o Direito nos Lusíadas, p. 81/82, Edições Dois Mundos, MCMXV.

(7) Augusto Thompson — ob. cit., p. 67.

de D. João I, iniciando-se, com ele, a dinastia. Durante esse governo duas figuras se apresentaram: Nun'Álvares Pereira e João das Regras. O primeiro era homem das armas, campeão de cavalaria, de valentia indomável, puro, reto, quase ingênuo, que representava os interesses da nobreza, enquanto o segundo, era jurista, astuto, persuasivo, político de ampla visão, inteligentíssimo, um líder da burguesia. Como os dois defendiam interesses opostos, conflitantes mesmo, uma forte animosidade se estabeleceu entre eles, o que determinou a intervenção sempre pronta e eficaz do rei para afastar a proximidade de um conflito aberto(8).

A eclosão de um sentimento nacionalista e de independência, passou a reclamar a elaboração de uma legislação genuinamente portuguesa, que viesse substituir, de vez, a *Lei das Sete Partidas*. Afirma-se ter João das Regras publicado uma tradução, em língua vulgar, do *Corpus Juris*, onde se apresentavam glosas de Acúrsio e de Bártolo. A este trabalho teria se seguido uma coletânea de leis, de caráter privado, denominada de *Ordenações de D. Duarte*, cujo nome, parece, teria surgido em razão de ter sido a coletânea encontrada na Biblioteca de D. Duarte I, "o qual lhe acrescentou por seu próprio punho uma Tábua ou Índice e um *discurso sobre as virtudes do bom julgador*"(9).

Posterior ao *Livro de Leis e Posturas* e datando da primeira parte do século XV, esta coletânea contém leis de D. João e de D. Duarte I. Embora apresentem, muitas vezes, repetições, as leis estão dispostas por ordem e separadas criteriosamente entre os vários reinados. Estava, assim, lançada a base para a codificação oficial das leis, que se pretendia, constituindo-se em trabalho preparatório para as *Ordenações Afonsinas*.

2. O PROCESSO PENAL DESTE PERÍODO

O período que consideramos corresponde aos reinados de D. Afonso III, D. Diniz, D. Afonso IV, D. Pedro I e do D. Fernando, abrangendo, portanto, a segunda metade do século XIII e quase todo o século XIV, quando se operou grande progresso tanto no Direito Processual (Penal e Civil) como no Direito Penal. Isto não impede que incursionemos pelo período anterior, para possibilitar, talvez, um melhor entendimento.

Com MARCELLO CAETANO, podemos assim resumir as características deste período:

---

(8) Nesse sentido: Augusto Thompson — ob. cit., p. 67.

(9) Guilherme Braga da Cruz — ob. cit., p. 578.

"a) Predomínio progressivo das leis gerais sobre o costume e o Direito foraleiro;

b) Aperfeiçoamento da justiça régia, quer na corte, quer através dos magistrados de jurisdição local;

c) Regulamentação legislativa do processo e diferenciação entre o processo civil e o processo penal, sob a influência do Direito Romano-Canônico, implicando a redução a escrito das peças processuais e a organização do sistema de recursos;

d) Prosseguimento da luta contra a vingança privada;

e) Limitação das jurisdições senhoriais"(10).

Com o fortalecimento do poder real e o surgimento do rei legislador, muitas condutas foram erigidas à categoria de crime, alguns destes punidos com penas crudelíssimas. Apenas para exemplificar, mencionaremos: D. Diniz determinou que descrer de Deus e de Sua Mãe, Santa Maria, ou doestá-los, por quem quer que fosse, constituía crime, sendo o criminoso queimado depois de se lhe extrair a língua pelo pescoço. Também mandou punir com a morte o crime que, pelos forais, era chamado de *merda na boca,* injúria gravíssima que consistia em o ofensor colocar ou mandar colocar excrementos na boca do ofendido, e, em 1311, mandou punir o *encobrimento de malfeitores* com pena equivalente para o autor do delito e para o *encobridor*. Ainda com esse rei apareceu o *delito de burla,* que se caracterizava em o condenado em juízo esconder ou alienar seus bens para evitar a execução da condenação. Seu antecessor, D. Afonso III, determinara a punição das *assuadas,* ou seja, os bandos que os fidalgos convocavam para tomar desforço de ofensas recebidas, em que se reuniam parentes, amigos, vassalos, que se tornavam, às vezes, verdadeiras guerras privadas.

D. Afonso IV legislou para coibir os crimes sexuais, entre os quais alinhou o adultério, que assim era considerado na época; para coibir os jogos de azar, prescreveu a pena de morte para aquele que empregasse dados falsos ou chumbados. Na Carta de Santarém (1331), cuidou dos crimes contra a propriedade, que, pelo Direito foraleiro implicava no pagamento pelo criminoso à vítima de nove vezes o valor dos bens subtraídos ("*furto anoveado*"), mas que, na reincidência, passou a ser punido com a pena de morte. Muitas dessas leis, encontráveis no Livro de Leis e Posturas, ingressaram nas Ordenações Afonsinas.

A partir sobretudo de D. Afonso III, D. Diniz e de D. Afonso IV, procurou-se organizar o sistema judiciário, de maneira a facilitar a todos a provocação da justiça pública.

---

(10) Marcello Caetano — História do Direito Português, tomo I, p. 359.

Na primeira instância, a jurisdição estava afeta aos *juízes das terras da coroa* não organizadas municipalmente e aos *juízes municipais*. Em cada concelho eram eleitos dois juízes de terras ou juízes ordinários, que, em alguns lugares, foram chamados, inicialmente, de *alvazis* ou *alcaides*. A eleição, porém, logo passou a reclamar a confirmação do rei, expedindo-se as *cartas de confirmação dos juízes*. Para conseguir essa *carta*, o juiz eleito era obrigado a prestar juramento na Casa de El-Rei. Mais tarde, essa confirmação passou a ser feita pelos corregedores, e a carta era expedida pela Chancelaria.

Com D. Afonso IV, surgiram os *juízes de fora* ou *juízes por el-rei*. Inicialmente, havia um único juiz de fora, nomeado pelo soberano, que substituia os juízes das terras, mas, por ocasião da epidemia da peste negra, viu-se o rei na contingência de aumentar o número desses juízes, que ficou mantido, não obstante os protestos do povo, pelos ônus que representava a manutenção desses juízes, aos concelhos. Entre os juízes de fora distinguia-se a competência ordinária entre juízes do cível e juízes do crime.

Durante o período que estamos examinando introduz-se o *juízo arbitral*, talvez nascente nas Sete Partidas (Partida III, Tít. IV, ley XXIII), que era instituído mediante compromisso entre as partes, firmado perante os juízes ordinários. Cada uma das partes podia indicar o árbitro da sua confiança ou da sua banda (*juiz bandeiro*), e, também de comum acordo escolher o árbitro desempatador — *juiz de comeyos* —. As sentenças eram confiadas aos juízes ordinários, que as faziam executar.

Ainda no século XIV cresceu a influência dos corregedores, que, já ao tempo de D. Afonso III, tinham a função de inspeccionar e regularizar a administração e a justiça onde o rei não pudesse estar. Eram os *meirinhos-mores*, que podiam julgar os juízes das terras e também conhecer dos feitos que por estes lhes eram transmitidos. Mas, os corregedores, com honras de governadores, no lugar dos meirinhos, só começaram a aparecer no reinado de D. Diniz, já agora com funções administrativas e judiciárias, razão porque se reclamava que fossem letrados. Não podiam, porém, exercer jurisdição civil ou criminal no lugar dos juízes, salvo quando estes lhes declarassem a sua impossibilidade de julgar conforme o direito e a justiça. Estes corregedores faziam-se acompanhar de funcionários e de *oficiais privativos*, quando das correições. Acrescentamos que todos os textos a que nos referimos estão recolhidos no Livro das Leis e Posturas.

Vista, ainda que superficialmente, a organização judiciária desse período, passemos agora aos procedimentos, seguindo, uma vez mais, o percuciente trabalho de MARCELO CAETANO.

No período que estamos examinando, operava-se uma transição tanto nos *concelhos*(11) como nos *senhorios*, que continuavam a observar o Direito consuetudinário e os forais, conquanto já se manifestasse um ajustamento às novas idéias. Na corte, novas formas processuais eram adotadas, por inspiração no Direito Romano, e, também do Código Visigótico. Por força disso, temos:

a) *Notitia criminis* — desde D. Diniz os tabeliães eram obrigados a anotar todas as *malfeitorias* praticadas na localidade e que ao seu conhecimento chegassem, observando se fora ou não instaurado o processo, e, quando o rei, ou o corregedor, ou, ainda, o meirinho, passassem pela localidade deveriam examinar essas notícias.

b) *Início do processo* — fazia-se a distinção entre os delitos que só podiam ser perseguidos mediante *querela* dos interessados e aqueles que deveriam ser inquiridos pelos juiz.

Querela era a queixa apresentada pela vítima ao juiz, que devia ser registada por tabelião perante testemunhas, e, a seguir, uma vez prestado pelo querelante o *juramento de malícia ou de calúnia* — querela jurada — devia-se indicar as testemunhas para a prova da acusação, ou, pedir prazo para assim proceder. Em certos casos, deveria o querelante indicar *fiadores* para que este, em caso de abandono da acusação ou provada a malícia, ficasse responsável pelas custas processuais e pela indenização ao querelado.

Para a mulher forçada ou seduzida, o prazo para o oferecimento de *querela* era de trinta dias, contanto que estivesse em lugar povoado. Tal prazo, parece-nos, era decadencial.

Também existia a *investigação oficiosa* ou *ex-officio*, quando chegasse ao conhecimento do juiz a prática de delito grave nos limites de sua jurisdição e que não tivesse sido oferecida *querela*. Nesses casos, *de ofício*, o juiz devia determinar a instauração de inquirição devassa, ou seja, inquérito público para a apuração da autoria. Nesses casos, deveriam depor todas as pessoas que pudessem esclarecer o fato. A obrigatoriedade de depor, no início, só atingia o homicídio, mas, ao depois, passou a abranger as lesões corporais, furto, delitos de estupro (*mulheres forçadas*) e outros crimes cujo autor ficasse sujeito a penas corporais.

---

(11) Antigamente se tomou a palavra *concelho* no significado de sínodo, assembléia eclesiástica e concílio. Para Herculano, era o mesmo que município (op. cit., V. VII, p. 83). Marcello Caetano: "Seria a povoação de homens livres onde reunisse a assembléia para deliberar sobre os seus interesses comuns e que exercesse, normalmente por meio de magistrados que a representassem, a autoridade necessária para fazer acatar as deliberações tomadas e para se comportar como pessoa jurídica nas relações com as outras entidades" (História ..., I, p. 221).

c) *Juiz competente* — quando o feito não estivesse dentro da competência da corte, o seu conhecimento e julgamento, em primeira instância, estava afeto aos juízes do lugar onde houvesse ocorrido o fato.

d) *Prisão preventiva* — durante toda a Idade Média, mereceu a prisão preventiva uma especial preocupação dos soberanos e procuradores dos concelhos em cortes, para evitar-se as prisões ilegais, arbitrárias, que tirasse do inocente a sua liberdade. Nos *concelhos* só os juízes podiam ordenar a captura; nas localidades onde existisse castelo, o policiamento pertencia ao *alcaide*, que o delegava no *alcaide-menor*. Os meirinhos e corregedores, quando de suas inspecções, podiam ordenar a prisão de suspeitos.

Pelos forais, se a prisão não fosse ordenada pelos juízes, *alvazis* ou *alcaides*, os presos deveriam ser a estes imediatamente apresentados. O juiz, então, averiguava se havia ou não fundamento para a prisão em flagrante, e, se fundamento faltasse, expedia ordem de soltura. A partir da lei de 1264, outorgada por D. Afonso III, proibiu-se a prisão se o detido desse fiadores para a garantia do seu futuro comparecimento perante os juízes. Havia, porém, exceções para os homicidas, autores de *feridas ou chagas* graves, incendiários, autores de furto manifesto, "*britadores de igrejas*", etc., os quais deveriam ser logo apresentados ao juiz, antes mesmo de seu recolhimento à prisão do castelo, para que pudessem ser defendidos por advogados. Essa doutrina, posteriormente, foi reafirmada por D. Afonso III.

e) *Acusação e defesa* — oferecidas as testemunhas pelo querelante, ou apurada a autoria em inquirição devassa instaurada de ofício, era a acusação comunicada ao acusado, que podia confessá-la total ou parcialmente, ou negá-la. Se houvesse confissão, proferia-se a sentença condenatória, eis que a confissão era reconhecida como a *rainha das provas*. Se o acusado negasse a autoria, o escrivão ou tabelião registava essa negativa e o juiz lhe mandava elaborar *artigos de acusação*, "*os melhores e os mais cumpridos que puderem ser, de guisa que por míngua dos artigos não mingue nem se tolha a prova da acusação*". Os *artigos de acusação* e o nome das testemunhas eram comunicados ao réu, ao qual se concedia a oportunidade de indicar testemunhas de defesa e opor contradita às do adversário.

f) *Prova* — a inquirição de testemunhas era feita pelo juiz sobre o que conhecessem acerca do fato. Existiam as testemunhas presenciais ("*de vista*", "*de ouvida*" ou "*de crença*"). Se o juiz entendesse provada a acusação ou se da prova extraísse forte presunção de culpabilidade, podia submeter o réu a *tormento*, meio pelo qual se procurava extrair a confissão.

g) *Assistência judiciária* — aquele que acusava alguém de crime e depois não pudesse continuar na acusação, por falta de recursos, era considerado como acusador malicioso, do que lhe originava uma punição. Com D. Afonso IV, porém, a situação modificou-se. Se o acusador, por pobreza, não pudesse prosseguir com a acusação, o juiz, certificando-se da verdade da alegação, determinava que o acusador prestasse o juramento de malícia e indicasse as testemunhas, ficando, assim, o pagamento das custas a encargo do *concelho* onde o fato ocorreu. A despesa era inscrita como dívida para com o erário municipal e só seria paga se algum dia o acusador dispusesse de recursos para tanto.

h) *Sentença* — A partir de D. Diniz, a sentença passou a ser, obrigatoriamente, escrita. Na prática, o juiz a ditava aos tabeliães presentes em audiência, ou ao escrivão de seu ofício.

i) *Execução da pena de morte* — Uma lei de D. Afonso II determinou que toda sentença em que fosse aplicada a pena capital ou de mutilação de membro, a sua execução deveria ser retardada por vinte dias e só tivesse lugar se nesse prazo não tivesse sido revogada. Tal disposição, porém, seria muito pouco observada(12).

3. AS ORDENAÇÕES AFONSINAS

Um preâmbulo das Ordenações Afonsinas, constante da edição integrante da Coleção da Legislação Antiga e Moderna do Reino de Portugal, cuja feitura é de Luís Joaquim Correa da Silva, nos fornece a sua própria história, ao que se acrescentam certas referências contidas nas crônicas de Fernão Lopes.

Esse prefácio nos dá conta de que os povos tinham salientado nas cortes, por repetidas vezes, ao Rei D. João I, a necessidade da organização de uma coletânea legislativa do Reino, para evitar-se a incerteza resultante da dispersa legislação existente e para facilitar a administração da justiça. Atendendo a essa solicitação, o Rei nomeou para a tarefa o Corregedor da Corte, João Mendes, que logo após foi colhido pela morte. Por tal razão, admite-se que apenas o primeiro livro é de sua lavra. Estima-se que a determinação real para a elaboração da compilação ocorreu após o ano de 1404, portanto, após a morte de João das Regras. É que, se vivo fosse este, a escolha não poderia recair sobre outra pessoa, em razão da influência profunda e grande prestígio que possuia junto ao monarca(13).

---

(12) V. a respeito: Marcello Caetano — História do Direito Português, tomo I, p. 360 e segtes. V. Liv. Leis e Posturas, p. 17.

(13) V. Cândido Mendes de Almeida — Codigo Philippino, p. XX, 14.ª edição da Typographia do Instituto Philomathico, Rio, 1870. A edição a que nos referimos é de 1792.

Perturbações internas, porém, impediram a conclusão do trabalho durante o reinado de D. João I, como o prólogo das Ordenações deixa evidenciado: "*alguns empachos que se seguiram*". A tarefa seria retomada no reinado de D. Duarte, agora por outro legislante, Rui Fernandes, que gozava da confiança régia, "*tendo grã desejo, que em seus dias fossem acabados*". O reinado de D. Duarte, porém, foi efêmero, com duração de quase cinco anos, e a obra deveria ingressar no reinado seguinte. Subiu ao trono, então, D. Afonso V, com apenas sete anos de idade, e, por tal motivo, a direção do país foi entregue ao Infante D. Pedro, tio do pequenino rei. O Regente determinou ao Dr. Rui Fernandes "*que prosseguisse a dita obra quanto bem pudesse, e não alçasse dela mão por nenhum caso, até que com a graça de Deus a pusesse em boa perfeição*", tornando-se, o Regente, a alma de sua publicação(14).

O trabalho ficou concluído em 28 de julho de 1446, na Vila da Arruda. Determinou-se, então, que uma junta revisasse o trabalho executado, recaindo a nomeação no Dr. Lopo Vasques, Corregedor da Cidade de Lisboa, em Fernão Rodrigues, do Desembargo "*do dito Senhor Rei*", em Luiz Martins e no próprio Rui Fernandes. Algumas alterações foram introduzidas e as Ordenações, com o nome de Afonsinas, vieram a público provavelmente no mesmo ano de 1446 ou no ano seguinte, por ordem do Infante D. Pedro, em nome de D. Afonso V. Estas, como "código completo, dispondo sobre quase todas as matérias da administração de um Estado, foi evidentemente o primeiro que se publicou na Europa e assinala uma época importante"(15).

Assinala AUGUSTO THOMPSON que as Ordenações Afonsinas, "usando por padrão ou modelo a doutrina do *Corpus Juris*, seguiu quanto ao método e à disposição das matérias, as Decretais do Papa Gregório IX. Assim, têm largo assento nele o Direito romano de Justiniano e o Direito Canônico, notando-se como fontes principais: o Direito Civil de Justiniano, conhecido pelo nome de Leis Imperiais; o Canônico, que se fez célebre na Europa logo depois do meio do século XII, debaixo do nome de Direito Comum, com as doutrinas dos glosadores e intérpretes; o Código Visigótico, na versão do Fuero Juzgo; as Leis das Sete Partidas; as leis editadas pelos monarcas, desde Afonso II; as resoluções das cortes, celebradas desde Afonso IV; as concordatas de D. Diniz, D. Pedro e D. João; alguns costumes e forais"(16).

As Ordenações Afonsinas estão divididas em cinco livros, sendo o primeiro, em sua totalidade, em forma legislativa, enquanto os demais

(14) Cf. *in* Guilherme Braga da Cruz — ob. cit., p. 381.

(15) Cândido Mendes de Almeida — ob. cit., p. XXI.

(16) Augusto Thompson — ob. cit., p. 70/71.

seguem um sistema que, como já se disse, pode ser classificado como histórico-cronológico-sistemático-sintético. Daí se afirmar ter sido o primeiro livro de autoria de João Mendes e os demais de Rui Fernandes. Cada um dos cinco livros está dividido em títulos, com rubricas indicativas do objeto respectivo.

O *Livro I* contém os regimentos dos diversos cargos públicos, disposições relativas aos grandes oficiais do Paço e aos altos funcionários militares.

O *Livro II* cuida dos bens e privilégios da Igreja, dos direitos do rei e da administração fiscal, da jurisdição dos donatários régios e das prerrogativas da nobreza. Também contém uma legislação especial para os judeus e para os mouros.

O *Livro III* regula a forma do processo civil.

O *Livro IV* contém o Direito Civil, principalmente a doutrina de algumas espécies de contrato, testamento, sucessão, partilhas e curatela.

O *Livro V* trata dos delitos, das penas e do processo penal, naquilo de que ele é próprio e diverge do processo civil da época.

A respeito deste Livro, assim se manifestou COELHO DA ROCHA: "Os defeitos dos Códigos criminais da meia idade se acham neste de mistura com as disposições de Direito Romano e Canônico. O legislador não teve em vista tanto os fins das penas, e a sua proporção com o delito, como conter os homens por meio do terror e do sangue. O crime de feitiçaria e encantos, o trato ilícito de cristão com judia ou moura, e o furto do valor de marco de prata, são igualmente punidos com pena de morte. O crime de lesa-majestade foi adotado com todo o odioso das leis imperiais, assim quanto à qualidade do crime, como quanto ao modo de o processar. Na imposição da pena reconhece-se a desigualdade do sistema feudal: aos nobres impõem-se sempre penas menores do que aos plebeus. O marido podia em flagrante matar impunemente o adúltero, exceto se este fosse cavaleiro ou fidalgo de solar, em atenção à sua pessoa e fidalguia. Para a indagação dos crimes admitia-se não só o meio da acusação do Direito Romano e as querelas, filhas dos antigos costumes, mas também as inquirições devassas do Direito Canônico"([17]). Essas inquirições devassas se processam de três modos: a *acusação,* que se inscrevia pelo auto de querela; a *denúncia,* meio de delação secreta e da súplica dos fracos, que não se inscrevia e a *inquirição,* normalmente "ex-officio"([18]).

---

(17) Coelho da Rocha — Ensaio sobre a História e o Governo de Portugal, p. 124, Sétima Edição.

(18) Cf. *in* João Mendes de Almeida Júnior — ob. cit., tomo I, p. 107.

Seguia-se a citação "com as formalidades do juramento e de nomeação de duas testemunhas, ou de três. Mas, nos casos de inquirição, ele só era citado após ouvidas as testemunhas"(19).

No interrogatório, o réu podia confessar o delito e exigir que as testemunhas da devassa se tornassem judiciais, isto é, que fossem inquiridas pelo juiz na sua presença. Nisso consistia a *recolatio* e a *confrontatio*. Terminadas as inquirições, dava-se ao réu termo para a sua defesa, ou, na expressão dos canonistas, *"ad allegandum quidquid vult ne condemnetur, et ad omnes suas defensiones faciendas"*.

É importante assinalar que as Ordenações Afonsinas apresentam um flagrante combate à vingança privada, que, aliás, era a tônica das legislações a partir do século XIII, como já vimos, em favor do publicismo da justiça penal. É o que se pode observar de todo o livro V, Título IV(20)).

Os autores são unânimes em exaltar a importância das Ordenações Afonsinas, principalmente, em razão do seu pioneirismo e da época em que surgiu, constituindo-se no ponto de partida para a posterior evolução do Direito português, inclusive e principalmente, para as Ordenações Manuelinas e Filipinas, as quais mantiveram essencialmente o plano das primitivas e se limitaram a introduzir alterações em diferentes lugares. As Ordenações Afonsinas são, assim, um *marco fundamental* na história do Direito português.

Sem dúvida, apresentava imperfeições, contradições e mesmo falta de unidade de plano e contemplava grande número de infrações religiosas, às quais cominava penas atrozes. Deve-se, porém, ter-se em conta a época em que foram compiladas, o momento histórico vivido, e, só assim, se poderá bem avaliar o seu significado.

4. AS ORDENAÇÕES MANUELINAS

Em 1505, portanto, 59 anos após a promulgação das Ordenações Afonsinas, D. Manuel I, o Venturoso, mandou revisá-las. Para essa ta-

---

(19) Joaquim Canuto Mendes de Almeida — Princípios Fundamentais do Processo Penal, p. 54, editora R.T., São Paulo, 1973.

(20) V. Livro V, Tít. LIII, § 5.º: "Estabelecemos, e pomos por lei para sempre com conselho de nossa Corte, que nenhum Fidalgo não deva, nem possa acoimar no nosso Senhorio morte, ou desonra, que daqui em diante façam a ele, ou a seu Padre, ou Irmão, ou a qualquer outro parente, ou pessoa, por que ante per costume podia acoimar, também homem, como mulher; mais mandamos e queremos que perante nós, e a nossa Corte, ou perante as nossas Justiças das terras, acusem e demandem, para haverem cumprimento de direito; e nós, e a nossa Corte, e as nossas Justiças lhes daremos penas, segundo seus merecimentos" (Cf. *in* Augusto Thompson — ob. cit., p. 72, em nota).

refa, encarregou o chanceler-mor Rui Boto, o licenciado Rui da Grã, que era desembargador do Paço e corregedor cível da corte, e João Cotrim, com a determinação de alterar, suprimir e acrescentar, na compilação anterior, o que entendessem necessário.

Os estudiosos se perguntam dos motivos e razões que levaram D. Manuel I a determinar a refórma da compilação. De uma maneira geral, são alinhados os seguintes:

a) a descoberta da imprensa. Com esta havia a possibilidade de sua aquisição e, por conseqüência, o seu conhecimento por toda população;

b) a legislação posterior, constituída de uma multidão de leis extravagantes;

c) modernização do estilo, evitando-se, assim, a transcrição fastidiosa das leis antigas, muitas das quais já revogadas ou em desuso;

d) o desejo do monarca em ingressar na história por meio de uma obra legislativa de vulto, ele que já ostentava a glória indelével do descobrimento do Brasil e do caminho marítimo para as Índias.

Dele, dizia DAMIÃO DE GÓIS: "El-Rei D. Manuel foi naturalmente amador da honra e desejoso de deixar de si memória, e boas leis, e foros a seus sujeitos e vassalos, do que movido começou neste ano de 1505 um negócio de muito trabalho, que foi mandar reformar as leis e ordenações antigas do reino, e acrescentar nelas algumas coisas que lhe pareceram necessárias, e assim fez por serviço de Deus uma obra digna de muito louvor..."(21).

Quaisquer que fossem os motivos, esses ou outros, ou até mesmo um ou alguns deles, o certo é que alguns anos depois, as pessoas encarregadas completavam a sua missão, e, em 1514, a obra estava completada e impressa.

"Aqui levanta-se um problema curioso, que é o seguinte: conhece-se um exemplar impresso do livro 1.º das Ordenações com data de 1512 e outro do livro 2.º com data de 1513, só se conhecendo porém exemplares completos dos 5 livros, datados de 1514. É lícito, portanto, perguntar se já teria havido, antes de 1514, edições completas das Ordenações Manuelinas, de que os livros hoje conhecidos seriam meros fragmentos, ou, se, pelo contrário, esses dois livros teriam sido impressos isoladamente em 1512 e 1513, sendo de 1514 a primeira edição completa. Esta última hipótese é a mais verossímel. As coisas devem ter-se passado desta maneira: Em 1512 foi impresso o 1.º livro. Em 1513 o 2.º livro e em 1514 foram impressos os restantes livros (o 3.º, o 4.º e o 5.º) e aproveitou-se a ocasião para reimprimir o 1.º e o 2.º,

(21) Cf. *in* José Anastácio de Figueiredo — ob. cit., p. 252.

apresentando-se assim ao público uma edição completa. É essa a razão por que se costuma apresentar o ano de 1514 como data da 1.ª edição completa das Ordenações Manuelinas"(22).

A reforma legislativa, realizada às pressas, não satisfez a expectativa de D. Manuel. Por tal razão, o soberano mandou inutilizar todos os exemplares, com exceção daquele encontrável na Torre do Tombo. Daí a raridade dessa obra.

Foi, em seguida, nomeada uma nova comissão para a elaboração da coletânea legislativa encomendada. Embora se afirme terem dessa comissão participado os desembargadores Cristóvão Esteves, João Cotrim e João de Faria, sob a presidência do primeiro, só o nome de Cristóvão Esteves não encontra a menor oposição entre os historiadores.

Quando se fala nas Ordenações Manuelinas, a referência que se faz é às Ordenações publicadas a 11 de março de 1521, justamente aquelas que tiveram aplicação por grande parte do século e que foram impressas por Jacobo Cromberger.

No que respeita ao sistema adotado, as Ordenações Manuelinas seguiram o plano de distribuição adotado pela anterior. O método utilizado, porém, foi outro, ou seja, o sistemático-sintético.

Modificações foram operadas em todos os Livros. Interessa-nos aquelas que envolvem o Direito Processual Penal.

À época da promulgação das Ordenações Manuelinas, as ações não mais se iniciavam por clamores, mas sim por *querelas juradas*, ou por *denúncias* ou por *inquirições devassas*. A escrita já estava bastante difundida e os tabeliães, inquiridores e outros oficiais da justiça eram auxiliares da justiça real.

Deu-se maior destaque ao cargo de promotor público ou promotor de justiça, que "*deve ser letrado e bem entendido, para saber espertar e aleguar as causas e razões, que pera lume e clareza da justiça e pera inteira conservaçom della convem: ao qual mandamos que, com grande cuidado e diligencia, requeira todas as causas que pertencerem á justiça, e conservaçom de nossa jurisdiçom*".

As formas canônicas passaram a preponderar. Os casos de ações criminais ficaram melhor determinados. Dentre outras prescrições, ficou estabelecida a necessidade de juramento do *quereloso* e a abonação de uma testemunha conhecida para o recebimento de qualquer *querela*.

JOSÉ VERÍSSIMO ÁLVARES DA SILVA observou que: "Ao tempo de D. Manuel, logo que alguém dava querela, o julgador prendia o que-

(22) Guilherme Braga da Cruz — ob. cit., p. 389/390.

relado, exceto nos casos de crimes e infrações de menor gravidade, que exigiam, além da querela, uma prova sumária das argüições dada no prazo de vinte dias. A exceção — segundo esse autor — se tornou regra, depois das Ordenações Filipinas, de 1603, devido a uma mutilação do código manuelino empreendida pelos filipistas. E, assim, todas as querelas para obrigarem à prisão, ficaram dependentes do sumário conhecimento de três ou quatro testemunhas"(23). Encontra-se, aí, a origem do nosso atual sumário de culpa.

Também nas Ordenações Manuelinas as disposições acerca do Direito Penal e algumas de processo penal encontram-se no Livro V. Queremos, por derradeiro, deixar assinalado que havia apelação não só para as sentenças definitivas, mas também para a interlocutória irreparável, como aquela em que "*o juiz julgasse metter o preso a tormento*". Em se tratando de sentença definitiva, se a apelação não fosse interposta pela parte, o juiz deveria interpô-la de ofício. Para os juízes que não observassem as Ordenações, eram cominadas penas. MARCELLO CAETANO informa que "havendo dúvidas quanto ao sentido dalguma lei deveriam ser expostas ao Regedor da Casa da Suplicação (que era um dos tribunais da Corte em que se convertera a antiga primeira mesa da sua Casa de Justiça), para em "relação" com os desembargadores se decidir da interpretação a adoptar. Está aqui a origem dos assentos da Casa da Suplicação"(24).

5. A COLEÇÃO DE LEIS EXTRAVAGANTES DE DUARTE NUNES LEÃO

Com o correr do tempo, muitas outras leis foram elaboradas, algumas alterando disposições das Ordenações, outras revogando-as, enquanto outras mais esclareciam o seu texto. A dispersão causava grandes dificuldades àqueles que pretendiam conhecer a legislação vigente. A reforma da Universidade de Coimbra, em 1537, por determinação de D. João III, gerou uma obsessão legislativa, por ter o monarca convidado professores de nomeada de outros países para ingressar no corpo docente conimbricense.

A menoridade de D. Sebastião, que assumira o trono, trouxe D. Henrique para o exercício da Regência. Foi este quem determinou a Duarte Nunes de Leão que elaborasse uma coletânea oficial das leis em vigor. O convidado, antes desse convite, por sua própria iniciativa, já fizera publicar, em 1560, um Repertório em que constava as leis extravagantes ao lado das Ordenações Manuelinas.

Dessa tarefa, desincumbiu-se Duarte Nunes Leão. O Rei, então, determinou ao Regedor da Casa da Suplicação, Lourenço da Silva e a

(23) Cf. *in* Joaquim Canuto Mendes de Almeida — Princípios fundamentais do Processo Penal, p. 56.

(24) Marcello Caetano — Lições de História do Direito Português, p. 266.

"*outros letrados do meu conselho e desembargo*", que revissem o trabalho executado. Como a compilação era fidedigna, o Alvará de 14 de fevereiro de 1569 a aprovou e mandou que fosse observada.

A Coleção de Leis em exame estava dividida em seis partes e nela uma das leis mais importantes foi incluída: a *Ordem do Juízo*, na qual estava estabelecida a ordem que os processos deviam seguir, em Juízo.

Alguns autores denominam esta compilação de Ordenações Sebastiânicas. Todavia, as características que ela apresenta não nos permite dotar-lhe um nome tão pretensioso.

6. AS ORDENAÇÕES FILIPINAS

Permitimo-nos, não obstante a já esclarecida limitação deste trabalho, analisar com maior profundidade as Ordenações Filipinas, pois foram elas que, por mais de dois séculos, foram aplicadas no nosso País, até mesmo depois da independência, como se verá, oportunamente. Para uma melhor compreensão, o assunto será dividido em tópicos.

a) *Introdução*: A morte de D. João III, em 1557, fez com que o Cardeal D. Henrique assumisse, na qualidade de Regente, o poder, pois D. Sebastião, o herdeiro do trono, contava com apenas três anos de idade. D. Sebastião, ao atingir a idade de quatorze anos, libertou-se da tutela de seu tio e assumiu o trono com plenos poderes. Muito jovem e despreparado para as funções de Chefe de Estado, ao que se associa uma personalidade mórbida e sonhadora, o jovem rei atirou-se à aventura de tomar o Marrocos aos mouros, sem que dispusesse de recursos para tal empreitada bélica. Na Batalha de Alcácer-Quibir, o jovem soberano encontrou a morte. Assumiu o trono, a partir de então, o Cardeal D. Henrique, que possuia discutíveis qualidades de governante e nenhuma autoridade para debelar a grave crise que assolava o país. Sua morte possibilitou a Filipe II, de Espanha, empolgar, por herança, o trono lusitano. Em 1581, era sagrado Rei de Portugal, com o título de Felipe I.

Filipe I (II, de Espanha) mandou refundir as Ordenações. Observa BRAGA DA CRUZ que essa determinação não correspondeu a qualquer capricho do monarca, mas sim a uma imperiosa necessidade, da qual se davam conta os próprios portugueses. Político habilíssimo, o rei não quis desprezar a oportunidade "de mostrar aos portugueses o respeito que lhe mereciam as leis tradicionais do país e o interesse verdadeiramente nacional que as inspirava"(25).

---

(25) Guilherme Braga da Cruz — ob. cit., p. 395. O monarca teria seguido os conselhos de Simão Gonsalves Preto, desembargador do Paço e chanceler-mor do Reino. A carta dirigida ao Rei Filipe II é encontrada, na íntegra, *in* NUNO J. ESPINOSA GOMES DA SILVA, "Sobre os compiladores das Ordenações Filipinas", p. 14/18, separata do Boletim do Ministério da Justiça, n.º 264, Lisboa, 1977.

A nova compilação, fazia-se mesmo necessária. Após a coleção de Duarte Nunes Leão, a legislação continuou a aumentar exuberantemente, tanto nos reinados de D. Sebastião e de D. Henrique, como no do próprio Filipe I, sobretudo neste, que promulgou dois importantes diplomas legislativos: o *Regimento da Relação do Porto* e a *Lei de Reformação da Justiça.*

Não são conhecidos os nomes de todos os jurisconsultos que realizaram a tarefa. Parece que os historiadores portugueses, pela fácil adesão deles ao partido estrangeiro, procuram ignorá-los. Contudo, entre os realizadores do trabalho aponta-se Jorge de Cabedo, cujo valor de jurisconsulto é indiscutível, e a quem se atribui a fama de principal realizador. Também são mencionados os nomes de Paulo Afonso, Pedro Barbosa, Afonso Vaz Tenreiro e Damião de Aguiar.

A empreitada ficou concluída em 1595 e uma lei de junho desse mesmo ano determinou a sua observância. Motivos obscuros, entretanto, obstacularam a sua aplicação. Com a morte de D. Felipe I (de Portugal), ocorrida em 1598, o diploma foi submetido a uma revisão por uma comissão especialmente designada. Dela participavam Melchior do Amaral, Damião de Aguiar, Diogo da Fonseca, Jorge Cabedo e Henrique de Souza. Informa-se que modificações foram realizadas pela comissão revisora.

As Ordenações Filipinas só foram definitivamente promulgadas no reinado de D. Felipe II (III, de Espanha), entrando em vigor por lei de 11 de janeiro de 1603.

b) *Fontes* — As Ordenações Filipinas tiveram por fonte as Ordenações Manuelinas, a Coletânea de Duarte Nunes de Leão e a legislação extravagante posterior. Nela, apresenta-se claramente a preocupação de atualização, que se sobrepõe à de inovação. Preservou-se o espírito da legislação lusa, mas, aproveitou-se da oportunidade para a modernização da linguagem. Portanto, só em medida muito restrita a legislação espanhola influiu nas Ordenações Filipinas. Até mesmo quanto às *Leis de Touro,* promulgadas ao tempo de D. Joana, a Louca, discutível se torna a sua introdução a título de inovação, pois elas já tinham sido, anteriormente, consagradas pelas prática dos tribunais lusitanos e pelos jurisconsultos.

c) *Combate à justiça privada* — A luta contra a justiça privada, que começou com o fortalecimento do poder real e que ganhara maior ênfase com as duas primeiras compilações, prosseguiu com as Ordenações Filipinas. As disposições reveladoras da substituição da justiça privada pela justiça pública, nestas últimas Ordenações, são encontradas principalmente no Livro V, mas se manifestam também nos demais livros. A título de exemplificação, transcrevemos algumas delas:

"Qualquer pessoa, que com ajuntamento de gente, além dos que em sua casa tiver, entrar em casa de alguém para lhe fazer mal, e o ferir a ele ou a outrem, que na dita casa estiver, morra morte natural" (Livro V, Tít. XLV).

"Defendemos, que pessoa alguma, de qualquer condição que seja, assim nosso natural, como estrangeiro, posto que seja Oficial de armas, não seja ousado, que em nossos Reinos e Senhorios em seu nome, ou de outrem repte e desafie outro, ou o requeira para se com ele matar. . ." (Dos que fazem desafio, Livro V, Tít. XLIII)(26).

Outras disposições, como já acentuamos, são encontradas em outros livros. É o que ocorre na reintegração na posse (Livro IV, Tít. LVIII), na penhora (Livro IV, Tít. LVII), por exemplo.

Não obstante, é de se assinalar que a orientação de publicizar a justiça encontra na própria compilação exceções, em disposições reveladoras da vingança privada: "Do que matou sua mulher, por encontrá-la em adultério", hipótese em que o marido estava autorizado a levar reforço para a execução (Livro V, Tít. XXXVIII); "Banidos", reminiscência da *perda da paz* do Direito medieval (Livro V, Tít. CXXVI).

d) *O processo penal* — Em matéria de processo penal, as Ordenações Filipinas repetiram, em grande parte, o conteúdo das outras Ordenações. A importância que, para nós, ela assume, está na razão direta da sua aplicação no nosso País.

Embora formalmente, as Ordenações Manuelinas e as compilações de Duarte Nunes de Leão vigorassem à época das capitanias hereditárias e dos primeiros governos gerais, segundo o que se tem afirmado, no Brasil vigoravam as determinações régias, aliadas às *Cartas de Doação*, com força semelhante à dos *forais*, por elas regulando a justiça local. O Direito empregado, no período das capitanias hereditárias, na prática, era quase o arbítrio dos donatários. Aquelas legislações vigorariam, portanto, restritamente.

MAGALHÃES NORONHA, fundado numa narrativa de TAUNAY, nos informa o seguinte: "Para se ter uma idéia de como iam as coisas referentes à justiça naquela época, basta lembrar o episódio ocorrido em Piratininga, em 13 de junho de 1587, de que o almotacel (magistrado de categoria inferior ao juiz ordinário) João Maciel pediu aos vereadores que lhe dessem as Ordenações (certamente o Código Sebastiânico), pois não podia, sem elas, exercer suas funções. Taunay, que nos narra este episódio, acrescenta não se ter encontrado um só exemplar!"(27)

---

(26) Na transcrição, utilizamos o texto constante do nosso trabalho "Códigos Penais do Brasil — evolução histórica", atualizando a linguagem.

(27) E. Magalhães Noronha — Direito Penal, 1.º vol., parte geral, 15.ª edição, Saraiva, 1978.

O juízo criminal era distinto do cível, como assinala VANGUERVE CABRAL: "o Juizo Judicial he separado, porque os Juizes Criminaes não se podem intrometter no civel... mas provado o delicto, pódem incidentemente conhecer da causa civil, condemnando na restituição do damno... E se deduz que quando se trata de accusação de algum crime, se diz Juizo Criminal.... E os Juizes civis não se intromettem no crime, por as causas civis serem separadas das criminaes..."(28)

Isto também assinalou PEREIRA E SOUZA: "Nos Juízos Criminais se tratam as causas criminais; isto é, as questões acerca de fatos que ofendem a paz pública, ou os direitos dos cidadãos"(29).

O sistema do processo criminal ordinário das Ordenações Filipinas tinha a mesma ordem e solenidades do processo civil ordinário, no que fosse adaptável(30). Os procedimentos estavam divididos de conformidade com os delitos, classificados estes em *públicos* e *particulares*. Nos crimes particulares, a acusação dependia: da *querela*, da *inquirição sumária*, do *corpo de delito* e da *pronúncia*. Nos crimes públicos, por seu turno, a acusação estava na dependência: da *querela* ou da *denúncia;* da *caução das custas*, *emenda* e *satisfação*; do *corpo de delito* e da *pronúncia* ou da *devassa*, como instrumento do procedimento oficial do juiz, seguida da inquirição judicial das testemunhas, isto é, de sua repergunta e confrontação em presença do réu, e, a final, da pronúncia(31).

A pronúncia tinha por base o *corpo de delito* e os *indícios de autoria*. A confissão, os instrumentos, as testemunhas e os tormentos fundamentavam o julgamento.

Parece-nos oportuno esclarecer que a pronúncia era a sentença do juiz que declarava o réu suspeito do delito, que o tornava objeto da *devassa ou da querela* contra ele dada e que o colocava no número dos culpados(32). *Tormentos* eram perguntas judiciais feitas ao réu de crimes graves a fim de compeli-lo a dizer a verdade por meio de torturas. Devassas eram as inquirições para a informação dos delitos(33). Estas eram classificadas em devassas gerais e devassas especiais. Serão examinadas, em particular, no momento apropriado.

---

(28) Antônio Cabral Vanguerve — Pratica Judicial muyto util, e necessaria, p. 36, Rollandiana, Lisboa, 1842.

(29) Joaquim José Caetano Pereira e Souza — Primeiras Linhas sobre o Processo Criminal, p. 16, Impressão Regia, Lisboa, 1831.

(30) Joaquim Canuto Mendes de Almeida — Ação Penal, p. 166/168.

(31) Joaquim Canuto Mendes de Almeida — Princípios fundamentais do Processo Penal, p. 56/57, ed. Revista dos Tribunais, São Paulo, 1973.

(32) Joaquim José Caetano Pereira e Souza, ob. cit., p. 56.

(33) Joaquim José Caetano Pereira e Souza — ob. cit., p. 56. Sobre tormentos v. Ana Maria B. Fernandes e Paulo Sérgio L. Fernandes — Aspectos Jurídico-penais da tortura, Saraiva, São Paulo, 1982.

As causas criminais públicas podiam ser intentadas por qualquer cidadão. As particulares, só pela parte ofendida.

O conhecimento dos crimes chegava a juízo por meio de devassas ou inquirições, de querelas e de denúncias.

e) *Devassas e inquirições* — Deixamos assinalado que *devassas* eram inquirições para a informação dos delitos e que se classificavam em *devassas gerais* e *devassas especiais*. Acrescentamos, agora, que as devassas gerais, sobre delitos incertos, eram tiradas anualmente, quando os juízes começavam a servir em seus cargos. Também eram gerais as chamadas *Janeirinhas*, que, em relação a alguns crimes, eram realizadas em janeiro de cada ano.

As devassas gerais supunham a existência do delito de que só a autoria era incerta. As devassas gerais deviam terminar dentro de trinta dias depois de começadas; as especiais, deviam começar dentro de oito dias depois do sucesso, exceto nos casos de incêndio e de flagrante delito, e terminar dentro de trinta dias. Em regra, as testemunhas perguntadas nas devassas não podiam exceder de trinta. A competência para as devassas gerais era dos *juízes de fora* e *ordinários*, mas também dos corregedores nas suas corregedorias; a competência para as devassas especiais era dos juízes no território onde fora cometido o delito ou dos juízes e outros ministros comissionados para isso.

Como eram procedidas sem citação da parte, as devassas "não eram consideradas *inquirições judiciais* para o efeito de julgamento, sem que as testemunhas fossem reperguntadas". Não havia necessidade dessa reiteração, para os casos de prisão preventiva, e também se o réu assinasse um termo dispensando a reiteração "para que as houvesse como judiciais"(34).

A doutrina, em geral, filia a mais remota origem das devassas ao Direito Canônico. E os casos de devassa estavam sempre expressos.

f) *Querelas*. A acusação criminal era intentada por qualquer do povo, nos crimes públicos, e pelas partes ofendidas, nos delitos particulares. Essas acusações deviam ser precedidas de *querelas*, as quais deviam ser instrumentadas pelo *auto de querela*, em ambos os casos. *Querela* era, portanto, a delação que alguém fazia no juízo competente, de um fato delituoso, ou no interesse público, ou, ainda, como ofendido, do que se lavrava o auto de querela.

Era regra geral a inadmissibilidade de acusação sem a querela preliminar. Isso, só era admissível em certos crimes particulares, como se extrai da seguinte disposição: "E posto que algumas pessoas queiram

---

(34) Cf. *in* João Mendes de Almeida Júnior — ob. cit., tomo I, p. 126/127; José Frederico Marques — Evolução histórica do Processo Penal, p. 108, separata da Revista "Investigações", ano I, julho, n.° 7, São Paulo, 1949.

dar querelas de outras, porque lhes dissessem más palavras, ou porque saltaram com eles para os matar, ou para lhes fazer outro mal, as Justiças lhas não recebam; *mas poderão demandar suas injúrias e danos, dando petição*..." (Livro V, Tit. CXVII, 8 — grifos nossos). Neste Título vêm alinhados os casos em que as querelas deviam ser recebidas.

Podem querelar todos os que não estão por lei proibidos. Em alguns casos, porém, poderiam demandar judicialmente contra a parte contrária, no juízo cível, o que era possível nos chamados crimes particulares: "E não tolhemos, que em todos os malefícios, que forem feitos a alguma pessoa, de que pode querelar, por lhe a ele tocar e pertencer, se querelar não quiser, *poder demandar judicialmente* contra a parte contrária a sua justiça, e seu interesse e injúria, sendo a parte para isso citada" (Livro V, Tit. CXVII, 21 — grifos nossos).

A proibição de querelar podia ser absoluta, ou apenas em relação a certas pessoas e certos crimes. A exposição de PEREIRA E SOUZA deixa isso bastante claro: "São proibidos absolutamente: I — o impúbere. II — O furioso. III — O filho famílias sem autoridade de seu pai. IV — A mulher casada sem autoridade de seu marido.

São proibidos de querelar nos crimes públicos, e como pessoas do Povo: I — Os Oficiais de Justiça quando somente pode seguir-se pena corporal. II — O inimigo capital. III — O Clérigo. IV — A mulher. V — O condenado a degredo perpétuo. VI — O infame. VII — O sócio do crime. VIII — O condenado em Causa Cível ou Criminal, enquanto a sentença não é executada. IX — Aquele que pelo mesmo caso usou de Ação Cível.

Só podem querelar as Partes ofendidas nos casos: I — De adultério. II — De feridas, ou nódoas de que não resultou aleijão, ou deformidade. III — De cortamento de árvores frutíferas. IV — De furto de pomares, e vinhas não excedendo a trezentos réis".(35)

As *querelas* deviam conter:

1. O juramento de calúnia: "E quando houver de receber querela, se dará juramento ao quereloso aos Santos Evangelhos..." (L.V. Tít. CXVII, 6). Era o juramento de malícia, ao qual já nos referimos anteriormente. "...sendo o quereloso achado em malícia, será condenado nas custas em dobro, ou em tresdobro, segundo a malícia em que for achado". "E além disto, se o Julgador achar que o quereloso querelou maliciosamente, ou que é revoltoso, e useiro a dar tais querelas, e fazer semelhantes acusações, dar-lhe-á mais a pena crime arbitrária que lhe bem, e direito parecer, segundo a qualidade da malícia, e a prova, que dela houver" (L.V., Tit. CXVIII e 1);

2. Os nomes do queixoso e do querelado;

---

(35) Joaquim José Caetano Pereira e Souza — ob. cit., p. 37 a 40.

3. O reconhecimento da pessoa do queixoso: "E se o julgador, que houver de receber a querela, ou o Tabelião, ou Escrivão, com quem tomar, não conhecer o quereloso; primeiro que lha receba, lhe mandará que apresente uma testemunha conhecida, que diga, que conhece ser o quereloso a pessoa..." (L.V., Tit. CXVII. 10);

4. A nomeação das testemunhas, que não podia exceder o número de três ou quatro: "...e nomeando testemunhas para a dita querela..." (L.V., Tít. CXVII. 6);

5. A declaração do tempo e lugar do delito (L.V., Tít. CXXIV. 1);

6. A caução quando feita a querela por pessoa do povo: "E bem assim dará fiança bastante a toda perda e dano... como a cada um do povo..." (L.V., Tít. CXVII. 6).

As querelas deviam ser dadas dentro de um ano do fato criminoso: "Porém, assim no caso de querela, como da acusação sem querela, não lhe será recebida a querela, nem será recebido a acusar, senão até um ano do dia, que o crime aconteceu..." (L. V., Tit. II. 4). O prazo, como se observa, era de decadência.

As *querelas* deveriam ser impetradas pessoalmente, não sendo admitida a *querela* por procurador. Todavia, pelo Direito comum, era permitido denunciar por procurador, desde que o que deveria denunciar estivesse legitimamente impedido. Este expediente só era admitido quando o quereloso estivesse em *perigo de morte,* em razão das feridas recebidas.

"E distribuída a Petição, o Escrivão, a que vai, faz o auto de querela, dando primeiro juramento ao querelante; e tanto o auto, como o juramento, he no livro das querelas, e no mesmo se pronuncia pelo juiz e o mesmo pergunta as testemunhas perante si, dizendo: obriga esta querela a N. e se livre preso, para o que o Escrivão passe as ordens necessárias com todo segredo. Em tal lugar, a tantos de tal mês e ano. E assina com o seu nome inteiro"(36).

Lançada a *querela,* seguia-se o *sumário de querela,* com audiência de três ou quatro testemunhas, juramento de calúnia, que era formalmente lançado. A seguir, procedia-se ao *corpo de delito,* que era a base de todo o procedimento criminal. O corpo de delito, consoante as determinações legais, formava-se: pela inspeção ocular, por conjecturas e pelos depoimentos das testemunhas. A sua falta não podia ser suprida pela confissão do réu.

g) *A denúncia.* A denúncia era a comunicação feita à justiça do cometimento de um crime público, para que o juiz procedesse de ofício. Assemelhava-se ao que, hoje, denominamos de *notitia criminis.* Os

(36) Antônio Vanguerve Cabral — ob. cit., p. 37.

denunciantes faziam a comunicação ao juiz acerca da existência de um crime, ou de quem fosse o seu autor, *mas sem querer tomar parte ativa no procedimento.*

Nestas condições, *acusador* era aquele que perseguia alguém em juízo, quer para a vingança pública, quer pelo dano causado. O *denunciante* era o interessado no descobrimento do crime que revelava, sem interesse próprio, deixando, por conseqüência, o procedimento por conta da justiça.

A *denúncia* só tinha lugar nos delitos que admitiam a devassa ou naqueles em que a lei expressamente a facultava, *v.g.*, na blasfêmia: "E quanto às pessoas que disserem cada uma ditas blasfêmias, havemos por bem, que os que souberem, posto que não querelem, possam em segredo denunciar, por juramento..." (L.V., Tit. II. 5). Nestes casos, exigia-se a fiança, e, praticamente, a denúncia se confundia com a querela dada por pessoa do povo, ficando na dependência dos mesmos requisitos legais. A única solenidade da *denúncia* era o juramento. O denunciador, na hipótese do denunciado ser "achado sem culpa", era condenado nas custas (L.V., Tit. II, 5).

Adverte PEREIRA E SOUZA que "não deve confundir-se (a denúncia) com a Denúncia Criminal, aquela porque começam algumas Causas Sumárias, que posto que penais, mais se dirigem ao interesse da Parte, que à vindicta pública"(37). E nem deve ser confundida com a denúncia fiscal, dada para percepção de coimas, sisas, impostos, comisso, etc."(38)

h) *Tormentos.* Os tormentos, como vimos, eram perguntas feitas pelo juiz ao réu de crimes graves, a fim de compeli-lo a dizer a verdade mediante tortura *("tratos do corpo").* Foi utilizada pelos romanos, como se extrai de diferentes títulos do *Digesto* e do *Codex,* onde recebia o nome de *quoestio.* Também foi usada pelos visigodos, constituindo-se em meio de prova, nos casos de crimes graves, tais como o de lesa-majestade, traição, homicídio atroz aos nobres. Alerta JOÃO MENDES DE ALMEIDA JÚNIOR, que os tormentos só podiam ser postos em prática ocultamente e depois de acusação escrita e de graves indícios, e só em virtude de decisão judicial, da qual cabia recurso, como se se tratasse de sentença final. Esclarece, ainda, que a *esquissa* ou inquérito e o processo secreto desenvolveram o uso da tortura, em conseqüência dos preconceitos que levaram a jurisprudência a formular, como regra essencial, a necessidade da confissão do acusado(39).

Antes da vigência das Ordenações Filipinas, uma lei de D. João I já determinara que ninguém fosse condenado por confissão obtida me-

---

(37) Joaquim José Caetano Pereira e Souza, ob. cit., p. 46.

(38) João Mendes de Almeida Júnior — ob. cit., vol. I, p. 129.

(39) João Mendes de Almeida Júnior — ob. cit., vol. I, p. 130/131.

diante tormento, a menos que ratificasse essa confissão em juízo. As Ordenações Afonsinas já haviam excluído do tormento o *fidalgo de solar*, o *cavaleiro de espora dourada*, o *doutor em leis* ou *em física*, os *vereadores*, ressalvado o crime de lesa-majestade, falsidade, cárcere privado e feitiçaria. As Ordenações não só confirmaram essas isenções, como as estendeu aos mentecaptos, velhos, mulheres pejadas, valetudinários, soldados, vereadores, nobres, letrados e menores de quatorze anos.

7. AS LEIS EXTRAVAGANTES OU ESPECIAIS

Dentro do plano que traçamos, devemos fazer uma menção às chamadas *leis extravagantes* ou *leis especiais*, complementares às Ordenações.

Desde logo devemos esclarecer que as Ordenações — nenhuma delas — não revogaram total e completamente toda legislação anterior. Algumas dessas leis tinham a sua vigência ressalvada pela própria compilação.

Com a restauração da monarquia portuguesa, em 1640, subiu ao trono D. João IV. Este, em 29 de janeiro de 1643, revalidou e confirmou as Ordenações Filipinas, determinando uma nova publicação, circunstância que reforça a afirmação que fizemos acerca do cunho nacionalista que animava a coleção supramencionada.

A realidade social havia determinado, entretanto, a edição de novas leis, que, em pouco tempo, viriam formar uma respeitável massa legislativa. São as chamadas *leis extravagantes* ou *leis especiais*.

Evidente que a denominação *leis* é empregada em sentido bem mais amplo do que aquele que hodiernamente é utilizado, pois, por lei se entendia qualquer manifestação da vontade do rei, destinada a introduzir modificações na ordem jurídica existente. As chamadas *leis extravagantes*, ou *especiais*, abrangiam as cartas régias, as cartas de lei ou cartas patentes, e, ao lado destas, os alvarás, os decretos, as resoluções, as portarias e avisos. De todos, os mais importantes eram as cartas de lei e os alvarás, que se diferenciavam pela duração e pelo formulário.

Os *alvarás* eram destinados às providências legislativas que deviam vigorar por tempo não superior a um ano e tinham início com a expressão *"eu El-Rei"*. As *cartas de lei* revestiam-se de maior solenidade e começavam com as seguintes palavras: *"F..., por graça de Deus, rei* de *Portugal* e dos *Algarves...*". Como era freqüente a inclusão nos alvarás de disposições que deveriam viger por mais de um ano, a eles se acrescentava as seguintes palavras: "... *e este me praz que valha como carta de lei...*, ou outra expressão equivalente. Porém, com o passar do tempo, tais expressões foram abolidas, atribuindo-se, a partir

de então, ao alvará o mesmo valor legislativo das cartas de lei. Daí o nome de *alvará de lei* ou *alvará com força de lei.*

O *decreto* estava num plano inferior às cartas de lei e alvarás e adotava formulário bem diferente.

As *cartas régias* eram verdadeiras epístolas dirigidas a uma determinada pessoa, quase sempre apresentando a expressão *"F... El-Rei vos envia muito saudar"*.

Resoluções eram diplomas por meio dos quais o monarca respondia às consultas que a ele eram formuladas pelos tribunais. Destinavam a um caso concreto e normalmente eram acompanhadas de pareceres dos respectivos juízes. Ao lado destas, apareciam as provisões, que eram as decisões dos tribunais tomadas por ordem do soberano e expedidas em seu nome.

As *portarias* e os *avisos* também formavam o grupo de *leis extravagantes*. Consistiam em uma ordem expedida pelas secretarias de Estado em nome do rei. As portarias não possuíam indicação de qualquer pessoa, o que lhes dava o caráter de diploma de aplicação geral, enquanto os avisos eram dirigidos a um tribunal, juiz ou corporação[40].

Essas *leis* foram reunidas em diversas coleções, denominadas de *coleções de leis extravagantes*. Jerônimo da Silva, acrescentou às Ordenações Filipinas as leis extravagantes do período de 1640 a 1747, denominadas de *edição vicentina*. Em seguida, elaborou a *Apendix* das leis novas publicadas, acrescentando outras até então não compiladas. Nessa ocasião, foi publicado o *Repertório das Ordenações*, onde se continha um extrato de toda legislação, acompanhado de notas e remissões.

8. APLICAÇÃO NO BRASIL

Das Ordenações do Reino, foram as Filipinas as que tiveram uma maior aplicação no Brasil, principalmente após a criação do Tribunal de Relação da Bahia. No campo da nossa disciplina, a sua execução atingiu o ano de 1832, eis que por Lei de 29 de novembro desse mesmo ano, foi promulgado o Código do Processo Criminal de Primeira Instância. Sua aplicação, porém, estava limitada aos pontos em que não tivessem sido revogados pela Constituição de 1824 e pelas leis anteriores e posteriores à sua promulgação ou pelas leis seguintes à Constituição até a entrada em vigor do Código do Processo. Após a nossa independência, a aplicação das Ordenações Filipinas foi determinada pela Lei de 20 de outubro de 1823.

---

(40) Sobre os conceitos expendidos: V. Guilherme Braga da Cruz, ob. cit.; Cândido Mendes, Código Philippino; Marcello Caetano, História do Direito Português.

CAPÍTULO III

O BRASIL COLONIAL. O BRASIL HOLANDÊS

SUMÁRIO: 1 — A justiça no primeiro século de colonização. 2 — A justiça após a criação da Relação da Bahia. 3 — A vinda da Família Real. 4 — O Brasil Holandês.

1. A JUSTIÇA NO PRIMEIRO SÉCULO DE COLONIZAÇÃO

O plano que traçamos para este trabalho não permite que tratemos dos dois temas em capítulos distintos. Ademais, como se verá, aqui reside um dos pontos da História do Direito Processual Penal do nosso País da maior obscuridade, com precariedade de fontes. Nem mesmo se sabe, com segurança, como foram, no Brasil, aplicadas as Ordenações do Reino.

Em 1530, D. João III determinou a colonização do Brasil, confiando-a a um seu amigo de infância, Martim Afonso de Souza. A posse efetiva do território, contudo, só viria a ser tentada com o regime de capitanias hereditárias, em número de quatorze, que foram doadas a doze donatários. Essas doações ocorreram do início de 1534 até 1536. Aos donatários foram outorgadas as jurisdições civil e penal, especificados os privilégios nas cartas de doações ou forais. Assim, as cartas de doação estabeleciam que os donatários tinham jurisdição e alçada de morte natural para os peões, gentios e escravos, e, até dez anos de degredo e cem cruzados de pena, para pessoas de *maior qualidade*. Conhecer das apelações e agravos de qualquer ponto da capitania, também era da competência dos donatários, que também podiam influir nas eleições dos juízes e mais oficiais dos concelhos das vilas, apurando a lista dos *homens bons*, que deveriam aqueles eleger e anuindo ou não às ditas eleições, apesar do que em contrário dispunham as Ordenações. "Cada capitania era, além disso, declarada couto e homisio e

tinha o seu foral dos direitos, foros e tributos e cousas que na terra haviam os colonos de pagar ao Rei e ao donatário"(1).

Nos pontos sem especificação, vigorava a legislação do Reino.

O êxito apenas relativo do sistema de capitanias hereditárias, fez com que D. João III instituísse, em 1548, o Governo-Geral. O primeiro governador-geral, Tomé de Souza, chegou à Bahia em março de 1549, e, mais tarde, foi criado o cargo de *ouvidor geral*, que presidia a justiça.

Em geral, aos ouvidores nomeados para o Brasil, dava-se as seguintes atribuições: "de conhecer, por ação nova, nos lugares de sua jurisdição onde estivessem, e cinco léguas ao redor, de todas as causas cíveis e crimes, e de sentenciar os feitos finalmente, dando apelação para a Relação do Estado do Brasil nos casos que não coubessem na sua alçada, assim como para a mesma Relação e não para o Capitão seguiam os instrumentos de agravo e as cartas testemunháveis; conheciam, em grau de apelação, das sentenças dos ouvidores das capitanias do seu distrito e dos juízes ordinários das vilas, lugares e povoações de sua ouvidoria; tinham alçada nos feitos cíveis até vinte mil réis e nos feitos crimes para condenar em pena de açoites os escravos e em pena de degredo por quatro anos os peões que vivessem de soldadas. Nos casos em que coubesse pena de morte ou cortamento de membro, assim como nos casos de traição, sodomia, furto, roubo de navio e quebramentos de segurança, podiam condenar, segundo lhes parecesse por direito, sem apelação nem agravo; e nos outros casos dariam apelação e agravo para a Casa de Suplicação de Lisboa. Passavam cartas de seguro e alvarás de fiança. Tiravam as devassas que os corregedores eram obrigados a tirar na forma das Ordenações"(2).

Em 1557, por Alvará de 5 de março, inserto na Coleção de Leis de Duarte Nunes de Leão (Parte II, Título II, Lei II), houve modificação da alçada dos donatários, para abranger os peões cristãos, até a morte natural, admitida a apelação, o mesmo que ocorria em casos de aplicação de pena de morte natural para os crimes de heresia, traição, sodomia e moeda falsa.

---

(1) João Mendes de Almeida Júnior — ob. cit., tomo I, p. 135. A palavra *couto* possuia várias acepções. Para AUGUSTO MAGNE era o lugar de aflição, angústia, tormento (A demanda do Santo Graal-Glossário V. III, p. 133, Rio de Janeiro, INL, 1944). No texto é tomada no sentido de povoações que tinham suas justiças e juízes postos pelos senhores, ou por eles regularmente confirmados, sendo eleitos pelos moradores e vizinhos, não podendo entrar nelas as justiças do Rei a cuja jurisdição, aliás pertenceria (João Mendes de Almeida Júnior, op. cit., vol. I, p. 57/58). V. a respeito, ainda, C. J. de Assis Ribeiro — História do Direito Penal Brasileiro, vol. 1 (1500-1822), Livraria Editora Zélio Valverde, Rio, 1943, principalmente, p. 123/135.

(2) João Mendes de Almeida Júnior — ob. cit., vol. I, p. 135/136.

2. A JUSTIÇA APÓS A CRIAÇÃO DA RELAÇÃO DA BAHIA

A administração da justiça colonial sofreu profundas modificações com as *leis extravagantes* ou *leis especiais*, algumas das quais foram compiladas nas Ordenações Filipinas.

Em 7 de março de 1609, foi criado em Salvador um tribunal de segunda instância, a Relação da Bahia. Também foram criadas duas novas ouvidorias: a do Rio de Janeiro e a de Minas Gerais. Organizou-se uma nova administração da justiça para o Maranhão e estabeleceu-se um *novo regimento* para o *ouvidor-geral, capitães-mores* e *ouvidores de capitania*. Estes últimos, existentes desde as primeiras capitanias tiveram as suas atribuições consignadas nos regimentos de 7 de março de 1609 e 14 de abril de 1628(3).

O Tribunal de Relação da Bahia, porém, foi suprimido em 1636, mas, em 1652, foi restabelecido, agora já no reinado de D. João IV. Órgão jurisdicional de segundo grau, o Tribunal de Relação da Bahia julgava as sentenças ou decisões de primeira instância, em definitivo. Seus membros eram chamados *desembargadores*. Substituía, portanto, a Casa de Suplicação de Lisboa, que, até então, julgava em grau de recurso, os processos oriundos do Brasil.

A Relação da Bahia estava composta de governador-geral, que era o *regedor da relação*, e que se orientava pelo regimento da Casa de Suplicação de Lisboa. Ao seu lado havia os seguintes cargos especiais: um chanceler; três desembargadores de agravos e apelações; um ouvidor-geral; um juiz dos feitos da Coroa e Fazenda; um procurador da Coroa e Fazenda, com funções de promotor de justiça; um provedor de defuntos e resíduos e dois desembargadores extravagantes. Evidente que também existiam escrivães, oficiais de justiça, guarda da Relação, distribuidor, etc.

Em resumo apertado, realçando o que se relaciona com o processo penal, podemos afirmar que o chanceler valia-se das atribuições do chanceler da Casa de Suplicação de Lisboa e conhecia das suspeições argüidas contra o governador-geral *(regedor)*, além de servir de juiz de chancelaria e dos cavaleiros das três ordens militares.

Aos desembargadores de agravos e apelações competia julgar todos os agravos e apelações interpostos contra as sentenças criminais de quaisquer julgadores.

O ouvidor-geral tinha atribuições semelhantes às dos corregedores do crime e do cível da Corte. No campo do nosso trabalho, competia-

(3) Cf. *in* César Trípoli — História do Direito Brasileiro, (ensaio), vol. I, época colonial, Rev. dos Tribunais, p. 227, São Paulo, 1936.

lhe conhecer, por ação nova, de todos os delitos cometidos no território da Bahia, e, em segunda instância, conhecer dos feitos criminais de qualquer parte do Brasil. Por petição, conhecia de todos os agravos crimes das sentenças dos juízes e ouvidor da cidade e capitania da Bahia.

Ao procurador dos feitos da Coroa e Fazenda, como promotor de justiça, competia tratar e requerer tudo quanto se relacionasse com a justiça pública contra os presos e com aqueles que deviam ser acusados, promovendo e acompanhando os processos instaurados. Também deveria efetivar o livramento daqueles que deviam ser soltos e controlar o cumprimento dos deveres dos demais serventuários da justiça(4).

Os desembargadores extravagantes não tinham função especificada, substituindo os de agravos e apelações nas eventuais ausências e impedimentos destes últimos.

Os demais membros da Relação não desempenhavam qualquer atividade na justiça penal.

Com a nova Relação, algumas modificações foram operadas. Ao governador-geral foram dadas atribuições de caráter judiciário, e que foram ampliadas pelo Regimento de 1667 e legislação posterior. Inicialmente, competia-lhe dirimir os conflitos de jurisdição entre as autoridades seculares e eclesiásticas, e executar as sentenças dos desembargadores. Pelo Regimento de 1667, foram-lhe atribuídas as funções de observar as leis da administração da justiça; processar os ministros da justiça pela prática de crimes, os quais seriam sentenciados em Lisboa; conceder alvarás diversos, em face de parecer da Relação; conceder perdão, depois de ouvida a Relação, aos mamelucos criminosos e mandar abrir praça aos degredados.

Ao chanceler excluiu-se a competência para conhecer de suspeições argüidas contra o governador-geral, fixando-se aquela em relação aos desembargadores.

Aos donatários de capitanias e capitães-mores, cujos privilégios foram reduzidos pela resolução de 20 de setembro de 1654; a alçada, no crime, ficou limitada à apelação das decisões sobre peões e cristãos livres, até a pena de morte natural. Nos casos de heresia, traição, sodomia e moeda falsa, qualquer a *qualidade* do agente, a apelação devia ser concedida.

---

(4) V. a respeito: Edgard Costa — Efemérides Judiciárias, p. 42, publicação do Ministério de Educação e Cultura, Rio de Janeiro, 1961; José Henrique Pierangelli — Ministério Público e Magistratura: frutos de uma mesma árvore, *in* O Estado de São Paulo, edição de 13/5/1982, p. 30.

Em 1696, foram nomeados os primeiros *juízes de fora* do Brasil, designados para a Bahia, Rio de Janeiro e Pernambuco. Eram assim denominados, porque deviam ser de fora da terra ou de fora do senado, já que os juízes ordinários pertenciam à câmara e eram eleitos pelos vizinhos. Com a chegada dos *juízes de fora*, cessava a jurisdição dos juízes ordinários.

Os *juízes de fora*, que deveriam ser letrados, eram os verdadeiros chefes da justiça e da administração, nos seus respectivos termos, competindo-lhes substituir o ouvidor da comarca nas suas ausências e impedimentos. Também lhes competia constranger os *alcaides* na administração da cidade e fazerem o serviço de polícia e segurança(5). Podiam proceder à *devassa* quando ocorressem homicídios, violação de mulheres, fuga de presos, moeda falsa, arrombamento de cadeias, resistência, furtos, cárcere privado e abrir devassas acerca de juízes que os haviam precedido no cargo. De suas decisões, cabia recurso para a Relação.

Com a *Carta Régia* de 1712, no reinado de D. João V, ocorreu um fato extremamente importante para o Brasil. Dita *Carta* esclarecia que os órgãos judiciários estavam isentos de toda e qualquer dependência em relação aos governadores-gerais e que os ouvidores das capitanias, com exceção dos das Relações do Maranhão e Pará, ficavam sujeitos à Relação da Bahia. Os excetuados, porém, ficavam submetidos aos tribunais da metrópole.

Outra *Carta Régia* de 2 de janeiro de 1745, ainda no reinado de D. João V, escrita por ALEXANDRE DE GUSMÃO, dirigida ao Corregedor da Corte, pelo seu conteúdo histórico, merece aqui ser transcrita: "Sua Majestade me manda advertir a Vossa Mercê que as Leis costumam ser feitas com muito vagar e sossego, e nunca devem ser executadas com aceleração, e que nos casos crimes sempre ameaçam mais do que na realidade mandam, devendo os ministros executores delas modificá-las em tudo o que lhes for possível, porque o Legislador é mais empenhado na conservação dos vassalos do que nos castigos da justiça; e não quer que os ministros procurem achar nas Leis mais rigor do que elas impõem"(6).

Em 1751, foi criada a Relação do Rio de Janeiro, ficando, a partir de então, o Brasil com duas relações: a da Bahia e a recém-

---

(5) A palavra *alcaide* possuia muitas acepções. Entre os mouros, era o governador de província ou comarca na justiça, e, na guerra, mouro reconhecido por presidente ou chefe de uma mouraria. Aqui é empregada no sentido de juiz do povo ou cidade. Era o mesmo que *alvazil* (V. Fr. Joaquim de S. R. de Viterbo — Elucidário das Palavras, Termos e Frases, ed. crítica, vol. I, p. 304, Livraria Civilização, Porto, 1962).

(6) Cf. *in* João Mendes de Almeida Júnior — ob. cit., tomo I, p. 137.

criada, separadas uma da outra. Os distritos do Norte, ficavam sujeitos à Relação da Bahia, com exceção das capitanias do Pará e do Maranhão e as subalternas do Rio Negro e do Piauí, que continuaram dependentes da Casa de Suplicação de Lisboa. Os distritos do Sul ficaram sujeitos à jurisdição da Relação do Rio de Janeiro.

No Brasil colonial, também funcionaram as *juntas de justiça,* com competência para conhecer dos crimes de deserção, de resistência às autoridades, desobediência e traição militar, sedição e rebelião. Esses tribunais, que existiam em cada capitania ao fim do período colonial, eram constituídos de vários magistrados, entre os quais auditores civis, escolhidos entre os bacharéis e letrados e oficiais militares. Todos eram nomeados pelos governadores-gerais e capitães-generais. Parece-nos que, aqui, se encontram as raízes das auditorias dos tribunais militares estaduais.

3. A VINDA DA FAMÍLIA REAL

Sem meios para resistir à invasão francesa, o Príncipe Regente D. João e a Família Real deixaram Lisboa na madrugada de 29 de novembro de 1807, às pressas. Depois de longa e tormentosa viagem, a Real Família chegou a Salvador em 22 de janeiro de 1808. Nesta cidade, o Príncipe Regente praticou o primeiro ato de grande significação para o nosso País, quando abriu os portos do Brasil às nações amigas, através da *Carta Régia* de 28 do mesmo mês. Em 26 de fevereiro a esquadra partiu em direção ao Rio de Janeiro, onde a Família Real desembarcou em 8 de março, por volta de 16:00 horas, lhe sendo tributadas grandes homenagens em meio ao regozijo da população.

Instalada a sede da monarquia lusitana na Quinta da Boa Vista, o Príncipe Regente, pelo Alvará com força de lei de 1.º de abril de 1808 criou o Conselho Supremo Militar e de Justiça. Em seguida, também mediante Alvarás, foram criados o Tribunal da Mesa do Desembargo do Passo e da Consciência e Ordens, o lugar de juiz conservador da Nação Britânica, e a Intendência Geral da Polícia, respectivamente, de 22 de abril, 4 de maio e 10 de maio. Em 14 de maio desse mesmo ano, um outro Alvará elevou a Relação do Rio de Janeiro à categoria de Casa de Suplicação, tornando-a Superior Tribunal de Justiça. Ainda em 1808, foram criados lugares de juízos privativos do crime, e, a partir de então, também foram criados novos cargos de juízes de fora, ouvidores, corregedores, juízes ordinários, nas novas vilas que iam sendo criadas, com respectivos serventuários e oficiais de justiça. Em 1812 foi criada a Relação do Maranhão e em 1821, a de Pernambuco.

Em 22 de outubro de 1810, o Príncipe D. João, mais tarde D. João VI, concedeu perdão a todos os criminosos presos, em regozijo pelo casamento da Princesa D. Maria Tereza com o Infante D. Pedro Carlos.

Em 7 de novembro de 1812, determinou-se que nenhum preso que tivesse entrado na cadeia por ordem da Intendência Geral da Polícia pudesse ser libertado por qualquer outra autoridade, por mandado, sentença ou assentos de visita, sem que disso fosse cientificado o Intendente. Porém, em 12 de fevereiro do ano seguinte, declarou-se que "todos os que forem mandados prender pelo Intendente Geral de Polícia, ou a requerimento de partes, para lhes formarem depois as culpas, ou por lhe constar que cometeram algum delito, e que, em conformidade do Alvará de 15 de janeiro de 1780, foram remetidos aos competentes magistrados e à sua ordem tiverem lavrados os assentos do costume, sejam soltos em virtude das sentenças em que forem julgados livres, sem dependência de nova determinação do mesmo Intendente Geral de Polícia".

Um Alvará de 22 de fevereiro de 1813, determinou que as apelações interpostas da parte da justiça pelos juízes de primeira instância, fossem dirigidas aos ouvidores das comarcas, quando estivessem na sua alçada e às Relações do Distrito, quando a causa excedesse a alçada dos ouvidores. Ainda nesse ano de 1813, em 26 de novembro, foi expedido um Alvará regulando o tempo e a jurisdição de cada um dos juízes ordinários das vilas.

Com absoluta propriedade, acentua JOÃO MENDES DE ALMEIDA JÚNIOR que, em 16 de dezembro de 1815, quando solenemente foi declarada a elevação do Brasil à condição de Reino, "já estava de fato estabelecida a mais completa autonomia das justiças"(7).

Ainda no período de permanência de D. João VI no Brasil, da legislação editada, merecem destaque: um Alvará de 26 de janeiro de 1818, que estabeleceu penas para os que fizessem comércio proibido de escravos; o Decreto de 6 de fevereiro desse mesmo ano, que "perdoa aos presos que se acharem nas cadeias públicas deste Reino do Brasil, com exceção dos crimes que enumera", em regozijo pela coroação do Rei, *"como sendo próprio do paternal amor com que tenho regido e rejo os meus vassalos"*; o Alvará com força de lei de 30 de março de 1818, que "proíbe as sociedades secretas debaixo de qualquer denominação que seja"; o Decreto de 30 de julho de 1818, que dispunha sobre "as execuções de pena última" e o Decreto de 20 de março de 1821, baixado em regozijo pelo juramento "das decretadas Bases da Constituição", ocorrido dez dias antes, e que perdoou "a todos os réus que se acharem presos até a publicação deste Decreto, com as exceções nele declaradas". Desnecessário será acentuar que a Constituição a que se refere o referido Decreto é a portuguesa, elaborada em Lisboa, e, com cuja aprovação o Rei já se havia comprometido. O que de mais importante existe no mencionado Decreto, é o fato dele ter sido assinado

(7) João Mendes de Almeida Júnior — ob. cit., tomo 1, p. 141.

pelo Príncipe D. Pedro, na condição de Regente, certamente o primeiro de conteúdo de processo penal por ele editado.

Em 26 de abril de 1821, D. João VI e a Família Real deixaram o Brasil, aqui permanecendo o Príncipe D. Pedro como Regente, o que ficara determinado pelo Decreto de 7 de março.

Ainda no período que antecedeu a nossa independência, cumpre-nos ressaltar a seguinte legislação: o Decreto de 23 de maio de 1821, que, tendo em vista a Constituição do Reino, dava *providências para a garantia da liberdade individual,* ampliando-a, "e ordenando, como por este Decreto ordeno, que desde a sua data em diante nenhuma pessoa livre no Brasil possa jamais ser presa sem ordem por escrito do Juiz, ou Magistrado Criminal do território, exceto somente o caso de flagrante delito, em que qualquer do Povo deve prender o delinqüente. Ordeno, em segundo lugar, que nenhum Juiz ou Magistrado Criminal possa expedir ordem de prisão sem proceder culpa formada por inquirição sumária de três testemunhas, duas das quais jurem contestes assim o fato, que em Lei expressa seja declarado culposo, como a designação individual do culpado; escrevendo sempre sentença interlocutória que o obrigue a prisão e livramento, a qual se guardará em segredo até que possa verificar-se a prisão do que assim tiver sido pronunciado delinqüente. Determino, em terceiro lugar que, quando se acharem presos os que assim forem indicados criminosos se lhes faça imediata, e sucessivamente o processo, que deve findar dentro de 48 horas, peremptórias improrrogáveis, e contadas do momento da prisão. . ."; o Decreto de 12 de julho de 1821, que "desenvolve e determina os princípios que sobre a liberdade de imprensa se acham estabelecidos nos arts. 8.º, 9.º e 10.º das Bases da Constituição"; a Lei de 12 de novembro de 1821, que "extingue todas as devassas gerais que a lei incumbe a certos julgadores"; a Lei de 19 de dezembro de 1821, que "permite que nos acórdãos das Relações, e nas sentenças em que os juízes votam coletivamente, possam os mesmos juízes assinar-se vencidos, ficando responsáveis pelos julgados os que assim não o fizerem"; o Decreto de 23 de março de 1822, que "estende ao Reino do Brasil o perdão concedido aos réus no Reino de Portugal por ocasião do juramento das bases da Constituição"; o Decreto de 18 de junho de 1822, que "cria Juízes de Fato para julgamento dos crimes de abuso de liberdade de Imprensa".

4. O BRASIL HOLANDÊS

Após o insucesso da invasão da Bahia, em 1630 uma poderosa esquadra holandesa surgiu diante de Olinda, e, no dia seguinte, começaram os combates pela posse de Pernambuco. Não obstante a constância da luta e tenaz resistência oposta aos invasores, houve um período de calmaria entre os litigantes e um efetivo domínio holandês

em território brasileiro. Essa fase ocorreu durante o governo de João Maurício, Conde de Nassau, quando se delineou um verdadeiro Estado, pois, até então, os holandeses da Companhia das Índias Ocidentais executavam tão-somente uma atividade rapinária, com o escopo único de enriquecimento rápido. Nesse período, sequer havia um arremedo de justiça, cuja distribuição estava afeta aos chefes dos conquistadores, que a executava na ponta da espada.

Com Nassau, a situação mudou radicalmente. O Príncipe, homem com 32 anos de idade, chegou ao Brasil em 23 de janeiro de 1637 e com ele iniciou-se o período áureo da dominação holandesa.

O mais alto posto da *Nova Holanda* se encontrava na pessoa de João Maurício, que era o governador e o chefe civil, militar e religioso, a quem competia perdoar os criminosos, ou comutar suas penas, faculdade que Nassau usou com bastante freqüência. A sua autoridade lhe permitiu criar junto ao Concelho de Justiça um *Advocaat-Fiskaal*(8), função que, no campo civil e penal, se assemelhava à do atual procurador de justiça.

Ao lado do governador, cujo poder se assemelhava ao de um soberano, foi estabelecido o *Colégio do Alto Concelho Secreto*, que era composto de três membros, sob a presidência do governador, a quem competia a fiscalização suprema dos negócios da justiça, mas cuja atividade não se resumia a isso. Seria esse Concelho a última instância, o que lhe dava uma certa similitude com a Corte de Suplicação de Lisboa. Há, porém, referências à existência de um *Concelho Supremo*, também sob a presidência do Príncipe, e que seria, efetivamente, a última instância judiciária(9).

Logo abaixo do Alto Concelho, havia o Concelho de Justiça, tanto para o cível como para o crime, que era, inicialmente, composto de nove membros, todos holandeses, dos quais cinco ficavam na sede do governo e os outros quatro, aos quais competia a administração provincial, revesavam-se com os que permaneciam no Recife, a capital. O número de membros do Concelho chegou a dezessete e só não foi além por ter sido vedada apelação a causas de pequena importância.

A primeira instância, ressalvada a competência originária do Concelho, era formada por tribunais colegiados, constituídos por holandeses e portugueses, admitindo-se, inclusive, a hipótese de deles participarem até mesmo indígenas(10).

---

(8) Cf. *in* Hermann Watjen — O domínio holandês no Brasil; um capítulo da história colonial do século XVII, tradução de Pedro Celso Ulhoa Cavalcanti, Brasiliana, vol. 123, Editora Nacional, São Paulo, 1938.

(9) Nesse sentido, Gaspar Barleu, *in* História do Direito Penal Brasileiro, de Ruy Rebello Pinho, p. 132, J. Bushatsky, editor, São Paulo, 1973.

(10) É a opinião de Ruy Rebello Pinho — ob. cit., p. 137.

Os Concelhos de Escabinos eram tribunais municipais, com jurisdição civil e criminal, ressalvada a competência originária do Concelho de Justiça. Não se conseguiu, contudo, estabelecer os limites da competência dos escabinos. Não obstante, sabe-se que a atividade jurisdicional era gratuita, constituindo-se, assim, em *munus publicum*, semelhante à atual função de jurado.

A justiça também era composta pelos *escoltetos*, que exerciam a função de exator da fazenda e de promotor público. Junto ao Concelho funcionava o *Advocaat-Fiskaal*, a quem competia acusar os autores de delitos, cujo julgado estava compelido ao Concelho, e, muito provavelmente, manifestar-se nas apelações das decisões proferidas pelos escabinos. Ao que tudo indica, porém, o Ministério Público não estava estruturado em carreira e nem havia qualquer subordinação dos *escoltetos* ao *Advocaat-Fiskaal*.

Com o retorno de Nassau à Holanda, a organização judiciária ruiu completamente, e, é unânime, ao que sabemos, a opinião dos historiadores de que a organização judiciária dos holandeses em nada influiu no desenvolvimento do Direito Processual Penal do nosso País.

A pouca, ou nenhuma, importância dedicada à legislação vigorante no chamado Brasil Holandês, dificulta o nosso trabalho. Não temos em mãos a legislação holandesa para o Brasil, e, além de tudo, as fontes são escassas. Essa dificuldade também sentiu Ruy Rebello Pinho, pesquisador incansável, que, inclusive, viu-se na contingência de contentar-se com as poucas obras que retratam aquela época. Contentemonos, portanto, com o que dispomos, que é suficiente, talvez, para o escopo do nosso trabalho, que, como já acenamos, é bem limitado.

Em resumo, no que envolve o processo penal, podemos salientar, com pequena margem de erros, o seguinte:

a) o *escolteto* exercia, ao mesmo tempo, as funções de chefe de polícia e de promotor público. Conquanto admita-se a possibilidade de uma prevalência sua na ação penal pública, ao lado dele havia um acusador particular. Não se fazia a distinção entre fase policial e fase judicial;

b) o cidadão acusado como autor de um delito, ressalvada a hipótese de livrar-se solto, era imediatamente conduzido à prisão. Os presos ficavam na cadeia pública, ou eram encaminhados às fortalezas ou aos navios fundeados no porto. Nesta última hipótese, era comum o uso de grilhões. Para certos delitos, de acordo com a sua natureza, era permitido ao réu defender-se em liberdade. As exceções atingiam aqueles que tinham conseguido *"um seguro Real para livrar-se solto"*;

c) era dado grande valor probante à confissão, aqui também considerada como *"a rainha das provas"*, que era buscada por meio de tormentos e da fraude;

d) à prova testemunhal era atribuído grande valor, até mesmo quando obtida mediante tormentos e promessas de recompensa. Submetidas as testemunhas a torturas, propagou-se o falso testemunho, como acentua o FREI MANUEL CALADO[11];

e) os outros meios de prova eram os documentos, o encontro de objetos. Acredita-se que se deu grande valor aos indícios e presunções. É bem provável que se elaborasse, para os delitos de homicídio e o de lesões corporais, laudos de exame de corpo de delito.

(11) Frei Manuel Calado — O Valeroso Lucideno e o Triunfo da Liberdade, vol. 1.°, p. 151, Edição Cultura, São Paulo, 1943. O texto é reproduzido por Ruy Rebello Pinho, ob. cit., p. 216/217.

CAPÍTULO IV

AS PRIMEIRAS LEGISLAÇÕES GENUINAMENTE BRASILEIRAS

SUMÁRIO: 1 — As leis anteriores à Constituição Imperial. 2 — A Constituição do Império. 3 — A legislação no período compreendido entre a Carta Constitucional e o Código do Processo Criminal. 4 — As "Falas do Trono".

1. LEIS ANTERIORES À CONSTITUIÇÃO IMPERIAL

1. Do que ficou expendido, conclui-se que grande parte da legislação penal e processual penal que vigorou no Brasil até a sua independência, se encontrava nas Ordenações, principalmente no Livro V, das Ordenações Filipinas. Mas, além de disposições existentes no Livro III destas últimas, vigoraram leis extravagantes, também portuguesas e legislação editada no Brasil, a partir de 1808, com a vinda da Família Real. Acrescente-se a toda essa legislação, aquela que o Príncipe Regente D. Pedro editou antes da proclamação da nossa Independência. Vamos destacar as que apresentam conteúdo de processo penal. Assim, o Alvará de 1.º de abril de 1808, que criou o Conselho Supremo Militar e de Justiça; o Alvará de 22 de abril de 1808, que criou o Tribunal da Mesa do Desembargo do Paço e da Consciência e Ordens; o Alvará de 10 de maio de 1808, que "regula a Casa da Suplicação e dá providências a bem da administração da Justiça"; o Decreto de 22 de outubro de 1810, que "concede perdão aos criminosos presos"; o Decreto de 6 de fevereiro de 1818, que "perdoa aos presos que se acharem por causas crimes nas cadeias públicas deste Reino do Brasil, com exceção de crimes enumerados"; o Alvará de 30 de março de 1818, que "proíbe as sociedades secretas debaixo de qualquer denominação que seja", quando não se admitia "privilégio, isenção ou concessão alguma, ou seja de foro, ou de pessoa, ainda que sejam os privilégios incorporados em direito, ou os réus sejam nacionais ou estrangeiros", quando, sequer era admitida a fiança, e para a apuração deveria proceder à devassa geral; o Decreto de 30 de julho de 1818, que cuidou das

"execuções da pena última"; o Decreto de 20 de março de 1821, que concedeu perdão a todos os réus, com as exceções enumeradas, em regozijo pelo "Juramento das decretadas Bases da Constituição" da nação portuguesa; Lei de 19 de dezembro de 1821, que "permite que nos acórdãos das Relações, e nas sentenças em que os juízes votam coletivamente, possam os mesmos juízes assinar-se vencidos, ficando responsáveis pelos julgados os que assim o não fizerem"; o Decreto de 23 de março de 1822, assinado pelo Príncipe D. Pedro, como Regente, em "que estende ao Reino do Brasil o perdão concedido aos réus no Reino de Portugal por ocasião do juramento das bases da Constituição".

Proclamada a independência, D. Pedro, em 18 de setembro de 1822, decretou a concessão de anistia geral "para as passadas opiniões políticas". Em outro decreto, este de 26 de novembro de 1822, comutava "a pena de morte na imediata aos réus que contarem mais de três anos de prisão". Nessa mesma data, também por decreto, foi comutada "a pena de degredo para a Índia e Costa d'África na de trabalhos nas obras públicas, aos réus detidos nas cadeias".

Em 20 de outubro de 1823, a Assembléia Geral Constituinte e Legislativa do Império, decretou:

"1.º — Que as Ordenações, Leis, Regimentos, Alvarás, Decretos e Resoluções promulgadas pelos Reis de Portugal e pelos quais se governava até o dia 25 de abril de 1821, em que El-Rei D. João VI se ausentara, e todas as que foram promulgadas daquela data em diante pelo Regente do Brasil e como Imperador Constitucional dele, desde que se erigiu em Império, ficam em inteiro vigor na parte em que não tiverem sido revogadas, para por elas se regularem os negócios do interior do Império, enquanto se não organizar um novo código, ou não forem especialmente alterados;

2.º — Que os decretos publicados pelas Cortes de Portugal só ficavam valiosos os especificados em uma tabela anexa, entre outros, os seguintes:

— de 10 de maio de 1821, declarando os bacharéis formados em leis ou em cânones, habilitados para os lugares da magistratura sem dependência de leitura;

— de 17 do mesmo mês e ano, extinguindo os juízes de comissão;

— de 12 de novembro do mesmo ano, extinguindo as devassas gerais;

— de 19 de dezembro, ainda de 1821, mandando executar o decreto das Cortes, que determinava que os juízes assinassem como vencidos, declarando essa circunstância;

— de 14 de outubro de 1822, que assinalava o respeito devido à casa do cidadão".

Uma outra lei, de 20 de outubro de 1823, revogava e cassava o Alvará de 30 de março de 1818, sobre sociedades secretas e determinava no seu artigo 2.º que "todos os processos pendentes em virtude do mesmo Alvará ficarão de nenhum efeito, e se porão em perfeito silêncio, como se não tivessem existido".

Ainda antes da promulgação da Constituição do Império, que ocorreu em 25 de março de 1824, algumas decisões do Governo merecem destaque: a de n. 58, de 26 de fevereiro de 1824, em que se recomendava a não concessão de alvarás de fiança a salteadores e a de n. 63, de 8 de março de 1824, que mandava proceder contra os escrivães que protelassem o andamento dos processos de presos miseráveis.

2. A CONSTITUIÇÃO DO IMPÉRIO

O constitucionalismo surgiu no Brasil logo após a proclamação da independência. Antes mesmo da oficialização da nossa emancipação política, o Príncipe Regente, atendendo à representação do Conselho de Procuradores Gerais das Províncias, redigida por Gonçalves Lêdo, em 3 de junho de 1822, decretava a convocação de uma Assembléia Constituinte e Legislativa, que deveria elaborar "o código fundamental do Império". Em 3 de maio de 1823, instalou-se a Constituinte, com a presença do Imperador, que, na sua primeira *Fala do Trono,* acentuou que defenderia com a sua espada a Constituição que a Assembléia fizesse, *se fosse digna dele.* Essa afirmação do Imperador criou uma desconfiança no seio da Assembléia e os debates assumiram um caráter violento, pois os constituintes, em grande número, estavam decididos "a refundir o projeto encaminhado pelo governo imperial e exercer a soberania nacional sem objeção das prerrogativas pessoais do Imperador"(1).

Em 12 de novembro de 1823, D. Pedro I dissolveu a Assembléia Constituinte. Nomeado foi, após, um Conselho de Estado, para elaborar a Constituição, sob a orientação direta e pessoal do Imperador, a qual foi outorgada ao País em 25 de março de 1824. A Carta Constitucional de 1824 era, porém, bem superior em técnica legislativa, a aquela que estava em elaboração na Assembléia Constituinte que fora dissolvida por um ato de força do Imperador. TOBIAS MONTEIRO, confrontando os dois textos, afirmou que "do exame comparativo das duas obras, resulta com evidência a superioridade da última delas,

(1) Sahid Maluf — Curso de Direito Constitucional, p. 40, edição de Tipografias e Livrarias Brasil, Bauru, 1956.

na quase totalidade das disposições, na distribuição da matéria, na propriedade da linguagem, principalmente na escolha do sistema administrativo"(2), o que a tornava bem superior ao Projeto Antonio Carlos.

O Conselho de Estado, organizado para redigir o projeto de Carta Constitucional, era inteiramente composto de brasileiros natos, quase todos formados pela Universidade de Coimbra, os quais foram, depois, agraciados com o título de marquês. Compunham essa Comissão: José Joaquim Carneiro de Campos, Marquês de Caravelas; Luís José de Carvalho e Melo, Visconde de Cachoeira e depois Marquês; João Severino Maciel da Costa, Marquês de Queluz; José Egídio Álvares de Almeida, Barão e depois Marquês de Santo Amaro; Antônio Luís Pereira da Cunha, Marquês de Inhambuque; Manuel Jacinto Nogueira da Gama, Marquês de Baependi; Clemente Ferreira França, Marquês de Nazaré; Francisco Vilela Barbosa, primeiro Marquês de Paranaguá; Mariano José Pereira da Fonseca, Marquês de Maricá; Marechal João Gomes da Silveira Mendonça, Marquês de Sabará.

O Imperador tomou parte ativa na elaboração do texto constitucional, rascunhando artigos e ditando outros, que teriam servido de base para a elaboração do texto final, mas é absolutamente certo que nem tudo o que consta dos rascunhos da lavra do Imperador, entrou na Carta Constitucional(3).

O artigo 179 da Carta Política do Império definiu os "direitos civis e políticos dos cidadãos brasileiros" estabelecendo "preceitos e princípios garantidores de um processo criminal antagônico do que vigorava sob a égide do Livro V, das Ordenações. Nele vinham estabelecidas as garantias mais caras ao espírito liberal do século"(4). Cumpria, assim, de certa forma, o Imperador, a promessa contida no decreto de dissolução da Constituinte, de que o projeto que elaboraria seria "duplicadamente mais liberal do que a extinta Assembléia acabou de fazer"(5).

---

(2) Cf. *in* Octaciano Nogueira — O Poder Legislativo — Poder Legislativo no Brasil, p. 33, Fundação Petrônio Portella — MJ, Fundação Mílton Campos, Imprensa Nacional, Brasília, 1981.

(3) Cf. *in* A democracia coroada, de João Camillo de Oliveira Torres; Coleção de documentos brasileiros, dirigida por Octavio Tarquínio de Sousa, p. 496, Livraria José Olympio editor, Rio de Janeiro, 1957.

(4) José Frederico Marques — Evolução histórica do Processo Penal, separata da Revista "Investigações", p. 113, Ano I, julho, n. 7, São Paulo, 1949.

(5) A Carta Constitucional de 1824, muito provavelmente, sofreu influências da Constituição Portuguesa de 1822, e por esta, da Constituição de Cádis. Marcello Caetano nos oferece a idéia geral da Constituição Portuguesa de 1822, no que respeita aos direitos fundamentais do homem, nos seguintes termos: "Os direitos

A Carta Constitucional de 1824, em seu Título VI, cuidava do Poder Judicial, estabelecendo em seu Capítulo único — Dos Juízes e Tribunais de Justiça — as seguintes disposições:

"Art. 151 — O poder judicial é independente, e será composto de juízes e jurados, os quais terão lugar, assim no cível como no crime, nos casos e pelo modo que os códigos determinarem".

"Art. 152 — Os jurados se pronunciam sobre o fato, e os juízes aplicam a lei."

"Art. 153 — Os juízes de direito serão perpétuos; o que, todavia, se não entende que não possam ser mudados de uns para outros lugares pelo tempo e maneira que a lei determinar".

"Art. 154 — O Imperador poderá suspendê-los por queixas contra eles feitas, precedendo audiência dos mesmos juízes, informação necessária, e ouvido o Conselho de Estado. Os papéis que lhes são concernentes serão remetidos à relação do respectivo distrito para proceder na forma da lei."

"Art. 155 — Só por sentença poderão estes juízes perder o lugar."

"Art. 156 — Todos os juízes de direito e oficiais de justiça são responsáveis pelos abusos de poder e prevaricações que cometerem no exercício de seus empregos; esta responsabilidade se fará efetiva por lei regulamentar[6]."

"Art. 157 — Por suborno, peita, peculato e concussão, haverá contra eles a ação popular, que poderá ser intentada dentro de ano e dia pelo próprio queixoso ou por qualquer do povo, guardada a ordem do processo estabelecida em lei."

---

fundamentais são a liberdade, a segurança pessoal e a propriedade, sem se fazer outra menção da igualdade senão a de que "a lei é igual para todos". A enumeração compreende depois: "a proibição da prisão sem culpa formada, a inviolabilidade do domicílio, a liberdade de expressão, a liberdade de imprensa, o direito de petição, o direito ao sigilo da correspondência, o direito de acesso aos cargos públicos, a igualdade perante a lei, a justiça penal e a abolição das penas cruéis e infamantes" (Manual de Ciência Política e Direito Constitucional, tomo II, 6.ª edição, p. 415/416, Coimbra Editora Ltda., Lisboa, 1972). De se observar, contudo, ter a nossa Carta Constitucional incluído o Poder Moderador, provavelmente por influência da doutrina de M. Benjamin de Constant, em seu *Esquisse de Constitution*, publicado em 1814 e que foi, posteriormente, incluído no volume 1.º do *Cours de Politique Constitutionnelle*, em 1818. A influência de Benjamin de Constant é, aliás, assinalada por Marcello Caetano, ao examinar a Carta Portuguesa de 1826 (p. 428 e seguintes). Ao estabelecer que "a pessoa do Imperador é inviolável e sagrada", transplantada para a Carta portuguesa de 1826, o Conselho abeberou-se da fórmula inglesa *the King can do no wrong*, ficando excluído de toda responsabilidade (art. 99).

(6) A expressão *oficiais de justiça* tem sentido genérico e não exclusivo de *meirinhos*.

"Art. 158 — Para julgar as causas em segunda e última instância haverá nas províncias do Império as relações que forem necessárias para a comodidade dos povos."

"Art. 159 — Nas causas crimes a inquirição das testemunhas, e todos os mais atos do processo, depois da pronúncia, serão públicos desde já."

"Art. 160 — Nas cíveis e nas penais civilmente intentadas poderão as partes nomear juízes árbitros. Suas sentenças serão executadas sem recurso, se assim o convencionarem as mesmas partes."

"Art. 161 — Sem se fazer constar que se tem intentado o meio da reconciliação, não se começará processo algum".

"Art. 162 — Para este fim haverá juízes de paz, os quais serão eletivos pelo mesmo tempo e maneira por que se elegem os vereadores das câmaras. Suas atribuições e distritos serão regulados por lei."

"Art. 163 — Na capital do Império, além da relação que deve existir, assim como nas províncias, haverá também um tribunal com a denominação de — Supremo Tribunal de Justiça —, composto de juízes letrados, tirados das relações por suas antiguidades, e serão condecorados com o título de conselheiros. Na primeira organização poderão ser empregados neste tribunal os ministros daqueles que se houverem de abolir."

"Art. 164 — A este tribunal compete:

1.º) Conceder ou denegar revistas nas causas e pela maneira que a lei determinar.

2.º) Conhecer dos delitos e erros de ofício que cometerem os seus ministros, os das relações, os empregados no corpo diplomático e os presidentes das províncias.

3.º) Conhecer e decidir sobre os conflitos de jurisdição."

O Título VIII cuidava "Das disposições gerais e garantias dos direitos civis e políticos dos cidadãos brasileiros", que transcrevemos na íntegra:

"Art. 179 — A inviolabilidade dos direitos civis e políticos dos cidadãos brasileiros, que tem por base a liberdade, a segurança individual e a propriedade, é garantida pela Constituição do Império, pela maneira seguinte:

1.º) Nenhum cidadão pode ser obrigado a fazer ou deixar de fazer alguma coisa, senão em virtude de lei.

2.º) Nenhuma lei será estabelecida sem utilidade pública.

3.º) A sua disposição não terá efeito retroativo.

4.º) Todos podem comunicar os seus pensamentos por palavras, escritos, e publicá-los pela imprensa, sem dependência de censura, contanto que hajam de responder pelos abusos que cometerem no exercício deste direito, nos casos e pela forma que a lei determinar.

5.º) Ninguém pode ser perseguido por motivo de religião, uma vez que respeite a do Estado, e não ofenda a moral pública.

6.º) Qualquer pode conservar-se ou sair do Império, como lhe convenha, levando consigo os seus bens, guardados os regulamentos policiais e salvo o prejuízo de terceiro.

7.º) Todo cidadão tem em sua casa um asilo inviolável. De noite não se poderá entrar nela senão por seu consentimento, ou para o defender de incêndio ou inundação; e de dia só será franqueada a sua entrada nos casos e pela maneira que a lei determinar.

8.º) Ninguém poderá ser preso sem culpa formada, exceto nos casos declarados em lei; e nestes, dentro de 24 horas, contadas na entrada na prisão, sendo em cidades, vilas ou outras povoações próximas aos lugares da residência do juiz e nos lugares remotos, dentro de um prazo razoável, que a lei marcará, atenta a extensão do território, o juiz por uma nota por ele assinada, fará constar ao réu o motivo da prisão, o nome do seu acusador, e os das testemunhas, havendo-as.

9.º) Ainda com culpa formada, ninguém será conduzido à prisão, ou nela conservado estando já preso, se prestar fiança idônea, nos casos que a lei a admite, e em geral, nos crimes que não tiverem maior pena do que a de seis meses de prisão ou desterro para fora da comarca, poderá o réu livrar-se solto.

10) À exceção de flagrante delito, a prisão não pode ser executada senão por ordem escrita da autoridade legítima. Se esta for arbitrária, o juiz que a deu e quem a tiver requerido serão punidos, com as penas que a lei determinar.

O que fica disposto acerca da prisão antes da culpa formada não compreende as ordenanças militares, estabelecidas como necessárias à disciplina e recrutamento do exército, nem os casos que não são puramente criminais, e em que a lei determina todavia a prisão de alguma pessoa, por desobedecer aos mandados da justiça, ou não cumprir alguma obrigação dentro de determinado prazo.

11) Ninguém será sentenciado senão pela autoridade competente, por virtude de lei anterior, e na forma por ela prescrita.

12) Será mantida a independência do poder judicial. Nenhuma autoridade poderá avocar as causas pendentes, sustá-las ou fazer reviver os processos findos.

13) A lei será igual para todos, quer proteja, quer castigue, e recompensará em proporção dos merecimentos de cada um.

14) Todo cidadão pode ser admitido aos cargos públicos civis, políticos ou militares, sem outra diferença que não seja a de seus talentos e virtudes.

15) Ninguém será isento de contribuir para as despesas do Estado em proporção dos seus haveres.

16) Ficam abolidos todos os privilégios que não forem essencial e inteiramente ligados aos cargos por utilidade pública.

17) À exceção das causas que por sua natureza pertencem a juízos particulares, na conformidade das leis, não haverá foro privilegiado, nem comissões especiais nas causas cíveis ou crimes.

18) Organizar-se-á, quanto antes, um código civil e criminal, fundado nas sólidas bases da justiça e eqüidade.

19) Desde já ficam abolidos os açoutes, a tortura, a marca de ferro quente, e todas as mais penas cruéis.

20) Nenhuma pena passará da pessoa do delinqüente. Portanto, não haverá, em caso algum, confiscação de bens; nem a infâmia do réu se transmitirá aos parentes em qualquer grau que seja.

21) As cadeias serão seguras, limpas e bem arejadas, havendo diversas casas para separação dos réus, conforme suas circunstâncias e natureza de seus crimes.

22) É garantido o direito de propriedade em toda a sua plenitude. Se o bem público, legalmente verificado, exigir o uso e emprego da propriedade do cidadão, marcará os casos em que terá lugar esta única exceção e dará as regras para se determinar a indenização.

23) Também fica garantida a dívida pública.

24) Nenhum gênero de trabalho, de cultura, indústria ou comércio pode ser proibido, uma vez que não se oponha aos costumes públicos, à segurança e saúde dos cidadãos.

25) Ficam abolidas as corporações de ofícios, seus juízes, escrivães e mestres.

26) Os inventores terão a propriedade de suas descobertas ou das suas produções. A lei lhes assegurará um privilégio exclusivo tem-

porário, ou lhes remunerará em ressarcimento da perda que hajam de sofrer pela vulgarização.

27) O segredo das cartas é inviolável. A administração do correio fica rigorosamente responsável por qualquer infração deste artigo.

28) Ficam garantidas as recompensas conferidas pelos serviços feitos ao Estado, quer civis, quer militares, assim como o direito adquirido a elas na forma das leis.

29) Os empregados públicos são estritamente responsáveis pelos abusos e omissões praticados no exercício das suas funções, e por não fazerem efetivamente responsáveis aos seus subalternos.

30) Todo cidadão poderá apresentar, por escrito, ao Poder Legislativo e ao Executivo, reclamações, queixas ou petições, e até expor qualquer infração da Constituição, requerendo perante a competente autoridade a efetiva responsabilidade aos infratores.

31) A Constituição também garante os socorros públicos.

32) A instrução primária é gratuita a todos os cidadãos.

33) Colégios e universidades, onde serão ensinados os elementos das ciências, belas-artes e artes.

34) Os poderes constitucionais não podem suspender a Constituição no que diz respeito aos direitos individuais, salvo nos casos e circunstâncias especificados no parágrafo seguinte.

35) Nos casos de rebelião ou invasão de inimigos, pedindo a segurança do Estado que se dispensem, por tempo determinado, algumas formalidades que garantem a liberdade individual, poder-se-á fazê-lo por ato especial do Poder Legislativo. Não se achando, porém, a esse tempo reunida a assembléia, e correndo a Pátria iminente perigo, poderá o governo exercer esta mesma providência, como medida provisória e indispensável, suspendendo-a imediatamente, quando cesse a necessidade urgente que a motivou; devendo, em um e outro caso, remeter à assembléia, logo que reunida for, uma relação motivada das prisões e de outras medidas de prevenção tomadas; e quaisquer autoridades que tiverem mandado proceder a elas serão responsáveis pelos abusos que tiverem praticado a esse respeito."(7)

---

(7) Os textos da Constituição do Império transcritos foram extraídos de "As Constituições do Brasil", organizadas por Fernando H. Mendes de Almeida — 4.ª edição da Editora Saraiva, São Paulo, 1963.

3. A LEGISLAÇÃO NO PERÍODO COMPREENDIDO ENTRE A CARTA CONSTITUCIONAL E O CÓDIGO DO PROCESSO CRIMINAL

Promulgada a Constituição do Império, algumas decisões do Governo foram baixadas, enquanto o Poder Legislativo organizava a justiça e as regras do processo, de conformidade com os princípios estabelecidos na Magna Carta. Pela Decisão n. 78, de 31 de março de 1824, determinou-se aos juízes a fundamentação das sentenças que proferissem, enquanto pela Decisão n. 81, o Governo declarou que o juiz da devassa não era competente para julgar o feito. Esta Decisão, datava de 2 de abril de 1824.

O Decreto de 17 de abril desse mesmo ano, à vista do disposto no artigo 159 da Constituição, "dá providências sobre o processo das causas crimes". Outra Decisão do Governo, a de n. 242, baixada em 17 de setembro de 1824, determinava a fiel observância do artigo 161 da Constituição, estabelecendo a obrigatoriedade da tentativa de conciliação antes de ser iniciado o processo. Pela Decisão n. 160, de 21 de julho de 1825, o Governo determinava a remessa ao Promotor Fiscal dos excessos de liberdade da Imprensa, de um exemplar do que fosse impresso na Corte. Um Decreto de 11 de setembro de 1826, declara em vigor o Decreto de 22 de novembro de 1823 "relativo aos abusos da liberdade de imprensa".

A Lei de 11 de setembro de 1826 determinou "que as sentenças de pena de morte não se executem, sem que primeiramente sejam presentes ao Poder Moderador". Muito importante foi a Lei de 15 de outubro de 1827, que criou "em cada uma das freguezias e das capelas curadas um Juiz de Paz e suplente", fixando a sua competência, que era bem ampla, como se pode verificar de seu texto(8).

A Lei de 15 de outubro de 1827 cuidou de fixar a responsabilidade dos Ministros e Secretários de Estado e também dos Conselheiros do Estado. Decreto de 15 de novembro de 1827, declarava quem deveria substituir o promotor do *juízo de jurados* na sua falta e outro decreto, da mesma data, declarava a obrigatoriedade do recurso de graça nas sentenças das *juntas de justiça,* que impusessem a pena de morte.

Para o processo penal, importantíssima é a Lei de 30 de agosto de 1828, que declarava os casos em que se podia proceder à prisão por delitos, sem culpa formada.

---

(8) A respeito da importância da Igreja, veja-se: Frei Oscar de Figueiredo Lustosa — A presença da Igreja no Brasil — história e problemas (1500-1968), Editora Giro, S. Paulo, 1977.

Em 18 de setembro de 1828, por Lei, foi criado o Supremo Tribunal de Justiça e um Decreto de 12 de setembro regulou as sessões dos *juízes de fato*, "para as causas da liberdade de Imprensa".

Em 23 e 24 de setembro de 1828 foram editados mais dois diplomas legislativos com conteúdo de processo penal: o primeiro é a lei que "prescreve as formalidades que se devem observar nos processos criminais, e a maneira porque devem ser instruídos e preparados os que forem julgados nas Juntas de Justiça"; o segundo, o decreto que "dá providências acerca da substituição dos membros das Juntas de Justiça das Províncias, e manda que das respectivas sentenças de pena de morte se apele *ex-officio* para a Relação do Distrito".

Ainda antes da promulgação do Código do Processo Criminal de Primeira Instância, outros diplomas legislativos merecem destaque, bem como uma Decisão do Governo. Esta, data de 6 de outubro de 1828, sob n. 148, que "declara que não se pode mais conhecer de crimes incertos, por meio de devassa". No ano seguinte, 1828, foi promulgada a Lei de 22 de setembro, onde se estabeleceu "a forma que se deverá observar nos processos dos réus pronunciados que se esconderem, ou se ausentarem".

Em 1830, antes da promulgação do Código Criminal, duas leis estão a merecer citação: a de 11 de setembro, que "estatui que os presos, ou afiançados, possam ser citados, e demandados, sob certas providências, por qualquer feito cível" e a de 20 de setembro, que dispunha "sobre o abuso de liberdade de imprensa". Também dois decretos devemos mencionar. O primeiro, de 11 de setembro desse mesmo ano, que "manda eleger Juízes de Paz em todas as Capelas filiais curadas e providencia quanto aos limites de seus distritos" e o de 20 de dezembro, este após a promulgação do Código Criminal, que "marca as alterações com que deve ser cumprida a Lei de 18 de setembro de 1828 da criação do Tribunal Supremo de Justiça".

No ano de 1831, a Lei de 6 de junho "dá providências para a pronta administração da Justiça e punição dos criminosos" e outra de 7 de setembro "declara livre todos os escravos vindos de fora do Império, e impõe penas aos importadores dos mesmos escravos", enquanto no ano de 1832, ainda antes do Código do Processo Criminal, o Decreto de 12 de abril estabeleceu regulamento "para a execução da Lei de 7 de novembro de 1831, sobre o tráfico de escravos".

Em 29 de novembro de 1832 foi promulgado o primeiro Código de Processo Penal brasileiro, sob a denominação de *Código do Processo Criminal de Primeira Instância*, que será estudado em outro capítulo.

4. AS "FALAS DO TRONO"

Em um trabalho que elaboramos sobre o Código Criminal do Império, deixamos assinalado ter sido ele criado e sancionado em 16 de dezembro de 1830, em razão do empenho do Imperador D. Pedro I. Agora, acrescentamos que também o Código do Processo Criminal de Primeira Instância deveu-se ao seu interesse, como demonstram claramente as *"Falas do Trono"*. Esclarecemos, desde logo, que *"Falas do Trono"* era a oração com que o Imperador abria e encerrava a sessão legislativa, denominada pela Constituição do Império de *sessão imperial de abertura,* a 3 de maio, e *sessão de encerramento,* "e tanto esta como a da abertura se fará em assembléia geral, reunidas ambas as câmaras" (art. 19). Escrevemos, então, o seguinte:

"Este (o Imperador), na *"Fala do Trono"* de 3 de maio de 1827, já afirmava que "não há código, não há forma apropriada às luzes do tempo nos processos, as leis são contrárias umas às outras, os juízes vêm-se embaraçados nos julgamentos, as partes padecem, os maus não são punidos, os ordenados dos juízes não são suficientes, para que não sejam tentados pelo vil, e sórdido interesse, e portanto é necessário que esta assembléia comece a regular com sumo cuidado, e prontidão um ramo tão importante para a felicidade e sossego público; sem finanças e sem justiça não pode existir uma nação. Bem conheço que esta assembléia tem muitas coisas em que cuidar, que não pode fazer tudo na mesma sessão, que os trabalhos ficam preparados de uma para outra; mas é necessário começar, e começar com unidade, sobre qualquer destas duas matérias, e quando haja de divagar para outras (o que não pode deixar de ser em semelhantes matérias, que de sua natureza são as mais delicadas em todos os Estados), eu exijo desta assembléia que estas divagações sejam, aproveitando o tempo, fazendo aquelas leis, que a Constituição a cada passo nos está mostrando serem necessárias e indispensáveis para ela ser literalmente executada." Na *"Fala do Trono"* de 8 de setembro de 1830, novamente o Imperador insistia na "discussão do código penal e do processo criminal"(9). Para esse fim, a Assembléia foi convocada extraordinariamente.

Esta observação, para nós, se fazia necessária, principalmente se tivermos em conta ter o Imperador, em *"Fala do Trono"* anterior, a de 3 de maio de 1828, reclamado a elaboração de uma legislação que possibilitasse uma melhora no Poder Judiciário, afirmando, nessa oportunidade, que "é urgente que nesta sessão ele seja regulado, segundo os

---

(9) José Henrique Pierangelli — "O início da codificação penal iberoamericana" — conferência proferida na sessão de abertura do "Encuentro de Penalistas Iberoamericanos", em comemoração ao sesquicentenário da codificação penal latinoamericana, realizado em Valparaíso, Chile, de 3 a 5 de novembro de 1980, publicada pela Revista Justitia, vol. 109, p. 38/51, S. Paulo, 1980.

princípios da Constituição do Império, a fim de que possamos ver julgar conforme os princípios constitucionais, o que seguramente cooperará muito para que meus súditos, gozando dos bens que a Constituição lhes outorga por este poder, bendizendo o sistema, me ajudem a sustentá-lo". Antes, o Imperador já havia afirmado que *"sem finanças e sem justiça não pode existir uma nação"*, verdade que os tempos e os séculos se encarregaram de demonstrar a sua imutabilidade (os grifos são nossos).

Na *"Fala do Trono"* de encerramento, de 30 de novembro de 1830, o Imperador D. Pedro I louvou a aprovação do Código Criminal, mas, por outro lado, lamentou ter sido deixado para a sessão seguinte, a do Processo Criminal. Justo, portanto, que se assinale o especial empenho do Imperador na elaboração dos dois primeiros códigos brasileiros. Contudo, o Código do Processo Criminal só veio a tornar-se realidade após a abdicação, pois, como é sabido, em 7 de abril de 1831, D. Pedro I, por meio de um lacônico decreto, abdicou do seu trono na pessoa de seu "amado e prezado filho o sr. d. Pedro de Alcântara".

CAPÍTULO V

O CÓDIGO DO PROCESSO CRIMINAL DO IMPÉRIO

SUMÁRIO: 1 — Elaboração legislativa. 2 — Apreciações sobre o Código. 3 — O sistema do Código do Processo Criminal. 4 — As formas procedimentais e o procedimento adotado pelo Código. 5 — Organização judiciária.

1. ELABORAÇÃO LEGISLATIVA

A história do Código do Processo Criminal de Primeira Instância inicia-se no governo de D. Pedro I. Na sessão de 20 de maio de 1829, por ordem do soberano e cuja mensagem foi subscrita pelo Ministro da Justiça, Lúcio Soares Teixeira de Gouveia, o projeto foi apresentado à Câmara, tendo esta, incontinenti, designado uma comissão integrada pelos deputados Medeiros, Cruz Ferreira e Araújo Bastos para examiná-lo. A comissão, em 15 de junho do mesmo ano, ofereceu o seu parecer, favorável ao projeto.

Antes, porém, um projeto análogo havia sido apresentado pelo deputado Maia, razão pela qual "atravessou-se o resto de 1829 e a sessão de 1830 em discussão de ordem, em torno de comissões especiais e coisas do gênero. Por certo que as tempestades políticas que desabavam neste agitado final do reinado de D. Pedro I não deixavam sossego para a discussão do código" (1).

No mês de julho de 1831, Manuel Alves Branco apresentou, na qualidade de relator, o seu parecer, e, em setembro desse mesmo ano, o projeto foi remetido ao Senado, que dele se ocupou por mais de um ano. Em 20 de outubro de 1832, recebeu o autógrafo da Assembléia e no dia 29 de novembro desse mesmo ano, foi promulgado pela Regência Permanente Trina, cujos componentes eram Francisco de Lima e Silva, José da Costa Carvalho e João Bráulio Muniz, — que tinham

(1) João Camillo de Oliveira Tôrres — ob. cit., p. 247.

sido eleitos em 3 de junho de 1831 — e referendada a lei, por Honório Hermeto Carneiro Leão.

2. APRECIAÇÕES SOBRE O CÓDIGO

O Código do Processo Criminal foi considerado por AURELINO LEAL como *a mais brilhante vitória no domínio da Justiça*(2). PANDIÁ CALÓGERAS o julgou *como formoso monumento de saber jurídico e de espírito liberal*(3), enquanto CÉSAR TRÍPOLI, o considera como *expoente da cultura jurídica que caracterizava a intelectualidade da época*(4). CARPENTER acentuou a sua simplicidade e clareza, apto a infundir na alma nacional, um salutar e benfazejo sentimento de tranqüilidade e segurança (5).

JOÃO MENDES DE ALMEIDA JÚNIOR afirma que foi "imenso o salto do L. V das Ordenações Filipinas para o liberalíssimo regímen do Código de Processo"(6).

GALDINO SIQUEIRA escreveu: "Inspirado nas conquistas liberais, consagrou o salutar princípio que declara pertencer exclusivamente a juízes e jurados as atribuições judiciárias em matéria criminal, ficando assim extinta a jurisdição criminal de qualquer outra autoridade, exceptuadas as jurisdições especiais e privilegiadas, em restrito número, e de cuja existência não se podia prescindir, ante as prescrições do estatuto político"(7).

Para JOSÉ FREDERICO MARQUES, o Código era a síntese "dos anseios humanitários e liberais que palpitavam no seio do povo e da nação"(8), pois, "graças a ele, perdurou, nas leis nacionais um acentuado espírito antiinquisitorial que nos preservou o processo penal, de certos resíduos absolutistas que ainda existem nos códigos europeus"(9).

---

(2) Aurelino Leal — História Judiciária — Dicionário Histórico, Geográfico e Etnográfico Brasileiro, p. 1.142, Rio de Janeiro, 1922.

(3) J. Pandiá Calógeras — Formação histórica do Brasil, 7.ª edição, Brasiliana, 1967.

(4) César Trípoli — ob. cit., tomo II — época imperial, p. 280, ed. de 1947.

(5) L.F.S. Carpenter — O Direito Processual do Império (em o Livro do Centenário dos Cursos Jurídicos).

(6) João Mendes de Almeida Júnior — ob. cit., tomo I, p. 168.

(7) Galdino Siqueira — Curso de Processo Penal, p. 12, 2.ª ed., Livraria Magalhães, S. Paulo, 1924.

(8) José Frederico Marques — Evolução histórica do Processo Penal, p. 113.

(9) José Frederico Marques — idem, ibidem.

Ao lado de elogios, o Código também sofreu críticas, em razão do seu conteúdo bastante liberal. CARPENTER afirma que, "por ser liberal demais, concedia ao acusado todas as garantias, ao passo que, quanto à autoridade do poder público, não o armava de meios necessários para a descoberta e perseguição dos delinqüentes" (10).

JOSÉ GOMES B. CÂMARA, conquanto lhe faça o elogio de ter abolido, por força do artigo 22, da disposição provisória, a "velha e arcaica distinção entre desembargadores agravistas e extravagantes", critica-o com muita contundência: "Não foram previdentes, nem felizes, os legisladores daquela quadra, quer em muitas passagens do texto do Código propriamente, quer nas disposições provisórias, já referidas. Assim, no art. 14, destas últimas, para os despachos ou decisões interlocutórias, foi reservado apenas o agravo no auto do processo, suprimidos os agravos de petição e de instrumento". E conclui, afirmando: "O advento do novo Código de Processo Criminal trouxe consigo a necessidade de sua imediata reforma ou complementação" (11).

Toda e qualquer crítica ou elogio que se faça ao Código do Processo Criminal do Império, deve ter em conta o momento histórico que era vivido. Descartamos, desde logo, influências do Código Napoleônico na elaboração do nosso Código do Processo Criminal, influência que nem mesmo fora tão acentuada na elaboração do Código Criminal de 1830, como ressaltam alguns autores patrícios (12). O que se nos afigura fora de dúvida é que os pensamentos iluministas da época nele se fizeram sentir, aqueles mesmos princípios que tinham influído na elaboração da Constituição do Império e do Código Criminal de 1830. Daí, fácil será concluir que no nosso Código do Processo as idéias de PASCHOAL DE MELLO FREIRE e de JEREMIAS BENTHAM se fizeram presentes. Não é possível esquecer-se que se vivia o chamado *Século de Bentham*. Provável, também, a influência de ANTÔNIO RIBEIRO DOS SANTOS (13).

---

(10) L.F.S. Carpenter — ob. cit., tomo I, p. 198.

(11) José Gomes B. Câmara — Subsídios para a História do Direito Pátrio, p. 116/117, tomo III, Livraria Brasiliana editora, Rio de Janeiro, 1966.

(12) Em sentido contrário, veja-se E. Magalhães Noronha — Curso de Direito Processual Penal, p. 8, editora Saraiva, 10.ª edição, São Paulo, 1978.

(13) Paschoal de Mello Freire, nas *Institutiones Criminalis Lusitani*, além de estudar o fato ilícito, a co-autoria, onde tipifica a cumplicidade, também oferece um conceito de liberdade civil. Mas, o mestre português também, dentre outras obras, escreveu uma *dissertação histórico-jurídica sobre os direitos e jurisdição do Grão Priorado do Crato e seu provisor, etc.*, que F. P. Almeida Langhans aponta como um de seus principais trabalhos. Também não deve faltar, na elaboração do nosso Código do Processo Criminal a influência de Antônio Ribeiro dos Santos, que escreveu as *Notas ao Novo Código*, onde criticou o trabalho de Mello Freire, com maestria incomum, ressaltando a omissão "de preceitos sobre a magistratura e a necessária forma de aplicação das leis". Também examinou este mestre de Coimbra, com acuidade, o título dos *Juízes e das Penas*, que Mello Freire

Quando da abdicação, o Partido Liberal dividiu-se em dois grupos. Um deles formava a facção denominada de *jurujubas* ou *farroupilhos liberais exaltados,* que, embora entendesse ter se constituído na força que determinou a queda do Imperador, encontrava-se fora das decisões governamentais. O outro, chamava-se *chimangos,* que formava a ala liberal moderada e que se encontrava no poder. Uma terceira força política era formada pelos *caramurus*, restauradores, que postulavam o retorno de D. Pedro I e que apresentava uma linha conservadora. Com os liberais, ainda que os moderados, formando o Gabinete, o Código do Processo Criminal só poderia ser orientado num sentido liberal. Portanto, o Código teria de se fundar no pensamento político-filosófico da época. Conseqüentemente, o conservador veria a nova legislação como excessivamente liberal, e o liberal a entenderia como perfeitamente adequada à época, apta a garantir eficazmente a liberdade individual em frente ao arbítrio.

De qualquer maneira, o nosso Código do Processo Criminal de Primeira Instância possuía uma estrutura básica que possibilitava a sua reforma, sem qualquer ofensa ao seu sistema, circunstância que demonstra o grau de evolução da técnica utilizada. Isto ficou perfeitamente demonstrado com a edição da Lei n. 261, de 3 de dezembro de 1841, regulada pelo Regulamento n. 120, de 31 de janeiro de 1842.

3. O SISTEMA DO CÓDIGO DO PROCESSO CRIMINAL

O Código estava dividido em duas partes. A primeira cuidava da *organização judiciária*, e, a segunda, *"da forma do processo"*.

---

havia cuidado apenas sob o aspecto doutrinário, sem forma legislativa, escrita em forma de preleções acadêmicas. Antônio Ribeiro dos Santos para a crítica, apegou-se às idéias de Heinécio e de todos aqueles que haviam cuidado da ciência da legislação e do governo, manifestando a sua preocupação e até temor com a concentração do poder em uma só pessoa. A respeito do *Poder de Julgar*, Ribeiro dos Santos assim escreveu: "O Príncipe tem em si o poder judiciário, como próprio; os magistrados, como delegados: ao Príncipe compete esse poder, pelo dizer assim, no direito; aos magistrados no facto; o Príncipe tem a soberania desse poder; os magistrados o seu uso e exercício". Acentuamos que o trabalho de Antônio Ribeiro dos Santos, de conteúdo muito mais liberal do que o de Mello Freire, foi escrito nos últimos quartéis do século XVIII, sob a influência dos *apóstolos* da Revolução Francesa e de todo o pensamento iluminista desse século. Como a polêmica travada ganhou enorme projeção e especulação, principalmente dentre os alunos conimbricenses, muitos dos quais vieram compor as câmaras legislativas que elaboraram o Código do Processo Criminal, fácil é a conclusão de que as idéias dos dois mestres daquela Universidade, se fizeram presentes na elaboração do Código. Leia-se a respeito o livro de F. P. de Almeida Langhans, Estudos de Direito, p. 375 e segtes., obra publicada por ordem da Universidade de Coimbra, 1957. A influência do pensamento filosófico do século XVIII é também realçada por Cesar Tripoli (História do Direito Brasileiro, vol. II, época imperial, p. 291/292, editora Revista dos Tribunais, São Paulo, 1947). José Frederico Marques também acentua a influência dessas idéias, afirmando que o Código era "flor de requintado liberalismo, flor colhida nos campos mais puros da democracia anglo-americana" (Evolução histórica do Processo Penal, p. 115).

A primeira parte era formada pelo Título I, que tratava "de várias disposições preliminares, e das pessoas encarregadas da Administração da Justiça Criminal, nos juízos de primeira instância", composto de cinco capítulos. O capítulo I cuidava "das disposições preliminares". O capítulo II tratava "das pessoas encarregadas da administração da justiça criminal em cada distrito", e estava dividido em quatro secções. Estas, respectivamente, cuidavam: "dos juízes de paz", "dos escrivães de paz", "dos inspetores de quarteirões" e "dos oficiais de justiça dos juízos de paz". O capítulo III tratava "das pessoas encarregadas da administração da justiça nos termos" e estava dividido em quatro secções, que cuidavam, nessa ordem, "dos jurados", "dos juízes municipais", "dos promotores públicos" e "dos escrivães e oficiais de justiça dos juízes municipais". O capítulo IV dizia respeito aos "juízes de direito" e o capítulo V trazia as "disposições gerais".

A segunda parte cuidava da "forma do processo" e era formada pelos Títulos II, III, IV, V e VI. O Título II tratava "do processo em geral" e estava dividido em oito capítulos. No capítulo I, cuidava-se "da prescrição"; o capítulo II, "das audiências"; o capítulo III, "das suspeições e recusações"; o capítulo IV, "da queixa e da denúncia"; o capítulo V, "da citação"; o capítulo VI, "das provas"; o VII, "da acareação, confrontação e interrogatório" e o capítulo VIII, "das fianças".

O Título III tratava "do processo sumário", e estava dividido, por sua vez, em dez capítulos, que assim dispunham: o capítulo I, "do passaporte"; o II, "dos termos de bem viver, e de segurança"; o III, "da prisão sem culpa formada, e que pode ser executada sem ordem escrita"; o IV, "da formação da culpa"; o V, "da denúncia dos crimes de responsabilidade dos empregados públicos, e forma do processo respectivo"; o VI, "da ordem de prisão"; o VII, "das buscas"; o VIII, "da desobediência"; o IX, "das sentenças no juízo de paz", e, finalmente, o X, "das juntas de paz".

A Título IV cuidava "do processo ordinário" e estava dividido em quatro capítulos. O primeiro capítulo estava dividido em quatro secções, nas quais cuidava "da acusação". Assim, a secção primeira tratava "dos atos preparatórios da acusação"; a segunda, "dos preparatórios para a formação do 1.º conselho de jurados"; a secção terceira, "da formação do 1.º conselho de jurados, ou júri de acusação" e a secção quarta "da conferência do 1.º conselho de jurados, ou júri de acusação". No capítulo II, cuidava o Código "do 2.º conselho de jurados, ou júri de sentença"; no capítulo III "de várias disposições comuns do júri de acusação, e de sentença, e peculiares aos casos de abuso da liberdade de exprimir os pensamentos", e, o capítulo IV, "dos recursos".

O Título V, trazia as "disposições gerais", enquanto o Título VI, cuidava "da ordem de habeas-corpus". Ao todo, 355 artigos compunham o Código do Processo Criminal.

4. AS FORMAS PROCEDIMENTAIS E O PROCEDIMENTO ADOTADO PELO CÓDIGO

Numa perfeita síntese, ERNST VON BELING afirmou que o processo penal tem por objeto a aplicação da lei penal(14). Para a consecução desse objetivo, vale-se de três formas procedimentais: a) procedimento inquisitivo; b) procedimento acusatório, e, c) procedimento misto ou eclético(15).

a) No procedimento inquisitivo ou inquisitório, o órgão jurisdicional assume preponderância, pois nele se concentram as funções de acusar, de defender e de julgar. Com a inquisitoriedade, põe-se em perigo as garantias individuais asseguradas constitucionalmente. Muito embora apresente algumas vantagens sobre a contraditoriedade, são elas elididas pelas suas notórias imperfeições. Como acentuou PIMENTA BUENO, "o juiz não deve ser senão juiz, árbitro imparcial, e não parte. Ainda mesmo prescindindo dos abusos que essa acumulação facilita, uma tal confusão tende por si mesma a desvairar o espírito de julgador. Em verdade, quando ele é obrigado a criar em seu próprio espírito as primeiras suspeitas de quem seja o autor do crime, em vez de somente apreciar as que lhe são apresentadas, essas impressões influirão depois por modo perigoso. O amor próprio de sua previdência convidará a que não aprecie bem as contradições ou razões opostas, a que faça triunfar sua penetração: ele julgará antes de ser tempo de julgar".(16)

b) No procedimento acusatório existe uma acusação formulada, por meio da qual se busca formar no espírito do julgador a convicção da responsabilidade penal do acusado. Aqui, mediante a instrução, onde se estabelece o *actus trium personarum* de que falavam os práticos da Idade Média, a instrução resulta contraditória, com a amplitude assegurada e o debate público entre as partes é um fato sensível. Convém salientar que a adoção do procedimento acusatório não exclui o

---

(14) Ernst von Beling — Derecho Procesal Penal, tradução para o espanhol de M. Fenech, p. 19 e 21, Buenos Aires, 1943.

(15) Muitos autores preferem usar as expressões *sistema*. ou, ainda. *princípio*. Assim, sistema inquisitivo, sistema acusatório e sistema misto ou eclético. Preferimos, porém, afastar tais expressões, por nos parecerem inadequadas. Por princípio, entendemos, com Miguel Reale, "as verdades ou juízos fundamentais, que servem de alicerce ou de garantia de certeza a um conjunto de juízos ordenados em sistema de conceitos relativos a dada porção da realidade". É o princípio que dá sentido e orientação a um sistema, posicionando-se sobre todas as demais regras. V. a respeito obra elaborada no curso de pós-graduação na cadeira de Direito Processual Penal, da Universidade de São Paulo, sob a orientação de Rogério Lauria Tucci (inédito).

(16) José Antonio Pimenta Bueno — Apontamentos sobre o Processo Criminal Brasileiro, p. 87, 2.ª edição, Editora Empreza Nacional do Diário, Rio, 1857.

poder inquisitório do juiz, que continua amplo na busca da verdade material "ainda quando às partes é dado requerer a instauração do procedimento definitivo ou preliminar" [17], permanecendo, inclusive, quando é possível às partes instruir o juízo por meio de produção de provas e das alegações finais. Esse poder inquisitório do juiz reduz-se "quando o juiz é obrigado a atender a tais pedidos de produção de provas, por outro motivo que não seja a demonstração da existência do crime e da autoria; ou quando o juiz é obrigado a instaurar o procedimento sempre que requerido pelo autor. Diminui, ainda mais, quando o juiz não pode ter a iniciativa para proceder; e anula-se definitivamente, se o juiz não pode senão julgar segundo o alegado e provado pelas partes. Este é o tipo processual acusatório puro". [18]

c) O Código do Processo Criminal do Império dotou o procedimento misto ou eclético, muito embora o submetesse à regra da inquisitividade. O nosso legislador de 1832 ficou, portanto, num meio termo entre o procedimento acusatório, então vigente na Inglaterra, e o misto, adotado pela França, este inquisitivo na fase instrutória e acusatório na fase de julgamento, mas, induvidosamente, o nosso Código era muito mais liberal, pois, no modelo francês o acusado era colocado em uma situação de inferioridade em relação ao acusador oficial e o juiz exercitava uma atividade de produção de provas, valendo-se, para esse fim, até mesmo da tortura. Além disso, nesta legislação, "o processo era escrito, secreto e não contraditório" [19], o que não ocorria com o nosso.

O Código do Processo Criminal imperial outorgava ao juiz, em face do queixoso ou do denunciante, uma total independência, que se manifestava sob quádruplo aspectos, como observa JOAQUIM CANUTO MENDES DE ALMEIDA: "1.º) no iniciar a formação do corpo de delito; 2.º) no formar o corpo de delito; 3.º) no iniciar a sumária inquirição de testemunhas; 4.º) no realizá-la". [20].

Conseqüentemente, deveria o juiz de paz proceder a auto de corpo de delito e formar a culpa do delinqüente (art. 12, § 4.º) e assim sempre proceder, quer em face de requerimento da parte, quer por sua própria iniciativa, salvo os casos de ação exclusivamente particular (arts. 138 e 139). Deveria proceder à inquirição de testemunhas, ainda que não houvesse denunciante (art. 141), mandando chamá-las de ofício (art. 84), para que depusessem sobre a existência do crime e

---

(17) Joaquim Canuto Mendes de Almeida — Ação Penal, p. 31, editora Revista dos Tribunais, São Paulo, 1938.

(18) Joaquim Canuto Mendes de Almeida — Ação Penal, p. 31.

(19) César Trípoli — ob. cit., tomo II, p. 291.

(20) Joaquim Canuto Mendes de Almeida — A contrariedade na instrução criminal, p. 167, editora Saraiva, 1937.

de quem fosse o delinqüente (art. 140). Nem a presença do réu era reclamada, diante do silêncio do Código. Se presente o réu, seria ele submetido a interrogatório, podendo contestar os testemunhos, que lhe eram lidos (art. 142). Isto ocorria, contudo, só quando o réu era levado à presença do juiz, por estar preso ou por residir nas cercanias onde era realizada a formação da culpa.

Lembra JOAQUIM CANUTO MENDES DE ALMEIDA, que: "Toda essa atividade do juiz, como vemos, era, de certa forma, discricionária. Se ao promotor público incumbia dar denúncia, se qualquer pessoa do povo podia, outrossim, denunciar, se o ofendido podia apresentar sua queixa, esses atos — denúncia e queixa — representavam com relação ao sumário de culpa meros impulsos ao funcionamento inquisitório do juiz, quando a espontaneidade não se tivesse revelado. A discrição do juiz era tal que de seus despachos a pedidos das "partes" nos atos de formação da culpa, não cabia recurso algum"(21).

5. ORGANIZAÇÃO JUDICIÁRIA

Como já deixamos assinalado, a organização judiciária tomava toda a primeira parte do Código do Processo Criminal. Possuía a justiça um elevado aspecto municipalista. Assim, em cada distrito havia um juiz de paz (art. 12), que tinha a colaboração de um escrivão, de inspetores de quarteirões e de oficiais de justiça, no número necessário. Nos termos, havia um juiz municipal (art. 33), um promotor público (art. 36), um conselho de jurados (art. 23), escrivães no número necessário. Na comarca, havia um juiz de direito (art. 153, da Constituição do Império), que, nas cidades com maior densidade populacional, podia ser elevado para três, com jurisdição cumulativa, um dos quais era o chefe de polícia. Havia, ainda, as juntas de paz (arts. 213 e 293).

Por força do artigo 8.º, do Código, ficaram extintos os cargos originários da magistratura medieval: os juízes de fora, os ouvidores da comarca, os juízes ordinários, e, por força do artigo 18 da *disposição provisória,* os corregedores do cível e do crime, e, ainda, as juntas de justiça.

Mesmo perfunctoriamente, vamos examinar cada um dos órgãos que constituíam a justiça: a) os juízes de paz; b) os juízes municipais; c) os juízes de direito; d) as juntas de paz, e, e) os promotores públicos.

a) — *Os juízes de paz.* Em número de quatro, os juízes de paz eram eleitos na mesma oportunidade em que se escolhiam os vereadores. Cada um servia por um ano, obedecido o resultado da votação (art. 10). De acordo com o artigo 12, os juízes de paz tinham atribui-

(21) Joaquim Canuto Mendes de Almeida — A contrariedade na instrução criminal, p. 171/174.

ções de polícia administrativa e de polícia judiciária, além das atribuições judiciárias propriamente ditas. Dentro da função de polícia administrativa, competia-lhes a vigilância sobre as pessoas desconhecidas ou suspeitas que viessem habitar o seu distrito; a concessão de passaportes (§ 1.º); a divisão do seu distrito em quarteirões (§ 8.º); a prisão dos culpados, que podia ser realizada até mesmo em outros juízos (§ 5.º). Na função de polícia judiciária, competia-lhes proceder a auto de corpo de delito (§ 4.º). Como órgão judiciário, competia aos juízes de paz: obrigar a assinar termo de segurança aos legalmente suspeitos de cometer crimes, quando podiam aplicar multa de até trinta mil réis ou prisão de até trinta dias ou até três meses de casa de correção ou oficinas públicas (§ 3.º); assinar termo de bem viver aos vadios, mendigos, bêbados habituais, prostitutas perturbadoras do sossego público e turbulentos "que por palavras ou ações ofendem os bons costumes, a tranquilidade pública e a paz das famílias" (§ 2.º); formar a culpa dos delinqüentes (§ 4.º); conceder fiança dentro da sua alçada (§ 6.º); julgar as contravenções às posturas municipais (§ 7.º, primeira parte) e os crimes punidos com pena pecuniária de até cem mil réis, degredo, ou desterro de até seis meses ou três meses de casa de correção ou oficinas públicas. Julgavam, portanto, as infrações punidas com penas leves.

b) — *Os juízes municipais*. Estes eram nomeados pelos presidentes da província em Conselho (art. 34). Para tanto, as câmaras municipais, de três em três anos, organizavam uma lista tríplice de candidatos escolhidos dentre os seus habitantes formados em direito ou advogados hábeis (provisionados), e, na falta destes, eram escolhidas pessoas bem conceituadas e instruídas. Aos juízes municipais competia substituir o juiz de direito nas suas faltas ou impedimentos, dentro do termo (art. 35, § 1.º); executar, também dentro do termo, as sentenças e mandados expedidos pelos juízes de direito ou tribunais (§ 2.º); exercitar, cumulativamente, a "jurisdição policial" (§ 3.º); conceder *habeas-corpus* (art. 342), dentro dos limites da sua jurisdição.

c) — *Os juízes de direito*. Os juízes de direito eram nomeados pelo Imperador e deveriam ser bacharéis em direito, terem a idade mínima de 22 anos, boa reputação, um ano pelo menos de prática forense, que se provava mediante certidões passadas pelos Tribunais das Relações ou juízes de direito perante os quais tivessem servido. A preferência recairia naqueles que tivessem servido como juízes municipais e promotores (art. 44). Competia-lhes, por força do artigo 46, do Código do Processo Criminal: a) — correr os termos de sua jurisdição para presidir os conselhos de jurados, quando reunidos; b) — presidir o sorteio dos jurados, tanto para o júri de acusação como o de sentença; c) — instruir os jurados, por ocasião do julgamento; d) — policiar as sessões do júri; e) — regular o debate das partes, dos advogados e testemunhas; f) — lembrar ao conselho de jurados os meios possíveis para a descoberta da verdade; g) — aplicar a lei ao fato; h) — con-

ceder fiança aos réus pronunciados perante o júri, a aqueles cuja fiança fora negada pelos juízes de paz e revogar aquela que fora concedida indevidamente por estes; i) — inspecionar os juízes de paz e municipais, instruindo-os acerca de seus deveres (art. 46, §§ 1.º a 9.º). Era-lhes assegurada a inamovibilidade, ressalvada a promoção para a Relação "ou quando a utilidade pública assim o exigir" (art. 45); conhecer dos recursos opostos às decisões dos juízes de paz "que obriga ou não obriga o denunciado à prisão, ou que concede ou denega a fiança" (art. 294); conceder *habeas-corpus* (art. 342).

d) — *As juntas de paz.* As juntas de paz eram formadas pela reunião de um certo número de juízes de paz, número que não excedia a 10 e nem podia possuir menos de 5 membros, que se reunia sob a presidência de um deles, o qual era escolhido mediante escrutínio secreto (art. 213). Suas reuniões eram públicas, de portas abertas e não podiam durar mais de oito dias consecutivos, incluídos os dias santificados, quando, as sessões não podiam ser suspensas (art. 215). A essas juntas de paz competia conhecer de todas as sentenças proferidas pelos juízes de paz, quando imposta qualquer pena de que se tivesse interposto recurso (art. 216), podendo confirmá-las, revogá-las ou alterá-las, com exceção do recurso de revista. Também julgavam as decisões do juiz de paz que obrigava a termo de bem viver, de segurança ou de apresentar passaporte (art. 293).

e) — *Os promotores públicos.* O Ministério Público reclama um exame especial, o que será feito em capítulo próprio. A ele remetemos o leitor. Porém, aqui, devem ficar explicitadas as funções a ele atribuídas pelo Código do Processo Criminal. Competia-lhes: a) — denunciar os crimes públicos e policiais; b) — acusar os delinqüentes perante os jurados; c) — denunciar os crimes de redução de pessoas livres em escravos, de cárcere privado, homicídio consumado ou tentado, os ferimentos, o roubo, as calúnias e injúrias contra a pessoa do Imperador e membros da família imperial (Imperatriz, príncipes e princesas), Regência ou Regentes, Assembléia Geral e contra cada uma das Câmaras (art. 37, § 1.º); d) — solicitar a prisão e punição dos criminosos e promover a execução das sentenças e mandados judiciais (§ 2.º); e) — "Dar parte às autoridades competentes das negligências, omissões e prevaricações dos empregados na administração da justiça".

CAPÍTULO VI

O CÓDIGO DO PROCESSO CRIMINAL DO IMPÉRIO: SEGUNDA PARTE

SUMÁRIO: 1 — A segunda parte do Código. 2 — A ação penal pública. 3 — A denúncia. 4 — Ação penal particular. 5 — Ação penal popular. 6 — Ação penal "ex-officio". 7 — Das denúncias policiais.

1. A SEGUNDA PARTE DO CÓDIGO

A segunda parte do Código do Processo Criminal de Primeira Instância assume, para nós, maior importância, o que nos leva a examiná-la com maior amplitude, respeitada a limitação que orienta este trabalho.

Neste capítulo estudaremos a ação penal, que, para efeito de facilidade de exposição e de didática, pode ser classificada em: a) ação penal pública; b) ação penal particular (privada); c) ação penal popular; d) ação penal *ex-officio;* e, e) denúncias policiais.

Antes do exame de cada um desses tipos de ação penal, queremos, com RAMALHO, salientar que "o princípio que regula todo o Processo Criminal é a proteção dos direitos individuais e da sociedade; portanto, as Leis do Processo Criminal devem conciliar e combinar todos os direitos quando estejam em oposição, provendo a investigação e comprovação do delito, o convencimento de seus autores ou cúmplices, a aplicação e execução da pena, sem restringir ou omitir a defesa do acusado, e os recursos tendentes a obter a emenda dum julgamento precipitado e menos justo"(1).

Assim, praticado o fato de relevância penal, nascem duas ações: a) a ação penal — criminal na linguagem do Código — que tem por fim a imposição de uma pena; b) a ação civil, que tende à reparação

---

(1) Joaquim Ignacio Ramalho — Elementos do Processo Criminal para uso das Faculdades de Direito do Império, § 88, p. 47, edição da Typographia Dous de Dezembro, São Paulo, 1856.

do dano causado pelo delito, como acentuou acertadamente PEREIRA E SOUZA. A ação penal, por seu turno, pode ser pública e particular. A primeira nasce do *crime público* ou do *policial;* a segunda, como a ação civil, origina-se do crime particular. Porém, como observou RAMALHO, algumas vezes, do mesmo crime nasciam duas ações, e isto acontecia "nos casos em que a Lei dá ação pública por causa de uma violação de direito e há uma parte diretamente ofendida por esse mesmo fato"(2).

2. A AÇÃO PENAL PÚBLICA

O exercício da ação penal pública foi pelo Código entregue ao promotor público, ao juiz *ex-officio* e a qualquer do povo. Ocorria nos seguintes casos: 1.º) nos crimes que não admitiam a fiança; 2.º) nos crimes de peculato, peita, concussão, suborno e qualquer outro de responsabilidade; 3.º) nos crimes contra o Imperador, Imperatriz, ou algum dos Príncipes ou Princesas da família imperial, Regente ou Regência; 4.º) em todos os crimes públicos; 5.º) nos crimes de resistência às autoridades, e seus oficiais no exercício de suas atribuições; 6.º) nos crimes em que o delinqüente for preso em flagrante, não havendo parte que o acuse; 7.º) nas tentativas e cumplicidades dos crimes inafiançáveis (Cód. Proc. Crim., arts. 74, 141 e 206; *Aviso* de 27 de janeiro de 1855).

A ação penal pública, cuja iniciativa estava afeta ao promotor público, mediante denúncia, poderia pelo mesmo meio ser iniciada por qualquer do povo. Havia, porém, algumas restrições. Estas, como bem anota GALDINO SIQUEIRA, ora era de caráter absoluto, ora de caráter relativo(3). Eram absolutamente proibidos de oferecer denúncia: a) o impúbere; b) o mentecapto; c) o furioso; d) o *filho familias,* sem autorização de seu pai. Eram relativamente proibidos de oferecimento da denúncia: a) o pai contra o filho e vice-versa; b) o cônjuge contra o outro cônjuge; c) o irmão contra o irmão; d) o advogado contra o cliente, pelos crimes cujo conhecimento obtiver em confidências no exercício da sua profissão; e) o inimigo capital (Cód. do Proc. Crim., art. 75). Evidentemente, também os escravos, pela sua própria condição, não poderiam oferecer denúncia contra o seu senhor. O impedimento atingia também a qualquer formalização de queixa ou denúncia contra o Imperador e contra os membros das duas câmaras legislativas, pelos discursos nelas proferidos (art. 76).

Justificando tais impedimentos, doutrinava PIMENTA BUENO que "as proibições do art. 75, e mesmo as outras exceções que recordamos,

(2) Joaquim Ignacio Ramalho — ob. cit., p. 48/49.

(3) Galdino Siqueira — ob. cit., p. 324.

fundam-se nos veneráveis princípios da moral natural, pública e religiosa, sem os quais não pode haver virtudes sociais. A lei considera suspeitos, e mesmo abjectos, os denunciantes que não sabem respeitar os deveres sagrados da natureza, do sangue, gratidão e confiança; considera-os degenerados ou capazes de ser caluniadores. A proibição constante do artigo 76 do cód. é baseada nas justas e indispensáveis condições do sistema representativo, e liberdade da tribuna"(4).

Uma questão bem interessante surgiu durante a vigência do Código do Processo Criminal. Tendo a lei concedido ao ofendido o direito de queixa, nos crimes particulares, e o de denúncia ao promotor público e a qualquer do povo, questionou-se acerca da possibilidade do próprio ofendido oferecer denúncia nos crimes públicos e nos crimes policiais. A lição de JOAQUIM GUIMARÃES, em face das buscas que encetamos, afigura-se-nos incensurável. Diz ele: "Fazemos esta observação porque à primeira vista, parece que tendo o Código dado direito de queixa ao ofendido nos crimes de ação privada, ao passo que para os demais criou a denúncia por considerá-los públicos, só nos crimes de ação privada poderia a parte apresentar a sua queixa. Mas, como em qualquer crime há um ofendido, a razão que justifica queixa nos crimes de ação privada, justifica-la-á nos de ação pública". Mais ainda, continua: "se justifica a amplitude desse direito ao ofendido porque, dado um crime de ação pública, se o órgão da justiça conserva-se inerte, não procurando desagravar a sociedade nem abafar o alarma por ele produzido, o ofendido, não porque lhe seja lícito exercer uma vindicta, mas, para corrigir a inércia criminosa do Ministério Público, poderá apresentar a sua queixa, a fim de que, verificada a verdade, seja punido o delinquente e defendida a sociedade"(5).

PIMENTA BUENO, por seu turno, assentou a solução nos seguintes termos: "Quando a denúncia é dada pelo ofendido pelo crime, ou por seu representante, ele se propõe a acusar o delinquente, então é claro que a denúncia se confunde com a queixa, de que tratamos no aludido § da secção antecedente, e que é aplicável tudo quanto aí observamos. Diz muito bem F. Hélie que em tal caso a denúncia identifica-se com a queixa, e que deixa mesmo de ser denúncia e passa a ser queixa, pois que esta não é mesmo senão uma forma especial de denúncia, forma que importa o direito de acusar, e que compete ao ofendido ou seu representante, ao menos quando a lei não limita o seu direito somente à ação civil. Nesse caso, pois, não temos denúncia e sim queixa"(6).

Posto que poderia o ofendido oferecer denúncia, no que parecem acordes os autores da época, a conversão da denúncia em queixa condu-

---

(4) José Antonio Pimenta Bueno — ob. cit., p. 83.

(5) Joaquim Guimarães — ob. cit.

(6) José Antonio Pimenta Bueno — ob. cit., p. 79.

ziria a questões bastante intrincadas, que reclamariam uma série de cuidados especiais. Isto porque a denúncia deveria ser apenas assinada pelo denunciante ou por seu procurador, enquanto a queixa deveria também ser jurada. A denúncia não era atingida pela decadência, persistindo o direito de denunciar enquanto não ocorresse a prescrição. A queixa, porém, não poderia ser oferecida, se da data do fato se passassem seis meses. Na queixa, o querelante era parte principal da relação processual, o que não ocorria na denúncia. De se considerar, ainda, que a maioria dos autores da época negam ao denunciante o direito de acusar (Pimenta Bueno, Joaquim Bernardes da Cunha, Aquino e Castro, dentre eles).

Adotado o entendimento de PIMENTA BUENO, ou seja, de que em tais casos, a denúncia seria convertida em queixa, para que o ofendido pudesse acusar, haveria também a exigência do juramento, que era reclamado pelo jurisprudência da época, como decidiu a Relação da Corte em acórdão de 27 de outubro de 1840. Mas, também seria exigida a assinatura, perfeitamente dispensável para a denúncia de qualquer do povo. Mas, não é só. Tendo-se em vista o instituto da decadência, crimes públicos e delitos policiais ficariam impunes, ressalvada a hipótese do promotor público oferecer a denúncia, ou do juiz proceder de ofício, dando assim à ação penal o seu caráter oficial. Além disso, fosse adotado o posicionamento do Marquês de São Vicente, de que quando o ofendido ou seu representante legítimo pretendesse acusar, assumiria ele a posição de parte principal, o que se nos afigura, no mínimo, bastante contraditório. É que o próprio Pimenta Bueno — e também outros autores da época — negava ao denunciante o direito de acusar. Como conseqüência, apenas com a mudança de *rótulo* ou de nomenclatura, o ofendido poderia exercer o direito de acusação?

Outras questões, então, nos assaltaram. Oferecida a denúncia e convertida esta em queixa, aquela interromperia o prazo decadencial? As buscas que encetamos não responderam a essa nossa indagação. Por outro lado, afigura-se-nos impossível a solução adotando, para tanto, princípios que norteiam o Direito Processual Penal moderno.

Por tais razões, preferimos o entendimento de RAMALHO, induvidosamente, um dos mais lúcidos processualistas penais do período imperial, que, não discrepando do exposto por JOAQUIM GUIMARÃES, completa-o. O professor da Faculdade de Direito do Largo de São Francisco, ensinava que "todos os que são competentes para denunciar o são para promover os mais termos da acusação. A opinião daqueles que sustentam que o Promotor público é somente competente para promover a acusação em todos os crimes públicos ou policiais, e que o denunciante, só pode ser admitido à denúncia, não fica autorizado a ser acusador (Desemb. Pim. Bueno Apont. Proc. Crim. § 32), não se funda em Lei pátria que eu saiba. De todas as Leis do Processo se colige que

o denunciante é competente para sustentar todos os termos da denúncia até final sentença. A disposição do art. 150 do Cód. Proc. Crim., e outras semelhantes, são exceções, que não destroem a regra. Mas, tendo o Promotor público sustentado a sua denúncia no juízo da formação da culpa, não pode a parte ofendida ser admitida a acusar perante o Juiz, excluindo o Promotor (Av. de 8 de Julho de 1842)"(7). No mesmo sentido, os *Avisos* de 10 de julho de 1834 e de 10 de maio de 1849(8). A lição de Ramalho é que melhor responde às nossas indagações.

Parece-nos imprescindível salientar que a expressão *acusação*, retirada das disposições legais, possuia acepção técnica.

Do que ficou exposto, resulta que ao ofendido não só era dado o direito de denunciar, mas também o de acusar, assumindo até mesmo a posição de parte principal da relação processual, desde que não houvesse procedimento oficial. Não poderia, contudo, sobrepor-se ao promotor público, mas, isso não o impedia de participar do processo, ao lado do Ministério Público, na qualidade de assistente da acusação. RAMALHO, na hipótese, via duas ações, afirmando que em tais casos "a Lei dá ação pública por causa de uma violação de direito, e há uma parte diretamente ofendida por esse mesmo fato"(9). Como é absolutamente improvável a instauração de duas ações penais para a apuração do mesmo fato delituoso, que redundaria em absurdo dentro do sistema do Código do Processo Criminal, é de se concluir que, ao lado do promotor público, funcionava o ofendido ou seu representante legítimo, prestando-lhe assistência, como *auxiliar da acusação*, num posicionamento em tudo semelhante ao do atual assistente de acusação (artigos 268 a 273, do Código de Processo Penal).

É o que se extrai do ensinamento de FIRMINO WHITAKER, ao examinar a figura do *auxiliar da acusação*: "É aquele que, não tendo oferecido queixa, intervém como assistente, no processo, para esclarecer o promotor"(10), naquele mesmo posicionamento que GIOVANNI LEONE afirma ser de "*adesione punitiva statale*". As funções de *auxiliar de acusação* eram, contudo, muito restritas, como informa GALDINO SIQUEIRA(11).

---

(7) Joaquim Ignacio Ramalho — ob. cit., p. 55.

8) "*Avisos* são a maneira dos ministros se dirigirem a autoridades subordinadas para decidir dúvidas e dar providências" (João Mendes de Almeida Júnior — Programa de Ensino de Prática Forense, com remissões de João Mendes Neto, p. 74, em nota de rodapé; Livraria Freitas Bastos, Rio-S. Paulo, 1958).

(9) Joaquim Ignacio Ramalho — ob. cit., p. 47.

(10) Firmino Whitaker — O Jury, p. 41, ed. Livraria Academica, São Paulo, 1930, 6.ª edição.

(11) Galdino Siqueira — ob. cit., p. 54.

3. A DENÚNCIA

RAMALHO definia a denúncia como "a exposição do crime, que dá lugar à ação pública, feita por pessoa hábil, pedindo ao juiz competente a punição do criminoso"[12], e PIMENTA BUENO, a conceituava como "a participação de crime policial, público ou inafiançável, e portanto provocador da ação oficial, feita à autoridade, para que proceda contra o delinquente"[13].

A denúncia a que se referia o Código do Processo Criminal de Primeira Instância era, portanto, a *notitia criminis* ou mesmo a *delatio*, meio pelo qual se levava ao conhecimento da autoridade competente, a ocorrência de um crime policial, de um crime público ou de um crime particular inafiançável, para que contra o seu autor fosse instaurada a ação penal.

O Ministério Público, como se verá no momento oportuno, era ainda incipiente, o que obrigava quase sempre ao juiz proceder de ofício. Como "resultado da organização imperfeita ou incompleta do nosso ministério público: pela falta de agentes dele assim se onera o juiz da instrução, obrigando-o a provocar o julgamento próprio ou *ex-officio*, contra a máxima que *sine accusatore nemo condemnari potest*", advertia PIMENTA BUENO[14].

Cumpre-nos assinalar que a denúncia deveria conter os mesmos requisitos da queixa, o que se verá ao cuidarmos desta, em capítulo destacado. Não obstante, esclarecemos, desde logo, que da denúncia não decorria para o denunciante quaisquer ônus, salvo quando procedesse de modo calunioso, por ser a calúnia *filha do ódio e da vingança*, quando, então, o denunciado adquiria o direito de dar sua queixa contra o denunciante, nos termos do artigo 229 do Código Criminal (delito de calúnia) e a conseqüente reparação das perdas e danos por ele sofridos. Também era admissível a denúncia oral, não formalizada, que, segundo PIMENTA BUENO, consistia em "uma simples advertência ou cooperação cívica, que não obriga o juízo a instaurar o processo. Estes simples avisos não são sujeitos à responsabilidade alguma, não são denúncias"[15].

4. AÇÃO PENAL PARTICULAR

Pela sua relevância, reservamos um item, no capítulo seguinte, para a ação penal particular, ao qual remetemos o leitor.

---

(12) Joaquim Ignacio Ramalho — ob. cit., p. 54.

(13) José Antonio Pimenta Bueno — ob. cit., p. 87.

(14) José Antonio Pimenta Bueno — ob. cit., p. 83/84.

(15) José Antonio Pimenta Bueno — ob. cit., p. 83/84.

5. AÇÃO PENAL POPULAR

Como ação penal de conhecimento condenatória, quando invocada é a tutela jurisdicional do *poder-dever de punir* do Estado, da qual agora vamos cuidar, ensina TORNAGHI que "ação popular deve ser considerada modalidade de ação pública, não oficial. Pública, porque o sujeito que a move o faz *ut civis* e não *ut singulis*. Não oficial porque o autor não está em relação de emprego com o Estado, não é órgão da máquina administrativa do Estado. Nisto difere das outras ações públicas, regidas pelo princípio da oficialidade e da obrigatoriedade. . ."(16).

Esclarece JOAQUIM CANUTO MENDES DE ALMEIDA que a ação popular, em teoria, é regra do direito processual inglês, justificada pela circunstância de que "todo cidadão é interessado em manter a ordem pública, a paz do Rei, e deve cooperar ativamente na repressão criminal, denunciando e processando os delinqüentes"(17).

A ação penal popular, no Código do Processo Criminal, era o direito assegurado a qualquer do povo para acusar perante os tribunais, os réus de certos crimes que, por sua natureza, a lei entendia que a todos ofendia e a cada um dos cidadãos(18). Esse direito de denunciar, contudo, não era absoluto, pois sofria as restrições contidas no artigo 75, "relativos aos laços de sangue e aos deveres de gratidão, confiança, e às suspeições de inimizade"(19) e também em relação aos membros da Câmara e do Senado, nos termos do artigo 76.

A ação popular, portanto, na vigência do Código do Processo Criminal era admitida apenas para alguns dos delitos elencados no Código Criminal de 1830, como expressamente refere o artigo 150. Assim, a ação popular podia ser proposta para apurar a responsabilidade criminal de funcionários públicos: suborno, peculato, peita, concussão, prevaricação, abusos e omissões, inclusive, os crimes conexos com o de responsabilidade, consoante o *Aviso* n. 245, de 27 de agosto de 1855(20).

PIMENTA BUENO, espírito lúcido, em quem muitos vêem o maior processualista penal do período imperial, afirma que "o direito de

---

(16) Hélio Tornaghi — Instituições de Processo Penal, vol. III, p. 306, Editora Forense, São Paulo, 1959.

(17) Joaquim Canuto Mendes de Almeida — Ação Penal, p. 144.

(18) V. José Antonio Pimenta Bueno — ob. cit., p. 81.

(19) João Mendes de Almeida Júnior — ob. cit., tomo II, p. 178.

(20) A Constituição do Império referia-se, no artigo 157, a ação popular contra os juízes de direito e os oficiais de justiça, por crimes de suborno, peita, peculato e concussão em que incorressem no exercício de suas funções. V. a respeito: Paulo Barbosa de Campos Filho — Ensaio sobre a ação popular, ed. Saraiva, São Paulo, 1939.

acusar aqueles que não nos ofenderam não é um direito natural, que basta que não seja proibido para que exista; é pelo contrário, um direito social e positivo, que só se tem quando expressado ou delegado pela lei. Esta distinguiu os dois casos da queixa e da denúncia, pois que eles têm fundamentos distintos. Em um dá-se um ofendido, que foi lesado pelo delito e que tem inquestionável direito à reparação, à ação civil; em outro não se trata do ofendido, sim de um do povo. Conseqüentemente a lei por eqüidade atribuiu ao primeiro, além da ação civil que lhe compete, o direito de não só denunciar mas de acusar, isto é, deu-lhe o direito de queixa, que é uma denúncia particular que inclui em si o da acusação; ao segundo atribuiu somente, ao menos em regra geral, a faculdade de denunciar; pois que, se ele alegasse que sofria pelo crime como membro da sociedade, responder-lhe-iam que então o primeiro proprietário do direito era a sociedade"(21).

A extensão dos efeitos da denúncia de qualquer do povo sempre apresentou dúvidas(22), mesmo porque ela era, já nessa época, atribuição do promotor público, sobre o qual recaía a regra da obrigatoriedade, concorrendo com ele a faculdade concedida aos cidadãos. O *Aviso* de 18 de outubro de 1834 deixou assentado que "sendo o Promotor obrigado, a promover as acusações de crimes de responsabilidade, pelo art. 335 deste Código, quando não houver parte, é claro que deles pode receber denúncias em forma, porque estas, lhe servirão de meio de conhecimento da existência daqueles"(23).

Mesmo quando iniciada por denúncia de qualquer do povo "o Promotor deve assistir sempre à formação do processo, e requerer o que for de direito, e cumpre-lhe requerer a ratificação dos atos de que houver sido excluído, e quaisquer diligências, concernentes ao público serviço, arts. 221 e 222, do Regulamento n.º 120 de 1842"(24).

Cumpre-nos adicionar ao expendido que, com o advento do primeiro Código Penal republicano, em 1890, algumas questões foram suscitadas. Como o artigo 74, do referido Código, não se referisse à ação popular, entendeu-se que esta havia sido abolida implicitamente, ou, como nos informa GALDINO SIQUEIRA "se não a aboliu, não a considerou como dando lugar à ação penal". Essa doutrina foi desenvolvida por JOÃO MENDES DE ALMEIDA JÚNIOR e sufragada pelo Tribunal de Justiça de São Paulo. Conquanto partilhasse desse enten-

---

(21) José Antonio Pimenta Bueno — ob. cit., p. 81.

(22) V. João Mendes de Almeida Júnior — ob. cit., tomo II, p. 178.

(23) Cf. *in* Vicente Alves de Paula Pessoa — Codigo de Processo Criminal de Primeira Instancia, p. 191, nota 1.066, editor Jacintho Ribeiro dos Santos, Rio de Janeiro, 1899.

(24) Vicente Alves de Paula Pessoa, ob. cit., p. 136, nota n. 708.

dimento, entendia GALDINO que a ação penal popular estava mantida para os crimes de abuso de autoridade, por força do que dispunha a Constituição de 1891, de competir a quem quer que seja denunciar os abusos de autoridade, acrescentando "promover a responsabilidade dos culpados", o que implicava no direito de acusar. E concluía: "Podemos, pois, dizer que a denúncia de qualquer do povo, como forma de proposição da ação penal, é ainda admissível em nosso direito, sem excluir a ação cumulativa e conexa do ministério público"(25).

Em sentido contrário, manifestou-se JOAQUIM CANUTO MENDES DE ALMEIDA, asseverando que "conquanto o código penal nenhuma referência fizesse à denúncia popular, ela continuou a existir, potencial e implicitamente, na conservação da iniciativa espontânea judicial do procedimento"(26).

A Consolidação das Leis Penais, em seu artigo 407, porém, deixou evidenciada a existência da ação penal popular, ao estabelecer que haveria a ação penal por queixa da parte ofendida ou por quem tivesse qualidade para representá-la "ou por denúncia de qualquer pessoa": "a) — nos crimes políticos e nos de responsabilidade dos funcionários federais" (Decreto n.º 21.143, de 10 de março de 1932, art. 15); "b) — nos crimes de que trata o artigo 278" (*casa de prostituição*); "c) — nos crimes de que tratam os arts. 342 § 2.º e 346" (*crimes contra a propriedade literária, artística, industrial e comercial*); "d) — nos crimes de que tratam os arts. 165 a 178" (*crimes contra o livre exercício dos direitos individuais*).

Hoje, como lembra TORNAGHI, a ação popular em matéria penal está resumida na Lei n.º 1.079 (artigos 14, 41, 52, 60, 61 e 66)(27). Mesmo a Lei n.º 4.898, de 9 de dezembro de 1965 não estabeleceu a ação penal popular, pois, apenas assegura o direito de petição, e a apuração de todo delito de abuso de autoridade é feita mediante ação penal pública.

6. AÇÃO PENAL "EX-OFFICIO"

A ação penal também podia ser iniciada pelo próprio juiz, em razão dos deveres que lhe eram impostos pelo Código do Processo Criminal. Este, nos artigos 138, 141 e 206, bem assim nos artigos 256 e seguintes do Regulamento n.º 120, mandava que o juiz procedesse à formação da culpa, nos casos em que era admitida a denúncia, mesmo que denun-

---

(25) Galdino Siqueira — ob. cit., p. 73.

(26) Joaquim Canuto Mendes de Almeida — Ação Penal, p. 129.

(27) Hélio Tornaghi — Curso de Processo Penal, p. 42, editora Saraiva, São Paulo, 1980.

ciante não houvesse. No artigo 138, determinava ao juiz que procedesse "a auto de corpo de delito a requerimento da parte, ou *ex-officio* nos crimes, em que tem lugar a denúncia". Para tanto, deveria formular os quesitos necessários, aos quais respondiam os peritos após as averiguações convenientes"(28).

Em razão do artigo 141, nos casos de denúncia, mesmo que denunciante não houvesse, deveria proceder à inquirição de testemunhas na forma do artigo 140, fazendo anexar o auto de exame de corpo de delito, se ele existisse. O artigo 206, por sua vez, dispunha: "Não havendo queixa, ou denúncia, mas constando ao Juiz de Paz que se tem infringido as posturas, lei policial, ou termo de segurança e de bem viver, mandará formar auto circunstanciado do fato, com declaração das testemunhas, que nele hão de jurar, e citar o delinquente na forma do artigo antecendente". De se observar, neste passo, que o *Aviso* de 8 de janeiro de 1866 estabeleceu que, conquanto as municipalidades pudessem decretar penas de até oito dias, não as podia executar a seu talante, sem atenção às garantias constitucionais e formas do processo. Quando o infrator fosse escravo, indispensável era a audiência do seu senhor (*Aviso* de 10 de junho de 1837).

A proclamação da República e o advento do Código Penal de 1890 e da Consolidação das Leis Penais não excluíram o procedimento de ofício, que, aliás, ainda hoje permanece, como excrescência, na legislação processual penal para a apuração das contravenções penais e nos delitos culposos, nestes últimos por força da Lei n.º 4.611, de 2 de abril de 1965. Mesmo assim, como lembra JOAQUIM CANUTO MENDES DE ALMEIDA, em matéria contravencional, a denúncia do Ministério Público era admitida, sem exclusão do procedimento *ex-officio*, ressalvados os casos de ação penal de iniciativa privada(29).

Cumpre-nos salientar que, com o surgimento do Código do Processo Criminal de Primeira Instância, com a Lei n.º 2.033, de 20 de setembro de 1871 e o Decreto n.º 4.824, de 22 de novembro desse mesmo ano, a exemplo do que ocorreu com o Código Penal de 1890, restringido ficou o procedimento de ofício.

7. DAS DENÚNCIAS POLICIAIS

No passo em que nos encontramos, mister se torna uma referência à atividade outorgada pelo Código do Processo Criminal imperial ao

(28) Consulte-se o formulário dos processos criminais, de 10 de março de 1855 e o *Aviso* de 23 de março do mesmo ano. V. também o artigo 15, da Lei de 20 de setembro de 1871.

(29) Joaquim Canuto Mendes de Almeida — Ação Penal, p. 127/128.

chefe de polícia, ao delegado e ao subdelegado. Em verdade, o realce aparece com as leis posteriores ao Código.

Ressaltamos que a separação entre funções policiais e judiciárias apareceu na velha legislação portuguesa e que o Alvará de 25 de junho de 1760 foi quem criou o lugar de Intendente Geral de Polícia, expedido com a firme intenção de separar as duas classes de atribuições, sem lograr, contudo, o êxito almejado, pois, se antes as pessoas que exerciam atividade judiciária, acumulavam funções policiais, com este Alvará foi o Intendente Geral de Polícia que passou a acumular funções judiciárias(30).

Já consignamos que o lugar de Intendente Geral de Polícia da Corte foi criado em 1808, por D. João VI, cujo exercício competia a um desembargador do Paço, havendo um delegado em cada província. Os comissários de polícia aparecem por uma *portaria* de 4 de novembro de 1825. A criação dos juízes de paz, pela Lei de 13 de outubro de 1827, concentrou as funções policiais na pessoa desses magistrados, sistema que ficou mantido pelo Código do Processo Criminal de 1832.

As agitações políticas e movimentos revolucionários que envolveram o País entre 1830 e 1840 encarregaram-se de demonstrar a fraqueza dos meios legais estabelecidos para coibir os abusos que eram praticados. Não sem reação, foi promulgada a Lei n.º 261, de 3 de dezembro de 1841, e, logo após, em 31 de janeiro de 1842, era expedido o Regulamento n.º 120.

Com a Lei n.º 261, criou-se em cada província, um chefe de polícia e respectivos delegados e subdelegados que fossem necessários, cuja nomeação competia ao próprio Imperador ou aos presidentes das províncias. Eram "conservados nos lugares, enquanto bem servirem, e o Governo julgar conveniente" (art. 22, do Regulamento n.º 120). Os chefes de polícia, que eram nomeados diretamente pelo Imperador, eram escolhidos dentre os desembargadores e juízes de direito. Para estes últimos exigia-se o exercício da judicatura pelo tempo de três anos, onde houvesse "dado provas de desinteresse, atividade e inteligência" (Regulamento n.º 120, art. 21).

Os delegados e subdelegados, na Corte, eram nomeados pelo Imperador, e, nas províncias, pelos presidentes destas, mediante proposta do chefe de polícia, em lista tríplice. Os delegados eram "escolhidos dentre quaisquer juízes e cidadãos", após todas as necessárias observações, informações, documentos e esclarecimentos que justificassem

(30) V. a respeito: Joaquim Canuto Mendes de Almeida — Princípios fundamentais do Processo Penal, p. 64/66, editora Revista dos Tribunais, São Paulo, 1973; José Frederico Marques — Elementos de Direito Processual Penal, vol. I, p. 98/100.

a idoneidade dos propostos, mas eram "amovíveis, e obrigados a aceitar" (art. 2.º, da Lei n.º 261 e art. 25, do Decreto n.º 120). Com a nova legislação, além da função precípua de investigar crimes e determinar a autoria, de coligir elementos esclarecedores com o fito de possibilitar a instauração da ação penal, concedia-se à Polícia atribuições inerentes aos juízes de instrução na maior parte dos crimes, como adiante se verá, o que motivou forte reação dos liberais.

Necessário, parece-nos, acentuar que, de rigor técnico, os delegados não denunciavam, mas sim, procediam de ofício. Donde, a impropriedade da expressão adotada pela doutrina daquela época. Tanto assim era, que o artigo 4.º e parágrafo 1.º, da Lei n.º 261, estabelecia: "Aos Chefes de Polícia em toda a Província e na Corte, e aos seus Delegados nos respectivos distritos compete: § 1.º — As atribuições conferidas aos Juízes de Paz pelo art. 12, §§ 1.º, 2.º, 3.º, 4.º, 5.º e 7.º do Código do Processo Criminal". Esvaziava-se, assim, a função jurisdicional atribuída aos juízes de paz, cuja escolha era feita por meio de eleições, como já visto, na mesma oportunidade em que eram escolhidos os vereadores das Câmaras Municipais, o que lhes dava sempre um caráter político, e que ao Governo urgia eliminar. Muitas das atribuições conferidas aos chefes de polícia, delegados e subdelegados ficaram eliminadas pela Lei n.º 2.033, de 20 de setembro de 1871, que realizou a Reforma Judiciária.

CAPÍTULO VII

DA QUEIXA — NO CÓDIGO IMPERIAL

SUMÁRIO: 1 — Introdução. 2 — Considerações válidas para a queixa em geral. 3 — Requisitos da queixa. 4 — Das pessoas que podiam oferecer queixa. 5 — Das pessoas contra as quais não se podia oferecer queixa. 6 — Da queixa nos crimes estritamente particulares. 7 — Ação penal pública condicionada. 8 — Da ação puramente particular. 9 — Da desistência e do perdão do ofendido. 10 — Considerações finais.

1. INTRODUÇÃO

No Código do Processo Criminal, o ofendido, além de poder oferecer *denúncia e acusação*, também podia oferecer queixa não só nos crimes chamados *particulares*, mas também nos *delitos públicos* e nos *particulares afiançáveis*. Também podia funcionar como "*auxiliar de acusação*".

PIMENTA BUENO distinguia entre ação penal privada propriamente dita ("*ação puramente particular*") e "*ação competente ao ofendido como à justiça*".

Isto porque o Código Criminal de 1830 dividia os crimes em *públicos* e *particulares*. Os primeiros eram aqueles que ofendiam um bem coletivo ou do Estado; os segundos, os que atingiam um bem jurídico individual. Este critério, conseqüentemente, deveria influir no processo penal, pois, já nessa época, era patente a distinção entre Direito Penal e o Direito Processual Penal, este possibilitando a realização daquele.

Tendo em vista a classificação adotada, JOÃO MENDES DE ALMEIDA JÚNIOR escreveu: "...os crimes podem e devem ser considerados sob dois aspectos ou classes distintas. A primeira classe compreende aqueles que têm condições e conseqüências que importam mais uma lesão individual. A segunda abraça aqueles que por suas tendências preponderam maiores perigos, ou que por seus caracteres,

atrocidade ou conseqüências afetam mais de perto os interesses sociais[1]". A distinção feita pela legislação penal e processual penal possuía, portanto, raízes históricas, como apontava PEREIRA E SOUZA, ao afirmar que "as causas criminais são públicas e particulares. São públicas as que podem ser intentadas por qualquer do povo. São particulares as que só podem ser intentadas pelas partes ofendidas"[2].

Os delitos públicos, como já deixamos acentuado no transcorrer deste trabalho, davam origem à ação penal pública, que era iniciada mediante denúncia oferecida pelo promotor público, por qualquer um do povo e também pelo ofendido, na forma já exposta. Feito este retrospecto, vamos analisar o instituto da queixa, da maneira como era considerado.

RAMALHO define a queixa como "a exposição do fato criminoso, feita pelo próprio ofendido, ou pela pessoa que o representa em juízo, em que pede a condenação do delinquente"[3]. Nesse sentido, também as definições de PIMENTA BUENO e GALDINO SIQUEIRA. O primeiro, definindo-a como "o ato ou exposição do fato criminoso que a pessoa ofendida, ou quem a representa, faz ao juízo, e em que pede a punição do delinquente, mediante acusação que ela se propõe a agitar"[4], e, o segundo, agora já nosso século, a conceituava como sendo "a exposição do fato criminoso, feita pelo próprio ofendido ou por quem tiver a qualidade para representá-lo, concluindo pelo pedido de condenação do delinquente como incurso em disposição do Código Penal"[5].

2. CONSIDERAÇÕES VÁLIDAS PARA A QUEIXA EM GERAL

A ação penal promovida pelo ofendido ou por quem legalmente o representava, dependia da livre vontade deste, nos termos do artigo 179, n.º 30, da Constituição do Império. É o que, atualmente, no Direito Processual Penal, recebe a denominação de critério da oportunidade, em contraposição à regra da obrigatoriedade que cerca, entre nós, a ação penal pública. Nem por isso era esta completamente desconhecida naquela época[6].

---

(1) João Mendes de Almeida Júnior — ob. cit., vol. 1, p. 144.

(2) Joaquim José Caetano Pereira e Souza — Primeiras Linhas sobre o processo criminal, p. 16, Impressão Regia, Lisboa, 1831.

(3) Joaquim Ignacio Ramalho — ob. cit., p. 53.

(4) José Antonio Pimenta Bueno — ob. cit., p. 75.

(5) Galdino Siqueira — ob. cit., p. 321.

(6) "A queixa é um direito de que pode desistir a parte interessada; e a denúncia é para o Ministério público, uma obrigação do seu ofício. e não pode ser retirada desde que apresentada", observa Vicente Alves de Paula Pessoa, ob. cit., p. 133, nota 675.

A queixa podia ser oferecida por procurador, consoante o artigo 92, da lei n.º 261, de 3 de dezembro de 1841, a quem competia *assiná-la* e *jurá-la*. Do instrumento de procuração deveria constar a assinatura do outorgante, cuja firma deveria ser reconhecida pelo escrivão do juízo ou pelo tabelião. Se o queixoso não soubesse assinar ou não pudesse escrever, deveria a queixa ser assinada por "pessoa digna de crédito" (Cód. do Proc. Criminal, art. 78). Havia, porém, uma exceção: quando a queixa era oferecida contra funcionário público, por crime de responsabilidade, exigia-se apenas o reconhecimento de firma ou assinatura de duas testemunhas.

Os *Avisos* de 2 de janeiro de 1834 e de 31 de março de 1863, estabeleciam que, em caso do queixoso e do denunciante não se apresentarem em juízo na companhia de seu procurador, deste seriam exigidos poderes especiais, *sem o que o processo seria inválido*.

É oportuno salientar que quando a denúncia ou a queixa era oferecida pelo procurador, não se faziam as perguntas do artigo 80, do Código do Processo Criminal (aquelas que pareciam necessárias ao juiz para que se descobrisse a verdade e sobre ela inquirir as testemunhas).

De se observar, ainda, que o procurador, para a apresentação da queixa ou para a sustentação desta, deveria dispor de poderes especiais, porque se tratava de ato dependente de juramento, e, principalmente, porque importava em responsabilidade criminal para o queixoso, quando se mostrasse caluniosa ou proposta com má fé. Foi o que decidiu a Relação da Corte no acórdão n. 4.190, de 16 de setembro de 1873. O mesmo caminho foi seguido pela Relação de Fortaleza, em acórdão de 17 de julho de 1874, ao estabelecer ser nulo o julgamento "quando a acusação é feita por quem só tinha poderes para jurar e dar queixa".

3. REQUISITOS DA QUEIXA

Tanto a queixa, como a denúncia, deveriam conter:

"1.º) o fato delituoso com todas as circunstâncias;

2.º) o valor provável do dano sofrido(7);

3.º) o nome do delinqüente, ou os sinais característicos, se for desconhecido;

4.º) as razões de convicção, ou presunção;

---

(7) A declaração do valor do dano tornou-se dispensável em face do art. 68, da lei n. 261, de 3 de dezembro de 1841.

5.º os nomes de todas as testemunhas e informantes;

6.º) o tempo e lugar em que o crime foi perpetrado" (Código do Processo Criminal, art. 79).

Havia, ainda, a obrigação do queixoso submeter-se à inquirição judicial, para os fins do artigo 80, do mesmo Código.

Bem discutível se nos afigura a lição de PIMENTA BUENO, ao afirmar que "todas essas exigências se dirigem às queixas caluniosas ou infundadas. Quando a ação é puramente privada a queixa é a única base do processo, pois que nesse caso o ministério público não tem intervenção; é pois de necessidade que o ato primordial que provoca a jurisdição criminal, ministre à apreciação desta elementos suficientes, para que ela justifique a sua acessão e movimento"(8).

Dos requisitos formais da queixa, observava-se que da mesma era exigida uma exposição narrativa e demonstrativa do fato. Narrativa, porque dela devia conter o fato com todas as suas circunstâncias, indicando-se o modo pelo qual a ação foi praticada, os meios empregados, o malefício produzido, os motivos determinantes do delito, a maneira de execução, o lugar e o tempo da infração. Demonstrativa, porque deveria descrever o corpo de delito e oferecer as razões de convicção ou presunção, indicando as testemunhas e os informantes. À doutrina, coube o acréscimo do pedido de condenação.

Esses requisitos, portanto, deveriam ser perfeitamente atendidos, sob pena de inviabilidade da queixa e conseqüente anulação do feito. O Superior Tribunal de Justiça, no acórdão n. 1640, de 7 de julho de 1860, decidiu que constituía manifesta nulidade a falta de indicação do fato delituoso sobre que versa a queixa e a ausência de designação das circunstâncias de tempo e lugar em que o crime foi cometido. Quanto ao terceiro requisito, o Superior Tribunal de Justiça decidiu, na Revisão n.º 1.672, de 30 de março de 1861, ser nula a queixa se dela falta esse requisito, porque, nesse caso, não se sabia contra quem a queixa era dirigida.

4. DAS PESSOAS QUE PODIAM OFERECER QUEIXA

O direito de queixa competia:

"1.º) ao ofendido;

2.º) a seu pai, mãe, tutor ou curador, se for menor, senhor ou cônjuge;

(8) José Antonio Pimenta Bueno — ob. cit., p. 76/77.

3.º) ao promotor público, a qualquer do povo, sendo o ofendido pessoa miserável" (Código do Processo Criminal, artigos 72 e 73)(9).

O direito de representação, como se observa, era taxativamente enumerado. Tratava-se de direito exclusivo das pessoas enumeradas, como noticia a Gazeta Jurídica, vol. 6.º, p. 131.

Durante a vigência do Código do Processo Criminal, algumas questões foram suscitadas e que foram enfrentadas pela doutrina e pelos tribunais. Não nos parece que devam ser olvidadas neste trabalho. Ei-las:

a) A mãe natural pode dar queixa por sua filha menor, ofendida, por fato criminoso do artigo 206 do Código Penal ("causar a alguém qualquer dor física com o único fim de o injuriar"), porque a lei não pode negar-lhe este direito (Acórdão da Relação de Belém, de 26 de outubro de 1877);

b) O irmão não tinha o direito de representar pela irmã órfã, conforme decisão do Tribunal de Relação da Bahia, de 19 de abril de 1895, por faltar àquele qualidade para tal, devendo, então, ser nomeado tutor ou curador, conforme o caso;

c) O Tribunal da Relação de Ouro Preto, pelo acórdão de 18 de janeiro de 1896, decidiu, de conformidade com o entendimento de Pimenta Bueno, que o filho não podia ser considerado parte ofendida para promover acusação contra o assassino de seu pai;

d) O Supremo Tribunal Federal, por acórdão de 27 de fevereiro de 1897, decidiu poder o pai representar pela filha maior de 21 anos, que abandonou o lar, por crimes contra os costumes;

e) Questão bastante debatida na doutrina da época, era se podia ou não o padrastro representar a enteada no juízo criminal. VIVEIROS DE CASTRO, alinhando algumas decisões, entendia positivamente. JOAQUIM GUIMARÃES, porém, defendia posicionamento diametralmente oposto, afirmando que as decisões indicadas pelo primeiro, segundo e sua convicção, não seriam confirmadas pelo Supremo Tribunal.

Parece-nos que a questão comportava uma distinção, pelo menos após o Regulamento n.º 120: se se tratasse de crime público, legitimada estaria a competência do promotor público para o oferecimento da

(9) O conceito de pessoa miserável, já naquela época, apresentava dificuldades. O *Aviso* n. 377, de 30 de agosto de 1865, esclareceu "que se deve ter por miserável aquele que declara perante a autoridade e esta reconhece, que por suas circunstâncias não pode perseguir ao ofensor, salva ao réu em sua defesa a impugnação de tal declaração". Miserável, na acepção jurídica, era, como hoje, aquele que não podia prover as despesas processuais, salvo a hipótese de sacrifício de bens fundamentais seus e de sua família.

queixa; se de crime particular, dever-se-ia recorrer ao Juízo de Órfãos, para "a nomeação de tutor privativo que instaure a acusação, sendo que qualquer cidadão, mesmo estranho à pessoa do menor, pode requerer em seu nome"(10).

5. DAS PESSOAS CONTRA AS QUAIS NÃO SE PODIA OFERECER QUEIXA

Não era admitida a queixa e nem qualquer outra ação penal:

1.º) contra o Imperador, que era inviolável e sagrado, nos termos do artigo 99, da Constituição;

2.º) contra os membros das duas câmaras legislativas e das assembléias provinciais, pelos discursos nelas proferidos (Constituição, art. 26; Ato Adicional, art. 21; Cód. do Processo Criminal, art. 76). Com esta disposição, portanto, estavam asseguradas as imunidades parlamentares.

Também não seria admitida a queixa:

1.º) "Em crime de adultério, senão do marido ou da mulher, e estes mesmo não terão direito a acusar se em qualquer tempo tiverem consentido no adultério" (Código Criminal, art. 252);

2.º) "Em crime de furto entre marido e mulher, ascendentes e seus descendentes, e afins nos mesmos graus" (Código Criminal, art. 262).

O Código do Processo Criminal e as leis outras de conteúdo de processo penal, não excluíram a possibilidade de ser oferecida queixa contra a Imperatriz, Príncipes e Princesas da família imperial. Também não se excluía a possibilidade de contra tais pessoas serem oferecidas denúncias. No que respeita a estas, o Código demonstrou apenas uma preocupação com a intangibilidade dessas pessoas, outorgando ao promotor público, ao juiz e a qualquer um do povo, o direito de acusar quando elas fossem sujeito passivo de delito.

6. DA QUEIXA NOS CRIMES ESTRITAMENTE PARTICULARES

As regras que informam o exercício do direito de queixa pelo ofendido ou pelo seu representante legal, cremos, já foram suficientemente expostas. Agora, ao tratarmos da ação penal exclusivamente particular, alguma coisa deve ser acrescentada.

Antes de mais nada, cumpre-nos salientar que no período abrangido por este estudo, tanto quanto ocorre agora, o Estado transferiu ao particular tão somente o *jus accusationis*, conservando íntegro em suas mãos o *poder-dever de punir*. Também deixamos assinalado que, tanto

(10) V. Vicente Alves de Paula Pessoa — ob. cit., p. 134.

como agora, o exercício do direito de queixa era orientado pelo critério da oportunidade.

PIMENTA BUENO afirmava ser a ação exclusivamente privada personalíssima. E assim, parece-nos que era realmente. Conquanto pudessem as pessoas enumeradas no artigo 72, do Código do Processo Criminal oferecer queixa, sempre o faziam em nome do representado, quando este estivesse impedido de oferecê-la. Evidente que também outras pessoas, na qualidade de sujeitos passivos do delito, poderiam exercer o direito de queixa. Observe-se que falamos em sujeitos passivos do delito e não em pessoas prejudicadas por ele. A respeito, claramente, doutrinou PIMENTA BUENO que "no caso de concorrerem como queixosas diversas pessoas autorizadas, é corrente em direito que deve ter preferência aquela que é mais intimamente ligada ao ofendido: é o seu representante mais próximo" (11). Sente-se, contudo, que a solução preconizada pelo Marquês de São Vicente só seria aplicável em caso de concorrência de pessoas que pudessem, eventualmente, representar o ofendido. Não, porém, na hipótese por nós enfocada, de pluralidade de sujeitos passivos, quando, evidentemente, a todos era outorgado o direito de perseguir ao delinqüente.

O legislador imperial, coerentemente dentro da doutrina da época, soube compreender a existência de delitos que de maneira mais acentuada atingem a sociedade, e, ao lado destes, de outros que, preferentemente, ferem o particular. A estes, denominados de delitos particulares, era outorgado o exclusivo direito de promover a ação penal. PIMENTA BUENO, de quem nos socorremos mais uma vez, assinala que "esta ação criminal depende da vontade da parte, pois que *nemo accusare cogitur*; ela não pode nem deveria ser obrigada a usar dela caso não queira; e, quando isto aconteça, o juízo não é autorizado a dar passo algum, porque a respeito de tais crimes ele não pode proceder senão a requerimento da parte ofendida ou de seu legítimo representante. Esta disposição da lei é bem calculada; há crimes, como o adultério, que afetam a ordem interior, honra e reputação particular das pessoas ou famílias; convém pois que ninguem possa intentar uma acusação e dar publicidade a tais fatos perante os tribunais, a não ser o cônjuge ofendido"(12)

Assim, nos delitos de adultério, nem mesmo o representante legítimo poderia propor a ação penal, visto ser esta personalíssima, tal como ocorre na legislação vigente.

Alguns aspectos, ainda, merecem ser focalizados: a) — como se tratava de direito exclusivo da parte, poderia esta desistir da ação,

(11) José Antonio Pimenta Bueno — ob. cit., p. 76.

(12) Idem, p. 75.

transigir com o ofensor a respeito do dano *ex-delicto*; b) — poderia deixar de comparecer a atos instrutórios, dando causa à perempção da ação; c) — poderia, antes e durante a instrução, conceder o perdão ao ofensor. Tais aspectos serão melhor analisados em outro tópico.

7. AÇÃO PENAL PÚBLICA CONDICIONADA

A adoção da expressão *ação penal pública condicionada* é aqui utilizada na falta de outra mais consentânea com o desenvolvimento processual da época. Envolve os casos em que os crimes particulares eram perseguidos mediante ação penal iniciada pelo Ministério Público, conquanto não se tratasse de uma substituição processual, pois, *in casu*, o promotor não atuava em nome do ofendido ou de seu representante legal, mas no exercício do *poder-dever de punir* do Estado(13).

Como veremos, a exceção contida no artigo 225, § 1.º, inciso I, do Código de Processo Penal vigente, já fora objeto de consideração pelo legislador do Império. O artigo 73, do Código do Processo Criminal de Primeira Instância estabelecia que "sendo o ofendido pessoa miserável, que pelas circunstâncias, em que se achar, não possa perseguir o ofensor, o Promotor Público deve, ou qualquer do povo pode intentar a queixa, e prosseguir nos termos ulteriores do processo". De se concluir, portanto, que, ainda quando particular o delito, comprovada a miserabilidade do ofendido, deveria o promotor dar início à ação penal. A lei lhe impunha a obrigatoriedade de assim proceder. Para o cidadão, contudo, vigorava a regra da oportunidade.

O texto da lei, dúbio e imperfeito, suscitou dúvidas no espírito do exegeta sobre o conteúdo da palavra miserável, como já assinalamos. Agora, é interessante salientar que ao escravo não era concedido o direito de queixa, por ter a lei outorgado ao seu senhor o direito de representá-lo em juízo.

A miserabilidade, por seu turno, deveria estar perfeitamente demonstrada, sob pena de perempção da ação, "não podendo o juiz invocar o seu próprio testemunho sobre a existência daquela condição para tornar efetiva a condenação", decidiu a Relação do Recife, em acórdão de 18 de julho de 1859.

Tendo em vista a terminologia da lei, questionou-se acerca de poder o promotor, uma vez feita a indispensável *"requisição"* oferecer denúncia, ou se deveria oferecer queixa. A jurisprudência assentou-se no sentido de que, na hipótese, deveria ser oferecida a queixa. É o que consta do *Aviso* n. 212, de 21 de julho de 1870, e assim foi decidido pela Rela-

(13) V. a respeito: José Frederico Marques — Estudos de Direito Processual Penal, p. 161/163, editora Forense, Rio, 1.ª edição, 1960.

ção da Corte no acórdão n. 7.840, de 24 de fevereiro de 1874. Antes disso, contudo, um acórdão inserto na Revista Jurídica, de 1865, p. 367, julgara nesse mesmo sentido. O Regulamento n. 120, em seu artigo 500, porém, excluíra a necessidade do *juramento especial*, pois que válido era o que prestara o promotor *"para servir o seu cargo"*.

Antes, porém, da solução jurisprudencial, aventou-se a possibilidade de se permitir a ratificação do processado nos termos dos artigos 290 e 292, do Regulamento n. 120, critério que não chegou a vingar e que foi criticado por PAULA PESSOA(14).

As dissenções doutrinárias, porém, ficaram avolumadas com a promulgação do Código Penal de 1890. Determinava este que, em casos como os mencionados, a ação penal deveria ser iniciada por *"procedimento oficial de justiça"*. Conseqüentemente, não se sabia se a ação penal deveria ser iniciada por denúncia ou por queixa. Essa divergência atingiu os tribunais, que passaram a decidir em um e noutro sentido. A solução preconizada por JOAQUIM GUIMARÃES, parece-nos acertada, ao afirmar que a ação poderia ser proposta tanto por denúncia como por queixa, pois, uma e outra atendiam à expressão utilizada pela lei. Advertia, porém, também com acerto, que a atuação do promotor público estava condicionada à *"requisição"* do ofendido ou de seu representante legal, dado o caráter privado da ação(15).

Importa-nos, agora, esclarecer, que, em tal hipótese, não era admitido o procedimento *ex-officio*. A Relação da Corte, no acórdão n. 7.865, de 17 de abril de 1874, afirmou ser "nulo o processo intentado *ex-officio* sob fundamento de ser miserável o ofendido...".

Outras questões bem interessantes serão enfocadas quando cuidarmos do perdão do ofendido. Não obstante, é válido assinalarmos que, com o advento do Código Penal de 1890, a ação penal podia ser iniciada pelo Ministério Público, ainda que particular fosse o delito, nos termos do artigo 274: "1.º — se a ofendida for miserável, ou asilada de algum estabelecimento de caridade; 2.º — se da violência carnal resultar a morte, perigo de vida ou alteração grave da saúde da ofendida; 3.º — o crime for perpetrado com abuso do pátrio poder, ou da autoridade de tutor, curador ou preceptor".

8. DA AÇÃO PURAMENTE PARTICULAR

Complementando o exposto, salientamos que a ação puramente particular constituía direito exclusivo da parte ofendida e que poderia ser proposta não só nos crimes particulares, mas também nos delitos públicos afiançáveis.

---

(14) Vicente Alves de Paula Pessoa — ob. cit., p. 137, anotação n. 698.

(15) Joaquim Guimarães — ob. cit., p. 92/93.

A *ação da parte* fundava-se, portanto, no exclusivo interesse privado. É o que deixa acentuado PIMENTA BUENO: "A queixa ou ação da parte é direito exclusivo dela somente nos crimes que, além de serem particulares, são demais afiançáveis"([16]).

Os crimes em que se procedia mediante queixa eram: o adultério — cuja ação penal era personalíssima, competindo ao cônjuge ofendido promovê-la com exclusividade —, o rapto, a calúnia, a injúria, a violência carnal, o parto suposto *("fingimentos")*. Excluídos estavam os crimes punidos com as penas mencionadas no artigo 101, do Código do Processo Criminal; artigo 38, da Lei n. 261, de 3 de dezembro de 1841 e artigo 301, do Regulamento n. 120, que não possibilitavam a concessão da fiança.

No crime de calúnia era admitida a prova da verdade *("exceptio veritatis")*, mas o mesmo não ocorria com a injúria, circunstância que provocou contundente crítica de JOAQUIM GUIMARÃES. Da proibição legal, contudo, saltavam três exceções, e estas ocorriam quando o ofendido:

1.º) "for funcionário público ou corporação e o fato imputado referir-se ao exercício de suas funções";

2.º) "permitir a prova";

3.º) "tiver sido condenado pelo fato imputado".

Quanto às pessoas jurídicas, já predominava na doutrina da época, o entendimento de ORTOLAN de que tanto o homem, individualmente considerado, como as pessoas jurídicas, estas como entidades coletivas, podiam se constituir em sujeitos passivos de delitos. Não obstante, na vigência do Código do Processo Criminal de Primeira Instância, a Relação de Porto Alegre, em 26 de outubro de 1883, considerou o direito de queixa personalíssimo, afirmando que uma firma social não poderia exercitá-lo. Em acórdão do ano anterior, de 10 de novembro de 1882, a Relação da Corte decidira que o sócio gerente de uma firma comercial não era pessoa legítima para intentar queixa criminal em nome da empresa. Dissentia, portanto, a jurisprudência da doutrina. Porém, na vigência do Código Penal de 1890, a orientação dos tribunais se modificou. O Tribunal de Justiça de São Paulo, pelo acórdão de 17 de março de 1894, fixou que as firmas comerciais podiam propor ações criminais por seus representantes legais. Antes dessa decisão, prenunciando a mudança de orientação, a Relação da Corte, em 5 de maio de 1885, firmara entendimento de que as pessoas ideais podiam propor ações criminais na medida da sua capacidade

(16) José Antonio Pimenta Bueno — ob. cit., p. 77.

jurídica. A partir de então, a jurisprudência cristalizou-se nesse sentido.

O Código Penal de 1890, contudo, por força do disposto no artigo 408, determinou que em todas as ações penais que se iniciassem mediante queixa, deveria ser ouvido o Ministério Público, e, ainda, que em todas as ações penais iniciadas por denúncia ou *ex-officio* se permitia ao ofendido intervir, na *qualidade de "auxiliar de acusação"*.

Uma outra observação se faz necessária. Apresentada a queixa com o auto de corpo de delito, o juiz devia ouvir de duas até cinco testemunhas, além das informantes, que tivessem *notícia* da existência do delito e de quem fosse o criminoso, na forma do disposto no artigo 140, do Código do Processo Criminal e artigo 48, da Lei n. 261, de 3 de dezembro de 1841.

9. DA DESISTÊNCIA E DO PERDÃO DO OFENDIDO

Assinala PIMENTA BUENO que "o perdão, desistência ou transação da parte em ação puramente privada faz também cessar o procedimento criminal, por isso mesmo que em tal caso o acusador não pode ser obrigado a continuar na acusação contra a sua vontade", mencionando o artigo 67, do Código Criminal. Este dispunha que "o perdão do ofendido antes ou depois da sentença, não eximirá das penas em que tiverem ou possam ter incorrido os réus de crimes públicos ou dos particulares em que tiver lugar a acusação por parte da justiça". De se concluir, portanto, que a desistência e o perdão não produziam qualquer efeito quando se tratasse de crimes públicos e nos particulares em que a ação penal tivesse sido iniciada pelo Ministério Público ou pelo juiz, de ofício. Nos demais casos, aproveitava.

Desistência é o abandono, expresso ou tácito, da ação. A desistência presumida era denominada de perempção e consistia na perda do direito do autor continuar no processo, o que ocorria nas hipóteses previstas no artigo 221, do Código do Processo Criminal e artigo 337, do Regulamento n. 120. Uma portaria de 22 de setembro de 1835, determinou que a disposição do artigo 221 do Código do Processo deveria ser cumprida literalmente. Portanto, o não comparecimento do autor, sem escusa legítima, trazia, como conseqüência, a "perda do direito de continuar a acusação, a qual por este mesmo fato ficará perempta". A escusa, poderia ser alegada verbalmente por qualquer pessoa, até mesmo sem procuração([17]). Contudo, a desistência só era possível no curso da ação, ou, antes da sentença.

(17) Cf. *in* Vicente Alves de Paula Pessoa — ob. cit., p. 225, nota n.º 281.

O perdão produzia os mesmos efeitos da desistência. GALDINO SIQUEIRA conceituava o perdão como "a declaração expressa ou tácita da parte ofendida de remir o réu de culpa e pena pelo crime por que o acusava"[18]. RAMALHO, porém, no nosso entendimento de maneira equivocada, acentuava que o perdão podia ser concedido até mesmo depois da sentença, mas ressalvava que, nos crimes públicos, ou particulares iniciados por parte da justiça, não se eximiam os réus das penas que lhes fossem impostas, ou do procedimento oficial que devia ser instaurado ou continuado, antes ou depois de começado, na forma do disposto no artigo 67, do Código Criminal[19].

Para que produzisse efeitos, o perdão deveria ser concedido livre e espontaneamente, e, ao depois, ser reduzido a termo e julgado por sentença. Não bastava a simples declaração da renúncia do direito de acusar, porque esta não era hábil a produzir efeitos jurídicos. Só então era dada baixa na culpa. No entendimento de RAMALHO, com o qual não comungamos, em caso de sentença condenatória, ocorria a suspensão da condenação, desde que o perdão fosse aceito. Fica, porém, o registro.

Uma questão bastante interessante foi formulada por RAMALHO, sem dúvida um dos maiores processualistas do período imperial, envolvendo o instituto do perdão. Perguntava-se o mestre paulista se "o perdão daquele a quem a Lei incumbe acusar em razão da ofensa feita ao que está debaixo de sua guarda, ou proteção, assim como pai, mãe, tutor, curador, senhor, ou cônjuge extingue o processo?" E respondia: "A prática tem resolvido afirmativamente; porém duvido que esta resolução esteja em harmonia com o espírito do nosso Direito. O filho famílias, o menor, o escravo, estão equiparados aos miseráveis para o fim de terem uma pessoa que os represente e defenda em juízo; mas não podendo eles prosseguir no feito contra o ofensor, deve o Promotor público, e pode qualquer do povo, instaurar a queixa por eles, quando sejam abandonados pelos seus protetores"[20].

Uma advertência, porém, deve ser feita. Nos casos em que a ação particular fosse iniciada pelo promotor público, a ação tornava-se pública, e, por conseqüência, inadmissível se tornava o perdão. A questão, todavia, não era pacífica. O *Aviso* n. 30, de 21 de janeiro de 1867, declarou que "sendo o ofendido pessoa miserável, o crime particular

(18) Galdino Siqueira — ob. cit., p. 406.

(19) Joaquim Ignacio Ramalho — ob. cit., p. 148/149. A adoção desse entendimento transferiria para o particular o poder-dever de punir, inaceitável no sistema do Código do Processo Criminal, da mesma forma como o é no Código de Processo Penal vigente, ainda que só na situação apontada.

(20) Joaquim Ignacio Ramalho — ob. cit., p. 149.

torna-se público, nos termos do art. 74, não tendo por isto lugar o perdão do ofendido, segundo a doutrina do art. 67 do Código Criminal". Não obstante, um acórdão da Relação de Fortaleza, de 22 de setembro de 1876 afirmou que "o perdão do ofendido nos crimes particulares, ainda mesmo sendo a queixa intentada pelo Promotor, não dá lugar à imposição de pena". Outras decisões no mesmo sentido estão inseridas nos livros da época, parecendo-nos que foi esse o caminho seguido pela jurisprudência[21].

10. CONSIDERAÇÕES FINAIS

Do que ficou expendido neste capítulo, algumas considerações merecem ficar assinaladas:

1.º) Ao ofendido, na vigência do Código do Processo Criminal, era dado o direito de oferecer a queixa nos delitos particulares e produzir a acusação;

2.º) Também podia o ofendido oferecer denúncia e produzir a acusação, contrariamente ao que preconizava Pimenta Bueno. Para tanto, era perfeitamente dispensável a transformação da denúncia em queixa;

3.º) Não se podia oferecer denúncia ou queixa contra o Imperador, por qualquer delito. Também não era permitida a propositura de ação penal contra os parlamentares, ressalvados os vereadores, pelos discursos proferidos no Parlamento. A imunidade parlamentar era, portanto, como agora, bem restrita;

4.º) A Imperatriz, os Príncipes e Princesas, da casa imperial, não gozavam de qualquer imunidade, podendo contra eles e também contra o Regente e Regência, serem apresentadas queixas;

5.º) Se o ofendido fosse juridicamente miserável, diante da sua *"requisição"*, o promotor público, obrigatoriamente, deveria promover a ação penal. Em tais casos, segundo a jurisprudência predominante, o perdão podia produzir efeitos jurídicos;

6.º) A perempção e o perdão do ofendido produziam os mesmos efeitos da legislação atual (extinção da punibilidade, embora faltasse aos escritores da época uma maior precisão técnica);

7.º) O direito de queixa podia ser exercido pelo ofendido ou pelo seu representante legítimo, com exceção do delito de adultério, em que só o cônjuge ofendido podia apresentar a queixa;

---

(21) V. Revista de Direito, vol. 5.º, p. 227; vol. 6.º, p. 123.

8.º) A determinação do valor do dano *ex-delicto*, que chegou a ser requisito essencial da denúncia e da queixa até a promulgação da Lei n. 261, de 3 de dezembro de 1841, não excluía a necessidade da propositura da ação civil, caso o ofendido pretendesse ressarcir-se;

9.º) Nos procedimentos oficiais, o ofendido podia acusar, desde que o fizesse como *"auxiliar da acusação"*, mas a esfera de sua atuação era bastante restrita, tal como ocorre na legislação atual;

10.º) Também era dado ao particular o direito à apelação, consoante disposições contidas no artigo 78, da Lei n. 261 e artigos 448 e seguintes do Regulamento n. 120.

CAPÍTULO VIII

A REFORMA DE 1841

SUMÁRIO: 1 — A situação política após a abdicação. 2 — A lei n.º 261, de 3 de dezembro de 1841. 3 — A estrutura da Lei n.º 261 e do seu Regulamento. 4 — As principais modificações operadas com a reforma de 1841.

1. A SITUAÇÃO POLÍTICA APÓS A ABDICAÇÃO

A abdicação de D. Pedro I, em 7 de abril de 1831, colheu de surpresa até mesmo os membros do Partido Liberal, que exigiam a reforma do Ministério. Este partido, segundo a informação de JOÃO CAMILLO DE OLIVEIRA TORRES, tinha por ideais quatro aspectos como essenciais: a descentralização; um sistema eleitoral compatível com as suas finalidades; a independência do Judiciário e a abolição do *Poder Pessoal*(1).

Evidente que um estudo aprofundado das atividades dos liberais não cabe aqui, mas, uma rápida notícia talvez sirva para aclarar certos acontecimentos que, posteriormente, viriam a influir no processo penal da época.

Logo após a abdicação, em julho de 1832, na cidade de Pouso Alegre era impresso um projeto de reforma constitucional, que ficou conhecida como a *Constituição de Pouso Alegre*, impressa que foi naquela cidade mineira, justamente nas oficinas do jornal *O Pregoeiro Constitucional* e cujo texto é atribuído ao seu proprietário, o Padre José Bento Leite Ferreira de Melo, que mais tarde se tornaria senador.

As linhas mestras do projeto assentavam-se nos postulados defendidos pelos liberais radicais e pelo republicanismo, mas também no federalismo e no presidencialismo. Sua aprovação não foi conseguida.

---

(1) João Camillo de Oliveira Torres — ob. cit., p. 341.

Porém, após longas discussões, sobreveio o Ato Adicional, cujo mérito maior talvez tenha sido o de legitimar a Constituição de 1824. O Ato Adicional foi aprovado unicamente pela Câmara, pois, assim se entendia, só ela constituía uma casa legislativa legitimada pelo eleitorado.

À decisão da Câmara, submeteu-se o Senado, e trinta e dois novos artigos, envolvendo assuntos variadíssimos e dispostos discricionariamente, foram engrossar a Constituição, textos que, muitas vezes, apresentavam manifesta incongruência.

Com o Ato Adicional, deu-se às Assembléias Provinciais competência para legislarem sobre organização civil, judiciária, eclesiástica, de dispor sobre a instrução pública, desapropriação, funcionalismo e impostos.

Com todas essas reformas, enfraqueceu-se ainda mais o poder central. Se, em verdade, como ponderou OCTÁVIO TARQUÍNIO DE SOUSA, com ele "abriram-se válvulas às províncias, fez-se obra descentralizadora, mas, sem pôr em perigo a unidade nacional"(2), verdade também é que o futuro veio demonstrar ser ele imprestável para realizar os intuitos objetivados pelos seus autores(3). Talvez não se tenha transformado em *Código da Anarquia,* expressão usada por BERNARDO DE VASCONCELLOS, mas, é correta a afirmação de que "era uma organização francamente democrática, inadequada, porém, à cultura política e às paixões desordenadas do tempo", como bem concluiu TAVARES DE LIRA(4).

É que a situação reinante no nosso País, naquela época, estava a reclamar um poder central que dispusesse de meios adequados a coibir a agitação e a revolta que "continuava a abalar a Nação tanto no Norte como no Sul"(5). Dentro desse clima, nem mesmo o pulso de Feijó poderia conduzir o País à pacificação.

A redução da autonomia concedida às províncias e aos municípios só viria a ser atingida com a aprovação da lei interpretativa de 12 de maio de 1840, quando se estabeleceu restrições às nomeações para cargos públicos e da magistratura, revogando-se, ainda, algumas leis provinciais.

Em 1835, os liberais iniciaram um movimento para a antecipação da maioridade de D. Pedro II. Esta, contudo, só foi concedida a 23 de

---

(2) Cf. *in* João Camillo de Oliveira Torres — ob. cit., p. 519.

(3) Aureliano Leal — História Constitucional do Brasil, p. 125, Rio de Janeiro, 1916.

(4) A. Tavares de Lira — A situação do Brasil em 1840, *in* Revista do Instituto Histórico e Geográfico Brasileiro, p. 229, Rio, 1925.

(5) História do Brasil — vol. II, p. 363, Bloch Editores.

julho de 1840, quando o jovem Imperador possuía pouco mais de 14 anos de idade. Aos liberais, que haviam feito a campanha pela emancipação, coube o primeiro ministério do segundo reinado, que ficou conhecido como o *Ministério da Maioridade* ou *dos Irmãos*, porque dele faziam parte os irmãos Andrada e os irmãos Cavalcanti de Albuquerque. O homem forte do Ministério era Aureliano Coutinho, cuja posição fortaleceu-se mais com a divisão operada no Ministério, em 1841. Um segundo ministério foi, então, organizado pelo próprio Aureliano Coutinho, agora composto de elementos do Partido Conservador, que fora criado, em 1837, por Bernardo de Vasconcellos. A 18 de julho de 1841, D. Pedro II foi coroado "com todas as honras, pompas e glórias". Em 3 de dezembro desse mesmo ano, reformou-se o Código do Processo Criminal de Primeira Instância.

2. A LEI N. 261, DE 3 DE DEZEMBRO DE 1841

Ao Ministério Conservador duas iniciativas de realce são creditadas: a criação do *Conselho de Estado*, que circundava e orientava o jovem Imperador e a *reforma do Código do Processo Criminal de Primeira Instância.*

Contra essas duas iniciativas, rebelaram-se os liberais. Com a criação do *Conselho de Estado*, composto única e exclusivamente de conservadores, os liberais viam uma forma de escravização da Coroa, como acentuou o *Manifesto* revolucionário de 1842. A reforma do Código do Processo, por outro lado, assinalava o seu conteúdo autoritário e centralista.

Na elaboração da reforma do Código, um nome deve ser, desde logo, ressaltado: o de Bernardo Pereira de Vasconcellos, senador e autor do projeto reformista.

Antes desse projeto, porém, o senador Alves Branco já encarecia uma reforma do Código, na sessão de 9 de setembro de 1835, apontando nessa ocasião, a necessidade de dissociação das funções judiciárias e policiais, que estavam entregues aos juízes municipais e aos juízes de paz, para que as mesmas fossem entregues ao chefe de polícia, por si e pelos seus delegados, que deveriam, com exclusividade, proceder à formação da culpa, e que tivessem "autoridade de corrigir nos distritos as suas omissões (dos juízes municipais e juízes de paz), que julguem de fato e de direito os crimes que hoje competem aos ditos juízes, menos as infrações de posturas".

Acentuava, ainda, esse projeto, a necessidade de melhor recrutamento dos juízes e promotores, aos quais se devia remunerar condignamente, possibilitando, assim, recrutar "pessoas capazes de contestar-se, nos juízos e tribunais, com advogados hábeis e experimentados,

como também ao serviço público". No seu projeto, o senador Alves Branco também evidenciava a inutilidade dos corpos de delito indiretos. Seu projeto não teve completa solução porque, em 17 de junho de 1838, era apresentado o Projeto Bernardo Pereira de Vasconcellos.

Este projeto era constituído de 102 artigos e entrou em discussão em 22 de outubro de 1841. Como seria de se esperar, sofreu tenaz oposição dos liberais, mas, por outro lado, contou com o decidido apoio dos conservadores. No Senado, o projeto foi defendido entusiasticamente pelo seu próprio autor. Na Câmara dos Deputados, a oposição foi, ainda, mais ferrenha. Dentre os membros desta última casa legislativa, merecem destaque especial os inflamados discursos proferidos pelos deputados liberais Álvares Machado e Ferreira Souto. Enquanto o último afirmava que o projeto restaurava, e para pior, a legislação antiga (Ordenações), o primeiro, após declarar que, se aprovado o projeto, a lei dele originária seria motivo de apreciações jocosas por parte das nações vizinhas, assinalava: "Parece que os meus colegas entendem que, restringindo liberdades, evitarão crimes e desordens. Por ventura, o Livro V das Ordenações, apesar das penas e dos castigos horrorosos, evitou aquele caso de tentativa de morte contra a pessoa sagrada d'El Rei D. José? Evitou a prática de crimes comuns? Evitou a nossa independência e o nosso sistema liberal?"(6)

Em 30 de novembro de 1841, o projeto era aprovado pela Câmara dos Deputados, por 53 votos contra 14, e, em 3 de dezembro de 1841, convertia-se em lei, sob o número de 261. Em 31 de janeiro de 1842, sua execução era regulada pelo Regulamento n. 120.

A essa legislação atribui-se o pretexto para a eclosão da Revolução de 1842. Entendiam os liberais que, com a nova legislação, legitimava-se "o abuso do poder, ou melhor, a tirania dos governos"(7).

Não obstante a limitação deste trabalho, não resistimos à tentação de transcrever a exposição de JUSTINIANO JOSÉ DA ROCHA, acerca da reforma procedida. Diz ele:

"O juiz municipal, o juiz de órfãos, o promotor público, cessaram de ser escolha da câmara municipal; foram escolhas do governo: o juiz de paz eletivo cedeu as suas atribuições policiais e a sua jurisdição criminal a delegados e subdelegados, nomeados, demitidos a arbítrio do governo; o júri, acusado continuamente de ineficaz para a repressão, — repressão, que é e será sempre ineficaz, quaisquer que sejam os tribunais a que tenha de ser cometida, pois tem suas causas

---

(6) Leia-se, a respeito, a obra de João Mendes de Almeida Júnior, vol. I, p. 171/183, onde estão transcritos vários dos discursos proferidos na Câmara dos Deputados.

(7) Cf. *in* A. Tavares de Lira — ob. cit., p. 254.

na benignidade da índole brasileira — o júri viu cerceada a sua jurisdição em um grande número de casos, e até nos que lhe ficaram sujeitos deu-se ao juiz de direito a faculdade de anular a sua decisão, quando não concordasse com ela, apelando para a relação; assim, o juiz de direito e a relação, a magistratura, enfim, exerceu sobre a instituição popular uma como que inspeção e tutela".

"Houve mesmo quem falasse na conveniência de alçadas especiais para os crimes que comprometem a segurança do estado; felizmente essa aspiração nunca foi reduzida a projeto, e ainda menos a lei."(8)

Bem ácida é também a manifestação de JOSÉ FREDERICO MARQUES ao analisar o acontecimento. Diz-nos o mestre paulista que "essa lei, e seu respectivo regulamento, nada mais foram que a reação monárquico-conservadora, tendente a criar, através de um aparelhamento policial altamente centralizado, meios de repressão fortes e eficazes contra a desordem reinante no país, desde a época da regência". E conclui: "Mas os dispositivos legais então promulgados foram muito além do que era exigido pela situação, e imprimiram assim um sentido profundamente reacionário à reforma levada a cabo pelos elementos conservadores do Império. A lei de 3 de dezembro retratou o excessivo conservadorismo de uma política essencialmente autoritária, pois as imprescindíveis reformas do aparelhamento judiciário criado pelo código de 1832, não justificava o policialismo adotado, exageradamente, pelos legisladores de 1841"(9).

Já deixamos expendido, no transcorrer deste trabalho, que toda análise da legislação do processo penal do período imperial deve ser vista sob a ótica do momento histórico vivido. Isto acentuou Honório Hermeto Carneiro Leão, Marquês do Paraná, ao comentar a lei que interpretou o *Ato Adicional:* "É necessário, senhores, que nos recordemos do caos em que nos achávamos, com as diferentes interpretações dadas pelas Assembléias ao Ato Adicional, na época em que se fez a interpretação; interpretação que o partido que nos é oposto procura tornar odiosa, apelidando-a reforma do Ato Adicional. Mas, Sr. Presidente, não é certamente como tal que devemos considerar esta interpretação."

É evidente que a observação de Paraná não se refere à reforma do Código, mas incita-nos à meditação, razão pela qual, longe dos acontecimentos, parece-nos que qualquer afirmação sobre ser exagerado o sistema policial implantado, ser pelo menos perigosa. E concluía o Marquês

---

(8) Justiniano José da Rocha — Ação; Reacção; Transacção: duas palavras acerca da actualidade política do Brasil, p. 143 e seguintes, Typ. Imp. e Const. de G. Villeneuve, Rio, 1855.

(9) José Frederico Marques — Evolução histórica do Processo Penal, p. 115/116.

do Paraná: "Já nessa época, Sr. Presidente, sentia-se a necessidade de alterar o Código do Processo; já nessa época Deputados, que aliás partilhavam diversas opiniões entendiam que não havia nenhuma garantia de segurança para o país, para a sociedade brasileira, nas disposições do Código".

Mais candente é o verbo de Paulino José de Sousa, Visconde do Uruguai: "Os juízes de paz, que a Constituição parece haver querido reduzir à conciliação, são de eleição popular. A nossa legislação atual depositou nas suas mãos toda autoridade criminal, e exclusivamente a arma da pronúncia, de todas, a mais terrível. As câmaras municipais (...) são as que propõem, em lista tríplice, os juízes municipais, de órfãos e promotores, e organizam a lista dos jurados. Assim, quase toda a justiça nasce, forma-se nos municípios, por uma maneira quase independente (...). Releva observar, pois, que um abuso muito arraigado tem tornado as nossas autoridades eletivas mais políticas que judiciárias. As pequenas facções que nas localidades disputam as eleições (...) não cometem tantos excessos para que a eleição recaia no homem mais capaz de administrar justiça e mais imparcial; mas sim para que sejam eleitos homens do partido, mais decididos, mais firmes, mais capazes de cortar por quaisquer considerações para o servir, e para abater e nulificar o contrário. E qual o resultado? Uma luta continuada, uma série não interrompida de reações, com o que as paixões cada vez mais se irritam, que o governo não pode conter, e de que é todavia sempre acusado. Que justiça se pode esperar de tais autoridades? que garantias podem elas oferecer? Todo o favor, toda a proteção para aqueles que os ajudam a vencer, toda perseguição aos vencidos."

E dizia, ainda: "Nas eleições (...) prepondera um partido, e não é necessário que seja político; basta seja de famílias ou nascido de intrigas e rivalidades do lugar. Faz quatro juízes de paz (...) e uma câmara municipal sua. Está tudo vencido, e é conseqüência necessária que o juiz municipal e o promotor hão de ser do mesmo lado. A apuração dos jurados há de lhes ser também a mais favorável possível..."(10).

Desse entendimento, comunga OCTÁVIO TARQUÍNIO DE SOUSA, afirmando ter sido excessiva "a inversão operada", "mas, sem a lei de 3 de dezembro, o país não se livraria da anarquia e não teria logrado a estabilidade que caracterizou o longo período do segundo reinado"(11).

Comungamos dessa opinião, embora, talvez, tivesse sido possível a antecipação da reforma que só viria a acontecer em 20 de setembro de

---

(10) Cf. *in* João Camillo de Oliveira Torres, ob. cit., p. 261 e segtes. Uma bem elaborada crítica à reforma foi feita por Nélson Werneck Sodré. *in* Panorama do Segundo Império, p. 316 e segtes., Brasiliana, São Paulo, 1939.

(11) Octácio Tarquínio de Sousa — História de dois golpes de Estado, p. 157, Rio de Janeiro, 1939.

1871, feita por um Gabinete conservador, mas que realizava o sonho acalentado por trinta anos pelos liberais.

3. A ESTRUTURA DA LEI N. 261 E DO SEU REGULAMENTO

O projeto original era composto de 102 artigos, sobre os quais se debruçou o trabalho legislativo. Ao ser sancionada pelo Imperador D. Pedro II, a lei estava constituída de 124 artigos, distribuídos em dois títulos, estes divididos em capítulos. O Título I cuidava das "*disposições criminais*" e o Título II, das "*disposições gerais*".

O Título I era formado por doze capítulos, assim dispostos: o capítulo I, cuidava "*da polícia*" e era formado pelos 12 primeiros artigos; o capítulo II, das disposições referentes aos *juízes municipais*, era composto dos artigos 13 a 21. O capítulo III, formado por dois artigos (22 e 23), cuidava dos *promotores públicos*, enquanto o capítulo IV, formado pelos artigos 24 a 26, tratava dos *juízes de direito*. No capítulo V, formado pelos artigos 27 a 31, cuidava-se *dos jurados*; o capítulo VI, constituído pelos artigos 32 a 36, tratava da *prescrição* e o capítulo VII, em seus artigos 37 a 46, cuidava *das fianças*. O capítulo VIII, formado pelos artigos 47 a 53 regulava a *formação da culpa*, enquanto o capítulo IX, com os seus artigos 54 a 68, tratava *dos julgamentos das causas perante o conselho de jurados*. O capítulo X, com os seus artigos 69 a 77, mencionava os *recursos*; o capítulo XI, formado pelos artigos 78 a 90, "*das apelações e revistas*" e o último capítulo, o XII, com os seus artigos 91 a 113, cuidava *das disposições gerais*.

O Título II era formado de um único capítulo, que em seus artigos 114 a 124, cuidava "*dos juízes municipais e recursos*".

Bem longo era o Regulamento n.º 120, formado por 504 artigos, dispostos em duas partes e divididas estas em capítulos e estes em secções.

A primeira parte cuidava das *disposições policiais*, formada por sete capítulos. O capítulo I referia-se à *polícia em geral*, e abrangia duas secções. Na primeira, da *polícia administrativa* e na segunda, da *polícia judiciária*. Do capítulo II constava a *organização da polícia e seu expediente*, enquanto o capítulo III, constituído pelos artigos 21 a 57, cuidava da *nomeação, demissão, vencimentos e substituição dos empregados*. No capítulo IV constavam as *atribuições dos empregados da polícia*, que estava subdividido em cinco secções. Estas, respectivamente, cuidavam: I — das *atribuições do chefe de polícia*; II — das *atribuições policiais dos delegados e subdelegados;* III — das *atribuições policiais dos juízes municipais*; IV — das *atribuições policiais dos juízes de paz*, e, a V — das atribuições dos *inspetores de quarteirão*. Longo era o capítulo V, que tratava "*da forma por que se há de proceder nos*

diferentes atos da competência da polícia", e que estava dividido em oito secções. Estas dispunham, na ordem, sobre o seguinte: Secção I: "*dos passaportes dentro do Império, das legitimações e títulos de residência*"; II — "*dos termos de bem-viver e de segurança*"; III — "*da prisão dos culpados e das buscas*"; IV — " *do julgamento das contravenções às posturas das câmaras municipais e dos crimes compreendidos no art. 58, § 6.º do presente Regulamento*"; V — " *dos ajuntamentos ilícitos e das sociedades secretas*"; VI — "*da inspeção dos teatros e espetáculos públicos*"; VII — "*da inspeção das prisões e da sua economia*"; VIII — "*da estatística criminal*". No capítulo VI, cuidava da *correspondência das autoridades policiais* e o capítulo VII, *das audiências.*

Na segunda parte, o Regulamento n.º 120 tratava das disposições criminais. O capítulo I cuidava "*das autoridades criminais*", e era formado por cinco secções, que assim dispunham: Secção I — "*das atribuições criminais do chefe de polícia*"; Secção II — "*das atribuições dos juízes de direito*"; Secção III — "*da jurisdição criminal dos juízes de direito nas correições*"; Secção IV — "*das atribuições criminais dos juízes municipais*" e Secção V — "*das atribuições criminais dos delegados e subdelegados*". O capítulo II, em nove artigos, cuidava *dos promotores,* enquanto o capítulo III tratava "*dos jurados e do modo de os apurar*". No capítulo IV, o Regulamento dispunha sobre o "*foro competente*"; no capítulo V, "*das suspeições e recusações*"; no capítulo VI, "*do auto do corpo de delito*"; o capítulo VII, "*da formação da culpa*". No capítulo VIII, cuidava-se "*da prescrição*", enquanto o capítulo IX, tratava "*da pronúncia, da sua sustentação e da ratificação dos processos da formação da culpa*". "*Das fianças*" cuidava o capítulo X, enquanto o capítulo XI tratava "*dos preparatórios da acusação, da acusação e da sentença*". O capítulo XII referia-se ao "*processo de contrabando*"; o XIII, "*do processo de responsabilidade dos empregados não privilegiados*"; o XIV, "*da execução das sentenças*", enquanto o capítulo XV tratava " *dos recursos*". O capítulo XVI referia-se aos "*emolumentos, salários e custas judiciais,* e, por fim, o capítulo XVII continha as "*disposições gerais*".

4. AS PRINCIPAIS MODIFICAÇÕES OPERADAS COM A REFORMA DE 1841

Com a nova legislação, operou-se uma série de modificações, sendo principais as seguintes:

a) O Código do Processo Criminal estabeleceu que a polícia estava afeta a uma autoridade local: o juiz de paz ou juiz popular. A este entregou atribuições policiais preventivas e repressivas, informativas e probatórias. Com a modificação, houve uma centralização das atividades policiais, sob o comando do Ministro da Justiça, que se transfor-

mou num "*generalíssimo da polícia*", ao qual se entregou um verdadeiro exército de funcionários hierárquicos, que abrangia desde o presidente da província e o chefe de polícia, até o inspetor de quarteirão.[12].

À polícia judiciária atribuiu-se as seguintes funções: proceder a corpo de delito; expedir mandado de busca e apreensão; prender os pronunciados; julgar os crimes dentro de sua alçada. Acentua JOAQUIM CANUTO MENDES DE ALMEIDA que "a formação da culpa, cujo processo também foi atribuído à polícia, cumulativamente com os juízes municipais, inseriu-se nos textos reservados à "jurisdição e autoridade criminal", subtraído ao rol das funções chamadas de polícia judiciária"[13].

A atividade da polícia, portanto, se tripartia em funções de polícia administrativa, polícia judiciária e atividade judiciária propriamente dita, passando a vigorar, dentro da concepção liberal sintetizada por JOSÉ FREDERICO MARQUES, "o policialismo mais arbitrário em matéria de processo criminal"[14]. As atribuições dos juízes de paz, aos quais se não pode negar a prestação de relevantes serviços à justiça dos primeiros quartéis do Império, mas cujos defeitos já apontamos, resumiram-se, a partir da nova legislação, na custódia de ébrios, repressão à vadiagem, à destruição de quilombos, combate às meretrizes escandalosas, concessão de termo de bem viver e cartas de segurança.

b) As diretrizes fixadas pela legislação ora em exame atingiu também aos juízes municipais. Estes eram nomeados pelo governo mediante proposta das câmaras municipais e a escolha deveria recair, preferencialmente, em um bacharel formado, advogado hábil ou em pessoa idônea e instruída. Porém, com a Lei n.º 261 e o seu Regulamento n.º 120, a escolha ficou sendo do Imperador, dentre os bacharéis em direito que tivessem pelo menos um ano de prática forense, prática essa adquirida após a formatura. É interessante salientar que os juízes municipais não eram considerados magistrados e podiam ser suspensos tanto pelo governo imperial como pelos provinciais. Veja-se a respeito o *Aviso* n.º 129, de 17 de maio de 1852[15].

No entanto, ainda que no exercício interino de suas atividades, os juízes municipais, nos crimes de responsabilidade, eram julgados pelas

(12) Aureliano Cândido Tavares de Bastos — A Província, p. 158, São Paulo, 1938.

(13) Joaquim Canuto Mendes de Almeida — Princípios fundamentais do Processo Penal, p. 64, Editora Revista dos Tribunais, São Paulo, 1973.

(14) José Frederico Marques — Evolução histórica do Processo Penal, p. 117. Idem, *in* Elementos de Direito Processual Penal, vol. I, p. 99.

(15) Cf. *in* Araujo Filgueiras Júnior — Código do Processo, Império do Brasil, vol. I, p. 333, editora Eduardo & Henrique Laemmert, Rio, 1874.

Relações, pois a eles se aplicava o artigo 155, § 2.º, do Código do Processo Criminal, como decidiu o Superior Tribunal de Justiça em acórdão de 17 de setembro de 1841 e acórdão de 25 de janeiro de 1842, da Relação do Rio de Janeiro([16]).

A contradição é apenas aparente, pois, a função de juiz municipal, de caráter eventual e interina, poderia recair em membro da câmara municipal.

c) Com a legislação em estudo, houve um sensível crescimento do Ministério Público. Embora o assunto, dentro do programado, reclame um capítulo especial, parece-nos conveniente assinalar, desde logo, alguns aspectos que envolvem esse órgão estatal.

O Código do Processo Criminal de Primeira Instância estabelecia que poderiam ser promotores aqueles que pudessem ser jurados, preferindo-se aqueles que fossem instruídos em leis. Eram nomeados, na corte, pelo Imperador, e, nas províncias, pelos presidentes, pelo prazo de três anos, escolhidos de uma lista tríplice apresentada pelas câmaras municipais.

Com a Lei n.º 261, na escolha deveriam sempre ser preferidos "os bacharéis formados que forem idôneos", os quais serviriam pelo tempo que ao governo imperial conviesse, permanecendo a nomeação pelo Imperador, na corte, e pelos presidentes, nas províncias. Na falta ou impedimento, seriam nomeados interinamente pelos juízes de direito. Dessa forma, dispensou-se a lista que, pelo Código, era da exclusiva elaboração das câmaras municipais (art. 22) e o artigo 23 da nova lei, estabeleceu que haveria um promotor em cada comarca, "que acompanhará o juiz de direito" e quando as circunstâncias exigirem (extensão, população e afluência de negócios de sua competência) poderia ser nomeado mais um.

Diante dessas disposições, o Governo Imperial criou cargos de promotor público em todas as comarcas da Província de São Paulo (Decreto n. 261, de 10-5-1842), em cada comarca da Província da Paraíba (Decreto n. 236, de 24-10-1842) e na Província do Rio Grande do Sul (Decreto n. 220, de 6-9-1842). Fixou o número de promotores na Província de Santa Catarina (Decreto n. 200, de 18-7-1842). Criou cargos em várias comarcas da Província do Sergipe (Decreto n. 197, de 14-7-1842), na Província do Pará (Decreto n. 207, de 1.º-8-1842), na Província da Bahia (Decreto n. 219, de 2-9-1842), na Capital da Província de Goiás (Decreto n. 232, de 23-10-1842); na de Pernambuco, (Decreto n. 172, de 15-5-1842); na do Maranhão (Decreto n. 173, de 15-5-1842); na de Alagoas (Decreto n. 175, de 15-5-1842) e em outras comarcas das demais unidades do Império.

(16) Cf. *in* Araujo Filgueiras Júnior — ob. cit., vol. I, p. 342.

É interessante observar que a nomeação de promotores públicos, quanto ao número de cargos criados, estava ligada principalmente à situação reinante nas várias províncias, pois, nelas, crises políticas haviam sido recentemente sufocadas, ou estavam em pleno desenvolvimento: a *Cabanagem* (no Pará), a *Balaiada* (no Maranhão), a *Sabinada* (na Bahia), *o conflito de Alagoas; a revolução liberal* (São Paulo) e a *guerra dos farrapos* (Rio Grande do Sul). Principalmente a tais fatos se deve o crescimento do Ministério Público no início do Segundo Império.

Ao lado dos fatos alegados, o Regulamento n. 120, dispondo com superior técnica, estabeleceu que ao promotor "incumbe denunciar, incumbe igualmente promover a acusação e todos os termos do processo, nos quais, bem como na concessão e arbitramento das fianças, deverá ser sempre ouvido". (art. 222). Das decisões que concediam ou denegavam a fiança cabia recurso (art. 438, 6.º), que eram interpostos diretamente à Relação. Também fixou os vencimentos do promotor público e lhe outorgou remuneração por atos praticados no exercício de sua função (oferecimento de libelo, arrazoados escritos e sustentação no júri), na forma prescrita pelo artigo 23, da Lei n. 261. Não obstante, como já assinalado, poderiam ser demitidos pelo Imperador ou pelos presidentes provinciais, no interesse do serviço público, o que retirava do promotor a independência indispensável para o exercício de suas funções.

d) Dentre outras modificações mais importantes, podemos assinalar: deu novas e mais amplas atribuições aos juízes de direito; aboliu as Juntas de Paz e também o primeiro Conselho de Jurados, ou *Júri de Acusação,* mantido, contudo, o *Júri de Sentença,* que continuou a ser composto de doze jurados(17).

(17) V. a respeito: José Frederico Marques — A Instituição do Júri, p. 15/31, vol. I, editora Saraiva, São Paulo, 1963.

É interessante observar que a nomeação de promotores públicos quanto ao número de cargos criados, estava ligada principalmente à situação reinante nas várias províncias, pois, nelas, crises políticas haviam sido recentemente sufocadas, ou estavam em pleno desenvolvimento: a Cabanagem (no Pará), a Balaiada (no Maranhão), a Sabinada (na Bahia), o conflito de Alagoas, a revolução liberal (São Paulo) e a guerra dos Farrapos (Rio Grande do Sul). Principalmente a tais fatos se deve o crescimento do Ministério Público no início do Segundo Império.

Ao lado dos fatos alegados, o Regulamento n. 120, dispondo com superior técnica, estabeleceu que ao promotor "incumbe denunciar, cumprindo-lhe igualmente promover a acusação e todos os termos do processo, nos quais, bem como na concessão e arbitramento das fianças deverá ser sempre ouvido" (art. 222). Das decisões que concediam ou denegavam a fiança cabia recurso (art. 438, 6.º) que eram interpostos diretamente à Relação. Também fixou os vencimentos do promotor público, e lhe outorgou remuneração por atos praticados no exercício de sua função (oferecimento de libelo, arrazoados escritos e sustentação no júri), na forma prescrita pelo artigo 23, da Lei n. 261. Não obstante, como já assinalado, poderiam ser demitidos pelo Imperador ou pelos presidentes provinciais, no interesse do serviço público, o que retirava do promotor a independência indispensável para o exercício de suas funções.

d) Dentre outras modificações mais importantes, podemos assinalar, deu novas e mais amplas atribuições aos juízes de direito, aboliu as Juntas de Paz e também o primeiro Conselho de Jurados, ou *júri de Acusação*, mantido, contudo, o *Júri de Sentença*, que continuou a ser composto de doze jurados(17).

---

(17) V. a respeito: José Frederico Marques — A Instituição do Júri, p. 13/31, vol. I, editora Saraiva, São Paulo, 1963.

CAPÍTULO IX

A REFORMA JUDICIÁRIA DE 1871

SUMÁRIO: 1 — Os movimentos precursores da reforma. 2 — As principais modificações processadas. 3 — Os processualistas do período imperial e dos primeiros anos da República.

1. OS MOVIMENTOS PRECURSORES DA REFORMA

Bem cedo começaram as tentativas de reforma da Lei n. 261, de 3 de dezembro de 1841 e de seu Regulamento n. 120, considerados, sempre, extremamente centralizadores e autoritários pelos liberais, numa época de acendrado liberalismo e de amor às franquias e liberdades. Nesse combate, os liberais jamais esmoreceram, embora alguns historiadores cheguem a duvidar desta afirmação, entendendo que os liberais apenas mascaravam a verdadeira intenção que os animava.

A partir de 1845, o movimento reformista iniciou-se nas nossas casas legislativas. Nesse ano, o Ministro da Justiça de um Gabinete Liberal, Manuel Alves Galvão, em relatório, comprometia-se a realizar a reforma, depois de ouvido o Instituto dos Advogados. Logo a seguir, o deputado Álvares Machado propôs às Comissões de Constituição e de Justiça a reforma das leis de processo penal nas seguintes bases: a) — separação entre polícia e justiça; b) — sincronização do processo com a Constituição; c) — "fazer com que a inocência ficasse rodeada de garantias"; d) — "tornar inevitável a punição do criminoso"; e) — barateamento do custo da justiça para os cofres públicos.

O trabalho realizado pelo Instituto dos Advogados ficou concluído em 12 de julho do mesmo ano. Nele, praticamente, eram retomadas as diretrizes do Código do Processo Criminal. Devolvia-se aos juízes de paz as atribuições judiciárias que lhes foram retiradas pela Lei de 3 de dezembro de 1841. Assim, os juízes municipais voltariam a ser indicados pelas câmaras municipais; as listas de jurados seriam organizadas por uma junta constituída pelo juiz de paz, pelo pároco e pelo eleito mais votado. Também reduzia-se ao mínimo a apelação *ex-officio*.

Esse trabalho foi transformado em projeto, mas já em agosto começou o trabalho parlamentar de obstrução, afirmando-se que o próprio Governo, na pessoa de Limpo de Abreu, instou os seus partidários a pleitearem o arquivamento desse projeto.

Nesse mesmo ano de 1845, foram apresentados os projetos do deputado França Leite, do deputado Veiga, enquanto o senador Bernardo Pereira de Vasconcellos também apresentava um projeto, cuja linha pode ser extraída do seu artigo 1.º: "É revogada a Lei de 3 de dezembro de 1841, na parte em que confere autoridade aos chefes de polícia, delegados e subdelegados, para proferirem sentenças definitivas e de pronúncia."

Também as Comissões de Justiça Criminal e de Legislação, reunidas, compostas dos deputados Joaquim Franco de Sá, Marinho, Urbano Sabino Valdetaro, França Leite e Theóphilo Ottoni, apresentaram um projeto(1).

No ano seguinte, em 10 de julho, o próprio Governo apresentava uma proposta de reforma, que ficou conhecida pelo nome de *Projeto Fernandes Torres,* em razão de estar o Ministério da Justiça confiado a José Joaquim Fernandes Torres(2).

Fundamentalmente, o projeto se propunha a uma reformulação radical do aparelho judiciário. Seus pontos principais podem ser assim resumidos: a) — as atividades jurisdicionais da polícia ficavam entregues aos juízes municipais; b) — aos juízes municipais se atribuía as funções de preparadores de processo e outras atividades assemelhadas; c) — o júri só teria lugar nas cabeças de comarca; e) — incompatibilidade eleitoral dos magistrados; f) — nova divisão judiciária; g) — supressão do *habeas-corpus* por nulidade do processo; i) — criação de Relações nas províncias de São Paulo, Minas Gerais, Goiás, Rio Grande do Sul, Ceará e Pará(3).

O projeto foi submetido à comissão de justiça criminal, composta pelos deputados Limpo de Abreu, Rebouças, e Veiga, que, em 25 de julho apresentou o seu parecer. Afirma JOÃO CAMILLO DE OLIVEIRA TORRES ter o projeto enfrentado vários requerimentos obstruidores e que "o maior escolho estava nas incompatibilidades que os inúmeros magistrados com assento na Câmara achavam ofensivos ao seu pundonor"(4). O projeto naufragou.

---

(1) Cf. *in* João Mendes de Almeida Júnior — ob. cit., tomo I, p. 185.

(2) V. José Frederico Marques — Evolução histórica do Processo Penal, p. 113; João Mendes de Almeida Júnior — ob. cit., tomo I, p. 186; João Camillo de Oliveira Torres — ob. cit., p. 245.

(3) V. João Camillo de Oliveira Torres — ob. cit., p. 345.

(4) Idem, p. 345/346.

Com a queda do Gabinete, o deputado Carvalho Silva, em 1847, apresentou, também sem sucesso, um projeto reformista.

Em 1848, o Visconde de Macaé organizou o novo Ministério, entregando a Pimenta Bueno, mais tarde Visconde de São Vicente, a Pasta da Justiça. Este, em nome do Governo, apresentou um novo projeto de reforma judiciária, cujos pontos principais, pela pena de MELO MATOS, podem ser assim resumidos:

"Com efeito, o projeto dava ao elemento eletivo na organização judiciária, a mesma, senão mais importância do que tivera no regime do Código de Processo. Criava juízes de paz do cível e do crime. Aos primeiros conservava as funções conciliatórias e a presidência das eleições. Aos segundos restituía a maior parte das atribuições de que os privara a lei de 3 de dezembro. Separava a polícia preventiva da judiciária. Lançava os fundamentos da instituição do ministério público. Estabelecia que os juízes municipais seriam nomeados por dois anos por proposta das câmaras municipais. Reduzia-os no Cível a meros preparadores dos feitos cujo conhecimento definitivo era deferido aos magistrados perpétuos (juízes de direito). Cercava de maiores garantias os juízes de direito. Alargava os direitos da defesa no crime e ampliava os recursos. Finalmente instituía mais de cinco relações. Este projeto, repelido pela comissão a que fora enviado e por esta transformado em outro que reproduzia muitas das suas idéias, não chegou a ser discutido"(5).

Nesse mesmo ano, as Comissões de Justiça Civil e Criminal, composta dos deputados Assis e Almeida, Moraes Sarmento, Nunes Machado, Pamplona e França, apresentaram um projeto, no qual se destaca a idéia de dar uma nova organização ao Ministério Público. Este projeto teve a mesma sorte de um outro, este apresentado pelo deputado Barros Leite: nenhuma.

Durante os anos de 1849 a 1854, as idéias reformistas permaneceram hibernadas. Outros projetos de repercussão e importância prenderam a atenção dos membros do Congresso, dentre estes o do Código Comercial e o Regulamento do Processo de Falências. Toda legislação de processo penal, nesse período, ficaram restritas ao Regulamento n. 595, de 18 de março de 1849, que "estabelece a maneira, por que se deve proceder na liquidação das multas, a que forem os réus condenados, bem como as regras sobre as fianças e ao pagamento delas, e o modo de as comutar em outras penas"; no Decreto n.º 693, de 31 de agosto de 1850, que cuidou da forma como deveriam ser organizadas as listas de jurados suplentes; no Decreto n.º 707, de 9 de outubro de 1850, que "regula o modo por que devem ser processados pelos juízes municipais e julgados pelos de direito os crimes de que trata a lei n.º 562, de 2 de julho

(5) L. C. Melo Matos — Páginas da História Constitucional, p. 359, Rio, 1870.

deste ano"; a Lei n.º 609, de 18 de agosto de 1851, que cuidou do tribunal a que estava afeto o julgamento dos arcebispos e bispos, nas causas não puramente espirituais e no Decreto n.º 458, de 14 de outubro de 1854, que tratava dos "recursos de graça".

Em 1854, com o *Projeto Nabuco,* a luta era retomada. Enquanto era debatido o projeto de reforma eleitoral, que se transformou em lei em 1855, Nabuco de Araujo, então Ministro da Justiça, membro do *Gabinete de Conciliação* que fora constituído, apresentou um novo projeto de reforma, que ficou conhecido pelo seu nome. Este projeto, seguindo a orientação de liberais e conservadores, mantinha-se numa zona intermediária das tendências das duas facções políticas, conquanto se identificasse mais com as concepções liberais, pois, basicamente, destruía toda a máquina policial criada pela Lei de 3 de dezembro de 1841.

JOAQUIM NABUCO afirma que o projeto de seu pai objetivava, acima de tudo, armar a sociedade contra a criminalidade, contra a impunidade, que gerava efeitos aterradores, pois o exclusivismo partidário determinava uma confusão de polícia com política (6). A reação dos fazendeiros, que não desejavam a exclusão do embrião de júri então existente e que conduziu ao chamado *Movimento de Vassouras,* determinou o fracasso do projeto (7).

Um fato novo, porém, viria ocorrer logo depois: a formação da *Liga Progressista,* que agrupava os *conservadores puros* e os *liberais moderados.* A liga, organizada em partido político, com a denominação de *Partido Progressista,* em 6 de junho de 1864 lançou o seu manifesto, que, dentro do que nos interessa, apresentam-se os seguintes pontos: a) — julgamento definitivo pelos juízes de direito, tanto no cível como no crime, e, conseqüentemente, o julgamento em segunda instância competindo, exclusivamente, às Relações em todas ou na maior parte das províncias; b) — as funções dos juízes municipais reduziam-se ao preparo e execuções dos processos cíveis e criminais; c) — garantias

---

(6) Joaquim Nabuco — Obras Completas, vol. I, p. 198/199, São Paulo, 1948.

(7) Fábio Wanderley Reis, referindo-se ao poder da aristocracia rural, nc período imperial, escreveu: "Os passos decisivos da edificação do Estado, nesse sentido (através de vicissitudes várias) se cumprem durante o período imperial. Certamente, os esforços dirigidos a fazer valer o poder do Estado junto à coletividade como um todo, em suas dimensões territorial e social, têm que acomodar-se em compromissos vários com o poder da aristocracia rural. Estes se ilustram com a criação e a permanência da Guarda Nacional (origem da figura do "coronel" local e durante muito tempo sério obstáculo ao desenvolvimento de um exército regular e profissional) e com a estrutura tributária do governo imperial, onde por exemplo, não se encontra em nenhum momento a tributação da propriedade da terra como tal." (Jornal da Tarde, ed. de 15/5/82, p. 3, caderno de leituras).

necessárias para nomeação, substituição e independência dos magistrados; d) — criação e organização do Ministério Público, tanto no crime como no cível; e) — separação da polícia e justiça no sentido de que a polícia prende o criminoso, faz o corpo de delito, colige as provas e os remete à autoridade judiciária. Os juízes municipais formam a culpa, com exclusividade, nos delitos inafiançáveis, enquanto nos afiançáveis, a atribuição era cumulativa com os juízes de paz. Ao juiz de direito competia o julgamento e pronúncia; f) — competência do júri para julgamento de todos os delitos, com exceção daqueles punidos com penas inferiores a um ano de prisão, desterro ou degredo, e um conto de réis de multa([8]).

Não obstante a nova realidade política, naufragaram os projetos de Martim Francisco (1868), o de José de Alencar (1869) e o de Tavares Bastos, este último cuidando da reforma da Magistratura, inclusive, dando os primeiros passos para a constituição de uma *justiça eleitoral*, com o alistamento de eleitores pelos juízes.

Até o ano de 1867, o Imperador, em suas *Falas do Trono*, havia se referido à reforma de maneira bem pouco objetiva. Na *Fala* de 9 de maio de 1868, porém, D. Pedro II foi bem claro, dizendo, peremptoriamente que: "Uma lei de recrutamento e um código penal de processo militar continuavam a ser uma lacuna sensível em nossa legislação e *que seria indispensável a reforma da lei de 3 de dezembro de 1841* e da guarda nacional" (os grifos são nossos). Nova referência seria feita nas *Falas do Trono* de 11 de maio de 1869 e de 6 de maio de 1870, ambas nas sessões de abertura da Assembléia Nacional. Mais incisivo foi, ainda, o Imperador, em sua *Fala* de 3 de maio de 1871, afirmando: "Que reconhecia a necessidade de reformar a legislação judiciária, promovendo à reta administração da justiça e protegendo os direitos individuais contra quaisquer excessos e abusos. Neste intuito, constituir a autoridade julgadora com melhores condições de capacidade; extremar a ação da polícia, reduzida às atribuições de seu peculiar serviço; restringir a prisão aos casos de indeclinável necessidade; facilitar as fianças e recursos, especialmente a tutelar a garantia do *habeas-corpus*, medidas altamente reclamadas. Que se a virtude das leis mais se assentava na sua boa execução do que nas medidas preventivas do legislador, este conceito aplicava-se com maior fundamento às que regulavam o exercício do direito eleitoral" ([9]).

Para utilizarmos de uma expressão bem atual, *estava dado o sinal verde para a reforma judiciária*, e, é dentro dessa concepção que o Ministério Rio Branco, que assumira em 7 de março, para converter-se

---

(8) Cf. *in* João Camillo de Oliveira Torres — ob. cit., p. 353/354.

(9) V. a respeito: Max Freuiss — História Administrativa do Brasil, 2.ª edição, p. 304/315, Cia. Melhoramentos, São Paulo, s/data.

no mais longo de todo o Império, viria a promover a tão reclamada reforma, já agora em período de paz, com o término da Guerra do Paraguai, em 1.º de março de 1870. As condições para a reforma, eram, portanto, bem propícias. Sabia-o o Imperador.

2. AS PRINCIPAIS MODIFICAÇÕES PROCESSADAS

Antes da promulgação da Lei n.º 2.033, de 20 de setembro de 1871, que realizou a reforma, alguns diplomas legislativos estão a merecer a nossa atenção. Assim, pelo Decreto n.º 1.723, de 16 de fevereiro de 1856, era determinada a "vista aos Desembargadores Promotores de Justiça nos Tribunais da Relação de todas as apelações, e ciência das decisões dos mesmos Tribunais, para que procedam na forma abaixo estabelecida." Este decreto, relacionado na legislação compilada, esclarecia quais as providências que deveriam ser tomadas, requerendo e arrazoando, em segunda instância, o que fosse "*a bem da justiça*", inclusive, a interposição de revista "nos casos em que ela couber". Para o Ministério Público tal disposição é extremamente importante, pois dela se extrai o tratamento que deveria ser dispensado aos promotores que atuavam perante as Relações (hoje seriam os Procuradores de Justiça), aos quais, por extensão, seria o de *Excelência* e a independência funcional para requererem o que se lhes apresentasse, *a bem da justiça*. Em legislação genuinamente nacional, apresenta-se, aí, o primeiro passo de uma similitude de tratamento entre os dois órgãos da justiça: a Magistratura e o Ministério Público.

Em dois decretos do ano de 1859 também se legislou em matéria de processo penal. O primeiro, de n.º 2.423, de 25 de maio e o segundo, de n.º 2.438, de 6 de julho, que se referiam, respectivamente, à aplicação dos artigos 148 e 205, do Código do Processo Criminal.

No ano seguinte, 1860, o Decreto n.º 1.090, de 1.º de setembro, providenciava acerca do "processo nos crimes de furto de gado vacum, cavalar e outros", enquanto o Decreto n.º 3.572, de 30 de dezembro de 1865, determinava a execução do *"Regulamento da estatística policial e judicial"*. Já bem perto da reforma, o Decreto n.º 1.698, de 15 de setembro de 1869 "permite ao réu absolvido em primeira instância, sendo interposta apelação, livrar-se solto por meio de fiança até decisão do recurso, quando a pena for menor de quatorze anos de prisão simples, doze de prisão com trabalho e vinte anos de degredo; e dá outras providências relativas ao processo criminal".

Afirma JOÃO MENDES DE ALMEIDA JÚNIOR que a lei n.º 2.033, de 20 de setembro de 1871 encontrou o seu incentivo principal no Projeto José de Alencar, de 1869. Seria, contudo, sob o ponto de vista histórico, relegar a um plano secundário — que não se justifica — as *Falas do Trono* que parcialmente transcrevemos, pois o Imperador, inobstante as escaramuças contra ele erguidas, mantinha os poderes

que a Constituição lhes concedera. Melhor seria afirmar que a reforma só se processou porque houve manifestação favorável de D. Pedro II, que sempre foi um árbitro de seus programas, reservando para si a última palavra, impondo "aos políticos a sua maneira de agir e conciliar, de resolver e negar, de conduzir e orientar"(10).

Com a Lei n.º 2.033, regulamentada pelo Decreto n.º 4.824, de 22 de novembro do mesmo ano (1871), iniciou-se uma nova fase na História do Processo Penal do nosso País(11), pois sobre eles estruturou-se o processo penal de durante grande parte do período republicano, principalmente nas unidades federativas, que, como São Paulo, preferiram permanecer com a legislação do Império, procedendo apenas a algumas reformas, nem sempre muito substanciais.

A Lei n. 2.033 contém 30 artigos, quase todos seguidos de parágrafos. Alguns desses artigos referem-se a vencimentos; outros contêm disposições de Direito Penal e os artigos 22 a 26 envolvem matéria de Direito Processual Civil. Para os fins objetivados neste trabalho, os pontos mais importantes que a referida lei apresenta são os seguintes: a) — os chefes de polícia eram nomeados dentre os magistrados, doutores e bacharéis em direito. Se magistrados eram, venceriam os mesmos vencimentos de seus cargos, ressalvada a hipótese de serem superiores aqueles atribuídos ao chefe de polícia, preservada a sua antiguidade para efeitos de promoção; b) — aos juízes de paz competia o julgamento das infrações de *posturas municipais*, com apelação aos juízes de direito e suprimia-se "a companhia para julgar as infrações dos *termos de segurança e de bem viver*"; também podiam conceder a fiança provisória; c) — aos juízes municipais competia a organização do processo crime de contrabando, fora de flagrante; infração aos termos de segurança e de bem viver; d) — a competência dos juízes de direito, evidente que ampla, estava contida nos artigos 4.º ao 7.º, a cujo texto remetemos o leitor; e) — a *jurisdição* dos chefes de polícia, delegados e subdelegados ficou restrita à preparação de processos relativos às contravenções de posturas municipais e aos crimes cujo julgamento lhe fora deferido pela Lei de 3 de dezembro de 1841. O julgamento, porém, lhe era vedado (art. 9.º); f) — criação do inquérito policial, mais ou menos nos moldes da legislação vigente (Código de Processo Penal de 1941); g) — expedição de mandado de prisão em duas vias, uma das quais deveria ser entregue ao preso; h) — cuidou-se das hipóteses de prisão preventiva (art. 13, § 2.º); i) — o instituto da fiança ficou bem regulamentado pelo artigo 14 e seus sete parágrafos;

(10) V. a respeito: Pedro Calmon — A vida de D. Pedro II, o Rei Filósofo, edição da Biblioteca do Exército, Rio, 1975, principalmente as fls. 145 a 165.

(11) Recomendamos a leitura dos discursos proferidos pelos deputados Theodoro Sampaio, Perdigão Malheiros, Ferreira Vianna, Matheus Casado. Alencar Araripe e senador Silveira da Motta, que João Mendes de Almeida Júnior reproduz no vol. I, de sua obra tantas vezes citada, p. 187/200.

j) — no artigo 15, aboliu-se o procedimento *ex-officio* dos juízes formadores da culpa, exceto os casos de flagrante delito, nos *crimes policiais* e quando inocorresse a atuação do promotor público, inclusive nos casos de responsabilidade; k) — ampliou-se a esfera de atuação do promotor público. Como se observa, aparece a denominação de promotor público, pois, até então, havia uma preferência pela denominação de promotor de justiça, esta, sem dúvida, mais técnica. Também atribuiu ao promotor público a intervenção nas ações penais de iniciativa privada e estabeleceu-se o prazo de cinco dias para o oferecimento de denúncia quando se tratasse de pessoa presa; l) — nos artigos 18 a 20 cuidou a lei do *habeas-corpus*, inclusive do preventivo (art. 18, § 1.º). A concessão do *writ*, porém, não podia pôr "termo ao processo".

Até a proclamação da República outros diplomas de interesse para o processo penal foram editados. Destes, merecem destaque os seguintes: a) — Decreto n.º 4.992, de 3 de julho de 1872, que alterou o decreto que regulamentou a lei n.º 2.033, na parte relativa à presidência do júri em comarcas especiais; b) — o Decreto n.º 5.129, de 6 de novembro de 1872, que deu instrução para a consolidação das disposições legislativas e regulamentares concernentes ao processo civil e criminal; c) — o Decreto n.º 5.886, de 13 de março de 1875, que referia-se aos agravos e cartas testemunháveis em seus julgamentos pelas Relações; d) — a Lei n.º 2.615, de 4 de agosto de 1875, que dava providências acerca do processo e julgamento de crimes cometidos no estrangeiro contra o Brasil ou brasileiros; e) — o Decreto n.º 2.684, de 23 de outubro de 1875, que "deu força de lei no Império a assentos da Casa de Suplicação de Lisboa e competência ao Supremo Tribunal de Justiça para tomar outros; f) — Decreto n.º 6.142, de 10 de março de 1876, que "regula o modo por que devem ser tomados os assentos do Supremo Tribunal de Justiça"; g) — o Decreto n.º 6.207, de 3 de junho de 1876, que mandava "registrar as decisões definitivas proferidas pelas Relações do Império"; h) — o Decreto n.º 6.840, de 16 de fevereiro de 1878, que declarava não poder o pai advogar nos feitos em que o filho fosse escrivão; i) — o Decreto n.º 6.841, de 16 de fevereiro de 1878, que "firma a inteligência da Ordenação-Lei 4.º, Tit. 79, § 45, sobre incompatibilidades por parentesco; j) — Decreto n.º 6.934, de 8 de junho de 1878, que "regula a competência dos tribunais e a forma do processo nos crimes cometidos em país estrangeiro contra o Brasil e os brasileiros"; k) — Decreto n.º 7.001, de 17 de agosto de 1878, que "manda executar o regulamento da estatística policial e judiciária"; l) — Decreto n.º 7.019, de 31 de agosto de 1878, que "estabelece regras sobre o julgamento de recursos interpostos para as Relações dos despachos de pronúncia ou de não pronúncia"; m) — Decreto n.º 7.085, de 16 de novembro de 1878, que se refere às decisões sobre pronúncias e recursos; n) — Decreto n.º 8.010, de 26 de fevereiro de 1881, que "deu regulamento para a Casa de Detenção da Corte"; o) — o Decreto

n.º 8.821, de 30 de dezembro de 1882, que, regulando a execução da lei sobre as sociedades anônimas, contém disposições de Direito Penal e de processo penal.

Assim, como bem lembra JOSÉ FREDERICO MARQUES, a República "ao ser proclamada, veio encontrar regulamentado o processo penal" (12).

3. OS PROCESSUALISTAS DO PERÍODO IMPERIAL E DOS PRIMEIROS ANOS DA REPÚBLICA

Além de autores portugueses, os estudiosos e os profissionais dispuseram de muitas obras sobre processo penal, durante o século XIX. Dentre os vários autores, podemos relacionar os seguintes (13):

— *Francisco de Paula Almeida Albuquerque*: Manual do Jury, 1883.

— *Candido Mendes de Almeida* — Codigo Phillippino, 14.ª ed. em 1870.

— *Francisco Luiz Correa de Andrade*: Processo Criminal de Primeira Instancia, 1888.

— *Francisco Alberto Teixeira de Aragão*: A instituição do jury criminal, 1824.

— *Tristão de Alencar Araripe*: Consolidação do Processo Criminal do Brasil, 1876.

— *João Vieira de Araujo*: Revisão dos processos penais, 1899.

— *Manuel Godofredo de Alencastro Autran*:

a) — Codigo de Processo Criminal de Primeira Instancia anotado, 1881;

b) — Da fiança criminal, 1879;

c) — Do "habeas-corpus", 1879.

— *Manoel Mendes da Cunha e Azevedo*: Observações sobre vários artigos do Codigo do Processo Criminal e outros da lei de 3 de dezembro, 1852.

— *Cassiano C. Tavares Bastos*: Direito e Praxe Policial, 1883.

— *José Antonio Pimenta Bueno* (Marquês de São Vicente):

---

(12) José Frederico Marques — Evolução histórica do Processo Penal, p. 119.

(13) Valemo-nos dos fichários que o Professor Sérgio Marcos de Moraes Pitombo possui e colocou à nossa disposição. A relação é parcial.

a) — Apontamentos sobre o Processo Criminal pelo Jury, 1849;

b) — Apontamentos sobre o Processo Criminal Brasileiro, 1857.

— *Francisco de Sousa Cirne Lima*: Rudimentos do Processo Criminal, 1882.

— *José Maria Vaz Pinto Coelho*: Questões do Jury, 1884.

— *Antonio Carlos Cordeiro*: Formulario de todas as ações criminais, 7.ª edição em 1888.

— *Joaquim Bernardes da Cunha*: Primeiras Linhas sobre o Processo Criminal de Primeira Instancia, 1863/64.

— *Jacintho José da Silva Pereira Dutra*: Codigo do Processo Criminal, 1841.

— *J. D. M. Ferraz*: Exame sobre o jury, em que se analysa a historia e a theoria dessa instituição, 1835.

— *Joaquim Guimarães*: Ação publica e privada, 1898.

— *Levindo Ferreira Lopes*: Roteiro do jury, 1885.

— *Francisco Luiz*: Processo Criminal de Primeira Instancia — Theoria das nulidades, 1888.

— *Joaquim de Oliveira Machado*:

a) — A fiança no crime, 1882;

b) — O "habeas-corpus" no Brazil, 1878.

— *Manoel da Silva Mafra*: Novo formulario dos termos do processo dó inquérito policial, da formação da culpa e do julgamento perante o jury, 1877.

— *Alfredo Pinto Vieira de Melo*: O Jury, 2.ª edição em 1893.

— *Olimpio Giffenig de Miemeyer*: Direito Policial, 1876.

— *José Rabino de Oliveira*: Competencia em materia criminal, 1874.

— *Carlos Honorio Benedito Ottoni*: Nulidades do Processo Criminal, 1876.

— *Alarico Ribeiro*: Glossario Policial, 1899.

— *Vicente Alves de Paula Pessoa*:

a) — Codigo do Processo Criminal de Primeira Instancia, 2.ª edição em 1885;

b) — Reforma Judiciaria, 1880.

— *Joaquim Ignacio Ramalho*:

a) — Elementos do Processo Criminal, 1856;

b) — Postillas de Practica — collecção completa das licções de practica do ano de 1865 — 2.ª edição em 1872.

— *Joaquim José Pereira da Silva Ramos*: Codigo das Leis do Processo Criminal e Policial, 1864.

— *Antonio de Paula Ramos Junior*: Questões Practicas do Processo Criminal, 1877.

— *Francisco de Paula Sales*: Poder-se-há formular quesito de reincidencia por algum crime ainda não julgado, perdoado ou anistiado?, 1871.

— *José Roberto da Cunha Sales*:

a) — Foro Penal, 1882;

b) — Tratado das nulidades dos actos do Processo Criminal, 1884.

— *Josino do Nascimento e Silva*: Codigo do Processo Criminal de Primeira Instancia do Imperio do Brasil, 4.ª edição em 1860.

— *Amancio José de Sousa*: Instituição do jury: sua decadencia e necessidade de reforma, 1897.

— *Braz Florentino Henriques de Souza*: Codigo do Processo Criminal de Primeira Instancia, 1860.

— *Luiz da Silva Alves d'Azambuja Suzano*: Guia do Processo Policial e Criminal, 1859.

— *Augusto Uflacker*: Livro do Promotor Público, 1880.

José Marcelino Pereira de Vasconcelos:

a) — Livro dos Jurados, contendo uma noticia historica da instituição do jury, 1881;

b) — Manual dos Promotores Publicos, 2.ª edição em 1869;

c) — Roteiro dos Delegados e Subdelegados de Polícia, 7.ª edição em 1887.

— *Luiz Maria Vidal*: Manual do Crime, 1876.

— *Manoel Viotti*: Guia Policial, 1896.

CAPÍTULO X

O PERÍODO REPUBLICANO

SUMÁRIO: 1 — A proclamação da República e o pluralismo processual. 2 — O pluralismo e as legislações estaduais. 3 — A Revolução de 1930 e a unidade processual. 4 — Reforma projetada. 5 — Escritores de Processo Penal no Século XX.

1. A PROCLAMAÇÃO DA REPÚBLICA E O PLURALISMO PROCESSUAL

A proclamação da República foi o epílogo de um longo processo histórico, que já se apresentara na Conjuração Mineira, de 1789, na Revolução Bahiana, de 1798 e que ressurgira um século depois, com o lançamento do Manifesto do Clube Republicano de 1870, redigido por Quintino Bocaiúva e ganharia maior ênfase com a organização do Partido Republicano Paulista, em 1873.

A esses fatores, associou-se o desejo da classe militar, principalmente, após a Guerra do Paraguai, em participar das decisões nacionais. As chamadas *Questões Militares*, quando o descontentamento dos membros das Forças Armadas se manifestou muito claramente, foram bem aproveitadas pelos republicanos. Conseqüentemente, em 15 de novembro de 1889, operou-se não só a queda do Ministério Ouro Preto, mas a própria destituição do Imperador e a proclamação da República. Com esta, iniciou-se um governo cheio de problemas, onde homens sem qualquer experiência em administração, foram chamados a assumir cargos de importância, dando, assim, os seus primeiros passos na vida pública.

Com essa nova ordem, muitos decretos foram editados, principalmente nesse ano de 1889 e no seguinte, 1890.

O Decreto n.º 774, de 20 de setembro de 1890, interessa sobremaneira ao processo penal, pois que aboliu a pena de galés, reduziu para trinta anos as penas perpétuas, mandou computar o tempo de prisão preventiva e estabeleceu a prescrição das penas. Em 11 de outubro de

1890, pelo Decreto n.º 847, veio a lume o Código Penal, que, em seu artigo 407, estabelecia regras de processo penal. Também nessa mesma data, o Decreto n.º 848, organizou a Justiça Federal, criando o Supremo Tribunal Federal. Na *Exposição de Motivos* desse decreto, o Ministro da Justiça, Campos Sales, afirmou: "...a necessidade da imediata organização da Justiça federal está no papel de alta preponderância que ela se destina a representar como órgão de um poder no corpo social. A magistratura, que se instala no país, graças ao regime republicano, não é um instrumento cego ou mero intérprete da execução dos atos do Poder Legislativo. Antes de aplicar a lei cabe-lhe o direito de exame, podendo dar-lhe ou recusar-lhe sanção se lhe parecer conforme ou contrário à lei orgânica. De resto, dirimem-se na Justiça federal não só as contendas que resultam do direito civil, como aquelas que mais possam avultar na elevada esfera do direito público".

Mas, esse decreto não ficou resumido a isso. Cuidou do Ministério Público Federal (Capítulo VI), do Júri Federal (Capítulo IX), do *Habeas-Corpus* (Capítulo X), fixou regras de processo penal nos artigos 50 a 96 (Capítulo XI), além de dispor de outras questões, que interessam mais diretamente aos outros ramos do Direito. Como se observa, esse diploma legal diz muito mais daquilo que enseja o enúncio da sua ementa "traduzindo-se num verdadeiro corpo de normas de caráter processual" (1).

É de salientar, porém, que a República encontrou o processo penal já regulamentado pela Lei n.º 2.033 e pelo Decreto n.º 4.824. Razão, pois, assiste a JOSÉ FREDERICO MARQUES em afirmar:

"Quando a pluralidade processual foi instaurada, era nosso processo penal informado pelos seguintes princípios: oralidade de julgamento e processo escrito para a instauração ou formação da culpa; contraditório pleno no julgamento e contraditório restrito no sumário de culpa; processo ordinário para os crimes inafiançáveis e afiançáveis comuns ou de responsabilidade, com plenário posterior à formação da culpa; inquérito policial servindo de instrumento de denúncia ou queixa, apenas nos crimes comuns; o processo especial estabelecendo desde logo a plenitude da defesa nos crimes comuns; a propositura e titularidade da ação penal, de acordo com o que dispunha o artigo 407, do Código Penal" (2).

---

(1) José Gomes B. Câmara — Subsídios para a História do Direito Pátrio, vol. IV, p. 75, Livraria Brasiliana editora, Rio, 1967.

(2) José Frederico Marques — Evolução histórica do Processo Penal, p. 119. Ressalvamos que consideramos como regras o que o eminente processualista denomina de princípios, pois, para nós, um só princípio orienta o processo penal, o *publicístico*.

No regime republicano implantado, manifestou-se a tendência de imitar, até ao exagero, o modelo norte-americano. Como observa SAHID MALUF, "a Carta de 1891, que teve entre os seus maiores arquitetos a figura ímpar de RUI BARBOSA, adotou os princípios diretores do federalismo, do presidencialismo, do liberalismo político e da democracia burguesa, segundo o estilo norte-americano" (3). Daí, a descentralização excessiva e a conseqüente inexeqüibilidade do mecanismo adotado, em face da realidade nacional. Com essa descentralização, operou-se um profundo golpe na unidade processual.

A Constituição de 24 de fevereiro de 1891, em vários parágrafos do artigo 72, estabeleceu importantes regras de processo penal, que não só pelo seu conteúdo, como também pela sua hierarquia, deveriam ser observadas pelos legisladores ordinários e pelos legislativos estaduais. Ei-las:

"§ 9.º) — É permitido a quem quer que seja representar, mediante petição, aos poderes públicos, denunciar abusos das autoridades e promover a responsabilidade dos culpados";

"§ 11) — A casa é o asilo inviolável do indivíduo; ninguém pode aí penetrar de noite, sem consentimento do morador, senão para acudir as vítimas de crimes ou desastres, nem de dia, senão nos casos e pela forma prescritos na lei.";

"§ 13) — À exceção do flagrante delito, a prisão não poderá executar-se senão depois de pronúncia do indiciado, salvo os casos determinados em lei, e mediante ordem escrita da autoridade competente.";

"§ 14) — Ninguém poderá ser conservado em prisão sem culpa formada, salvas as exceções especificadas em lei, nem levado à prisão ou nela detido, se prestar fiança idônea nos casos em que a lei admitir.";

"§ 15) — Ninguém será sentenciado senão pela autoridade competente, em virtude de lei anterior e na forma por ela regulada.";

"§ 16) — Aos acusados se assegurará na lei a mais plena defesa, com todos os recursos essenciais a ela, desde a nota de culpa, entregue em 24 horas ao preso e assinada pela autoridade competente com os nomes do acusador e das testemunhas.";

"§ 19) — Nenhuma pena passará da pessoa do delinqüente.";

"§ 20) — Fica abolida a pena de galés e a de banimento judicial.";

"§ 21) — Fica, igualmente, abolida a pena de morte, reservadas as disposições da legislação militar em tempo de guerra.";

---

(3) Sahid Maluf — Curso de Direito Constitucional, p. 43, edição das Tipografias e Livrarias Brasil, Bauru, 1956.

"§ 22) — Dar-se-á o *habeas-corpus,* sempre que o indivíduo sofrer ou se achar em iminente perigo de sofrer violência ou coação por ilegalidade ou abuso de poder.";

"§ 23) — À exceção das causas que, por sua natureza, pertencem a juízos especiais, não haverá foro privilegiado.";

"§ 31) — É mantida a instituição do júri."

A quebra da unidade processual, já que cada Estado-membro possuía a competência para legislar em matéria de Direito processual e de organização judiciária, não trouxe qualquer vantagem para as instituições jurídicas do nosso País. Contrariamente "essa fragmentação contribuiu para que se estabelecesse acentuada diversidade de sistemas, o que, sem dúvida alguma, prejudicou a aplicação da lei penal."(4)

Não obstante o pluralismo que se estabeleceu com a Constituição, a União continuou a legislar em matéria de processo penal. Às vezes, o diploma legislativo cuidava tão somente de Direito Processual Penal, como ocorreu com a Lei n.º 628, de 28 de outubro de 1899. Nessa lei, estabeleceu-se em que hipóteses era cabível a fiança, os crimes em que a ação penal seria iniciada mediante denúncia, além de conter disposições destinadas ao Distrito Federal.

Dispositivos com conteúdo de processo penal também são encontrados na legislação a seguir enumerada: Lei n.º 1.785, de 28 de novembro de 1907, que "estabelece penas para o crime de peculato, e dá outras providências"; Decreto n.º 2.110, de 30 de setembro de 1909, que "estabelece penas para os crimes de peculato, moeda falsa, falsificação de documentos e dá outras providências"; Lei n.º 2.992, de 25 de setembro de 1915, que "modifica os arts. 266, 277 e 278 do Código Penal"; Decreto n.º 4.743, de 31 de outubro de 1923, que "regula a liberdade de imprensa e dá outras providências", em cujos artigos 21 a 23, cuida da "ação e prescrição"; Decreto n.º 4.780, de 27 de dezembro de 1923, que "estabelece penas para os crimes de peculato, moeda falsa, falsificação de documentos, e dá outras providências", cuja *parte processual* (arts. 40 a 55) era destinada "ao juiz de secção do Distrito Federal e nos Estados da União"; Decreto n.º 4.790, de 2 de janeiro de 1924, que "define os direitos autorais e dá outras providências"; Decreto n.º 24.776, de 14 de julho de 1934, que "regula a liberdade de imprensa e dá outras providências", cujo capítulo VI cuida "da ação penal e da prescrição"; Decreto n.º 167, de 5 de janeiro de 1938, que "regula a instituição do Júri", dentre outros diplomas legislativos.

Evidencia-se, portanto, que embora a Constituição outorgasse aos Estados-membros, a competência para legislarem em matéria de pro-

(4) José Frederico Marques — Evolução histórica do Processo Penal Brasileiro, p. 119.

cesso penal, quando dá elaboração de leis penais extravagantes, ou de disposições penais enxertadas em outros diplomas legislativos, que também se constituíam em leis especiais, a União estabelecia regras que, tendo em vista a hierarquia de tais leis, deveriam ser observadas pela justiça estadual, inclusive nos Estados que chegaram a possuir seus próprios códigos.

2. O PLURALISMO E AS LEGISLAÇÕES ESTADUAIS

A Constituição de 1891, de maneira implícita, outorgou aos Estados-membros a competência para legislar em matéria de processo, ao dispor, em seu artigo 34, entre as atribuições do Congresso, a de "legislar sobre direito civil, comercial e criminal da República e o processual da justiça federal" (§ 23).

Tendo em vista o permissivo constitucional, alguns Estados-membros se apressaram em elaborar os seus códigos de processo penal, enquanto outros preferiram prosseguir com o Código do Processo Criminal de Primeira Instância, com as modificações que haviam se processado, e legislarem supletivamente.

A legislação estadual, por motivos óbvios, sofreu grande influência do Decreto n.º 848, que organizara a Justiça Federal(5).

Ainda que sucintamente, vamos noticiar o que, em matéria de processo penal, se passou nas unidades da federação.

a) — *Maranhão.* O Código do Processo Criminal do Estado do Maranhão, obra redigida por Godofredo Mendes Viana, era constituído de 1.149 artigos, aos quais se seguiam as disposições gerais (arts. 1.150 a 1.152). Foi promulgado pelo Presidente do Estado, Mariano Martins Lisboa, convertendo-se na Lei n.º 507, de 22 de março de 1909.

b) — *Rio Grande do Sul.* O bem elaborado Código do Processo Penal do Estado do Rio Grande do Sul, formado por 573 artigos, veio a lume pela Lei n.º 24, de 15 de agosto de 1898, promulgada pelo Presidente do Estado, Antonio Augusto Borges de Medeiros. É interessante ressaltar que o projeto foi elaborado pelo próprio presidente, designado que fora pelo seu antecessor, Júlio Prates de Castilhos. Em 13 de outubro de 1911, o Presidente do Estado, Carlos Barbosa Gonçalves remeteu projeto, que, convertido em lei, processou a primeira modificação no Código.

c) — *Rio de Janeiro.* Pela Lei n.º 1.137, de 20 de dezembro de 1912, foi criado o Código da Organização Judiciária e do Processo Pe-

(5) José Gomes B. Câmara — ob. cit., tomo IV, p. 108/110, tem o mesmo entendimento.

nal, Civil e Comercial do Estado do Rio de Janeiro. A Lei n.º 1.580, de 20 de janeiro de 1919, criou o Código Judiciário, em substituição à legislação anterior. Conquanto se apresentem disposições de processo penal em várias de suas partes, é no Livro V que cuida do processo penal em geral (arts. 520 a 1.081).

d) — *Amazonas*. A Lei n.º 920, de 1.º de outubro de 1917, promulgada por Pedro de Alcântara Bacellar, deu ao Estado de Amazonas o seu Código do Processo Penal. Formado por 457 artigos, foi publicado na mesma data, sofrendo, posteriormente, várias modificações.

e) — *Rio Grande do Norte*. Com a Lei n.º 449, de 30 de novembro de 1918, o projeto elaborado pelo Desembargador José Theotônio Freire converteu-se no Código do Processo Penal do Estado do Rio Grande do Norte. Era constituído de 551 artigos, aos quais se seguiam as *disposições finais*. O próprio autor do projeto diz ter recolhido disposições do Código italiano de 1913, como nos informa JOSÉ GOMES B. CÂMARA [6].

f) — *Paraná*. O Código do Processo Criminal do Estado do Paraná foi criado pela Lei n.º 1.916, de 23 de fevereiro de 1920, sancionado pelo Presidente do Estado, Affonso Alves de Camargo, publicado nessa mesma data. Formava-o 739 artigos e assentou-se no projeto elaborado pelo Professor Francisco Ribeiro de Azevedo Macedo. A partir da Lei n.º 2.012, de 21 de março de 1921, passou a sofrer modificações.

g) — *Piauí*. Durante muito tempo, nesse Estado, vigorou o Código imperial. O Código de Processo Penal do Estado do Piauí foi promulgado pela Lei n.º 962, de 4 de julho de 1919.

h) — *Paraíba*. O Código do Processo Criminal do Estado da Paraíba do Norte foi promulgado pela Lei n.º 336, de 21 de outubro de 1910, sendo formado por 612 artigos. Determinava que, nos casos omissos, fosse aplicado o Código do Império e as leis complementares que o haviam modificado.

i) — *Ceará*. O Código do Processo Criminal do Estado do Ceará foi promulgado pela Lei n.º 1.950, de 24 de dezembro de 1921 e já no ano seguinte, com a Lei n.º 2.027, de 6 de novembro, passou a sofrer modificações.

j) — *Sergipe*. O Código do Processo Criminal do Estado do Sergipe foi promulgado pela Lei n.º 753, de 7 de setembro de 1918.

l) — *Pernambuco*. Pelo ato n.º 1.156, de 5 de dezembro de 1922, o Governo do Estado incumbiu o Dr. Genaro Lins de Barros Guimarães de elaborar um anteprojeto de Código de Processo Penal. Em face da

(6) José Gomes B. Câmara — ob. cit., tomo IV, p. 113.

autorização que lhe era conferida pela Lei n.º 1.672, o chefe do Executivo estadual, pelo ato de n.º 1.096, determinou que fosse aplicado o novo Código, que seria aprovado, em definitivo, pela lei estadual n.º 1.750, de 4 de junho de 1925. Pelo Decreto n.º 306, de 4 de abril de 1939, o Interventor Federal, Agamenon Magalhães mandou que a legislação processual penal fosse consolidada, enquanto se aguardava a "elaboração do Código Nacional de Processo Criminal". Essa consolidação possuía 428 artigos.

m) — *Alagoas.* O Estado de Alagoas não teve o seu Código de Processo Penal, seguindo o Código do Império, com algumas leis a ele adicionadas, como a de n.º 57, de 29 de julho de 1920, que dispôs acerca do Tribunal do Júri.

n) — *Bahia.* No Estado da Bahia, a Lei n.º 1.119, de 21 de agosto de 1915 estabeleceu a Reforma Judiciária, e, nessa mesma data, pela Lei n.º 1.121, foi promulgado o Código do Processo, onde se apresenta o magnífico trabalho do jurista Eduardo Godinho Espínola. Unitário que era, o Código tratou do Processo Criminal no Livro III (arts. 1628 a 2122).

Com a resolução n.º 80, de 4 de setembro de 1936, o Presidente do Estado, Juracy M. Magalhães aprovou a "Consolidação do Processo Civil, Comercial e Criminal".

o) — *Espirito Santo.* O Código de Processo Penal do Estado do Espírito Santo foi promulgado pelo Decreto n.º 1.891, de 26 de setembro de 1914, sofrendo, posteriormente, várias modificações.

p) — *Minas Gerais.* O Código de Processo Penal do Estado de Minas Gerais resultou do trabalho do Desembargador Rafael de Almeida Magalhães. Foi publicado no *Minas Geraes,* em 5 de setembro de 1926, aprovado que fora pelo Decreto n.º 7.259, de 14 de junho de 1926, *ad referendum* da Assembléia. Com isso, criou-se dificuldades na determinação da sua vigência, tendo em vista o que dispunha o artigo 2.º, da Lei n.º 915, de 10 de agosto de 1926(7). Era formado por 671 artigos e foi editado pelo Presidente do Estado, Fernando Mello Vianna. Esse Código foi reeditado em 23 de agosto de 1933, por força do Decreto n.º 9.640, assinado pelo Presidente do Estado, Antonio Ribeiro de Andrada.

Antes, porém, por força do Decreto n.º 1.937, de 29 de agosto de 1906, vigorava a Consolidação das Disposições Legislativas Regulamentares referentes à organização da justiça e processo criminal, elaborada por João E. de Resende Costa.

---

(7) Cf. *in* João de Oliveira Filho — Código do Processo Penal de Minas Geraes, notas, Casa Duprat e Casa Mayença reunidas, São Paulo, 1927.

q) — *Mato Grosso*. No antigo Estado de Mato Grosso, o Código imperial, com as suas leis modificadoras, foi adotado.

Pelo Decreto n.º 595, de 10 de julho de 1922, foi incumbido o Desembargador João Beltrão de Andrade Lima de preparar a Consolidação da Legislação Judiciária, cujo trabalho foi ultimado em 10 de maio de 1924, mas que não chegou a ser apreciado pelo Poder Legislativo. Essa Consolidação, que compreendia a organização judiciária e o processo civil, comercial e criminal, deste último cuidava na Parte III (arts. 2.252 a 3.203). Em 14 de março de 1926, foi apresentado o anteprojeto de Código Judiciário.

r) — *Santa Catarina*. No Estado de Santa Catarina, pela Lei n.º 1.526, de 14 de novembro de 1925, foi criado o Código Judiciário do Estado, que, nos Livros X a XV (arts. 1.917 a 2.593), cuidava do processo penal.

s) — *Pará*. No Estado do Pará, vigorou o Código imperial, com as suas modificações posteriores, e aquelas determinadas pelo Decreto estadual n.º 1.352, de 21 de janeiro de 1905.

t) — *Goiás*. O Estado de Goiás também preferiu permanecer com o Código do Império e suas modificações. No entanto, usando da faculdade constitucional, legislou em matéria de processo penal, inicialmente, com a Lei n.º 231, de 10 de agosto de 1901, e, após, com outras legislações. A Lei n.º 579, de 8 de junho de 1918 autorizou o Presidente do Estado a elaborar a organização judiciária do Estado, com o processo. Com base em tal autorização legislativa, em 10 de junho desse mesmo ano, pelo Decreto n.º 5.755, foi feita a consolidação determinada, em cujo Título III (arts. 231 a 460), se cuidou do processo civil e penal.

u) — *São Paulo*. No Estado de São Paulo, fundamentalmente, vigorou o Código imperial e suas leis modificadoras. Não obstante, com a legislação acrescentada, o conjunto de leis tornou-se complexo, fragmentário, desprovido de unidade e de sistema, que deve ter-se convertido em verdadeiro martírio para os profissionais da época. A primeira organização judiciária era de 21 de novembro de 1891, a ela se seguindo a de 25 de agosto de 1892 e o regulamento expedido pelo Decreto n.º 123, de 10 de novembro desse mesmo ano. Pelo Decreto n.º 1.490, de 18 de julho de 1907, a legislação em vigor foi consolidada. Do Ministério Público cuidou o Decreto n.º 237, de 23 de novembro de 1904, regulando-o, e a Lei n.º 1.763, de 29 de dezembro de 1920, regulamentada pelo Decreto n.º 3.425, de 13 de dezembro de 1921, cuidou da assistência judiciária. A Lei n.º 1.849, de 29 de dezembro de 1927, dispôs sobre o júri. Pela Lei n.º 2.231, de 20 de dezembro de 1927, ficaram disciplinados os processos policiais.

Um projeto de Código de Processo Penal, elaborado pelos juristas José Soares de Mello, Abeilard de Almeida Pires e Álvaro Couto Brito, formado de 433 artigos, contendo, ainda, leis especiais, não chegou a converter-se em lei.

v) — *Acre*. O então território do Acre, como nos informa JOSÉ GOMES B. CÂMARA, tinha as disposições processuais em um corpo legislativo em que se cuidava também da organização administrativa. Mais tarde, foi reorganizada a Justiça pelo Decreto n.º 9.831, de 23 de outubro de 1912, a ela se seguindo a organização ordenada pelo Decreto n.º 12.405, de 28 de fevereiro de 1917, e, após, teve uma consolidação aprovada pelo Decreto n.º 14.338, de 1.º de outubro de 1920. "Este último é um complexo de lei orgânica e de processo" (8).

x) — *Distrito Federal*. O projeto de Código de Processo Penal do então Distrito Federal, foi elaborado por uma comissão de juristas, formada por Astolpho Vieira de Rezende, José Cândido de Albuquerque Mello Mattos e André de Faria Pereira, este último substituído por Joaquim Henrique Mafra de Laet, sob a presidência de Cândido Mendes de Almeida. O trabalho dessa comissão foi publicado em 14 de janeiro de 1925. O texto definitivo, constituído de 700 artigos, aos quais se seguiam as disposições transitórias, aprovado pelo Decreto n.º 16.751, de 31 de dezembro de 1924, foi publicado em 5 de fevereiro de 1925, decreto esse assinado pelo Presidente da República, Arthur da Silva Bernardes (9).

3. A REVOLUÇÃO DE 1930 E A UNIDADE PROCESSUAL

A revolução de 1930 encontrou o pluralismo processual em pleno funcionamento, como determinava a Constituição de 1891, cujos funestos efeitos são bem assinalados por JOSÉ FREDERICO MARQUES, ao afirmar que "além dessa heterogeneidade legislativa, produziu o sistema pluralista... perniciosos resultados para a cultura jurídico-processual, que durante o período em que vigorou a pluralidade legislativa, medrou mui tímida e fracamente, como se estivesse estiolada" (10).

Não se preocupou, porém, a nova ordem revolucionária com a indispensável e inadiável reforma da legislação processual penal. Tanto assim era, que o Decreto n.º 19.459, de 6 de dezembro de 1930, regula-

(8) José Gomes B. Câmara — ob. cit., tomo IV, p. 124.

(9) José Gomes B. Câmara refere-se a um Código de Processo Penal elaborado por uma comissão presidida pelo Ministro Esmeraldino Bandeira, aprovado pelo Decreto n. 8.259, de 29 de setembro de 1910, que não chegou a vigorar.

(10) José Frederico Marques — Evolução histórica do Processo Penal Brasileiro, p. 120. No mesmo sentido: Romeu Pires de Campos Barros. Lineamentos do Direito Processual Penal Brasileiro, vol. I, p. 67/68, Goiânia, 1967.

mentado pelo Decreto n.º 19.684, de 10 de fevereiro de 1931, formava uma das subcomissões encarregadas de reformar o Código de Processo Penal do Distrito Federal, nomeando para compô-la, Astolfo de Rezende, Vicente Piragibe, Edgar Costa, Nélson Hungria e Cândido de Oliveira.

Foi a Constituição promulgada em 16 de julho de 1934 quem pôs fim ao sistema pluralista, ao estabelecer que competia privativamente à União legislar sobre direito processual (artigo 5.º, inciso XIX, alínea "a"), enquanto em suas *Disposições Transitórias*, no artigo 11, determinava:

"Art. 11 — O Governo, uma vez promulgada esta Constituição, nomeará uma comissão de três juristas, sendo dois ministros da Corte Suprema e um advogado, para, ouvidas as Congregações das Faculdades de Direito, as Cortes de Apelações dos Estados e os Institutos de Advogados, organizar dentro de três meses um projeto de Código de Processo Civil e Comercial, e outra para elaborar um projeto de Código de Processo Penal."

A nomeação recaiu em BENTO DE FARIA, PLÍNIO CASADO e GAMA CERQUEIRA, e, em 15 de agosto de 1935, o projeto era apresentado ao Presidente da República, precedido por uma longa e brilhante *Exposição de Motivos,* elaborada pelo Ministro da Justiça, Professor VICENTE RÁO, razão pela qual ficou conhecido como *Projeto Vicente Ráo.*

A principal inovação trazida pelo projeto era a criação do *juizado de instrução,* com a supressão do inquérito policial, permanecendo a polícia judiciária com a função investigatória, ao lado do juiz instrutor, mas, como observa a própria *Exposição de Motivos*, conferia-se "as mais seguras garantias de defesa" e "simplifica a ação penal, que uniformiza quanto possível".

Comentando o projeto Vicente Ráo, escreveu JOAQUIM CANUTO MENDES DE ALMEIDA:

"A grande virtude desse projeto estava na precisa definição dos fenômenos contraditório e inquisitório na instrução: se, por um lado, extinguia de vez o estranho monopólio do denunciante ou queixoso, criado pela doutrina e jurisprudência pátrias, reafirmava, por outro lado, as prerrogativas inquisitoriais do juiz. Praticamente, tornava a realizar a conciliação, inscrita no sistema de nosso Código de Processo Criminal de 1832, aventada, aliás, por FRANCESCO CARNELUTTI: "O princípio inquisitório não exclui a atividade das partes: permite, apenas, ao juiz, suprir-lhe as faltas; não confere, também, um monopólio ao juiz, mas tolhe, somente, o monopólio das partes" [11].

(11) Joaquim Canuto Mendes de Almeida — Processo Penal, ação e jurisdição, p. 183/184.

O chamado *Estado Novo* e sua Carta Constitucional de 10 de novembro de 1937 impediram a discussão e possível aprovação do projeto Vicente Ráo, mas manteve a unidade processual, ao estabelecer que à União competia, privativamente, legislar sobre "o direito civil, o direito comercial, o direito aéreo, o direito operário, o direito penal e o direito processual" (Art. 16, inciso XVI).

Antes do início da elaboração do projeto de Código de Processo Penal, uma comissão composta por NARCÉLIO DE QUEIROZ, CÂNDIDO MENDES DE ALMEIDA, VIEIRA BRAGA, ROBERTO LYRA e NÉLSON HUNGRIA elaborou um projeto sobre a reforma da instituição do júri, que se transformou no Decreto-Lei n. 167, de 5 de janeiro de 1938, que, como lembra JOSÉ FREDERICO MARQUES, se constituiu no primeiro diploma legislativo de conteúdo de processo penal elaborado para todo o Brasil, após a unificação do direito processual (12).

O referido decreto, encontrável na íntegra neste trabalho, restringiu a competência e as faculdades do tribunal do júri, que ficou reduzida a um pequeno número de crimes, nos do artigo 3.º, *verbis*:

"Art. 3.º — Ao presidente e aos jurados competem, respectivamente, a pronúncia e o julgamento, nos crimes definidos pelos artigos 294 a 296, 298, 298 parágrafo único, 299, 310, 359 e 360 parte primeira da Consolidação das Leis Penais, quando consumados ou tentados", enquanto o artigo 4.º estabelecia: "No caso de continência ou conexidade de crimes, prevalecerá a jurisdição do Tribunal do Júri sobre a dos juízes singulares, salvo se concorrer crime funcional, de resistência, desacato, tirada ou fugida de presos ou acometimento de prisões".

Portanto, a competência do tribunal do júri ficou restrita aos julgamentos dos seguintes delitos: homicídio, infanticídio, induzimento ou ajuda ao suicídio, duelo com morte e latrocínio. Excluiu, portanto, o referido decreto-lei o aborto, que, como se sabe, tratando-se de crime doloso contra a vida, tem, atualmente, seu julgamento inserido na competência do júri. Uma outra inovação, com profunda repercussão, foi ter esse decreto-lei concedido "aos tribunais de apelação a faculdade de reformar as decisões do júri quando manifestamente contrária às provas dos autos", como esclarecia a própria *Exposição de Motivos*, desde que o artigo 96 dispunha:

"Art. 96 — Se, apreciando livremente as provas produzidas, quer no sumário de culpa, quer no plenário de julgamento, o Tribunal de Apelação se convencer de que a decisão do júri nenhum apoio encontra nos autos, dará provimento à apelação, para aplicar a pena justa, ou absolver o réu, conforme o caso."

---

(12) José Frederico Marques — Evolução do Processo Penal Brasileiro, p. 123.

Em 3 de outubro de 1941, pelo Decreto-Lei n. 3.689, foi promulgado o Código de Processo Penal vigente, produto da inteligência e cultura de VIEIRA BRAGA, NELSON HUNGRIA, NARCÉLIO DE QUEIROZ, ROBERTO LYRA, FLORÊNCIO DE ABREU e CÂNDIDO MENDES DE ALMEIDA. Este último veio compor a comissão, em substituição a MARGARINOS TORRES. A *Exposição de Motivos* foi elaborada pelo Ministro FRANCISCO CAMPOS.

Elaborado o Código durante período ditatorial, como bem lembra VICENTE DE AZEVEDO, não foi "solicitada a colaboração dos juristas do país, por meio da publicação larga e antecipada do projeto"[13].

A respeito do atual Código de Processo Penal, JOSÉ FREDERICO MARQUES faz as seguintes considerações, que, dentro do escopo deste trabalho, parece-nos, devem ser transcritas:

"O novo código não se afastou de nossas tradições legislativas. Manteve o inquérito policial, configurando-o tal como o herdamos do Império através da reforma de 1871; em obediência a um mandamento constitucional, estabeleceu a instrução plenamente contraditória e separou de vez as funções acusatória e julgadora, eliminando quase por completo o procedimento *ex-officio*, que só permaneceu para o processo de contravenções; restringiu ainda mais a competência do júri e procurou imprimir a todos os processos um caráter nitidamente acusatório".

"O processo penal em vigor muito se assemelha ao processo acusatório do direito italiano intermédio. É assim, um processo de partes, de estrutura civilística, plenamente contraditório, com paridade de direitos entre as partes."

"Foram banidos o sumário de culpa e a pronúncia, exceto para os casos a serem julgados pelo júri. O acusado quando vai a juízo, réu já o é no sentido processual da palavra, possuindo por isso o direito de contestar plenamente a acusação e de apresentar as provas necessárias para demonstrar a sua inocência"[14].

Cabe-nos, ainda, ressaltar, como leis de processo penal, os Decretos-Leis ns. 88, de 20 de dezembro de 1937 e 431, de 18 de maio de 1938, que estabeleceram a organização e composição do Tribunal de Segurança Nacional e o processo e julgamento dos crimes sujeitos à sua competência, que "era o que de mais iníquo e inquisitorial, policialesco e reacionário em matéria de procedimento penal"[15], ainda que

---

(13) Vicente de Paulo Vicente de Azevedo — Curso de Direito Judiciário Penal, vol. 1, p. 43, Saraiva, São Paulo, 1958.

(14) José Frederico Marques — Evolução Histórica do Processo Penal Brasileiro, p. 123/124.

(15) José Frederico Marques, op. cit., p. 125.

se os considere uma legislação fruto da emergência, mas que foi "resultante de um poder despótico e ditatorial" ([16]).

Por esses decretos-leis, o inquérito policial possuía o caráter de formador da culpa, abolidas as garantias de uma instrução contraditória e jurisdicional, e os réus eram julgados por juízes especiais, da absoluta confiança do Poder Executivo, e podiam arrolar apenas duas testemunhas para a sua defesa, e apresentar suas alegações orais num exíguo espaço de tempo.

O atual Código de Processo Penal sofreu várias modificações a partir de sua promulgação, como se pode constatar do seu texto, que acompanha esse trabalho. A mais profunda, porém, ocorreu com a Lei n. 6.416, de 24 de maio de 1977, que o atingiu em suas dobradiças. Agora, justamente no momento em que escrevemos o capítulo final deste escorço histórico do Direito Processual Penal Brasileiro, discute-se acerca da revogação do procedimento *ex-officio* que o Código e leis extravagantes outorgaram ao juiz e também ao delegado de polícia, pela Lei Complementar n. 80, de 15 de dezembro de 1981 — Lei Orgânica do Ministério Público —. Ante a relevância da questão, o Supremo Tribunal Federal será instado a manifestar-se.

4. REFORMA PROJETADA

A idéia de reforma global de nossos códigos partiu do Presidente Jânio da Silva Quadros e de seu Ministro da Justiça, o advogado Dr. Pedroso Horta. Para os fins deste trabalho, interessam os três principais anteprojetos de reforma do Código de Processo Penal: a) o anteprojeto Hélio Tornaghi; b) o projeto José Frederico Marques, e, c) o novíssimo anteprojeto. Vamos estudar, rapidamente, cada um deles, dentro do escopo a que nos propusemos.

a) *Anteprojeto Hélio Tornaghi.* A elaboração de um anteprojeto de reforma do Código de Processo Penal foi entregue ao renomado processualista penal, o Professor Hélio Bastos Tornaghi, e que foi encaminhado ao Governo em 1963, constituído de 806 artigos, neles incluídas as *disposições finais*.

Os acontecimentos políticos que se seguiram à renúncia do Presidente Jânio Quadros e a deposição do Presidente João Goulart, que a aquele sucedera, tornaram a sua aprovação inviável, e, nem mesmo o empenho do Ministro da Justiça Mílton Campos, durante o primeiro governo revolucionário do Presidente Humberto Castelo Branco, conseguiu salvá-lo. De se ressaltar, contudo, ter sido o labor do Professor

(16) Romeu Pires de Campos Barros — ob. cit., vol. I, p. 71.

Hélio Tornaghi servido proveitosamente ao Projeto José Frederico Marques, através do qual atingiu o novíssimo anteprojeto.

O anteprojeto Tornaghi estava dividido em IX Livros, que assim dispunham a matéria: Livro I — "Da lei de processo penal" (arts. 1 a 5); Livro II — "Da Polícia Judiciária" (arts. 6 a 21); Livro III — "Do exercício do direito de ação" (arts. 22 a 42); Livro IV — "Do processo em geral" (arts. 43 a 543); Livro V — "Dos vários tipos de procedimento" (arts. 544 a 698); Livro VI — "Dos recursos" (arts. 699 a 786); Livro VII — "Do protesto por novo júri" (arts. 787 e 788); Livro VIII — "Das relações jurisdicionais com autoridades estrangeiras" (arts. 789 a 799) e Livro IX — "Disposições gerais" (arts. 800 a 806). Os Livros estavam divididos em capítulos e estes dividiam-se em seções.

b) *Projeto José Frederico Marques.* O anteprojeto José Frederico Marques, em 10 de junho de 1970, foi entregue ao Ministro da Justiça, Professor Alfredo Buzaid, e, em 29 desse mesmo mês era publicado no Diário Oficial da União, para receber sugestões. A Comissão Revisora estava constituída pelos professores José Carlos Moreira Alves, que era o coordenador da comissão de estudos legislativos, Benjamin de Moraes Filho e José Salgado Martins.

A própria *exposição de motivos* do seu autor revela não ter o anteprojeto se afastado da nossa tradição jurídica, mantendo o inquérito policial, razão pela qual não adotou o juizado de instrução, abolindo, por outro lado, de vez, qualquer procedimento *ex-officio* (Introdução n. 1).

Tendo em vista a modificação operada com o Código Penal de 1969 pela Lei n. 6.016, de 31 de dezembro de 1973, o Ministério da Justiça determinou uma nova publicação do anteprojeto, para receber novas sugestões, e uma nova revisão. Com um total de 960 artigos, o projeto foi remetido ao Congresso Nacional, pela Mensagem do Poder Executivo de n. 159/75, convertendo-se no projeto de lei 633/75. Acompanhava o projeto, uma *exposição de motivos* assinada pelo Ministro Armando Falcão, da Pasta da Justiça.

O Presidente da Câmara dos Deputados, Deputado Sérgio Murilo determinou a publicação do projeto no Diário do Congresso, sendo designada uma comissão especial formada pelos Deputados Adriano Valente, Claudino Sales, Geraldo Freire, Ibrahim Abi-Ackel, Ivahir Garcia, José Bonifácio Neto, Lidovino Fanton, Peixoto Filho e Sérgio Murilo, sob a presidência deste último, para examiná-lo, merecendo especial destaque a preciosa atuação do presidente da comissão. Na reunião de 29 de novembro de 1977, a Comissão Especial aprovou o projeto, mas este nem chegou a ser votado pelo Senado Federal.

Ante essa situação, o Deputado Sérgio Murilo apresentou na Câmara Federal um novo projeto de lei, que recebeu o n. 1.268/79, que é, basicamente, o projeto n. 633/75, sem lograr, contudo, sucesso algum.

c) *Anteprojeto Novíssimo*. Pela Portaria n. 0320, de 26 de maio de 1981, o Ministro da Justiça, Deputado Ibrahim Abi-Ackel autorizou a publicação do anteprojeto de Código de Processo Penal (Diário Oficial da União de 27 de maio de 1981, suplemento n. 97), trabalho realizado por uma comissão de juristas constituída pelas Portarias 359/80 e 839/80.

A comissão elaboradora do anteprojeto estava formada pelos Professores Francisco de Assis Toledo, seu coordenador; Rogério Lauria Tucci e Doutor Hélio Fonseca, que contou com a colaboração dos Professores Manoel Pedro Pimentel, Miguel Reale Júnior, Ricardo Antunes Andreucci e Sérgio Marcos de Moraes Pitombo.

Essa comissão trabalhou sobre o texto do projeto n. 633/75, com as modificações nele introduzidas pela Câmara dos Deputados e pelas sugestões em grande número ofertadas. O texto foi revisto pelo Professor José Frederico Marques, a quem compete a revisão técnico-jurídica, e pelo professor de lingüística, Aires da Mata Machado.

O *novíssimo anteprojeto* possui 770 artigos, dispostos em IX Livros, assim distribuídos: Livro I — "Disposições introdutórias" (arts. 1 a 19); Livro II — "Da justiça penal" (arts. 20 a 109); Livro III — "Dos atos processuais" (arts. 110 a 205); Livro IV — "Do processo de conhecimento" (arts. 206 a 579); Livro V — "Do procedimento sumário" (arts. 580 a 590); Livro VI — "Dos procedimentos especiais" (arts. 591 a 711); Livro VII — "Da reparação de dano causado pelo crime" (arts. 712 a 746); Livro VIII — "Da cooperação internacional dos processos penais" (arts. 747 a 758); Livro IX — "Disposições finais e transitórias" (arts. 759 a 770).

No momento em que escrevemos, o anteprojeto encontra-se na comissão revisora, para posterior remessa ao Congresso, comissão esta composta pelos Professores José Frederico Marques, Rogério Lauria Tucci e Jorge Alberto Romeiro, aguardando-se para breve a conclusão desse trabalho que, ao que se comenta, está em fase de redação final.

5. ESCRITORES DE PROCESSO PENAL NO SÉCULO XX [17]

Seria impossível relacionarmos aqui todos os escritores sobre o Direito Processual Penal. Fugiríamos, ainda, do fim que orienta este

---

(17) Valemo-nos, mais uma vez, dos fichários gentilmente cedidos pelo Professor Sérgio Marcos de Moraes Pitombo. Também aqui, a relação é parcial.

trabalho. Queremos salientar, apenas, alguns autores que têm se dedicado ao estudo deste ramo do Direito. Com esta relação, queremos homenagear todos os que, com estudo e labor, têm cooperado para o desenvolvimento do processo penal brasileiro.

1 — Francisco Xavier de Albuquerque — Aspectos da Conexão, 1956.

2 — Wálter Pereira Acosta — O Processo Penal, 13.ª ed., em 1978.

3 — Cândido Mendes de Almeida — Leis Penais e Processos Penais, 1929.

4 — João Mendes de Almeida Júnior — O Processo Penal Brasileiro, 2 vols., 1910.

5 — Joaquim Canuto Mendes de Almeida:

a) Da Ação Penal, 1938;

b) A Contrariedade na Instrução Criminal, 1937;

c) Princípios fundamentais do Processo Penal, 1973;

d) Processo Penal: ação e jurisdição, 1975.

6 — Antonio Brito Alves — "Habeas-Corpus", 1972.

7 — Roque de Brito Alves — Dos indícios no Processo Penal, 1964.

8 — Antonio de Alencar Araripe — Da prova no mandato criminal, 1944.

9 — Hugo Auler — Polícia Judiciária; doutrina e jurisprudência, 1940.

10 — Gonzaga Azevedo — "Libelo Crime", 1934.

11 — José Philadelpho de Barros Azevedo — O "habeas-corpus" em concurrencia com os demais recursos, 1920.

12 — Vicente de Paulo Vicente Azevedo:

a) Curso de Direito Judiciário Penal, 1958;

b) Questões prejudiciais no Processo Penal Brasileiro, 2.ª ed. em 1940.

13 — Lydio Bandeira de Mello — Diretrizes Gerais da ação penal — O acusador e o defensor. O Ministério Público. O advogado criminal, 1958.

14 — José Roberto Baraúna — Lições de Processo Penal, 1978.

15 — Carlos Xavier Paes Barreto — Processualística Criminal, 1936.

16 — Romeu Pires de Campos Barros:

a) Da Prisão Preventiva Compulsória, 1952;

b) Direito Processual Penal Brasileiro, 2 vols., 1969.

17 — José Tavares Bastos:

a) As atribuições do promotor público na República, 1907;

b) O "habeas-corpus" na República, 1911.

18 — Weber Martins Batista — Liberdade Provisória, 1981.

19 — Edgard de Moura Bittencourt — A instituição do Jury, 1939.

20 — Saul do Prado Brandão — O Ministério Público no Processo Penal, 1953.

21 — Nilo Bairros de Brum — Requisitos retóricos da sentença penal, 1980.

22 — Raymundo Candido:

a) Da representação no Processo Penal, 1955;

b) Do ingresso no juízo penal, 1952;

c) Eficácia da coisa julgada penal no juízo civil, 1953.

23 — João de Deus Cardoso de Mello — Prejudiciais civis no Processo Penal, 1938.

24 — Nilzardo Carneiro Leão:

a) Do Processo Penal Eleitoral Brasileiro, 1964;

b) Do despacho saneador no Processo Penal Brasileiro, 1964;

c) Princípios do Processo Penal, 1960.

25 — Thomaz Carvalhal — O tribunal do jury, 1935.

26 — Tales Castelo Branco — Da prisão em flagrante, 1980.

27 — Vitorino Prata Castelo Branco — Como se faz uma defesa criminal no juízo singular e no tribunal do júri, 1966.

28 — Joaquim de Sylos Cintra — Comentário ao Código de Processo Penal — vol. 2.

29 — L. Moraes Correia — O "habeas-corpus" e os interdictos, 1929.

30 — Antonio Janyr Dall'Agnol Jr. — Princípios orientadores do Processo Penal, 1979.

31 — Mário Dias — Ministério Público brasileiro: instituição, atribuição e processo — 1942.

32 — Eduardo Espínola Filho — Código de Processo Penal Brasileiro Anotado, IX vols. — 5.ª ed. em 1976.

33 — Antonio Bento de Faria:

a) Código de Processo Penal — 2 vols., 1941;

b) Nulidades em matéria criminal no processo e julgamento, seguidas de prontuário criminal, 1901.

34 — Ney Fayet — A Sentença Criminal e suas Nulidades, 1980.

35 — Paulo Sérgio Leite Fernandes — Nulidades do Processo Penal, 1976.

36 — Ari Azevedo Franco:

a) Código de Processo Penal, 3 vols., 7.ª ed. em 1960;

b) O júri e a Constituição Federal de 1946, 1956;

c) O júri no Estado Novo — Comentários ao Decreto-Lei n. 167, de 5 de janeiro de 1938 — 2.ª ed. em 1956.

37 — José de Souza Gama:

a) Confissão Penal e Direitos Humanos, 1979;

b) Curso de Prática Forense Penal, 1980.

38 — Basileu Garcia — Comentários ao Código de Processo Penal, vol. III, 1945.

39 — Ada Pellegrini Grinover:

a) A nova lei processual penal, 1977;

b) As condições da ação penal; uma tentativa de revisão, 1977;

c) Liberdades públicas e Processo Penal, 1976.

40 — Rovane Tavares Guimarães — Prática Processual Penal, 1980.

41 — Sadi Cardoso de Gusmão:

a) Código de Processo Penal, 1942;

b) Recursos Cíveis e Criminais; estudo sobre a "reformatio in pejus" e "in melius" ultra petita, 1936.

42 — Damásio Evangelista de Jesus — Código de Processo Penal anotado, 1981.

43 — Antonio Luiz da Câmara Leal — Comentários ao Código de Processo Penal Brasileiro, 4 vols., 1942-43.

44 — Evandro Lins e Silva — A liberdade provisória no processo penal, 1974.

45 — Roberto Lyra:

a) Comentários ao Código de Processo Penal, vol. VI, 1944;

b) Passado, presente e futuro da prova penal, 1955;

c) Theoria e prática da promotoria pública, 1937.

46 — Eudoro Magalhães — Da revisão criminal, 1936.

47 — José Lisboa da Gama Malcher — Manual de Processo Penal Brasileiro, 1980.

48 — José Frederico Marques:

a) Elementos de Direito Processual Penal, 4 vols., 2.ª ed. em 1965;

b) Estudos de Direito Processual Penal, 1960;

c) A instituição do Júri, 1963;

d) Da competência em matéria penal, 1953;

e) O Júri e sua nova regulamentação legal, 1948.

49 — Francisco Cavalcanti Pontes de Miranda — História e Prática do "Habeas Corpus": direito constitucional e processual comparado, 7.ª ed. em 1972.

50 — Benjamin Moraes:

a) Jurisdição criminal, 1945;

b) O princípio da vizinhança inequívoca em processo penal (flagrância), 1942.

51 — Paulo Heber de Morais e João Batista Lopes — Da prova penal; teoria e prática, 1978.

52 — Evandro Muniz Netto:

a) Conceito do Processo Penal, 1955;

b) O princípio da legalidade no Processo Penal, 1950.

53 — Paulo Lúcio Nogueira — Questões processuais penais controvertidas, 2.ª ed. em 1979.

54 — Edgard Magalhães de Noronha — Curso de Direito Processual Penal — 10.ª ed. em 1978.

55 — J. Severino Flores Pereira — Fundamentos do Processo Penal, 3.ª ed. em 1981.

56 — Manoel Pedro Pimentel — Advocacia Criminal — teoria e prática, 1965.

57 — M. Fernandes Pinheiro — Das nulidades no processo criminal, 1924.

58 — Sérgio Marcos de Moraes Pitombo — Do Seqüestro no Processo Penal Brasileiro, 1973.

59 — Hermínio Alberto Marques Porto:

a) O Júri, 1973;

b) Decisão de Pronúncia, 1970.

60 — Alfredo Pujol — Processos Criminaes, 1908.

61 — Heribaldo Rebello — Breves lições de Direito Judiciário Penal, 2 vols., 1957.

62 — Pinto da Rocha — O Jury e sua evolução, 1919.

63 — José Alberto Romeiro:

a) Elementos de Direito Penal e Processual Penal, 1978;

b) Da ação penal, 1978.

64 — Eliézer Rosa — Dicionário de Processo Penal, 1975.

65 — Inocêncio Borges da Rosa:

a) Processo Penal Brasileiro, 4 vols., 1942;

b) Nulidades do processo; compreendendo nulidades do processo civil e comercial, nulidade do processo penal e nulidades em matéria eleitoral, 1935.

66 — Vicente Sabino Júnior — O "habeas-corpus" e a liberdade pessoal; doutrina, jurisprudência e legislação, 1964.

67 — Romeu de Almeida Sales Júnior — Inquérito Policial e ação penal, 2.ª ed. em 1980.

68 — Francisco de Assis Serrano Neves:

a) Tática e técnica da defesa criminal, 1962;

b) O direito de calar, 1960.

69 — J. M. Othon Sidou — As garantias ativas dos direitos coletivos; "Habeas-corpus", ação popular, mandado de segurança constitucional e diretivos processuais, 1977.

70 — Adhemar Raymundo da Silva — Estudos de Direito Processual Penal, 1957.

71 — Florêncio Carlos de Abreu e Silva — Comentários ao Código de Processo Penal, vol. V, 1945.

72 — J. da Costa e Silva Sobrinho — Nulidades do Processo Criminal, 1920.

73 — Geraldo Batista de Siqueira — Processo Penal (Comentários à Lei n.º 5.941, de 22 de novembro de 1973), 1980.

74 — Galdino Siqueira — Curso de Processo Criminal, 2.ª ed. em 1924.

75 — Mariano de Siqueira Filho — Curso Básico de Processo Penal, 1980.

76 — Orlando Soares — Curso de Direito Processual Penal, 1977.

77 — José Barcelos de Souza:

a) A defesa na polícia e em juízo, 5.ª ed. em 1980.

b) Teoria e Prática da Ação Penal, 1979.

78 — Sousa Neto — O Júri de Economia Popular. Comentários à Lei 1.521, de dezembro de 1951, 1957.

79 — Leão Vieira Starling — Teoria e prática penal: segundo os Códigos penal e do processo penal do Brasil e de acordo com a Lei n.º 263, de 23 de fevereiro de 1948, 1956.

80 — Luís Cruz de Vasconcelos — A supressão do júri, 1955.

81 — Hélio Bastos Tornaghi:

a) Processo Penal, 1953;

b) Comentários ao Código de Processo Penal, vol. 5, 2 tomos, 1956;

c) Instituições de Processo Penal — 5 vols., 1954;

d) Compêndio de Processo Penal — 4 vols., 1967;

e) Manual de Processo Penal; prisão e liberdade, 1963.

82 — Antonio Eugenio Margarinos Torres:

a) Instrucções para jurados, 1935;

b) Processo Penal do jury no Brasil, 1939.

83 — Fernando da Costa Tourinho Filho:

a) Processo Penal — 4 vols., 2.ª ed. em 1975-77;

b) Prática de Processo Penal, 1979.

84 — Rogério Lauria Tucci:

a) "Habeas-corpus"; ação e processo penal, 1978;

b) Lineamentos do Processo Penal Romano, 1976;

c) Do mandado de segurança contra ato jurisdicional, 1978;

d) Persecução penal, prisão e liberdade, 1980.

85 — Eurypedes Queiroz Valle — Elementos de polícia judiciária, 2.ª ed. em 1934.

86 — Vasco Joaquim Smith de Vasconcellos — Manual do Jury, 1917.

87 — Gláucio Veiga — Narcoanálise e Processo Penal, 1955.

88 — Paulo Roberto Leite Ventura — Direito Processual Penal Resumido, parte geral, 1974.

89 — Firmino Antonio da Silva Whitaker — Jury, 6.ª ed. em 1930.

90 — Mário Zangari — Prática do Processo da Competência do Júri, sem data.

91 — Fernando de Albuquerque Prado — Estudos e questões do Processo Penal, 1954.

CAPÍTULO XI

O MINISTÉRIO PÚBLICO

SUMÁRIO: 1 — Antecedentes remotos. 2 — Antecedentes próximos. 3 — A origem lusitana do nosso Ministério Público. 4 — O Ministério Público no período imperial. 5 — O Ministério Público no período republicano.

1. ANTECEDENTES REMOTOS

Difícil, senão impossível, precisar-se as raízes históricas do Ministério Público. ROBERTO LYRA nos reproduz a informação de BERTO VALORI, de que nas escavações levadas a efeito no Egito, foram descobertos documentos que se referem a um corpo de funcionários com atividades que se poderia relacionar com algumas das atribuições do moderno Ministério Público, dele extraindo as seguintes características: a) é a língua e os olhos do rei; b) castiga os rebeldes, reprime os violentos, protege os cidadãos pacíficos; c) acolhe os pedidos do homem justo e verdadeiro, perseguindo os malvados e mentirosos; d) é o marido da viúva e pai do órfão; e) faz ouvir as palavras da acusação, indicando as disposições legais em cada caso; f) toma parte nas instruções para descobrir a verdade. Esses documentos, segundo os arqueólogos, datariam de 4000 a.C. (1).

Alguns autores, como MÁRIO TOBIAS FIGUEIRA DE MELLO, vislumbram a origem da instituição em exame, na Grécia antiga e em Roma. Na Grécia, diz ele, "O Ministério Público era a língua e os olhos do rei. O Príncipe possuía os seus representantes, os seus arautos, incumbidos da defesa do patrimônio real e outros da fazenda estatal." (2)

---

(1) Roberto Lyra — Teoria e Prática da Promotoria Pública, cap. I, Livraria Jacintho, Rio, 1937.

(2) Mário Tobias Figueira de Mello — verbete Ministério Público, *in* Repertório Enciclopédico do Direito Brasileiro, vol. 33, pág. 227, editor Borsoi, Rio, s/d.

Não comungamos dessa opinião. Bem sabido é que todos os dados e notícias históricas do direito grego que nos chegaram são precários. Tudo leva à crença de que, pelo menos em Atenas, não existia uma justiça organizada, mas uma organização eminentemente popular, como o Tribunal dos *heliastes,* composto de cerca de seis mil cidadãos, que, em épocas posteriores, se dividiu em *dikasterias,* compostas, cada uma delas, de 501 membros.

Nem mesmo a existência dos *tesmotetas,* ou *desmodetas,* nos conduz à existência de um gérmen do Ministério Público na antiga Grécia. É que aqueles formavam uma classe do *arcontado,* instituição que só surgiu por volta do século IX a.C. Na época clássica, o número de *arcontes* era de nove, o primeiro dos quais exercia funções judiciais e recebia o nome de *eponynos;* o segundo, chamava-se *basileus,* com funções de caráter religioso, enquanto o terceiro, chamava-se *polemarjos,* com atribuições de natureza militar. Os seis outros membros do *arcontado* formavam o colégio dos *desmodetas.* Estes tiveram como principal atribuição a vigilância das leis, mas não se resumiu nisso a sua atividade, pois, formando um órgão colegiado, deveriam buscar a unidade legislativa; intervir em todos os assuntos relativos ao exercício do poder legislativo; nas *docimásias* dos magistrados; na prestação de contas dos chefes militares; no exame dos tratados internacionais e "en aquellos casos en que las acusaciones o el interés de la República entraba en juego; el conocimiento de las acciones de traición; tentativas dirigidas a derrocar la democracia o establecer la tirania, así como en lo relativo a la usurpación de la cualidad de ciudadano." (3)

Difícil, portanto, filiar-se a origem da instituição na Grécia antiga, pois, as atividades dos *tesmotetas* estariam mais para a de funcionários encarregados da administração da justiça. Quando muito, se poderia vislumbrar na atribuição de *vigiar as leis* uma das atribuições do moderno Ministério Público, a de fiscal da lei e da sua execução.

Outros autores, indicam Roma como a fonte remota da origem da instituição, justamente no *processo comicial.* Cícero, no *Tratado de Legibus,* refere-se a um grupo de magistrados, que, nos comícios máximos, em que se cuidava da aplicação da pena capital e também da aplicação de outras sanções penais, produzia a acusação. ROGÉRIO LAURIA TUCCI, ao examinar a *anquisitio,* acentua que "o órgão julgador que, na *cognitio,* funcionava solitariamente, apreciando e decidindo a causa penal a seu talante, se apresentava, entretanto, no sistema da *anquisitio,* transformado, como verdadeiro acusador", e,

(3) Mariano Fernandez Martin-Granizo — El Ministério fiscal en España, separata de Documentación Jurídica, n.ºs 10 y 11 (notas para una futura construcción de dicha figura y estudio de su posición en el Derecho procesal español), Madrid, 1977.

em nota de rodapé, fundado em LAURIA, afirma que LUCIO BOVE identifica no sistema processual dos *iudicia* regulados por *leges*, a função da Magistratura com a do Ministério Público(4).

Ainda em Roma, outros autores encontram a origem da instituição, mas nas figuras do *advocatus fisci* e nos chamados *Procurator Caesaris* da época imperial. É que estes, ao que se afirma, na *cognitio extraordinária,* intervinham. Mas, as suas funções e atribuições estavam imediatamente ligadas aos *fiscus,* do que resulta que suas atribuições específicas eram as que, hodiernamente, estão entregues aos advogados do Estado. Aliás, o próprio Imperador Constantino, ao dirigir-se ao Procônsul da África, Eliano, estabelecia que "o advogado do fisco que queira livrar-se de pena, cuide de não ocultar nenhuma das utilidades do fisco e não se atreva a promover em nome do fisco, calúnias aos particulares em qualquer negócio que haja."(5)

Não faltam, ainda, autores que vinculam a origem do Ministério Público, ainda em Roma, nos *praefectus urbis* e nos *praesides*. Mas, estes possuíam funções exclusivamente judiciárias. Os *praefectus urbis,* segundo aqueles que estudaram as suas funções, possuíam, apenas, funções judicantes, cuja competência territorial estava bem demarcada. Os *praesides,* por seu turno, exerciam funções administrativas nas províncias. Mas, também, tinham funções judiciárias, inclusive de jurisdição voluntária, como informa BENEDICTO DE CAMPOS, apoiando-se em RAYMOND MONIER, EUGÈNE PETIT e SCIALOJA.(6)

Ainda de se acrescentar autores que verificam a origem do Ministério Público na Lei Judaica, em que se encarregavam certos cavaleiros da função de proteção dos incapazes(7).

O que nos parece induvidoso é que em todos os órgãos antigos se vislumbra, quando muito, um ou alguns aspectos, poucos, aliás, do moderno Ministério Público. Às vezes, nem isso. Assim, os dados históricos servem, apenas, para informar que a instituição não nasceu em um lugar e num determinado momento. É esta, também, a conclusão de

(4) Rogério Lauria Tucci — Lineamentos do Processo Penal Romano, p. 120, José Bushatsky editor, São Paulo, 1976.

(5) Cf. *in* Mariano Fernandez Martin-Granizo, ob. cit., p. 15/16, em nota, onde transcreve disposições do Código de Justiniano, em Cuerpo de Derecho Civil Romano, traduzido por Kriegel, Hermann e Osenbrügen, Barcelona, tomo I, p. 252/253, 1892.

(6) Benedicto de Campos — O Ministério Público e o novo Código de Processo Civil, p. 4/7, Editora Rev. dos Tribunais, São Paulo, 1976.

(7) Joaquim Pereira de Souza, José Batista Gomes e Valdir Sznick — O Ministério Público no Processo Civil (teses aprovadas no III Concurso Miguel Cirqueira), Goiânia, 1978.

TORNAGHI, ao escrever "que o Ministério Público, tal como outros órgãos do Estado, não apareceu de jato, em determinado lugar, nem foi produto de um ato legislativo. Foi se formando paulatinamente, foi ajuntando em torno de si várias funções antes espalhadas em diferentes mãos, foi se aperfeiçoando, até que uma lei o encontrou cristalizado e o consagrou." (8)

2. ANTECEDENTES PRÓXIMOS

Os historiadores, de uma maneira geral, dividem a Idade Média em duas fases: a *Alta Idade Média,* compreendendo os séculos V a XI e a *Baixa Idade Média,* abrangendo os séculos XI ao XV, ou, mais precisamente, até a tomada de Constantinopla, pelos turcos, em 1453. Advertimos, porém, que as datas limites da Idade Média não são fixadas unanimemente pelos historiadores, sendo que alguns fixam o seu limite do ano de 395 d.C., com a divisão do Império Romano por Teodósio, até o descobrimento da América, em 1492, mas também não faltam autores que estendem a Idade Média até o ano de 1517, início da Reforma. Como critério, seguiremos a divisão por séculos, inicialmente proposta, lembrando sempre a falta de importância da fixação das datas limites para os fins deste trabalho.

a) *Alta Idade Média.* No período formado pela Alta Idade Média não surgem nem mesmo antecedentes longínquos do Ministério Público. Só por equívoco se poderia vislumbrar a origem da instituição nesse período. Tendo em vista o caminho histórico que vimos perseguindo, bem assim o escopo deste trabalho, queremos salientar que no *Fuero Juzgo* ou *Liber Iudiciorum,* de 654, aparecem as expressões *actor del fisco* ou *actores fisci* no III Concílio de Toledo; *personeros del Rey* (Lib. II, Tit. III, Lei I; Lib. II, Tit. III, Lei X; Lib. XII, Tit. I, Lei II, etc.), expressão que foi repetida nas Partidas (Partida 3.ª, Tit. 22, Lei 19, por exemplo), mas, já agora na *Baixa Idade Média.* Forçosa, porém, é a conclusão de que tais funcionários nada tinham de Ministério Público, pois que suas funções se equivaliam àquelas exercidas, em Roma, pelo *advocatus fisci* e pelo *Procurator Caesaris.*

b) *Baixa Idade Média.* É justamente neste período que encontramos, efetivamente, antecedentes próximos do Ministério Público, justamente quando o Estado assume uma nova estrutura, entre os séculos XIV e XV. Mas, como veremos adiante, Portugal, já nos albores da sua independência, assumiu características de um Estado moderno. Válida, portanto, parece-nos, a afirmação de MANZINI, para quem o Ministério Público só é concebível no Estado moderno. Não obstante, o jurista peninsular estima a origem da instituição nos *avogatori del comun,*

---

(8) Hélio Tornaghi — Instituições de Processo Penal, vol. III, p. 135/136, em nota, 1.ª edição, Forense, Rio, 1959.

de Veneza; nos *conservatori della legge,* em Firenze; no *avvocato delle gran corte,* de Nápoles (9), ciente, embora, da formação política de seu país, que diferenciava de outros Estados, já que dividido em pequenos Estados independentes, entre os quais sobressaía Veneza.

Na Espanha, no *Fuero Viejo de Castilla,* de 1356, aparece o *pesquisador* ou *ome del Rey,* que alguns chegam a ter como antecedente próximo do Ministério Público (10). Nas Cortes de Valladolid, celebradas por D. Pedro I, em 1351, informam alguns historiadores, teria aparecido a expressão *fiscales acusadores,* mas, examinando o texto que MARIANO FERNANDEZ MARTIN-GRANIZO transcreve, não encontramos nada parecido com a atividade do Ministério Público e nem mesmo a expressão referida (11).

Após o desastre de Aljubarrota, em 1385, o Rei D. Juan I convocou as cortes para uma reunião em Briviesca, reunião esta que se realizou em 1.387. Nessa oportunidade, segundo ANTONIO GOICOCHEA, foram criados o Conselho de Estado e o Ministério Público (12). Essa afirmação é contestada por FERNANDEZ MARTIN-GRANIZO, para quem só nas Cortes de D. Juan II, celebradas em 20 de março de 1433, aparece a expressão *promotor fiscal*: "*...que los facedores perpetradores delo suso dicho, sean acusados e denunciados por el promutor fiscal ante los mis alcalles...*". (13) Mais nitidamente, a expressão aparece nas Cortes de Toledo, de 25 de setembro de 1436, justamente na petição 38: "*Outrosi muy excelente sennor, bien sabe vuestra alteza como ordenó e mandó que ningunt vuestro procurador fiscal nin promutor dela vuestra justicia non pudiese denunciar nin querellar nin acusar de ninguna persona, syn primera mente dar delator el qual escriuiese...*". Mas, é nas Ordenanças de Guadalajara, de 1436, ainda sob o reinado de D. Juan II, que se ampliou os quadros desses funcionários "*con el fin de ejercer una seria vigilancia sobre el buen orden de los Tribunales y comportamiento de sus oficiales.*" (14) Justamente nessas Ordenanças de Guadalajara, numa transcrição de HUET, reproduzida por FERNANDEZ MARTIN-GRANIZO, uma instituição já organizada transparece com nitidez: "*Ordeno e mando quel mi Promotor Fiscal por si puede*

(9) Vincenzo Manzini — Tratado di Diritto Processuale Italiano, vol. II, p. 260, nota 1, editora Fratelli Bocca, Torino, 1924.

(10) É a opinião de Ruiz Gutiérrez, referida por Mariano Fernando Martin-Granizo, ob. cit., p. 27.

(11) Mariano Fernandez Martin-Granizo, ob. cit., p. 32.

(12) Cf. *in* Antonio Reol Suarez — Ministério Público Español, publicado pela Revista Justitia, vol. 62, p. 53/91, especialmente a p. 82, São Paulo, 1968.

(13) Cf. *in* Mariano Fernandez Martin-Granizo, ob. cit., p. 32.

(14) Cf. *in* Antonio Reol Suarez, ob. cit., p. 82.

usar del oficio de la mi justicia, pero pues yo tengo puesto mi Promotor Fiscal... con quitación aqui en mi Corte quel Fiscal no puede poner otro Promotor." (15)

Evidente que essa organização estava vinculada à vontade do soberano, e não poderia apresentar caracteres próprios de um órgão do Estado, ao lado da Magistratura, como ocorre modernamente.

É sempre conveniente acrescentar que alguns autores entendem ter o Ministério Público se originado do *Vindex Religionis,* do Direito Canônico dos séculos XIII e XIV, aos quais competia a fiscalização dos processos. Como esclarece TORNAGHI, desde o século V, os bispos delegavam o seu poder temporal aos "advogados da igreja", que os representavam junto aos tribunais leigos(16).

A maioria dos nossos doutrinadores e processualistas informam ter a instituição nascido na França.(17). Nesse país, já em 1287, "no Parlamento de Paris, aparece *la cour du Roi,* já regularmente organizada, possuindo inicialmente os componentes o caráter de *procuradores ad lites* do Rei, para posteriormente se transformarem, durante o século XVI, em órgãos da perseguição dos crimes perante juízes e tribunais, incumbidos ainda de outras tarefas de perto ligadas à administração da justiça."(18) Nessa época, em França, já havia desaparecido a justiça senhorial graças aos chamados *Estatutos de São Luís,* que governou

---

(15) Cf. *in* Mariano Fernandez Martin-Granizo, ob. cit., p. 36.

(16) Hélio Tornaghi, ob. cit., pág. 135, em rodapé.

(17) Nesse sentido, na doutrina nacional, manifestam-se: Gabriel José de Rezende Filho — Curso de Direito Processual Civil, vol. I, p. 91, editora Saraiva, São Paulo, 1957; Fernando da Costa Tourinho Filho — ob. cit., vol. 2, p. 220/221; Galdino Siqueira, ob. cit., p. 44/45; José Frederico Marques — Elementos de Direito Processual Penal, vol. II, p. 37/38; Octacílio Paula Silva — Ministério Público, p. 5/6, 1.ª ed., Sugestões Literárias, São Paulo, 1981; Joaquim Pereira de Souza, José Batista Soares e Valdir Sznick, ob. cit., p. 14; Benedicto de Campos — ob. cit., p. 12/13; Jacyr Villar de Oliveira — O Ministério Público e o aperfeiçoamento da tutela jurisdicional através do Direito Processual Civil — tese para a livre docência de Teoria da Processualística de Direito, da Universidade Federal Fluminense, p. 1/2; Abdon de Mello — Ministério Público Rio-Grandense — subsídios para a sua história, p. 12, Imprensa Oficial, Porto Alegre, 1943; Ary Florêncio Guimarães — O Ministério Público no Mandado de Segurança, p. 61, Curitiba, 1959; Vicente de Paulo Vicente de Azevedo — Curso de Direito Judiciário Penal, vol. 1.º, p. 99, Saraiva, São Paulo, 1958; Hélio Tornaghi — ob. cit., vol. III, p. 137/138, em nota de rodapé; Mário Tobias Figueira de Mello, ob. cit., p. 228; Márcio Antonio Inacarato — O Ministério Público na ordem jurídico-constitucional, *in* Revista Justitia, vol. 66, São Paulo, 1969; Cândido Rangel Dinamarco — O Ministério Público na sistemática do Direito brasileiro, *in* Rev. Justitia, vol. 61, p. 167, 1968; Astor Guimarães Dias — Introdução à História do Ministério Público do Estado de São Paulo, *in* Rev. Justitia, vol. 50, 1965; Valter Ceneviva — Ministério Público, *in* Rev. Justitia, vol. 36, 1962.

18) Ary F. Guimarães — ob. cit., p. 60.

sob o nome de Luís IX, publicados provavelmente em 1270, cujo fito principal teria sido o de uniformizar os procedimentos judiciais.

Os ideais de São Luís, porém, só viriam concretizar-se com D. Felipe, o Belo, que, com a Ordenança de 23 ou 25 de março de 1302 ou 1303 (19), chamou para o poder real o monopólio da distribuição da justiça. Com ela, afirmou GLASSON, *"les fonctions de procurreur du roi devirent une magistrature permanent."* (20)

Adverte, porém, JOSÉ FREDERICO MARQUES, apoiando-se em GARRAUD, que "a verdade, porém, é que o Ministério Público se revelou primeiro por sua ação e, quando as ordenanças francesas dele se ocupam, a instituição já está em pleno exercício". *Ces ordonnances ne le créent pas, elles l'adoptent.* Mas é também do processualista paulista a afirmação, com apoio em GOYET, de que "os antecessores dos atuais promotores de justiça são os advogados e procuradores do rei (*les gens du roi*) que, antes do século XVI, eram apenas os representantes dos interesses privados do monarca perante os tribunais. O papel desses advogados e procuradores do rei foi gradativamente ampliando-se *pari passu* com o fortalecimento dos poderes dinásticos; e se tornam eles, assim "agentes do poder público junto aos tribunais." (21).

Idênticas são as conclusões de IVAN ORDINE RIGHI, ao assinalar que o núcleo das atribuições da instituição encontram-se no processo civil, defendendo os interesses privados do monarca, embora "não se possa" concluir que não lhes coubesse, na verdade, a tutela do interesse público (22).

O campo de atuação do Ministério Público, porém, viria ficar bem delineado com a Ordenança de Luís XIV, de 10 de agosto de 1670, a célebre *Ordonnance Criminelle,* que se constituiu na grande codificação do processo penal francês, com a qual o Rei tinha, em cada tribunal um agente para perseguir os criminosos em nome da própria instituição monárquica (23).

Com a Revolução Francesa, operou-se uma profunda reforma administrativa e judiciária. Em matéria de Processo Penal vigorava, ainda,

---

(19) Ambas as datas são apontadas pelos autores.

(20) E. Glasson — Précis Théorique et pratique de procédure civile, Paris, 1900, *apud* Benedicto de Campos, ob. cit., p. 11/12.

(21) José Frederico Marques — Instituições de Direito Processual Civil, vol. I, p. 239, Forense, Rio, 1958.

(22) Ivan Ordine Righi — A intervenção do M. Público nas ações de desapropriação, *in* Revista MP, do Min. Público do Estado do Paraná, n.º 7, p. 122.

(23) Nesse sentido: Ary F. Guimarães — ob. cit., p. 62.

a *Ordonnance de Luís XIV*, que era um verdadeiro código, embora não tivesse recebido essa nomenclatura (24).

Instalada uma nova ordem, havia a necessidade de nova legislação, elaborada dentro das concepções filosóficas e políticas do século XVIII. Em outubro de 1790, se decretava uma nova organização judiciária; em julho de 1791, organizava-se uma Polícia Municipal e uma Polícia Correcional, enquanto em setembro desse mesmo ano era promulgada uma lei concernente à *"la police de sureté, la justice criminelle et l'établissement des jurés"*, onde se estabelecia regras sobre jurisdição e procedimentos para os delitos mais graves, elaboradas dentro do princípio *"de l'équité naturelle et l'association politique, qu'ils nécessitent une reforme entière de l'ordre judiciaire pour la recherche et le jugement des crimes"*, como lembram CHAVEAU et HÉLIE (25).

Em meio à reforma legislativa, a instituição do Ministério Público foi se aprimorando, sendo introduzida a regra da eletividade para a investidura nos seus cargos. Com o *Code d'Instruction Criminelle,* agora na fase republicana, ganha novos contornos, com os quais ramifica por quase todo o mundo, inclusive no Brasil.

3. A ORIGEM LUSITANA DO NOSSO MINISTÉRIO PÚBLICO

Em Portugal nunca existiu um regímen feudal em suas formas completas (26), sendo que Alexandre Herculano chega a afirmar não ter o feudalismo existido em seu país.

É que, por meio das *Cartas de Foral*, cujos tipos principais eram os de Santarém, de Salamanca e de Évora ou Ávila, cada um deles apresentando garantias próprias, de conformidade com o desenvolvimento cultural ou da dependência das ordens e da cavalaria, os reis iam concedendo garantias aos servos, fixando-os nas terras, e, dessa forma, conseguiram diminuir, pouco a pouco, o poder senhorial que sempre atingia a esfera da realeza. Influência, na realidade, exercia o clero, que vivia em constante conflito com o poder real (27). Reflexo dessa situação sente-se no Foral do Freixo: *"Dou-vos por foro que não tenhais por senhor senão o rei, ou seu filho, ou quem vós, os do conselho quiserdes"*. Esse *foral*, que também se conhece pelo nome de *Fresno,* data de 1152.

---

(24) V. a respeito: Boitard — Leçons sur les Codes Pénal et d'instruction Criminelle, publicado por Gustavo de Linage, p. 6, Librairie du Conseil d'État, Paris, 1856.

(25) Chaveau et F. Hélie — Complement de la Théorie du Code Pénal-Le droit penal français, p. LXVII, Bruxelles, Bruylant-Christophe et Compagnie, éditeurs, 1863.

(26) Nesse sentido: Theophilo Braga — ob. cit., p. 13.

(27) Idem, ibidem, p. 21.

A Coroa, em Portugal, "representava o centro do poder, grande parte do patrimônio público tinha a designação de bens seus, porque o rei e o Estado, pelo direito wisigótico, que por muitos anos prevaleceu no reino, confundiam-se em relação ao domínio, e o patrimônio real passava assim integralmente de rei a rei. O monarca que dele dispunha livremente não o fazia como senhor particular, essa qualidade não existia nele, mas como supremo administrador. . ."(28)

Esse caráter de patrimônio público envolvendo o patrimônio da Coroa, apresenta-se bem nítido quando D. Afonso II impugnou a validade do testamento paterno, no qual D. Sancho I legou as vilas de Montemor e Alenquer, bem assim os mosteiros de Arouca e de Bouças, às filhas Teresa, Sancha e Mafalda, oportunidade em que, ao lado da insania do seu antecessor, D. Afonso II alegou a impossibilidade de se transmitir bens que não lhes pertenciam, por constituir acervo da Coroa. A demanda só viria ser solucionada por *bula* do Papa Inocêncio III, datada de 7 de abril de 1216, que entregou ao monarca a jurisdição sobre as duas vilas.

Para a salvaguarda dos bens da Coroa — e não do rei, repetimos — criou-se na legislação lusitana "as magistraturas de procurador da Coroa e de procurador da fazenda, incumbindo-lhes as funções de, em nome, no interesse e na defesa da sociedade representada na *coroa,* promoverem em prol dos interesses e dos direitos do Estado, e consultarem nos muitos e variados assuntos da administração, que lhes eram submetidos"(29).

Em 14 de janeiro de 1289, sob o reinado de D. Afonso III, o cargo de *procurador da coroa* assume o caráter de permanência, justamente na época em que, na Europa, se constituíam os tribunais regulares. "Conjuntamente com esses tribunais é que se formou a instituição do Ministério Público"(30), e, num momento posterior, definiram-se as obrigações do procurador dos feitos da coroa e as do procurador de justiça, ficando, dessarte, bem definidas as funções de promover pelo Rei e as de promover pela justiça.

J. CABRAL NETTO, estudando o Ministério Público português, nos informa o seguinte: "D. João I (1385/1422), no Regulamento da Casa de Suplicação, define as qualidades e aptidões, bem como os deveres

---

(28) João Baptista Ferrão de Carvalho Mártens — O Ministério Público e a Procuradoria Geral da Coroa e Fazenda — história, natureza e fins —, *in* Boletim do Ministério da Justiça de Portugal, Lisboa, n. 23, p. 7, fevereiro de 1974.

(29) Idem, ibidem, p. 7.

(30) Uma vez mais, João Baptista Ferrão de Carvalho Mártens, ob. cit., p. 16.

dos procuradores-do-Rei, e no seu Livro das Leis e Posturas encontram-se algumas disposições reguladoras da intervenção dos procuradores-do-Rei nas causas penais, bem como as atribuições dos procuradores-de-justiça da Casa da Suplicação" (31).

Também no Alvará de 28 de março de 1514 constam normas relativas ao Procurador da Coroa.

Nas Ordenações Manuelinas, as obrigações do promotor de justiça, tanto nas Casas de Suplicação, como nos juízos das terras, ficaram bem definidas (Títulos XI e XII, do Livro 1.º), sendo que, nas correições, o promotor era especialmente designado. Foram essas circunstâncias, provavelmente, que levaram JOAQUIM CANUTO MENDES DE ALMEIDA a desprezar os acontecimentos anteriores e fixar a origem do Ministério Público nas Ordenações Manuelinas (32).

Do exposto, duas conclusões principais se apresentam nitidamente: a) O Ministério Público tem sua origem próxima no direito lusitano, onde, mesmo antes da Ordenança de Felipe, o Belo, já se definiam as atribuições do *procurador da coroa,* a quem se atribuía as funções de *promotor de justiça,* tudo dentro da própria estrutura do Estado português, onde o procurador não defendia interesses particulares do soberano, mas sim interesse público; b) O Ministério Público brasileiro originou-se da criação lusa, cujos efeitos se fez sentir durante todo o período imperial, pois, como bem lembra GALVÃO DE SOUZA, é "muito significativo o fato de terem sido sempre aplicadas no Brasil as mesmas leis de Portugal. As Ordenações do Reino aqui ficaram vigorando mesmo depois da separação política e ainda durante a República, até a promulgação do Código Civil" (33).

De qualquer maneira, parece-nos lícito afirmar que a instituição do Ministério Público se foi formando aos poucos, de conformidade com as necessidades de cada Estado, num determinado momento histórico, o que lhe concede as peculiaridades que ainda hoje norteiam a sua organização em cada país.

Acertadas, portanto, se nos afigura a conclusão de AYARRAGARAY, para quem o Ministério Público é o resultado de uma evolução

---

(31) J. Cabral Netto — O Ministério Público na Europa Latina, p. 53, Belo Horizonte, 1974.

(32) Joaquim Canuto Mendes de Almeida — Processo Penal, ação e jurisdição, p. 218, Editora Revista dos Tribunais, São Paulo, 1975.

(33) J. P. Galvão de Souza — A História do Direito Brasileiro, tomo II, p. 296, nota 206.

histórica, de conformidade com a forma de governo, o caráter dos povos, os costumes vigorantes e a ordem social[34].

Com essas afirmações, à evidência, não afastamos as influências exercidas pela legislação francesa na organização do Ministério Público de vários países, inclusive no nosso, e que se apresentam, nitidamente, no Ministério Público moderno: a unidade, indivisibilidade, devolução, subordinação hierárquica e independência, como regras que o informam ([35]). O que queremos salientar é que, entre nós, a instituição tem origem no direito lusitano, que se apresenta desde o momento em que foi criado na cidade de Salvador um Tribunal, com a denominação de *Relação do Brasil,* pelo Alvará de D. Felipe III, datado de 7 de março de 1609, que, como já se disse, pode ser considerado como *"a pedra angular do edifício da Justiça Brasileira"*. Esse Ministério Público era o mesmo que existia em Portugal, onde o procurador da justiça, magistrado que era, podia substituir os desembargadores da Casa de Suplicação, hipótese em que deveria *separar as funções de promover pelo rei e de promover pela justiça, da de julgar.* Dentro dessa concepção, a Relação do Brasil era composta de dez desembargadores, um dos quais exercia as funções de promotor de justiça[36].

A Relação do Brasil, com sede na Bahia, porém, foi extinta pelo Alvará de 5 de abril de 1626, com o que o nosso incipiente organismo judiciário voltou a uma nova submissão à casa de Suplicação de Lisboa, e só viria a ser restaurada em 12 de setembro de 1652. O Regimento baixado nessa data dispunha, em seu artigo 55, que o procurador da coroa e fazenda exerce as funções de promotor de justiça, "e usará em todo regimento, que por minhas Ordenações é dado ao Promotor da Justiça da Casa de Suplicação e ao Procurador do fisco". Mantinha-se a mesma organização da Relação de 1609, reduzido, embora, o número de desembargadores para sete. Essa exclusão atingiu o número de desembargadores extravagantes, que antes era de três e passou a ser de um, e um dos desembargadores de agravo foi substituído por um ouvidor especial do cível.

Com a mesma estrutura da Relação de 1609, ou seja, com dez desembargadores, um dos quais com funções de procurador da coroa e de promotor de justiça, em 1751, foi criada a Relação do Rio de Janeiro, cujo regimento data de 13 de outubro desse mesmo ano.

---

(34) Carlos A. Ayarragaray — El Ministerio Público y la libertad — tese apresentada no I Congresso Interamericano do Ministério Público, realizado em S. Paulo, em 1954. Anais, vol. 2, p. 670/704. Idem: El porvenir del Ministério Público, *in* Anais do mesmo Congresso, vol. I, p. 229/285.

(35) V. Jacyr Villar de Oliveira — ob. cit., pág. 2.

(36) Cf. *in* Edgard Costa — Efemérides Judiciárias, p. 142, publicação do Ministério de Educação e Cultura, Rio, 1961.

Como bem observa ARY F. GUIMARÃES, "o aspecto erarial da instituição, nesse período, não pode, é certo, ser negado, mas também não se pode desconhecer ou negar a segunda face da atividade do procurador da coroa e *promotor da justiça*, no tocante à repressão dos crimes e punição dos culpados, como autêntico titular da ação pública promovida pelo Estado" (37).

Por Alvará de 10 de maio de 1808, a Relação do Rio de Janeiro se transformou na Casa da Suplicação do Brasil. A esta, ao lado das suas antigas funções, foram acrescentadas as criadas pela nova situação. Esse Alvará dispunha: "Todos os agravos ordinários e apelações do Pará, Maranhão, ilhas dos Açores e Madeira, e da Relação da Bahia, que se conservará no estado em que se acha, e se considerará como imediata à desta cidade, os quais se interpunham para a Casa da Suplicação de Lisboa, serão daqui em diante interpostos para o Brasil e nela se decidirão finalmente pela mesma forma que o eram até agora, segundo as determinações das minhas Ordenações, e mais disposições régias".

É nesse novo Tribunal que o cargo de promotor de justiça se desprende do de procurador da coroa e fazenda, como, aliás, já vinha ocorrendo na Casa da Suplicação de Lisboa, ocupados os dois, por titulares diferentes.

4. PERÍODO IMPERIAL

Proclamada a nossa independência, a lei de 18 de setembro de 1828 criou o Supremo Tribunal de Justiça, composto de dezessete juízes letrados, tirados das Relações por suas antiguidades e condecorados com o título do Conselho, que usavam beca e capa, tinham o tratamento de excelência e a denominação de ministros. Seu presidente era escolhido pelo Imperador e servia pelo tempo de três anos. As funções de procurador da coroa e de promotor da justiça eram desempenhadas por um dos membros do referido tribunal, cujas funções se apresentavam como de *representante da soberania nacional*, competindo-lhe requisitar a formação do processo-crime contra os presidentes das províncias e ministros das relações (art. 21), sempre que as partes ofendidas não apresentassem queixa. Sua intervenção era obrigatória em todos os processos-crimes, mesmo que houvesse parte acusadora (art. 30). Como membro do Supremo Tribunal de Justiça, percebia os mesmos vencimentos dos demais ministros, de 4:000$000, "sem outro algum emolumento, ou propina" (art. 1.º).

A nomeação era feita nos termos do decreto de 1.º de março de 1758, escolhido dentre os desembargadores e recebiam, como estes, o

(37) Ob. cit., p. 68.

tratamento de excelência. Seus vencimentos eram os mesmos dos desembargadores e mais uma gratificação. Esta, na Relação da Corte, era de 1:600$000 e nas Relações da Bahia, Pernambuco e Maranhão, de 400$000 (38). Os acessos e promoções estavam ligados à própria Relação, como membro desta, e suas eventuais licenças eram concedidas nos termos em que eram concedidas aos desembargadores.

O Código do Processo Criminal de Primeira Instância retratou bem a situação do Ministério Público daquela época, ainda sem a reclamada organização, defeitos que, é bem verdade, atingiam também a Magistratura (39). Reservou-lhe o Código a Secção III, do Capítulo III, composta dos artigos 36, 37 e 38, o primeiro dos quais foi derrogado pela Lei de 3 de dezembro de 1841. Pelo decreto imperial de 19 de dezembro de 1833, foi criado o cargo de solicitador dos feitos da Coroa, Soberania e Fazenda Nacional, subordinado ao Procurador da Coroa, Soberania e Fazenda Nacional.

Um maior impulso ganharia a instituição do Ministério Público com a Lei de 3 de dezembro de 1841 e com o seu Regulamento n.º 120, como já deixamos assinalado no Capítulo em que cuidamos da Reforma de 1841, para onde remetemos o leitor.

Em 3 de abril de 1843, com o intuito de possibilitar um melhor desempenho aos promotores da justiça nas Relações do Império, o governo dirigiu ao presidente da Relação da Corte um Aviso, em que constava o seguinte:

"S.M. o Imperador há por bem que Vm dê as providências para que os Escrivães dessa Relação, a quem os feitos crimes foram distribuídos, sejam obrigados a intimar ao Promotor público as sentenças da mesma Relação, logo depois de proferidas, a fim de que ele fique habilitado a interpor a revista nos casos, em que julgar necessária, e ativar a remessa dos processos para o juízo das execuções, para serem ali expedidas as competentes guias."

No mesmo sentido, dando ao Aviso supramencionado uma maior extensão, o decreto de 16 de fevereiro de 1856, estabeleceu:

"Aos desembargadores Promotores da Justiça, nos Tribunais da Relação, se dará de ora em diante vista de todas as apelações crimes para arrazoarem e requererem o que, em segunda instância, for a bem da justiça, sendo-lhe igualmente apresentadas as decisões dos mesmos tribunais para interporem revistas nos casos em que ela couber."

---

(38) Cf. *in* José Antonio Pimenta Bueno, ob. cit., p. 52.

(39) Nesse sentido: Ary F. Guimarães — ob. cit., p. 69/70, que atribui grande parte dessas deficiências à falta de bacharéis em direito, pois, além dos formados por Coimbra, poucos haviam saído das Faculdades de São Paulo e Olinda nessa época.

Assinala ABDON DE MELLO que a expressão Ministério Público só aparece no artigo 18, do Regimento das Relações do Império, baixado em 2 de maio de 1874. Realmente, na legislação que compulsamos, anteriormente a esse Regimento, não vislumbramos a expressão mencionada, o que nos leva a aceitar tal afirmação, ainda que com reservas. O que nos parece induvidosa é a afirmação de que as leis imperiais desconheciam o Ministério Público como instituição e que o referido Regulamento, referindo a ele de maneira impessoal e não ao procurador da coroa e promotor de justiça, trouxe uma verdadeira inovação. É que esse Regulamento, entre as atribuições do procurador da coroa, que ficaram ampliadas, estabelecia no artigo 19, § 10, que a ele competia "dar instruções aos agentes do Ministério Público sobre o objeto de serviço de sua competência, sendo fácil disso extrair-se, como o fez o autor citado, os critérios de unidade e de disciplina da instituição que estamos examinando(40).

Importante será assinalar que o desenvolvimento desse órgão da justiça já havia sido projetado com a Lei n.º 2.033, de 20 de setembro de 1871, que realizou a Reforma Judiciária, com a qual foi abolido, quase que totalmente, o procedimento *ex-officio,* que ficou limitado aos casos de flagrante delito, nos *crimes policiais* e nas hipóteses de não oferecimento de denúncia no prazo legal (art. 15 e §§ 5.º e 7.º) e ampliadas as funções do promotor de justiça.

Razão, portanto, assistia a PIMENTA BUENO quando vaticinava:

"Nosso ministerio publico, assim como quasi todas as nossas instituições, por ora é incompleto, sem centro, sem ligação, sem unidade, inspecção e harmonia. Soffre de mais a mais lacunas graves nas attribuições conferidas a seus agentes, lacunas que muito prejudicão a administração da justiça: entretanto, como a instituição está creada, ella se aperfeiçoará com o progresso crescente de nossos estudos e melhoramentos legislativos"(41). Em outra passagem, o mesmo autor assinalou que "as attribuições dos promotores de comarca são muito importantes, por isso mesmo que a justiça repressiva repousa sobre sua intelligencia, actividade e zelo: são os guardas repartidos pelas comarcas do Império para agitar a acção publica a bem da segurança social"(42).

5. PERÍODO REPUBLICANO

Proclamada a República e promulgada a Constituição de 24 de fevereiro de 1891, silenciou esta acerca do Ministério Público, aparecendo, apenas na Secção III, onde se cuidava do Poder Judiciário, que

(40) Abdon de Mello — ob. cit., p. 27.

(41) José Antonio Pimenta Bueno — ob. cit., p. 51.

(42) Idem, ibidem, p. 55.

"o Presidente da República designará, dentre os membros do Supremo Tribunal Federal, o procurador-geral da República, cujas atribuições se definirão em lei" (art. 58, § 2.º).

O silêncio do legislador constituinte é estranhável, tendo-se em conta que o decreto n.º 848, de 11 de outubro de 1890, que organizou a justiça federal, dedicou todo o Capítulo VI ao Ministério Público.

CASTRO NUNES refere-se ao decreto n.º 848 e à lei n.º 221, de 1894, bem assim a outras que se seguiram, e afirma:

"Os Procuradores Seccionais da República eram nomeados com a cláusula de "enquanto bem servirem", cujo entendimento na tradição do nosso direito administrativo equivalia à demissibilidade *ad nutum*, mas que veio a ter significado diverso, que lhe deu o Supremo Tribunal Federal, já então sinônima de estabilidade, meio termo entre a vitaliciedade e a livre demissibilidade", informando, ainda, que esse entendimento foi fixado, pela primeira vez, pelo acórdão de 23 de abril de 1913, do qual fora relator Pedro Lessa, no sentido de que a expressão "enquanto bem servirem" era equivalente à fórmula norte-americana *during good behaviour*, conferindo ao funcionário uma verdadeira estabilidade, distinta da vitaliciedade, mas inconfundível com a demissibilidade(43).

Não obstante o quase silêncio da Constituição de 1891, dois diplomas legislativos, por força das correntes que se formavam na Europa acerca da independência e autonomia do Ministério Público, foram editados. O primeiro deles, o já mencionado decreto n.º 848, de 11 de outubro de 1890 — Lei Orgânica da Justiça Federal, que lhe deu novos contornos e assegurou a sua independência. O segundo, o decreto n.º 1.030, de 14 de novembro de 1890, que se constituiu em verdadeiro estatuto do Ministério Público do Distrito Federal. Comentando esse decreto, diz ARY F. GUIMARÃES: "Efetivamente, o preceito constante do seu artigo 164, exato no fundo e na forma, vale transcrito como modelo a ser adotado, *mutatis mutandis*, pela legislação de qualquer nação civilizada: o ministério público é, perante as justiças constituídas, o advogado da lei, o fiscal de sua execução, o procurador dos interesses gerais do Distrito Federal e o promotor da ação pública contra todas as violações do direito"(44).

---

(43) Castro Nunes — Teoria e Prática do Poder Judiciário, p. 556 e seguintes, Revista Forense, Rio, 1943. V. a respeito, dentre outros: Galdino Siqueira, ob. cit., p. 44 e segts.; Themístocles Brandão Cavalcanti — Instituições de Direito Administrativo Brasileiro, vol. 2, p. 632, 2.ª edição; Amaro Alves de Almeida Filho — Do Ministério Público, *in* Rev. Justitia, vol. 29, 1960, p. 91/136, principalmente p. 99/100.

(44) Ary F. Guimarães, ob. cit., p. 73.

A edição desses dois diplomas legislativos deveu-se ao notável homem público, de excepcional visão de político e de jurista, CAMPOS SALLES, *patrono do Ministério Público do Brasil*. Como bem assinala FERNANDO WHITAKER DA CUNHA, "até esses decretos o Ministério Público tinha, entre nós, vida vegetativa, a bem dizer, sem um código "orgânico" e sem que suas prerrogativas fossem preservadas, como deveriam" (45).

Impossível será determinar-se a extensão da influência dessa legislação no espírito do legislador constituinte de 1934, mas, é certo que o Título I, Capítulo VI, Seção I, da efêmera Constituição de 1934, revela a importância da legislação anterior na sua elaboração. Estabeleceu que "o Chefe do Ministério Público Federal nos juízos comuns é o Procurador-Geral da República, de nomeação do Presidente da República, com aprovação do Senado Federal, dentre cidadãos com os requisitos estabelecidos para os Ministros da Corte Suprema", que teriam os mesmos vencimentos desses Ministros, conquanto fossem demissíveis *ad nutum* (art. 95, § 1.º). No parágrafo 2.º, determinava a Constituição que "os chefes do Ministério Público no Distrito Federal e nos territórios serão de livre nomeação do Presidente da República dentre juristas de notável saber e reputação ilibada, alistados eleitores e maiores de 30 anos, com os vencimentos de Desembargadores", enquanto o § 3.º estabelecia a obrigatoriedade do concurso de ingresso na carreira e a garantia de que "só perderão os cargos, nos termos da Lei, por sentença judiciária, ou processo administrativo, no qual lhes será assegurada ampla defesa."

Comentando a Constituição de 16 de julho de 1934, PEDRO CALMON salientou que, com ela, o Ministério Público foi equiparado ao Poder Judiciário para os efeitos de vantagens e garantias, sendo inamovíveis e vitalícios (46).

A Carta outorgada de 1937, porém, praticamente silenciou sobre a instituição. Apenas no artigo 99, ao cuidar do Poder Judiciário, e, principalmente do Supremo Tribunal Federal, estabeleceu: "O Ministério Público Federal terá por chefe o procurador-geral da República, que funcionará junto ao Supremo Tribunal Federal, e será de livre nomeação e demissão do Presidente da República, devendo recair a escolha em pessoa que reúna os requisitos exigidos para ministro do Supremo Tribunal Federal." Essa singela disposição, contrapondo-se ao que vinha disposto na Constituição de 1934, demonstra o acerto da afirmação do Ministro RODRIGUES DE ALKMIN: "A evolução

(45) Fernando Whitaker da Cunha — Campos Salles e o Ministério Público, *in* Revista Justitia, vol. 64, p. 65, 1969.

(46) Pedro Calmon — Curso de Direito Constitucional Brasileiro, p. 177, ed. Freitas Bastos, Rio, 1937.

do Ministério Público, neste século de sua existência, afasta-o do ponto inicial — defesa dos interesses do soberano — *para o de instituição voltada à defesa da ordem jurídica, inclusive contra os desvios e abusos da autoridade*" (grifamos) ([47]). Assim, o desenvolvimento do Ministério Público está ligado estreitamente à situação política reinante. Se vige uma democracia plena, com as responsabilidades bem fixadas, maior é a gama de poderes outorgada ao Ministério Público, pois que esses poderes se dirigem sempre contra os desvios do poder e abusos da autoridade, em defesa do primado da lei e do interesse coletivo. Exemplo dessa afirmação pode ser encontrado com a Constituição de 1946, além da já apontada Constituição de 1934.

Com a redemocratização do nosso País, a Constituição de 18 de setembro de 1946 concedeu-lhe o Título III, estabelecendo que a lei o organizaria junto à justiça comum, militar, eleitoral e trabalhista (art. 125). Fixou que o Procurador Geral da República deveria possuir os mesmos requisitos exigidos para a investidura do Ministro do Supremo Tribunal Federal, mas o conservava demissível *ad nutum*. Manteve a obrigatoriedade do concurso de ingresso na carreira, assegurada a promoção de entrância a entrância, e, ainda, que "após dois anos de exercício, não poderão ser demitidos senão por sentença judiciária em que se lhes faculte ampla defesa; nem removidos, a não ser mediante representação motivada do chefe do Ministério Público, com fundamento em conveniência do serviço" (arts. 127 e 128).

O maior reparo apontado pela doutrina é ter essa Constituição mantido a demissibilidade *ad nutum* do Procurador Geral da República.

THEMÍSTOCLES BRANDÃO CAVALCANTI lembra que a situação dúbia e por vezes melindrosa desse magistrado, justificou a reforma que já vinha proposta no Itamarati, em 1933, com a diferença de que, ali, o Procurador Geral não era demissível *ad nutum*, mas a sua permanência, como a sua nomeação, dependia do voto do Senado ([48]).

A verdade é que, conquanto tenha o constituinte de 1946 prestigiado a instituição, graças ao espírito democrático que a animou, dedicando-lhe um título especial na Carta Magna, o texto deixou muito a desejar, como bem demonstrou MARIO DIAS ([49]).

---

(47) José Maria Rodrigues de Alkmin — A Instituição do Ministério Público — conferência proferida no Congresso Nacional do Ministério Público, realizado em Guarapari, em março de 1973, publicada pela Revista Justitia, vol. 80, p. 21, 1973.

(48) Themístocles Brandão Cavalcanti — A Constituição Federal Comentada, vol. II, p. 420, editora J. Konfino, Rio, 1952.

(49) Mário Dias — Ministério Público Brasileiro, vol. 1, p. 46/65, 2.ª edição da editora José Konfino, Rio, 1955.

A Constituição de 1967, elaborada em meio a um movimento revolucionário, cuidou do Ministério Público na Secção IX, do Capítulo VIII, como órgão do Poder Judiciário, assumindo, dessarte, atitude doutrinária mais recomendável no momento histórico que vivemos. Esta afirmação fazemos porque se nos afigura impossível determinar a evolução desse órgão do Estado, ao qual muitos vaticinam que virá a tornar-se um outro poder de Estado.

A assessoria legislativa do Senado, ao emitir parecer acerca da integração do Ministério Público no Poder Judiciário, quando da elaboração da Constituição de 1967, explicitou:

"Mudaram-se, assim, os rumos doutrinários anteriormente adotados, tomando-se uma nova posição que, segundo tudo indica, é a mais correta e perfeita, qual a da integração definitiva do Ministério Público como componente do Poder Judiciário.

Dizemos ser esta a posição mais correta, porque a consciência jurídica universal já consagrou o Ministério Público como a Magistratura de Pé, ou seja, como a parte dinâmica da Magistratura, aquela que aciona toda a máquina judiciária" ([50]).

A Constituição de 1967, nos artigos 137, 138 e 139, de certa maneira, repetiu as disposições da anterior. Excluiu, porém, a demissibilidade *ad nutum* do Procurador Geral da República e a necessidade de representação motivada do Procurador Geral para a remoção os membros da instituição.

A Emenda Constitucional n.º 1, de 17 de outubro de 1969, porém, desastradamente, novamente vinculou o Ministério Público ao Poder Executivo, silenciando acerca da instituição no âmbito dos Estados, lacuna que só foi sanada com a Emenda Constitucional n.º 7, de 1977, que estabeleceu: "Art. 96. O Ministério Público dos Estados será organizado em carreira, por lei estadual, enquanto a Emenda Constitucional n.º 8, do mesmo ano, criou o parágrafo único desse mesmo artigo, com a seguinte redação:

"Parágrafo único. Lei complementar, de iniciativa do Presidente da República, estabelecerá normas gerais a serem adotadas na organização do Ministério Público estadual, observado o disposto no § 1.º do artigo anterior" (art. 95).

A Emenda Constitucional n.º 8 só foi cumprida com a Lei Complementar n.º 40, de 14 de dezembro de 1981, publicada no dia seguinte. O projeto original remetido pelo Governo ao Congresso, atendia aos postulados da doutrina moderna, dentro do que lhe era permitido pela

---

(50) Cf. *in* Márcio Antonio Inacarato — O Ministério Público na Ordem Jurídico-Constitucional, *in* Revista Justitia, vol. 66, p. 112, São Paulo, 1969.

Constituição, reconhecendo, inclusive, a similitude de funções entre a Magistratura e o Ministério Público, como ocorre, aliás, em muitas legislações de países mais adiantados. Aprovado o projeto com algumas emendas que não desnaturavam aquele que fora remetido pelo Poder Executivo, estranhamente, o Presidente da República, General João Batista de Oliveira Figueiredo vetou parcialmente artigos importantes, de iniciativa do próprio Governo, desnaturando o projeto original.

Conseqüentemente, com o veto, ficou o legislador brasileiro a dever à sociedade brasileira o Ministério Público por ela reclamado, como órgão garantidor das instituições democráticas, guardião das responsabilidades de governantes e governados e da própria paz social. Como assinala-se na obra de MICHÈLE-LAURE RASSAT, "*dans un pays, un État et un ministère public peuvent suffire au bonheur des citoyens*" (51).

No Estado de São Paulo, por iniciativa do Governador José Maria Marin, a Assembléia Legislativa promulgou a Emenda Constitucional n.º 11, de 30 de junho de 1982, com a qual deu o Ministério Público um passo em frente, ao estabelecer: a) — mandato de dois anos para o Procurador-geral de Justiça (art. 47, § 2.º); b) — a destituição do Procurador-geral pelo voto de dois terços dos membros do Colégio de Procuradores, quando aquele "no curso do mandato, agir com abuso de poder, assegurada ampla defesa" (art. 47, § 3.º); c) — instituição do Ministério Público junto ao Tribunal de Contas do Estado (art. 47); d) — autonomia administrativa e financeira (art. 46, inciso VIII); e) — garantias de irredutibilidade de vencimentos, de inamovibilidade, ainda que com ressalvas, e estabilidade após dois anos de exercício (art. 46, inciso II); f) — aposentadoria voluntária após trinta anos de serviço, com vencimentos integrais (art. 3.º das disposições constitucionais transitórias).

É bem possível que em outras unidades da federação, a nobre instituição do Ministério Público não tenha alcançado, ainda, as mesmas garantias estabelecidas na Constituição paulista. Porém, como bem assinalou CÂNDIDO RANGEL DINAMARCO, "mais cedo ou mais tarde, as tendências básicas da Humanidade inexoravelmente o conduzirão à inteireza de sua tarefa alcandorada e lhe darão a posição necessária para a plena realização dessa tarefa" (52).

---

(51) Michèle-Laure Rassat — Le Ministère Public entre son passé et son avenir, Librairie Générale de Droit et Jurisprudence, Paris, 1967.

(52) Cândido Rangel Dinamarco — O Ministério Público na sistemática do Direito Brasileiro, in Revista Justitia, vol. 61, p. 172, São Paulo, 1968.

CAPÍTULO XII

DO "HABEAS CORPUS"

SUMÁRIO: 1 — Introdução. 2 — A Carta de Seguro portuguesa. 3 — O "habeas corpus". 4 — O "habeas corpus" no Direito Brasileiro: a) período imperial; b) período republicano.

1. INTRODUÇÃO

Conquanto seja lícito afirmar que entre os povos antigos era assegurado o direito de locomoção, certamente mediante costumes eivados de misticismo e de religiosidade, não é possível determinar-se a maneira como esse direito era tutelado.

Em Roma, antes mesmo da Lei das XII Tábuas, segundo FILIPPO DE ROSSI, o direito de locomoção estava assegurado, tanto que a única restrição estava na obrigatoriedade de sair da cidade pela porta, por serem os muros sagrados e invioláveis (1).

No *Código de Hamurabi,* também conhecido como *Código de Khammu-Rabi,* talvez o único da antiguidade em que se não revela um contingente religioso, a tutela jurídica contra os abusos à liberdade de locomoção, conquanto ligada à decisão do soberano, estava assegurada. Da tradução de BONFANTE se extrai um tópico que nos dá conta da extraordinária visão de estadista e de legislador do rei Hamurabi: "As justas leis que Hamurabi, o sábio rei, estabeleceu e com as quais deu base estável ao governo: — Eu sou o governador guardião. Em meu seio trago o povo das terras de Sumer e Acad. Em minha sabedoria eu os refreio, para que o forte não oprima o fraco e para que seja feita justiça à viúva e ao órfão. Que cada homem oprimido compareça diante de mim, como rei que sou da justiça. Deixai-o ler a inscrição

(1) Filippo de Rossi — Ritratto di Roma Antica, *apud* Jayme de Altavila — Origem dos Direitos dos Povos, p. 62, Edições Melhoramentos, São Paulo, s/data.

do meu monumento. Deixai-o atentar nas minhas ponderadas palavras. E possa o meu monumento iluminá-lo quanto à causa que traz e possa ele compreender o seu caso..."[2].

No VIII Concílio de Toledo, realizado em 653, quando governava o Rei Recesvindo, encontramos a seguinte disposição: "...decretamos que, en adelante, ninguno del oficio palatino o congregado en santa religión, por tergiversación de la sutileza real, por investigación del poder profano o por la voluntad maliciosa de algunos hombres fuera de manifiesto indicio de su culpa, sea rechazado del honor de su orden o del servicio de la casa real, ni sea previamente atado con cadenas, ni puesto en juicio, ni macerado con cualquier género de tormentos o azotes, ni privado de sus cosas, ni tampoco sujeto con guardas en las cárceles, ni de aquí se tomen injustas ocasiones para que por la violencia se le arranque una declaración oculta o fraudulenta, sino que el sea acusado, teniendo el grado de su orden y no sintiendo por antecipado el perjuicio de los capítulos antes indicados, entregado a la pública discusión de los sacerdotes, señores y gardingos, y averiguado justisimamente, o descubierto culpable del delito, reciba las penas de las leyes según su culpa, o aparezca probada su inocencia por el juicio de todos"[3]. Este texto é encontrável no Fuero Juzgo.

As disposições contidas na lei promulgada no VIII Concílio de Toledo complementavam as elaboradas pelo VI Concílio, este realizado em 638, e que determinava que ninguém deveria ser condenado sem uma acusação legalmente proposta, pois que *é justo que a vida dos inocentes não seja manchada pela malícia dos acusadores*.

Nessa sondagem histórica que empreendemos, de se ressaltar o interdito *de homine libero exhibendo,* de cuja força resultava a proteção que o pretor invocava para assegurar o direito de liberdade dos cidadãos, de qualquer modo violada, sem prejuízo do processo criminal, *remedium* que também servia para a defesa do exercício do pátrio poder dominical[4]. Nesse interdito, muitos autores encontram o germe do *habeas-corpus.*

Em 1022, o Rei Luís, alcunhado o Gordo, outorgou uma carta denominada *Estatutos da Paz,* na qual estava consignado:

---

(2) Cf. *in* Jayme de Altavilla, ob. cit., p. 43.

(3) Cf. *in* Textos basicos' sobre Derechos Humanos, edição da Faculdad de Derecho de la Universidad Complutense, preparada por Gregorio Peces-Barba Martinez, p. 15, Madrid, ed. Artes Gráficas Benzal, 1973.

(4) Texto original: "Quem liberum dolo malo retines, exhibeas: Hoc interdictum proponitur tuende libertatis causa; videlicit, ne homines liberi; riteneantur a quoquam." (Dig. 4.4. Tit. 29 I.I).

"Ninguém poderá prender qualquer pessoa, livre ou serva, sem a intervenção do juiz; se este não aparecer, o indiciado réu poderá ser detido até ele chegar, ou conduzido à sua casa" (5).

Em Portugal, existiam as chamadas *Cartas de Seguro,* que são encontradas nos forais, e que, por sua relevância, serão objeto de um exame mais destacado, logo a seguir.

Com o exposto, sem deixar de reconhecer a importância da *Magna Charta libertatum* inglesa, queremos, apenas, ressaltar que a tutela da liberdade de locomoção não encontra aí o seu marco inicial. Decisivo, talvez, mas nunca o ponto de partida, pois, como acentuou *ONCKEN*, "*a Magna Carta não criou nenhum direito novo*" (6).

2. A CARTA DE SEGURO PORTUGUESA

Verdadeiros antecedentes históricos do *habeas-corpus* são encontrados nos forais portugueses, principalmente nos de *Fresno* (1152), de *Orrio* (1162), de *Freixiei* (1195 e 1209), de *Touro* (1220) e no de *Santa Cruz* (1215).

Os forais portugueses apresentam um caráter germânico, introduzido pelos visigodos na população, onde se manifesta o gosto da independência, que se estabeleceu em meio à decadência da sociedade romana, e que deu realce ao sentimento da personalidade, o regozijo de sentir-se homem, o vigor da natureza moral, que conflitava com a estrutura da sociedade romana, em que se manifestava uma austeridade legislativa. Daí afirmar THEÓPHILO BRAGA, que "pelos Forais se foram validando os costumes locais, garantindo a povoação das terras, defendendo-se contra as prepotências senhoriais, e fixando pela segurança da propriedade a vida particular da família" (7).

Do tronco das *cartas de segurança,* criadas para assegurar aos indivíduos condições para viverem em paz, dois institutos surgiram e se apresentam bem nítidos nas grandes codificações dos séculos XVI e XVII: as *cartas de segurança reais,* ou, simplesmente *cartas de segurança* (Ordenações Filipinas, Livro V, Tit. CXXVIII) e as *cartas de seguro.* Com a primeira se obtinha dos juízes das terras uma garantia de não ser inquietado por outrem, coibindo estes de a aquele fazerem mal.

As *cartas de seguro* tinham outro significado. Estas garantiam a liberdade de locomoção, permitindo o direito à migração. Assinala

---

(5) Cf. *in* César Cantu — História Universal, edição ampliada por Antônio Enes, ed. Fluminense, Rio de Janeiro.

(6) Cf. *in* Jayme de Altavilla — ob. cit., p. 119.

(7) Theóphilo Braga — ob. cit., p. 11/31.

THEÓPHILO BRAGA que "nos forais portugueses é freqüente o direito de poder o colono emigrar para outra qualquer povoação; alguns oferecem-se como refúgio para o perseguido. Tal era o elemento comum" (8).

A princípio, assinala PEREIRA E SOUSA, as *cartas de seguro* tiveram como finalidade servir de remédio com o qual se procurava obstar a vingança particular. Mais tarde, porém, apresenta conteúdo mais amplo, caracterizando-se pela promessa judicial de, em certas condições, se eximir o réu da prisão até a conclusão da causa (9).

Estas *cartas de seguro,* induvidosamente, se constituiram em autêntica garantia de liberdade de locomoção de alguém acusado da prática de um delito que nega tê-lo cometido ou informa ter agido em situação de legítima defesa, como deixou assinalado MARCELLO CAETANO (10), não devendo os réus serem presos até que o juiz considere que assim se deve proceder.

Ao lado dessa *segurança processual,* como bem esclarece o próprio MARCELLO CAETANO, "havia a possibilidade de qualquer pessoa que temesse outrem por alguma razão" pedir aos juízes do lugar que "a fizesse segura". O juiz, verificado o fundamento do temor, fazia chamar à sua presença aquele a quem se temia a vingança ou ofensa e intimava-o em nome do rei a segurar o peticionário: feita por ele a promessa de que não exerceria violência, era registada num documento, denominado *carta de segurança* ou *carta de seguro,* entregue depois ao ameaçado.

Caso o ameaçador se recusasse a prometer que não tocaria no ameaçado, então o juiz dava ele próprio a segurança "de dito e feito" em nome do rei (a *segurança real*), e aplicava ao ameaçador a pena pela sua atitude, multa, se era nobre, expulsão da terra para os outros, ou prisão na cadeia até prometer não tocar no ameaçado.

Uma vez seguro, o indivíduo ficava protegido contra os atentados daqueles de quem se segurasse, pois estes, no caso de infringirem a segurança, eram considerados criminosos contra a autoridade do rei, não se lhes reconhecendo o direito de vindicta" (11).

A conclusões de similitude das *cartas de seguro* com o *habeas-corpus* chegou PAULA PESSOA, afirmando que "as cartas de seguro, nas instituições portuguesas, tinham alguma coisa do habeas-corpus, sendo que, nelas o mais repugnante, era impedir absolutamente o pro-

---

(8) Theóphilo Braga, idem, ibidem.

(9) Joaquim Caetano Pereira e Sousa — ob. cit., p. 68/69.

(10) Conferência proferida na Faculdade de Direito da Universidade Federal do Rio Grande do Sul, a 29 de agosto de 1975.

(11) Marcello Caetano — História do Direito Português (1140-1495), p. 371/372

cesso de certas pessoas, sem haver inconveniente, desde que elas, serviam para suster, pela intervenção do tribunal superior, um processo sem base, evidentemente nulo" (12).

A reserva do processualista patrício, porém, não desnatura o valor das *cartas de seguro.* O defeito que ele aponta se vislumbra, inclusive, nas próprias Ordenações e também na Magna Carta inglesa. Como assinala a Enciclopédia Britânica, ao cuidar da Magna Carta inglesa, "os escritores modernos têm-se esforçado para reduzir o fato a suas justas proporções e alguns têm ido demasiadamente longe em sua crítica demolidora, ao afirmar que a Carta foi traçada no interesse exclusivo dos barões, inserindo-se algumas cláusulas liberais simplesmente para atrair boa vontade e apoio", apoio das massas populares para o lado dos barões (13).

Assim, os mesmos defeitos vislumbrados por PAULA PESSOA nas *cartas de seguro* também são encontráveis no *habeas-corpus* no momento de sua origem, característica própria do momento histórico vivido.

De qualquer forma, mesmo com os defeitos que se lhe apontam — que não constitui novidade nem mesmo nos tempos em que vivemos — é que as *cartas de seguro* foram autêntica garantia de liberdade, se constituindo em uma proteção eficaz do soberano aos seus súditos, propiciando-lhes, satisfeitas certas e determinadas condições, eximírem-se da prisão processual, o que se fazia de maneira simples, como bem observa JOAQUIM CANUTO MENDES DE ALMEIDA (14).

Afigura-se-nos, em suma, incensurável a conclusão de LUIZ CARLOS DE AZEVEDO, em denominar a *carta de seguro* de *habeas-corpus* lusitano, pois, como bem deixa assinalado, ambos tinham "a mesma finalidade, qual seja, atingir a concessão da ordem, para que o réu, solto, venha se livrar" (15).

Assim, o que de novidade apresentou o instituto inglês é o nome *habeas-corpus,* apropriado para o próprio texto da Magna Carta, que, escrita em latim, só no século XVI foi traduzida para o inglês, o que lhe retira a característica de documento popular ou acessível ao povo. Contrariamente, os forais de onde se extrai a carta de seguro, eram

(12) V. A. de Paula Pessoa — Reforma Judiciária, p. 97, edição da Typ. de Antonio Pereira Ramos d'Almeida & C., Maranhão, 1880.

(13) The Encyclopaedia Britannica, 14th. edition.

(14) Joaquim Canuto Mendes de Almeida — Uma carta de seguro em São Paulo. concedida em 1782, *in* Revista da Faculdade de Direito, jan/abr. de 1939, vol. XXXV, fasc. I, p. 165.

(15) Luiz Carlos de Azevedo — Carta de Seguro, "habeas corpus" lusitano, *in* Revista Ciência Penal, Ano III, n. 3, p. 133/145, 1976.

escritos em português, evidente que o da época, o que os tornava mais acessíveis ao povo, principalmente ao *baixo-povo* (*mosarabes*), de onde derivava.

3. O "HABEAS CORPUS"

O instituto do *habeas-corpus*, com essa denominação, tem a sua origem na Magna Carta inglesa de 15 de junho de 1215, cujo parágrafo 29 estabelecia:

"No free man shall be taken, or imprisoned, or disseized, or outlawed, or exiled, or any wise destroyed; nor will we go upon him, nor send upon him, but by the lawful judgent of his peers or by the law of the land. To none we deny or delay, right or justice".

Observa-se, desde logo, que, com o texto se pretendia criar uma garantia imediata, prática e utilitária do direito de locomoção.

Esclarece PONTES DE MIRANDA que *habeas-corpus* eram as palavras iniciais da fórmula no mandado que o Tribunal concedia, endereçado a quantos tivessem em seu poder, ou guarda, o corpo do detido. A ordem era do teor seguinte: "Toma (literalmente: tome, no subjuntivo, *habeas*, de *habeo, habere*, ter, exibir, tomar, trazer, etc.) o corpo deste detido e vem submeter ao Tribunal o homem e o caso". Por onde se vê que era preciso produzir e apresentar à Corte o homem e o negócio para que pudesse a justiça, convenientemente instruída, estatuir, com justiça, sobre a questão, e velar pelo indivíduo" (16).

A Magna Carta foi outorgada pelo Rei João Sem Terra, em face das constantes pressões da nobreza e do clero, cujo desgosto atingiu ao auge em razão da ação rapinária e despótica do soberano. Ante essa irresistível pressão, impotente diante da baronia, ao rei só restou exclamar:

— *As well may they, ask my crown!* Em seguida após a sua assinatura no documento e mandou que sobre ele se fixasse o selo real. Para o monarca, lembra JAYME DE ALTAVILLA, essa atitude "significava o mesmo que arrancar-lhe a coroa da cabeça cabeluda e desmiolada" (17).

Mesmo assim, "essa lei foi desrespeitada, esquecida e postergada a cada passo. Sem garantias sérias, sem remédios irretorquíveis, estava exposta, ora às decisões covardes de certos juízes, ora às interpretações tortuosas dos partidários da "prerrogativa" (18). Não obstante,

---

(16) Pontes de Miranda — História e Prática do "Habeas Corpus", tomo I, p. 22, 7.ª edição, Borsoi, 1972.

(17) Jayme de Altavilla — ob. cit., p. 113.

(18) Pontes de Miranda — ob. cit., tomo I, p. 57.

ainda que repudiada pelo poder real e sem que houvesse um cumprimento que correspondesse à sua própria finalidade, sempre o *writ* foi invocado como salvaguarda dos direitos do *ir, ficar* e *vir*.

A regulamentação do *writ* só viria a 27 de maio de 1679, com o *Habeas-Corpus Act*. Neste, alguns historiadores vêm a verdadeira origem do instituto, chamando-o de *Nova Carta Magna*.

Não comungamos com essa opinião. No *Habeas-Corpus Act* vislumbra-se, apenas, uma regulamentação e a ratificação dos preceitos já anteriormente estabelecidos, que lhes dava o respaldo necessário de conteúdo processual, com o que se tornou o *writ* mais eficaz.

Como bem assinala JAYME DE ALTAVILLA, "...a Magna Carta não levou o seu longo período de arquivamento pelo fato de ter sido imposta por ensaio ou verificação de eficiência pelo uso. Na sua fase de hibernia, ela possuía exação na alma do Estado inglês e uma salutar influência nos ambientes de cultura onde se conhecia a sua vitalidade adormida" (19).

JOÃO MENDES DE ALMEIDA JÚNIOR informa que na Inglaterra, havia quatro meios de fazer cessar uma prisão mal fundada: 1.º — pelo *writ of mainprise;* 2.º — pelo *writ de odio et atia;* 3.º — pelo *writ de homine replegiando,* e, 4.º — pelo *writ de habeas-corpus.* Destes, os três primeiros foram caindo em desuso, até serem integralmente substituídos pelos *writs de habeas-corpus,* estes se constituindo em "meios de que usavam as cortes reais de Westminster para fazerem transferir os presos de um tribunal para outro e facilitar assim a administração da justiça." Para tanto, lembra ainda o grande processualista penal patrício, existiam cinco espécies de *habeas-corpus,* a saber: a) — "o *habeas-corpus ad respondundum,* que se expedia quando alguém tinha ação a exercer contra indivíduo preso por ordem de algum tribunal inferior; este *writ tinha* por fim fazer transferir o preso, para intentar contra ele uma nova ação perante a corte superior"; b) — "o *habeas-corpus ad satisfaciendum,* quando em um processo foi proferida sentença contra um preso, e o queixoso deseja que ele seja transferido para uma corte superior, perante a qual devia seguir a execução"; c) — "os *habeas-corpus ad prosequendum ad testificandum, ad deliberandum,* etc., expedidos quando era necessário transferir um preso, para assistir aos termos de uma ação, para depor como testemunha, ou para o exame do seu processo na jurisdição onde o fato teve lugar"; d) — "o *habeas-corpus cum causa,* expedido por qualquer das cortes de justiça de Westminster quando uma pessoa acionada em uma jurisdição inferior deseja levar a ação perante a corte superior"; e) — "mas, o grande *writ,* o *writ* eficaz em todos os casos de detenção ilegal, é o *writ de habeas-corpus ad subjiciendum* dirigido ao indivíduo

(19) Jayme de Altavilla — ob. cit., p. 128.

que detém um outro, intimando-o a que apresente a pessoa do preso e que declare, ao mesmo tempo, *em que dia e por que causa foi ele preso e detido, ad faciendum, subjiciendum et recipiendum,* isto é, para fazer, consentir com submissão e receber tudo o que o juiz ou a corte resolver" (20).

Mas, mesmo com *Habeas-Corpus Act* de 1679, o *writ* "só era expedido quando se tratasse de pessoa acusada de um crime, não tendo aplicação nos demais casos de prisões ilegais" (21). Suprindo tal lacuna, em 1816, surgiu um outro *Habeas-Corpus Act,* que ampliou o anterior, vindo a se constituir em um meio de defesa mais rápido da liberdade individual.

4. O "HABEAS CORPUS" NO DIREITO BRASILEIRO

a) — *Período Imperial.* O Deputado José de Alencar, em discurso proferido na Câmara, em 1870, afirmou: "Senhores, alguns pensam que o *habeas-corpus* data do Código de Processo: minha opinião é contrária. Entendo que, embora caiba aos autores do Código de Processo a glória de terem compreendido e tratado de desenvolver o pensamento constitucional, o *habeas-corpus está* incluído, está implícito na Constituição, quando ela decretou a independência dos poderes e quando deu ao poder judiciário o direito exclusivo de conhecer tudo quanto entende com a inviolabilidade pessoal."

Não nos parece que o romancista e Ministro da Justiça tivesse razão, pois, os dispositivos constitucionais a que se referia, apenas revelam o conteúdo programático liberal que orientava a Constituição do Império (22), cujos dispositivos referentes à liberdade individual apresentavam-se bem mais liberais do que aqueles contidos na Constituição Francesa de 1791 (23). O que nos parece absolutamente correto é que foi a Carta de 1824 quem formulou as bases sobre as quais viria se assentar o instituto que ora estamos examinando.

---

(20) João Mendes de Almeida Júnior — ob. cit., tomo II, p. 258/259.

(21) Cf. *in* Fernando da Costa Tourinho Filho — ob. cit., vol. 4, p. 348, 3.ª edição, Jalovi, Bauru, 1979.

(22) As normas programáticas, como escreve BALLADORE PALLIERE, que conta com o apoio de JOSÉ AFONSO da SILVA, cumprem as seguintes finalidades: "Prescrevem à legislação ordinária uma via a seguir; não conseguem constranger, juridicamente o legislador a seguir aquela via, mas o compelem, quando nada, a seguir outra diversa. Seria inconstitucional a lei que dispusesse de modo contrário a quanto a constituição comanda. E, além disso, uma vez dada execução à norma constitucional, o legislador ordinário não pode voltar atrás". (G. Balladore Pallieri — Diritto Costituzionale, 4.ª edizione, A. Giuffrè, Milano, 1955; José Afonso da Silva — Aplicabilidade das Normas Constitucionais, p. 141, 2.ª ed. da Rev. dos Tribunais, São Paulo, 1982).

(23) Nesse sentido: Pontes de Miranda — ob. cit., tomo I, p. 127.

Na nossa legislação, curiosamente, o *habeas-corpus* aparece na Parte III, Título I, do Código Criminal de 1830, em cujos artigos 183 a 188 eram definidos os *crimes contra a liberdade individual.* Assim, o artigo 183 punia o juiz que se negasse a conceder a ordem quando esta fosse legal, enquanto o artigo 184 incriminava os meirinhos que retardassem a "intimação de uma ordem". Também se punia a recusa ou demora na remessa e apresentação do preso (art. 185) e a prática de "fazer remessa do preso a outra autoridade, ocultá-lo ou mudá-lo de prisão, com o fim de iludir uma ordem de Habeas-Corpus" (art. 186); a realização de nova prisão após a soltura em razão da concessão de *habeas-corpus* (art. 187) e até a recusa do particular que, sem motivo justo, se recusasse a prestar auxílio ao oficial encarregado da execução de *uma ordem* de *habeas-corpus* (art. 188).

Comentando as disposições do Código Criminal do Império, *THOMAZ ALVES JÚNIOR* afirmou: "Acreditamos que com tão claras e explícitas disposições a liberdade do cidadão será garantida pelo *Habeas-corpus,* porquanto o abuso é acompanhado de uma sanção, de uma responsabilidade imediata. É impossível a liberdade prática do cidadão, sem efetiva e imediata responsabilidade da autoridade que abusa. As melhores leis, os mais salutares princípios morrem, ou naufragam perante o abuso orgulhoso pela impunidade "(24).

O *habeas-corpus,* portanto, é pretensão, ação e remédio. Como pretensão, ele surge no Código Criminal do Império; como ação e remédio, aparece com o Código do Processo Criminal de Primeira Instância, de 1832. Por isso que JOAQUIM DE OLIVEIRA MACHADO, sinteticamente observou: "O *habeas-corpus* é o salvo-conduto eficaz, a carta de crédito vigilante e defensora que preserva a liberdade contra os ataques iníquos e injuriosos" (25).

Tendo-se em conta o artigo 340, do Código do Processo Criminal de 1832, é de se concluir que o nosso País, por primeiro, conheceu o denominado *habeas-corpus liberatório,* cujos limites foram, pouco a pouco, sendo alargados pelos julgados dos nossos tribunais, passando a proteger não só os cidadãos brasileiros, mas também os estrangeiros e abranger, igualmente, o casos de ameaça de prisão. Essa jurisprudência, com a Lei n.º 2.033, que criou a reforma judiciária, viria receber a sanção legislativa (art. 18, § 1.º).

---

(24) Thomaz Alves Junior — Annotações Theoricas e Praticas ao Codigo Criminal, tomo III, p. 138, B. L. Garnier-Livreiro editor, Rio, 1882.

(25) Joaquim de Oliveira Machado — O "Habeas Corpus" no Brazil — recurso popular e protector à liberdade individual, p. 10, editora Eduardo & Henrique Laemmert, Rio, 1878.

É interessante salientar que o *writ* podia ser impetrado pela mulher e pelo menor quando violentados em sua liberdade(26).

Com relação ao indígena, o *Aviso* de 30 de agosto de 1865 estabeleceu: "que não podendo a pena correccional do Indio, conforme o art. 2.º § 10 do Regulamento de 24 de Julho de 1845, n.º 426, exceder o prazo de 6 dias, o tempo, além deste prazo importa um constrangimento illegal, susceptivel de *habeas-corpus*, que é a maior garantia da liberdade individual. . ."(27).

Bem mais complicada era a situação do escravo. JOAQUIM DE OLIVEIRA MACHADO esclarece que alguns entendiam não ser possível ao escravo impetrar uma ordem de *habeas-corpus*, por não possuir liberdade nem mesmo em poder de seu senhor e que outros, por seu turno, afirmavam que a circunstância do escravo não possuir a liberdade jurídica, política ou civil, não excluía a liberdade natural. No seu entendimento, duas situações deveriam ser consideradas. Se o constrangimento partia de seu senhor, ou por sua ordem, não havia constrangimento ilegal, pois a prisão corporal "é uma correção lícita ao senhor, assim como lhe é todo castigo moderado". Porém, diz ele, "se o escravo é preso em cárcere privado por um terceiro, se é preso como fugido, sem o ser, se por uma imputação caluniosa, se cessam os motivos de sua prisão, se seu processo não se conclui no prazo da lei, ele, por si ou assistido de um curador, pode impetrar o *habeas-corpus*, e alcançar a cessação dela"(28).

A jurisprudência que compulsamos revela ser excepcional a impetração do *writ* em favor de escravos. De uma maneira geral, cuidava-se apenas dos escravos libertos. Dois acórdãos mereceram nossa atenção. Um é da Relação de São Paulo, datado de 10 de setembro de 1875, que diz: "que a escritura de liberdade, concedida por mulher casada, prevalece, ainda que, sem assinatura do marido, enquanto pelos meios legais não é anulada. O escravo assim liberto, a ser preso, está no caso de obter soltura, por *habeas-corpus*." O outro é da Relação do Recife, de 11 de abril de 1876, que estabeleceu "que o escravo que por vir tratar da sua liberdade, em um foro diferente do domicílio do seu senhor, é detido em custódia, como fugido, não tem direito a ser solto por *habeas-corpus* pois tal despacho não tem apoio na Lei; porquanto, cumpre que o

(26) Nesse sentido, respectivamente, Acórdãos da Relação de São Paulo, de 5 de outubro de 1875 e de 3 de fevereiro de 1876. V. também, Joaquim de Oliveira Machado — ob. cit., p. 12/13

(27) Cf. *in* Vicente Alves de Paula Pessoa — ob. cit., p. 276, nota 1.671.

(28) Joaquim de Oliveira Machado — ob. cit., p. 12/13.

escravo seja novamente preso, e entregue ao seu senhor, até que usando da competente ação, obtenha sentença favorável" ([29] e [30]).

A ordem de *habeas-corpus* podia ser concedida *ex-officio* "todas as vezes que no curso d'um processo chegue ao conhecimento do Juiz por prova documental, ou ao menos d'uma Testemunha jurada, que alguém se acha ilegalmente detento"([31]). A concessão da ordem era privativa dos juízes de direito, das Relações e do Supremo Tribunal de Justiça, vedando-se, assim, a concessão do *writ* pelos juízes municipais, consoante *Aviso* de 12 de janeiro de 1844. A ordem estava isenta de custas, ressalvadas as demais peças do respectivo processo (*Aviso* de 17 de junho de 1870) e poderia ser expedida por telegrama (*Aviso* de 5 de janeiro de 1876). A Relação da Corte, em Acórdão de 25 de outubro de 1859, decidiu que o juiz de direito, antes de conceder a ordem, deveria pedir esclarecimentos às autoridades que ordenaram a prisão. As prisões "pelo motivo vago de *indagações policiais* são manifestamente ilegais", e, portanto a elas devia ser concedida a ordem([32]).

Quanto ao texto da Lei n.º 2.033, de 20 de setembro de 1871, que em seu artigo 18 cuidou do *habeas-corpus,* ampliando-o em relação ao Código do Processo Criminal de 1832, desnecessária a sua transcrição, pois a referida lei, na íntegra, é encontrada dentre os diplomas legislativos que selecionamos. Apenas acrescentamos que o Decreto n.º 4.824, de 22 de novembro de 1871, que a regulamentou, nada acresceu, limitando-se a estabelecer, no seu artigo 75, o seguinte:

"Art. 75. O carcereiro, detentor, escrivão ou oficial do juízo que de qualquer modo embaraçar, demorar ou dificultar a expedição de uma ordem de *habeas-corpus,* a condução e apresentação do paciente e a sua soltura, além das penas em que possa incorrer na forma da Lei Criminal, será multado na quantia de 40$000 a 100$000 pela autoridade competente."

Antes de encerrarmos este limitado estudo acerca do *writ* no período imperial, queremos, com PONTES DE MIRANDA, assinalar três fatos que servirão para uma melhor compreensão do que até agora ficou exposto: "a) o sentimento da instituição do habeas-corpus, levado ao máximo grau compatível com o regime e os seus costumes;

---

(29) Para os escravos havia as *cartas de manutenção de liberdade,* que eram expedidas sem grandes formalidades, desde que provada, de plano, a condição de liberto. A ação denominava-se de *manutenção de posse de liberdade.* V. a respeito: Arestos do Supremo Tribunal de Justiça, de Cândido Mendes de Almeida, acórdão n.º XXI, p. 742, editora Garnier, Rio, 1885.

(30) Cf. *in Joaquim Ignacio Ramalho* — ob. cit., p. 78/79.

(31) Nesse sentido: Manoel Godofredo de Alencastro Autran — Código do Processo Criminal de Primeira Instancia, p. 197, B. L. Garnier, editor, Rio, 1881.

(32) V. sobre o assunto: João Mendes de Almeida Júnior — ob. cit., tomo II, e Pontes de Miranda — ob. cit., tomo I, p. 136/139 e 145/155.

b) — a tendência para as ampliações generosas e assecuratórias da liberdade, com que, no redigirem os preceitos, no traduzirem os dizeres do texto já de si mesmos amplos, ou no aplicarem a lei à espécie oferecida a juízo, granjeavam para o instituto desenvoltura cada vez mais importante; c) — a reverência, o perceptível propósito, a lucidez no dizer a lei, o escrúpulo no limitar, a fixidez no atender, com que, convertiam em direito vivo, não somente a estrita lei, mas um pouco do que lhes instilara no espírito a freqüentação dos bons livros de direito, de política e de moral"(33).

Pode-se, assim, melhor apreciar o trabalho dos legisladores, dos juristas e dos membros do Poder Judiciário, desenvolvido por quase sessenta anos.

b) — *Período Republicano.* Proclamada a República, o governo provisório apressou-se em cuidar do instituto em exame. Em 11 de outubro de 1890, era baixado o Decreto n.º 848, com o qual se organizou a justiça federal, e, em cujo preâmbulo se lê: "O zelo pela liberdade individual presidiu às disposições relativas ao *habeas-corpus*: as formas mais singelas, mais prontas, e de maior eficácia foram adotadas; e, como uma sólida garantia em favor daquele que sofre constrangimento, ficou estabelecido o recurso para o Supremo Tribunal Federal, em todos os casos de denegação de ordem de *habeas-corpus.* Tanto quanto é possível e dentro dos limites postos à previsão legislativa, ficou garantida a soberania do cidadão. E é esse certamente o ponto para onde deve convergir a mais assídua de todas as preocupações do governo republicano. O ponto de partida para um sólido regímen de liberdade está na garantia dos direitos individuais."

Com esse preâmbulo, o Ministro da Justiça, CAMPOS SALLES, deixou evidenciada a orientação que iria ser seguida pela Constituição de 1891, que, aliás, não discrepou daquilo que ficou estabelecido pelos Decretos n.º 510, de 22 de junho de 1890 e n.º 914-A, de 23 de outubro desse mesmo ano.

Do Decreto n.º 848 se extraem os seguintes pontos de importância: a) — a possibilidade de *habeas-corpus* para nacionais e estrangeiros; b) — a concessão da ordem nos casos permitidos "seja qual for a autoridade que haja decretado o constrangimento ou a ameaça de o fazer", ressalvados os casos de *jurisdição restrita;* c) — a concessão do *writ ex-officio*; d) — o recurso voluntário para o Supremo Tribunal Federal, que deveria ser interposto no prazo de quinze dias.

Com a Constituição de 24 de fevereiro de 1891, o *habeas-corpus* tornou-se *garantia constitucional.* Na Secção II, que cuidava da "declaração dos direitos", estabelecia o artigo 72, § 22: "Dar-se-á o *ha-*

(33) Pontes de Miranda — ob. cit., tomo I, p. 149.

beas-corpus, sempre que o indivíduo sofrer ou se achar em iminente perigo de sofrer violência ou coação por ilegitimidade ou abuso de poder." E, no artigo 61, a primeira constituição republicana assegurava o recurso voluntário para o Supremo Tribunal Federal, das decisões de juízes e tribunais estaduais que denegassem a ordem impetrada.

O texto constitucional, como se observa, era bastante amplo. Foi essa amplitude que provocou acirrados debates e calorosas discussões na Assembléia Constituinte, em cuja polêmica, em posições antagônicas, encontravam-se dois dos maiores juristas que o nosso País produziu: Rui Barbosa e Pedro Lessa. O primeiro sustentava que o *habeas-corpus* se estendia a todos os casos em que um direito se apresentasse "ameaçado, manietado, impossibilitado no seu exercício pela intervenção de um abuso de poder ou de uma ilegalidade." E mais: "Os termos constitucionais são amplos: abrangem todas as eventualidades de constrangimento arbitrário aos direitos individuais." Pedro Lessa, de sua vez, sem compartilhar do entendimento daqueles que viam no instituto a garantia apenas da liberdade de locomoção, sustentava que o *habeas-corpus* protegia o direito de ir e vir e aqueles direitos cujo exercício dele dependesse.

A respeito desse debate, escreve PONTES DE MIRANDA: "A tese reacionária e a antítese liberal fizeram explodir a mais memorável contenda jurídica constitucional do Brasil. Mais: da América Latina. Muito devemos nós, Brasileiros, em nossa cultura jurídica, a esse choque do primeiro quartel do século. Foi experiência *in vivo,* em torno de simples conceitos: liberdades, no plural; liberdade pessoal, liberdade física; *direito-condição, direito-fim.* Sem aquelas discussões não teríamos, mais tarde, a técnica legislativa constitucional de que se valeram os constituintes de 1934 e de 1946. Não teríamos resistido à rasoura mediocrizante, liberticida, de outros momentos"(34).

A emenda constitucional de 7 de setembro de 1926, porém, deu nova redação ao artigo 72, § 22, da Constituição: "Dar-se-á o *habeas-corpus* sempre que alguém sofrer ou se achar em iminente perigo de sofrer violência por meio de prisão ou constrangimento ilegal em sua liberdade de locomoção." Alijou-se, portanto, os demais direitos subjetivos.

A expressão *locomoção* ficou suprimida no artigo 113, 23, da Constituição de 1934, que ficou assim redigido: "Dar-se-á *habeas-corpus* sempre que alguém sofrer, ou se achar ameaçado de sofrer violência ou coação em sua liberdade, por ilegalidade ou abuso de poder. Nas transgressões disciplinares não cabe o *habeas-corpus.*"

---

(34) Pontes de Miranda — ob. cit., tomo I, p. 233.

Criou, porém, essa Constituição, o *mandado de segurança*, ao dispor: "Dar-se-á mandado de segurança para defesa do direito, certo e incontestável, ameaçado ou violado por ato manifestamente inconstitucional ou ilegal de qualquer autoridade." O processo do *mandamus* era o mesmo do *habeas-corpus*.

A Carta de 1937, praticamente, restabeleceu a disposição da reforma de 1926: "Dar-se-á *habeas-corpus* sempre que alguém sofrer ou se achar na iminência de sofrer violência ou coação ilegal, na sua liberdade de ir e vir, salvo os casos de punição disciplinar" (art. 122, 16).

Com o término do chamado *Estado-Novo*, foi promulgada pelo Poder Constituinte, a Constituição de 18 de setembro de 1946. Esta, no artigo 141, § 23 estabeleceu: "Dar-se-á *habeas-corpus* sempre que alguém sofrer ou se achar ameaçado de sofrer violência ou coação em sua liberdade de locomoção, por ilegalidade ou abuso de poder. Nas transgressões disciplinares não cabe o *habeas-corpus*." Para assegurar outros direitos subjetivos, porém, a Constituição de 1946 previu o mandado de segurança.

A Carta de 1967, no seu artigo 150, § 20, manteve a mesma redação da Constituição de 1946, e que permanece no artigo 153, § 20, da Emenda Constitucional n.º 1, ora em vigor.

Derradeiramente, cumpre-nos salientar que do instituto de *habeas-corpus*, cuida o Código de Processo Penal. Este, elaborado sob a Carta Outorgada de 1937, contudo, não revela sinais da ditadura que se estabeleceu, apresentando, ao contrário, a orientação jurisprudencial então existente.

CODIGO DO PROCESSO CRIMINAL DE PRIMEIRA INSTANCIA

LEI DE 29 DE NOVEMBRO DE 1832

Promulga o Codigo do Processo Criminal de Primeira Instancia com disposição provisoria ácerca da administração da Justiça Civil

A Regencia, em Nome do Imperador o Senhor Dom Pedro II, Faz saber a todos os Subditos do Imperio, que a Assembléa Geral Decretou, e Ella Sanccionou a Lei seguinte:

Codigo do Processo Criminal de Primeira Instancia

PARTE PRIMEIRA

Da Organisação Judiciária

TITULO I

De varias disposições preliminares, e das pessoas encarregadas da Administração da Justiça Criminal, nos Juizos de Primeira Instancia

CAPITULO I

Disposições Preliminares

Art. 1.° Nas Provincias do Imperio, para a Administração Criminal nos Juizos de primeira instancia, continuará a divisão em Districtos de Paz, Termos, e Comarcas.

Art. 2.° Haverá tantos Districtos quantos forem marcados pelas respectivas Camaras Municipaes, contendo cada um, pelo menos, setenta e cinco casas habitadas.

Art. 3.° Na Provincia onde estiver a côrte, o Governo, e nas outras os Presidentes em Conselho, farão quanto antes a nova divisão de Termos e Comarcas, proporcionada, quanto fôr possível, á concentração, dispersão e necessidade dos habitantes, pondo logo em execução essa divisão, e participando ao Corpo Legislativo para ultima approvação.

Art. 4.° Haverá em cada Districto um Juiz de Paz, um Escrivão, tantos Inspectores, quantos fôrem os Quarteirões, e os Officiaes de Justiça que parecerem necessarios.

Art. 5.° Haverá em cada Termo, ou Julgado, um Conselho de Jurados, um juiz Municipal, um Promotor Publico, um Escrivão das execuções, e os Officiaes de Justiça, que os Juizes julgarem necessarios.

Art. 6.° Feita a divisão haverá em cada Comarca um Juiz de Direito; nas Cidades populosas porém poderão haver até trez Juizes de Direito com jurisdicção cumulativa, sendo um delles o chefe da Policia.

Art. 7.° Para a formação do Conselho de Jurados poderão ser reunidos interinamente dous ou mais Termos, ou Julgados, e se considerarão como formando um unico Termo, cuja cabeça será a Cidade, Villa, ou Povoação, onde com maior commodidade de seus habitantes possa reunir-se o Conselho de Jurados.

Art. 8.° Ficam extinctas as Ouvidorias de Comarca, Juizes de Fóra e Ordinarios, e a Jurisdicção Criminal de

qualquer outra auctoridade, excepto o Senado, Supremo Tribunal de Justiça, Relações, Juizos Militares, que continuam a conhecer de crimes puramente militares, e Juizes Ecclesiasticos em materias puramente espirituaes.

Art. 9.º A nomeação, ou eleição dos Juizes de Paz se fará na fórma dás Leis em vigor, com a differença porém de conter quatro nomes a lista do Eleitor de cada Districto.

Art. 10. Os quatro Cidadãos mais votados serão os Juizes, cada um dos quaes servirá um anno, precedendo sempre aos outros aquelle, que tiver maior numero de votos. Quando um dos Juizes estiver servindo, os outros tres serão seus Supplentes, guardada, quando tenha lugar, a mesma ordem entre os que não tiverem ainda exercido esta substituição.

Art. 11. O Juiz de Paz reeleito não será obrigado a servir, verificando-se a sua reeleição dentro dos tres annos, que immediatamente seguirem áquelle, em que tiver servido effectivamente.

CAPITULO II

Das pessoas encarregadas da administração da justiça criminal em cada Districto

Secção Primeira

Dos Juizes de Paz

Art. 12. Aos Juizes de Paz compete:

§ 1.º Tomar conhecimento das pessoas, que de novo vierem habitar no seu Districto, sendo desconhecidas, ou suspeitas; e conceder passaporte ás pessoas que lh'o requererem.

§ 2.º Obrigar a assignar termo de bem viver aos vadios, mendigos, bebados por habito, prostitutas, que perturbam o socego publico, aos turbulentos, que por palavras, ou acções offendem os bons costumes, a tranquilidade publica, e a paz das familias.

§ 3.º Obrigar a assignar termo de segurança aos legalmente suspeitos da pretenção de commetter algum crime, podendo cominar neste caso, assim como aos comprehendidos no paragrapho antecedente, multa até trinta mil réis, prisão até trinta dias, e tres mezes de Casa de Correcção, ou Officinas publicas.

§ 4.º Proceder a Auto de Corpo de delicto, e formar a culpa aos delinquentes.

§ 5.º Prender os culpados, ou o sejam no seu, ou em qualquer outro Juizo.

§ 6.º Conceder fiança na fórma da Lei, aos declarados culpados no Juizo de Paz.

§ 7.º Julgar: 1.º as contravenções ás Posturas das Camaras Municipaes; 2.º os crimes, a que não esteja imposta pena maior, que a multa até cem mil réis, prisão, degredo, ou desterro até seis mezes, com multa correspondente a metade d'este tempo, ou sem ella, e trez mezes de Casa de Correcção, ou Officinas Publicas onde as houver.

§ 8.º Dividir o seu Districto em Quarteirões, contendo cada um pelo menos vinte e cinco casas habitadas.

Art. 13. Sanccionado, e publicado o presente Codigo, proceder-se-ha logo á eleição dos Juizes de Paz nos Districtos que forem novamente creados, ou alterados, os quaes durarão até ás eleições geraes sómente.

Secção Segunda

Dos Escrivães de Paz

Art. 14. Os Escrivães de Paz devem ser nomeados pelas Camaras Municipaes sobre proposta dos Juizes de Paz d'entre as pessoas, que além de bons costumes, e vinte e um annos de idade, tenham pratica de processos, ou aptidão para adquiril-a facilmente.

Art. 15. Aos Escrivães compete:

§ 1.º Escrever em fórma os processos, officios, mandados, e precatorias.

§ 2.º Passar procurações nos autos, e certidões do que não contiver segredo, sem dependencia de despacho, com tanto que sejam de *verbo ad verbum*.

§ 3.º Assistir ás audiencias, e fazer nellas, ou fóra dellas, citações por palavras, ou por carta.

§ 4.º Acompanhar os Juizes de Paz nas diligencias de seus officios.

Secção Terceira

Dos Inspectores de Quarteirões

Art. 16. Em cada Quarteirão haverá um Inspector, nomeado tambem pela Camara Municipal sobre proposta do Juiz de Paz d'entre as pessoas bem conceituadas do Quarteirão, e que sejam maiores de vinte e um annos.

Art. 17. Elles serão dispensados de todo o serviço militar da 1.ª linha, e das Guardas Nacionaes; e só servirão um anno, podendo escusar-se no caso de serem immediatamente reeleitos.

Art. 18. Competem aos Inspectores as seguintes attribuições:

1.º Vigiar sobre a prevenção dos crimes, admoestando aos comprehendidos no art. 12, § 2.º para que se corrijam; e, quando o não façam, dar disso parte circumstanciada aos Juizes de Paz respectivos.

2.º Fazer prender os criminosos em flagrante delicto, os pronunciados não afiançados, ou os condemnados á prisão.

3.º Observar e guardar as ordens e instrucções, que lhes forem dadas pelos Juizes de Paz para o bom desempenho destas suas obrigações.

Art. 19. Ficam supprimidos os Delegados.

Secção Quarta

Dos Officiaes de Justiça dos Juizos de Paz

Art. 20. Estes officiaes serão nomeados pelos Juizes de Paz, e tantos, quantos lhes parecerem bastantes para o desempenho das suas, e das obrigações dos Inspectores.

Art. 21. Aos Officiaes de Justiça compete:

1.º Fazer pessoalmente citações, prisões, e mais diligencias.

2.º Executar todas as ordens do seu Juiz.

Art. 22. Para prisão dos delinquentes, e para testemunhar qualquer facto de sua competencia, poderão os Officiaes de Justiça chamar as pessoas que para isso forem proprias, e estas obedecerão, sob pena de serem punidas como desobedientes.

CAPITULO III

Das pessoas encarregadas da administração da justiça nos Termos

Secção Primeira

Dos Jurados

Art. 23. São aptos para serem Jurados todos os cidadãos, que podem ser Eleitores, sendo de reconhecido bom senso e probidade. Exceptuam-se os Senadores, Deputados, Conselheiros, e Ministros de Estado, Bispos, Magistrados, Officiaes de Justiça, Juizes Ecclesiasticos, Vigarios, Presidentes, e Secretarios dos Governos das Provincias, Commandantes das Armas e dos Corpos da 1.ª linha.

Art. 24. As listas dos cidadãos, que estiverem nas circumstancias de serem Jurados, serão feitas em cada Districto por uma Junta composta do Juiz de Paz, Parocho, ou Capellão, e o Presidente, ou algum dos Vereadores da Camara Municipal respectiva, ou, na falta destes ultimos, um homem bom, nomeado pelos dous membros da Junta, que estiverem presentes.

Art. 25. Feitas as listas dos referidos cidadãos, serão affixadas á porta da Parochia, ou Capella, e publicadas pela imprensa em os lugares em que a haja, e se remetterão ás Camaras Municipaes respectivas, ficando uma cópia em poder do Juiz de Paz para a revisão, a qual deve ser verificada pela referida Junta, todos os annos, no dia primeiro de Janeiro.

Art. 26. A revisão tem por fim:

1.º Inscrever nas listas as pessoas, que foram omittidas, ou que dentro do

anno tiverem adquirido as qualidades necessarias para Jurado.

2.° Eliminar as que tiverem morrido, ou que se tiverem mudado do Districto, ou que tiverem perdido as qualidades acima apontadas. Com estas listas reformadas se praticará o mesmo, que se fáz com a primeira indicada no artigo precedente.

Art. 27. As Camaras Municipaes com os Juizes de Paz, e Parochos, logo que receberem as listas parciaes dos districtos, formarão uma lista geral, excluindo sómente della os que notoriamente não gozarem de conceito publico por falta de intelligencia, integridade, e bons costumes. Se porém em algum Termo, ou Termos, ainda mesmo depois de reunidos, como dispõe o artigo 7.°, resultarem apenas sessenta Juizes de Facto, ou pouco mais, de sorte que não bastem para supprirem as faltas, que por ventura occorram, se ampliará a apuração até numero tal, que seja sufficiente.

Art. 28. Havendo queixas da parte de alguem, ou por ter sido inscripto, ou por ter sido omittido nas listas, é do dever das Camaras corrigil-as, eliminando, ou inscrevendo os seus nomes.

Art. 29. Os nomes dos apurados serão lançados em um livro destinado particularmente para este fim, e será affixada nas portas da Camara Municipal, e publicada pela imprensa, havendo-a, uma relação contendo por ordem alphabetica os nomes dos cidadãos apurados.

Art. 30. Passados quinze dias da publicação das listas apuradas, as Camaras Municipaes farão transcrever os nomes dos alistados em pequenas cedulas, todas de igual tamanho.

Art. 31. Preparadas as cedulas na fórma do artigo antecedente, as Camaras Municipaes no dia seguinte, a portas abertas, com assistencia do Promotor Publico, mandarão ler pelo seu secretario a lista dos cidadãos, apurados, e á proporção que forem proferidos os nomes, o Promotor os verificará com as cedulas, e os irá lançando em uma urna.

Esta urna se conservará na sala das sessões, fechada com duas chaves diversas, uma das quaes terá o Presidente da Camara, outra o Promotor.

Art. 32. Tudo quanto nos Termos compete ás Camaras Municipaes ácerca das listas dos que podem ser Jurados, será praticado nos Julgados por uma Junta formada dos Juizes de Paz dos Districtos, que nelles houverem, da qual será Presidente o Juiz de Paz da povoação principal, ou cabeça delles; e Secretario o seu Escrivão.

Secção Segunda

Dos Juizes Municipaes

Art. 33. Para a nomeação dos Juizes Municipaes as Camaras Municipaes respectivas farão de tres em tres annos uma lista de tres candidatos, tirados d'entre os seus habitantes formados em Direito, ou Advogados habeis, ou outras quaesquer pessoas bem conceituadas, e instruidas; e nas faltas repentinas a Camara nomeará um, que sirva interinamente.

Art. 34. Estas listas serão remettidas ao Governo da Provincia, onde estiver a Côrte, e aos Presidentes em Conselho nas outras, para ser nomeado d'entre os tres candidatos um, que deve ser o Juiz Municipal no termo.

Art. 35. O Juiz Municipal tem as seguintes attribuições:

1.° Substituir no Termo ao Juiz de Direito nos seus impedimentos, ou faltas.

2.° Executar dentro do Termo as sentenças e mandados dos Juizes de Direito, ou Tribunaes.

3.° Exercitar cumulativamente a jurisdicção policial.

Secção Terceira

Dos Promotores Publicos

Art. 36. Podem ser Promotores os que podem ser Jurados; entre estes serão preferidos os que forem instruidos nas Leis, e serão nomeados pelo Governo na Côrte, e pelo Presidente nas Provincias, por tempo de tres an-

nos, sobre proposta triplice das Camaras Municipaes.

Art. 37. Ao Promotor pertencem as attribuições seguintes:

1.º Denunciar os crimes publicos e policiaes, e accusar os delinquentes perante os Jurados, assim como os crimes de reduzir á escravidão pessoas livres, carcere privado, homicidio, ou a tentativa delle, ou ferimentos com as qualificações dos artigos 202, 203, 204 do Codigo Criminal; e roubos, calumnias e injurias contra o Imperador e membros da Familia Imperial, contra a Regencia e cada um de seus membros, contra a Assembléa Geral, e contra cada uma das Camaras.

2.º Solicitar a prisão e punição dos criminosos, e promover a execução das sentenças e mandados judiciaes.

3.º Dar parte ás auctoridades competentes das negligencias, omissões e prevaricações dos empregados na administração da Justiça.

Art. 38. No impedimento, ou falta do Promotor, os Juizes Municipaes nomearão quem sirva interinamente.

Secção Quarta

Dos Escrivães e Officiaes de Justiça dos Juizes Municipaes

Art. 39. Os Escrivães das Cidades e Villas, que servem perante os Juizes locaes, e Ouvidores das Comarcas, continuarão a servir perante os Juizes de Direito, e Municipaes, tanto no crime, como no civel, emquanto bem desempenharem suas obrigações conforme a Lei de onze de Outubro de mil oitocentos e vinte e sete.

Art. 40. Os Escrivães, que servirem perante os Corregedores e Ouvidores do Crime e Civel das Relações do Imperio, servirão nas mesmas Relações de Escrivães das Appelações, promiscuamente com os Escrivães existentes, e por distribuição em todas as appellações crimes e civeis.

Art. 41. Os Officiaes de Justiça dos Termos serão nomeados pelos Juizes Municipaes d'entre as pessoas de sua jurisdicção maiores de vinte e um annos.

Art. 42. Serão nomeados, quantos forem necessarios para o bom desempenho das obrigações, que estão a seu cargo.

Art. 43. A estes Officiaes compete executar as ordens e despachos do Juiz Municipal e do Juiz de Direito, quando estiver no Município.

CAPITULO IV

Dos Juizes de Direito

Art. 44. Os Juizes de Direito serão nomeados pelo Imperador d'entre os Bachareis formados em Direito, maiores de vinte e dous annos, bem conceituados, e que tenham, pelo menos, um anno de pratica no fôro, podendo ser provada por certidão dos Presidentes das Relações, ou Juizes de Direito, perante quem tenham servido; tendo preferencia os que tiverem servido de Juizes Municipaes e Promotores.

Art. 45. Os Juizes de Direito não serão tirados de uma para outra Comarca, se não por promoção aos lugares vagos das Relações, a que tenham direito, ou quando a utilidade publica assim o exigir.

Art. 46. Ao Juiz de Direito compete:

1.º Correr os termos de sua jurisdicção para presidir aos Conselhos de Jurados na occasião de suas reuniões.

2.º Presidir ao sorteio dos mesmos Jurados, ou seja para o Jury de accusação, ou para o de sentença.

3.º Instruir os Jurados, dando-lhes explicações sobre os pontos de direito, sobre o processo, e suas obrigações, sem que manifeste, ou deixe entrever sua opinião sobre a prova.

4.º Regular a policia das sessões, chamando á ordem os que d'ella se desviárem, impondo silencio aos expectadores, fazendo sahir para fóra os que se não accommodarem, prender os desobedientes, ou que injuriarem os Jurados, e punil-os na fórma das Leis.

5.º Regular o debate das partes, dos Advogados, e testemunhas até que o Conselho de Jurados se dê por satisfeito.

6.º Lembrar ao Conselho todos os meios, que julgar ainda necessarios para o descobrimento da verdade.

7.º Applicar a Lei ao facto, e proceder ulteriormente na fórma prescripta neste Codigo.

8.º Conceder fiança aos réos pronunciados perante o Jury; áquelles a quem os Juizes de Paz a tiverem injustamente denegado; e revogar aquellas, que os mesmos Juizes tenham indevidamente concedido.

9.º Inspeccionar os Juizes de Paz e Municipaes, instruindo-os nos seus deveres, quando careçam.

Art. 47. Nos lugares da reunião do Jury as Camaras Municipaes respectivas apromptarão para os Juizes de Direito, casa, cama, escrivaninha, louça, e a mobilia necessaria para seu serviço; os Juizes deixarão tudo no mesmo estado, repondo o que fôr consumido, quando se retirarem.

CAPITULO V

Disposições Geraes

Art. 48. Os Inspectores, Escrivães, e Officiaes de Justiça, que se sentirem aggravados em suas nomeações, poderão recorrer na Provincia, aonde estiver a Côrte, ao Governo, e nas outras aos Presidentes em Conselho.

Art. 49. Os Juizes de Paz, Juizes Municipaes, Promotores, Escrivães, e Officiaes de Justiça, perceberão os emolumentos marcados nas Leis para os actos, que praticarem; e os Juizes de Direito vencerão interinamente o ordenado, que lhes fôr marcado na Provincia, onde estiver a Côrte, pelo Governo, nas outras pelos Presidentes em Conselho, que o poderão alterar conforme as circumstancias, emquanto não fôr definitivamente fixado por Lei.

Art. 50. O Governo dará os diplomas de nomeação a todos os Juizes de Direito, e aos Juizes Municipaes da Provincia, aonde estiver a Côrte; uns e outros prestarão por si, ou seu procurador, o juramento nas mãos do Ministro da Justiça. Nas outras Provincias do Imperio os Presidentes em Conselho passarão os diplomas e darão juramento aos Juizes Municipaes, ou a seus procuradores, e as Camaras passarão os titulos, e darão juramento a todos os encarregados da administração da justiça nos Districtos, e Termos.

Art. 51. Do juramento se lavrará termo em um livro, e será assignado por quem o der, e quem o deferir; e pelo diploma se não cobrará direito algum.

Art. 52. Os Juizes de Paz, Juizes Municipaes, Promotores, e os mesmos Juizes de Direito, servirão por todo o tempo, que lhes é marcado n'este Codigo, não commettendo crime, porque percam os lugares; e os seus agentes e officiaes, emquanto forem de sua confiança, aos quaes fica comtudo o direito de queixar-se na Provincia, onde estiver a Côrte, ao Governo, e nas outras aos Presidentes em Conselho, contra o Juiz que os tiver lançado fóra por motivo torpe ou illegal.

Art. 53. Todas as Auctoridades Judiciarias ficam obrigadas a dar parte ao Tribunal Supremo de todas as duvidas, omissões, que encontrarem no presente Codigo.

PARTE SEGUNDA

Da Forma do Processo

TITULO II

Do processo em geral

CAPITULO I

Da prescripção

Art. 54. Os delictos e contravenções, que os Juizes de Paz decidem definitivamente, prescrevem por um anno, estando o delinquente presente sem interrupção no Districto, e por trez annos, estando ausente em lugar sabido.

Art. 55. Os delictos, em que tem lugar a fiança, prescrevem por seis

annos, estando o delinquente presente sem interrupção no Termo, e por dez annos, estando ausente em lugar sabido, com tanto que seja dentro do Imperio.

Art. 56. Os delictos, que não admittem fiança, só prescrevem por dez annos, estando o delinquente presente sem interrupção no Termo.

Art. 57. A prescrição não se estende á indemnisação, que poderá ser demandada em todo o tempo.

CAPITULO II

Das audiencias

Art. 58. Em todos os Juizos haverá uma, ou mais audiencias em cada semana, com attenção á regular affluencia dos negocios; não havendo casa publica para ellas destinada, serão feitas na da residencia do Juiz, ou em qualquer outra, em que possa ser.

Art. 59. Todas as audiencias, e sessões dos Tribunaes, e Jurados, serão publicas a portas abertas, com assistencia de um Escrivão, de um Official de Justiça, ou Continuo, em dia, e hora certa invariavel, annunciado o seu principio pelo toque de campainha.

Art. 60. Nas audiencias, e sessões os expectadores, as partes, e os Escrivães se conservarão sentados; aquellas porém levantar-se-hão, quando fallarem ao Juiz do Tribunal, ou jurados, e todos quando estes se levantarem.

CAPITULO III

Das suspeições e recusações

Art. 61. Quando os Juizes forem inimigos capitaes, ou intimos amigos, parentes consanguineos, ou affins até segundo grão de alguma das partes, seus amos, senhores, Tutores, ou Curadores; ou tiverem com alguma dellas demandas, ou forem particularmente interessados na decisão da causa, poderão ser recusados. E elles são obrigados a darem-se de suspeitos, ainda quando não sejam recusados.

Art. 62. O Supplente, que não fôr suspeito, fará as vezes do Juiz, e sendo os trez Supplentes suspeitos, será o processo remettido ao Juiz mais vizinho para proceder nelle, como fôr de direito.

Art. 63. O Escrivão officiará ao Supplente, ou Juiz, a quem remetter o processo, declarando que lhe compete a decisão do pleito de F... por haver-se reconhecido suspeito o Juiz, ou quem suas vezes fazia.

Art. 64. Se o Juiz não se reconhecer suspeito, poderá continuar no processo, como se lhe não fôra posta a suspeição; mas o Escrivão não continuará a escrever no processo, sem primeiro declarar por termo nos autos o requerimento vocal, ou escripto sobre a suspeição, e a final resolução do Juiz.

Art. 65. O Escrivão, que não observar o disposto no artigo antecedente, será punido com um mez de prisão pela Junta dos Juizes de Paz, depois de o ouvir, a parte, e testemunhas.

Art. 66. Os Juizes não podem ser dados de suspeitos no caso de formação de culpa, ou desobediencia.

Art. 67. Quando a suspeição fôr posta a um, ou mais membros da Junta de Paz, se o Juiz ou Juizes não se reconhecerem suspeitos, poderão continuar, e o Escrivão procederá na fórma do art. 64.

Art. 68. Reconhecendo suspeito o Juiz, ou Juizes, serão chamados pela Junta de Paz os Supplentes mais vizinhos, quando possam comparecer a tempo de decidir a causa no prazo marcado para a sua actual reunião; e não sendo possivel o comparecimento no dito prazo, ficará a decisão adiada para a reunião proxima seguinte.

Art. 69. Quando a parte contraria reconhecer a justiça da suspeição, poderá a requerimento seu lançado nos autos, suspender-se o processo, até que se ultime o conhecimento da mesma suspeição.

Art. 70. As Juntas de Paz julgam as suspeições dos Juizes de Paz, e a dos Juizes Municipaes nos crimes, de

que conhecem cumulativamente com os Juizes de Paz. Os Jurados, as dos Juizes de Direito, as dos Juizes Municipaes, e membros da Junta de Paz.

Art. 71. Todo o processo feito perante o Juiz, que fôr julgado suspeito, é nullo; e assim será declarado pela Junta de Paz, e Jurados, que houverem julgado a suspeição, condemnando ao Juiz, que se não reconheceu suspeito, a satisfazer á parte recusante, as custas do processo; poderá porém reproduzir-se a acção.

CAPITULO IV

Da queixa e denuncia

Art. 72. A queixa compete ao offendido; seu pai, ou mãe, tutor, ou curador, sendo menor; senhor, ou conjuge.

Art. 73. Sendo o offendido pessoa miseravel, que pelas circumstancias, em que se achar, não possa perseguir o offensor, o Promotor Publico deve, ou qualquer do povo póde intentar a queixa, e prosseguir nos termos ulteriores do processo.

Art. 74. A denuncia compete ao promotor Publico, e a qualquer do povo:

§ 1.º Nos crimes, que não admittem fiança.

§ 2.º Nos crimes de peculato, peita, concussão, suborno, ou qualquer outro de responsabilidade.

§ 3.º Nos crimes contra o Imperador, Imperatriz, ou algum dos Principes ou Princezas da Imperial Familia, Regente, ou Regencia.

§ 4.º Em todos os crimes Publicos.

§ 5.º Nos crimes de resistencia ás auctoridades, e seus officiaes no exercicio de suas funcções.

§ 6.º Nos crimes em que o delinquente fôr preso em flagrante, não havendo parte que o accuse.

Art. 75. Não serão admittidas denuncias:

§ 1.º Do pai contra o filho; do marido contra a mulher, ou vice-versa, do irmão contra o irmão.

§ 2.º Do escravo contra o senhor.

§ 3.º Do advogado contra o cliente.

§ 4.º Do impubere, mentecapto, ou furioso.

§ 5.º Do filho familias sem auctoridade de seu pai.

§ 6.º Do inimigo capital.

Art. 76. Não se admittirão queixas, nem denuncias contra os membros das duas Camaras Legislativas pelos discursos nellas proferidos.

Art. 77. São competentes para receberem queixas, e denuncias:

§ 1.º Os Juizes de Paz.

§ 2.º O Supremo Tribunal de Justiça, as Relações, e cada uma das Camaras Legislativas, nos crimes, cujo conhecimento lhes compete pela Constituição.

Art. 78. As queixas, e denuncias devem ser assignadas, e juradas pelo queixoso, e denunciante; e se este não souber, ou não puder escrever, por uma testemunha digna de credito.

Art. 79. A queixa, ou denuncia deve conter:

§ 1.º O facto criminoso com todas as suas circumstancias.

§ 2.º O valor provavel do damno soffrido.

§ 3.º O nome do delinquente, ou os signaes caracteristicos, se fôr desconhecido.

§ 4.º As razões de convicção, ou presumpção.

§ 5.º Nomeação de todos os informantes, e testemunhas.

§ 6.º O tempo, e o lugar, em que foi o crime perpetrado.

Art. 80. Os Juizes devem fazer ao denunciante, ou queixoso as perguntas, que lhes parecerem necessarias, para descobrirem a verdade, e inquerir sobre ellas testemunhas.

CAPITULO V

Da citação

Art. 81. As citações, que forem requeridas ao Juiz de Paz, e se houverem de fazer no respectivo Districto, serão determinadas por despacho do mesmo Juiz no requerimento das partes; as que fôrem requeridas a qualquer outra auctoridade judicial, e se houverem de fazer no Termo da sua jurisdicção, serão determinadas por mandado dos mesmos Juizes, ou por portaria na fórma dos seus regimentos, salvo se houverem de ser feitas na Cidade, ou Villa de sua residencia, onde também serão determinadas por despacho no requerimento das partes, e por precatorias as que houverem de ser feitas em lugares, que não forem na jurisdicção do Juiz, a quem forem requeridas.

Art. 82. O Mandado para a citação deve conter:

§ 1.º Ordem aos officiaes de Justiça da Jurisdicção do Juiz para que o executem.

§ 2.º O nome da pessoa, que deve ser citada, ou os signaes caracteristicos della se fôr desconhecida.

§ 3.º O fim para que, excepto se o objeto fôr de segredo, declarando-se isto mesmo.

§ 4.º O Juizo, o lugar, e tempo razoavel, em que deve comparecer.

Art. 83. As precatorias serão tão simples, como os mandados, com a unica differença de serem dirigidas ás Autoridades Judiciarias em geral, rogando-lhes que as mandem cumprir.

Assim os mandados, como as precatorias serão escriptos pelo Escrivão, e assignados pelo Juiz.

CAPITULO VI

Das provas

Art. 84. As testemunhas serão offerecidas pelas partes, ou mandadas chamar pelo Juiz ex-officio.

Art. 85. As testemunhas serão obrigadas a comparecer no lugar, e tempo, que lhes foi marcado; não podendo eximir-se desta obrigação por privilegio algum.

Art. 86. As testemunhas devem ser juramentadas conforme a Religião de cada uma, excepto se forem de tal seita, que prohiba o juramento.

Devem declarar seus nomes, prenomes, idades, profissões, estado, domicilio, ou residencia; se são parentes, em que grão; amigos, inimigos, ou dependente de alguma das partes; bem como o mais, que lhes fôr perguntado sobre o objecto.

Art. 87. A declaração das testemunhas deve ser escripta pelo Escrivão: o Juiz assignará com a testemunha, que a tiver feito. Perante o Jury se guardará o que está disposto nos arts. 266, e 268.

Se a testemunha não souber escrever, nomeará uma pessoa, que assigne por ella, sendo antes lida a declaração na presença de ambas.

Art. 88. As testemunhas serão inquiridas cada uma de per si; o Juiz providenciará que umas não saibam, ou não oiçam as declarações das outras, nem as respostas do autor, ou réo.

Art. 89. Não podem ser testemunhas o ascendente, descendente, marido, ou mulher, parente até o segundo grão, o escravo, e o menor de quatorze annos; mas o Juiz poderá informar-se delles sobre o objecto da queixa, ou denuncia, e reduzir a termo a informação, que será assignada pelos informantes, a quem se não deferirá juramento.

Esta informação terá o credito, que o Juiz entender que lhe deve dar, em attenção ás circumstancias.

Art. 90. Se o delinquente fôr julgado em um lugar, e tiver em outro alguma testemunha, que não possa comparecer, poderá pedir que seja inquirida nesse lugar, citada a parte contraria, ou o Promotor, para assistir á inquirição.

Art. 91. Se alguma testemunha houver de ausentar-se, ou por sua avançada idade, ou por seu estado valetudinario houver receio que ao tempo da prova já não exista, poderá também, citados os mencionados no artigo antecedente, ser inquirida a requerimento da parte interessada, a quem será entregue o depoimento para delle usar, quando e como lhe convier.

Art. 92. Os documentos, para que possam servir, devem ser reconhecidos verdadeiros pelo Juiz, ou pelo Tabellião Publico.

Art. 93. As cartas particulares não serão produzidas em Juizo sem o consentimento de seus auctores; salvo se provarem contra os mesmos.

Art. 94. A confissão do réo em Juizo competente, sendo livre, coincidindo com as circumstancias do facto, prova o delicto; mas, no caso de morte, só póde sujeital-o á pena immediata, quando não haja outra prova.

Art. 95. As testemunhas, que não comparecerem sem motivo justificado, tendo sido citadas, serão conduzidas debaixo de vara, e soffrerão a pena de desobediencia.

Esta pena será imposta pela Auctoridade, que mandou citar, ou por aquella, perante a qual devia comparecer.

CAPITULO VII

Da acareação, confrontação, e interrogatorio.

Art. 96. Cada vez que duas ou mais testemunhas divergirem em suas declarações, o Juiz reperguntará em face uma da outra, mandando que expliquem a divergencia, ou contradicção, quando assim o julgue necessario, ou lhe fôr requerido.

Art. 97. Toda a vez que o réo, levado á presença do Juiz, requerer que as testemunhas inquiridas em sua ausencia sejam reperguntadas em sua presença, assim lhe será deferido, sendo possivel.

Art. 98. O Juiz mandará ler ao réo todas as peças comprobatorias do seu crime, e lhe fará o interrogatorio pela maneira seguinte:

§ 1.º Qual o seu nome, naturalidade, residencia, e tempo della no lugar designado?

§ 2.º Quaes os seus meios de vida, e profissão?

§ 3.º Onde estava ao tempo, em que diz, aconteceu o crime?

§ 4.º Se conhece as pessoas, que juraram contra elle, e desde que tempo?

§ 5.º Se tem algum motivo particular, a que attribua a queixa ou denuncia?

§ 6.º Se tem factos a allegar, ou provas que o justifiquem, ou mostrem sua innocencia?

Art. 99. As respostas do réo serão escriptas pelo Escrivão, rubricadas em todas as folhas pelo Juiz, e assignadas pelo réo, depois de as ler, e emendar, se quizer, e pelo mesmo Juiz.

Se o réo não souber escrever, ou não quizer assignar, se lavrará termo com esta declaração, o qual será assignado pelo Juiz, e por duas testemunhas que devem assistir ao interrogatorio.

CAPITULO VIII

Das fianças

Art. 100. Nos crimes, que não tiverem maior pena do que a de seis mezes de prisão, ou desterro para fóra da Comarca, poderá o réo livrar-se solto.

Tambem poderá livrar-se solto, nem mesmo será conservado na prisão, se nella já estiver, prestando fiança idonea nos crimes não exceptuados no artigo seguinte.

Art. 101. A fiança não terá lugar nos crimes, cujo maximo da pena fôr: 1.º morte natural: 2.º galés: 3.º seis annos de prisão com trabalho: 4.º oito annos

de prisão simples: 5.º vinte annos de degredo.

Art. 102. A fiança será tomada por termo lavrado pelo Escrivão do Juiz, que a conceder, e assignado pelo mesmo Juiz, pelo fiador, afiançado, e por duas testemunhas, que subsidiariamente se obriguem.

Art. 103. Este termo será lavrado em livro para esse fim destinado, e rubricado, d'onde se extrahirá certidão para se ajuntar aos autos. Nelle se declarará que o fiador fica obrigado até a ultima sentença do Tribunal Superior, a pagar certa quantia (que deve ser designada) se o réo fôr condemnado, e fugir antes de ser preso ou não tiver, a esse tempo, meios para indemnização da parte, e custas.

Art. 104. Aos fiadores serão dados todos os auxilios necessarios para a prisão do réo.

Art. 105. Em lugar de fiadores poderá o réo hypothecar bens de raiz livres, e desembargados, que tenham o valor da fiança, ou depositar no cofre da Camara Municipal o mesmo valor em moeda, e apolices da divida publica, trastes de ouro ou prata, ou joias preciosas.

Art. 106. Afiançada, ou depositada a quantia, será dado ao réo contramandado para não ser preso, soltando-se immediatamente quando o esteja.

Art. 107. Podem ser fiadores, os que tendo a livre administração de seus bens, possuem os de raiz na mesma Comarca, ou Termo, onde se obrigam, e seguram o pagamento da fiança com a hypotheca, ou deposito de que trata o art. 105, ou que são conhecidamente abonados.

Art. 108. Quando a mulher casada, ou qualquer pessoa, que viva sob administração de outrem, necessitar de fiança, para se livrar solta, poderá obtel-a sobre os bens que legitimamente lhe pertencerem; e o marido, tutor, ou curador ficarão obrigados aos fiadores até á quantia dos bens do afiançado; ainda que não consintam na fiança.

Art. 109. Para arbitrar-se a quantia da fiança calcular-se-ha por dous peritos nomeados pelo Juiz o valor do damno causado; as custas do processo até os ultimos julgados; e a tudo isto se acrescentará uma quantia proporcionada á pena, e possibilidade do criminoso, regulando-se o Juiz pelas regras abaixo estabelecidas, não tendo recurso suspensivo o seu arbitrio.

§ 1.º Cada dia de desterro será avaliado no valor de cinco até doze tostões; cada dia de degredo no de oito a vinte: cada dia de prisão no de dez a trinta: cada dia de trabalhos publicos no de vinte a quarenta: com tanto que nenhuma destas penas excedam a um anno.

§ 2.º Sendo por mais de um anno, o Juiz augmentará, de maneira que nem seja illusoria para o rico, nem impossivel para o pobre; o que a lei confia de seu prudente arbitrio, e das pessoas que em tal caso deve consultar.

§ 3.º Se qualquer destas penas trouxer comsigo suspensão, ou perda dos direitos civis ou politicos, o Juiz porá sobre as quantias acima calculadas, outra de cincoenta a cem mil reis.

Art. 110. Se o Juiz tomar por engano uma fiança insufficiente, ou se o fiador no entretanto soffrer perdas taes, que o tornem pouco idoneo e seguro, a fiança será reforçada, e para esse fim o Juiz mandará vir á sua presença o réo debaixo de prisão, se não obedecer, logo que se lhe intime a ordem. Não reforçando o réo a fiança, será recolhido á cadeia.

Art. 111. Da denegação, ou concessão de fiança pelo Juiz de Direito, haverá recurso para as Relações, interposto por um simples requerimento documentado com a certidão de culpa.

Art. 112. Se o réo quebrar a fiança, perderá metade da quantia afiançada; a mesma pena será repetida a cada reincidencia.

Art. 113. Ficam abolidas as cartas de seguro, e qualquer outro meio, que não seja o da fiança, para que algum réo se livre solto.

TITULO III

Do Processo Summario

CAPITULO I

Do Passaporte

Art. 114. Toda a pessoa que se fôr estabelecer de novo em qualquer Districto de Paz, deve apresentar-se pessoalmente, ou por escripto ao Juiz respectivo, o qual poderá exigir della as declarações que julgar necessarias, quando se lhe faça suspeita.

Art. 115. Todo o que não cumprir a obrigação prescripta no artigo antecedente, será chamado á presença do Juiz de Paz, por ordem deste, para ser interrogado sobre seu nome, filiação, naturalidade, profissão, genero de vida, e actual pretenção.

Art. 116. Se o Juiz pelas respostas, não fôr convencido de estar o interrogado livre de crime, mandará que este se retire para fóra do seu Districto no prazo, que lhe fôr assignado, pena de ser expulso debaixo de prisão, excepto se provar que não tem crime, ou se dér fiador conhecido, e de probidade, que se obrigue a apresentar passaporte dentro de certo prazo, sujeitando-se a uma multa se o não fizer.

Art. 117. Verificando-se a expulsão, o Juiz de Paz publicará isto pelos jornaes, que houverem na Comarca, declarando o nome do expulso com todas as circumstancias, que possam fazel-o conhecido; ou officiará ao Presidente da Provincia pedindo-lhe esta publicação por quaesquer outros jornaes, não os havendo na comarca.

Art. 118. Se o expulso em identicas circumstancias apparecer outra vez no mesmo Districto, será punido com prisão por um mez; esta pena será tantas vezes repetida quantas fôrem as reincidencias.

O cidadão, que viajar por mar ou terra dentro do Imperio, não é obrigado a tirar passaporte, mas fica sujeito ás indagações dos Juizes locaes.

Ficam em vigor as Leis existentes sobre passaportes para paizes estrangeiros.

Art. 119. O passaporte deve ser passado pelo Escrivão do Districto, onde morar quem o pedir, no qual se declare o nome, naturalidade, idade, profissão, estatura, e os seus signaes mais caracteristicos, e que não tem crime, nem obrigação de fiança em causa crime e ainda a estes conceder-se-ha uma vez que se não passe para lugar, d'onde deixem de satisfazer a obrigação ou a pena.

Art. 120. O passaporte será assignado pelo Juiz de Paz. A parte pagará para o Juiz quarenta réis, e para o Escrivão duzentos réis.

CAPITULO II

Dos Termos de Bem Viver, e de Segurança

Art. 121. O juiz de paz a quem constar que existe no respectivo Districto algum individuo em circumstancias dos que se acham indicados nos §§ 2.º e 3.º do art. 12, o mandará vir á sua presença com as testemunhas, que souberem do facto: se a parte requerer prazo para dar defeza, conceder-se-lhe-ha um improrogavel; e provado mandará ao mesmo individuo que assigne termo de bem viver, em o qual se fará menção, na presença do réo das provas apresentadas pró, ou contra; do modo de bem viver prescripto pelo Juiz, e da pena comminada, quando o não observe.

Art. 122. Quebrado o termo, o Juiz de Paz, por um processo conforme ao que fica disposto no artigo antecedente, imporá ao réo a pena comminada, que será tantas vezes repetida quantas forem as reincidencias.

Art. 123. Todo o official de Justiça poderá ex-officio, ou qualquer cidadão, conduzir á presença do Juiz de Paz do Districto a qualquer, que fôr encontrado junto ao lugar, onde se acaba de perpetrar um crime, tratando de esconder-se, fugir, ou dando qualquer outro indicio desta natureza, ou com armas, instrumentos, papeis, e effeitos, ou outras cousas que façam presumir cumplicidade em algum crime, ou que pareçam furtadas.

Art. 124. Se o Juiz perante quem fôr levado o suspeito entender que ha

fundamento razoavel (depois de ouvil-o, e ao conductor) para acreditar-se que elle tenta um crime, ou é cumplice ou socio em algum, o sujeitará a termo de segurança, até justificar-se.

Art. 125. O mesmo póde fazer o Juiz toda a vez que alguma pessoa tenha justa razão de temer que outra tenta um crime contra ella, ou seus bens.

Art. 126. O conductor, ou as partes queixosas devem dar juramento, e provar com testemunhas (ou documentos, quando lhes fôr possivel) sua informação escripta; o accusado póde contestal-a verbalmente, e provar tambem sua defesa antes que o Juiz resolva; e por isso no segundo caso deve ser notificado para vir á presença do mesmo Juiz.

Art. 127. O Juiz, se a gravidade do caso o exigir, porá a parte queixosa sob a guarda de Officiaes de Justiça, ou outras pessoas aptas para guardal-a, emquanto o accusado não assigne o termo.

Art. 128. Se o accusado destróe as presumpções, ou provas do conductor, ou queixoso, o Juiz o mandará em paz, mas nem por isso fica o conductor, ou queixoso sujeito a pena alguma, salvo havendo manifesto dolo.

Art. 129. Estes termos de segurança seguem todas as regras estabelecidas para as fianças dos réos que se pretenderem livrar soltos.

Art. 130. Estes termos serão escriptos pelo Escrivão, assignados pelo Juiz, testemunhas e partes; e quando estas não queiram assignar, ou não souberem escrever, o fará por ellas uma testemunha.

CAPITULO III

Da Prisão sem culpa formada, e que póde ser executada sem ordem escripta

Art. 131. Qualquer pessoa do povo póde, e os Officiaes de Justiça são obrigados a prender, e levar á presença do Juiz de Paz do Districto, a qualquer que fôr encontrado commettendo algum delicto, ou emquanto foge perseguido pelo clamor publico. Os que assim forem presos entender-se-hão presos em flagrante delicto.

Art. 132. Logo que um criminoso preso em flagrante fôr á presença do Juiz, será interrogado sobre as arguições que lhe fazem o conductor, e as testemunhas, que o acompanharem: do que se lavrará termo por todos assignado.

Art. 133. Resultando do interrogatorio suspeita contra o conduzido, o Juiz o mandará pôr em custodia em qualquer lugar seguro que para isso designar; excepto o caso de se poder livrar solto, ou admittir fiança e elle a dér; e procederá na formação da culpa, observando o que está disposto a este respeito no Capitulo seguinte.

CAPITULO IV

Da Formação da Culpa

Art. 134. Formar-se-ha auto de corpo de delicto, quando este deixa vestigios que podem ser ocularmente examinados; não existindo porém vestigios, formar-se-ha o dito auto por duas testemunhas que deponham da existencia do facto, e suas circumstancias.

Art. 135. Este exame será feito por peritos, que tenham conhecimento do objecto, e na sua falta por pessoas de bom senso nomeadas pelo Juiz de Paz, e por elle juramentadas, para examinarem e descreverem com verdade quanto observarem; e avaliarem o damno resultante do delicto; salvo qualquer juizo definitivo a este respeito.

Art. 136. O Juiz mandará colligir tudo, quanto encontrar no lugar do delicto, e sua vizinhança, que possa servir de prova.

Art. 137. O auto de corpo de delicto será escripto pelo Escrivão, rubricado pelo Juiz, e assignado por este, peritos e testemunhas.

Art. 138. O Juiz procederá a auto de corpo de delicto a requerimento de parte, ou ex-officio nos crimes, em que tem lugar a denuncia.

Art. 139. Os autos de corpo de delicto, feitos a requerimento de parte nos crimes, em que não tem lugar a denuncia, serão entregues á parte, se o pedir, sem que delles fique traslado.

Art. 140. Apresentada a queixa, ou denuncia com o auto do corpo de delicto, ou sem ele, não sendo necessario, o Juiz a mandará autoar, e procederá á inquirição de duas até cinco testemunhas, que tiverem noticia da existencia do delicto, e de quem seja o criminoso.

Art. 141. Nos casos de denuncia, ainda que não haja denunciante, o Juiz procederá á inquirição de testemunhas na fórma do artigo antecedente, fazendo autoar o auto de corpo de delicto se o houver.

Art. 142. Estando o delinquente preso, ou afiançado, ou residindo no Districto, de maneira que possa ser conduzido á presença do Juiz, assistirá á inquirição das testemunhas, em cujo acto poderá ser interrogado pelo Juiz, e contestar as testemunhas sem as interromper.

Art. 143. Da inquirição das testemunhas, interrogatorio, e informações, se lavrará termo, que será escripto pelo Escrivão e assignado pelo Juiz, testemunha, parte e informantes, guardada a disposição do art. 89.

Art. 144. Se pela inquirição das testemunhas, interrogatorio ao indiciado delinquente, ou informações, a que tiver procedido, o Juiz se convencer da existencia do delicto, e de quem seja o delinquente, declarará por seu despacho nos autos que julga procedente a queixa, ou denuncia, e obrigado o delinquente á prisão nos casos em que esta tem lugar, e sempre a livramento.

Art. 145. Quando o Juiz não obtenha pleno conhecimento do delicto, ou indicios vehementes de quem seja o delinquente (não se tratando de crimes politicos), declarará por seu despacho nos autos que não julga procedente a queixa, ou denuncia.

Art. 146. Procedendo a queixa, ou denuncia, o nome do delinquente será lançado no livro para isso destinado, o qual será gratuitamente rubricado pelo Juiz de Direito, e se passarão as ordens necessarias para a prisão.

Art. 147. A formação da culpa terá lugar, em quanto não prescrever o delicto, e proceder-se-ha em segredo sómente, quando a ella não assista o delinquente, e seus socios.

Art. 148. A qualquer que fôr preso sem culpa formada dentro em vinte e quatro horas contadas da entrada na prisão, sendo em cidades, villas, ou outras povoações proximas aos lugares da residencia do Juiz; e em lugares remotos dentro de um prazo razoavel, proporcionado á distancia daquelle, onde foi commettido o delicto, contando-se um dia por cada trez leguas, o Juiz por uma nota por elle assignada, fará constar ao réo o motivo da prisão, os nomes do seu accusador, e o das testemunhas, havendo-as.

Entender-se-hão por lugares proximos á residencia do Juiz todos os que se comprehenderem dentro do espaço de duas leguas.

A formação da culpa não excederá o termo de oito dias, depois da entrada na prisão, excepto quando a affluencia de negocios publicos, ou outra difficuldade insuperavel obstar, fazendo-se comtudo o mais breve que fôr possivel.

Art. 149. O Juiz de Paz ainda que pelas primeiras informações não obtenha o conhecimento de quem é o delinquente, não deixará de proceder contra elle em qualquer tempo, que seja descoberto, em quanto não prescrever o delicto.

CAPITULO V

Da denúncia dos crimes de responsabilidade dos empregados publicos, e fórma do processo respectivo

Art. 150. Todo o cidadão póde denunciar, ou queixar-se perante a auctoridade competente, de qualquer empregado publico, pelos crimes de responsabilidade, no prazo de trez annos, para que ex-officio se proceda, ou se mande proceder contra os mesmos na fórma da Lei.

Art. 151. A queixa, ou denuncia póde ser apresentada a qualquer das Camaras Legislativas, ou ao Governo, ou aos Presidentes das Provincias, ou ás auctoridades judiciarias, a quem competir o conhecimento do facto.

Art. 152. A queixa, ou denuncia só se admitirá por escripto, e deve conter: 1.° a assignatura do queixoso, ou denunciante, reconhecida por Tabellião, ou Escrivão do Juizo, ou por duas testemunhas: 2.° os documentos, ou justificação, que façam acreditar a existencia do delicto, ou uma declaração concludente da impossibilidade de apresentar alguma destas provas.

Art. 153. Qualquer das Camaras Legislativas, ou o Governo, ou os Presidentes de Provincia, a quem uma queixa, ou denuncia fôr apresentada, depois dos esclarecimentos, que entender necessarios, se a julgar concludente a enviarão ás Camaras Legislativas, ou ao Governo, e este e os Presidentes das Provincias a auctoridade judiciaria, a quem competir, para proceder na fórma da Lei. O Governo, e Presidentes, além disso, darão as providencias, que couberem nas suas attribuições.

Art. 154. A acção para verificar a responsabilidade dos empregados publicos deverá ser intentada ex-officio pela autoridade judiciaria, ou por ordem superior dentro em oito annos depois do crime commettido. Será porém dentro do anno, e dia: 1.° sendo intentada pelo proprio queixoso; 2.° quando qualquer do povo o fizer por infracção de Constituição, usurpação do exercicio de algum dos poderes politicos, contra a segurança interna, ou externa do Estado, e por suborno, peita, peculato, ou concussão. O estrangeiro tambem o póde fazer, mas em causa propria sómente.

Art. 155. A formação da culpa dos empregados publicos compete:

§ 1.° Ao Supremo Tribunal de Justiça nos crimes de responsabilidade dos seus membros, e dos das relações, dos empregados do Corpo Diplomatico, e dos Presidentes de Provincia.

§ 2.° Ás Relações ou (nas provincias, em que ellas não estiverem collocadas) á auctoridade judicial, que residir no lugar, nos crimes de responsabilidade dos Commandantes militares, e dos Juizes de Direito.

§ 3.° Aos conselhos de investigação nos crimes de responsabilidade dos empregados militares.

§ 4.° Ás justiças ecclesiasticas nos crimes de responsabilidade dos empregados ecclesiasticos para imposição sómente das penas espirituaes decretadas pelos Canones recebidos.

Art. 156. Toda a auctoridade judiciaria é a competente para formar culpa aos Officiaes, que perante as mesmas servirem.

Art. 157. O Supremo Tribunal de Justiça, as Relações, e mais auctoridades judiciarias, quando lhes forem presentes alguns autos, ou papeis, se nelles se encontrar crime de responsabilidade formarão culpa a quem a tiver, sendo de sua competencia; e não o sendo, remetterão cópia authentica dos papeis, ou da parte dos autos, que contiver o crime, á auctoridade judiciaria competente para a formação da culpa. Esta cópia será extrahida por qualquer Escrivão do Juizo (ou pelo Secretario do Tribunal) e concertada por outro Escrivão ou Tabellião qualquer.

Art. 158. No Supremo Tribunal de Justiça proceder-se-ha na fórma da Lei de 18 de Setembro de 1828, e mais disposições posteriores.

Art. 159. As Relações, e mais Juizes, a quem compete a formação da culpa, logo que fôr presente uma queixa ou denuncia concludente contra qualquer empregado publico da sua competencia, fará ouvir a este por escripto; depois do que proceder-se-ha nos termos da pronuncia.

Art. 160. O denunciado, ou aquelle contra quem houve queixa, não será ouvido para a formação da culpa:

§ 1.° Quando estiver fóra do Districto da culpa.

§ 2.° Nos crimes em que não tem lugar a fiança.

§ 3.° Quando não se souber o lugar da sua residencia.

É Districto da culpa aquelle lugar, em que foi commettido o delicto, ou onde residir o réo, ficando á escolha do queixoso.

Art. 161. Quando a Relação conhecer do crime de responsabilidade de sua competencia, o Ministro a quem tocar por distribuição, ordenará o processo, fazendo autuar as peças instructivas, procedendo a todas as diligencias necessarias, e o apresentará em Meza, onde se escolherão por sorte tres Ministros, os quaes, depois de instruidos do mesmo processo, o pronunciarão, ou não, segundo a prova, vencendo-se a decisão por dous votos conformes.

Art. 162. O sorteio dos Juizes para a pronuncia determinada no artigo antecedente, será feito publicamente, e terá lugar depois que o indiciado tiver sido ouvido, ou se tiver findo o termo, que lhe fôra assignado, expedindo o Juiz do feito a ordem necessaria para esta audiencia.

Art. 163. Se antes da pronuncia, algum dos Juizes sorteados vier a ser impedido, a sua substituição será feita immediatamente pelo sorteio.

Art. 164. A substituição do Juiz do feito impedido, far-se-ha por distribuição, a qual não alterará a ordem ácerca de novos feitos; e cessando o impedimento do Juiz substituto, cessarão tambem as funcções do substituto, que passará logo o feito a aquelle a quem substituira.

Art. 165. Os effeitos da pronuncia são:

§ 1.º Ficar sujeito o pronunciado a accusação criminal.

§ 2.º Ficar suspenso do exercicio de todas as funcções publicas.

§ 3.º Ser preso, ou conservado na prisão, emquanto não prestar fiança nos casos em que a Lei a admitte.

§ 4.º Suspender-se-lhe metade do ordenado, ou soldo, que tiver em razão do emprego, e que perderá todo, não sendo afinal absolvido.

A suspensão do exercicio das funcções não estorvará o accesso legal, que competir ao empregado pronunciado.

Art. 166. Os Presidentes das Provincias, a quem ex-officio se remetterá cópia da pronuncia dos Commandantes militares, a farão executar. O mesmo fará o Juiz criminal do Districto a respeito daquelles culpados, em cuja pronuncia intervier.

Art. 167. Da sentença que não pronunciar, appellará o Juiz ex-officio para a Relação do Districto, e os autos serão immediatamente remettidos pelo Escrivão respectivo ex-officio sem formalidade alguma.

Da sentença, que pronunciar, poderá a parte appellar dentro de dez dias improrogaveis, e os autos serão remettidos do mesmo modo, mas não se suspenderão os effeitos da pronuncia. Em um, e outro caso ficará no Juizo inferior o traslado dos autos, contendo unicamente a petição da queixa, ou denuncia, os nomes das testemunhas havendo-as, a cópia dos documentos, e a da sentença, que tiver pronunciado, ou não.

Art. 168. Das appellações, que forem interpostas no caso do artigo antecedente, conhecerá o Ministro, a quem fôr distribuido o feito, com mais dous adjuntos nomeados pela sorte.

Art. 169. Das sentenças proferidas nas Juntas do Juizo de Paz não se admitte appellação.

Art. 170. Quando qualquer das Camaras Legislativas resolver que continue o processo de algum de seus respectivos membros, pronunciado por crime de responsabilidade, serão os autos e mais papeis remettidos ao Senado, observando-se no processo accusatorio a mesma ordem, que tem lugar na accusação dos Ministros de Estado com a differença de que, em vez de commissão accusadora, accusará o Procurador da Corôa, Soberania e Fazenda Nacional.

Art. 171. A accusação dos empregados publicos não privilegiados, será feita perante o Jury competente.

Exceptuam-se:

1.º Os militares que por crime do emprego militar serão accusados no Juizo de seu fôro.

2.º Os empregados, que tiverem sómente de ser advertidos, ou castigados com a pena de desobediencia.

Art. 172. Pronunciado o réo, serão os proprios autos remettidos ex-officio ao Juiz Municipal respectivo, para os apresentar ao Juiz competente, quando vier abrir a sessão, deixando sómente o translado da queixa, ou denuncia, e da pronuncia.

Art. 173. O Juiz de Direito na primeira reunião dos Jurados apresentará os autos, a fim de ser sustentada, ou revogada a pronuncia, procedendo-se na accusação (quando esta tiver logar).

Art. 174. Revogada a pronuncia, ou absolvido o réo, será este immediatamente solto por mandado do Juiz de Direito, e restituido ao seu emprego, e metade do ordenado, que deixou de receber.

CAPITULO VI

Da Ordem de Prisão

Art. 175. Poderão tambem ser presos sem culpa formada os que forem indiciados em crimes, em que não tem lugar a fiança; porém nestes, e em todos os mais casos, á excepção dos de flagrante delicto, a prisão não póde ser executada, senão por ordem escripta da auctoridade legitima.

Art. 176. Para ser legitima a ordem de prisão é necessario:

§ 1.º Que seja dada por auctoridade competente.

§ 2.º Que seja escripta por Escrivão, assignada pelo Juiz, ou Presidente do Tribunal, que a emittir.

§ 3.º Que designe, a pessoa, que deve ser presa, pelo seu nome, ou pelos signaes caracteristicos, que a façam conhecida ao Official.

§ 4.º Que declare o crime.

§ 5.º Que seja dirigida ao Official de Justiça.

Art. 177. Os mandados de prisão são exequiveis dentro do lugar da jurisdicção do Juiz que os emittir.

Art. 178. Quando o delinquente existir em lugar, onde não possa ter execução o mandado, se expedirá precatoria na fórma do art. 81.

Art. 179. O Official de Justiça encarregado de executar o mandado de prisão, deve fazer-se conhecer ao réo, apresentar-lhe o mandado, intimando-o para que o acompanhe.

Desempenhados estes requisitos, entender-se-ha feita a prisão, com tanto que, se possa razoavelmente crer, que o réo viu, e ouviu o Official.

Art. 180. Se o réo não obedece e procura evadir-se, o executor tem direito de empregar o gráo da força necessaria para effectuar a prisão; se obedece porém o uso da força é prohibido.

Art. 181. O executor tomará ao preso toda e qualquer arma, que comsigo traga, para apresental-a ao Juiz que ordenou a prisão.

Art. 182. Se o réo resistir com armas, o executor fica auctorizado a usar daquellas, que entender necessarias para a sua defesa, e para repellir a opposição; e em tal conjunctura o ferimento, ou morte do réo é justificavel, provando-se que de outra maneira corria risco a existencia do executor.

Art. 183. Esta mesma disposição comprehende quaesquer terceiras pessoas, que derem auxilio ao Official executor, e os que prenderem em flagrante; ou que quizerem ajudar a resistencia, e tirar o preso de seu poder no conflicto.

Art. 184. As prisões podem ser feitas em qualquer dia util, Santo, ou Domingo, ou mesmo de noite.

Art. 185. Se o réo se metter em alguma casa, o executor intimará ao dono, ou inquilino della, para que o entregue, mostrando-lhe a ordem de prisão, e fazendo-se bem conhecer; se

essas pessoas não obedecerem immediatamente, o executor tomará duas testemunhas, e sendo de dia, entrará á força na casa, arrombando as portas se fôr preciso.

Art. 186. Se o caso do artigo antecedente acontecer de noite o executor, depois de praticar o que fica disposto, para com o dono ou inquilino da casa, á vista das testemunhas, tomará todas as sahidas, e proclamará trez vezes incommunicavel a dita casa, e immediatamente que amanheça, arrombará as portas, e tirará o réo.

Art. 187. Em todas as occasiões, que o morador de uma casa negue entregar um criminoso, que nella se acoutou, será levado á presença do Juiz, para proceder contra elle como resistente.

Art. 188. Toda esta diligencia deve ser feita perante duas testemunhas, que assignem o auto que della lavrar o Official.

CAPITULO VII

Das Buscas

Art. 189. Conceder-se-ha mandados de busca:

§ 1.º Para apprehensão das cousas furtadas, ou tomadas por força, ou com falsos pretextos, ou achadas.

§ 2.º Para prender criminosos.

§ 3.º Para apprehender instrumentos de falsificação, moeda falsa ou outros objectos falsificados de qualquer natureza que sejam.

§ 4.º Para apprehender armas, e munições preparadas para insurreição, ou motim, ou para quaesquer outros crimes.

§ 5.º Para descobrir objectos necessarios á prova de algum crime: ou defeza de algum réo.

Art. 190. Não se dará jámais um mandado de busca sem vehementes indicios firmados com juramento da parte, ou de uma testemunha.

Art. 191. As testemunhas devem expôr o facto, em que se funda a petição, ou declaração da pessoa, que requer o mandado; e dar a razão da sciencia, ou presumpção, que tem de que a pessoa ou cousa está no lugar designado, ou que se acham os documentos irrecusaveis de um crime commettido, ou projectado, ou da existencia de uma assembléa illegal.

Art. 192. O mandado legal de busca deve incluir:

§ 1.º O nome das testemunhas, e seu depoimento.

§ 2.º Indicar a casa pelo proprietario, ou inquilino, ou numero e situação d'ella.

§ 3.º Descrever a pessoa, ou cousa procurada.

§ 4.º Ser escripto pelo Escrivão, e assignado pelo Juiz com ordem de prisão ou sem ella.

Art. 193. O mandado de busca, que não tiver os requisitos acima, não é exequivel, e será punido o Official, que com elle proceder.

Art. 194. Havendo quem reclame a propriedade das cousas achadas, nunca lhe serão entregues sem que justifique esse direito em Juizo competente, ouvida a parte, que as tinha em seu poder; e sem que por espaço de trinta dias se publique por editaes a relação dellas, com todos os possiveis esclarecimentos, ficando entretanto depositadas, excepto se prestarem fiança idonea.

Art. 195. Se ninguem as reclamar passados os trinta dias, o Juiz de Paz as remetterá ao Juiz de Orphãos, para proceder na fórma da Lei, quando excedam ao valor das cousas, que o Juiz de Paz póde julgar.

Art. 196. Aos Officiaes de Justiça compete a execução dos mandados de exhibição, e busca em casas de morada, ou habitação particular.

Art. 197. De noite em nenhuma casa se poderá entrar, salvo nos casos especificados no art. 209 do Codigo Criminal.

Art. 198. Os Officiaes da diligencia sempre se acompanharão sendo possivel, de uma testemunha vizinha, que assista ao acto, e o possa depois abonar, e depôr, se fôr preciso, para justificação dos motivos, que determinaram, ou tornaram legal a entrada.

Art. 199. Só de dia podem estes mandados ser executados; e antes de entrar na casa, o Official de Justiça encarregado da sua execução, os deve mostrar, e lêr ao morador, ou moradores della, a quem tambem logo intimará, para que abram a porta.

Art. 200. Não sendo obedecido, o mesmo Official tem direito de arrombal-a, e entrar á força; e o mesmo praticará com qualquer porta interior, armario, ou outra qualquer cousa, onde se possa com fundamento suppôr escondido o que se procura.

Art. 201. Finda a diligencia, farão os executores um auto de tudo quanto tiver succedido, no qual tambem descreverão as cousas, pessoas, e lugares onde foram achadas; e assignarão com duas testemunhas presenciaes, que os mesmos Officiaes de Justiça devem chamar, logo que quizerem principiar a diligencia, e execução, dando de tudo cópias ás partes se o pedirem.

Art. 202. O possuidor, ou occultador das cousas, ou pessoas que forem objecto da busca, serão levados debaixo de vara á presença do Juiz que a ordenou, para serem examinados, e processados na fórma da Lei, se forem manifestamente dolosos, ou se forem cumplices no crime.

CAPITULO VIII

Da Desobediencia

Art. 203. O que desobedecer ou injuriar o Juiz, ou qualquer auctoridade, á que seja subordinado, ao Inspector, Escrivão, e Officiaes de Justiça, ou patrulhas, em actos de seus officios, será processado perante o Juiz de Paz do Districto, em que fôr commettida a desobediencia, ou injuria; e sendo este desobedecido, ou injuriado, perante o Juiz supplente.

Art. 204. Os Juizes, auctoridades, Inspectores, Escrivães, e Officiaes de Justiça, ou patrulhas desobedecidas, ou injuriadas, prenderão em flagrante, e levarão o facto ao conhecimento do Juiz de Paz respectivo, por uma exposição circumstanciada, por elles escripta, e assignada, e com declaração das testemunhas, que foram presentes; á vista della mandará o Juiz de Paz citar o delinquente, e proceder em tudo, segundo vai disposto no capitulo seguinte.

CAPITULO IX

Das Sentenças no Juizo de Paz

Art. 205. Apresentada ao Juiz de Paz uma denuncia de contravenção ás posturas das Camaras Municipaes, ou queixa de crime, cujo conhecimento, e decisão final lhe compete, mandará citar o delinquente para a sua primeira audiencia (que nunca será a do mesmo dia da citação).

Art. 206. Não havendo queixa, ou denuncia, mas constando ao Juiz de Paz que se tem infringido as posturas, lei policial, ou termo de segurança, e de bem viver, mandará formar auto circumstanciado do facto, com declaração das testemunhas, que nelle hão de jurar, e citar o delinquente na fórma do artigo antecedente.

Art. 207. O Escrivão, ou Official de Justica permittirão ao delinquente a leitura do requerimento, ou auto, e mesmo copial-o, quando o queira fazer.

Art. 208. Não comparecendo o delinquente na audiencia aprazada, o Juiz dará á parte juramento sobre a queixa, inquirirá summariamente as suas testemunhas, e decidirá, condemnando ou absolvendo o réo.

Art. 209. Comparecendo o delinquente, o Juiz lhe lerá a queixa, ouvirá a sua defesa (que sendo verbal, o Escrivão a escreverá); inquirirá as testemunhas; e fará ás partes as perguntas, que entender necessarias; depois do que lhes dará a palavra se a pedirem, para vocalmente por si ou seus procuradores deduzirem, o que lhes parecer a bem de seu direito.

Art. 210. O Juiz dará a sentença nessa mesma audiencia, ou, quando muito, na seguinte.

Art. 211. Esta sentença passa em julgado dentro de cinco dias, e será executada; mas se qualquer das partes dentro deste tempo recorrer para a Junta de Paz, o Escrivão escreverá o recurso por termo assignado pela parte, e fará dos autos a competente remessa, suspensa a execução.

Art. 212. Taes recursos não terão lugar:

§ 1.º Quando os Juizes punirem seus Officiaes omissos com prisão, que não passe de cinco dias.

§ 2.º Quando punirem as testemunhas, que não obedecerem ás suas notificações: no entretanto fica a uns e outros o direito de vindicarem a injuria, e responsabilisarem o Juiz pelos meios ordinarios.

CAPITULO X

Das Juntas de Paz

Art. 213. As Juntas de paz consistem na reunião de maior, ou menor numero de Juizes de Paz, sob a presidencia de um d'entre os que forem presentes, escolhido por seus collegas em escrutinio secreto por maioria absoluta de votos.

Não poderão ser formadas com menos de cinco, nem com mais de dez membros.

Art. 214. Na provincia, em que estiver a Côrte, o Ministro da Justiça, e nas outras os Presidentes em Conselho, sobre informação das Camaras Municipaes, determinarão onde, e quantas vezes terão lugar estas reuniões em differentes pontos de cada Termo, não podendo ser menos de quatro, nem mais de doze vezes no anno; com attenção ao numero das causas, e ás distancias.

Art. 215. As sessões das Juntas de Paz serão publicas, as portas abertas na casa, que fôr para esse fim pelos Juizes de Paz escolhida; e não poderão durar mais de oito dias sucessivos, incluidos os dias santos, nos quaes tambem haverá sessão.

Art. 216. Compete a estas Juntas conhecer de todas as sentenças dos Juizes de Paz, que houverem imposto qualquer pena, de que se tiver recorrido em tempo, e as confirmarão ou revogarão ou alterarão sem mais recurso, excepto o da revista.

Art. 217. O Juiz de Paz que faltar, será multado pela Junta por cada dia de sessão em mil reis nas villas, e dous mil reis nas Cidades, salvo produzindo escusa legitima e provada.

Art. 218. Não concorrendo pelo menos metade e o Presidente dos Juizes de Paz, não haverá sessão, mas ficará addiada para outro dia, e se chamarão os supplentes dos que faltarem.

Art. 219. Todos os negocios serão decididos á maioria absoluta de votos dos membros presentes: o empate importa a absolvição do réo.

Art. 220. Se o réo ou auctor, ou ambos juntamente não comparecerem, mas mandarem escusa legitima, a decisão da causa ficará addiada para a sessão seguinte, se não puder ter lugar na actual por não comparecerem as partes em tempo.

Art. 221. A falta de comparecimento do réo, sem escusa legitima, o sujeitará á pena de revelia, isto é, á decisão pelas provas dos autos sem mais ser ouvido; a do auctor, á perda do direito de continuar a accusação, a qual por este mesmo facto ficará perempta.

Esta mesma disposição se guardará na falta de ambas as partes.

Art. 222. Principiado o conhecimento de um processo não poderá ser mais interrompido, nem mesmo pela noite, salvo a requerimento das partes por motivo justo.

Art. 223. O Juiz de Paz, que julgou a causa, não entrará no segundo julgamento d'ella, mas sómente dará as explicações, que lhe forem pedidas pelas partes, ou membros da Junta.

Art. 224. A ordem do processo será a seguinte:

§ 1.º O Escrivão da Junta de Paz, que será o do Districto, em que se reu-

nir a Junta, lerá os autos perante as partes, Juizes, e testemunhas.

§ 2.º O queixoso ratificará a sua queixa, e o réo sua defeza: o primeiro será obrigado a jurar, se o segundo requerer.

§ 3.º As testemunhas serão reperguntadas, e outras que de novo apresentarem as partes se assim o requererem, escrevendo-se os seus ditos para os casos de recurso, se as partes o requererem.

Art. 225. O Presidente proporá por escripto nos autos as seguintes questões, depois de discutida a materia:

§ 1.º O crime está provado?

§ 2.º O réo é por elle responsavel?

§ 3.º Que pena se lhe ha de impor?

§ 4.º Deve indemnisação?

§ 5.º Emquanto monta ella?

Art. 226. O Presidente lavrará a sentença em conformidade: se a pena fôr simplesmente pecuniaria, o réo dará logo fiança tanto a ella como ás custas, e damno: ou irá para a cadêa por tanto tempo quanto seja necessario para a satisfação, contando-se como se pratica ácerca das fianças; se fôr de prisão, ou correcção, o réo não sahirá mais da sessão, senão para o seu destino; e se além disso, tiver de pagar indemnisação á parte, e o não fizer será comprehendido no que fica acima determinado até pagar.

Art. 227. A Junta marcará o vencimento das testemunhas, que forem chamadas a requerimento das partes, as quaes o pagarão.

TITULO IV

Do Processo Ordinario

CAPITULO I

Da Accusação

SECÇÃO PRIMEIRA

Dos Preparatorios da Accusação

Art. 228. Formada a culpa, o Juiz de Paz nos delictos, cujo conhecimento lhe não compete, fará logo dos processos a competente remessa, estejam ou não, presos os delinquentes, sejam publicos, ou particulares os delictos, por que foram processados.

Art. 229. Se os delinquentes estiverem presos fóra da cabeça do Termo, em que devam ser julgados, serão com a precisa antecedencia para alli remettidos, quando se houver de reunir o Conselho de Jurados. E os afiançados assignarão, nos processos respectivos, termo de comparecimento perante o Conselho dos Jurados na reunião, que no mesmo termo fôr indicada, sob pena de perderem metade do valor da fiança, e de serem recolhidos á prisão.

Art. 230. Os processos serão sempre remettidos ao Juiz de Paz da cabeça do Termo, e havendo mais de um, áquelle d'entre elles que ahi fôr o do Districto onde se reunir o Conselho dos Jurados.

Art. 231. No caso do art. 228, o Juiz de Paz mandará notificar as testemunhas, para comparecerem na proxima primeira reunião de Jurados, sob as penas de desobediencia, e de serem conduzidos debaixo de vara ao juramento.

Art. 232. Quando o Juiz de direito concede a fiança, compete-lhe expedir precatoria para a citação das testemunhas, que deverão ser notificadas para comparecerem na primeira reunião, ou na immediatamente seguinte, como fôr mais razoavel, segundo o tempo da notificação, e as distancias; devendo assignar-se ás testemunhas um prazo sufficiente para fazerem suas disposições na sua casa, e jornada. Os Jurados arbitrarão indemnisação ás testemunhas, que o requererem.

Art. 233. Não será accusado o delinquente, estando ausente fóra do Imperio, ou em lugar não sabido, nos crimes, que admitem fiança.

Art. 234. Nos casos do artigo antecedente poderão propor-se contra o ausente as ações civeis, que competirem, para haver-se a indemnisação do damno, que houver causado com o delicto.

Secção Segunda

Dos Preparatorios para a Formação do 1.º Conselho de Jurados

Art. 235. O Juiz de Direito officiará ao Presidente da Camara Municipal do Termo ou ao Juiz de Paz da Cabeça do Julgado, onde se houver de reunir o Conselho de Jurados, indicando-lhes o dia, e hora, em que ha de principiar a sessão.

Esta participação deve ser feita em tal tempo, que possa razoavelmente chegar a noticia a todos os Jurados, e habitantes do Termo, ou Julgado.

Art. 236. No dia seguinte ao do recebimento da participação do Juiz de Direito, o Presidente da Camara Municipal, em presença dos mais membros d'ella, que se acharem na cidade, ou villa, na sala das sessões respectivas, e a portas abertas, extrahindo da urna dos Jurados sessenta cedulas, annunciará logo por editaes a referida participação, convidando nomeadamente a comparecerem os Jurados, que as sessenta cedulas indicarem, e declarando, que estes hão de servir durante a proxima sessão judiciaria; e devem assim como todos os interessados comparecer no dia assignado, sob as penas da Lei, se faltarem. As sessenta cedulas serão fechadas em urna separada.

Art. 237. Os editaes, de que trata o artigo precedente, não só serão lidos, e affixados nos lugares mais publicos das cidades, villas ou povoações, mas serão remettidos aos Juizes de Paz do Termo para os publicarem, e fazerem as notificações necessarias aos Jurados, aos culpados, e ás testemunhas, que se acharem nos seus Districtos.

Nos Julgados o Juiz de Paz da Povoação, que fôr cabeça delles na sala destinada para a reunião dos Jurados, fará o mesmo que o Presidente da Camara Municipal.

Secção Terceira

Da Formação do 1.º Conselho de Jurados, ou Jury de Accusação

Art. 238. No dia assignado, achando-se presentes o Juiz de Direito, Escrivão, Jurados, o Promotor nos crimes, em que deve accusar, e a parte accusadora, havendo-a; principiará a sessão pelo toque, da campainha. Em seguida, o Juiz de Direito abrirá a urna das sessenta cedulas, e verificando publicamente, que se acham todas, as recolherá outra vez; feita logo pelo Escrivão a chamada dos Jurados, e achando-se completo numero legal, observando-se o disposto nos arts. 313, e 315, mandará o mesmo Juiz extrahir da urna por um menino, vinte e trez cedulas. As pessoas que ellas designarem formarão o primeiro Conselho de Jurados, que será interinamente presidido pelo primeiro, que tiver sahido á sorte.

Art. 239. Logo depois será admittido o Juiz de Paz do Districto, onde se reunirem os Jurados, a apresentar todos os processos, que tiver formado, ou recebido dos Juizes de Paz do Termo, e que devem ser julgados pelo Jury.

Art. 240. Immediatamente o Escrivão fará a chamada de todos os réos presos, dos que se livram soltos, ou afiançados, dos accusadores, ou auctores, e das testemunhas, que consta terem sido notificadas para comparecerem naquella sessão.

Art. 241. A respeito dos réos, auctores, ou accusadores, que faltaram, observar-se-ha o que está disposto nos arts. 220, e 221, excepto nos crimes, em que tem lugar a denuncia: n'estes, o Juiz de Direito ordenará ao Promotor Publico que proceda na accusação e condemnará o réo na pena do art. 229.

Secção Quarta

Da Conferencia do 1.º Conselho de Jurados, ou Jury de Accusação

Art. 242. O Juiz de Direito deferindo aos membros do 1.º Conselho de Jurados o juramento, cuja fórmula se transcreverá no fim deste Capitulo, entregará ao Presidente todos os Processos, que houverem de ser julgados na sessão.

Art. 243. Feito isto o Juiz de Direito dirigirá os Jurados a outra sala, onde sós, e a portas fechadas, principiarão

por nomear d'entre os seus membros em escrutinio secreto por maioria absoluta de votos o seu Presidente, e um Secretario; depois do que conferenciarão sobre cada processo, que fôr submettido ao seu exame, pela maneira seguinte:

Art. 244. Finda a leitura de cada processo, que será feita pelo Secretario, e qualquer debate, que sobre elle se suscitar, o Presidente porá a votos a questão seguinte:

Ha neste processo sufficiente esclarecimento sobre o crime, e seu autor, para proceder á accusação?

Se a decisão fôr affirmativa, o Secretario escreverá no processo as palavras: — O Jury achou materia para accusação.

Art. 245. Se porém a decisão fôr negativa, por não haver sufficiente esclarecimento sobre o crime, ou seu auctor, o Presidente dará as ordens necessarias, para que sejam admittidos na sala da sua conferencia o queixoso, ou denunciante, ou o Promotor Publico, e o réo, se estiver presente, e as testemunhas, uma por uma, para ratificar-se o processo, sujeitando-se todas estas pessoas a novo exame.

Art. 246. Nas ratificações dos processos, o Secretario apenas apontará por minuta as respostas discordantes das que se acham nos autos dadas pelas mesmas pessoas.

Art. 247. Nas ditas ratificações tambem não se admittirão testemunhas novas; salvo sómente, quando não vier designado o auctor do crime no processo.

Art. 248. Finda a ratificação do processo, ou formada a culpa, o Presidente fará sahir da sala as pessoas admittidas, e depois do debate, que se suscitar entre os Jurados, porá a votos a questão seguinte:

Procede a accusação contra alguem?

O Secretario escreverá as respostas pelas formulas seguintes:

O Jury achou materia para accusação contra F. ou F.

O Jury não achou materia para accusação.

Art. 249. As buscas, prisões, notificações, que o Jury resolver, serão communicadas por officio do Presidente ao Juiz de Direito, que as recommendará aos Juizes de Paz respectivos; e quando estas diligencias sejam essenciaes ao seguimento da causa o Presidente as poderá suspender até que ellas sejam satisfeitas.

Art. 250. Decidido qualquer processo, voltarão os Jurados á primeira sala, e ahi repetirá o seu Presidente em voz alta a decisão escripta.

Art. 251. Quando a decisão fôr negativa, o Juiz de Direito, por sua sentença lançada nos autos, julgará de nenhum effeito a queixa, ou denuncia.

Art. 252. Se a decisão fôr affirmativa, a sentença declarará que ha lugar a formar-se accusação, e ordenará a custodia do réo, e sequestro nos impressos, escriptos, ou gravuras pronunciadas, havendo-as.

Art. 253. Se algum queixoso recorrer, para os Jurados, do Juiz de Paz não pronunciar aquelle de quem se queixou, compete ao primeiro Conselho decidir, se achar materia para accusação: e neste caso se procederá na fórma dos arts. 245, 246, 247, 248, 249 e 250.

Formula do Juramento

Juro pronunciar bem, e sinceramente nesta causa, haver-me com franqueza, e verdade, só tendo diante dos meus olhos Deus, e a Lei; e proferir o meu voto segundo a minha consciencia.

CAPITULO II

Do 2.º Conselho de Jurados, ou Jury de Sentença

Art. 254. Declarando o primeiro Conselho de Jurados, que ha materia para accusação, o accusador offerecerá em juizo o seu libello accusatorio dentro de vinte e quatro horas, e o Juiz de Direito mandará notificar o accusado, para comparecer na mesma sessão de Jurados, ou na proxima seguinte,

quando na presente não seja possivel ultimar-se a accusação.

Art. 255. A notificação do réo, para responder na mesma sessão, será feita tres dias pelo menos antes do encerramento della e será acompanhada da cópia do libello, da dos documentos, e do rol das testemunhas.

Antes deste prazo poderá ser feita em qualquer occasião.

Art. 256. Para a declaração, de que não é possivel ultimar-se a accusação na mesma sessão, o Juiz de Direito o proporá ao Conselho dos Jurados, e o que fôr decidido pela maioria absoluta de votos dos membros presentes, será observado.

Art. 257. Nenhum privilegio isenta a pessoa alguma (excepto aquellas que tem seus Juizes privativos expressamente designados na Constituição) de ser julgada pelo Jury do seu domicilio, ou do lugar do delicto.

Art. 258. Quando no Jury de accusação se decidir que ha materia para accusação, e a responsabilidade recahir sobre pessoas que tenham seus Juizes privativos pela Constituição, serão remettidos os autos ex-officio pelo Juiz de Direito ao Tribunal competente.

Art. 259. Formado o segundo Conselho, que deve ser de doze Jurados, guardadas todas as formalidades que estão prescriptas para a formação do primeiro, e prestado o mesmo juramento, o Juiz de Direito fará ao accusado as perguntas, que julgar convenientes sobre os artigos no libello, ou contrariedade; e aquelles factos sobre que as partes concordarem assignando os artigos, que lhes fôrem relativos, não serão submettidos ao exame dos Jurados.

Art. 260. Findo o interrogatorio, o Escrivão lerá todo o processo de formação de culpa, e as ultimas respostas do réo, que estarão nelle escriptas.

Art. 261. O Advogado do accusador abrirá o Codigo, e mostrará o artigo, e gráo da pena, em que pelas circumstancias entende que réo se acha incurso, lerá outra vez o libello, depoimentos, e respostas do processo de formação de culpa, e as provas com que se acha sustentado.

Art. 262. As testemunhas do accusador serão introduzidas na sala da sessão, e jurarão sobre os artigos, sendo primeiro inquiridas pelo accusador, ou seu Advogado, ou Procurador, e depois pelo réo, seu Advogado, ou Procurador.

Art. 263. Findo este acto, o Advogado do réo desenvolverá sua defesa, apresentando a Lei, e referindo os factos, que sustentam a innocencia do réo, deduzidos em artigos succintos, e claros.

Art. 264. As testemunhas do réo serão introduzidas, e jurarão sobre os artigos, sendo inquiridas primeiro pelo Advogado do réo, e depois pelo do accusador, ou auctor.

Art. 265. O auctor, ou accusador, seu Advogado, ou Procurador, e por ultimo o réo, seu Advogado, ou Procurador replicarão verbalmente aos argumentos contrarios, e poderão requerer a repergunta de alguma, ou de algumas testemunhas já inquiridas; ou a inquirição de mais duas de novo para pleno conhecimento de algum, ou alguns artigos, ou pontos contestados, ou para provar contra algumas testemunhas qualidades que as constituem indignas de fé.

Art. 266. Se depois dos debates o depoimento de uma, ou mais testemunhas, ou documento, fôr arguido de falso com fundamento razoavel, o Juiz de Direito incontinente examinará essa questão incidente summaria, e verbalmente; suspensa no entretanto a principal; e verificado o negocio sufficientemente, será a testemunha ou testemunhas, ou a pessoa que tiver apresentado o documento, remettida com todos os esclarecimentos ao Jury de accusação para resolver sobre o caso.

Art. 267. Na hypothese do artigo antecedente, continuará o processo sem attenção ao depoimento da testemunha suspeita de falsa, se os Jurados entenderem, que podem pronunciar a sua decisão.

Art. 268. No período das discussões tomarão os Jurados as notas que lhes parecerem, ou do processo escripto, ou das allegações verbaes, e respostas que ouvirem, rompendo-as logo, que lhes não forem necessarias.

Art. 269. Achando-se a causa no estado de ser decidida por parecer aos Jurados, que nada mais resta a examinar o Juiz de Direito, resumindo com a maior clareza possivel toda a materia da accusação, e da defeza, e as razões expendidas pró, e contra, proporá por escripto ao Conselho as questões seguintes:

§ 1.º Se existe um crime no facto, ou objecto da accusação?

§ 2.º Se o accusado é criminoso?

§ 3.º Em que grão de culpa tem incorrido?

§ 4.º Se houve reincidencia (se disso se tratar)?

§ 5.º Se ha lugar a indemnisação?

Art. 270. Retirando-se os Jurados a outra sala, conferenciarão sós, e a portas fechadas, sobre cada uma das questões propostas, e o que fôr julgado pela maioria absoluta de votos, será escripto, e publicado como no Jury de accusação.

Decidida a primeira questão negativamente, não se tratará mais das outras.

Art. 271. Se a decisão fôr negativa, o Juiz de Direito por sua sentença nos autos absolverá o accusado, ordenando a sua soltura immediatamente (no caso que elle tenha sido posto em custodia), e o levantamento do sequestro dos impressos, gravuras, etc., se o crime fôr por abuso de expressão de pensamento.

Art. 272. Se a decisão fôr affirmativa, a sentença condemnará o réo na pena correspondente, ordenando a suppressão das peças denunciadas, sendo a accusação de abuso de expressão de pensamento.

Art. 273. Se fôr affirmativa só quanto ao abuso, mas negativa quanto a ser criminoso o accusado, o Juiz de Direito o absolverá, e o mandará immediatamente soltar (se tiver sido posto em custodia); mas ordenará a suppressão das peças denunciadas, sendo a accusação de abuso de expressão de pensamento.

Art. 274. Se, nas peças mandadas sequestrar, apparecer claramente provada a existencia de um, ou outro facto criminoso, distincto do que faz o objecto da accusação, e pelo qual haja lugar o officio do Promotor, por ser delicto publico; o mesmo Promotor se servirá dos autos, como corpo de delicto e requererá ao Juiz de Direito a convocação do Jury pelo facto denunciado, e provado.

CAPITULO III

De Varias Disposições Communs do Jury de Accusação, e de Sentença, e Peculiares aos Casos de Abuso da Liberdade de Exprimir os Pensamentos

Art. 275. Entrando-se no sorteamento para a formação do 2.º Conselho, e á medida que o nome de cada um Juiz de Facto, fôr sendo lido pelo Juiz de Direito, farão o accusado, e o accusador suas recusações sem as motivarem.

O accusado poderá recusar doze, e o accusador, depois delle, outros tantos tirados á sorte.

Art. 276. Se os accusados forem dous: ou mais, poderão combinar suas recusações, mas não combinando, ser-lhes-ha permittida a separação do processo, e nesse caso, cada um poderá recusar até doze.

Art. 277. São inhibidos de servir no mesmo Conselho ascendentes, e seus descendentes, sogro, e genro, irmãos, e cunhados, durante o cunhadio.

Destes o primeiro, que tiver sahido á sorte, é que deve ficar.

Art. 278. Preenchido o numero dos Juizes de Facto, que effectivamente hão de formar o Jury da sentença, o Juiz de Direito lhes tomará o juramento. Na prestação dos juramentos basta que o primeiro que o dér, leia a formula, dizendo depois cada um dos outros — assim o juro. —

Art. 279. Qualquer cidadão póde representar ao Promotor, para este officiar nos casos, em que o deve fazer; para o que lhe subministrará conhecimento, e instrucções do crime, cuja denuncia propuzer, com declaração do tempo, do lugar, e das testemunhas presenciaes ao acto denunciado.

Art. 280. Participando o Promotor por escripto ao Juiz de Direito, que o Impressor faltou á sua obrigação, procederá o Juiz de Direito ex-officio, mandando autuar a participação, e sem mais formalidades, que a audiencia do Impressor lhe imporá a pena, ou lhe relevará como fôr justo.

Art. 281. Todas as questões incidentes, de que dependerem as deliberações finaes, em um, ou em outro Jury, serão decididas pelos Juizes de Facto, ou pelo Juiz de Direito, segundo a materia pertencer, a uma ou outra classificação; havendo duvida se a questão é de facto ou de direito, o Juiz de Direito decidirá com recurso para a Relação.

Art. 282. Na occasião do debate (mas sem interromper a quem estiver fallando), e antes que as questões do artigo 269 sejam propostas, póde qualquer Juiz de Facto fazer as observações, que julgar convenientes; fazer interrogar de novo alguma testemunha; e pedir que o Jury vote sobre qualquer ponto particular de facto, que julgar de importancia.

Art. 283. Quando forem dous ou mais os réos, o Juiz de Direito proporá ao Jury sobre cada um delles em particular as questões do artigo 269.

Art. 284. Tambem separará as questões, quando os pontos da accusação forem diversos.

Art. 285. Dos despachos do Juiz de Direito sobre a organisação do processo, e quaesquer diligencias precisas, não haverá aggravo de petição ou instrumento.

Art. 286. Os nomes dos multados, assim como as quantias das multas, serão declarados em editaes do Juiz de Direito; e o Escrivão que fôr do processo remetterá uma cópia do termo ou da sentença condemnatoria á Camara Municipal, á que pertencer, para proceder á cobrança, e fazel-a publicar pela imprensa se a houver no lugar.

Igual publicação se fará dos nomes dos Jurados, que mais assiduos forem em assistir ás sessões.

Art. 287. Os Presidentes da Camaras Municipaes providenciarão sobre todas as cousas precisas, á requisição do Juiz de Direito: outro tanto farão os Juizes de Paz das cabeças dos Julgados.

Art. 288. As sessões dos Jurados serão todas publicas, excepto quando houver votação; mas ninguem assistirá a ellas com armas, ainda que não sejam das defezas, de qualquer natureza que forem, sob pena de ser preso, como em flagrante, e punido com as penas impostas aos que usam de armas defezas.

Art. 289. Os Jurados que servirem no Jury de accusação, não entrarão no de julgação.

Os que comparecerem em uma sessão, não servirão em outra, emquanto não tiverem servido todos os alistados, ou não o exigir a necessidade por falta absoluta de outros.

Art. 290. A liquidação das perdas, e damnos quando se julgar que tem lugar, será feita por arbitros.

Art. 291. No caso de impossibilidade do pagamento das multas, serão commutadas na terça parte mais da pena de prisão, comminada nos respectivos artigos.

CAPITULO IV

Dos recursos

Art. 292. Não haverá outros recursos, nem meios de defeza, além dos declarados neste Codigo.

Art. 293. Da decisão do Juiz de Paz, que obriga a termo de bem viver, de segurança, ou a apresentar passaporte, haverá recurso, sem suspensão para a Junta de Paz.

Art. 294. Da decisão do Juiz de Paz, que obriga ou não obriga o denunciado

á prisão, ou que concede ou denega a fiança, haverá recurso, sem suspensão para o Juiz de Direito.

Art. 295. Da decisão do Juiz de Direito por bem do artigo antecedente, não haverá recurso algum, senão o da revista.

Art. 296. Os recursos dos artigos 293 e 294 só pódem ter lugar, sendo interpostos dentro em cinco dias, depois de publicadas as sentenças na presença das partes, ou depois de notificadas as mesmas partes, se não foram presentes á sua publicação.

Art. 297. Da decisão do Juiz de Paz nos crimes, que não lhe compete julgar, haverá recurso para os Jurados; nos outros para as Juntas de Paz.

Art. 298. Das decisões da Junta de Paz não ha outro recurso, senão o de revista.

Art. 299. Da decisão do Juiz de Paz que julga perdida a quantia affiançada pelo réo, ha recurso para o Juiz de Direito.

Art. 300. Da nomeação que o Juiz de Paz fizer para qualquer cargo publico, compete ao nomeado, ou qualquer do povo recurso na Provincia onde estiver a Côrte, para o Governo, nas outras para os Presidentes em conselho.

Art. 301. Das sentenças proferidas pelo Jury não haverá outro recurso senão o de appellação, para a Relação do Districto, quando não tiverem sido guardadas as formulas substanciaes do processo, ou quando o Juiz de Direito se não conformar com a decisão dos Juizes de Facto, ou não impuzer a pena declarada na Lei.

Art. 302. Julgando-se na Relação procedente o recurso por se não terem guardado as formulas prescriptas, formar-se-ha novo processo na subsequente sessão com outros Jurados, remettendo-se para esse fim, os autos ex-officio ao Juiz de Direito, quando a accusação tiver sido por officio do Promotor; e entregando-se à parte interessada, quando fôr particular.

Art. 303. No caso de imposição de pena, que não fôr a decretada, a Relação, reformando a sentença imporá a que fôr correspondente ao delicto.

Art. 304. Havendo impossibilidade de renovar-se o processo perante o Jury do mesmo lugar, em que se proferiu a sentença, de que se appellou, formar-se-ha no do lugar mais vizinho, ou em outro que ambas as partes convenham.

Art. 305. As Relações, quando julgarem definitivamente os crimes dos empregados publicos que nellas devem ser processados, ou as appellações, que forem interpostas das sentenças definitivas dos Jurados, procederão collectivamente, e conforme as Leis que regulam o processo no Supremo Tribunal de Justiça.

Art. 306. Das decisões da Relação poder-se-ha recorrer por meio de revista para o Tribunal competente.

Art. 307. Todos os que decahirem da acção em qualquer instancia que fôr, serão condemnados nas custas, excepto o Promotor, e neste caso pagar-se-hão pelo cofre da Municipalidade.

E quando se decidir que houve abuso no facto, que se denunciou, mas que o accusado não é criminoso, por não ser elle o autor do abuso ou por lhe assistir alguma das excepções, que o livram da imputação, o accusado pagará as custas.

Art. 308. Se a pena imposta pelo Jury fôr de cinco annos de degredo, ou desterro, tres de galés ou prisão, ou fôr de morte, o réo protestará pelo julgamento em novo Jury, que será o da Capital da Provincia: e sendo a sentença proferida nesta, para o de maior população d'entre os mais visinhos, designado pelo Juiz de Direito.

Art. 309. Nos casos do artigo 301 quando a sentença da Relação julgar ter havido nullidade, e esta não proceder da decisão do primeiro Conselho, e nos casos do art. 308, não procederá ao julgamento pelo primeiro Jury, mas só pelo segundo.

Art. 310. Os recursos nos casos dos artigos 301, e 308, serão interpostos perante o Juiz de Direito dentro de oito dias, depois de notificadas as senten-

ças, ou depois de publicadas na presença das partes.

Art. 311. Os recursos interpostos do Juiz de Paz, e do Juiz de Direito, e a sua remessa, não terão formalidade alguma, senão a que está prescripta no art. 211.

TITULO V

Disposições geraes

Art. 312. Quando nos crimes de liberdade de exprimir os pensamentos, o auctor, ou editor não tiver meios, para satisfazer a multa, em que fôr condemnado, o Impressor fica responsavel á satisfação.

Art. 313. Os Jurados, que faltarem às sessões ordinarias ou extraordinarias, ou que tendo comparecido, se ausentarem antes de ultimadas todas as causas, serão multados, segundo o Juizo dos Jurados, e por maioria absoluta de votos, de vinte a quarenta mil reis; salvo se tiverem justa causa, provada perante o mesmo Jury.

A este pertence fazer naquelle mesmo acto a imposição da multa, lançando-a por termo em um livro para isso destinado.

Art. 314. Não poderá principiar a sessão sem que estejam presentes quarenta e oito Jurados.

Art. 315. Quando não compareça o numero de Jurados do artigo precedente, os Jurados presentes nomearão d'entre os alistados tantos quantos faltarem, preferindo aquelles, que mais promptamente poderem comparecer, os quaes serão logo chamados, e se apresentarão sob as penas declaradas neste Codigo.

Art. 316. As reuniões serão feitas em sessões periodicas: em cada anno far-se-hão seis vezes na Côrte, e nas Capitaes das Provincias da Bahia, Pernambuco e Maranhão; trez vezes nas Capitaes das outras provincias maritimas, e duas nas outras Capitaes, e em cada Termo das differentes comarcas.

Art. 317. Nestas sessões judiciarias, decidir-se-hão todos os processos, que estiverem competentemente preparados, preferindo-se sempre nos julgamentos os dos réos, que estiverem presos, e entre estes aquelle, cuja pronuncia, ou decreto de accusação fôr anterior.

Art. 318. Não haverá segunda sessão em qualquer Termo, sem que tenha havido a primeira em todos os que estão sujeitos á jurisdicção de um mesmo Juiz de Direito: outro tanto se observará ácerca da 3.ª sessão relativamente á 2.ª, e assim por diante.

Art. 319. Se sobrevier porém algum caso extraordinario, e ao Promotor pareça, que por se não tratar immediatamente, póde ser compromettida a segurança publica, o Juiz de Direito fará convocação extraordinaria, achando attendivel o requerimento do Promotor.

Art. 320. Não se reunindo todos os Jurados (ou a sessão seja ordinaria, ou extraordinaria), e não sendo possivel inteirar-se o numero pela maneira indicada no artigo 315, proceder-se-ha todavia á formação do Jury; se dous terços da totalidade delles se acharem presentes.

Art. 321. Não poderá exercer emprego algum publico aquelle que sem justa causa, reconhecida pelo Jury, recusar o honroso cargo de Jurado, ou fôr multado trez vezes em uma legislatura.

Art. 322. Será sempre permittido ás partes chamar os advogados, ou os Procuradores, que quizerem.

Art. 323. Cada sessão durará quinze dias successivos, incluidos os dias santos; e só poderá ser prorogada por mais tres até oito dias, quando o Conselho de Jurados por maioria absoluta de votos decidir, que isto convém, para ultimação de alguns processos pendentes.

Art. 324. Continuam a ter vigor os processos marcados na Lei da responsabilidade dos Ministros de Estado e Conselheiros de Estado, e na do Supremo Tribunal de Justiça, assim como as do Fôro Militar em causas meramente militares, e as do Fôro Eccle-

siastico em causas puramente espirituaes.

Art. 325. Ninguem é isento da jurisdicção do Juiz de Paz, excepto os privilegiados pela Constituição, aos quaes será imposta a pena pelo Juiz competente, a quem o Juiz de Paz ex-officio remetterá por cópia todo o processo desde a sua origem até a pronuncia.

Art. 326. As multas estabelecidas neste Codigo, e o producto das fianças ficam applicadas para as despezas das Camaras Municipaes, e sua cobrança a cargo dos Procuradores das mesmas, que deverão requerel-as perante a auctoridade competente, á vista dos mandados, ou precatorias das Juntas de Paz, ou Juizes de Direito que as impuzerem, e que para esse fim as communicarão aos Presidentes das Camaras respectivas.

Os mandados ou precatorias assim expedidas terão força de sentença.

Art. 327. O que fôr uma vez absolvido por um crime não tornará a ser acusado pelo mesmo crime.

Art. 328. Succedendo que um mesmo individuo seja pronunciado em um Jury, por abuso de liberdade de exprimir os pensamentos, e n'outro julgado sem criminalidade pelo mesmo facto, entender-se-ha não haver materia para a accusação.

Art. 329. Se o réo não tiver sido descoberto, nem perante o Juiz de Paz, nem perante o Jury de accusação, o queixoso, ou denunciante, ou Promotor Publico, póde propor sua queixa, ou denuncia, emquanto o crime não prescrever.

Art. 330. Perante o jury de accusação não se porá suspeição, mas os Jurados se darão de suspeitos por causas declaradas na Lei; continuando o Jury em suas funcções, emquanto houverem processos, de queixa, ou denuncia.

Art. 331. Um Jury de sentença póde conhecer de diversos processos, se as partes o não recusam; mas prestará novo juramento, quando se lhe entregar cada um delles.

Art. 332. As decisões do Jury são tomadas por duas terças partes de votos; sómente para a imposição da pena de morte é necessario a unanimidade, mas em todo o caso, havendo maioria, imporá a pena immediatamente menor: as decisões serão assignadas por todos os votantes.

Art. 333. A conferencia do Jury, em sua sala particular, é secreta. Dous officiaes de Justiça por ordem do Juiz de Direito serão postados á porta della, para não consentirem, que saia algum Jurado, ou que alguem entre, ou se communique por qualquer maneira com os Jurados, pena de serem punidos como desobedientes.

A esta disposição sómente ha a limitação marcada no art. 245 para o Jury de accusação.

Art. 334. As sessões do Jury, ou Juntas de Paz, se farão nos Consistorios das Igrejas, ou Capellas, nos lugares onde não houver casa publica, para isso destinada.

Art. 335. O Promotor Publico denunciará, e promoverá as accusações nos crimes de responsabilidade dos empregados publicos, quando não houver parte.

Art. 336. O empregado, que for competente, deverá proceder á inquirição de testemunhas, e mandará passar todas as certidões, e dar os documentos necessários, que se lhe requererem, para fundamentar qualquer queixa ou denuncia.

Art. 337. Se o empregado privilegiado, contra quem se dirigir a queixa, ou denuncia, fôr o competente para de qualquer modo intervir na inquirição de testemunhas, expedição de documentos, formação da culpa, etc., será para este effeito substituido por aquelle, que por Lei deve servir no seu impedimento; para isto basta requerimento da parte ou do Procurador.

Art. 338. A mesma sentença que condemnar o réo na pena, o condemnará na reparação da injuria, e prejuizos, que se liquidarão no Fôro commum, se tal liquidação fôr necessaria.

Art. 339. O superior é auctoridade competente para fazer advertencias aos

subalternos, quando da omissão, ou prevaricação se não seguir provavelmente prejuizo publico, ou particular, independente de processo, e sómente pela verdade sabida.

TITULO VI

Da ordem de Habeas-Corpus

Art. 340. Todo o cidadão que entender, que elle ou outrem soffre uma prisão ou constrangimento illegal, em sua liberdade, tem direito de pedir uma ordem de — Habeas-corpus — em seu favor.

Art. 341. A petição para uma tal ordem deve designar:

§ 1.° O nome da pessoa, que soffre a violencia, e o de quem é della causa ou auctor.

§ 2.° O conteúdo da ordem porque foi mettido na prisão, ou declaração explicita de que, sendo requerida, lhe foi denegada.

§ 3.° As rasões, em que funda a persuasão da illegalidade da prisão.

§ 4.° A assignatura, e juramento sobre a verdade de tudo quanto allega.

Art. 342. Qualquer Juiz de Direito, ou Juízes Municipaes, ou Tribunal de Justiça dentro dos limites da sua jurisdicção, á vista de uma tal petição, tem obrigação de mandar, e fazer passar dentro de duas horas a ordem de *Habeas-Corpus*, salvo constando evidentemente, que a parte nem póde obter fiança, nem por outra alguma maneira ser alliviada da prisão.

Art. 343. A ordem de Habeas-Corpus, deve ser escripta por um escrivão, assignada pelo Juiz, ou Presidente do Tribunal, sem emolumento algum; e nella se deve explicitamente ordenar ao Detentor, ou Carcereiro, que dentro de certo tempo, e em certo lugar venha apresentar perante o Juiz ou Tribunal, o queixoso, e dar as rasões do seu procedimento.

Art. 344. Independentemente de petição qualquer Juiz póde fazer passar uma ordem de Habeas-Corpus, ex-officio, todas as vezes que no curso de um processo chegue ao seu conhecimento por prova de documentos, ou ao menos de uma testemunha jurada, que algum cidadão, Official de Justiça, ou auctoridade publica tem illegalmente alguem sob sua guarda, ou detenção.

Art. 345. Quando da petição, e documentos apresentados a qualquer Juiz ou Tribunal se inferir, contra alguma pessoa particular, ou publica, prova tal de detenção, que justifique perante a Lei a sua prisão, incluir-se-ha na ordem um mandado neste sentido.

Art. 346. Qualquer Inspector de Quarteirão, Official de Justiça, ou Guarda Nacional, a quem fôr apresentada uma tal ordem em fórma legal, tem obrigação de executal-a ou coadjuvar sua execução.

Art. 347. As ordens que levarem logo o mandado de prisão, serão executadas pela maneira que fica estabelecida no Capitulo VI do Titulo III; as que o não levarem, serão primeiro apresentadas ao Detentor, ou Carcereiro, e quando elles as não queiram receber, lidas em alta voz, serão affixadas na sua porta.

Art. 348. O official passará então certidão, ou attestação jurada de tudo, á vista da qual o Juiz ou Tribunal, mandará passar ordem de prisão contra o desobediente, que será executada, como acima fica estabelecido.

Art. 349. O Detentor ou Carcereiro, depois de preso, será levado à presença do Juiz, ou Tribunal; e se ahi se obstinar em não responder ás perguntas que o Juiz houver de lhe fazer na fórma do art. 343, será recolhido á cadêa, e processado conforme a Lei.

Art. 350. Neste caso o Juiz, ou Tribunal dará as providencias, para que o paciente seja tirado da detenção pelos meios estabelecidos no Capitulo VII, do Titulo III, estando em casa particular; ou por quaesquer outros compativeis com as Leis, estando em cadêa publica, para que se effectue o seu comparecimento.

Art. 351. Nenhum motivo escusará, o Detentor, ou Carcereiro, de levar o paciente, que estiver sob o seu poder perante o Juiz ou Tribunal; salvo: 1.º doença grave (neste caso, o Juiz irá ao lugar vêr a pessoa); 2.º fallecimento, identidade de pessoa, justificação de conducta provada evidentemente; 3.º resposta jurada de que não tem, nem jámais teve tal pessoa em seu poder.

Art. 352. Obedecendo o Detentor, ou Carcereiro, ou vindo por qualquer outra maneira, o paciente perante o Juiz, ou Tribunal, elle o examinará; e achando que de facto está illegalmente detento, ou que seu crime é afiançável, o soltará, ou admittirá á fiança.

Art. 353. A prisão julgar-se-ha illegal:

1.º Quando não houver uma justa causa para ella.

2.º Quando o réo esteja na cadêa sem ser processado por mais tempo do que marca a Lei.

3.º Quando o seu processo estiver evidentemente nullo.

4.º Quando a auctoridade, que o mandou prender, não tenha direito de o fazer.

5.º Quando já tem cessado o motivo, que justificava a prisão.

Art. 354. Se a prisão é em consequencia de processo civel, que interesse a algum cidadão, o Juiz ou Tribunal não soltará o preso sem mandar vir essa pessoa, e ouvil-a summariamente perante o queixoso.

Art. 355. Sendo possível o Juiz, ou Tribunal requisitará da Auctoridade, que ordenou a prisão, todos os esclarecimentos, que provem sua legalidade, por escripto, antes de resolver a soltura do preso.

LEI N.º 261, DE 3 DE DEZEMBRO DE 1841
REFORMA DO CODIGO DO PROCESSO CRIMINAL

LEI N.º 261 — DE 3 DE DEZEMBRO DE 1841.

Reformando o Codigo do Processo Criminal

D. Pedro II, por Graça de Deus e Unanime Acclamação dos Povos, Imperador Constitucional e Defensor Perpetuo do Brazil. Fazemos saber a todos os Nossos Subditos, que a Assembléa Geral Decretou, e Nós Queremos a Lei seguinte:

TITULO I

Disposições Criminaes

CAPITULO I

Da Policia

Art. 1.º Haverá no Município da Côrte e em cada Provincia um Chefe de Policia, com os Delegados e Subdelegados necessarios, os quaes, sobre proposta, serão nomeados pelo Imperador, ou pelos Presidentes. Todas as Auctoridades Policiaes são subordinadas ao Chefe de Policia.

Art. 2.º Os Chefes de Policia serão escolhidos d'entre os Desembargadores, e Juizes de Direito: os Delegados e Subdelegados d'entre quaesquer Juizes e Cidadãos: serão todos amoviveis, e obrigados a acceitar.

Art. 3.º Os Chefes de Policia, além do ordenado que lhes competir como Desembargadores ou Juizes de Direito, poderão ter uma gratificação proporcional ao trabalho, ainda quando não accumulem o exercicio de um e outro cargo.

Art. 4.º Aos Chefes de Policia em toda a Provincia e na Côrte, e aos seus Delegados nos respectivos districtos compete:

§ 1.º As attribuições conferidas aos Juizes de Paz pelo art. 12, §§ 1.º, 2.º, 3.º, 4.º, 5.º, e 7.º do Codigo do Processo Criminal.

§ 2.º Conceder fiança, na fórma das leis, aos réos que pronunciarem ou prenderem.

§ 3.º As attribuições que ácerca das Sociedades secretas e ajuntamentos illicitos concedem aos Juizes de Paz as leis em vigor.

§ 4.º Vigiar e providenciar, na fórma das leis, sobre tudo que pertence á prevenção dos delictos e manutenção da segurança e tranquilidade publica.

§ 5.º Examinar se as Camaras Municipaes tem providenciado sobre os objectos de Policia, que por Lei se acham a seu cargo, representando-lhes com civilidade as medidas que entenderem convenientes, para que se convertam em Posturas, e usando do recurso do art. 73 da Lei de 1.º de Outubro de 1828, quando não forem attendidos.

§ 6.º Inspeccionar os Theatros e espectaculos publicos, fiscalisando a execução de seus respectivos Regimentos, e podendo delegar esta inspecção, no caso de impossibilidade de a exercerem por si mesmos, na fórma dos respectivos Regulamentos, ás Auctoridades Judiciarias, ou Administrativas dos lugares.

§ 7.° Inspeccionar, na fórma dos Regulamentos as prisões da Provincia.

§ 8.° Conceder mandados de busca, na fórma da Lei.

§ 9.° Remetter, quando julgarem conveniente, todos os dados, provas e esclarecimentos que houverem obtido sobre um delicto, com uma exposição do caso e de suas circumstancias, aos Juizes competentes, a fim de formarem a culpa.

Se mais de uma auctoridade competente começarem um processo de formação de culpa, proseguirá nelle o Chefe de Policia ou Delegado, salvo porém o caso da remessa de que se trata na primeira parte deste paragrapho.

§ 10. Velar em que os seus Delegados, e Subdelegados, ou subalternos cumpram os seus regimentos, e desempenhem os seus deveres, no que toca a Policia, e formar-lhes culpa, quando o mereçam.

§ 11. Dar-lhes as instrucções que forem necessarias para melhor desempenho das attribuições policiaes que lhes forem incumbidas.

Art. 5.° Os Subdelegados, nos seus districtos, terão as mesmas attribuições marcadas no artigo antecedente para os Chefes de Policia e Delegados, exceptuadas as dos §§ 5.°, 6.° e 9.°.

Art. 6.° As attribuições criminaes e policiaes que actualmente pertencem aos Juizes de Paz, e que por esta Lei não forem especialmente devolvidas ás Auctoridades, que crêa, ficam pertencendo aos Delegados e Subdelegados.

Art. 7.° Compete aos Chefes de Policia exclusivamente:

§ 1.° Organisar, na fórma dos seus respectivos Regulamentos, a estatistica criminal da Provincia, e a da Côrte, para o que todas as Auctoridades criminaes, embora não sejam Delegados da Policia, serão obrigadas a prestar-lhes, na fórma dos ditos Regulamentos, os esclarecimentos que dellas dependerem.

§ 2.° Organisar na fórma que for prescripta nos seus Regulamentos, por meio dos seus Delegados, Juizes de Paz e Parochos, o arrolamento da população da Provincia.

§ 3.° Fazer ao Ministro da Justiça, e aos Presidentes das Provincias, as participações que os Regulamentos exigirem, nas épocas e pela maneira nelles marcadas.

§ 4.° Nomear os Carcereiros, e demitti-los, quando não lhes mereçam confiança.

Art. 8.° Para o expediente da Policia, e escripturação dos negocios a seu cargo, poderão ter os Chefes de Policia das Provincias um até dous Amanuenses, cujos vencimentos, e os dos Carcereiros serão marcados pelo Governo, e sujeitos á approvação da Assembléa Geral Legislativa. O expediente da Policia da Côrte poderá ter maior numero de Empregados.

Art. 9.° Os Escrivães de Paz e os Inspectores de Quarteirão servirão perante os Subdelegados, sobre cuja Proposta serão nomeados pelos Delegados.

Art. 10. Para a concessão de um mandado de busca, ou para a sua expedição ex-officio, nos casos em que este procedimento tem lugar, bastarão vehementes indicios, ou fundada probabilidade da existencia dos objectos, ou do criminoso no lugar da busca. O mandado não conterá nem o nome, nem o depoimento de qualquer testemunha. No caso de não verificar-se a achada, serão communicados a quem soffreu a busca, as provas em que o mandado se fundou, logo que as exigir.

Art. 11. Acontecendo que uma Auctoridade Policial, ou qualquer Official de Justiça, munido do competente mandado, vá em seguimento de objectos furtados, ou de algum réo em districto alheio, poderá alli mesmo aprehendel-os; e dar as buscas necessarias, prevenindo antes as Auctoridades competentes do lugar, as quaes lhes prestarão o auxilio preciso, sendo legal a requisição.

No caso, porém, de que essa communicação previa possa trazer demora incompativel com o bom exito da diligencia, poderá ser feita depois, e im-

mediatamente que se verificar a diligencia.

Art. 12. Ninguem poderá viajar por mar ou por terra, dentro do Imperio, sem Passaporte, nos casos e pela maneira que for determinado nos Regulamentos do Governo.

CAPITULO II

Dos Juizes municipaes

Art. 13. Os Juizes Municipaes serão nomeados pelo Imperador dentre os bachareis formados em Direito, que tenham pelo menos um anno de pratica do fôro adquirida depois da sua formatura.

Art. 14. Esses Juizes servirão pelo tempo de quatro annos, findo os quaes poderão ser reconduzidos, ou nomeados para outros lugares, por outro tanto tempo, com tanto que tenham bem servido.

Art. 15. O Governo poderá marcar a estes Juizes um ordenado, que não exceda a quatrocentos mil reis.

Art. 16. Emquanto se não estabelecerem os Juizes do art. 13 e nos lugares onde elles não forem absolutamente precisos, servirão os substitutos do art. 19.

Art. 17. Compete aos Juizes Municipaes:

§ 1.º Julgar definitivamente o contrabando, excepto o apprehendido em flagrante, cujo conhecimento, na fórma das Leis, e Regulamentos de Fazenda, pertence ás Autoridades Administrativas; e o de Africanos, que continuará a ser julgado na fórma do Processo commum.

§ 2.º As attribuições criminaes e policiaes, que competiam aos Juizes de Paz.

§ 3.º Sustentar, ou revogar, ex-officio, as pronuncias feitas pelos Delegados e Subdelegados.

§ 4.º Verificar os factos que fizerem objecto de queixa contra os Juizes de Direito das Comarcas, em que não houver Relação, inquirir sobre os mesmos factos testemunhas, e facilitar ás Partes a extracção dos documentos que ellas exigirem para bem a instruirem, salva a disposição do art. 161 do Codigo do Processo Criminal.

§ 5.º Conceder fiança aos réos que pronunciarem ou prenderem.

§ 6.º Julgar as suspeições postas aos Subdelegados.

§ 7.º Substituir na Comarca ao Juiz de Direito na sua falta ou impedimento. A substituição será feita pela ordem que designarem o Governo na Côrte, e os Presidentes nas Provincias.

Art. 18. Quando os Juizes Municipaes passarem a exercer as funções de Juiz de Direito, ou tiverem algum legitimo impedimento, ou forem suspeitos, serão substituidos por Supplentes na fórma do artigo seguinte.

Art. 19. O Governo na Côrte, e os Presidentes nas Provincias, nomearão por quatro annos seis Cidadãos notaveis do lugar pela sua fortuna, intelligencia e boa conducta, para substituirem os Juizes Municipaes nos seus impedimentos, segundo a ordem em que seus nomes estiverem.

Se a lista se esgotar, far-se-ha outra nova pela mesma maneira, devendo os incluidos nesta servir pelo tempo que faltar aos primeiros seis; e emquanto ella se não formar, os Vereadores servirão de Substitutos pela ordem da votação.

Art. 20. A autoridade dos Juizes Municipaes comprehenderá um ou mais Municipios, segundo a sua extensão e população.

Nos grandes e populosos poderão haver os Juizes Municipaes necessarios com jurisdicção cumulativa.

Art. 21. Os Juizes Municipaes, e de Orphãos, pelos actos que praticarem tanto no civil como no crime, perceberão dobrados os emolumentos marcados no Alvará de 10 de Outubro de 1754 para os Juizes de Fóra e Orphãos das Comarcas de Minas Geraes, Cuyabá e Matto-Grosso.

CAPITULO III

Dos Promotores Publicos

Art. 22. Os Promotores Publicos serão nomeados e demitidos pelo Imperador, ou pelos Presidentes das Provincias, preferindo sempre os Bachareis formados, que forem idoneos, e servirão pelo tempo que convier. Na falta ou impedimento serão nomeados interinamente pelos Juizes de Direito.

Art. 23. Haverá pelo menos em cada Comarca um Promotor, que acompanhará o Juiz de Direito: quando porém as circumstancias exigirem, poderão ser nomeados mais de um.

Os Promotores vencerão o ordenado, que lhes fôr arbitrado, o qual na Côrte, será de um conto e duzentos mil réis por anno, além de mil e seiscentos por cada offerecimento de libello, tres mil e duzentos réis por cada sustentação no Jury, e dous mil quatrocentos réis por arrazoados escriptos.

CAPITULO IV

Dos Juizes de Direito

Art. 24. Os Juizes de Direito serão nomeados pelo Imperador d'entre os Cidadãos habilitados, na fórma do art. 44 do Codigo do Processo; e quando tiverem decorrido quatro annos da execução desta Lei, só poderão ser nomeados Juizes de Direito aquelles Bachareis formados que tiverem servido com distincção os cargos de Juizes Municipaes, ou de Orphãos, e Promotores Publicos, ao menos por um quatriennio completo.

Art. 25. Aos Juizes de Direito das Comarcas, além das attribuições que tem pelo Codigo do Processo Criminal compete:

1.º Formar culpa aos Empregados Publicos não privilegiados nos crimes de responsabilidade.

Esta jurisdicção será cumulativamente exercida pelas Auctoridades Judiciarias a respeito dos Officiaes que perante as mesmas servirem.

2.º Julgar as suspeições postas aos Juizes Municipaes e Delegados.

3.º Proceder ou mandar proceder ex-officio, quando lhe fôr presente por qualquer maneira algum Processo crime, em que tenha lugar a accusação por parte da Justiça, a todas as diligencias necessarias, ou para sanar qualquer nullidade, ou para mais amplo conhecimento da verdade, e circumstancias, que possam influir no julgamento. Nos crimes em que não tiver lugar a accusação por parte da Justiça, só a poderá fazer a requerimento de parte.

4.º Correr os Termos da Comarca o numero de vezes, que lhe marcar o Regulamento.

5.º Julgar definitivamente os crimes de responsabilidade dos Empregados Publicos não privilegiados.

Art. 26. Os Juizes de Direito, nas correições que fizerem nos Termos de suas Comarcas, deverão examinar:

1.º Todos os processos de formação de culpa, quer tenham sido processados perante os Delegados e Subdelegados, quer perante o Juiz Municipal; para o que ordenarão que todos os Escrivães dos referidos Juizes lhes apresentem os processos dentro de tres dias, tenham ou não havido nelles pronuncia, e emendarão os erros que acharem, procedendo contra os Juizes, Escrivães, e Officiaes de Justiça, como fôr de direito.

2.º Todos os processos crimes que tiverem sido sentenciados pelos Juizes Municipaes, Delegados e Subdelegados; procedendo contra elles, se acharem que condemnaram ou absolveram os réos por prevaricação, peita, ou suborno.

3.º Os livros dos Tabelliães e Escrivães para conhecerem a maneira por que usam de seus Officios, procedendo contra os que fôrem achados, em culpa.

4.º Se os Juizes Municipaes, de Orphãos, Delegados, e Subdelegados, fazem as Audiencias, e são assiduos e diligentes no cumprimento dos seus

deveres, procedendo contra os que acharem em culpa.

CAPITULO V

Dos Jurados

Art. 27. São aptos para Jurados os cidadãos que poderem ser Eleitores, com a excepção dos declarados no art. 23 do Codigo do Processo Criminal, e os Clerigos de Ordens Sacras, comtanto que esses cidadãos saibam ler e escrever, e tenham de rendimento annual por bens de raiz ou Emprego Publico, quatrocentos mil reis, nos termos das Cidades do Rio de Janeiro, Bahia, Recife e S. Luiz do Maranhão: trezentos mil réis nos Termos das outras Cidades do Imperio; e duzentos em todos os mais Termos.

Quando o rendimento provier do commercio ou industria, deverão ter o duplo.

Art. 28. Os Delegados de Policia organisarão uma lista (que será annualmente revista) de todos os cidadãos, que tiverem as qualidades exigidas no artigo antecedente, e a farão affixar na porta da Parochia, ou Capella, e publicar pela imprensa, onde a houver.

Art. 29. Estas listas, serão enviadas ao Juiz de Direito, o qual com o Promotor Publico, e o Presidente da Camara Municipal formará uma Junta de revisão, tomará conhecimento das reclamações que houverem, e formará a lista geral dos Jurados, excluindo todos aquelles individuos que notoriamente forem conceituados de faltos de bom senso, integridade, e bons costumes, os que estiverem pronunciados, e os que tiverem soffrido alguma condemnação passada em julgado por crime de homicídio, furto, roubo, bancarota, estellionato, falsidade ou moeda falsa.

Art. 30. O Delegado, que não enviar a lista, ou o membro da Junta, que não comparecer no dia marcado, ficará sujeito a multa de cem a quatrocentos mil reis, imposta pelo Juiz de Direito, sem mais formalidade que a simples audiencia, e com recurso para o Governo na Côrte e Presidentes nas Provincias, que a imporão directa, e immediatamente quando tiver de recahir sobre o Juiz de Direito. Emquanto se não organisar a lista geral, continuará em vigor a do anno antecedente.

Art. 31. Os Termos, em que se não apurarem pelo menos 50 Jurados, reunir-se-hão ao Termo, ou Termos mais vizinhos, para formarem um só, Conselho de Jurados, e os Presidentes das Provincias designarão nesse caso, o lugar da reunião do Conselho, e da Junta Revisoria.

CAPITULO VI

Da prescripção

Art. 32. Os delictos em que tem lugar a fiança, prescrevem no fim de vinte annos, estando os réos ausentes fóra do Imperio, ou dentro em lugar não sabido.

Art. 33. Os delictos que não admittem fiança prescrevem no fim de vinte annos, estando os réos ausentes em lugar sabido dentro do Imperio; estando os réos ausentes em lugar não sabido, ou fóra do Imperio, não prescrevem em tempo algum.

Art. 34. O tempo para a prescripção conta-se do dia em que fôr commettido o delicto. Se porém houver pronuncia interrompe-se, e começa a contar-se da sua data.

Art. 35. A prescripção poderá allegar-se em qualquer tempo, e acto do Processo da formação da culpa, ou da accusação; e sobre ella julgará summaria e definitivamente o Juiz Municipal, ou de Direito, com interrupção da causa principal.

Art. 36. A obrigação de indemnisar prescreve passados trinta annos, contados do dia em que o delicto fôr commettido.

CAPITULO VII

Das fianças

Art. 37. Nos crimes mencionados no art. 12 § 7.º do Codigo do Processo,

os réos (que não forem vagabundos, ou sem domicilio) se livrarão soltos.

Art. 38. Além dos crimes declarados no art. 101 do Codigo do Processo, não se concederá fiança:

1.° Aos criminosos, de que tratão os arts. 107 e 116 na primeira parte, e 123 e 127 do Codigo Criminal.

2.° Aos que forem pronunciados por dous ou mais crimes, cujas penas, posto que a respeito de cada um delles sejam menores, que as indicadas no mencionado art. 101 do Codigo do Processo, as igualem, ou excedam, consideradas conjunctamente.

3.° Aos que uma vez quebrarem a fiança.

Art. 39. No termo de fiança os fiadores se obrigarão, além do mais contido no art. 103 do Codigo do Processo, a responderem pelo quebramento das fianças, e os afiançados, antes de obterem contra-mandado ou mandado de soltura, assignarão termo de comparecimento perante o Jury, independentemente de notificação, em todas as subsequentes reuniões até serem julgados a final, quando não consigam dispensa de comparecimento.

Art. 40. Aos fiadores serão dados todos os auxilios necessarios para a prisão do réo, qualquer que seja o seu livramento:

1.° Se elle quebrar a fiança.

2.° Se fugir depois de ter sido condemnado.

Art. 41. Querendo o fiador desistir da fiança poderá notificar o afiançado para apresentar outro que o substitua dentro do prazo de 15 dias, e se elle o não satisfizer dentro desse prazo, poderá requerer mandado de prisão; porém só ficará desonerado depois que o réo fôr effectivamente preso, ou tiver prestado novo fiador.

Art. 42. A fiança se julgará quebrada:

1.° Quando o réo deixar de comparecer nas sessões do Jury, não sendo dispensado pelo Juiz de direito por justa causa.

2.° Quando o réo, depois de afiançado, commeter delicto de ferimento, offensa physica, ameaça, calumnia, injuria, ou damno contra o queixoso ou denunciante, contra o Presidente do Jury, ou Promotor Publico.

Art. 43. Pelo quebramento da fiança o réo perderá metade da multa substitutiva da pena, isto é, daquella quantia, que o Juiz accrescenta ao arbitramento dos peritos na fórma do art. 109 do Codigo do Processo Criminal. O Juiz que declarar o quebramento, dará logo todas as providencias para que seja capturado o réo, o qual fica sujeito a ser julgado á revelia, se ao tempo do julgamento não tiver ainda sido preso. Em todo o caso o resto da fiança fica sujeito ao que dispõe os artigos seguintes.

Art. 44. O réo perde a totalidade do valor da fiança quando, sendo condemnado por sentença irrevogável, fugir antes de ser preso. Neste caso o producto da fiança, depois de deduzida a indemnisação da parte e custas, será aplicado a favor da Camara Municipal, a quem também se applicarão os productos dos quebramentos de fianças.

Art. 45. Se o réo afiançado, que fôr condemnado, não fugir, e puder soffrer a pena; mas não tiver a esse tempo meios para indemnisação da parte e custas, o fiador será obrigado a essa indemnisação e custas, perdendo a parte do valor da fiança destinada a esse fim, mas, não a que corresponde à multa substitutiva da pena.

Art. 46. Ficam supprimidas as palavras, ou que sejam conhecidamente abonados, do art. 107 do Código do Processo.

CAPITULO VIII

Da formação da culpa

Art. 47. Nos crimes que não deixam vestigios, ou de que se tiver noticia quando os vestigios já não existam, e não se possam verificar ocularmente por um ou mais peritos, poder-se-ha formar o processo independente de inquirição especial para o corpo de delicto, sendo no summario inquiridas testemunhas, não só a respeito da exis-

tencia do delicto, e suas circumstancias, como tambem àcerca do delinquente.

Art. 48. No summario, a que se proceder para formação da culpa, e nos casos em que não houver lugar o procedimento official da Justiça, poderão inquirir-se de duas até cinco testemunhas, além das referidas ou informantes. Nos casos de denuncia poderão ser inquiridas de cinco até oito. Quando, porém, houver mais de um indicado delinquente, e as testemunhas inqueridas não depozerem contra um ou outro, de quem o Juiz tiver vehementes suspeitas, poderá este inquirir duas ou tres testemunhas a respeito delles sómente. Se findo o processo, e remettido ao Juizo competente para apresental-o ao Jury, tiver o Juiz conhecimento de que existem um, ou mais criminosos, poderá formarlhes novo processo emquanto o crime não prescrever.

Art. 49. Os Delegados e Subdelegados, que tiverem pronunciado, ou não pronunciado algum réo, remetterão o processo ao Juiz Municipal para sustentar, ou revogar a pronuncia, ou despronuncia; no caso de não pronuncia e de estar o réo preso, não será solto antes da decisão do Juiz Municipal.

Art. 50. Os Juizes Municipaes, quando lhes forem presentes os processos com as pronuncias para o sobredito fim, poderão proceder a todas as diligencias que julgarem precisas para a rectificação das queixas, ou denuncias, para emenda de algumas faltas que induzam nullidade, e para esclarecimento da verdade do facto, e suas circumstancias, ou seja ex-officio ou a requerimento das partes; com tanto que tudo se faça o mais breve, e summariamente que fôr possivel.

Art. 51. As testemunhas da formação da culpa, se obrigarão por um termo a communicar ao Juiz dentro de um anno, qualquer mudança de residencia, sujeitando-se pela simples ommissão a todas as penas do não comparecimento.

Art. 52. As notificações das testemunhas se farão por Mandados dos Juizes Municipaes que ficam substituindo aos Juizes de Paz da cabeça do Termo, ou do Districto onde se reunirem os Jurados, para cumprirem quanto a estes competia a respeito dos Processos, que tiverem de ser submetidos ao Jury.

Art. 53. As testemunhas, que sendo notificadas, não comparecerem na sessão, em que a causa deve ser julgada, poderão ser conduzidas debaixo de prisão para depôrem, e punidas pelo Juiz de Direito com a pena de cinco a quinze dias de prisão. Além disto, se em rasão de falta de comparecimento de alguma ou algumas testemunhas, a causa fôr addiada para outra sessão, todas as despezas das novas notificações, e citações que se fizerem, e das indemnisações ás outras testemunhas, serão pagas por aquella, ou aquellas que faltarem, as quaes poderão ser a isso condemnadas pelo Juiz de Direito na decisão que tomar sobre o addiamento da causa, e poderão ser constrangidas a pagarem na Cadêa.

CAPITULO IX

Do julgamento das causas perante o Conselho de Jurados

Art. 54. As sentenças de pronuncia nos crimes individuaes proferidas pelos Chefes de Policia, Juizes Municipaes, e as dos Delegados e Subdelegados, que fôrem confirmadas pelos Juizes Municipaes, sujeitam os réos á accusação, e a serem julgados pelo Jury, procedendo-se na fórma indicada no art. 254, e seguintes do Codigo do Processo Criminal.

Art. 55. Se, depois dos debates, o depoimento de uma ou mais testemunhas, ou um ou mais documentos fôrem arguidos de falsos, com fundamento rasoavel, o Juiz de Direito examinará logo esta questão incidente, e a decidirá summaria e verbalmente, fazendo depois continuar o Processo da causa principal; e no caso de entender pelas averiguações a que proceder, que concorrem vehementes indicios de falsidade, proporá em primeiro quesito aos Jurados, no mesmo acto em que fizer os outros sobre a causa principal: — Se os Jurados podem pronunciar alguma decisão a respeito dessa causa principal, sem atten-

ção ao depoimento, ou documento arguido de falso.

Art. 56. Retirando-se os Jurados, se decidirem affirmativamente esta questão, responderão aos outros quesitos sobre a causa principal; resolvendo-a porém negativamente, não decidirão a causa principal, que ficará suspensa, e dissolvido esse Conselho. O Juiz de Direito em ambos os casos, remetterá a cópia do documento ou depoimento arguido de falso, com os indiciados delinquentes, ao Juiz competente para a formação da culpa.

Art. 57. Formada a culpa, no caso de que a decisão da causa principal tenha ficado suspensa, será ella decidida conjunctamente por novo Conselho de Jurados com a causa da falsidade arguida.

Art. 58. O Juiz de Direito, depois que tiver resumido a materia da accusação e defesa, proporá aos Jurados, sorteados para a decisão da causa, as questões de facto necessarias para poder elle fazer a applicação do Direito.

Art. 59. A primeira questão será de conformidade com o libello; assim o Juiz de Direito a proporá nos seguintes termos: — O réo praticou o facto (referindo-se ao libello) com tal e tal circumstancia?

Art. 60. Se resultar dos debates o conhecimento da existencia de alguma, ou algumas circumstancias aggravantes, não mencionadas no libello, proporá tambem a seguinte questão: — O réo commetteu o crime com tal, ou tal circumstancia aggravante?

Art. 61. Se o réo apresentar em sua defeza, ou no debate allegar como escusa um facto que a lei reconhece como justificativo, e que isente da pena, o Juiz de Direito proporá a seguinte questão: — O Jury reconhece a existencia de tal facto ou circumstancia?

Art. 62. Se o réo for menor de 14 annos, o Juiz de Direito fará a seguinte questão: — O réo obrou com discernimento?

Art. 63. Quando os pontos da accusação fôrem diversos, o Juiz de Direito proporá ácerca de cada um delles, todos os quesitos indispensaveis, e os mais que julgar convenientes.

Art. 64. Em todo o caso o Juiz de Direito proporá sempre a seguinte questão: — Existem circumstancias attenuantes a favor do réo?

Art. 65. Todas as decisões do Jury deverão ser dadas em escrutinio secreto; nem se poderá fazer declaração alguma no processo, por onde se conheça quaes os Jurados vencidos, e quaes os vencedores.

Art. 66. A decisão do Jury para a applicação da pena de morte será vencida por duas terças partes de votos; todas as mais decisões sobre as questões propostas serão por maioria absoluta; e no caso de empate se adoptará a opinião mais favoravel ao accusado.

O Governo estabelecerá o modo pratico de proceder-se á votação no Regulamento que expedir para a execução desta Lei.

Art. 67. Ao Juiz de Direito pertence a applicação da pena, a qual deverá ser no grão maximo, medio ou minimo, segundo as regras de Direito, á vista das decisões sobre o facto proferidas pelos Jurados.

Art. 68. A indemnisação em todos os casos será pedida por ação civel, ficando revogado o art. 31 do Codigo Criminal, e o § 5.º do art. 269 do Codigo do Processo. Não se poderá, porém, questionar mais sobre a existencia do facto, e sobre quem seja o seu auctor, quando estas questões se acharem decididas no crime.

CAPITULO X

Dos recursos

Art. 69. Dar-se-ha recurso:

1.º Da decisão que obriga a termo de bem viver e de segurança, e a apresentar Passaporte.

2.º Da decisão que declara improcedente o Corpo de delicto.

3.º Da que pronuncia, ou não pronuncia, e que sustenta ou revoga a pronuncia.

4.º Da concessão, ou denegação de fiança, e do seu arbitramento.

5.º Da decisão que julga perdida a quantia afiançada.

6.º Da decisão contra a prescripção allegada.

7.º Da decisão que concede soltura em consequencia de *Habeas-corpus:* este recurso será interposto ex-officio. É sómente competente para conceder *Habeas-corpus* o Juiz superior ao que decretou a prisão.

Art. 70. Estes recursos serão interpostos para a Relação do Districto quando as decisões forem proferidas pelos Juizes de Direito, ou Chefes de Policia, nos casos em que lhes competirem.

Dar-se-hão, porém, para o Juiz de Direito, quando proferidas por outras Auctoridades Judiciarias inferiores. O recurso de não pronuncia, nos casos de responsabilidade será interposto ex-officio.

Art. 71. O recurso dos despachos do Juiz de Direito, de que tratam os arts. 281 e 285 do Codigo do Processo, será interposto para a Relação.

Art. 72. Estes recursos não terão effeito suspensivo e serão interpostos dentro de cinco dias, contados da intimação ou publicação, em presença das partes, ou seus procuradores, por uma simples petição assignada, na qual devem especificar-se todas as peças dos autos de que se pretende traslados para documentar o recurso.

Terá porém effeito suspensivo o recurso no caso de pronuncia, afim de que o processo não seja remettido para o Jury até a apresentação do mesmo recurso ao Juiz, *a quó*, segundo o art. 74 desta Lei.

Art. 73. Dentro de cinco dias, contados da interposição do recurso, deverá o recorrente ajuntar á sua petição todos os ditos traslados e razões; e se dentro desse prazo o recorrido pedir vista ser-lhe-ha concedida por cinco dias contados daquelle em que findarem os do recorrente e ser-lhe-ha permittido ajuntar as razões e traslados que quizer.

Art. 74. Com a resposta do recorrido, ou sem ella, será o recurso concluso ao Juiz *a quó*, e dentro de outros cinco dias contados daquelle em que findar o prazo do recorrido ou do recorrente, se aquelle não tiver pedido vista, poderá o Juiz reformar o despacho, ou mandar ajuntar ao recurso os traslados dos autos que julgar convenientes, e fundamentar o seu despacho.

Art. 75. Os prazos concedidos aos recorrentes, e recorrido, para ajuntar os traslados e arrasoados, poderão ser ampliados até o dobro pelo Juiz, se entender que assim o exige a quantidade, e qualidade dos traslados.

Art. 76. O recurso deve ser apresentado na Superior Instancia dentro dos cinco dias seguintes, além dos de viagem, na rasão de quatro leguas por dia, ou entregue na Administração do Correio dentro dos cinco dias.

Nas Relações serão julgados esses recursos pelo modo estabelecido no art. 14 do seu Regulamento.

Art. 77. Para a apresentação do provimento do recurso ao Juiz *a quó*, é concedido o mesmo tempo que se gasta para a sua apresentação na Superior Instancia, contando-se da publicação do mesmo provimento.

CAPITULO XI

Das apellações e revistas

Art. 78. É permittido appellar:

1.º Para os Juizes de Direito, das sentenças dos Juizes Municipaes, Delegados e Subdelegados, nos casos em que lhes compete o julgamento final.

2.º Para as Relações, das decisões definitivas, ou interlocutorias com força de definitivas, proferidas pelos Juizes de Direito, nos casos em que lhes compete haver por findo o Processo.

3.º Das sentenças dos Juizes de Direito que absolverem, ou condemnarem nos crimes de responsabilidade.

4.º Nos casos do art. 301 do Codigo do Processo Criminal.

Art. 79. O Juiz de Direito appellará ex-officio:

1.º Se entender que o Jury proferiu decisão sobre o ponto principal da causa, contraria á evidencia resultante dos debates, depoimentos, e provas perante elle apresentadas; devendo em tal caso escrever no processo os fundamentos da sua convicção contraria, para que a Relação á vista delles decida se a causa deve ou não ser submettida a novo Jury. Nem o réo, nem o accusador ou Promotor terão direito de solicitar este procedimento da parte do Juiz de Direito, o qual não o poderá ter, se, immediatamente que as decisões do Jury forem lidas em publico, elle não declarar que appellará ex-officio; o que será declarado pelo Escrivão do Jury.

2.º Se a pena applicada fôr a de morte, ou galés perpetuas.

Art. 80. Das sentenças proferidas nos crimes, de que trata a Lei de 10 de Junho de 1835, não haverá recurso algum, nem mesmo o de revista.

Art. 81. A Relação, no caso do § 1.º do artigo antecedente, examinará as rasões da appellação, e se as achar procedentes, ordenará que a causa seja submettida a novo Jury, no qual não poderão entrar nem os mesmos Jurados que proferiram a primeira decisão, nem o mesmo Juiz de Direito que interpoz a appellação, devendo este novo Jury ser presidido pelo Substituto do Juiz de Direito.

Art. 82. Se a Relação mandar proceder a novo Jury, da decisão deste não competirá a appellação de que trata o art. 79.

Art. 83. A appellação interposta da sentença condemnatoria produz effeito suspensivo, excepto:

1.º Quando o appellante estiver preso, e a pena imposta fôr a de prisão simples ou mesmo com trabalho, havendo Casa de correcção com systema de penitenciaria.

2.º Quando a pena fôr pecuniaria, mas neste caso deverá a sua importancia ser recolhida a depositos, e emquanto não fôr decidida appellação não poderá o réo soffrer prisão a pretexto de pagamento de multa.

Art. 84. A appellação interposta da sentença de absolvição não suspende a execução, excepto no caso do art. 79 desta Lei e nos crimes inafiançaveis.

Art. 85. Para o julgamento da appellação só subirá o processo original quando nelle não houverem mais réos para serem julgados, aliás subirá traslados.

Art. 86. Nas causas crimes, de que trata esta Lei, não se admittirão embargo algum ás decisões e sentenças da primeira e segunda Instancia.

Art. 87. O protesto por novo julgamento, permittido pelo art. 308 do Codigo do Processo Criminal, sómente tem lugar nos casos em que fôr imposta a pena de morte, ou de galés perpetuas, e para outro Jury no mesmo lugar, ou no mais vizinho, quando haja impossibilidade naquelle.

Art. 88. Usando o condemnado deste recurso, ficarão sem effeito os do art. 79, e quaesquer outros.

Art. 89. É permittida a revista para o Tribunal competente:

1.º Das sentenças do Juiz de Direito proferidas em grão de appellação sobre crime de contrabando, segundo o art. 17 § 1.º desta Lei, e sobre a prescripção de que trata o art. 35, quando se julgar procedente.

2.º Das decisões das Relações, nos casos do art. 78, §§ 2.º, 3.ª e 4.º desta Lei.

Art. 90. Não é permittida a revista:

1.º Das sentenças de pronuncia; concessão, ou denegação de fiança, e de quaesquer interlocutorias.

2.º Das sentenças proferidas no fôro Militar, e no Ecclesiastico.

CAPITULO XII

Disposições geraes

Art. 91. A jurisdicção policial e criminal dos Juizes de Paz fica limitada á que lhes é conferida pelos §§ 4.º, 5.º, 6.º, 7.º, 9.º e 14 do art. 5.º da Lei de 15 de Outubro de 1827. No exercício de suas attribuições servir-se-hão dos Inspectores, dos Subdelegados, e terão Escrivães que poderão ser os destes.

Art. 92. A denuncia, queixa, e accusação poderão ser feitas por Procurador, precedendo licença do Juiz, quando o autor tiver impedimento que o prive de comparecer.

Art. 93. Se em um Termo, ou em uma Comarca, ou em uma Provincia tiver apparecido sedição ou rebellião, o delinquente será julgado, ou no Termo, ou na Comarca, ou na Provincia mais vizinha.

Art. 94. A pronuncia não suspende o exercicio dos direitos politicos, senão depois de sustentada competentemente.

Art. 95. Ficam abolidas as Juntas de Paz, e o 1.º Conselho dos Jurados. As suas attribuições serão exercidas pelas Auctoridades Policiaes creadas por esta Lei, e na fórma por ella determinada.

Art. 96. A fórma do processo será a mesma determinada pelo Codigo do Processo Criminal, que não estiver em opposição com a presente Lei.

Art. 97. As suspeições postas aos Subdelegados, Delegados e Juizes Municipaes, serão processadas e julgadas na fórma do Regulamento do Governo, conformando-se nesta parte com a disposição da Ord. Liv. 3.º, Tit. 21. A caução nas suspeições interpostas aos primeiros será de doze mil réis, e para os segundos de dezaseis mil réis.

Art. 98. A expedição dos autos e traslados não poderá ser retardada pela falta do pagamento das custas, as quaes poderão ser cobradas executivamente.

Art. 99. Sendo o réo tão pobre que não possa pagar as custas, perceberá o Escrivão a metade dellas do cofre da Camara Municipal da cabeça do Termo, guardado o seu direito contra o réo quanto á outra metade.

Art. 100. Os julgamentos nos processos criminaes terão lugar independentemente de sello e preparo, que poderão ser pagos depois.

Art. 101. Da indevida inscripção ou omissão na lista geral dos Jurados, segundo o art. 27 desta Lei, haverá recurso para o Governo na Côrte, e para os Presidentes nas Provincias, os quaes, procedendo ás necessarias informações, decidirão como fôr justo.

Art. 102. Este recurso será apresentado na Secretaria da Presidencia, ou na de Estado dos Negocios da Justiça, dentro de um mez, contado do dia em que se tiver affixado as listas, e será acompanhado de certidão desse affixamento, passada por um Escrivão de Juiz Municipal.

Art. 103. Os Jurados que faltarem ás sessões, ou que, tendo comparecido, se retirarem antes de ultimada, serão multados pelo Juiz de Direito com a multa de dez mil réis a vinte mil réis por cada dia de sessão.

Art. 104. Aos Juizes de Direito fica competindo o conhecimento das escusas dos Jurados, quer sejam produzidas antes, quer depois de multados.

Art. 105. Fica revogado o art. 231 do Codigo do Processo Criminal.

Art. 106. Os Jurados que forem dispensados pelos Juizes de Direito de comparecerem em toda uma sessão, por terem motivo legitimo, e bem assim os que deixarem de comparecer sem escusa legitima, e forem multados, não ficarão isentos de serem sorteados para a segunda sessão.

Art. 107. O Conselho de Jurados constará de quarenta e oito membros, e tantos serão os sorteados na fórma do art. 320 do Codigo do Processo; todavia poderá haver sessão, uma vez que compareção trinta e seis membros.

Art. 108. Haverá perante cada um Conselho de Jurados um Escrivão pri-

vativo para o Jury e execuções criminaes.

Art. 109. Quando nas rebelliões ou sedições entrarem Militares, serão estes julgados pelas Leis e Tribunaes Militares.

Art. 110. No art. 145 do Codigo do Processo, ficão eliminadas as palavras do parenthesis (não se tratando de crimes politicos).

Art. 111. No art. 351, antes da palavra — identidade — accrescente-se a palavra — não —, e ficam supprimidas as seguintes — e justificação de conducta.

Art. 112. As infracções dos Regulamentos que o Governo organisar para a execução da presente Lei, serão punidas, guardado o respectivo processo, com pena de prisão, que não poderá exceder a tres mezes, e de multa até duzentos mil réis.

O mesmo Governo especificará nos ditos Regulamentos qual a pena que deverá caber a cada uma infracção.

Art. 113. As Auctoridades de que trata esta Lei, continuarão a perceber os emolumentos marcados nas Leis em vigor, salva a disposição do art. 21.

TITULO II

Disposições civeis

CAPITULO UNICO

Dos Juizes Municipaes e recursos

Art. 114. Aos Juizes Municipaes compete:

1.º Conhecer e julgar definitivamente todas as causas civeis, ordinarias ou summarias que se moverem no seu Termo, proferindo suas sentenças sem recurso, mesmo de revista, nas causas que couberem em sua alçada, que serão de trinta e dous mil réis nos bens de raiz e de sessenta e quatro nos moveis.

2.º Conhecer e julgar da mesma fórma, contenciosa e administrativamente todas as causas da competencia da Provedoria dos Residuos.

3.º Conhecer e julgar definitivamente todas as causas de Almotaceria que excederem á alçada dos Juizes de Paz.

4.º Executar no seu termo todos os Mandados e sentenças civeis, tanto as que forem por elles proferidas, como as que forem por outros Juizes ou Tribunaes, com excepção unicamente das que couberem na alçada dos Juizes de Paz.

5.º Toda a mais jurisdicção civil que exercerem os actuaes Juizes do Civel.

Art. 115. Ficam abolidos os Juizes do Civel, conservados porém os actuaes, emquanto não forem empregados em outros lugares.

Art. 116. No impedimento dos actuaes Juizes do Civel, servirão os Municipaes.

Art. 117. Nas grandes povoações, onde a administração dos Orphãos puder occupar um ou mais Magistrados, haverá um ou mais Juizes de Orphãos.

Estes Juizes serão escolhidos pelo Imperador d'entre os Bachareis formados, habilitados para serem Juizes Municipaes, servirão pelo mesmo tempo que os Juizes Municipaes, e serão substituidos da mesma maneira.

Vencerão o ordenado e emolumentos, e terão a mesma alçada dos Juizes Municipaes.

Art. 118. Nos termos em que não houver Juiz de Orphãos especial, se houver Juiz de Direito Civel, exercerá este toda a jurisdicção que compete ao de Orphãos.

Não havendo Juiz de Direito Civel, competirá toda a jurisdicção do Juiz de Orphãos ao Juiz Municipal.

Art. 119. O Juiz de Direito da Comarca terá a jurisdicção, que tinham os Provedores das comarcas para nas Correições que fizer, conforme fôr determinado em Regulamento, revêr as contas dos Tutores, Curadores, Testamenteiros, Administradores Judiciaes,

Depositarios Publicos e Thesoureiros dos Cofres de Orphãos e Ausentes, tomando as que não achar tomadas pelos Juizes a quem compete, e procedendo civel e criminalmente na fórma de Direito.

Art. 120. Fica revogado o art. 14 da Disposição Provisoria, tanto na parte que supprimiu as replicas e treplicas, como naquella que reduziu os aggravos de petição e instrumento a aggravos no auto do processo, ficando em vigor a legislação anterior que não fôr opposta a esta Lei.

Os districtos dentro dos quaes se poderão dar os de petição, e o tempo e maneira em que poderão apresentar-se nas Instancias Superiores, serão determinados em Regulamento do Governo.

Art. 121. Compete á Relação no Districto conhecer dos recursos restabelecidos pelo artigo antecedente: nos Termos porém que distarem da Relação do Districto mais de quinze leguas, os mesmos recursos serão interpostos para o Juiz de Direito da Comarca dos despachos proferidos pelos Juizes Municipaes ou de Orphãos.

Art. 122. Os despachos nos ditos recursos na Relação serão proferidos por um Relator e dous Adjuntos, e não poderão ser embargados nem sujeitos á qualquer outro recurso.

Art. 123. Á Relação do Districto compete o conhecimento de todas as appellações das sentenças Civeis definitivas, ou interlocutorias com força de definitivas, proferidas pelos Juizes de Direito especial do Civel, pelos Juizes dos Orphãos, e Municipaes.

As Relações terão alçada nas causas civeis até cento e cincoenta mil réis em bens de raiz, e trezentos mil réis em bens moveis.

Art. 124. Ficam revogadas todas as Leis Geraes, ou Provinciaes que se oppozerem á presente, como se de cada uma dellas se fizesse expressa menção.

Mandamos, portanto á todas as Auctoridades, a quem o conhecimento, e execução da referida Lei pertencer, que a cumpram, e façam cumprir e guardar tão inteiramente, como nella se contém. O Secretario de Estado dos Negocios da Justiça a faça imprimir, publicar e correr. Dada no Palacio do Rio de Janeiro aos tres de Dezembro de mil oitocentos quarenta e um, vigesimo da Independencia e do Imperio. — IMPERADOR com Rubrica e Guarda. — *Paulino José Soares de Souza.*

Carta de Lei pela qual Vossa Magestade Imperial Manda executar o Decreto da Assembléa Geral, que Houve por bem Sanccionar, sobre as reformas do Codigo do Processo Criminal, na fórma acima declarada. — Para Vossa Magestade Imperial Vêr. — Antonio Alves de Miranda Varejão a fez.

Registrada á fl. 459 do Livro 1.º das Leis. Secretaria de Estado dos Negocios da Justiça em 10 de Dezembro de 1841. — *Vicente Ferreira de Castro Silva.* — *Paulino José Soares de Souza.*

Sellada na Chancellaria do Imperio em 10 de Dezembro de 1841. — *João Carneiro de Campos.*

Foi publicada a presente Lei nesta Secretaria de Estado dos Negócios da Justiça aos 11 de Dezembro de 1841. — *João Carneiro de Campos.*

REGULAMENTO N.º 120
DE 31 DE JANEIRO DE 1842

REGULAMENTO N.º 120 — DE 31 DE JANEIRO DE 1842.

Regula a execução da parte policial e criminal da Lei n.º 261 de 3 de Dezembro de 1841

Hei por bem, Usando da attribuição que me confere o art. 102, § 12 da Constituição do Imperio, Decretar o seguinte:

Disposições Policiaes

CAPITULO I

Da Policia em geral

Art. 1.º A policia Administrativa e Judiciaria é incumbida, na conformidade das Leis e Regulamentos:

1.º Ao Ministro e Secretario de Estado dos Negocios da Justiça, no exercicio da suprema inspecção, que lhe pertence como primeiro chefe e centro de toda a administração policial do Imperio.

2.º Aos Presidentes das Provincias, no exercicio da suprema inspecção, que nellas tem pela Lei do seu Regimento, como seus primeiros administradores e encarregados de manter a segurança e tranquillidade publica, e de fazer executar as leis.

3.º Aos Chefes de Policia no municipio da Côrte e nas Provincias.

4.º Aos Delegados de Policia e Subdelegados dos districtos de sua jurisdicção.

5.º Aos Juizes Municipaes nos Termos respectivos.

6.º Aos Juizes de Paz nos seus districtos.

7.º Aos Inspectores de Quarteirão nos seus quarteirões.

8.º Ás Camaras Municipaes nos seus municipios e aos seus Fiscaes.

SECÇÃO I

Da Policia Administrativa

Art. 2.º São da competencia da Policia Administrativa geral, além das que se acham encarregadas ás Camaras Municipaes pelo Tit. 3.º da Lei de 1.º de Outubro de 1828:

1.º As attribuições comprehendidas nos arts. 12 §§ 1.º, 2.º e 3.º do Codigo do Processo.

2.º A attribuição de julgar as contravenções ás Posturas das Camaras Municipaes. (Codigo do Processo Criminal art. 12 § 7.º).

3.º As attribuições mencionadas nos §§ 3.º, 4.º, 5.º, 6.º, 7.º e 9.º do art. 4.º da Lei de 3 de Dezembro de 1841.

4.º As attribuições mencionadas no art. 7.º §§ 1.º, 2.º, 3.º e 4.º da mesma Lei.

5.º As attribuições conteúdas nos §§ 4.º, 5.º, 6.º e 14 do art. 5.º da Lei de 15 de Outubro de 1827, e que a Lei de 3 de Dezembro de 1841 art. 91 conserva aos Juizes de Paz.

Secção II

Da Policia Judiciaria

Art. 3.º São da competencia da Policia Judiciaria:

1.º A attribuição de proceder a corpo de delicto, comprehendida no § 4.º do art. 12 do Codigo do Processo Criminal.

2.º A de prender os culpados, comprehendida no § 5.º do mesmo artigo do dito Codigo.

3.º A de conceder mandados de busca.

4.º A de julgar os crimes, a que não esteja imposta pena maior que multa de 100$000, prisão, degredo, ou desterro até seis mezes com multa correspondente á metade do tempo, ou sem ella, e tres mezes de Casa de Correcção, ou officinas publicas, onde as houver. (Cod. do Proc. Crim. art. 12 § 7.º).

CAPITULO II

Da organisação da Policia e seu expediente

Art. 4.º No municipio da Côrte, e em cada Provincia, haverá um Chefe de Policia que residirá na Capital.

Art. 5.º No municipio da Côrte e nas Provincias do Rio de Janeiro, Bahia, Alagôas, Parahyba, Ceará, Maranhão, Pernambuco, Minas Geraes, Pará e S. Paulo, os Chefes de Policia não accumularão outras funções; nas outras, porém, poderão exercer conjunctamente as de Juiz de Direito da Capital, e sua Comarca ou Termo.

Art. 6.º O Chefe de Policia da Côrte terá os Delegados e Subdelegados que o Governo, sob sua informação, julgar conveniente nomear, marcando-lhes districtos, dentro dos quaes deverão residir.

Art. 7.º Os Chefes de Policia das Provincias terão um Delegado em cada Termo, e tantos Subdelegados quantos os Presidentes das mesmas Provincias, sob sua informação, julgarem necessarios.

Haverá por via de regra um Subdelegado em cada districto de Paz, quando fôr mui populoso, e também se fôr muito extenso, e houverem nelles pessoas idoneas para exercer esse e os outros cargos publicos.

Art. 8.º Quando se reunirem dous ou mais termos, por via do art. 31 da Lei de 3 de Dezembro de 1841, terão um só Delegado.

Art. 9.º Nos termos das grandes cidades, Bahia, Recife, etc., poderá haver mais de um Delegado, marcando o Presidente da Provincia o districto de cada um.

Art. 10. Na Côrte e nas Capitaes das Provincias, mencionadas no art. 5.º, haverá uma casa privativamente destinada para o expediente ordinario da Policia.

Art. 11. Nas outras capitaes, porém, o dito expediente se fará naquella em que residir o Chefe de Policia, o qual será obrigado a ter nella reservada uma sala unicamente para esse fim, e para guardar os armarios, onde estarão depositados os livros e papeis da Repartição, havendo-se a devida attenção a este onus na gratificação que se lhe marcar.

Art. 12. O expediente da Policia da Côrte, e o numero dos seus Empregados, continuará pela mesma maneira porque tem estado até hoje, emquanto o Governo por um Regulamento especial o não alterar.

Art. 13. Os Chefes de Policia das Capitaes das Provincias especificadas no art. 5.º (á excepção dos da Côrte) terão dous Amanuenses para o seu expediente e escripturação dos negocios a seu cargo. Os das outras terão um sómente.

Art. 14. O expediente das Secretarias de Policia nas Provincias será regulado pelos Regimentos especiaes que organisarem os Chefes de Policia, e que forem approvados pelo Governo; no entanto reger-se-ha pelas instrucções que derem os ditos Chefes, com

approvação provisoria dos Presidentes das mesmas Provincias.

Art. 15. Em cada uma das Secretarias de Policia das Provincias haverá pelo menos os seguintes livros:

Um para o registro da correspondencia que se expedir.

Um para o da reservada, no qual sómente escreverá o Chefe de Policia.

Um para os das legitimações e passaportes.

Um para a apresentação e matricula dos Estrangeiros, conforme o modelo n. 3.

Um para os termos em geral.

Um de receita e despeza, quando a houver.

Art. 16. Os Chefes de Policia, para a expedição dos negocios, que pertencem à Policia administrativa, enumerados no art. 2.º do presente Regulamento, e bem assim para escrever os interrogatorios, provas e mais esclarecimentos, que houverem de remetter, para a formação da culpa, aos Juizes competentes, na conformidade do § 9.º do art. 4.º da Lei de 9 de Dezembro de 1841, e do art. 61 do dito Regulamento, servir-se-hão dos Empregados da sua Secretaria; e para a dos negocios que pertencerem á Policia Judiciaria, enumerados no art. 3.º do mesmo Regulamento, e dos criminaes, servir-se-hão de qualquer dos Escrivães que escrevem perante os Juizes Municipaes e Subdelegados que julgarom conveniente chamar.

Em todos os casos, porém, estando fóra da Capital e seu Termo, poder-se-hão servir destes ultimos.

Art. 17. Os Delegados de Policia, quer sejam Juizes Municipaes, quer sejam tirados d'outra classe de cidadãos, empregarão no expediente e escripturação de todos os negocios a seu cargo os Escrivães e Officiaes de Justiça que servirem perante os Juizes Municipaes, os quaes serão obrigados a obedecer-lhes e a cumprir as suas ordens, debaixo das penas da Lei.

Nos casos deste artigo e da 2.ª parte antecedente, os Chefes de Policia e Delegados participarão officialmente aos Juizes Municipaes e Subdelegados quaes os Escrivães e Officiaes de Justiça que tiverem empregado.

Art. 18. Cada Subdelegado terá um Escrivão (a cujo cargo estará todo o seu expediente), e o numero de Inspectores de Quarteirão que admittir o districto.

Art. 19. Tanto os Escrivães, como os Inspectores de Quarteirão servirão perante os Juizes de Paz, os quaes com auctorisação do Juiz de Direito, poderão ter Escrivães separados, quando os julgarem conveniente, e hajam pessoas que queiram servir esse cargo separadamente.

Art. 20. Os Chefes de Policia, Juizes Municipaes, Delegados, e Subdelegados requisitarão dos respectivos Commandantes a força armada, que fôr necessaria para manter a ordem, segurança e tranquillidade publica, para a prisão dos criminosos, e outras diligencias, e ordenarão nas Cidades, Villas, Povoações, e estradas as patrulhas e rondas que forem precisas.

Estas requisições serão primeiramente dirigidas aos Corpos de Policia quando os houver no lugar, e na sua falta, ou quando não tiverem Praças disponiveis aos da Guarda Nacional.

CAPITULO III

Da nomeação, demissão, vencimentos, e substituição dos empregados.

Art. 21. Os Chefes de Policia serão directamente nomeados pelo Imperador, d'entre os Desembargadores, e Juizes de Direito.

Nenhum Juiz de Direito será nomeado Chefe de Policia (salvo o caso de interinidade) sem que tenha servido, pelo menos por tres annos o lugar de Juiz de Direito, e nelle dado provas de desinteresse, actividade e intelligencia.

Art. 22. Serão conservados nos lugares, emquanto bem servirem, e o Governo julgar conveniente.

Art. 23. Deixarão os mesmos lugares nos casos seguintes:

1.º Sendo removidos de uns para outros, quando o exigir o bem do serviço.

2.º Sendo dispensados, ou por mera deliberação do Governo, ou a requerimento seu, a que annúa o mesmo Governo.

Neste caso, os que forem desembargadores regressarão para as Relações, nas quaes se achavam em exercicio, e os Juizes para os lugares, dos quaes haviam sido tirados, ou para outros equivalentes.

3.º Sendo promovidos ao Supremo Tribunal de Justiça, quando forem Desembargadores.

4.º Sendo privados do lugar por sentença.

Art. 24. Os Chefes de Policia, além do ordenado de Desembargadores (quando o sejam) ou de Juizes de Direito das Capitaes, em que servirem, vencerão mais uma gratificação proporcional ao trabalho, a qual será marcada pelo Governo, sobre informações dos Presidentes das Provincias.

Art. 25. Os Delegados e Subdelegados serão nomeados pelo Imperador na Côrte, e pelos Presidentes das Provincias, sobre propostas dos Chefes de Policia, a qual será acompanhada de todas as necessarias observações, informações, documentos e esclarecimentos, que justifiquem a idoneidade dos propostos. Estas propostas comprehenderão tres nomes, e quando forem regeitadas far-se-hão outras.

Art. 26. Os Delegados serão propostos d'entre os Juizes Municipaes de Paz, Bachareis formados, ou outros quaesquer Cidadãos, (á excepção dos Parochos) com tanto que residam nas Cidades, ou Villas, que forem cabeças de Termo (ou dos Termos, no caso da reunião, de que trata o art. 31 da Lei de 3 de Dezembro de 1841) ou mui proximamente (nunca porém fóra dos limites do dito Termo ou Termos), e tenham as qualidades requeridas para ser Eleitor, e que sejam homens de reconhecida probidade e intelligencia.

Art. 27. Os Subdelegados serão propostos, ouvido o Delegado, d'entre os Juizes de Paz dos respectivos districtos: d'entre os Bachareis formados e outros quaesquer Cidadãos, que nelles residirem, e tiverem as qualidades no artigo antecedente.

Art. 28. Os Delegados serão conservados emquanto bem servirem, e o julgarem conveniente o Governo na Côrte, e os Presidentes nas Provincias.

Deixarão os lugares nos casos seguintes:

1.º Sendo Bachareis formados Juizes Municipaes, quando forem promovidos aos lugares de Juiz de Direito.

2.º Sendo dispensados por méra deliberação do Governo, ouvido ao Chefe de Policia, ou a requerimento delles, a que annúa o mesmo Governo.

3.º Sendo privados do mesmo lugar por sentença.

Art. 29. Os Subdelegados serão igualmente conservados emquanto bem servirem, e o Governo na Côrte, e os Presidentes nas Provincias o julgarem conveniente, e deixarão os lugares nos casos dos §§ 2.º, e 3.º do artigo antecedente.

Art. 30. Os Juizes Municipaes, que forem Delegados, e os Juizes de Paz, que forem Delegados ou Subdelegados, não deixarão estes ultimos lugares por haver findo o tempo, durante o qual devem servir os primeiros, emquanto o Governo na Côrte, e os Presidentes nas Provincias os não dispensarem.

Art. 31. Nos Municípios, que tiverem uma extensão e população regular haverá um Juiz Municipal. Nos grandes e populosos, em que a influencia dos negocios assim o exigir, poderá haver até tres com jurisdicção cumulativa.

Art. 32. Os Municipios que forem pequenos, que tiverem pouca população, e os que não produzirem o numero de 50 Jurados, poderão ser reunidos até o numero de tres, debaixo da jurisdicção de um só Juiz Municipal.

Art. 33. Enquanto não houver um Bacharel formado, idoneo, que sirva o

lugar de Juiz Municipal em um Termo, servirá nelle o 1.º Juiz da lista, de que trata o art. 19 da Lei de 3 de Dezembro de 1841 sendo os cinco que se seguirem seus Supplentes. O mesmo se observará naquelles Municipios, que forem tão insignificantes pela sua pequena extensão, população, ou importancia (não convindo reuni-los a outros) que não se tornem nelles absolutamente precisos Juizes Municipaes, Bachareis formados.

Art. 34. Os Juizes Municipaes serão nomeados pelo Imperador dentre os Bachareis formados em direito, que tenham pelo menos um anno de pratica do Fôro, adquirida depois da sua formatura.

Art. 35. O anno de pratica exigido pela Lei será contado desde a data em que o Bacharel formado se tiver apresentado e inscripto na classe dos Advogados, dos Auditorios de uma Cidade ou Villa; e a frequencia e exercicio no Fôro nesse anno será provada por attestações do Presidente da Relação, (se houver no lugar) dos Juizes do Civel (se tambem os houver) do Juiz Municipal e do Juiz de Orphãos (se o houver separado), pelas quaes quer se mostre não sómente que fallou em Feitos, pelo menos perante alguns desses Juizos, como também que foi assiduo em frequentar as suas audiencias, e as sessões dos Jurados.

Art. 36. Os Juizes Municipaes servirão pelo tempo de quatro annos, findos os quaes serão promovidos aos lugares de Juizes de Direito, quando hajam vagas, reconduzidos, ou passados para melhores lugares, se tiverem bem servido.

Durante o quatriennio sómente deixarão os lugares nos seguintes casos:

1.º Se forem nomeados Juizes de Direito.

2.º Se forem removidos para outro lugar a requerimento seu.

3.º Se pedirem demissão e o Governo lh'a conceder.

4.º Se forem privados do lugar por sentença.

Art. 37. Os Presidentes das provincias enviarão de seis em seis mezes á Secretaria de Estado dos Negocios da Justiça, uma informação circumstanciada ácerca da maneira por que os Juizes Municipaes, de Orphãos, e Promotores, que forem Bachareis formados, servem os seus lugares, fazendo especificada menção de todas as queixas que contra elles houverem recebido, quando fundamentadas, e do destino e solução que tiverem tido.

Art. 38. Os Juizes de Direito das Comarcas enviarão nas mesmas épocas aos Presidentes das Provincias (os quaes, com as observações que julgarem convenientes fazer, a transmittirão á Secretaria de Estado dos negocios da Justiça) uma informação circumstanciada e fundamentada ácerca da maneira, porque os sobreditos Juizes Municipaes, de Orphãos, e Promotores que forem Bachareis formados, servem esses lugares, para o que no julgamento dos recursos, que lhes forem presentes, nos de crime de responsabilidade, nas sessões dos Jurados, e nas Correições que fizerem para o fim indicado no art. 119 da Lei de 3 de Dezembro de 1841, tomarão as notas e lembranças que forem precisas, munindo-se dos necessarios documentos.

Art. 39. Todas as vezes que o Supremo Tribunal de Justiça, ou as Relações mandarem formar culpa por crime de responsabilidade a algum Juiz Municipal, de Orphãos, e Promotor, Bacharel formado, em virtude do art. 157 do Codigo do Processo, o participarão, pelo intermedio de seu Presidente, ao Ministro e Secretario de Estado dos Negocios da Justiça.

Art. 40. As informações, que se obtiverem pelos meios marcados nos artigos antecedentes, servirão de base para a promoção dos Juizes Municipaes, de Orphãos, e Promotores aos lugares de Juiz de Direito, e bem assim para a sua reconducção, e melhormente de lugar.

Art. 41. Os Juizes Municipaes, que forem Bachareis formados, vencerão um ordenado (que não excederá a 400$000) o qual será marcado pelo Go-

verno sobre informação dos Presidentes das Provincias.

Art. 42. Os Escrivães dos Subdelegados, e os Inspectores de Quarteirão serão nomeados pelos Delegados sobre propostas dos Subdelegados.

No caso porém em que (segundo o art. 19 do presente Regulamento) os Juizes de Paz julguem conveniente ter Escrivães separados, ou haja pessoa que queira servir esse cargo separadamente, serão nomeados na conformidade do art. 14 do Codigo do Processo.

Art. 43. Para estes empregos serão escolhidos os que tiverem as qualidades declaradas nos arts. 14 e 16 do Codigo do Processo.

Os Inspetores de Quarteirão não serão tirados do numero dos Guardas Nacionaes activos, senão no caso em que nos districtos não hajam outras pessoas idoneas para este cargo.

Art. 44. Serão conservados os ditos Escrivães e Inspectores de Quarteirão emquanto forem da confiança dos Subdelegados, e quando a desmereçam, serão por elles suspensos e interinamente substituidos, até que a demissão seja ordenada pelos Delegados, a quem os mesmos Subdelegados representarão a necessidade della.

Art. 45. Os Amanuenses das Secretarias da Policia nas Provincias serão nomeados pelos respectivos Chefes e por elles despedidos, quando convier. Os seus vencimentos serão marcados pelo Governo, sobre informações dos Presidentes das Provincias, que ouvirão os ditos Chefes.

Art. 46. Os Carcereiros e mais Empregados das Cadêas da Côrte, e das Capitaes das Provincias, serão da escolha e directa nomeação dos Chefes de Policia. Os das Cadêas das Cidades e Villas das Comarcas tambem serão nomeados por elles, precedendo porém proposta dos Delegados, acompanhada de circumstanciada informação sobre as qualidades e circumstancias dos propostos. Os Chefes de Policia poderão rejeitar as propostas e mandar fazer outras.

Art. 47. Nas nomeações de que trata o artigo antecedente, (em iguaes circumstancias de idoneidade), serão preferidos os que puderem votar nas Assembléas Parochiaes aos que não tiverem esse direito; os casados aos solteiros; e os que tiverem bem servido quaesquer Officios de Justiça aos que não apresentarem essa circumstancia.

Art. 48. Os Carcereiros e mais Empregados das Cadêas da Côrte, e das Capitaes das Provincias serão demittidos por immediata deliberação dos Chefes de Policia, logo que desmereçam a sua confiança. Os das outras Cadêas das Cidades e Villas das Comarcas, quando desmerecerem a confiança dos Delegados respectivos serão por estes suspensos e substituidos interinamente por qualquer Official de Justiça, ou pessoa habil, emquanto a demissão não fôr ordenada pelos Chefes de Policia, a quem os mesmos Delegados representarão sobre a necessidade della.

Art. 49. Estas disposições não comprehendem os Carcereiros, que até á publicação desse Regulamento houverem sido nomeados, na conformidade da Lei de 11 de Outubro de 1827, e do Decreto de 28 de Novembro de 1833, art. 1.º.

Art. 50. Os vencimentos dos Carcereiros serão marcados pelo Governo, sobre informação dos Presidentes das Provincias, que ouvirão os Chefes de Policia, e estes aos Delegados.

Art. 51. Os Officiaes de Justiça dos Termos serão nomeados e demittidos pelos Juizes Municipaes, na fórma dos arts. 41 e 42 do Codigo do Processo, e servirão tambem perante os Juizes de Direito das Comarcas, quando estiverem no Termo, fazendo os sobreditos Juizes Municipaes a distribuição do serviço com igualdade (art. 17 deste Regulamento).

Art. 52. Os Officiaes de Justiça dos Subdelegados (que tambem servirão perante os Juizes de Paz), serão nomeados e demittidos por aquelles, na fórma e com o recurso do art. 52 do Código do Processo, fazendo os sobreditos Subdelegados a distribuição do serviço por elles com igualdade.

Art. 53. Os chefes de Policia, nas suas faltas e impedimentos, serão subs-

tituidos por alguns dos Desembargadores da Relação (se a houver no lugar) ou por algum dos Juizes de Direito do Crime, que o Governo na Côrte e os Presidentes nas Provincias designarem para esse fim.

Se não houver Relação na Capital, se tambem não houver, ou faltar Juiz de Direito do Crime, ou se por qualquer motivo convier ao serviço, poderá ser chamado algum dos Juizes de Direito do Crime das Comarcas mais proximas.

E no caso de falta repentina, será substituido o Chefe de Policia pelo Juiz Municipal da Capital, que servirá sómente emquanto não se apresentar algum dos Juizes de Direito das Comarcas mais proximas, que houver sido chamados. Quando houver mais um Juiz Municipal o Governo na Côrte e os Presidentes nas Provincias designarão aquelle que, no caso referido, deverá substituir o Chefe de Policia.

Art. 54. Na occasião, em que se fizer a nomeação dos Delegados e Subdelegados, serão, pela mesma fórma, nomeados mais seis para servirem na falta e impedimento daquelles, pela ordem em que estiverem collocados os seus nomes nas listas. Estes Supplentes deverão ter as qualidades requeridas nos arts. 26 e 27 do presente Regulamento.

Art. 55. Os Juizes Municipaes, quando passarem a exercer as funcções de Juiz de Direito na Comarca, ou de Chefe de Policia, nos termos do art. 53 deste Regulamento, ou quando tiverem algum legitimo impedimento ou forem suspeitos, serão substituidos pelos supplentes, na fórma do art. 10 da Lei de 3 de Dezembro de 1841.

Nos lugares, onde houver mais de um Juiz Municipal, por virtude do art. 20 da mesma Lei, nomear-se-ha para cada um os seus supplentes na fórma do art. 19 citado.

Art. 56. Os Juizes de Paz continuam a ser substituidos na fórma das Leis e ordens em vigor.

Art. 57. Os Cidadãos nomeados supplentes dos Juizes Municipaes, tambem o podem ser dos Delegados.

CAPITULO IV

Das attribuições dos Empregados de Policia

SECÇÃO I

Das attribuições do Chefe de Policia

Art. 58. Aos Chefes de Policia na Côrte e em toda a Provincia, a quem pertencerem, compete as seguintes attribuições policiaes:

1.º Tomar conhecimento das pessoas, que de novo vierem habitar no seu districto, sendo desconhecidas, ou suspeitas, e conceder, na fórma da Secção 1.ª do Capitulo 5.º deste Regulamento, passaportes ás pessoas que lh'o requererem.

2.º Obrigar a assignar termo de bem viver aos vadios, mendigos, bebados por habito, prostitutas, que perturbam o socego publico; e aos turbulentos, que por palavras ou acções offendem os bons costumes, a tranquillidade publica, e a paz das familias.

3.º Obrigar a assignar termo de segurança aos legalmente suspeitos da pretenção de commetter algum crime, podendo comminar neste caso, assim como aos comprehendidos no paragrapho antecedente, multa até 30$000 rs., prisão até 30 dias e 3 mezes de Casa de Correcção, ou officinas publicas.

4.º Proceder a auto de corpo de delicto.

5.º Prender os culpados, ou o sejam no seu, ou em qualquer outro Juizo.

6.º Julgar as contravenções ás Posturas das Camaras Municipaes, e os crimes, a que não esteja imposta pena maior que multa até 100$000, prisão, degredo ou desterro até seis mezes, com multa correspondente á metade desse tempo, ou sem ella, e 3 mezes de Casa de Correcção, ou officinas publicas, onde as houver.

7.º Exercer as attribuições, que ácerca das sociedades secretas, e ajuntamentos illicitos competiam aos Juizes de Paz.

8.º Vigiar e providenciar, nas fórmas das Leis, sobre tudo o que pertencer á prevenção dos delictos, e manutenção da segurança e tranquillidade publica.

9.º Examinar se as Camaras Municipaes tem providenciado sobre os objectos de policia, que por Lei se acham a seu cargo, representando-lhes com civilidade sobre as medidas que entenderem convenientes, para que se convertam em Posturas, e usando do recurso do art. 73 da Lei do 1.º de Outubro de 1828, quando não forem attendidos.

10. Inspeccionar os Theatros e espectaculos publicos, fiscalisando a execução dos seus respectivos Regimentos e podendo delegar esta inspecção, no caso de impossibilidade de a exercer por si mesmos, na fórma dos Respectivos Regulamentos, ás auctoridades judiciarias, ou administrativas dos lugares.

11. Inspeccionar na fórma dos Regulamentos, as prisões da Provincia.

12. Conceder mandado de busca, na fórma da Lei.

13. Remetter, quando julgarem conveniente, todos os dados, provas e esclarecimentos que houverem obtido sobre um delicto, com uma exposição do caso e de suas circumstancias, aos Juizes competentes, a fim de formarem a culpa.

14. Velar em que os seus Delegados, Subdelegados, e subalternos, cumpram os seus Regimentos e desempenhem os seus deveres, no que toca á Policia.

15. Dar-lhes as instrucções, que forem necessarias, para melhor desempenho das attribuições policiaes, que lhes forem incumbidas.

16. Organisar a estatistica criminal da Provincia e a do Municipio da Côrte.

17. Organisar, por meio dos seus Delegados, Subdelegados, Juizes de Paz e Parochos, o arrolamento da população da Provincia.

18. Fazer ao Ministro da Justiça, e aos Presidentes das Provincias as devidas participações, na fórma prescripta no Capitulo 6.º das disposições policiaes desse regulamento.

19. Nomear os carcereiros e demittilos quando lhes não mereçam confiança.

Art. 59. Os chefes de Policia exercerão por si mesmos e immediatamente as attribuições mencionadas nos §§ 1.º, 2.º, 3.º, 4.º, 5.º, 6.º, 7.º, 11 e 12 do artigo antecedente, dentro do Termo da Capital, em que residirem, e nos outros, sómente quando nelles se acharem, ou por intermedio dos seus Delegados ou Subdelegados.

Art. 60. O Governo, ou os Presidentes nas Provincias poderão ordenar que os Chefes de Policia se passem temporariamente para um ou outro Termo, ou Comarca da Provincia, quando seja ahi necessaria a sua presença, ou porque a segurança e tranquillidade publica se ache gravemente compromettida; ou porque se tenha alli commettido algum, ou alguns crimes de tal gravidade, e revestidos de circumstancias taes, que requeiram uma investigação mais escrupulosa, activa, imparcial e intelligente; ou finalmente porque se achem envolvidos nos acontecimentos, que occorrerem, pessoas, cujo poderio e prepotencia tolha a marcha regular e livre das Justiças do lugar.

Art. 61. A remessa, de que trata o § 13 do art. 58, poderá ter lugar nos casos dos §§ 1.º, 2.º, 3.º, 4.º, 5.º, 6.º, 7.º e 12 do mesmo artigo, todas as vezes que esses casos se não apresentem revestidos de circumstancias extraordinarias e taes, que reclamem a attenção particular e o conhecimento do Chefe de Policia, e o emprego de meios mais amplos, que tenha á sua disposição. A exposição de que trata o referido § 13 deverá conter aquellas instrucções, que o mesmo Chefe julgar conveniente dar, a indicação das testemunhas que souberem do facto, e de todos os indicios, que se houverem descoberto, e ser acompanhada dos requerimentos, queixas, ou denuncias, que houverem.

Secção II

Das attribuições policiaes dos Delegados e Subdelegados

Art. 62. Aos Delegados dos Chefes de Policia, nos seus respectivos districtos compete:

1.º As attribuições comprehendidas nos §§ 1.º, 2.º, 3.º, 4.º, 5.º, 6.º, 7.º, 8.º 9.º, 10, 11, 12, 13, 14 e 15 do art. 58 do presente Regulamento.

2.º Nomear os Escrivães dos Subdelegados e os Inspectores de Quarteirão, sobre proposta dos mesmos Subdelegados.

3.º As attribuições policiaes, que pertenciam aos Juizes de Paz até á data da Lei de 3 de Dezembro de 1841.

Art. 63. Aos Subdelegados nos seus districtos competem:

1.º As attribuições comprehendidas nos §§ 1.º, 2.º, 3.º, 4.º, 5.º, 6.º, 7.º, 8.º, 11 e 12 do art. 58 do presente Regulamento.

2.º Propôr aos Delegados os Cidadãos, que deverão ser nomeados seus Escrivães, e Inspectores de Quarteirão.

3.º Dividir o seu districto em Quarteirões, contendo cada um, pelo menos, 25 casas habitadas.

4.º As attribuições policiaes que pertenciam aos Juizes de Paz até á data da Lei de 3 de Dezembro de 1841.

Secção III

Das attribuições policiaes dos Juizes Municipaes

Art. 64. Aos Juizes Municipaes, como Auctoridades policiaes competem as mesmas attribuições que pertencem aos Delegados, exceptuadas as que vem especificadas nos §§ 9.º, 10, 13, 14 e 15 do art. 58 do presente Regulamento.

Secção IV

Das attribuições policiaes dos Juizes de Paz

Art. 65. As attribuições policiaes dos Juizes de Paz consistem:

1.º Em fazer pôr em custodia o bebado, durante a bebedice.

2.º Em evitar as rixas, procurando conciliar as partes.

3.º Em fazer que não haja vadios, nem mendigos, obrigando-os a viver de honesto trabalho.

4.º Em corrigir os bebados, por vicio, turbulentos, e meretrizes escandalosas, que pertubam o socego publico, obrigando-os a assignar termo de bem viver, com comminação de pena, e vigiando o seu procedimento ulterior.

5.º Em fazer destruir os quilombos e providenciar para que se não formem.

6.º Em fazer corpos de delicto.

7.º Em ter uma relação dos criminosos para os fazer prender.

8.º Em avisar os Juizes de Paz dos outros districtos, os Chefes de Policia, Delegados e Subdelegados, á cerca dos criminosos que souberem que existem nos seus districtos.

Secção V

Das attribuições dos Inspectores de Quarteirão

Art. 66. Competem aos inspectores de Quarteirão as seguintes attribuições, nos seus quarteirões:

1.º Vigiar sobre a prevenção dos crimes, admoestando aos comprehendidos no art. 12 § 2.º do Codigo do Processo, para que se corrijam e quando o não façam, dar disso parte circumstanciada aos Subdelegados, ou aos Juizes de Paz respectivos.

2.º Fazer prender aos criminosos em flagrante delicto, os pronunciados não afiançados e os condemnados á prisão.

3.º Observar, e guardar as ordens e instrucções que lhes forem dadas pelos Subdelegados e Juizes de Paz para o bom desempenho destas suas obrigações.

Quando as ordens e instrucções dos Subdelegados e Juizes de Paz forem

oppostas em materia sobre a qual a sua auctoridade é cumulativa, deverão recorrer ao Delegado, e observar o que este decidir.

CAPITULO V

Da fórma por que se ha de proceder nos differentes actos da competencia da Policia

SECÇÃO I

Dos passaportes dentro do Imperio, das legitimações e titulos de residencia

Dos passaportes

Art. 67. Os Cidadãos Brazileiros poderão viajar dentro do Imperio sem passaporte: mas neste caso ficam sujeitos ás indagações dos Subdelegados, os quaes poderão proceder ácerca delles na fórma dos arts. 115, 116, 117, e da primeira parte do art. 118 do Codigo do Processo Criminal, quando forem suspeitos.

Art. 68. Não se exigirá passaportes, nem se embaraçará por modo algum o transito:

1.° Quando o viajante, livre ou escravo, fôr conhecido por alguma das auctoridades do lugar.

2.° Quando duas pessoas de conceito do mesmo lugar o conhecerem e abonarem.

3.° Para o transito habitual e frequente de umas fazendas para outras, e destas para as povoações, e de umas povoações para outras, que mantenham relações frequentes.

Art. 69. Aos empregados publicos, quando viajarem no exercicio das obrigações do seu emprego, ou para o ir exercer, servirão de passaportes os seus titulos ou diplomas, que serão obrigados a apresentar, quando lhes forem exigidos.

Art. 70. Os escravos e Africanos livres, ou libertos, ainda que vão em companhia de seus senhores ou amos, são obrigados a apresentar passaporte, salvos os casos do art. 68.

Art. 71. Os estrangeiros não poderão viajar sem passaporte; exceptuam-se:

1.° Os que forem empregados no serviço publico do Imperio, aos quaes bastarão os titulos ou diplomas respectivos, na fórma do art. 69.

2.° Os Agentes Diplomaticos e Consulares das Nações Estrangeiras, e os individuos que forem addidos ás Legações e Consulados, emquanto seguirem para o seu destino. Se depois de estarem residindo na Côrte, ou em qualquer Cidade ou Vila do imperio, no desempenho dos seus deveres, pretenderem viajar dentro do imperio, lhes será preciso o passaporte, o qual lhes será dado na Côrte pelo Ministro e Secretario de Estado dos Negocios Estrangeiros, e nas Provincias pelos Presidentes.

3.° Os que fizerem parte da tripulação de qualquer navio.

Os que entrarem por escala em algum porto de mar com passaporte estrangeiro, se se não demorarem mais de um mez, poderão sahir com o mesmo passaporte, com tanto que tenha o visto da auctoridade policial competente.

Art. 72. Não se concederá passaporte a Cidadão Brazileiro para porto estrangeiro, ou a Estrangeiro, ainda que seja de uma para outra Provincia do Imperio, sem que sua sahida seja primeiramente annunciada nos jornaes por tres dias ao menos. Onde não houverem jornaes, os annuncios se affixarão na porta da Freguezia, e nos lugares mais publicos. Só no caso de necessidade urgente e especificada se dispensará esta formalidade aos que prestarem fiança idonea. O fiador se responsabilisará n'este caso pelas dividas do afiançado, e se sujeitará á pena de multa até 200$000, no caso de se mostrar que o afiançado procurou esse meio para evadir qualquer responsabilidade.

Art. 73. Para se conceder passaporte a um estrangeiro é sempre necessario a apresentação de seu titulo de residencia. Esta apresentação é sufficiente para a concessão de passaporte,

independentemente das formalidades marcadas no artigo antecedente, se a viagem fôr dentro da mesma Provincia.

Art. 74. O prazo para a validade de qualquer passaporte não poderá ser maior que o de quatro mezes.

Art. 75. Se antes de chegar ao ponto de seu destino tiver o individuo que seguir por mar, necessidade de viajar por terra, o passaporte deverá ser apresentando ás autoridades policiaes dos lugares, pelos quaes passar, uma vez que nelle se demore mais de tres dias. Com o visto destas autoridades continuará a ter vigor o mesmo passaporte por outro praso, igual ao primeiro marcado.

Art. 76. Nos portos de mar o visto da auctoridade policial respectiva é indispensavel para a validade do passaporte obtido em outro lugar. Exceptua-se o caso em que o viajante segue viagem no mesmo navio em que entrou, demorando-se este no porto menos de tres dias.

Art. 77. São competentes na Côrte e nas Capitaes das Provincias, para conceder passaportes os Ministros e Secretarios de Estado, pela maneira até agora praticada, os Presidentes das Provincias, e os Chefes de Policia. Fóra dessas Capitaes são competentes os Delegados; e nas Cidades, Villas, ou Freguezias, em que não residirem Delegados, poderão os Subdelegados concedel-os, ainda mesmo a Estrangeiros; porém os que forem dados pelos ditos Subdelegados sómente terão vigor dentro da Provincia.

Art. 78. Os passaportes expedidos pelos Chefes de Policia, Delegados e Subdelegados sómente o serão segundo o Modelo n. 1, e por elles se exigirão os emolumentos marcados no art. 120 do Codigo do Processo Criminal.

Art. 79. Ninguem poderá sahir para fóra do Imperio sem passaporte, á excepção das pessoas que fizerem parte das guarnições e tripulações dos navios de guerra nacionaes ou estrangeiros.

Art. 80. Aquelles que tentarem sahir para fóra do Imperio sem passaportes, e os Commandantes ou Mestres de navios que sem elles os admittirem, ou occultarem, incorrerão nas penas de multa de 20$ a 100$000 que poderá ser acompanhada de prisão até quinze dias, se houverem circumstancias aggravantes. Esta pena póde ser imposta pelas auctoridades policiaes do lugar da sahida, trajecto ou entrada. A falta do visto, nos casos em que elle deve ter lugar, será punida com a multa de 10 a 50$000, ou prisão de trez a oito dias.

Art. 81. Os cidadãos Brazileiros que vierem de portos estrangeiros sem passaporte, poderão livremente desembarcar, com tanto que declarem logo á visita o motivo porque vieram sem elle, ratificando a declaração nos primeiros tres dias perante o Chefe de Policia, e quando este não resida no lugar, perante o Delegado. Se por circumstancias que occorram, se tornarem suspeitos, poderá a Policia exigir que se lhe apresentem, dentro de curtos prazos nunca menores de um mez. Esta inspecção, porém, nunca se estenderá além de um anno.

Art. 82. Quando algum estrangeiro, vindo de porto estrangeiro, entrar no Imperio sem passaporte, deverá a visita impedir-lhe o desembarque, e dar parte ao Chefe de Policia, e quando este não resida no lugar, ao Delegado, que procederá com a maior urgencia a interrogal-o. Se achar materia para suspeitar que seja malfeitor, deverá obrigar o navio a reexportal-o, dando conta disso ao Ministerio da Justiça na Côrte, e nas Provincias aos Presidentes.

Art. 83. Se não achar materia para suspeita, deverá permittir o desembarque, mas nos titulos de residencia haverá attenção a essa circumstancia, quando tiver de marcar os prasos da apresentação. Em todo o caso deverá solicitar da respectiva Secretaria de Estado ou dos Presidentes nas Provincias, a expedição das convenientes participações ao Consulado do Imperio no ponto d'onde houver vindo o estrangeiro, declarando seu nome, signaes, circumstancias e navio que o trouxe, a fim de que proceda ás necessarias indagações.

Art. 84. O resultado dessas investigações deve ser communicado pelo dito Consulado ao Ministro ou aos Presidentes, que as houverem exigido, afim de ordenarem a prompta sahida do estrangeiro se assim o exigir a natureza das informações.

Art. 85. Os commandantes e Mestres das embarcações mercantes, ou de outra qualquer classe, á excepção sómente das de guerra, declararão, em relação por elles assignada, a bordo, no porto em que entrarem, o numero, nomes, empregos, occupações e naturalidade dos passageiros, que trouxerem com passaporte, ou sem elle, ou de quaesquer pessoas, que não pertençam á matricula de suas embarcações, e não consentirão que algum dos mesmos passageiros, ou outra qualquer pessoa desembarquem sem ordem da Visita da Policia, sob pena de serem multados de trinta a cem mil réis por cada pessoa.

Art. 86. Os Presidentes da Provincias que confinarem com Paizes Estrangeiros, deverão organisar c sujeitar á approvação do Governo os Regulamentos especiaes, que convierem sobre passaportes, tendo muito em vista as circumstancias peculiares das localidades.

Art. 87. Quando em alguma Provincia, Comarca ou Termo, fôr por qualquer maneira gravemente compromettida a segurança e tranquilidade publica, ou se tiverem commetido muitos e graves crimes, ou finalmente quando se achar infestada de grande numero de salteadores e facinorosos, poderá o Governo ordenar que temporariamente não se permitta o transito em toda a Provincia, ou em parte della a pessoa alguma sem passaporte, sob pena de ser preso todo aquelle desconhecido, que o não trouxer, e remettido á auctoridade competente para proceder ás necessarias averiguações.

Art. 88. Em caso de urgencia poderá esta medida ser tomada provisoriamente pelo Presidente da Provincia que a sujeitará á approvação do Governo.

Art. 89. A mesma medida será annunciada com a possivel antecedencia, e executada por modo tal, que por ella não venham a soffrer aquelles individuos, que vierem de lugares onde não podesse ainda ser conhecida.

Art. 90. Á expedição de passaporte a pessoa nacional ou estrangeira, que não fôr notoriamente conhecida e acreditada, procederá a sua legitimação, feita perante a auctoridade policial, a qual, depois de todas as averiguações necessarias lhe mandará dar um titulo, na fórma do Modelo n. 2.

Das legitimações

Art. 91. Para concessão da legitimação, as auctoridades policiaes procederão do mesmo modo, e com as mesmas cautelas exigidas nos artigos precedentes para a concessão de passaportes.

Art. 92. As legitimações serão expedidas segundo o Modelo n. 2. O praso marcado para a sua duração não excederá a oito dias.

Art. 93. As legitimações, além dos mil e seiscentos réis, que se recolhem ao Thesouro, pagarão oitocentos réis de emolumentos para os Empregados, que as expedirem.

Dos titulos de residencia

Art. 94. Os estrangeiros, que entrarem no Brasil, deverão apresentar-se nos primeiros tres dias ao Chefe de Policia, se residir no lugar, se não ao Delegado, e finalmente, se não houver Delegado no lugar, ao Subdelegado, para obterem titulo de residencia; exceptuam-se:

1.º Os Agentes Diplomaticos e Consulares das nações estrangeiras, e os individuos que forem addidos ás Legações e Consulados.

2.º Os que pertencerem á tripulação de qualquer navio e nelle residirem.

3.º Os empregados no serviço Nacional, Civil ou Militar, emquanto nelle permanecerem.

Art. 95. Para obter o titulo de residencia o estrangeiro deve declarar seu nome, sobrenome, naturalidade,

idade, estado, profissão, fim para que veio, quando e a sua residencia.

Art. 96. Estas declarações serão lançadas, segundo o Modelo n. 3, em livro para esse fim destinado, guardado na Secretaria da Policia, onde a houver, ou no Cartorio do Escrivão, que em tal escripturação servir perante o Delegado ou Subdelegado. A declaração será assignada pelo estrangeiro, ou por uma testemunha a seu rogo, quando o não saiba, ou o não possa fazer.

Art. 97. Uma certidão desse termo, segundo o Modelo n. 4, será na mesma occasião entregue ao estrangeiro para lhe servir de titulo de residencia. Nos portos em que houver Visita de Policia, esta deverá entregar aos estrangeiros, que chegarem, um cartão, segundo o Modelo n. 5.

Art. 98. O estrangeiro, que não tirar o titulo de residencia no tempo marcado, será multado pela primeira vez na quantia de dez a cem mil réis, e se dentro de oito dias depois de notificado não o tirar, a multa poderá ser elevada até duzentos mil réis, e acompanhada de tres a trinta dias de prisão. Se oito dias depois de cumprir esta pena ainda insistir em não tirar o titulo, continuarão a ser-lhe impostas as mesmas penas pela reincidencia, devendo a Auctoridade policial dar parte do occorrido á Secretaria de Estado dos Negocios da Justiça na Côrte, e Provincia do Rio de Janeiro, e nas outras ao Presidente, para que possa ser expulso do Imperio, se assim se julgar conveniente.

Art. 99. Aquelle que não reformar o titulo nos prasos nelle marcados, incorrerá na quarta parte destas penas. A falta da communicação da mudança de residencia ou profissão, sujeita a multa de cinco a vinte mil réis, que se irá duplicando nas reincidencias até duzentos mil réis.

Art. 100. O prazo marcado no titulo de residencia para sua duração, não poderá ser menor que o de um mez, nem maior que o de um anno e na designação desse prazo a Auctoridade policial regular-se-ha pelas circumstancias do individuo, sua residencia e garantias de moralidade e bom procedimento que offerecer.

Art. 101. O estrangeiro, que tiver residido dous annos consecutivos na mesma Cidade ou Villa, ou quatro annos no Imperio, sem soffrer processo, ou dar motivos, que o tornem suspeito, terá um titulo sem prazo para reforma, ficando unicamente obrigado a communicar as mudanças de residencia, quando tiverem lugar para fóra do Municipio.

Art. 102. Todos os estrangeiros residentes no Imperio ao tempo da execução deste Regulamento, ou que fôrem casados com mulher Brazileira, serão considerados como residentes no Imperio por mais de quatro annos.

Art. 103. Para obter o titulo de residencia, deve o estrangeiro apresentar o passaporte com que entrou no Imperio, ou aquelle com que veio de um ponto delle para outro, ou aliás um attestado do respectivo Agente Diplomatico ou Consular, abonando seu comportamento, ou finalmente uma fiança de pessoa idonea.

Art. 104. Aquelle que não puder satisfazer a nenhum destes requisitos, deverá ser obrigado a apresentar-se á Policia em prazos mais curtos, não excedendo a uma vez por semana.

Art. 105. Os estrangeiros residentes no Imperio ao tempo da execução deste Regulamento, ou que forem casados com mulher Brazileira, não serão obrigados, para obter o titulo, a apresentar documento algum. Quando, porém, a Auctoridade policial duvide de suas declarações, poderá exigir attestado de pessoa conhecida, que comprove a veracidade de qualquer das duas hypotheses acima referidas.

Art. 106. Findo o prazo marcado no titulo, deverá ser elle apresentado á Auctoridade policial competente, que ou dará novo, ou no mesmo ampliará o prazo.

Art. 107. Igual apresentação terá lugar, quando o estrangeiro mudar de residencia, para ser a mudança notada no titulo e livro respectivo.

Art. 108. O titulo de residencia deve, dentro de tres dias, ser apresentado ao Inspector do Quarteirão em que fôr residir o estrangeiro, para lhe pôr o Visto. A falta desta apresentação será punida com a multa de um a dez mil réis.

Art. 109. Quando o estrangeiro, que tiver obtido o titulo de residencia, sahir para fóra do districto da jurisdicção de quem lh'o concedeu, para mudar de domicilio, deverá apresentar á Auctoridade policial desse outro lugar o titulo obtido (ao qual estará averbada a communicação de mudança). Á vista deste titulo, sem mais formalidades, lhe será expedido outro.

Art. 110. Os titulos de residencia serão expedidos gratuitamente, e não se poderá exigir quantia alguma a titulo de apresentação, fiança ou qualquer outro pretexto.

Secção II

Dos termos de bem viver e de segurança

Art. 111. Os Chefes de Policia, Delegados, Subdelegados e Juizes de Paz, aos quaes constar que existem nos seus districtos, ou a quem fôrem apresentados alguns vadios e mendigos, nos termos dos arts. 295 e 296 do Codigo Criminal, bebados por habito; prostitutas que perturbem o socego publico; turbulentos que por palavras e acções offendam os bons costumes, a tranquillidade publica e a paz das familias, procederão immediatamente na conformidade do disposto nos arts. 121, 122, 123 e 124 do Codigo do Processo Criminal, obrigando-os a assignar termo de bem viver, e comminando-lhes pena, para o caso em que o quebrem. E tendo noticia, por qualquer maneira, de que o termo foi quebrado, procederão segundo o que se acha disposto nos arts. 206, 207, 208, 209 e 210 do mesmo Codigo, a fim de que possam ser impostas aos transgressores as penas marcadas nos arts. 12, § 3.°, 121 e 122 do já citado Codigo.

Art. 112. Quando alguma pessoa tiver justa razão para temer que outro tenta um crime contra ella, o fará saber por meio de petição ao Chefe de Policia, Delegado, Subdelegado ou Juiz Municipal, e qualquer delles a attenderá, procedendo immediatamente nos termos dos arts. 124, 126, 127, 128, 129 e 130 do Codigo do Processo Criminal.

Art. 113. Se fôr apresentado ao Chefe de Policia, Delegado ou Subdelegado, por Alcaide, Official de Justiça, Pedestre ou qualquer Cidadão, um individuo encontrado junto ao logar em que se acaba de perpetrar um delicto, tratando de esconder-se, fugir, ou dando qualquer outro indicio desta natureza, ou com armas, instrumentos, papeis, ou outras cousas, que façam presumir cumplicidade, ou que tenta algum crime, ou que pareçam furtadas, a Auctoridade policial procederá da mesma fórma, sujeitando-o a termo de segurança até justificar-se.

Secção III

Da Prisão dos culpados e das buscas

Art. 114. Os Chefes de Policia, Delegados e Subdelegados e Juizes de Paz, poderão, estando presentes, fazer prender por ordens vocaes os que fôrem encontrados a commetter crimes, ou fôrem fugindo, perseguidos pelo clamor publico (art. 131 do Codigo do Processo Criminal). Fóra destes casos, só poderão mandar prender por ordem escripta, passada na conformidade do art. 176 do dito Codigo.

Art. 115. Os Alcaides e Officiaes de Justiça encarregados de executar o mandado de prisão, observarão rigorosamente nas diligencias as disposições dos arts. 179, 180, 181, 182, 183, 184, 185, 186, 187 e 188 do Codigo do Processo Criminal, sob pena de soffrerem 15 a 45 dias de prisão, quando em contrario procederem, além de outras penas em que possam ter incorrido. Aquella lhes será imposta pelo Chefe de Policia, Delegado, Subdelegado ou Juiz Municipal.

Art. 116. Os mandados de prisão são exequiveis na fórma do art. 177 do Codigo do Processo Criminal, dentro do districto da jurisdicção da Auctoridade, que os houver expedido.

Art. 117. No caso, porém, em que uma Auctoridade policial, ou qualquer Official de Justiça munido do competente mandado, vá em seguimento de

objectos furtados, ou de algum réo, e este se passe a districto alheio, poderá entrar nelle, e nelle effectuar a diligencia, prevenindo antes as Auctoridades competentes do lugar, as quaes lhe prestarão o auxilio preciso, sendo legal a requisição. E se essa communicação prévia puder trazer demora incompativel com o bom exito da diligencia, poderá ser feita depois e immediatamente que se verificar a mesma diligencia.

Art. 118. Entender-se-ha que a Auctoridade policial, ou qualquer Official de Justiça vae em seguimento de objectos furtados, ou de um réo: 1.º, quando tendo-os avistado, os fôr seguindo sem interrupção, embora depois os tenha perdido de vista: quando alguem, que deva ser acreditado, e com circumstancias verosimeis, o informar de que o réo, ou taes objectos passaram pelo lugar ha pouco tempo, e no mesmo dia, com tal ou tal direcção.

Art. 119. Quando, porém, as Auctoridades locaes tiverem fundadas razões para duvidar da legitimidade, das pessoas, que nas referidas diligencias entrarem pelos seus districtos, ou da legalidade dos mandados que apresentarem, poderão exigir as provas e declarações necessarias dessa legitimidade, fazendo pôr em custodia e deposito as pessoas e cousas que se buscarem.

Art. 120. Os Chefes de Policia, Delegados, Subdelegados e Juizes Municipaes, concederão mandados de busca, ou os mandarão passar ex-officio, restrictamente nos casos, e para os fins especificados no art. 189 do Codigo do Processo Criminal, logo que hajam vehementes indicios, ou fundada probabilidade da existencia dos objectos, ou do criminoso no lugar da busca.

Art. 121. Para se conceder um mandado de busca a requerimento da parte, será preciso que seja pedido por escripto por ella assignado, com a declaração das razões em que se funda, e porque presume acharem-se os objectos, ou o criminoso no lugar indicado, e quando estas não fôrem logo demonstradas por documentos, apoiadas pela fama da visinhança ou notoriedade publica, ou por circumstancias taes que formem vehementes indicios, se exigirá o depoimento de uma testemunha, que deponha com as declarações mencionadas no art. 191 do Codigo do Processo Criminal.

Art. 122. No caso de expedição de um mandado de busca ex-officio, se fará previamente, ou ainda mesmo depois de effectuada a diligencia, se a urgencia do caso não admittir demora, um auto especial com declaração de todos os motivos, e razões de suspeita, que constarem em Juizo.

Art. 123. No caso do art. 117 a Auctoridade policial ou Official de justiça que fôr em seguimento do réo, ou de objectos furtados em districto alheio, poderá dar ahi as buscas necessarias, sómente nos casos e pela fórma marcada nos arts. 185, 186, 187 e 188 do Codigo do Processo Criminal.

Art. 124. Para o caso do artigo antecedente não é indispensavel que a Auctoridade policial ou o Official de justiça veja o réo, ou as cousas furtadas entrar em uma casa, bastará que a visinhança, ou uma testemunha o informe de que ahi se recolheram.

Art. 125. O mandado de busca para ser legal, emquanto á sua fórma, e poder ser executado, deverá ter os requisitos exigidos pelo art. 192 do Codigo do Processo Criminal. Não deverá, porém conter o nome, nem as declarações de qualquer testemunha, ainda mesmo quando haja sido passado em virtude do depoimento della.

Art. 126. Far-se-ha a execução do mandado pela maneira ordenada nos arts. 196, 197, 198, 199, 200, 201 e 202 do Codigo do Processo Criminal.

Art. 127. No caso de não se verificar a achada, por meio de busca, serão comunicadas a quem a tiver soffrido, se o requerer, as provas que houverem dado causa á expedição do mandado.

SECÇÃO IV

Do julgamento das contravenções ás posturas das Camaras Municipaes e dos crimes comprehendidos no art. 58, § 6.º do presente regulamento.

Art. 128. No processo e julgamento de taes contravenções e crimes obser-

varão as Auctoridades policiaes o que está determinado nos arts. 205, 206, 207, 208, 209 e 210 do Codigo do Processo Criminal, com appellação para a Relação do districto quando as sentenças forem proferidas pelos Chefes de Policia, e para o Juiz de Direito, quando o forem pelos Delegados, Subdelegados, e Juizes Municipaes.

Secção V

Dos ajuntamentos illicitos e das sociedades secretas.

Art. 129. Os Chefes de Policia, Delegados, Subdelegados, e Juizes Municipaes terão todo o cuidado em que não se formem nos seus districtos, de dia ou de noite, quaesquer ajuntamentos illicitos, havendo por taes os especificados no art. 285 do Codigo Criminal, e no art. 2.º da Lei de 6 de Junho de 1831, estejam ou não armados os reunidos.

Art. 130. Á respeito de taes ajuntamentos, e das sociedades secretas procederão as ditas Auctoridades da maneira declarada no Codigo Criminal nos arts. 282, 283, 284, 289 e seguintes.

Secção VI

Da inspecção dos theatros e espectaculos publicos

Art. 131. Pertence aos Chefes de Policia inspeccionar os theatros e espectaculos publicos dentro do termo em que residirem. E no caso de não poderem exercer por si mesmo esta inspecção, a poderão delegar, encarregando-a, no todo, ou em parte, ás Autoridades judiciarias, ou administrativas do lugar, as quaes lhes darão conta do que occorrer.

Esta attribuição pertence nos seus districtos, aos Delegados que a exercerão na fórma das Leis, dos Regulamentos, e das instrucções que lhes derem os Chefes de Policia, aos quaes darão conta de tudo quanto occorrer de notavel sobre tal objecto. Os Delegados do termo, em que residirem os Chefes de Policia sómente a exercerão a respeito daquelles theatros e espectaculos de cuja inspecção forem por elles designadamente encarregados.

Art. 132. Os Chefes de Policia nos termos, em que residirem, e os Delegados nos outros, não consentirão, que se levem a effeito nas ruas, praças e arraiaes, aquelles espectaculos publicos que não forem auctorisados, na conformidade do art. 66, § 12 da Lei do 1.º de Outubro de 1828 e os que forem immoraes ou dos quaes possam resultar desastres e perigo ao publico, e aos particulares.

Art. 133. A Auctoridade, á qual fôr encarregada a inspecção de um theatro, ou de qualquer outro espectaculo publico, deverá assistir a todas as representações, comparecendo antes de começarem, retirando-se depois de dissolvido o ajuntamento dos espectadores, e fiscalisando o pontual cumprimento dos annuncios feitos ao publico, tanto no que diz respeito ao espectaculo em si, e á commodidade devida e promettida aos espectadores, como á hora em que deve começar.

Art. 134. Deverá egualmente prover a que não se distribua um numero de bilhetes de entrada excedente ao numero de individuos, que pode conter o recinto destinado aos espectadores.

Art. 135. Nenhum theatro, casa de espectaculo, circo, amphitheatro, ou qualquer outra armação permanente ou temporaria, para representação de peças dramaticas, ou mimicas, jogos, cavalhadas, danças e outros quaesquer divertimentos licitos, poderá ser patente ao publico, sem que primeiramente tenha sido inspeccionado pelo Chefe de Policia, ou Delegado respectivo, que fará verificar, se a construcção ou arranjo é tal, que affiance a segurança e commodidade dos espectadores.

Art. 136. Além disto, o Director ou Emprezario tambem préviamente concertará com o Chefe de Policia, Delegado, ou Auctoridade, a quem fôr encarregada a inspecção do theatro ou espectaculo, as horas em que deverá começar e findar o mesmo espectaculo, de dia ou de noite, e o numero dos espectadores.

Art. 137. Nenhuma representação terá lugar sem que haja obtido a approvação e o visto do Chefe de Policia, ou do Delegado, que o não concederão quando offenda a moral, a religião e a decencia publica. Se a representação não fôr recitada, a approvação deverá recahir sobre o programma.

Art. 138. A Auctoridade, á qual fôr encarregada a inspecção do theatro ou espectaculo, deverá vigiar que o programma e o recitado sejam conformes ao approvado, e que os actores não procurem dar ás palavras e gestos um sentido equivoco ou offensivo da decencia e moral.

Art. 139. Deverá vigiar que dentro, ou do theatro, no recinto destinado para o espectaculo, se observe a ordem, decencia e silencio necessarios fazendo sahir immediatamente os que o merecerem, remettendo-os á Autoridade competente (quando o não fôr) para proceder na fórma da lei, se o caso assim o exigir.

Art. 140. Não consentirá que nas portas, escadas e corredores se conservem pessoas paradas impedindo a entrada e sahida, ou incommodando de qualquer modo os que entrarem ou sahirem; nem que os bilhetes de entrada se vendam por maior preço do que o estabelecido, quer por conta da empreza, quer de particulares que os tenham comprado para os tornar a vender.

Art. 141. Os Chefes de Policia e Delegados obrigarão os empregados no scenario, impondo-lhes a pena de multa até 100$000, ou de prisão até um mez, emquanto não estiverem findos ou dissolvidos os seus contractos, a que os cumpram, para que se não interrompam os espetaculos, ou deixem de cumprir-se as promessas feitas ao publico.

Art. 142. Nos theatros e espectaculos publicos em que houver camarotes, será um destinado para a Auctoridade encarregada de os inspeccionar. Naquelles em que os não houver, ser-lhe-ha sempre franqueada a entrada gratuita.

Art. 143. A guarda ou força destinada para manter a ordem nos theatros e espectaculos publicos, ficará inteiramente á disposição da Auctoridade encarregada de os inspeccionar, e sómente poderá obrar por ordem sua.

SECÇÃO VII

Da inspecção das prisões e da sua economia

Art. 144. A inspecção geral das prisões das Provincias pertence aos Chefes de Policia, que a exercerão por si nos termos em que residirem, e por meio dos Delegados e Subdelegados nos outros termos.

Art. 145. Ainda mesmo nos termos em que residirem, poderão os Chefes de Policia encarregar a inspecção de tal ou tal prisão, a este ou áquelle Delegado ou Subdelegado.

Art. 146. Nesta inspecção se haverão os Delegados e Subdelegados na fórma prescripta no presente Regulamento, e nos especiaes que o Chefe de Policia dér para cada prisão, o qual será posto em execução depois de approvado provisoriamente pelo Presidente da Provincia, que o levará ao conhecimento do Ministro da Justiça, para que possa obter approvação definitiva, e guardar-se a possivel uniformidade.

Art. 147. Os Regulamentos especiaes, que organisarem os Chefes de Policia, versarão sobre as providencias necessarias em attenção á posição, capacidade, e mais circumstancias peculiares das prisões, e da localidade, e sobre o modo de applicar-lhes as regras e providencias gerais estabelecidas no presente.

Art. 148. Os presos deverão ser classificados por sexos, idades, moralidade e condições, separando-se essas classes, quando fôr possivel, e observando-se o maior numero de subdivisões, que permittir o edificio. Essas classificações e divisões serão estabelecidas, bem como o modo pratico de as pôr em execução, no Regulamento especial da prisão, e nunca ficarão ao arbitrio do Carcereiro.

Art. 149. Os que fôrem recolhidos á cadeia sómente em custodia; os re-

crutados; e os que, sendo presos antes de culpa formada, nos casos em que essa prisão tem lugar, não estiverem ainda pronunciados, serão, sempre que fôr possivel, postos em lugar separado, sem communicação com os pronunciados e criminosos.

Art. 150. A Auctoridade encarregada da inspecção de uma prisão deverá visita-la no principio de cada mez, pelo menos, e examinar se os presos estão bem classificados; se recebem bons alimentos; se tem tido nota da culpa; se as prisões se conservam no devido asseio; e se os Regulamentos são observados. Quando o Promotor Publico estiver no lugar deverá ser sempre presente á visita, para requerer a bem dos presos, e dos seus livramentos o que fôr de direito. Do que occorrer na visita, se lavrará termo em livro para esse fim destinado.

Art. 151. As mesmas Auctoridades deverão mandar ao Chefe de Policia no principio do mez de Janeiro de cada anno, um relatorio sobre o estado das prisões, cuja inspecção lhes pertence, declarando o numero dos presos que nellas foram recolhidos durante o mesmo anno, e o maximo e minimo a que chegou. Sobre esses relatorios formarão os Chefes de Policia um geral, que remetterão ao Ministro da Justiça e ao Presidente da Provincia.

Art. 152. Quando o expediente da prisão o exigir, poderá o Carcereiro ter um Ajudante, um chaveiro e um escrevente.

Art. 153. As carcereiros, além dos ordenados, ou gratificações, que actualmente vencem, ou que lhes forem para adiante marcados, perceberão os emolumentos seguintes:

Carceragem pela soltura de qualquer preso em geral	1$800
Dita pela soltura de pessoas recolhidas em custodia, ou presas por infracção de postura	900
Dita por mudança de prisão ..	900
Dita por solturas de escravos .	1$200

(Alvará 2.º de 10 de Outubro de 1754).

Art. 154. Quando na occasião da soltura o preso se recusar ao pagamento da carceragem, o Carcereiro poderá demoral-o por tres dias, se fôr livre e tiver meios para pagar, mas neste caso entender-se-ha que renunciou ao mesmo pagamento. Se o preso fôr escravo, não será entregue, emquanto esse pagamento não se effectuar.

Art. 155. Qualquer demora fóra do caso, e além do prazo marcado no artigo antecedente, sujeitará o Carcereiro, além das penas em que possa incorrer, á multa de 20 a 100$000 rs., que lhe será imposta pelo Chefe de Policia, Delegado, ou Subdelegado.

Art. 156. Pela mesma maneira incorrerá na mesma pena, se exigir dos presos alguma quantia na occasião da entrada, estada ou sahida, a pretexto de melhor commodo, e tratamento, ou outro de qualquer natureza que seja.

Art. 157. Aos presos pobres se fornecerá almoço e jantar parcos, porém saudaveis. Os Regulamentos especiaes marcarão a tabella das rações, e o modo de as fornecer, preferindo-se sempre que fôr possivel o meio de concurso annual.

Art. 158. Haverá nas cadêas, além dos mais livros que os Regulamentos especiaes possam exigir, todos numerados, rubricados e encerrados pelo Delegado do districto, um para as entradas e sahidas dos presos, no qual o Carcereiro lançará o nome, sobrenome, naturalidade, idade, filiação, estado, estatura e signaes particulares dos que entrarem, declarando qual a Auctoridade, a cuja ordem se acharem, e bem assim outro livro de obitos para os que fallecerem. Os Chefes de Policia darão os necessarios Modelos para a escripturação.

Art. 159. As notas de culpa, as intimações de sentença, e os Alvarás de solturas, serão apresentados ao Carcereiro, antes que aos presos, para que ponha verba no assento da entrada, da qualidade da culpa, e do nome das testemunhas, que as ditas notas mencionarem; assim como do dia da intimação da sentença, da pena que ella decretar, e da data em que é apresen-

tado o Alvará de soltura, declarando quaes os Escrivães, que passaram taes papeis, e os Juizes que os houverem assignado. Quando o preso vier acompanhado de guia para cumprir sentença, será ella transcripta por extenso no assento de entrada.

Art. 160. Na margem das folhas dos livros de entradas e sahidas se reservará espaço sufficiente para as observações ácerca dos factos, que occorrerem; como mudança de prisão, entrada e sahida da enfermaria, obito, etc.

Art. 161. Quando aconteça fallecer algum preso, o Carcereiro dará immediatamente parte á Auctoridade encarregada da inspecção da prisão, e ao Juiz da culpa quando estiver no lugar, e não estando a qualquer outra Auctoridade criminal ou policial que estiver mais proxima, a qual com Facultativo, quando o houver, e na presença de duas testemunhas, procederá a um exame no cadaver para verificar a identidade da pessoa, lavrando-se de tudo o que se passar o competente auto, que será escripto no livro competente pelo Escrivão da culpa ou a Auctoridade que presidir ao mesmo auto, e assignado por todos, e pelo Carcereiro. Neste auto será transcripto o assento de prisão do fallecido, e se escreverão as declarações, que fizer o Facultativo sobre a morte, e suas causas provaveis.

Art. 162. O Escrivão da culpa extrahirá immediatamente certidão do dito auto, e juntando-a ao processo o fará concluso ao Juiz para julgar extincta a accusação ou a execução da sentença contra o finado, quando se ache evidentemente provada a identidade da pessoa, ou para mandar proceder como fôr de direito no caso contrario.

Art. 163. Não consentirão as Auctoridades encarregadas da inspecção das prisões, que pessoa alguma, á excepção dos presos e empregados, pernoite na cadeia, nem tolerarão jogos de dados, cartas e outros quaesquer, tão pouco que nella se introduzam instrumentos que possam servir para arrombamento, armas e bebidas espirituosas. (Ord. Liv. 1. Tit. 33).

Art. 164. O Carcereiro é responsavel pelo asseio das prisões, em cujo serviço poderá empregar (dentro do recinto dellas) pela maneira que fôr marcado no respectivo Regulamento especial, os presos cada um por sua vez, (Ord. Liv. 1.º Tit. 33, § 6.º), quando não apresentem quem por elles faça esse serviço.

Art. 165. O Carcereiro não poderá estar fóra da cadeia depois do sol posto sem licença escripta da Auctoridade encarregada da sua inspecção, nem comprar ou vender cousa alguma aos presos, e menos receber delles presentes, donativos ou deposito. (Ord. Liv. 1.º, Tit. 33, § 1.º).

Art. 166. Os presos deverão obedecer promptamente ao Carcereiro em tudo o que fôr relativo á sua boa guarda e policia das prisões, representando depois á Auctoridade encarregada de as inspeccionar, contra as injustiças e violencias que entendam ter soffrido. (Ord. Liv. 1.º, Tit. 33, § 6.º).

Art. 167. Para se fazer obedecer, e reprimir quaesquer actos que possam perturbar o socego das prisões, e destruir a ordem e disciplina que nellas deve reinar, poderão os Carcereiros encerrar por tempo conveniente em prisão solitaria os presos desobedientes, rixosos e turbulentos, sollicitando do Inspector das mesmas prisões outras medidas mais efficazes, quando essa não produza o seu effeito, ou quando não hajam prisões solitarias no edificio.

Art. 168. Os Regulamentos especiaes marcarão a hora do silencio para as cadeias, e a essa hora se fecharão as portas exteriores até ao amanhecer, abrindo-se unicamente para entrada de presos; ou por causa justificada de muita ponderação.

Art. 169. Marcarão igualmente os mesmos Regulamentos as horas e o modo, porque se ha de passar revista ás prisões, grades, portas, etc., em ordem a verificar-se se tem e conserva a segurança precisa, e se ha tentativa de arrombamento, as horas e maneira porque se ha de fallar aos presos, e tudo quanto disser respeito ao regi-

men policial interno das mesmas prisões.

Art. 170. Os Carcereiros deverão conservar as portas interiores de cada prisão constantemente fechadas, não consentindo que saia preso algum sem ordem escripta de Auctoridade competente. (Ord. Liv. 1.°, Tit. 77, § 2.°). Porém ainda mesmo nesse caso, quando tiverem de mandar um preso fóra, nunca o confiarão a menos de dois guardas.

Secção VIII

Da estatistica criminal

Art. 171. Na primeira occasião em que o réo comparecer perante a Auctoridade policial ou criminal, lhe será perguntado o seu nome, filiação, idade, estado, profissão, nacionalidade, o lugar de seu nascimento, e se sabe lêr ou escrever, lavrando-se das perguntas e das respostas um auto separado, com a denominação de auto de qualificação.

Art. 172. A Auctoridade policial ou criminal, que houver organisado o processo, em que faltar semelhante auto, será multada na quantia de 20$000 a 60$000 pela Auctoridade ou Tribunal superior, que tomar conhecimento do mesmo processo por meio de recurso ou de appellação.

Art. 173. Cada Subdelegado é obrigado a remetter ao Delegado do Termo até o dia 15 de Janeiro, e de Julho de cada anno um mappa semelhante ao modelo n. 1 dos crimes comprehendidos no § 7.° do art. 12 do Codigo do Processo, que houver julgado definitivamente, e se tiverem commettido no semestre antecedente, sob pena de 10$000 a 30$000 de multa, no caso da falta não justificada, a qual lhe será imposta pelo Chefe de Policia.

Art. 174. Os Juizes Municipaes remetterão nas mesmas épocas, e debaixo de igual pena, imposta pelo mesmo modo, ao Chefe de Policia, um mappa organisado, segundo o modelo n. 2.

Art. 175. O Delegado organisará até aquellas épocas, pela mesma maneira, outro mappa igual, e reduzindo-o com os que lhe houverem enviado os Subdelegados, a um só, segundo o modelo n. 3, o remetterá com os parciaes ao Chefe de Policia até o dia 15 de Agosto e 15 de Fevereiro, debaixo da mesma pena mencionada no art. 173, a qual será igualmente imposta.

Art. 176. Os Chefes de Policia farão organisar mappas iguaes aos de n. 2, dos crimes acima mencionados, que houverem definitivamente julgado, e os farão reduzir depois com todos aquelles, de que tratam os artigos antecedentes, a um só geral, segundo o modelo n.° 4, classificando as observações, que tiverem achado nos parciaes.

Art. 177. Os Juizes de Direito, e os Municipaes remetterão, debaixo das penas marcadas no art. 173, e no mesmo praso, ao Chefe de Policia, uma relação circumstanciada de todos os crimes de responsabilidade, e contrabando, que houverem julgado, com todas as indicações e declarações constantes do mappa n.° 5. Com as relações assim enviadas pelo Juiz de Direito, e pelo Juiz Municipal, organisará o Chefe de Policia dous mappas semelhantes.

Art. 178. Quando tiver sido commettido algum delicto e não houver tido lugar a formação do respectivo processo por falta absoluta de indicios ou provas ácerca de quem fosse o delinquente, ou tendo-se procedido ao competente summario tiver este sido julgado improcedente (havendo-se comtudo reconhecido a existencia de um crime), os Juizes Municipaes, Delegados e Subdelegados o declararão na casa de observações dos mappas que remetterem aos Chefes de Policia, especificando o numero dos crimes, a sua natureza e as circumstancias que ácerca delles forem conhecidas.

Art. 179. Os Juizes de Direito, quinze dias depois do encerramento de cada sessão do Jury, organisarão um mappa semelhante ao modelo n. 5, e remetterão ao Chefe de Policia, sob pena no caso de falta, de soffrerem uma multa de 30$000 a 90$000, a qual lhe será imposta pela Relação, á qual os Chefes de Policia darão contas das

faltas, que os mesmos Juizes commetterem, tendo-os ouvido por escripto previamente.

Art. 180. Os mappas de que trata o artigo antecedente, serão acompanhados de uma exposição, que deverá conter: 1.º o juizo motivado dos ditos Juizes de Direito ácerca de cada uma das decisões do Jury; 2.º, a indicação motivada das causas a que attribuirem a frequencia dos crimes, ou de uma ou outra especie dos mesmos; 3.º, a indicação motivada dos defeitos e lacunas, que tiverem encontrado nas Leis e Regulamentos.

Art. 181. O Chefe de Policia fará reduzir todos os mappas que receber dos Juizes de Direito a um geral, conforme o modelo n. 6 e á vista delle, das exposicões que fizerem os mesmos Juizes de Direito, segundo o artigo antecedente, e do que lhes constar por sua propria experiencia, organisará um relatorio geral, que com os mappas de que tratão os arts. 176 e 177 será annualmente remettido á Secretaria de Estado dos Negocios da Justiça, por intermedio do Presidente da Provincia.

Art. 182. O Ministro e Secretario de Estado dos Negocios da Justiça, fazendo reduzir a um só todos os mappas geraes que houver recebido dos Chefes de Policia, e classificando todos os factos e observações que constarem dos relatorios acima mencionados, organisará de tudo uma conta geral ácerca do estado da Administração da Justiça Criminal no Imperio, a qual será annualmente apresentada impressa á Assembléa Geral Legislativa, e remettida á todos os Juizes e Tribunaes.

Art. 183. Os mappas relativos á um anno sómente deverão conter os crimes commettidos nelle, e por isso quando aconteça, que venham a ser julgados em um anno crimes commettidos nos anteriores, serão comprehendidos em um mappa separado, suppletorio dos do anno anterior, a que pertencerem.

Art. 184. Quando por causa das grandes distancias, em que residirem os Subdelegados dos Delegados, e estes e os Juizes Municipaes, dos Chefes de Policia, não lhes fôr possivel organisar e remetter os mappas de que tratam os artigos antecedentes, nos prazos nelles marcados, poderão os Presidentes das Provincias amplia-los, ouvido o Chefe de Policia.

CAPITULO VI

Da correspondencia das auctoridades policiaes.

Art. 185. Os Subdelegados de Policia, que forem nos districtos das Cidades Capitaes das Provincias, em todas as segundas-feiras, remetterão por intermedio dos Delegados aos Chefes de Policia uma circumstanciada relação, que deverá conter a declaração:

1.º De todas as pessoas que tiverem entrado de novo, ou sahido no seu districto, em decurso da semana antecedente, com passaporte, ou sem elle, com declaração do seu destino e modo de vida.

2.º Dos termos de bem viver e de segurança que, se tiverem assignado, e dos motivos por que.

3.º Dos corpos de delictos que se houverem feito, com especificação da natureza e circumstancias dos crimes.

4.º Das pronuncias, que tiverem decretado, com prisão ou sem ella.

5.º Das buscas achadas, que tiverem feito.

6.º Das prisões dos culpados que se houverem effectuado, e das fianças que tiverem concedido.

7.º Dos presos que tiverem sido soltos em virtude de despachos, sentenças, ou ordens de *habeas-corpus*.

8.º Dos procedimentos que tiverem havido a respeito de Sociedades e ajuntamentos illicitos.

9.º Dos processos que tiverem definitivamente julgado nos casos de sua competencia.

Art. 186. Esta relação comprehenderá todas as observações relativas ao estado actual do seu districto em tudo o que pertence á policia.

Art. 187. Os Chefes de Policia darão para estas relações um modelo que será o mais simples e facil possivel. Não serão as mesmas relações acompanhadas de officio de remessa.

Art. 188. Extraordinariamente, e em qualquer occasião, participarão aos ditos Chefes de Policia, por intermedio dos Delegados, quaesquer acontecimentos graves, que occorrerem e interessarem a ordem publica, tranquilidade e segurança dos Cidadãos; e bem assim lhes representarão sobre a necessidade de qualquer providencia, que delles dependa.

Art. 189. Os subdelegados, que o forem nos districtos das Cidades ou Villas, cabeças de Comarca, farão as mesmas participações e representações, nos termos dos arts. 185, 186 e 188.

Art. 190. Os Subdelegados dos districtos de fóra das Cidades ou Villas farão as participações na fórma dos arts. 185, 186 e 188 aos Delegados respectivos, nos dias 1.º e 15 de cada mez, estando em distancia de 20 leguas, c no 1.º de cada mez sómente, estando em maior distancia: e aos mesmos Delegados dirigirão as representações convenientes todas as vezes que forem necessarias.

Art. 191. Os Delegados dos districtos de que trata o artigo antecedente, no dia 15 de cada mez, remetterão aos Chefes de Policia um mappa com o extracto de todas as relações e participações que tiverem recebido no mez antecedente dos subdelegados, com as observações relativas ao estado da Comarca, pelo que pertence á Policia, e extraordinariamente lhes farão as participações e representações na fórma do art. 188.

Art. 192. Os Chefes de Policia participarão diariamente aos Presidentes das Provincias tudo quanto occorrer pelo que respeita á ordem e tranquilidade publica na Capital, naquellas partes da Provincia, de que tiverem notícia. Além disto, lhes communicarão, immediatamente que cheguem á sua noticia, os acontecimentos graves e notaveis que occorrerem, e lhes requererão as providencias e auxilios de que necessitarem.

CAPITULO VII

Das audiencias

Art. 193. Os Chefes de Policia, Delegados, Subdelegados e Juizes Municipaes, farão uma ou duas audiencias cada semana, segundo a maior ou menor affluencia de negocios, observando-se a respeito dellas o que dispõe o Codigo do Processo Criminal, arts. 58, 59 e 60.

Art. 194. Os Juizes Municipaes farão as audiencias pelo que pertence ao desempenho de suas attribuições policiaes e criminaes, em differentes dias daquelles que forem destinados para as audiencias dos Feitos civeis; e quando por algum motivo justo se fizerem nos mesmos dias sempre serão de modo, que sejam inteiramente separadas e distinctas uma das outras.

Art. 195. Haverá nas audiencias daquellas Auctoridades, e nas dos Juizes do Civel e Orphãos, assentos collocados á direita do Juiz, unicamente destinados para os Advogados e Bachareis que as frequentarem.

Art. 196. O Governo na Côrte, e os Presidentes nas Provincias, proverão a que se destinem casas publicas para as audiencias das Auctoridades policiaes e judiciarias. Aquella, que, havendo casa publica para esse fim destinada, as fizer em outras, será punida com uma multa de 100$000 a 150$000.

Disposições Criminaes

CAPITULO I

Das Auctoridades criminaes

Art. 197. A jurisdicção e Auctoridade criminal é incumbida, na conformidade das Leis e Regulamentos:

1.º Aos Chefes de Policia no Municipio da Côrte e nas Provincias.

2.º Aos Juizes de Direito em suas Comarcas.

3.º Aos Juizes Municipaes nos Municipios.

4.º Aos Delegados e Subdelegados nos districtos de sua jurisdicção.

5.º Aos Jurados.

SECÇÃO I

Das attribuições criminaes dos Chefes de Policia

Art. 198. Aos Chefes de Policia, como Auctoridades criminaes, compete, nos termos do art. 59 do presente Regulamento, salvo o caso do art. 60:

1.º Proceder a auto de corpo de delicto, e formar culpa aos delinquentes e aos Officiaes que perante elles servirem.

2.º Conceder fiança, na fórma das Leis, aos réos que pronunciarem ou prenderem.

3.º Prender os culpados, ou o sejam no seu, ou em outro Juizo.

4.º Conceder mandados de busca.

5.º Formar culpa em toda a Provincia aos seus Delegados, Subdelegados e Subalternos quando o mereçam.

SECÇÃO II

Das attribuições dos Juizes de Direito

Art. 199. Os Juizes de Direito serão nomeados na conformidade do art. 24 da Lei de 3 de Dezembro de 1841, e sómente deixarão os lugares:

1.º Sendo removidos de umas para outras Comarcas na fórma do art. 45 do Codigo do Processo.

2.º Sendo promovidos aos lugares vagos nas Relações na fórma do dito artigo.

3.º Requerendo a sua demissão, e sendo-lhes concedida.

4.º Sendo privados do lugar por sentença.

Art. 200. Aos Juizes de Direito, na parte criminal compete:

1.º Formar culpa aos Empregados Publicos não privilegiados, nos crimes de responsabilidade, e julgal-os definitivamente.

São privilegiados os Conselheiros e Ministros de Estado: os Presidentes das Provincias; os Desembargadores e Juizes de Direito; os Empregados no Corpo Diplomatico; os Commandantes e Empregados Militares; e os Ecclesiasticos pelo que toca á imposição de penas espirituaes, decretadas pelos Canones recebidos.

2.º Proceder ou mandar proceder ex-officio, quando lhes fôr presente, por qualquer maneira, algum processo crime, em que tenha lugar a accusação por parte da Justiça, a todas as diligencias necessarias, ou para sanar qualquer nullidade, ou para mais amplo conhecimento da verdade e circumstancias que possam influir no julgamento; e proceder do mesmo modo a requerimento da parte, nos crimes em que não tiver lugar a accusação por parte da Justiça.

3.º Julgar as suspeições postas ao Chefe de Policia, Juizes Municipaes e Delegados.

4.º Correr os Termos da Comarca, para o desempenho de suas obrigações, o numero de vezes marcado no art. 316 do Codigo do Processo, e as mais que os Presidentes das Provincias julgarem necessarias emquanto o Governo com informações dos mesmos Presidentes, não marcar definitivamente esse numero, na fórma do art. 25 § 4.º da Lei de 3 de Dezembro de 1841.

5.º Presidir á revisão e ao sorteio dos Jurados.

6.º Instruir os Jurados, dando-lhes explicações sobre os pontos de direito, relativos ao processo, e sobre as suas obrigações, sem que manifestem ou deixem entrever sua opinião sobre a prova.

7.º Regular a policia das sessões, chamando á ordem os que della se desviarem, impondo silencio aos espectadores, fazendo sahir para fóra os que se não accommodarem, prender os desobedientes, ou que injuriarem os Jurados, e punil-os na fórma das Leis.

8.º Regular o debate das partes, dos Advogados e testemunhas, até que o Conselho de Jurados se dê por satisfeito.

9.° Lembrar ao Conselho todos os meios que julgar ainda necessarios para o descobrimento da verdade.

10. Applicar a lei ao facto averiguado pelos Jurados, e proceder ulteriormente na conformidade das leis.

11. Appelar ex-officio das decisões do Jury, nos casos do art. 79 da Lei de 3 de Dezembro de 1841.

12. Conhecer das escusas dos Jurados, quer sejam produzidas antes, quer depois de multados; e multar os que faltarem ás sessões, ou tendo comparecido, se retirarem antes de ultimadas, na fórma do art. 103 da Lei de 3 de Dezembro de 1841. A execução destas condemnações correrá perante o Juiz Municipal respectivo.

13. Decidir todas as questões incidentes, que forem de direito, e de que dependerem as deliberações finaes do Jury.

14. Proceder na fórma da secção seguinte nas correições que fizerem, em conformidade do art. 26 da Lei de 3 de Dezembro de 1841.

15. Conhecer dos processos que lhe forem sujeitos por via do recurso, ou da appellação, interpostos dos Juizes Municipaes, Delegados e Subdelegados.

Secção III

Da jurisdicção criminal dos Juizes de Direito nas correições

Art. 201. O Juiz de Direito, pelo que respeita á reunião do Jury para as suas sessões periodicas, a que deve presidir, observará o disposto nos arts. 316, 317, 318 e 319, do Codigo do Processo Criminal.

Art. 202. Fará as correições nos Termos de sua Comarca, na mesma occasião em que a elles fôr para presidir o Jury.

Art. 203. Nos lugares onde houver mais de um Juiz de Direito Crime, terão jurisdicção cumulativa, presidirão alternadamente ao Jury, e farão alternadamente as correições.

Art. 204. O Juiz de Direito quando tiver de fazer correição mandará publicar por editaes, com a antecipação que julgar conveniente, o dia em que ha de achar-se na Cidade, ou Villa cabeça do Termo, e ordenará que no prazo de tres dias, seguinte ao de sua chegada, os Escrivães dos Delegados, Subdelegados e Juizes Municipaes apresentem na casa de sua aposentadoria, e entreguem na sua presença ao Escrivão da correição, que será o mesmo do Jury, o rol dos culpados, os processos crimes tanto pendentes, como os definitivamente julgados pelos ditos Delegados, Subdelegados e Juizes Municipaes, que tenham passado em julgado.

Quando, porém, o Juiz de Direito passar pelas povoações ou lugares onde residirem os mesmos Delegados, Subdelegados, Juizes Municipaes e seus Escrivães, ahi abrirá correição pelo que respeita aos negocios que lhes pertencem, demorando-se o tempo que para isso fôr indispensável, sem que seja necessario fazer ir os processos e livros à cabeça do Termo.

Art. 205. Nos processos pendentes, cujo julgamento final não compete aos Delegados, Subdelegados e Juizes Municipaes, que ainda não estiverem submettidos á decisão do Jury, e naquelles cujo definitivo julgamento compete ás referidas Auctoridades, em que ainda não houver sentença, emendará o Juiz de Direito todos os erros e irregularidades que encontrar, para sanar nullidades, e conseguir o perfeito conhecimento da verdade, mandando fazer interrogatorios, acareações, exames e mais diligencias precisas, na fórma do art. 200 § 2.° deste Regulamento, procedendo contra os Juizes, Escrivães e Officiaes de Justiça, que achar em culpa, como fôr de direito.

Art. 206. Nos processos que estiverem findos sem ter havido pronuncia, ou tendo sentença definitiva passada em julgado, sem que houvesse recurso das partes, ou ex-officio, examinará se os Juizes se houveram na decisão e julgamento com prevaricação, peita ou suborno, e lhes fará effectiva a responsabilidade. Da mesma sorte procederá contra os Escrivães e Officiaes de Justiça que achar em culpa.

Art. 207. Nas mesmas correições chamará á sua presença todos os livros dos Tabelliães de Notas, e dos Escrivães do Termo, e examinará se estão devidamente numerados e rubricados; se estão escriptos pelos proprios Tabelliães e Escrivães, ou seus Ajudantes legitimos e auctorisados para nelles escrever; se a sua escripturação está seguida, sem interrupção, ou espaço em branco, que se faça notavel; se estão ressalvados os erros, emendas ou entrelinhas que houverem na mesma escripturação: se os termos, autos e escripturas estão lançados e lavrados com todas as formalidades exigidas pelas leis, e assignados pelas partes, testemunhas e mais pessoas que deverem assignar.

Art. 208. De tudo quanto achar o Juiz de Direito, tanto regular e perfeito, como illegal, errado ou falsificado, fará lavrar Termo escripto, pelo Escrivão da Correição, e por elle assignado, nos mesmos livros examinados; dando no dito termo as providencias convenientes para se emendarem os erros; e procederá contra os Tabelliães e Escrivães, que achar incursos em responsabilidade.

Art. 209. As mesmas diligencias e exames fará o Juiz de Direito nas suas correições pelo que pertence ao Juizo dos Orphãos, revendo os autos de inventarios, as contas dos tutores e todos os livros respectivos, para verificar se o Juiz, Escrivão e Officiaes de Justiça tem desempenhado seus deveres e proceder contra elles como fôr de direito.

Art. 210. Informar-se-ha igualmente a respeito dos Delegados, Subdelegados, Juizes Municipaes, de Paz e de Orphãos, a fim de saber se fazem as audiencias nos dias marcados; se nellas observam o Regimento, e se são assiduos e diligentes em deferir e administrar justiça ás partes, para os advertir e instruir convenientemente, ou fazer-lhes effectiva a responsabilidade.

Secção IV

Das attribuições criminaes dos Juizes Municipaes

Art. 211. Aos Juizes Municipaes, na parte criminal, compete:

1.º Julgar definitivamente o contrabando, excepto o apprehendido em flagrante, cujo conhecimento, na fórma das Leis e Regulamentos de fazenda pertence ás Auctoridades administrativas; e o de africanos, que continuará a ser julgado na fórma do processo commum.

2.º Proceder a auto de corpo de delicto, e formar culpa aos delinquentes, e aos Officiaes que perante elles servirem.

3.º Conceder fiança na fórma das Leis aos réos que pronunciarem ou prenderem.

4.º Prender os culpados, ou sejam no seu, ou em outro Juizo.

5.º Conceder mandados de busca.

6.º Sustentar, ou revogar ex-officio as pronuncias feitas pelos Delegados e Subdelegados.

7.º Verificar os factos, que fizerem objecto de queixa contra os Juizes de Direito das Comarcas, em que não houver Relação: inquirir sobre os mesmos factos testemunhas, e facilitar ás partes a extracção dos documentos, que ellas exigirem, para bem a instruirem, salva a disposição do art. 161 do Codigo do Processo Criminal.

8.º Julgar as suspeições postas aos Subdelegados.

9.º Executar dentro do Termo as sentenças e mandados dos Juizes de Direito ou Tribunaes.

10. Substituir o Juiz de Direito na sua falta, ou impedimento.

O Governo na Côrte e os Presidentes nas Provincias, designarão no principio do mez de Janeiro a ordem, pela qual os Juizes Municipaes da Comarca, ou os do Termo, onde mais de um deverão substituir os de Direito. O que fôr indicado em 1.º lugar será primeiramente chamado, depois o 2.º, e assim por diante.

Logo que um Juiz Municipal substituir o Juiz de Direito na Comarca passará o seu supplente a exercer as funcções de Juiz Municipal no Termo.

11. As attribuições criminaes que pertenciam aos Juizes de Paz até á data da Lei de 3 de Dezembro de 1841, e que ella não devolveu especialmente ás Auctoridades que creou.

SECÇÃO V

Das attribuições criminaes dos Delegados e Subdelegados

Art. 212. Aos Delegados e Subdelegados, na parte criminal compete:

1.º Desempenhar as mesmas attribuições, incumbidas aos Chefes de Policia, e numeradas nos §§ 1.º, 2.º, 3.º e 4.º do art. 198.

2.º As attribuições criminaes, que pertenciam aos Juizes de Paz, até á data da Lei de 3 de Dezembro de 1841, e que essa Lei não devolveu especialmente ás auctoridades que creou.

Compete aos Delegados:

1.º Formar culpa aos Subdelegados e Subalternos, dentro do Termo, quando o mereçam.

2.º Organisar as listas dos Jurados.

CAPITULO II

Dos Promotores

Art. 213. Em cada uma Comarca haverá um Promotor, e dous, quando pela sua extenção, população e affluencia de negocios de sua competencia, não fôr um só bastante para dar-lhe facil e prompta expedição.

Art. 214. Quando a respeito de uma Comarca se verificarem taes circumstancias, o Presidente da Provincia as levará por meio de uma exposição circumstanciada ao conhecimento do Governo, que decidirá.

Art. 215. Quando houverem dous Promotores, os Presidentes das Provincias poderão marcar-lhes districtos, nos quaes exercerão as suas attribuições, sem que todavia fique cada um inhibido de denunciar os crimes, e promover a prisão dos criminosos, que possam existir no outro districto, quando cheguem ao seu conhecimento, quer dando de tudo noticia ao outro Promotor, quer dirigindo-se directamente ás Auctoridades competentes.

Art. 216. Para exercer o cargo de Promotor serão com preferencia escolhidos Bachareis formados, e quando os não haja idoneos para os lugares, serão nomeados individuos que tenham as qualidades requeridas pela Lei de 3 de Dezembro de 1841, para ser Jurado, a necessaria intelligencia, instrucção e bom procedimento, preferindo-se aquelles, que no desempenho dos deveres de outros cargos publicos já tiverem dado provas de que possuem essas qualidades.

Art. 217. Os Promotores serão nomeados pelo Imperador no Municipio da Côrte, e pelos Presidentes nas Provincias, por tempo indefinido; e servirão emquanto convier a sua conservação ao serviço publico, sendo no caso contrario, indistinctamente demittidos pelo Imperador, ou pelos Presidentes das Provincias nas mesmas Provincias.

Art. 218. Na falta, ou impedimento dos Promotores, os Juizes de Direito nomearão quem interinamente os substitua, e no primeiro caso (o de falta) participarão a vaga aos Presidentes das Provincias, com informação circumstanciada ácerca das pessoas que julgarem dignas de ser nomeadas, ficando porém, inteiramente livre aos mesmos Presidentes a escolha de outras, quando as julguem mais idoneas.

Art. 219. Haverá no Município da Côrte um só Promotor (emquanto não fôr sufficientemente demonstrada a necessidade de mais de um) e vencerá o ordenado de 1:200$000. Os das Comarcas das Provincias vencerão aquelles ordenados, que em attenção ás circumstancias dos lugares, e á maior ou menor somma que possão nelles produzir os emolumentos, lhes forem arbitrados pelo Governo, sobre informação dos Presidentes das Provincias, que a darão, ouvido o Juiz de Direito.

Art. 220. O Promotor acompanhará o Juiz de Direito, quando fôr presidir os Jurados, e nas correições que fizer,

para exercer nellas as attribuições, que lhe são incumbidas. Quando houver mais de um Promotor, cada um o acompanhará no seu districto.

Art. 221. Aos Promotores pertencem as attribuições marcadas no art. 37 do Codigo do Processo Criminal. Requererão por meio de petição, como outra qualquer parte, e sómente se dirigirão por meio de officios ás Auctoridades, quando tiverem de pedir providencias a bem da justiça em geral, sem referencia a este, ou aquelle outro caso especial.

Art. 222. Nos casos em que ao Promotor incumbe denunciar, incumbe igualmente promover a accusação, e todos os termos do processo, nos quaes, bem como na concessão e arbitramento das fianças, deverá ser sempre ouvido.

CAPITULO III

Dos Jurados, e do modo de os apurar

Art. 223. Em cada Termo, em que se apurar o numero de 50 Jurados para cima, haverá um Conselho de Jurados. Quando se não apurar esse numero, reunir-se-hão dous ou mais Termos para formar um só Conselho. Neste ultimo caso os Presidentes das Provincias designarão o lugar em que o mesmo Conselho e a Junta Revisoria deverão reunir-se.

Art. 224. São aptos para ser Jurados os Cidadãos:

1.º Que puderem ser eleitores.

2.º Que souberem lêr e escrever.

3.º Que tiverem de rendimento annual, por bens de raiz ou emprego publico 400$000 nos Termos das Cidades do Rio de Janeiro, Bahia, Recife e S. Luiz do Maranhão; 300$000 nos Termos das outras Cidades, e 200$000 em todos os mais Termos.

Quando o rendimento provier de commercio ou industria, deverão ter o duplo.

Exceptuam-se os Senadores, Deputados, Conselheiros e Ministros de Estado, Bispos, Magistrados, Officiaes de Justiça, Juizes Ecclesiasticos, Vigarios, Presidentes e Secretarios dos Governos das Provincias, Commandantes das Armas, e dos Corpos de 1.ª linha.

Art. 225. Os Delegados de Policia organisarão e remetterão ao respectivo Juiz de Direito, desde o dia 10 até 20 de Outubro de cada anno uma lista, por ordem alphabetica de todos os cidadãos moradores no seu districto, que tiverem as qualidades exigidas nos §§ 1.º, 2.º e 3.º do artigo antecedente; e nella declararão o rendimento que tem, se provém de bem de raiz, ou emprego publico, commercio, ou industria, especificando a circumstancia de saberem ou não lêr e escrever, assim como se estão pronunciados, ou se soffreram condemnação passada em Julgado, por crime de homicidio, furto, roubo, bancarrota, estellionato, falsidade, ou moeda falsa. Para a organisação dessa lista, servir-se-hão dos Subdelegados, e Inspectores de quarteirão, exigindo dos Escrivães criminaes, e solicitando dos Juizes de Paz, Parochos, Empregados de Fazenda, e outros quaesquer, aquelles esclarecimentos, que forem necessarios, e lhes puderem prestar.

Art. 226. Quando no lugar houver mais de um Juiz de Direito será a lista remettida áquelle que o Governo, ou o Presidente da Provincia designar.

Art. 227. Na mesma occasião, em que remetterem essa lista ao Juiz de Direito, farão affixar uma cópia della na porta da Parochia, ou Capella filial e publical-a pela imprensa, onde houver, doolarando no fim da mesma lista, que os individuos, que tiverem reclamações a fazer contra a indevida inscripção, ou omissão, as deverão apresentar ao Juiz de Direito até o dia 10 de Novembro seguinte.

Art. 228. Recebidas pelo Juiz de Direito as listas dos Delegados, marcará o dia em que se deve reunir em cada Termo a Junta Revisora, e proverá a que se façam os necessarios avisos, ordenando as cousas por modo tal, que até 15 de Janeiro futuro possa estar concluida a revisão em toda a Comarca.

Art. 229. A Junta Revisora será composta do Juiz de Direito como Presidente, do Promotor Publico e do Presidente da Camara Municipal respectiva, e apenas reunida, tomará em primeiro lugar conhecimento das reclamações dos Cidadãos que se queixarem de haverem sido indevidamente incluidos, ou omittidos nas listas dos Delegados. Em seguida procederá á revisão das mesmas listas, e á formação da geral, incluindo nella os Cidadãos, que indevidamente tenham sido omittidos naquellas, e excluindo:

1.º Todos aquelles que notoriamente forem conceituados de faltos de bom senso, integridade e bons costumes.

2.º Os que estiverem pronunciados.

3.º Os que tiverem soffrido alguma condemnação passada em julgado, por crime de homicidio, furto, roubo, bancarrota, estellionato, falsidade ou moeda falsa, ainda que já tenham cumprido a pena, ou della tenham obtido perdão.

Art. 230. Concluida a apuração da lista geral, será ella lançada em um livro para esse fim destinado, numerado, e rubricado pelo Juiz de Direito, com termo de abertura e encerramento. Será escripta pelo Escrivão privativo do Jury (a quem pertence fazer toda a escripturação perante a Junta Revisora) e assignada pelo Juiz de Direito, Promotor e Presidente da Camara Municipal. O dito Escrivão extrahirá logo do mesmo livro uma relação por ordem alphabetica, que affixará na porta da casa das sessões da Junta, que será a do Jury, e a fará publicar pela imprensa, se a houver.

Art. 231. Quando a Junta reconhecer que o nome de algum individuo foi indevidamente omittido na lista do respectivo Delegado, poderá incluil-o na geral, embora não tenha reclamado.

Art. 232. Todas as sessões da Junta Revisora serão publicas.

Art. 233. Na revisão annual serão inscriptas na lista geral as pessoas, que dentro do anno tiverem adquirido as qualidades precisas para ser Jurado, e excluidas as que as houverem perdido; e bem assim as que tiverem morrido, ou mudado de districto. Emquanto se não organisar a lista geral, continuará em vigor a do anno antecedente.

Art. 234. Da indevida inscripção, ou ommissão na lista geral dos Jurados dar-se-ha recurso, na fórma dos arts. 101 e 102 da Lei de 3 de Dezembro de 1841.

Art. 235. Os Delegados que não enviarem as listas, e os membros da junta Revisora, que não comparecerem no dia marcado, sem causa justificada, soffrerão a multa de que trata o art. 30 da Lei de 3 de Dezembro de 1841.

Art. 236. Quando occorram motivos fortes, pelos quaes não seja possível ao Juiz de Direito comparecer em todos os Termos da Comarca, a fim de presidir em cada um á Junta de Revisão, de modo que até o dia 15 de Janeiro fique concluida a mesma revisão em toda a Comarca, dará todas as providencias indicadas no art. 228 do presente Regulamento e encarregará o Juiz Municipal do Termo, ou Termos, aos quaes não puder ir, que faça suas vezes, remettendo-lhes todas as reclamações que tiver em seu poder, e dará immediatamente parte ao Presidente da Provincia, do occorrido, e dos motivos porque não pôde ir presidir á referida Junta.

Art. 237. Organisada a lista geral, a Junta Revisora fará transcrever os nomes dos alistados em pequenas cedulas de igual tamanho, e no dia seguinte mandará ler pelo Escrivão privativo do Jury a lista dos Cidadãos apurados, e á proporção que forem proferidos os nomes, o Promotor os verificará com as cedulas, e as irá lançando em uma urna, que será fechada apenas terminada esta operação.

Art. 238. Esta urna será fechada com tres chaves diversas, cada uma das quaes ficará em poder de cada um dos tres Membros da Junta. Quando, porém, o Juiz de Direito tiver de correr differentes Termos, e o Promotor de acompanhal-o, serão clavicularios, em lugar do primeiro, o Juiz Munici-

pal, e em lugar do segundo, o Subdelegado em cujo districto estiver a casa das sessões do Jury.

Art. 239. As urnas continuarão a ser guardadas pelas Camaras Municipaes, que igualmente continuam a fornecer os livros e mais objectos necessarios para os trabalhos do Jury.

CAPITULO IV

Do fôro competente

Art. 240. A competencia do fôro para o conhecimento e decisão das causas policiaes e criminaes, continúa a regular-se pelas disposições dos arts. 8.º, 155, 156, 157, 158, 160, § 3.º, 171 § 1.º, 257 e 324 do Codigo do Processo Criminal, com as excepções declaradas nos artigos seguintes.

Art. 241. Os Juizes Municipaes são competentes para julgar definitivamente o contrabando na fórma do Cap. 12 das disposições criminaes deste Regulamento.

Art. 242. Os Juizes de Direito das Comarcas são os competentes para formar culpa aos empregados publicos não privilegiados, nos crimes de responsabilidade, e para julgal-os definitivamente na fórma do Cap. 13 das ditas disposições criminaes.

São empregados publicos não privilegiados todos aquelles que não pertencem ás classes especificadas no art. 200, § 1.º do mesmo Regulamento.

Art. 243. Quando em um Termo tiver apparecido, e estiver em acto sedição ou rebellião, será o fôro competente para o conhecimento de quaesquer delictos commettidos ahi, o do Subdelegado, ou Delegado mais proximo do Termo mais visinho, ou o Juiz Municipal e o Jury do mesmo Termo, segundo fôr a natureza do delicto, e o Tribunal ao qual deva pertencer o seu conhecimento.

Art. 244. Quando o mesmo acontecer em uma Comarca, ou em uma Provincia, será pela mesma maneira, o fôro competente o do Subdelegado ou Delegado mais proximos do Termo mais visinho, ou o Juiz Municipal e o Jury do mesmo Termo, de qualquer das Comarcas ou Provincias confinantes.

Art. 245. Se nas rebelliões, ou sedições entrarem militares, serão julgados pelas leis e tribunaes militares, e assim, se as justiças civis os acharem envolvidos nos processos que organisarem, remetterão ás competentes Auctoridades militares as cópias authenticas das peças, documentos e depoimentos que lhes fizerem culpa.

Art. 246. Quando aconteça que simultaneamente comecem a formar culpa sobre o mesmo delicto o Chefe de Policia, Juiz Municipal, Delegado e Subdelegado, ou todos, ou alguns delles, proceder-se-ha pela seguinte maneira:

Se concorrer o Chefe de Policia prosseguirá elle, em todo o caso no processo salvo se julgar conveniente remettel-o ao Juiz Municipal, Delegado ou Subdelegado para o continuarem.

Se não concorrer o Chefe de Policia, mas sim o Delegado proseguirá este, salvo o caso da remessa acima figurado.

Se concorrem sómente o Juiz Municipal e um Subdelegado, proseguirá aquelle.

Se nos lugares em que houver mais de um Juiz Municipal, com jurisdicção cumulativa, concorrem dois ou mais, proseguirá aquelle que primeiro tiver começado a tomar conhecimento do delicto.

CAPITULO V

Das suspeições e recusações

Art. 247. Os Chefes de Policia, Delegados e Subdelegados, os Juizes de Direito e Municipaes, quando forem inimigos capitaes, ou intimos amigos, parentes, consanguineos, ou affins até o 2.º grão de alguma das partes, seus amos, senhores, tutores ou curadores, ou tiverem com algumas dellas demandas, ou forem particularmente interessados na decisão da causa poderão ser recusados. E elles são obriga-

dos a dar-se de suspeitos, ainda quando não sejam recusados.

Art. 248. As disposições do artigo precedente não tem porém lugar a respeito dos processos de formação de culpa, e de desobediencia, em que os Juizes não pódem ser dados de suspeitos.

Art. 249. Quando qualquer das sobreditas Auctoridades se houver de declarar suspeita, o fará por escripto declarando o motivo, e firmando-o com juramento; e immediatamente fará passar o processo ao Juiz a quem competir o seu conhecimento, com citação das partes.

Art. 250. Quando alguma das partes pretender recusar, o Juiz deverá declarar-lh'o, em audiencia, por escripto, por ella assignado, ou por seu Procurador, deduzindo as razões da recusação por artigos assignados por Advogado, e annexando-lhes logo o rol das testemunhas, (que não poderão ser accrescentadas, mudadas, ou substituidas por outras) todos os documentos que tiver, e o conhecimento do deposito da caução respectiva, a qual é para os Subdelegados e Delegados da quantia de 12$000; para os Juizes Municipaes de 16$000 e para os Juizes de Direito, e Chefes de Policia de 32$000.

Art. 251. Apresentados os artigos pela maneira dita, o Juiz recusado, suspendendo o progresso da causa, se reconhecer a suspeição mandará juntar os artigos aos autos, por seu despacho se lançará de suspeito, e fará remetter o Processo ao Juiz, que deve substitui-lo, na fórma do art. 253 do presente Regulamento.

Se não se reconhecer suspeito, poderá continuar no processo, como se lhe não fôra posta suspeição, e remetterá os ditos artigos ao Juiz a quem competir tomar conhecimento delles, com a sua resposta, ou circumstanciada informação, que dará dentro de trez dias, que se contarão daquelle, em que os mesmos artigos forem offerecidos.

Art. 252. O Juiz da suspeição, sem demora assignará termo, dia e hora para o recusante apresentar suas testemunhas, não passando de cinco dias, e, produzidas estas, lhe assignará mais vinte e quatro horas para allegar o mais que lhe convier, e decidirá definitivamente, comprehendendo na sentença, quando fôr contraria ao recusante, a perda da respectiva caução.

Art. 253. No caso de proceder a recusação, porque haja sido reconhecida, ou porque a sentença a tenha julgado procedente, se o recusado fôr Delegado, ou Subdelegado, ou Juiz Municipal será substituido pelo seu Supplente, e este pelo seu immediato, e se fôr Chefe de Policia, ou Juiz de Direito pelo Juiz Municipal.

Art. 254. Quando a parte contraria reconhecer a justiça da suspeição, poderá, a requerimento seu lançado nos autos, suspender-se o processo, até que se ultime o conhecimento da mesma suspeição.

Art. 255. Das suspeições postas aos Juizes de Direito conhecerá o Jury, ao qual serão remettidos os artigos com a resposta ou informação de que trata o art. 251, sendo o mesmo Jury para este caso presidido pelo Juiz Municipal Supplente do Juiz de Direito.

CAPITULO VI

Do auto de corpo de delicto

Art. 256. Quando se tiver commettido algum delicto que deixe vestigios, os quaes possão ser ocularmente examinados, o Chefe de Policia, Delegado, Subdelegado, Juiz Municipal, ou de Paz, que mais proximo e prompto se achar, a requerimento de parte, ou ex-officio, nos crimes em que tem lugar a denuncia, procederá immediatamente a corpo de delicto na fórma dos arts. 258 do presente Regulamento, e 136 e 137 do Codigo do Processo Criminal.

Art. 257. Se o delicto não tiver deixado vestigios, ou delle sómente se tiver noticia, quando os vestigios já não existam, não se procederá a corpo de delicto, bastando para a base do processo da formação da culpa, a queixa

ou denuncia da parte, ou a participação official que houver, ou na falta de queixa, denuncia, ou participação official, a declaração que fizer o Chefe de Policia, Juiz Municipal, Delegado, ou Subdelegado, no auto inicial do processo, de lhe haver chegado a noticia a existencia do delicto, com taes e taes circumstancias.

Art. 258. Para se fazer o auto de corpo de delicto serão chamadas, pelo menos, duas pessoas profissionaes e peritas na materia de que se tratar, e na sua falta pessoas entendidas e de bom senso, nomeadas pela auctoridade que presidir ao mesmo corpo de delicto, a qual tendo-lhes deferido juramento, as encarregará de examinar e descrever com verdade, e com todas as suas circumstancias, quanto observarem, e de avaliar o damno resultante do delicto, salvo qualquer juizo definitivo a este respeito.

Art. 259. Havendo no lugar Medicos, Cirurgiões, Boticarios, e outros quaesquer profissionaes e mestres de officios, que pertençam a algum estabelecimento publico, ou por qualquer motivo tenham vencimento da Fazenda Nacional, serão chamados para fazer os corpos de delicto, primeiro que outros quaesquer, salvo o caso de urgencia, em que não possam concorrer promptamente.

Ás pessoas que, sem justa causa, se não prestarem a fazer o corpo de delicto, será imposta a multa de 30$000 a 90$000 pela Auctoridade que presidir ao mesmo corpo de delicto, salvo se fôr Juiz de Paz, porque nesse caso será a dita pena imposta pelo Delegado, Juiz Municipal ou Subdelegado.

Art. 260. O corpo de delicto poderá ser feito de dia ou de noite, em dia Santo, ou feriado; e sempre o será o mais proximamente que fôr possivel, á perpetração do delicto.

Art. 261. Quando o Juiz de Paz fizer o corpo de delicto, remettel-o-ha immediatamente, com officio seu, á Auctoridade policial ou criminal, a quem pertencer proseguir no processo.

CAPITULO VII

Da formação da culpa

Art. 262. Os Chefes de Policia, Juizes Municipaes, Delegados e Subdelegados procederão á formação da culpa, ou em virtude de queixas ou denuncias dadas, nos casos e com as formalidades estabelecidas nos arts. 72, 73, 74, 75, 76, 78 e 79, do Codigo do Processo Criminal, ou meramente ex-officio.

Art. 263. O Procedimento ex-officio tem lugar todas as vezes, que chegar a noticia das Auctoridades criminaes haver-se perpetrado em seus respectivos districtos algum daquelles delictos, em que cabe a denuncia, ainda que denunciante não haja. Tem egualmente lugar a respeito dos delictos mencionados no art. 5.º da Lei de 26 de Outubro de 1831.

Art. 264. Quando se tiver formado o corpo de delicto, na fórma dos arts. 256 e 258 deste Regulamento, servirá elle de base ao processo da formação da culpa, para se proceder sobre o seu conteúdo á inquirição das testemunhas, afim de se descobrir quem seja o delinquente; mas quando não se tiver formado por ser o crime daquelles, que não deixam vestigios, ou porque delle sómente houve noticia, quando taes vestigios já não existiam, organisar-se-ha o processo, não só sem esse auto precedente, como tambem sem a necessidade de uma inquirição especial para se verificar previamente a existencia do delicto.

Art. 265. Com o corpo de delicto, ou sem elle, nos termos do artigo antecedente, proceder-se-ha ao summario para a formação da culpa. No caso de haver corpo de delicto as testemunhas serão inquiridas sómente a respeito do delinquente para se averiguar e descobrir quem elle seja: e no contrario serão inquiridas, não só a respeito do delicto e suas circumstancias, como tambem acerca de quem seja o delinquente.

Art. 266. No summario a que se proceder para a formação da culpa, nos casos em que não tem lugar o procedimento ex-officio, inquirir-se-

hão pelo menos duas testemunhas, e poderão ser inquiridas mais até que se preencha o numero de cinco, nos casos porém em que tiver logar a denuncia, inquirir-se-hão cinco e poderão ser inquiridas mais até o numero de oito.

Art. 267. Além do numero das testemunhas, que forem inquiridas por virtude do artigo antecedente, tanto no caso de procedimento ex-officio como no contrario, serão inquiridas, sempre que fôr possivel, as pessoas, ás quaes se referirem em seus depoimentos as testemunhas, que já houverem deposto. Igualmente, e sem que se contem no numero das testemunhas, serão tomadas as declarações das informantes, na fórma do art. 89 do Codigo do Processo Criminal.

Art. 268. Quando do crime, sobre o qual se proceder a summario, fôr indiciado mais de um delinquente, e as testemunhas desse summario não depuzerem contra um ou outro de taes indiciados, a respeito do qual tenha o Juiz summariamente concebido vehementes suspeitas poderá este ex-officio, inquirir mais duas, ou tres testemunhas, sómente a respeito daquelle indiciado.

Art. 269. No mais que pertence ao Processo da formação da culpa, se observará exactamente o disposto nos arts. 142, 143, 147 e 148 do Codigo do Processo Criminal.

Art. 270. Ainda que as Auctoridades, a quem incumbe a formação da culpa, não obtenham por meio das informações, e diligencias a que houverem procedido o conhecimento de quem é o delinquente, não deixarão de proceder contra elle, ex-officio, ou por virtude de queixa, ou denuncia, segundo couber no caso, em qualquer tempo que seja descoberto, emquanto não prescrever o delicto.

Se findo o processo da formação da culpa, e remettido ao Juiz competente para apresental-o ao Jury, tiverem as sobreditas Autoridades noticia de que existem um ou mais criminosos do mesmo delicto, poderão formar-lhes novo processo, emquanto o crime não prescrever.

CAPITULO VIII

Da prescripção

Art. 271. Os delictos e contravenções, sobre os quaes as Auctoridades policiaes e judiciarias decidem definitivamente, prescrevem por um anno, estando o delinquente presente sem interrupção no districto, e por tres estando ausente em lugar sabido.

Art. 272. Os delictos em que tem lugar a fiança, prescrevem por seis annos, estando o delinquente presente sem interrupção no Termo em que residia ao tempo da perpetração do delicto; por vinte annos estando ausente fóra do Imperio, ou dentro, em lugar não sabido; e por dez estando ausente em lugar sabido dentro do Imperio.

Art. 273. Os delictos, que não admittem fiança, prescrevem no fim de vinte annos, estando os réos ausentes em lugar sabido dentro do Imperio; por dez annos, estando presentes sem interrupção no Termo; e estando ausentes em lugar não sabido, ou fóra do Imperio, não prescrevem em tempo algum.

Art. 274. A obrigação de indemnisar prescreve passados trinta annos, contados do dia em que o delicto fôr commettido.

Art. 275. O tempo para a prescripção dos delictos conta-se do dia em que forem commettidos, ou do ultimo acto praticado, quando os delictos constarem de actos successivos e reiterados, quer se tenha, ou não procedido a qualquer acto da formação da culpa; se, porém, houver pronuncia, interrompe-se o curso da prescripção, e começa a contar-se o tempo della na data da mesma pronuncia.

Art. 276. Os réos poderão allegar a prescripção em seu favor em qualquer tempo, e acto do Processo da formação da culpa, ou accusação, perante o Juiz Municipal ou de Direito, conforme a natureza e estado dos Processos, e com interrupção delles, emquanto á causa principal.

Art. 277. Se o processo que se formar disser respeito a delictos e contra-

venções, sobre que as Auctoridades policiaes e judiciaes decidem definitivamente, julgará a prescripção a mesma Auctoridade que o estiver formando.

Art. 278. Se a respeito de crimes, cujo julgamento final pertence ao Jury, fôr opposta a prescripção antes que o processo seja sujeito ao seu conhecimento, será ella julgada pelo Juiz Municipal, a quem os Chefes de Policia, Delegados e Subdelegados remetterão o processo, quando lhe tenham dado principio.

Art. 279. Se porém a mesma prescripção fôr opposta depois que o processo tiver sido affecto ao conhecimento do Jury, conhecerá della o Juiz de Direito.

Art. 280. O réo que tiver de allegar prescripção, o fará por meio de uma petição articulada, na qual indicará todos os seus fundamentos, juntando-lhe todos os documentos e provas que tiver.

Art. 281. Julgando o Juiz de Direito ou Municipal concludente a allegação de prescripção, ouvirá a parte contraria, inquiridas sobre os factos que tiverem allegado as testemunhas que offerecerem, proferirá a sua decisão, que dará logo sem dependencia de prova e de audiencia da parte, quando entender que os factos allegados, ainda que provados não são concludentes.

Art. 282. Quando a decisão fôr contra a prescripção allegada, proseguirá o processo sem embargo do recurso interposto pela parte.

Art. 283. Quando a prescripção fôr opposta perante o Chefe de Policia, Delegado ou Subdelegado no processo da formação da culpa, farão estes juntar os autos á respectiva petição, e ordenarão a sua remessa ao Juiz Municipal. Se acharem porém que a mesma allegação é evidentemente cavilosa e inconveniente, proseguirão no processo, e determinarão que a parte a apresente ao Juiz Municipal, á vista de cujo despacho sómente remetterão o mesmo processo.

Art. 284. Quando o Delegado fôr ao mesmo tempo Juiz Municipal tomará, como tal, conhecimento da prescripção que fôr opposta em processo por elle formado como Delegado.

CAPITULO IX

Da pronuncia, da sua sustentação e da ratificação do processo da formação da culpa.

Art. 285. Se pela inquirição das testemunhas, interrogatório ao indiciado delinquente, ou informações a que tiverem procedido as Auctoridades criminaes, se convencerem da existencia do delicto, e de quem seja o delinquente, declararão por seu despacho nos autos, que julgam procedente a queixa, denuncia, ou procedimento ex-officio, e obrigado o mesmo delinquente a prisão, nos casos em que esta tem lugar, e sempre a livramento, (art. 144 do Codigo do Processo Criminal), especificando o artigo da lei em que o julgam incurso.

Art. 286. Quando não obtiverem pleno conhecimento do delicto, ou indicios vehementes de quem seja o delinquente, declararão por seu despacho nos autos que não julgam procedente a queixa, denuncia, ou procedimento official.

Art. 287. Os despachos de procedencia ou improcedencia, isto é, de pronuncia ou não pronuncia, na fórma dos artigos antecedentes, que fôrem proferidos pelos Chefes de Policia ou Juizes Municipaes, produzirão immediatamente todos os seus effeitos a favor ou contra os réos; se o fôrem porém pelos Delegados ou Subdelegados ficarão dependentes dos despachos de sustentação, ou revogação dos Juizes Municipaes.

Art. 288. Os despachos de pronuncia ou não pronuncia, proferidos pelos Delegados, produzirão porém logo todos os seus devidos effeitos, quando as funcções de Delegado se acharem accumuladas com as de Juiz Municipal na mesma pessoa.

Art. 289. Os Delegados e Subdelegados, que tiverem pronunciado ou

não pronunciado algum réo, remetterão immediatamente o processo ao Juiz Municipal do respectivo termo para sustentar ou revogar o despacho de pronuncia, ou não pronuncia.

No caso de não pronuncia e de estar o réo preso (ou porque o fosse em flagrante, ou antes de culpa formada, nos casos em que essa prisão tem lugar) não será solto antes da decisão do Juiz Municipal (art. 49 da Lei de 3 de Dezembro de 1841). No de pronuncia porém expedir-se-ha mandado de prisão, antes da remessa do processo ao dito Juiz, que dará a sua decisão e o devolverá com a maior brevidade possivel.

A remessa de que trata este artigo terá lugar ainda no caso em que o Juiz revogue a pronuncia que proferira, e será considerado esse despacho de revogação como de não pronuncia.

Art. 290. Se quando lhes fôrem presentes os processos para o fim indicado no artigo antecedente, acharem os Juizes Municipaes que ha nelles preterição de formalidades legaes, que induz nullidade, ou faltas que prejudicam o esclarecimento da verdade do facto, e de suas circumstancias, procederão ex-officio, ou a requerimento da parte a todas as diligencias, que julgarem precisas para a ratificação das queixas ou denuncias, emenda das faltas que induzirem nullidade, e a fim de dar ao facto e suas circumstancias todo o esclarecimento que fôr necessario, havendo-se nisso o mais breve e summariamente que fôr possivel.

Art. 291. Para esse fim mandarão que as queixas e denuncias sejam juradas e assignadas pelos queixosos e denunciantes; que os autos, interrogatorios e inquirições sejam assignadas pelos Juizes, partes, testemunhas e mais pessoas que tenham intervindo, quando faltarem taes solemnidades; ordenarão os interrogatorios dos réos, a re-pergunta, acareação e confrontação das testemunhas e outras diligencias, quando nos ditos processos não houver sufficiente esclarecimento sobre o crime e suas circumstancias, e sobre os seus auctores ou cumplices.

Art. 292. Estas diligencias feitas perante os mesmos Juizes Municipaes, quando os réos presos ou soltos, as testemunhas, ou outras quaesquer pessoas, que tenham de intervir nellas, estiverem em distancia tal, que lhes permitta vir e voltar no mesmo dia, aliás serão feitas pela mesma Auctoridade que remetteu o processo, reenviando-lh'o o Juiz Municipal com as instrucções que julgar necessarias, as quaes serão por elle lançadas nos autos.

Art. 293. Decretada a pronuncia pelo Chefe de Policia, ou Juiz Municipal, e sustentadas por este as que decretarem os Delegados e Subdelegados, será lançado o nome do réo no livro para esse fim destinado, o qual será numerado e rubricado pelo Juiz de Direito, com termo de abertura e encerramento, e se passarão as ordens necessarias para a prisão dos réos que estiverem soltos, ficando os mesmos sujeitos:

1.º Á accusação e ao julgamento.

2.º Á suspensão do exercicio dos Direitos Politicos.

Art. 294. As testemunhas que tiverem deposto no Processo de formação de culpa, ficão obrigadas por espaço de um anno a communicar á Auctoridade que formou o mesmo Processo, qualquer mudança de sua residencia, sujeitando-se pela simples omissão a todas as penas do não comparecimento, em conformidade do art. 53 da Lei de 3 de Dezembro de 1841.

Art. 295. O Escrivão que escrever o depoimento da testemunha a intimará logo que acabe de depôr, para que faça a communicação mencionada no artigo antecedente, debaixo das penas a que se refere, e portará por fé esta intimação no fim do mesmo depoimento.

Art. 296. O Juiz que houver formado a culpa, apenas receber essas communicações, as transmittirá ao Juiz Municipal.

CAPITULO X

Das fianças

Art. 297. Os Chefes de Policia, Delegados, Subdelegados e Juizes Municipaes são competentes para conceder fiança, tanto aos réos que houverem pronunciado, como aos que sómente tiverem prendido, emquanto estiverem debaixo de sua ordem.

Art. 298. Aos Juizes Municipaes pertence conceder fiança áquelles réos que lhes houverem sido remettidos com os respectivos processos, para serem apresentados ao Jury.

Art. 299. A fiança não é precisa, porque nelle os réos se livrarão soltos, nos crimes a que não estiver imposta pena maior que a de multa até cem mil réis, prisão, degredo, ou desterro até seis mezes, com multa correspondente à metade deste tempo, ou sem ella, e tres mezes de Casa de Correcção, ou officinas publicas.

Art. 300. Da disposição do artigo antecedente são exceptuados os réos que forem vagabundos ou sem domicilio.

São considerados vagabundos os individuos que não tendo domicilio certo, não tem habitualmente profissão ou officio, nem renda, nem meio conhecido de subsistencia.

Serão considerados sem domicilio certo os que não mostrarem ter fixado em alguma parte do Imperio a sua habitação ordinaria e permanente; ou não estiverem assalariados ou aggregados a alguma pessoa ou familia.

Art. 301. A fiança não póde ser concedida:

1.º Nos crimes, cujo maximo da pena fôr: 1.º morte natural; 2.º galés; 3.º seis annos de prisão com trabalho; 4.º oito annos de prisão simples; 5.º vinte annos de degredo. (Art. 101 do Codigo do Processo Criminal).

2.º Aos comprehendidos nos crimes: 1.º, de conspiração; 2.º, de opposição por qualquer modo á execução de ordens legaes das Auctoridades competentes, quando dessa opposição resulte não se effectuar a diligencia ordenada, ou soffrerem os Officiaes encarregados da execução alguma offensa physica da parte dos resistentes; 3.º, de arrombamento em cadeias, por onde fuja, ou possa fugir o preso; 4.º, de arrombamento ou accommettimento de qualquer prisão com força para maltratar os presos.

3.º Aos que forem pronunciados por dous, ou mais crimes, cujas penas, posto que a respeito de cada um delles, sejam menores que as indicadas no § 1.º, as egualem, ou excedam, consideradas conjunctamente.

4.º Aos que uma vez quebrarem a fiança concedida pelo mesmo crime, de que ainda não estejam livres.

Art. 302. A fiança, nos casos em que tem lugar, será tomada por termo, na conformidade, e com as declarações especificadas nos arts. 102 e 103 do Codigo do Processo Criminal, e art. 39 da Lei de 3 de Dezembro de 1841, e não se passará ao réo affiançado contra mandado, ou mandado de soltura, sem que tenha assignado o termo declarado na segunda parte do dito art. 39 da Lei acima citada, o qual será lavrado pelo Escrivão no mesmo livro, e em seguida ao termo de fiança.

Art. 303. Sómente podem ser fiadores os que tendo a livre administração de seus bens, possuem os de raiz na mesma Comarca ou Termo, onde se obrigam e seguram o pagamento da fiança com a hypotheca de bens de raiz livres, e desembargados, que tenham o valor da mesma fiança, ou com deposito no cofre da Camara Municipal do mesmo valor em moeda, Apolices da divida publica, ou trastes de ouro e prata, ou joias preciosas, devidamente avaliadas. (Art. 107 do Codigo do Processo Criminal).

Art. 304. Em lugar dos fiadores, poderá o mesmo réo fazer a hypotheca, ou deposito, de que trata o artigo antecedente. (Art. 105 do Codigo do Processo Criminal).

Art. 305. Quando a mulher casada, ou qualquer pessoa que viva sob administração de outrem, como são os

orphãos, os desasisados, aquelles a quem, por qualquer motivo está interdicta a administração de seus bens, e os filhos familias, que tiverem bens propriamente seus, necessitarem de fiança, poderão obtêl-a sobre os bens que legitimamente lhes pertencerem, ficando obrigados aos fiadores. (Art. 108 do Codigo do Processo Criminal).

Art. 306. No caso do artigo precedente ficarão desde logo os bens dos afiançados legalmente hypothecados, e serão disso intimados os paes, maridos, tutores, e curadores, os quaes ficarão obrigados aos fiadores até á quantia dos bens do afiançado, ainda que não consintam na fiança (Art. 108 do Codigo do Processo Criminal).

Art. 307. O valor da fiança será sempre arbitrado da maneira ordenada no art. 109 do Codigo do Processo Criminal. Se a Auctoridade, a quem pertence concedel-a, tomar por engano uma fiança insuficiente, ou se ao fiador no entretanto soffrer perdas taes, que o tornem pouco idoneo, e seguro, a fiança será reforçada, e para esse fim a Auctoridade acima mencionada, mandará vir á sua presença o réo, debaixo de prisão, senão obedecer logo que se lhe intimar a ordem. (Art. 110 do Codigo do Processo Criminal).

Art. 308. Aos fiadores serão dados todos os auxilios necessários para a prisão do réo, qualquer que seja o estado do seu livramento:

1.º Se elle quebrar fiança.

2.º Se fugir depois de ter sido condemnado, e antes de principiar a cumprir a sentença.

3.º Se o notificado pelo fiador para apresentar outro que o substitua dentro do prazo de quinze dias, assim o não fizer.

Art. 309. Estes auxilios, quando o requererem os fiadores, lhes serão dados, não só pelas Auctoridades, que tiverem formado as culpas, e concedido as fianças, e que farão expedir os Mandados de prisão, mas também por quaesquer outras, em cujos districtos se acharem os réos, sendo-lhes apresentados os ditos mandados.

Art. 310. A fiança ficará sem effeito, e o réo será recolhido á prisão:

1.º Se elle a não reforçar, no caso do art. 307 deste Regulamento.

2.º Se desistindo da fiança o primeiro fiador, não apresentar outro, na fórma e no prazo do art. 308, § 3.º do mesmo Regulamento.

N'estes casos, porém não se haverão os fiadores por desobrigados, emquanto os réos não forem effectivamente presos, ou não tiverem prestado novos fiadores.

Art. 311. A fiança se julgará quebrada de direito:

1.º Quando o réo deixar de comparecer nas sessões do Jury, ao que se obrigára pelo termo de que trata o art. 302 deste Regulamento, não sendo dispensado do comparecimento pelo Juiz de Direito, por justa causa.

2.º Quando o réo depois de afiançado, commetter delicto de ferimento, offensa physica, ameaça, calumnia, injuria, ou damno contra o queixoso ou denunciante, contra o Presidente do Jury, ou Promotor Publico, sendo por qualquer dos mesmos delictos pronunciado.

Art. 312. O julgamento do quebramento da fiança no primeiro caso do artigo antecedente será feito pelo Juiz de Direito, logo que feita a chamada dos réos afiançados, elles não comparecerem. Este julgamento se incluirá na acta, e o sobredito Juiz dará logo todas as necessarias providencias para que seja capturado o réo.

Art. 313. O julgamento do mesmo quebramento no segundo caso do dito artigo será proferido a requerimento do Promotor, da parte, ou ex-officio pelo Juiz, perante quem se achar o processo, logo que lhe fôr apresentada a certidão da pronuncia, pelos delictos de que trata o mesmo art. 311, § 2.º deste Regulamento, procedendo a uma informação summaria sobre a identidade da pessoa quando a esse respeito haja alguma duvida.

Art. 314. Pelo quebramento da fiança o réo perderá a metade daquella

quantia que o Juiz tiver accrescentado ao arbitramento dos peritos na fórma do art. 109 do Codigo do Processo, e ficará sujeito a ser julgado á revelia, se ao tempo do julgamento, não tiver ainda sido preso.

Art. 315. O réo perderá a totalidade do valor da fiança, quando sendo condemnado por sentença, que tenha passado em julgado, fugir antes de ser preso.

Art. 316. O producto do quebramento das fianças, nos casos dos artigos antecedentes, é pertencente ás Camaras Municipaes, que promoverão a sua cobrança pelos meios competentes, deduzida primeiramente a importancia da indemnisação da parte, e custas.

Art. 317. Se o réo afiançado, que fôr condemnado não fugir, e puder soffrer a pena, mas não tiver a esse tempo meios para a indemnisação da parte e custas, o fiador será obrigado a essa indemnisação e custas, e perderá a parte do valor da fiança destinada a esse fim, mas não o que corresponde á multa substitutiva da pena. (Art. 45 da Lei de 3 de Dezembro de 1841).

CAPITULO XI

Dos preparatorios da accusação; da accusação, e da sentença

Art. 318. Decretada a pronuncia pelo Chefe de Policia, fará elle, o mais brevemente que fôr possivel, remetter o processo ao Escrivão do Jury respectivo (o qual fica exercendo perante o Juiz Municipal as funcções, que exercia o escrivão de Paz da cabeça do Termo) estejam ou não presos os delinquentes, sejam publicos ou particulares os delictos por que foram processados.

Art. 319. Quando a pronuncia fôr decretada pelos Delegados e Subdelegados, ordenarão estes a remessa, nos termos do artigo antecedente, depois que o processo lhes houver sido devolvido com a sustentação da mesma pronuncia pelo Juiz Municipal.

Art. 320. Se a pronuncia porém houver sido decretada pelo Juiz Municipal, encarregado de preparar os processos para entrarem em julgamento perante o Jury, passará o respectivo processo para o Escrivão do mesmo Jury, a fim de seguir opportunamente os seus termos.

Art. 321. Se os delinquentes estiverem presos fóra da cabeça do Termo, em que devam ser julgados, serão, com a precisa antecedencia, para ahi remettidos, quando se houver de reunir o Conselho de Jurados, ficando na cadêa á ordem do Juiz Municipal.

Art. 322. O Juiz Municipal logo que tiver conhecimento da época da reunião do Jury, fará notificar as testemunhas para comparecerem nessa sessão. As que não comparecerem ficarão sujeitas aos procedimentos ordenados no art. 53 da Lei de 3 de Dezembro de 1841.

Art. 323. Quando houver mais de um Juiz Municipal, o Governo designará qual aquelle que deverá ficar encarregado de preparar os processos para entrarem em julgamento perante o Jury.

Art. 324. Logo que o escrivão do Jury receber qualquer processo deverá fazel-o concluso ao Juiz Municipal, a fim de que ordene as diligencias necessarias para que possa ser submettido ao conhecimento do Jury.

Art. 325. Quando o Juiz de Direito tiver de convocar uma sessão de Jurados, officiará ao Juiz Municipal do Termo, onde se houver de reunir o Conselho notificando-lhe o dia e hora em que ha de principiar a sessão. Esta participação deverá ser feita em tal tempo, que possa razoavelmente chegar a noticia de todos os Jurados e habitantes do Termo.

Art. 326. No caso em que o mesmo Juiz de Direito se ache no Termo, deverá convocar os outros dous clavicularios da urna dos Jurados, e no dia immediato áquelle em que houver officiado, na fórma do artigo antecedente, procederá, na presença dos mesmos clavicularios, ao sorteio dos quarenta e oito Jurados, que tem de servir na sessão, cujos nomes participará logo ao Juiz Municipal.

Art. 327. Quando porém o Juiz de Direito se não achar no Termo em que se deve fazer a reunião dos Jurados, deverá encarregar ao Juiz Municipal respectivo, que convoque os outros dous clavicularios, e proceda ao sorteio de que trata o artigo antecedente, no dia immediato áquelle em que houver recebido a notificação de que trata o art. 325.

Art. 328. O sorteio deverá ser feito a portas abertas e por um menor, lavrando-se de tudo o que occorrer Termo escripto pelo Escrivão privativo do Jury no livro destinado para nelle se lançar lista dos Jurados e especificando-se o nome dos quarenta e oito sorteados. As quarenta e oito cedulas serão fechadas em urna separada.

Art. 329. Em todo o caso o Juiz Municipal annunciará logo por Editaes a convocação do Jury, e o dia em que deverá ter lugar convidando nomeadamente a comparecer os quarenta e oito Jurados que as quarenta e oito cedulas indicarem, e declarando que estes hão de servir durante a proxima sessão judiciaria, e devem assim como todos os interessados, comparecer no dia assignado, sob as penas marcadas na lei se faltarem.

Art. 330. Os Editaes de que trata o artigo antecedente, não só serão lidos e affixados nos lugares mais publicos das Cidades, Villas e povoações e publicados pela imprensa, onde a houver, mas serão remettidos pelos Juizes Municipaes aos Subdelegados para os publicar, e mandar fazer as notificações necessarias aos Jurados, aos culpados, e as testemunhas que se acharem nos seus districtos, enviando-lhes para a notificação das testemunhas os competentes mandados.

Art. 331. O Juiz Municipal deverá, tres dias antes que comece a sessão, communicar ao Juiz de Direito quaes os Jurados, que foram notificados, e quaes não, e porque motivo, afim de que possam ser relevados da pena pelo mesmo Juiz de Direito, se para isso houver causa justa, ou para providenciar como convier.

Art. 332. A notificação ao Jurado se entenderá feita, sempre que por Official de Justiça, fôr entregue na casa de sua residencia, uma vez que o mesmo Official certifique que o Jurado não está fóra do Municipio.

Art. 333. Se algum ou alguns dos quarenta e oito Jurados sorteados forem dispensados de servir na sessão ou deixarem de comparecer, ainda mesmo que sejam multados, o Escrivão do Jury apresentará, na occasião do primeiro sorteio, as cedulas com seus nomes para que sejam novamente recolhidos á urna e entrem em novo sorteio, na fórma do art. 106 da Lei de 3 de Dezembro de 1841.

Art. 334. Pelo contrario, os que forem chamados para supprir a falta de outros na fórma do art. 315 do Codigo do Processo Criminal, serão relacionados pelo Escrivão, afim de que sejam inutilisadas as cedulas que contém seus nomes, quando sahirem, fazendo-se disso expressa menção no termo que se lavrar.

Art. 335. Quando a urna geral se exhaurir, recolher-se-hão nella cedulas novas de todos os Jurados apurados.

Art. 336. Quando aconteça que no principio do mez de Janeiro ainda se não ache exhaurida a urna do anno antecedente, sómente entrarão para ella os nomes dos Jurados novos, e os daquelles que supposto já tivessem sido apurados, comtudo ainda não tenham servido, de modo que não aconteça servir um Jurado duas vezes, emquanto outros não tenham servido nenhuma. (art. 289 do Código do Processo Criminal).

Art. 337. Feita a remessa dos processos que tem de ser submettidos ao Jury, na fórma dos arts. 318, 319 e 320 do presente Regulamento, e recebidos pelo respectivo Escrivão, deverá o accusador offerecer o seu libello perante o Juiz Municipal, dentro de vinte e quatro horas, sob pena de lançamento.

Art. 338. O lançamento sómente poderá ser ordenado pelo Juiz Municipal, quando o Juiz de Direito estiver fóra do Municipio, mas ainda nesse caso deverá ser-lhe concluso o processo, apenas chegue, para o confirmar

ou revogar ex-officio. Nos casos em que o mesmo lançamento importe accusação pela Justiça, o Juiz de Direito no mesmo despacho ordenará que se dê vista ao Promotor para vir com seu libello.

Quando porém se tratar de dar baixa na culpa, sómente poderá ella ser ordenada pelo Juiz de Direito, precedendo audiencia do Promotor Publico, a quem a sentença, depois de proferida, deverá ser intimada.

Art. 339. Quando fôr parte a Justiça, o Escrivão deverá dar vista por tres dias ao Promotor Publico para offerecer o libello accusatorio; podendo esse prazo ser prorogado por mais quarenta e oito horas, quando a affluencia dos negocios o exigir. Se findar porém sem que o mesmo Promotor tenha offerecido o dito libello, será multado pelo Juiz de Direito em vinte mil réis, dando-se-lhe novamente vista, por outro tanto tempo, e se findo este ainda não tiver offerecido o libello, será multado em cem mil réis e, suspenso para ser processado.

Art. 340. Sómente serão admittidos aquelles libellos que, além de conterem o nome do réo, especificarem por artigos um facto com mais ou menos circumstancias, e concluirem pedindo a imposição de uma pena estabelecida por lei que será apontada, no maximo, medio, ou minimo, quando ella estabelecer essas graduações. O Juiz Municipal, ou de Direito mandará reformar aquelles libellos, que por outro modo forem feitos, impondo aos que os assignarem uma multa de vinte a sessenta mil réis.

Art. 341. Offerecido o libello, deverá o Escrivão do Jury preparar uma cópia delle, dos documentos, e do rol das testemunhas, que entregará ao réo, quando preso, pelo menos tres dias antes do seu julgamento, e ao afiançado, se elle ou seu Procurador apparecerem para recebel-o, exigindo delles recibo da entrega, que juntará aos autos.

Art. 342. Se o réo quizer offerecer a sua contrariedade escripta, ser-lhe-ha aceita, mas sómente se dará vista do processo original a elle ou a seu Procurador, dentro do Cartorio do Escrivão, dando-se-lhe porém os traslados que quizer.

Art. 343. Os Promotores deverão examinar cuidadosamente, e com a maior antecedencia possivel, todos os processos em que a Justiça fôr parte, e extrahir delles as necessarias notas, afim de requerer em tempo que se proceda ás diligencias, e se procurem os documentos que possam ser necessarios, e tudo quanto fôr a bem para sustentar a accusação. Para esse fim o Juiz Municipal, antes de aberta a sessão, ou Juiz de Direito, depois da abertura della, lhes mandarão entregar os processos quando o requererem, por um prazo breve.

Art. 344. No dia assignado para a reunião, achando-se presentes o Juiz de Direito, Escrivão, Jurados, o Promotor Publico, e as partes accusadoras havendo-as, principiará a sessão pelo toque da campainha. Em seguida, o Juiz de Direito abrirá a urna das quarenta e oito cedulas, e verificando publicamente que se acham todas, as recolherá outra vez, feita logo a chamada dos Jurados pelo Escrivão, para verificar se se acham presentes em numero legal, que é o de trinta e seis, pelo menos.

Art. 345. Feita a chamada, e averiguado o numero de Jurados presentes, o Juiz de Direito tomará conhecimento das escusas dos que faltarem, relevando-os da multa, ou condemnando-os como fôr justo, e quandò se não ache completo numero legal, proceder-se-ha na fórma do art. 315 do Codigo do Processo Criminal afim de completar-se.

Art. 346. Logo que se tenha reunido o numero legal, deverá o Juiz de Direito declarar aberta a sessão; quando porém depois de uma espera rasoavel não se complete, annunciará as multas que houver imposto aos Jurados que faltarem, ou se ausentarem, e levantará a sessão adiando-a para o dia seguinte, se não fôr Domingo.

Art. 347. Formado o Tribunal, e praticado o que se acha disposto nos artigos antecedentes, será admittido o Juiz Municipal a apresentar todos os

processos que tiver formado ou recebido, e que devem ser julgados pelo Jury, os quaes deverão estar preparados com o competente libello das partes, e necessarias diligencias.

Art. 348. Immediatamente o Escrivão fará a chamada de todos os réos presos, dos que se livram, soltos ou afiançados, dos accusadores ou auctores, e das testemunhas que constar terem sido notificadas para comparecer naquella sessão, e notará as faltas das que não estiverem presentes, (art. 240 do Codigo do Processo Criminal).

Art. 349. A respeito dos réos, auctores ou accusadores que faltarem, observar-se-ha o que está disposto nos arts. 220 e 221 do Codigo do Processo Criminal, e nos crimes em que tem lugar a denuncia, o Juiz de Direito não julgará a accusação perempta, porém ordenará ao Promotor Publico que proceda na accusação.

Art. 350. O Juiz de Direito depois do lançamento do accusador, mandará fazer o feito concluso, sempre que julgar necessario maior exame, ou entender que tem lugar a baixa na culpa, que nunca deverá ordenar sem audiencia prévia do Promotor Publico, na fórma do art. 338.

Art. 351. A chamada dos auctores, réos e testemunhas será feita pelo Porteiro, á porta do Tribunal em altas vozes, e de assim o haver cumprido passará certidão, que se juntará aos autos.

Art. 352. O Juiz de Direito, onde não houver Porteiro do Jury, nomeará para servir esse lugar um Official de Justiça.

Art. 353. Se o Juiz de Direito, nos autos que forem apresentados para o julgamento do Jury, achar alguns que não sejam da competencia desse Tribunal, os fará por seu despacho remetter ao Juizo d'onde tiverem vindo, com as explicitas razões da incompetencia e indicação dos termos que se deverem seguir.

Art. 354. Se nos que forem da competencia do Jury encontrar qualquer nullidade ou falta dos esclarecimentos precisos, procederá na fórma do § 2.º do art. 200 do presente Regulamento.

Art. 355. Depois de terem comparecido os auctores e os réos ou seus legitimos Procuradores, ou tomada a accusação pela Justiça, mandará o Juiz de Direito chamar as testemunhas e recolhel-as em lugar d'onde não possam ouvir os debates, nem as respostas umas das outras. O mesmo se praticará com as testemunhas que tiverem de ser inquiridas em quaisquer processos policiaes ou criminaes.

Art. 356. As testemunhas deverão ser apresentadas em rol pelo accusador e réo, para serem por elle chamadas.

Art. 357. Recolhidas as testemunhas, na fórma do art. 355, proceder-se-ha ao sorteio de doze Jurados, para a formação do Conselho, sendo as cedulas tiradas da urna por um menor, e observando-se o disposto nos arts. 275, 276, 277 e 278 do Codigo do Processo Criminal, até que aquella formação se effectue.

Art. 358. Formado o conselho e prestado o juramento, segundo a formula junta ao art. 253 do Codigo do Processo Criminal, o que deverá ser certificado pelo Escrivão na respectiva acta, o Juiz de Direito procederá ao interrogatorio do réo, que será escripto e junto ao processo, que dirigirá nos termos dos arts. 259, 260, 261, 262, 263, 264 e 265 do dito Codigo.

Art. 359. Na occasião do debate (mas sem interrupção a quem estiver fallando), póde qualquer Juizo de Facto fazer as observações que julgar convenientes, fazer interrogar de novo alguma testemunha, requerendo-o ao Juiz de Direito, e pedir que o Jury vote sobre qualquer ponto particular de facto, que julgar importante. A estes requerimentos dará o Juiz de Direito a consideração que merecerem, mas deverá fazel-os escrever no processo, bem como o seu deferimento para que constem a todo o tempo.

Art. 360. Se depois dos debates, o depoimento de uma ou mais testemunhas, ou um ou mais documentos, forem arguidos de falsos, com funda-

mento razoavel, quer pelas partes, quer pelo Promotor Publico, o Juiz de Direito examinará mui diligente e escrupulosamente o fundamento dessa arguição, e por si só decidirá summaria e verbalmente, fazendo reduzir tudo a um só termo, em que se declare a natureza da arguição, as razões ou fundamentos della, as averiguações, exames e mais diligencias a que se procedeu, e em virtude das quaes se julgou ou não procedente a mesma arguição, e será esse termo assignado pelo dito Juiz e partes.

Art. 361. No caso de entender o Juiz de Direito pelas averiguações a que proceder, que concorrem vehementes indicios da falsidade arguida ou de outra qualquer occorrente, proporá como primeiro quesito aos Jurados, na mesma occasião em que fizer os outros sobre a causa principal seguinte: — Póde o Jury pronunciar alguma decisão definitiva sobre a causa principal, sem attenção ao depoimento ou documento arguido ou falso?

Art. 362. Retirando-se os Jurados para a sala das suas conferencias em que devem estar sós, e as portas fechadas, na fórma do art. 373 do presente Regulamento, examinarão se, no caso de se provar a arguida falsidade do depoimento ou documento, poderá ella influir sobre a decisão da causa principal, de maneira que essa decisão tenha necessariamente de ser differente, nesse ou no caso contrario: e quando depois de conferenciarem, decidirem affirmativamente sobre o primeiro quesito, isto é, se certificarem de que a questão incidente de falsidade lhes não impede ajuizar e decidir sobre a causa principal assim o declararão e responderão aos outros quesitos.

Art. 363. Se os jurados porém resolverem negativamente a questão logo suspenderão o acto, e nada mais decidirão sobre a causa principal, e o Jury apresentará ao Juiz de Direito esta sua resolução — O Jury não póde pronunciar decisão definitiva sobre a causa principal, sem attenção ao depoimento ou ao documento arguido de falso — e com isto se haverá o Conselho por dissolvido.

Art. 364. O Juiz de Direito, em ambos os casos, remetterá o documento ou depoimento arguido de falso, e todos os documentos e esclarecimentos obtidos com os indiciados delinquentes ao Juiz competente para a formação da culpa.

Art. 365. Formada a culpa da falsidade, e feita a remessa do processo e dos delinquentes, na fórma dos arts. 318, 319, 320 e 321 do presente Regulamento, e no caso de que a decisão da causa principal tivesse ficado suspensa, será ella decidida conjunctamente, por novo Conselho de Jurados (no qual não poderá entrar nenhum dos membros que formaram o 1.º), com a causa de falsidade arguida, na mesma sessão do Jury, se chegar a tempo, ou na immediatamente seguinte.

Art. 366. Em todos os casos achando-se a causa em estado de ser decidida por parecer aos Jurados que nada mais resta para examinar, o Juiz de Direito resumirá, com a maior clareza possivel, toda a materia da accusação e da defeza, e as razões expendidas pró ou contra, e depois proporá aos Jurados sorteados as questões de facto necessarias para poder fazer a applicação do direito, da maneira indicada nos arts. 59, 60, 61, 62, 63 e 64 da Lei de 3 de Dezembro de 1841.

Art. 367. Quando o Juiz de Direito, com referencia ao libello, tiver de propor a questão, nos termos do art. 59 da lei citada, e entender que alguma circumstancia exposta no dito libello não é absolutamente conexa e inseparavel do facto, de maneira que não possa este existir ou subsistir sem ella, dividirá em duas a mesma questão:

1.ª O réo praticou o facto de que consta o libello?

2.ª O réo praticou o facto mencionado com a circumstancia tal?

Art. 368. No caso do dito art. 59, e do art. 60 da mesma lei, o Juiz de Direito repetirá a questão tantas vezes, quantas forem as circumstancias aggravantes de que se tiver apresentado revestido o delicto, pela maneira seguinte:

1.ª O réo commetteu o delicto com tal circumstancia aggravante?

2.ª O réo commetteu o delicto com a circumstancia aggravante tal?

3.ª etc., etc.

Art. 369. Se o réo apresentar em sua defesa, ou no debate allegar como escusa, um facto que a lei reconhece como justificativo, e que o isente da pena, o Juiz de Direito proporá a seguinte questão:

O Jury reconhece a existencia de tal facto ou circumstancia? (Art. 61 da Lei de 3 de Dezembro de 1841)

E o Jury responderá — Sim, por unanimidade, o Jury reconhece a existencia de tal facto ou circumstancia.

Não, por tantos votos, o Jury não reconhece a existencia de tal facto ou circumstancias.

Art. 370. Se o réo fôr menor de 14 annos, o Juiz de Direito fará a seguinte questão:

O réo obrou com discernimento? (Art. 62 da Lei de 3 de Dezembro de 1841).

E o Jury responderá — Sim, por unanimidade, o réo obrou com discernimento.

Não, por unanimidade, o réo não obrou com discernimento.

Art. 371. No caso do art. 63 da Lei de 3 de Dezembro de 1841, quando o Juiz de Direito tiver de fazer differentes quesitos, sempre os proporá em proposições simples, e bem distinctas, de maneira que sobre cada um delles possa ter lugar, sem o menor equivoco, ou amphibologia, a resposta.

Art. 372. Para responder ao quesito do art. 64 da Lei de 3 de Dezembro de 1841, a saber: — Existem circumstancias attenuantes a favor do réo? — proceder-se-ha da seguinte maneira:

O Presidente do Jury lerá o art. 18 do Codigo Criminal, e depois proporá á votação — Se existem circumstancias attenuantes a favor do réo? — Se a resposta fôr negativa fará immediatamente escrever esta resposta — Não existem circumstancias attenuantes a favor do réo — Se porém fôr affirmativa, não a fará escrever, mas irá pondo á votação a existencia de cada uma das circumstancias que aquelle artigo menciona, e quando se decidir que existe alguma, fará escrever — Existe a circumstancia attenuante de (por exemplo) não ter havido no delinquente pleno conhecimento do mal, e directa intenção de o praticar. — E assim a respeito das mais.

Art. 373. Propostas as questões pelo Juiz de Direito e por escripto nos autos, os Jurados se recolherão á sala das suas conferencias, e ahi a sós, e a portas fechadas, principiarão por nomear d'entre os seus membros, em escrutinio secreto por maioria absoluta de votos, o seu Presidente e um Secretario, depois do que, conferenciarão sobre cada processo que fôr submettido ao seu exame pela maneira seguinte:

Art. 374. O Secretario fará a leitura do libello, da contrariedade, de qualquer outra peça do processo, que o Presidente julgar conveniente, ou algum dos membros requerer, e das questões propostas pelo Juiz de Direito.

Art. 375. Finda a leitura, admittidas as observações que cada um dos membros tiver para fazer, e ultimada a discussão, o Presidente porá a votos separadamente, e pela ordem em que se acharem escriptas, as questões, propostas pelo Juiz de Direito, para o que estará sobre a Mesa o escrutinio, e terão os membros do Jury uma porção de pequenos cartões, em que estarão escriptas as palavras — Sim. — Não.

Art. 376. Começando o Presidente pela primeira questão, declarará que vai pôr á votação. — Se o réo F. praticou tal facto? — e immediatamente lançará no escrutinio, com toda a cautela, o cartão indicativo do seu voto, e o mesmo farão o Secretario, e todos os mais membros, pelos quaes correrá o escrutinio.

Art. 377. Quando todos tiverem votado, o Presidente tomará o escrutinio, e verificada a votação pelo Conse-

lho, conforme o resultado della, mandará escrever pelo Secretario a resposta, por uma das maneiras seguintes:

No caso de ser affirmativa — O Jury respondeu á 1.ª questão. — Sim, por unanimidade, o réo F. praticou tal facto.

O Jury respondeu á 1.ª questão. — Sim, por tantos votos, o réo F. praticou tal facto.

No caso de negativa. — O Jury respondeu á 1.ª questão — Não, por unanimidade, o réo F. não praticou tal facto.

O Jury respondeu á primeira questão. — Não, por tantos votos, o réo F. não praticou tal facto.

No caso de empate. — O Jury respondeu á primeira questão. — Sim, o réo F. praticou tal facto. — Não, o réo F. não praticou tal facto. — Por igual numero de votos.

Art. 378. Da mesma maneira se procederá a respeito de cada uma das outras questões, até que dadas e escriptas todas as respostas, voltem os Jurados á sala da sessão, e ahi as apresente o Presidente da Conferencia ao Juiz de Direito, que na conformidade dellas proferirá a sentença.

Art. 379. A resposta a cada um dos quesitos ou questões, depois de declarar o seu numero, como por exemplo. — O Jury respondeu á 1.a questão. — O Jury respondeu á 2.ª questão, etc. — Começará sempre pelas palavras — Sim — ou — Não — seguindo-se depois a declaração do numero de votos vencedores, e depois a repetição das palavras do mesmo quesito, com o accrescimo unicamente da affirmativa ou negativa, como nos exemplos postos em os artigos precedentes.

Art. 380. Se a decisão do Jury fôr negativa, o Juiz de Direito absolverá o accusado, ordenando immediatamente a sua soltura, se estiver preso.

Art. 381. Se a decisão fôr affirmativa o Juiz de Direito condemnará o réu na pena correspondente no grão maximo, médio ou minimo, segundo as regras do direito, á vista das decisões do Jury sobre o facto e suas circumstancias.

Art. 382. Se a decisão fôr empatada por igual numero de votos affirmativos e negativos, a sentença será proferida conforme a opinião mais favoravel ao accusado.

Art. 383. Quando o delicto fôr daquelles em que tenha lugar a pena de morte, sómente será imposta ao réo, quando a decisão affirmativa do Jury tiver sido unanime, ou por duas terças partes de votos, não sómente sobre o facto principal, como tambem sobre cada uma das circumstancias aggravantes, cuja existencia a lei requer; aliás se lhe imporá a pena immediatamente menor pela decisão da maioria absoluta.

Art. 384. Todas as decisões do Jury deverão ser dadas em escrutinio secreto; nem se poderá fazer, declaração alguma no processo, por onde se conheça quaes os Jurados vencidos e quaes os vencedores. (Art. 65 da Lei de 3 de Dezembro de 1841).

Art. 385. Se se tratar de crime por abuso da expressão do pensamento, além do que fica disposto, se observará o que a respeito delle dispõem os arts. 271, 272, 273 e 274 do Codigo do Processo Criminal.

CAPITULO XII

Do processo de contrabando

Art. 386. O Juiz Municipal conhecerá e julgará definitivamente o crime de contrabando, na fórma do art. 17 § 1.º da Lei de 3 de Dezembro de 1841, por via de denuncia dada pelo Promotor Publico, ou por qualquer do Povo, e revestida das formalidades exigidas nos arts. 78 e 79 do Codigo do Processo Criminal, ou ex-officio.

Art. 387. O Juiz Municipal, recebendo a denuncia, se a não achar em conformidade dos ditos artigos, a mandará emendar, tendo o maior escrupulo em exigir a bem clara e circumstanciada exposição do facto criminoso,

isto é, do como, quando, e sobre que generos e mercadorias se commetteu o contrabando, e bem assim a declaração (pelo menos approximada, e quando fôr possivel) do seu valor, o qual será regulado pelas Pautas das Alfandegas e Consulados.

Art. 388. Tomada e autoada a denuncia, o Juiz Municipal mandará citar o denunciado para a sua primeira audiencia, que nunca será a do mesmo dia da citação.

Art. 389. Comparecendo o denunciado, o Juiz Municipal, com citação do Promotor Publico, ou do denunciante, lhe fará os interrogatorios necessarios, na conformidade dos arts. 98 e 99 do Codigo do Processo Criminal, e quando o mesmo denunciado, respondendo aos interrogatorios, declarar que tem a allegar defeza, e produzir provas, o Juiz Municipal lhe assignará para isso o prazo de cinco dias, que por motivo justificado poderá prorogar por outros cinco.

Art. 390. No prazo assignado, e que sómente correrá depois que o respectivo Escrivão tiver dado ao denunciado o traslado da denuncia, e dos documentos com que houver sido instruida, apresentará este a sua defesa por escripto, assignada por advogado, declarando nesse mesmo acto as testemunhas que tem a produzir, e que não poderão ser substituidas por outras.

Art. 391. A nomeação das testemunhas, tanto do denunciante como do denunciado, será feita de maneira que bem as faça conhecer para evitar qualquer fraude declarando-se os seus nomes, estado, profissão, domicilio ou residencia.

Art. 392. Apresentada a defesa do denunciado, o Juiz em audiencia, fará assignar uma dilação de dez dias improrogaveis para a inquirição das testemunhas de ambas as partes; e finda essa dilação, com as provas, ou sem ellas, se farão os autos conclusos para serem definitivamente julgados, com a absolvição, ou condemnação do réo.

Art. 393. Se o denunciado não tiver comparecido na audiencia para que fôra citado, ou se, tendo comparecido, renunciar á defesa, o processo seguirá á revelia, e o Juiz inquirindo as testemunhas do denunciante, decidirá definitivamente, condemnando ou absolvendo o réo.

Art. 394. Independentemente da denuncia, deverá o Juiz Municipal, ex-officio, conhecer do crime de contrabando, cuja existencia por qualquer maneira lhe vier á noticia.

Art. 395. Neste caso, ao processo determinado no art. 388, e seguintes, precederá um auto em que o Juiz Municipal fará declarar a noticia que teve da existencia do delicto, com as circumstancias exigidas no art. 387: e inquirirá sobre elle até tres testemunhas, que verifiquem essa existencia, sem o que não proseguirá.

CAPITULO XIII

Do processo de responsabilidade dos empregados não privilegiados

Art. 396. O Juiz de Direito conhecerá dos crimes de responsabilidade dos Empregados Publicos não privilegiados por meio de queixa ou denuncia do Promotor Publico, de qualquer cidadão, ou de estrangeiro em causa propria, e bem assim ex-officio, nos termos do art. 157 do Código do Processo Criminal, e quando lhe fôr ordenado por Auctoridade superior.

Art. 397. A queixa, ou denuncia sómente será admitida, sendo apresentada com as formalidades especificadas no art. 152 do Codigo do Processo Criminal.

Art. 398. Logo que se apresentar uma queixa ou denuncia legal e regularmente formalisada, o Juiz de Direito a mandará autoar, e ordenará por seu despacho, que o denunciado seja ouvido por escripto, salvo verificando-se algum dos casos em que o não deve ser, conforme o art. 160 do Codigo do Processo Criminal.

Art. 399. Para esta audiencia expedirá ordem ao mesmo denunciado, directamente ou por intermedio do Juiz Municipal respectivo, acompanhada da queixa ou denuncia, e documento, com declaração dos nomes do accusador e

das testemunhas, afim do que responda no prazo improrogavel de quinze dias.

Art. 400. Dada a resposta do accusado, ou sem ella, nos casos de a não ter dado em tempo, ou de não dever ser ouvido, na fórma do art. 160 do Codigo do Processo Criminal, o Juiz de Direito ordenará o processo, fazendo autoar as peças instructivas, e procedendo ás diligencias ordenadas nos arts. 80 e 142 do Codigo do Processo Criminal, e ás mais que julgar convenientes, segundo o que achar verificado, pronunciará, ou não o accusado.

Art. 401. Se o indiciado fôr pronunciado, o Juiz de Direito mandará logo dar vista ao Promotor Publico para este formar o libello, e no caso de haver parte accusadora, poderá ser admittida a addir ou declarar o libello official, com tanto que o faça no prazo de trez dias.

Art. 402. Offerecido o libello em audiencias pelo Promotor com additamento, ou sem elle, o Juiz mandará notificar o réo ou seu legitimo Procurador para apresentar a sua contrariedade, produzir os documentos de sua defesa, e nomear testemunhas no termo de oito dias, que poderá ser razoavelmente prorogado.

Art. 403. Findo este termo, na proxima audiencia, presente o Promotor, a parte accusadora, o réo, seus Procuradores e Advogados, o Juiz fazendo ler pelo escrivão o libello, contrariedade, e mais peças do processo, procederá á inquirição das testemunhas, que tiverem sido apresentadas, ás quaes poderão tambem o Promotor, e as partes fazer as perguntas que julgarem convenientes.

Art. 404. Findas as inquirições, immediatamente se farão os autos conclusos ao Juiz, o qual, depois de um bem meditado exame, proferirá a sentença definitiva, condemnando ou absolvendo o réo.

405. Quando o Juiz proceder ex-officio, ou em virtude de ordem superior, seguirá a mesma ordem de Processo, fazendo autoar a ordem, ou papeis que houver recebido, ou os traslados necessarios e papeis, que servirem de base ao procedimento.

CAPITULO XIV

Da execução da sentença

Art. 406. Logo que as sentenças condemnatorias tiverem passado em julgado, serão os réos postos á disposição do Juiz Municipal respectivo, em virtude de ordem por escripto do Juiz de Direito.

Art. 407. O Juiz Municipal recebendo esta ordem ordenará que o réo seja recommendado na cadêa, se já estiver preso, ou que seja recolhido á prisão, quando o dever ser, em razão da pena, expedindo para esse fim mandado, e fazendo proceder ás mais diligencias necessarias.

Art. 408. Estando o réo preso, se a sentença lhe tiver imposto a pena de morte, o Juiz Municipal a fará dar á execução, na conformidade dos arts. 39, 40, 41, 42 e 43, do Codigo Criminal, e Junta a certidão aos autos declarará por sua sentença terminada e concluida a execução, dando parte ao Juiz de Direito, para a fazer averbar no processo principal.

Art. 409. Se a pena imposta pela sentença fôr de galés, o Juiz Municipal, se houver dentro do Municipio, Arsenal de Marinha, ou qualquer outro estabelecimento e obras publicas, em que, segundo as ordens do Governo na Côrte, e dos Presidentes nas Provincias, se empreguem galés, mandará expedir carta de guia dirigida á Auctoridade ou Empregado encarregado da direcção ou administração do taes estabelecimentos ou obras, para fazer empregar nellas o réo, recommendando-lhe que o faça ter debaixo de boa guarda e segurança por todo o tempo da condemnação.

Art. 410. Se a pena fôr de prisão com trabalhos, procederá o Juiz Municipal da mesma fórma, dirigindo a carta de guia á Auctoridade encarregada da direcção ou administração das Casas de Correcção, ou quaesquer outras prisões, destinadas para esse fim, que estejam dentro do Municipio.

Art. 411. Quando nos Municipios, em que os réos se acharem presos, não houverem os sobreditos estabelecimentos em que tenham lugar os trabalhos de galés ou não existam Casas de Correcção, ou prisões com trabalhos, o Juiz Municipal dirigirá as cartas de guia ao Juiz Municipal do Termo mais visinho ou mais facil, em que houverem taes estabelecimentos ou prisões; e este, cumprindo a carta de guia, a fará autoar pelo Escrivão das Execuções, e expedirá outra com o teor dessa á respectiva Auctoridade.

Art. 412. As cartas de guia deverão conter especificadamente os nomes e sobrenomes dos réos, e os appellidos por que forem conhecidos; a sua naturalidade; filiação, idade, estado, modo de vida, estatura e mais signaes, porque physicamente se distinguiam; o teor das sentenças contra elles proferidas, e todas as mais declarações, que as circumstancias exigirem, na fórma do Modelo n. 6.

Art. 413. As Auctoridades ou Empregados, que houverem recebido os réos para o cumprimento das sentenças, deverão passar recibos, nos quaes se designarão os mesmos réos com indicações iguaes ás da guia. Estes recibos serão entregues pelos conductores dos ditos réos á Auctoridade que houver feito a remessa e juntos aos respectivos autos.

Art. 414. Se a pena fôr de prisão simples, o Juiz Municipal expedirá ordem para que o réo seja preso, se estiver solto, ou fique e se conserve preso na Cadêa do Municipio, declarando nella o tempo da prisão, na fórma da sentença, e o Escrivão das Execuções fará assento no lugar competente do livro respectivo da cadêa, com declaração do dia, mez e anno, em que principia o cumprimento da pena, assignado pelo carcereiro; e a copia authentica deste assento será junta aos autos.

Art. 415. Se a pena fôr de banimento, o Juiz Municipal fará intimar o réo, para que, no prazo que lhe assignar, se aprompte para sahir do Imperio. Se o mesmo réo estiver em porto de mar, ou em alguma Cidade ou Vila da fronteira, o Juiz Municipal o fará embarcar, ou sahir do territorio do Brazil; sendo acompanhado até o embarque, ou até os limites do Imperio, por Official de Justiça, o qual então lhe communicará a pena de prisão perpetua, imposta pelo art. 50 do Codigo Criminal, no caso de voltar; do que passará certidão para ser junta ao autos.

Art. 416. Quando o réo não estiver em porto de mar, nem em Cidade, ou Villa limitrophe, o Juiz Municipal executor o remetterá com carta de guia ao Juiz Municipal do porto de mar, Cidade ou Villa limitrophe, que lhe ficar mais perto, ou mais facil; e este, cumprindo a carta de guia, o fará embarcar ou sahir dos limites do territorio do Brazil, na fórma do artigo antecedente, e remetterá a certidão para se ajuntar aos autos.

Art. 417. Se a pena fôr de degredo, o Juiz Municipal executor remetterá o réo com carta de guia ao Juiz Municipal do Termo, que comprehender o lugar destinado pela sentença para residencia do réo; e este Juiz, cumprindo a dita guia, a fará autoar, e immediatamente lavrar o termo da apresentação do réo, designado com todas as indicações especificadas na dita guia, obrigando-o por esse mesmo termo, que elle assignará, apresentar-se em Juizo em certos prazos, mais ou menos breves, conforme as circumstancias, e não sahir do dito lugar emquanto durar o tempo de degredo: e de tudo enviará certidão para se juntar aos autos principaes.

Art. 418. Se a pena fôr de desterro, o Juiz Municipal executor mandará intimar o réo para se aprompta e sahir do Termo, ou Termos, que a sentença lhe tiver interdicto, no prazo que lhe assignar, e findo este prazo, o constrangerá a sahir, solto, se a pena fôr sómente de seis mezes, e debaixo da prisão, se o mesmo desterro fôr por mais tempo.

Art. 419. No caso do artigo antecedente, e de ir o réo solto cumprir a sentença, levará elle mesmo a carta de guia para as Justiças de qualquer termo, onde se apresentar fóra daquelles, que a sentença lhe inhibiu, tendo

assignado termo de não entrar no lugar, ou lugares de que fôr desterrado, antes do tempo marcado na sentença, sob pena de ser condemnado na terça parte mais, na fórma do art. 54 do Codigo Criminal. Feita a apresentação daquella guia, o mesmo réo remetterá disso certidão ao Juiz respectivo.

Art. 420. No caso, porém, em que o réo vá preso, será acompanhado por um Official de Justiça, o qual, logo que o mesmo réo estiver fóra dos limites do termo, ou termos, de que foi obrigado a sahir, o deixará ir solto, depois de lhe ter intimado e comminado a pena do art. 54 do Codigo Criminal, e de tudo passará certidão para ser junta aos autos.

Art. 421. Ao Juizo, em que existir o processo principal, communicará á Auctoridade, ou empregado, ao qual houverem sido remettidos os condemnados, a soltura, obito, fuga, ou qualquer interrupção, que tiverem os mesmos condemnados, na execução da pena, e taes communicações serão juntas ao dito processo.

Art. 422. Quando a communicação fôr da soltura do réo, por se haver terminado o tempo da pena de galés, prisão, desterro, ou degredo, etc., ou da morte do que tivesse sido condemnado em pena de galés, prisão ou degredo perpetuo, fazendo-se os autos conclusos ao Juiz, este haverá a sentença por cumprida, e mandará dar baixa na culpa, havendo a execução por extincta, no caso do fallecimento do réo.

Art. 423. Se a pena fôr de multa, o Juiz Municipal executor a fará immediatamente liquidar pela maneira seguinte.

Art. 424. Quando a multa imposta fôr de tantos por cento do valor de qualquer objecto, se este ja estiver liquidado e conhecido, o Juiz mandará fazer a conta, e por ella ficará liquidada a multa. Quando, porém, o valor desse objecto não estiver liquidado, o Juiz nomeará arbitros para o liquidarem, e ter depois lugar a conta da liquidação da multa.

Art. 425. Quando a multa fôr correspondente a um certo espaço de tempo, deverá o Juiz mandar avaliar por peritos, quanto póde o condemnado haver em cada dia pelos seus bens, emprego, ou industria, para que o Contador, regulando-se por este arbitramento, designe a somma correspondente ao tempo marcado na sentença.

Art. 426. Os peritos devem ser nomeados pelo Juiz, que fará intimar ás partes esta nomeação, assignando-lhes quarenta e oito horas para opporem contra os nomeados qualquer razão que tenham, e que o Juiz attenderá, ou desprezará, conforme ajuizar a sua procedencia: e se dentro desse prazo, nada fôr contra elles allegados, ou se offerecerem allegações, que não sejam attendidas, o Juiz lhes deferirá o juramento, debaixo do qual darão seu arbitramento fundamentado, que o Escrivão reduzirá a termo assignado por elles e pelo Juiz.

Art. 427. Feita a liquidação da multa, serão intimadas as partes que, dentro de cinco dias, poderão, por meio de requerimentos fundados em razões attendiveis, allegar contra a liquidação feita, o que julgarem conveniente.

Art. 428. Se o Juiz attender que na liquidação houve abuso, ou lesão, poderá, á vista dos requerimentos, ou mesmo ex-officio, ordenar nova liquidação, especificando no seu despacho qual o abuso, ou lesão que julga ter havido.

Art. 429. Depois de liquidada definitivamente a multa, o Juiz ordenará por seu despacho, que, se o réo, dentro de oito dias contados da intimação, não pagar a quantia liquidada, seja recolhido á prisão, ou nella conservado até pagar, ou prestar fiança idonea ao pagamento em tempo razoavel.

Art. 430. Se o multado, porém mostrar que não tem meios para pagar as multas, na fórma do artigo antecedente, o Juiz as commutará observando as regras seguintes.

Art. 431. Se a multa tiver sido imposta ao réo condemnado em prisão simples, por infracção de um mesmo artigo de Lei, será commutada em um terço mais da pena de prisão, que lhe tiver sido imposta, por essa infracção.

Art. 432. Quando não se verificar a hypothese antecedente, e a multa imposta fôr correspondente a um certo espaço de tempo, a commutação será em prisão com trabalho por esse mesmo tempo.

Art. 433. Quando a multa fôr sem relação a tempo, o Juiz nomeará peritos para arbitrarem o tempo de prisão com o trabalho necessario ao réo para ganhar a importancia da multa, e nesse tempo lhe será commutada.

Art. 434. Quando não houver prisão com trabalho, terá lugar a reducção desse tempo á prisão simples, com o augmento da terça parte do tempo.

Art. 435. Na liquidação e commutação das multas são partes os réos, e o Procurador da Camara Municipal. Exceptua-se o caso especial de ser a multa applicada a beneficio de terceiro, caso em que esse, e não o Procurador da Camara deve ser ouvido.

Art. 436. Nos casos em que os réos são remettidos de uns para outros termos, não para cumprir sentença, mas para outro qualquer fim, a guia, e o recibo soffrerão as alterações marcadas nos modelos n.º 7, sendo, porém, o expediente conforme ao que fica acima determinado.

CAPITULO XV

Dos recursos

Art. 437. Das decisões, despachos e sentenças, de que trata este Regulamento se dão os seguintes recursos:

1.º Recurso (tomado em sentido stricto).

2.º Appellação.

3.º Protesto por novo julgamento.

4.º Revista.

Do recurso.

Art. 438. Os recursos dão-se:

1.º Da decisão que obriga a termo de bem viver, e de segurança, e a apresentar passaporte.

2.º Da decisão que declara improcedente o corpo de delicto.

3.º Do despacho que pronuncia, ou não pronuncia, quando fôr proferido pelos Juizes Municipaes, Chefes de Policia, ou pelos Juizes de Direito nos crimes de responsabilidade.

4.º Do que sustenta ou revoga a pronuncia.

5.º Da concessão ou denegação da fiança, e do seu arbitramento.

6.º Da decisão que julga perdida a quantia affiançada.

7.º Da decisão contra a prescripção allegada.

8.º Da decisão que concede soltura em consequencia de *habeas-corpus*. É sómente competente para conceder *habeas-corpus* o Juiz superior ao que decretou a prisão.

São superiores, para esse fim, aos Juizes de Paz, Subdelegados, Delegados e Juizes Municipaes, os de Direito, as Relações e o Supremo Tribunal de Justiça.

São igualmente superiores aos Juizes de Direito e Chefes de Policia, as Relações e Supremo Tribunal de Justiça.

9.º Da decisão do Juiz de Direito sobre as questões incidentes, de que trata o art. 281 do Codigo do Processo Criminal.

10. Dos despachos do Juiz de Direito sobre a organisação do processo e quaesquer diligencias precisas a que se refere o art. 285 do mesmo Codigo

Art. 439. Destes recursos, são necessarios os seguintes que devem ser interpostos ex-officio, pelo Juiz:

1.º O que concede soltura em consequencia de *habeas-corpus*.

2.º O que se interpõe do despacho de não pronuncia nos casos de responsabilidade.

Os mais são voluntarios, e serão interpostos a arbitrio das partes.

Art. 440. São competentes para conhecer destes recursos:

1.º A Relação do districto, dos que forem interpostos das decisões e despachos dos Juizes de Direito e Chefes de Policia.

2.º Os Juizes de Direito, dos que o fôrem das decisões e despachos dos Juizes de Paz, Subdelegados, Delegados e Juizes Municipaes.

Art. 441. Quando o Juiz interpuzer o recurso ex-officio, em algum dos casos acima mencionados, o declarará no fim da sua decisão ou despacho, e ordenará ao Escrivão, que immediatamente remetta os autos ao superior a quem competir o seu conhecimento.

Art. 442. Os recursos interpostos pelas partes, o serão por meio de uma petição simples, assignada pelo recorrente, ou seu legitimo Procurador, dirigida ao Juiz que proferiu a decisão, ou despacho de que se recorre, dentro de cinco dias: e nella se especificarão todas as peças dos autos, de que se pretenda traslado para documentar o recurso.

Art. 443. Sendo estas petições apresentadas ao Juiz dentro dos cinco dias, o que se verificará por informação do Escrivão, que a dará á requisição da parte, independentemente de despacho, o mesmo Juiz ordenará, que se tome o recurso por termo nos autos, e se expeçam os traslados pedidos com brevidade, assignando praso ao Escrivão para o fazer, se o julgar preciso, ou se lhe fôr requerido. Se o praso dos cinco dias, contados da intimação ou publicação om presença das partes, ou seus Procuradores, já tiver decorrido, o Juiz não admittirá o dito recurso.

Art. 444. Interposto e admittido o recurso da maneira exposta, se seguirá no seu expediente exactamente o que está estabelecido nos arts. 73, 74, 75, 76 e 77 da Lei de 3 de Dezembro de 1841.

Art. 445. A interposição destes recursos não produz effeito suspensivo; e por isso não obstante a sua existencia proseguir-se-ha nos termos posteriores e regulares do processo, como se recurso não houvera, excepto quando foi interposto de despacho de pronuncia, porque então se suspenderá a remessa do processo para o Jury até a apresentação do mesmo recurso ao Juiz *a quo*, segundo o art. 74 da Lei de 3 de Dezembro de 1841.

Art. 446. Dar-se-ha também recurso, no caso da indevida inscripção ou omissão na lista geral dos Jurados, o qual será interposto para o Governo na Côrte, e para os Presidentes nas Provincias; sendo processado e decidido na conformidade dos arts. 101 e 102 da Lei de 3 de Dezembro de 1841.

Art. 447. Quando as representações, que os Chefes de Policia ou Delegados no exercicio da attribuição que lhes confere o § 9.º do art. 58 deste Regulamento, não fôrem attendidas pelas Camaras Municipaes, e entenderem os mesmos Chefes de Policia e Delegados, que não procedem as razões que estas lhe oppuzerem, usarão do recurso marcado no art. 73 da Lei de 1.º de Outubro de 1841, por meio de representações circumstanciadas e motivadas, ás quaes juntarão cópias authenticas daquellas que houverem dirigido ás ditas Camaras, e de quaesquer respostas que estas lhe tenham dado.

Da appellação

Art. 448. As appellações são igualmente necessarias, isto é, interpostas ex-officio, ou voluntarias que ficarão ao arbitrio das partes.

Art. 449. As appellações necessarias, ou ex-officio tem lugar, quer a parte também appelle, quer não:

1.º Quando o Juiz de Direito entender que o Jury proferiu decisão sôbre o ponto principal da causa contraria á evidencia resultante dos debates, depoimentos e provas perante elle apresentadas.

2.º Quando a pena applicada em consequencia da decisão do Jury fôr de morte, ou galés perpetuas.

Art. 450. As appellações voluntarias ou a arbitrio das partes, dão-se:

1.º Das sentenças dos Juizes Municipaes, Delegados e Subdelegados, nos

casos em que lhes compete o julgamento final.

2.º Das decisões definitivas ou interlocutorias, com força de definitivas, proferidas pelos Juizes de Direito, nos casos em que lhes compete haver por findo o processo.

3.º Das sentenças dos Juizes de Direito, que absolverem, ou condemnarem nos crimes de responsabilidade.

4.º Nos casos do art. 301 do Codigo do Processo Criminal.

5.º Das sentenças dos Chefes de Policia, nos casos em que lhes compete o julgamento final.

Art. 451. As appellações que forem interpostas pelas partes, o serão dentro de oito dias (contados daquelles em que forem notificadas as decisões, ou sentenças ás mesmas partes, ou seus Procuradores), em audiencia, ou por meio de uma simples petição assignada pelo appellante, ou seu legitimo Procurador, dirigida ao Juiz que proferiu a decisão ou sentença de que se appella; o qual mandará tomar as appellações por termos nos respectivos autos, sendo interpostas em tempo.

Art. 452. São competentes para conhecer das appellações:

1.º As Relações do districto, nos casos de que tratam o art. 449 e os §§ 2.º, 3.º, 4.º e 5.º do art. 450.

2.º Os Juizes de Direito, das comprehendidas no § 1.º do dito art. 450.

Art. 453. Para a decisão das appellações serão remettidos ao Juiz superior os proprios autos, quando nelles fôr comprehendido um só réo: ou quando sendo mais, forem todos appellantes, ou interessados igualmente na decisão da appellação: quando no processo houver mais do que um réo, e dever proseguir a respeito dos que ainda não tiverem sido julgados, subirá ao Juizo superior o traslado, dando o Juiz do Feito todas as providencias para a sua breve extracção e expedicção.

Art. 454. Quando o Juiz de Direito interpuzer a appellação ex-officio, no caso do § 1.º do art. 449, deverá escrever no processo os fundamentos de sua convicção contraria á decisão do Jury. A Relação á vista delles decidirá se a causa deve ser, ou não submettida a novo Jury; e quando decidir negativamente, se as razões produzidas pelo Juiz de Direito lhe parecerem notoriamente frivolas, e infundadas, de maneira que se manifeste prevaricação, abuso, ou falta de exacção da parte delle, lhe mandará fazer effectiva a responsabilidade.

Nem o réo nem o accusador terão direito de sollicitar aquelle procedimento da parte do Juiz de Direito, o qual não o poderá ter, se, immediatamente que as decisões do Jury forem lidas em publico, não declarar que appella ex-officio, o que será declarado pelo Escrivão do Jury.

Art. 455. Se a appellação fôr interposta, no caso do § 2.º do referido art. 449 o Juiz de Direito nenhuma observação fará, nem a respeito da sentença e da pena, nem a respeito das circumstancias favoraveis, ou desfavoraveis ao réo, quaesquer que ellas sejam, anteriores ou posteriores ao julgamento salvo se entender que se acha tambem no caso do § 1.º do citado artigo.

Art. 456. Se a Relação, nos casos da appellação ex-officio, de que trata o art. 449, conhecer pelo exame escrupuloso do processo, ou que nelle não foram guardadas as formulas substanciaes; ou que a decisão é manifestamente contraria á evidencia resultante dos depoimentos, provas e actos constantes do mesmo processo, ordenará que a causa seja submettida a novo Jury.

Art. 457. No caso de ser a causa remettida pela Relação a novo Jury, será formado de maneira, que nelle não entre algum dos Jurados, que proferirão a primeira decisão, e presidido pelo substituto do Juiz de Direito que tiver interposto a appellação ex-officio.

Art. 458. A appellação que, ex-officio, ou a requerimento da parte, fôr interposta de sentença condemnatoria, terá effeito suspensivo para se não dar

a execução antes da decisão superior, excepto:

1.º Quando o appellante estiver preso, e a pena imposta fôr a de prisão simples, ou com trabalho, onde houver casa de Correcção com systema penitenciario; porque em tal caso, o Juiz da execução, se a condemnação tiver sido de prisão simples, fará abrir assento ao réo de estar preso em cumprimento da sentença: e se fôr de prisão com trabalho, o fará recolher á casa de Correcção.

2.º Quando a pena fôr pecuniaria; porque neste caso o Juiz executor obrigará o réo a depositar a importancia da condemnação, procedendo pelos meios coactivos, quando o não faça voluntaria, e amigavelmente; mas não poderá soffrer prisão a pretexto de pagamento da multa emquanto não fôr decidida a appellação.

Art. 459. Se a appellação fôr interposta de sentença de absolvição será esta, não obstante a pendencia desse recurso, posta logo em execução, soltando-se o réo, se estiver preso, excepto:

1.º Quando a absolvição tiver sido em consequencia de decisão do Jury, de que o Juiz de Direito tenha interposto a appellação ex-officio, na conformidade do art. 449.

2.º Quando o réo tiver sido processado por crimes, em que não é permittida a fiança.

Nestes casos ficará suspenso o effeito da absolvição, e o réo conservado na prisão em que estiver, até a decisão do Tribunal superior.

Art. 460. Da imposição das penas de multa e prisão estabelecidas neste Regulamento por virtude do art. 112 da Lei de 3 de Dezembro de 1841, dar-se-ha o recurso de appellação para a Relação do districto, quando forem impostas pelos Juizes de Direito e Chefes de Policia, e para os Juizes de Direito, quando o forem por Auctoridades inferiores.

Art. 461. Esta appellação deverá ser interposta dentro de 24 horas depois de intimada a sentença á parte, e terá effeito suspensivo quando a pena fôr de prisão, procedendo-se na fórma do art. 458, § 2.º deste Regulamento, quando fôr de multa.

Do protesto por novo julgamento.

Art. 462. O réo, a quem, por sentença do Jury, fôr imposta a pena de morte, ou de galés perpetuas, poderá protestar por julgamento em novo Jury; fazendo este protesto dentro de oito dias depois de lhe ser notificada a sentença, ou publicada na sua presença.

Art. 463. Neste caso se procederá a novo julgamento em outro Jury no mesmo lugar do primeiro, observando-se a respeito dos Jurados, e do Presidente do Jury, o que fica determinado no art. 457: e sómente no caso de impossibilidade de se formar novo Jury no mesmo lugar, se poderá submetter o processo ao do mais visinho.

Da revista.

Art. 464. O recurso de revista é só permittido nos casos restrictos especificados no art. 89 da Lei de 3 de Dezembro de 1841; e a respeito de sua interposição e expediente se observarão as disposições da Lei de 18 de Setembro de 1828, Decreto de 20 de Dezembro de 1830, e mais legislação em vigor.

CAPITULO XVI

Dos emolumentos, salarios, e custas judiciaes.

Art. 465. Os Chefes de Policia, Juizes de Direito, Delegados, Subdelegados, Escrivães e Officiaes de Justiça, perceberão pelos actos e diligencias que praticarem, nos negocios policiaes e criminaes, os emolumentos e salarios marcados no Alvará de 10 de Outubro de 1754 para as Provincias de Minas Geraes, Goyaz e Matto Grosso. Os Chefes de Policia e Juizes de Direito, os que percebiam os Ouvidores de Comarca, e os Delegados e Subdelegados, os que levavam os Juizes de Fóra.

Art. 466. Os Juizes Municipaes perceberão por taes actos e diligencias os emolumentos que percebiam os Juizes de Fóra em dobro; não se estendendo esta disposição favoravel e excepcional aos Escrivães e Officiaes de Justiça do seu Juizo, que os haverão singelos.

Art. 467. As Auctoridades criminaes de que trata este Regulamento, os Escrivães e Officiaes de Justiça tem o direito de cobrar executivamente a importancia dos emolumentos e salarios, que lhes forem devidos, e contados na conformidade dos artigos antecedentes, e das leis em vigor; quer das partes que requererem, ou a favor de quem se fizerem as diligencias, e praticarem os actos antes da sentença: quer das que forem condemnadas, quer finalmente do cofre da Municipalidade, nos termos do art. 307 do Codigo do Processo Criminal.

Art. 468. Não poderão os Escrivães retardar o andamento, remessa e expedição dos autos, e a extracção e entrega dos traslados a pretexto da falta do pagamento das custas, sob pena de se lhe fazer effectiva a responsabilidade pelo delicto do art. 129, § 6.º do Codigo Criminal.

Art. 469. Se o réo condemnado fôr tão pobre, que não possa pagar as custas, o Escrivão haverá metade dellas do cofre da Camara Municipal da cabeça do Termo; ficando-lhe salvo o direito para haver a outra metade do mesmo réo, quando melhore de fortuna.

Art. 470. Tambem se não retardará a expedição e julgamento dos processos criminaes e policiaes, em qualquer Instancia, pela falta do sello e preparo; e quando, findo o processo, alguma quantia se dever do dito sello, o Escrivão do Feito, como fiscal neste caso, a haverá da parte vencida, e a entregará na Estação Fiscal respectiva, cobrando o competente conhecimento, que juntará aos autos. As auctoridades com as quaes servirem os ditos Escrivães, ficam encarregadas de fiscalisar a maneira porque elles cumprem esta disposição, e poderão impôr-lhes a pena de multa até 100$000, quando forem negligentes naquella cobrança.

Art. 471. As appellações e recursos continuarão a ser preparados com a importancia das assignaturas, braçagens e mais contribuições, estabelecidas pelas leis em vigor, para serem apresentados ás Relações, salvo sendo as mesmas appellações e recursos de presos pobres.

Art. 472. Os Promotores Publicos haverão das partes, ou do cofre da Municipalidade, na conformidade do art. 307 do Codigo do Processo Criminal, os seguintes emolumentos:

1.º Por offerecimento do libello, mil e seiscentos reis.

2.º Por cada sustentação de accusação no Jury, nos termos dos arts. 261 e 265 do Codigo do Processo Criminal, tres mil e duzentos réis.

3.º Pela sustentação da accusação por meio de arrazoados escriptos que tenham lugar em qualquer processo policial, ou criminal, ainda que os mesmos arrazoados sejam mais de um, dous mil e quatrocentos réis.

CAPITULO XVII

Disposições geraes

Art. 473. Por via de regra, os cargos de Juiz Municipal e de Orphãos serão reunidos na mesma pessoa, salvo nos casos seguintes.

Art. 474. Nos termos muito populosos, onde um só Juiz não puder, sem prejuizo e atrazo de expediente, accumulal-os, serão separados e providos em diversas pessoas.

Art. 475. Nos termos em que houver Juiz do Civel, e puder este, sem prejuizo e atrazo do expediente, accumular as funcções de Juiz dos Orphãos, exercel-as-ha na fórma do art. 118 da Lei de 3 de Dezembro de 1841. Se porém a população da Cidade, Villa, ou Termo fôr grande, e o expediente do Juizo dos Orphãos fôr muito avultado, annexar-se-ha o cargo do Juiz dos Orphãos ao de Juiz Municipal.

Art. 476. Nos Termos, em que houver Juiz do Civel accumulando as funcções de Juiz dos Orphãos, o Juiz

Municipal exercerá sómente as attribuições policiaes e criminaes que lhe confere a Lei de 3 de Dezembro de 1841.

Art. 477. Nos lugares onde houver Juiz do Civel, e este accumular as funcções de Juiz dos Feitos da Fazenda, não accumulará as de Juiz dos Orphãos, as quaes serão exercidas pelo Juiz Municipal.

Art. 478. Nos lugares onde houver mais de um Juiz do Civel, o Governo accumulará a um delles o cargo de Juiz dos Orphãos, quando possa isso ter lugar sem prejuizo e atrazo do expediente. No caso contrario exercerá as funcções de Juiz de Orphãos o Municipal, salva a disposição do art. 117 da Lei de 3 de Dezembro de 1841.

Art. 479. Nos lugares onde não houver Juiz do Civel, accumularão os Juizes Municipaes o cargo de Provedores de Capellas e Residuos.

Art. 480. Quando houver mais de um Juiz Municipal, o Governo designará d'entre elles um que sirva esse cargo.

Art. 481. Todas as vezes que algum Juiz do Civel fallecer, fôr removido para um lugar vago, ou promovido a uma Relação, será havido por extincto o seu lugar, e as suas funcções passarão a ser exercidas pelo respectivo Juiz Municipal.

Art. 482. Quando, em conformidade dos arts. 20 e 31 da Lei de 3 de Dezembro de 1841, se reunirem dous ou mais Termos, escreverão por distribuição (cada um no seu ramo), perante o Juiz Municipal e de Orphãos todos os Escrivães que serviam perante o Juiz Municipal e de Orphãos dos ditos Termos, quando separados.

Art. 483. O producto das multas impostas em virtude do presente Regulamento, será entregue aos Procuradores das Camaras Municipaes, afim de coadjuval-as nas despezas que fazem com o Jury, e com as custas dos processos dos presos pobres.

Art. 484. As penas de prisão e de multa estabelecidas no presente Regulamento, em virtude do art. 112 da Lei de 3 de Dezembro de 1841, serão sempre impostas com audiencia verbal ou por escripto (segundo o exigir a natureza do caso e as circumstancias) da pessoa em quem tiverem de recahir, e á sua revelia quando não responder no prazo que lhe fôr marcado (o qual nunca excederá a tres dias), ou não comparecer.

Art. 485. Se esta em sua resposta allegar factos e declarar que quer proval-os, ser-lhe-hão para esse fim concedidos oito dias, dentro dos quaes deverá apresentar todos os documentos e testemunhas que tiver em seu favor, cujos depoimentos serão escriptos no processo que se formar.

Art. 486. O processo pela desobediencia ou injuria, de que tratam os arts. 203 e 204 do Codigo do Processo Criminal, será organisado pelos Chefes de Policia, Juizes Municipaes, Delegados e Subdelegados. — Quando fôr o Chefe de Policia ou o Juiz de Direito o desobedecido ou injuriado será organisado pelo Juiz Municipal, e quando este o houver sido ou o Delegado, ou Subdelegado, será feito pelos seus supplentes.

Art. 487. Os actuaes Juizes do Civel, ainda mesmo quando accumularem as funcções de Juiz de Orphãos, e os Escrivães e Tabelliães que perante elles servem não estão sujeitos ás Correições de que trata a Sec. 3.ª, Cap. 1.º das disposições criminaes.

Art. 488. As visitas que o Decreto de 12 de Abril de 1832 encarrega aos Juizes de Paz, serão feitas pelos respectivos Subdelegados.

Art. 489. Os Desembargadores e Juizes de Direito que forem nomeados Chefes de Policia, e os cidadãos que forem nomeados Delegados e Subdelegados são obrigados a aceitar esses cargos. (Art. 2.º da Lei de 3 de Dezembro de 1841).

Art. 490. Aos Desembargadores e Juizes de Direito não se admittirá outro motivo de escusa, que não seja o de molestia que os inhabilite para servir taes cargos.

Art. 491. Aos cidadãos que forem nomeados para servir de Delegados e Subdelegados serão admittidos como motivos de escusa, além de molestia que os inhabilite: 1.º, o exercicio de outros cargos incompativeis com aquelles, uma vez que os prefiram e sirvam effectivamente; 2.º, o acharem-se no exercicio effectivo e não interrompido de outros cargos publicos, gratuitos, pelo espaço de oito annos; 3.º, a impossibilidade em que estiverem de residir permanentemente no districto, sem notavel prejuizo dos seus interesses, ou pelo modo de vida que tiverem adoptado, ou porque tenham estabelecimentos em outros pontos.

Art. 492. Aquelles que allegarem e provarem taes motivos ou outros igualmente plausiveis serão escusos, emquanto elles durarem, pelo Governo na Côrte e pelos Presidentes nas Provincias.

Art. 493. Quando os motivos de escusa allegados pelo nomeado forem julgados improcedentes, e o Governo ou os Presidentes se convencerem de que a reluctancia do nomeado é filha do desejo de se subtrahir á obrigação que tem todo o cidadão de supportar os onus da sociedade, poderá o mesmo nomeado ser constrangido, debaixo da pena de desobediencia, que lhe será competentemente imposta tantas vezes quantas se negar a servir.

Art. 494. Da decisão do Presidente da Provincia que desattende os motivos de escusa que allegarem os nomeados, poderão estes recorrer para o Governo Geral, suspenso todo e qualquer procedimento, apenas fôr o recurso apresentado ao mesmo Presidente que, com sua informação, o remetterá ao Ministro e Secretario de Estado dos Negocios da Justiça.

Art. 495. Os Chefes de Policia, Juizes de Direito, Juizes Municipaes, Delegados e Subdelegados, levarão ao conhecimento dos Presidentes das Provincias (sem prejuizo das disposições do art. 53 do Codigo do Processo Criminal, e dos arts. 180 e 181 deste Regulamento) todos os obstaculos, lacunas e duvidas que encontrarem na execução do mesmo Regulamento e da Lei de 3 de Dezembro de 1841, e isto por meio de representações nas quaes exporão os casos occorrentes com todas as circumstancias que os revestirem, e todas as razões de duvida que se lhe offerecerem.

Art. 496. Os mesmos Presidentes ouvirão sobre estas representações aquellas Auctoridades criminaes e policiaes da Provincia que tiverem em maior conceito pelas suas letras, pratica e intelligencia, as quaes declararão se tem encontrado as mesmas lacunas, obstaculos e duvidas, e a maneira porque tem procedido em casos semelhantes. Se houver Relação na Provincia será tambem ouvido o seu Presidente.

Art. 497. Preparadas assim as ditas representações, serão remettidas pelos ditos Presidentes ao Ministro e Secretario de Estado dos Negocios da Justiça, com aquellas reflexões e observações que julgarem conveniente addicionar-lhes.

Art. 498. Se as referidas representações e duvidas parecerem fundadas e procedentes, o Ministro e Secretario de Estado dos Negocios da Justiça lhes fará juntar todos os papeis que possam existir na respectiva Secretaria sobre o mesmo assumpto, e aquelles que com elle tiverem relação, e sujeitará tudo ao exame da respectiva secção do Conselho de Estado.

Art. 499. Por estas disposições não fica prejudicada a faculdade que exercem os Presidentes das Provincias de dar ás Auctoridades policiaes e criminaes, aquelles esclarecimentos que são indispensaveis para o bem e regular andamento dos negocios.

Art. 500. Todos os actos em que a lei requer juramento, ainda mesmo os de denuncia, praticados pelos Promotores, o serão debaixo do Juramento que prestam para servir o seu cargo.

Art. 501. Nos crimes de que trata a Lei de 10 de Junho de 1835, não haverá recurso algum, nem mesmo o de Revista; mas prevalece o que se dá para o Poder Moderador, nos termos do Decreto de 9 de Março de 1837.

Art. 502. Quando a Relação, nos casos de que trata o art. 449 mandar proceder a novo Jury, não poderá o Juiz de Direito interpôr da sua decisão as appellações ex-officio de que trata o art. 449.

Art. 503. Nas causas crimes, de que trata esse Regulamento, não poderão as partes usar de embargos, qualquer que seja a denominação e natureza das decisões e sentenças de 1.ª e 2.ª instancia, quer interlocutorias, quer definitivas.

Art. 504. Quando o réo condemnado usar de recurso do protesto por novo julgamento, ficarão sem effeito as appellações ex-officio interpostas pelo Juiz de Direito e quaesquer outros recursos.

Paulino José Soares de Souza, do Meu conselho, Ministro e Secretario de Estado dos Negocios da Justiça, assim o tenha entendido e faça executar. Palacio do Rio de Janeiro em trinta e um de Janeiro de mil oitocentos quarenta e dous, vigesimo primeiro da Independencia e do Imperio. — Com a Rubrica de Sua Magestade o Imperador. — *Paulino José Soares de Souza.*

LEGISLAÇÃO SUPLEMENTAR

FALA DO TRONO DE 3 DE MAIO DE 1827

"... Não há código, não há forma apropriada às luzes do tempo nos processos, as leis são contrárias umas às outras, os juízes vêm-se embaraçados nos julgamentos, as partes padecem, os maus não são punidos, os ordenados dos juízes não são suficientes, para que não sejam tentados pelo vil, e sórdido interesse, e portanto é necessário que esta assembléia comece a regular com sumo cuidado, e prontidão um ramo tão importante para a felicidade e sossego público; sem finanças e sem justiça não pode existir uma nação. Bem conheço que esta assembléia tem muitas coisas em que cuidar, que não pode fazer tudo na mesma sessão, que os trabalhos ficam preparados de uma para outra; mas é necessário começar, e começar com *unidade,* sobre qualquer destas duas matérias, e quando haja de divagar para outras (o que não pode deixar de ser em semelhantes matérias, que de sua natureza são as mais delicadas em todos os Estados), eu exijo desta assembléia que estas divagações sejam, aproveitando o tempo, fazendo aquelas leis, que a constituição a cada passo nos está mostrando serem necessárias e indispensáveis para ela ser literalmente executada." (Falas do Trono, edição Melhoramentos, São Paulo, 1977).

CONSTITUIÇÃO DO IMPÉRIO

Disposições sobre Direito Processual Penal

"Art. 151. O poder judicial é independente, e será composto de juizes e jurados, os quaes terão logar, assim no civel como no crime, nos casos e pelo modo que os codigos determinarem".

"Art. 152. Os jurados pronuncião sobre o facto, e os juizes applicão a lei."

"Art. 153. Os juizes de direito serão perpetuos; o que, todavia, se não entende que não possão ser mudados de uns para outros logares pelo tempo e maneira que a lei determinar."

"Art. 154. O Imperador poderá suspende-los por queixas contra elles feitas, precedendo audiencia dos mesmos juizes, informação necessaria, e ouvido o conselho de estado. Os papeis que lhes são concernentes serão remettidos á relação do respectivo districto para proceder na fórma da lei."

"Art. 159. Nas causas crimes a inquirição das testemunhas, e todos os mais actos do processo, depois da pronuncia, serão publicos desde já."

"Art. 162. Para este fim haverá juizes de paz, os quaes serão electivos pelo mesmo tempo e maneira por que se elegem os vereadores das camaras. Suas attribuições e districtos serão regulados por lei." (V. obs.)

"Art. 179. A inviolabilidade dos direitos civis e politicos dos cidadãos brazileiros, que tem por base a liberdade, a segurança individual e a propriedade, é garantida pela Constituição do Imperio, pela maneira seguinte:

. . . .

"7.º. Todo cidadão tem em sua casa um asylo inviolavel De noite não se poderá entrar nella senão por seu consentimento, ou para o defender de incendio ou inundação; e de dia só será franqueada a sua entrada nos casos e pela maneira que a lei determinar."

"8.º. Ninguem poderá ser preso sem culpa formada, excepto nos casos declarados em lei; e nestes, dentro de 24 horas, contadas da entrada na prisão, sendo

---

(Observação): *O artigo 161 determinava que nenhum processo seria intentado sem que constasse uma prévia tentativa de conciliação, que era feita pelo juiz de paz, com o fito de evitar que as partes se envolvessem em processos ruinosos, obstaculando, assim, a multiplicidade de demandas, como bem esclarece Manuel Godofredo de Alencastro Autran (Constituição Politica do Imperio do Brazil, p. 115, edição H. Laemmert & Cia., Rio, 1881).*

em cidades, villas ou outras povoações proximas aos logares da residencia do juiz, e nos logares remotos, dentro de um prazo razoavel, que a lei marcará, attenta a extensão do territorio, o juiz, por uma nota por elle assignada, fará constar ao réo o motivo da prisão, os nomes do seu acusador, e os das testemunhas, havendo-as."

"9.º. Ainda com culpa formada, ninguem será conduzido á prisão, ou nella conservado estando já preso, se prestar fiança idonea, nos casos que a lei a admitte; e, em geral, nos crimes que não tiverem maior pena do que a de seis mezes de prisão ou desterro para fóra da comarca, poderá o réo livrar-se solto."

"10. Á excepção de flagrante delicto, a prisão não póde ser executada senão por ordem escripta da autoridade legitima. Se esta fôr arbitraria, o juiz que a deu e quem a tiver requerido serão punidos com as penas que a lei determinar.

O que fica disposto ácerca da prisão antes da culpa formada não comprehende as ordenanças militares, estabelecidas como necessarias á disciplina e recrutamento do exercito, nem os casos que não são puramente criminaes, e em que a lei determina, todavia a prisão de alguma pessoa, por desobedecer aos mandados da justiça, ou não cumprir alguma obrigação dentro de determinado prazo."

"11. Ninguem será sentenciado senão pela autoridade competente, por virtude de lei anterior, e na fórma por ella prescripta."

"12. Será mantida a independencia do poder judicial. Nenhuma autoridade poderá avocar as causas pendentes, susta-las ou fazer reviver os processos findos."

...

"17. Á excepção das causas que por sua natureza pertencem a juizos particulares, na conformidade das leis, não haverá foro privilegiado, nem commissões especiaes nas causas civeis ou crimes."

...

"21. As cadêas serão seguras, limpas e bem arejadas, havendo diversas casas para separação dos réos, conforme suas circumstancias e natureza de seus crimes."

...

"30. Todo cidadão poderá apresentar, por escripto, ao poder legislativo e ao executivo, reclamações, queixas ou petições, e até expor qualquer infracção da Constituição, requerendo perante a competente autoridade a effectiva responsabilidade dos infractores."

ALVARÁ — DE 10 DE MAIO DE 1808

Regula a Casa da Supplicação e dá providências a bem da administração da Justiça.

Eu o Principe Regente faço saber aos que o presente Alvará com força de lei virem, que tomando em consideração o muito que interessa o estado e o bem commum e particular dos meus leaes vassallos em que a Administração da Justiça não tenha embaraços que a retardem e estorvem e se faça com a promptidão e exactidão que convém, e que afiança a segurança pessoal e dos sagrados direitos de propriedade que muito desejo manter como a mais segura base da sociedade civil; e exigindo as actuaes circumstancias novas providencias, não só por estar interrompida a communicação com Portugal e ser por isto impraticavel seguirem-se os aggravos ordinarios e appellações que até qui se interpunham para a Casa da Supplicação de Lisboa, vindo a ficar os pleitos sem decisão ultima com manifesto detrimento dos litigantes e do publico que muito interessam em que não haja incerteza de dominios e se findem os pleitos quanto antes; como tambem por me achar residindo nesta Cidade que deve por isso ser considerada a minha Côrte actual; querendo providenciar de um modo seguro estes inconvenientes e os que podem recrescer para o futuro em beneficio do augmento e prosperidade da causa publica; sou servido determinar o seguinte.

I. A Relação desta Cidade se denominará Casa da Supplicação do Brazil e será considerada como Superior Tribunal de Justiça, para se findarem alli todos os pleitos em ultima instancia, por maior que seja o seu valor, sem que das ultimas sentenças proferidas em qualquer das Mesas da sobredita Casa se possa interpor outro recurso que não seja o das revistas nos termos restrictos do que se acha disposto nas minhas Ordenações, Leis e mais disposições. E terão os Ministros a mesma alçada que têm os da Casa da Supplicação de Lisboa.

II. Todos os aggravos ordinarios e appellações do Pará, Maranhão, Ilhas dos Açores e Madeira, e da Relação da Bahia que se conservará no estado em que se acha e se considerará como immediata à desta Cidade, os quaes se interpunham para a Casa da Supplicação de Lisboa, serão daqui em diante interpostos para a do Brazil e nella se decidirão finalmente pela mesma fórma que o erão até agora, segundo as determinações das minhas Ordenações e mais disposições regias.

III. Todos aquelles pleitos, em que houve interposição de aggravos, ou appellações que se não remetteram; e todos os que sendo remettidos, não tiveram ainda final decisão, serão julgados na Casa da Supplicação do Brazil, uns pelos proprios autos e outros pelos traslados que ficaram, pela maneira, com que o seriam na de Lisboa, por Juizes da Casa que o não foram nas primeiras sentenças. E os embargos que na execução se tiverem mandado remetter, se decidirão pelos mesmos Juizes que ordenaram a remessa, sem attenção ao despacho que a decretara, a fim de haverem final decisão, como cumpre ao bem publico.

IV. A Casa da Supplicação do Brazil se comporá além do Regedor que

eu houver por bem nomear, do Chanceller da Casa, de oito Desembargadores dos aggravos, de um Corregedor de Crime da Côrte e Casa, de um Juiz dos Feitos da Corôa e Fazenda, de um Procurador dos Feitos da Coroa e Fazenda, de um Corregedor do Civil da Côrte, de um Juiz da Chancellaria, de um Ouvidor do Crime, de um Promotor da Justiça e de mais seis Extravagantes.

V. Governar-se-hão todos pelo Regimento da Casa da Supplicação, segundo é conteúdo nos titulos respectivos das Ordenações do Reino, Leis, Decretos e Assentos, guardando-se na ordem e fórma do despacho o mesmo, que alli se praticava. E guardar-se-ha tambem quanto está determinado no Regimento de 13 de Outubro de 1751 dado para a Relação desta Cidade, em tudo que não for revogado por este Alvará e não for incompativel com a nova ordem de cousas.

VI. Os logares dos Ministros da Casa não serão mais, como até agora eram os da Relação desta Cidade, contemplados de igual graduação; antes haverá a mesma distincção que ha na de Lisboa, para serem promovidos aos mais distinctos e graduados, os Ministros que forem de maior graduação nos despachos que já tinham, e tiverem maior antiguidade, prestimo e serviços.

VII. Attendendo a que nem a multiplicidade dos negocios o exige, nem cumpre augmentar o numero dos Magistrados, tendo além disto mostrado a experiencia fazer-se sem difficuldade e inconvenientes; servirão todos os Ministros de Adjuntos uns dos outros, como for necessario no despacho do expediente; e entrarão tambem nas serventias dos logares vagos, ou impedidos, quando não hajam para isto Extravagantes por occupados em outras serventias.

VIII. O Chanceller desta Casa sel-o-ha sómente; sem que sirva, como até agora o fazia o da Relação desta Cidade em alguns casos, de Chanceller Mór do Reino que fui servido crear. Na sua falta e impedimento servirá o Desembargador mais antigo da Casa, a quem se remetterão os sellos.

IX. Tendo mostrado a experiencia que da decisão de ser cumulativa a jurisdicção dos Magistrados Criminaes no conhecimento por devassa dos delictos commettidos nesta Cidade e 15 leguas ao redor, se tem seguido a prompta indagação dos autores delles sem disputas de jurisdicção sempre odiosas: hei por bem que o mesmo se continue a praticar, regulando-se pela prevenção, exceptuados os casos do § 6.º do Regimento de 13 de Outubro de 1751, que devem ser privativos da jurisdicção do Corregedor do Crime da Côrte e Casa.

X. O Districto da Casa da Supplicação do Brazil, bem como o Termo da jurisdicção dos Ministros della, será o mesmo que era até agora o da Relação desta Cidade na fórma dos §§ 10 e 11 do Regimento della.

XI. Terão de ordenado o Chanceller 1:300$000; e todos os mais Ministros que tiverem Officio na Casa, 1:100$000; o Procurador da Coroa e Fazenda, além do ordenado que lhe competir segundo a graduação em que estiver, 500$000; os Extravagantes 900$000 que é o mesmo que até agora percebiam a titulo de ordenado e propinas os Desembargadores da Relação desta Cidade. E terão outrosim as mesmas assignaturas nos feitos que até agora levavam, por serem as mesmas que competem aos Ministros da Casa da Supplicação.

XII. Os Officiaes desta Casa serão os mesmos que até agora serviam na Relação desta Cidade; e observarão no cumprimento dos seus Officios o que lhes é determinado no Regimento de 13 de Outubro de 1751 nos titulos 11 e 12.

XIII. Não podendo bastar para o expediente das Varas do Crime e do Civel um só Escrivão que para o diante será ainda de maior concurrencia: hei por bem crear mais um Escrivão para cada uma dellas, entre os quaes haverá a competente distribuição.

E este se cumprirá como nelle se contém. Pelo que mando á Mesa do Desembargo do Paço, e da Consciencia e Ordens, ao Governador da Relação da Bahia; aos Governadores e Capi-

tães Generaes; e todos os Ministros de Justiça e mais pessoas, a quem pertencer o conhecimento e execução deste Alvará, que o cumpram e guardem e façam cumprir e guardar tão inteiramente como nelle se contém, não obstante quaisquer Leis, Alvarás, Decretos, Regimentos ou Ordens em contrario, porque todas e todos hei por bem derogar para este effeito sómente, como se delies fizesse expressa e individual menção, ficando aliás sempre em seu vigor. E este valerá como Carta passada na Chancellaria, ainda que por ella não ha de passar, e que o seu effeito haja de durar mais de um anno, sem embargo das Ordenações em contrario: registrando-se em todos os logares, onde se costumam registrar semelhantes Alvarás. Dado no Palacio do Rio de Janeiro em 10 de Maio de 1808.

PRINCIPE com guarda

D. Fernando José de Portugal

Alvará com força de Lei pelo qual Vossa Alteza Real é servido regular a Casa da Supplicação do Brazil e dar outras providencias a bem da Administração da Justiça; na fórma que acima se declara.

Para Vossa Alteza Real ver.

João Alvares de Miranda Varejão o fez.

* * *

ALVARÁ — DE 26 DE JANEIRO DE 1818

Estabelece penas para os que fizerem commercio prohibido de escravos

Eu El-Rei faço saber aos que este Alvará com força de Lei virem, que attendendo a que a prohibição do commercio de escravos em todos os portos da Costa d'Africa ao norte do Equador, estabelecida pela ratificação do Tratado de 22 de Janeiro de 1815, e da Convenção addicional de 28 de Julho de 1817, exige novas providencias que, prescrevendo as justas e proporcionadas penas que hão de ser impostas aos transgressores, sirvam de regra certa de julgar e decidir nos casos occurentes sobre este objecto, aos Juizes, e mais pessoas encarregadas da sua execução: Hei por bem ordenar o seguinte:

§ 1.° Todas as pessoas de qualquer qualidade e condição que sejam, que fizerem armar e preparar navios para o regate e compra de escravos, em qualquer dos portos da Costa d'Africa situados ao norte do Equador, incorrerão na pena de perdimento dos escravos, os quaes immediatamente ficarão libertos, para terem o destino abaixo declarado; e lhes serão confiscados os navios empregados nesse trafico com todos os seus apparelhos e pertences, e juntamente a carga, qualquer que seja, que a seu bordo estiver por conta dos donos e fretadores dos mesmos navios, ou dos carregadores de escravos. E os Officiaes dos navios, a saber, Capitão ou Mestre, Piloto e Sobrecarga, serão degradados por cinco annos para Moçambique, e cada um pagará uma multa equivalente á soldada e mais interesses que haveria de vencer na viagem. Não se poderão fazer seguros sobre taes navios, ou sua carregação, e fazendo-se serão nullos; e os seguradores, que scientemente os fizerem, serão condemnados no tresdobro do premio estipulado para o caso de sinistro.

§ 2.° Na mesma pena de perdimento dos escravos, para ficarem libertos e terem o destino abaixo declarado, incorrerão todas as pessoas de qualquer qualidade e condição, que os conduzirem a qualquer dos portos do Brazil em navios com bandeira que não seja portugueza.

§ 3.° Todos os sobreditos casos serão objecto de denuncia. E no caso de ter havido confisco de navio e de sua carga, ametade de todo o preço que se realizar em arrematação publica, bem como ametade das outras penas pecuniarias, será para os denun-

ciantes, e a outra ametade para a minha Real Fazenda, á qual pertencerá tudo quando não houver denunciante. No caso porém de ter havido preza de navio feita por embarcação de guerra, a respeito delle e sua carga se observará o que é prescripto pelo artigo 7.º do regulamento para as Commissões mixtas, addicionando em numero terceiro á sobredita Convenção de 28 de Julho de 1817. Porém só poderão ser demandados dentro de tres annos contados, no caso de preza ou confisco do navio, do dia da entrada do navio no porto da descarga, e findo este espaço, ficarão prescriptas e extinctas as acções.

§ 4.º As denuncias, e todos os autos do processo até sentença final e sua execução, serão feitos perante os Juizes dos Contrabandos e Descaminhos do logar ou districto onde os escravos forem conduzidos, ou perante qualquer outro Magistrado ou Juiz, que essa jurisdicção exercitar, aos quaes hei por bem commetter esta jurisdicção, bem como a necessaria para executarem as sentenças proferidas pelas Commissões Mixtas, nos casos do seu conhecimento, e para julgar e conhecer dos outros casos que occorrerem, e suas dependencias, dando os competentes recursos na fórma da ordenação. Qualquer das partes porém poderá requerer à Commissão Mixta, para que julgue se é ou não caso de prohibição; e neste caso se lhe remetterão os autos no estado em que estiverem, e o que por ella fôr decidido, se executará.

§ 5.º Os escravos consignados á minha Real Fazenda, pelo modo prescripto no sobredito 7.º artigo do regulamento para as Commissões Mixtas, e todos os mais libertos pela maneira acima decretada, por não ser justo que fiquem abandonados, serão entregues no Juizo da Ouvidoria da Comarca, e onde o não houver, naquelle que estiver encarregado da Conservatoria dos Indios, que hei por bem ampliar unindo-lhe esta jurisdicção, para ahi serem destinados a servir como libertos por tempo de 14 annos, ou em algum serviço publico de mar, fortalezas, agricultura e de officios, como melhor convier, sendo para isso alistados nas respectivas Estações; ou alugados em praça a particulares; de estabelecimento e probidade conhecida, assignando estes termo de os alimentar, vestir, doutrinar, e ensinar-lhes o officio ou trabalho, que se convencionar, e pelo tempo que fôr estipulado, renovando-se os termos e condições as vezes que fôr necessario, até preencher o sobredito tempo de 14 annos, este tempo porém poderá ser diminuido por dous ou mais annos, àquelles libertos que por seu prestimo e bons costumes, se fizerem dignos de gozar antes delle do pleno direito da sua liberdade. E no caso de serem destinados a serviço publico na maneira sobredita, quem tiver autoridade na respectiva Estação nomeará uma pessoa capaz para assignar o sobredito termo, e para ficar responsavel pela educação e ensino dos mesmos libertos. Terão um Curador, pessoa de conhecida probidade, que será proposto todos os triennios pelo Juiz, e approvado pela Mesa do Desembargo do Paço desta Côrte, ou pelo Governador e Capitão General da respectiva Provincia; e a seu officio pertencerá requerer tudo o que fôr a bem dos libertos, e fiscalisar os abusos, procurar que no tempo competente se lhe dê resalva do serviço, e promover geralmente em seu beneficio a observancia do que se acha prescripto pela lei a favor dos orphãos, no que lhes puder ser applicado, para o que será sempre ouvido em tudo o que ácerca delles se ordenar pelo sobredito Juizo.

§ 6.º Nos portos ao sul do Equador, em que é permittido o commercio de escravos, se observará o que está ordenado pelo Alvará de 24 de Novembro de 1813 com as modificações e declarações seguintes, a saber: Ficará abolida a distinção entre toneladas que excederem o numero de 201, e que não excederem este numero, e sem effeito o que ácerca destas ultimas é ordenado no dito alvará para ser regulada a carga de escravos à razão de cinco por cada duas toneladas do porte de qualquer navio, medida pelo antigo padrão. Da prohibição das marcas feitas com ferro no corpo dos escravos serão exceptuadas e permittidas as marcas impressas com carimbos de prata. Será licito aos donos ou fretadores dos navios empregar no serviço destes caldeiras de ferro ou de cobre indistinctamente, comtanto que estas sejam todas as viagens estanhadas de novo, o que

se fiscalizará nas visitas que se hão de fazer á bordo dos mesmos navios; e quando a bordo destes não possam andar cirurgiões para curar os escravos, pelos não haver, ou por outra razão equivalente, serão os donos ou fretadores obrigados a trazer á bordo dos ditos navios pretos sangradores, intelligentes e experimentados no tratamento das molestias de que ordinariamente são infectados os ditos escravos, e no conhecimento dos remedios, proprios e adequados de que elles usam em seus curativos, porque em todos estes objectos tem mostrado a experiencia ser necessario declarar as providencias dadas naquelle alvará, que se observará (com as sobreditas explicações) em tudo o mais que nelle é disposto.

§ 7.º Attendendo a que a mudança e alteração superveniente ao commercio dos escravos, pelas restricções ajustadas no sobredito Tratado e Convenção addicional, exige que em grande parte se alterem e modifiquem as disposições das antigas leis a este respeito feitas sem attenção áquela posterior mudança, pela qual muitas até ficaram sem ter applicação: Hei por bem ordenar que em todos os portos do Brazil seja licito importar escravos trazidos dos portos em que fôr licito este commercio, e que os fretes fiquem á disposição e convenção das partes.

Este se cumprirá como nelle se contém: Pelo que mando á Mesa do Desembargo do Paço e da Consciencia e Ordens; Presidente do meu Real Erario; Conselho da minha Real Fazenda; Regedor da Casa da Supplicação do Brazil; Governador da Relação da Bahia; Governadores e Capitães Generaes e mais Governadores do Brazil e dos meus Dominios Ultramarinos; e a todos os Ministros de Justiça, e mais pessoas, a quem pertencer o conhecimento deste alvará, o cumpram e guardem, não obstante qualquer decisão em contrario, que hei por derogada para este effeito sómente: E valerá como carta passada pela Chancellaria, posto que por ella não ha de passar, e que o seu effeito haja de durar mais de um anno, sem embargo da Lei em contrario. Dado no Palacio do Rio de Janeiro em 26 de Janeiro de 1818.

REI com guarda

Thomaz Antonio de Villanova Portugal

Alvará com força de Lei, pelo qual Vossa Magestade ha por bem estabelecer penas, para os que fizerem commercio prohibido de escravos, e dar as convenientes providencias a respeito daquelles escravos, que em consequencia das sobreditas penas ficarem libertos; tudo na fórma acima declarada.

Para Vossa Magestade ver.

Luiz Joaquim dos Santos Marrocos o fez.

* * *

DECRETO — DE 23 DE MAIO DE 1821

Dá providencias para garantia da liberdade individual

Vendo que nem a Constituição da Monarchia Portugueza, em suas disposições expressas na Ordenação do Reino, nem mesma a Lei da Reformação da Justiça de 1582, com todos os outros Alvarás, Cartas Régias, e Decretos de Meus Augustos Avós tem podido affirmar de um modo inalteravel, como é de Direito Natural, a segurança das pessoas; e Constando-Me que alguns Governadores, Juizes Criminais e Magistrados, violando o Sagrado Deposito da Jurisdicção que se lhes confiou, mandam prender por mero arbitrio, e antes de culpa formada, pretextando denuncias em segredo, suspeitas vehementes, e outros motivos horrorosos á humanidade para impunemente conservar em masmorras, vergados com o peso de ferros, homens que se congregaram convidados por os bens, que lhes offerecera a Instituição das Sociedades Civis, o primeiro dos quaes é sem duvida a segurança individual; E sendo do Meu primeiro dever, e desempenho de Minha palavra o promover o mais austero respeito á Lei, e antecipar quanto

ser possa os beneficios de uma Constituição liberal: Hei por bem excitar, por a maneira mais efficaz e rigorosa, a observancia da sobre mencionada legislação, ampliando-a, e ordenando, como por este Decreto Ordeno, que desde a sua data em diante nenhuma pessoa livre no Brazil possa jamais ser presa sem ordem por escripto do Juiz, ou Magistrado Criminal do territorio, excepto sómente o caso de flagrante delicto, em que qualquer do Povo deve prender o delinquente. Ordeno em segundo logar, que nenhum Juiz ou Magistrado Criminal possa expedir ordem de prisão sem preceder culpa formada por inquirição summaria de tres testemunhas, duas das quaes jurem contestes assim o facto, que em Lei expressa seja declarado culposo, com a designação individual do culpado; escrevendo sempre sentença interlocutoria que o obrigue a prisão e livramento, a qual se guardará em segredo até que possa verificar-se a prisão do que assim tiver sido pronunciado delinquente. Determino em terceiro logar que, quando se acharem presos os que assim forem indicados criminosos se lhes faça immediata, e successivamente o processo, que deve findar dentro de 48 horas peremptorias, improrogaveis, e contadas do momento da prisão, principiando-se, sempre que possa ser, por a confrontação dos réos com ás testemunhas que os culparam, e ficando alertas, e publicas todas as provas, que houverem, para assim facilitar os meios de justa defesa, que a ninguem se devem difficultar, ou tolher, exceptuando-se por ora das disposições deste paragrapho os casos, que provados, merecerem por as Leis do Reino pena de morte, ácerca dos quaes se procederá infallivelmente nos termos dos §§ 1º e 2º do Alvará de 31 de Março de 1742. Ordeno em quarto logar que, em caso nenhum possa alguem ser lançado em segredo, ou masmorra estreita, escura, ou infecta, pois que a prisão deve só servir para guardar as pessoas, e nunca para as adoecer e flagellar; ficando implicitamente abolido para sempre o uso de correntes, algemas, grilhões, e outros quaesquer ferros inventados para martyrisar homens ainda não julgados a soffrer qualquer pena afflictiva por sentença final; entendendo-se todavia que os Juizes, e Magistrados Criminaes poderão conservar por algum tempo, em casos gravissimos, incommunicaveis os delinquentes, comtanto que seja em casas arejadas e commodas, e nunca manietados, ou soffrendo qualquer espécie de tormento. Determino finalmente que a contravenção, legalmente provada, das disposições do presente Decreto, seja irremissivelmente punida com o perdimento do emprego, e inhabilidade perpetua para qualquer outro, em que haja exercicio de jurisdicção. O Conde dos Arcos, do Conselho de Sua Magestade, Ministro e Secretario de Estado dos Negocios do Reino do Brazil e Estrangeiros, o tenha assim entendido e faça executar com os despachos necessarios. Palacio do Rio de Janeiro em 23 de Maio de 1821.

Com a rubrica do Principe Regente.

Conde dos Arcos.

* * *

DECRETO — DE 12 DE JULHO DE 1821

Desenvolve e determina os principios que sobre a liberdade de imprensa se acham estabelecidos nos arts. 8.º, 9.º e 10 das Bases da Constituição

D. João por Graca de Deos e pela Constituição da Monarchia, Rei do Reino Unido de Portugal, Brazil e Algarves, d'aquem e d'alem Mar em Africa etc. Faço saber a todos os meus Subditos que as Côrtes Decretaram o seguinte:

As Côrtes Geraes Extraordinarias e Constituintes da Nação Portugueza, querendo desenvolver, e determinar os principios, que sobre a liberdade da imprensa estabeleceram os arts. 8º, 9º e 10 das Bases da Constituição, por conhecerem que aquella liberdade é o

apoio mais seguro do systema Constitucional, Decretam o seguinte:

Titulo I

SOBRE A EXTENSÃO DA LIBERDADE DE IMPRENSA

Art. 1.° Toda a pessoa póde da publicação desta Lei em diante imprimir, publicar, comprar e vender nos Estados Portuguezes quaesquer livros ou escriptos sem prévia censura; e só com as declarações seguintes:

Art. 2.° A faculdade de imprimir qualquer livro, ou escripto original, ou traduzido, constitue propriedade vitalicia do seu autor ou traductor, a qual ainda pertencerá a seus herdeiros, e successores por espaço de 10 annos. Quando o autor ou traductor fôr sociedade litteraria, ou outra qualquer corporação, gozará da mesma propriedade por tempo de 60 annos.

Art. 3.° Quem imprimir qualquer livro ou escripto, que nos termos do artigo antecedente constitua propriedade de outrem, perderá todos os exemplares delle para o proprietario; e se não chegarem ao numero de mil, pagará mais o valor dos que faltarem para preencher este numero.

Art. 4.° Todo o escripto impresso nos Estados Portuguezes deve ter estampado o logar, e anno da impressão, e o nome do impressor.

Art. 5.° Quem imprimir, vender, ou publicar qualquer livro ou escripto sem alguns dos requisitos mencionados no artigo precedente, será condemnado em 30$000.

Art. 6.° Quem falsificar algum dos requisitos mencionados no art. 4.°, será condemnado em 50$000; e se com essa falsificação attribuir o impresso a alguma pessoa existente, será condemnado no dobro desta pena.

Art. 7.° O autor ou editor de escriptos impressos nos Estados Portuguezes, e o impressor delles, quando não conste quem seja o seu autor, ou editor, responderão por todo o abuso, que nelles se fizer da liberdade da imprensa, nos casos determinados nesta Lei: e bem assim o livreiro, ou publicador, pelos abusos, que se commetterem nos escriptos, que vender, ou publicar impressos em Paizes Estrangeiros, quando contiverem expressões, ou estampas obscenas, ou libellos famosos.

Titulo II

DOS ABUSOS DA LIBERDADE DA IMPRENSA E DAS PENAS CORRESPONDENTES

Art. 8.° Pode abusar-se da liberdade da imprensa: 1° contra a religião catholica romana: 2° contra o estado; 3° contra os bons costumes; 4° contra os particulares.

Art. 9.° Todos os delictos comprehendidos no artigo antecedente serão qualificados em primeiro, segundo, terceiro, ou quarto gráo, em attenção ás diversas circumstâncias, que podem augmentar, ou diminuir a sua gravidade.

Art. 10. Abusa-se da liberdade da imprensa contra a religião: 1° quando se nega a verdade de todos, ou de algum dos dogmas definidos pela Igreja; 2°, quando se estabelecem, ou defendem dogmas falsos; 3°, quando se blasfema, ou zomba de Deos, dos seus Santos, ou do culto religioso approvado pela Igreja.

Art. 11. Quem abusar da liberdade da imprensa contra a religião Catholica Romana em primeiro gráo, será condemnado em um anno de prisão e 50$000 em dinheiro; no segundo em oito mezes de prisão e 50$000; no terceiro em quatro mezes de prisão e 50$000; e no quarto em 50$000 sómente.

Art. 12. Abusa-se da liberdade da imprensa contra o Estado: 1°, excitando os povos directamente á rebellião: 2°, provocando-os directamente a desobedecer ás leis, ou ás autoridades constituidas; 3°, atacando a fórma de Governo Representativo, adoptada pela Nação; 4°, infamando, ou injuriando o Congresso Nacional, ou o Chefe do Poder Executivo.

Art. 13. Quem abusar da liberdade da imprensa contra o Estado em primeiro gráo, será condemnado em cinco annos de prisão e 600$000 em dinheiro; no segundo, em tres annos de prisão e 400$000; no terceiro, em um anno de prisão e 200$000; no quarto em tres mezes de prisão e 100$000; e sempre que se verificar abuso em algum

dos dous primeiros gráos, accrescerá às penas estabelecidas a do perdimento dos cargos publicos que o delinquente occupar; e sendo Ecclesiastico, a inhibição do exercicio dos seus officios, e a privação dos redditos dos seus Beneficios, no primeiro gráo perpetuamente e no segundo por seis annos.

Art. 14. Abusa-se da liberdade da imprensa contra os bons costumes: 1°, publicando escriptos, que ataquem directamente a Moral Christã recebida pela Igreja Universal; 2°, publicando escriptos, ou estampas obscenas.

Art. 15. Quem abusar da liberdade da imprensa contra os bons costumes em primeiro gráo, será condemnado em 50$000; no segundo, em 40$000; no terceiro, em 30$000; e no quarto, em 20$000.

Art. 16. Abusa-se da liberdade da imprensa contra os particulares: 1° imputando a alguma pessoa, ou corporação, qualquer facto criminoso, que daria logar a procedimento judicial contra ella; 2°, imputando-lhe vicios ou defeitos, que a exporiam ao odio, ou despreso publico; 3° insultando-a com termos de desprezo, ou ignominia.

Art. 17. Quem abusar da liberdade da imprensa contra os particulares em primeiro gráo, será condemnado em 100$000; no segundo, em 80$000; no terceiro, em 60$000; no quarto, em 40$000; e além destas penas haverá em todos os gráos a reparação civil do damno e injuria, sempre que os Juízes de Facto declararem ter logar.

Art. 18. Haverá reincidencia em qualquer dos casos mencionados nesta Lei, applicar-se-ha a pena correspondente, multiplicada pelo numero das reincidencias; nos casos do art. 16 sómente se verificará reincidencia havendo identidade do delicto e da pessôa offendida.

Art. 19. Será livre de toda a pena quem provar os crimes, que imputou, quando forem contra o Estado, ou consistirem em abusos de autoridade commettidos por algum empregado publico: e nos outros casos, quando o facto imputado estiver julgado provado em juizo anterior, ou interessar ao publico, ou ao particular, não havendo animo de injuriar.

Art. 20. Em todo o caso porém de abuso da liberdade da imprensa serão supprimidos todos os exemplares daquelle impresso em que se verificar, estando nas mãos do autor, editor impressor, vendedor, ou distribuidor; e quem vender, ou distribuir algum depois desta suppressão, ficará incurso nas penas impostas ao autor ou editor.

Art. 21. Em todos os casos, em que por esta Lei é imposta ao delinquente, pena pecuniaria, não tendo elle por onde pague será condemnado em tantos dias de prisão, quantos corresponderem á quantia, em que fôr multado, na razão de 1$000 por cada dia.

Titulo III

DO JUIZO COMPETENTE PARA CONHECER DOS DELICTOS COMMETTIDOS POR ABUSO DA LIBERDADE

Art. 22. O conhecimento, e qualificação dos delictos commetidos por abuso da liberdade da imprensa pertencerá aos conselhos de Juizes de Facto, que para isso se crearão nos Districtos.

Art. 23. Em cada um daquelles Districtos se formarão dous conselhos de Juizes de Facto: o primeiro será composto de nove vogaes, e o segundo de 12: haverá tambem um Juiz de Direito, que no Districto de Lisboa será o Corregedor do Crime da Côrte; no do Porto o Corregedor da primeira vara do Crime; e nos outros Districtos os Corregedores das respectivas Capitaes; e haverá igualmente um Promotor da Justiça.

Art. 24. Para exercerem o cargo de Juizes de Facto serão eleitos 48 homens bons, que sejam cidadãos em exercicio de seus direitos, de idade de 25 annos pelo menos, residentes no Districto, e dotados de conhecida probidade, intelligencia. e boa fama; além destes se elegerão mais 12 substitutos, dotados das mesmas qualidades: e um para Promotor, e outro para seu Substituto, que, além de possuirem aquellas qualidades, deverão ser bachareis formados em algumas das faculdades juridicas. Não poderá ser eleito para Juiz de Facto quem o não puder ser para eleitor de Comarca.

Art. 25. A eleição das pessoas mencionadas no artigo antecedente será feita pelos eleitores da comarca, ou comarcas, que formam o Districto, reunidos para isso na Capital delle, sob a Presidencia do Juiz de Direito, bastando que concorram aquelles eleitores, que ao tempo da eleição se acharem residindo no Districto.

Art. 26. A primeira eleição será feita logo que esta lei se publicar, expedindo os Presidentes respectivos avisos aos Eleitores para que em dia certo se reunam nas Capitaes dos Districtos, aonde se farão as eleições por listas, e á maioridade relativa de votos. As eleições seguintes serão feitas logo depois das dos Deputados de Côrtes pela mesma fórma, que para estas se prescrever na Constituição.

Art. 27. Nenhum cidadão poderá escusar-se do cargo de Juiz de Facto, ou de Promotor, por motivos, ou pretexto algum; excepto o de impossibilidade moral, ou physica, legalmente provada perante a Junta Eleitoral, enquanto estiver reunida; ou perante a junta dos Juizes de Facto, quando se reunir em sessão periodica, na fórma do art. 42. Si porém, a escusa fôr temporaria, poderá conhecer della o primeiro conselho mencionado no art. 23.

Art. 28. Finda a eleição, o Presidente remetterá uma cópia della ao Governo, o qual fará publicar no seu Diario: e o mesmo Presidente fará affixar na Capital do Districto uma lista das pessoas, que ficaram eleitas para exercerem as funcções de Juizes de Facto.

Art. 29. As funcções destes durarão de uma até outra legislatura; mas poderão ser reeleitos com intervallo de uma eleição. Estes Juizes no exercicio de suas funcções gozarão dos mesmos direitos e immunidades, que competem aos Magistrados.

Titulo IV

DA ORDEM DO PROCESSO NOS JUIZES SOBRE OS ABUSOS DA LIBERDADE DA IMPRENSA

Art. 30. O Promotor será o Fiscal por parte do publico para dar a denuncia, e promover a accusação dos delictos commettidos por abuso da liberdade da imprensa: e o mesmo fica sendo permittido a todo e qualquer cidadão; excepto nos casos do art. 16, em os quaes sómente as pessoas offendidas o poderão fazer: concorrendo mais do que um denunciante, ficará sendo considerado como tal o primeiro que denunciar; e os mais como assistentes, se tiverem concorrido antes da contestação da lide.

Art. 31. A denuncia do impresso poderá ser feita perante o Juiz de Direito de qualquer dos Districtos: e sendo dada perante muitos, ficará preventa pelo primeiro a quem fôr apresentada.

Art. 32. O Juiz de Direito no primeiro caso do art. 12 logo depois da denuncia mandará proceder á prisão do réo, se pela inquirição de três testemunhas, que deve tirar, deprehender quem seja, e a sequestro em todos os exemplares do impresso denunciado em qualquer dos casos desta lei, estando na mão do autor, editor, impressor, vendedor, ou distribuidor.

Art. 33. Immediatamente fará eleger o primeiro Conselho de Juizes de Facto: e para isso, concorrendo na casa da Camara em hora determinada com o Escrivão, a quem a denuncia tiver sido distribuida, com o Promotor, e denunciante, si o houver, estando á porta abertà, fará lançar em uma urna cedulas, em que estejam escriptos os nomes de cada uma das pessoas eleitas para Juizes de Facto; e fazendo depois de revolvida extrahir della por um menino nove das ditas cedulas, ficarão sendo eleitos para o primeiro Conselho aquelles, cujos nomes ellas designarem, e dos quaes o Escrivão fará assento em um livro destinado para esse fim, numerado, e rubricado pelo Juiz de Direito; e assignado o mesmo assento pelo dito Escrivão, e Juiz de Direito, se publicará por editaes affixados nos logares do costume.

Art. 34. Logo depois deste acto mandará o mesmo Juiz notificar cada um daquelles eleitos para que em dia, e hora determinada se reunam na Capital do Districto, na casa da Camara; e aquelle que faltar será pela primeira vez condemnado em 20$000; pela segunda em 40$000; pela terceira em 60$000; e pela quarta em 80 dias de prisão, não justificando uma impossi-

bilidade absoluta nos termos do art. 27.

Art. 35. Reunido o Conselho, o Juiz de Direito, á porta aberta, deferirá a cada um dos Vogaes o juramento aos Santos Evangelhos para que bem e fielmente desempenhe os deveres do seu cargo: e entregando depois ao Vogal primeiro na ordem da eleição o exemplar do impresso denunciado, e mais documentos, que instruirem o processo, lhes fará uma explicação exacta, e clara de tudo, e exporá a questão, que tem a examinar, e decidir, e que deve estar escripta nos autos do processo na fórma seguinte: "Este escripto contém motivo para se formar processo por tal abuso da liberdade da imprensa".

Art. 36. Immediatamente se retirarão os Vogaes do Conselho para outra casa, a onde estando sós, presididos pelo primeiro na ordem da eleição, e á porta fechada, farão o exame do impresso, e mais documentos; e depois de conferenciar entre si, declararão em resposta áquelle quesito si o impresso contém, ou não, motivo para se formar processo pelo abuso indicado; sendo preciso para decisão affirmativa que concorram pelo menos duas terças partes dos votos.

Art. 37. Escripta a declaração nos autos da denuncia por um dos Vogaes, e assignada por todos, sahirão para a primeira casa, aonde deve estar o Juiz de Direito, e em presença delle, estando á porta aberta, lerá o Vogal, que serviu de Presidente, em voz alta aquella declaração.

Art. 38. Si a declaração fôr negativa, o Juiz de Direito proferirá sentença, em que julgue sem effeito a denuncia, e ordene a soltura do réo, estando preso, e o levantamento do sequestro dos exemplares do impresso, condemnando o denunciante nas custas da denuncia, quando tiver sido feita por algum particular. A denuncia assim julgada sem effeito não poderá ser repetida em outro Juizo pelo mesmo caso.

Art. 39. Si a declaração fôr affirmativa, o Juiz de Direito proferirá sentença, em que declare ter logar a accusação, e ordene o sequestro em todos os exemplares do impresso denunciado existentes na mão do autor, editor, impressor, vendedor, ou distribuidor: e mande proceder á averiguação de quem seja o réo, e á prisão delle no primeiro caso do art. 12, quando se não tenha verificado pela diligencia ordenada no art. 32.

Art. 40. Proferida a sentença, seguir-se-ha a accusação do réo, que deve ser intentada no juizo do districto do seu domicilio: excepto no caso de ser denunciado por libellos famosos, porque nesses fica livre ao accusador intentar a accusação naquelle juizo ou no proprio domicilio.

Art. 41. O Juiz de Direito, sendo-lhe apresentado o processo, que para isso será entregue ao accusador, nos casos de delicto particular, e remettido pelo Correio officiosamente nos casos de delictos publicos, ficando em uns e outros por traslado no primeiro juizo, fará notificar o réo a requerimento da parte, ou do promotor, não a havendo, para que no dia da reunião do segundo Conselho compareça perante elle por si, ou por seu procurador.

Art. 42. Esta reunião se fará em Lisbôa, Coimbra e Porto de seis em seis semanas, nos outros Districtos do Reino de Portugal, e Algarves de tres em tres mezes; e nos das ilhas adjacentes de seis em seis mezes, concorrendo todos os eleitos para Juizes de Facto á Capital do Districto por aviso do Juiz de Direito, quando houver processos para que seja precisa aquella reunião.

Art. 43. No dia aprazado, concorrendo o Juiz de Direito com os eleitos na casa da Camara, á porta aberta, e na presença das partes, ou de seus procuradores, mandará fazer pelo Escrivão a chamada de todos, e fazendo escrever em cedulas os nomes que responderem, excepto o daquelles, que formaram o primeiro conselho, ordenará que se lancem em uma urna, e que depois procedendo-se na fórma do art. 33, se extraiam della os 12 que hão de formar o segundo Conselho.

Art. 44. O accusado, e accusador poderão recusar os Juizes que lhes forem suspeitos, á medida que seus nomes forem sahindo da urna: podendo

o primeiro recusar até 20, e o segundo até 6: si forem muitos os accusadores, dividirão o numero entre si, de maneira que nunca se recuse maior numero que o de 20. Si, antes de se apurarem 12 Juizes não recusados se extrahirem da urna todas as cedulas, lançar-se-hão nella outras com os nomes dos substitutos, e se continuará na extracção até que haja 12 Juizes não recusados, com os quaes ficará formado o Conselho, para se proceder ao Juizo de Accusação.

Art. 45. Reunidos os Vogaes do Conselho, á portas abertas, o Juiz lhes deferirá juramento na fórma do art. 35, na presença das partes e de seus advogados ou procuradores: em caso de revelia do réo terá o Juiz nomeado um advogado que o defenda.

Art. 46. Immediatamente perguntará ao réo o seu nome, sobrenome, idade, profissão, domicilio e naturalidade; si foi avisado do dia e hora da reunião do Conselho, e si recebeu copia do libello, com o do rol das testemunhas, tres dias antes da reunião; devendo para isso o Juiz de Direito ter dado logar ao autor para o offerecer antes desse termo. A estas perguntas se seguirão todas as outras, que se julguem necessarias para averiguação da verdade.

Art. 47. Ultimado o interrogatorio, ordenará o Juiz de Direito ao Escrivão que leia a accusação do autor, a defesa que o réo deve ter apresentado, e mais peças do processo; e fará de tudo uma exacta e clara exposição para intelligencia dos Juizes de Facto, das partes e testemunhas.

Art. 48. Seguir-se-ha a inquirição das testemunhas, principiando pelas do autor e continuando com as do réo successivamente; podendo as partes, ou seus procuradores contestal-as, e arguil-as sem que as possam interromper. Poderá depois o accusador fazer verbalmente a sua allegação juridica sobre a accusação, e provas, e o accusado defender-se pelo mesmo modo.

Art. 49. O Juiz fará então ao Conselho um relatorio resumido do processo, expondo a questão com todas as suas qualidades, indicando as provas produzidas por uma e outra parte, e os fundamentos principaes da accusação e defeza, e recommendando-lhe que deve consultar sómente a voz da sua intima convicção, resultante do exame do processo e independente de formalidades judiciaes, lhe proporá as questões, que tem a decidir á vista do processo.

Art. 50. Estas questões serão reduzidas ás formulas seguintes: 1.º, o impresso denunciado contém tal abuso da liberdade da imprensa? 2.º, o accusado é criminoso desse delicto? 3.º, em que gráo é criminoso? Nos casos do art. 16 accrescentará o seguinte 4.º quesito: Terá logar a reparação civil de damno e injuria?

Art. 51. Escriptos estes quesitos, o Juiz de Direito os entregará com todas as peças do processo ao Conselho por meio do Vogal primeiro na ordem da eleição; e retirando-se depois todos os Vogaes para outra casa, estando sós, á porta fechada, e presididos por aquelle, farão o exame do processo, e depois de conferenciarem entre si decidirão em resposta ao 1.º quesito, si o impresso contém, ou não, o abuso de que é arguido: em quanto ao 2.º, si o accusado é, ou não, criminoso: em quanto ao 3.º, si é no primeiro, segundo, terceiro ou quarto gráo: em quanto ao 4.º, si tem, ou não, logar a reparação do damno: sendo precisos nove votos para que se verifique a decisão affirmativa, e se determine o gráo, propondo o Presidente cada um delles sucessivamente á votação.

Art. 52. Escripta cada uma destas decisões em resposta aos quesitos por um dos Vogaes, e assignada por todos, sahirão estes para a casa publica, onde deve estar o Juiz de Direito, e tomando assento, se levantará depois o Vogal, que serviu de Presidente, e dizendo em voz alta — O conselho dos Juizes de Facto, consultando a convicção intima da sua consciencia, entende que (lerá a declaração) entregará as decisões com o processo ao Juiz de Direito.

Art. 53. Si a decisão fôr de que o impresso não contém o abuso da liberdade da imprensa, de que é arguido, o Juiz de Direito proferirá sentença de absolvição do réo, mandando que seja immediatamente posto em liber-

dade, estando preso, e que se relaxe o sequestro dos exemplares do impresso denunciado, condemnando nas custas do processo o denunciante si fôr particular.

Art. 54. Si a decisão fôr de que o impresso contém abuso, e o accusado é criminoso, o Juiz de Direito proferirá sentença, em que applique a pena correspondente ao crime e ao gráo e condemne o réo nas custas do processo, declarando qual é o artigo desta lei em que foi incurso e ordenando igualmente a suppressão de todos os exemplares do impresso denunciado, que estiverem na mão do autor, editor, impressor, vendedor, ou distribuidor: e a reparação do damno, si tiver havido declaração de que tem logar.

Art. 55. Si a declaração fôr de que o impresso contém abuso, mas que o accusado não é criminoso, o Juiz de Direito ordenará na sentença a suppressão dos exemplares do dito impresso, mas que o accusado seja posto em liberdade, si estiver preso, declarando-o absolvido, e condemnando o accusador nas custas do processo, si fôr particular.

Art. 56. Quando o denunciado, ou accusado tiver sido absolvido, e o denunciante, ou accusador não fosse particular, as custas do processo serão pagas pelo cofre da Capital do Districto, aonde se deve recolher a importancia das penas pecuniarias impostas em virtude desta Lei.

Art. 57. Da declaração dos Juizes de Facto não haverá recurso algum, excepto: 1.º, si houver nullidade no processo por falta de algum dos requisitos exigidos nesta Lei; 2.º, si o Juiz de Direito não applicar a pena correspondente.

Art. 58. Nos dous casos de artigo antecedente, poderão as partes appellar para o Tribunal Especial de Protecção da Liberdade da Imprensa: no 1.º, para que remettido o processo ao Juiz de Direito, este convoque de novo o Conselho dos Juizes de Facto para o reformarem: e no 2.º, para que elle mesmo Juiz o reforme, applicando a pena correspondente. Em qualquer destes dous casos poderá o Tribunal condemnar o Juiz de Direito nas custas do processo de appellação.

Art. 59. A sentença proferida pelo Juiz de Direito, não sendo appellada no decennio, passará em julgado, e se executará e publicará com a declaração do Conselho dos Juizes de Facto no Diario do Governo enviando para este fim o Juiz de Direito uma copia ao Redactor.

Titulo V

DO TRIBUNAL ESPECIAL DE PROTECÇÃO DA LIBERDADE DA IMPRENSA

Art. 60. Haverá um Tribunal Especial para proteger a liberdade da imprensa, composto de cinco membros nomeados pelas Côrtes, no principio de cada Legislatura, e poderão ser reeleitos. Servirá de Presidente o primeiro na ordem da nomeação.

Art. 61. O mesmo Tribunal nomeará um Secretario, que não será de entre os seus membros, um Escripturario, e um Porteiro; e apenas eleito, fará um Regulamento para o seu governo interior, que proporá á approvação das Côrtes, bem como o ordenado para os ditos Secretario, Escripturario e Porteiro.

Art. 62. Os Membros do referido Tribunal terão de ordenado annual 600$000. Si porém perceberem de outro Emprego Publico um igual ordenado, nenhum outro vencerão por este titulo.

Art. 63. Este Tribunal terá as attribuições seguintes: 1.ª, tomar conhecimento das appellações, que para elle forem interpostas na fórma dos arts. 57 e 58; 2.ª, propor ás Côrtes com o seu informe todas as duvidas, sobre que as autoridades, e Juizes o consultarem respectivas á observancia desta Lei; 3.ª, apresentar ás Côrtes no principio de cada Legislatura uma exposição do estado, em que se achar a liberdade da imprensa, dos obstaculos que fôr preciso remover, e dos abusos que devam remediar-se. Paço das Côrtes em 4 de Julho de 1821.

Portanto mando a todas as autoridades, a quem o conhecimento, e execução do referido Decreto pertencer, que o cumpram, e executem tão inteiramente como nelle se contém. Dada no

Palacio de Queluz aos 12 dias do mez de Julho de 1821.

EL-REI com guarda

Ignacio da Costa Quintella

Carta de Lei, por que Vossa Magestade manda executar o Decreto das Côrtes Geraes Extraordinarias e Constituintes da Nação Portugueza, sobre a liberdade da imprensa, na fórma acima declarada.

Para Vossa Magestade ver

Antonio da Silva Freire de Andrade Paysinho a fez.

* * *

LEI — DE 12 DE NOVEMBRO DE 1821

Extingue todas as devassas geraes que a lei incumbe a certos julgadores

D. João por Graça de Deos e pela Constituição da Monarchia, Rei do Reino Unido de Portugal, Brazil e Algarves, d'aquem e d'além mar em Africa, etc. Faço saber a todos os meus Subditos que as Côrtes Decretaram o seguinte:

As Côrtes Geraes Extraordinarias e Constituintes da Nação Portugueza, attendendo a que as Devassas Geraes são tão oppressivas aos Povos, como contrarias aos sãos principios da Jurisprudencia Criminal, Decretam o seguinte:

1.º Ficam extinctas todas as Devassas, que as Leis incumbem a certos Julgadores em determinados tempos, sobre delictos incertos.

2.º Na disposição do artigo antecedente se comprehendem as Devassas Geraes, a que se procedia nos Juizos Ecclesiasticos, a respeito dos Seculares e mesmo dos Ecclesiasticos nos Crimes Civis.

3.º Todos os casos que até o presente faziam objecto de Devassas Geraes, serão d'ora em diante casos de querella para o interessado, e de denuncia para qualquer pessoa.

4.º Ficam revogadas quaesquer Leis e disposições, na parte em que se encontrarem com o presente Decreto. Paço das Côrtes em 10 de Novembro de 1821.

Portanto mando a todas as autoridades, a quem o conhecimento e execução do referido Decreto pertencer, que o cumpram, e executem, tão inteiramente como nelle se contém. Dada no Palacio de Queluz aos 12 dias do mez de Novembro de 1821.

EL-REI com Guarda.

José da Silva Carvalho.

Carta de Lei pela qual Vossa Magestade manda executar o Decreto das Côrtes Geraes Extraordinarias e Constituintes da Nação Portugueza, que extingue todas as Devassas Geraes, que a Lei incumbe a certos Julgadores, na fórma acima declarada.

Para Vossa Magestade ver.

Joaquim dos Reis Amado a fez.

* * *

DECRETO — DE 18 DE JUNHO DE 1822

Crêa Juizes do Facto para julgamento dos crimes de abusos de liberdade de imprensa

Havendo-se ponderado na Minha Real Presença, que Mandando Eu convocar uma Assembléa Geral Constituinte e Legislativa para o Reino do Brazil, cumpria-Me necessariamente e pela suprema lei da salvação publica evitar que ou pela imprensa, ou verbalmente, ou de outra qualquer maneira propaguem e publiquem os inimigos da ordem e da tranquillidade e da união, doutrinas incendiarias e subversivas, principios desorganisadores e dissociaveis; que promovendo a anarchia e a licença, ataquem e destruam o syste-

ma, que os Povos deste grande e riquissimo Reino por sua propria vontade escolheram, abraçaram e Me requereram, a que Eu Annui e Proclamei, e a cuja defesa e mantença já agora elles e Eu estamos indefectivelmente obrigados: E Considerando Eu quanto peso tenham estas razões e Procurando ligar a bondade, a justiça, e a salvação publica, sem offender a liberdade bem entendida da imprensa, que Desejo sustentar e conservar, e que tantos bens tem feito á causa sagrada da liberdade brazilica, e fazer applicaveis em casos taes, e quanto fôr compativel com as actuaes circumstancias, aquellas instituições liberaes, adoptadas pelas nações cultas: Hei por bem, e com o parecer do Meu Conselho de Estado, Determinar provisoriamente o seguinte:

O Corregedor do Crime da Côrte e Casa, que por este nomeio Juiz de Direito nas causas de abuso da liberdade da imprensa, e nas Provincias, que tiverem Relação, o Ouvidor do crime, e o de Comarca nas que a não tiverem, nomeará nos casos occurrentes, e a requerimento do Procurador da Corôa e Fazenda, que será o Promotor e Fiscal de taes delictos, 24 cidadãos escolhidos de entre os homens bons, honrados, intelligentes e patriotas, os quaes serão os Juizes de Facto, para conhecerem da criminalidade dos escriptos abusivos.

Os réos poderão recusar destes 24 nomeados 16: os 8 restantes porém procederão no exame, conhecimento, e averiguação do facto; como se procede nos conselhos militares de investigação, e accommodando-se sempre ás fórmas mais liberaes, admittindo-se o réo á justa defesa, que é de razão, necessidade e uso. Determinada a existencia de culpa, o Juiz imporá a pena. E por quanto as leis antigas a semelhantes respeitos são muito duras e improprias das idéas liberaes dos tempos, em que vivemos; os Juizes de Direito regular-se-hão para esta imposição pelos arts. 12 e 13 do tit. 2.º do Decreto das Côrtes de Lisboa de 4 de Junho de 1821 que Mando nesta ultima parte applicar ao Brazil. Os réos só poderão appellar do julgado para a Minha Real Clemencia.

E para que o Procurador da Corôa e Fazenda tenha conhecimento dos delictos da imprensa, serão todas as Typographias obrigadas a mandar um exemplar de todos os papeis, que se imprimirem.

Todos os escriptos deverão ser assignados pelos escriptores para sua responsabilidade: e os editores ou impressores, que imprimirem e publicarem papeis anonymos, são responsaveis por elles.

Os auctores porém de pasquins, proclamações incendiarias, e outros papeis não impressos serão processados e punidos na fórma prescripta pelo rigor das leis antigas. José Bonifacio de Andrade e Silva, do Meu Conselho de Estado, e do Conselho de Sua Magestade Fidelissima El-Rei o Senhor D. João VI, e Meu Ministro e Secretario de Estado dos Negocios do Reino do Brazil e Estrangeiros, o tenha assim entendido, e o faça executar com os despachos necessarios. Paço em 18 de Junho de 1822.

Com a rubrica de S. A. R. o Principe Regente.

José Bonifacio de Andrade e Silva.

* * *

DECISÕES DO GOVERNO

N. 58 — JUSTIÇA — EM 26 DE FEVEREIRO DE 1824

Recommenda que não se concedam alvarás de fiança a salteadores presos

Constando, até pelos Periodicos, os multiplicados roubos, e desordens perpetradas nesta Cidade, a despeito das Leis, e com escandalo dos Cidadãos, cuja segurança tem sido perturbada por um bando infesto de salteadores; e Querendo S. M. o Imperador occorrer a estes males: Manda, pela Secretaria de Estado dos Negocios da Justiça, recommendar á Mesa do De-

sembargo do Paço toda a possivel vigilancia na concessão dos Alvarás de fiança, que a mesma, pelo seu Regimento, e só com dous votos concordes, passa aos réos presos nos crimes de furto, pois sendo alguns graves, interessa muito ao Estado a sua punição, e que sejam taes malfeitores conservados nas prisões até seguirem os destinos de suas sentenças; podendo a referida Mesa, em qualquer caso de duvida ou empate, e ainda, a pedido de um dos membros della, consultar como julgar mais conveniente á boa administração da Justiça. S. M., confiando muito da inteireza e prudencia da Mesa, espera que a mesma, desempenhando esta sua Imperial Determinação, promoverá, quanto lhe fôr possivel, a publica tranquillidade.

Palacio do Rio de Janeiro, 26 de Fevereiro de 1824. — *Clemente Ferreira França.*

* * *

DECISÕES DO GOVERNO

N. 63 — JUSTIÇA — EM 8 DE MARÇO DE 1824

Manda proceder contra os Escrivães que protelarem o andamento dos processos de presos miseraveis

Sendo presente a S. M. o Imperador o officio do Desembargador Promotor da Justiça da Casa da Supplicação com o resultado da visita a que procedeu em o dia 5 do corrente, e vendo o mesmo A. S., com bastante mágoa, não terem sido sufficientes as advertencias, e providencias dadas nas portarias antecedentes, para fazer que entrem em seus deveres os Escrivães do Crime, não demorando os processos aos miseraveis presos, passando com promptidão as guias aos condemnados, afim de poderem seguir, uns os seus destinos, e outros não ficarem entorpecidos nas cadêas: Manda, pela Secretaria de Estado dos Negocios da Justiça, que o Chanceller da Casa da Supplicação que serve de Regedor, haja de dar logo e logo as devidas providencias, procedendo contra os referidos Escrivães na fórma da lei, na intelligencia de que o Governo, não respondendo mais por qualquer falta de execução desta ordem, não póde deixar de considerar responsabilisados para com o publico, e para com os terceiros prejudicados aquellas autoridades, a quem competindo a sua observancia e execução, não derem as providencias da Lei, para atalhar males desta ordem.

Palacio do Rio de Janeiro em 8 de Março de 1824. — *Clemente Ferreira França.*

* * *

DECISÕES DO GOVERNO

N. 78 — JUSTIÇA — EM 31 DE MARÇO DE 1824

Determina que os Juizes fundamentem as sentenças que proferirem

Desejando S. M. o Imperador que os subditos deste Imperio comecem desde já a gozar de todas as vantagens promettidas na sabia Constituição, ha pouco jurada, e sendo uma das principaes a extirpação dos abusos inveterados no fôro, cuja marcha deve ser precisa, clara, e palpavel a todos os litigantes: Manda o mesmo A. S., pela Secretaria de Estado dos Negocios da Justiça, que os Juizes de mór alçada, de qualquer qualidade, natureza e graduação declarem nas sentenças, que proferirem, circumstanciada e especificadamente as razões e fundamentos das mesmas, e ainda nos aggravos cha-

mados de petição, não só por ser isto expressamente determinado no § 7.° da Ord. do Liv. 3.°, Tit. 66, como por ser conforme ao liberal systema ora abraçado; afim de conhecerem as partes as razões, em que fundaram os julgadores as suas decisões; alcançando por este modo ou o seu socego, ou novas bases para ulteriores recursos, a que se acreditarem com direito. E assim o Manda, pela referida Secretaria de Estado, participar ao Conde Regedor da Casa da Supplicação, ou quem seu cargo servir, para que expeça a este respeito as convenientes ordens.

Palacio do Rio de Janeiro em 31 de Março de 1824. — *Clemente Ferreira França.*

* * *

DECISÕES DO GOVERNO

N. 81 — JUSTIÇA — EM 2 DE ABRIL DE 1824

Declara que o Juiz da devassa não é competente para julgar o feito

Sendo presente a S. M. o Imperador o Officio de 31 de Março deste anno do Desembargador do Paço José Joaquim Nabuco de Araujo, que serve de Chanceller e Regedor da Casa da Supplicação, acompanhado de outro da mesma data, em que o Desembargador Antonio José Duarte de Araujo Gondim expõe a duvida que lhe occorre na qualidade de Juiz da devassa determinada por Decreto de 8 do referido mez: Manda o mesmo A.S., pela Secretaria de Estado dos Negocios da Justiça, responder ao sobredito Desembargador do Paço que a representação daquelle Ministro é sobremodo inattendivel, porquanto isto não é uma commissão, mas uma diligencia que por bem da ordem e segurança publica se encarrega a qualquer Magistrado, como preliminar do processo para averiguação do crime, o que feito se deve remetter ao competente Juizo da Correição do crime da Côrte e Casa para este lhe dar o seguimento da lei, procedendo em tudo na conformidade da mesma sem que jámais possa ser Juiz o da diligencia que não é nem póde ser o competente para a julgar; muito mais quando esta mesma diligencia já se achava anteriormente commetida ao dito Ministro, que em todo o caso a deve ultimar, sem valer-se do presente subterfugio.

Palacio do Rio de Janeiro em 2 de Abril de 1824. — *Clemente Ferreira França.*

* * *

DECRETO — DE 17 DE ABRIL DE 1824

Dá providencias sobre o processo das causas crimes

Decretando o art. 159 da Constituição Politica deste Imperio, que nas causas crimes a inquirição de testemunhas, e todos os mais actos do processo, depois da pronuncia, sejam publicos desde já, sendo por isso necessario estabelecer a observancia pratica desta deliberação; e por maneira, que, fazendo-se exequivel a publicidade determinada a bem da segurança individual, se não transtorne a ordem judicial do processo criminal ora existente, que

só póde ser revogado, ou modificado pelo Codigo Penal, que houver de promulgar-se, ou por algum regulamento feito em lei geral pelo Corpo Legislativo; devendo-se outrosim evitar que diversas interpretações alterem o genuino espirito da referida disposição, e dêm logar a mal entendidos arbitrios, de que se seguem inconvenientes damnosos á boa administração da Justiça, que deve ser exacta, e uniforme; e aos direitos pessoaes dos subditos deste Imperio: Pondo em exercicio uma das principaes attribuições do Poder Executivo, declarada no art. 102 n. 12 da Constituição, de expedir os decretos, instrucções, e regulamentos adequados á boa execução das leis: Hei por bem, com o parecer do Meu Conselho de Estado, Decretar provisoriamente o seguinte:

1.° Quando se prepararem os autos para o livramento de qualquer réo pronunciado, ou elle esteja preso, afiançado, ou seguro, irá encorporado no processo, não só o auto da querela, ou devassa, como até agora se praticava, mas tambem o traslado da culpa; para que as partes, á vista della, possam melhor regular sua accusação, ou defesa; dando-se-lhes até por certidão, quando assim o requererem.

2.° Todas as testemunhas do autor, ou do réo, assim as do plenario, como as de quaesquer artigos, relativos ao processo criminal, ainda civilmente intentado, serão inquiridas publicamente em casa para isso destinada, e a portas abertas, estando presentes as partes, ou seus procuradores (si comparecer quizerem) e quaesquer outras pessoas do Povo, para que nenhum segredo seja nocivo a seus interesses, e contra as garantias de seus direitos individuaes.

3.° No acto da inquirição, e com a mesma publicidade, poderá cada uma das partes, por si ou seus procuradores, reprovar de palavra as testemunhas de seu adversario, ou contraditando-as, assim a respeito de seus defeitos, e qualidades pessoaes, como de seus direitos, guardada a fórma da lei; ou allegando razões, e fazendo reflexões, que pareçam demonstrar a inverosimilhança dos factos, que a testemunha recontar, e a falsidade do seu juramento, escrevendo-se em um, e outro caso o resultado deste debate.

4.° O Juiz, ou inquiridor, qual a este acto presidir, prevenirá os excessos, que nestas alterações commetterem as partes, e testemunhas, impondo-lhes o preceito de se absterem de proferir injurias, e palavras insultantes, pena de se lhes fazer culpa, na fórma da lei, a que se procederá, si o caso o exigir, formando-a o Juiz immediatamente, estando presente, ou pelos documentos, e participação, que o inquiridor lhe enviar.

5.° Não se achando presentes as partes, ou seus procuradores, ou não querendo contraditar por palavra as testemunhas do seu contendor, o poderão fazer por artigos, pela fórma estabelecida na Ord. Liv. 3.° Tit. 58, com a differença sómente, de que as inquirições lhes devem ser publicas para os formar, não obstante a disposição do § 2.° do dito titulo, que fica nesta parte revogado pelo mesmo art. 159 da Constituição.

6.° As perguntas feitas aos réos nos casos, em que ellas têm logar, si forem feitas depois da pronuncia, terão a mesma publicidade, que a inquirição das testemunhas, praticando-se o mesmo que a esse respeito vai decidido nos §§ 2.° e 3.°; procedendo-se, quando *ex officio* convier, ou os réos o requererem, á confrontação e careação com os co-réos (havendo-os), ou com as testemunhas, que lhes fizerem culpa.

7.° Terminados os termos, e actos, que se devem guardar na ordem do processo criminal com as presentes modificações, serão julgadas as causas, quer na instancia inferior, quer na superior, como está determinado na lei, e praticamente observado; fazendo-se publicas as sentenças nas competentes audiencias de cada Juizo, e ficando para novo, e geral regulamento a inteira publicidade de todos os actos destes processos uniformemente desde a sua origem até final execução.

8.° Os Juizes, a quem incumbe praticar todas as referidas determinações, as farão observar por si, e seus subalternos com a mais religiosa exactidão

sob pena de estreita e rigorosa responsabilidade, garantida no art. 176 n. 29 da Constituição do Imperio.

A Mesa do Desembargo do Paço o tenha assim entendido, e faça executar com os despachos necessarios. Paço, 17 de Abril de 1824, 3.º da Independencia e do Imperio.

Com a rubrica de Sua Magestade Imperial.

Clemente Ferreira França.

* * *

DECISÕES DO GOVERNO

N. 160 — JUSTIÇA — EM 21 DE JULHO DE 1825

Sobre a remessa ao Promotor Fiscal dos excessos de liberdade da imprensa de um exemplar do que se imprimir nesta Côrte

Sendo indispensavel que o Desembargador João José da Veiga, Promotor Fiscal dos excessos da liberdade da imprensa, tenha um perfeito conhecimento de todos os impressos, que se hajam de publicar nesta Côrte, afim de poder proceder contra os que possam conter abusos, ou excessos contrarios á lei: Manda S. M. o Imperador, pela Secretaria de Estado dos Negocios da Justiça, que o Desembargador Corregedor do Civel da Côrte faça notificar a todos os donos, ou administradores das diversas typographias estabelecidas nesta cidade para que hajam de remetter ao sobredito Ministro um exemplar de tudo quanto nas mesmas se imprimir.

Palacio do Rio de Janeiro em 21 de Julho de 1825. — *Clemente Ferreira França.*

* * *

DECISÕES DO GOVERNO

N. 161 — JUSTIÇA — EM 21 DE JULHO DE 1825

Manda que o Juiz da Alfandega remetta ao Promotor Fiscal dos excessos da liberdade da imprensa uma relação de todos os livros impressos que se despacharem na mesma Alfandega

Tendo representado o Desembargador João José da Veiga, que, sendo obrigado, como Promotor Fiscal dos excessos da liberdade da imprensa, a accusar os réos de semelhantes delictos, não tenha meio algum, para alcançar conhecimento de conterem ou não taes excessos os livros e papeis impressos fóra da Côrte: Manda S. M. o Imperador, pela Secretaria de Estado dos Negocios da Justiça, que o Conselheiro Juiz interino da Alfandega d'ora em diante faça extrahir e remetter áquelle Ministro uma relação de todos os livros, ou quaesquer impressos, que se despacharem na mesma Alfandega, declarando a pessoa, a quem pertençam, afim de facilitar-lhe por este meio o conhecimento, que lhe é indispensavel ter para poder proceder na conformidade da lei, quando lhe constar que algum delles contém abusos ou doutrinas contra a mesma lei.

Palacio do Rio de Janeiro em 21 de Julho de 1825. — *Clemente Ferreira França.*

DECRETO — DE 11 DE SETEMBRO DE 1826

Declara em vigor o decreto de 22 de Novembro de 1823 relativo aos abusos da liberdade da imprensa

Tendo eu sanccionado a resolução da Assembléa Geral sobre a duvida que occorreu ao Juiz de Direito, e ao Promotor da Justiça do Juizo por Jurados ácerca dos abusos da liberdade da imprensa, relativamente á continuação da observancia do decreto de 22 de Novembro de 1823, que mandou executar provisoriamente o projecto de lei, que se principiára a discutir na Assembléa Geral Constituinte, para conter os mesmos abusos: Hei por bem ordenar, que os referidos decretos de 22 de Novembro de 1823, e projecto de lei continuem, na fórma da mencionada resolução, a ter pleno e inteiro vigor, emquanto se não publicar outra lei, que regule a liberdade da imprensa.

O Visconde de Caravellas, Grande do Imperio, Conselheiro de Estado, Ministro e Secretario de Estado dos Negocios da Justiça, o tenha assim entendido, e faça executar com os despachos necessarios. Palacio do Rio de Janeiro em 11 de Setembro de 1826, 5.º da Independencia e do Imperio.

Com a rubrica de Sua Magestade Imperial.

Visconde de Caravellas

* * *

LEI — DE 11 DE SETEMBRO DE 1826

Manda que as sentenças de pena de morte não se executem, sem que primeiramente sejam presentes ao Poder Moderador

Dom Pedro por Graça de Deus e unanime acclamação dos povos, Imperador Constitucional, e Defensor Perpetuo do Brazil: Fazemos saber a todos os nossos subditos, que a Assembléa Geral decretou, e nós queremos a lei seguinte:

Art. 1.º A sentença proferida em qualquer parte do Imperio que impozer pena de morte, não será executada, sem que primeiramente suba á presença do Imperador para poder perdoar, ou moderar a pena, conforme o art. 101 § 8.º da Constituição do Imperio.

Art. 2.º As excepções sobre o artigo precedente, em circumstancias urgentes, são da privativa competencia do Poder Moderador.

Art. 3.º Extinctos os recursos perante os Juizes, e intimada a sentença ao réo, para que no prazo de oito dias, querendo, apresente a sua petição de graça, o relator do processo remetterá á Secretaria de Estado competente as sentenças, por cópia, por elles escriptas, e a petição de graça, ou certidão de não ter sido apresentada pelo réo no prazo marcado; e pela mesma Secretaria de Estado será communicada a imperial resolução.

Mandamos portanto a todas as autoridades, a quem o conhecimento e execução da referida lei pertencer, que a cumpram, e façam cumprir, e guardar tão inteiramente, como nella se contém. O Secretario de Estado dos Negocios da Justiça a faça imprimir, publicar, e correr. Dada no Palacio do Rio de Janeiro aos 11 dias do mez de Setembro de 1826, 5.º da Independencia e do Imperio.

IMPERADOR com rubrica e guarda

(L. S.)

Visconde de Caravellas

Carta de lei, pela qual Vossa Magestade Imperial manda executar o de-

creto da Assembléa Geral, que Houve por bem sanccionar, para proporcionar a todos os réos condemnados á pena de morte o meio de poderem gozar do beneficio concedido pela Constituição do Imperio, no art. 101, § 8.º, tudo na fórma acima declarada.

Para Vossa Magestade Imperial ver.

Domingos Lopes da Silva Araujo a fez.

Registrada a fl. 2 do livro 1.º de leis, que serve nesta Secretaria de Estado dos Negacios da Justiça. — Rio de Janeiro em 14 de Setembro de 1826. — *Vicente Ferreira de Castro Silva.*

Pedro Machado de Miranda Malheiro.

Foi publicada esta Carta de Lei nesta Chancellaria-mór do Imperio do Brazil. — Rio de Janeiro, 16 de Setembro de 1826. — *Francisco Xavier Rapozo de Albuquerque.*

Registrada na Chancellaria-mór do Imperio do Brazil a fl. 57 do livro 1.º das leis. — Rio de Janeiro, 16 de Setembro de 1826. — *Demetrio José da Cruz.*

* * *

LEI — DE 15 DE OUTUBRO DE 1827

Crêa em cada uma das freguezias e das capellas curadas um Juiz de Paz e supplente

D. Pedro I, por Graça de Deus e unanime acclamação dos povos, imperador Constitucional e Defensor Perpetuo do Brazil: Fazemos saber a todos os nossos subditos que a Assembléa Geral decretou, e nós queremos a lei seguinte:

Art. 1.º Em cada uma das freguezias e das capellas filiaes curadas, haverá um Juiz de Paz e um supplente para servir no seu impedimento, emquanto se não estabelecerem os districtos, conforme a nova divisão estatistica do Imperio.

Art. 2.º Os Juizes de Paz serão electivos pelo mesmo tempo e maneira por que se elegem os Vereadores das Camaras.

Art. 3.º Podem ser Juizes de Paz os que podem ser eleitores.

Art. 4.º Ao eleito não aproveitará escusa alguma, salvo doença grave e prolongada, ou emprego civil e militar que seja impossivel exercer conjunctamente, devendo provar perante a Camara a legitimidade destes impedimentos, para ella então chamar o immediato em votos, a fim de servir de supplente; e no caso contrario poderá ser constrangindo, impondo-se-lhe as mesmas penas comminadas aos Vereadores. Aquelle porém que tiver servido duas vezes successivamente, poderá escusar-se por outro tanto tempo.

Art. 5.º Ao Juiz de Paz compete:

§ 1.º Conciliar as partes, que pretendem demandar, por todos os meios pacificos, que estiverem ao seu alcance: mandando lavrar termo do resultado, que assignará com as partes e Escrivão. Para a conciliação não se admittirá procurador, salvo por impedimento da parte, provado tal, que a impossibilite de comparecer pessoalmente, e sendo outrosim o procurador munido de poderes illimitados.

§ 2.º Julgar pequenas demandas, cujo valor não exceda a 16$000, ouvindo as partes, e á vista das provas apresentadas por ellas; reduzindo-se tudo a termo na fórma do paragrapho antecedente.

§ 3.º Fazer separar os ajuntamentos, em que ha manifesto perigo de desordem; ou fazer vigial-os a fim de que nelles se mantenha a ordem; e, em caso de motim, deprecar a força armada para rebatel-o, sendo necessario. A acção porém da tropa não terá logar, senão por ordem expressa do Juiz de Paz, e depois de serem os amotinadores admoestados pelo menos tres vezes para se recolherem as suas casas, e não obedecerem.

§ 4.º Fazer pôr em custodia o bebedo, durante a bebedice.

§ 5.º Evitar as rixas, procurando conciliar as partes; fazer que não haja vadios, nem mendigos, obrigando-os a viver de honesto trabalho, e corrigir os bebedos por vicio, turbulentos, e meretrizes escandalosas, que perturbam o socego publico, obrigando-os a assignar termo de bem viver, com comminação de pena; e vigiando sobre seu procedimento ulterior.

§ 6.º Fazer destruir os quilombos, e providenciar a que se não formem.

§ 7.º Fazer auto de corpo de delicto nos casos, e pelo modo marcados na lei.

§ 8.º Sendo indicado o delinquente, fazer conduzil-o a sua presença para interrogal-o á vista dos factos existentes, e das testemunhas, mandando escrever o resultado do interrogatório. E provado com evidencia quem seja o delinquente, fazer prendel-o na conformidade da lei, remettendo-o immediatamente com o interrogatorio ao Juiz Criminal respectivo.

§ 9.º Ter uma relação dos criminosos para fazer prendel-os, quando se acharem no seu districto; podendo em seguimento delles entrar nos districtos vizinhos. E tendo noticia de algum criminoso em outro districto, avisar disso ao Juiz de Paz, e ao Juiz Criminal respectivo.

§ 10. Fazer observar as posturas policiaes das Camaras, impondo as penas dellas aos seus violadores.

§ 11. Informar ao Juiz dos Orphãos acêrca do menor, ou desassisado, a quem fallecer o pai, ou que se achar abandonado pela ausencia ou deleixo do mesmo. Informar igualmente ao mesmo Juiz acêrca de direitos, que comecem a existir a favor de pessoas, que não exercerem plenamente a administração de seus bens; e acêrca dos bens abandonados pela ausencia de seus donos, falta, ou deleixo de seus procuradores. E emquanto o Juiz dos Orphãos não providenciar, acautelar o perigo, que possa haver tanto sobre as pessoas, como sobre os bens, remettendo immediatamente ao respectivo Juiz o auto que a tal assumpto praticar.

§ 12. Vigiar sobre a conservação das matas e florestas publicas, onde as houver, e obstar nas particulares ao córte de madeiras reservadas por lei.

§ 13. Participar ao Presidente da provincia todas as descobertas, que ou casualmente, ou em virtude de diligencias publicas ou particulares, se fizerem no seu districto; de quaesquer producções uteis do reino mineral, vegetal ou animal, remettendo-lhe as amostras.

§ 14. Procurar a composição de todas as contendas, e duvidas, que se suscitarem entre moradores do seu districto, acêrca de caminhos particulares, atravessadouros, e passagens de rios ou ribeiros; acêrca do uso das aguas empregadas na agricultura ou mineração; dos pastos, pescas, e caçadas; dos limites, tapagens, e cercados das fazendas e campos; e acêrca finalmente dos damnos feitos por escravos, familiares, ou animaes domesticos.

§ 15. Dividir o districto em quarteirões, que não conterão mais de 25 fogos; e nomear para cada um delles um Official, que o avise de todos os acontecimentos, e execute suas ordens.

Art. 6.º Cada Juiz de Paz terá um Escrivão do seu cargo, nomeado e juramentado pela Camara, cujo provimento será gratuito, e não estará sujeito a prestação alguma.

Este Escrivão servirá igualmente de Tabellião de notas, no seu districto sómente, para poder fazer, e approvar testamentos, e perceberá os emolumentos devidos aos Escrivães e Tabelliães. No impedimento ou falta do Escrivão, servirá interinamente um homem juramentado pelo Juiz de Paz.

Art. 7.º O Juiz de Paz terá os mesmos emolumentos que o Juiz de Direito.

Art. 8.º O Juiz de Paz não chamará pessoa alguma á sua presença sem lhe declarar o fim para que, excepto em negocio de segredo, fazendo essa declaração.

Art. 9.º O Juiz de Paz, sendo desobedecido, fará conduzir o desobediente á sua presença, e mandará lavrar termo de desobediencia, ouvindo summariamente o réo: e sendo convencido, lhe imporá a pena de multa de dous a seis mil réis, ou de dous a seis dias de prisão, quando o desobediente não tenha meios de satisfazer a multa. O réo não será havido por desobediente, sem que lhe tenha sido intimado o mandado por escripto, e o Official tenha passado contra-fé.

Art. 10. O producto das multas impostas pelo Juiz de Paz, será applicada ás despezas das Camaras.

Art. 11. O maximo das penas, que póde impôr o Juiz de Paz, não excederá á multa de trinta mil réis, á prisão de um mez, e á Casa de Correcção (havendo no logar), ou officinas publicas por tres mezes.

Art. 12. O termo de bem viver, e sentença que impõe pena, terá logar em consequencia de prova de duas á tres testemunhas com audiencia da parte. E nestes dous casos poderá o réo fazer perguntas ás testemunhas sobre seus depoimentos; e tanto estas como as respostas serão escriptas e assignadas.

Art. 13. Quando o Juiz de Paz impozer qualquer pena, será o réo, estando preso, conduzido com o processo perante o Juiz Criminal respectivo; e estando solto, será notificado para comparecer e allegará a sua justiça, pena de revelia.

Art. 14. O Juiz Criminal, convocando dous Juizes de Paz mais vizinhos, confirmará, ou revogará a sentença, sem mais recurso.

Art. 15. Ficam revogadas todas as leis, que estiverem em opposição á presente.

Mandamos portanto a todas as autoridades, a quem o conhecimento e execução da referida lei pertencer, que a cumpram e façam cumprir e guardar tão inteiramente, como nella se contém. O Secretario de Estado dos Negocios do Imperio a faça imprimir, publicar e correr. Dada no Palacio do Rio de Janeiro aos 15 dias do mez de Outubro de 1827, 6.º da Independencia e do Imperio.

IMPERADOR com guarda

(L. S.)

Visconde de S. Leopoldo.

Carta de lei, pela qual Vossa Magestade Imperial manda executar o decreto da Assembléa Geral Legislativa, que houve por bem sanccionar, sobre a creação de Juiz de Paz, e seus supplentes, em cada uma das freguezias e capellas filiaes curadas; e sobre as funcções inherentes a este cargo; tudo na fórma acima declarada.

Para Vossa Magestade Imperial ver.

Luiz Joaquim dos Santos Marrocos a fez.

Registrada a folhas 182 do livro 4.º do registro de cartas, leis e alvarás. — Secretaria de Estado dos Negocios do Imperio em 29 de Outubro de 1827. — *Albino dos Santos Pereira.*

Monsenhor Miranda.

* * *

LEI — DE 15 DE OUTUBRO DE 1827

Da responsabilidade dos Ministros e Secretarios de Estado e dos Conselheiros de Estado

Dom Pedro Primeiro, por Graça de Deus, e Unanime Acclamação dos Povos, Imperador Constitucional, e Defensor Perpetuo do Brazil: Fazemos sa-

ber a todos os nossos subditos que a Assembléa Geral decretou, e nós queremos a lei seguinte:

TITULO UNICO

Da responsabilidade dos Ministros e Secretarios de Estado, e dos Conselheiros de Estado, e da maneira de proceder contra elles

Capitulo I

Da natureza dos delictos, por que são responsáveis os Ministros e Secretarios de Estado, e das penas, que lhes correspondem

Art. 1.º Os Ministros e Secretarios de Estado são responsaveis por traição:

§ 1.º Attentando por tratados, convenções, e ajustes, dentro ou fóra do Imperio, ou por outros quaesquer actos do seu officio, ou prevalecendo-se delle com dolo manifesto:

1.º Contra a fórma estabelecida do Governo.

2.º Contra o livre exercicio dos poderes politicos reconhecidos pela Constituição do Imperio.

3.º Contra a independencia, integridade, e defesa da nação.

4.º Contra a pessoa ou vida do Imperador, da Imperatriz, ou de algum dos Principes, ou Princezas da imperial familia.

§ 2.º Machinando a destruição da religião catholica apostolica romana.

§ 3.º São applicaveis aos delictos especificados neste artigo as penas seguintes:

Maxima: morte natural.

Média: perda da confiança da nação, e de todas as honras; inhabilidade perpetua para occupar empregos de confiança, e cinco annos de prisão.

Minima: perda de confiança da nação, inhabilidade perpetua, restricta ao emprego, em que é julgado, e cinco annos de suspensão do exercicio dos direitos politicos.

Art. 2.º São responsaveis por peita, suborno, ou concussão:

§ 1.º Por peita, aceitando dadiva, ou promessa, directa ou indirectamente, para se decidirem em qualquer acto do seu ministerio.

As penas para os delictos designados neste paragrapho são:

Maxima: inhabilidade perpetua para todos os empregos, e a multa do triplo do valor da peita.

Média: inhabilidade perpetua para o emprego de Ministro e Secretario de Estado, inhabilidade por 10 annos para os outros empregos, e a multa do duplo do valor da peita.

Minima: perda do emprego, e multa do valor da peita.

§ 2.º Por suborno, corrompendo por sua influencia, ou peditorio a alguem para obrar contra o que deve, no desempenho de suas funcções publicas; ou deixando-se corromper por influencia, ou peditorio de alguem para obrarem o que não devem, ou deixarem de obrar o que devem.

As penas para os delictos designados neste paragrapho são:

Maxima: suspensão do emprego por tres annos.

Média: por dous.

Minima: por um.

O réo incorre nestas penas, ainda quando se não verifique o effeito do suborno, assim como acontece na peita.

§ 3.º Por concussão, extorquindo, ou exigindo o que não fôr devido, ainda que seja para a Fazenda Publica, ainda quando se não siga o effeito do recebimento.

As penas para os delictos designados neste paragrapho são:

Maxima: suspensão do emprego por seis annos.

Média: por quatro.

Minima: por dous.

§ 4.º O réo, que, tendo commettido algum dos delictos especificados nos paragraphos antecedentes, os tiver levado a pleno effeito, e por meio delles abusado do poder, ou faltado á observancia da lei, soffrerá, além das penas declaradas nos ditos paragraphos, as que ao diante se declaram nos arts. 3.º e 4.º.

Art. 3.º São responsaveis por abuso de poder:

§ 1.º Usando mal da sua autoridade nos actos não especificados na lei, que tenham produzido prejuizo, ou damno provado ao Estado, ou a qualquer particular.

As penas para os delictos designados neste paragrapho são:

Maxima: tres annos de remoção para fóra da Côrte e seu termo.

Média: dous annos.

Minima: um anno.

Além disso a reparação do damno á parte, havendo-a, ou á Fazenda Publica, quando esta seja interessada, sem o que não voltará á Côrte.

§ 2.º Usurpando qualquer das attribuições de poder legislativo, ou judiciario.

As penas para os delictos designados neste paragrapho são:

Maxima: inhabilidade perpetua para todos os empregos, e dous annos de prisão.

Média: inhabilidade por dez annos para todos os empregos.

Minima: perda do emprego.

Art. 4.º São responsaveis por falta de observancia da lei:

§ 1.º Não cumprindo a lei, ou fazendo o contrario do que ella ordena.

§ 2.º Não fazendo effectiva a responsabilidade dos seus subalternos.

As penas para os delictos designados neste artigo são as do art. 3.º § 1.º, inclusive a reparação do damno.

Art. 5.º São responsaveis pelo que obrarem contra a liberdade, segurança, ou propriedade dos cidadãos:

§ 1.º Obrando contra os direitos individuaes dos cidadãos, que tem por base a liberdade, segurança, ou propriedade marcados na Constituição, art. 179.

Art. 6.º São responsaveis por dissipação dos bens publicos:

§ 1.º Ordenando, ou concorrendo de qualquer modo para as despezas não autorizadas por lei, ou para se fazerem contra a fórma nella estabelecida, ou para se celebrarem contractos manifestamente lesivos.

§ 2.º Não praticando todos os meios ao seu alcance para a arrecadação ou conservação dos bens moveis, ou immoveis, ou rendas da nação.

§ 3.º Não pondo, ou não conservando em bom estado a contabilidade da sua repartição.

As penas para os delictos designados nos arts. 5.º e 6.º são as mesmas applicadas aos que estão comprehendidos no § 1.º do art. 3.º, inclusive a reparação do damno.

Capitulo II

Dos delictos dos Conselheiros de Estado, e das penas correspondentes

Art. 7.º Os Conselheiros de Estado são responsaveis pelos conselhos que derem:

1.º Sendo oppostos ás leis.

2.º Sendo contra os interesses de Estado, se forem manifestamente dolosos.

Os Conselheiros de Estado por taes conselhos incorrem nas mesmas penas, em que os Ministros e Secretarios de Estado incorrem por factos analogos a estes.

Quando porém ao conselho se não seguir effeito, soffrerão a pena no grão médio, nunca menor, que a suspensão do emprego de um a dez annos.

Capitulo III

Da maneira de proceder contra os Ministros e Secretarios de Estado, e Conselheiros de Estado

SECÇÃO I

Da denuncia, e decreto de accusação

Art. 8.º Todo o cidadão póde denunciar, na fórma do § 30 do art. 179 da Constituição, os Ministros e Secretarios de Estado, e Conselheiros de Estado pelos delictos especificados nesta lei; este direito porém prescreve, passados tres annos.

As commissões da Camara devem denunciar os delictos que encontrarem no exame de quaesquer negocios, e os membros de ambas as Camaras o poderão fazer dentro do prazo de duas Legislaturas, depois de commettido o delicto.

Art. 9.º As denuncias devem conter a assignatura do denunciante, e os documentos, que façam acreditar a existencia dos delictos, ou uma declaração concludente da impossibilidade de apresental-os.

Art. 10. A Camara dos Deputados, sendo-lhe presente a denuncia, mandará examinal-a por uma comissão especial; e sobre este exame, no caso que a não rejeite, mandará, sendo necessario, produzir novas provas, que serão igualmente examinadas na commissão a qual tambem inquirirá as testemunhas nos casos, em que forem necessarios.

Art. 11. Quando á Camara parecer attendivel a denuncia, mandará responder o denunciado, remettendo-lhe cópia de tudo, e fixando o prazo, em que deve dar a resposta por escripto, o qual poderá ser prorogado, quando o mesmo denunciado o requeira.

Art. 12. Findo o prazo para a resposta, ou ella tenha sido apresentada, ou não, tornará o negocio a ser examinado pela mesma, ou outra commissão, que interporá o seu parecer, se tem, ou não, lugar a accusação.

Art. 13. Interposto o parecer, será este discutido no dia que a Camara determinar, á proposta do Presidente; com tanto porém que seja entre o terceiro e sexto dia, depois daquelle, em que o parecer tiver sido apresentado.

Art. 14. Terminado o debate da segunda discussão, a qual se verificará oito dias depois da primeira, a Camara decidirá — se tem, ou não, lugar a accusação — e decidindo pela affirmativa, a decretará nesta fórma:

A Camara dos Deputados decreta a accusação contra o Ministro e Secretario de Estado dos Negocios de ... F. ou o Conselheiro de Estado F. pelo delicto de ..., e a envia á Camara dos Senadores com todos os documentos relativos, para se proceder na fórma da Constituição e da Lei.

Art. 15. O decreto de accusação será escripto em duplicado, assignado pelo Presidente, e dous Secretarios; e destes autographos um será remettido ao Governo para o fazer intimar ao accusado, e realizar os seus effeitos; e o outro enviado ao Senado com todo o processo original, ficando uma cópia authentica na Secretaria.

Art. 16. A intimação será feita dentro de vinte e quatro horas, quando o accusado esteja na Côrte; ou dentro do prazo mais breve possivel, no caso de estar fóra della; e para dar ao decreto a execução, que toca ao Governo, será competente qualquer dos Ministros de Estado, a quem fôr dirigido.

Art. 17. Os effeitos do decreto da accusação principiam do dia da intimação, e são os seguintes:

1.º Ficar o accusado suspenso do exercicio de todas as funcções publicas, até final sentença, e inhabilitado nesse tempo para ser proposto a outro emprego, ou nelle provido.

2.º Ficar sujeito á accusação criminal.

3.º Ser preso nos casos, em que pela Lei tem lugar a prisão.

4.º Suspender-se-lhe metade do ordenado, ou soldo, que tiver; ou perdel-o effectivamente, se não fôr afinal absolvido.

Art. 18. A Camara nomeará uma commissão de cinco a sete membros para fazer a accusação no Senado, obrigada a fazer uso dos documentos, e instrucções, que lhe forem fornecidos pelo denunciante, sendo attendiveis: e os membros desta commissão escolherão d'entre si o relator ou relatores.

Art. 19. Nos casos, em que a publicidade, e demora possam de algum modo ameaçar a segurança do Estado, ou da pessoa do Imperador, a Camara deliberará em sessão secreta a suspensão, e custodia do denunciado, guardada a formalidade do art. 27 da Constituição, existindo provas sufficientes, que tambem poderá haver em segredo; mas, logo que cessar o perigo, formará o processo publico, como fica prescripto.

SECÇÃO II

Do processo da accusação, e da sentença.

Art. 20. Para julgar estes crimes o Senado se converte em Tribunal de Justiça.

Art. 21. Todos os Senadores são Juizes competentes para conhecerem dos crimes de responsabilidade dos Ministros e Secretarios de Estado, e Conselheiros de Estado, e applicar-lhes a lei.

Art. 22. Exceptuam-se:

1.° Os que tiverem parentesco em linha recta de ascendentes, ou descendentes, sogro, e genro; em linha collateral irmãos, cunhados, emquanto durar o cunhadio, e os primos co-irmãos.

2.° Os que tiverem deposto como testemunha na formação da culpa, ou do processo.

3.° Os que tiverem demanda por si ou suas mulheres sobre a maior parte de seus bens, e o litigio tiver sido proposto antes da accusação.

4.° Os que tiverem herdeiros presumptivos.

Art. 23. Estes impedimentos poderão ser allegados, tanto pelo accusado, seus procuradores, advogados, ou defensores, e commissão accusadora, como pelos Senadores, que tiverem impedimento, e o Senado decidirá.

Art. 24. Ao accusado será permittido recusar até seis Senadores, sem declarar o motivo, além daquelles, que forem recusados na fórma do art. 22.

Art. 25. Recebido o decreto da accusação com o processo enviado pela Camara dos Deputados, e apresentado o libello, e documentos pela comissão da accusação, será notificado o accusado para comparecer perante o Senado no dia que fôr aprazado.

Art. 26. A notificação será feita por officio do Secretario do Senado, acompanhado da cópia do libello, e documentos; assim como do rol das testemunhas, no caso que a dita commissão as queira produzir.

Art. 27. O accusado comparecerá por si, ou seus procuradores, e advogados, ou outros quaesquer defensores por elle escolhidos, havendo communicado á commissão da accusação, vinte e quatro horas antes, o rol das testemunhas, que houver de produzir.

Art. 28. Entre a notificação, e o comparecimento do accusado mediará pelo menos o espaço de oito dias.

Art. 29. Se o accusado, estando preso, quizer comparecer pessoalmente para deduzir a sua defesa, se officiará ao Governo para o fazer conduzir com decencia, e segurança.

Art. 30. No caso de revelia, nomeará o Senado um advogado para a defesa do réo, ao qual será enviada com officio do Secretario do Senado cópia do libello, e de todas as mais peças da accusação.

Art. 31. No dia aprazado, estando presentes o accusado, seus procuradores, advogados, e defensores, ou o advogado nomeado para defender o réo á sua revelia, assim como a commissão accusadora, e feita a verificação dos Senadores presentes, declarará o Presidente o objecto da sessão; seguir-

se-hão as recusações na conformidade dos arts. 22, 23, e 24, e logo os Senadores recusados se retirarão.

Art. 32. Concluidas as recusações, e achando-se presente o numero de Senadores designado pela Constituição para haver sessão, mandará o Presidente, que se leiam o processo preparatorio, o acto da accusação, ou libello, e os artigos da defesa do réo.

Art. 33. Serão pelo Presidente interrogadas então as testemunhas offerecidas pela commissão, e depois as do accusado. As testemunhas serão juramentadas, e inquiridas publicamente, e mesmo presentes as partes; depondo porém em separado, e fóra da presença umas das outras, escrevendo-se com toda a distincção os seus ditos, os quaes lhes serão lidos antes de assignarem.

Art. 34. Qualquer membro da commissão da accusação, ou do Senado, e bem assim o accusado, seus procuradores, advogados, ou defensores poderão exigir, se façam ás testemunhas as perguntas, que julgarem necessarias, e que se notem com signaes á margem, quaesquer addições, mudanças, ou variações, que occorrerem.

Art. 35. A commissão da accusação, o accusado, seus procuradores, advogados, ou defensores poderão, no mesmo acto, em que as testemunhas depõem, contestal-as, e arguil-as, sem com tudo as interromper.

Art. 36. Poderão igualmente exigir, que algumas testemunhas sejam acareadas, e reperguntadas; que aquellas, que elles designarem, se retirom, ficando outras presentes; que se façam quaesquer outras diligencias a bem da verdade; e da mesma fórma, que sejam ouvidas algumas que chegarem já tarde, com tanto que não tenha ainda principiado a votação.

Art. 37. No fim de cada depoimento o Presidente perguntará à testemunha, se conhece bem o accusado, que está presente, ou que se defende por seu procurador; e ao accusado, ou seus procuradores, se querem dizer alguma cousa contra o que acabam de ouvir, caso elles o não tenham já feito, em virtude da faculdade permittida pelos arts. 34, e 35.

Art. 38. Haverá debate verbal entre a commissão accusadora, e o accusado, seus procuradores, advogados, e defensores: sómente porém ao accusado será permittido fazer allegação por si, seus procuradores, advogados, e defensores, por escripto; e neste caso se lhes assignará o termo de cinco dias para o fazerem, dando-se-lhes por cópia os novos documentos, e depoimentos de testemunhas, havendo-os.

Art. 39. O Presidente perguntará ao accusado, se quer dizer ainda alguma cousa mais sobre a elucidação do processo, e verdade dos factos.

Art. 40. Concluidos estes actos, se procederá á sessão secreta, onde se discutirá o objecto da accusação em commissão geral, no fim da qual perguntará o Presidente, se dão a materia por discutida, e se estão promptos para a votação.

Art. 41. Decidindo o Tribunal que sim, se tornará publica a sessão para a votação, não voltando a commissão accusadora para a sala do Senado, nem procuradores, advogados, e defensores do réo, retirando-se este para lugar, e distancia, em que não possa ouvir sua sentença.

Art. 42. Fazendo então o Presidente um relatorio resumido, indicando as provas, e fundamentos da accusação e defesa, perguntará si o réo é criminoso de ..., de que é arguido, o que se decidirá por votação symbolica. No caso de empate declarar-se-ha que o réo não é culpado.

Art. 43. Vencendo-se, que o réu é criminoso, proporá o Presidente separadamente, em que grão deve ser condemnado, se no maximo, se no médio. Não ficando o réo comprehendido em algum dos dous grãos acima especificados, entende-se que tem lugar a imposição da pena correspondente ao grão minimo.

Art. 44. A sentença será escripta no processo pelo 1.º Secretário, assignada pelo Presidente, e por todos os Sena-

dores, que foram Juizes, e copiada exactamente na acta da sessão.

Art. 45. Da sentença proferida pelo Senado não haverá recurso algum, senão o de uns unicos embargos, oppostos pelo réo, dentro no espaço de dez dias.

Art. 46. Apresentados os embargos em fórma articulada, ou como melhor convier ao réo, e lidos na Camara, serão continuados com vista á commissão accusadora com os respectivos documentos, havendo-os. A resposta será dada em dez dias; e lida igualmente na Camara, ficará o processo sobre a mesa por tres dias.

Art. 47. Findo este termo, proporá o Presidente á Camara, se recebe, e julga logo provados os embargos, para se declarar que não tem lugar a pena, ou ser o réo julgado innocente.

Art. 48. Não se vencendo a absolvição do réo, proporá o Presidente, se tem lugar a modificação da sentença, e qual ella deva ser.

Art. 49. Não se approvando qualquer das duas hypotheses propostas, consultar-se-ha o Senado, se recebe ao menos os embargos para dar lugar á prova; e decidindo-se que sim, assignar-se-ha termo razoado para a mesma prova.

Art. 50. Apresentada a prova, proporá o Presidente, se ella é bastante, e concludente; e vencendo-se que sim, consultará a Camara sobre a reforma da sentença, e absolvição do réo, ou ao menos sobre a modificação da mesma sentença, e sua pena.

Art. 51. Quando a Camara desprezar os embargos sem ter concedido espaço para prova, ou depois de ter dado lugar para ella, não a julgar sufficiente, entender-se-ha, que fica confirmada a sentença embargada.

Art. 52. Em todos os casos acima referidos lançar-se-ha no processo a sentença definitivamente proferida pelo Senado, sobre os embargos, a qual será lavrada, e assignada conforme o art. 44.

Art. 53. Se a sentença fôr absolutoria, ella produzirá immediatamente a soltura do réo, estando preso, e a sua rehabilitação para ser empregado no serviço publico, devendo ser pontualmente cumprida; mas sendo condemnatoria, será remettida ao Governo, para que tenha sua devida execução.

Art. 54. Antes da sentença definitiva, ou de qualquer outra decisão final sobre os embargos, haverá debate publico entre a commissão accusadora e o accusado, ou seus procuradores, advogados, e defensores.

Capitulo IV

Disposições geraes

Art. 55. Nos processos, em uma e outra Camara, escreverão os Officiaes-Maiores das suas Secretarias.

Art. 56. Quando forem precisas testemunhas, as Camaras as farão notificar, e as ordens para compellil-as serão mandadas executar por qualquer Magistrado, ou Juiz territorial, segundo a Lei, em conformidade do aviso, que lhe será dirigido pelo Secretario da Camara, a que pertença, sendo os Magistrados obrigados a executar as ordens, que para esse fim lhes forem dirigidas.

Art. 57. As penas pecuniarias impostas nesta Lei serão applicadas para estabelecimentos pios, e de caridade.

Art. 58. Se o Ministro e Secretario de Estado, ou o Conselheiro de Estado não tiver meios de pagar a pena pecuniaria, será esta commutada em pena de prisão na proporção de 20$000 por dia.

Art. 59. Decidindo o Senado que tem lugar a indemnização, assim se declarará a sentença, e as partes lesadas poderão demandar por ella os réos perante os Juizes do Fôro commum.

Art. 60. Quando o denunciado, ou accusado já estiver fóra do Ministerio ao tempo da denuncia, ou accusação, será igualmente ouvido pela maneira declarada nas duas secções do capi-

tulo III, marcando-se-lhe prazo razoavel para a resposta e cumprimento.

Art. 61. No caso da dissolução da Camara dos Deputados, ou de encerramento da sessão, um dos primeiros trabalhos da sessão seguinte será a continuação do processo da denuncia, ou accusação, que se tiver começado.

Mandamos portanto a todas as autoridades a quem o conhecimento e execução da referida Lei pertencer, que a cumpram e façam cumprir e guardar tão inteiramente como nella se contém. O Secretario de Estado dos Negócios do Imperio a faça imprimir, publicar, e correr. Dada no Palacio do Rio de Janeiro aos 15 dias do mez de Outubro de 1827, 6.º da Independencia e do Imperio.

IMPERADOR com rubrica e guarda.

(L. S.)

Visconde de S. Leopoldo.

Carta de lei pela qual Vossa Magestade Imperial manda executar o decreto da Assembléa Geral Legislativa, que Houve por bem sancionar, sobre a responsabilidade dos Ministros e Secretarios de Estado e dos Conselheiros de Estado, como acima se declara.

Para Vossa Magestade Imperial ver.

Albino dos Santos Pereira a fez.

Registrada a fl. 1 do livro 5.º de registro de cartas, leis, e alvarás. — Secretaria de Estado dos Negocios do Imperio em 29 de Outubro de 1827. — *João Baptista de Carvalho.*

Monsenhor Miranda.

Foi publicada esta carta de lei nesta Chancellaria-mór do Imperio do Brazil. — Rio de Janeiro em 31 de Outubro de 1827. — *Francisco Xavier Rapozo de Albuquerque.*

Registrada na Chancellaria-mór do Império do Brazil a fl. 88 do livro 1.º de cartas, leis, e alvarás. — Rio de Janeiro em 31 de Outubro de 1827. — *Demetrio José da Cruz.*

* * *

DECRETO — DE 15 DE NOVEMBRO DE 1827

Declara quem deve substituir o Promotor do Juizo dos Jurados na falta deste

Tendo resolvido a Assembléa Geral Legislativa, que o Promotor eleito para o Juizo dos Jurados, que ha de julgar dos abusos da liberdade da imprensa, no caso de falta, ou legitimo impedimento, seja substituido pelo immediato em votos, ou pelo que a sorte designar, quando haja empate: Hei por bem, sanccionando a referida resolução, que ella se observe, e tenha o seu devido cumprimento. O Visconde de S. Leopoldo, do Meu Conselho de Estado, Ministro e Secretario de Estado dos Negocios do Imperio, o tenha entendido, e faça executar com os despachos necessarios. Palacio do Rio de Janeiro em 15 de Novembro de 1827, 6.º da Independência e do Imperio.

Com a rubrica de Sua Magestade Imperial.

Visconde de S. Leopoldo.

* * *

DECRETO — DE 15 DE NOVEMBRO DE 1827

Declara que as sentenças das Juntas de Justiça que impuzerem pena de morte tem o recurso de graça

Tendo resolvido a Assembléa Geral Legislativa, que o art. 4.º da lei de 13 de Outubro do corrente anno, que manda executar as sentenças das Jun-

tas de Justiça, sem mais recurso algum excepto o da revista, não exclue o recurso de graça dirigido ao Imperador, quando a sentença impozer pena de morte, o qual sempre terá logar nos termos da lei de 11 de Setembro de 1826: Hei por bem, sanccionando a referida resolução, que ella se observe, e tenha o seu devido cumprimento.

O Conde de Lages, do Meu Conselho de Estado, Ministro e Secretario de Estado dos Negocios da Guerra, o tenha assim entendido, e faça executar com os despachos necessarios. Paço em 15 de Novembro de 1827, 6.° da Independencia e do Imperio.

Com a rubrica de Sua Magestade Imperial.

Conde de Lages.

* * *

LEI — DE 30 DE AGOSTO DE 1828

Declara os casos, em que se póde proceder á prisão por crimes, sem culpa formada

D. Pedro, por Graça de Deus, e unanime acclamação dos povos, Imperador Constitucional e Defensor Perpetuo do Brazil: Fazemos saber a todos os nossos subditos que a Assembléa Geral decretou, e Nós queremos a lei seguinte:

Art. 1.° Só poderão ser presos por crime sem culpa formada:

1.° Os que forem achados em flagrante delicto, entendendo-se presos em flagrante delicto, não só os que se apprehenderem commettendo o delicto, mas também os que se prenderem em fugida, indo em seu seguimento os Officiaes de Justiça, ou quaesquer cidadãos, que presenciassem o facto, conduzindo-os directamente á presença do Juiz.

2.° Os que forem indiciados em crimes, em que a lei impozer pena de morte natural, prisão perpetua, ou galés por toda a vida, ou temporariamente.

Art. 2.° Nos casos acima mencionados, exceptuando sómente o de flagrante delicto, não serão presos os indiciados sem ordem por escripto do Juiz competente, a qual lhe será intimada no acto da prisão, dando-se-lhes por cópia.

Art. 3.° Os que em qualquer destes casos forem recolhidos á cadêa, antes de culpa formada, serão conservados em custodia, havendo para isso commodidade, em lugar separado dos réos já pronunciados, fazendo-se os respectivos assentos em livro privativo; e só serão lançados no livro dos presos depois da pronuncia, e em virtude de ordem do Juiz competente, de que também se lhes dará cópia, se a pedirem.

Art. 4.° Aos presos antes de culpa formada se fará constar o motivo da prisão e os nomes do accusador, e das testemunhas, havendo-as, dentro de vinte e quatro horas, contadas da entrada na prisão, sendo o caso acontecido em cidades, villas, ou povoações proximas aos lugares da residencia dos Juizes.

Art. 5.° Haver-se-hão por lugares proximos á residencia todos os que se comprehenderem dentro do espaço de duas leguas.

Art. 6.° Se os delictos tiverem sido commetidos em lugares remotos, se dará aos presos a sobredita noticia dentro dos dias, que corresponderem á distancia, contando-se á razão de duas leguas por dia.

Art. 7.° Ficam revogadas todas as leis, alvarás, decretos e mais resoluções em contrario.

Mandamos portanto a todas as autoridades, a quem o conhecimento, e execução da referida Lei pertencer,

que a cumpram, e façam cumprir e guardar tão inteiramente como nella se contém. O Secretario de Estado dos Negocios da Justiça a faça imprimir, publicar e correr. Dada no Palacio do Rio de Janeiro aos 30 dias do mez de Agosto de 1828, 7.° da Independencia e do Imperio.

IMPERADOR com guarda.

L. S.

José Clemente Pereira.

Carta de Lei, pela qual Vossa Magestade Imperial Manda executar o Decreto da Assembléa Geral, que houve por bem Sanccionar sobre os casos, em que se póde proceder á prisão por crimes, sem culpa formada; tudo na fórma acima decretada.

Para Vossa Magestade Imperial ver. *Domingos Lopes da Silva Araujo* a fez.

Registrada nesta Secretaria de Estado dos Negocios da Justiça a fl. 8 do livro 1.° de leis. Rio de Janeiro em 6 de Setembro de 1828. — *João José da Motta.*

Monsenhor *Miranda.*

Foi publicada esta Carta de Lei nesta Chancellaria-mór da Côrte e Imperio do Brazil. Rio de Janeiro em 9 de Setembro de 1828. — *Francisco Xavier Rapozo de Albuquerque.*

Registrada na Chancellaria-mór do Império do Brazil a fl. 124 de cartas, leis e alvarás. Rio de Janeiro, 9 de Setembro de 1828. — *Manoel de Azevedo Marques.*

* * *

DECRETO — DE 12 DE SETEMBRO DE 1828

Regula as sessões dos Juizes de Facto para as causas da liberdade de imprensa

Hei por bem Sanccionar, e Mandar que se execute a resolução seguinte da Assembléa Geral:

Art. 1.° Os Juizes de Facto, para as causas da liberdade de imprensa, reunir-se-hão em sessões periodicas, a saber: na Côrte, de dous em dous mezes; nas capitaes das provincias, de quatro em quatro mezes; e nos mais lugares, quando fôr necessario, mas nunca com menor intervallo do que o de seis mezes.

Art. 2.° Não se farão taes reuniões, se não houverem causas a tratar, e poderá haver alguma extraordinaria reunião, se o Promotor do Juizo julgar compromettida a segurança do Estado.

Art. 3.° O dia da reunião será com a necessaria anticipação, marcada em editaes pelo Juiz de Direito, a fim de chegar ao conhecimento dos Juizes de Facto, cujos nomes serão declarados nos mesmos editaes.

Art. 4.° Ás sessões deverão comparecer todos os sessenta Juizes de Facto, e os que faltarem sem causa legalmente justificada perante o Jury, serão multados, ao juizo do mesmo Jury, de 20$000 a 40$000. Ao Jury pertence fazer logo, e no mesmo acto, a imposição desta pena, lavrando-se um termo, em livro proprio, dos que forem multados.

Art. 5.° Formado cada um dos Conselhos, de que trata a Lei da liberdade da imprensa, nos arts. 26 e 36, deverá logo, e sem intermedio, concluir o acto para que foi formado.

Art. 6.° Estas sessões periodicas durarão tantos dias, quantos forem necessarios, para a conhecimento, e decisão de todas as causas, que houverem.

Art. 7.º Nenhum emprego escusa do exercicio de Juiz de Facto, á excepção do de Senador, Deputado, Conselheiro de Estado, Ministro e Secretario de Estado, Magistrado, Presidente de provincia, e Commandante de Armas.

Art. 8.º Para substituir os Juizes de Facto, que ou morrerem, ou exercerem os empregos declarados no artigo antecedente, ou se ausentarem por tempo prolongado, e causa anteriormente participada ao Juiz de Direito, chamar-se-hão os immediatos em votos até completar-se o numero legal de sessenta: e quando se não reunam mais do que quarenta, proceder-se-ha com tudo ao sorteamento.

Art. 9.º As multas estabelecidas no art. 4.º ficam applicadas para as despezas das Camaras, e sua cobrança a cargo dos Procuradores das mesmas Camaras, que deverão requerel-as perante a autoridade ordinaria.

Art. 10. Os nomes dos multados, com as quantias das multas, serão declarados por editaes do Juiz de Direito, e o Escrivão do Jury remetterá uma cópia do termo do art. 4.º ao Procurador da Camara, a fim de proceder á cobrança, e fazel-o publicar pela imprensa, se a houver no lugar.

Art. 11. Ficam revogadas todas as disposições em contrario.

José Clemente Pereira, do Meu Conselho, Ministro e Secretario de Estado dos Negocios do Imperio, e encarregado interinamente dos da Justiça, o tenha assim entendido, e faça executar com os despachos necessarios. Palacio do Rio de Janeiro em 12 de Setembro de 1828, 7.º da Independencia e do Imperio.

Com a rubrica de Sua Magestade Imperial.

José Clemente Pereira.

* * *

LEI — DE 23 DE SETEMBRO DE 1828

Prescreve as formalidades que se devem observar nos processos criminaes, e a maneira por que devem ser instruidos e preparados os que forem julgados nas Juntas de Justiça

D. Pedro, por Graça de Deus, e unanime acclamação dos povos, Imperador Constitucional e Defensor Perpetuo do Brazil: Fazemos saber a todos os nossos subditos que a Assembléa Geral decretou, e Nós queremos a Lei seguinte:

Art. 1.º Em nenhum processo criminal, por mais summario, que seja, se proferirá sentença definitiva, ou o réo esteja preso, ou solto; sem que a parte accusadora, ou o Promotor, na falta della, apresente a accusação por escripto com especificada menção dos autos, e termos do processo, das testemunhas, e documentos, que fazem culpa; e se admitta a contestação do réo, dando-se lugar á prova della, quando fôr de receber, por apresentar materia de defesa, que, provada, releve.

Art. 2.º Os processos, para serem julgados nas Juntas Criminaes de Justiça, serão, antes da convocação das mesmas, instruidos, e preparados pelo Juiz relator, na fórma do art. 1.º; podendo os réos aggravar no auto do processo de qualquer despacho illegal; e as Juntas, pronunciando primeiramente sobre os aggravos, que acharem interpostos, passarão depois á sentença definitiva, na fórma do artigo precedente.

Art. 3.º Ficam revogadas as disposições em contrario.

Mandamos portanto a todas as autoridades, a quem o conhecimento, e

execução da referida lei pertencer, que a cumpram, e façam cumprir e guardar tão inteiramente como nella se contém. O Secretario de Estado dos Negocios da Justiça a faça imprimir, publicar e correr. Dada no Palacio do Rio de Janeiro aos 23 de Setembro de 1928, 7.° da Independencia e do Imperio.

IMPERADOR com guarda.

L. S.

José Clemente Pereira.

Carta de Lei, pela qual Vossa Magestade Imperial Manda executar o Decreto da Assembléa Geral, que houve por bem sanccionar, sobre as formalidades, que se devem observar nos processos criminaes, por mais summarios que sejam; e a maneira por que deverão ser instruidos, e preparados os que forem julgados nas Juntas de Justiça; tudo na fórma acima declarada.

Para Vossa Magestade Imperial ver.

Vicente Ferreira de Castro e Silva a fez.

Registrada na Secretaria de Estado dos Negocios da Justiça a fl. 19 do L. 1.° de leis. Rio de Janeiro, 9 de Outubro de 1828. — *João José da Motta.*

Monsenhor *Miranda.*

Foi publicada esta Carta de Lei na Chancellaria-mór do Imperio do Brazil. Rio de Janeiro, 14 de Outubro de 1828. — *Francisco Xavier Rapozo de Albuquerque.*

Registrada na Chancellaria-mór do Imperio do Brasil a fl. 141 do L. 1.° de cartas, leis e alvarás. Rio de Janeiro em 14 de Outubro de 1828. — *Manuel de Azevedo Marques.*

* * *

DECISÕES DO GOVERNO

N. 148 — JUSTIÇA — EM 6 DE OUTUBRO DE 1828

Declara que não se póde mais conhecer de crimes incertos, por meio de devassa.

Foi presente a Sua Magestade o Imperador o officio de Vm. de 28 de Junho passado em que depois de dar parte de ter aberto no dia 21 de Maio correição e devassa por estar persuadido que a Lei de 12 de Novembro de 1821 mandada observar pela de 20 de Outubro de 1823 não abolira semelhan tes devassas, queixa-se que o Juiz de Fóra pela lei receioso de que Vm. perguntaria pela soltura por elle ordenada de dous presos de crimes de furto e armas defesas, o havia denunciado ao Conselho do Governo, accusando-o de crimes que não commettêra; e o mesmo Augusto Senhor Houve por bem ordenar-me que, recommendando a Vm. a leitura com reflexão da sobredita Lei de 12 de Novembro de 1821 porque nella achára decidida a duvida em que está o estranhasse por pretender, á vista de legislação tão clara, conhecer ainda por devassa de crimes incertos, procedimento de que Vm. se deverá abster porque não podendo ser baseado em ignorancia parece filho de motivos particulares, e contrarios a lei que Vm. deve cumprir, procurando desempenhar o seu lugar sem intrometter-se em questões e rixas particulares alheias do seu cargo e oppostas ao bem publico. O que Sua Magestade Imperial lhe ha por muito recommendado.

Deus Guarde a Vm. — Palacio do Rio de Janeiro em 6 de Outubro de 1828. — *José Bernardino Baptista Pereira.* — Sr. Ouvidor interino da comarca de Santa Catharina.

LEI — DE 22 DE SETEMBRO DE 1829

Estabelece a fórma que se deverá observar nos processos dos réos pronunciados que se esconderem, ou se ausentarem

Dom Pedro por Graça de Deus, e Unanime Acclamação dos Povos, Imperador Constitucional, e Defensor Perpetuo do Brazil: Fazemos saber a todos os Nossos subditos, que a Assembléa Geral Decretou, e Nós queremos a Lei seguinte:

Art. 1.° O réo pronunciado, que se esconder ou ausentar-se, deverá ser chamado a Juizo pelo modo que determina a lei.

Art. 2.° Nos crimes cujas penas forem morte natural, trabalhos publicos, prisão, e degredo, deixando o réo de apparecer no prazo que lhe fôr assignado, não será processado, e sentenciado pelo crime, de que fôr pronunciado. Póde comtudo ter lugar a acção civil proveniente do crime, procedendo-se nesta acção como nas outras civeis.

Art. 3.° No caso do artigo antecedente, o Juiz sem proceder a actos ulteriores, fará pôr em bôa guarda o processo principiado com todos os papeis, e documentos da pronuncia, para ter lugar o proseguimento da causa, quando o réo se apresentar em Juizo, ou se verificar a prisão, que deve diligenciar-se.

Art. 4.° Á excepção dos crimes de que trata o art. 2.°, proceder-se-ha em todos os outros nos termos ulteriores até sentença definitiva á revelia do réo, ou com o seu procurador, salvo se apresentar, e provar, por parente ou amigo, escusa legitima para não comparecer. A todo o tempo porém que o réo comparecer, será admittido a embargar a sentença, que o condemnou.

Art. 5.° Se a escusa fôr julgada procedente, se lhe assignará novo termo sufficiente, improrogavel, para que possa comparecer, findo o qual se proseguirá.

Art. 6.° Em nenhum caso a contumacia de um, ou mais réos suspenderá, ou retardará o processo dos coréos presentes, nem aos contumazes aproveitará a prescripção.

Art. 7.° Ficam revogadas as disposições da Ordenação, e quaesquer outras leis, ou resoluções em contrario.

Mandamos portanto a todas as autoridades, a quem o conhecimento, e execução da referida Lei pertencer, que a cumpram, e façam cumprir, e guardar tão inteiramente, como nella se contém. O Secretario de Estado dos Negocios da Justiça a faça cumprir, publicar, e correr. Dada no Palacio do Rio de Janeiro, aos vinte e dous dias do mez de Setembro de mil oitocentos vinte e nove, oitavo da Independencia e do Imperio.

IMPERADOR com guarda.

Lucio Soares Teixeira de Gouvêa.

Carta de Lei, pela qual Vossa Magestade Imperial Manda executar o Decreto da Assembléa Geral, que Houve por bem Sanccionar, sobre a fórma que se deverá observar nos processos dos réos pronunciados, que se esconderem ou se ausentarem, na fórma acima declarada.

Para Vossa Magestade Imperial ver.

Antonio Alves de Miranda Varejão, a fez.

Registrada a fls. 22 v. do Livro 1.° de Leis. Secretaria de Estado dos Negocios da Justiça, em 25 de Setembro de 1829. — *João Caetano de Almeida França.*

João Antonio Rodrigues de Carvalho.

Foi publicada esta Carta de Lei, nesta Chancellaria-mór do Imperio do Brazil. — Rio de Janeiro, em 1.° de Outubro de 1829. — *Francisco Xavier Rapozo de Albuquerque.*

Registrada na Chancellaria-mór do Imperio a fl. 189 do Livro 1.° de Cartas, Leis, e Alvarás. — Rio de Janeiro, 1.° de Outubro de 1829. — *Manoel de Azevedo Marques.*

LEI — DE 20 DE SETEMBRO DE 1830

Sobre o abuso da liberdade da imprensa

D. Pedro, por Graça de Deus, e Unanime Acclamação dos Povos, Imperador Constitucional, e Defensor Perpetuo do Brazil. Fazemos saber a todos os Nossos subditos, que a Assembléa Geral Decretou, e Nós Queremos a Lei seguinte:

Titulo I

Dos abusos da liberdade de exprimir os pensamentos por impressos, por palavras, e manuscriptos e das suas penas.

Art. 1.° Todos podem communicar os seus pensamentos, por palavras, escriptos, e publical-os pela imprensa sem dependencia de censura, com tanto que hajam de responder pelos abusos, que commetterem em exercicio deste direito, nos casos e pela fórma que esta Lei prescreve. Constituição art. 179 § 4.°.

Art. 2.° Abusam do direito de communicar os seus pensamentos os que por impresso de qualquer natureza que seja emittirem:

1.° Ataques dirigidos a destruir o Systema Monarchico Representativo, abraçado e jurado pela Nação e seu Chefe.

Os responsaveis incorrem na pena de prisão de tres a nove annos, e na pecuniaria de um a tres contos de réis.

2.° Provocações dirigidas a excitar rebellião contra a Pessoa do Imperador, e seus direitos ao Throno.

Os responsaveis incorrem na pena do § 1.°.

3.° Provocações dirigidas a se desobedecer ás Leis, e ás autoridades constituidas.

Os responsaveis incorrem na pena de prisão de dous a seis annos, e na pecuniaria de oitocentos mil réis, a dous contos e quatrocentos mil réis.

4.° Doutrinas dirigidas a destruir as verdades fundamentais da existencia de Deus, e da immortalidade da Alma, e a espalhar blasphemias contra Deus.

Os responsaveis incorrem nas mesmas penas do paragrapho antecedente.

5.° Calumnias, injurias, e zombarias contra a Religião do Imperio, assim pelo que pertence aos seus Dogmas como ao seu culto. Evidente offensa da Moral Publica.

Os responsaveis incorrem, pelo que pertence aos Dogmas, nas mesmas penas do § 3.° e pelo que pertence ao Culto, e á Moral, na pena de prisão de seis mezes a um anno, e na pecuniaria de cincoenta a cento e cincoenta mil réis.

6.° Calumnias, injurias, e zombarias aos differentes cultos estrangeiros, estabelecidos no paiz, com permissão e garantia da Constituição.

Os responsaveis incorrem na pena de prisão de tres a nove mezes, e na pecuniaria de trinta a noventa mil réis.

7.° Imputações offensivas, e injurias expressas, ou por allegorias ao Imperador, á sua Augusta Esposa, ou ao Principe Herdeiro.

Os responsaveis incorrem pelo que pertence ao Imperador nas mesmas penas do § 2.°, e pelo que pertence á Imperatriz e ao Principe Herdeiro na pena de prisão de um a tres annos, e na de pecuniaria de trezentos mil a novecentos mil réis. As injurias feitas a todos ou a cada um dos Agentes do Poder Executivo, não se entendem directa nem indirectamente feitas ao Imperador.

8.° Injurias á Regencia, ou ao Regente.

Os responsaveis incorrem na pena de um a tres annos de prisão, e na pecuniaria de trezentos mil a novecentos mil réis.

9.º Injurias contra as Pessoas da Familia Imperial.

Os responsaveis incorrem na pena de prisão de seis a dezoito mezes, e na pecuniaria de cento e cincoenta mil a quatrocentos e cincoenta mil réis.

10. Injurias á Assembléa Geral Legislativa, a cada uma das Camaras, ou a cada um dos seus membros, pelas opiniões que emittirem no exercicio de suas funcções.

Os responsaveis quanto á Assembléa Geral, ou a cada uma das Camaras incorrem na pena de prisão de um a tres annos, e na pecuniaria de trezentos mil a novecentos mil réis, e quanto a cada um de seus membros, na de seis a dezoito mezes de prisão, e duzentos mil a seiscentos mil réis.

11. Injurias, contendo imputações de crimes publicos, em que ha lugar a acção popular, ou procedimento official de justiça, contra corporações, e quaesquer empregados, que exerçam autoridade publica ou contra quaesquer pessoas.

Os responsaveis são admittidos a provar taes imputações, para serem relevados; aliás incorrem, pelas injurias contra corporações, na pena de prisão de seis a dezoito mezes, e na pecuniaria de duzentos a seiscentos mil réis; contra os empregados publicos, na pena de prisão de quatro mezes a um anno, e na pecuniaria de cem a trezentos mil réis; contra quaesquer pessoas, na de prisão de um a tres mezes, e na pecuniaria de quarenta a cento e vinte mil réis.

12. Injurias a corporações, ou a empregados publicos, imputando-se-lhes infracções de Leis no desempenho de seus officios, ou abusos de autoridade, não sendo taes infracções e abusos da natureza daquelles em que tem lugar acção popular, ou procedimento official de justiça.

Os responsaveis são admittidos a provar, e não o fazendo incorrem, quanto ás corporações na pena de prisão de dous a seis mezes, e na pecuniaria de quarenta a cento e vinte mil réis; emquanto aos demais empregados publicos, na de prisão de um a tres mezes, e na pecuniaria de trinta a noventa mil réis.

13. Injurias contendo factos da vida privada, ou expressões affrontosas, dirigidas a deprimir a fama, ou credito do cidadão, seja ou não empregado publico.

Os responsáveis não são admittidos a provar e incorrem na pena de prisão de um a tres mezes, e na pecuniaria de vinte a duzentos mil réis.

Art. 3.º Não são criminosos, e por isso não dão lugar a formação de processos, e imposição de penas:

1.º As analyses razoaveis dos principios e usos religiosos.

2.º As analyses razoaveis da Constituição, não se atacando as suas bases fundamentaes, e das Leis existentes, sem provocar desobediencia a ellas; as censuras dos actos do Governo, e da Administração Publica sem se atacar a sua autoridade legal; e as allegações em juizo, não sendo estranhas ao processo, e sendo feitas todas as ditas analyses, censuras e allegações, posto que vigorosas em substancia, em termos decentes e comedidos.

Art. 4.º Tambem abusam os que publicarem gravuras sediciosas, diffamatorias e immoraes, dirigidas a algum dos fins expressados nos arts. 1.º e 2.º.

Os responsaveis incorrem na metade das penas, que em taes casos se imporiam aos que abusarem por escriptos impressos.

Art. 5.º Nos mesmos casos, em que por esta Lei são puniveis os abusos da liberdade da imprensa, são igualmente puniveis os abusos das palavras, e dos escriptos não impressos, mas nos abusos de palavras, em que tem lugar a accusação por officio publico, é necessario que se prove evidentemente que as palavras foram proferidas em altas vozes, em publicas reuniões, com manifesto animo de provocar ou de injuriar.

Os responsaveis incorrem nas mesmas penas do artigo antecedente.

Art. 6.º Todo o escripto será lido e interpretado para o julgamento, conforme as leis da boa hermeneutica, e jámais será julgado meramente por phrases isoladas e deslocadas.

Titulo II

Dos responsaveis

Art. 7.º É responsavel pelos abusos de qualquer impresso ou gravura:

1.º O impressor; o qual ficará isento de responsabilidade, mostrando por escripto obrigação de responsabilidade do editor, sendo este pessoa conhecida, residente no Brazil que esteja no gozo dos direitos politicos, salvo quando escrever em causa propria.

2.º O editor, que se obrigou; o qual ficará isento da responsabilidade mostrando obrigação, pela qual o autor se responsabilise, tendo este as mesmas qualidades exigidas no editor para escusar o impressor.

3.º O autor, que se obrigou.

4.º O vendedor, e o que fizer distribuir os impressos, ou gravuras, quando não constar quem é o impressor.

Art. 8.º Nenhum impressor poderá imprimir, ou publicar qualquer escripto, sem que nelle designe em dous differentes lugares, e de maneira que não possa cortar-se, a denominação da typographia, lugar e anno, em que é impresso.

O responsavel incorre na pena de cincoenta mil réis, e na perda dos exemplares.

Art. 9.º Todo aquelle impressor, que imprimir, ou publicar qualquer escripto incurso em algum dos artigos desta Lei, debaixo de nome de pessoa, que se não obrigára a responder, na fórma do art. 1.º deste titulo, pagará a multa de cem mil réis, além das penas, em que incorrer pelo abuso do escripto.

Art. 10. Na mesma pena incorre o impressor convencido de haver falsamente designado a typographia, e lugar da impressão do escripto na fórma do art. 9.º.

Art. 11. Todos os que imprimirem, ou publicarem, ou venderem escriptos, ou gravuras já condemnadas por abusos considerados taes por esta Lei, incorrem nas penas impostas aos primeiros réos.

Art. 12. Não são responsaveis os que imprimirem, ou de qualquer modo fizerem circular as opiniões, e os discursos enunciados pelos Senadores ou Deputados, no exercicio de suas funcções, com tanto que não sejam alteradas essencialmente na substancia ou fórma.

Art. 13. São responsaveis pelos abusos de escriptos não impressos o autor, se se provar que circularam com o seu consentimento, como qualquer outro que os communicar.

Titulo III

Da eleição dos jurados, e promotores do Jury

Art. 14. Em cada uma das cidades e villas haverá um Conselho de Jurados, eleito pela maneira seguinte:

Art. 15. As Camaras Municipaes, depois de tomarem posse, convocarão os Eleitores da Municipalidade, e juntos os Vereadores com os Eleitores, elegerão nas capitaes das provincias, sessenta homens, e nas outras cidades e villas, trinta e nove, para Jurados, com as mesmas formalidades, com que se elegem os Deputados á Assembléa Geral Legislativa. Na mesma occasião, e pela mesma fórma, se elegerá um Promotor, para cada um dos ditos Conselhos.

Art. 16. São elegíveis todos os que podem ser Eleitores á excepção dos Senadores, Deputados, Conselheiros de Estado, Ministros de Estado, Bispos, Magistrados, Juizes Ecclesiasticos, Vigarios, Presidentes, e Secretarios das provincias, Commandantes das Armas, e Commandantes dos corpos de 1.ª e 2.ª linha.

Os Promotores devem ser formados em Direito, ou Advogados de profissão,

e onde absolutamente os não houverem eleger-se-ha quem parecer mais apto para isso, e poderão ser reconduzidos consentindo elles.

Art. 17. Feitas as eleições, extrahir-se-ha uma lista authentica de todos que tiveram votos tanto para Jurados, como para Promotores, e por ordem do Presidente da Camara respectiva, far-se-hão as cedulas, que precisas forem, com os nomes dos que devem servir na conformidade do art. 15, as quaes se recolherão em uma urna, que ficará guardada com a lista total dos votados no archivo da Camara.

Art. 18. O mesmo Presidente da Camara mandará affixar nos lugares publicos e do costume, e publicar por via dos jornaes, havendo-os, a relação de todos os que tiveram votos.

Art. 19. Os eleitos entrarão logo em exercicio, e servirão até serem outros nomeados; e só poderão escusar-se sendo maiores de setenta annos, ou tendo impedimento physico ou moral, reconhecido pelo mesmo Conselho de Jurados.

Titulo IV

Do Jury de accusação

Art. 20. No dia designado para a formação do Jury de accusação, achando-se presentes, no lugar que fôr determinado o Juiz de Direito, com o Escrivão, os Jurados, o Promotor, e a parte accusadora, havendo-a, fará o Juiz de Direito abrir a urna, e verificar publicamente que nella se acham todas as cedulas, e fazendo-as recolher outra vez, mandará extrahir por um menino doze cedulas, se o Jury fôr nas capitaes das provincias, e dez nos outros lugares.

As pessoas nellas designadas formarão o Jury, que será presidido pelo primeiro, que tiver sahido á sorte.

Art. 21. O Juiz de Direito lhes defirirá juramento pela fórma, que abaixo se transcreve, e ouvindo ao Promotor, e á parte accusadora, havendo-a, e ao denunciado, querendo, com as testemunhas, e provas, que apresentarem, entregará os autos da denuncia ao Presidente do Jury; e retirando-se immediatamente os Juizes de Facto a outra sala sós, e a portas fechadas, conferenciarão sobre o objecto em questão, o que pela maioria absoluta fôr accordado será escripto por um delles, e assignado por todos.

Voltando os ditos Juizes de Facto á primeira sala, dirá o seu Presidente em voz alta — O Jury achou, ou não achou, materia para accusação.

Art. 22. Quando a decisão fôr negativa, o Juiz de Direito por sua sentença lançada aos autos julgará de nenhum effeito a denuncia.

Art. 23. Se a decisão fôr affirmativa, a sentença declarará que ha lugar a formar-se accusação, e ordenará nos casos do art. 2.° §§ 1.° e 2.°, que o responsavel seja posto em custodia, e que se sequestrem (qualquer que seja o objecto da denuncia) os impressos, escriptos, ou gravuras denunciadas.

Formula do juramento

Juro pronunciar bem, e sinceramente nesta causa, haver-me com franqueza e verdade, só tendo diante de meus olhos Deus, e a Lei, e proferir o meu voto segundo a minha consciencia.

Titulo V

Do Jury de Julgação

Art. 24. Apresentado o processo accusatorio ao Juiz de Direito, este mandará notificar o accusado, para que, por si ou por seu procurador, ou conjunctamente, compareça no lugar determinado para o segundo Jury.

Art. 25. Esta notificação, que será feita tres dias pelo menos antes da reunião, irá acompanhada da cópia do libello, e dos documentos, e do rol das testemunhas.

Art. 26. No dia aprazado, o Juiz de Direito, achando-se reunido o Conselho, e presentes o Promotor, e a parte accusadora, havendo-a, o accusado, e os Advogados, que por qualquer das partes se apresentarem, mandará pro-

ceder á sorteação na fórma do art. 20, e os que sahirem á sorte, não tendo impedimento legal, formarão o Jury de julgação, que será presidido como o de accusação.

Art. 27. O Juiz de Direito depois de deferir aos Juizes de Facto juramento pela fórmula acima transcripta, fará ao accusado as perguntas, que julgar convenientes.

Art. 28. Findo o interrogatorio, mandará ler pelo Escrivão a accusação, a defeza, e todas as peças comprobatorias, podendo essa leitura ser feita por qualquer das partes, se a quizer fazer.

Art. 29. Consecutivamente o mesmo Juiz de Direito inquirirá as testemunhas, que alli forem apresentadas, tendo-lhes primeiro deferido o juramento do costume.

Art. 30. Tanto o autor como o réo, e seus Advogados, podem fazer ás testemunhas as perguntas, que julgarem necessarias, e se terminará este acto com a sustentação de direito por uma, e outra parte.

Art. 31. No periodo das discussões tomarão os Juizes de Facto as notas, que lhes parecer, rompendo-as logo que lhes não forem precisas.

Art. 32. Achando-se a causa em estado de ser decidida, o Juiz de Direito, resumindo com a maior clareza possivel toda a materia da accusação, e da defeza, e as razões expendidas pró, e contra, proporá por escripto ao Jury as seguintes questões.

1.º Se no impresso (ou naquillo que fizer o objecto da denuncia) houve abuso?

2.º Se o accusado é criminoso?

3.º Se está comprehendido no artigo da Lei em que foi denunciado, ou em outro, e em qual?

4.º Em que gráo de pena tem incorrido?

5.º Se houve reincidencia (se disso se tratar).

6.º Se ha lugar á indemnisação?

Art. 33. Retirando-se os Juizes de Facto a outra sala, conferenciarão sós, e a portas fechadas, sobre cada uma das questões propostas, e o que fôr julgado pela maioria absoluta, será escripto, assignado, e publicado, como no Jury de accusação. Decidida a primeira questão negativamente, não se tratará mais das outras.

Art. 34. Se a decisão fôr negativa, o Juiz de Direito, por sua sentença nos autos, absolverá o accusado, ordenando a sua soltura immediatamente (no caso que elle tenha sido posto em custodia), e o levantamento do sequestro.

Art. 35. Se a decisão fôr affirmativa, a sentença condemnará o réo na pena correspondente, ordenando a suppressão das peças denunciadas.

Art. 36. Se fôr affirmativa só quanto ao abuso, mas negativa quanto a ser criminoso o accusado, o Juiz de Direito o absolverá, e o mandará immediatamente soltar (se tiver sido posto em custodia) mas ordenará a suppressão das peças denunciadas.

Titulo VI

Disposições geraes

Art. 37. Os Juizes de Direito para as causas, de que trata a presente Lei, serão os Juizes Territoriaes com jurisdicção criminal; e havendo mais de um, servirão alternativamente por sessões, substituindo-se uns aos outros, no caso de necessidade.

Art. 38. Para substituir os Jurados, e Promotores, que morrerem, ou se ausentarem, por tempo prolongado (o que com a necessaria anticipação será participado ao Juiz de Direito) chamar-se-hão os immediatos em votos.

Art. 39. As reuniões serão em sessões periodicas de dous em dous mezes, na Côrte; de quatro em quatro, nas capitaes das Provincias; e de seis em seis nos outros lugares, e nellas se dicidirão todos os processos, que estiverem competentemente preparados, sem que fique arbitrio de se reservarem para as seguintes reuniões, preferindo sempre nos julgamentos os pro-

cessos dos réos, que estiverem em custodia, e entre elles aquelle, cuja pronuncia, ou decreto de accusação, fôr anterior.

Art. 40. Os dias, em que ellas devem principiar, serão com a necessaria anticipação marcados em editaes pelos Juizes de Direito, com individuação dos Jurados, que devem comparecer.

Não se fará porém convocação, se não houver que tratar.

Art. 41. Se sobrevier algum caso extraordinario, que ao Promotor pareça que, por se não tratar immediatamente, póde ser compromettida a segurança publica, o Juiz de Direito fará convocação extraordinaria.

Art. 42. No caso, que se não reunam todos os Jurados (ou a sessão seja ordinaria, ou extraordinaria), proceder-se-ha todavia á formação do Jury, se dous terços da totalidade dos Jurados se acharem presentes.

Art. 43. Os Jurados, que faltarem ás sessões ordinarias, ou extraordinarias, ou que, tendo comparecido, se ausentarem antes de ultimadas todas as causas, serão multados, segundo o juizo, do Jury, e pela maioria absoluta de votos, de vinte a quarenta mil réis, salvo se tiverem justa causa, provada perante o mesmo Jury.

A este pertence fazer naquelle mesmo acto a imposição da pena, lançando-a por termo em um livro para isso destinado.

Art. 44. Não havendo possibilidade de se formar Jury, o Juiz de Direito multará na fórma do artigo antecedente, todos os que tiverem faltado, sem justa causa, perante elle, naquelle mesmo acto, apresentada.

Art. 45. Entrando-se no sorteamento para formação do Jury, e á medida que o nome de cada um Juiz de Facto for sendo lido pelo Juiz de Direito, farão o accusado, e accusador suas recusações sem as motivarem.

O accusado poderá recusar tantos, quantos na conformidade do art. 20 são necessarios para formar Jury: o accusador, depois delle, poderá recusar metade desse numero, e se preencherá o numero com outros tirados á sorte.

Art. 46. Se os accusadores forem dous, ou mais poderão combinar suas recusações, mas, não combinando, recusará cada um a parte, que lhe tocar, proporcionalmente. Se algum delles não quizer recusar, reverterá isto em beneficio dos outros.

Art. 47. São inhibidos de servir no mesmo Jury ascendentes, e seus descedentes; sogro, e genro; irmãos, e cunhados, durante o cunhadio.

Destes o primeiro, que tiver sahido á sorte, é que deve ficar, não sendo impedido.

Art. 48. Os Promotores devem officiar, como accusadores publicos, nos casos do art. 2.º § 1.º até 10 inclusive.

Nos mais casos só a parte offendida será admitida a accusar.

Art. 49. Não proseguirá porém a accusação no Jury de julgação nos casos do § 10 do art. 2.º sem expressa autorização da Camara Legislativa, contra a qual tiver sido dirigida a offensa, ou de qualquer dellas, quando a offensa fôr contra a Assembléa Geral.

Art. 50. Qualquer cidadão póde representar ao Promotor para este officiar nos casos, em que o deve fazer, para o que lhe subministrará o impresso, escripto, ou gravura, que denunciar, e se o abuso tiver sido por palavras, lh'o communicará por escripto circumstanciadamente e com declaração do tempo, do lugar, e das testemunhas presenciaes ao acto denunciado.

Art. 51. Se o Promotor se recusar a esta requisição, promoverá a accusação o seu substituto (e assim em diante), e se procederá contra aquelle do mesmo modo, que se procede contra os que prevaricam em seus officios.

Art. 52. Na petição de denuncia de qualquer impresso, ou escripto, se articulará, e se qualificará indispensavelmente a provocação, injuria, ou qualquer outro facto diffamatorio, ou offensivo, que der motivo á queixa.

Art. 53. Em todo o caso, em que o abuso tiver sido por palavras, formar-se-ha perante o Juiz de Paz, e á requisição do Promotor, ainda sem denuncia, ou da parte offendida um processo verbal preparatorio, que será entregue á parte interessada para intentar sua acção.

Art. 54. Os impressores ficam obrigados a mandar ao Promotor do Jury, onde estiver a imprensa, um exemplar de todas as obras, que imprimirem, sob pena do duplo do valor do impresso.

Art. 55. Participando o Promotor por escripto ao Juiz de Direito, que o impressor faltou a essa obrigação, procederá o Juiz de Direito ex-officio, mandando autuar a participação, e sem mais formalidades que a audiencia do impressor, lhe imporá a pena, ou lh'a relevará, como justo fôr.

Art. 56. Nenhum privilegio isenta a pessoa alguma (excepto aquellas que têm seus Juizes privativos, expressamente designados na Constituição) de ser julgada pelo Jury do seu domicilio, ou do lugar do delicto, se ahi fôr achada.

Art. 57. Quando no Jury de accusação, onde em todo o caso a acção deve ser intentada, se decidir que ha materia para accusação, e a responsabilidade recahir sobre pessoa, que tenha seus Juizes privativos pela Constituição, serão remettidos os autos ex-officio pelo Juiz de Direito ao Tribunal competente.

Art. 58. Em todos os outros casos, em que no Jury de accusação se declarar que ha materia para accusação, e tiver sido parte o Promotor, serão remettidos os autos ex-officio para o Juizo competente; e quando a accusação fôr particular, se entregarão á parte offendida.

Art. 59. Todas as questões incidentes, de que dependerem as deliberações finaes em um, ou em outro Jury, serão decididas pelos Juizes de Facto, ou pelo Juiz de Direito, segundo a materia pertencer á uma ou outra classificação, conferindo entre si no caso de duvida.

Art. 60. Na occasião do debate, mas sem interromper á quem estiver fallando, e antes que as questões do art. 32 sejam propostas, poderá qualquer Juiz de Facto fazer as observações, que julgar convenientes; fazer interrogar de novo alguma testemunha; e pedir que o Jury vote sobre qualquer ponto particular, que julgar de importancia.

Art. 61. Quando forem dous, ou mais os réos, o Juiz de Direito proporá ao Jury sobre cada um delles em particular as questões do art. 32.

Art. 62. Tambem separará as questões, quando os pontos da accusação forem diversos.

Art. 63. Nos delictos, em que esta Lei impõe uma pena indeterminada, fixando sómente o maximo, e minimo, consideram-se tres gráos: 1.º o da maior gravidade: 3.º o da menor: 2.º o medio.

Art. 64. Ao primeiro gráo se applicará o maximo das penas; ao terceiro o minimo, e ao segundo o medio entre este, e aquelle.

Art. 65. Nas reincidencias accrescerá metade das penas.

Art. 66. A acção pública, pelos crimes, de que trata esta lei, precreve em um anno, contado do dia, em que se fez publico o abuso, que daria lugar á denuncia.

Art. 67. A acção particular prescreve em tres annos, ainda quando tenha havido qualquer acto, que pareça interromper a prescripção.

Art. 68. É nulla toda a sentença proferida por outro Tribunal, ou Juizes, que não forem os do Jury competente, e nunca produzirá effeito algum, nem mesmo para servir de fundamento á nova acção no Juizo, a que competeria.

Art. 69. Dos despachos do Juiz de Direito a organisação do processo, e quaesquer diligencias precisas, não haverá aggravo de petição ou instrumento.

Art. 70. Das sentenças proferidas por meio do Jury não haverá outro re-

curso senão o de appelação para a Relação do Districto, quando não tiverem sido guardadas as formulas prescriptas nesta lei, ou em qualquer outra, em que esteja imposta pena de nullidade, ou quando o Juiz de Direito se não conformar com a decisão dos Juizes de Facto, ou não impozer a pena decretada na lei.

Art. 71. Julgando-se na Relação procedente o recurso por se não terem guardado as formulas prescriptas, formar-se-ha novo processo na subsequente sessão com outros Jurados; remettendo-se para este fim os autos ex-officio ao Juiz de Direito, quando a accusação tiver sido por officio do Promotor, e entregando-se á parte vencedora, quando fôr particular.

No caso de imposição de pena, que não fôr a decretada, a Relação, reformando a sentença, imporá a que fôr correspondente ao delicto.

Art. 72. Havendo impossibilidade de renovar-se o processo perante o Jury do mesmo lugar, em que se proferio a sentença, de que se appellou, formar-se-ha no do lugar mais vizinho, ou em outro, em que ambas as partes convenham.

Art. 73. Das decisões da Relação poder-se-ha recorrer por meio de revista para o Tribunal competente.

Art. 74. Todos os que decairem da acção, em qualquer instancia que fôr, serão condemnados nas custas, excepto o Promotor, e neste caso se pagarão as custas pelo cofre da Municipalidade.

E quando se decidir que houve abuso no facto, que se denunciou, mas que o accusado não é criminoso, por não ser elle o autor do abuso, ou por lhe assistir algumas das excepções que o livram da imputação, o accusador pagará as custas.

Art. 75. As multas, tanto por falta de comparecimento para formação do Jury, como em razão de sentença pelo delicto, ficam applicadas para as despezas das Camaras, e a sua cobrança a cargo dos Procuradores das mesmas, que deverão requerel-a perante a autoridade ordinaria.

Art. 76. Os nomes dos multados, assim como as quantias das multas serão declaradas em editaes do Juiz de Direito, remettendo o Escrivão que fôr do processo uma cópia do termo, ou da sentença condemnatoria ao Procurador da Camara, a que pertencer, para proceder á cobrança e, fazel-o publicar pela imprensa, se a houver no lugar. Igual publicação se fará dos nomes dos Jurados que mais assiduos forem em assistir ás sessões.

Art. 77. Os Presidentes das Camaras Municipaes providenciarão sobre todas as cousas precisas a requisição do Juiz de Direito.

Art. 78. As sessões do Jury serão todas publicas, excepto quando houver votação, mas ninguem assistirá a ellas com armas, de qualquer natureza que forem, sob pena de ser preso como em flagrante, e processado na fórma da Lei.

Art. 79. Os Jurados podem em qualquer estado das suas deliberações, mudar de Presidente, se assim convierem entre si.

Art. 80. Na prestação dos juramentos basta que o primeiro, que o der, leia a formula, dizendo depois cada um dos outros — assim o juro.

Art. 81. As testemunhas deporão separadamente, menos quando fôr mister confrontal-as.

Art. 82. Os Juizes de Facto, que o forem no Jury de accusação, não entrarão no de julgação.

Art. 83. Nas cidades, e villas, onde não ha Jurados, eleger-se-hão desde logo que esta Lei fôr publicada, e servirão até nova eleição, na fórma do art. 19.

Art. 84. A liquidação de perdas e damnos, quando se julgar que tem lugar, será feita por arbitros.

Art. 85. No caso de impossibilidade do pagamento das multas, serão commutadas na terça parte mais da pena de prisão comminada nos respectivos artigos.

Art. 86. O Promotor terá por cada acção, que intentar, em que o Jury não achar materia para accusação, o honorario de quatro mil reis; e por

aquellas, em que tiver lugar a accusação, e elle levar ao fim, o honorario de doze mil reis.

Art. 87. Ficam abrogadas todas as Leis, Alvarás, Decretos, e mais resoluções em contrario.

Mandamos portanto a todas as autoridades, a quem o conhecimento, e execução da referida Lei pertencer, que a cumpram, e façam cumprir, e guardar tão inteiramente como nella se contém. O Secretario de Estado dos Negocios da Justiça a faça imprimir, publicar e correr. Dada no Palacio do Rio de Janeiro aos vinte dias do mez de Setembro de mil oitocentos e trinta, nono da Independencia e do Imperio.

Imperador com guarda.

Visconde de Alcantara.

Carta de Lei, pela qual Vossa Magestade Imperial Manda executar o Decreto da Assembléa Geral, que Houve por bem Sanccionar, sobre os abusos da Liberdade da Imprensa na fórma acima declarada.

Para Vossa Magestade Imperial ver.

Domingos Lopes da Silva Araujo a fez.

Registrada a fl. 271 do Liv. 1.º do registro de Leis. Secretaria de Estado dos Negocios da Justiça, 24 de Setembro de 1830. — *João Caetano de Almeida França.*

Antonio José de Carvalho Chaves.

Foi publicada esta Carta de Lei nesta Chancellaria-mór da Corte e Imperio do Brazil aos 28 do mez de Setembro de 1830. — *Francisco Xavier Raposo de Albuquerque.*

Registrada a fl. 8 do L. 2.º do registro de Leis. Chancellaria-mór do Imperio, 30 de Setembro de 1830. — *Manoel de Azevedo Marques.*

* * *

LEI — DE 6 DE JUNHO DE 1831

Dá providencias para a prompta administração da Justiça e punição dos criminosos

A Regencia Provisoria, em Nome do Imperador o Senhor D. Pedro II: Faz saber a todos os Subditos do Imperio, que a Assembléa Geral Decretou, e ella Sanccionou a Lei seguinte:

Art. 1.º Os comprehendidos no art. 285 do Codigo Criminal serão punidos com tres a nove mezes de prisão.

Art. 2.º É prohibido todo o ajuntamento nocturno de cinco ou mais pessoas nas ruas, praças, e estradas, sem algum fim justo, e reconhecido, debalxo de pena de um a tres mezes de prisão.

Art. 3.º Toda a pessoa, que por alguma circumstancia se tornar suspeita, quer de dia, quer de noite, será observada pelas rondas, e Officiaes de Justiças, para se conhecer se traz armas, e tendo-as, será conduzida á Autoridade competente para proceder na fórma da Lei.

Art. 4.º Aos presos em flagrante nos crimes policiaes não se concederá fiança.

Art. 5.º Aos Juizes de Paz fica competindo, ex-officio, a punição de todos os crimes de Policia da mesma sorte, que já procedem ácerca dos delictos contra as Posturas Municipaes.

Art. 6.º Os Juizes de Paz terão autoridade cumulativa em todo o municipio, sobre os crimes policiaes: nomearão nos seus districtos os Delegados, que julgarem necessarios com a autoridade, que lhes confiarem, declarando essa autoridado por edital. Ficam abolidos os Officiaes de Quarteirão.

Art. 7.º Cada Juiz de Paz poderá nomear até seis Officiaes de Justiça.

Art. 8.º O Intendente Geral da Policia, e os Magistrados Criminaes na Côrte, e os Ouvidores do Crime das Relações e os das comarcas nos mais logares do Imperio, exercerão cumulativamente com os Juizes de Paz todas as attribuições policiaes, que por esta Lei, e as anteriores competem aos mesmos.

Art. 9.º Os Chancelleres das Relações ficam autorizados a distribuir, sendo necessario, por mais um, ou dois Desembargadores, o expediente da Ouvidoria do Crime: estes Desembargadores poderão servir-se de qualquer Escrivão do Judicial.

Art. 10. Para auxiliarem uns, e outros Juizes, o Governo fica autorizado, emquanto se não organizam as Guardas Nacionaes, a alistar, armar e empregar como taes, cidadãos, que podem ser Eleitores, em numero, que julgar necessario, fornecendo-lhes armamento, e munição á custa da Fazenda Publica, os quaes serão obrigados a obedecer, comparecendo armados ao chamamento dos Juizes, e Delegados.

Art. 11. Estas Guardas, quando abusarem das armas, ou do emprego honroso, que se lhes confia, além das penas, em que incorrerem pelos delictos, que commetterem, ficarão inhabeis para servirem como taes por um a tres annos.

Art. 12. O Governo, na Provincia em que estiver a Côrte, e os Presidentes em Conselho nas demais, poderão suspender os Juizes de Paz, quando prevaricarem, ou se tornarem negligentes no cumprimento das attribuições, que nesta Lei lhes são marcadas.

Art. 13. Os Juizes, que não procederem com a diligencia necessaria em indagar dos implicados nos crimes publicos, e policiaes, serão reputados cumplices; julgada a responsabilidade dos Juizes de Paz perante os actuaes Conselhos de Jurados, praticando-se na fórma por que se procede nos delictos de abuso de liberdade de exprimir os pensamentos.

Art. 14. As Autoridades Policiaes terão á sua porta, e nos seus vestidos, um distinctivo marcado pelo Governo, para serem conhecidos, respeitados, e obedecidos.

Art. 15. Os que falsamente usarem de semelhante distinctivo, serão punidos com um a tres mezes de prisão.

Art. 16. Ficam desde já creados nesta Côrte mais dois Juizes Criminaes, com seus respectivos Escrivães: tanto a estes Juizes, como aos que actualmente existem, o Governo marcará os competentes districtos, dentro dos quaes deverão residir.

Art. 17. Para o exercicio destes logares serão nomeados quaesquer Magistrados, ora existentes, e de maior confiança, podendo até serem empregados Desembargadores das Relações.

Art. 18. O Governo fará os regulamentos, e instrucções necessarias para a bôa execução da presente Lei.

Art. 19. Ficam derogadas todas as disposições em contrario.

Manda por tanto a todas as Autoridades, a quem o conhecimento e execução da referida Lei pertencer, que a cumpram, e façam cumprir, e guardar tão inteiramente, como nella se contém. O Secretario de Estado dos Negocios da Justiça a faça imprimir, publicar, e correr. Dada no Palacio do Rio de Janeiro aos seis dias do mez de Junho de mil oitocentos trinta e um, decimo da Independencia e do Imperio.

Marquez de Caravellas.

Nicoláo Pereira de Campos Vergueiro.

Francisco de Lima e Silva.

Manoel José de Souza França.

Carta de Lei, pela qual Vossa Magestade Imperial Manda executar o Decreto da Assembléa Geral, que Houve por bem Sanccionar, dando varias providencias para a Administração da Justiça, e prompto castigo dos culpados em crimes de Policia; e outras dirigidas a manter a segurança publica; tudo na fórma acima declarada.

Para Vossa Magestade Imperial ver.

Antonio Alvares de Miranda Varejão, a fez.

Registrada á fl. 79, do Liv. 1.º, de Registro de Leis. Secretaria de Estado dos Negocios da Justiça, em 7 de Junho de 1831. — *João Caetano de Almeida França.*

Manoel José de Souza França.

Foi publicada esta Lei nesta Secretaria de Estado dos Negocios da Justiça, aos 7 dias do mez de Junho de 1831. — *João Carneiro de Campos.*

INSTRUCÇÕES

PARA A EXECUÇÃO

DO CÓDIGO DO PROCESSO CRIMINAL

MANDADAS OBSERVAR

PELO DECRETO DE 13 DE DEZEMBRO DE 1832

Art. 1.º O governo na provincia do Rio de Janeiro, e os presidentes em conselho, logo que fôr publicado o Codigo do Processo Criminal nas respectivas provincias, passaráõ a fazer a nova divisão dos termos na fórma do art. 3.º do referido Codigo, conservando ou alterando os actuaes limites onde parecer conveniente, e creando novos termos onde fôr necessario.

Art. 2.º Confirmada a actual, ou feita nova divisão dos termos, farão a divisão de comarcas, declarando os termos de que ha de constar cada uma dellas, tendo para isso attenção ás distancias de uns e outros termos; ao numero provavel de causas crimes e civeis que nestes podem mover-se; ás vezes que o juiz de direito deve comparecer em cada um delles; e á demora que ha de ter, segundo a provavel abundancia de negocios de sua competencia.

Art. 3.º Feita a divisão dos termos e comarcas, o governo e os presidentes em conselho ordenaráõ a eleição de novas camaras municipaes nos termos que fôrem novamente creados, conservando as actuaes em todos os outros termos; e ordenaráõ ás camaras actuaes, e ás que fôrem eleitas para os novos termos, a divisão dos districtos na conformidade do art. 2.º do Codigo do Processo.

Art. 4.º As camaras poderáõ conservar ou alterar os districtos actuaes, ou crear novos, segundo parecer mais conveniente, procurando, na divisão que fizerem, comprehender em cada um dos districtos o numero necessario de cidadãos idoneos e capazes de occupar os cargos de juiz de paz, e os mais que devem haver em cada um delles, attendendo a que o numero de casas, de que trata o citado art. 2.º, é o minimo, mas que ellas poderáõ fazer divisões de districtos, que comprehendão o numero de casas habitadas, que mais conveniente fôr.

Art. 5.º Feita a divisão dos districtos, as camaras marcaráõ dia para a eleição dos juizes de paz dos districtos que fôrem novamente creados ou alterados, procedendo-se a esta eleição em conformidade dos arts. 9.º e 10.º do Cod. do Proc. Crim., e das mais leis que regulão semelhantes eleições.

Art. 6.º Quando algum dos quatro cidadãos mais votados, que hão de ser juizes, fallecer, ou fôr escuso nos termos do art. 4.º da Lei de 15 de Outubro de 1827, a camara municipal juramentará outro mais votado, de sorte que haja sempre quatro juramentados.

Art. 7.º Nos districtos actuaes, que não fôrem alterados, diminuindo-se ou accrescentando-se o seu territorio, continuaráõ a servir os juizes de paz, que para elles estão eleitos, na fórma das leis em vigor; devendo-se nas futuras eleições geraes proceder conforme o disposto nos citados arts. 9.º e 10.º.

Art. 8º Divididos os districtos, as camaras municipaes participaráõ immediatamente ao ministro da justiça no Rio de Janeiro, e aos presidentes em conselho nas outras provincias, o numero de districtos que fica tendo o seu respectivo termo, declarando circumstanciadamente a divisão que houverem feito, e informando quaes os differentes pontos do termo em que

convem que se fação as reuniões das juntas de paz, e o numero de vezes que taes reuniões devem ter lugar em cada anno, tudo nos termos dos arts. 213 e 214 do Cod. do Proc. Criminal.

Art. 9.º Na mesma occasião, se fôr possivel, ou logo que o seja, as camaras municipaes remetteráõ ao governo na côrte, e aos presidentes em conselho nas provincias, as propostas para juizes municipaes, para juizes de orphãos, e para promotores publicos.

Art. 10. Cada uma destas propostas conterá tres nomes diversos de cidadãos habitantes nos respectivos termos, e que tenhão os requisitos declarados nos arts. 33 e 36 do Codigo; além dos nomes se fará menção nestas propostas da profissão de cada um dos propostos, declarando-se suas luzes, serviços, intelligencia, e quaesquer outras qualidades que os tornem aptos para occupar os cargos respectivos para que são propostos.

Art. 11. As camaras municipaes no formar as propostas terão o maior cuidado em escolher pessoas que não tenhão escusa alguma legitima, ou impedimento que as possa isentar ou inhibir de exercer os cargos para que são propostos: no caso de duvida ouviráõ as pessoas que intentarem propôr, e haveráõ attenção aos motivos que apresentarem, conforme o merecimento que tiverem.

Art. 12. Recebidas as propostas, e estando ellas nos devidos termos, o governo na côrte e provincia do Rio de Janeiro, e os presidentes em conselho nas outras provincias, nomearáõ, de entre os cidadãos propostos para cada um dos cargos, os que hão de servir de juizes municipaes, juizes de orphãos e promotores, e farão constar ás respectivas camaras municipaes a escolha que houverem feito; estas darão os titulos, e deferiráõ juramento aos promotores que tiverem sido nomeados, e farão constar aos juizes municipaes e de orphãos suas respectivas nomeações, marcando-lhes um prazo razoavel, dentro do qual se hajão de apresentar por si ou por seus procuradores na côrte ao ministro da justiça, e nas provincias aos presidentes em conselho, afim de receberem seus diplomas, e prestarem juramento nos termos do art. 50 do Cod.

Art. 13. As camaras municipaes participaráõ ao ministro da justiça na côrte, e nas provincias aos presidentes em conselho, o prazo que tiverem marcado aos juizes municipaes e de orphãos para dentro delle prestarem juramento e receberem seus diplomas: e, não se apresentando estes dentro do referido prazo, por si ou por seus procuradores devidamente autorisados, serão processados, como desobedientes, pela autoridade competente, para o que se lhe remetterá pela secretaria de estado respectiva na côrte, e pelas do governo nas provincias, cópia do officio da camara municipal, que participe o prazo marcado e certidão do official-maior, que certifique o não comparecimento.

Art. 14. As camaras municipaes, menos a da côrte, e as das capitaes das provincias, logo que tiverem feito estas propostas, nomearáõ d'entre os respectivos candidatos um juiz municipal e um juiz de orphãos, os quaes, sendo por ellas juramentados, serviráõ interinamente os referidos cargos até que se verifique a nomeação definitiva do governo, ou dos presidentes em conselho. Os juizes municipaes interinos nomearáõ d'entre os candidatos propostos para promotor um, que, sendo igualmente juramentado pela camara municipal, sirva o referido cargo interinamente.

Art. 15. Estes empregados interinos começaráõ immediatamente a exercer suas attribuições, pondo em execução o Codigo do Processo na parte que lhes diz respeito.

Art. 16. Seis mezes antes de terminados os tres annos que os juizes municipaes e de orphãos, e os promotores publicos devem servir, as camaras municipaes farão novas propostas nos mesmos termos. — Tambem farão nova proposta nos casos de fallecimento, ausencia por mais de um anno para fóra do municipio, de provimento a emprego incompativel, e de reconhecida incapacidade physica ou moral de cada um dos ditos empregados.

Art. 17. Dividido o termo em districtos, e feitas as eleições de juizes de paz dos districtos novamente creados ou alterados, estes, e os juizes de paz, que são conservados, passaráõ a dividir seus respectivos districtos em tantos quarteirões quantos fôrem necessarios para o bom desempenho de seus deveres, comtanto que nenhum tenha menos de vinte e cinco casas habitadas, podendo, onde fôr conveniente, conter cem ou mais, e proporáõ á respectiva camara municipal um inspector para cada quarteirão, o qual, sendo por ella approvado, receberá titulo e juramento; e, não o sendo, a mesma camara o communicará ao juiz de paz para que faça outra proposta, que tambem poderá ser rejeitada, mas não o poderá ser a terceira.

Art. 18. As propostas para escrivão de paz serão feitas pela mesma maneira que as dos inspectores de quarteirões, e estes empregados da mesma sorte receberáõ titulo e juramento das camaras municipaes.

Art. 19. Os propostos para escrivães de paz e inspectores de quarteirão entraráõ logo a servir interinamente, sendo para isso juramentados pelos respectivos juizes de paz, emquanto não são approvados pelas camaras municipaes.

Art. 20. Quando os juizes de paz julgarem conveniente ao serviço publico, poderão remover os escrivães de paz e os inspectores de quarteirão, fazendo em tal caso nova proposta ás camaras municipaes, salvo aos removidos o recurso de que trata o art. 52 do Cod. do Proc., sem suspensão dos effeitos da remoção.

Art. 21. Um dos primeiros trabalhos dos juizes de paz, tanto dos que fôrem eleitos de novo, como dos actuaes, que são conservados, será o alistamento dos jurados, de que tratão os arts. 23, 24 e 25 do Cod. do Proc., o qual farão com a maior diligencia afim de ser o dito Codigo posto em inteira execução.

Art. 22. Dando-se o caso de que o parocho ou capellão de algum districto esteja occupado no alistamento de outro districto, que igualmente pertença á sua parochia ou curato, poderá cada um destes em tal caso nomear um ecclesiastico ou cidadão do districto que faça as suas vezes, dando-lhe os documentos e esclarecimentos que fôrem precisos.

Art. 23. Á camara municipal compete designar os districtos em que cada um dos seus membros ha de com os juizes de paz, e parochos ou capellães, ou com os que os substituirem, na fórma do artigo antecedente, formar a junta para o alistamento dos jurados, de que trata o art. 24 do Cod. do Proc.; e só no impedimento do vereador designado para o districto, ou no caso de haver maior numero de districtos que de vereadores, terá lugar a substituição deste membro da junta pela fórma declarada no citado art. 24.

Art. 24. Tambem compete á camara municipal, logo que tiver recebido as listas parciaes dos jurados de todos os districtos do seu termo, designar e publicar o dia em que os juizes de paz de cada um desses districtos e os parochos hão de comparecer na sala de suas sessões, para ahi procederem juntamente com ella á formação da lista geral dos jurados do termo, inscrevendo nella os alistados em cada um dos districtos, com exclusão sómente dos declarados no art. 27 do Codigo.

Art. 25. Durante as sessões que a camara municipal fizer para formação da lista geral, de que trata o artigo antecedente, deveráõ ser apresentadas todas as queixas e reclamações dos que tiverem sido indevidamente inscriptos ou excluidos das listas parciaes dos jurados, e as camaras, examinando essas queixas ou reclamações, com os parochos e juizes de paz, corrigiráõ as listas parciaes, eliminando ou inscrevendo nas listas geraes os nomes dos queixosos ou reclamantes, uma vez que pela maioria absoluta de votos dos vereadores e membros adjuntos, se julgue fundada a queixa ou reclamação, praticando-se assim o que está determinado no art. 28 do Codigo.

Art. 26. Formada a lista geral, e praticados os actos determinados nos

arts. 29, 30 e 31, as camaras municipaes darão disso conta ao governo na côrte e provincia do Rio de Janeiro, e aos presidentes em conselho nas outras provincias, participando o numero e o nome dos jurados que tiverem sido apurados.

Art. 27. Se o numero dos jurados apurados fôr diminuto para formar conselho de jurados, o governo na provincia do Rio de Janeiro, e os presidentes em conselho nas outras, ordenaráõ, quando assim convenha, a reunião desse termo a outro vizinho como permitte o art. 7.°, e mandaráõ remetter á camara municipal da cidade, villa ou povoação que designarem como cabeça de termo, as listas dos jurados apurados no termo que lhe fôr reunido.

Art. 28. Se, ainda depois de assim reunidos dous termos, resultarem apenas sessenta juizes de facto, ou pouco mais, terá então lugar a ampliação da apuração, de que trata o final do art. 27.

Art. 29. O governo na provincia do Rio de Janeiro, e os presidentes em conselho nas demais provincias, na mesma occasião em que procederem á formação dos termos e comarcas, na conformidade dos arts. 1.° e 2.° destas Instrucções, designaráõ quaes as povoações onde deve haver mais de um juiz de direito e um ou mais juizes do civel, na fórma do art. 6.° do Codigo e do art. 13 da Disposição Provisoria ácerca da administração da justiça civil.

Art. 30. Os presidentes em conselho são autorisados a designarem, d'entre os magistrados que estiverem servindo nas suas respectivas provincias, os juizes de direito para cada uma das comarcas, e os juizes especiaes do civel, havendo na provincia alguma povoação nas circumstancias declaradas no art. 13 do Tit. unico da Disposição Provisoria ácerca da administração da justiça civil.

Art. 31. Os presidentes em conselho darão conta ao governo da designação que tiverem feito, afim de ser o magistrado definitivamente nomeado pelo mesmo governo, para juiz de direito da comarca, ou juiz do civel da povoação, ou ser em seu lugar nomeado outro, como parecer mais conveniente, devendo todavia o magistrado assim designado ir logo exercer o lugar de juiz de direito ou do civel para que fôr designado, com portaria do presidente, e sob o juramento com que estiver servindo, até que, definitivamente nomeado, preste por si, ou por seu procurador, juramento nas mãos do ministro da justiça, e receba seu diploma.

Art. 32. Logo que estes magistrados cheguem ao lugar que lhes fôr designado, poráõ em execução o Codigo na parte que lhes diz respeito. Poderáõ ser encarregados pelos presidentes de dirigirem as autoridades locaes na execução do Codigo e das presentes Instrucções, explicando-lhes os artigos sobre que tiverem duvida.

Art. 33. Se na provincia não houver tantos magistrados, quantos bastem para juizes de direito de todas as comarcas que fôrem creadas, nem por isso se deixará de pôr em execução o Codigo em todas as comarcas; devendo em tal caso os juizes municipaes das comarcas, para as quaes os presidentes não designarem juizes de direito por falta de magistrados na provincia, exercer, como substitutos dos ditos juizes, todas as funcções nos respectivos termos. Da mesma sorte os juizes municipaes exerceráõ todas as funcções dos juizes de direito sempre que o seu lugar venha por qualquer modo a vagar, e quando o juiz de direito estiver ausente da comarca, ou com licença, ou impedido de molestia grave e prolongada.

Art. 34. Os presidentes das camaras municipaes, logo que receberem a ordem para a execução do Codigo, convocaráõ as camaras extraordinariamente, caso não estejão em sessão ordinaria e estas não poderáõ interromper as sessões emquanto não estiver cumprido tudo quanto lhes é encarregado nas presentes Instrucções e no Codigo do Processo, e que é necessario para ser posto em inteira execução: as mesmas camaras deveráõ activar as autoridades locaes que fôrem omissas ou negligentes em executar aquillo que lhes é incumbido.

Art. 35. A divisão que nas provincias se fizer de comarcas, termos e districtos; os lugares designados para as sessões das juntas de paz; o ordenado que fôr marcado para os juizes de direito, e tudo quanto em execução do Codigo se praticar, será levado pelos presidentes, em conselho, ao conhecimento da assembléa geral e do governo.

Art. 36. Os feitos crimes que estiverem pendentes perante juizes que julgão em primeira instancia, não sendo de privilegiados, e não sendo os crimes daquelles que cabem na alçada dos juizes de paz, serão remettidos ao juiz de paz da cabeça do termo.

Art. 37. Destes feitos aquelles que já estiverem com o libello offerecido, ainda mesmo que não tenhão sentença, estando pendente por embargos, deverão sómente ser apresentados ao segundo conselho dos jurados ou jury de sentença; aquelles, porém, em que ainda se não tiver offerecido libello accusatorio deveraõ ser apresentados ao primeiro conselho de jurados ou jury de accusação, e achando este materia para accusação, seguiráõ os mais termos do Codigo.

Nesta disposição se comprehendem os feitos crimes pendentes ante os conselhos de guerra, não sendo os crimes puramente militares, ou de empregado militar, e ante as justiças ecclesiasticas, sendo os crimes taes que dêm lugar á imposição de outras penas além das espirituaes. Neste caso serão os feitos remetidos por traslado.

Art. 38. Sendo parte accusadora a justiça, o juiz de paz respectivo, logo que receba o processo, fará disso participação ao promotor para proseguir na fórma do Codigo.

Art. 39. Os aggravos de injusta pronuncia pendentes perante os ouvidores de comarca serão, com os feitos em que tiverem sido interpostos, remettidos ao juiz de paz da cabeça do termo, para se proceder a seu respeito como fica disposto nos artigos antecedentes.

Art. 40. Os feitos civeis pendentes, ou em execução perante os juizes extinctos pelo Codigo, e Disposição Provisoria ácerca da administração da justiça civil, serão remettidos aos juizes municipaes ou juizes de direito do civel dos termos ou povoações a que pertencerem, para ahi proseguirem seus ulteriores termos, na fórma de direito, e da Disposição Provisoria ácerca da administração da justiça civil. Ás mesmas autoridades serão remettidos os feitos que penderem perante os juizes de orphãos, não sendo dos enumerados no art. 20 da Disposição Provisoria ácerca da administração da justiça civil.

Art. 41. As appellações civeis e crimes, que penderem perante os ouvidores de comarca, serão remettidas á Relação do districto, para ahi proseguirem seus termos, e serem sentenciadas na fórma do novo Regulamento.

Art. 42. Não se proseguirá no conhecimento dos aggravos de petição e instrumento, que ainda estiverem pendentes ante os ouvidores de comarca, qualquer que seja o seu estado; porém a requerimento de parte ficaráõ reduzidos a aggravos do auto do processo, para delles se tomar conhecimento nos termos do art. 14 da Disposição Provisoria, ácerca da administração da justiça civil.

Art. 43. Os juizes municipaes nos termos em que não houver juizes de direito especiaes para o civel, na fórma do art. 3.º da Disposição Provisoria, ácerca da administração da justiça civil, deveráõ conhecer dos feitos e contas pertencentes á provedoria de residuos e capellas até sentença final exclusive, na fórma por que procedem a respeito dos outros feitos civeis, na conformidade do art. 8.º da referida Disposição, competindo o julgamento final dos ditos feitos e contas ao juiz de direito.

Art. 44. Nas povoações, em que houver juizes do civel, competirá a estes todo o conhecimento dos ditos feitos e contas.

Art. 45. Os escrivães das provedorias das comarcas passaráõ a escrever nos objectos de provedoria perante os juizes municipaes e de direito, do termo que era cabeça de comarca; e, se nesse termo houver escrivão especial de provedoria, poderáõ escolher outro termo dessa comarca.

Art. 46. Ácerca dos processos pendentes nas Relações se guardará o disposto no respectivo Regulamento.

Palácio do Rio de Janeiro, em 13 de Dezembro de 1832.

Honorio Hermeto Carneiro Leão

* * *

DECRETO N. 27 — DE 22 DE AGOSTO DE 1833

Determina sobre o julgamento dos processos anteriores á publicação do Codigo do Processo

A Regencia Permanente, em Nome do Imperador o Senhor D. Pedro II, Tem Sanccionado, e Manda que se execute A Resolução seguinte da Assembléa Geral:

Art. 1.° Os Juizes de Direito ficam autorizados a julgarem por si só todos os processos crimes anteriores á publicação do Codigo do Processo Criminal, que já estiverem preparados com as provas competentes para o julgamento definitivo, uma vez que as partes nisso convenham por um termo nos autos.

Art. 2.° Os processos assim julgados terão os recursos estabelecidos no sobredito Codigo para as Relações dos Districtos competentes, e ahi serão julgados definitivamente pelos membros das ditas Relações, segundo a fórma e regras estabelecidas no mesmo Codigo a respeito dos Processos Civis.

Art. 3.° Todos os mais processos, em que ao tempo da publicação do sobredito Codigo já houvesse pronuncia, e convindo o réo, por termo nos autos, serão preparados simplesmente de libellos, e contestação, dentro de prazos sufficientes, e iguaes a cada uma das partes; e logo submettidos ao Jury de sentença, para o que os mesmos Juizes de Direito poderão convocal-o extraordinariamente, e prorogar as suas sessões até serem concluidos, conciliando a expedição de taes processos com o menor gravame dos Jurados.

Art. 4.° Nos lugares, onde ha mais de um Juiz de Direito, poderá cada um delles convocar ao mesmo tempo um Jury de sentença, procedendo na fórma do artigo antecedente, e observando-se neste caso, quanto ao Promotor Publico, a disposição do artigo trinta e oito do Codigo.

Art. 5.° Ficam suspensas para este fim sómente as disposições do Codigo do Processo Criminal, e mais Disposições Legislativas em contrario.

Aureliano de Souza e Oliveira Coutinho, Ministro e Secretario de Estado dos Negocios do Imperio, e encarregado interinamente dos da Justiça, o tenha assim entendido e faça executar. Palacio do Rio de Janeiro, em vinte e dous de Agosto de mil oitocentos e trinta e tres, duodecimo da Independencia e do Imperio.

FRANCISCO DE LIMA E SILVA.

JOÃO BRAULIO MONIZ.

Aureliano de Souza e Oliveira Coutinho

Transitou na Chancellaria do Imperio em 22 de Agosto de 1833. — *João Carneiro de Campos.*

* * *

REGULAMENTO N. 122 — DE 2 DE FEVEREIRO DE 1842

Contém disposições provisorias para a execução da Lei de 3 de Dezembro de 1841

Art. 1.° Logo que o Regulamento n. 120 de 31 de Janeiro do corrente anno, para a execução da Lei de 3 de Dezembro de 1841, fôr publicado na capital de qualquer provincia em que se não tenha ainda apresentado o

chefe de policia nomeado pelo governo, ficará o desempenho de suas respectivas attribuições, em toda a provincia, a cargo do que actualmente servir na capital: e na sua falta ou impedimento os presidentes das mesmas provincias nomearão um magistrado que faça as suas vezes.

Art. 2.° Os ditos presidentes, apenas receberem o citado Regulamento n. 120, começarão immediatamente a colher todas as informações necessarias para verificar quaes os termos da provincia, que se achão nas circumstancias do art. 32 do dito Regulamento, afim de annexa-los a outros, e bem assim para fixar o numero dos subdelegados e os districtos em que têm de servir, tendo em vista o disposto no art. 7.° do mesmo Regulamento.

Art. 3.° Do mesmo modo procederão para marcar os districtos dos delegados nos termos que estiverem nas circumstancias do art. 9.° do mesmo Regulamento.

Art. 4.° Na mesma occasião ordenarão aos chefes de policia que, havidas as mais escrupulosas informações ácerca de quem sejão, nos diversos termos da provincia, as pessoas as mais idoneas para servirem de delegados, subdelegados e supplentes dos mesmos, os proponhão, procurando individuos que, pela sua probidade, intelligencia, imparcialidade e independencia, possão administrar boa justiça.

Art. 5.° Os presidentes das provincias fixarão provisoriamente o numero de juizes municipaes e de orphãos que deverá haver nos municipios que se acharem nas circumstancias da segunda parte do art. 31 do Regulamento n. 120 já citado, e dos arts. 20 e 117 da Lei de 3 de Dezembro de 1841.

Art. 6.° Outrossim também determinarão provisoriamente quaes as povoações e termos em que deve haver juiz municipal separado do de orphãos, e quaes aquelles em que os juizes do civel devem accumular as funcções de juiz de orphãos.

Art. 7.° Feita a accumulação dos termos que deverem ser accumulados, designados os districtos dos subdelegados, e havidas as propostas e informações precisas, passaráõ os presidentes das provincias a nomear os delegados, subdelegados e promotores. E evitarão muito entregar esses cargos a pessoas prepotentes, envolvidas em malquerenças, e dominadas por odios.

Art. 8.° As primeiras nomeações de subdelegados serão feitas sem que preceda audiencia dos delegados, e ao mesmo tempo que as destes, sendo possivel.

Art. 9.° Os mesmos presidentes proverão provisoriamente os lugares de juizes municipaes e de orphãos, nomeando da mesma maneira os seus supplentes, quando o governo geral não tenha ainda feito taes nomeações. Os nomeados entrarão logo em exercicio.

Art. 10. Darão immediatamente conta, pela Secretaria de Estado dos Negocios da Justiça, das nomeações que assim houverem feito, afim de serem definitivamente nomeados os mesmos juizes, ou em seu lugar outros, segundo parecer mais conveniente.

Art. 11. As participações de que trata o artigo antecedente deverão ser acompanhadas dos requerimentos dos nomeados (se os tiverem feito) e de todos os documentos e informações que possão abonar.

Art. 12. Feita a nomeação dos delegados, procederão elles immediatamente á organização da lista dos jurados do termo.

Art. 13. Quando, pela apuração e revisão das ditas listas, se vier a reconhecer que hum termo não tem o numero de cincoenta jurados, exigido pela lei, annexar-se-ha a outro (quando o não tenha sido), e far-se-ha nova nomeação de juiz municipal, de orphãos e de delegado para os termos reunidos, ficando sem vigor as que havião sido feitas para cada um separadamente.

Art. 14. Logo que para esse fim houverem obtido os esclarecimentos necessarios, informarão os presidentes das provincias o governo, na fórma

do Regulamento n. 120 de 31 de Janeiro de 1842, sobre as gratificações e ordenados que convenha marcar aos chefes de policia, juizes municipaes e promotores, afim de serem estabelecidas pelo mesmo governo.

Art. 15. Os escrivães, inspectores de quarteirão e officiaes de justiça, que actualmente servem perante os juizes de paz, passarão a servir perante os subdelegados, e conjunctamente perante aquelles, nos negocios que são de sua competencia, salvas as disposições dos arts. 19, 42, 44 e 52 do Regulamento n. 120 de 31 de Janeiro de 1842.

Art. 16. Quando os districtos dos subdelegados fôrem maiores do que os dos juizes de paz, e vier por tanto a haver nelles mais de um escrivão de paz, servirá perante o subdelegado aquelle que elle escolher, o qual, comtudo, continuará a escrever perante o juiz de paz com quem servia.

Art. 17. Os escrivães e tabelliães do judicial, que servem perante os actuaes juizes municipaes e de orphãos, servirão perante aquelles de que trata a Lei de 3 de Dezembro de 1841.

Art. 18. Os presidentes das provincias nomearão provisoriamente os escrivães privativos do jury, podendo recahir a nomeação nos lugares menos populosos, e onde houver pouco expediente, em algum dos escrivães existentes, e principalmente no de execuções.

Art. 19. Os subdelegados, apenas nomeados, ordenarão aos actuaes escrivães de paz que lhes apresentem todos os processos pendentes que existirem nos seus cartorios, afim de proceder-se á sua distribuição pela maneira seguinte:

Art. 20. Remetterão aos juizes municipaes as denuncias e autos de formação da culpa pelo crime de contrabando, quer estejão, quer não, com despacho de pronuncia ou de despronuncia, que ainda não tenhão passado em julgado, afim de proseguirem perante elles seus devidos termos.

Art. 21. Outrossim lhes remetterão todos os autos de formação da culpa por outros delictos (excepto os de responsabilidade) que se acharem com despacho de pronuncia ou de não pronuncia que ainda não passassem em julgado, afim de serem sustentados ou revogados esses despachos como fôr de direito, e seguirem-se os ultimos termos, na fórma do Regulamento n. 120, já citado.

Art. 22. Igualmente lhes remetterão todos os autos e papeis relativos á formação da culpa de juizes de direito e commandantes militares, na conformidade dos arts. 155 do Codigo do Processo Criminal, e 17, § 4.º da Lei de 3 de Dezembro de 1841.

Art. 23. Da mesma sorte procederão pelo que respeita aos autos pendentes sobre causas de almotacerica, cujo valor exceder á alçada dos juizes de paz.

Art. 24. Ordenarão que prosigão perante elles subdelegados todos aquelles negocios policiaes ou criminaes de sua competencia, salvo aquelles que tambem o fôrem da dos juizes de paz, por que proseguirão perante estes.

Art. 25. Remetterão ao juiz municipal todos os processos que estiverem em poder dos juizes de paz da cabeça dos termos para serem apresentados ao jury, exceptuando os dos crimes de contrabando e de responsabilidade de empregados não privilegiados.

Art. 26. Remetterão aos juizes de direito os requerimentos de queixas e denuncias, e os autos de formação de culpa por delictos de responsabilidade de empregados publicos não privilegiados, quer estejão, quer não, pronunciados, e bem assim os processos de suspeição dos juizes municipaes que estiverem pendentes.

Art. 27. Igualmente os recursos e appellações, cujo conhecimento e decisão, pela Lei de 3 de Dezembro de 1841 e respectivo Regulamento, fica pertencendo ao mesmo juiz de direito.

Art. 28. Os escrivães de paz que não apresentarem aos subdelegados os processos pendentes nos seus cartorios, na fórma do art. 19, serão por elles punidos com a multa de 100$000 a 200$000. E quando, não obstante o imposição dessa pena, persistirem em não os apresentar (não os declarando desencaminhados, caso em que se pro-

cederá como fôr de direito), ser-lhes-ha imposta, pelos mesmos subdelegados, a prisão por um a tres mezes. Da imposição das ditas penas haverá recurso para o juiz de direito.

Art. 29. As Relações farão remetter aos juizes de direito respectivos aquellas appellações cujo conhecimento lhes fica pertencendo pela Lei de 3 de Dezembro de 1841, e que ainda estiverem pendentes.

Art. 30. Todos os despachos de pronuncia ou não pronuncia, que não houverem passado em julgado, e que não tiverem sido sustentados ou revogados pelo primeiro conselho do jury, o serão pelo juiz municipal, seguindo-se depois os termos marcados no Regulamento n. 120 de 31 de Janeiro de 1842. Exceptuão-se, além das pronuncias proferidas sobre crimes de responsabilidade ou contrabando, as que o houverem sido pelo jury, as quaes entrarão logo no conselho de accusação sem dependencia da sustentação pelos juizes municipaes.

Art. 31. Os processos por crime de contrabando, que tiverem pronuncia, seguirão os termos marcados no capitulo 12 do Regulamento n. 120 de 31 de Janeiro de 1842, do art. 389 por diante.

Art. 32. Todos os mais processos que por virtude dos artigos antecedentes fôrem remettidos ás autoridades hoje competentes pela Lei de 3 de Dezembro de 1841, e respectivo Regulamento, proseguirão perante ellas igualmente na fórma da mesma Lei e Regulamento, para o que determinarão as mesmas autoridadess que lhes sejão conolusos, para ordenar os seus termos.

Art. 33. Os protestos por novo julgamento em novo jury, que estiverem pendentes e não julgados pelo jury para o qual houverem sido interpostos, salvo o caso em que o protestante declare por termo nos autos espontaneamente, ou em prazo (nunca menor de oito dias) que com intimação lhe será assignado a requerimento da parte ou do promotor, que prefere ser julgado pelo jury do mesmo lugar ou mais vizinho, nos termos do art. 87 da Lei de 3 de Dezembro de 1841.

Art. 34. Os presidentes das provincias resolverão as duvidas que se suscitarem na execução deste e do Regulamento n. 120 de 31 de Janeiro de 1842, dando de tudo conta ao governo.

Art. 35. Os juizes de direito das comarcas darão aos juizes municipaes, delegados, subdelegados e juizes de paz, as necessarias instrucções e esclarecimentos para solver as duvidas que lhes occorrerem na execução das presentes instrucções relativas á ordem e marcha dos processos.

Art. 36. As autoridades criminaes e policiaes, actualmente existentes, continuarão em exercício em quanto se não effectuar a nova organisação.

Art. 37. Á medida que as novas autoridades forem sendo nomeadas, entrarão em exercicio, provendo os presidentes, quanto fôr possivel, para que entrem conjunctamente todas as de um termo ou termos reunidos.

Paulino José Soares de Souza, do meu conselho, Ministro e Secretario de Estado dos Negocios da Justiça, o tenha assim entendido e faça executar. Palacio do Rio de Janeiro, em 2 de Fevereiro de 1842, vigesimo-primeiro da Independencia e do Imporio. — Com a rubrica de S. M. o Imperador. — *Paulino José Soares de Souza.*

* * *

REGULAMENTO N. 595 — DE 18 DE MARÇO DE 1849

Estabelece a maneira, por que se deve proceder na liquidação das multas, a que forem os réos condemnados, bem como as regras sobre as fianças ao pagamento dellas, e o modo de as commutar em outras penas

Hei por bem, Usando da attribuição que Me confere o Artigo cento e dous paragrapho doze da Constituição Decretar o seguinte:

Art. 1.º O Juiz da execução, no mesmo despacho em que mandar cumprir a sentença, ordenará as diligencias necessarias para liquidação da multa, se a houver.

Art. 2.º Quando a multa for de tantos por cento do valor de qualquer objecto, se este já estiver liquidado e conhecido, o Juiz mandará fazer a conta, e por ella ficará liquidada a multa. Quando porém o valor desse objecto não for conhecido, o Juiz nomeará hum arbitrador para o liquidar, e ter depois lugar a conta.

Art. 3.º Quando a multa for correspondente a hum certo espaço de tempo, deverá o Juiz mandar avaliar por hum arbitrador quanto póde o condemnado haver em cada dia pelos seus bens, emprego, ou industria, para que o Contador, regulando-se por este arbitramento, designe a somma correspondente ao tempo marcado na sentença (Codigo Criminal Art. 55).

Art. 4.º O arbitrador, de que tratão os Artigos antecedentes, será nominalmente designado no despacho do Juiz, que em caso algum deixará sua designação dependente do Escrivão, nem de qualquer terceiro, nem mesmo a titulo de informação.

Art. 5.º No mesmo dia, em que for o despacho entregue ao Escrivão, ou no dia immediato, será o arbitrador avisado e juramentado, dando logo, e em seguida, o seu arbitramento fundamentado, por elle escripto e assignado, ou lavrado pelo Escrivão, e assignado pelo arbitrador. Se porém o arbitramento depender de maior exame, poderá o Juiz nomear dous arbitradores, em vez de hum, e marcar-lhes hum prazo improrogavel, que não exceda de oito dias para ambos conjunctamente.

Sendo Advogados, terão vista dos autos; não o sendo, poderão examina-los no Cartorio, onde o Escrivão lh'os franqueará, em quanto durar o prazo marcado.

Art. 6.º Feito o arbitramento, irá em vinte e quatro horas o feito ao Contador, independente de novo despacho, e este, em quarenta e oito horas improrogaveis, liquidará a multa, e tornará o feito ao Cartorio.

Art. 7.º Esta liquidação será intimada ao réo, e ao Procurador da Camara, que poderá, dentro de cinco dias, requerer nova liquidação por arbitradores escolhidos a aprazimento das partes, para o que indicará cada huma tres nomes, d'entre os quaes o Juiz escolherá hum. Se esses dous assim escolhidos discordarem, o Juiz indicará terceiro, que será obrigado a concordar com algum dos laudos, ou com o primeiro arbitramento.

Quem requerer a segunda liquidação deve fazer as intimações e diligencias necessárias, para que se conclua dentro de vinte dias; e só no caso de impedimentos alheios á sua vontade, poderá o Juiz conceder-lhe outros tantos dias, além do prazo necessario para correr qualquer citação, edital, ou por precatorio.

Se nos prazos marcados não se concluir a segunda liquidação, subsiste a primeira. Se porém o Juiz entender que essa primeira he evidentemente exaggerada, ou diminuta, poderá ex-officio ordenar, que se prosiga nas diligencias da segunda, ou mesmo que se faça independente de reclamação contra a primeira.

Art. 8.º Se algum dos arbitradores escolhidos sobre proposta da parte não der laudo, será processado como desobediente, e substituido por outro escolhido pelo Juiz, independente de audiencia dos interessados.

Art. 9.º O accusador particular, ou o Promotor Publico, podem espontaneamente apparecer, e intervir na liquidação, qualquer que seja o seu estado, preferindo nesse caso ao Procurador da Camara. O Juiz também póde ordenar que o Promotor Publico intervenha. Nos casos, em que a multa não for applicada á Municipalidade, e sim a benefício de terceiro, a este competem os direitos, que acima se reconhecem no Procurador da Camara.

Art. 10. Se contra a primeira liquidação não se reclamar, e passados oito dias, contados da intimação, o réo não tiver pago a quantia liquidada, será recolhido a prisão, ou nella conservado até prestar fiança idonea, ou pagar (Codigo Criminal Art. 56), ou cum-

prir a pena substitutiva da multa. (Codigo Criminal Art. 57).

Se se houver ordenado nova liquidação, os oito dias contar-se-hão da segunda intimação. Quando porém essa nova liquidação houver sido requerida pelo réo, em vez de segunda intimação, basta que ex-officio o Escrivão assigne em audiencia os oito dias, que correrão logo, quer tenhão estado presentes o réo, e seus procuradores, quer não.

Art. 11. Concluido o prazo dos oito dias, se o réo não tiver pago, o Escrivão fará logo nas vinte e quatro horas seguintes os autos conclusos ao Juiz para reduzir a multa a outra pena, segundo as regras seguintes.

Art. 12. Se a multa tiver sido imposta ao réo condemnado em prisão simples, por infracção de hum mesmo Artigo de Lei, será commutada em hum terço mais da pena de prisão, que lhe tiver sido imposta por essa infracção (Codigo do Processo Art. 201).

Art. 13. Quando não se verificar a hypothese do Artigo antecedente, e a multa imposta for correspondente a hum certo espaço de tempo, a commutação será em prisão com trabalho por esse mesmo tempo. (Codigo Criminal Art. 57).

Art. 14. Quando a multa for sem relação a tempo, o Juiz nomeará arbitradores para calcularem o tempo de prisão com trabalho necessario ao réo, para ganhar a importancia da multa, e nesse tempo lhe será commutada. (Codigo Criminal Art. 57).

Art. 15. Quando não houver prisão com trabalho, terá lugar a reducção desse tempo a prisão simples, com o augmento da sexta parte do tempo. (Codigo Criminal Art. 49).

Art. 16. Feita a reducção, o réo será immediatamente enviado a cumprir a pena substitutiva da multa, salvo se estiver cumprindo outra pena de maior, ou igual intensidade (Codigo Criminal Art. 61); devendo mesmo nesse caso fazer-se as communicações necessarias, para, concluida huma pena, começar logo o cumprimento da outra.

Esta disposição não comprehende o caso de estar provado no processo, que o réo tem meios de pagar a multa, devendo nessa hypothese conservar-se em prisão indefinidamente até pagar. (Codigo Criminal Art. 56).

Art. 17. A todo o tempo que o réo satisfizer em dinheiro a importancia da multa, ou da parte que lhe faltar, para se haver por cumprida a sentença, será posto em liberdade, não estando por al preso. Também poderá o Juiz admittir fiança idonea ao pagamento em tempo razoavel, que não exceda de hum mez, nas multas inferiores a quatrocentos mil réis; de tres mezes, nas inferiores a hum conto de réis; e de seis mezes, nas outras (Codigo Criminal Arts. 32 e 57).

Art. 18. Só será admittido a afiançar:

1.º Quem hypothecar bens de raiz equivalente á multa, e sitos na mesma Comarca, mostrando que os possue livres e desembargados, e sob sua livre administração.

2.º Os que depositarem no cofre da Camara Municipal o valor da multa, em moeda, Apolices da Divida Publica, de que mostrarem ter a plena propriedade, ou trastes de ouro ou prata devidamente avaliados, e que cubrão com segurança o valor da multa. (Codigo do Processo Art. 107, e Lei de 3 de Dezembro de 1841, Art. 46).

Art. 19. O juiz que admittir fiança, que não tenha esses requisitos, incorrerá na multa de cem a duzentos mil réis. O Escrivão, que não tiver informado ao Juiz contra essa falta, incorrerá na de vinte a oitenta mil réis. O Fiador, que, sem ter os meios de fazer effectiva a fiança, a assignar, incorrerá em prisão de hum a tres mezes, e as testemunhas de abono, em prisão de oito dias a hum mez. (Lei de 3 de Dezembro de 1841. Art. 112).

Art. 20. Os Juizes de Direito nas correições examinarão com especial atenção, se os Juizes e Escrivães, Contadores e Arbitradores tem cumprido com zelo estes deveres, impondo-lhes multas de dez até cem mil réis, conforme a gravidade das faltas.

Art. 21. Ninguem poderá ser recolhido a prisão, nem nella conservado, a pretexto de multa, em quanto não estiver liquidada.

Art. 22. As multas actualmente illiquidas serão immediatamente liquidadas, mesmo quando os réos tenhão outras penas de longa duração a cumprir. Os Escrivães mandarão ex-officio conclusos aos Juizes todos os processos de execução criminal, em que houver multas illiquidas: os Juizes farão a este respeito as maiores recommendações e diligencias.

Art. 23. Logo que as multas estiverem liquidadas, os Procuradores das Camaras Municipaes, ou as partes interessadas, poderão requerer contra os bens do multado as providencias necessarias para se fazer effectiva a cobrança.

Euzebio de Queiroz Coutinho Mattoso Camara, do Meu Conselho, Ministro e Secretario d'Estado dos Negocios da Justiça, o tenha assim entendido, e faça executar. Palacio do Rio de Janeiro em dezoito de Março de mil oitocentos quarenta e nove, vigesimo oitavo da Independencia e do Imperio.

Com a Rubrica de Sua Magestade o Imperador.

Euzebio de Queiroz Coutinho Mattoso Camara.

* * *

DECRETO N. 707 — DE 9 DE OUTUBRO DE 1850

Regula o modo por que devem ser processados pelos juizes municipaes e julgados pelos de direito, os crimes de que trata a Lei n. 562 de 2 de Julho deste anno

Hei por bem, usando da attribuição que me confere o art. 102, § 12 da Constituição, e para execução da Lei n. 562 de 2 de Julho do corrente anno, decretar o seguinte Regulamento:

Art. 1.º Nos crimes de roubo e homicidio commettidos nos municipios das fronteiras do Imperio, moeda falsa, resistencia comprehendida na 1.ª parte do art. 116 do Cod. Crim., tirada de presos, de que tratão os arts. 120, 121, 122, 123 e 127 do mesmo Codigo, os juizes municipaes são competentes para a formação da culpa, guardando a fórma do processo actualmente seguida. Os supplentes dos juizes municipais os substituirão no exercicio dessa jurisdicção, observando-se o disposto nos arts. 8.º e 9.º do Decreto n. 276 de 24 de Março de 1843.

Art. 2.º Do despacho de pronuncia, ou não pronuncia, o juiz municipal interporá recurso *ex officio* para o juiz de direito. Este recurso não terá effeito suspensivo, salvo quando tenham sido presos os réos por ser o crime inafiançavel, pois então só depois de decidido favoravelmente o recurso serão relaxados da prisão.

Si o réo estiver preso ou afiançado, ser-lhe-ha intimada a pronuncia, e dentro de cinco dias improrogaveis poderá juntar as razões e documentos que julgar necessarios, e neste caso a parte contraria nos cinco dias seguintes poderá juntar tambem suas razões e documentos. Si o réo não fôr pronunciado e estiver ausente, o processo seguirá para a instancia superior sem intimação. Para juntar as razões e documentos será dada vista dentro do cartorio do escrivão.

Art. 3.º O juiz de direito, logo que lhe fôr presente o processo, se nelle achar preterição de formalidades legaes que induzam nullidades. ou faltas que prejudiquem o esclarecimento da verdade, ordenará todas as diligencias necessarias para suppri-las. Estas diligencias poderão ser feitas perante o referido juiz, ou perante o juiz municipal, conforme aquelle julgar mais conveniente.

Art. 4.º O juiz de direito se não julgar necessarias as diligencias, ou concluidas ellas, deverá em prazo breve, e que nunca exceda de quinze dias, dar ou negar provimento ao recurso.

Art. 5.º Si o juiz de direito pronunciar ou sustentar a pronuncia, mandará logo dar vista ao promotor publico para este formar o libello, que será offerecido na primeira audiencia, e no caso de haver parte accusadora poderá ser admittida a addir ou declarar o libello, comtanto que o faça na audiencia seguinte.

Art. 6.º Si ao tempo da decisão do recurso o juiz de direito não se achar no termo em que deve ter logar o julgamento, ordenará a remessa do processo, depois de cumprido o disposto no artigo antecedente, ao juizo donde veio, para nelle se procederem ás diligencias dos arts. 8.º e 9.º.

Art. 7.º Si o processo remettido trouxer o libello sómente, o juiz municipal designará na primeira audiencia um termo, para que na seguinte a parte accusadora o possa addir ou declarar, querendo.

Art. 8.º Offerecido o libello, deverá o escrivão preparar uma cópia delle com o additamento, si o tiver, dos documentos, e rol das testemunhas, que entregará ao réo, quando preso, pelo menos tres dias antes de seu julgamento, e ao afiançado, si elle ou seu procurador apparecerem para recebel-o, exigindo recibo da entrega, que juntará aos autos.

Art. 9.º Si o réo quizer offerecer a sua contrariedade escripta, lhe será aceita; mas sómente se dará vista do processo original a elle, ou a seu procurador, dentro do cartorio do escrivão, dando-se-lhe os translados, que quizer, independente de despacho. Na conclusão do libello, assim como do seu additamento e da contrariedade, se indicarão as testemunhas, que as partes tiverem de apresentar.

Art. 10. Findo o prazo do art. 8.º, na primeira audiencia, presente o promotor, a parte accusadora, o réo, seus procuradores e advogados, o juiz, fazendo lêr pelo escrivão o libello, contrariedade e mais peças apresentadas, procederá ao interrogatorio e á inquirição das testemunhas, ás quaes poderão tambem o promotor e as partes fazer as perguntas, que julgarem convenientes.

O interrogatorio e o depoimento serão escriptos pelo escrivão, assignados pelo respondente, e rubricados pelo juiz.

Art. 11. Além das testemunhas offerecidas no libello e contrariedade, as partes terão o direito de apresentar, até se encerrarem os debates, mais tres testemunhas.

Art. 12. Findas as inquirições, e depois de terminar a discussão oral, si as partes a tiverem querido, immediatamente se farão os autos conclusos ao juiz, o qual proferirá a sentença definitiva, condemnando ou absolvendo o réo. Esta sentença será publicada em uma das duas primeiras audiencias, ou no mesmo prazo, em mão do escrivão, que intimará ás partes.

Art. 13. No caso do art. 6.º, o juiz de direito, depois de chegar ao termo, ou mesmo antes, marcará o dia para a audiencia, de que trata o art. 10, ordenando neste caso ao juiz municipal a notificação das testemunhas, intimação ás partes, e todas e quaesquer diligencias necessarias para que o julgamento se effectue no dia designado.

Art. 14. Sempre que o juiz de direito se achar no termo, é obrigado a proceder logo ao julgamento, não podendo retirar-se para outro antes de haver proferido a sentença final.

Art. 15. Quando o juiz de direito se achar em outro termo, deverá comparecer naquelle, em que tiver de proceder a julgamento, logo que lh'o permitta o cumprimento de seus deveres nos outros termos da comarca. Quando concorrerem circumstancias taes, que se torne prejudicial á boa administração da justiça qualquer demora no julgamento, o juiz de direito deverá partir immediatamente, ainda mesmo interrompendo outro serviço. Nestes casos o presidente da provincia lh'o poderá ordenar.

Art. 16. Nos crimes de roubo e homicidio commettidos nos Municipios das fronteiras do Imperio, são competentes para a formação da culpa os juizes municipaes, e para o julgamento os de direito, ainda quando, em razão do domicilio, seja intentada a accusação em outro municipio.

Art. 17. Quando o crime de resistencia, comprehendido na primeira parte do art. 116 do Cod. Crim., tiver logar contra execução de ordens do juiz de direito ou do juiz municipal, a jurisdicção, que lhes competiria, será exercida pelos seus substitutos.

Art. 18. No crime de banca-rota, ou quebra com culpa e quebra fraudulenta, formarão a culpa, até ao 1.º de janeiro de 1851, os juizes municipaes. Desta data em diante será a mesma attribuição exercida pelos mesmos juizes, tão somente nas Provincias, onde não houver Tribunal do Commercio ou Relação.

Art. 19. Formada a culpa pelos ditos juizes, se proseguirá no processo pela fórma estabelecida nos artigos antecedentes. Quando, porém, tiverem procedido á formação da culpa os Tribunaes do Commercio ou Relações, remettido o translado do processo, na conformidade do art. 820 do Cod. Comm., o juiz de direito procederá a julgamento pela fórma estabelecida a respeito dos crimes de que trata este Regulamento.

Art. 20. Haverá recurso do despacho de pronuncia, ou não pronuncia, quando fôr proferido pelos Tribunaes do Commercio ou Relações.

Art. 21. O escrivão do jury deverá escrever perante o juiz de direito em todos os processos, cujo julgamento final compete ao mesmo juiz.

Art. 22. Nos logares em que houver mais de um juiz de direito, escreverá interinamente nos ditos processos, quando o escrivão do jury se achar impedido, qualquer dos escrivães do judicial.

Art. 23. O escrivão do jury do termo, em que se effectuar o julgamento, terá direito ás custas de todas as diligencias do processo.

Art. 24. Os processos pendentes por algum dos crimes mencionados nos arts. 10 e 18, em que ainda não houver culpa formada, serão remetidos aos juizes municipaes, para que os concluam na fórma deste Regulamento.

§ 1.º Aquelles processos, em que estiver a culpa formada, mas que não houverem sido submettidos ao jury, serão remetidos ao juiz de direito, afim de ordenar as diligencias necessarias, para que tenha logar o julgamento.

§ 2.º Aquelles, em que houver sentença do jury pendente de appellação, seguirão seus termos; mas, si a Relação mandar proceder a novo julgamento, este terá logar segundo a fórma prescripta nos artigos antecedentes.

Art. 25. O promotor publico deverá residir no termo em que o juiz de direito tiver a sua residencia, e acompanhal-o nas viagens que fizer em razão do officio.

Art. 26. O Reg. n. 120 de 31 de janeiro de 1842 será observado em tudo quanto por este não estiver alterado.

* * *

DECRETO N. 708 — DE 14 DE OUTUBRO DE 1850

Regula a execução da lei que estabelece medidas para a repressão do trafico de africanos neste Imperio

Hei por bem, usando da attribuição que me confere o art. 102, § 12 da Constituição do Imperio, decretar o seguinte:

TITULO I

Dos apresamentos feitos em razão do trafico, e fórma de seu processo na primeira instancia.

Art. 1.º As autoridades e os navios de guerra brasileiros devem apprehender as embarcações brasileiras encontradas em qualquer parte, e as estrangeiras nos portos, enseadas, ancoradouros, ou mares territoriaes do Brasil: 1.º, quando tiverem a seu bordo escravos, cuja importação é prohibida pela Lei de 7 de Novembro de 1831; 2.º, quando se reconhecer que os desembarcárão no territorio do Imperio; 3.º, quando se verificar a existencia de signaes marcados no Tit. 3.º deste Regulamento.

Art. 2.° Se em virtude do que dispõe o artigo antecedente fôr apresada em alto mar alguma embarcação, o apresador, depois de inventariar e guardar lacrados, sellados, e debaixo da rubrica do capitão do navio apresado, todos os papeis, e especialmente os mencionados no art. 4.°, e depois de fazer fechar as escotilhas e mais lugares em que vierem mercadorias, deverá, apenas chegar ao porto, declarar por escripto ao auditor de marinha o motivo do apresamento; o dia e a hora em que foi effectuado; em que paragem e altura; que bandeira trazia o navio; se fugio á vista, ou se defendeu com força; quaes os papeis mencionados no art. 4.° que lhe forão apresentados; que explicações derão pela falta de alguns; e todas as mais circumstancias da presa e viagem.

Art. 3.° Quando entrar alguma embarcação apresada, a visita o participará logo, e pelo telegrapho, se o houver, ao auditor de marinha, que immediatamente irá a bordo.

O mesmo fará a visita quando impedir a entrada ou sahida de alguma embarcação por suspeita de destinar-se ao trafico de escravos, ou de se haver nelle empregado.

Art. 4.° O auditor de marinha, apenas chegar a bordo, deverá exigir, além da declaração de que trata o art. 2.°, os livros e papeis mencionados nos seis primeiros paragraphos do art. 466, e nos arts. 501 até 505 do Codigo Commercial, que vão abaixo transcriptos.

Em seguida procederá á busca no navio e seu carregamento; arrecadando os papeis de bordo que lhe não tiverem sido entregues, fazendo-os logo inventariar, ou guardar lacrados e sellados para serem inventariados depois, fazendo as perguntas que julgar convenientes, e lavrando de tudo processo verbal com as solemnidades e cautelas que exige o Alvará do Regimento de 7 de Dezembro de 1796, nos arts. 20, 21 e 22, que vão abaixo transcriptos.

O processo verbal deverá declarar explicitamente se deixou de ser apresentado algum dos papeis que, conforme os artigos supracitados do Codigo Commercial, devem existir a bordo, se algum delles existe em duplicata, e os motivos que allegárão os interessados para explicar a falta ou a duplicata.

Art. 5.° Se a bordo forem encontrados alguns dos signaes marcados no Tit. 3.° deste Regulamento, o processo verbal deverá fazer de cada um delles especificada menção, assim como das explicações que a seu respeito e dos factos que determinárão o apresamento derem os interessados.

As perguntas e respostas relativas ao apresamento deverão ser feitas de modo que não oução uns o que os outros tiverem respondido; e se em vista das circumstancias parecer necessario conservar por algum tempo separados e incommunicaveis os officiaes, tripolação e mais pessoas do navio apresado, o auditor dará as ordens convenientes.

Art. 6.° Se a embarcação fôr apresada tendo a bordo escravos, cuja importação é prohibida pela Lei de 7 de

---

NOTA DO ORGANIZADOR: Artigos do Código a que se refere o artigo 4.° deste Decreto:

Art. 466. Toda a embarcação brasileira em viagem é obrigada a ter a bordo:

1.° O seu registro (art. 460).

2.° O passaporte do navio.

3.° O rol da equipagem ou matricula.

4.° A guia ou manifesto da alfandega do porto brasileiro d'onde houver sahido, feito na conformidade das Leis, Regulamentos e Instrucções fiscaes.

5.° A carta de fretamento nos casos em que este tiver lugar, e os conhecimentos da carga existente a bordo, se alguma existir.

6.° Os recibos das despezas dos portos d'onde sahir, comprehendidas as de pilotagem, ancoragem e mais direitos e impostos de navegação.

Novembro de 1831, o auditor de marinha, depois de verificar seu numero e se coincide com a declaração do apresador, os fará relacionar por numeros seguidos de nomes, se os tiverem, e de todos os signaes que os possão distinguir, fazendo-os examinar por peritos, afim de verificar se são dos prohibidos. Concluida esta diligencia, de que se fará processo verbal especial, os fará depositar com a segurança e cautelas que o caso exigir, e sob sua responsabilidade.

Se os Africanos não tiverem sido baptisados, ou havendo sobre isso duvida, o auditor de marinha deverá providenciar para que o sejão immediatamente.

Art. 7.º Se não existirem a bordo escravos dessa qualidade, e entretanto se encontrarem ainda os vestigios de sua estada a bordo, destes mesmos se fará expressa menção no processo, fazendo o auditor testificar sua existencia por tres testemunhas fidedignas, e especialmente por officiaes de marinha e homens maritimos.

Art. 8.º Concluido e assignado o processo verbal, o auditor fará affixar e publicar pela imprensa editaes de trinta dias até seis mezes, quando se tratar de embarcações nacionaes, vindas de portos nacionaes, e até um anno quando a embarcação fôr estrangeira, notificando os interessados no casco ou no carregamento para virem defender seus direitos. Entretanto proseguirá nos termos do processo e mesmo nos da appellação.

§ 1.º Achando-se presente o capitão, será notificado para vêr proseguir o processo por parte dos interessados. Na falta destes, do capitão, do consul ou quem suas vezes fizer, o auditor nomeará curador para defender os seus interesses.

§ 2.º Os interessados que em virtude da citação edital comparecerem, tomaráõ a causa nos termos em que ella se achar. Se já estiverem conclusos os autos o auditor de marinha, abrindo a conclusão, assignará um termo nunca maior de oito dias, para arrazoarem e ajuntarem documentos; igual prazo será concedido aos apresadores, se o requererem. Se já estiver publicada a sentença, nada poderão allegar e requerer senão na 2.ª instancia.

§ 3.º Não poderão reclamar este favor aquelles que, embora reveis na causa, tiverem estado presentes no lugar ao tempo da apprehensão ou julgamento.

Art. 9.º No dia immediato, quando não possa ser no mesmo dia do exame a bordo, o auditor, em presença dos interessados que comparecerem, e especialmente do capitão e officiaes do navio apresado, que estiverem detidos, e do navio apresador, que quizerem comparecer, para o que serão notificados na pessoa do commandante, ou de quem suas vezes fizer, depois de verificar os sêllos, abrir e inventariar os papeis, se o não tiver feito a bordo, interrogará minuciosamente o capitão do navio apresado e seus officiaes sobre o facto ou factos que derão lugar ao apresamento, e sobre as principaes circumstancias do processo verbal: e inquirindo as testemunhas, e ouvindo as pessoas que entender conveniente para esclarecimento da verdade, ou que lhe forem pelos interessados indicadas, formará de tudo processo summario em termo breve, e nunca excedendo de oito dias, sem causa justificada, que deverá especificar.

Art. 10. Concluido este processo summario, se os interessados tiverem protestado por vista, a terão por tres dias dentro do cartorio para deduzir e offerecer suas razões; sendo os primeiros tres dias para os apresadores, outros tres para o curador dos Africanos, se os houver apprehendidos, e os tres ultimos para os apresados, e fin-

---

Art. 501. O capitão é obrigado a ter escripturação regular de tudo quanto diz respeito á administração do navio e á sua navegação; tendo para este fim tres livros distinctos, encadernados, e rubricados pela autoridade a cargo de quem estiver a matricula dos navios, pena de responder por perdas e damnos que resultarem da sua falta de escripturação regular.

dos estes prazos nas 24 horas seguintes, serão os autos conclusos ao auditor de marinha, que dentro de oito dias sentenciará sobre a liberdade dos escravos apprehendidos, se os houver, declarando logo boa ou má presa a embarcação e seu carregamento, e appellando *ex-officio* para o conselho de Estado.

Esta appellação produzirá effeito suspensivo; porém, quando declarar livres alguns Africanos, estes serão desde logo postos á disposição do governo com as cartas de liberdade, as quaes não lhes poderão ser entregues antes de decidida a appellação.

Art. 11. Se a visita, o capitão do porto, ou qualquer empregado apprehender alguma embarcação em virtude do que dispõe o art. 1.°, o procedimento deverá ser o mesmo prescripto para os apresamentos feitos por navios em alto mar. O apprehensor deve dirigir ao auditor de marinha a declaração dos motivos, e por si ou por seu procurador ser parte no processo. E como apresador lhe pertence o producto das vendas que manda fazer o art. 5.° da Lei n. 581 de 4 de Setembro de 1850, deduzindo-se apenas um quarto para o denunciante, se o houver.

Art. 12. Se forem apprehendidos escravos, cuja importação é prohibida pela Lei de 7 de Novembro de 1831, fóra da embarcação que os trouxe, mas ainda na costa antes do desembarque, ou no acto delle, ou immediatamente depois em armazens ou depositos sitos nas costas ou portos, serão levados ao auditor de marinha, que procederá a respeito delles pela mesma fórma determinada para os apprehendidos a bordo; mas, concluido o exame feito pelos peritos, assignará oito dias aos interessados para que alleguem e provem o que julgarem conveniente. Igual prazo será concedido aos apprehensores, se o requererem, e ao curador dos Africanos, ainda que o não requeira.

Além dos oito dias assignados, fará affixar e publicar pela imprensa cartas de edictos com os mesmos effeitos e prazos que no art. 8.° se estabelecêrão para o processo de apresamento de navios nacionaes.

Art. 13. Concluindo o prazo dos oito dias para todos os interessados, o processo subirá concluso, nas 24 horas seguintes, ao auditor de marinha, que no prazo de tres dias, proferirá sua sentença, appellando *ex-officio* para o conselho de Estado.

Art. 14. Se com os escravos, cuja importação é prohibida pela Lei de 7 de Novembro de 1831, forem apprehendidos, como accessorios, barcos empregados em seu desembarque, occultação ou extravio, a sentença que os julgar condemnará tambem os barcos e seu carregamento, em beneficio dos apprehensores, com a deducção de um quarto para o denunciante, se houver.

Art. 15. Haverá auditores de marinha (além do geral que existe na côrte) nas cidades de Belém do Pará, S. Luiz do Maranhão, Recife, Bahia e Porto-Alegre. Este lugar será exercido pelo juiz de direito que fôr pelo governo designado; em falta de designação especial servirá o juiz de direito que fôr chefe de polícia. Se o chefe de policia fôr desembargador, servirá o juiz de direito da 1.ª vara crime.

Os auditores não perceberáõ por este serviço mais que os emolumentos que lhes competirem. Nas suas faltas ou impedimentos serao substituidos pelo juiz municipal que fôr pelo governo ou pelos presidentes designado; em falta de designação servirá o da 1.ª vara.

Art. 502. No primeiro, que se denominará — Livro de carga — assentará diariamente as entradas e sahidas da carga, com declaração especificada das marcas e numeros dos volumes, nomes dos carregadores e consignatarios, portos da carga e descarga, fretes ajustados, e quaesquer outras circumstancias occurrentes que possão servir para futuros esclarecimentos. No mesmo livro se lançaráõ tambem os nomes dos passageiros, com declaração do lugar do seu destino, preço e condições da passagem, e a relação da sua bagagem.

Se as circumstancias o exigirem, poderão crear-se novas auditorias em outros portos do Imperio.

Art. 16. Quando o commandante de uma presa não puder conduzi-la directamente a porto em que haja auditor de marinha, deverá lavrar um auto em que declare os motivos que a isso o obrigão. Se houver necessidade de requerer alguma diligência, deverá dirigir-se ao chefe de policia, juiz de direito, juiz municipal, delegado ou subdelegado do lugar, preferindo-os pela ordem por que se achão aqui enumerados.

Nada poderá desembarcar de bordo da presa, sem se lavrar auto, assignado pelos officiaes do navio apresador e do apresado que existirem a bordo, sem prévia communicação á autoridade acima referida.

Art. 17. Se houver necessidade de desembarcar escravos, cuja importação é prohibida pela Lei de 7 de Novembro de 1831, a autoridade mencionada no artigo antecedente procederá a respeito delles ás diligencias do art. 6.º, ainda quando tenhão de voltar para bordo.

Se forem desembarcados objectos que tenhão algum valor, a mesma autoridade os fará depositar judicialmente; e, sendo de tal natureza que não devão guardar-se, os fará vender em hasta publica a requerimento dos interessados, mandando depositar o seu preço nos cofres publicos.

A venda deve ser precedida de avaliação por peritos e annuncios pelo numero de dias que a qualidade dos objectos e circumstancias aconselharem.

Art. 18. Se alguma embarcação fôr apprehendida em porto em que não haja auditor de marinha, todas as diligencias que a este incumbem serão desempenhadas pela autoridade de que trata o art. 16.

O mesmo acontecerá se forem apprehendidos escravos, cuja importação é prohibida pela Lei de 7 de Novembro de 1831, em costas ou portos em que não haja auditor.

Art. 19. De todas as diligencias, declarações, inquirições e interrogatorios, assim como dos navios, escravos, ou quaesquer outros objectos apprehendidos, deverá a mesma autoridade fazer remessa, o mais breve que fôr possivel, ao auditor de marinha mais proximo, ou ao daquelle porto para onde se julgar conveniente conduzir o navio apresado.

Art. 503. O segundo livro será da — Receita e despeza da embarcação — e nelle, debaixo de competentes titulos, se lançará, em fórma de contas correntes, tudo quanto o capitão receber e dispender respectivamente á embarcação; abrindo-se assento a cada um dos indivíduos da tripolação com declaração de seus vencimentos e de qualquer onus a que se acharem obrigados, e a carga do que receberem por conta de suas soldadas.

Art. 504. No terceiro livro, que será denominado — Diario da navegação — se assentaráõ diariamente, emquanto o navio se achar em algum porto, os trabalhos que tiverem lugar a bordo, e os concertos ou reparos do navio.

No mesmo livro se assentará tambem toda a derrota da viagem, notando-se diariamente as observações que os capitães e os pilotos são obrigados a fazer, todas as occurrencias interessantes á navegação, acontecimentos extraordinarios que possão ter lugar a bordo, e com especialidade os temporaes e os damnos ou avaria que o navio ou a carga possão soffrer, as deliberações que tomarem por accôrdo dos officiaes da embarcação e os competentes protestos.

Art. 505. Todos os processos testemunhaveis e protestos formados a bordo, tendentes a comprovar sinistros, avarias ou quaesquer perdas, devem ser ratificados com juramento do capitão perante a autoridade competente do primeiro lugar onde chegar, a qual deverá interrogar o mesmo capitão, officiaes, gente da equipagem (art. 545, n. 7) e passageiros sobre a veracidade dos factos e suas circumstancias, tendo presente o diario da navegação, se houver sido salvo.

Art. 20. O auditor de marinha, logo que receber o processo, continuará as diligencias e termos que forem necessarios para proferir sua sentença.

Quando julgar conveniente encarregar a qualquer autoridade essas diligencias, poderá fazê-lo por meio de officios ou precatorias.

Art. 21. Proferida pelo auditor de marinha a sentença, e interposta a appellação *ex-officio* na fórma do art. 16, o escrivão, dentro de oito dias, deixando traslado no cartorio, entregará o processo original na secretaria de Estado dos negocios da justiça, e nas provincias na respectiva secretaria da presidencia. Se a accumulação de processos ou outros embaraços impedirem a promptificação dos traslados, o auditor de marinha poderá conceder-lhe mais oito dias improrogaveis.

O recibo do processo original será junto pelo escrivão ao traslado que ficar no cartorio.

Art. 22. Haverá um escrivão especial para estes processos, designado d'entre os que servem ante outros juizes ou tribunaes. Nos seus impedimentos, ou emquanto não fôr designado pelo governo, servirá aquelle que o auditor de marinha escolher.

TITULO II

Do processo e julgamento dos réos em primeira instancia.

Art. 23. Havendo apprehensão de escravos, cuja importação é prohibida pela Lei de 7 de Novembro de 1831, e sendo essa apprehensão no alto mar, ou na costa antes do desembarque, no acto delle, ou immediatamente depois, em armazens ou depositos sitos nas costas ou portos, os auditores de marinha devem exigir dos apprehensores um auto ou parte circumstanciada da apprehensão e lugar onde, e proceder immediatamente a um auto de exame por meio de peritos juramentados, afim de verificar se os escravos são ou não dos importados illicitamente.

§ 1.º Se tiver havido apprehensão de embarcação ou barcos empregados no trafico, sem que existão a bordo os escravos, cuja importação é prohibida pela Lei de 7 de Novembro de 1831, mas existindo vestigios que mostrem seu proximo desembarque, ou signaes que indiquem o destino ao trafico, o auditor de marinha procederá com peritos juramentados a um auto de exame desses vestigios e signaes.

§ 2.º Se para o processo de presa já estiverem feitos os autos de que trata este artigo, basta que no processo dos réos sejão elles juntos por traslado.

Art. 24. Formado assim o corpo de delicto directo, o auditor procederá á inquirição de testemunhas, interrogatorios, informações e mais diligencias que entender convenientes para descobrir os criminosos, ou que pelos apprehensores ou pelo promotor publico lhe forem requeridos.

Art. 25. Concluidas estas diligencias, que não excederáõ de oito dias sem causas muito ponderosas, que o auditor deverá especificar no processo, proferirá o seu despacho de pronuncia ou não pronuncia contra os réos que forem descobertos e que se acharem comprehendidos em alguma das categorias do art. 3.º da Lei n. 581 de 4 de Setembro de 1850.

NOTA DO ORGANIZADOR: Artigos do Alvará do Regimento de 7 de Dezembro de 1796, referidos no artigo 4.º deste Decreto:

Art. 20. Depois de feita a referida declaração, passará logo incontinente o dito governador ou justiça ao navio apresado, ou tenha dado fundo em alguma bahia, ou entrado no porto; e formaráõ o processo verbal da quantidade e qualidade das mercadorias, e do estado em que se acharem as camaras, camarotes, escotilhas e mais paragens do navio, que logo farão fechar e sellar com o sêllo que fôr estylo, e porão guardas para terem sentido, e impedir que se dividão os effeitos.

A respeito dos réos que forem descobertos, mas não se acharem comprehendidos no citado artigo, deverá remetter ao chefe de policia todos os indicios e provas que contra elle houver, afim de que sejão processados e julgados no fôro commum.

Art. 26. Do despacho que não pronunciar recorrerá o auditor *ex-officio* para a Relação.

Art. 27. Do despacho que pronunciar, ou do que ordenar a remessa de algum réo para o juiz commum, haverá recurso, se fôr intentado pelas partes ou pelo promotor publico, a quem taes despachos devem sempre ser intimados.

Art. 28. O recurso não produz effeito suspensivo, e ainda sendo de pronuncia deve o auditor proseguir nos termos do processo até julgamento e appellação inclusive.

Art. 29. Pronunciado o réo, o auditor de marinha mandará logo dar vista ao promotor publico, para este formar o libello, que será offerecido na primeira audiencia; e no caso de haver parte accusadora, poderá ser admittida a addir ou declarar o libello, comtanto que o faça no audiencia seguinte.

O auditor, se não dér duas audiencias semanaes, deverá fazê-lo desde que tenha processos desta natureza, annunciando pelos jornaes os dias e as horas.

Art. 30. Offerecido o libello, se seguiráõ, até a sentença final, os termos estabelecidos no Decreto n. 707 de 9 de Outubro de 1850, nos arts. 8, 9, 10, 11, 12 e 26.

Art. 31. Nas appellações interpostas dos processos desta natureza pelo promotor publico, o auditor marcará ao escrivão um prazo, nunca maior de trinta dias, para que o processo seja apresentado no correio ou na Relação, sendo em cidade que a tenha.

TITULO III

Dos signaes que constituem presumpção legal do destino das embarcações ao trafico.

Art. 32. Os signaes que constituem presumpção legal de que uma embarcação se emprega no trafico de escravos são os seguintes:

1.º Escotilhas com grades abertas, em vez das fechadas, que se usão nas embarcações mercantes.

2.º Divisões ou anteparos no porão ou na coberta, em maior quantidade do que a necessaria em embarcações do commercio licito.

3.º Taboas de sobresalente, preparadas para se collocarem como segunda coberta.

4.º Quantidade de agua em toneis, tanques, ou em qualquer outro vasilhame maior que a necessaria para o consumo da tripolação, passageiros e gado, em relação á viagem.

5.º Quantidade de grilhões, correntes ou algemas, maior que a necessaria para a policia da embarcação.

6.º Quantidade de bandejas, gamellas, ou celhas de rancho, maior que a necessaria para a gente de bordo.

7.º Extraordinaria grandeza da caldeira, ou numero dellas maior que o necessario nas embarcações de commercio licito.

8.º Quantidade extraordinaria de arroz, farinha, milho, feijão ou carne, que exceda visivelmente ás necessidades da tripolação e passageiros; não

---

Art. 21. O processo verbal do governador ou justiça se ha de fazer em presença do capitão, ou patrão do navio apresado, e na sua ausencia na dos officiaes principaes ou marinheiros delle, juntamente com o capitão ou outro official do navio apresador, e ainda tambem em presença dos que puzerem demanda á tal presa, em caso que se apresentem ou se acharem presentes; e o dito governador ou justiça ouvirá aos commandantes e officiaes principaes de ambos os navios, e alguns marinheiros, se necessario fôr.

vindo declarada no manifesto como parte de carga para commercio.

9.° Uma grande quantidade de esteiras, ou esteirões, superior ás necessidades da gente de bordo.

Art. 33. Também constituem presumpção legal do emprego da embarcação no trafico:

1.° A existencia de vasilhame para liquidos além do empregado na aguada, que não tiver sido especialmente despachado debaixo de fiança de ter destino licito; ou quando se mostrar que esse vasilhame não teve o destino que se indicou na occasião de o despachar.

2.° A duplicata dos diarios de navegação.

3.° A falta dos papeis mencionados nos seis primeiros paragraphos do art. 466, e nos arts. 501 até 504 do Codigo Commercial, depois que estiver em execução.

4.° A substituição do verdadeiro capitão por outro de bandeira ou nominal.

5.° A fuga da tripolação ou abandono do navio em presença de embarcação de guerra em tempo de paz, ou presença de autoridade que se dirija a bordo; o incendio ou damnificação voluntariamente feitos ao navio por tripolação.

Art. 34. A existencia destes signaes estabelece a boa fé do apresador, e, emquanto não apparecer prova irrecusavel do contrario, justifica a apprehensão.

Art. 35. Quando alguma embarcação se destinar ao transporte de colonos ou a outra negociação licita que exija imperiosamente a existencia a bordo de alguns dos signaes mencionados no art. 32, deverá antecipadamente justificar perante o auditor de marinha essa necessidade, especificando os signaes que pede a permissão.

Art. 36. O auditor nunca admittirá estas justificações sem que a petição inicial declare o proprietario da embarcação, o afretador e o capitão; e sem que os dous primeiros pelo menos sejão pessoas abonadas, bem conceituadas e não suspeitas de interessadas no trafico, o que, além das averiguações a que por si mesmo deverá proceder, fará objecto de inquirição de testemunhas conhecidas e acreditadas.

Art. 37. Antes de julgar a justificação, o auditor de marinha mandará publicar pela imprensa, por oito dias, editaes que declarem os nomes do navio, do proprietario e do afretador, e os signaes cuja permissão se solicíta, declarando que assim se faz publico para que possão reclamar os que tiverem razões para suppôr que a embarcação se destina ao trafico de escravos.

Art. 38. Sómente os auditores de marinha, creados pelo art. 15 deste Regulamento, e não os que de novo se estabelecerem, são os competentes para julgar estas justificações, que deverão ser entregues em original aos justificantes, ficando no cartorio os respectivos traslados.

Art. 39. O julgamento da justificação deverá ser publicado pela imprensa, e tanto essa publicação como a dos editaes, de que trata o art. 37, devem juntar-se ao processo original e ao traslado que tem de ficar no cartôrio.

Art. 40. Com uma certidão authentica do julgado, requererá o justificante a permissão, de que trata o art. 35, á secretaria de Estado dos negocios da justiça, se a justificação tiver sido

---

Art. 22. Se acaso se trouxer alguma presa sem prisioneiros, passaportes, conhecimentos e mais papeis, os officiaes, soldados e marinheiros do navio que tiver feito a presa serão examinados separadamente sobre as circumstancias da dita presa; e por que razão veio o navio sem prisioneiros, o qual com suas mercadorias será visitado por pessoas expertas, para conhecer, se fôr possivel, contra quem se fez a presa.

feita na auditoria geral da côrte, aliás ao presidente da provincia em que houver sido julgada.

Art. 41. As licenças devem conter o nome do navio, do proprietario e do afretador; a declaração da viagem e seu fim, e dos signaes mencionados no art. 32 que ficão sendo permittidos; o tempo de duração da licença (nunca mais de dous annos) com a expressa condição de que esta se deverá considerar *ipso facto* sem effeito, se fôr mudado o nome do navio, ou se este mudar de proprietario ou de afretador, devendo em qualquer dessas hypotheses a renovação da licença ser precedida de nova justificação na auditoria de marinha.

Euzebio de Queiroz Coitinho Mattoso Camara, do meu conselho, ministro e secretario de Estado dos negocios da justiça, assim o tenha entendido e faça executar. Palacio do Rio de Janeiro, em 14 de Outubro de 1850, vigesimo-nono da Independencia e do Imperio. — Com a rubrica de S. M. o Imperador. — *Euzebio de Queiroz Coitinho Mattoso Camara.*

* * *

LEI N. 609 — DE 18 DE AGOSTO DE 1851

Declara o Tribunal, pelo qual devem ser processados e julgados os Arcebispos e Bispos do Imperio, nas causas que não forem puramente espirituaes

Dom Pedro Segundo, por Graça de Deos, e Unanime Acclamação dos Povos, Imperador Constitucional e Defensor Perpetuo do Brasil. Fazemos saber a todos os Nossos Subditos, que a Assemblea Geral Legislativa Decretou, e Nós Queremos a Lei seguinte:

Art. 1.º Os Arcebispos e Bispos do Imperio do Brasil, nas causas que não forem puramente espirituaes, serão processados e julgados pelo Supremo Tribunal de Justiça.

Art. 2.º Ficão sem vigor as disposições em contrario.

Mandamos por tanto a todas as Autoridades, a quem o conhecimento da referida Lei pertencer, que a cumprão, e fação cumprir, e guardar tão inteiramente, como nella se contêm. O Secretario d'Estado dos Negocios da Justiça a faça imprimir, publicar e correr. Dada no Palacio do Rio de Janeiro aos dezoito de Agosto de mil oitocentos cincoenta e hum, trigesimo da Independencia e do Império.

IMPERADOR.

Com Rubrica e Guarda.

Eusebio de Queiroz Coitinho Mattoso Camara.

Carta de Lei, pela qual Vossa Magestade Imperial Manda executar o Decreto da Assembléa Geral, que Houve por bem Sanccionar, declarando o Tribunal pelo qual dévem ser processados e julgados os Arcebispos e Bispos do Imperio, nas causas que não forem puramente espirituaes, na fórma acima declarada.

Para Vossa Magestade Imperial Ver.

Antonio Alvares de Miranda Varejão a fez.

Eusebio de Queiroz Coitinho Mattoso Camara.

Sellada na Chancellaria do Imperio, em 25 de Agosto de 1851.

Josino do Nascimento Silva.

Publicada na Secretaria d'Estado dos Negócios da Justiça em o 1.º de Setembro de 1851.

Josino do Nascimento Silva.

Registrada no Livro 1.º de Leis e Resoluções. Secretaria d'Estado dos Negocios da Justiça em o 1.º de Setembro de 1851.

Manoel Antonio Ferreira da Silva.

DECRETO N. 1.723 — DE 16 DE FEVEREIRO DE 1856

Manda dar vista aos Desembargadores Promotores de Justiça nos Tribunaes da Relação de todas as appellações, e sciencia das decisões dos mesmos Tribunais, para que procedão na fórma abaixo estabelecida

Hei por bem Decretar o seguinte:

Aos Desembargadores Promotores de Justiça nos Tribunaes da Relação se dará d'ora em diante vista de todas as appellações crimes, para arrazoarem e requererem o que for, em segunda Instancia, a bem da Justiça; sendo-lhes igualmente apresentadas as decisões dos mesmos Tribunaes para interporem revista nos casos em que ella couber.

José Thomaz Nabuco de Araujo, do Meu Conselho, Ministro e Secretario d'Estado dos Negocios da Justiça, assim o tenha entendido e faça executar. Palacio do Rio de Janeiro em dezeseis de Fevereiro de mil oitocentos cincoenta e seis, trigesimo quinto da Independencia e do Império.

Com a Rubrica de Sua Magestade o Imperador.

José Thomaz Nabuco de Araujo.

* * *

DECRETO N. 1.698 — DE 15 DE SETEMBRO DE 1869

Permitte ao réo absolvido em primeira instancia, sendo interposta appellação, livrar-se solto por meio de fiança até a decisão do recurso, quando a pena fôr menor de quatorze annos de prisão simples, doze de prisão com trabalho e vinte annos de degredo; e dá outras providencias relativas ao processo criminal

Hei por bem Sanccionar e Mandar que se execute a Resolução seguinte da Assembléa Geral:

Art. 1.° Absolvido o réo em 1.ª Instancia, sendo interposta appellação, será admittida a fiança até decisão do recurso, quando a pena fôr menor de 14 annos de prisão simples, 12 de prisão com trabalho e degredo por 20 annos.

Art. 2.° Não se comprehende nas disposições do artigo antecedente o caso do art. 79, § 1.° da Lei de 3 de Dezembro de 1841.

Art. 3.° Independente de fiança, será solto o réo, se o acusador não appellar nos tres dias seguintes ao da intimação da sentença.

Art. 4.° Fica revogado o § 2.° do art. 38 da Lei de de Dezembro de 1841.

Art. 5.° Nos casos de tentativa ou complicidade, o art. 101 do Código do Processo Criminal só é applicavel quando a pena do crime, feito o desconto legal da terça parte, se comprehende nas disposições do referido artigo.

Art. 6.° A commutação da pena de multa, que não fôr correspondente a certo tempo, nunca poderá exceder a tres annos de prisão com trabalho.

Art. 7.° O réo preso, que fôr condemnado á pena de prisão com trabalho, não será obrigado a este, pendente a appellação.

Confirmada, porém, a sentença, será levado em conta no cumprimento da pena o tempo de prisão simples que o réo tiver soffrido desde a sentença da 1.ª instancia, descontada a sexta parte. O disposto neste artigo não terá lugar se o réo preferir o cumprimento da pena de prisão com trabalho, não obstante a appellação.

Art. 8.° Ficão revogadas as disposições em contrario.

José Martiniano de Alencar, do Meu Conselho, Ministro e Secretario de Estado dos Negocios da Justiça, assim o tenha entendido e faça executar. Palacio do Rio de Janeiro, em quinze de Setembro de mil oitocentos sessenta e nove, quadragesimo oitavo da Independencia e do Imperio.

Com a rubrica de Sua Magestade o Imperador.

José Martiniano de Alencar.

Chancellaria-mór do Imperio.

José Martiniano de Alencar.

Transitou em 20 de Setembro de 1869.

José da Cunha Barbosa.

* * *

LEI N. 2.033 — DE 20 DE SETEMBRO DE 1871

Altera differentes disposições da Legislação Judiciaria

A Princeza Imperial Regente, em Nome de Sua Magestade o Imperador o Senhor Dom Pedro Segundo, Faz saber a todos os subditos do Imperio que a Assembléa Geral Decretou e Ella Sanccionou a Lei seguinte:

Das autoridades e das substituições

Art. 1.º Nas capitaes, que forem sédes de Relações, e nas comarcas de um só termo a ellas ligadas por tão facil communicação que no mesmo dia se possa ir e voltar, a jurisdicção de primeira instancia será exclusivamente exercida pelos Juizes de Direito, e da segunda pelas Relações.

Na Côrte e nas capitaes da Bahia, Pernambuco e Maranhão a Provedoria de capellas e residuos será de jurisdicção privativa. Na capital do Imperio é creado mais um lugar de Juiz de Orphãos.

§ 1.º Para a substituição dos Juizes de Direito nas ditas comarcas haverá Juizes substitutos, cujo numero não excederá ao dos Juizes effectivos; sendo nomeados pelo Governo d'entre os doutores ou bachareis formados em direito com dous annos de pratica do fôro pelo menos; e servirão por quatro annos nas mesmas condições e vantagens dos Juizes Municipaes.

§ 2.º Os Juizes substitutos sómente exercerão a jurisdicção plena em falta dos effectivos que substituem-se reciprocamente na mesma comarca, sempre que fôr possivel.

§ 3.º São reduzidos a tres os suplentes dos Juizes Municipaes, Delegados e Subdelegados de Policia em cada termo ou districto. Igual numero de supplentes terão os Juizes substitutos.

§ 4.º É incompativel o cargo de Juiz Municipal e substitutos com o de qualquer autoridade policial.

§ 5.º Os Chefes de Policia serão nomeados d'entre os magistrados, doutores e bachareis em direito que tiverem quatro annos de pratica do fôro ou de administração, não sendo obrigatoria a aceitação do cargo. E, quando magistrados no exercicio do cargo policial, não gozarão do predicamento de sua magistratura, vencerão, porém, a respectiva antiguidade, e terão os mesmos vencimentos pecuniarios se forem superiores aos do lugar de Chefe de Policia.

§ 6.º Nos impedimentos dos Chefes de Policia servirão as pessoas que forem designadas pelo Governo na Côrte, e pelos Presidentes nas Provincias, guardada sempre que fôr possivel a condição relativa aos effectivos.

§ 7.º Haverá em cada termo um adjunto do Promotor Publico, proposto pelo Juiz de Direito da respectiva comarca e approvado pelo Presidente da Provincia.

§ 8.º Na falta do adjunto do Promotor Publico, as suas funcções serão exercidas por qualquer pessoa idonea nomeada pelo Juiz da culpa para o caso especial de que se tratar.

Das attribuições criminaes

Art. 2.º Aos Juizes de Paz, além das suas actuaes attribuições, compete:

§ 1.º O julgamento das infracções de posturas municipaes com appellação para os Juizes de Direito; ficando porém supprimida a competencia para julgar as infracções dos termos de segurança e de bem viver.

§ 2.º A concessão da fiança provisoria.

Art. 3.º Aos Juizes Municipaes fica competindo, além das outras attribuições:

§ 1.º A organização do processo crime de contrabando fóra de flagrante delicto.

§ 2.º O Julgamento da infracção dos termos de segurança e bem viver, que as autoridades policiaes e os Juizes de Paz tiveram feito assignar.

Art. 4.º Aos Juizes de Direito das comarcas do art. 1.º e bem assim aos Juizes Municipaes de todos os outros termos fica exclusivamente pertencendo a pronuncia dos culpados nos crimes communs; o julgamento nos crimes de que trata o art. 12, § 7.º do Codigo do Processo Criminal e o da infracção dos termos de segurança e bem viver; podendo ser auxiliados pelos seus substitutos no preparo e organização dos respectivos processos até o julgamento e a pronuncia exclusivamente; e com a mesma limitação pelos Delegados e Subdelegados de Policia quanto ao processo dos crimes do citado art. 12, § 7.º do Codigo do Processo Criminal.

Art. 5.º Aos mesmos Juizes de Direito tambem pertence:

§ 1.º O processo e julgamento dos crimes de contrabando fóra de flagrante delicto.

§ 2.º A decisão das suspeições postas aos substitutos e Juizes de Paz.

§ 3.º Em geral quaesquer outras attribuições conferidas aos Juizes de primeira instancia.

Art. 6.º Ao Tribunal da Relação compete conhecer e julgar os recursos interpostos das decisões dos Juizes de Direito das comarcas do art. 1.º; e aos Desembargadores, membros das respectivas Relações, a Presidencia das sessões do Jury nas mesmas commarcas.

Art. 7.º Aos Juizes de Direito em geral, além de suas actuaes attribuições, compete:

§ 1.º O julgamento do crime de contrabando fóra de flagrante delicto.

§ 2.º A decisão das suspeições postas aos Juizes inferiores e aos mesmos Juizes de Direito na ordem designada.

§ 3.º A concessão de fiança.

Art. 8.º Aos substitutos dos Juizes de Direito das comarcas do art. 1.º, e igualmente aos supplentes dos Juizes Municipaes de todos os termos, além da substituição marcada para os casos de impedimento dos respectivos Juizes, compete:

§ 1.º A cooperação no preparo dos processos, de que trata o art. 12, § 7.º do Codigo do Processo Criminal, assim como na formação da culpa nos crimes communs, exclusivamente até o julgamento e a sentença de pronuncia; devendo os respectivos Juizes competentes, antes de proferirem suas decisões, rectificar os processos quando fôr preciso.

§ 2.º A concessão de fianças.

Art. 9.º Fica extincta a jurisdicção dos Chefes de Policia, Delegados e Subdelegados no que respeita ao julgamento dos crimes de que trata o art. 12, § 7.º do Codigo do Processo Criminal, assim como quanto ao julgamento das infracções dos termos de bem viver e segurança, e das infracções de posturas municipaes.

Paragrapho unico. Fica tambem extincta a competencia dessas autoridades para o processo e pronuncia nos crimes communs; salva aos Chefes de Policia a faculdade de proceder á formação da culpa e pronunciar no caso do art. 60 do Regulamento de 31 de Janeiro de 1842.

Do despacho de pronuncia, neste caso, haverá, sem suspensão das prisões decretadas, recurso necessario, nas Provincias de facil communicação com a séde das Relações, para o Presidente da respectiva Relação; nas de difficil communicação, para o Juiz de Direito da capital da mesma Provincia.

Art. 10. Aos Chefes, Delegados e Subdelegados de Policia, além de suas actuaes attribuições tão sómente restringidas pelas disposições do artigo antecedente, e § unico, fica pertencendo o preparo do processo dos crimes, de que trata o art. 12, § 7.º do Codigo do Processo Criminal até a sen-

tença exclusivamente. Por escripto serão tomadas nos mesmos processos, com os depoimentos das testemunhas, as exposições da accusação e defesa; e os competentes julgadores, antes de proferirem suas decisões, deverão rectificar o processo no que fôr preciso.

§ 1.° Para a formação da culpa nos crimes communs as mesmas autoridades policiaes deverão em seus districtos proceder ás diligencias necessarias para descobrimento dos factos criminosos e suas circumstancias, e transmittirão aos Promotores Publicos com os autos de corpo de delicto e indicação de testemunhas mais idoneas, todos os esclarecimentos colligidos; e desta remessa ao mesmo tempo darão parte á autoridade competente para a formação da culpa.

§ 2.° Pertence-lhes igualmente a concessão da fiança provisoria.

Art. 11. As suspeições postas aos Juizes de Direito serão decididas:

§ 1.° Nas comarcas de que trata o art. 1.° desta Lei, pelo Presidente da respectiva Relação.

§ 2.° Nas demais comarcas, pelo Juiz de Direito da comarca mais vizinha do termo em que se arguir a suspeição. Uma tabella fixará a ordem da proximidade reciproca de cada comarca.

Da prisão

Art. 12. Para execução do disposto nos arts. 132 e 133 do Codigo do Processo Criminal, observar-se-ha o seguinte:

§ 1.° Não havendo autoridade no logar em que se effectuar a prisão, o conductor apresentará immediatamente o réo áquella autoridade que ficar mais proxima.

§ 2.° São competentes os Chefes de Policia, Juizes de Direito e seus substitutos, Juizes Municipaes e seus substitutos, Juizes de Paz, Delegados e Subdelegados de Policia. Na falta ou impedimento do Escrivão servirá para lavrar o competente auto qualquer pessoa que alli mesmo fôr designada e juramentada.

§ 3.° Quando a prisão fôr por delicto, de que trata o art. 13, § 7.° do do Codigo do Processo Criminal, o Inspector de quarteirão ou mesmo o official de justiça, ou commandante da força que effectuar a prisão, formará o auto de que trata o art. 132 acima citado, e porá o réo em liberdade, salva a disposição do art. 37 da Lei de 3 de Dezembro de 1841 e 300 do Regulamento de 31 de Janeiro de 1842; intimando o mesmo réo para que se apresente, no prazo que fôr marcado, á autoridade judicial, a quem o dito auto fôr remettido, sob pena de ser processado á revelia.

Art. 13. O mandado de prisão será passado em duplicata. O executor entregará ao preso, logo depois de effectuada a prisão, um dos exemplares do mandado com declaração do dia, hora e lugar, em que se effectuou a prisão, e exigirá que declare no outro havel-o recebido; recusando-se o preso, lavrar-se-ha auto assignado por duas testemunhas. Nesse mesmo exemplar do mandado o carcereiro passará recibo da entrega do preso com declaração do dia e hora.

§ 1.° Nenhum carcereiro receberá preso algum sem ordem por escripto da autoridade, salvo nos casos de flagrante delicto, em que por circumstancias extraordinarias se dê impossibilidade de ser o mesmo preso apresentado á autoridade competente nos termos dos paragraphos acima.

§ 2.° Á excepção de flagrante delicto, a prisão antes da culpa formada só póde ter lugar nos crimes inafiançaveis, por mandado escripto do Juiz competente para a formação de culpa ou á sua requisição; neste caso precederá ao mandado ou á requisição declaração de duas testemunhas, que jurem de sciencia propria, ou prova documental de que resultem vehementes indicios comtra o culpado ou declaração deste confessando o crime.

§ 3.° A falta porém, no mandado da autoridade formadora da culpa, na occasião, não inhibirá a autoridade policial ou Juiz de Paz de ordenar a prisão do culpado de crime inafiançavel, quando encontrado, se para isso houverem de qualquer modo recibido requisição da autoridade competente, ou se fôr notoria a expedição de ordem regular para a captura; devendo, porém, immediatamente ser levado o

preso á presença da competente autoridade judiciaria para delle dispôr. E assim tambem fica salva a disposição do art. 181, membro 2.º do Codigo Criminal.

§ 4.º Não terá lugar a prisão preventiva do culpado se houver decorrido um anno depois da data do crime.

Da fiança

Art. 14. A fiança provisoria terá lugar nos mesmos casos em que se dá fiança definitiva. Os seus effeitos durarão por 30 dias, e por mais tantos outros dias, quantos forem necessarios para que o réo possa apresentar-se ante o Juiz competente para prestar a fiança definitiva na razão de quatro leguas por dia.

§ 1.º A fiança regular-se-ha por uma tabella organizada pelo Governo, fixando o maximo e o minimo de cada anno de prisão com trabalho, de prisão simples com multa ou sem ella, degredo ou desterro.

§ 2.º Dentro dos dous termos, o Juiz, independente de arbitramento, fixará o valor da fiança, attendendo á gravidade do delicto e á condição de fortuna do réo.

§ 3.º Em crime afiançavel ninguem será conduzido á prisão, se perante qualquer das autoridades mencionadas no art. 12, § 2.º desta Lei prestar fiança provisoria por meio de deposito em dinheiro, metaes e pedras preciosas, apolices da divida publica ou pelo testemunho de duas pessoas reconhecidamente abonadas que se obriguem pelo comparecimento do réo durante a dita fiança sob a responsabilidade do maximo de que acima se trata, e estando já preso será immediatamente solto, se perante o Juiz da culpa prestar fiança definitiva, na fórma dos arts. 303 e 304 do Regulamento de 31 de Janeiro de 1842, ou ainda a provisoria, se não houverem decorrido os 30 dias depois de sua apresentação ao Juiz.

§ 4.º O quebramento da fiança importa a perda de metade do valor definitivo desta e obriga o réo ao processo e julgamento á revelia, nos termos do art. 43 da Lei de 3 de Dezembro de 1841, subsistindo a disposição do art. 44 da mesma Lei.

§ 5.º Nas sentenças de pronuncia e nos mandados de prisão se declarará o valor da fiança a que fica o réo sujeito.

§ 6.º A fiança póde ser prestada em qualquer termo do processo, uma vez que seja reconhecido o crime por afiançavel.

§ 7.º É derogada a disposição do art. 45 da Lei de 3 de Dezembro de 1841.

Da queixa ou denuncia

Art. 15. Fica abolido o procedimento *ex-officio* dos Juizes formadores da culpa, excepto nos casos de flagrante delicto; nos crimes policiaes; e nas especies dos §§ 5.º e 7.º deste artigo.

§ 1.º No caso de flagrante delicto, se o réo obtiver fiança, a queixa ou denuncia será apresentada dentro dos 30 dias da perpetração do delicto.

§ 2.º Se o réo estiver preso, a queixa ou denuncia será offerecida dentro de cinco dias.

§ 3.º Não estando o réo preso nem afiançado, o prazo para a queixa ou denuncia será igualmente de cinco dias, contados da data em que o Promotor Publico receber os esclarecimentos e provas do crime ou em que este se tornar notorio.

§ 4.º As autoridades competentes remetterão aos Promotores Publicos ou seus adjuntos as provas que obtiverem sobre a existencia de qualquer delicto, afim de que elles procedam na fórma das leis.

§ 5.º Se esgotados os prazos acima declarados, os Promotores Publicos ou seus adjuntos não apresentarem a queixa ou denuncia, a autoridade formadora da culpa procederá *ex-officio*, e Juiz de Direito multará os Promotores ou adjuntos omissos na quantia de 20$000 a 100$000, se não offerecerem motivos justificativos de sua falta.

§ 6.º O Promotor Publico, a quem o adjunto deverá communicar a queixa ou denuncia que tiver apresentado, poderá addicional-a como entender mais justo, e proseguir nos termos da formação da culpa.

§ 7.º As autoridades judiciarias, sempre que reconhecerem casos de responsabilidade, formarão culpa a quem a tiver, sendo de sua competencia; e não sendo, remetterão ao Promotor Publico ou seu adjunto as provas que sirvam para fundamentar a denuncia; participando esta remessa á autoridade a quem competir a formação da culpa. Se, porém, o Promotor ou seu adjunto não officiar nos prazos dos §§ 1.º, 2.º e 3.º, applicar-se-ha a disposição do § 5.º.

Art. 16. Aos Promotores Publicos, além das actuaes attribuições, compete:

§ 1.º Assistir, como parte integrante do Tribunal do Jury, a todos os julgamentos, inclusive aquelles em que haja accusador particular; e por parte da Justiça dizer de facto e de direito sobre o processo em julgamento.

§ 2.º Nos processos por crimes em que caiba a acção publica, embora promovidos por accusação particular, pertence também ao Promotor Publico promover os termos da accusação e interpôr qualquer recurso que no caso couber, quér na formação da culpa, quér no julgamento.

Dos recursos

Art. 17. O recurso, de que trata o art. 281 do Codigo do Processo Criminal, fica convertido em aggravo no auto do processo.

§ 1.º Os recursos de pronuncia ou não pronuncia seguirão sempre nos proprios autos; podendo as partes arrazoar e juntar documentos nos prazos legaes.

São voluntarios os que forem interpostos das decisões dos Juizes de Direito do art. 1.º desta lei, em processo de formação da culpa nos crimes communs.

São porém, necessarios os mesmos recursos das decisões dos Juizes Municipaes, que *ex-officio* os farão expedir sem suspensão das prisões decretadas.

§ 2.º Do despacho que não aceitar a queixa ou denuncia, e bem assim da sentença de commutação da multa, haverá recurso voluntario para o Juiz de Direito ou para a Relação, conforme fôr a decisão proferida pelo Juiz Municipal ou de Direito.

§ 3.º Não são prejudicados os recursos interpostos *ex-officio* ou pelo Promotor Publico, quando expedidos ou apresentados fóra dos prazos fataes; serão, porém, responsabilisados o Juiz, o Promotor Publico ou qualquer official do Juizo pelas faltas ou inexactidões que occasionarem a demora.

Tambem em nenhum caso serão prejudicados os recursos interpostos pelas partes, quando por causa de falta, erro ou omissão do official do Juizo ou de outrem não tiverem seguimento e apresentação em tempo no Juizo *ad quem*.

§ 4.º A appellação do § 1.º do art. 79 da lei de 3 de Dezembro de 1841 só tem effeito suspensivo quando inafiançavel, e não sendo unanime a decisão do Jury que a determinar. Faltando qualquer destas condições sómente será recebida no effeito devolutivo.

§ 5.º Tão sómente terá effeito suspensivo a appellação interposta, pelo Promotor Publico ou parte offendida, da sentenca de absolvição, quando fôr esta proferida a respeito de réos accusados de crimes punidos no maximo com as penas de morte, galés ou prisão com trabalho por 20 ou mais annos e prisão simples perpetua.

Nunca, porém, a mesma appellação terá effeito suspensivo, se fôr unanime a decisão do Jury que determinar a respectiva sentença.

No prazo de dous dias deve ser interposta a appellação de que trata este paragrapho, e não o sendo pôr-se-hão logo em liberdade os réos absolvidos; os sujeitos a penas menores, immediatamente depois de proferida a sentença absolutoria.

§ 6.º Não havendo sessão do Jury em algum termo poderá o réo ser julgado em outro termo mais vizinho da mesma comarca, se assim o requerer e o Promotor Publico ou parte, accusadora convier. E independente de con-

venção de partes, sempre que não fôr possivel effectuar o julgamento do réo no districto da culpa, terá lugar no Juizo do termo mais vizinho, com preferencia o da mesma comarca.

Verificar-se-ha a impossibilidade, se em tres sessões successivas do Jury não puder ter lugar o julgamento.

Do habeas-corpus

Art. 18. Os Juizes de Direito poderão expedir ordem de *habeas-corpus* a favor dos que estiverem illegalmente presos, ainda quando o fossem por determinação do Chefe de Policia ou de qualquer outra autoridade administrativa, e sem exclusão dos detidos a titulo de recrutamento, não estando ainda alistados como praças do exercito ou armada.

A superioridade de gráo na ordem da jurisdicção judiciaria é a unica que limita a competencia da respectiva autoridade em resolver sobre as prisões feitas por mandado das mesmas autoridades judiciaes.

§ 1.º Tem lugar o pedido e concessão da ordem de *habeas-corpus* ainda quando o impetrante não tenha chegado a soffrer o constrangimento corporal, mas se veja delle ameaçado.

§ 2.º Não se poderá reconhecer constrangimento illegal na prisão determinada por despacho de pronuncia ou sentença da autoridade competente qualquer que seja a arguição contra taes actos, que só pelos meios ordinarios podem ser nullificados.

§ 3.º Em todos os casos em que a autoridade, que conceder a ordem de *habeas-corpus*, reconhecer que houve, da parte da que autorizou o constrangimento illegal, abuso de autoridade ou violação flagrante da lei, deverá, conforme fôr de sua competencia, fazer effectiva, ordenar ou requisitar a responsabilidade da que assim abusou.

§ 4.º Negada a ordem de *habeas-corpus* ou de soltura pela autoridade inferior, poderá ella ser requerida perante a superior.

§ 5.º Quando dos documentos apresentados se reconhecer evidentemente a illegalidade do constrangimento, o Juiz a quem se impetrar a ordem do *habeas-corpus* poderá ordenar a immediata cessação, mediante caução, até que se resolva definitivamente.

§ 6.º É reconhecido e garantido o direito de justa indemnisação, e, em todo o caso, das custas contadas em tresdobro, a favor de quem soffrer o constrangimento illegal, contra o responsavel por semelhante abuso de poder.

§ 7.º A plena concessão do *habeas-corpus* não põe termo ao processo nem obsta a qualquer procedimento judicial que possa ter lugar em Juizo competente.

§ 8.º Não é vedado ao estrangeiro requerer para si ordem de *habeas-corpus*, nos casos em que esta tem lugar.

Disposições penaes

Art. 19. Aquelle que por impericia, imprudencia ou falta de observancia de algum regulamento commetter ou fôr causa de um homicidio involuntario, será punido com prisão de um mez a dous annos e multa correspondente.

Quando do facto resultarem sómente ferimentos ou offensas physicas, a pena será de cinco dias a seis mezes.

Art. 20. Os casos de que trata o art. 10 do Codigo Criminal são do conhecimento e decisão do Juiz formador da culpa, com appellação *ex-officio* para a Relação, quando a decisão fôr definitiva.

Art. 21. Em geral o estellionato, de que trata o § 4.º do art. 264 do Codigo Criminal, é o artificio fraudulento, pelo qual se obtenha de outrem a entrega de dinheiro, fundos, titulos ou quaesquer bens, pelos seguintes meios:

§ 1.º Usando-se de falso nome ou falsa qualidade;

§ 2.º Usando-se de papel falso ou falsificado;

§ 3.º. Empregando-se fraude para persuadir a existencia de empresas,

bens, credito ou poder supposto ou para produzir a esperança de qualquer accidente.

Das attribuições civeis

Art. 22. Aos Juizes de Paz compete o julgamento das causas civeis até o valor de 100$000, com appellação para os Juizes de Direito.

Art. 23. Aos Juizes Municipaes compete:

§ 1.º O preparo de todos os efeitos civeis que cabem ao Juiz de Direito julgar.

§ 2.º O processo e julgamento das causas civeis do valor de mais de 100$000 até 500$000, com appellação para os Juizes de Direito.

§ 3.º A publicação e execução das sentenças civeis podendo ser perante elles interpostos e preparados os recursos que dellas couberem.

Art. 24. Aos Juizes de Direito compete:

§ 1.º O julgamento em primeira instancia de todas as causas civeis nas respectivas comarcas, e o preparo das mesmas nas comarcas de que trata o art. 1.º desta Lei.

Inclue-se nessa competencia o julgamento das partilhas, contas de tutores, bem como qualquer outra decisão definitiva que ponha termo á causa em primeira instancia.

§ 2.º A decisão dos aggravos interpostos dos Juizes inferiores.

§ 3.º A decisão das suspeições postas aos Juizes inferiores.

§ 4.º A execução das sentenças civeis nos termos em que não houver Juiz Municipal.

Art. 25. Os Juizes de Direito nas comarcas de que trata o art. 1.º poderão ser auxiliados pelos seus substitutos no preparo e instrucção dos feitos civeis até qualquer sentença exclusivamente.

Art. 26. As suspeições em materia civel postas aos Juizes de Direito serão decididas pelo modo determinado no art. 11 desta Lei.

Do processo civel

Art. 27. Nas causas até 100$000 o processo será summarissimo e determinado em regulamento pelo Governo.

Nas causas de mais de 100$000 até 500$000 seguir-se-ha o processo summario estabelecido no Decreto n. 737 de 25 de Novembro de 1850, arts. 237 até 244, salvo tratando-se de bens de raiz.

§ 1.º O Juiz de primeira instancia que tiver em sua conclusão o feito, o despachará no prazo de 60 dias o mais tardar, quando a sentença fôr definitiva, e nos mais casos no prazo de 10 dias.

§ 2.º Das justificações feitas em qualquer Juizo não se deixará traslado, salvo quando a parte o pedir.

§ 3.º Ficam abolidos os dias denominados de côrte, de que trata a Ord. Liv. 3.º Tit. 1.º.

§ 4.º Os feitos civeis serão na Relação vistos e julgados por tres Juizes, incluindo o relator, que deverá fazer por escripto o relatorio da causa estabelecida pelo Regulamento do Processo Commercial.

§ 5.º O Juiz do feito o apresentará com o relatorio dentro de 40 dias contados daquelle em que lhe fôr distribuido; podendo o Presidente da Relação prorogar este prazo a seu prudente arbitrio por mais 20 dias.

§ 6.º Os revisores terão sómente 20 dias para a revisão, os quaes do mesmo modo poderão ser prorogados até 30.

§ 7.º Das sentenças dos Juizes de Direito em causa de valor até 500$000 não haverá appellação.

Dos vencimentos e habilitações

Art. 28. O Governo marcará os vencimentos que devem ter os Chefes de Policia que não forem magistrados, não podendo exceder aos vencimentos actuaes.

§ 1.° Igualmente poderá arbitrar aos adjuntos dos Promotores Publicos uma gratificação não excedendo de 500$000 annuaes, nos lugares onde julgar conveniente.

§ 2.° O exercicio do cargo de substituto do Juiz de Direito por quatro annos habilita para o lugar de Juiz de Direito.

Disposições diversas

Art. 29. A pronuncia não suspende senão o exercicio das funcções publicas e o direito de ser votado para eleitor, membro da Assembléa Geral e Provincial, e cargos para os quaes se exige qualidade para ser eleitor, ficando todavia salva a disposição do art. 2.° da Lei de 19 de Agosto de 1845.

§ 1.° É derogado o art. 66 da Lei de 3 de Dezembro de 1841, e restabelecido o art. 332 do Codigo do Processo Criminal.

§ 2.° Os Juizes de Direito nos crimes communs serão processados e julgados perante as Relações. Os Chefes de Policia igualmente o serão, quér nos crimes communs, quér nos de responsabilidade.

§ 3.° É o Governo autorizado a fixar o numero dos Juizes de Direito em cada uma das comarcas do art. 1.°, sem exceder ao correspondente aos lugares actualmente creados de Juizes de Direito, Municipaes e de Orphãos. Todos exercerão cumulativamente a jurisdicçao civil, á excepção dos Juizes de varas privativas; e conjunctamente com estas a jurisdicção criminal na mesma comarca, conforme se determinar em regulamento.

§ 4.° O Governo fará nova classificação das comarcas quanto ás entrancias, e, feita ella, só por lei poderá ser alterada.

§ 5.° O exercicio do cargo de Juiz de Direito por sete annos em comarcas de primeira entrancia habilita o Juiz para ser removido para qualquer comarca de terceira entrancia.

§ 6.° O Governo fica autorizado a rever o Regimento de Custas.

§ 7.° Haverá na Côrte mais dous Escrivães de Orphãos e mais um para o Jury e execuções criminaes com o vencimento annual de 1:200$000, tendo igual vencimento o Escrivão companheiro.

§ 8.° Os Tabelliães de Notas poderão fazer lavrar as escripturas por escreventes juramentados, subscrevendo-as elles e carregando com a inteira responsabilidade; e ser-lhes-ha permittido ter mais de um livro dellas como fôr marcado em regulamento.

§ 9.° Será permittido ás partes indicar ao Distribuidor o Tabellião que preferem para fazer a escriptura, sem que por isso haja compensação na mesma distribuição.

§ 10. Os Juizes de Direito, Desembargadores e Ministros do Supremo Tribunal de Justiça que se acharem physica ou moralmente impossibilitados, serão aposentados, a seu pedido ou por iniciativa do Governo, com o ordenado por inteiro; se contarem 20 annos de serviço effectivo, e com o ordenado preporcional se tiverem mais de 10.

§ 11. Sómente depois de intimado o magistrado para requerer a aposentação, e não o fazendo, terá ella lugar por iniciativa do Governo, precedendo consulta da Secção de Justiça do Conselho de Estado, e procedendo-se previamente aos exames e diligencias necessarias, com audiencia do mesmo magistrado, por si ou por um curador no caso de impossibilidade.

§ 12. Quando substituir ao Juiz de Direito perceberá o substituto nas comarcas do art. 1.° e o Juiz Municipal nas outras comarcas, além do proprio ordenado, a gratificação do Juiz effectivo e os emolumentos pelos actos que praticar.

§ 13. O supplente do Juiz Municipal, no effectivo exercicio das respectivas funções, terá a gratificação complementar do ordenado do mesmo Juiz e os emolumentos pelos actos que praticar. Nos termos reunidos essa grati-

ficação será dividida pelos supplentes que exercerem a jurisdicção.

§ 14. O Governo poderá, no regulamento que der para a execução da presente Lei, impôr prisão até tres mezes e multa até 200$000; e fará consolidar todas as disposições legislativas e regulamentares concernentes ao processo civil e criminal.

Art. 30. São revogadas as disposições em contrario.

Manda, portanto, a todas as autoridades, a quem o conhecimento e execução da referida Lei pertencer, que a cumpram e façam cumprir, e guardar tão inteiramente como nella se contém. O Secretario de Estado dos Negocios da Justiça a faça imprimir, publicar e correr.

Dada no Palacio do Rio de Janeiro, aos vinte de Setembro de mil oitocentos setenta e um, quinquagesimo da Independencia e do Imperio.

PRINCEZA IMPERIAL REGENTE.

Francisco de Paula de Negreiros Sayão Lobato.

Carta de Lei pela qual Vossa Alteza Imperial Regente, em Nome do Imperador, manda executar o decreto da Assembléa Geral, que Houve por bem Sanccionar, alterando differentes disposições da Legislação Judiciaria, como acima se declara.

Para Vossa Alteza Imperial Ver.

Gustavo Adolfo da Silveira Reis a fez.

Chancellaria-mór do Imperio. — *Francisco de Paula de Negreiros Sayão Lobato.*

Transitou em 27 de Setembro de 1871. — *André Augusto de Padua Fleury.*

Publicada na Secretaria de Estado dos Negocios da Justiça, em 21 de Novembro de 1871. — *André Augusto de Padua Fleury.*

* * *

DECRETO N. 4.824 — DE 22 DE NOVEMBRO DE 1871

Regula a execução da Lei n. 2.033 de 20 de Setembro do corrente anno, que alterou differentes disposições da Legislação Judiciaria

A Princeza Imperial Regente em nome de sua Magestade o Imperador o Sr. D. Pedro II, Usando da attribuição conferida pelo art. 102 § 12 da Constituição do Imperio Ha por bem Decretar o seguinte Regulamento:

CAPITULO I

Das autoridades e substituições

Art. 1.° Nas capitaes, sédes de Relações e nas comarcas de um só termo a elles ligadas por tão facil communicação que no mesmo dia se possa ir e voltar, a jurisdicção de primeira instancia será exclusivamente exercida pelos Juizes de Direito, e a de segunda pelas Relações.

Serão declaradas por Decreto as comarcas que já reunem as mencionadas condições; procedendo-se do mesmo modo com as que de futuro as adquirirem pelo melhoramento da viação publica e regularidade de communicações.

Art. 2.° Na Côrte e nas capitaes da Bahia, Pernambuco e Maranhão a provedoria de capellas e residuos será da privativa jurisdicção do Juiz de Direito que fôr nomeado pelo Governo. Nestas capitaes e mais comarcas connexas, de que trata o artigo antecedente, o numero dos Juizes de Direito será marcado por Decreto, não podendo exceder o correspondente aos lugares actuaes de Juizes de Direito, Municipaes e de Orphãos.

Na Côrte, haverá uma segunda vara de Orphãos, e cumulativamente servirão ambos os Juizes.

Todos estes Juizes de Direito, ainda os das varas privativas, exercerão a

jurisdicção criminal em districtos especiaes da respectiva comarca que lhes forem designados pelo Governo na Côrte e pelos Presidentes nas Provincias, podendo porém indistinctamente ordenar as prisões e todas as diligencias em qualquer parte da comarca.

Art. 3.º Para a substituição dos Juizes de Direito nas ditas comarcas haverá Juizes Substitutos, nomeados pelo Governo d'entre os doutores ou bachareis formados em Direito, com dois annos de pratica do fôro pelo menos, e servirão por quatro annos nas mesmas condições e vantagens dos Juizes Municipaes. O numero dos Juizes Substitutos não excederá ao dos Juizes effectivos, e será fixado por Decreto.

§ 1.º Se forem em numero igual ao dos effectivos Juizes, cada Substituto será designado immediato supplente de um dos respectivos Juizes de Direito e com elle cooperará; se em menor numero, a mesma designação se fará em relação a mais de um Juiz de Direito, de sorte que seja a cada Juiz Substituto marcada a ordem da especial substituição dos Juizes effectivos, que é também a do serviço cumulativo determinado pelo art. 8.º e 25 da Lei.

§ 2.º O exercicio dos Juizes Substitutos é regulado pelo modo seguinte:

Aos Juizes de Direito effectivos das differentes varas, estando em exercicio, serão sempre feitos os primeiros requerimentos para quaesquer acções ou diligencias judiciaes. Quando, porém, não puderem por affluencia de trabalho, dar prompto expediente, antes de proferirem qualquer despacho, declararão que seja presente ao Substituto.

Se o Juiz effectivo não estiver em exercicio e fôr substituido parcialmente pelo Substituto, a este se fará logo o requerimento inicial.

De taes processos, assim iniciados pelo Substituto, tem o Juiz effectivo, voltando ao exercicio, a competencia para continuar o preparo; poderá, porém, declinar, se, quando lhe forem apresentados, e antes de proferir qualquer despacho nelles, declarar, que prosiga o Substituto.

Salva a disposição especial antecedente, uma vez iniciada a acção ou diligencia judicial perante o Substituto, é delle indeclinavel o preparo do processo; pertencendo exclusivamente ao effectivo Juiz de Direito, quando lhe forem os autos conclusos, ordenar compativeis rectificações e diligencias e proferir as sentenças definitivas ou com força de definitivas no civel e as sentenças de julgamento e pronuncia no crime.

Outrossim, quando o Juiz de Direito effectivo tiver iniciado qualquer acção ou diligencia judicial, só por motivo de suspeição superveniente, poderá declinar para o Substituto a continuação do preparo do processo.

Art. 4.º Os Juizes de Direito effectivos, na mesma comarca, substituem-se reciprocamente. Havendo mais de dous, será designada a ordem da substituição pelo Governo na Côrte e pelos Presidentes nas Provincias.

Esta designação será feita annualmente durante o mez de Novembro para vigorar desde o 1.º de Janeiro seguinte; e o mesmo se praticará em relação aos Juizes Substitutos.

§ 1.º A substituição reciproca dos Juizes de Direito effectivos é restricta, nas varas substituidas, ás sentenças definitivas ou com força de definitivas, em feitos civeis ou crimes; a despachos de pronuncias, á concessão ou denegação de *habeas-corpus;* á decisão de suspeições, e ao julgamento de apellações, ou quaesquer recursos interpostos de Juizes inferiores.

Em todos os outros actos de jurisdicção voluntaria ou contenciosa é substituido o Juiz de Direito pelo respectivo Substituto.

§ 2.º Os Juizes Substitutos sómente exercerão a jurisdicção plena quando nenhum dos Juizes de Direito, que se substituem reciprocamente, a puder exercer, por impedimento ou affluencia de trabalho. E, neste caso, percorrida a escala da substituição, por communicação successiva dos impedimentos, até chegar ao respectivo Substituto, assumirá este o exercicio da jurisdicção plena.

§ 3.º Quando o Juiz Substituto entrar no exercicio da jurisdicção plena

de Juiz de Direito, ou de qualquer modo ficar impedido, é substituido pelo Supplente, no exercicio dos actos da jurisdicção voluntaria ou contenciosa da competencia ordinaria do Juiz Substituto. Ao Supplente, porem, nunca se devolve o exercicio da jurisdicção plena, sem que tenha sido percorrida a escala de todos os Juizes Substitutos, que, segundo a ordem designada, reciprocamente se substituem para o exercicio daquella jurisdicção.

§ 4.º Ainda quando os Substitutos exerçam a jurisdicção plena, não poderão conhecer das suspeições dos arts. 11, § 2.º, e 26 da Lei, se houverem sido postas a Juizes de Direito effectivos.

Art. 5.º Nas comarcas geraes os Juizes de Direito conservam o exercicio de suas antigas attribuições, augmentadas pela nova Lei, assim como os Juizes Municipaes nos respectivos termos as que lhes ficaram subsistentes.

Os Juizes de Direito são competentes para deferir juramento e dar posse aos empregados judiciarios nos termos e districtos de suas comarcas. Esta competencia não exclue a das Camaras Municipaes, na conformidade do seu Regimento.

Art. 6.º O numero dos Suplentes dos Juizes Municipaes, bem como o dos Substitutos dos Juizes de Direito, dos Delegados e Subdelegados de Policia, é reduzido a tres.

§ 1.º Os Supplentes dos Juizes Municipaes e dos Juizes Substitutos serão nomeados pelos Presidentes nas Provincias, e pelo Governo na Côrte, para servirem por quatro annos, durante os quaes só terá lugar a demissão delles, a seu pedido ou nos seguintes casos:

Mudança definitiva de residencia para fóra do termo.

Acceitação de cargo incompativel com o de Supplente.

Impedimento prolongado por mais de seis mezes.

Sentença condemnatoria da autoridade competente.

§ 2.º Nos casos do paragrapho antecedente, ou quando se derem vagas por falta de juramento no prazo marcado, ou por fallecimento, serão ellas preenchidas, e os novos nomeados servirão até o fim do quadriennio, occupando os ultimos lugares na escala dos Supplentes.

Fóra destes casos não é alteravel a ordem da supplencia.

§ 3.º Os Supplentes dos Juizes Municipaes, além de os substituirem, todos tres com elles cooperarão activa e continuamente nos actos da formação da culpa dos crimes communs e mais procedimento criminal da competencia dos mesmos Juizes, até a pronuncia e julgamento exclusivamente.

§ 4.º O termo da jurisdicção do Juiz Municipal será subdividido em tres districtos especiaes, designando-se a cada Supplente um delles, em que de preferencia terá exercicio; sem por isso deixar de ser competente para ordenar as prisões e quaesquer diligencias do seu officio, e, sempre que fôr necessario. proceder tambem aos actos da formação da culpa, nos outros districtos especiaes.

Os Presidentes das Provincias farão essas subdivisões de districtos especiaes, não podendo alteral-as durante o exercicio dos respectivos Supplentes, salvo se houver augmento ou diminuição de territorio.

§ 5.º Dous mezes depois da publicação da Lei serão nomeados os Supplentes dos Juizes Substitutos para todas as comarcas especiaes; e quatro mezes depois dessa publicação, os Supplentes dos Juizes Municipaes no mesmo dia em cada Provincia.

Art. 7.º Os cargos de Juiz Municipal e de Juiz Substituto são incompativeis com o de qualquer autoridade policial.

Esta incompatibilidade abrange os respectivos Supplentes.

A acceitação de cargo judiciario importa a perda do policial, e não poderão ser nomeados Delegados ou Subdelegados de Policia os que tiverem cargo judiciario, ainda sendo meros Supplentes.

Art. 8.º Haverá em cada termo um Adjunto do Promotor Publico, proposto pelo Juiz de Direito da respectiva

comarca e approvado pelo Presidente da Provincia.

§ 1.º Para os Adjuntos nos termos de maior importancia e fóra da residencia dos Promotores, poderá o Governo, sendo reconhecida a necessidade, em attenção ao serviço, decretar gratificações até 500$000.

§ 2.º Na falta de Adjunto, as suas funcções serão exercidas por pessoa idonea, nomeada pelo Juiz da culpa para o caso especial de que se tratar.

§ 3.º Na Côrte haverá um Adjunto com a gratificação de 500$000 para substituir a qualquer dos Promotores em seus impedimentos. Esse Adjunto accumulará o cargo de Curador Geral de Orphãos da segunda vara novamente creada.

Art. 9.º Os Chefes de Policia poderão ser nomeados d'entre os Desembargadores e Juizes de Direito, que voluntariamente se prestarem, ou d'entre os doutores e bachareis formados em Direito, que tiverem pelo menos quatro annos de pratica do fôro ou de administração. Quando magistrados, no exercicio do cargo policial, não gosarão do predicamento de autoridade judiciaria; vencerão, porem, a respectiva antiguidade, e terão os mesmos vencimentos pecuniarios, se forem superiores aos do cargo do Chefe de Policia.

Nos impedimentos dos Chefes de Policia servirão pessoas que forem designadas pelo Governo na Côrte e pelos Presidentes nas Provincias, guardada, sempre que fôr possível, a condição relativa aos effectivos.

CAPITULO II

Secção I

Do Chefe de Policia, Delegados e Subdelegados.

Art. 10. As attribuições do Chefe, Delegados e Subdelegados de Policia subsistem com as seguintes reducções:

1.º A da formação da culpa e pronuncia nos crimes communs.

2.º A do julgamento dos crimes do art. 12 § 7.º do Codigo do Processo Criminal, e do julgamento das infracções dos termos de segurança e de bem viver.

Art. 11. Compete-lhes, porém:

1.º Preparar os processos dos crimes do art. 12 § 7.º do citado Codigo; procedendo *ex-officio* quanto aos crimes policiaes.

2.º Proceder ao inquerito policial e a todas as diligencias para o descobrimento dos factos criminosos e suas circumstancias, inclusive o corpo de delicto.

3.º Conceder fiança provisoria.

Art. 12. Permanece salva ao Chefe de Policia a faculdade de proceder á formação da culpa, e pronunciar no caso do art. 60 do Regulamento n. 120 de 31 de Janeiro de 1842, com recurso necessario para o Presidente da Relação do Districto, na Côrte e nas provincias do Rio de Janeiro, S. Paulo, Minas, Bahia, Sergipe, Pernambuco, Alagôas, Parahyba e Maranhão; e nas outras, para os Juizes de Direito das respectivas capitaes, emquanto não se facilitarem as communicações com as sédes das Relações.

Secção II

Dos Juizes de Direito

Art. 13. Aos Juizes de Direito das comarcas especiaes compete exclusivamente:

1.º A pronuncia dos culpados nos crimes communs.

2.º O julgamento dos crimes de que trata o art. 12 § 7.º do Codigo do Processo Criminal, e mais processos policiaes.

3.º A pronuncia e o julgamento dos crimes de que tratam a Lei n. 562 de 2 de Julho de 1850 e o art. 1.º do Decreto n. 1090 do 1.º de Setembro de 1860.

4.º O julgamento das infracções dos termos de segurança e bem viver; e, por appellação, o julgamento das infracções de posturas municipaes.

5.º O processo e julgamento dos empregados publicos não privilegiados.

6.º O processo e julgamento dos crimes de contrabando fóra de flagrante delicto.

7.º A decisão das suspeições postas aos Juizes Substitutos e Juizes de Paz.

Em geral, quaesquer outras attribuições conferidas pela legislação vigente aos Juizes de primeira instancia.

Art. 14. Aos Juizes de Direito das comarcas geraes, além das suas attribuições actuaes, compete:

1.º O julgamento do contrabando fóra de flagrante delicto.

2.º A decisão das suspeições postas aos Juizes inferiores e aos mesmos Juizes de Direito na ordem designada.

Os Presidentes das Provincias organisarão uma tabella fixando a proximidade de cada uma das comarcas, com individuação dos seus termos em relação ás outras, por onde se regulará a competencia dos respectivos Juizes de Direito para o julgamento das suspeições que lhes forem postas; cabendo o mesmo julgamento ao Juiz de Direito da comarca mais vizinha do termo, onde se arguir a suspeição.

3.º A concessão de fianças.

Art. 15. Aos Substitutos dos Juizes de Direito das comarcas especiais compete:

1.º Substituir parcial ou plenamente os Juizes de Direito effectivos, no caso de impedimento.

2.º Processar os crimes communs, até a pronuncia exclusivamente.

3.º Cooperar no preparo dos processos dos crimes do art. 12 § 7.º do Codigo do Processo Criminal, e mais processos policiaes, dos da Lei n.º 562 de 2 de Julho de 1850 e do Decreto n. 1090 do 1.º de Setembro de 1860, art. 1.º.

4.º Conceder fianças.

Secção III

Dos Juizes Municipaes

Art. 16. Aos Juizes Municipaes compete, além das atribuições subsistentes, as seguintes:

1.º A organisação do processo de contrabando fóra do flagrante delicto.

2.º O julgamento das infracções dos termos de segurança e bem viver que as autoridades policiaes ou os Juizes de Paz houverem feito assignar.

Art. 17. Ficam-lhe exclusivamente competindo:

1.º O julgamento dos crimes de que trata o art. 12 § 7.º do Codigo do Processo Criminal e mais processos policiaes.

2.º A pronuncia nos crimes communs, com recurso necessario para o Juiz de Direito respectivo.

Art. 18. Aos supplentes dos Juizes Municipaes compete:

1.º Além da substituição dos Juizes Municipaes em seus impedimentos, cooperar no preparo de todos os processos crimes a cargo dos mesmos Juizes até a pronuncia e julgamento exclusivamente.

2.º Conceder fianças.

Secção IV

Dos Juizes de Paz

Art. 19. Além das attribuições subsistentes, compete aos Juizes de Paz:

1.º Processar e julgar as infracções de posturas municipaes.

2.º Obrigar a assignar termos de segurança e bem viver, não podendo porém julgar as infracções de taes termos.

3.º Conceder a fiança provisoria.

Secção V

Dos Promotores Publicos

Art. 20. Aos Promotores Publicos incumbe mais:

1.º Assistir, como parte integrante do Tribunal do Jury, a todos os julgamentos, inclusive aquelles em que haja accusador particular; e por parte da justiça dizer de facto e de direito sobre o processo em julgamento.

2.º Promover todos os termos da causa nos processos em que couber a acção publica, embora haja accusador particular; additar a queixa ou denuncia e o libello, fornecer outras provas além das indicadas pela parte e interpôr os recursos legaes, quér na formação da culpa, quér no julgamento.

Art. 21. O Adjunto do Promotor o substituirá em suas faltas ou impedimentos, no serviço geral da Promotoria; e havendo na mesma comarca mais de um Adjunto, o Juiz de Direito designará aquelle a quem deva tocar essa substituição em primeiro lugar.

§ 1.º No termo de sua residencia o Adjunto, não estando presente o Promotor, tem o inteiro exercicio das attribuições da Promotoria relativas á formação da culpa.

§ 2.º Subsiste a competencia do Juiz de Direito para a nomeação do Promotor interino, na falta ou impedimento do effectivo e do Adjunto.

Art. 22. Os Promotores Publicos ou seus Adjuntos são obrigados sob as penas comminadas no art. 15 § 5.º da Lei, a apresentar denuncia e promover a acção criminal:

1.º No caso de flagrante delicto, dentro de trinta dias de perpetração do crime, se o réo obtiver fiança; dentro de cinco dias, se o réo estiver preso.

2.º Fóra do flagrante delicto, não estando preso nem afiançado o réo, o prazo será de cinco dias contados da data em que o Promotor Publico ou quem suas vezes fizer, receber os esclarecimentos e provas do crime; ou em que este se tornar notorio.

Art. 23. O Promotor Publico poderá additar a queixa ou denuncia, que o Adjunto, ou pessoa nomeada no caso do § 8.º do art. 1.º da Lei houver apresentado, e prosseguir nos termos da formação da culpa; devendo para este fim o mesmo Adjunto, ou quem suas vezes fizer, communicar-lhe a queixa ou denuncia logo que a formular.

O additamento será recebido pelo Juiz processante, se não houver acabado a inquirição das testemunhas do summario.

Secção VI
Do Jury

Art. 24. Nas comarcas especiaes o Jury será presidido por um Desembargador da respectiva Relação, não contemplados os que servirem no Tribunal do Commercio.

§ 1.º Para presidir aos julgamentos em cada sessão diaria do Jury nestas comarcas designará o presidente da Relação o Desembargador a quem tocar por escala, segundo a ordem da antiguidade.

§ 2.º Nas mesmas comarcas serão successivamente exercidas pelos Juizes de Direito, que não tiverem varas privativas, as attribuições que competiam aos Juizes Municipaes, quanto aos actos preparatorios para o julgamento perante o Jury, e bem assim a de proceder ao sorteio dos Jurados.

§ 3.º Incumbe-lhes igualmente presidir ás sessões preparatorias até haver numero legal de Juizes de Facto; devendo neste caso participar ao Desembargador; a quem competir a presidencia effectiva, afim de assumil-a.

§ 4.º As sessões do Jury nas ditas comarcas serão convocadas por determinação, do Presidente da Relação, que para esse fim officiará opportunamente ao Juiz de Direito respectivo.

§ 5.º Tres dias antes da reunião do Jury, o mesmo Juiz de Direito fará remetter os processos, que tiverem de ser julgados, ao Secretario da Relação, que os apresentará logo ao Presidente para distribuil-os pelos Desembargadores.

Ficará em mão do Escrivão do Jury, para proceder á chamada, de que trata o art. 240 do Codigo do Processo Criminal, um rol assignado pelo Juiz de Direito, contendo os nomes dos réos presos, dos que se livram soltos ou afiançados, dos accusadores ou autores e das testemunhas notificadas.

Se durante a sessão forem preparados novos processos, praticar-se-ha do mesmo modo.

§ 6.º Salvo por motivo de interesse publico e a requerimento do Promotor, não é permittido alterar a ordem do julgamento dos processos determinada: 1.º pela preferencia dos réos presos aos afiançados; 2.º entre os mesmos presos, pela antiguidade de prisão de cada um; e com igual antiguidade, pela prioridade da pronuncia, prevalecendo também essa prioridade entre os réos afiançados.

Esta disposição é commum para os julgamentos em todas as comarcas.

§ 7.º Encerrada a sessão periodica do Jury, combinarão entre si os Desembargadores, que houverem presidido aos julgamentos, e de comum acôrdo farão o relatorio determinado pelo art. 180 do Regulamento n. 120

de 31 de Janeiro de 1842, sendo assignado pelo mais antigo.

Art. 25. Não havendo sessão do Jury em algum termo, o réo poderá ser julgado em outro termo mais visinho da mesma comarca, se assim o requerer e o Promotor Publico ou a parte accusadora convier.

Independentemente de convenção de partes, sempre que não fôr possivel effectuar o julgamento do réo no districto da culpa, terá lugar no Jury do termo mais visinho com preferencia o da mesma comarca.

Verificar-se-ha a impossibilidade, se em tres sessões successivas do Jury não puder ter lugar o julgamento.

Não ha impossibilidade quando a falta do julgamento provier do facto providenciado no art. 53 da Lei de 3 de Dezembro de 1841, ou quando o réo dér causa a ella, offerecendo escusa para provocar o adiamento.

Art. 26. É convertido em aggravo no auto do processo o recurso de que trata o art. 281 do Codigo do Processo Criminal e do qual tomará conhecimento o tribunal da Relação, se por appellação subir o feito.

Art. 27. A suspeição posta ao Presidente do Tribunal do Jury, se não fôr reconhecida pelo recusado, não suspenderá o julgamento.

O Jury não julga suspeições postas ao Presidente do Tribunal.

Nas comarcas especiaes serão julgadas pelo Presidente da Relação; e nas comarcas geraes pelo Juiz de Direito da mais visinha na ordem designada.

CAPITULO III

Do Processo Criminal

SECÇÃO I

Da prisão

Art. 28. Além do que está disposto nos arts. 12 e 13 da Lei, a autoridade que ordenar ou requisitar a prisão e o executor della observarão o seguinte:

O preso não será conduzido com ferro, algemas ou cordas, salvo o caso extremo de segurança, que deverá ser justificado pelo conductor; e quando não o justifique, além das penas em que incorrer, será multado na quantia de 10$000 a 50$000 pela autoridade a quem fôr apresentado o mesmo preso.

O exemplar do mandado, a que se refere o citado art. 13, equivale á nota constitucional da culpa.

Art. 29. Ainda antes de iniciado o procedimento da formação da culpa ou de quaesquer diligencias do inquerito policial, o Promotor Publico, ou quem suas vezes fizer, e a parte queixosa poderão requerer, e a autoridade policial representar, acerca da necessidade ou conveniencia da prisão preventiva do réo indiciado em crime inafiançável, apoiando-se em prova de que resultem vehementes indicios de culpabilidade, ou seja confissão do mesmo réo ou documento ou declaração de duas testemunhas; e, feito o respectivo autuamento a autoridade judiciaria competente para a formação da culpa, reconhecendo a procedência dos indicios contra o arguido culpado e conveniencia da sua prisão, por despacho nos autos a ordenará, ou expedindo mandado escripto ou requisitando por communicação telegraphica, por aviso geral na imprensa ou por qualquer outro modo que faça certa a requisição.

§ 1.º Independente de requerimento da parte accusadora ou representação da autoridade policial, poderá do mesmo modo o Juiz formador da culpa, julgando necessario ou conveniente, ordenar ou requisitar, antes da pronuncia, a prisão do réo de crime inafiançavel, se tiver collegido ou lhe fôr presente aquella prova de que resultem vehementes indicios de culpabilidade do dito réo.

§ 2.º A autoridade policial e os Juizes de paz deverão fazer prender os indiciados culpados de crimes inafiançaveis, descobertos em seus districtos, sempre que tiverem conhecimento de que pela autoridade competente para a formação da culpa foi ordenada essa captura, ou porque recebessem directa riquisição, ou por ser de notoriedade publica que o Juiz formador da culpa a expedira.

Executada a prisão, immediatamente o preso será conduzido á presença do mesmo Juiz para delle dispôr.

§ 3.º Não poderá ser ordenada ou requisitada nem executada a prisão de réo não pronunciado, se houver decorrido um anno depois da perpetração do crime.

SECÇÃO II

Da fiança

Art. 30. É instituida a fiança provisoria nos mesmos casos em que tem lugar a definitiva. Os seus effeitos durarão trinta dias e mais tantos quantos forem necessarios para que o réo possa apresentar-se ao Juiz competente a fim de prestar a fiança definitiva, na razão de quatro leguas por dia.

Art. 31. São competentes para admittir a prestação da fiança provisoria os Juizes de Paz, autoridades policiaes, Juizes Municipaes e seus Supplentes, Juizes de Direito e seus Substitutos.

Não poderá ser prestada a fiança provisoria, se forem decorridos mais de trinta dias depois da prisão.

Art. 32. Não é exequivel o mandado de prisão por crime afiançavel, se delle não constar o valor da fiança, a que fica sujeito o réo.

Art. 33. Em crime afiançavel ninguem será conduzido á prisão, se perante qualquer das mencionadas autoridades prestar fiança provisoria por meio de deposito em dinheiro, metaes e pedras preciosas, apolices da divida publica, ou pelo testemunho de duas pessoas reconhecidamente abonadas que se obriguem pelo comparecimento do réo duranto a dita fiança, sob a responsabilidade do valor que fôr fixado.

§ 1.º Preso o réo em flagrante delicto, será immediatamente conduzido á autoridade que ficar mais proxima, ou seja policial ou judiciaria, inclusive o Juiz de Paz; e esta, procedendo de conformidade com a determinação do art. 132 do Codigo do Processo, guardadas as disposições do art. 13 da Lei, se reconhecer que o facto praticado pelo réo constitue crime afiançavel, e querendo elle prestar fiança, o admittirá logo a depositar ou caucionar o valor que independente de arbitramento, a mesma autoridade fixar.

§ 2.º Para determinar o valor da fiança provisoria, a autoridade respectiva attenderá ao maximo do tempo de prisão com trabalho, ou de prisão simples com multa ou sem ella, de degredo ou desterro, em que possa incorrer o réo pelo facto criminoso; e dentro dos dous extremos, que marca a tabella annexa a este Regulamento, fixará o valor da fiança, tendo em consideração, não só a gravidade do damno causado pelo delicto, como a condição de fortuna e circumstancias pessoaes do réo, incluida a importancia do sello.

§ 3.º Quando a prisão do réo fôr determinada por mandado, á vista do valor da fiança nelle designado, se regulará o deposito ou caução.

§ 4.º Não se pagará sello da fiança provisoria que fôr substituida pela definitiva; o deposito ou caução, porém, da fiança provisoria garante a importancia do sello devido, se não seguir-se a definitiva.

Art. 34. Nos lugares em que não fôr logo possivel recolher ao cofre da Camara Municipal o deposito em dinheiro, metaes ou pedras preciosas e apolices da divida publica, será elle feito provisoriamente em mão de pessoa abonada, e, em sua falta, ficará no Juizo, devendo ser removido para o dito cofre no prazo de tres dias, do que tudo se fará menção no termo da fiança.

Art. 35. O Juiz competente para conceder a fiança definitiva póde cassar a provisoria, se reconhecer o crime por inafiançavel, ou exigir a substituição dos fiadores provisorios, se estes não forem abonados, ou dos objectos preciosos, se não tiverem o valor sufficiente.

O Promotor Publico ou quem suas vezes fizer, sempre que estiver presente, será ouvido nos processos da fiança provisoria, e em todo o caso, ainda depois de concedida, terá vista do respectivo processo, a fim de reclamar o que convier á justiça publica.

Art. 36. No caso de prisão do réo em flagrante delicto, quando a fiança

provisoria fôr concedida por autoridade que não seja a competente para a formação da culpa, remetterá á esta no prazo de vinte e quatro horas o auto do inquerito a que procedeo de conformidade com o art. 132 do Codigo do Processo Criminal, sendo o mesmo inquerito acompanhado do termo da fiança provisoria, de que se fará declaração no protocolo do Escrivão competente, ainda quando se verifique a substituição, de que trata o art. 12 § 2.º da Lei.

Quando, porém, a fiança provisoria fôr concedida a réo preso por virtude de mandado, no verso deste, se houver lugar, será lançado ou a elle addicionado o termo da fiança e entregue ao mesmo official de Justiça, encarregado de sua execução para ser apresentado ao Juiz da culpa que o mandará ajuntar ao respectivo processo e dar o devido seguimento. Far-se-ha igual declaração no protocolo do Escrivão.

Art. 37. Poderá ser alterado o valor da fiança provisoria ou mesmo ficar ella sem effeito, se o despacho de pronuncia ou de sua confirmação ou se o julgamento final innovar a classificação do delicto.

A innovação da classificação do delicto pelo despacho de pronuncia produzirá seu effeito, se não estiver pendente de recurso, quer voluntario, quer necessario.

A nova classificação pelo julgamento final prevalecerá desde logo, seja ou não interposta appellação do Promotor Publico ou da parte.

Secção III

Do inquerito policial

Art. 38. Os Chefes, Delegados e Subdelegados de Policia, logo que por qualquer meio lhes chegue a noticia de se ter practicado algum crime comum, procederão em seus districtos ás diligencias necessarias para verificação da existencia do mesmo crime, descobrimento de todas as suas circumstancias e dos delinquentes.

Art. 39. As diligencias a que se refere o artigo antecedente comprehendem:

1.º O corpo de delicto directo.

2.º Exames e buscas para apprehensão de instrumentos e documentos.

3.º Inquirição de testemunhas que houverem presenciado o facto criminoso ou tenham razão de sabel-o.

4.º Perguntas ao réo e ao offendido.

Em geral tudo o que fôr util para esclarecimento do facto e das suas circumstancias.

Art. 40. No caso de flagrante delicto, ou por effeito de queixa ou denuncia, se logo comparecer a autoridade judiciaria competente para a formação da culpa a investigar do facto criminoso, notorio ou arguido, a autoridade policial se limitará a auxilial-a, colligindo *ex-officio* as provas e esclarecimentos que possa obter e procedendo na esphera de suas attribuições ás diligencias que lhe forem requisitadas pela autoridade judiciaria ou requeridas pelo Promotor Publico ou por quem suas vezes fizer.

Art. 41. Quando, porém, não compareça logo a autoridade judiciaria ou não instaure immediatamente o processo da formação da culpa, deve a autoridade policial proceder ao inquerito acerca dos crimes communs de que tiver conhecimento proprio, cabendo a acção publica; ou por denuncia; ou a requerimento da parte interessada ou no caso de prisão em flagrante.

Art. 42. O inquerito policial consiste em todas as diligencias necessarias para o descobrimento dos factos criminosos, de suas circumstancias e dos seus autores e complices; deve ser reduzido a instrumento escripto, observando o seguinte:

1.º Far-se-ha corpo de delicto, uma vez que o crime seja de natureza dos que deixam vestigios.

2.º Dirigir-se-ha a autoridade policial com toda a promptidão ao lugar do delicto; e ahi, além do exame do facto criminoso e de todas as suas circumstancias e descripção da localidade em que se deu, tratará com cuidado de investigar e colligir os indicios existentes e apprehender os instrumentos do crime e quaesquer objectos encon-

trados, lavrando-se de tudo auto assignado pela autoridade, peritos e duas testemunhas.

3.º Interrogará o delinquente, que fôr preso em flagrante, e tomará logo as declarações juradas das pessoas ou escolta que o conduzirem e das que presenciarem o facto ou delle tiverem conhecimento.

4.º Feito o corpo de delicto ou sem elle, quando não possa ter lugar, indagará quaes as testemunhas do crime e as fará vir á sua presença, inquirindo-as sob juramento a respeito do facto e suas circumstancias e de seus autores ou complices. Estes depoimentos na mesma occasião serão escriptos resumidamente em um só termo, assignado pela autoridade, testemunhas e delinquente, quando preso em flagrante.

5.º Poderá dar busca com as formalidades legaes para apprehensão das armas e instrumentos do crime e de quaesquer objectos á elle referentes; e desta diligencia se lavrará o competente auto.

6.º Terminadas as diligencias e autuadas todas as peças, serão conclusas á autoridade que proferirá o seu despacho, no qual, recapitulando o que fôr averiguado, ordenará que o inquerito seja remettido, por intermedio do Juiz Municipal, ao Promotor Publico ou a quem suas vezes fizer; e na mesma occasião indicará as testemunhas mais idoneas, que por ventura ainda não tenham sido inqueridas.

Desta remessa dará immediatamente parte circumstanciada ao Juiz de Direito da comarca.

Nas comarcas especiaes a remessa será por intermedio do Juiz de Direito que tiver a jurisdicção criminal do districto sem participação a outra autoridade.

7.º Todas as diligencias relativas ao inquerito serão feitas no prazo improrogavel de cinco dias, com assistencia do indiciado delinquente, se estiver preso, podendo impugnar os depoimentos das testemunhas.

Poderá também impugnal-os nos crimes afiançados, se requerer sua admissão aos termos do inquerito.

8.º Nos crimes, em que não tem lugar a acção publica, o inquerito feito a requerimento da parte interessada e reduzido a instrumento, ser-lhe-ha entregue para o uso que entender.

9.º Para a notificação e comparecimento das testemunhas e mais diligencias do inquerito policial se observarão, no que fôr applicavel, as disposições que regulam o processo da formação da culpa.

Art. 43. Se durante o inquerito policial, a autoridade judiciaria competente para a formação da culpa entrar no procedimento respectivo, immediatamente a autoridade policial lhe communicará os esclarecimentos e resultado das diligencias que já tenha obtido e continuará a cooperar nos termos do art. 40.

Não ha prevenção de jurisdicção no acto do inquerito policial para o effeito de poder a autoridade judiciaria ou o Promotor Publico dirigir-se a qualquer autoridade policial e requesitar outras informações e diligencias necessarias; ou para o effeito de poder *ex-officio* cada qual das autoridades policiaes colher esclarecimentos e provas a bem da mesma formação da culpa, ainda depois de iniciada.

Art. 44. Os Juizes de Direito especiaes, e os Juizes Municipaes dos termos das comarcas geraes, recebendo directamente, por parte da autoridade policial, o inquerito, delle tomarão conhecimento e o transmittirão ao Promotor Publico ou a quem suas vezes fizer, depois que verificarem se do mesmo inquerito resultam vehementes indicios de culpa por crime inafiançavel contra alguem; e, neste caso, reconhecida a conveniencia da prompta prisão do indiciado, deverão logo expedir o competente mandado ou requisição.

Se não existir no termo Promotor Publico ou Adjunto, nomearão pessoa idonea que sirva no caso sujeito.

Quando o proprio Juiz effectivo não puder encarregar-se da instrucção do processo, por affluencia de trabalho ou impedimento legitimo, transmittindo o inquerito ao Promotor ou Adjunto ou a quem fôr nomeado na falta delles, deverá logo declarar que seja

requerido o respectivo Substituto ou Supplente, que de preferencia é o que tem jurisdicção no districto do crime.

SECÇÃO IV

Do processo e julgamento das infrações de posturas municipaes

Art. 45. Compete aos Juizes de Paz o julgamento das infracções de posturas municipaes com appellação, no effeito suspensivo, para os Juizes de Direito.

§ 1.º Lavrado o auto da infracção com assignatura de duas testemunhas, será remettido ao Procurador da Camara Municipal, e este, antes de requerer a execução judicial, dará aviso á parte infractora para pagar a multa, quando a pena fôr sómente pecuniaria.

§ 2.º Na falta de pagamento voluntario da multa, será apresentado o auto da infracção com requerimento do Procurador da Camara Municipal ao Juiz de Paz, que mandará intimar com a copia do mesmo auto a parte infractora para comparecer na primeira audiencia, citadas também as testemunhas que o tiverem assignado.

§ 3.º Se não comparecer nem mandar escusa relevante, será julgado á revelia em vista do auto.

Apresentada e acceita a escusa, será adiado o julgamento para a seguinte audiencia.

§ 4.º Se a parte infractora comparecer, lhe será lido o auto; e, querendo contestal-o, o Juiz mandará escrever as suas alegações, e juntar os documentos que offerecer; inquirirá as testemunhas da accusação e as que forem apresentadas pelo réo, até o numero de tres; e proferirá a sua decisão na mesma audiencia ou, quando muito, na seguinte.

§ 5.º Se a parte condemnada quizer appellar, poderá fazel-o, ou verbalmente, logo em audiencia, ou por escripto no prazo de quarenta e oito horas; e tomado por termo o seu requerimento, immediatamente o Escrivão fará os autos conclusos ao Juiz de Direito, remettendo-os directamente a elle, se estiver no lugar, ou, em sua ausencia para o cartorio do Escrivão do Jury, a fim de serem apresentados ao Juiz de Direito quando chegar.

§ 6.º A demora dos Escrivães na remessa e apresentação dos autos será punida pelo Juiz de Direito com a multa de 10$000 a 30$000.

Art. 46. No fim de cada trimestre os Juizes de Paz remetterão a Camara Municipal uma relação das infracções de posturas que tiverem julgado durante aquelle prazo, declarando as condemnações e absolvições, e bem assim as appellações que se derem.

SECÇÃO V

Do preparo do processo nos crimes policiaes

Art. 47. Os Chefes, Delegados e Subdelegados de Policia, os Supplentes dos Juizes Municipaes e os Substitutos dos Juizes de Direito das comarcas especiaes organisarão o processo preparatorio das infracções dos termos de segurança e bem viver, e dos crimes a que não está imposta pena maior que a multa de 100$000, prisão, degredo ou desterro até seis mezes, com multa ou sem ella, e tres mezes de casa de correcção ou officinas publicas.

Art. 48. Apresentada a queixa ou denuncia de um desses crimes, a autoridade preparadora mandará citar o delinquente para ver-se processar na primeira audiencia.

§ 1.º Terá lugar a mesma citação, se, independentemente de queixa ou denuncia, constar a existencia de um crime policial, e nesse caso se procederá préviamente ao auto circumstanciado do facto, com declaração das testemunhas que nelle hão de jurar e que serão de duas a cinco.

§ 2.º O Escrivão ou official de justiça permittirá ao delinquente a leitura do requerimento ou auto, e mesmo copial-o quando o queira fazer.

§ 3.º Não comparecendo o delinquente na audiencia aprazada, a autoridade dará á parte o juramento sobre a queixa, e inquirirá summariamente as suas testemunhas, reduzindo-se tudo a escripto.

§ 4.º Comparecendo o delinquente, a autoridade lhe fará a leitura da queixa, depois de tomar o juramento ao queixoso, ou o auto do § 1.º, receberá a defeza, inquirirá as testemunhas e fará as perguntas que entender necessarias, sendo tudo escripto nos autos, aos quaes mandará juntar a exposição e documentos que a parte offerecer.

§ 5.º Se as testemunhas não puderem ser inquiridas na primeira audiencia, continuará o processo nas seguintes, até que estejam colhidos todos os esclarecimentos necessarios.

§ 6.º Terminado o processo preparatorio, poderão as partes dentro de vinte e quatro horas, contadas da ultima audiencia, examinar os autos no cartorio e offerecer as allegações escriptas que julgarem convenientes a bem de seu direito, regulando-se o prazo de modo que não seja prejudicada a defeza.

Se houver mais de um réo, o praso será de quarenta e oito horas.

§ 7.º Findo o prazo, a autoridade, analysando as peças do processo, emittirá seu parecer fundamentado; e mandará que os autos sejam remettidos ao Juiz que tiver de proferir a sentença.

§ 8.º Essa remessa se fará dentro das quarenta e oito horas decorridas da ultima audiencia, sob pena de multa de 20$000 a 100$000 que pela autoridade julgadora será imposta a quem der causa á demora.

§ 9.º São competentes para proferir a sentença, nas comarcas especiaes os Juizes de Direito e nos termos das comarcas geraes os Juizes Municipaes.

Secção VI

Do summario da culpa

Art. 49. É abolido o procedimento ex-officio, excepto:

1.º Nos casos de flagrante delicto.

2.º Nos crimes policiaes.

3.ª Quando, esgotados os prazos da lei, não fôr apresentada queixa ou denuncia.

4.º Nos crimes de responsabilidade, sendo competente a autoridade judiciaria que os reconhecer em feitos ou papeis submettidos regularmente ao seu exame jurisdicional.

Art. 50. A queixa ou denuncia que não contiver os requesitos legaes, não será acceita pelo Juiz, salvo o recurso voluntario da parte.

Art. 51. A incompetencia do Juiz do summario poderá ser allegada antes da inquirição das testemunhas ou logo que o réo comparecer em Juizo.

§ 1.º Se o Juiz reconhecer a incompetencia, remetterá o feito á autoridade competente para proseguir, a qual o ratificará, procedendo sómente á reinquirição das testemunhas, se houverem deposto em ausencia do accusado e este o requerer.

§ 2.º Se não reconhecer a incompetencia, continuará o summario, como se ella não fôra allegada.

§ 3.º Em todo o caso será tomada por termo nos autos a alludida excepção declinatoria, ou seja offerecida verbalmente ou por escripto.

Art. 52. O Juiz não tem arbitrio para recusar ás partes quaesquer perguntas ás testemunhas, excepto se não tiverem relação alguma com a exposição feita na queixa ou denuncia; devendo porém ficar consignadas no termo da inquirição a pergunta da parte e a recusa do Juiz.

Art. 53. No interrogatorio o accusado tem o direito de juntar quaesquer documentos e justificações processadas em outro Juizo, para serem apreciadas como fôr de Direito.

Se allegar com fundamento a necessidade de prazo para isso, ser-lhe-ha concedido até tres dias improrogaveis.

Secção VII

Dos recursos

Art. 54. O recurso da pronuncia ou não pronuncia seguirá sempre nos proprios autos; e as partes deverão arrazoar e juntar documentos nos prazos legaes, se o requererem.

Esta disposição não exclue a necessidade de traslado para ficar no car-

torio, se o feito houver de ser remettido de um lugar para outro, salvo expressa determinação do Juiz em contrario.

Art. 55. O recurso da pronuncia ou não pronuncia:

§ 1.º É voluntario, quando interposto de decisões dos Juizes de Direito das comarcas especiaes, em processo de formação da culpa por crimes communs.

§ 2.º É necessario, quando interposto de decisões dos Juizes Municipaes, que ex-officio o farão expedir, sem suspensão das prisões decretadas.

Art. 56. Não são prejudicados os recursos interpostos ex-officio ou pelo Promotor Publico, quando expedidos ou apresentados fóra dos prazos fataes; serão, porém, responsabilisados o Juiz, o Promotor Publico ou qualquer official do Juizo que por faltas ou inexactidões occasionarem a demora.

Tambem não serão prejudicados os recursos interpostos pelas partes, quando por causa de falta, erro ou omissão do official do Juizo ou de outrem não tiverem seguimento e apresentação em tempo.

Art. 57. Ha mais os seguintes recursos:

1.º Do despacho que não acceitar a queixa ou denuncia.

2.ª Da sentença de commutação da multa.

3.º Da decisão de autoridade inferior que impuzer multa comminada por este Regulamento.

Art. 58. Das decisões dos Juizes de Direito, quer das comarcas especiaes, quer das geraes, o recurso será interposto para a Relação do Districto.

Secção VIII

Das appellações

Art. 59. A disposição do art. 56 aproveita igualmente ás appellações para o effeito de não serem prejudicadas, conforme as circumstancias.

Art. 60. Não tem effeito suspensivc a appellação do § 1.º do art. 79 da Lei de 3 de Dezembro de 1841, quando a sentença absolutoria fôr proferida sobre decisão unanime do Jury.

Ainda que não seja unanime a decisão do Jury, tambem não terá effeito suspensivo essa appellação, se o crime fôr affiançavel.

Art. 61. A appellação interposta pelo Promotor Publico ou pela parte queixosa, da sentença de absolvição só terá effeito suspensivo a respeito de réos accusados de crimes punidos no maximo com as penas de morte, galés ou prisão com trabalho por vinte ou mais annos e prisão simples perpetua, se a decisão do Jury não houver sido unanime.

§ 1.º No prazo de dous dias deve ser interposta a appellação, de que trata este artigo; e não o sendo, pôr-se-hão em liberdade os réos absolvidos; os sujeitos a penas menores do que as mencionadas, immediatamente depois de proferida a sentença absolutoria.

§ 2.º Não são mais applicaveis as disposições dos arts. 1.ª e 3.º do Decreto n. 1696 de 15 de Setembro de 1869.

Art. 62. Para regular os effeitos das appellações nos casos dous artigos antecedentes, prevalecerá o despacho de pronuncia.

CAPITULO IV

Das attribuições civeis

Secção I

Dos Juizes de Paz

Art. 63. Os Juizes de Paz julgarão, com appellação para os Juizes de Direito, as causas civeis até o valor de 100$000, sendo previamente intentado o meio da reconciliação.

§ 1.º A petição inicial deverá conter, alem do nome do autor e do réo:

O contracto, transacção ou facto de que resultão o direito do autor e obrigação do réo com as necessarias especificações e estimativa do valor, quando não fôr determinado.

A indicação das provas, inclusive o rol das testemunhas.

§ 2.º Citado o réo a quem se dará copia da petição inicial e presente elle na audiencia aprazada com as suas testemunhas, que poderá levar, se as tiver, independente de citação; ou á revelia do mesmo réo, se não comparecer, o Juiz de Paz ouvirá as testemunhas de uma e outra parte, mandando tomar por termo os seus depoimentos.

§ 3.º A citação das testemunhas só será ordenada se a parte a requerer.

§ 4.ª Concluidas as inquirições e tomado o depoimento ou o juramento de qualquer das partes, se fôr requerido ou ordenado pelo Juiz, segundo os principios geraes do processo, serão ellas ouvidas verbalmente, juntando-se aos autos, com quaesquer allegações ou documentos que offerecerem; depois do que o Juiz proferirá sua sentença na mesma audiencia ou na seguinte.

§ 5.º No caso de appellação, não ficará traslado, se o Juiz de Direito residir no mesmo lugar; todavia, convindo ás partes, não ficará traslado, quando o Juiz da appellação resida em lugar diverso.

§ 6.º A appellação tem effeito suspensivo e será tomada por um simples termo, notificada a parte contraria. As partes, arrazoarão em uma ou outra instancia, onde lhes convier, dando-se cinco dias improrogaveis a cada uma.

§ 7.º Para a execução bastará o simples mandado contendo a substancia do julgado.

O processo de quaesquer embargos á execução se fará summarissimamente, apresentando o embargante seu requerimento com exposição do que julgar a bem de seu direito; e, ouvida a parte contraria em quarenta e oito horas, o Juiz decidirá afinal, com appellação para o Juiz de Direito.

§ 8.º Nestas acções só as excepções de incompetencia e de suspeição suspendem o curso da causa até sua decisão ultima.

As mais excepções constituem materia de contrariedade e serão apreciadas na sentença definitiva.

§ 9.º Ha aggravo do despacho pelo qual o Juiz de Paz julgar-se competente ou incompetente. A excepção será opposta por escripto ou verbalmente em audiencia; e do despacho proferido a parte aggravará, se quizer, para o Juiz de Direito; devendo o aggravo seguir nos proprios autos.

§ 10. A decisão do Juiz de Direito sobre a suspeição é peremptoria. A suspeição será opposta em audiencia, por escripto ou verbalmente; se o Juiz de Paz não reconhecer-se suspeito, depositada a caução, subirá o processo com a resposta do Juiz recusado, ao Juiz de Direito que ouvirá verbalmente e de plano as testemunhas offerecidas pelo recusante e pelo Juiz recusado, citadas umas e outras previamente para deporem.

Secção II

Dos Juizes Municipaes

Art. 64. Competem aos Juizes Municipaes:

1.º O preparo de todos os feitos civeis, cujo julgamento pertença aos Juizes de Direito.

2.º O processo e julgamento das causas civeis do valor de mais de 100$000 até 500$000 com appellação no effeito suspensivo para os Juizes de Direito.

3.º A publicação e execução das sentenças civeis, podendo ser perante elles interpostos e preparados os recursos que no caso couberem, salvas as decisões da competencia dos Juizes de Direito.

Art. 65. Não tratando-se de bens de raiz, o processo a seguir-se nas causas do § 2.º do artigo antecedente é o dos arts. 237 a 244 do Regulamento n. 737 de 25 de Novembro de 1850.

§ 1.º O processo da execução nessas causas, quanto a embargos offerecidos, será identico ao da acção.

§ 2.º Se a sentença exequenda fôr de Juiz Municipal, sem ter havido appellação, serão por elle decididos os embargos, dando ás partes os recursos que no caso couberem.

§ 3.º Nestas acções só tem lugar as excepções de incompetência e suspeição do Juiz, que serão processadas na fórma dos §§ 9.º e 10 do art. 63. Todas as outras excepções constituem matéria de defeza, e devem ser allegadas na contestação.

Esta disposição prevalece, ainda que a acção verse sobre bens de raiz, uma vez que o seu valor não exceda a 500$000.

Secção III

Dos Juizes de Direito

Art. 66. Aos Juizes de Direito das comarcas geraes compete:

1.º O julgamento em segunda instancia de todas as causas civeis de valor até 500$000.

2.º O julgamento em primeira instancia das de valor superior a 500$000.

3.ª A decisão dos aggravos interpostos dos Juizes inferiores.

4.º A decisão das suspeições postas aos Juizes inferiores e aos mesmos Juizes de Direito, na fórma do art. 11 da Lei.

Art. 67. Aos Juizes de Direito das comarcas especiaes compete:

1.º O julgamento em segunda instancia das causas civeis de valor até 100$000.

2.º O processo e julgamento em primeira e ultima instancia das de valor de mais de 100$000 até 500$000.

3.º O processo e julgamento em primeira instancia das de valor superior a 500$000; e a execução das sentenças nestas causas.

Art. 68. Os Juizes de Direito, de que trata o artigo antecedente, poderão ser auxiliados, no preparo e instrucção de todas as causas civeis de sua competencia, pelos seus Substitutos até qualquer sentença exclusivamente.

§ 1.º As sentenças a que se refere este artigo, são as de absolvição da instancia e todas aquellas em que caiba appellação e aggravo de petição ou instrumento.

Esta disposição é applicavel ao caso da substituição reciproca, de que trata o art. 4.º § 1.º, para determinar os actos dos Juizes Substitutos nos feitos civeis e os dos Juizes de Direito effectivos que substituirem a outros em suas respectivas varas.

§ 2.º Aos Juizes Substitutos incumbe também a execução das sentenças nas causas civeis de valor de mais de 100$000 até 500$000, julgadas em primeira e ultima instancia pelos Juizes de Direito, salvas as decisões que a estes competirem.

Art. 69. As suspeições postas aos Juizes de Direito julgadas na conformidade do art. 11 da Lei.

Em geral as cauções de suspeição exhibidas em Juizo serão recolhidas ao cofre da Camara Municipal respectiva, dentro de vinte e quatro horas, juntando-se aos autos o necessario conhecimento do Procurador da mesma Camara.

Secção IV

Das Relações

Art. 70. Os feitos civeis serão vistos e julgados na Relação por tres Juizes, inclusive o relator, que deverá fazer por escripto o Relatorio da causa estabelecido pelo Regulamento n. 1597 do 1.º de Maio de 1855, seguindo-se os demais termos desde o art. 39 até o art. 44 do citado Regulamento.

§ 1.º Á excepção do Desembargador Procurador da Corôa da Relação da Corte, os das outras Relações entrarão na ordem de julgadores do respectivo Tribunal, sujeitos á distribuição dos feitos em que não tenham de intervir como Promotores da Justiça, ou como Procuradores da Fazenda Nacional.

§ 2.º O Juiz do feito o apresentará com o relatorio dentro de quarenta dias, contados d'aquelle em que lhe fôr distribuido; podendo o Presidente da Relação prorogar este prazo, a seu prudente arbitrio, por mais vinte dias.

§ 3.º Os Juizes revisores terão sómente vinte dias, cada um, para a revisão, os quaes do mesmo modo podem ser prorogados até trinta.

§ 4.º As disposições dos paragraphos antecedentes são applicaveis aos Tribunaes do Commercio.

SECÇÃO V

Disposições communs aos Juizes Municipaes e de Direito

Art. 71. Incluem-se na competencia de primeira instancia, conforme o valor da causa, o preparo e o julgamento das partilhas, contas de tutores, bem como qualquer outra decisão definitiva que ponha termo á causa na mesma instancia.

Art. 72. O Juiz da primeira instancia é obrigado a despachar o feito dentro de sessenta dias, contados da conclusão, se a sentença fôr definitiva; dentro de dez dias nos demais casos.

Far-se-ha carga ao Juiz com a sua assignatura em livro proprio do Escrivão, pelo recebimento dos autos conclusos; e desse livro se darão ás partes as certidões que pedirem. São comprehendidos nestas disposições os Juizes de segunda instancia.

Art. 73. Nos termos reunidos o respectivo Supplente do Juiz Municipal, em exercicio, deverá preparar o feito de valor superior a 500$000 e remetel-o ao mesmo Juiz, o qual, antes de fazer subir ao Juiz de Direito, poderá ordenar as diligencias que julgar necessarias, devolvendo o processo ao Suplente com as convenientes instrucções.

Quanto aos feitos de valor inferior a 500$000 serão preparados segundo a legislação vigente e na forma do novo processo estabelecido; fazendo-se remessa delles ao Juiz Municipal para o julgamento final.

Art. 74. Os prazos, para as partes allegarem o que lhes convier; serão os mesmos adoptados no processo commercial; seguindo-se a esse respeito o mais que se acha estabelecido no mesmo processo.

CAPITULO V

Disposições geraes

Art. 75. O carcereiro, detentor, Escrivão, ou official do Juizo, que de qualquer modo embaraçar, demorar ou difficultar a expedição de uma ordem de *habeas-corpus*, a condução e apresentação do paciente ou a sua soltura, além das penas em que possa incorrer na fórma da Lei Criminal, será multado na quantia de 40$000 a 100$000 pela autoridade competente.

Art. 76. Nos municipios, cabeças de comarcas especiaes, os Juizes de Direito, que não tiverem varas privativas servirão successivamente nos conselhos de revista da guarda nacional e no mais que pela legislação vigente incumbe aos Juizes Municipaes.

Art. 77. Todos os Juizes, que preparam os feitos ou nelles cooperam, darão audiencia em dias certos e determinados uma ou duas vezes na semana, conforme a affluencia de trabalho.

Os Juizes Substitutos darão suas audiencias nos mesmos dias, em que as derem os effectivos, antes ou depois destes, conforme fôr mais conveniente e de accordo combinarem.

Art. 78. Os Tabeliães de notas poderão fazer lavrar as escripturas por escreventes juramentados, subscrevendo-as elles e caregando com inteira responsabilidade.

Exceptuam-se as seguintes, que pelo proprio Tabelião devem ser lavradas:

1.º As que contiverem disposições testamentarias.

2.º As que forem de doações *causa mortis*.

Em geral, as que houverem de ser lavradas fóra do cartorio.

Art. 79. Os mesmos Tabelliães poderão ter até dous livros para as escripturas, se o Juiz de Direito o permitir reconhecendo a affluencia de trabalho no cartorio.

Nas capitaes, sédes de Relações, essa licença será dada pelo Presidente do respectivo Tribunal.

§ 1.º O livro destinado ao escrevente juramentado será aberto e encerrado com essa declaração e considerado appenso do livro de Notas do Tabellião.

§ 2.º No livro principal de Notas, em que escrever, o proprio Tabelião fará por extracto declaração da escriptura lavrada pelo escrevente juramentado, com esplicita menção da folha do livro appenso do dito escrevente. Esse extracto ou resumo será assignado pelas partes e testemunhas sem augmento de despeza para aquellas.

§ 3.º Os Tabelliães poderão registrar em livro especial as procurações e documentos, que as partes apresentarem e de acordo com ellas; com tanto que na escriptura publica façam declaração e remissão á folha desse livro com as especificações necessarias, a aprazimento das partes.

Art. 80. Nos lugares, em que existir um só Tabellião de Notas, a conferencia e o concerto dos traslados poderão ser feitos com o escrevente juramentado.

Art. 81. Os Delegados de Policia poderão ter Escrivães especiaes.

Servirão perante os Chefes de Policia, como Escrivães, quaesquer dos empregados das respectivas secretarias que elles designarem; e perceberão os emolumentos taxados no Regimento de Custas.

Art. 82. Os Juizes de Direito das comarcas especiaes, seus Substitutos, os Juizes Municipaes e seus Supplentes, para os actos da formação da culpa, poderão servir com os Escrivães dos Delegados e dos Subdelegados de Policia nos respectivos districtos.

Logo que os processos escriptos por esses Escrivães tenham chegado ao termo de conclusão para a pronuncia, se não fôr presente o Juiz desta, deverão ser remettidos ao Escrivão do Jury, que os fará conclusos ao mesmo Juiz.

Decretada a pronuncia neste caso será feito o lançamento do nome do réo pronunciado no rol dos culpados em o livro a cargo do Escrivão do Jury, que passará os mandados de prisão de taes réos.

Quando, porém, o Juiz da pronuncia fôr presente e a decretar antes da remessa do processo ao Escrivão do Jury, esta se fará logo depois, afim de ter seguimento pelo cartorio do mesmo Escrivão o recurso necessario para o Juiz de Direito, nas comarcas geraes, ou o voluntario para a Relação nas especiaes. Em todo o caso o Escrivão do Jury lançará os nomes dos réos pronunciados no rol dos culpados.

Art. 83. O inventario e partilha dos bens de defuntos, que deixarem testamento, sem herdeiros orphãos ou interdictos, é da competencia do Juiz da Provedoria.

Na falta de testamento e de herdeiros orphãos ou interdictos, será feito o inventario e partilha pelo Juizo commum.

Art. 84. Os casos de que trata o art. 10 do Codigo Criminal, são do conhecimento e decisão do Juiz formador da culpa, com appellação *ex-officio* para a Relação, quando a decisão fôr definitiva.

É decisão definitiva a que julgar improcedente procedimento, por estar o réo incluido em qualquer das especies do citado art. 17, ou seja ella proferida immediatamente pelos Juizes de Direito das comarcas especiaes ou pelos Juizes de Direito das comarcas geraes, em grão de recurso necessario.

Art. 85. Os Juizes de Direito e Promotores Publicos são obrigados a residir dentro da villa ou cidade principal da comarca, pela importancia do fôro, e que será designada pelo Presidente de Provincia, com approvação do Governo.

§ 1.º Os Juizes de Direito, que sem licença se ausentarem de suas comarcas, além da responsabilidade a que ficam sujeitos pela Lei Criminal, serão multados na quantia de 50$000 a 200$000, pelo Presidente da Relação, que para isso os ouvirá logo que tenha conhecimento do facto por participação official do Presidente da Provincia, ou por qualquer representação.

§ 2.º Os Juizes Municipaes são igualmente obrigados a residir dentro da villa ou cidade, cabeça do termo, e ausentando-se deste sem licença, incorrem na multa de 50$000 a 200$000, imposta pelo Juiz de Direito, depois de ouvil-os.

Art. 86. Nos feitos, pendentes de julgamento na Relação, em que já tiver sido proferida qualquer decisão pela turma dos cinco Juizes, por estes ainda será terminado o julgamento.

Quanto aos que tiverem sómente distribuidos, intervirão no julgamento os tres primeiros Juizes, na conformidade do art. 27, § 4.º da Lei.

Art. 87. Os Juizes de Orphãos da Côrte servirão com Escrivão distinctos, passando um dos actuaes com o seu cartorio a servir na segunda vara e sendo providos para cada um delles os dous officios novamente creados.

Francisco de Paula de Negreiros Sayão Lobato, Conselheiro de Estado, Senador do Imperio, Ministro e Secretario de Estado dos Negocios da Justiça, assim o tenha entendido e faça executar. Palacio do Rio de Janeiro, em vinte e dous de Novembro de mil oitocentos e setenta e um, quinquagesimo da Independencia e do Imperio.

PRINCEZA REAL REGENTE.

Francisco de Paula de Negreiros Sayão Lobato.

* * *

DECRETO N. 5.129 — DE 6 DE NOVEMBRO DE 1872

Dá Instrucções para consolidação das disposições legislativas e regulamentares concernentes ao processo civil e criminal

Hei por bem, em execução do art. 29 § 14 da Lei n.º 2033 de 20 de Setembro de 1871, Mandar que sejam consolidadas as disposições legislativas e regulamentares, concernentes ao processo civil e criminal, na fórma das Instrucções, que com este baixam, assignadas pelo Dr. Manoel Antonio Duarte de Azevedo, do Meu Conselho, Ministro e Secretario de Estado dos Negocios da Justiça, que assim o tenha entendido e faça executar. Palácio do Rio de Janeiro, em seis de Novembro de mil oitocentos setenta e dous, quinquagesimo primeiro da Independencia e do Imperio.

Com a rubrica de Sua Magestade o Imperador.

Manoel Antonio Duarte de Azevedo.

Instrucções para a consolidação das das disposições legislativas e regulamentares concernentes ao processo civil.

Art. 1.º A consolidação das disposições legislativas e regulamentares concernentes ao processo civil consistirá na exposição systematica das que se acham em vigor, de modo que mostre o estado actual deste ramo da legislação.

Art. 2.º Para este fim se reduzirão as ditas disposições a proposições claras e succintas, formuladas de acôrdo com a redacção das leis e regulamentos do processo civil, e classificadas em titulos, capitulos, artigos e paragraphos.

Art. 3.° O trabalho dividir-se-ha em duas partes. A primeira parte se inscreverá — Da organização judiciaria civil — e nella se exporá tudo quanto fôr relativo a dita organização, seguindo-se a ordem hierarchica das autoridades, das inferiores para as superiores.

A segunda parte se inscreverá — Da fórma do processo — e subdividir-se-ha em cinco titulos.

§ 1.° O titulo 1.° — Do processo em geral — tratará da jurisdicção e competencia, conciliação, citação, instancia, contestação da lide, autoria, opposição, assistencia, dilacções e ferias, provas, sentença e custas.

§ 2.° O titulo 2.° — Do processo das acções ordinarias — tratará do libello, excepções, reconvenção, contrariedade, replica, treplica e allegações finaes.

§ 3.° O titulo 3.° — Do processo das acções especiaes — tratará do processo das acções summarias, summarissimas e executivas.

§ 4.° O titulo 4.° — Da execução das sentenças — tratará da extracção da sentença, do juizo e partes competentes para a execução, da liquidação, penhora, avaliação, pregões, arrematação, adjudicação, embargos do executado e de terceiros, e das preferencias.

§ 5.° O titulo 5.° — Dos recursos — tratará dos aggravos, embargos á sentença, appellação e revista.

Art. 4.° Cada titulo poderá conter um capitulo destinado ás disposições geraes, e os capitulos poderão ser subdivididos em secções.

Art. 5.° Em notas correspondentes aos artigos da consolidação citar-se-hão os actos legislativos e regulamentares, que autorizarem as disposições dos ditos artigos, bem como o direito romano subsidiario e praxe, que firmarem a genuina interpretação dos ditos actos, ou supprirem as suas lacunas e houverem sido geralmente aceitos.

Art. 6.° A consolidação será acompanhada de um indice alphabetico e outro chronologico das disposições legislativas e regulamentares consolidadas.

Rio de Janeiro, em 6 de Novembro de 1872.

Manoel Antonio Duarte de Azevedo.

Instrucções para a consolidação das disposições legislativas e regulamentares concernentes ao processo criminal.

Art. 1.° A consolidação das disposições legislativas e regulamentares concernentes ao processo criminal consistirá na exposição systematica das que se acham em vigor, de modo que mostre o estado actual deste ramo da legislação.

Art. 2.° Para este fim se reduzirão as ditas disposições a proposições claras e succintas, formuladas de accôrdo com a redacção das leis e regulamentos do processo criminal, e classificadas em titulos, capitulos, artigos e paragraphos.

Art. 3.° O trabalho dividir-se-ha em duas partes: a primeira parte se inscreverá — Da organização judiciaria criminal —, e nella se exporá tudo quando fôr relativo á dita organização, seguindo-se a ordem hierarchica das autoridades, das inferiores para as superiores. A segunda parte se inscreverá — Da fórma do processo — e subdividir-se-ha em quatro titulos.

§ 1.° O titulo 1.° — Do processo em geral — tratará do inquerito policial, da prescripção, audiencias, competencia do juizo, suspeições e recusações, queixa e denuncia, citação, provas, acareação, confrontação, interrogatório, corpo de delicto, prisão, buscas, fiança e custas.

§ 2.° O titulo 2.° — Do processo ordinario — tratará da formação da culpa, da pronuncia, dos preparatorios da accusação, da accusação, sentença e sua execução.

§ 3.° O titulo 3.° — Dos processos especiaes — tratará dos processos de contravenção às posturas municipaes, dos crimes policiaes, de contrabando,

dos indicados na Lei n.º 562 de 2 de Julho de 1830 e no art. 1.º do Decreto n.º 1090 de 1.º de Setembro de 1860, dos crimes de responsabilidade dos empregados publicos não privilegiados, e dos de responsabilidade dos empregados privilegiados.

Quanto ao processo do crime, de que trata a Lei n.º 581 de 4 de Setembro de 1850 assaz é declarar que se continúa a reger por essa lei.

§ 4.º O titulo 4.º — Dos recursos — tratará do recurso (no sentido restricto), da appellação, do protesto por novo julgamento perante o jury, da revista, e da ordem de *habeas corpus*.

Art. 4.º Cada titulo poderá conter um capitulo destinado às disposições geraes, e os capitulos poderão ser subdivididos em secções.

Art. 5.º Em notas correspondentes aos artigos da consolidação citar-se-hão os actos legislativos e regulamentares, que autorizarem as disposições dos ditos artigos, bem como os avisos do governo e a jurisprudencia, que houver firmado a genuina interpretação daquelles actos ou supprido as suas lacunas.

Art. 6.º A consolidação será acompanhada de um indice alphabetico e outro chronologico das disposições legislativas e regulamentares consolidadas.

Art. 7.º O formulário dos processos criminaes, que têm de ser julgados pelo jury, publicado com o Aviso do Ministerio dos Negocios da Justiça de 23 de Março de 1855, será revisto e accommodado ao estado actual da legislação.

Rio de Janeiro, em 6 de Novembro de 1872.

Manoel Antonio Duarte de Azevedo

* * *

LEI N. 2615 — DE 4 DE AGOSTO DE 1875

Providencia sobre o processo e julgamento de crimes que forem commettidos em paiz estrangeiro contra o Brazil e os brazileiros

Dom Pedro Segundo, por Graça de Deus e Unanime Acclamação dos Povos, Imperador Constitucional e Defensor Perpetuo do Brazil: Fazemos saber a todos os Nossos Subditos que a Assembléa Geral Decretou e Nós Queremos a Lei seguinte:

Art. 1.º Poderão ser processados, ainda que ausentes do Imperio, e julgados quando forem presentes, ou por terem regressado expontaneamente, ou por extradicção conseguida para esse fim, os brazileiros que em paiz estrangeiro perpetrarem algum dos crimes previstos pelo Codigo Criminal:

§ 1.º Contra a Independencia, integridade e dignidade da Nação (arts. 68 a 78).

§ 2.º Contra a Constituição do Imperio e fórma de Governo (arts. 85 e 86).

§ 3.º Contra o Chefe do Governo (arts. 87 a 89).

§ 4.º Moeda falsa e falsificação de titulos publicos ou bilhete de Banco autorizados pelo Governo.

Art. 2.º A disposição do artigo antecedente poderá ter execução no que fôr applicavel em relação aos estrangeiros que perpetrarem, fóra do Imperio, qualquer dos referidos crimes, quando venham ao territorio brazileiro, ou expontaneamente, ou por extradicção obtida para esse fim.

Art. 3.º Serão tambem processados e julgados, quando ao Imperio vierem

expontaneamente, os brazileiros que em paiz estrangeiro perpetrarem contra brazileiros ou estrangeiros os crimes de falsidade, perjurio, estellionato ou qualquer outro crime inafiançavel, uma vez que preceda queixa ou denuncia, nos termos das Leis do Imperio.

Art. 4.º Nos sobreditos casos as penas applicaveis serão as das Leis criminaes brazileiras.

Art. 5.º Os estrangeiros que em paiz estrangeiro perpetrarem contra brazileiros algum dos crimes referidos no art. 3.º e vierem ao Imperio, ou serão entregues por extradicção, sendo reclamados, ou expulsos do territorio brazileiro ou punidos conforme a Lei brazileira. Para este ultimo caso, porém, é necessario que preceda queixa ou denuncia, e que as Leis do paiz do delinquente estabeleçam punição em caso semelhante contra estrangeiros.

Art. 6.º É autorizado o Governo para, no Regulamento que der a esta Lei, estabelecer a competencia dos Tribunaes e fórma do processo dos crimes commettidos em paiz estrangeiro. É outrossim autorizado para regular mediante reciprocidade:

§ 1.º A acquisição do corpo de delicto ou provas existentes nos paizes estrangeiros, e o modo como devem ser ellas processadas ou ratificadas.

§ 2.º A execução das sentenças civeis dos Tribunaes estrangeiros.

§ 3.º O julgamento de crimes perpetrados a bordo dos navios brazileiros no alto mar, ou nas aguas territoriaes ou portos estrangeiros, onde fôr admittido esse direito.

§ 4.º O julgamento de crimes commettidos a bordo de navios estrangeiros contra pessoas não pertencentes á tripolação, ou mesmo contra pessoas da tripolação, no caso de infracção da policia do porto ou aguas territoriaes, ou de requisição, ou de accôrdo com a respectiva autoridade estrangeira.

Art. 7.º As disposições desta Lei não impedem o uso da acção civel, que póde ser intentada para satisfação do damno resultante de qualquer delicto commettido em paiz estrangeiro por qualquer individuo nacional ou estrangeiro residente no Imperio.

Art. 8.º Não só não se imporá pena alguma, mas nem mesmo terá lugar o processo e julgamento determinado por esta Lei contra individuos, que em paiz estrangeiro já tiverem sido absolvidos, punidos ou perdoados pelo mesmo crime. Cessará tambem o procedimento, ainda quando começado, logo que se reconheça que o crime ou pena está prescripto, segundo a Lei mais favoravel, ou do Brazil ou do Estado estrangeiro, em que elle podia ser punido.

Art. 9.º Ficam revogadas as disposições em contrario.

Mandamos, portanto, a todas as Autoridades, a quem o conhecimento e execução da referida Lei pertencer, que a cumpram e façam cumprir e guardar tão inteiramente como nella se contém.

O Secretario de Estado dos Negocios da Justiça a faça imprimir, publicar e correr.

Dada no Palacio do Rio de Janeiro aos quatro dias do mez de Agosto de mil oitocentos setenta e cinco, quinquagesimo quarto da Independencia e do Imperio.

IMPERADOR com rubrica e guarda.

Diogo Velho Cavalcanti de Albuquerque

Carta de Lei pela qual Vossa Magestade Imperial Manda executar o Decreto da Assembléa Geral Legislativa, que Houve por bem Sanccionar, providenciando sobre o processo e julgamento de crimes, que forem commettidos em paiz estrangeiro contra o Brazil e os brazileiros, como nella se declara.

Para Vossa Magestade Imperial ver,

Bellarmino Braziliense Pessôa de Mello a fez.

Chancellaria-mór do Imperio. — *Diogo Velho Cavalcanti de Albuquerque.*

Transitou em 7 de Agosto de 1875. — *Antonio José Victorino de Barros.*

DECRETO N. 2684 — DE 23 DE OUTUBRO DE 1875

Dá força de lei no Imperio a assentos da Casa da Supplicação de Lisboa e competencia ao Supremo Tribunal de Justiça para tomar outros

Hei por bem Sanccionar e Mandar que se execute a seguinte Resolução da Assembléa Geral:

Art. 1.º Os assentos tomados na Casa da Supplicação de Lisboa, depois da creação da do Rio de Janeiro até á época da Independencia, á excepção dos que estão derogados pela legislação posterior, têm força de lei em todo o Imperio.

As disposições desta lei não prejudicam os casos julgados contra ou conforme os ditos assentos.

Art. 2.º Ao Supremo Tribunal de Justiça compete tomar assentos para intelligencia das leis civis, commerciaes e criminaes, quando na execução dellas occorrerem duvidas manifestadas por julgamentos divergentes havidos no mesmo Tribunal, Relações e Juizos de primeira instancia nas causas que cabem na sua alçada.

§ 1.º Estes assentos serão tomados, sendo consultadas previamente as Relações.

§ 2.º Os assentos serão registrados em livro proprio, remettidos ao Governo Imperial e a cada uma das Camaras Legislativas, numerados e incorporados á collecção das leis de cada anno; e serão obrigatorios provisoriamente até que sejam derogados pelo Poder Legislativo.

§ 3.º Os assentos serão tomados por dous terços do numero total dos Ministros do Supremo Tribunal de Justiça, e não poderão mais ser revogados por esse Tribunal.

Art. 3.º Ficam revogadas as disposições em contrario.

Diogo Velho Cavalcanti de Albuquerque, do Meu Conselho, Ministro e Secretario de Estado dos Negocios da Justiça, assim o tenha entendido e faça executar. Palacio do Rio de Janeiro em vinte e tres de Outubro de mil oitocentos setenta e cinco, quinquagesimo quarto da Independencia e do Imperio.

Com a rubrica de Sua Magestade o Imperador.

Diogo Velho Cavalcanti de Albuquerque.

Chancellaria-mór do Imperio. — *Diogo Velho Cavalcanti de Albuquerque.*

Transitou em 27 de Outubro de 1875. — *José Bento da Cunha Figueiredo Junior.*

* * *

DECRETO N. 6142 — DE 10 DE MARÇO DE 1876

Regula o modo por que devem ser tomados os assentos do Supremo Tribunal de Justiça

Hei por bem que, para execução do Decreto legislativo n.º 2684 de 23 de Outubro de 1875, se observe o seguinte:

REGULAMENTO

Art. 1.º Os assentos tomados na Casa da Supplicação de Lisbôa, depois da creação da do Rio de Janeiro até a época da Independencia, á excepção dos derogados pela legislação posterior, terão força de lei em todo o Imperio.

Esta disposição não prejudica os casos julgados contra ou conforme os ditos assentos.

Art. 2.º Ao Supremo Tribunal de Justiça compete tomar assentos para

intelligencia das leis civis, commerciaes e criminaes, quando na execução dellas occorrerem duvidas manifestadas por julgamentos divergentes do mesmo Tribunal, das Relações e dos Juizes de primeira instancia, nas causas de sua alçada.

Paragrapho unico. Para ter lugar a providencia indicada é indispensavel:

1.º Que os julgamentos tenham sido proferidos em processos que estejam findos, depois de esgotados os recursos ordinarios facultados por lei.

2.º Que a divergencia dos julgamentos tenha por objecto o direito em these ou a disposição da lei, e não a variedade da applicação proveniente da variedade dos factos.

Art. 3.º Os assentos tomados não prejudicarão os casos julgados contra ou conforme a doutrina que estabelecerem.

Art. 4.º Serão tomados os assentos:

I. Por indicação de qualquer Ministro do Supremo Tribunal de Justiça.

II. Por proposta de alguma das Relações do Imperio, ou de qualquer Juiz de primeira instancia.

III. A requerimento feito pelo Instituto da Ordem dos Advogados.

Art. 5.º As indicações, propostas e requerimentos serão acompanhados:

I. De um relatorio circumstanciado dos julgamentos divergentes, que se especificarão, e das duvidas occorridas sobre a intelligencia da lei ou do direito em these.

II. De certidão *verbo ad verbum* dos julgamentos divergentes.

Estas certidões serão passadas ex-officio pelos funccionarios competentes, mediante requisição.

Art. 6.º Havendo indicação nos termos do art. 4.º n.º 1, será lida e ficará sobre a mesa para ser votada na sessão seguinte, sem discussão.

§ 1.º Reconhecida a necessidade do assento por um terço dos Membros do Tribunal, o Presidente expedirá cópia desta decisão ás Relações do Imperio, requisitando parecer de cada uma dellas.

§ 2.º O Tribunal poderá também ouvir, quando julgue conveniente, o Instituto da Ordem dos Advogados, os Tribunaes do Commercio e Jurisconsultos de melhor nota.

Art. 7.º Os Presidentes das Relações, logo que receberem a consulta dirigida pelo Presidente do Supremo Tribunal de Justiça, deverão apresental-a em mesa, e designar dia para a discussão do objecto da consulta e votação da resposta que se deva dar, com intervallo sufficiente para o exame.

§ 1.º O que se vencer por maioria de votos será reduzido a parecer, contendo não só a intelligencia que se deva dar á questão sujeita, mas tambem as razões justificativas dessa intelligencia.

§ 2.º O parecer será assignado por todos os Membros da Relação, podendo os vencidos fazer a declaração escripta de seus votos.

§ 3.º O parecer será transmitido no prazo marcado pelo Presidente do Supremo Tribunal de Justiça, que attenderá ás distancias.

Art. 8.º Nos casos do art. 4.º, ns. 2 e 3, o Presidente do Supremo Tribunal marcará a sessão seguinte para a votação das propostas ou requerimentos.

Deliberada a admissão das propostas ou dos requerimentos por um terço dos membros do Supremo Tribunal de Justiça, proceder-se-ha na conformidade dos arts. 6.º e 7.º.

Art. 9.º Findos os prazos marcados ás Relações, na fórma do art. 7.º, § 3.º, o Presidente do Supremo Tribunal de Justiça entregará os pareceres recebidos e mais papeis a uma commissão de tres membros por elle nomeados, a qual, depois do necessario exame, apresentará em mesa seu parecer em relatorio escripto.

§ 1.º O Presidente do Supremo Tribunal de Justiça, facilitando o exame

do parecer e documentos a todos os Ministros pelo tempo que julgar conveniente, convocará, de accôrdo com o Tribunal, uma conferencia extraordinaria, em que será amplamente discutida a materia.

O Tribunal poderá prolongar a discussão por mais de uma conferencia, se assim julgar necessario para esclarecimento da decisão.

§ 2.º Finda a discussão, será tomado o assento por maioria nunca inferior a dous terços do numero total dos membros do Tribunal.

§ 3.º Na acta da conferencia se fará especificada menção da discussão e votação.

§ 4.º A redacção dos assentos será incumbida a um dos Ministros do Tribunal por designação do Presidente, e ficará sujeita á approvação do mesmo Tribunal.

§ 5.º No preambulo dos assentos serão declaradas as razões, que lhes serviram de fundamento.

§ 6.º Na integra dos assentos não se fará menção de voto vencido, mas sómente a declaração de ter sido tomado o assento por unanimidade ou maioria de votos nos termos do § 2.º deste artigo.

Poderão, porém, os membros vencidos fazer inserir as razões de seu voto na acta da sessão do Tribunal.

§ 7.º Os assentos serão assignados pelos membros presentes do Tribunal.

Art. 10. Numerados e registrados os assentos em livro proprio, serão remettidos ao Ministro da Justiça, a cada uma das Camaras Legislativas por intermedio deste, e ás Relações do Imperio.

Art. 11. Os assentos ficarão incorporados á collecção das Leis de cada anno, e terão execução logo que forem publicados no *Diario Official*.

Art. 12. Ficam revogadas as disposições em contrario.

Diogo Velho Cavalcanti de Albuquerque, do Meu Conselho, Ministro e Secretario de Estado dos Negocios da Justiça, assim o tenha entendido e faça executar. Palacio do Rio de Janeiro em dez de Março de mil oitocentos setenta e seis, quinquagesimo quinto da Independencia e do Imperio.

Com a rubrica de Sua Magestade o Imperador.

Diogo Velho Cavalcanti de Albuquerque.

* * *

DECRETO N. 6841 — DE 16 DE FEVEREIRO DE 1878

Firma a intelligencia da Ordenação Liv. 1.º Tit. 79 § 45 sobre incompatibilidades por parentesco

Hei por bem, tendo ouvido a Secção de Justiça do Conselho de Estado, declarar o seguinte:

Art. 1.º A Ordenação Liv. 1.º, Tit. 79 § 45 inclue na sua prohibição os parentes por affinidade dentro dos gráos correspondentes aos de consanguinidade, a respeito dos quaes é expressa.

Art. 2.º A incompatibilidade por parentesco, estabelecida na citada Ordenação, Liv. 1.º Tit. 79 § 45 relativamente aos Escrivães e Tabelliães do judicial que funccionam no mesmo termo, não comprehende os serventuarios de Juizos differentes, ainda que as respectivas varas sejam exercidas por um só magistrado.

Lafayette Rodrigues Pereira, do Meu Conselho, Ministro e Secretario de Estado dos Negocios da Justiça, assim o

tenha entendido e faça executar. Palacio do Rio de Janeiro em 16 de Fevereiro de 1878, 57.° da Independencia e do Imperio.

Com a rubrica de Sua Magestade o Imperador.

Lafayette Rodrigues Pereira.

* * *

DECRETO N. 6934 — DE 8 DE JUNHO DE 1878

Regula a competencia dos Tribunaes e a fórma do processo nos crimes commettidos em paiz estrangeiro contra o Brazil e os brazileiros

Hei por bem, Usando da attribuição que Me confere o art. 6.° da Lei n.° 2615 de 4 de Agosto de 1875, e para a boa execução da mesma lei, Decretar o seguinte:

CAPITULO I

Dos delinquentes que podem ser processados e julgados no Imperio, por crimes commettidos em territorio estrangeiro.

Art. 1.° Podem ser processados, até a pronuncia inclusive, os brazileiros que, em territorio estrangeiro, perpetrarem algum dos crimes previstos pelo Codigo Criminal:

1.° Contra a independencia, integridade e dignidade da nação. (Arts. 68 a 78 do citado Codigo Criminal.)

2.° Contra a Constituição do Imperio, e fórma de governo. (Arts. 85 e 86.)

3.° Contra o Chefe do Estado. (Arts. 87 e 89).

4.° Moeda falsa e falsificação de titulos publicos ou bilhetes de Banco autorizados pelo Governo.

Art. 2.° Aquelles delinquentes, porém, não poderão ser definitivamente julgados senão quando presentes no Imperio, ou por virtude de extradicção, ou por haverem voluntariamente regressado.

Art. 3.° Poderão ser processados e definitivamente julgados no Imperio, sómente quando a elle vierem, ou por extradicção obtida para este fim, ou por deliberação propria, os estrangeiros que, fóra do Brazil, commetterem qualquer dos crimes enumerados no art. 1.° deste decreto.

Art. 4.° Poderão ser igualmente processados e definitivamente julgados no Imperio, quando a elle espontaneamente voltarem, os brazileiros que, em territorio estrangeiro, perpetrarem contra brazileiros ou estrangeiros os crimes de falsidade, perjurio, estellionato ou qualquer outro delicto inafiançavel.

Art. 5.° Nos sobreditos casos serão applicaveis as penas das leis criminaes brazileiras.

Art. 6.° Os estrangeiros que, em paiz estrangeiro, perpetrarem contra brazileiros algum dos crimes referidos no art. 4.° e vierem ao Imperio, serão entregues por extradicção, sendo reclamados, ou expulsos do territorio brazileiro, ou punidos conforme a lei brazileira.

Para este ultimo caso, porém, é necessario que preceda queixa ou denuncia autorizadas pelo Governo, e que as leis do paiz do delinquente estabeleçam punição em caso semelhante contra estrangeiros.

Art. 7.° Fica salvo aos offendidos o direito de intentarem as acções civeis que forem competentes para satisfação do damno resultante de delictos commettidos em paiz estrangeiro por qualquer individuo residente no Imperio, ainda quando taes delictos não sejam dos que podem ser processados e julgados no Brazil.

CAPITULO II

Do fôro competente.

Art. 8.° São competentes cumulativamente para a formação da culpa e para o julgamento nos casos do art. 1.°:

§ 1.° As autoridades e justiças criminaes da capital do Imperio.

§ 2.° As autoridades e justiças criminaes da capital da provincia, onde o delinquente é domiciliado, ou onde teve o seu ultimo domicilio no Brazil.

Art. 9.° É exclusiva a competencia das autoridades e justiças criminaes do municipio ou comarca fronteira, quando o delinquente é ahi domiciliado ou teve o seu ultimo domicilio no Imperio, e commetteu o crime no paiz confinante.

Art. 10. São applicaveis aos casos do artigo antecedente as disposições do art. 93 da Lei n.° 261 de 3 de Dezembro de 1841, e do art. 17 § 6.° da Lei n.° 2033 de 20 de Setembro de 1871, verificadas as occurrencias previstas em taes disposições.

Art. 11. Si os criminosos, de que trata o art. 1.°, voltarem ao Brazil antes da culpa formada, serão competentes para instaural-a e para o julgamento as autoridades do logar onde vierem residir ou onde forem encontrados.

Art. 12. Quando os crimes mencionados no art. 1.° forem connexos com delictos da mesma natureza commettidos no Imperio, prevalecerá para o processo e julgamento daquelles crimes a competencia das autoridades a quem incumbe o conhecimento destes ultimos delictos.

Art. 13. Para processar e julgar os delinquentes de que fazem menção os arts. 3.°, 5.° e 6.°, serão competentes as autoridades e justiças criminaes do logar onde elles residirem, ou forem encontrados.

Art. 14. As autoridades e justiças criminaes, a que se referem os artigos antecedentes, são as mesmas que pela legislação vigente têm jurisdicção para processar e julgar os autores e cumplices dos crimes acima mencionados, quando commettidos no Imperio.

CAPITULO III

Da fórma do processo.

Art. 15. O Governo communicará ás autoridades criminaes competentes os esclarecimentos, informações, documentos e quaesquer provas que tenha obtido, ácerca da existencia dos delictos e de quem sejam os delinquentes.

Art. 16. Na formação da culpa e no julgamento se observarão as leis e decretos vigentes que regulam estes processos quando os mesmos crimes são perpetrados no Imperio.

Art. 17. A formação da culpa poderá ser iniciada independentemente de inquerito policial. (Arts. 38 a 44 do Decreto n.° 4824 de 22 de Novembro de 1871.)

Art. 18. Os Juizes solicitarão do Governo Imperial, por intermedio do Ministerio da Justiça, o emprego dos meios diplomaticos convenientes para haverem os corpos de delicto e se cumprirem as cartas rogatorias de inquirição de testemunhas, de exames, vistorias e quaesquer outras diligencias para o descobrimento da verdade.

Art. 19. Si as cartas rogatorias não poderem ser expedidas ou si não forem cumpridas pelas autoridades do paiz estrangeiro, a autoridade consular do Brazil poderá, mediante ordem do Governo, inquirir, sob juramento, a respeito do facto criminoso, não só os brazileiros que alli forem encontrados, e houverem testemunhado o mesmo facto, mas tambem os estrangeiros que se prestarem voluntariamente a dar o seu depoimento; e reduzindo a inquirição a escripto, assignado por elle e pelos depoentes, a enviará para ser junta ao respectivo processo.

Art. 20. Sempre que o permittirem as leis ou os estylos do paiz, o Consul, em vez de proceder na fórma do artigo anterior, requererá a inquirição das testemunhas perante a autoridade

competente do logar, e remetterá ao Governo os autos originaes ou cópia authentica.

Art. 21. Na contrariedade ao libello accusatorio é licito ao réo requerer a expedição de cartas rogatorias para a inquirição de testemunhas da defesa residentes em paiz estrangeiro.

Neste caso o Juiz marcará para o cumprimento de taes rogatorias até o maximo de quatro mezes. Findo o prazo concedido, apresentada ou não a rogatoria, entrará a causa em julgamento.

Art. 22. Não serão processados e novamente julgados os delinquentes de que trata este decreto, si provarem que pelo mesmo crime foram absolvidos, punidos ou perdoados em paiz estrangeiro.

Fica entendido que a simples formação de culpa, e ainda a condemnação definitiva por Tribunaes estrangeiros á pena dependente de execução não excluem a jurisdicção dos Tribunaes brazileiros para tomar conhecimento do crime.

Art. 23. Cessará tambem o procedimento, ainda quando começado, logo que se reconheça que o crime ou a pena está prescripta, segundo a lei mais favorável, — ou a do Brazil, ou a do Estado em que elle poderia ser punido.

Lafayette Rodrigues Pereira, do Meu Conselho, Ministro e Secretario de Estado dos Negocios da Justiça, assim o tenha entendido e faça executar. Palacio do Rio de Janeiro em 8 de Junho de 1878, 57.º da Independencia e do Imperio.

Com a rubrica de Sua Magestade o Imperador.

Lafayette Rodrigues Pereira.

* * *

DECRETO N. 7018 — DE 31 DE AGOSTO DE 1878

Estabelece regras sobre o julgamento de recursos, interpostos para as Relações, dos despachos de pronuncia ou não pronuncia

Hei por bem, de conformidade com a Imperial Resolução de 27 de Julho ultimo sobre consulta da Secção de Justiça do Conselho de Estado, decretar o seguinte:

Art. 1.º As Relações, quando forem submettidos á sua decisão os recursos dos despachos de pronuncia ou não pronuncia (Lei n.º 261 de 3 de Dezembro de 1841, arts. 73 a 77, Lei n.º 2033 de 20 de Setembro de 1871, art. 17 § 1.º e Decreto de 2 de Maio de 1874, arts. 110 e seguintes) poderão ordenar as diligencias que forem necessarias para mais amplo esclarecimento da verdade e das circumstancias do facto.

Art. 2.º O relator e os adjuntos sorteados, que houverem ordenado as diligencias, ficam Juizes certos para afinal decidirem o recurso.

Lafayette Rodrigues Pereira, do Meu Conselho, Ministro e Secretario de Estado dos Negocios da Justiça, assim o tenha entendido e faça executar. Palacio do Rio de Janeiro em 31 de Agosto de 1878, 57.º da Independencia e do Imperio.

Com a rubrica de Sua Magestade o Imperador.

Lafayette Rodrigues Pereira.

* * *

DECRETO N. 8010 — DE 26 DE FEVEREIRO DE 1881

Altera algumas disposições do Decreto n. 1774 de 2 de Junho de 1856, que deu Regulamento para a Casa de Detenção da Côrte

Hei por bem, sobre proposta do Chefe de Policia da Côrte, e em virtude do art. 102, § 12, da Constituição do Imperio, Decretar que o Regula-

mento annexo ao Decreto n. 1774 de 2 de Julho de 1856 seja executado com as seguintes alterações:

Art. 1.° Fica substituido o art. 6.° pela disposição seguinte: — A Casa de Detenção será dirigida por um Administrador com as attribuições e vantagens concedidas pelo Regulamento n. 120 de 31 de Janeiro de 1842.

Paragrapho unico. Este empregado, bem como o seu ajudante e o escrevente, serão nomeados pelos Chefes de Policia.

Art. 2.° É revogado o art. 7.°.

Art. 3.° Ficam supprimidas as seguintes palavras do art. 14 "que é a mesma do calabouço da Casa de Correcção."

Art. 4.° A permissão aos presos pobres para trabalharem, na conformidade do art. 15, será dada quando as circumstancias do estabelecimento o permittirem.

Art. 5.° São eliminadas as seguintes palavras do art. 16 — "ou do Director da Casa de Correcção."

Art. 6.° O art. 18 fica substituido pela disposição seguinte: — "poderão tambem os presos receber todos os dias, das 10 horas da manhã até 1 hora da tarde, seus advogados procuradores, com as cautelas previstas no artigo antecedente".

Art. 7.° Dos arts. 24 e 29 são supprimidas as palavras — "que por emquanto é a da penitenciaria" — e — "que continuará a ser o mesmo aljube."

Art. 8.° O art. 30 é substituido pela disposição seguinte: "O mesmo medico, além de examinar com o Administrador os generos fornecidos, que serão rejeitados quando não forem de boa qualidade ou não estiverem nas condições dos contratos, assistirá á distribuição da comida, participando ao Chefe de Policia os factos que encontrar."

Art. 9.° As penas dos §§ 4.° e 5.° do art. 35 só serão applicadas por ordem prévia do Chefe de Policia.

Art. 10. No principio de cada quinzena dará o Administrador ao Chefe de Policia a relação de que trata o art. 38.

Art. 11. Nos arts. 11, 17, 20, 22, 27, 28, 30, 31, 32, 37, 38, 40, 41, 42 e 43 é substituida por — Administrador — a palavra — Director.

Art. 12. Ficam revogadas as disposições em contrario.

Manoel Pinto de Souza Dantas, Conselheiro de Estado, Senador do Imperio, Ministro e Secretario de Estado dos Negocios da Justiça, assim o tenha entendido e faça executar. Palacio do Rio de Janeiro em 26 de Fevereiro de 1881, 60.° da Independencia e do Imperio.

Com a rubrica de Sua Magestade o Imperador.

Manoel Pinto de Souza Dantas.

* * *

DECRETO N. 774 — DE 20 DE SETEMBRO DE 1890

Declara abolida a pena de galés, reduz a 30 annos as penas perpetuas, manda computar a prisão preventiva na execução, e estabelece a prescripção das penas

O Governo Provisorio da Republica dos Estados Unidos do Brazil, constituido pelo Exercito e Armada, em nome da Nação, considerando:

Que as penas crueis, infamantes ou inutilmente afflictivas não se compadecem com os principios da humanidade, em que no tempo presente se inspiram a sciencia e a justiça sociaes, não contribuindo para a reparação da offensa, segurança publica ou regeneração do criminoso;

Que as galés impostas pelo codigo criminal do extincto imperio, obrigando os réos a trazerem calceta no pé e corrente, infligem uma tortura e um estygma, enervam as forças physicas e abatem os sentimentos moraes, tornam odioso o trabalho, principal elemento de correcção, e destroem os estimulos da rehabilitação;

Que a Constituição da Republica, embora ainda não em vigor nesta parte, já determinou a abolição dessa pena;

Que a penalogia moderna reprova igualmente a prisão perpetua;

Que a justiça penal tem limite na utilidade social, devendo cessar, ainda depois da condemnação e durante a execução, a pena abolida pelo poder publico;

Que urge, emquanto não é publicado e posto em execução o novo codigo penal da Republica dos Estados Unidos do Brazil, remediar excessivos rigores da legislação criminal vigente, entre os quaes a imprescriptibilidade da pena;

Decreta:

Art. 1.º É abolida desde já a pena de galés, e substituida pela prisão com trabalho durante o mesmo numero de annos, si for temporaria, ou durante 30 annos, si for perpetua a comminada na lei anterior ou já imposta por sentença.

§ 1.º Os inspectores das prisões, logo que tiverem conhecimento deste decreto, farão retirar os ferros impostos aos galés; e os juizes da execução immediatamente proverão sobre o modo da substituição do resto da pena a cumprir em conformidade dessa lei e dos arts. 45 e 49 do codigo criminal.

§ 2.º Estas disposições não prohibem que os réos actualmente condemnados a galés continuem a ser empregados em trabalhos publicos; mas a applicação de correntes, ainda durante o transporte ou trabalho fóra do recinto das prisões, só será permittida em falta absoluta de outro meio de segurança, e cessará com o motivo de força maior que a tenha determinado.

Art. 2.º As prisões perpetuas, com ou sem trabalho, comminadas pelo codigo criminal ou já impostas por sentença, são reduzidas a 30 annos.

Art. 3.º A prisão preventiva será computada na execução da pena, sendo posto em liberdade o réo que, contado ou addicionado o tempo da mesma prisão, houver completado o da condemnação.

Art. 4.º A pena prescreve, não tendo entrado em execução:

I. Si o réo estiver ausente no estrangeiro, pelo lapso de 30, 20 ou 10 annos, applicando-se a prescripção trintennaria á condemnação por 20 ou mais annos, a vicennal, á de menos de 20 até seis, a decennal, á de menos de seis annos.

II. Si o réo estiver dentro do territorio brazileiro, pelo lapso de 20, 10 ou cinco annos, applicando-se a vicennal á condemnação de seis ou mais annos, a decennal á de menos de seis até dous, a quinquennal á de menos de dous annos.

Art. 5.º A prescripção da condemnação começa a correr do dia em que passar em julgado a sentença, ou daquelle em que for interrompida, por qualquer modo, a execução já começada. Interrompe-se pela prisão do condemnado.

Paragrapho unico. Si o condemnado em cumprimento de pena evadir-se, a prescripção começará a correr novamente do dia da evasão.

Art. 6.º Revogam-se as disposições em contrario.

O Ministro e Secretario de Estado dos Negocios da Justiça assim o faça executar.

Sala das sessões do Governo Provisorio, 20 de setembro de 1890, 2.º da Republica.

MANOEL DEODORO DA FONSECA

M. Ferraz de Campos Salles

DECRETO N. 848 — DE 11 DE OUTUBRO DE 1890

Organiza a Justiça Federal

O Generalissimo Manoel Deodoro da Fonseca, Chefe do Governo Provisorio da Republica dos Estados Unidos do Brazil, constituido pelo Exercito e Armada, em nome da Nação, tendo ouvido o Ministro e Secretario de Estado dos Negocios da Justiça, resolve decretar a lei seguinte:

PARTE PRIMEIRA

TITULO I

CAPITULO I

Da justiça federal

Art. 1.º A Justiça Federal será exercida por um Supremo Tribunal Federal e por juizes inferiores intitulados — Juizes de Secção.

Art. 2.º Os juizes federaes serão vitalicios e inamoviveis e não poderão ser privados dos seus cargos sinão em virtude de sentença proferida em juizo competente e passada em julgado.

Paragrapho unico. Poderão, entretanto, os juizes inferiores, si o requererem, ser removidos de uma para outra secção.

Art. 3.º Na guarda e applicação da Constituição e das Leis nacionaes a magistratura federal só intervirá em especie e por provocação de parte.

Art. 4.º Ao Presidente da Republica compete nomear os juizes federaes, dependendo da approvação do Senado a nomeação dos membros do Supremo Tribunal Federal.

CAPITULO II

Do Supremo Tribunal Federal

Art. 5.º O Supremo Tribunal Federal terá a sua séde na capital da Republica e compor-se-ha de quinze juizes, que poderão ser tirados dentre os juizes seccionaes ou dentre os cidadãos de notavel saber e reputação, que possuam as condições de elegibilidade para o Senado.

Paragrapho único. Os parentes consanguineos ou affins, na linha ascendente e descendente e na collateral até ao segundo gráo, não podem ao mesmo tempo ser membros do Supremo Tribunal Federal.

Art. 6.º O Presidente da Republica nomeará um dos membros do Supremo Tribunal Federal para exercer as funcções de Procurador Geral da Republica.

Art. 7.º O Tribunal funccionará com a maioria dos seus membros. Na falta de numero legal serão chamados successivamente os juizes das secções mais proximas, aos quaes competirá jurisdicção plena, emquanto funccionarem como substitutos.

Art. 8.º O Tribunal decidirá as questões affectas á sua competencia, ora em primeira e unica instancia, ora em segunda e ultima, conforme a natureza ou o valor da causa.

Art. 9.º Compete ao Tribunal:

I. Instruir os processos e julgar em primeira e unica instancia:

a) o Presidente da Republica nos crimes communs;

b) os juizes de secção nos crimes de responsabilidade;

c) os ministros diplomaticos nos crimes communs e nos de responsabilidade;

d) os pleitos entre a União e os Estados, ou destes entre si;

e) os litigios e as reclamações entre as nações estrangeiras e a União ou os Estados;

f) a suspeição opposta a qualquer dos seus membros;

g) os conflictos de jurisdicção entre os juizes federaes, ou entre estes e os dos Estados.

II. Julgar em gráo de recurso e em ultima instancia:

a) as questões decididas pelos juizes de secção e de valor superior a 2:000$000;

b) as questões relativas á sucessão de estrangeiros, quando o caso não for previsto por tratado ou convenção;

c) as causas criminaes julgadas pelos juizes de secção ou pelo jury federal;

d) as suspeições oppostas aos juizes de secção.

Paragrapho unico. Haverá tambem recurso para o Supremo Tribunal Federal das sentenças definitivas proferidas pelos tribunaes e juizes dos Estados:

a) quando a decisão houver sido contraria à validade de um tratado ou convenção, à applicabilidade de uma lei do Congresso Federal, finalmente, á legitimidade do exercicio de qualquer autoridade que haja obrado em nome da União — qualquer que seja a alçada;

b) quando a validade de uma lei ou acto de qualquer Estado seja posta em questão como contrario á Constituição, aos tratados e ás leis federaes e a decisão tenha sido em favor da validade da lei ou acto;

c) quando a interpretação de um preceito constitucional ou de lei federal, ou da clausula de um tratado ou convenção, seja posta em questão, e a decisão final tenha sido contraria à validade do titulo, direito e privilegio ou isenção, derivado de preceito ou clausula.

III. Proceder à revisão dos processos criminaes em que houver sentença condemnatoria definitiva, qualquer que tenha sido o juiz ou tribunal julgador.

§ 1.º Este recurso é facultado exclusivamente aos condemnados, que o interporão por si ou por seus representantes legaes nos crimes de todo genero, exceptuadas as contravenções.

§ 2.º A pena poderá ser relevada ou attenuada quando a sentença revista for contraria a direito expresso ou á evidencia dos autos, mas em nenhum caso poderá ser aggravada.

§ 3.º No caso de nullidade absoluta ou de pleno direito, o réo poderá ser submettido a novo julgamento.

§ 4.º Em acto de revisão é permittido conhecer de factos e circumstancias que, não constando do processo, sejam entretanto allegados e provados perante o Supremo Tribunal.

§ 5.º A revisão será provocada por petição instruida com a certidão authentica das peças do processo e mais documentos que o interessado queira juntar, independentemente de outra qualquer formalidade.

§ 6.º O Supremo Tribunal poderá exigir do juiz ou tribunal recorrido os documentos ou informações e mais diligencias que julgar necessarias para o descobrimento da verdade.

IV. Conceder ordem de *habeas-corpus* em recurso voluntario, quando tenha sido denegada pelos juizes federaes ou por juizos e tribunaes locaes.

V. Apresentar annualmente ao Presidente da Republica a estatistica circumstanciada dos trabalhos e relatorio dos julgados.

Art. 10. Os membros do Supremo Tribunal Federal serão julgados pelo Senado nos crimes de responsabilidade.

CAPITULO III

Do Presidente do Supremo Tribunal Federal

Art. 11. Os membros do Supremo Tribunal Federal elegerão dentre si um presidente e um vice-presidente, que servirão durante tres annos, podendo ser reeleitos.

Em seus impedimentos temporarios será o presidente substituido pelo vice-presidente, e este pelo membro mais idoso do tribunal.

Art. 12. Compete ao presidente:

a) dar posse aos membros do tribunal e aos juizes de secção nomeados, que se apresentem para esse fim;

b) nomear e demittir os empregados da secretaria e do juizo, nos casos em que isto lhe é facultado por lei, empossal-os de seus cargos e officios, e na sua falta ou impedimento dar-lhes substitutos;

c) executar e fazer executar o Regimento interno;

d) dirigir os trabalhos do tribunal e presidir ás suas sessões;

e) distribuir os feitos e proferir os despachos de expediente;

f) conceder licença nos termos da lei aos membros do Supremo Tribunal e aos juizes de secção;

g) organizar e enviar ao Presidente da Republica e á secretaria do Senado a lista nominal dos juizes seccionaes, pela ordem da antiguidade, sempre que se derem vagas no Supremo Tribunal.

CAPITULO IV

Dos juizes de secção

Art. 13. Cada Estado, assim como o Districto Federal, formará uma secção judicial, tendo por séde a respectiva capital, com um só juiz.

Art. 14. Os juizes de secção serão nomeados pelo Presidente da Republica dentre os cidadãos habilitados em direito com pratica de quatro annos, pelo menos, de advocacia ou de exercicio de magistratura, devendo ser preferidos, tanto quanto possivel, os membros actuaes desta.

Art. 15. Compete aos juizes de secção processar e julgar:

a) as causas em que alguma das partes fundar a acção ou a defesa em disposições da Constituição Federal, ou que tenham por origem actos administrativos do Governo Federal;

b) os litigios entre um Estado e habitantes de outros Estados ou do Districto Federal;

c) os litigios entre os habitantes de Estados differentes, inclusive os do Districto Federal, quando sobre o objecto da acção houver diversidade nas respectivas legislações, caso em que a decisão deverá ser proferida de accordo com a lei do fôro do contracto;

d) as acções que interessarem ao fisco nacional;

e) os pleitos entre nações estrangeiras e cidadãos brazileiros, ou domiciliados no Brazil;

f) as acções movidas por estrangeiros e que se fundem quer em contractos com o Governo da União, quer em convenções ou tratados da União com outras nações;

g) as questões relativas á propriedade e posse de embarcações, sua construcção, reparos, vistoria, registro, alienação, penhor, hypotheca e pessoal; as que versarem sobre o ajuste e soldada dos officiaes e gente da tripolação; sobre contractos de fretamento de navios, dinheiros a risco, seguros maritimos; sobre naufragios e salvados, arribadas forçadas, damnos por abalroação, abandono, avarias; e em geral as questões resultantes do direito maritimo e navegação, tanto no mar como nos rios e lagos da exclusiva jurisdicção da União, comprehendidas nas disposições da parte segunda do Codigo Commercial;

h) as causas provenientes de aprezamento e embargos maritimos em tempo de guerra, ou de auxilios prestados em alto mar e nos portos, rios e mares em que a Republica tenha jurisdicção;

i) os crimes politicos classificados pelo Codigo Penal, no livro 2.°, titulo 1.° e seus capitulos e titulo 2.°, capitulo 1.°.

§ 1.° Os crimes commettidos em alto mar a bordo de navios nacionaes, os commettidos nos rios e lagos que dividem dous ou mais Estados, nos portos, nas ilhas que pertençam á União, e, em geral, nos logares de absoluta jurisdicção do Governo Federal, serão, entretanto, julgados pelas justiças locaes desde que não revistam o caracter de crimes politicos.

§ 2.º Para o effeito do disposto no paragrapho antecedente, quando o criminoso não puder ser processado e julgado no logar em que praticou o delicto, sel-o-ha respectivamente ás hypotheses constantes do mesmo paragrapho, perante a justiça local do primeiro porto nacional em que entre o navio, ou perante a mais proxima do logar do delicto, onde for encontrado o delinquente, ou, finalmente, perante aquella que haja prevenido a jurisdicção.

§ 3.º Igual regra se observará relativamente aos juizes de secção, quando os crimes mencionados forem de natureza politica.

Art. 16. Quando um pleito, que em razão das pessoas ou da natureza do seu objecto deva pertencer á competencia da Justiça Federal, for, não obstante, proposto perante um juiz ou tribunal de Estado, e as partes contestem a lide sem propor excepção declinatoria, se julgará prorogada a jurisdicção, não podendo mais a acção ser sujeita á jurisdicção federal, nem mesmo em grão de recurso, salvo nos casos especificados no art. 9.º, II, paragrapho unico.

Art. 17. O domicilio em cada Estado e no Districto Federal será presumido, para os effeitos da competencia e jurisdicção, pela residencia continua de um anno, pelo menos, e em qualquer tempo pelo dominio de bens de raiz e propriedade de estabelecimento industrial ou commercial, ou outro qualquer facto que induza a intenção de residir.

CAPITULO V

Dos substitutos dos juizes de secção

Art. 18. Haverá em cada secção de Justiça Federal um juiz substituto, nomeado pelo Presidente da Republica, que servirá seis annos, não podendo ser removido durante esse prazo, salvo si o requerer.

Art. 19. Compete ao juiz substituto:

a) conhecer e julgar as suspeições oppostas aos juizes de secção, com appellação devolutiva tão sómente para o Supremo Tribunal;

b) substituir os juizes de secção em todos os impedimentos deste.

Art. 20. O Presidente da Republica nomeará um juiz *ad hoc* em todos os casos em que não puder funccionar o juiz substituto.

CAPITULO VI

Do Ministerio Publico

Art. 21. O membro do Supremo Tribunal Federal, que for nomeado procurador geral da Republica, deixará de tomar parte nos julgamentos e decisões, e, uma vez nomeado, conservar-se-ha vitaliciamente nesse cargo.

Art. 22. Compete ao procurador geral da Republica:

a) exercer a acção publica e promovel-a até final em todas as causas da competencia do Supremo Tribunal;

b) funccionar como representante da União, e em geral officiar e dizer de direito em todos os feitos submetidos á jurisdicção do Supremo Tribunal;

c) velar pela execução das leis, decretos e regulamentos, que devem ser applicados pelos juizes federaes;

d) defender a jurisdicção do Supremo Tribunal e a dos mais juizes federaes;

e) fornecer instrucções e conselhos aos procuradores seccionaes e resolver consultas destes, sobre materia concernente ao exercicio da justiça federal.

Art. 23. Em cada secção de justiça federal haverá um procurador da Republica, nomeado pelo Presidente da Republica, por quatro annos, durante os quaes não poderá ser removido, salvo si o requerer.

Art. 24. Compete ao procurador da Republica na secção:

a) promover e exercitar a acção publica, funccionar e dizer de direito em todos os processos criminaes e causas que recaiam sob a jurisdicção da justiça federal;

b) solicitar instrucções e conselhos do procurador geral da Republica, nos casos duvidosos;

c) cumprir as ordens do Governo da Republica relativas ao exercicio das suas funcções, denunciar os delictos ou infracções da lei federal, em geral promover o bem dos direitos e interesses da União;

d) promover a accusação e officiar nos processos criminaes sujeitos á jurisdicção federal até ao seu julgamento final, quer perante os juizes singulares quer perante o Jury.

Art. 25. Os procuradores seccionaes serão julgados nos crimes de responsabilidade pelos juizes das respectivas secções, com recurso para o Supremo Tribunal, no caso de condemnação.

Art. 26. Nas faltas ou impedimentos temporarios dos procuradores seccionaes, o procurador geral da Republica nomeará quem os substitua.

CAPITULO VII

Dos empregados e serventuarios

Art. 27. Para o serviço da secretaria do Supremo Tribunal haverá um secretario, dous officiaes, tres amanuenses, dous continuos e um porteiro.

Paragrapho unico. Para ser secretario é necessario ser graduado em direito.

Art. 28. Compete ao secretario, além do serviço ordinario de seu cargo, escrever em todos os processos e diligencias que correrem perante o Supremo Tribunal, publicar annualmente os julgados deste, lavrar as actas das suas sessões e conferencias, as portarias, ordens e decisões do tribunal e do seu presidente, dirigir os trabalhos da secretaria e quanto mais lhe for prescripto pelo Regimento interno.

No impedimento ou falta do secretario servirá um dos officiaes.

Art. 29. Os officiaes e amanuenses serão auxiliares immediatos do secretario.

Art. 30. Incumbe ao porteiro a guarda, limpeza e asseio da casa do tribunal, podendo auxilial-o um ou mais serventes a arbitrio do presidente e sobre proposta daquelle funccionario.

Art. 31. Os continuos que accumularem as funcções de officiaes de justiça farão o serviço que nos auditorios é proprio de taes empregados, da maneira prescripta pelo Regimento interno, ou como lhes for ordenado.

Art. 32. Junto a cada juiz de secção haverá um escrivão, e porteiros, continuos ou officiaes de justiça, segundo as exigencias do serviço. Estes empregados serão nomeados livremente pelo juiz respectivo e por elle empossados de suas funcções, não podendo o escrivão ser destituido sinão em virtude de sentença e sendo os demais demissiveis *ad nutum*.

§ 1.º No Districto Federal, e nos Estados de S. Paulo, Minas Geraes e Pernambuco, servirão dous escrivães.

§ 2.º Na falta ou impedimento de qualquer destes empregados o juiz designará quem o substitua.

CAPITULO VIII

Dos vencimentos, licenças e aposentadorias

Art. 33. Os vencimentos dos magistrados federaes, bem como os dos demais funcionarios, se regularão pela seguinte tabella, sendo dous terços de ordenado e um de gratificação:

Membros do Supremo Tribunal Federal	18:000$000
Ao presidente do Supremo Tribunal mais	2:000$000
Juizes de secção:	
Do Districto Federal	14:000$000
Dos Estados do Rio de Janeiro, S. Paulo, Minas Geraes, Rio Grande do Sul, Bahia, Pernambuco e Pará	10:000$000
Dos outros Estados	8:000$000
Juizes substitutos:	
Do Districto Federal	6:000$000

Dos Estados do Rio de Janeiro, S. Paulo, Minas Geraes, Rio Grande do Sul, Bahia, Pernambuco e Pará	4:000$000
Dos outros Estados	3:000$000

Procuradores seccionaes da República:

Do Districto Federal	6:000$000
Dos Estados do Rio de Janeiro, S. Paulo, Minas Geraes, Rio Grande do Sul, Bahia, Pernambuco e Pará	4:000$000
Dos outros Estados	3:000$000
Secretario do Supremo Tribunal	7:000$000
Official da Secretaria do Supremo Tribunal	4:000$000
Amanuense da Secretaria do Supremo Tribunal ...	3:000$000
Porteiro do Supremo Tribunal	2:400$000
Continuo do Supremo Tribunal	2:000$000

Paragrapho unico. Para as despezas de primeiro estabelecimento serão abonados aos membros do Supremo Tribunal Federal 1:500$ e aos juizes de secção 1:000$000.

Art. 34. Estes funccionarios terão os vencimentos especificados no artigo antecedente, sem outra qualquer retribuição.

§ 1.º Os emolumentos e custas que lhes deveriam ser contados na fórma dos regimentos vigentes, serão arrecadados pelos secretarios e escrivães e constituirão renda para o Thesouro Federal.

Art. 35. O presidente do Supremo Tribunal concederá licença aos membros do mesmo tribunal e aos juizes e procuradores de secção, não devendo estas exceder o prazo de quatro mezes com ou sem ordenado. Igual faculdade lhe é conferida em relação aos empregados da secretaria. Em qualquer caso, porém, taes licenças não poderão ser prorrogadas nem reproduzidas sinão após um anno, contado da data da primeira concessão.

Art. 36. O presidente do Supremo Tribunal e o procurador geral da Republica só poderão obter licença do Presidente da Republica, que a concederá, quando solicitada, dentro dos limites determinados no artigo antecedente.

Art. 37. As licenças excedentes de quatro mezes com ou sem ordenado só poderão ser concedidas aos juizes e funccionarios da justiça federal pelo Congresso Nacional.

Art. 38. Os juizes de secção poderão conferir licenca aos funcionarios e empregados do juizo por quatro mezes, nos termos do art. 35.

Art. 39. Os membros do Supremo Tribunal e os juizes de secção terão direito á aposentadoria, após dez annos de serviços, achando-se em estado de invalidez, com vencimentos proporcionaes ao tempo decorrido, e com todos os vencimentos após vinte annos completos, independente de qualquer condição.

TITULO II

CAPITULO IX

Do jury federal

Art. 40. Os crimes sujeitos á jurisdicção federal serão julgados pelo Jury.

Art. 41. O Jury federal compor-se-ha de doze juizes, sorteados dentre trinta e seis cidadãos, qualificados jurados na capital do Estado onde houver de funccionar o tribunal e segundo as prescripções e regulamentos estabelecidos pela legislação local.

O juiz da respectiva secção será o presidente do tribunal do Jury federal.

Art. 42. As decisões do Jury serão tomadas por maioria de votos. O empate será em favor do réo.

Art. 43. Das sentenças proferidas pelo Jury haverá appellação voluntaria para o Supremo Tribunal Federal.

Esta appellação não terá effeito suspensivo, sinão em caso de condemnação do réo.

Art. 44. O protesto por novo julgamento será admittido, com exclusão de outro recurso, por processos em que a sentença impuzer pena de prisão cellular por trinta annos, ou banimento.

PARTE SEGUNDA

TITULO III

Do processo federal

CAPITULO X

Do habeas-corpus

Art. 45. O cidadão ou estrangeiro que entender que elle ou outrem soffre prisão ou constrangimento illegal em sua liberdade, ou se acha ameaçado de soffrer um outro, tem direito de solicitar uma ordem de *habeas-corpus* — em seu favor ou no de outrem.

Art. 46. A petição para uma tal ordem deve designar:

a) o nome da pessoa que soffre a violencia ou é ameaçada, e o de quem é della causa ou autor;

b) o conteúdo da ordem por que foi mettido na prisão, ou declaração explicita de que, sendo requerida, lhe foi denegada, e, em caso de ameaça, simplesmente as razões fundadas para temer o protesto de lhe ser infligido o mal;

c) os motivos da persuasão da illegalidade da prisão ou do arbitrio da ameaça.

Art. 47. O Supremo Tribunal Federal e os juizes de secção farão, dentro dos limites de sua jurisdicção respectiva, passar de prompto a ordem de *habeas-corpus* solicitada, nos casos em que a lei o permitta, seja qual for a autoridade que haja decretado o constrangimento ou ameaça de o fazer, exceptuada, todavia, a autoridade militar, nos casos de jurisdicção restricta e quando o constrangimento ou ameaça for exercido contra individuos da mesma classe ou de classe differente, mas sujeitos a regimento militar.

Art. 48. Independentemente de petição, qualquer juiz ou tribunal federal póde fazer passar uma ordem de *habeas-corpus ex-officio* todas as vezes que no curso de um processo chegue ao seu conhecimento, por prova instrumental ou ao menos deposição de uma testemunha maior de excepção, que algum cidadão, official de justiça ou autoridade publica tem illegalmente alguem sob sua guarda ou detenção.

Art. 49. Da denegação da ordem de *habeas-corpus* haverá recurso para o Supremo Tribunal Federal, sendo licito ao recorrente interpol-o no prazo de quinze dias, contados da data da intimação do despacho em que não fôra attendido.

CAPITULO XI

Do processo criminal

Art. 50. Os juizes federaes procederão criminalmente, provocada a sua acção por queixa ou denuncia.

Art. 51. A queixa compete ao offendido, seu pae, mãe, ou conjuge, tutor ou curador, sendo menor ou interdicto.

Art. 52. A denuncia compete aos procuradores da Republica e a qualquer do povo:

a) nos crimes politicos;

b) nos crimes de responsabilidade da alçada federal.

Art. 53. A queixa ou denuncia deve conter:

a) a narração do facto criminoso, com todas as suas circumstancias;

b) o nome do delinquente, ou os signaes caracteristicos, si for desconhecido;

c) as razões de convicção ou presumpção;

d) nomeação de todos os informantes e testemunhas, não excedendo estas o numero de seis;

e) o tempo e o logar em que foi o delicto commettido.

Art. 54. Exhibida em juizo a queixa ou denuncia e requerida a citação do delinquente, o juiz a ordenará por seu despacho, em o qual serão declarados o fim para que e o logar e tempo em que deve o delinquente comparecer, guardado o disposto no art. 96. Si o delinquente residir em logar differente do da residencia do juiz, ou estranho à sua jurisdicção, será citado por precatoria dirigida ao juiz local ou federal.

Art. 55. As testemunhas serão citadas na fórma acima prescripta e serão obrigadas a comparecer no logar e tempo que lhes for marcado, não podendo eximir-se desta obrigação por privilegio de ordem alguma. Si, entretanto, residirem em logar differente do do juiz, este expedirá precatoria ao juiz local ou federal, rogando-lhe que as interrogue sobre o facto criminoso e suas circumstancias.

Art. 56. Comparecendo o réo em juizo, ser-lhe-hão lidas todas as peças do processo a que é submettido e em sua presença reinquiridas e reperguntadas as testemunhas ouvidas em sua ausencia, si assim o requerer.

Art. 57. Cada vez que duas ou mais testemunhas divergirem em suas declarações, o juiz as reperguntará em face uma da outra, mandando que expliquem a contradição ou divergencia, si assim lhe for requerido por qualquer das partes.

Art. 58. O réo será interrogado pela fórma seguinte:

a) qual o seu nome, naturalidade e residência?

b) si tem motivo particular a que attribua a queixa ou denuncia?

c) si é ou não culpado?

Paragrapho unico. Não é permittido ao juiz accrescentar outras ás perguntas acima taxadas; ao réo, entretanto, será licito allegar quanto lhe for conveniente, devendo ser escriptas todas as suas declarações.

Art. 59. Ao denunciante ou queixoso póde o juiz fazer as perguntas que lhe parecerem necessarias para o descobrimento da verdade.

Art. 60. A confissão do réo em juizo provará o delicto, quando coincidir com as circumstancias do facto.

Art. 61. O accusado poderá fazer juntar ao processo todos os documentos que justifiquem ou provem sua innocencia. O juiz conceder-lhe-ha prazo razoavel para tal fim.

Art. 62. Da inquirição das testemunhas, interrogatorio e informações se lavrará termo que será escripto pelo escrivão e assignado pelo juiz, testemunhas e partes.

Art. 63. Si das peças do processo resultar pleno conhecimento do delicto e indicios vehementes, que devam convencer o juiz de quem seja o delinquente, assim o declarará aquelle em seu despacho, pronunciando o réo especificadamente e obrigando-o á prisão, nos casos em que esta tem logar e sempre a livramento, arbitrada a fiança, si for caso della.

Art. 64. Quando o juiz não obtenha pleno conhecimento do delicto ou indicios vehementes de quem seja o delinquente, declarará por seu despacho nos autos, que não julga procedente a queixa ou denuncia.

Art. 65. É livre ás partes recorrer para o Supremo Tribunal Federal do despacho de pronuncia ou improcedencia da queixa ou denuncia. O recurso é suspensivo e será interposto dentro de cinco dias, contados da intimação do despacho a cada uma das partes.

Ficará traslado dos autos no cartorio do escrivão, e a expedição do recurso, bem como a cópia do processo serão feitas á custa do recorrente. Será julgado deserto o recurso que não for expedido dentro de trinta dias improrogaveis, contados da data de sua interposição. O despacho de pronuncia ou improcedencia produzirá em todo caso e desde logo todos os effeitos de direito.

Art. 66. Logo que passar em julgado o despacho de pronuncia, o accusador será notificado para offerecer em juizo o seu libello accusatorio dentro de vinte e quatro horas improrogaveis, sob

as penas de revelia e perempção da acção.

Art. 67. Offerecido o libello com o rol das testemunhas e quaesquer documentos que o instruam, serão as ditas peças juntadas aos autos, dos quaes se dará vista ao accusado por quarenta e oito horas improrogaveis, para contrariar, sendo permittido a este accrescentar rol de testemunhas e instrumentos em sua defesa.

Art. 68. A acção criminal será julgada perempta nos casos em que não couber denuncia, quando o libello não houver sido offerecido em tempo ou não comparecer no Jury o accusador por si ou por procurador, devidamente autorizado.

Em um e outro caso, a sentença de perempção será proferida pelo juiz e presidente do tribunal do Jury, independente de reclamação de partes.

Art. 69. A acção criminal prosseguirá á revelia do accusador, nos casos em que couber denuncia. Si esta proceder de pessoa do povo, o procurador da Republica a continuará até os termos finaes; e si este for o revel, nomeará o juiz procurador *ad hoc* para proseguir no feito, seja a revelia procedente de falta de libello em tempo opportuno, seja de falta de comparecimento no tribunal do Jury. O procurador da Republica será em um e outro caso sujeito a processo de responsabilidade, como no caso couber, e ser-lhe-ha formada culpa *ex-officio* pelo respectivo juiz.

Art. 70. Quando a accusação for abandonada por qualquer do povo e o procurador da Republica houver de proseguir na acção, será condemnado em custas, si as houver, o denunciante, não podendo em caso algum serem-lhe estas contadas a favor. A revelia do procurador da Republica sujeita-o á satisfação do damno causado, que será arbitrado pelo juiz, não tendo sido justificada a falta daquelle funccionario, do qual, em todo caso, serão subtrahidos vencimentos correspondentes aos dias de trabalho do substituto *ad hoc* nomeado, em proveito deste e justa retribuição.

Art. 71. Ultimado o processo de formação de culpa, offerecido o libello e contrariedade, e notificadas as partes e testemunhas, o juiz federal officiará ás justiças locaes competentes, para que constituam o Jury no mais breve prazo. Esta diligencia effectuada, o juiz federal assumirá a presidencia do tribunal, e verificado o comparecimento das partes, testemunhas e jurados em numero legal, abrirá a sessão, declarando o tribunal constituido e procedendo em seguida ao sorteio do conselho, que se comporá de doze membros.

Art. 72. Á installação do tribunal do Jury federal precederão editaes, marcando definitivamente o dia, hora e logar da reunião e notificando de novo as partes e testemunhas.

Art. 73. Entrando-se no sorteamento para a formação do conselho, e á medida que o nome de cada um juiz de facto for sendo lido pelo juiz federal, farão o accusado e o accusador suas recusações, sem as motivarem. Cada um poderá recusar doze jurados.

Art. 74. Si os accusados forem dous ou mais, poderão combinar suas recusações; mas, não combinando, ser-lhes-ha permittida a separação do processo, e nesse caso cada um poderá recusar até doze jurados.

Art. 75. São inhibidos de servir no mesmo conselho ascendentes e seus descendentes, sogro e genro, irmãos e cunhados durante o cunhadio. Destes o primeiro sorteado é o que deve ficar no conselho.

Art. 76. Preenchido o numero de juizes de facto, que effectivamente formarão o Jury, o juiz federal lhes tomará a promessa solemne e publica de bem e fielmente cumprirem o seu dever.

Art. 77. Todas as questões essenciaes ou incidentaes, que versarem sobre factos e de que dependerem as deliberações finaes, serão decididas pelos juizes de facto; as de direito sel-o-hão pelo juiz federal.

Art. 78. Depois de formado o conselho, o juiz federal interrogará o réo pelo modo e fórma estabelecidos para

a formação da culpa. Findo o interrogatorio, o escrivão lerá todo o processo e as ultimas respostas do réo, que estarão nelle escriptas.

Art. 79. O advogado do accusador abrirá o codigo e mostrará o artigo e gráo da pena em que pelas circumstancias entende que o réo se acha incurso, lerá o libello e depoimentos de testemunhas e adduzirá as provas em que se elle firmar.

Art. 80. Serão em seguida introduzidas no salão da sessão, uma após outra, as testemunhas do accusador, que deporão sobre os artigos do libello, sendo primeiro inquiridas pelo accusador, ou seu advogado, ou procurador, e depois pelo réo, seu advogado, ou procurador.

Art. 81. Findo este acto, o advogado do réo desenvolverá sua defesa, deduzida em artigos claros e succintos.

Art. 82. As testemunhas do réo serão introduzidas após e deporão sobre os artigos da contrariedade, sendo inquiridas primeiro pelo advogado do réo, e depois pelo do accusador ou autor.

Art. 83. O autor e por ultimo o réo, por si ou por seus procuradores, replicarão verbalmente aos argumentos contrarios e poderão requerer a repergunta de alguma ou de algumas testemunhas já inquiridas.

Art. 84. Achando-se a causa no estado de ser decidida por parecer aos jurados que nada mais resta a examinar, o juiz federal proporá por escripto ao conselho as questões relativas ao facto criminoso e suas circumstancias.

Art. 85. Entre as questões propostas ao Jury será a primeira sempre de conformidade com o libello accusatorio; assim o juiz a proporá nos seguintes termos:

"O réo praticou o facto (referindo-se ao libello) com tal e tal circumstancia?"

Art. 86. Si resultar dos debates o conhecimento da existencia de alguma ou algumas circumstancias aggravantes não mencionadas no libello, proporá também a seguinte questão:

"O réo commetteu o crime com tal ou tal circumstancia aggravante?"

Art. 87. Si o réo apresentar em sua defesa, ou no debate allegar como escusa facto ou justificação que o isente da pena, o juiz proporá a seguinte questão:

"O Jury reconhece a existencia de tal facto ou circumstancia?"

Art. 88. Si o réo fôr menor de quatorze annos, o juiz fará a seguinte questão:

"O réo obrou com discernimento?"

Art. 89. O juiz proporá sempre a seguinte questão: "Existem circumstancias attenuantes a favor do réo?"

Art. 90. Quando os pontos da accusação forem diversos, o juiz proporá ácerca de cada um delles todos os quesitos indispensaveis e quantos julgar convenientes á applicação esclarecida da lei aos factos occurrentes.

Art. 91. Retirando-se os jurados a outra sala, conferenciarão sós e a portas fechadas sobre cada uma das questões propostas, e o que for julgado pela maioria absoluta de votos será escripto e publicado.

Art. 92. Em seguimento e na mesma sessão o juiz federal, conformando-se com as decisões do Jury e applicando-lhes a lei, absolverá ou condemnará o accusado, mandando-o pôr em immediata liberdade, si estiver preso e a sentença concluir por absolvição.

Art. 93. Será concedido ás partes o prazo de tres dias para interposição do recurso das sentenças do tribunal do Jury e bem assim para o protesto por novo julgamento.

Art. 94. Serão decididos e regulados pelas leis e regimentos locaes todos os casos não previstos no presente decreto e relativos á installação do tribunal do Jury, aos trabalhos deste, á prisão e fiança, devendo os juizes do Estado prestar á justiça federal todo o auxilio que lhes for legalmente invocado.

Art. 95. A accusação dos empregados publicos em crime de responsabilidade será feita perante o Jury, guardadas no summario e no plenario as formalidades acima prescriptas. Exceptuam-se:

a) os funccionarios com fôro especial e privilegiado, estabelecido pela Constituição ou lei do Congresso;

b) os militares, que por crime de emprego militar serão accusados no juizo de seu fôro;

c) os funccionarios federaes, que tiverem sómente de ser advertidos ou castigados com penas disciplinares.

Art. 96. Apresentada a denuncia ou queixa contra funccionario publico, o juiz lhe mandará dar vista immediata, por quinze dias improrogaveis, e bem assim dos documentos que a instruirem e, findo o prazo, com resposta ou sem ella, dará começo á formação da culpa, proseguindo nos termos ulteriores, como de direito.

CAPITULO XII

Do processo civil e commercial

Art. 97. Todas as questões de natureza civil ou commercial, que recahem sob a jurisdicção dos tribunaes federaes, serão processadas e julgadas de accordo com as prescripções da presente lei.

CAPITULO XIII

Da ordem do juizo

Art. 98. A citação póde ser feita por despacho, por precatoria, por editaes ou com hora certa.

Art. 99. Para a citação requer-se:

a) que o official da diligencia leia á propria pessoa que vae citar o requerimento da parte com o despacho do juiz, dando-lhe contra-fé, embora esta não seja solicitada;

b) que na fé da citação que passar no requerimento declare si deu contra-fé e bem assim si a parte citada a recebeu ou não quiz receber.

Art. 100. A citação subentende-se feita para a audiencia seguinte, nunca para o mesmo dia da citação; e para o logar do costume, si outro não for designado.

Art. 101. A citação será feita por despacho quando for dentro da cidade e arrabaldes.

Art. 102. A precatoria deve conter:

a) o nome do juiz deprecado, anteposto ao do deprecante;

b) o logar de onde se expede e para onde é expedida;

c) a petição e o despacho *verbo ad verbum;*

d) os termos rogatorios de estylo.

Art. 103. Para a citação edital requer-se:

a) que se justifique a incerteza ou ausencia da pessoa que ha de ser citada; achando-se em parte incerta ou logar não sabido, ou inaccessivel por motivo de peste ou guerra;

b) que os editos sejam affixados nos logares publicos e publicados pelos jornaes, onde os houver; certificando o official no primeiro caso, e juntando-se no segundo aos respectivos autos o jornal ou a publica-fórma do annuncio;

c) que os prazos dos editaes sejam marcados pelo juiz, sendo de trinta dias, quando o réo se achar em logar não sabido; ou prazo razoavel, conforme a distancia, si elle se achar dentro ou fóra do paiz, mas em jurisdicção incerta.

Art. 104. Para a citação com hora certa requer-se:

a) que a pessoa que tem de ser citada, tendo sido procurada por tres vezes, se haja occultado para evitar a citação, declarando-se assim na fé que passar o official da diligencia;

b) que a hora certa para a citação seja marcada pelo official para o dia util immediato, podendo-o fazer independente de novo despacho;

c) que a hora certa seja intimada á pessoa da familia, ou da vizinhança,

não havendo familia, ou não sendo encontrada pessoa capaz de receber a citação;

d) que á pessoa assim intimada seja entregue contra-fé com a cópia da petição, do despacho do juiz, da fé de ter sido a parte devidamente procurada e da hora designada para a citação;

e) que o official vá levantar a hora certa, e não encontrando a parte, passe de tudo a competente fé, dando-se por feita a citação.

Art. 105. A citação pessoal só é necessaria no principio da causa e da execução, citando-se também a mulher do réo ou do executado, si a questão versar sobre dominio de bens de raiz.

Art. 106. Achando-se o réo fora do logar onde a obrigação foi contrahida, poderá ser feita a primeira citação na pessoa de seus mandatarios, administradores, feitores ou gerentes, nos casos em que a acção derivar de actos praticados pelos mesmos mandatarios, administradores, feitores ou gerentes. O mesmo terá logar a respeito das obrigações contrahidas pelos capitães ou mestres de navios, consignatarios e sobrecargas, não se achando presente o principal devedor ou obrigado.

Art. 107. A citação com hora certa é subsidiaria da citação pessoal, quando esta se não póde fazer, por se occultar a pessoa que tem de ser citada, ou seja o réo, ou qualquer dos mandatarios e prepostos de que trata o artigo antecedente.

Art. 108. A citação por precatoria tem logar quando a parte, que tem de ser citada, se acha em logar differente ou em jurisdicção alheia á do juiz perante o qual tem de responder.

Art. 109. Cumprida a precatoria pelo juiz deprecado, mandará este citar a parte por despacho e hora certa, si tanto for preciso.

Art. 110. A citação por editos tem logar:

a) quando for incerto ou inaccessivel, por causa de peste ou guerra, o logar em que se acha o ausente que tem de ser citado;

b) quando for incerta a pessoa que tem de ser citada;

c) quando cumprir fazer intimação de qualquer protesto judicial ao ausente de que não houver noticia.

Art. 111. Passado o termo marcado nos editaes, com certidão do official, e havida a parte por citada, e, nomeando o juiz curador ao ausente, com elle correrá o feito em seus devidos termos.

Art. 112. No caso de ser feita a citação com hora certa, será admittido o procurador que se apresentar voluntariamente para responder á acção, com procuração bastante, anterior e especial, e com elle correrá a causa.

Art. 113. O art. 105 não comprehende o caso de haver procurador bastante e especial ou geral para receber e propor acções durante a ausencia do constituinte; sendo, porém, necessaria a citação da mulher do réo ou do executado, si versar a questão sobre dominio de bens de raiz e não houver procuração especial della.

Art. 114. Accusada a primeira citação em audiencia, si não comparecer a parte citada por si ou por seu procurador, seguirá a causa á sua revelia até final; mas, em todo caso, comparecendo a parte lançada, será admittida a proseguir no feito, nos termos em que este se achar.

Art. 115. Não comparecendo o autor por si ou por seu procurador para fazer accusar a citação, ficará esta circumducta, sendo o réo absolvido da instancia; e não será novamente citado sem que o autor prove com certificado do escrivão não dever custas em juizo.

CAPITULO XIV

Das acções

Art. 116. Todas as questões de natureza civil e commercial serão propostas no juizo federal, quando recaiam sob sua jurisdicção, por meio de acção ordinaria, summaria e executiva.

CAPITULO XV

Da acção ordinaria

Art. 117. A acção ordinaria é competente em todas as causas de valor excedente a um conto de réis, quando a estas não for assignalada acção especial.

Art. 118. A acção ordinaria será iniciada por uma simples petição, que deve conter:

a) o nome do autor e do réo;

b) o contracto, transacção, ou facto de que resultar o direito e obrigação correlata;

c) o pedido com todas as especificações e estimativa do valor, quando não for determinado;

d) a indicação das provas e todos os documentos em que se fundar a acção.

Art. 119. Na audiencia para a qual for o réo citado deve o autor propor a acção, offerecendo a mesma petição inicial.

Art. 120. Si forem muitos os réos e não puderem ser todos citados para a mesma audiencia, serão accusadas as citações á medida que se fizerem; e a proposição da acção terá logar na audiencia em que for accusada a ultima citação.

Art. 121. Proposta a acção, na mesma audiencia se assignará o termo de dez dias para a contestação.

CAPITULO XVI

Das excepções

Art. 122. Nas causas de jurisdicção federal só teem logar as seguintes excepções:

a) incompetência;

b) suspeição.

Art. 123. As demais excepções, ou dilatorias ou peremptorias, constituem materia de defesa e serão allegadas na contestação.

Art. 124. A excepção de suspeição precede á de incompetencia.

Art. 125. Da excepção de incompetencia se dará vista ao autor por cinco dias para impugnal-a, findos os quaes o juiz rejeitará ou receberá.

Art. 126. Sendo recebida, se porá em prova com uma dilação de dez dias, depois da qual, conclusos os autos com as provas produzidas, e sem mais allegações, o juiz julgará definitivamente.

Art. 127. Sendo rejeitada, se assignará novo termo ao réo para a contestação.

Art. 128. A excepção de suspeição deve ser opposta em audiencia e offerecida por advogado.

Art. 129. Si o juiz reconhecer a suspeição, o escrivão officiará ao substituto, declarando-lhe que lhe compete a decisão do feito.

Art. 130. Si o juiz não reconhecer a suspeição, ficará o feito suspenso até á decisão delle e o escrivão remetterá immediatamente os autos á autoridade competente.

Art. 131. O conhecimento da suspeição do juiz de secção federal compete ao juiz substituto respectivo.

Art. 132. Remettidos os autos, e sendo conclusos, decidirá o juiz preliminarmente si é legitima a suspeição.

Art. 133. A suspeição é legitima sendo fundada nos seguintes motivos:

a) inimizade capital;

b) amizade intima;

c) parentesco por consanguinidade ou affinidade até ao segundo gráo, direito civil;

d) particular interesse na decisão da causa.

Art. 134. Não sendo legitima a suspeição, será a parte comdemnada nas custas em tres-dobro, e a causa proseguirá em seus termos.

Art. 135. Sendo legitima a suspeição, o substituto ouvirá o juiz suspeitado, aprazando-lhe termo razoavel.

Art. 136. Findo o termo da audiencia, cobrados os autos, sendo mister, seguir-se-ha a dilação das provas, que será de dez dias; e, ouvidas as partes no termo de cinco dias assignados a cada uma dellas, o juiz decidirá definitivamente a suspeição.

Art. 137. Si proceder a suspeição, pagará o juiz as custas e a causa será devolvida ao substituto. Não procedendo a suspeição, proseguirá a causa e a parte pagará as custas.

Art. 138. A suspeição não tem logar na execução, salvo a respeito de embargos de terceiro, e preferencias.

CAPITULO XVII

Da contestação

Art. 139. A contestação deve conter simplesmente a exposição dos motivos e causas, que podem ellidir a acção.

A ella se devem ajuntar os documentos em que se funda.

Art. 140. Na contestação deve o réo inserir, antes da allegação da materia da defesa, arguição das nulidades de todos os actos e termos que tiverem ocorrido até ao ponto da contestação.

Art. 141. Não sendo a contestação offerecida no termo assignado, seguir-se-ha a dilação das provas.

Art. 142. Offerecida a contestação, terá vista por dez dias cada um, o autor para replicar, o réo para treplicar. E si a contestação, ou a réplica ou tréplica forem por negação, a causa ficará logo em prova a requerimento de alguma das partes; da mesma fórma se procederá quando o autor não replicar, ou o réo não treplicar no termo assignado.

CAPITULO XVIII

Da reconvenção

Art. 143. Si o réo quizer reconvir ao autor, proporá reconvenção simultaneamente com a contestação no mesmo termo para ella assignado e sem dependencia de prévia citação do autor.

Art. 144. Proposta a reconvenção e offerecida a contestação, se assignará ao autor o termo de quinze dias para a contestação da reconvenção e réplica da acção.

Art. 145. Vindo o autor com a referida contestação e réplica, se assignará ao réo igual termo para a réplica da reconvenção e tréplica da acção, e finalmente se dará ao autor vista por dez dias para a tréplica da reconvenção.

Art. 146. Si o autor e réo não offerecerem a contestação, réplicas e tréplicas nos termos assignados, ou ellas forem por negação, seguir-se-ha o que está determinado no capitulo antecedente.

Art. 147. A reconvenção será julgada conjuntamente com a acção e pela mesma sentença.

Art. 148. A reconvenção induz a prorogação da jurisdicção federal.

CAPITULO XIX

Da autoria

Art. 149. Autoria é o acto pelo qual o réo, sendo demandado, chama a juizo aquelle de quem houve a cousa que se pede.

Art. 150. Compete a autoria sómente áquelle que possue em seu proprio nome.

Art. 151. Si o réo houve a cousa de outrem, requererá a sua citação na audiencia, em que for proposta a acção.

Art. 152. Si o chamado á autoria morar fóra da séde do juizo, ou em logar incerto, será a causa suspensa até verificar-se a citação pessoal ou edital; si, porém, morar fóra do paiz ou do districto seccional federal, proseguirá a causa, não obstante a expedição da precatoria. O juiz marcará o prazo dentro do qual deve promover o réo essas citações.

Art. 153. Vindo a juizo o chamado á autoria, com elle prosseguirá a causa, sem que seja licito ao autor a escolha de litigar com o réo principal, ou com o chamado á autoria.

Art. 154. O chamado á autoria receberá a causa no estado em que se achar, sendo-lhe licito allegar o que lhe convier e ajuntar documentos.

CAPITULO XX

Da opposição

Art. 155. Opposição é a acção de terceiro, que intervem no processo para excluir autor e réo.

Art. 156. A opposição corre no mesmo processo simultaneamente com a acção, si é proposta antes de assignada a dilação das provas; si sobrevier depois de assignada a dilação, será tratada em processo separado, sem prejuizo da causa principal.

Art. 157. Para a opposição não é de mister citação das partes: o terceiro oppoente, ajuntando procuração, pedirá vista dos autos, que lhe será continuada por cinco dias, depois da tréplica da acção.

Art. 158. Proposta a opposição, se assignarão ao autor e réo por seu turno, para contestarem e replicarem, e ao oppoente para treplicar, o termo de dez dias a cada um.

Art. 159. Afinal arrazoará primeiro o oppoente e depois e successivamente o autor e réo, e a acção e opposição serão simultaneamente julgadas pela mesma sentença.

CAPITULO XXI

Do assistente

Art. 160. Assistente é aquelle que intervem no processo para defender o seu direito, juntamente com o do autor ou réo.

Art. 161. Para ser o assistente admittido, é preciso que elle allegue o interesse apparente que tem na causa, como si é fiador, socio, condomino de cousa indivisa, vendedor da cousa demandada.

Art. 162. O assistente póde vir a juizo antes ou depois da sentença, mas recebe a causa no estado em que ella se acha, e deve allegar seu direito nos mesmos termos que competem áquelle á que assiste.

Art. 163. O assistente não póde allegar incompetencia e suspeição.

CAPITULO XXII

Da dilação das provas

Art. 164. Posta a causa em prova, assignar-se-ha na mesma audiencia uma só dilação de vinte dias, e esta dilação correrá independente de qualquer citação.

Art. 165. Para ver depor as testemunhas serão citadas as partes, ou seus procuradores, com designação do dia e hora, e bem assim do logar, si não for o do costume. Esta citação póde ser logo feita na mesma audiencia em que a causa se põe em prova.

Art. 166. O rol das testemunhas, com os respectivos caracteristicos, será depositado em mão do escrivão vinte e quatro horas antes da inquirição, sempre que a parte o requerer.

Art. 167. Tendo alguma das partes testemunhas fóra da séde do juizo, deverá protestar por carta de inquirição, ou na acção ou contestação, ou em audiencia, mas nunca depois de assignada a dilação das provas. Nesse protesto devem ser indicados os artigos ou factos sobre os quaes serão inquiridas as testemunhas.

Art. 168. Na carta de inquirição se fará declaração da dilação que o juiz assignar, conforme a distancia e difficuldades de communicação.

Art. 169. Dentro da dilação serão citadas as partes, ou seus procuradores com a indicação do dia, hora e logar para extracção ou conferencia dos traslados e publicas-formas.

CAPITULO XXIII

Das testemunhas

Art. 170. As testemunhas devem declarar seus nomes, profissão, domicilio e residencia, si são parentes, amigos,

inimigos ou dependentes de alguma das partes.

Art. 171. Não podem ser testemunhas o ascendente, marido, mulher, parente consanguineo ou affim até ao segundo gráo direito civil, e o menor de quatorze annos.

Art. 172. Si alguma testemunha houver de ausentar-se, si por avançada idade ou estado valetudinario houver receio de que ao tempo da prova ella já não exista, poderá, citada a parte, ser inquirida a requerimento dos interessados, aos quaes será entregue o depoimento, para delle se servirem quando e como lhes convier.

Art. 173. As testemunhas serão perguntadas, ou reperguntadas exclusivamente sobre os factos e suas circumstancias, allegados na acção, contestação, réplica e tréplica.

Art. 174. É licito ás testemunhas comparecerem independente de citação; si forem, entretanto, citadas e não comparecerem, ser-lhes-ha imposta a pena de desobediencia, salvo plausivel justificação.

Art. 175. As testemunhas serão inquiridas pelas partes que as produzirem ou por seus procuradores, e reperguntadas e contestadas pela parte contraria, ou procurador desta, devendo os depoimentos ser escriptos pelo escrivão e rubricados pelo juiz, que assistirá á inquirição, sendo-lhe licito fazer ás testemunhas as perguntas que julgar opportunas.

CAPITULO XXIV

Das provas em geral

Art. 176. São admissiveis no juizo federal todas as provas, como taes conhecidas em direito, particularmente as escripturas publicas e instrumentos a estas equiparaveis pelas leis civis e commerciaes.

Art. 177. O original de cópias authenticas, traducções, certidões extra hidas de notas publicas ou autos, será exhibido, logo que alguma das partes o requerer. As cópias, publicas-formas ou extractos de documentos originaes podem ser conferidos com estes na presença do juiz pelo escrivão da causa, citada a parte ou seu procurador e lavrado termo de conformidade com as differenças encontradas.

CAPITULO XXV

Das allegações finaes

Art. 178. Finda a dilação, serão assignados dez dias a cada uma das partes para dizerem afinal por seu advogado, dizendo primeiro o autor e depois o réo. Findo o termo, o escrivão fará os autos conclusos ao juiz para decidir a causa, depois de sellados convenientemente.

CAPITULO XXVI

Da sentença

Art. 179. Si, examinados os autos, o juiz entender necessaria, para julgar afinal, alguma diligencia, a poderá ordenar, mas, julgando que o pleito se acha sufficientemente esclarecido, dará sua sentença definitiva, a qual deverá ser clara, positiva, devendo a condemnação ser de cousa determinada ou valor certo, salvo si a quantia, sendo incerta, puder ser liquidada na execução.

Art. 180. A sentença não produzirá effeito antes da intimação das partes ou de seus procuradores.

CAPITULO XXVII

Da acção summaria

Art. 181. A acção summaria é competente em todas as causas de valor não excedente de um conto de réis, quando a estas não for assignalada acção especial.

Art. 182. A acção summaria será iniciada por uma petição, que deve conter, além do nome do autor e réo:

a) o pedido, com todas as especificações e estimativa do valor, quando este não for determinado, bem como o contracto, transacção, ou facto, de que resulte o direito e a obrigação;

b) a indicação das provas em que se funda a demanda.

Art. 183. Na audiencia para a qual for o réo citado, presente elle, ou apregoado e á sua revelia, o autor ou seu advogado lerá a petição inicial, e fé da citação, e, exhibindo os escriptos de contracto e documentos, exporá de viva voz a sua intenção e depositará o rol das testemunhas.

Art. 184. Em seguida, o réo ou seu advogado fará a defesa oral ou por escripto, exhibindo os documentos que tiver e o rol de testemunhas.

Art. 185. Depois da defesa terá logar a inquirição das testemunhas, a qual será concluida na mesma audiencia, salvo impossibilidade ou força maior, podendo o juiz, em tal caso, marcar audiencia extraordinaria para esse fim.

Art. 186. Findas as inquirições, arrazoando ou requerendo as partes o que lhes convier, verbalmente ou por escripto, o juiz fará reduzir a termo circumstanciadamente as allegações e requerimentos oraes e depoimentos das testemunhas; e autoado esse termo, com a petição inicial, documentos e allegações escriptas, será immediatamente concluso ao juiz.

Art. 187. Conclusos os autos, o juiz procederá *ex-officio*, ou a requerimento das partes, ás diligencias necessarias para julgar afinal, devendo a sentença ser proferida na audiencia seguinte á conclusão do processo, ou das diligencias que houverem sido decretadas.

Art. 188. Os depoimentos das testemunhas serão escriptos por inteiro, podendo as partes perguntal-as e reperguntal-as.

CAPITULO XXVIII

Das acções especiaes

Art. 189. A acção especial, que será a executiva, terá logar nos casos seguintes:

a) hypothecas de todo o genero;

b) fretes de navios, alugueis de transporte por agua ou terra;

c) penhor;

d) despezas e commissão de corretagem;

e) cobrança de dividas activas da Fazenda Nacional, certas e liquidadas, quando forem provenientes:

1.°, dos alcances dos responsaveis;

2.°, dos tributos, impostos, contribuições lançadas e multas;

3.°, dos contractos ou de outra origem, posto que não seja rigorosamente fiscal, quando disposição expressa de lei ou contracto assim autorizar.

Art. 190. Considerar-se-ha divida liquida e certa para o effeito da Fazenda Nacional entrar em juizo com sua intenção fundada de facto e de direito, quando consistir em somma fixa e determinada, e se provar — pela conta corrente do alcance, julgada definitivamente; por certidão authentica extrahida dos livros respectivos, donde conste a inscripção da divida de origem fiscal — por documento incontestavel, nos casos em que a lei permitte a via executiva, quanto ás dividas que não teem origem rigorosamente fiscal.

Art. 191. Procede o executivo fiscal:

a) contra o devedor;

b) contra os herdeiros, cada um *in solidum*, dentro das forças da herança;

c) contra o fiador;

d) contra qualquer possuidor de bens hypothecados á Fazenda Nacional;

e) contra os socios e interessados do devedor nos contractos de rendas de bens e arrematação de direitos, celebrados com a Fazenda Nacional, cada um *in solidum;*

f) contra o devedor do devedor, quando a divida tem origem fiscal, ou quando aquelle no acto da penhora confessa a divida e assigna o auto;

g) contra o successor, no negocio pela divida do antecessor, quando a ella for obrigado;

h) contra o curador fiscal ou o administrador da massa fallida, por divida do fallido;

i) contra o curador ou o consul, no caso de bens dos ausentes, ou das heranças jacentes;

j) contra o tutor ou curador do menor ou interdicto;

k) contra o director, gerente ou administrador, quando se tratar de sociedade ou contra um delles si houver mais de um.

CAPITULO XXIX

Da acção executiva

Art. 192. O mandado executivo deve determinar que o réo pague em continente; ou se proceda a penhora nos bens que elle offerecer, ou lhe forem achados, tantos quantos bastem para pagamento da divida e custas.

Art. 193. Accusada a penhora, serão assignados seis dias ao réo para allegar seus embargos. Si o não fizer, será a penhora julgada por sentença e se proseguirá no curso ulterior, como si fôra uma execução.

Art. 194. Dentro dos seis dias é licito ao réo produzir testemunhas e protestar pelo depoimento da parte.

Art. 195. Recebidos os embargos, o juiz assignará ao autor cinco dias para contestal-os: depois da contestação, haverá logar a dilação das provas, que durará dez dias; e arrazoando autor e réo, dentro de cinco dias cada um, será a causa julgada afinal.

CAPITULO XXX

Do Executivo Fiscal

Art. 196. Com o documento comprobatorio da divida, iniciar-se-ha o processo requerendo a expedição de mandado executivo, pelo qual o devedor, ou quem de direito, seja intimado para no prazo de 24 horas, que correrão em cartorio da data da intimação, pagar a quantia pedida e custas, ou dar bens á penhora; ficando logo citado para os termos da execução até final julgamento, nomeação e approvação dos louvados, avaliação e arrematação dos bens penhorados, e remil-os ou dar lançador.

Art. 197. Si a divida for de alcance ou si se fizer necessaria medida de segurança, não só nos casos de insolvabilidade e mudança de estado, mas ainda no de impossibilidade de prompta intimação do mandado, por estar o devedor ausente, ou não ser encontrado, será requerido desde logo mandado de sequestro nos bens do devedor. O dito mandado abrangerá todos os bens deste, sendo concedido independente de justificação.

Art. 198. Iniciado o processo por sequestro, será este intimado ao réo juntamente com o mandado executivo; e si elle não comparecer nas 24 horas, resolvido o sequestro em penhora *ipso facto*, seguir-se-hão os termos ulteriores.

Art. 199. Comparecendo o réo para se defender antes de feita a penhora, não será ouvido sem primeiro segurar o juizo, salvo si exhibir documento authentico de pagamento da divida, ou annullação desta.

Art. 200. Concorrendo justa causa, poderá o juiz conceder ao réo, para prova e sustentação de sua defesa, um prazo extraordinario de dez dias, continuos, sucessivos e improrogaveis.

Art. 201. A materia da defesa, estabelecida a identidade do réo, consistirá na prova da quitação, nullidade do feito e prescripção da divida.

CAPITULO XXXI

Dos processos preparatorios e preventivos

Art. 202. O embargo ou arresto tem logar:

a) nos casos expressos no codigo commercial, arts. 239, 379, 527 e 619;

b) quando o devedor sem domicilio certo intenta ausentar-se ou vender os bens que possue, ou não pagar a obrigação no tempo estipulado;

c) quando o devedor domiciliario intenta ausentar-se furtivamente, ou muda de domicilio sem sciencia dos credores;

d) quando o devedor domiciliario muda de estado, faltando aos seus pagamentos e tentando alienar os bens que possue; ou contrahindo dividas extraordinarias, ou pondo os bens em nome de terceiro, ou commettendo algum artificio fraudulento;

e) quando o devedor possuidor de bens de raiz intenta alienal-os ou hypothecal-os, sem ficar com algum ou alguns equivalentes ás dividas, e livres e desembargados;

f) quando o devedor commerciante cessa os seus pagamentos e não se apresenta; intenta ausentar-se furtivamente ou desviar todo ou parte do seu activo; fecha ou abandona o seu estabelecimento, occulta os seus effeitos e moveis de casa, procede a liquidações precipitadas e contrahe dividas extraordinarias ou simuladas.

Art. 203. Para concessão do embargo é necessario:

a) prova litteral da divida;

b) prova litteral ou justificação de algum dos casos de embargo, referidos no artigo antecedente.

Art. 204. A justificação prévia dos casos de embargo é dispensavel e póde ser supprida por protesto formal de prova em tres dias depois de effectuado o embargo nos casos:

a) em que a lei concede o embargo;

b) de urgencia ou inefficacia da medida si fosse demorada.

Art. 205. A justificação prévia, quando o juiz a considerar indispensavel, póde ser feita em segredo, verbalmente e de plano, reduzido a termo o depoimento das testemunhas.

Art. 206. Pagará as custas em decuplo o requerente do arresto, que tendo protestado fornecer prova no triduo não o fizer, havendo sido, entretanto, effectuada a diligencia.

Art. 207. O mandado de embargo não será executado, mas ficará suspenso:

a) si o devedor offerecer pagamento em continente;

b) si apresentar conhecimento do deposito da divida;

c) si der fiador idoneo.

Art. 208. Para o embargo de bens em poder de terceiro, deve o embargante declaral-os especificadamente e designar o nome do terceiro e logar em que se acham. Taes declarações serão inseridas no mandado respectivo.

Art. 209. O embargo só póde ser feito em tantos bens, quantos bastem para segurança da divida.

Art. 210. Feito o embargo, serão os bens depositados em poder de terceira pessoa, que assignará o auto respectivo como depositaria judicial. Convindo ao credor, poderá ser depositario o proprio devedor, ou aquelle, si concordar o mesmo devedor.

Art. 211. Si algum terceiro vier com embargos, dizendo que a cousa é sua, serão os embargos processados e admittidos pela fórma determinada no titulo das execuções.

Art. 212. Quando a opposição do terceiro for relativa a alguns bens e não a todos os embargados, será, a requerimento de algumas das partes, separada a opposição para correr em auto apartado, progredindo o processo do embargo quanto aos outros bens, a respeito dos quaes não versam os embargos de terceiro.

Art. 213. O embargo ficará de nenhum effeito:

a) si o embargante o não justificar dentro de tres dias depois de effectuado;

b) si o embargante não propuzer a acção respectiva dentro de quinze dias.

Art. 214. Feito o embargo, poderá o embargado oppor-lhe embargos, que o juiz mandará contestar no termo de cinco dias. Vindo o embargado com os seus embargos, se assignarão dez dias para a prova, e, arrazoados os autos, para o que serão concedidos cinco dias a cada uma das partes, dará o juiz a sentença final.

Art. 215. O embargado tem direito de pedir indemnização por perdas e

damnos resultantes do embargo requerido com má fé.

Art. 216. O embargo de embarcações só tem logar nos casos e pela fórma determinada nos arts. 479 e seguintes do codigo commercial.

Art. 217. O embargo procedente resolve-se pela penhora.

Art. 218. Quando o embargo se fizer em bens do devedor, existentes em poder de terceiro, será este intimado dentro de 24 horas, ou, em continente, no caso de urgencia; dando-lhe o official da diligencia contra-fé, ou deixando-a entregue em sua casa a pessoa da familia ou da vizinhança, não sendo elle encontrado; o que será declarado no auto de embargo, sob pena de nullidade.

Art. 219. Cessa o embargo:

a) pelo pagamento;

b) pela novação;

c) pela transacção;

d) decahindo o autor embargante da acção principal.

CAPITULO XXXII

Da exhibição

Art. 220. A exhibição dos livros e escripturação mercantil por inteiro, ou balanços geraes de qualquer casa commercial, póde ser requerida, como preparatoria de acção competente, como é precripto no art. 18 do codigo commercial.

Art. 221. Citada a pessoa a quem os livros pertencem, ou em cujo poder estão, para exhibil-os dentro do prazo e logar designado com comminação de prisão, será esta citação accusada em audiencia.

Art. 222. Accusada a citação, si o réo pedir vista, lhe será concedida por cinco dias para contestar, findos os quaes terá logar a dilação das provas por 10 dias; e arrazoando autor e réo sucessivamente, no termo de cinco dias cada um, o juiz julgará afinal.

Art. 223. Julgada procedente a acção, mandará o juiz passar mandado para a exhibição, que terá logar em continente, sob pena de prisão.

CAPITULO XXXIII

Dos protestos

Art. 224. O protesto, ou processo testemunhavel, formado a bordo, consistirá:

a) no relatorio circumstanciado do sinistro, devendo referir-se em resumo á derrota até ao ponto do sinistro, e altura em que este succedeu;

b) na exposição motivada da determinação do capitão, declarando si a ella precedeu deliberação das pessoas competentes e si a deliberação foi contraria ou conforme.

Art. 225. O protesto será escripto pelo escrivão ou piloto: e, em falta delles, por pessoa que o capitão nomear, dictado e assignado pelo mesmo capitão e por aquelles que tomaram parte na deliberação, aos quaes é licito declararem-se vencidos.

Art. 226. Os officiaes e pessoas que fazem parte da junta de deliberação, são os pilotos, contramestres, peritos e marinheiros mais intelligentes e antigos no serviço do mar. A deliberação dessa junta será tomada em presença dos interessados, no navio ou na carga, si algum se achar a bordo, os quaes não terão voto; devendo o do capitão ser considerado voto de qualidade, sendo-lhe licito obrar sob sua responsabilidade de modo diverso da deliberação tomada.

Art. 227. O protesto não dispensa a acta da deliberação, em a qual, além do facto e das circumstancias occurrentes, se devem declarar os fundamentos da resolução e dos votos de cada um, assim como os motivos da determinação do capitão, quando for contraria ao vencido. O protesto não será admittido á ratificação si do diario da navegação não constar a acta referida.

Art. 228. O protesto deverá ser ratificado nas primeiras 24 horas uteis da entrada, devendo o capitão entregar ao juiz, dentro do referido prazo,

o protesto predito e o diario da navegação.

Art. 229. Notificados os interessados, si forem conhecidos e presentes, procederá o juiz á ratificação, inquirindo, sobre o sinistro e suas circumstancias, o capitão e signatarios do protesto.

Art. 230. A ratificação será julgada por sentença, de que não haverá recurso algum e será dada por instrumento á parte, para usar delle como e quando lhe convier.

Art. 231. Os protestos das letras de cambio, de risco, da terra, conhecimento de fretes passados á ordem e endossados, apolices de seguro endossadas, notas promissorias endossadas, serão regulados pelo titulo 16 capitulo 1.º, secção 6.ª, parte 1.ª do codigo commercial.

Art. 232. O escrivão que por omissão ou prevaricação for causa de nulidade de um protesto será obrigado a indemnizar as partes de todas as perdas, damnos e despezas legaes resultantes de tal facto, devendo ser demittido, á vista da sentença que o condemnar.

Art. 233. Será permittido ás partes a interposição de qualquer protesto para conservação e resalva de seus direitos.

Art. 234. Esses protestos serão interpostos por petição endereçada ao juiz e em a qual o requerente narrará o facto e exporá os fundamentos do protesto, o qual será tomado por termo o intimado ás partes e interessados.

CAPITULO XXXIV

Dos depositos

Art. 235. O deposito em pagamento tem logar:

a) si o credor recusa o pagamento offerecido;

b) si o credor não quer passar quitação, ou não a passa com a segurança necessaria e por tantas vias, quantas convem ao devedor;

c) si ha litigio sobre a divida;

d) si a divida é embargada em poder do devedor;

e) si a cousa comprada está sujeita a algum onus ou obrigação.

Art. 236. Effectuado o deposito por mandado do juiz, serão citados os interessados, como no caso couber.

Art. 237. Si o credor, effectuado o deposito, pedir vista para impugnal-o, ser-lhe-ha concedida por cinco dias.

Art. 238. Vindo o credor com os embargos no termo fixado, se assignará uma dilação de dez dias para a prova, e, arrazoando successivamente o autor e réo, em cinco dias cada um, serão julgados os embargos afinal.

Art. 239. Julgados provados os embargos, será o devedor responsavel pelas despezas de levantamento, salario e custas do deposito; e se haverá por não feito o pagamento, correndo por conta e risco do devedor as perdas e damnos acontecidos á cousa depositada. Si, porém, forem julgados não provados os embargos, o credor será condemnado nas custas; e serão por sua conta e risco os damnos acontecidos a cousa depositada.

Art. 240. O deposito por conta de quem pertencer será feito a requerimento da parte, por mandado do juiz e com citação edital, e correrão por conta de quem pertencer as despezas, salarios e perdas e damnos.

CAPITULO XXXV

Da Execução

Art. 241. A carta de sentença sómente é necessaria, quando a causa excede á alçada do juiz seccional. Em nenhum caso ella é necessaria nas causas de natureza fiscal. Si a causa cabe na alçada, será extrahido mandado executivo tão sómente, devendo ser nelle inserida a sentença do juiz. Tambem será excusada a carta de sentença no caso em que a parte vencida quizer satisfazer a condemnação.

Art. 242. A carta de sentença deverá conter:

a) a autoação;

b) a fé da citação;

c) a petição da acção;

d) a contestação;

e) a réplica e tréplica nas acções ordinarias;

f) a sentença e documentos em que se ella fundar.

Art. 243. Nas causas especiaes, nos embargos de terceiro, nos artigos de preferencia, deverá a carta de sentença conter:

a) o auto de penhora, quando houver;

b) os embargos, artigos e contestações;

c) a sentença e documentos em que se ella fundar.

Art. 244. É competente para a execução o juiz da causa ou o que o substituir.

Art. 245. A execução compete:

a) á parte vencedora;

b) aos seus herdeiros;

c) ao subrogado, cessionario e successor singular.

Art. 246. É competente a execução contra:

a) a parte vencida;

b) os herdeiros ou successores universaes;

c) o fiador;

d) o chamado á autoria;

e) o successor singular sendo a acção real;

f) o comprador ou possuidor de bens hypothecados, segurados ou alienados em fraude de execução e, em geral, contra todos os que recebem causa do vencido, como o comprador da herança;

g) todos os detentores dos bens em nome do vencido, como o depositario, o rendeiro e inquilino, quanto a esses bens sómente;

h) o socio.

Art. 247. Consideram-se alienados em fraude da execução os bens do executado:

a) quando são litigiosos, ou sobre elles pende demanda;

b) quando a alienação é feita depois da penhora, ou proximamente a ella;

c) quando o possuidor dos bens tenha razão, para saber que pendia demanda, e outros bens não tinha o executado para solver a divida.

Art. 248. Sendo o fiador executado, póde offerecer á penhora os bens do devedor, si os tiver desembargados; mas, si contra elles apparecer embargo ou opposição, ou não forem sufficientes, a execução se exercerá sobre os bens do fiador até real embolso do exequente.

Art. 249. Si o executado não tem bens na séde da causa principal, ou os que tem são insufficientes, expedir-se-ha carta precatoria executoria, dirigida ao juiz seccional ou local do logar onde forem os bens situados para o fim de proceder-se á penhora, avaliação e arrematação delles.

Art. 250. Si o executado possue bens no districto judicial da causa principal e em outro, não correrá simultanea a execução, mas sucessiva, devendo a principio ser executados os primeiros, salvo si os bens, existentes em um e outro districto, forem manifestamente insufficientes.

Art. 251. Os embargos á execução, em qualquer caso, não poderão ser oppostos sinão perante o juiz da mesma execução.

CAPITULO XXXVI

Das sentenças illiquidas

Art. 252. A liquidação tem logar:

a) quando a sentença versa sobre fructos e cousas, que consistem em peso, numero e medida;

b) quando a sentença versa sobre interesses, perdas e damnos;

c) quando a acção é universal, ou geral.

Art. 253. Nas sentenças illiquidas a primeira citação do executado será para ver offerecer os artigos de liquidação.

Art. 254. Offerecidos os artigos na audiencia aprazada, o réo contestará no termo de cinco dias; aos quaes seguir-se-ha a dilação probatoria de dez dias, e, arrazoando depois e successivamente o liquidante e liquidado, no termo de cinco dias cada um, serão os artigos julgados afinal, devendo o juiz previamente proceder ás diligencias necessarias.

Art. 255. Proferida a sentença de liquidação, correrá a execução seus termos ulteriores.

CAPITULO XXXVII

Das sentenças liquidas

Art. 256. Sendo a sentença liquida, o executado será citado para pagar, ou nomear bens à penhora nas vinte e quatro horas, subsequentes à citação.

Art. 257. A nomeação feita pelo executado não vale, salvo convindo o exequente:

a) si não é feita conforme a gradação, estabelecida para a penhora;

b) si o executado não nomeia os immoveis especialmente hypothecados, ou bens consignados ao pagamento da divida;

c) si o executado nomeia bens sitos em logar differente do da execução, tendo-os, aliás, no logar da dita execução;

d) si os bens nomeados não são livres e desembargados, havendo-os, entretanto;

e) si é insufficiente a quantidade de bens nomeados.

Art. 258. A nomeação tendo sido feita de accordo com o prescripto no artigo antecedente e por termo nos autos, os bens são desde logo considerados penhorados e serão depositados como se dispõe nos artigos seguintes.

CAPITULO XXXVIII

Da penhora

Art. 259. Si o executado dentro das vinte e quatro horas não pagar ou não nomear bens á penhora, ou fizer a nomeação contra as regras estabelecidas antecedentemente, effectuar-se-ha a penhora, passado o respectivo mandado.

Art. 260. O auto de penhora deve conter:

a) o dia, mez, anno e logar em que é feita;

b) a descripção dos bens penhorados, com todos os caracteristicos necessarios para verificação da identidade;

c) entrega feita ao depositario que deve assignar, ou por elle duas testemunhas, com o official da diligencia.

Art. 261. A penhora póde ser feita em quaesquer bens do executado, guardada a gradação seguinte:

a) dinheiro, ouro, prata, e pedras preciosas;

b) titulos da divida publica, e quaesquer papeis de credito do Thesouro Federal;

c) moveis e semoventes;

d) bens de raiz, ou immoveis;

e) direitos e acções.

Art. 262. Deve a penhora ser feita em tantos bens quantos bastem ao pagamento e effectuada dentro de cinco dias sob responsabilidade do official de justiça.

Art. 263. Si as portas das casas se acharem fechadas, o official não procederá ao abrimento sem expresso mandado do juiz, mas, expedido o mandado, em presença de duas testemunhas, abrirá ou arrombará portas, gavetas, armarios, ou moveis onde se presuma

que estão os objectos penhoraveis, e de todo este procedimento se fará circumstanciada menção no auto de penhora.

Art. 264. Em caso de resistencia, ou fundado receio della, lavrado o auto respectivo, no primeiro caso, e procedendo inquirição verbal e em segredo no segundo, o juiz requisitará da autoridade local competente a força necessaria para auxiliar a penhora e prender o resistente, que será devidamente responsabilisado.

Art. 265. Si a penhora for validamente feita, sómente se procederá á segunda:

a) si o producto dos bens primeiramente penhorados não chegar para o pagamento;

b) si o exequente desistir da primeira penhora, o que só terá logar quando os bens penhorados forem litigiosos, ou estiverem obrigados a terceiro.

Art. 266. Para que se faça penhora em dinheiro do executado, existente em mão de terceiro, é preciso que este o confesse no acto da penhora.

Art. 267. Si o devedor confessar no acto da penhora, assignado o auto respectivo, será havido como depositario, a cuja pena fica sujeito si dentro de tres dias, que lhe serão assignados, o não entregar ou depositar. Depositada ou entregue a somma confessada, se considerará desobrigado.

Art. 268. O executado que esconder os bens para não serem penhorados, ou por dolo deixar de os possuir, será preso até que delles faça entrega ou do equivalente; ou até um anno, si antes não entregar.

Art. 269. Não são sujeitos á penhora:

a) os bens inalienaveis;

b) os vencimentos dos magistrados e empregados publicos, dos militares, os equipamentos destes;

c) as soldadas de gente do mar, e salarios de guarda-livros, feitores, caixeiros e operarios;

d) os utensilios e ferramentas de mestres e officiaes de officios mecanicos e que forem indispensaveis as suas occupações ordinarias;

e) os materiaes necessarios para as obras;

f) as pensões, tenças e monte-pios, inclusive o dos Servidores do Estado;

g) os fundos sociais pela divida particular de um dos socios;

h) o indispensavel para cama e vestuario do executado e de sua familia, não sendo precioso;

i) as provisões de comida.

Art. 270. São sujeitos á penhora, não havendo absolutamente outros bens:

a) o vestuario dos empregados publicos no exercicio de suas funcções;

b) os livros do juizes, professores, advogados, medicos, engenheiros e estudantes;

c) as machinas e instrumentos necessarios para o ensino, pratica, ou exercicio das artes liberaes e das sciencias;

d) os fructos e rendimentos dos bens inalienaveis;

e) os fundos liquidos que o executado possuir na companhia ou sociedade commercial.

Art. 271. Os bens penhorados serão avaliados por peritos idoneos, nomeados em audiencia a aprazimento das partes ou á sua revelia. Quando os bens forem situados fóra da séde do juizo, a avaliação se fará por meio de precatoria dirigida aos juizes locaes, ou ao juiz seccional, cumprindo que a arrematação se faça no local onde existem os preditos bens.

Art. 272. Quando a avaliação for irregular, excessiva ou lesiva, ou quando antes da arrematação se descobrir algum com que diminua o valor da coisa avaliada, proceder-se-há a nova avaliação.

CAPITULO XXXIX

Da arrematação e adjudicação

Art. 273. Feita a avaliação, passar-se-hão editaes, que serão affixados na

casa das audiencias e publicados nas folhas do dia da affixação e da arrematação. Entre a affixação dos editaes e a arrematação mediarão tres dias, si os bens forem moveis; e nove, si forem de raiz, independentemente de pregões.

Art. 274. Os editaes devem conter:

a) o preço da avaliação;

b) a qualidade dos bens e suas confrontações sendo de raiz;

c) o dia da arrematação.

Art. 275. A arrematação deve fazer-se impreterivelmente no dia annunciado. Si por causa ponderosa não for possivel nesse dia, será transferida, annunciando-se por editaes e pela imprensa o dia novamente designado.

Art. 276. Si por sobrevir a noite não for concluida a arrematação no mesmo dia, continuará no dia seguinte, dispensado, em tal caso, o edital.

Art. 277. É licito ao executado, seu conjuge ou herdeiros, remir ou dar lançador aos bens penhorados ou a alguns destes, até á assignatura do auto de arrematação ou publicação da sentença de adjudicação.

Art. 278. Quando a penhora consistir em dinheiro se affixarão editaes, marcando o prazo de dez dias aos credores incertos para virem requerer preferencia; si estes não requererem ou os credores certos citados pessoalmente, passar-se-ha mandado de levantamento ao exequente.

Art. 279. A arrematação será feita no dia e logar annunciados, presentes o juiz, escrivão e official de justiça, e expostos os objetos que devem ser arrematados, sendo possivel.

Art. 280. É admittido a lançar todo aquelle que estiver na livre administração de seus bens.

Exceptuam-se:

a) o juiz, escrivão, depositario, avaliadores e officiaes do juizo;

b) o tutor, curador e testamenteiro;

c) a pessoa desconhecida sem fiança idonea, ou procuração da pessoa por quem comparece;

d) o credor, salvo com licença do juiz.

Art. 281. Si o arrematante for o mesmo exequente, será obrigado a depositar o preço da arrematação nos casos em que não pode levantal-o.

Art. 282. Quando o arrematante for o credor exequente, é dispensado de depositar o preço da arrematação prestando fiança nos casos em que não lhe é licito levantar o mesmo preço.

Art. 283. Não havendo arrematante pelo preço da avaliação, voltarão os bens á praça com o intervallo de oito dias e com o abatimento de 10 %. Si nesta ainda não encontrarem lanço superior ou igual ao valor determinado pelo dito abatimento, irão à terceira praça com o mesmo intervallo e novo abatimento de 10 %. Neste caso serão arrematados pelo maior preço que for offerecido, sem que em hypothese alguma seja permittida a acção de nullidade por lesão de qualquer especie. Para estes abatimentos não ha necessidade de contas, que serão feitas uma só vez para os effeitos da arrematação ou da adjudicação.

Art. 284. Si o arrematante ou o fiador não pagar o preço da arrematação nos tres dias seguintes ao acto da arrematação, será preso até que o pague, e contra o fiador se procederá segundo as leis em vigor.

Art. 285. O preço da arrematação não póde ser levantado sem fiança:

a) pendendo embargos ou appellação;

b) pendendo acção de nullidade.

Art. 286. O preço da arrematação não póde ser levantado havendo embargo ou protesto de preferencia e rateio.

Art. 287. A arrematação so póde ser feita:

a) por quem offerecer maior lanço, comtanto que cubra o preço da avaliação;

b) com dinheiro á vista, ou com fiança por tres dias.

Art. 288. Não havendo lançador que cubra o preço da avaliação, ou abatido este na fórma acima prescripta, si não apparecer lançador na terceira praça, mas sómente quem cubra o preço da adjudicação, a arrematação será feita por este preço.

Art. 289. Não havendo lançador que cubra o preço da adjudicação, serão os bens adjudicados ao credor com os seguintes abatimentos:

a) decima parte si os bens são moveis e teem valor intrinseco;

b) quarta parte si são moveis, mas não teem valor intrinseco;

c) quinta parte si são de raiz ou immoveis.

Art. 290. O credor não póde ser compellido a restituir qualquer excesso no caso de ser o valor dos bens adjudicados superior á importancia da divida, salvo si a differença entre um e outro for de tal fórma que attinja a somma igual a um terço do montante da execução e neste caso o exequente consignará em juizo o excesso, descontando em proprio proveito um terço do dito excesso.

Art. 291. Si os bens são indivisos e o seu valor excede o dobro da divida, não se arremata nem adjudica a propriedade delles, mas adjudicam-se ao credor sem abatimento algum, excepto os dos juros legaes, os rendimentos por tantos annos quantos bastem para o pagamento total da execução.

Art. 292. Essa providencia se não realizará quando acontecer que o executado tenha outras dividas accumuladas e excedentes da metade do valor dos bens penhorados, ou si estes não produzirem rendimento algum.

Art. 293. Ao credor adjudicatario se imputam os rendimentos, que por negligencia deixar de cobrar, assim como, ser-lhe-hão levadas em conta as despezas necessarias e os onus reaes que pagar.

Art. 294. A adjudicação dos rendimentos não impede a arrematação da propriedade por virtude de execuções supervenientes, mas o adjudicatario será conservado durante o tempo da sua adjudicação.

Art. 295. O credor exequente tem faculdade para requerer e obter seu pagamento pelos rendimentos dos bens nos casos mesmos, em que elles podem ser arrematados.

Art. 296. Á adjudicação deve preceder:

a) conta da importancia da execução, comprehendidos os juros, despezas e onus reaes do predio;

b) calculo dos annos que são necessarios para o pagamento da divida;

c) avaliação dos rendimentos, salvo si o immovel estiver alugado ou arrendado, porque neste caso a adjudicação será calculada pelo aluguel ou renda, que forem declarados pelo inquilino, ou constarem dos recibos do proprietario e lançamento de decima. Entretanto, póde o exequente, allegada fraude ou conluio entre o inquilino e o executado, requerer avaliação dos rendimentos, e neste caso não será o inquilino conservado.

Art. 297. Nas execuções fiscaes serão guardadas as seguintes clausulas:

a) si na terceira praça não apparecer lançador, poderá ser requerida a adjudicação com o abatimento da quarta parte do valor da avaliação, ou o pagamento pelos rendimentos dos bens penhorados;

b) feita a adjudicação, si o executado, seu conjuge ou herdeiros não se apresentarem espontaneamente para remir a execução no prazo de oito dias, serão de novo os bens levados á praça sobre o valor da adjudicação; e caso ainda não haja lançador, levar-se-ha em conta do debito fiscal o preço da adjudicação; ou resolver-se-ha sobre a incorporação dos bens, sendo immoveis, aos proprios nacionaes. Qualquer excesso que alcançarem nesta praça os bens adjudicados acima do preço da adjudicação, ainda superior á divida e custas, accresce em proveito da Fazenda Nacional.

Paragrapho unico. Admittir-se-ha novo lanço depois da arrematação nos casos de ser este superior ao da arre-

matação em mais da terça parte, de não estar ainda consummada a arrematação com a entrega do preço e a posse da cousa arrematada e de não haver mais bens por onde a Fazenda possa ser plenamente paga e satisfeita.

CAPITULO XL

Das sentenças sobre acção real, ou cousa certa, ou em especie

Art. 298. O réo condemado por sentença a entregar cousa certa, será citado para em dez dias fazer a entrega.

Art. 299. Si o não fizer por a haver alienado depois de litigiosa, a sentença será executada contra o terceiro, de cujo poder se tirará a cousa, sem que seja ouvido antes de ser ella depositada.

É licito ao exequente, em logar de executar a sentença contra terceiro, executar o condemnado pelo valor della, si já se achar estimada. E, si o vencido não tiver com que pague a estimação da cousa, que em fraude de execução fôra por elle vendida, será preso até pagar, ou até um anno si antes não pagar.

CAPITULO XLI

Dos embargos á execução

Art. 300. Os embargos, oppostos á execução, sel-o-hão nos termos seguintes:

a) depois de feita a penhora, dentro dos seis dias subsequentes;

b) depois do acto da arrematação, mas antes da assignatura da carta de arrematação ou adjudicação.

Art. 301. Nas execuções das acções reaes os embargos só teem logar dentro de dez dias assignados para a entrega da cousa, mas seguro o juizo com o equivalente.

Art. 302. São admissiveis na execução com suspensão della e propostos conjunctamente nos seis dias seguintes á penhora, os embargos:

a) de nullidade do processo e sentença, com prova constante dos autos, ou offerecida em continente;

b) de nullidade e excesso de execução até á penhora;

c) de moratoria;

d) de concordata;

e) de compensação;

f) de declaração de fallencia;

g) de pagamento, novação, transacção e prescripção, superveniente depois da sentença, ou não allegados e decididos na causa principal;

h) infringentes do julgado, com prova em continente do prejuizo, sendo oppostos pelo menor e pessoa a que cabe o beneficio da restituição, pelo revel e pelo executado, offerecendo documentos obtidos após a sentença.

Art. 303. São tambem admissiveis na execução, com suspensão della e propostos conjunctamente depois do acto da arrematação e antes de assignada a carta de arrematação ou adjudicação, os seguintes embargos:

a) de nullidade, desordem ou excesso da execução depois da penhora até assignatura das cartas de arrematação ou adjudicação;

b) de pagamento, novação, transacção, prescripção, moratoria, concordata, declaração de quebra, superveniente depois da penhora;

c) de restituição.

Art. 304. São admissiveis nas execuções das acções reaes os seguintes embargos:

a) nullidade do processo e da execução com prova constante dos autos, ou produzida em continente;

b) nullidade e excesso da execução;

c) retenção de bemfeitorias;

d) infringentes do julgado com prova produzida em continente e oppostos pelo menor e outros aos quaes compete a restituição, pelo chamado á autoria, e pelo executado com documentos havidos depois da sentença.

Art. 305. Offerecidos os embargos dentro dos seis dias da penhora, serão conclusos ao juiz, que os receberá ou desprezará *in limine*. Si forem recebidos, o termo de cinco dias será assignado para a contestação e, findo o prazo, terá logar a dilação das provas, depois, arrazoando sucessivamente o embargante e o embargado, no prazo de cinco dias cada um, serão os embargos julgados afinal.

Art. 306. Independente de embargos, póde qualquer dos litigantes requerer ao juiz da execução a emenda do erro de conta ou das quantias exequendas, ou das quantias liquidas, ou das custas. O juiz, em tal caso, decidirá summarissimamente, ouvido o escrivão, e as partes, si tanto for necessario.

Art. 307. Vindo algum terceiro com embargos á execução, porque a cousa penhorada lhe pertence por titulo habil e legitimo; e tendo posse natural ou civil com effeitos de natural, ser-lhe-ha concedida vista para allegar e provar seus embargos dentro de tres dias.

Art. 308. Provando o terceiro embargante nos referidos tres dias seus embargos, seja por documentos, seja por testemunhas, serão recebidos e se concederá ao embargado o prazo de cinco dias para contestar.

Art. 309. Findos os cinco dias e vindo o embargado com a sua contestação, terá logar a dilação das provas, que será de dez dias; e arrazoando o embargante e embargado no termo de cinco dias cada um, serão os embargos julgados afinal.

Art. 310. Recebidos os embargos, mandará o juiz passar mandado de manutenção a favor do terceiro embargante, que prestará fiança.

Art. 311. Si o exequente, sendo recebidos os embargos de terceiro, desistir da penhora nos bens embargados e requerer outra, cessará a discussão, e a penhora dos bens embargados será levantada.

Art. 312. Não offerecendo, ou não provando, o embargante seus embargos no triduo, ou si forem manifestamente calumniosos, serão rejeitados *in limine* e a execução proseguirá.

Art. 313. Nas execuções fiscaes o executado só poderá oppor embargos modificativos ou infringentes do julgado, ou relativos ao modo da execução.

Art. 314. Os ditos embargos só suspenderão a execução nos casos seguintes:

a) si forem de nullidade, procedente de falta da primeira citação;

b) si forem de nullidade do processo da arrematação provada em continente na petição em que a vista for requerida.

Art. 315. Em qualquer periodo das execuções fiscaes até á assignatura da carta de arrematação ou adjudicação, serão os terceiros senhores e possuidores admittidos a embargar, com suspensão da execução, comtanto que se legitimem desde logo, apresentando titulos de dominio e posse.

Art. 316. Em tal caso o juiz consignará ao embargante o prazo de dez dias improrogaveis para serem exhibidos embargos, titulos e provas da legitimidade destes, seguindo-se o julgamento definitivo. Si os embargos forem julgados provados, será levantada a penhora, no caso contrario a execução prosseguirá condemnado em custas o embargante.

Art. 317. Si os embargos ás execuções fiscaes não forem oppostos a todos os bens, mas só a alguns delles, correrão em separado, proseguindo a execução sómente quanto aos bens não embargados.

CAPITULO XLII

Das preferencias e concurso de credores

Art. 318. A preferencia deve ser disputada no mesmo processo da execução, e versará ou sobre o preço da arrematação, ou sobre os proprios bens, si não foram arrematados, não sendo licito disputal-a sinão depois do acto da arrematação.

Art. 319. Em qualquer termo da execução até á entrega do preço de ar-

rematação, ou extração e assignatura da carta de adjudicação, podem os credores fazer o protesto de preferencia e requerer que o preço não seja levantado, ou se não passe carta de adjudicação, sem que primeiro se dispute a preferencia.

Art. 320. Para ser credor admittido a concurso é essencial que se apresente no juizo de preferencia munido de escriptura publica ou instrumento equiparavel como titulo de divida; ou sentença obtida contra o executado, sem dependencia de penhora.

Art. 321. Para a preferencia devem ser citados os credores conhecidos com a comminação de perderem a prelação, que lhes cabe, salvo aos desconhecidos o direito de disputarem por acção ordinaria a preferencia, que lhes competir.

Art. 322. Citados os credores e accusada a citação, serão propostos os artigos de preferencia pelo credor que promoveu o concurso, e aos demais credores se assignará o prazo de cinco dias a cada um, para successivamente formarem seus artigos.

Art. 323. Offerecidos todos os artigos, se assignará a cada um dos credores o termo de cinco dias para contestarem na mesma ordem, em que articularam.

Art. 324. Concluida a contestação, seguir-se-ha a dilação das provas, que será de vinte dias; e, finda a dilação e arrasoando os credores successivamente, cada um no termo de cinco dias, serão os autos conclusos e o juiz julgará a preferencia, ou mandará que se proceda a rateio no caso de não subsistir privilegio legal.

Art. 325. A disputa entre os concurrentes póde versar não sómente sobre a preferencia sinão tambem sobre nullidades, simulação, fraude e falsidade das dividas ou dos contractos.

Art. 326. O concurso de preferencia com a Fazenda Nacional será promovido por meio de petição ao juiz, na qual o credor preferente legitime a sua qualidade, produzindo logo todos os titulos e razões.

Art. 327. Autoada a petição, terá vista o procurador da Fazenda, e depois da sua resposta seguir-se-ha o julgamento.

Art. 328. Reconhecida a legitimidade da pretensão do preferente, suspender-se-ha a execução e levantar-se-hão os sequestros ou penhoras que se houverem feito; no caso contrario, será excluido, e, junta a petição aos autos da execução, nella se proseguirá até integral pagamento da Fazenda Nacional.

Art. 329. Não haverá logar o concurso de preferencia nas causas fiscaes:

a) quando houver bens sufficientes do devedor commum, incumbindo ao credor preferente a prova da insolvabilidade;

b) depois de entregue o preço da arrematação, ou de julgada a adjudicação.

Art. 330. São titulos de preferencia contra a Fazenda Nacional, provando-se serem anteriores á divida fiscal:

a) as hypothecas legaes ou convencionaes especialisadas e inscriptas na fórma da lei;

b) o direito sobre o valor das bemfeitorias, quanto ao credor que emprestou dinheiro ou concorreu com os materiaes ou a mão de obra para a edificação, reparação ou reedificação do predio; bem como para se abrirem ou arrotearem terras incultas.

Art. 331. A Fazenda Nacional no juizo fiscal não chama credores, nem se apresenta como articulante; só tem que disputar os artigos do preferente.

CAPITULO XLIII

Dos recursos

Art. 332. Dentro de 10 dias depois da intimação da sentença, poderão as partes oppor embargos á sentença do juiz sómente si forem de simples declaração, ou de restituição. Nas causas fiscaes o prazo é reduzido á metade e não se admittirão sinão embargos de declaração.

Art. 333. Os embargos de declaração só terão logar quando houver na sentença alguma obscuridade, ambiguidade ou contradição; ou quando se tiver omittido algum ponto sobre que devia haver condemnação. Em qualquer destes casos requererá a parte por simples petição, que se declare a sentença, ou se expresse o ponto omittido da condemnação. Junta a petição aos autos, serão estes conclusos e decidirá o juiz, sem fazer outra mudança ao julgado.

Art. 334. Os embargos de restituição só serão admitidos, quando os embargantes não tiverem sido partes desde o principio da causa, ou tiver corrido a causa á revelia.

Art. 335. Estes embargos serão deduzidos nos proprios autos, pedindo-se para isto vista ao juiz, que a dará por cinco dias, tendo além disso cada uma das partes igual prazo para impugnação e sustentação dos mesmos embargos.

Art. 336. Si a materia destes embargos depender de factos, que só possam ser provados por testemunhas, o juiz poderá conceder uma só dilação, não excedente de dez dias, para a prova.

Art. 337. Tem logar a appellação para o Supremo Tribunal de Justiça Federal quando a sentença for definitiva ou tiver força de definitiva.

Art. 338. A appellação será interposta em audiencia ou por petição, lavrado termo nos autos do despacho que a conceder, sendo intimada a outra parte ou seu procurador, dentro de dez dias continuos, contados da publicação ou intimação da sentença.

Art. 339. Interposta a appellação, será a causa avaliada em quantia certa por arbitros nomeados pelas partes, ou pelo juiz á revelia dellas, dispensada a avaliação quando houver pedido certo, ou os litigantes concordarem no valor do pleito expressa ou tacitamente, deixando o réo de impugnar na contestação a estimativa do autor.

Art. 340. No mesmo despacho, em que o juiz receber a appellação, ordenará logo a expedição dos autos para serem apresentados na superior instancia dentro do prazo de seis mezes.

Art. 341. Os effeitos da appellação serão suspensivos e devolutivos, ou sómente devolutivos. O suspensivo compete ás acções ordinarias, as acções especiaes e aos embargos oppostos na execução, ou pelo executado ou por terceiro, sendo julgados provados; o effeito devolutivo compete em geral a todas as sentenças proferidas nas demais acções.

Art. 342. Sejam quaes forem os effeitos da appellação, a remessa dos autos não se fará sem que fique traslado no cartorio.

Art. 343. O prazo para a apresentação dos autos de appellação na instancia superior decorrerá do despacho de recebimento da appellação, competindo a parte que tiver interesse no seguimento do feito promover a extração do traslado e apparelhar a remessa.

Art. 344. Ao juiz compete julgar deserta e não seguida a appellação, si, findo o prazo legal, não tiverem sido os autos remettidos para a instancia superior.

Art. 345. Para o julgamento da deserção deverá ser citado o appellante, ou seu procurador, para dentro de tres dias allegar embargos de justo impedimento.

Art. 346. Só poderá obstar o lapso de tempo para o seguimento da appellação, molestia grave e prolongada do appellante, peste ou guerra que impeçam as funcções dos juizes e tribunaes.

Art. 347. Ouvido o appellante sobre a materia dos embargos por vinte e quatro horas, si o juiz relevar da deserção o appellante, lhe assignará de novo para a remessa dos autos outro tanto tempo, quanto for provado que esteve impedido.

Art. 348. Si o juiz não relevar da deserção o appelante, ou si findo o novo prazo não tiverem sido ainda remettidos os autos para a instancia superior, será a sentença executada.

Art. 349. Apresentados os autos ao secretario do Supremo Tribunal de

Justiça Federal, será ahi a causa discutida entre as partes e julgada pela fórma determinada para o julgamento das appelações nos regimentos do tribunal.

CAPITULO XLIV

Das custas

Art. 350. Em qualquer sentença sempre o vencido deve ser condemnado nas custas do processo, ainda que tivesse justa causa de litigar. Este preceito é commum ás sentenças definitivas, assim como ás interlocutorias, decisivas de algum incidente e ainda que as custas não fossem pedidas pela parte vencedora.

Art. 351. Pedindo o autor muitas cousas em sua acção, ou quantias diversas, e sendo o réo condemnado em parte e absolvido em parte, deverá o juiz condemnar cada um na proporção do pedido e vencido. A sentença deve declarar expressamente a quota das custas, em que cada uma das partes é assim condemnada, para o contador poder fazer o rateio.

Art. 352. Tanto podem ser condemnados em custas os litigantes principaes, como os oppoentes ou assistentes e os que são chamados á autoria e acceitam a defesa da causa, sendo afinal vencidos.

Art. 353. O litigante que desistir da causa em qualquer instancia é condemnado em todas as custas ocorridas: e si ambos os litigantes desistirem, pagarão dc permeio

Art. 354. No juizo da appellação se deverá condemnar o vencido nas custas de ambas as instancias.

Art. 355. Em regra quem requer em juizo algum acto que se lhe não impugna deve ser condemnado nas custas *ex-causa.*

Art. 356. No juizo federal serão cobradas as custas judiciarias, emolumentos e salarios dos officiaes do juizo e auxiliares nos termos prescriptos pelo regimento promulgado em o decreto n. 5737 de 2 de setembro de 1874.

Art. 357. Os salarios estabelecidos no dito regimento para os juizes, e procuradores da Republica por quaesquer despachos, sentenças e diligencias por estes effectuadas, serão pagos em sellos da Republica, appostos aos autos na proporção que se forem realizando.

Art. 358. Os escrivães e officiaes do juizo continuarão a perceber os salarios, custas e emolumentos, que lhes são arbitrados pelos regimentos em vigor e bem assim as porcentagens estabelecidas para a cobrança das dividas fiscaes.

Art. 359. As penas pecuniarias disciplinares impostas aos officiaes do juizo serão cobraveis em dinheiro, que se consignará ao Thesouro Federal por guia do escrivão e recibo da repartição, o qual será autoado com o termo respectivo.

Art. 360. O escrivão será o contador do juizo, sob immediata fiscalização do juiz seccional federal.

TITULO IV

CAPITULO XLV

Disposições geraes

Art. 361. Nos casos em que houver de applicar leis dos Estados, a justiça federal consultará a jurisprudencia dos tribunaes locaes; e vice-versa, a justiça dos Estados consultará a jurisprudencia dos tribunaes federaes, quando houver de interpretar leis da União. (Art. 58 da Constituição.)

Art. 362. As autoridades administrativas, nacionaes ou locaes, prestarão o auxilio necessario á execução das sentenças e actos da justiça federal, assim tambem os juizes ou tribunaes dos Estados farão cumprir os despachos, rogatorios, expedidos pela justiça federal, quer para fazer citações ou intimações e receber depoimentos de testemunhas, quer para dar á execução sentenças e mandados, e praticar outros actos e diligencias judiciaes.

Em todos estes casos os actos revestirão sempre a formula de processo estabelecida para o juizo rogado ou deprecado.

Art. 363. As causas de qualquer natureza, pendentes da decisão dos juizes e tribunaes dos Estados ao tempo da promulgação da presente lei e que por sua natureza ou caracter dos litigantes devam pertencer a jurisdicção federal, continuarão, entretanto, sob a jurisdicção em que foram iniciadas e contestadas até final sentença e sua execução.

Art. 364. Para regular a ordem do serviço e a distribuição do trabalho tanto em as sessões como na secretaria, o Supremo Tribunal organizará o seu regimento interno, em o qual poderão ser punidas correccional ou disciplinarmente as faltas e contravenções dos empregados e serventuarios de justiça, não devendo a prisão exceder de trinta dias, e a suspensão de sessenta dias.

Art. 365. Para os effeitos da presente lei o Districto Federal é equiparado ao Estado.

Art. 365 *bis*. Os juizes federaes de secção darão em cada semana uma ou mais audiencias, conforme a affluencia de feitos judiciaes sob sua jurisdicção.

Art. 366. As audiencias só se poderão effectuar na casa da residencia do juiz, ou em casa particular que para isso possa servir, não havendo casa publica para esse fim destinada.

Art. 367. As partes que faltarem ao respeito devido ao juiz, em qualquer audiencia ou acto judicial, poderão ser multadas até á quantia de 50$, conforme a gravidade do caso. E quando os excessos forem criminosos, será mais preso o delinquente para se ver processar, lavrando o escrivão o respectivo auto.

Art. 368. O official do juizo, que commetter qualquer excesso ou omissão, será pelo juiz, perante o qual servir, suspenso até 60 dias, independente de processo, pela verdade sabida.

Art. 369. Si além da irregularidade, commetter o escrivão ou official de justiça crime de responsabilidade, será mais punido nos termos da lei criminal.

Art. 370. Nos logares onde houver mais de um escrivão, serão os feitos equitativamente distribuidos entre todos pelo juiz da secção respectiva.

Art. 371. Deverão ser assignadas por advogado as petições iniciaes das causas e todos os articulados e allegações, que se fizerem nos autos, salvo não havendo advogado no auditorio, ou não querendo prestar-se ao patrocinio da causa nenhum dos que houver, ou não sendo elles da confiança da parte.

Art. 372. Só aos advogados poderão os escrivães mandar os autos com vista, ou em confiança debaixo de protocollo, sob pena de responderem pelo descaminho, ou pelas despezas na cobrança ás partes interessadas.

Art. 373. Nenhum advogado poderá, sob qualquer pretexto, reter autos em seu poder, findo o termo assignado ou legal, pelo qual lhe tiverem ido com vista ou em confiança, sob pena de perda, para seu constituinte, do direito de que não tiver feito uso no referido termo, além de pagar todas as despezas que para a cobrança dos autos se fizerem.

Art. 374. Si os autos forem cobrados por mandado judicial, que só se passará não os entregando o advogado, sendo-lhe pedidos com o protocollo, depois de findo o termo assignado ou legal, por despacho do juiz, requerendo-o a parte contraria, não ajuntará o escrivão aos autos o articulado ou allegações e razões com que vier o mesmo advogado; e si alguma cousa nellas estiver escripta, o escrivão a riscará de modo que se a não possa ler; devolvendo incontinenti ao advogado ou a seu constituinte o que extrahir dos autos, ou os documentos que assim vierem juntos, lavrando de tudo o respectivo termo.

Art. 375. Si, porém, o advogado não entregar os autos á vista do mandado, passada a competente certidão, poderá ser multado pelo juiz até 100$ e, si persistir, responsabilisado por crime de desobediencia.

Art. 376. Qualquer cota moratoria do advogado, não sendo de molestia jurada, será tomada como resposta directa aos termos da causa, ficando elle responsavel á parte por essa falta, si for culposa.

Art. 377. Si, todavia, o advogado pretextar molestia, dar-se-lhe-ha por uma vez sómente, novo prazo de cinco dias, findo o qual se cobrarão os autos.

Art. 378. A concessão a que se refere o artigo antecedente só comprehende os termos das acções ordinarias, de nenhum modo os dos recursos e incidentes respectivos.

Art. 379. As dilações são continuas, e o seu curso não se suspende nem interrompe por ferias supervenientes, salvo si estas absorverem metade da dilação.

Art. 380. Não correm os termos e dilações havendo impedimento do juiz, ou obstaculo judicial opposto pela parte contraria.

Art. 381. Durante as ferias se suspendem as funcções dos juizes e do Supremo Tribunal, devendo ser considerados nullos todos os actos praticados nesse periodo.

Art. 382. Podem ser tratados durante as ferias e não se suspendem pela superveniencia dellas:

a) os actos de jurisdicção voluntaria, como testamentos, contractos, posses e todos aquelles que forem necessarios para conservação de direitos, ou que ficariam prejudicados não sendo feitos durante as ferias;

b) os arrestos, sequestros, penhoras, depositos, prisões civis e suspeições;

c) ratificação de protestos, penhor, soldadas, alimentos provisionaes e interdictos possessorios.

Art. 383. São feriados, além dos domingos, os dias de festa nacional, os de commemoração, declarados taes por decreto e mais os que decorrem de 21 de dezembro a 10 de janeiro.

Art. 384. É licito aos terceiros prejudicados pela sentença appellar desta, ainda que não interviessem na causa em primeira instancia.

Art. 385. Quando os que forem citados para responder a qualquer acção se acharem presos, ou o forem já se achando em juizo, terão para se defender o dobro dos termos e dilações marcado neste decreto, e não começará nem proseguirá contra elles a causa sem que se lhes nomeie um curador *in litem* sob pena de nullidade, tenham ou não advogado ou procurador judicial constituidos.

Art. 386. Constituirão legislação subsidiaria em casos omissos as antigas leis do processo criminal, civil e commercial, não sendo contrarias ás disposições e espirito do presente decreto.

Os estatutos dos povos cultos e especialmente os que regem as relações juridicas na Republica dos Estados Unidos da America do Norte, os casos de *common law e equity*, serão tambem subsidiarios da jurisprudencia e processo federal.

Art. 387. Revogam-se as disposições em contrario.

O Ministro e Secretario de Estado dos Negocios da Justiça o faça imprimir, publicar e correr.

Sala das sessões do Governo Provisorio, 11 de outubro de 1890, 2.° da Republica.

MANOEL DEODORO DA FONSECA

M. Ferraz de Campos Salles

* * *

DECRETO N. 27 — DE 7 DE JANEIRO DE 1892

Regula o processo e julgamento do Presidente da Republica e dos Ministros de Estado nos crimes communs

O Vice-Presidente da Republica dos Estados Unidos do Brazil:

Faço saber que o Congresso Nacional decreta e eu promulgo a lei seguinte:

Do Processo e Julgamento do Presidente da Republica

Disposição preliminar

Art. 1.º O Presidente da Republica será submettido a processo e a julgamento, depois que a Camara dos Deputados declarar procedente a accusação, perante o Supremo Tribunal Federal nos crimes communs, e nos de responsabilidade perante o Senado que, neste caso, será presidido pelo presidente daquelle Tribunal. (Arts. 53 e 33 § 1.º da Constituição.)

CAPITULO I

Da denuncia e decreto da accusação

Art. 2.º É permittido a todo cidadão denunciar o Presidente da Republica perante a Camara dos Deputados pelos crimes communs ou de responsabilidade.

As commissões da Camara deverão denunciar os delictos de que tiverem conhecimento pelo exame de quaesquer negocios; as do Senado, por intermedio da Mesa deste, remetterão os papeis, em original ou por cópia, á Camara dos Deputados para proceder de accordo com os arts. 5.º e seguintes.

Art. 3.º O processo de que trata esta lei só poderá ser intentado durante o periodo presidencial, e cessará quando o Presidente, por qualquer motivo, deixar definitivamente o exercicio do cargo.

Art. 4.º A denuncia deverá ser assignada pelo denunciante e acompanhada dos documentos que façam acreditar a existencia do delicto, ou de uma declaração concludente da impossibilidade de apresental-os.

Art. 5.º A Camara os Deputados elegerá uma commissão de nove membros para examinar a denuncia.

Esta commissão, dentro de oito dias, emittirá parecer sobre si deve ou não a denuncia ser julgada objecto de deliberação, podendo para este fim promover as diligencias que entender necessarias.

Art. 6.º O parecer, depois de publicado e distribuido com antecedencia de 48 horas pelo menos, será submettido a uma só discussão.

Art. 7.º Si a Camara julgar que a denuncia é objecto de deliberação, remetterá cópia de tudo ao denunciado para responder por escripto, no prazo de 15 dias, que poderá ser prorogado a requerimento do mesmo denunciado.

Art. 8.º Findo este prazo, voltarão os papeis, com a resposta ou sem ella, a ser examinados pela commissão que, depois de ouvir as testemunhas de ambas as partes e empregar todos os meios para o esclarecimento da verdade, interporá o seu parecer sobre a procedencia ou improcedencia da accusação.

Art. 9.º O denunciado poderá assistir pessoalmente, ou por procurador, a todos os actos ou diligencias de que trata o artigo anterior, devendo para isso ser convidado pela commissão, e poderá igualmente contestar as testemunhas e requerer que ellas sejam reperguntadas ou acareadas.

Art. 10. O parecer a que se refere o art. 8.º, depois de publicado ou distribuido na fórma do art. 6.º, será submettido a duas discussões com o intervallo de quatro dias, depois do que a Camara decidirá si tem logar ou não a accusação, e, decidindo pela affirmativa, a decretará nestes termos:

A Camara dos Deputados decreta a accusação contra o Presidente da Republica F.... e a envia ao Senado (ou ao Supremo Tribunal Federal) com todos os documentos relativos para se proceder na fórma da Constituição e da lei.

Art. 11. Si o accusado estiver na Capital Federal, o decreto de accusação, assinado pela Mesa da Camara, lhe será immediatamente intimado pelo 1.º secretario.

No caso de ausencia, o presidente da Camara commetterá a intimação ao

juiz seccional que tiver jurisdicção no logar onde se achar o accusado.

Art. 12. Os effeitos do decreto de accusação principiam do dia da intimação e são os seguintes:

1.° ficar o accusado suspenso do exercicio de suas funcções até sentença final; 2.° ficar sujeito á accusação criminal; 3.° suspender-se-lhe metade do subsidio ou perdel-o effectivamente, si não for afinal absolvido.

Art. 13. A Camara nomeará uma commissão de tres membros para produzir a accusação do Senado.

CAPITULO II

Do processo, da accusação e da sentença

Art. 14. Nos crimes de responsabilidade do Presidente da Republica são juizes todos os senadores.

Exceptuam-se:

1.° Os que tiverem parentesco com o accusado em linha recta ascendente ou descendente, ou for sogro ou genro do mesmo; em linha collateral, os irmãos, cunhados, enquanto durar o cunhadio, e os primos co-irmãos;

2.° Os que, como testemunhas do processo, tiverem deposto de sciencia propria.

Art. 15. Estes impedimentos poderão ser allegados tanto pelo accusado, seus advogados, e pela commissão accusadora, como pelos senadores que se julgarem impedidos.

Art. 16. Recebido no Senado o decreto de accusação, com o processo enviado pela Camara dos Deputados o apresentado o libello pela commissão accusadora, remetterá o presidente cópia de tudo ao accusado e que na mesma occasião, nos termos do art. 11, será notificado para comparecer em dia certo perante o Senado.

Paragrapho unico. Ao presidente do Supremo Tribunal Federal se enviará o processo em original e se communicará o dia designado para o julgamento.

Art. 17. O accusado comparecerá por si ou seus advogados, depois de haver communicado á commissão accusadora, com 24 horas de antecedencia, o rol das testemunhas que houver de produzir.

Art. 18. Entre a notificação do comparecimento do accusado mediará, pelo menos, o espaço de oito dias.

Art. 19. No caso de revelia, marcará o presidente novo dia para o julgamento e nomeará para a defesa do accusado um advogado a quem se facultará o exame de todas as peças da accusação.

Art. 20. No dia aprazado para o julgamento, presente o accusado, seus advogados ou o defensor nomeado á sua revelia e a commissão accusadora, o presidente, abrindo a sessão, mandará ler o processo preparatorio, o libello e os artigos de defesa; e em seguida inquirirá as testemunhas, que deverão depôr publicamente e fóra da presença umas das outras.

Art. 21. Qualquer membro da commissão accusadora ou do Senado, e bem assim o accusado ou seus advogados, poderão exigir que se façam ás testemunhas as perguntas que julgarem necessarias.

Paragrapho unico. A commissão accusadora e o accusado ou seus advogados poderão:

1.° Contestar e arguir as testemunhas, sem comtudo interrompel-as;

2.° Requerer acareação de testemunhas.

Art. 22. Haverá debate verbal, entre a commissão accusadora e o accusado ou seus advogados, findo o qual, e retiradas as partes, se abrirá discussão sobre o objecto da accusação.

Art. 23. Encerrada esta, fará o presidente um relatorio resumido das provas e fundamentos da accusação e da defesa, e perguntará si o accusado commetteu o crime ou os crimes de que é arguido, e si o Tribunal o condemna á perda do cargo.

Art. 24. Vencendo-se a condemnação nos termos do artigo precedente, perguntará o presidente si a pena de perda do cargo deve ser aggravada com

a incapacidade para exercer qualquer outro.

Art. 25. De acordo com a resolução do Senado, o presidente lavrará no processo a sentença, a qual deverá ser assignada por todos os senadores que tiverem sido juizes, e transcripta na acta da sessão.

Art. 26. Si a sentença for absolutoria, ella produzirá immediatamente a rehabilitação do accusado, que voltará a occupar o seu cargo e terá direito á metade do subsidio que lhe fôra suspenso.

No caso de condemnação, entende-se que o accusado fica destituido do cargo de Presidente da Republica desde o momento em que a sentença for proferida.

Art. 27. As questões de que tratam os arts. 23 e 24 sómente serão vencidas em favor da accusação, quando em votação nominal obtiverem dous terços dos votos presentes.

Disposições Geraes

Art. 28. No processo, em uma e outra Camara, escreverá um official da respectiva secretaria, designado pelo presidente.

Art. 29. Quando forem precisas testemunhas, a commissão summariamente ou as Camaras as farão notificar e as ordens para compellil-as serão mandadas executar por qualquer magistrado.

Art. 30. A sessão legislativa da Camara ou do Senado será prorogada pelo tempo que for preciso, si no dia do encerramento não se achar concluido o processo ou o julgamento do Presidente da Republica.

Art. 31. Nos crimes communs, o Presidente da Republica será julgado de accordo com o titulo 3.º, capítulo 3.º, do regimento interno do Supremo Tribunal Federal, de 8 de agosto de 1891.

Art. 32. Os ministros de estado, nos crimes communs ou de responsabilidade connexos com os do Presidente da Republica, serão processados e julgados pela autoridade competente para o julgamento deste, não lhes podendo o Senado impôr, nos crimes de responsabilidade, outras penas mais que a perda do cargo e a incapacidade para exercer qualquer outro, sem prejuizo da acção da justiça ordinaria.

Art. 33. Revogam-se as disposições em contrario.

Capital Federal, 8 de janeiro de 1892, 4.º da Republica.

FLORIANO PEIXOTO

José Hygino Duarte Pereira

* * *

LEI N. 515 — DE 3 DE NOVEMBRO DE 1898

Providencia sobre o julgamento dos crimes de moeda falsa, contrabando, peculato, falsificação de estampilhas, sellos adhesivos, vales postaes e outros, qualificados nos arts. 221 a 223, 239 a 244, 246, 247, 250 e 265 do Codigo Penal

O Presidente da Republica dos Estados Unidos do Brazil:

Faço saber que o Congresso Nacional decreta e eu sancciono a seguinte resolução:

Art. 1.º Fica competindo ao juiz de secção no Districto Federal e nos Estados da União o julgamento dos crimes de moeda falsa, contrabando, peculato, falsificação de estampilhas, sellos adhesivos, vales postaes e coupons de juros dos titulos da divida publica da União, qualificados nos arts. 221 a 223, 239 a 244, 246, 247 e 265 do Codigo Penal e do uso de qualquer destes papeis e titulos falsificados, qualificados no art. 250 do mesmo Codigo.

Paragrapho unico. A competencia do juiz de secção para julgamento dos

crimes de contrabando comprehende sómente os casos em que este versar sobre direitos e impostos de importação ou outros cobrados pela União; e, para o de peculato, quando este versar sobre dinheiro, valores e effeitos pertencentes á Fazenda Federal.

Art. 2.º O processo da formação da culpa, nos crimes de que trata o artigo antecedente, compete ao substituto do juiz de secção, que, pronunciando ou não pronunciando, remetterá o processo a este Juizo para confirmar ou não o mesmo despacho, com recurso voluntario e suspensivo para o Supremo Tribunal Federal.

Emquanto o despacho depender de confirmação e de recurso, é exequivel a prisão decretada.

Art. 3.º A formação da culpa será processada de accordo com os arts. 53 e 64 inclusive do decreto n. 848 de 11 de outubro de 1890 e 142 do Codigo do Processo Criminal, podendo o juiz ser auxiliado pelos seus supplentes no corpo de delicto, exames, buscas, apprehensões e mais diligencias necessarias ao descobrimento do crime e dos seus autores; observando-se, quanto ao contrabando, os §§ 4.º e seguintes do art. 1.º do decreto n. 805 de 4 de outubro de 1890, ficando revogado o n. 2 do art. 2.º do mesmo decreto.

Art. 4.º Decretada a pronuncia, será esta intimada ao réo, si estiver preso ou afiançado, o qual dentro de cinco dias improrogaveis poderá juntar as razões e documentos que julgar necessarios; neste caso, e em igual prazo, o procurador de secção poderá tambem juntar as suas razões e documentos.

Si o réo não estiver preso ou afiançado, o processo subirá ao juiz de secção no prazo de 24 horas improrogaveis, independente de intimação.

Art. 5.º O juiz de secção, recebendo o processo, si neste achar preterição de formalidade legal que induza nullidade ou falta que prejudique o esclarecimento da verdade, ordenará as diligencias necessarias para suppril-as, podendo estas ser feitas perante o mesmo juiz de secção ou perante o seu substituto, conforme aquelle julgar mais conveniente.

Art. 6.º O juiz de secção, si não achar necessarias as diligencias, ou sendo estas concluidas, deverá em prazo breve, não excedente de quinze dias, dar ou negar provimento ao recurso. No caso de pronunciar ou confirmar a pronuncia, mandará do mesmo despacho dar vista ao procurador seccional para este formar o libello, no prazo de 24 horas, e offerecel-o na primeira audiencia. A parte accusadora, si houver, será admittida a addir ou declarar o libello, comtanto que o faça na audiencia seguinte.

Art. 7.º Offerecido o libello, deverá o escrivão preparar uma cópia do mesmo, do additamento, si houver documento, o rol das testemunhas, e as entregará ao réo preso, notificando-o ao mesmo tempo para offerecer a sua contrariedade no prazo improrogavel de tres dias. Dessa entrega o escrivão exigirá recibo assignado pelo réo ou por duas testemunhas, si este não souber escrever ou não quizer assignal-o, e o juntará ao processo, passando certidão destes actos.

Si o réo estiver afiançado, deverá igualmente o escrivão entregar-lhe uma cópia do libello com additamento, si o tiver, dos documentos e o rol das testemunhas, si elle ou seu procurador apparecer para recebel-o, exigindo recibo, que juntará aos autos.

Art. 8.º É facultado ao réo apresentar sua contrariedade escripta; neste caso só no cartorio será concedida vista do processo originario ao mesmo réo ou seu procurador, dando-se-lhe, porém, os traslados dos documentos que quizer, independentemente de despacho.

Na conclusão do libello, seu additamento e contrariedade, se indicarão as testemunhas que as partes tiverem de apresentar.

Art. 9.º Findo o prazo do art. 7.º, na primeira audiencia, presentes o juiz de secção e partes e seus advogados, o juiz fará o escrivão ler todo o processo e em seguida procederá ao interrogatorio do réo; si houver mais de

um réo, serão separados, de modo que não ouça um as respostas do outro.

Terminados os interrogatorios, serão inquiridas pelo juiz as testemunhas, observando-se a mesma separação, sendo facultado ás partes fazerem as perguntas que julgarem convenientes. Os interrogatorios e depoimentos serão escriptos pelo escrivão, assignados pelo juiz, procurador de secção, testemunhas e partes e rubricados pelo mesmo juiz.

Art. 10. Feitas as inquirições, seguir-se-ha a discussão oral, que será iniciada pela accusação feita pelo procurador de secção, e finda aquella, serão os autos conclusos ao juiz de secção, que proferirá a sua sentença, condemnando ou absolvendo o réo. Esta sentença será publicada em audiencia e intimadas as partes pelo escrivão, e della caberá appellação para o Supremo Tribunal Federal, que julgará em ultima instancia.

Art. 11. Os processos pendentes pelos crimes de que trata a presente lei, em que ainda não houver culpa formada, serão remettidos ao substituto seccional para concluil-os, na fórma dos artigos antecedentes.

Art. 12. Os processos em que houver culpa formada, mas que não houverem sido ainda submettidos ao Jury, serão remettidos ao juiz de secção para as diligencias de julgamento, e aquelles em que houver sentença de Jury pendente de appellação seguirão os termos ulteriores desta; mas, si o Tribunal Federal mandar proceder a novo julgamento, este terá logar na conformidade desta lei.

Art. 13. Não será admittida fiança nos crimes de moeda falsa e de contrabando.

Art. 14. O crime de moeda falsa não prescreve em tempo algum em favor do réo domiciliado ou homisiado em paiz estrangeiro.

Art. 15. Revogam-se as disposições em contrario.

Capital Federal, 3 de novembro de 1898, 10.º da Republica.

PRUDENTE J. DE MORAES BARROS

Amaro Cavalcanti

* * *

LEI N. 628 — DE 28 DE OUTUBRO DE 1899

Amplia a acção penal por denuncia do Ministerio Publico, e dá outras providencias

O Presidente da Republica dos Estados Unidos do Brazil:

Faço saber que o Congresso Nacional decretou e eu sancciono a lei seguinte:

Art. 1.º Compete a acção penal por denuncia do Ministerio Publico nos crimes de:

I. Furto;

II. Damnos em cousas do dominio ou uso publico da União, dos Estados e Municipios, ou em livros de notas, registros, assentamentos, actas e termos, autos e actos originaes de autoridade publica.

Paragrapho unico. A acção publica será iniciada sob representação do offendido, si o furto se der entre parentes e affins até o 4.º grão civil, não comprehendidos na disposição do art. 335 do Codigo Penal que continúa em vigor.

Art. 2.º São inafiançaveis os crimes de:

I. Furto de valor igual ou excedente de 200$ (Codigo Penal, art. 330, § 4.º).

II. Furto de animais nas fazendas, pastos ou campos de criação ou cultura.

III. Os crimes capitulados nos arts. 141 e 142 do Codigo Penal.

Art. 3.º A contravenção do art. 367 do Codigo Penal é punida com prisão cellular por um a tres mezes, além da pena estatuida no mesmo artigo.

§ 1.º As pessoas que tomarem parte, sem ser por algum dos modos especificados no § 2.º do citado art. 367, em qualquer operação em que houver promessa de premio ou beneficio dependente de sorte (citado artigo, § 1.º, 2.ª parte), incorrerão na pena de 50$ a 100$000.

§ 2.º Nas operações de que trata o citado art. 367, § 1.º, 2.ª parte do mesmo Codigo, não se comprehendem as que forem praticadas para resgate de titulos de companhias que funccionem de accordo com a lei, nem para cumprimento annual ou semestral de obrigações pelas mesmas contrahidas.

Art. 4.º Todo o logar em que é permittido o accesso de qualquer pessoa, mediante pagamento de entrada ou sem elle, para o fim de jogo, é considerado logar frequentado pelo publico para o effeito da lei penal.

Art. 5.º No Districto Federal será observado o seguinte:

§ 1.º O processo e julgamento dos crimes comprehendidos no livro II, tit. VI, cap. II, secções I e III, tit. XII, caps. II e IV, do Codigo Penal, exceptuados os de competencia da Justiça Federal e das Juntas Correccionaes, pertencem em primeira instancia á Camara Criminal do Tribunal Civil e Criminal.

a) O julgamento em Camara Criminal será feito em uma só sessão, independente de leitura dos autos pelo secretario do Tribunal.

b) Quando, nos termos do art. 5.º, § 3.º, n. IV do decreto n. 2579 de 16 de agosto de 1897, o pretor condjuvar os juizes do Tribunal Civil e Criminal ou o juiz dos Feitos da Fazenda Municipal no preparo dos processos crimes, servirá com elle o seu escrivão.

§ 2.º As justificativas dos arts. 32 a 35 do Codigo Penal serão apreciadas pelo juiz da pronuncia com recurso necessario, no caso de ser qualquer dellas julgada provada.

§ 3.º As multas impostas aos jurados e vogaes serão cobradas executivamente pelas autoridades que as impuzerem.

§ 4.º A fiança não é precisa, porque nelles os réos livram-se soltos, nos crimes a que não é imposta pena maior que a de multa até 100$ e prisão cellular até tres mezes, salvo si os réos forem vagabundos ou sem domicilio.

§ 5.º A fiança será prestada por meio de deposito em dinheiro, metaes ou pedras preciosas, em apolices ou titulos da divida nacional, ou da Municipalidade ou hypotheca de immoveis livres de preferencia, derogado o art. 14, § 3.º, da lei n. 2033, de 20 de setembro de 1871.

a) O valor da fiança será fixado pela autoridade a quem competir, na conformidade da tabella annexa ao decreto n. 4824, de 22 de novembro de 1871, que o Poder Executivo adaptará á penalidade em vigor, de accordo com o art. 406 do Codigo Penal e no disposto nesta lei (art. 5.º, § 4.º).

b) Nos crimes punidos unicamente com multa, o valor principal da fiança será equivalente ao maximo do valor daquella.

Art. 6.º Compete ao chefe e delegados de policia do Districto Federal processar *ex-officio* as contravenções do livro III, capts. II e III, arts. 369 a 371 e 374, IV, V, VI, VIII, XII e XIII, art. 399, principio, § 1.º, do Codigo Penal.

§ 1.º No caso caso de prisão em flagrante ou de proceder a autoridade policial a busca, de conformidade com o art. 189, § 5.º, do Codigo do Processo Criminal, serão desde logo arrecadados e depositados os objectos que, nos

termos da disposição penal, passam a pertencer á Fazenda Nacional, por força de sentença condemnatoria.

§ 2.º Effectuada a prisão, será incontinente lavrado o respectivo auto, em que, depois de qualificado o réo, deporão duas ou tres testemunhas, recebendo em seguida a autoridade a defesa, escripta ou verbal. No dia immediato serão ouvidas as testemunhas de defesa em numero de tres no maximo, e, interrogado o réo, serão juntos os documentos e allegações que o mesmo apresentar e, acto continuo remettido o processo ao respectivo pretor, para seu julgamento.

§ 3.º Não tendo havido prisão em flagrante, o processo será iniciado por portaria da autoridade e, citado o réo para comparecer, 24 horas depois da citação, serão inqueridas em sua presença duas ou tres testemunhas, seguindo-se os demais termos do paragrapho antecedente, salvo o caso de revelia, em que se encerrará logo o processo.

§ 4.º O prazo acima estabelecido para o processo poderá ser prorogado por mais dous dias, si for isto indispensavel para a realização de buscas, apprehensões, acareações ou exames de qualquer natureza, não podendo o processo em caso algum ser dilatado por mais tempo.

§ 5.º Apresentados os autos ao pretor, mandará este incontinente intimar o accusado para, dentro de 24 horas improrogaveis, contadas da intimação, requerer as diligencias legaes que tiver por convenientes á sua defesa, devendo taes diligencias ter logar nas 48 horas seguintes e na presença do accusado, e, si este nada requerer ou for revel, seguir-se-ha o julgamento immediato.

§ 6.º Do julgamento cabe appellação para a Camara Criminal do Tribunal Civil e Criminal e, pendente este recurso, poderá o réo condemnado prestar fiança.

§ 7.º A appellação será interposta em 48 horas depois da intimação da sentença ao réo ou de recebimento dos autos pelo Ministerio Publico, si for este o appellante.

As razões do réo (para as quaes se lhe dará vista dos autos em cartorio) serão offerecidas conjunctamente com o requerimento de appellação.

§ 8.º Interposta a appellação, que independe do termo, se fará immediatamente remessa dos autos ao presidente do Tribunal Civil e Criminal, e o juiz a quem for distribuido o processo o apresentará a julgamento na primeira sessão da Camara, independente do visto dos outros juizes e da audiencia do Ministerio Publico. Sendo, porém, este o appellante, terá o réo o prazo de 48 horas, em cartorio, para responder ás razões da appellação, e o julgamento se effectuará na sessão que se seguir a este termo.

§ 9.º O promotor publico dirá verbalmente sobre a appellação, após o relatorio feito em Camara. Na mesma sessão, ou quando muito na seguinte, será lavrado o accórdão julgador.

Art. 7.º É creada mais uma Delegacia auxiliar no Districto Federal, ficando assim elevado a tres o numero das Delegacias auxiliares e escrivães das mesmas, e com os mesmos vencimentos.

Paragrapho unico. No uso da autorização concedida pela lei n. 560, de 31 de dezembro de 1898, art. 3.º, o Governo, reduzindo o numero das circumscripções policiaes e dos delegados, prescreverá condições de idoneidade e competencia para as nomeações, a incompatibilidade para outras funcções e assiduidade do serviço, podendo, sem augmento de despeza, elevar-lhe os vencimentos até 50%.

Art. 8.º Revogam-se as disposições em contrario.

Capital Federal, 28 de outubro de 1899, 11.º da Republica.

M. Ferraz de Campos Salles

Epitacio da Silva Pessoa

DECRETO N. 4.269 — DE 17 DE JANEIRO DE 1921

Regula a Repressão do Anarchismo

O Presidente da Republica dos Estados Unidos do Brasil:

Faço saber que o Congresso Nacional decretou e eu sanciono a seguinte resolução:

Art. 1.º Provocar directamente, por escripto ou por qualquer outro meio de publicidade, ou verbalmente em reuniões realizadas nas ruas, theatros, clubs, sédes de associações, ou quaesquer logares publicos ou franqueados ao publico, a pratica de crimes taes como damno, depredação, incendio, homicidio, com o fim de subverter a actual organização social:

Pena: prisão cellular por um anno a quatro annos.

Art. 2.º Fazer pelos meios indicados no artigo antecedente, a apologia dos crimes praticados contra a actual organização social, ou fazer, pelos mesmos meios, o elogio dos autores desses crimes, com o intuito manifesto de instigar a pratica de novos crimes da mesma natureza:

Pena: prisão cellular por ser seis mezes a um anno.

Art. 3.º Si a provocação de que trata o art. 1.º for dirigida directamente a militares, praças ou officiaes de corporações militarizadas da União e dos Estados, ou si a apologia ou o elogio de que trata o art. 2.º forem feitos perante os mesmos militares, praças ou officiaes de corporações militarizadas da União ou dos Estados:

Pena: prisão cellular, no caso de provocação por dous a cinco annos; no caso da instigação por um a dous annos.

Art. 4.º Fazer explodir em edificios publicos ou particulares, nas vias publicas, ou logares franqueados ao publico, bombas de dynamite ou de outros explosivos iguaes ou semelhantes em seus effeitos aos da dynamite:

Pena: prisão cellular por um a quatro annos.

Art. 5.º Collocar, nos logares indicados no artigo anterior, bombas de dynamite ou de outros explosivos iguaes ou semelhantes em seus effeitos aos da dynamite:

Pena: prisão cellular por seis mezes a dous annos.

Art. 6.º Fabricar bombas de dynamite ou de outros explosivos iguaes ou semelhantes, em seus effeitos, aos da dynamite, com o intuito de causar tumulto, alarma, ou desordem, ou de commetter alguns dos crimes indicados no art. 1.º ou de auxiliar a sua execução:

Pena: prisão cellular por seis mezes a dous annos.

Art. 7.º Provocar directamente pelos meios indicados no art. 1.º a pratica de crimes taes como damno, depredação, incendio, roubo, homicidio:

Pena: prisão cellular por seis mezes a dous annos.

Art. 8.º Concertarem-se ou associarem-se duas ou mais pessoas para a pratica de qualquer dos crimes indicados no art. 1.º:

Pena: prisão cellular por seis mezes a dous annos.

Art. 9.º Nos crimes definidos no Codigo Penal, arts. 204 e 382 e no decreto n. 1.162, de 12 de setembro de 1890, art. 1.º, ns. 1 e 2, as penas serão de: prisão cellular por tres mezes a um anno.

Paragrapho único. Si forem falsas as declarações a que se refere o § 1.º do art. 382 do Codigo Penal e a sociedade tiver fins oppostos á ordem social, a autoridade policial fará dispersar a reunião, e os chefes e directores sofferão a pena de um a dous annos de prisão cellular.

Art. 10. Os crimes de lenocinio capitulados na lei numero 2.992, de 25 de setembro de 1915, são inafiançaveis.

Art. 11. Si os crimes previstos nos arts. 136, 137, 138, 139, 141, 142, 144, 149, princ., e § 1.° 150, 152, 153, 326, a 329, § 2.° todos do Codigo Penal, foram praticados por meio de bombas de dynamite ou de outros explosivos iguaes ou semelhantes em seus effeitos, aos da dynamite:

Pena: prisão cellular por dous a oito annos.

Art. 12. O Governo poderá ordenar o fechamento, por tempo determinado, de associações, syndicatos e sociedades civis quando incorram em actos nocivos ao bem publico.

§ 1.° Ao Poder Judiciario compete, porém, decretar a dissolução em acção propria, de fórma summaria, promovida pelo Ministerio Publico.

§ 2.° O acto do Governo será fundamentado e expedido pelo Ministerio da Justiça e Negocios Interiores si a sociedade, associação, ou syndicato funccionar no Districto Federal ou no Territorio do Acre.

Art. 13. Serão da competência da Justiça Federal e processados e julgados de conformidade com as disposições da lei n. 515, de 3 de novembro de 1898, os crimes previstos nesta lei:

1.° quando tiverem por fim a subversão da actual organização social;

2.° quando prejudicarem um bem publico federal ou particular, que esteja sob a guarda, deposito ou administração do Governo Federal;

3.° quando praticado contra funccionario federal, em acto, ou por motivo do exercicio de suas funcções;

4.° nas hypotheses do art. 3.° desta lei;

§ 1.° Nos demais casos são competentes para o processo e julgamento:

a) no Districto Federal os juizes de direito do crime, observado o disposto nos arts. 265 e 266 do decreto n. 9.263, de 28 de dezembro de 1911;

b) no Territorio do Acre, os juizes de direito do crime, observado o disposto no art. 347 do decreto n. 9.831, de 13 de outubro de 1912.

§ 2.° Nos Estados o processo e o julgamento serão feitos nos termos e na conformidade das respectivas leis.

Art. 14. Revogam-se as disposições em contrario.

Rio de Janeiro, 17 de janeiro de 1921, 100.° da Independencia e 33.° da República.

EPITACIO PESSÔA

Alfredo Pinto Vieira de Mello

* * *

DECRETO N. 4.294 — DE 6 DE JULHO DE 1921

Estabelece penalidades para os contraventores na venda de cocaina, opio, morphina e seus derivados; crêa um estabelecimento especial para internação dos intoxicados pelo alcool ou substancias venenosas; estabelece as fórmas de processo e julgamento e manda abrir os creditos necessarios

O Presidente da Republica dos Estados Unidos do Brasil:

Faço saber que o Congresso Nacional decretou e eu sanciono a resolução seguinte:

Art. 1.° Vender, expôr á venda ou ministrar substancias venenosas, sem legitima autorização e sem as formalidades prescriptas nos regulamentos sanitarios:

Pena: multa de 500$ a 1:000$000.

Paragrapho unico. Si a substancia venenosa tiver qualidade entorpecente, como o opio e seus derivados; cocaina e seus derivados:

Pena: prisão cellular por um a quatro annos.

Art. 2.° Apresentar-se publicamente em estado de embriaguez que cause escandalo, desordem ou ponha em risco a segurança propria ou alheia:

Pena: multa de 20$ a 200$. O dobro em cada reincidencia.

Art. 3.° Embriagar-se por habito, de tal modo que por actos inequivocos se torne nocivo ou perigoso a si proprio, a outrem, ou á ordem publica:

Pena: internação por tres mezes a um anno em estabelecimento correccional adequado.

Art. 4.° Fornecer a qualquer pessôa em logar frequentado pelo publico bebida ou substância inebriante com o fim de embriagal-a, ou a que já estiver embriagada:

Pena: multa de 100$ a 500$000.

Paragrapho unico. Si o infractor fôr o dono da casa commercial de que provier a bebida ou substancia inebriante:

Pena: a estabelecida anteriormente, accrescida da interdicção ao commercio de bebida ou substancia inebriante, por um a seis mezes.

Art. 5.° Será punido com a multa de 100$ a 500$ ou o dobro da ultima que lhe houver sido imposta, o dono da casa que, fazendo o commercio de bebida ou substancia inebriante, a fornecer ao publico, fóra das horas fixadas nas posturas municipaes, ou consentir que a qualquer hora, seja alguma bebida ou substancia inebriante fornecida a pessoa menor de 21 annos, ainda que destinada ao consumo de outrem.

Art. 6.° O Poder Executivo creará no Districto Federal um estabelecimento especial, com tratamento medico e regimen de trabalho, tendo duas secções: uma de internandos judiciarios e outra de internandos voluntarios.

§ 1.° Da secção judiciaria farão parte:

a) os condemnados, na conformidade do art. 3.°;

b) os impronunciados ou absolvidos em virtude da dirimente ao art. 27, § 4.°, do Codigo Penal, com fundamento em molestia mental, resultante do abuso de bebida ou substancia inebriante, ou entorpecente das mencionadas no art. 1.°, paragrapho unico desta lei.

§ 2.° Da outra secção farão parte:

a) os intoxicados pelo alcool, ou por substancia venenosa, que tiver qualidade entorpecente das mencionadas no art. 1.°, paragrapho unico desta lei, que se apresentarem em juizo, solicitando a admissão, comprovando a necessidade de um tratamento adequado e os que, a requerimento de pessoa da familia, forem considerados nas mesmas condições (lettra *a*), sendo evidente a urgencia da internação, para evitar a pratica do actos criminosos ou a completa perdição moral.

§ 3.° O processo para a internação na segunda secção com base em exame medico, correrá perante o juiz de Orphãos, com rito summario, e poderá ser promovido pelo curador de Orphãos, com ou sem provocação por parte da Policia, dando o juiz curador a lide para defender os direitos do mesmo interditando.

Art. 7.° Os crimes previstos no art. 1.° e respectivo paragrapho desta lei serão processados e julgados:

a) no Districto Federal pelos juizes de direito do crime, observado o disposto nos arts. 265 e 266 do decreto n. 9.263, de 28 de dezembro de 1911;

b) no Territorio do Acre, pelos juizes de direito do crime, observando o disposto no art. 291 do decreto n. 14.383, de 11 de outubro de 1920.

Art. 8.º No Districto Federal e no Territorio do Acre, as contravenções previstas nesta lei, bem como as previstas nos arts. 368 a 371, 374 a 379, excluido o paragrapho unico, 381, primeira parte, 391 a 396, 399, segunda parte, todos do Codigo Penal, 31 e 32, paragrapho unico, da lei n. 2.321, de 30 de dezembro de 1910, 52 a 57 do decreto n. 6.994, de 19 de junho de 1908, serão processados e julgados, de conformidade com o disposto no art. 6.º da lei n. 628, de 28 de outubro de 1899, combinado respectivamente com os arts. 126, § 3.º, e 145, § 1.º, do decreto n. 9.263, de 28 de dezembro de 1911, e 203, n. 3, do decreto n. 11.383, de 4 de outubro de 1920, modificados os §§ 2.º e 5.º do art. 6.º da citada lei numero 628, de 1899, pelo seguinte modo:

§ 2.º Effectuada a prisão será incontinenti lavrado o respectivo auto em que depois de qualificado o réo, deporão em sua presença duas ou tres testemunhas, recebendo em seguida a autoridade a defesa verbal ou escripta.

Junta aos autos dentro das 48 horas seguintes a folha de antecedentes judiciarios do accusado, será o processo incontinenti remettido ao respectivo juiz, para seu julgamento, salvo o disposto no § 4.º da lei n. 628, de 1899.

§ 5.º Apresentados os autos ao juiz, procederá este dentro de 24 horas ao interrogatorio do accusado, pelo modo seguinte: 1.º, qual o seu nome, idade, naturalidade, estado e residencia e tempo della no logar designado? 2.º, si sabe ler e escrever? 3.º, quaes os seus meios de vida ou profissão? 4.º, onde estava ao tempo em que se diz ter sido praticada a contravenção? 5.º, si conhece as testemunhas de accusação e si tem alguma cousa a declarar contra ella? 6.º, si quer fazer alguma declaração ou apresentar a sua defesa oral ou por escripto? Ao réo que o requerer será concedido o prazo de tres dias para apresentar a sua defesa e produzir as provas que tiver, não podendo ser inquiridas mais de tres testemunhas.

Si o accusado nada requerer ou for revel seguir-se-á o julgamento immediato.

Art. 9.º A fiança será concedida pela autoridade que presidir o auto de flagrante ou por aquella a cargo de quem estiver o processo, com recurso voluntario, do arbitramento, para o juiz competente para o julgamento do crime ou contravenção, interposto por simples petição, instruida com a nota de culpa e informação da autoridade.

Art. 10. Fica o Poder Executivo autorizado a regulamentar a entrada no paiz das substancias toxicas a que se refere o art. 1.º, paragrapho unico, desta lei, podendo estabelecer penalidades até quatro annos de prisão cellular, além das fiscaes.

Art. 11. Ficam revogados os arts. 159, 396 e 397, e seus paragraphos, e 398 do Codigo Penal.

Art. 12. Para execução desta lei o Governo abrirá os creditos necessarios.

Art. 13. Revogam-se as disposições em contrario.

Rio de Janeiro, 6 de julho de 1921, 100.º da Independencia e 33.º da Republica.

EPITACIO PESSÔA

Alfredo Pinto Vieira de Mello

* * *

DECRETO N. 4.381 — DE 5 DE DEZEMBRO DE 1921

Autoriza o Poder Executivo a criar tres tribunaes regionaes no territorio nacional, fixa a alçada dos juizes federaes e dá outras providencias

O Presidente da Republica dos Estados Unidos do Brasil:

Faço saber que o Congresso Nacional decretou e eu sanciono a seguinte resolução:

Art. 1.º É fixada em 5:000$ a alçada dos juizes federaes, mantidas as excepções constantes do art. 66 da primeira parte da consolidação approvada pelo decreto n. 3.084, de 5 de novembro de 1898.

Art. 2.º Compete aos juizes federaes os julgamentos dos crimes de resistencia, desacato e desobediencia á autoridade federal e tirada dos presos do poder da Justiça Federal (capitulos 3.º a 5.º do titulo II do livro 2.º, do Código Penal), e bem assim os de falsificação de documentos que tenham de produzir effeitos em serviço federal.

Art. 3.º Em todos os crimes da competencia dos juizes federaes ou do Jury Federal, observar-se-ha o disposto nos arts. 2.º a 8.º da lei n. 515, de 3 de novembro de 1898.

Art. 4.º Os supplentes de juiz substituto federal continuarão nos cargos, após o quadriennio, emquanto não tomarem posse os cidadãos nomeados para substituil-os.

Paragrapho unico. Na falta ou no impedimento dos supplentes, compete ao juiz federal nomear quem os substitua interinamente, ou *ad-hoc*.

Art. 5.º Na falta ou no impedimento do ajudante do procurador da Republica, compete:

a) nomeação interina ao procurador da Republica;

b) a nomeação, *ad-hoc* ao supplente de juiz substituto federal.

Art. 6.º Nos exames, arbitramentos e vistorias, o terceiro perito será nomeado pelo juiz do feito, sem dependencia de proposta das partes.

Paragrapho unico. Respeitadas as excepções constantes das alineas 1.ª, 2.ª e 3.ª, do art. 31, do Regimento de Custas, approvado pelo decreto n. 3.442, de 1899, a parte que requerer a diligencia depositará em juizo, antes da sua realização, a importancia do salario maximo marcado na respectiva tabella do Regimento, em ordem a ficar assegurado o pagamento do 3.º perito.

Art. 7.º A appellação é sempre voluntaria, tendo effeito suspensivo no civel a appellação interposta pela União Federal, qualquer que seja a natureza da causa, e bem assim a que a parte interpuzer nas acções ordinarias ou nos embargos oppostos na execução pelo executado ou por terceiro, quando julgados provados.

§ 1.º O effeito suspensivo da appellação criminal no caso de condemnação, não impede o processo de liquidação e de conversão da multa, as quaes serão alteradas, por sentença de juiz da execução, si a pena fôr modificada na segunda instancia, ou ficarão sem effeito si o réo fôr absolvido.

§ 2.º É de tres mezes o prazo para apresentação, no Supremo Tribunal, da appellação civel, si fôr interposta da sentença dos juizes federaes do Districto Federal ou dos Estados do Rio de Janeiro, S. Paulo e Minas Geraes; e de quatro mezes, si dos demais Estados.

A mesma regra observar-se-ha a respeito dos recursos de que tratam os arts. 59, § 1.º, e 61, n. 2, da Constituição da Republica. Quanto á appellação criminal, esse prazo é de dous mezes, no primeiro caso, e de tres, no segundo.

§ 3.º Serão julgados desertos:

a) nas causas civeis, as appellações e os recursos de que tratam os arts. 59, §§ 1.º e 61, n. 2, da Constituição Politica Federal, cujos autos não forem preparados dentro do prazo de dous mezes, contados da data da sua apresentação, ao Tribunal.

b) os embargos cujos autos não forem preparados dentro do prazo de um mez, contados da data de sua interposição.

§ 4.º Para as appelações, os recursos e embargos que na data da execução da presente lei já tiverem dado entrada na secretaria do Supre-

mo Tribunal Federal, como para os embargos de primeira instancia que então já se acharem em cartorio, os prazos a que se refere o paragrapho precedente contam-se desta data.

§ 5.º No Supremo Tribunal Federal, a deserção será declarada por despacho do ministro relator, a quem serão os autos conclusos, logo que findarem os prazos marcados nos §§ 3.º e 4.º.

Art. 8.º Á sentença definitiva, proferida pelo Supremo Tribunal Federal em gráo de recurso ordinario ou extraordinario (arts. 59, § 1.º, lettras A e B, e 64, n. 2, da Constituição da Republica); e bem assim á proferida em causa de sua competencia originaria, podem ser oppostos, perante esse tribunal, embargos de nullidade e infringentes do julgado; mas não é permittido embargar, quer na acção, quer na execução, o accórdão que julgar esses embargos, salvo naquellas para declaração ou restituição *in integrum*.

§ 1.º Nas causas da alçada dos juizes federaes são admissiveis embargos de nullidade e infringentes do julgado, na acção ou na execução; e contra a sentença que os julgar, só cabem embargos de declaração ou de restituição *in integrum*.

§ 2.º Nas causas excedentes da alçada, si a parte não tiver appellado, poderá oppor embargos de nullidade e infringentes do julgado na execução, cabendo da sentença que os julgar recursos para o Supremo Tribunal Federal.

§ 3.º No Supremo Tribunal Federal, os embargos de nullidade e infringentes do julgado, e os de restituição *in integrum* serão vistos por uma nova turma de tres juizes. Esta disposição não se applica aos embargos oppostos a accórdão proferido antes da execução desta lei.

§ 4.º As disposições deste artigo, principio e § 1.º, não são applicaveis ás sentenças proferidas antes da execução desta lei. Essas sentenças se regerão, quanto aos recursos que lhes podem ser oppostos, pela legislação anterior.

Art. 9.º A parte contraria terá direito a ser ouvida depois do procurador geral, sempre que este officiar pelo autor, ou embargante.

Paragrapho unico. O procurador geral será ouvido sómente nos feitos criminaes, excepto nos *habeas-corpus*, e nas causas civeis em que a União, a Fazenda Nacional ou pessoas incapazes figurarem como autores, réos assistentes ou oppoentes. Quando esses processos subirem ao Supremo Tribunal por via de recurso, já fundamentado pelo Ministerio Publico na primeira instancia, o procurador geral terá vista dos autos, mas nada poderá nelles escrever. Caberá aggravo do despacho do relator, que dér vista do feito ao procurador geral, em contravenção a este artigo.

Art. 10. Nas causas em que pelo Regimento do Supremo Tribunal é permittido o debate oral ás partes, estas só poderão falar uma vez, em seguida ao relatorio. O disposto neste artigo applica-se ao procurador geral da Republica. A palavra será dada primeiro ao autor e depois ao réo.

Art. 11. Quando o julgamento dos recursos e appellações criminaes se fizer em sessão secreta, o procurador geral não poderá tomar parte nos debates.

Art. 12. Fica abolido o recurso necessario das decisões dos juizes seccionaes que concederem *habeas-corpus*. Destas decisões serão sempre intimados o Ministerio Publico e a parte contraria, si a houver, que dellas poderão recorrer para o Supremo Tribunal.

Art. 13. Quando a sentença final da primeira instancia concluir pelo reconhecimento de uma preliminar que ponha termo ao processo, o recurso a interpôr para o Supremo Tribunal será o de aggravo e não o de appellação.

Art. 14. Nos executivos fiscaes, desde que conste dos autos a prova authentica do pagamento da divida, a sentença da extincção da acção será proferida sob a fórma de despacho ordenando o archivamento do processo.

Paragrapho unico. Quando o executado appellar da sentença que rejeita os seus embargos á penhora, a execução correrá em appenso aos autos

do processo, para ser junto ao traslado, logo que este fôr extrahido pelo mesmo executado.

Art. 15. Nas execuções em geral, inclusive nos processos fiscaes, não encontrando os bens, na terceira praça, lançador que os arremate com o abatimento de 30 % sobre a avaliação, serão adjudicados ao exequente, si o requerer, salvo o direito á remissão pelos interessados, nos termos da lei em vigor. Não sendo os bens arrematados ou adjudicados, serão vendidos pelo menor preço que fôr offerecido.

Art. 16. Terão andamento independente de preparo, na primeira como na segunda instancia, os *habeas-corpus*, recursos, appellações e revisões criminaes de pacientes e réos miseraveis, e os recursos civeis ou criminaes interpostos pelos representantes da Fazenda Federal ou pelo Ministerio Publico.

Art. 17. Os recursos interpostos para o Supremo Tribunal, nos casos em que agora se exige a extracção de traslado, subirão á instancia superior, instruidos sómente com certidão:

a) da decisão recorrida;

b) das allegações dos litigantes, e,

c) requerendo-o as partes, dos documentos em que estas se apoiam e do depoimento das testemunhas, si a decisão fôr atacada como contraria á prova dos autos.

§ 1.° Estas peças poderão ser impressas ou dactylographadas, mas, neste caso, serão authenticadas, em cada folha, com a rubrica do juiz *a quo*.

§ 2.° O tribunal poderá em todo caso requisitar os autos originaes, si os julgar necessarios para o perfeito esclarecimento da causa.

Art. 18. Os juizes seccionaes e os seus substitutos, que cumprirem as funcções de modo distincto, a juizo de presidente do Supremo Tribunal ou do juiz da secção, terão periodicamente direito a um accrescimo de vencimentos nos seguintes termos: o que contar 10 annos de serviço, 5 %; 15 annos, 10 %; 20 annos, 20 %; 25 annos, 33 %; 30 annos, 40 %; e dahi por diante mais 10 % por periodo de cinco annos.

§ 1.° Só o serviço effectivo do cargo dará direito ao accrescimo de vencimentos.

§ 2.° A nomeação para outro cargo, mesmo de magistratura, acarretará a perda do accrescimo.

§ 3.° A percentagem acima fixada será calculada sobre os vencimentos da tabella que vigorar no momento em que se completar o periodo.

§ 4.° Os accrescimos de que trata este artigo se incorporarão integralmente nos vencimentos da aposentadoria.

Art. 19. A disposição do art. 17 da lei n. 221, de 20 de novembro de 1894, não comprehende as sentenças proferidas: pelo Supremo Tribunal Federal nas causas de sua competencia originaria e privativa (Const., art. 59, n. 1).

A execução dessas sentenças pertence ao proprio Tribunal, que a processará de accôrdo com a legislação geral, e seu Regimento Interno e as disposições desta lei.

Paragrapho unico. O ministro relator será o juiz da instrucção do processo. As attribuições que lhe cabem neste caracter elle as exercitará, segundo a hypothese, directamente ou por intermedio do juiz federal competente.

Art. 20. Nas questões de limites entre a União e os Estados, ou entre estes, uns com os outros, o Supremo Tribunal Federal observará a lei commum com as seguintes modificações:

I. Na audiencia em que a acção fôr proposta, assignar-se-ha o prazo de 30 dias para a contestação. A causa seguirá os termos ordinarios, e o prazo para arrazoar afinal será de 90 dias.

II. Na sessão do julgamento será permittido o debate oral entre as partes, falando em primeiro logar o autor e depois o réo, até tres quartos de hora cada um.

III. O prazo para apresentação de embargos á sentença (art. 179 do Regimento), assim como para a sua impugnação e a sua sustentação, será de 10 dias.

IV. Quando, em execução da sentença, se tiver de proceder á demarcação da linha de limites, o presidente do Supremo Tribunal designará para presidil-a, um juiz federal, que não poderá ser o de nenhum dos Estados ou territorios interessados no litigio.

V. Feita a designação, o ministro relator marcará, a requerimento de qualquer das partes, uma audiencia especial para a louvação dos peritos, que deverão ser profissionaes legalmente habilitados.

VI. As partes louvar-se-hão em tres nomes cada uma: o ministro relator escolherá um de cada grupo e nomeará terceiro perito uma pessôa estranha As partes poderão accordar em um só perito, a cujo cargo ficará então exclusivamente o trabalho da demarcação.

VII. O juiz federal designado transportar-se-ha, com o escrivão e officiaes de justiça que nomear, para o local onde tem de começar a demarcação.

VIII. É licito ás partes comparecerem, por seus procuradores, aos actos judiciaes e nos trabalhos technicos dos peritos, fornecendo a estes as informações e esclarecimentos que entenderem convenientes. As reclamações que apresentarem, assim como as deliberações sobre ellas tomadas, constarão sempre do processo, mas não suspenderão em caso algum as diligencias ordenadas.

IX. Apresentado o relatorio dos peritos, escripto pelo terceiro, com as plantas e demais informações necessarias, indicando a linha demarcada, o juiz mandará dar vista ás partes por 10 dias, a cada uma, para dizerem sobre os trabalhos effectuados, podendo qualquer dellas requerer que se esclareça ou rectifique algum ponto duvidoso ou omisso. Sobre as allegações e requerimentos das partes, serão ouvidos, pelo mesmo prazo, os peritos.

X. Com a resposta dos peritos serão os autos remettidos ao Supremo Tribunal, que, á vista delles, ou depois das diligencias que julgar necessarias, homologará a demarcação.

XI. A sentença de homologação é susceptivel de embargos oppostos e discutidos no prazo fixado em o n. III. Nestes embargos não se poderá articular sinão erro commettido na execução ou vicio substancial da propria sentença embargada. Nenhuma allegação tendente a modificar a sentença exequenda será admissivel.

XII. Homologada a demarcação, cessará dentro de 30 dias, contados da intimação da sentença, a jurisdicção de uma das partes no territorio que, em virtude da mesma sentença, se tenha de transferir á jurisdicção da outra.

XIII. O mesmo se observará quando os limites fixados na sentença, que julgou a acção, forem aguas correntes ou outros accidentes naturaes bem determinados, do modo a ser inteiramente dispensavel a demarcação da linha divisoria.

XIV. É licito ás partes entrarem em accôrdo sobre a fórma pratica de determinar os respectivos limites, nos precisos termos da sentença, sujeitando os trabalhos effectuados em virtude desse accôrdo á homologação do Supremo Tribunal.

XV. Si a acção tiver por fim aviventar limites confusos ou desapparecidos, o ministro relator, desde que, findo o prazo da contestação, lhe sejam, com, ou sem ella, conclusos os autos, requisitará do presidente do Tribunal a designação do juiz federal para presidir aos trabalhos necessarios, e, uma vez feita essa designação, marcará, a requerimento de qualquer das partes, uma audiencia para a louvação de peritos, seguindo-se dahi por deante o estatuido nos numeros VI a IX.

XVI. Na execução dos trabalhos technicos para aviventação da linha, os peritos terão em vista as leis, que determinaram os limites, e os documentos exhibidos pelas partes.

XVII. Concluidos os trabalhos, serão os autos remettidos ao ministro

relator, e a causa seguirá os seus termos finaes.

XVIII. Julgada definitivamente a questão, observar-se-ha o disposto em o numero XII.

XIX. As disposições dos ns. XI, XII e XIII deste artigo não prejudicam o recurso de embargos á execução. Estes, porém, só poderão ser oppostos no prazo de 10 dias, contados da intimação da parte vencida, para a execução, independente de segurança do juizo, e só serão admissiveis nos precisos casos especificados no art. 304 do decreto numero 848, de 11 de outubro de 1890.

Art. 21. Interpostos os recursos extraordinarios de que tratam os arts. 59, § 1.º e 62 n. 2, da Constituição Federal, cada uma das partes terá vista dos autos por 10 dias, successivamente, para arrazoar, ou antes de subirem os autos para o Supremo Tribunal Federal, ou logo depois de preparados na Secretaria deste Tribunal.

Art. 22. Fica o Poder Executivo autorizado a crear tres tribunaes regionaes no territorio nacional, observando as seguintes bases:

I. Estes tribunaes serão compostos de tres juizes, cada um, nomeados pelo Presidente da Republica, tendo preferencia para a nomeação os juizes federaes, na razão de dous terços das vagas a se preencherem.

II Só poderão ser nomeados membros dos tribunaes regionaes, os bachareis ou doutores em direito, maiores de 35 annos, com mais de 10 annos de serviço, na judicatura, no Ministerio Publico, ou na advocacia.

III. Os tribunaes regionaes terão jurisdicção, um ao norte, desde o Acre até á Bahia, inclusive, com séde na cidade de Recife; outro nos Estados do Espirito Santo e Rio de Janeiro e no Districto Federal, com séde na Capital Federal, e o outro nos demais Estados da União, com séde em S. Paulo.

IV. Exercerão as funcções de orgãos do Ministerio Publico os procuradores da Republica nas respectivas sédes, e o primeiro procurador no Districto Federal.

V. Cada um dos juizes do Tribunal Regional, com séde na Capital Fe deral, terá o vencimento annual de trinta contos de réis, e cada um dos juizes dos outros tribunaes terá o vencimento annual de vinte e quatro contos de réis, sendo dous terços de taes vencimentos como ordenado e um como gratificação.

VI. O primeiro procurador no Districto Federal e os procuradores da Republica nas cidades de Recife e S. Paulo, além de seus vencimentos actuaes, terão — o primeiro, seis contos de réis, annualmente, os ultimos, tres contos e seiscentos mil réis, annualmente, sendo dous terços destes vencimentos como ordenado e um como gratificação.

VII. Competirá aos tribunaes regionaes:

1.º, processar e julgar as suspeições postas aos juizes seccionais;

2.º, julgar em gráo de recurso: — as appellações das sentenças do Jury Federal; as appellações e recursos criminaes e de *habeas-corpus;* dos despachos e sentenças e decisões dos juizes seccionaes, sem prejuizo do disposto no art. 61, n. 1, da Constituição Politica Federal; os aggravos, cartas testemunhaveis e appellações civeis dos despachos e sentenças proferidas pelos juizes seccionaes em causa de valor até 50:000$000.

VIII. Das sentenças dos tribunaes regionaes haverá recurso para o Supremo Tribunal Federal, nos termos do art. 59, II da Constituição Politica Federal:

a) quando forem contrarias á Constituição, convenções ou tratados da União, com outras nações, ou ás regras do Direito Internacional Privado:

b) quando concluirem pela inconstitucicnalidade ou invalidade de uma lei federal, ou pela inconstitucionalidade ou illegalidade de acto do Governo Federal;

c) quando condemnarem um Estado federado ou nação estrangeira.

Art. 23. Decidida a materia de competencia em conflicto de jurisdicção, ou em aggravo, não é permittido renoval-a na causa principal.

Art. 24. Fica o Governo autorizado a consolidar as leis referentes á organização judiciaria e ao processo da justiça Federal.

Art. 25. Revogam-se as disposições em contrario.

Rio de Janeiro, em 5 de dezembro de 1921, 100.° da Independencia e 33° da Republica.

EPITACIO PESSÔA

Joaquim Ferreira Chaves

* * *

DECRETO N. 4.743 — DE 31 DE OUTUBRO DE 1923

Regula a liberdade de imprensa e dá outras providencias

O Presidente da Republica dos Estados Unidos do Brasil:

Faço saber que o Congresso Nacional decretou e eu sancciono a resolução seguinte:

Responsabilidades e penas

Art. 1.° Os crimes previstos nos arts. 126, 315 e 317 do Codigo Penal e nos arts. 1.°, 2.° e 3.° do Decreto n. 4.269, de 17 de janeiro de 1921, quando commettidos pela imprensa, serão punidos com as seguintes penas:

1.° Nos casos previstos no art. 126 do Codigo Penal — metade da pena correspondente ao crime cuja pratica se tiver provocado.

2.° No caso do art. 315 do Codigo Penal — prisão cellular por quatro mezes a um anno e multa de 1:000$ a 10:000$, elevada a pena para seis mezes a dous annos de prisão cellular e multa de 2:500$ a 10:000$, si o crime fôr contra corporação que exerça autoridade publica, ou contra agente ou depositario desta.

3.° No caso do art. 317, do mesmo Codigo Penal — prisão cellular por dous a seis mezes e multa de 1:000$ a 6:000$, elevada a pena para tres a nove mezes de prisão cellular e multa de 2:000$ a 12:000$ na mesma hypothese prevista na ultima parte do numero precedente.

4.° No caso dos arts. 1.° a 3.° do decreto n. 4.269, de 17 de janeiro de 1921 — as penas constantes dos mesmos artigos serão accrescidas da multa de 5:000$ a 40:000$000.

§ 1.° Essas penas serão graduadas pelo julgador, conforme a gravidade da offensa, as condições de fortuna do réo, e o criterio dos arts. 62, 65 e 66 do Codigo Penal.

Tratando-se de qualquer dos crimes previstos no artigo 126 do Codigo Penal, nos arts. 1.° a 3.° do decreto numero 4.269, de 1921, e no art. 2.° da presente lei, além das penas nesta estabelecidas, será applicavel, administrativamente, a de expulsão, quando se tratar de estrangeiros a ella sujeitos.

§ 2.° Não terá cabimento nesses crimes o disposto no artigo 27, § 6.°, e no art. 32 do Codigo Penal.

§ 3.° A prova do facto imputado é permittida nos casos previstos no art. 318 do Codigo Penal, comprehendidos nesta disposição os senadores, deputados, conselheiros municipaes, intendentes ou prefeitos. Não se admittirá, porém, nos casos de offensas previstas nos arts. 3.° e 4.° na presente lei.

Art. 2.° A publicação de segredos do Estado é punida com a pena de prisão cellular por um a quatro annos, tambem applicavel no caso de noticias ou informações relativas á sua força, preparação e defesa militar, si taes noticias ou informações puderem de algum modo influir sobre a sua segurança externa ou despertar riva-

lidades ou desconfianças, perturbadoras das boas relações internacionaes.

Paragrapho unico. É, entretanto, permittida a discussão e critica si tiver por fim esclarecer e preparar a opinião para as reformas e providencias convenientes ao interesse publico, comtanto que se use de linguagem moderada, leal e respeitosa.

Art. 3.° A offensa feita pela imprensa ao Presidente da Republica no exercicio de suas funcções ou fóra delle, e a algum soberano ou chefe de Estado estrangeiro, ou aos seus representantes diplomaticos, quando não revista caracteres da calumnia ou injuria, é punida com a pena de prisão cellular por tres a nove mezes e multa de 4:000$ a 20:000$00.

Art. 4.° É prohibido, sob pena de multa de 200$ a 4:000$, affixar ou expôr ao publico em qualquer logar e por qualquer meio, inclusive fitas cinematographicas, cartaz, estampa, gravura, desenho, e em geral impresso, manuscripto ou figura onde haja offensa a alguma nação estrangeira.

Paragrapho unico. Fica sujeito á pena de prisão cellular por dous a seis mezes quem apregoar, em logares publicos, a venda de gazetas, papeis e impressos, ou manuscriptos de modo offensivo a pessoa ou nacionalidade certa e determinada, com o fim de escandalo e aleivosia.

Art. 5.° A offensa á moral publica ou aos bons costumes, feita de qualquer modo pela imprensa, é punida com a pena de prisão cellular por seis mezes a dous annos, e da perda do objeto de onde constar a mesma offensa, além da multa de 200$ a 2:000$000.

Paragrapho unico. É prohibido, sob a mesma pena deste artigo, vender, expôr á venda ou, por algum modo, concorrer para que circule qualquer livro, folheto, periodico, ou jornal, gravura, desenho, estampa, pintura ou impresso de qualquer natureza, desde que contenha offensa á moral publica ou aos bons costumes.

Art. 6.° É prohibida, sob pena de multa de 100$ a 1:000$, a publicação de annuncios ou noticias relativas a medicamentos não aprovados pela Directoria Geral de Saude Publica, ou a tratamentos ou curas não confirmadas por profissionaes.

Art. 7.° Aquelle que, por qualquer meio, obtiver ou procurar obter dinheiro ou outro proveito para não fazer ou impedir se faça alguma publicação, é punido com a pena de prisão cellular por um a quatro annos, e multa de 300$ a 6:000$, incorrendo na mesma pena o que, mediante paga ou recompensa, fizer ou obtiver se faça qualquer publicação que importe crime de imprensa punido pela presente lei.

Art. 8.° Não se consideram crimes:

1. A publicação, integral ou resumida, dos debates nas Casas Legislativas, federaes, estaduaes ou municipaes, dos relatorios ou qualquer outro escripto, impresso por ordem das mesmas.

2. O noticiario, o resumo, o relatorio, a resenha e a chronica fieis dos debates e andamento de todos os projectos e assumptos sujeitos ao exame e deliberação das mencionadas corporações.

3. A publicação integral, parcial ou abreviada, de noticias, chronica ou resenha, quando fieis, dos debates escriptos ou oraes perante juizes e tribunaes, nem tão pouco a publicação dos despachos, sentenças ou quaesquer escriptos que houverem sido impressos mediante ordem, requisição ou communicação dos mesmos juizes e tribunaes.

4. A publicação de articulados, cotas ou allegações produzidas em juizo pelas partes ou seus procuradores.

Art. 9.° As injurias compensam-se: em consequencia não poderão querelar por injuria os que reciprocamente se injuriarem.

Art. 10. Pelos abusos de liberdade de imprensa são responsaveis successivamente:

1.°, o autor, sendo pessoa idonea, em condições de responder pecuniaria-

mente pelas multas e despezas judiciaes, e residente no paiz, salvo tratando-se de reproducção feita sem o seu consentimento, caso em que responderá quem a tiver feito;

2.º, o editor, si se verificarem a seu respeito as mesmas condições exigidas em relação ao autor, e este não fôr reconhecido, ou não as reunir;

3.º, o dono da officina ou estabelecimento, onde se tiver feito a publicação; e, na sua falta ou ausencia do paiz, quem o estiver representando, desde que se não verifique o disposto em os numeros anteriores;

4.º, os vendedores ou distribuidores, quando não constar quaes sejam os autores ou editores, nem a officina onde tiver sido feita a impressão.

Paragrapho unico. Para o effeito da responsabilidade criminal estabelecida no presente artigo, sempre que se tratar de imprensa periodica, o director ou redactor principal será considerado autor de todos os escriptos não assignados e tambem dos assignados por quem não esteja nas condições constantes do n. 1; o gerente será considerado editor; e o proprietario do jornal equiparado ao dono da officina, si na realidade o não fôr.

Art. 11. A parte offendida poderá provar, perante o juiz competente, por documentos ou testemunhas, que o autor ou editor do artigo não tem idoneidade ou meios de responder pecuniariamente, afim de poder exercer sua acção contra os responsaveis successivos.

§ 1.º Esta prova será feita em processo summarissimo, com intimação do autor do artigo ou do editor para, em uma só audiencia, ser o facto provado e contestado.

§ 2.º Em acto successivo, o juiz decidirá si o autor ou editor tem os requisitos legaes para responder, não cabendo recurso algum dessa decisão.

§ 3.º Declarado inidoneo o autor ou editor, á parte offendida fica salvo o seu direito contra os responsaveis successivos.

Art. 12. Quando a officina graphica ou orgão da imprensa for propriedade de alguma sociedade, esta será representada por seu gerente, salvo havendo prova de caber a outrem, em condições de responder nos termos desta lei, a responsabilidade que se lhe attribue.

Art. 13. Todo diario ou periodico é obrigado a estampar no seu cabeçalho os nomes do director ou redactor principal e do gerente, que deverão estar no gozo de seus direitos civis, e ter residencia no logar onde for feita a publicação, bem assim indicar a séde da administração e do estabelecimento graphico do mesmo jornal ou periodico, sob pena de apprehensão immediata dos exemplares pelas autoridades policiaes.

Art. 14. Os artigos publicados nas secções ineditoriaes de qualquer jornal ou periodico deverão conter a assignatura dos respectivos autores e, logo após, as indicações de sua residencia e profissão, e havendo accusações ou injurias, embora vagas e sem declinar nomes, tal assignatura será reconhecida por tabelião do logar, onde o dito jornal ou periodico fôr impresso e os dizeres dessa formalidade serão reproduzidos no final da publicação, sob pena de multa de 1:000$, sem prejuízo do disposto no art. 10, paragrapho unico.

Art. 15. Sempre que um dos responsaveis enumerados no art. 10 gosar immunidades ou de fôro especial, a parte offendida poderá promover acção contra o responsavel ou responsaveis que se lhe seguirem na ordem da responsabilidade successiva determinada no referido artigo.

Art. 16. Os gerentes de um jornal ou de qualquer publicação periodica são obrigados a inserir, dentro de tres dias, contados do recebimento, a resposta de toda a pessoa natural ou juridica que fôr attingida em publicação do mesmo jornal ou periodico por offensas directas ou referencias de facto inveridico ou erroneo, que possa affectar a sua reputação e boa fama.

§ 1.º O direito de resposta poderá ser exercido pela propria pessoa assim

mencionada, por seu representante legal ou por seus herdeiros, e quem o exercer será o unico juiz do conteúdo, fórma e utilidade da resposta.

§ 2.º A inserção da resposta será feita gratuita e integralmente em edição correspondente, no mesmo logar e com os mesmos caracteres da publicação que a tiver provocado, e não excederá á extensão desta. Si exceder, a parte excedente será paga pelos preços ordinarios.

§ 3. A inserção só poderá ser recusada:

a) quando não tiver relação alguma com os factos referidos na alludida publicação;

b) quando contiver expressões que importem abuso de liberdade de imprensa;

c) quando affectar direitos de terceiros, de modo a dar a estes igual direito de resposta.

§ 4.º Si os gerentes deixarem de inserir a resposta, quando lhes for entregue directamente pelo interessado ou remettida por via postal, poderá este requerer ao juiz competente para processar os crimes referidos no art. 1.º, que mande notificar os mesmos gerentes para fazerem a inserção no prazo e sob a pena de multa constante do § 5.º do presente artigo. O requerimento será instruido com um exemplar do jornal a que se referir, e com o texto da resposta, em duplicata, para que fique um exemplar archivado em cartorio. A decisão será proferida no prazo de vinte e quatro horas, e della não haverá recurso.

§ 5.º Sendo a decisão contraria ao gerente do jornal ou periodico, imporse-lhe-á a multa de 200$ a 2:000$ ficando sujeito a pagar o triplo dessa multa o requerente que tiver instruido sua petição com uma resposta em termos diversos da recusada.

§ 6.º Si a resposta sahir com alteração que lhe deturpe o sentido, os gerentes serão obrigados a inseril-a de novo, escoimada desse erro; e, si na reproducção o mesmo ou outro apparecer, será considerado proposital e punido com a multa de 200$ a 2:000$, por dia, e o dobro na reincidencia, até inserção exacta do escripto.

§ 7.º Os gerentes terão o direito de haver do autor do escripto que provocar a resposta todas as despezas com a publicação desta.

§ 8.º O autor da resposta ou rectificação recusada tem o direito de repetil-a, modificando-a.

Art. 17. O exercicio do direito de resposta não inhibirá o offendido ou seu representante de promover a punição dos responsaveis pelas injurias ou calumnias de que fôr victima.

Art. 18. Quando a multa recahir sobre algum dos gerentes, socio solidario, ou membro da directoria da empreza, responderão pela importancia da mesma os bens do condemnado, assim como os do jornal e estabelecimento graphico.

Paragrapho unico. A importancia da multa imposta pela condemnação gosará de privilegio especial sobre os ditos bens, ainda no caso de fallencia, derogado para este fim o art. 24, n. 4, da lei n. 2.024, de 17 de dezembro de 1908.

Art. 19. As multas pertencerão ao offendido, si este fôr particular ou á União, Estado ou Municipio, si fôr funccionario em razão do officio, ou corporação que exerça autoridade publica, modificada, assim a norma adoptada pelo artigo 1.547 e seu paragrapho unico do Codigo Civil.

Paragrapho unico. A importancia das multas arrecadadas pela União, pelos Estados ou Municipios constituirá um fundo destinado a fins de assistencia publica, conforme regulamento que, para esse effeito, fôr decretado pelo respectivo Poder Executivo.

Da matricula

Art. 20. A matricula das officinas impressoras e dos jornaes e outros periodicos, a que se refere o art. 383 do Codigo Penal, é obrigatoria e será feita em cartorio do Registro de Titulos e Documentos do Districto Federal,

do Territorio do Acre e dos Estados; e, em sua falta, nas notas de qualquer tabellião local.

§ 1.º O registro será feito em virtude de despacho proferido pela autoridade judiciaria a que estiver subordinado o serventuario que o deva fazer.

§ 2.º A matricula conterá as declarações seguintes:

1.º, nome, residencia, nacionalidade e folha corrida do dono da officina, séde da respectiva administração, o logar, rua e casa onde é estabelecida;

2.º, nome, residencia, naturalidade e folha corrida do gerente, e, tratando-se de jornal ou outro escripto periodico, tambem o nome, a residencia, a nacionalidade e folha corrida do director ou redactor principal, sendo que sempre que se tratar de sociedade deve ficar archivado o respectivo contracto. As alterações supervenientes serão immediatamente averbadas.

§ 3.º A falta da matricula ou das declarações exigidas neste artigo e a das alterações supervenientes, bem como as falsas declarações, serão punidas com a multa de 500$ a 10:000$, applicavel pela autoridade judiciaria, mediante o processo estabelecido nesta lei e promovido por qualquer interessado ou pelo Ministerio Publico.

§ 4.º A respectiva sentença determinará o prazo de cinco dias para a matricula ou rectificação das declarações.

§ 5.º De cada vez que não fôr cumprida essa determinação, o infractor responderá a novo processo, no qual lhe será imposta nova multa pecuniaria, podendo o juiz aggraval-a até 50 %.

Da acção e prescripção

Art. 21. Cabe acção penal mediante queixa do offendido ou de quem tenha qualidade legal para o representar, quando a offensa fôr contra particulares.

Art. 22. Cabe acção penal por denuncia do Ministerio Publico, quando a offensa fôr contra corporação que exerça autoridade publica, contra qualquer agente ou depositario desta em razão de suas funcções, contra chefe de estados estrangeiros, ou seus representantes diplomaticos, e ainda no caso do art. 3.º; dependendo a acção penal, nesses ultimos casos, de requisição feita, por parte do respectivo Governo, ou pelos representantes diplomaticos offendidos; e mediante officio do Ministerio da Justiça, quando se tratar de offensas ao Presidente da Republica.

Paragrapho unico. Si o promotor publico retardar a denuncia por mais de dez dias após a representação do offendido, ou si recusar a apresental-a, incorrerá na multa de 500$, imposta pelo chefe do Ministerio Publico, e descontada na folha dos seus vencimentos, além da responsabilidade criminal que lhe caiba. Neste caso, poderá o offendido reclamar do chefe do Ministerio Publico a designação de outro promotor, para promover o processo; mantidos os principios dos arts. 407 e 408 do Codigo Penal.

Art. 23. Nos crimes de injuria e calumnia, a acção penal e a condemnação prescrevem em dous annos.

Paragrapho unico. A demora dos autos além dos prazos legaes e o excesso de prazos, causados pelo réo, serão descontados dos prazos da prescripção.

Do processo

Art. 24. No Districto Federal e no Territorio do Acre observar-se-á nos crimes, de que trata esta lei, o processo seguinte:

§ 1.º A queixa será offerecida pelo offendido ou seus herdeiros, constantes do artigo 324 do Codigo Penal, pessoalmente, ou por procurador regularmente constituido, sem dependencia de alvará.

§ 2. O réo, depois de qualificado, poderá fazer-se representar por procurador bastante, dispensado então o comparecimento pessoal.

§ 3.º Offerecida queixa ou denuncia instruida obrigatoriamente com um

exemplar do impresso offensivo, e, facultativamente, com outros documentos, o juiz mandará autual-a e fazer a citação pessoal do réo abrangendo todos os termos da acção, sendo por edital, com o prazo de dez dias, si o citando não fôr encontrado no fôro da acção, para comparecer á primeira audiencia, na qual será qualificado e lhe será assignado o prazo improrogavel de quatro dias para offerecer defesa escripta, contendo todas as prejudiciaes e a *exceptio veritatis*, sob pena de revelia.

§ 4.º Si o réo não comparecer á primeira audiencia, o juiz nomear-lhe-á curador *á lide*, até que compareça e seja qualificado, e o mesmo fará si elle fôr menor ou interdicto.

§ 5.º Findo o prazo para a defesa e, seja ou não esta offerecida, na audiencia immediata serão inquiridas as testemunhas que o autor e o réo facultativamente apresentarem e cujo numero não excederá de cinco para cada parte, sendo para esse effeito dispensada citação, salvo quando fôr requerida pela parte que tiver indicado as testemunhas, mas sem prejuizo do prazo do paragrapho seguinte.

§ 6.º Os depoimentos serão reduzidos a escripto e, si fôr necessario, proseguirão nos dias immediatos, até o maximo improrogavel de oito dias.

§ 7.º Terminadas as inquirições, terão o autor e o réo, de cada vez, o prazo de tres dias para examinar os autos em cartorio, e offerecer razões finaes, com ou sem documentos. Ao autor serão dadas mais vinte e quatro horas, improrogaveis, para dizer acerca dos documentos que o réo haja juntado ás suas razões, mas não lhe será permittido exhibir novos documentos.

§ 8.º Findos os prazos do paragrapho anterior, que não dependerão de assignação e lançamento em audiencia, serão os autos immediatamente conclusos ao juiz, para proferir a sentença, dentro de dez dias.

§ 9.º Si, antes de proferir a sua sentença, o juiz verificar, ou a parte demonstrar, preterição de formalidades prejudiciaes ao processo, o julgamento será convertido em diligencia, para serem sanadas as nullidades no prazo maximo de dez dias.

§ 10. Da sentença caberá appellação, com effeito suspensivo, interposta no prazo de cinco dias, contados da intimação as partes, ou seus procuradores, ou curadores; e, não sendo estes encontrados, do prégão em audiencia.

§ 11. Depois de arrazoada a appellação em cartorio, no prazo de cinco dias improrogaveis para cada parte, os autos serão preparados e remettidos á instancia superior, dentro de tres dias, sob pena de deserção, no caso de falta de preparo pelo interessado.

§ 12. Na instancia superior a appellação será preparada dentro de dez dias, sob pena de deserção, e ficará em mesa por espaço de uma sessão. Na sessão immediata será sorteado o relator, e, na que a esta se seguir, será julgada a appellação, depois de ouvido verbalmente o procurador geral. O accórdão será publicado, até a segunda sessão celebrada após á do julgamento e assim terá passado elle em julgado.

§ 13. Os prazos constantes do presente artigo não podem ser excedidos, sob pena de pagar a multa de 200$ em cada dia de excesso, quem tiver a culpa do mesmo.

Art. 25. A importancia das multas por condemnação definitiva, inclusive as custas, será exequivel no juizo competente, mediante certidão da sentença ou accórdão e da conta das custas, com a qual o autor requererá a citação do executado para pagar em vinte e quatro horas que correrão em cartorio, sob pena de penhora, seguindo-se o processo das acções executivas.

Paragrapho unico. Á penhora o executado apenas poderá oppôr embargos: a) de pagamento; b) de perdão do offendido, si fôr particular; c) de prescripção. Os dous primeiros só poderão ser interpostos com provas literaes *incontinenti*.

Art. 26. Será dada sem demora certidão requerida ás repartições publi-

cas, pelo querellado, para fundamentar a arguição por cuja causa seja chamado a juizo, ou pelo offendido, para provar a falsidade dessa mesma arguição, salvo caso, justificado no despacho de recusa, de tal certidão acarretar damno ao interesse publico.

Paragrapho unico. Recusada a certidão, será suspenso o andamento do processo até que a mesma seja apresentada.

Si, porém, o réo de algum modo e por qualquer meio fizer renovar a arguição do mesmo facto que deu causa ao processo, assim suspenso, proseguirá o mesmo independentemente da certidão.

Art. 27. Quando fôr intentado processo com manifesta má fé, e o autor decahir por não ter fundamento o seu pedido, pagará o mesmo autor ao réo, além das custas a que tenha sido condemnado, a indemnização do damno causado.

Art. 28. A sentença condemnatoria proferida em processo por crime de calumnia ou injuria será publicada gratuitamente na mesma secção do jornal ou periodico onde tiver apparecido o artigo causador da acção criminal, e com os mesmos caracteres graphicos desse artigo; devendo fazer-se a publicação no primeiro ou no segundo numero, de edição correspondente, que se seguir ao conhecimento da sentença, sob pena de multa de 100$ por numero que deixar de fazer a referida publicação.

Art. 29. No caso de sentença absolutoria, os autores, querellantes e denunciantes são obrigados, solidariamente, a arbitrio dos processados, a publicar em um ou dous jornaes ou períodicos, por estes designados, as sentenças respectivas, devendo, na falta de cumprimento dessa obrigação, ser observadas as mesmas regras e penalidades instituidas para os casos da condemnação pelo delicto, em si. Si, para realizar-se essa publicação, fôr necessario recurso judiciario, as publicações, mandadas fazer, correrão por conta dos referidos autores, querellantes e denunciantes, cabendo no caso cobrança executiva.

Esse executivo será processado na mesma ordem e fórma estabelecidas por esta lei, para os casos de execução de sentença condemnatoria.

Art. 30. A prisão a que tenham de ser recolhidos os processados por crimes quando commettidos pela imprensa, será sempre distincta da existente para os réos de delictos communs.

Disposições Geraes

Art. 31. Continuam em vigor as disposições do § 2.º do art. 23, do art. 59 e paragrapho unico, e as demais disposições do Codigo Penal, que não forem contrarias á presente lei.

Art. 32. Tratando-se de abusos da liberdade de pensamento pela imprensa, compete á justiça federal o respectivo julgamento nos casos do art. 126 do Codigo Penal; ns. 1, 2 e 3 da lei n. 4.269, de 1921; arts. 2.º, 3.º e 4.º da presente lei; e quando o offendido fôr funccionario federal, em acto, ou por motivo do exercicio de suas funcções.

Paragrapho unico. Nos casos do presente artigo officiará o procurador criminal ou o seccional em logar do promotor publico, observando-se o processo estabelecido nesta lei.

Art. 33. Quando duas ou mais qualidades que determinam differença na pena se reunirem na mesma pessoa, considerar-se-á esta investida, quanto aos crimes de que trata esta lei, da qualidade que acarretar maior pena.

Art. 34. Fica dispensada, em relação a todo e qualquer impresso, periodico ou não periodico, a prova de sua distribuição por mais de 15 pessoas.

Art. 35. A presente lei entrará em vigor desde que seja publicada.

Disposição transitoria

Art. 36. As actuaes officinas impressoras e as dos jornaes e outros periodicos terão o prazo de noventa dias

para effectuar a matricula de que trata o art. 20 da presente lei, a contar da data de sua publicação.

Art. 37. Revogam-se as disposições em contrario.

Rio de Janeiro, 31 de outubro de 1923, 102.° da Independencia e 35° da Republica.

ARTUR DA SILVA BERNARDES

João Luiz Alves

* * *

DECRETO N. 4.780 — DE 27 DE DEZEMBRO DE 1923

Estabelece penas para os crimes de peculato, moeda falsa, falsificação de documentos, e dá outras providencias

O Presidente da Republica dos Estados Unidos do Brasil:

Faço saber que o Congresso Nacional decreta e eu sancciono a seguinte resolução:

Art. 1.° O funccionario publico que se apropriar, subtrahir, distrahir, ou consentir que outrem subtraia ou distraia dinheiros, documentos, titulos de credito, effeitos, generos e quaesquer outros bens moveis publicos ou particulares, dos quaes tenha a guarda, o deposito, a arrecadação ou administração em razão de seu cargo, seja este remunerado ou gratuito, permanente ou temporario, será punido:

a) si o prejuizo for inferior a 10:000$ com dous a seis annos de prisão cellular, perda do emprego, com inhabilitação para exercer qualquer funcção publica por oito a dezeseis annos e multa de 10 % sobre o damno;

b) si o prejuizo fôr igual ou superior a 10:000$, com quatro a doze annos de prisão cellular, perda do emprego com inhabilitação para exercer qualquer função publica por 12 a 20 annos e multa de 15 % sobre o damno.

Paragrapho unico. Quando o prejuizo causado versar sobre objecto de valor não conhecido ou instavel o juiz formador da culpa mandará proceder á avaliação, de conformidade com o disposto no art. 405 do Codigo Penal.

Art. 2.° Quando os factos criminosos, previstos no art. 1.° desta lei, forem commettidos por funccionario publico que não tenha a guarda, o deposito, a arrecadação ou administração da cousa subtrahida ou distrahida, mas pertença á repartição em que ella se achava, ou disponha, em razão do seu cargo, de facilidade de ingresso na mesma repartição:

Penas — As do art. 1.°, reduzido de uma sexta parte o tempo de prisão.

Art. 3.° Nas penas do art. 1.° incorrerá ainda o funccionario publico que, no seu interesse ou no de outrem, concorrer com acto do officio ou emprego, ou usar de sua qualidade, induzindo outrem a concorrer com esse acto, para que sejam distrahidos ou subtrahidos documentos, effeitos, valores e quaesquer outros bens moveis pertencentes á União, aos Estados, ás Municipalidades e Prefeituras, ou por que estes devam responder.

§ 1.° Si se provar que o funccionario agiu sem dolo, mas com impericia ou negligencia:

Penas — Suspensão do emprego por seis mezes a dous annos, além da multa de 15 % sobre o damno.

§ 2.° No caso do paragrapho anterior não haverá logar a imposição de penas, si for resarcido o damno causado.

Art. 4.° Os co-autores e cumplices dos crimes acima previstos, embora não sejam funccionarios, serão processados e julgados com os respectivos autores e sujeitos ás penas desta lei no que lhes fôr applicavel.

Art. 5.° Fabricar, sem autoridade legitima, moeda de prata ou de ouro, nacional ou estrangeira, que tenha

curso legal ou commercial dentro ou fóra do paiz, com o mesmo peso e valor intrinseco da verdadeira:

Penas — Prisão cellular por quatro a oito, annos, perda da moeda apprehendida e dos objetos destinados ao fabrico.

Paragrapho unico. Si a moeda fôr fabricada com materia diversa, peso ou valor intrinseco differentes da verdadeira:

Penas — Prisão cellular por seis a 12 annos, além da perda sobredita.

Art. 6.º Diminuir o peso da moeda verdadeira ou augmentar-lhe o valor mediante qualquer artificio:

Penas — Prisão cellular por tres a seis annos e perda da moeda apprehendida.

Art. 7.º Nos casos previstos nos dous artigos anteriores, si fôr a moeda de qualquer outro metal que não ouro ou prata:

Penas — As dos mesmos artigos, reduzido, porém, de um terço o tempo de prisão.

Art. 8.º Falsificar, fabricando ou alterando, qualquer papel de credito publico, que se receba nas estações publicas como moeda:

Penas — Prisão cellular por quatro a oito annos, perda do papel apprehendido e dos objectos destinados á falsi ficação.

Paragrapho unico. Para os effeitos da lei penal considera-se papel de credito publico, o que tiver curso legal, como moeda, ou fôr emittido pelo Governo da União, ou por estabelecimentos bancarios legalmente autorizados, bem assim o que representar moeda estrangeira.

Art. 9.º Formar cedulas ou notas do Governo, cedulas ou bilhetes do Thesouro Federal, da Caixa de Conversão ou dos Bancos com fragmentos de outras notas e cedulas ou bilhetes verdadeiros.

Supprimir ou fazer desapparecer por qualquer meio os carimbos com que forem assignaladas as notas, cedulas ou bilhetes retirados da circulação:

Penas — Prisão cellular por dous a quatro annos, além da perda sobredita.

Paragrapho unico. Si os crimes previstos neste artigo forem commettidos por funccionarios da repartição em que se acharem recolhidas as notas, cedulas ou bilhetes:

Penas — Prisão cellular por seis a 12 annos e perda do emprego com inhabilitação para exercer qualquer funcção publica, por 12 a 20 annos.

Art. 10. Importar, ou exportar, comprar ou vender, trocar, ceder ou emprestar, por conta propria ou de outrem, moeda, nota ou bilhete nas condições mencionadas nos artigos 5.º e seguintes:

Penas — As desses artigos, conforme as hypotheses respectivas.

Art. 11. Introduzir dolosamente na circulação moeda falsa, papel de credito publico, sendo falso:

Penas — As que veem estatuidas nos arts. 5.º, 6.º, 7.º, 8.º e 9.º, de accôrdo com as respectivas hypotheses, reduzindo, porém, de uma sexta parte o tempo de prisão.

Art. 12. Restituir á circulação moeda falsa, recebida como verdadeira, depois de conhecida a falsidade ou tendo razão para conhecel-a:

Penas — Multa de 5 a 20 vezes o valor total da moeda e perda da mesma.

Paragrapho unico. No caso de reincidencia:

Penas — Prisão cellular por um a tres mezes, multa de 10 a 30 vezes o valor total da moeda e perda da mesma.

Art. 13. Fabricar, explorar, possuir ou ter sob sua guarda machinismos ou objectos destinados exclusivamente á fabricação ou alteração da moeda nacional ou estrangeira, de curso legal ou commercial, dentro ou fóra do paiz:

Penas — Prisão cellular por dous a seis annos e perda dos machinismos e objectos.

Art. 14. Falsificar, fabricando ou alterando, papeis de credito ou titulos da divida publica, bilhetes e letras do Governo da União, dos Estados, das Municipalidades ou Prefeituras, cautelas do Monte de Soccorro e cadernetas da Caixa Economica;

Usar esses papeis, titulos, bilhetes, letras, cautelas e cadernetas, sabendo que são falsos:

Pena — Prisão cellular por quatro a oito annos, multa de 5 a 20 % do damno causado, perda dos referidos objectos e daquelles outros relativos á fabricação.

Art. 15. Falsificar, fabricando ou alterando, o sello publico da União, dos Estados, das Municipalidades ou Prefeituras, destinado a authenticar ou legalizar os actos officiaes:

Penas — Prisão cellular por dous a quatro annos, perda do dito sello e dos objectos referentes á falsificação.

Art. 16. Falsificar, fabricando, ou alterando, sellos adhesivos, estampilhas, vales postaes, *coupons* da divida publica da União, dos Estados, das Municipalidades e Prefeituras;

Emittil-os sem autorização legal, quando verdadeiros;

Supprimir ou fazer desapparecer por qualquer meio os carimbos ou signaes com que tenham sido inutilizados;

Emittir ou introduzir dolosamente na circulação, importar ou exportar, comprar ou vender, trocar, ceder, ou emprestar, por conta propria ou de outrem, os sobreditos sellos, estampilhas, vales e coupons falsificados pelos modos referidos no principio deste artigo, conhecida a falsificação;

Usar dolosamente dos sellos, estampilhas, vales e coupons, assim falsificados:

Penas — Prisão cellular por dous a seis annos, perda dos referidos objectos e multa de 5 a 20 % do damno causado.

Art. 17. Falsificar, fabricando ou alterando, talões, recibos, quitações, guias, alvarás, e outros documentos destinados á arrecadação da renda da União, dos Estados, Municipios e Prefeituras, ou relativos ás fianças e aos depositos de dinheiros de particulares, orphãos, ausentes e defuntos; usar desses papeis, assim falsificados:

Penas — Prisão cellular por quatro a cinco annos e multa de 5 a 20 % do damno causado.

Art. 18. Falsificar, fabricando ou alterando, cheques e outros papeis de bancos, letras e titulos commerciaes de qualquer natureza, sejam ou não transferiveis por endosso;

Emittil-os ou introduzil-os dolosamente na circulação, ou sobre elles fazer qualquer das transacções mencionadas no art. 16, conhecida a falsificação:

Penas — As do art. 16.

Art. 19. Falsificar, fabricando ou alterando, vender ou usar passes, bilhetes, de estradas de ferro ou de qualquer empreza de transporte, pertencente á União, aos Estados, ás Municipalidades, ás Prefeituras ou a particulares:

Penas — Prisão cellular por seis mezes a dous annos.

Art. 20. Possuir ou ter sob sua guarda, para fim criminoso, moeda falsa, sellos, estampilhas ou quaesquer dos titulos ou papeis falsificados, na fórma dos artigos anteriores:

Penas — As mesmas dos referidos artigos, reduzidas de um terço.

Art. 21. Falsificar, fabricando ou alterando, assentamentos do registro civil, certidões desse registro, carteiras de identidade, passaporte e salvo conducto; usar desses titulos sabendo que são falsos:

Penas — As do art. 17.

Art. 22. Fazer no todo ou em parte escripto ou papel particular falso, alterar o verdadeiro, servir-se de papel por essas fórmas falsificado:

Penas — Prisão cellular por um a quatro annos e multa de 5 a 20 % do damno causado ou que poderia resultar.

Art. 23. O funccionario ou official publico que no exercicio de suas funcções falsificar, fabricando ou alterando, no todo ou em parte, escriptura, livros ou documentos de que possa resultar prejuizo publico ou particular:

Attestar como verdadeiros e passados em sua presença factos não occorridos, alterar ou omittir os verdadeiros, quando lhe cumpre declaral-os;

Reconhecer como verdadeiras firmas que não o sejam:

Penas — Dous a seis annos de prisão cellular e multa de cinco a 20 % do damno causado ou que poderia causar, além da perda do cargo com inhabilitação para exercer qualquer funcção publica por 12 a 20 annos.

§ 1.º Comprehendem-se nas disposições deste artigo as traducções feitas pelos interpretes ou traductores publicos.

§ 2.º Nas mesmas penas, no que lhe forem applicaveis, incorrerá o que, não tendo concorrido para a falsidade, della se aproveitar.

Art. 24. Com as penas estabelecidas no artigo antecedente, menos a terça parte, será punido aquelle que, não sendo funcionario ou official publico, commetter qualquer falsidade pelos modos previstos na referida disposição.

Art. 25. Affirmar falsamente ao funccionario ou official publico ou em qualquer documento particular a propria identidade ou estado, attestar os de outra pessoa, de modo que possa resultar prejuizo publico ou particular:

Penas — Um a quatro annos de prisão cellular e multa de cinco a 20 % do damno causado ou que poderia causar.

Art. 26. Para applicação das disposições do artigo antecedente, são equiparados aos funccionarios publicos todos aquelles que são autorizados a redigir ou subscrever escriptos ou papeis, aos quaes a lei atribua fé publica: e aos escriptos ou papeis publicos são equiparados os testamentos particulares, as letras de cambio e todos os titulos de credito transmissiveis por endosso, ou ao portador, assim como as obrigações nominativas não equiparadas á moeda pela lei.

Art. 27. Falsificar telegramma ou expedil-o em nome de outrem, não estando para isto autorizado:

Pena de detenção por um mez a um anno e perda do emprego, si se tratar de funccionario do telegrapho.

Art. 28. Dar, por favor, o medico, attestado falso, destinado a fazer fé perante a autoridade:

Pena — Multa de 100$ a 500$000.

I. Si o crime fôr commettido por paga, ou esperança de alguma recompensa:

Pena — Multa de 200$ a 1:000$000.

II. Si por effeito do attestado falso alguem fôr admittido, ou retido, em uma casa de alienados, ou soffrer qualquer prejuizo grave:

Pena — Prisão cellular por oito mezes a dous annos.

III. Si o crime, previsto, em o numero antecedente, fôr commettido com a circumstancia mencionada em o numero I deste artigo:

Pena — Prisão cellular por um a tres annos.

Paragrapho único. Ás penas respectivas deste artigo fica sujeito tambem aquelle que fizer uso de attestado falso.

Art. 29. Expedir, ou dar o funccionario publico, ou outrem que por lei passa fazel-o, certificado ou attestado, em que affirme ou declare falsamente bom procedimento, capacidade, indigencia, ou qualquer outra circumstancia que habilite a pessôa a quem se referir o certificado ou attestado a obter beneficios ou confiança publica ou particular, cargo ou emprego publico, fa-

vor ou beneficio de lei, isenção de serviço, onus ou funcção publica:

Pena — multa de 200$ a 1:200$000.

Paragrapho unico. Á metade da pena acima comminada, fica sujeito aquelle que do certificado ou attestado falso fizer uso.

Art. 30. Ficam comprehendidos nas disposições do titulo IV do capitulo IV do Codigo Penal os que:

Installarem, sem autorização da autoridade competente, apparelhos para interceptar ou divulgar communicações radiotelegraphicas ou radiotelephonicas:

Penas — Multa de cinco a 20 vezes o valor do material aprehendido e perda deste para a Nação.

§ 1.º Divulgarem ou interceptarem communicações radiotelegraphicas ou radiotelephonicas do Governo Federal ou dos Estados:

Penas — Prisão cellular por dous a quatro mezes.

§ 2.º Si o crime fôr praticado por occasião de pertubação da ordem publica interna:

Penas — Tres a seis mezes de prisão cellular.

§ 3.º Si em tempo de guerra externa:

Penas — Cinco a 15 annos de prisão cellular.

Art. 31. A prisão preventiva é autorizada de accôrdo com a legislação vigente:

§ 1.º Nos crimes afiançaveis quando se apurar no processo que o indiciado:

a) é vagabundo sem profissão licita e domicilio certo;

b) já cumpriu pena de prisão por effeito de sentença proferida por tribunal competente.

§ 2.º Nos crimes inafiançaveis, emquanto não prescreverem, qualquer que seja a época em que se verifiquem indicios vehementes de autoria ou cumplicidade, revogados, o § 4.º do art. 13, da lei n. 2.033, de 20 de setembro de 1871, e o § 3.º do art. 29 do decreto n. 4.824, de 29 de novembro do mesmo anno.

Art. 32. A requisição e a concessão do mandato de prisão preventiva serão sempre fundamentadas.

Art. 33. A prescripção de que trata o art. 85, do Codigo Penal realizar-se-ha:

a) em um anno, quando a condemnação impuzer pena restrictiva da liberdade pessoal, por tempo não excedente de seis mezes;

b) em dous annos, quando a condemnação impuzer pena de igual natureza, por mais de seis mezes e menos de um anno;

c) em quatro annos, quando a condemnação impuzer pena de igual natureza, por um anno até dous annos;

d) em seis annos, quando a condemnação impuzer pena de igual natureza, por mais de dous annos até tres annos;

e) em oito annos, quando a condemnação impuzer pena de igual natureza, por mais de tres annos até quatro annos;

f) em 10 annos, quando a condemnação impuzer pena de igual natureza, por mais de quatro annos até oito annos;

g) em 12 annos, quando a condemnação impuzer pena de igual natureza, por mais de oito annos até 10 annos;

h) em 16 annos, quando a condemnação impuzer pena de igual natureza, por mais de 10 annos até 12 annos;

i) em 20 annos, quando a condemnação impuzer pena de igual natureza, por tempo excedente de 12 annos.

Art. 34. Prescrevem:

§ 1.º Em 10 annos, a pena de interdicção (art. 43, letra *f*, e art. 55 do Codigo Penal).

§ 2.º Em cinco annos, a pena de suspensão do emprego.

§ 3.º Em 10 annos, a pena de perda de emprego.

Art. 35. As disposições dos artigos precedentes são applicaveis, de accôrdo com o que estabelece o art. 78 do Codigo Penal, á prescripção da acção penal, regulando-se esta pelo maximo da pena abstractamente comminada na lei, ou pela que for pedida no libello, ou, finalmente, pela que for imposta em sentença de que sómente o réo houver recorrido.

Art. 36. A prescrição da interdicção, suspensão ou perda do emprego só começará a correr depois de cumprida a pena restrictiva da liberdade pessoal, a que forem adjectas ou de que forem effeitos aquellas penas.

Art. 37. A prescripção da acção penal, que recomeça a correr da pronuncia, interrompe-se pelo despacho que a esta confirma e bem assim pela sentença condemnatoria recorrivel.

Art. 38. No art. 27, § 4.º, do Codigo Penal, em vez de "privação", leia-se: "pertubação".

Art. 39. Substitua-se a disposição do art. 66 § 2.º do Codigo Penal pelo seguinte: Quando o criminoso tiver de ser punido por dous ou mais crimes da mesma natureza, resultantes de uma só resolução contra a mesma ou diversa pessoa, embora commettidos em tempos differentes, se lhe imporá a pena de um só dos crimes, mas com o augmento da sexta parte.

Parte processual

Art. 40. Fica competindo ao juiz de secção no Districto Federal e nos Estados da União o julgamento dos crimes previstos na presente lei e bem assim os de violação do sigillo de correspondencia, desacato e desobediencia, testemunho falso, prevaricação, resistencia, tirada de preso do poder da justiça federal, falta de exacção no cumprimento do dever, irregularidade de comportamento, peita, concussão, estelionato, roubo, furto, damno e incendio, *quando incidirem na competencia da Justiça Federal.*

§ 1.º Para determinação da competencia federal reputam-se praticados contra o patrimonio nacional quando interessem mediata ou immediatamente á administração ou á Fazenda da União.

§ 2.º Compete ao jury o julgamento de todos os crimes que a lei não attribuir ao do juiz singular.

Art. 41. O processo da formação da culpa nos crimes de que trata o artigo precedente, compete ao substituto do juiz de secção, que, pronunciando ou não pronunciando, remetterá o processo a este Juizo para confirmar ou não o mesmo despacho, com recurso voluntario e suspensivo para o Supremo Tribunal Federal.

Emquanto o despacho depender de confirmação e de recurso, é exequivel a prisão decretada.

Paragrapho unico. O processo da formação da culpa deverá ficar concluido dentro do prazo de 15 dias, devendo o juiz, caso não possa concluil-a neste prazo, consignar nos autos os motivos justificativos da demora.

Art. 42. A formação da culpa será processada de accôrdo com os arts. 53 e 64, inclusive, do decreto n. 848, de 11 de outubro de 1890, e 142 do Codigo do Processo Criminal, podendo o juiz ser auxiliado pelos seus supplentes no corpo de delicto, exames, buscas, apprehensões e mais diligencias necessarias ao descobrimento do crime e dos seus autores; observando-se, quanto ao contrabando, os §§ 4.º e seguintes do art. 1.º do decreto n. 805, de 4 de outubro de 1890, ficando revogado o numero 2, do art. 2.º do mesmo decreto.

Art. 43. Decretada a pronuncia, será esta intimada ao réo, si estiver preso ou afiançado, o qual, dentro de cinco dias improrogaveis, poderá juntar as razões e documentos que julgar necessarios; neste caso, e em igual prazo, o procurador de secção poderá tambem juntar as suas razões e documentos.

Si o réo não estiver preso ou afiançado, o processo subirá ao juiz de secção no prazo de 24 horas, improrogaveis, independente de intimação.

Art. 44. O juiz de secção, recebendo o processo, si neste achar preterição de formalidade legal que induza nulli-

dade ou falta que prejudique o estaclarecimento da verdade, ordenará as diligencias necessarias para suppril-as, podendo estas ser feitas perante o mesmo juiz de secção ou perante o seu substituto, conforme aquelle julgar mais conveniente.

Art. 45. O juiz de secção, si não achar necessarias as diligencias, ou sendo estas concluidas, deverá em prazo breve, não excedente de 15 dias, dar ou negar provimento ao recurso. No caso de pronunciar ou confirmar a pronuncia, mandará do mesmo despacho dar vista ao procurador seccional para este formar o libello, no prazo de 24 horas, e offerecel-o na primeira audiencia. A parte accusadora, si houver, será admittida a addir ou declarar o libello, comtanto que o faça na audiencia seguinte.

Art. 46. Offerecido o libello, deverá o escrivão preparar uma cópia do mesmo, de additamento, si houver documento, o ról das testemunhas e as entregará ao réo preso, notificando-o ao mesmo tempo para offerecer a sua contrariedade no prazo improrogavel de tres dias. Dessa entrega o escrivão exigirá recibo assignado pelo réo ou por duas testemunhas, si este não souber escrever ou não quizer assignal-o e o juntará ao processo, passando certidão destes actos.

Si o réo estiver afiançado, deverá igualmente o escrivão entregar-lhe uma cópia do libello com additamento, si o tiver, dos documentos e o ról das testemunhas, si elle ou seu procurador apparecer para recebel-o, exigindo recibo, que juntará aos autos.

Art. 47. É facultado ao réo apresentar sua contrariedade escripta; neste caso só no cartorio será concedida vista do processo originario ao mesmo réo ou seu procurador, dando-se-lhe, porém, os traslados dos documentos que quizer, independentemente de despacho.

Na conclusão do libello, seu additamento e contrariedade, se indicarão as testemunhas que as partes tiverem de apresentar.

Art. 48. Findo o prazo do art. 46, na primeira audiencia, presentes o juiz de secção e parte e seus advogados, o juiz fará o escrivão ler todo o processo e em seguida procederá ao interrogatorio do réo; si houver mais de um réo, serão separados, de modo que não ouça um as respostas do outro.

Terminados os interrogatorios, serão inquiridas pelo juiz as testemunhas, observando-se a mesma separação, sendo facultado ás partes fazer as perguntas que julgarem convenientes. Os interrogatorios e depoimentos serão escriptos pelo escrivão, assignados pelo juiz, procurador de secção, testemunhas e partes e rubricadas pelo mesmo juiz.

Art. 49. Feitas as inquirições, seguir-se-ha a discussão oral, que será iniciada pela accusação feita pelo procurador da secção, e finda aquella, serão os autos conclusos ao juiz de secção, que proferirá a sua sentença, condemnando ou absolvendo o réo. Esta sentença será publicada em audiencia e intimadas as partes pelo escrivão, e della caberá appelação para o Supremo Tribunal Federal, que julgará em ultima instancia.

Art. 50. Os processos pendentes pelos crimes de que trata a presente lei, em que ainda não houver culpa formada, serão remettidos ao substituto seccional para concluil-os, na fórma dos artigos antecedentes.

Art. 51. Os processos em que houver culpa formada, mas que não houverem sido ainda submettidos ao Jury, serão remettidos ao juiz de secção para as diligencias de julgamento, e aquelles em que houver sentença de Jury pendente de appellação seguirão os termos ulteriores desta; mas, si o Tribunal Federal mandar proceder a novo julgamento, este terá logar na conformidade desta lei.

Art. 52. Não será admitida fiança nos crimes de moeda falsa e de contrabando.

Art. 53. O crime de moeda falsa não prescreve em tempo algum em favor do réo domiciliado ou homisiado em paiz estrangeiro.

Art. 54. Quando, nos crimes sobre que versa a presente lei, for interessa-

da a Fazenda Municipal do Districto Federal, observar-se-ha, além do mais, o disposto no art. 135, § 5.º do decreto n. 9.263, de 28 de dezembro de 1911.

Art. 55. Competem aos juizes de direito do crime no Districto Federal o processo e julgamento dos crimes previstos no titulo 3.º, capitulo 1.º, e titulo 13, livro 2.º do Codigo Penal.

Art. 56. Revogam-se as disposições em contrario.

Rio de Janeiro, 27 de dezembro de 1923, 102.º da Independencia e 35º da Republica.

ARTHUR DA SILVA BERNARDES

João Luiz Alves

* * *

DECRETO N. 4.848 — DE 13 DE AGOSTO DE 1924

Providencia sobre o processo e julgamento dos crimes de sedição

O Presidente da Republica dos Estados Unidos do Brasil:

Faço saber que o Congresso Nacional decretou e eu sanciono a resolução seguinte:

Art. 1.º Os crimes definidos nos arts. 107 a 118 do Codigo Penal, e bem assim os que com elles forem connexos, serão processados pela forma estabelecida nos arts. 40 e seguintes do Decreto n. 4.780, de 27 de dezembro de 1923, com as modificações adeante indicadas.

Art. 2.º Tratando-se desses crimes, o juiz de secção será substituido, na sua falta ou impedimento, pelo da secção cuja séde fôr de mais rapida communicação. Neste caso, emquanto durar o processo, o juiz passará o exercicio de seu cargo ao substituto legal, abonando-se-lhe a quantia necessaria á viagem e estada, de accôrdo com as leis e regulamentos em vigor, salvo, quanto a esta, si a substituição se der entre os juizes da secção da Capital Federal e o da secção do Estado do Rio de Janeiro.

Paragrapho unico. Onde houver mais de uma vara, a competencia para o processo e julgamento é do juiz da 1.ª vara, fazendo-se a substituição na ordem respectiva.

Art. 3.º No caso de impedimento do procurador da Republica na secção, o Governo designará o seu substituto, podendo também, quando convier aos interesses da Justiça, designar, em commissão, com os vencimentos de seu cargo, qualquer membro do Ministério Publico Federal de outra secção, diversa da da culpa, para funccionar exclusivamente nos processos de que trata esta lei.

§ 1.º Ao membro do Ministerio Publico assim designado será fornecida quantia necessaria para a viagem e estada, durante o processo, de accôrdo com as leis e regulamentos em vigor.

§ 2.º O Governo nomeará substituto interino ao membro do Ministerio Publico assim designado e com remuneração igual á do effectivo.

Art. 4.º Na denuncia poderá o procurador arrolar até 10 testemunhas, numerarias, mantido o disposto no art. 181 da parte 2.ª do decreto n. 3.084, de 1898. Ser-lhe-ha igualmente permittido prescindir da indicação de testemunhas, quando considere sufficientes para prova da imputação os documentos que offerecer.

Art. 5.º Recebendo a denuncia, fará o juiz intimar os denunciados, que não estiverem presos ou não forem encontrados na séde da secção, por edital publicado na referida séde, com o prazo de oito dias, e dará curador aos que não comparecerem.

Parágrapho unico. Quando militar em serviço, o seu chamamento será feito por meio de requisição dirigida á autoridade competente, fazendo-se a

citação por edital, pelo mesmo modo e prazo, si a requisição não fôr attendida dentro de cinco dias.

Art. 6.° Concluida a producção das provas e interrogados todos os accusados, aos quaes o juiz poderá fazer as perguntas que julgar convenientes, terão elles, conjuntamente, o prazo de cinco dias para apresentar cada um a defesa escripta e offerecer documentos.

Na hypothese de accusado ausente, caberá ao curador, que lhe houver sido nomeado, produzir, dentro do mesmo termo, a sua defesa. Igual prazo será concedido ao representante do Ministerio Publico para offerecer as suas razões.

Art. 7.° Pela mesma fórma do art. 5.° e com o prazo de 20 dias, serão intimados para julgamento os réos que, depois de pronunciados, continuarem ausentes.

Art. 8.° Findo o prazo do artigo anterior, serão estes réos julgados á revelia, em audiencia publica.

Art. 9.° Ao curador nomeado ao denunciado revel serão feitas as intimações recommendadas pelas leis, cabendo-lhe contrariar o libello em cartorio, no prazo de tres dias, arrolar testemunhas, produzir a defesa do seu curatelado, tanto no summario como no plenario, e interpôr os recursos legaes.

Art. 10. Conclusos os autos ao juiz da secção, este ordenará, dentro de 24 horas, as diligencias necessarias para supprir as faltas de formalidade legal, que induzam nullidade, ou as que prejudiquem o esclarecimento da verdade.

Não havendo diligencias a decretar, ou concluidas as ordenadas, o juiz proferirá, no prazo de 15 dias, o despacho de pronuncia, ou de não pronuncia, do qual caberá recurso voluntario, com effeito méramente devolutivo, para o Supremo Tribunal Federal, a cuja instancia subirão os autos em original.

Art. 11. São applicaveis aos processos pelos crimes de que trata a presente lei as disposições dos arts. 50 e 51 do citado decreto n. 4.780, de 1923.

Art. 12. Os crimes de que trata a presente lei são inafiançaveis e em tempo algum prescreverão em favor do réo domiciliado ou homisiado em paiz estrangeiro.

Art. 13. Quando os réos forem em tal numero que o julgamento não possa terminar dentro de 24 horas, poderá o juiz interromper a audiencia quantas vezes forem necessarias para descanço e ordenação do serviço.

Art. 14. A leitura do processo será dispensada a requerimento de uma das partes, concordando a outra.

Art. 15. Ficam creadas as seguintes varas da Justiça Federal, com os respectivos juizes, substitutos e serventuarios: 2.ª Vara da secção de S. Paulo; 2.ª Vara da secção de Minas Geraes; 3.ª Vara da secção do Distrito Federal.

Art. 16. Fica o Governo autorizado a abrir o necessario credito para as despezas resultantes desta lei.

Art. 17. Esta lei entrará em vigor desde a data da sua publicação.

Art. 18. Revogam-se as disposições em contrário.

Rio de Janeiro, 13 de agosto de 1924; 103.° da Independência e 36.° da Republica.

ARTHUR DA SILVA BERNARDES

João Luiz Alves.

* * *

DECRETO N. 4.861 — DE 29 DE SETEMBRO DE 1924

Dispõe sobre a prescripção da acção e da condemnação nos crimes politicos e dá outras providencias

O Presidente da Republica dos Estados Unidos do Brasil:

Faço saber que o Congresso Nacional decretou e eu sancciono a resolução seguinte:

Art. 1.° Os crimes politicos e os que lhes são connexos, todos definidos nos arts. 107 a 118 do Codigo Penal, serão processados e julgados pelo juiz federal, tal como dispõe o art. 1.° do decreto n. 4.848, de 13 de agosto ultimo, e o seu regulamento publicado com o decreto n. 16.561, do mesmo mez.

Art. 2.° Nas secções porventura servidas por mais de um juiz, a respectiva jurisdição se exercerá por tantas varas quantas forem os juizes, funccionando todos mediante distribuição dos feitos, menos quanto ás attribuições referidas no artigo anterior, que serão exercidas privativamente pelo juiz da primeira vara.

Art. 3.° A acção penal e a condemnação pelos crimes referidos no art. 1.° desta lei não prescreverão em tempo algum em favor do réo domiciliado ou homisiado em paiz estrangeiro.

Art. 4.° Fica abrogado o art. 15 da citada lei numero 4.848, na parte em que creou novos serventuarios nas secções de S. Paulo e Minas Geraes, continuando os actuaes escrivães a funccionar nas varas que lhes forem designadas pelo juiz da primeira destas, mantido quanto ao escrivão privativo do crime e serviço eleitoral o que se contém nas leis vigentes.

Art. 5.° Fica creado na secção do Estado de S. Paulo mais um logar de procurador seccional, com os vencimentos concedidos a este cargo pelas leis vigentes, devendo o Governo designar aquelle que terá de funccionar junto ao juiz da primeira vara da referida secção.

Art. 6.° Fica creado tambem nas secções de Minas Geraes e S. Paulo o cargo de distribuidor para a distribuição dos feitos entre as duas varas de juizes federaes.

Art. 7.° Fica o Governo autorizado a abrir os creditos necessarios á execução desta lei e do decreto legislativo n. 4.848, de 13 de agosto recemfindo.

Art. 8.° Revogam-se as disposições em contrario.

Rio de Janeiro, 29 de setembro de 1924, 103.° da Independencia e 36.° da República.

ARTHUR DA SILVA BERNARDES

João Luiz Alves

* * *

DECRETO N. 5.017 — DE 25 DE AGOSTO DE 1926

Regula o processo da acção summaria especial, de que trata o art. 13, da lei n. 221 de 20 de novembro de 1894

O Presidente da República dos Estados Unidos do Brasil:

Faço saber que o Congresso Nacional decretou e eu sancciono a resolução seguinte:

Artigo unico. Admittida a acção sumaria especial de que trata o art. 13, da lei n. 221, de 20 de novembro de 1894, será citado o representante do Ministerio Publico, assignando-se-lhe para a contestação o prazo de 10 dias, que poderá ser prorrogado até o dobro, a requerimento do mesmo representante; ficando revogada a disposição do § 6.° do art. 13, da citada lei n. 221.

Rio de Janeiro, 25 de agosto de 1926; 105.° da Independência e 38.° da Republica.

ARTHUR DA SILVA BERNARDES

Affonso Penna Junior.

DECRETO N. 23.030 — DE 2 DE AGOSTO DE 1933

Dispõe sôbre exames periciais e dá outras providencias

O Chefe do Govêrno Provisório da Republica dos Estados Unidos do Brasil:

Considerando que os exames periciais da competencia do Instituto Médico Legal eram atribuidos ao respectivo diretor e por designação dêste aos médicos legistas, observadas as instruções técnico-regulamentares dêsse instituto, independente de novo compromisso dêstes para cada exame pericial, e isso foi consolidado no Codigo do Processo Penal para o Distrito Federal (art. 195);

Considerando que o art. 7.° do decreto n. 5.515, de 13 de agosto de 1928, transferiu para a autoridade policial que tivesse de presidir ao inquerito a competencia para designar êsses mesmos peritos, o que tem posto em dúvida a competencia determinada para tal fim nos casos de exames requisitados pelas autoridades judiciarias, uma vez que, nêsse caso, já não cabe á primeira mas a estas a presidencia do inquerito e essa disposição dubia deve ser modificada e esclarecida;

Considerando que a experiencia tem demonstrado ser mais prático que os exames periciais devem ser tão sómente requisitados pelas autoridades policiais, judiciarias ou administrativas, ficando ao diretor do Instituto Médico Legal a competencia para a designação dos respectivos peritos, o que torna mais eficaz e expedita a ação dos mesmos, sem prejuizo, entretanto, da competencia da autoridade requisitante ou que presida ao processo quanto á atribuição para julgar o exame assim feito;

Considerando que o Gabinete de Pesquizas Cientificas da Policia Civil do Distrito Federal, creado pelo decreto n. 22.332, de 10 de janeiro do corrente ano, tem atribuições identicas ás do Instituto Médico Legal e a mesma finalidade jurídica, diferençando-se apenas quanto ao objetivo de exame;

Considerando ainda que o Gabinete de Pesquizas Cientificas possúe todo o aparelhamento técnico necessario a qualquer exame exigido pela policia cientifica, estando portanto, em condições de proceder a quaisquer pericias:

Decreta:

Art. 1.° Os exames a que se referem o art. 7.° do decreto n. 5.515, de 13 de agosto de 1928 e o art. 215, do Codigo do Processo Penal para o Distrito Federal pertencem, privativamente, os primeiros ao Instituto Médico Legal, e os segundos ao Gabinete de Pesquizas Científicas da Policia Civil do Distrito Federal, e serão feitos por dois médicos legistas no primeiro caso, e por um quimico e um perito do Gabinete de Pesquizas Cientificas no segundo caso, uns e outros designados pelos respectivos diretores, mediante requisição diretamente feita aos mesmos pelas autoridades policiais, judiciarias ou administrativas.

§ 1.° Os exames periciais a que se refere o presente artigo serão reduzidos a autos, escritos ou datilografados pelos escreventes do Instituto Médico Legal ou pelos auxiliares do Gabinete de Pesquizas Cientificas, conforme a natureza das pericias, assinados pelos que nêles funcionaram e visados pelos respectivos diretores.

§ 2.° Si a pessoa a ser submetida a exame não fôr ou não puder ser transportada á policia ou á séde do Instituto Médico Legal, ou si o crime perpetrado fôr de natureza tal que os vestigios só possam ser examinados no local em que o mesmo ocorreu, a autoridade policial a cujo conhecimento chegar a noticia do fato e lhe caiba providenciar a respeito, dará disso ciencia imediata ao Instituto Médico Legal ou ao Gabinete de Pesquizas Cientificas, conforme o exame a ser feito, afim de que os peritos que forem designados pelos respectivos diretores possam transportar-se imediatamente ao local para procederem aos exames periciais urgentes e de corpo de delito.

§ 3.º A homologação dos exames periciais compete á autoridade que os tiver requisitado. No caso de cessação do exercicio da autoridade requisitante, por transferencia de jurisdição ou qualquer outro motivo, essa atribuição será exercida pela autoridade substituta legal.

Art. 2.º Revogam-se as disposições em contrário.

Rio de Janeiro, 2 de agosto de 1933; 112.º da Independência e 45.º da Republica.

GETULIO VARGAS

Francisco Antunes Maciel

* * *

DECRETO N. 24.776 — DE 14 DE JULHO DE 1934(*)

Regula a liberdade de imprensa e dá outras providências

O Chefe do Govêrno Provisório da Republica dos Estados Unidos do Brasil, usando das atribuições que lhe confere o art. 1.º do decreto n. 19.398, de 11 de novembro de 1930, decreta:

CAPÍTULO I

Introdução

Art. 1.º Em todos os assuntos é livre a manifestação do pensamento pela imprensa, sem dependência de censura, respondendo cada um pelos abusos que cometer, nos casos e pela forma que êste decreto prescreve.

Parágrafo único. A censura, entretanto, será permitida, na vigência do estado de sítio, nos limites e pela forma que o Govêrno determinar.

Art. 2.º É proibido o anonimato, ressalvado, em se tratando de imprensa política ou noticiosa, o segredo de redação, observado o disposto nos artigos 27 e 28.

Parágrafo único. Não se inclue na proibição dêste artigo e uso do pseudônimo literário, devidamente registrado.

Art. 3.º A suspensão de jornais, devidamente matriculados de acôrdo com o presente decreto, ressalvado o disposto no art. 2.º do decreto n. 5.221, de 12 de agosto de 1927, somente será permitida nos casos do art. 12, § 2.º; e a sua suspensão, nos casos e pela forma regulada nos artigos 12 e 63.

CAPÍTULO II

Da Matrícula dos Jornais e Oficinas Impressoras

Art. 4.º A matrícula das oficinas impressoras (tipografia, litografia, fotogravura ou gravura), dos jornais e outros periódicos, é obrigatória, e será feita em cartório do Registro de Títulos e Documentos do Distrito Federal, do Território do Acre e dos Estados; e, em falta, nas notas de qualquer tabelião local.

Parágrafo único. O registro será efetuado em virtude de despacho proferido pela autoridade judiciária a que estiver subordinado o serventuário que o deve fazer, com recurso, no caso de indeferimento, para o Tribunal ou juízo competente.

Art. 5.º O pedido de matrícula será instruído com os seguintes documentos:

I — Tratando-se de jornais ou periódicos:

a) declaração do nome, nacionalidade, idade e residência do diretor ou redator principal, do proprietário, do gerente, dos redatores, facultativamente em relação a êstes últimos;

b) prova de pertencerem o diretor e os redatores á associação de imprensa local, e de ser aquele brasileiro nato (art. 32, § 1.º);

c) folha corrida do diretor, gerente e redatores incluídos na declaração a que se refere a letra *a*;

d) declaração do título do jornal, sede da redação, administração e oficinas impressoras, esclarecendo-se, quanto a estas, se são próprias ou não, designando-se nêste último caso, os respectivos proprietários;

e) prova de ter realizado contrato de locação de serviços com o seu pessoal e de possuir o capital necessário para garantir o pagamento dêsses serviços durante um trimestre pelo menos, podendo essa prova ser feita mediante certificado expedido pela respectiva associação de imprensa;

f) um exemplar do respectivo contrato social, ou estatutos, se se tratar de emprêsa ou sociedade.

II — Tratando-se de oficinas impressoras:

a) declaração do nome, nacionalidade, idade e residência do dono e do gerente da oficina;

b) folha corrida dos mesmos;

c) declaração da sede da respectiva administração, e o lugar, rua e casa onde funciona a oficina, e sua denominação;

d) prova de ter realizado contrato de locação de serviços com o seu pessoal e de possuir capital necessário para garantir o pagamento dêsses serviços durante um trimestre, pelo menos;

e) um exemplar do respectivo contrato social ou estatutos, se se tratar de emprêsa ou sociedade.

§ 1.º As alterações supervenientes serão averbadas dentro do prazo de oito dias.

§ 2.º A emprêsa jornalística, política ou noticiosa, não poderá revestir a forma de sociedade anônima de ações ao portador, nem ser de propriedade de pessoa jurídica, ou dirigida por estrangeiros, que não poderão ser acionistas nem interessados em sociedade organizada para exploração daquela.

Art. 6.º A falta de matrícula, ou das declarações exigidas no artigo anterior e das alterações supervenientes, bem como as falsas declarações, serão punidas com a multa de 200$ a 2.000$, aplicável pela autoridade judiciária, mediante o processo estabelecido no art. 64 e promovido por qualquer interessado ou pelo Ministério Público.

§ 1.º A respectiva sentença determinará o prazo de 10 dias para a matrícula ou retificação das declarações.

§ 2.º De cada vez que não for cumprida essa determinação o infrator responderá a novo processo, no qual lhe será imposta nova multa, podendo o juiz agravá-la até 50%.

Capítulo III

Dos Delitos e das Penas

Art. 7.º Constituem abuso de liberdade de imprensa os crimes por êsse meio cometidos e previstos nos artigos seguintes.

Art. 8.º Concitar outrem á prática de qualquer infração das leis penais, — penas, as do crime provocado, menos a têrça parte em cada um dos graus. Se, porém, a provocação for seguida do efeito desejado, a pena será a do delito provocado, quando a lei não estabelecer pena especial.

Art. 9.º Publicar segredos do Estado, noticias ou informações relativas à sua força, preparação e defesa militar, ou em geral sobre assuntos cuja divulgação for prejudicial á defesa nacional, — pena, de prisão celular por um a quatro anos.

Art. 10. Ofender, de qualquer modo, a moral pública ou os bons costumes; penas — de prisão celular por três meses a um ano, e multa de 200$ a 1:000$000.

Parágrafo único. É proibido, sob as mesmas penas expor á venda, ou vender ou por algum modo concorrer para que circule qualquer livro, folheto, periódico, ou jornal, gravura, desenho, estampa, pintura ou impressão de qualquer natureza, desde que contenha ofensa á moral pública ou aos bons costumes.

Art. 11. Publicar notícias falsas, ou noticiar fatos verdadeiros, umas e outros, porém, tendenciosamente, por forma a provocar alarme social, ou perturbação da ordem pública — penas de multa de 500$ a 2:000$ ou prisão por um a seis meses.

Art. 12. Ás penas estatuídas nos artigos anteriores acrescer-se-à, conforme a gravidade da infração e seus possíveis efeitos, a da apreensão e perda do impresso.

§ 1.º Em se tratando, porém, de jornais, essa apreensão, antes de sentença condenatória definitiva, sómente poderá ser ordenada e feita nos têrmos do art. 63.

§ 2.º No caso de segunda apreensão, pelo mesmo despacho que a autorizar ou aprovar o ato da autoridade policial ordenando-a (art. 63, §§ 4.º e 6.º), decretará o juiz a suspensão do jornal pelo prazo de 30 dias, duplicado nas apreensões subseqüentes.

Art. 13. Imputar falsamente a alguém fato que a lei qualifica crime; penas — de multa de 2:000$ a 10:000$ ou prisão celular por seis meses a dois anos.

Art. 14. Imputar vícios ou defeitos, com ou sem fatos especificados, que possam expor a pessoa ao ódio ou ao desprêzo público: imputar fatos ofensivos da reputação, do decôro e da honra; usar de palavra reputada insultante na opinião pública; penas — de multa de 1:000$ a 5:000$, ou prisão por três meses a um anno.

Parágrafo único. As injúrias compensam-se: conseqüentemente não poderão querelar por injúrias os que reciprocamente se injuriarem.

Art. 15. Nos casos dos dois artigos antecedentes, as penas nêles estabelecidas serão aplicadas em dôbro, se a imputação for feita:

I — ao Presidente da República, a algum soberano ou chefe de Estado estrangeiro, e aos seus representantes diplomáticos, ou a chefes de Govêrno;

II — á corporação que exerça autoridade pública e aos presidentes de Estado da Federação;

III — a agente dessa autoridade ou seu depositário, ou a funcionário público, em geral, em razão de suas funções.

Art. 16. Se a injúria ou calúnia for cometida a trôco de pagamento ou promessa de recompensa, além das penas respectivas incorrerá o criminoso na multa do décuplo dos valores recebidos ou prometidos.

Art. 17. Quando a calúnia ou injúria for publicada sob a fórmula de "diz-se", "afirma-se", "consta-nos", ou outra semelhante, considera-se a idéia como expressa pelo responsável legal da publicação.

§ 1.º Se a publicação contiver referências, alusões ou frases equívocas que possam importar em calúnia ou injúria, quem por elas se julgar atingido poderá notificar o responsável para que declare, por escrito, dentro do prazo de cinco dias, se essas referências, alusões ou frases lhe dizem respeito, e, no caso afirmativo, as explique.

§ 2.º Se o notificado não fizer a de claração ou não prestar a explicação satisfatória, a juízo do ofendido, pela forma e no prazo indicado no parágrafo seguinte, ficará sujeito às penas do delito a que o equívoco der lugar. O processo da notificação será entregue ao notificante, para instruir a queixa que oferecer.

§ 3.º A declaração poderá ser feita, ou, desde logo, no próprio jornal ou periódico, ou em juízo, na audiência aprazada. Num e noutro caso, deverá ser publicada no mesmo local, com os mesmos caracteres e sob a mesma epígrafe, no primeiro número que se seguir á notificação ou á audiência; e será junta ao respectivo processo.

Art. 18. Obter ou procurar obter dinheiro ou outro provento para não fazer ou impedir se faça qualquer publicação; fazer ou obter se faça, mediante paga ou recompensa, qualquer publicação, que importe em crime punido pelo presente decreto; pena — prisão celular por um a quatro anos e multa de 300$ a 6:000$000.

Art. 19. Todas as demais infrações penais que possam ser cometidas pela imprensa e não estejam previstas no presente decreto, serão punidas de acôrdo com a legislação comum.

Art. 20. Tratando-se do crime previsto no art. 13, provando o seu autor ser verdadeiro o fato imputado, ficará isento de pena; e, no caso de existir ação penal pendente contra o queixoso, pelo mesmo fato, sobreestar-se-á naquele processo até decisão final desta.

§ 1.º No caso do art. 14, a prova do fato imputado só é permitida: I — *a)* se a imputação for feita a corporações ou indivíduos revestidos de autoridade pública, ou exercendo funções públicas, referindo-se o fato imputado ao exercício dessas funções; *b)* a candidatos a cargo público, de nomeação ou eletivo; II — se o próprio ofendido permitir a prova; ou III — tiver sido condenado definitivamente pelo fato imputado.

§ 2.º A prova, quer se trate de calúnia, quer de injúria, restringir-se-á aos fatos que constituem objeto do crime, não podendo estender-se a outros sem relação direta com o mesmo.

§ 3.º Em qualquer hipótese, porém, não se admitirá a prova da verdade: *a)* quando o fato for imputado a qualquer das pessoas indicadas no n. I do art. 15; *b)* quando a prova depender de ação privada e não se tiver dado queixa, ou tiver sido retirada; *c)* quando houver caso julgado, pelo mesmo fato, absolvendo o ofendido; *d)* quando a imputação versar sôbre fatos de vida familiar; *e)* quando a injúria consistir em simples palavras que apenas exprimam o pensamento de injuriar.

Art. 21. Nos casos em que se permite a prova da verdade, o acusado se isentará da pena se o fato imputado for público e notório.

Art. 22. A retratação ou a retificação expontanea, expressa, plena e cabal, dentro em 48 horas, pelo jornal que fez a imputação, excluirá a propositura da ação penal contra o respectivo responsável, não se tratando de reiteração de ofensa. Do mesmo modo, a retratação, inequívoca e cabal do ofensor em juízo, reconhecendo, por têrmo nos autos a falsidade da imputação, o eximirá de pena, desde que pague as custas do processo e deposite em cartório a importância necessária para a publicação do respectivo têrmo, homologado pelo juiz.

Art. 23. A graduação das penas estabelecidas nos artigos 10, 11, 13 e 14, ficará ao arbítrio do Tribunal, que levará em consideração, principalmente, a gravidade da ofensa, os antecedentes do reu, e as suas condições de fortuna.

Parágrafo único. Nos demais crimes observar-se-á o critério fixado nos arts. 62 e 66 da Consolidação das Leis Penais.

Art. 24. As somas resultantes das penas pecuniárias pertencerão ao ofendido, se for particular, ou á União, Estado ou Município, se funcionário, em razão de ofício, corporação ou autoridade pública.

Parágrafo único. A sentença fixará o prazo dentro do qual deverá ser paga a multa imposta, prazo que não poderá exceder de 15 dias. Se não for paga pelo condenado, ou, no caso do art. 31, pelo responsável subsidiário, dentro de igual prazo, será executada a pena de prisão imposta pela mesma sentença em substituição á multa, ressalvado ao ofendido haver no juizo cível a competente indenização, nos têrmos do art. 1.547 do Código Civil.

Art. 25. Não se consideram crimes:

I — A publicação, integral ou resumida, dos debates nas assembléias legislativas, federais, estaduais ou municipais; dos relatórios ou qualquer outro escrito, impresso por ordem das mesmas;

II — O noticiário, o resumo, o relatório, a resenha e a cronica fieis dos debates e andamento de todos os projetos e assuntos sujeitos ao exame e deliberação das mesmas assembléias;

III — A publicação integral, parcial ou abreviada, de notícia, crônica ou

resenha, quando fieis, dos debates escritos ou orais, perante juízes e tribunais, desde que não contenham injúria ou calúnia, e a publicação de despachos e sentenças, bem assim de quaisquer escritos que houverem sido impressos mediante ordem, requisição ou comunicação dos mesmos juízes e tribunais;

IV — A discussão e crítica que tiver por fim esclarecer e preparar a opinião para as reformas e providências concernentes ao interêsse público, promover o respeito das leis e regulamentos e coibir abusos da administração, quando manifestadas sem ofensas;

V — A crítica ás leis e a demonstração de sua inconveniência ou inoportunidade, desde que não sejam feitas com o intuito de pregar ou instigar a desobediência á sua força obrigatória;

VI — A publicação de articulados, cotas ou alegações produzidas em juízo pelas partes ou seus procuradores, salvo se contiverem injúria ou calúnia, ainda que não tenham sido mandadas riscar.

Capítulo IV

Da Responsabilidade Criminal

Art. 26. Pelos abusos de liberdade de imprensa, são responsáveis sucessivamente:

I — o autor, sendo pessoa idônea, em condições de responder pecuniariamente pelas multas e despesas judiciais e residente no país, salvo tratando-se de reprodução feita sem o seu consentimento, caso em que responderá quem a tiver feito;

II — o editor se se verificarem a seu respeito as mesmas condições exigidas em relação ao autor, e êste não for conhecido ou não as reunir;

III — o dono da oficina ou estabelecimento onde se tiver feito a publicação; e na sua falta, quem o estiver representando, desde que se não verifique o disposto em os números anteriores;

IV — os vendedores ou distribuidores, quando não constar mais sejam os autores ou editores, nem a oficina onde tiver sido feita a impressão.

Art. 27. Tratando-se de imprensa periódica, será, para o efeito de responsabilidade criminal estabelecida no artigo anterior, considerado autor de todos os escritos não assinados da parte editorial ou de redação, o diretor ou redator principal; e da parte ineditorial, o gerente, pelos artigos não assinados, salvo se provar quem é o verdadeiro autor, com os requisitos do n. 1 do artigo antecedente e pelos assinados por quem não esteja nas condições constantes do mesmo número. O gerente será ainda considerado editor, e o proprietário do jornal ou periódico equiparado ao dono da oficina, se na realidade não o forem.

Art. 28. O diretor ou redator principal responsável poderá nomear, juntando o respectivo original e a declaração de assumir-lhe a responsabilidade, o redator-autor da publicação incriminada, contra quem prosseguirá a ação, se se provar que satisfazia, na data da publicação, os requisitos do art. 5.°, n. I, letras *a*, *b* e *c*.

§ 1.° Ao gerente no caso de condenação do verdadeiro autor, quando a publicação incriminada tiver sido feita sem assinatura do responsável ou quando contiver injúria ou calúnia manifestas, será imposta a pena correspondente a um têrço da que for aplicada áquele.

§ 2.° Se o jornal ou periódico mantiver secções distintas sob responsabilidade de certos e determinados redatores, cujos nomes nelas figurem permanentemente nessa qualidade, pelos artigos não assinados, publicados nessas secções, serão responsáveis êsses redatores, desde que satisfaçam, na data da publicação, os requisitos do n. I, letras *a*, *b* e *c* do art. 5.°.

Art. 29. A parte ofendida poderá provar, perante o juiz competente, por documentos ou testemunhas, que o autor ou editor do artigo não tem idoneidade ou meios de responder pecuniariamente, afim de poder exercer sua ação contra os responsáveis sucessivos.

§ 1.º Esta prova será feita em processo sumaríssimo, com intimação do autor do artigo ou do editor e dos responsáveis sucessivos para, em uma só audiência, ser o fato provado e contestado.

§ 2.º Em ato sucessivo, o juiz decidirá se o autor ou editor tem os requisitos legais para responder, não cabendo recurso algum dessa decisão.

§ 3.º Declarado inidôneo o autor ou editor, á parte ofendida fica salvo o seu direito contra os responsáveis sucessivos.

Art. 30. Quando a oficina gráfica ou órgão da imprensa for propriedade de alguma sociedade, esta será representada por seu gerente, salvo havendo prova de caber a outrem, em condições de responder nos têrmos dêste decreto, a responsabilidade que se lhe atribue.

Art. 31. Nos casos em que êste decreto impõe a pena de multa, com ou sem prisão, por aquela será subsidiariamente responsável a emprêsa jornalística, ou o estabelecimento gráfico onde se imprimir a publicação.

Art. 32. Todo diário ou periódico é obrigado a estampar no seu cabeçalho os nomes do diretor ou redator principal e do gerente, que deverão estar no gôzo dos seus direitos civis e ter residência no lugar em que for feita a publicação, bem assim indicar a sede da administração e do estabelecimento gráfico do mesmo jornal ou periódico, sob pena de multa de 100$ diários, imposta, a requerimento do Ministério Público, pelo juiz a que se refere o art. 4.º, parágrafo único.

§ 1.º A responsabilidade principal e de orientação intelectual ou administrativa da imprensa política ou noticiosa só por brasileiros natos pode ser exercida.

§ 2.º Não podem ser diretor ou redator principal, nem gerente, ou se já o forem deverão ser substituidos no prazo a que se refere o art. 5.º, parágrafo único, os que tiverem sido condenados duas vezes por delitos previstos neste decreto. Em igual proibição incidem os redatores que houverem sido condenados pelo mesmo número de vezes, nos casos do art. 28 e § 2.º

§ 3.º Todo impresso é obrigado a estampar, além do nome do autor, o do editor e a indicação da respectiva oficina impressora e a sede desta, sob pena de apreensão pelas autoridades policiais.

Art. 33. Os artigos publicados nas secções ineditoriais de qualquer jornal ou periódico, deverão conter sempre a assinatura dos respectivos autores e, logo após, as indicações de sua residência e profissão, reconhecida a assinatura por tabelião do lugar.

Art. 34. Sempre que um dos responsáveis enumerados no art. 26 gozar imunidades ou fôro especial, a parte ofendida poderá promover ação contra os responsáveis que se lhe seguirem na ordem da responsabilidade sucessiva determinada no referido artigo.

CAPÍTULO V

Da Retificação Compulsória

Art. 35. Toda pessoa, natural ou jurídica, que fôr atingida em sua reputação e boa fama, por publicação feita em jornal ou periódico contendo ofensas ou referências de fato inverídico ou errôneo, tem o direito de exigir do respectivo gerente que retifique a aludida publicação.

§ 1.º O pedido de retificação poderá ser formulado pela própria pessoa visada pela publicação, ou o seu cônjuge, seus ascendentes, descendentes e irmãos, estando o atingido ausente do país, pelo seu representante legal, tratando-se de incapaz, pelos herdeiros do ofendido, indistintamente, se o escrito incriminado fôr desrespeitoso á memória do morto ou se a pessoa visada houver falecido depois da ofensa recebida, mas antes de consumado o prazo da prescrição de que trata o art. 48, § 1.º.

Art. 36. Para obter a inserção da retificação, o interessado requererá ao juiz competente a notificação dos respectivos gerentes para que a publiquem, dentro do prazo e sob a pena

de multa estipulados no § 2.º dêste artigo.

§ 1.º O juiz, ao receber o requerimento, que deverá ser obrigatoriamente instruido com um exemplar do jornal referido e com o texto da resposta retificativa, em duas vias, dactilografadas, mandará autuar o pedido, e em 24 horas proferirá a sua decisão, da qual não caberá recurso.

§ 2.º Se o juiz determinar a retificação, ordenará, por mandado expedido contra o gerente do jornal ou periódico, a publicação gratuita da resposta aprovada e rubricada, dentro do prazo de três dias, sob pena de multa de 100$ diários, enquanto não o fizer.

§ 3.º Tratando-se de publicação periódica que apareça semanalmente ou com intervalos maiores, o prazo para inserir a retificação será fixado até a saída do segundo número após o recebimento da respectiva intimação.

Art. 37. A inserção da retificação far-se-á integralmente sem quaisquer comentários com caráter de réplica, em edição correspondente, no mesmo local e com os mesmos caracteres tipográficos do título e do corpo do escrito que a tiver provocado, e não excederá, no máximo, no respectivo original, de cinco laudas dactilografadas, com trinta e três linhas, cada lauda, e cincoenta letras, cada linha.

Parágrafo único. Considerando os têrmos da publicação a retificar, c juiz determinará a extensão da resposta, dentro do limite máximo para esta fixado no parágrafo anterior.

Art. 38. A inserção da resposta retificativa será negada:

a) quando não tiver relação alguma com os fatos referidos na apontada publicação;

b) quando contiver expressões que importem abuso de liberdade de imprensa;

c) quando se referir a atos ou publicações oficiais, exceto se a retificação partir de autoridade pública;

d) quando afetar direitos de terceiros, de modo a dar a êstes igual direito de retificação;

e) quando visar crítica literária, teatral, artística ou cientifica;

f) se já estiver prescrito o direito de queixa do requerente da retificação, nos têrmos do art. 48, § 1.º.

Art. 39. Se o gerente fizer a inscrição da retificação com alteração que lhe deturpe o sentido, ou com comentários, será obrigado a inseri-la de novo, escoimada do êrro ou dos comentários; e se, na reprodução, o mesmo ou outro êrro e comentário aparecerem, será o gerente punido com a multa de 200$ por dia, até a publicação exata ou simples do escrito.

Art. 40. O gerente terá o direito de haver do autor do escrito que motivar a retificação, não se tratando de simples noticiário ou de matéria editorial, todas as despesas com a publicação da mesma, por meio de ação executiva, instruida a inicial com um exemplar do jornal em que tiver sido ela publicada, o mandado judicial e a respectiva conta, de acôrdo com a tabela de preços do jornal.

Art. 41. O autor da retificação indeferida pelo juiz, tem o direito de renová-la, modificando-a, uma vez que ainda esteja dentro dos prazos estabelecidos no art. 48, § 1.º.

Art. 42. O recurso á retificação não inibirá o ofendido ou seu representante de promover a punição dos responsáveis pela injúrias e calúnias de que foi vítima.

§ 1.º O processo para a retificação compulsória suspende a prescrição determinada no art. 48, § 1.º, a qual continuará a correr da data do indeferimento do pedido ou de não cumprimento do mandado para a inserção da retificação.

§ 2.º Não poderá ser pedida retificação ao jornal ou periódico cujo gerente já estiver sendo processado criminalmente, pela mesma publicação.

Capítulo VI

Da Ação Penal e da Prescrição

Art. 43. A ação penal será promovida:

I — Nos crimes de calúnias e injúrias: *a*) por queixa da parte ofendida, ou de quem tenha qualidade legal para representá-la; *b*) por denúncia do Ministério Público, oferecida de ofício, quando o ofendido fôr corporação que exerça autoridade pública, qualquer agente ou depositário desta, ou funcionário em geral, em razão de suas funções.

§ 1.° Quando o ofendido fôr o Presidente da República, a iniciativa do Ministério Público ficará dependente de aviso do Ministro da Justiça: quando chefe de Estado estrangeiro, chefes de Govêrno, ou seus representantes diplomáticos, de requisição dêstes, acompanhada da prova de reciprocidade de tratamento no respectivo país, dispensada esta prova, apenas, se tratar da Santa Sé.

§ 2.° O representante da corporação pública ofendida, o agente da autoridade ou depositário desta, e o funcionário público, poderão representar, sem forma solene, ao Ministério Público, para que promova a ação.

§ 3.° No caso de ofensa à memória de mortos, ou a pessoa que venha a falecer depois da ofensa recebida, é competente para dar queixa ou continuar a ação já iniciada, o cônjuge sobrevivo, o ascendente, o descendente o o irmão, indistintamente.

II — Em todos os demais crimes, por denúncia do Ministério Público.

Art. 44. O Ministério Público terá o prazo de 10 dias, para oferecer a denúncia, contados da data em que lhe fôr ordenada ou receber a representação de ofendido, sob pena de multa de 200$, imposta pelo respectivo chefe, substituído o faltoso por outro, que será designado no mesmo despacho.

Art. 45. Uma vez recebida a denúncia, é vedado ao Ministério Público, desistir da ação penal.

Art. 46. A queixa poderá ser aditada pelo Ministério Público, que para isso terá o prazo de três dias, e, nesse caso, intervirá em todos os têrmos subsequentes do processo.

Parágrafo único. Tratando-se de queixa oferecida por qualquer dos indicados no § 1.° do art. 43, ou por funcionário público, em geral, a audiência do Ministério Público é obrigatória em todos os têrmos do processo.

Art. 47. É admissível, num só processo, a queixa de vários querelantes, quando ofendidos pela mesma publicação. A desistência da queixa, porém, por um só deles, em nada influirá no curso da ação.

Parágrafo único. A retirada da queixa, antes da sentença final, só é permitida aquiescendo o querelado.

Art. 48. Nos crimes de calúnia e injúria, a ação penal prescreve em um ano, salvo o disposto no parágrafo seguinte.

§ 1.° O direito de queixa por êsses crimes prescreve no prazo de 30 dias, contados da publicação, estando presente o ofendido na mesma cidade em que houver naquela sido feita; em 90 dias, se ausente, mas dentro do país; e em seis meses, se no estrangeiro.

§ 2.° A prescrição da ação penal interrompe-se pela sentença condenatória, e suspende-se — bem como a do exercício do direito de queixa — pela notificação de que trata o art. 17, § 1.°, e nas hipóteses dos arts. 29 e 42, § 1.°.

§ 3.° A condenação prescreve no prazo de um ano, contado da data em quo se tornar definitiva a respectiva sentença.

Art. 49. Em todos os demais crimes, a prescrição da ação e da condenação será regulada pela legislação comum.

Capítulo VII

Do Processo e do Julgamento

Art. 50. Apresentada a queixa ou denúncia, intruída obrigatoriamente com um exemplar do impresso que a tiver motivado, e facultativamente,

com o rol das testemunhas, e a especificação das diligências necessárias à prova da acusação, o juiz mandará autuá-la, e, depois de ouvido o Ministério Público, se se tratar de queixa, decidirá sôbre a sua aceitação ou rejeição.

§ 1.º Sendo recebida, mandará fazer a citação pessoal do reu para a 1.ª audiência do juízo.

§ 2.º Não sendo o reu encontrado, a citação será feita por editais, com o prazo de 10 dias, para se vêr processar.

Art. 51. Na audiência aprazada, não comparecendo o reu, prosseguir-se-á à sua revelia; se comparecer, o juiz o fará qualificar, e depois de lhe lêr a queixa ou denúncia, receberá a defesa escrita ou lhe concederá, se assim fôr requerido, o prazo de cinco dias para apresentá-la, contendo todas as prejudiciais e a *exceptio veritatis*, as provas documentais, o rol de testemunhas e o pedido das diligências que entender necessárias ou úteis á mesma defesa.

§ 1.º Findo êsse prazo, serão, na 1.ª audiência que se seguir, inquiridas as testemunhas de acusação e, após, as de defesa, prosseguindo-se nas imediatas, se não puderem ser todas produzidas na mesma audiência.

§ 2.º O reu, depois de qualificado, poderá, a seu requerimento e a arbitrio do juiz, fazer-se representar por procurador bastante em todos os têrmos da instrução criminal.

§ 3.º As testemunhas, tanto as de acusação quanto as de defesa, não poderão exceder de cinco, sendo dispensada a sua intimação, salvo, quando requerida pela parte que as tiver arrolado.

§ 4.º A inquirição das testemunhas e as diligências requeridas deverão estar concluídas no prazo improrrogável de 40 dias, não admitindo o juiz recursos protelatórios nem diligências desnecessárias durante o curso do processo.

§ 5.º Se o processo não se encerrar no prazo fixado no parágrafo antecedente, por culpa do queixoso ou querelante, a ação se considerará prejudicada.

Art. 52. Concluído o processo, terão autor e reu, sucessivamente, o prazo de três dias para examinar os autos em cartório e oferecer alegações escritas, ás quais poderão juntar novos documentos, tendo o autor o prazo de 24 horas, improrrogáveis, para dizer sôbre os que haja porventura juntado o réu.

§ 1.º Imediatamente, serão os autos conclusos ao juiz, que procederá ou mandará proceder de ofício, no prazo de 10 dias, ás diligências necessárias, para sanar qualquer nulidade ou suprimir falta que prejudique o esclarecimento da verdade para o julgamento, com intimação das partes e expedição das diligências necessárias para êsse fim, inclusive a última das testemunhas que houverem deposto na instrução. O reu revel, ou o que não fôr encontrado para ser intimado pessoalmente, sê-lo-á por edital, com o prazo de cinco dias.

§ 2.º Poderá, entretanto, o juiz absolver sumariamente o reu, se encontrar plenamente provado qualquer fato que o isente, de pena, fundamentando a sua decisão e recorrendo dela, de ofício, para o tribunal superior.

Art. 53. O julgamento compete a um tribunal especial, composto do juiz de direito que houver dirigido a instrução do processo, como seu presidente, com voto, e de quatro cidadãos, sorteados dentre os alistados como jurados.

§ 1.º O sorteio será feito da urna geral do Juri, mediante requisição do juiz do processo, com três dias de antecedência da sessão do julgamento, na presença facultativa das partes. O resultado do sorteio será *incontinenti* comunicado, por ofício, pelo presidente do Tribunal do Juri, áquele juiz, e será junto aos autos, depois de ordenada a intimação pessoal ou a requisição dos sorteados.

§ 2.º Para cada julgamento, serão sorteados sete cidadãos, servindo os três últimos na qualidade de suplentes.

§ 3.º Os sorteados serão, no mesmo dia, intimados e requisitados, como determina para o Juri, e ficarão sujeitos á multa de 100$ a 500$, pelo seu não comparecimento á sessão do julgamento. Essa multa será aplicável ao diretor ou chefe da repartição, ou a quem fôr dirigida a requisição, uma vez que o mesmo não providencie em tempo para o comparecimento do sorteado.

§ 4.º Só serão admitidas excusas que se fundarem em algum dos casos em que o juiz deve dar-se por suspeito, e provadas *incontinenti* na sessão do julgamento. A excusa por motivo de moléstia só será admitida mediante inspeção de saúde, feita, no Distrito Federal, pelo Instituto Médico Legal.

§ 5.º No mesmo julgamento, não podem servir conjuntamente, como juízes, os ascendentes e descendentes, irmãos, cunhados, durante o cunhadio. tios e sobrinhos, sogro e genro, padrasto e enteado.

Art. 54. No dia designado para o julgamento, apregoado o processo, o escrivão fará a chamada dos cidadãos sorteados, o juiz resolverá sôbre as excusas e multas, e, havendo número legal, mandará apregoar as partes, e bem assim as testemunhas, que serão recolhidas a outra sala. Se não houver número legal, procederá como se determina no § 3.º, última parte.

§ 1.º. Se o reu ou acusador não comparecer, com excusa legitima, o julgamento será adiado para outra sessão, dentro de cinco dias. Se a falta fôr do representante do Ministério Público, ao seu substituto caberá promover a acusação. O adiamento, nesses casos, só por uma vez poderá ser concedido.

§ 2.º. Se, sem excusa, não comparecer o acusador particular, tratando-se de queixa de parte, ficará perempta a ação; se o reu, o juiz nomear-lhe-á defensor.

§ 3.º. A seguir, o juiz consultará primeiramente a defesa, e depois a acusação, se teem alguma recusa a fazer dos sorteados. Essa recusa só é admitida nos termos do § 4.º do artigo anterior. Se em virtude delas, não houver número legal para a constituição do tribunal, o julgamento será adiado, procedendo-se a novo sorteio, dentro de 48 horas, nos têrmos do § 2.º do citado artigo.

§ 4.º. Organizado o tribunal, o juiz de direito deferirá o compromisso aos demais juízes, fazendo o primeiro lêr a seguinte promessa: "Prometo, pela minha honra, examinar com retidão e imparcialidade, a acusação que pesa sôbre o reu, e decidir de acôrdo com a verdade e a justiça". Os demais repetirão: "Assim prometo".

§ 5.º. Em seguida o juiz qualificará o reu e fará o relatório do processo, expondo o fato, as provas colhidas e as conclusões das partes, sem, de qualquer modo, manifestar a respeito a sua opinião.

§ 6.º. Findo o relatório, terá a palavra o acusador e, em seguida, o defensor, sendo de uma hora, prorrogável por 30 minutos, o prazo para cada um, e de 30 minutos, improrrogáveis, para réplica e tréplica. Antes da acusação ou da defesa, poderão o acusador e defensor requerer a leitura, pelo escrivão, de qualquer peça do processo, inclusive depoimentos, e que sejam ouvidas testemunhas que tiverem deposto na instrução e hajam respondido á chamada.

§ 7.º. Findos os debates, passarão os juízes a deliberar na sessão secreta. Depois do exame dos autos e discussão entre eles sôbre as provas produzidas, votarão, fazendo-o em primeiro lugar o juiz de direito, sôbre as seguintes questões: 1.ª) se constitue crime o fato imputado ao reu; 2.ª) no caso afirmativo, se o reu é responsável 3.ª) qual a pena a ser aplicada.

§ 8.º A sentença será lavrada pelo juiz de direito, que a fundamentará de acôrdo com as deliberações, e será assinada por todos, sem declaração, porém, de voto, mencionando-se apenas se a decisão foi tomada por unanimidade ou maioria.

§ 9.º Voltando o tribunal a funcionar em sessão pública, o juiz de direito procederá á leitura da sentença.

Art. 55. Da decisão do tribunal caberá apelação, interposta em ato consecutivo á leitura da sentença, ou no prazo de cinco dias da data do julgamento, se a ele tiver estado presente o reu, ou dentro em 10 dias, se revel.

§ 1.º A apelação será arrazoada na 1.ª instancia, no prazo de cinco dias para cada uma das partes, e subirá *incontinenti* á instancia superior, onde será preparada dentro em 10 dias, sob pena de deserção.

§ 2.º O julgamento na 2.ª instancia obedecerá ao processo estabelecido para as demais apelações criminais.

Art. 56. Os prazos processuais estabelecidos nos artigos antecedentes não poderão ser excedidos sob pena de multa de 50$ por dia excedente, imposta ao responsável pelo juiz do processo ou tribunal de recurso.

Art. 57. As certidões ou exames dependentes de repartição pública, ou de estabelecimento em cuja direção tenha predomínio o Govêrno, que sejam necessários para fundamentar a defesa ou a acusação, deverão ser requeridos ao juiz do processo.

§ 1.º Verificada a procedência do pedido, por terem as certidões ou exames conexão com o fato denunciado, mandará o juiz requisitá-los, por ofício, da repartição ou estabelecimento competente, fixando prazo para o cumprimento da requisição.

§ 2.º Se dentro do prazo fixado não for atendida a requisição, nem justificada a impossibilidade do seu cumprimento, por prejudicar aquela divulgação altos interêsses nacionais, o juiz imporá, de ofício, a multa de 200$ a 1:000$ ao funcionário responsável, e o processo ficará suspenso até que seja fornecida a certidão ou que a diligência se efetue, exceto se o querelado renovar, antes disso, o arguição que o motivou, hipótese em que se prosseguirá desde logo no processo independente da certidão ou do exame.

§ 3.º Poderá também o juiz, no caso do parágrafo anterior, deferir o exame judicial dos livros ou documentos na repartição ou estabelecimento onde se encontrarem, se o requerer o interessado na diligência e a recusa em exibilos não tiver sido justificada.

CAPITULO VIII

Da execução da sentença

Art. 58. A sentença condenatória, proferida em processo por crime de calúnia e injúria, será, se assim o requerer a parte, publicada gratuitamente na mesma secção do jornal ou periódico em que tiver aparecido o escrito causador da respectiva ação penal, com os mesmos caracteres tipográficos do título e do corpo dêsse escrito.

§ 1.º Essa publicação deverá ser feita num dos dois primeiros números, de edição correspondente, que se seguir á notificação do juiz, sob pena de multa de 100$ por número que deixar de estampar a referida sentença.

§ 2.º No caso de absolvição, o querelante é obrigado a fazer a publicação da respectiva sentença em jornal designado pelo querelado, sob pena de multa igual á do delito.

Art. 59. Quando o processo for intentado com manifesta má fé e o querelante decair, por falta de fundamento da ação, poderá o tribunal condená-lo ao pagamento de indenização do dano causado, que se liquidará no juízo competente.

Art. 60. Nos crimes de calúnia e injúria, tratando-se da primeira condenação, e não tendo o acusado sofrido outra anterior, por delito comum, nem revelado caráter perverso ou corrompido, o tribunal, tomando em consideração as suas condições individuais, os motivos que determinaram e circunstancias que cercaram o delito, poderá suspender a execução da pena de prisão pelo prazo de dois a quatro anos, observadas as demais prescrições estabelecidas a êsse respeito pela legislação comum.

Art. 61. As penas de prisão, por delitos previstos neste decreto, serão cumpridas em estabelecimentos distintos dos destinados a réus de crimes

comuns, e sem sujeição a qualquer regime penitenciário ou carcerário.

Art. 62. Ás multas a que se referem os arts. 10 e 18, aplica-se o disposto no art. 59 da Consolidação das Leis Penais.

§ 1.º As mencionadas nos arts. 32, 53, § 3.º, e 56, não se tratando de funcionário publico, serão cobradas executivamente pelo juiz que as impuzer; as referidas nos artigos 44, 53, § 3.º, e 56, tratando-se de funcionário que receba vencimentos dos cofres públicos, e nos arts. 57, § 2.º, 63 §§ 7.º e 8.º, mediante desconto na folha de vencimentos; as constantes dos arts. 36, § 2.º, 38, 58, §§ 1.º e 2.º, e 67, parágrafo único, executivamente no juízo cível, mediante certidão da decisão ou despacho que as houver imposto.

§ 2.º Pertencem ao requerente, em se tratando de particular, as multas estabelecidas nos arts. 36, § 2.º, 38 e 58, §§ 1.º e 2.º.

CAPÍTULO IX

Dos processos especiais

Art. 63. Para a apreensão de jornais, no caso previsto no art. 12, observar-se-á o seguinte processo:

§ 1.º O pedido, feito pelo Ministério Público, será fundamentado com as razões ou motivos que o justificarem e instruido com a representação da autoridade, se houver, e o exemplar do jornal incriminado.

§ 2.º O juiz ouvirá, no prazo máximo de 48 horas, o diretor responsável do jornal, remetendo-lhe copia do pedido e da representação.

§ 3.º Findo êsse prazo, com a resposta ou sem ela, serão os autos conclusos e, dentro em 24 horas, o juiz dará a sua decisão.

§ 4.º No caso de deferimento de pedido, será expedido mandado e remetido á autoridade policial competente, para a sua execução.

§ 5.º Da decisão, caberá recurso, sem efeito suspensivo, para o tribunal superior.

§ 6.º Quando a situação reclamar urgência, a apreensão poderá ser ordenada, independentemente de mandado judicial, pelo Chefe de Polícia, no Distrito Federal, nas capitais dos Estados e no Território do Acre, ou pela autoridade policial mais graduada, nas demais localidades. Nesse caso, dentro do prazo de 48 horas, contadas da apreensão, a autoridade que a tiver ordenado submeterá o seu ato á aprovação do juiz competente, justificando a necessidade da medida e a urgência em ser tomada, instruindo a sua representação com um exemplar do jornal que lhe deu causa. O juiz ouvirá o diretor do jornal no prazo de 48 horas, e, a seguir, dentro de igual prazo, proferirá a sua decisão, aprovando ou não o ato, cabendo, no primeiro caso, recurso da parte para o Tribunal Superior.

§ 7.º Se negar aprovação, por não ter ficado provada a necessidade e a urgência, ou legalidade da apreensão, pelo mesmo despacho o juiz imporá a autoridade que a tiver ordenado a multa de 500$ a 2:000$ — além da responsabilidade, para a Fazenda Pública, pelas perdas e danos — recorrendo, de ofício, para o Tribunal Superior.

§ 8.º Se, no prazo determinado no § 6.º, a autoridade policial não submeter o seu ato á aprovação judicial, o juiz, a requerimento do interessado e com a prova da apreensão, decidirá como se dispõe no parágrafo anterior.

Art. 64. Será competente para o processo a que se refere o art. 6.º, o juiz a que estiver subordinado o oficial em cujas notas deva ser feita a matrícula.

§ 1.º A denúncia será instruida sempre com um exemplar do jornal ou impresso, e da certidão negativa da matrícula ou das declarações exigidas, se fôr êste o caso.

§ 2.º O responsável será citado para, na 1.ª audiência, apresentar a sua defesa. Oferecida esta, abrir-se-á uma dilação para prova, por prazo que não excederá de oito dias.

§ 3.º Finda a dilação, terá cada uma das partes o prazo de 48 horas, para

alegações escritas, devendo a decisão ser proferida dentro de cinco dias, contados da conclusão. Dessa decisão, haverá recurso voluntário, no prazo de três dias, contados da sua publicação, para o tribunal ou juízo competente.

CAPÍTULO X

Disposições Gerais

Art. 65. Compete á Justiça Federal o processo e julgamento, pela forma regulada neste decreto:

a) dos crimes definidos no art. 8.°, quando o crime provocado fôr de sua competência, e no art. 9.°;

b) nos crimes de calúnia e injúria, quando o ofendido fôr o Presidente da República, algum soberano ou chefe de Estado estrangeiro ou seus representantes diplomáticos, chefes de Govêrno, corporação pública federal ou funcionário federal em ato ou por motivo do exercício de suas funções.

Art. 66. Não poderão circular, pelo Correio, jornais, periódicos e impressos obscenos, ou cuja apreensão haja sido ordenada, bem assim os que não satisfaçam as exigências do art. 32 e seu § 3.°.

Art. 67. Teem livre entrada no Brasil, ressalvados os direitos fiscais, os jornais, periódicos, livros e outros quaisquer impressos que se publicarem no estrangeiro. Se porém, incidirem em qualquer dos casos dos arts. 8.° a 11, além da apreensão, poderá ser proibida a sua entrada por um período até dois anos, mediante portaria do ministro da Justiça.

Parágrafo único. O que vender, expuzer á venda ou distribuir jornais, periódicos, livros ou impressos, cuja proibição tenha sido determinada, além da perda dos mesmos, incorrerá em multa até 50$ por exemplar apreendido, a qual será imposta pelo juiz competente, á vista do auto de apreensão. Antes da decisão, ouvirá o juiz o acusado, no prazo de 48 horas.

Art. 68. Os jornais, periódicos e oficinas impressoras, já estabelecidos na data dêste decreto, são obrigados a fazer ou renovar suas matrículas, de acôrdo com o disposto no capítulo II, dentro no prazo de 60 dias, contados da sua publicação, ficando, porém, dispensados da comprovação a que se referem as letras *e* do n. I e *d* do n. II do art. 5.°, os que já contaram mais de três meses de existência.

Art. 69. Fica criada a Ordem dos Jornalistas Brasileiros, órgão de disciplina e seleção da classe dos jornalistas, que se regerá pelos estatutos que forem votados pela Associação Brasileira de Imprensa, com a colaboração das associações congêneres dos Estados, e aprovados pelo Govêrno.

Art. 70. Revogam-se as disposições em contrário.

Rio de Janeiro, 14 de julho de 1934, 113.° da Independência e 46.° da República.

GETULIO VARGAS

Francisco Antunes Maciel

(*) Decreto n. 24.776, de 14 de julho de 1934. — Rectificação publicada no *Diário Official* de 24 de julho de 1934:

Art. 3.° Onde se lê "e a sua apprehensão, nos casos e pela fórma regulada nos arts. 12 e 63", leia-se "e a sua suspensão nos casos e pela fórma regulada nos arts. 12 e 63".

Art. 10, paragrapho unico. Onde se lê "pintura ou impressão", leia-se "pintura ou impresso".

Art. 20, § 1.° Onde se lê "uo III", leia-se "ou III".

Art. 35. Onde se lê "ratifique", leia-se "retifique".

Art. 42. Onde se lê "inibirá", leia-se "inhibirá".

Art. 48. Onde se lê "solvo", leia-se salvo.

Art. 52 § 1.° Leia-se do seguinte modo: Immediatamente, serão os autos conclusos ao juiz, que procederá ou mandará proceder de officio, no prazo de 10 dias ás diligencias necessarias, para sanar qualquer nulidade ou supprimir falta que prejudique o esclarecimento da verdade; e, achando o processo preparado designará dia para o julgamento, com intimação das partes e expedição das diligencias necessarias para esse fim, inclusive a intimação das testemunhas que houverem deposto na instrução. O réu revel, ou o que não fôr encontrado para ser intimado pessoalmente, sello-á por edital, com o prazo de 5 dias.

Rectificação publicada no *Diario Oficial* de 24 de julho de 1934:

Art. 3.° Leia-se do seguinte modo: "A suspensão de jornaes, devidamente matriculados de accôrdo com o presente decreto, ressalvado o disposto no art. 2.°, do decreto n. 5.221, de 12 de agosto de 1927, sómente será permitida nos casos do art. 12, § 2.° e a sua aprehensão, nos casos e pela forma regulada nos arts. 12 e 63.

* * *

DECRETO-LEI N. 167 — DE 5 DE JANEIRO DE 1938

Regula a instituição do Juri

O Presidente da República, usando da atribuição que lhe confere o artigo 180 da Constituição,

Decreta:

CAPÍTULO I

Da Aplicação da lei, competência do juri e função do jurado

Art. 1.° A presente lei aplica-se em todo o território da República, ressalvada a subsistência de leis estaduais de processos concernentes a átos, têrmos ou prazos que, em razão de distancias, dificuldades de comunicação ou peculiaridades locais, devam por elas ser regulados.

Art. 2.° O Tribunal do Juri compõe-se de um juiz de direito, que é o seu presidente e de vinte e um jurados, sorteados dentre os alistados, sete dos quais constituirão o conselho de sentença em cada sessão de julgamento.

Art. 3.° Ao presidente e aos jurados competem, respectivamente, a pronúncia e o julgamento, nos crimes definidos pelos artigos 294 a 296, 298, 298 parágrafo único, 299, 310, 359 e 360 parte primeira da Consolidação das Leis Penais, quando consumados ou tentados.

Art. 4.° No caso de continência ou conexidade de crimes, prevalecerá a jurisdição do Tribunal do Juri sôbre a dos juizes singulares, salvo si concorrer crime funcional, de resistência, desacato, tirada ou fugida de presos ou acometimento de prisões.

Art. 5.° O serviço do juri é obrigatório aos cidadãos maiores de vinte e cinco anos até sessenta, alistados na fórma da lei.

Art. 6.° A recusa de servir no juri, motivada por convicção religiosa, filosófica ou política, importará a perda dos direitos políticos. (Constituição Federal, art. 19, letra *b*).

Art. 7.° Os jurados devem ser escolhidos dentre os cidadãos que, por suas condições, ofereçam garantias de firmesa, probidade e inteligência no desempenho da função.

Parágrafo único. São isentos de servir no Juri:

I — o Presidente da República e ministros de Estado;

II — os Governadores de Estado e seus secretários;

III — os membros do Parlamento Nacional, do Conselho da Economia Nacional, das Assembléias Legislativas dos Estados e das Câmaras Municipais, enquanto durarem suas reüniões;

IV — os prefeitos municipais;

V — os magistrados e membros do Ministério Público;

VI — os serventuários e empregados de Justiça;

VII — o chefe, autoridades e empregados da polícia e segurança pública;

VIII — os militares em serviço ativo;

IX — as mulheres que não exerçam função pública e provem que, por suas ocupações domésticas, o serviço do juri lhes é particularmente dificil;

X — por um ano, mediante requerimento, os que tiverem efetivamente exercido a função de jurado, salvo nos lugares onde tal isenção possa redundar em prejuízo do serviço normal do juri;

XI — quando o requererem: *a*) os médicos, onde não haja mais de um; *b*) os farmacêuticos e parteiras, no mesmo caso.

Art. 8.º O exercício efetivo da função de jurado constitue serviço público relevante, estabelece presunção de idoneidade moral e assegura prisão especial, em caso de crime comum, até o julgamento definitivo, bem como preferência, em igualdade de condições, na concorrência a serviços públicos e fornecimentos a repartições do Estado.

Art. 9.º Os jurados são responsáveis criminalmente, nos mesmos têrmos em que ó são os juízes de ofício, por prevaricação, inexação, peita ou suborno. (Consol. das Leis Penais, arts. 207, n. 8, 211, § 2.º, 215 e 216).

São igualmente passíveis de pena os que, por meio de dinheiro, dádivas, promessas, influência pessoal ou sugestão, procurarem orientar em qualquer sentido o voto do jurado. (Consol. das Leis Penais, art. 217).

CAPITULO II

Da Organização do Juri

Art. 10. Anualmente serão alistados pelo juiz presidente do Juri, mediante escolha por conhecimento pessoal ou informação fidedigna, e sob sua responsabilidade, tresentos a quinhentos jurados no Distrito Federal e comárcas de mais de cem mil habitantes, e cento e vinte a tresentos nas comárcas ou nos têrmos de menor população.

O juiz poderá requisitar a autoridades locáis, associações de classe, sindicátos profissionais e repartições públicas a indicação de cidadãos que reünam as condições legais de idoneidade.

Parágrafo único. A lista geral, publicada em novembro de cada ano, poderá ser alterada "ex-officio", ou em virtude de reclamação de qualquer do povo, até publicação definitiva, na segunda quinzena de dezembro, com recurso dentro de dez dias para a instância superior, sem efeito suspensivo. Essa lista será todo ano parcialmente renovada, por aquele processo e na mesma época, substituindo-se os que já tenham efetivamente servido (art. 7.º parágrafo único, n. X), os falecidos, os que se hajam mudado e os que se tenham revelado incapazes para o exercício da função.

Art. 11. A lista geral dos jurados, com indicação das respectivas profissões, será publicada pela imprensa, onde houver, ou em editais afixádos á porta do edifício do Tribunal, lançando-se os nomes dos alistados, com indicação das residências, em cartões iguais que, após verificação com a presença do representante do Ministério Público, ficarão guardados em uma urna com chave, sob a responsabilidade do escrivão, ou, si vários, do mais antigo.

Art. 12. Nas comarcas ou têrmos onde fôr necessário, organizar-se-á uma lista de jurados suplentes, depositando-se as cédulas em urna especial, observado o disposto no art. 1.º *in-fine*.

CAPITULO III

Da Pronúncia e dos atos preparatórios do Julgamento

Art. 13. Terminado o prazo para apreciação das provas pelas partes o processo será enviado ao presidente do Tribunal do Juri, o qual, depois de préviamente ordenar, si for o caso, as diligências necessárias para sanar qualquer nulidade ou suprir falta que prejudique o esclarecimento da verdade, proferirá sentença na fórma dos artigos seguintes. Nos Estados onde a lei não atribuir a pronúncia ao presidente do Juri, o juiz competente procederá na mesma conformidade.

Art. 14. Si o juiz, apreciando livremente as provas existentes nos autos, se convencer da existência do crime e de indicios de que o réo seja o seu autor, pronunciá-lo-á, dando os motivos do seu convencimento.

§ 1.º Na sentença de pronúncia o juiz deverá declarar o dispositivo legal em cuja sanção julgar incurso o réo, mandar lançar-lhe o nome no ról dos culpados, recomendá-lo no presídio em que se achar, ou expedir as ordens necessárias para sua prisão.

§ 2.º Tratando-se de crime afiançável, será, dêsde logo, arbitrado o valor da fiança, que constará do mandado de prisão.

§ 3.º A pronúncia torna o réo incompatível com exercício de cargo público, sem prejuízo, entretanto, do acesso legal que lhe competir.

§ 4.º O juiz pode afastar-se da classificação do crime, feita na queixa ou denúncia, caso reconheça que outra deva ser adotada, ainda que isto importe sujeição do réu à pena mais grave, uma vez que, com a nova classificação, não fique prejudicada a defesa.

§ 5.º Si das provas do sumário resultar o reconhecimento de que são culpados outros indivíduos não compreendidos na queixa ou denúncia, o juiz, ao proferir a decisão de pronúncia ou impronúncia, ordenará que os autos voltem ao ministério público, para aditamento da peça inicial do processo e demais diligências do sumário.

Art. 15. Si o juiz não se convencer da existência de crime ou não houver indício de que seja o réo o seu autor, julgará improcedente a queixa ou denúncia.

§ 1.º Da sentença de impronúncia caberá recurso, que somente terá efeito suspensivo na hipótese do art. 13, "in fine".

§ 2.º A impronúncia não obsta que em qualquer tempo seja repetido processo contra o réo, no caso de novas provas, enquanto o crime não prescrever.

Art. 16. Si o juiz se convencer, em discordância com a denúncia ou queixa, da existência de crime diverso dos referidos no artigo 3.º, remeterá o processo, no Distrito Federal, ao juiz competente para julgá-lo, procedendo-se nos Estados e Território do Acre, de acôrdo com a legislação vigente no tocante ao julgamento pelos juízes singulares. Si estiver preso, o réu deverá ser pôsto à disposição do juiz competente.

Art. 17. O juiz absolverá dêsde logo o réu quando se convencer da existência de alguma justificativa ou dirimente (Consol. das Leis Penais. arts. 27 e 32 a 35), recorrendo, de ofício, da sua decisão. Este recurso terá efeito suspensivo e será sempre para o Tribunal de Apelação.

Parágrafo único. A sentença de absolvição, depois de confirmada, terá força de coisa julgada.

Art. 18. A sentença de pronuncia deve ser intimada ao réu pessoalmente, sobrestando-se no processo até que isso ocorra. Se houver mais de um réu, sómente em relação ao que fôr intimado prosseguirá o feito.

§ 1.º No caso de crime afiançável, achando-se o réu em logar incerto e não sabido, a intimação será feita por edital, com o prazo de 15 dias. Findo êste, e não comparecendo o réu, prosseguir-se-á no processo, dando-lhe o juiz defensor para todos os atos ulteriores, inclusive os de julgamento.

§ 2.º Ainda no caso de crime afiançável, dêsde que se verifique que o réu se está ocultando para não ser citado, poderá sê-lo por editais, com o prazo de tres dias, procedendo-se, quanto ao mais, de acôrdo com o dispôsto no parágrafo anterior.

Art. 19. Da sentença de pronúncia caberá recurso, na fórma das leis processuais vigentes, com efeito suspensivo tão sómente do julgamento.

Parágrafo único. O réu não poderá recorrer antes de recolhido à prisão, ou de prestar fiança, si fôr caso.

Art. 20. Passada em julgado a pronúncia, que especificará todas as circunstâncias qualificativas do crime e só poderá ser alterada por fato superveniente que modifique o título do delito, o escrivão imediatamente dará vista dos autos ao representante do ministério público, pelo prazo de cinco dias, para oferecer o libelo acusatório.

Art. 21. O libelo, assinado pelo promotor, deve conter:

I — o nome do réu;

II — a exposição, deduzida por artigos, do fato criminoso e das circunstâncias agravantes, si ocorrerem;

III — o pedido de condenação, indicando-se o grau da pena e a lei que a impõe.

Sendo vários os réus, haverá um libelo para cada um.

Parágrafo único. Com o libelo poderá o promotor apresentar o ról das testemunhas que devam depôr em plenário, até o máximo de cinco, juntar documentos e requerer diligências.

Art. 22. O juiz não receberá o libelo a que faltem os requisitos legais, ordenando nova vista ao representante do ministério público, para apresentação de outro, no prazo de quarenta e oito horas.

Art. 23. Si findar o prazo legal sem que o libelo seja oferecido pelo promotor, incorrerá êste na multa de 50$000, salvo si justificada a demora por motivo de força maior, concedendo-se-lhe a prorrogação de quarenta e oito horas. Esgotada a prorrogação, si não tiver sido apresentado o libelo, a multa será de 200$000, comunicando-se o ocorrido ao procurador geral. Nêste caso, passará a funcionar no feito o substituto legal, ou, si não houver, um promotor "ad-hoc" nomeado pelo juiz.

Art. 24. Si se tratar de queixa, será o acusador notificado para apresentar o libelo dentro de quarenta e oito horas, contadas da notificação; não apresentado o libelo, o juiz o haverá por lançado, ordenando vista ao ministério público, na forma do art. 20.

Art. 25. Recebido o libelo, o escrivão, dentro de três dias, entregará ao réu, mediante recibo de seu punho ou de alguem a seu rôgo, a respectiva cópia, com o ról de testemunhas, devendo ser notificado o defensor para que, no prazo de cinco dias, ofereça a contrariedade.

Parágrafo único. Si o réu estiver afiançado, o escrivão lhe dará cópia quando êle ou seu defensor o solicitar. Neste caso, o escrivão exigirá e juntará aos autos recibo passado pelo réu, ou alguem a seu rôgo, assim como do seu defensor.

Art. 26. Si, ao ser recebido o libelo, não houver advogado constituido nos autos para a defesa, o juiz dará defensor ao réu, podendo êste em qualquer tempo constituir advogado para substituír o defensor dativo.

Art. 27. As justificações e perícias requeridas pelas partes deverão ser feitas perante o presidente do Tribunal, com intimação dos interessados, ou perante o juiz a quem couber o preparo do processo até o julgamento.

Art. 28. Si o interesse da ordem pública o reclamar, ou houver séria dúvida sôbre a imparcialidade do Juri ou segurança pessoal do réu, o Tribunal de Apelação, a requerimento de qualquer das partes ou mediante representação do juiz, poderá desaforar o julgamento para comarca ou têrmo próximo, onde não subsistam aqueles motivos, precedendo sempre informação de juiz, si a medida não tiver si-

do solicitada, de ofício, por êle próprio.

Art. 29. O presidente do Tribunal do Juri, depois de ordenar, de ofício ou a requerimento das partes, as diligências que julgar necessárias para sanar qualquer nulidade ou esclarecer fato que interesse à decisão da causa, ou para tornar conhecida a vida pregressa do acusado, marcará dia para o julgamento, determinando sejam intimadas as partes e as testemunhas.

Parágrafo único. Quando a lei de organização judiciária local não atribuir ao presidente do Tribunal do Juri o preparo dos processos para o julgamento, o juiz competente remeter-lhe-á os processos preparados, até cinco dias antes do sorteio a que se refere o art. 32. Deverão também ser remetidos, após êsse prazo, os processos que forem sendo preparados até o encerramento da sessão.

Art. 30. O Tribunal do Juri, no Distrito Federal, reünir-se-á todos os meses, celebrando em dias úteis sucessivos, salvo justo impedimento, as sessões necessárias para julgar os processos preparados. Nos Estados e Território do Acre, observar-se-á, no concernente à época das sessões, o que prescrever a lei local.

Art. 31. A convocação do júri será feita mediante editais, depois do sorteio dos vinte e um jurados que tiverem de servir na sessão. Êsse sorteio será feito, no Distrito Federal, de dez a quinze dias antes do primeiro julgamento marcado, observando-se nos Estados e Território do Acre o que estabelecer a lei local.

Art. 32. O sorteio far-se-á a portas abertas, tirando uma criança, da urna geral, as cédulas com os nomes dos jurados, as quais serão recolhidas a outra urna, cuja chave ficará em poder do juiz, reduzindo o escrivão a têrmo o que ocorrer, no livro para êsse fim destinado, com especificação dos vinte e um sorteados.

Art. 33. Concluido o sorteio, o juiz mandará expedir desde logo o edital a que se refere o art. 31, com menção do dia em que o Juri deve reünir-se e convite nominal aos jurados sorteados para comparecerem, sob as penas da lei. Determinará também que sejam feitas as diligências necessárias para intimação dos mesmos jurados, réus e testemunhas.

§ 1.º O edital será afixado à porta do edifício do Tribunal e publicado pela imprensa, onde houver.

§ 2.º A intimação do jurado que não fôr encontrado entender-se-á feita, quando em sua residência fôr entregue por oficial de justiça uma cópia do mandado, desde que se verifique, e seja certificado, não se achar o jurado fora do município.

Art. 34. Os dias de sessão do Juri reputam-se por inteiro consagrados ao serviço da Justiça, não se fazendo ao jurado sorteado que comparecer nenhum desconto nos proventos do seu emprêgo.

Art. 35. Salvo motivo de interesse público, não é permitido alterar a ordem do julgamento dos processos, assim determinada:

I — pela preferência dos réus presos aos afiançados;

II — entre os presos, pela antiguidade da prisão;

III — pela prioridade da pronuncia, em igualdade de condições.

Art. 36. Antes do dia designado para o primeiro julgamento, será afixada na porta do edifício do Tribunal, na ordem estabelecida no artigo anterior, a lista dos processos que devam ser julgados.

CAPITULO IV

Do julgamento pelo juri

Art. 37. No dia e hora designados para a reünião do Juri, presente o representante do Ministério Público, o presidente, depois de verificar si a urna contém as cédulas com os nomes dos vinte e um jurados sorteados, mandará que o escrivão proceda á chamada dêstes, declarando instalada a sessão si comparecerem pelo menos quinze deles, ou, na falta de número

legal, convocando nova sessão para o dia útil imediato.

Art. 38. Num e noutro caso, o jurado que sem causa legitima não comparecer ficará multado em 100$000 por dia de sessão realizada ou não realizada por falta de número legal, incorrendo na multa de 300$000 o que, tendo comparecido, se retirar antes de dispensado pelo presidente.

§ 1.° A imposição da multa resulta do simples fato do não comparecimento, sem dependência de ato do presidente ou têrmo especial.

§ 2.° As excusas de comparecimento só serão aceitas quando apresentadas até o momento da chamada dos jurados e fundadas em motivo relevante, devidamente comprovado.

§ 3.° As multas serão cobradas executivamente, observado no Distrito Federal o art. 350 do Código de Processo Penal, e nos Estados e no Território do Acre o disposto na respectiva legislação vigente.

§ 4.° O presidente sómente poderá, sob pena de responsabilidade, relevar as multas em que incorrerem os jurados faltosos, si, dentro de quarenta e oito horas após o encerramento da sessão, aqueles o requererem, e pela prova oferecida se tornar evidente o impedimento.

Art. 39. Verificando não estar completo o número de vinte e um jurados, ainda que haja número legal para a instalação da sessão, o juiz procederá ao sorteio de tantos suplentes quantos forem necessários para inteirar aquele número, repetindo-se o sorteio para tal fim sempre que fôr preciso.

§ 1.° Os nomes dos suplentes serão consignados na ata, seguindo-se a respectiva notificação de comparecimento.

§ 2.° Os jurados ou suplentes que não comparecerem ou forem, por qualquer maneira, dispensados de servir na sessão periódica, serão, desde logo, considerados como sorteados para a seguinte.

§ 3.° Sorteados os suplentes, os jurados substituidos não mais serão admitidos a funcionar no curso da sessão periódica.

Art. 40. Aos suplentes são aplicáveis os dispositivos referentes ás dispensas, faltas, excusas e multas.

Art. 41. Aberta a sessão, o presidente do Tribunal, depois de resolver sôbre as excusas, na forma dos artigos anteriores, abrirá a urna, verificará publicamente as cédulas que nela se acharem, colocará na urna as cédulas relativas aos jurados presentes e, fechando-a, anunciará qual o processo que vai ser submetido a julgamento, ordenando ao porteiro que apregoe as partes e as testemunhas arroladas no libelo e na contrariedade, bem como o auxiliar da acusação.

Parágrafo único. Para admissão de auxiliar de acusação no plenário de julgamento, será necessário requerimento com antecedência pelo menos de três dias.

Art. 42. Si não comparecer o representante do Ministério Público por motivo de fôrça maior, o presidente adiará o julgamento para outro dia da mesma sessão periódica. Persistindo o impedimento, funcionará o substituto legal, si houver, ou promotor "ad-hoc" nomeado pelo juiz.

Parágrafo único. Si o representante do Ministério Público deixar de comparecer sem excusa legitima, será igualmente adiado o julgamento, nomeando-se porém, desde logo, promotor "ad-hoc", caso não haja substituto legal, comunicado o fato ao procurador geral.

Art. 43. Apregoado o réo, e comparecendo, perguntar-lhe-á o juiz o nome, a idade e si tem advogado, nomeando-lhe curador, si fôr menor e não o tiver, ou defensor, si maior, caso ainda não o tenha. Em tais hipóteses, o julgamento poderá ser adiado para o primeiro dia útil desimpedido, quando o requerer o curador, ou o defensor nomeado. Será igualmente adiado o julgamento si o réo maior não aceitar o defensor dativo.

Parágrafo único — O julgamento só uma vez poderá ser adiado, devendo o réo ser julgado quando chamado pela segunda vez. Neste caso, a defesa será feita por quem o juiz nomear, ressalvado ao réo o direito de ser defendido por advogado de sua escolha, desde que se ache presente.

Art. 44. A falta sem excusa legitima do defensor do réo, ou do curador anteriormente nomeado, será imediatamente comunicada ao Conselho da Ordem dos Advogados, quando se tratar de advogado, nomeando o presidente do Tribunal, em substituição, outro defensor, ou curador, observando o disposto no artigo anterior.

Art. 45. Si o réo ou o acusador não comparecer com excusa legitima, o julgamento será adiado para a seguinte sessão periódica, si não puder realizar-se na que estiver em curso.

Parágrafo único. Si se tratar de crime afiançável, não comparecendo o réo sem motivo legítimo, far-se-á o julgamento á sua revelia; sendo-lhe porém nomeado defensor pelo juiz.

Art. 46. Si o acusador particular deixar de comparecer sem excusa legitima, a acusação será devolvida ao Ministério Público, não se adiando por aquele motivo o julgamento.

Art. 47. As testemunhas que faltarem incorrerão na multa de 100$000 a 200$000, ou prisão de três a dez dias, imposta pelo presidente do Tribunal.

Parágrafo único. Ás testemunhas, enquanto a serviço do Juri, aplica-se o disposto no art. 34.

Art. 48. Antes de constituido o conselho de sentença, as testemunhas, separadas as de acusação das de defesa, serão recolhidas a logar de onde não possam ouvir os debates, nem as respostas umas das outras.

Art. 49. A falta de alguma das testemunhas não será motivo do adiamento, salvo si qualquer das partes o requerer, indicando com a necessária antecedência o seu paradeiro certo e declarando não prescindir do depoimento. Proceder-se-á entretanto ao julgamento si a testemunha não tiver sido encontrada no local indicado.

§ 1.º Si, intimada, a testemunha não comparecer, o juiz suspenderá os trabalhos e mandará trazê-la coercitivamente pelo oficial de justiça, ou adiará o julgamento para o primeiro dia útil desimpedido, ordenando igual providência ou requisitando da Policia a apresentação.

§ 2.º Não conseguida, ainda assim, a presença da testemunha, proceder-se-á ao julgamento.

Art. 50. O porteiro do Tribunal certificará haver apregoado as partes e as testemunhas, mencionando as que comparecerem e as que faltarem.

Art. 51. Verificado, publicamente, pelo juiz, que se encontram na urna as cédulas relativas aos jurados presentes, será feito o sorteio de sete dêstes para formação do conselho de sentença.

Art. 52. Antes do sorteio do conselho de sentença, o juiz advertirá os jurados dos impedimentos deles entre si, (art. 56), bem como das incompatibilidades legais, por suspeição, em razão de parentesco com o juiz, o promotor, o advogado, o réo ou a vítima, na forma do disposto na legislação vigente sôbre os impedimentos ou suspeição dos juizes togados.

§ 1.º Na mesma ocasião, deverá o juiz advertir os jurados de que uma vez sorteados, não se podem comunicar com outrem, ou manifestar sua opinião sôbre o processo, sob pena de serem excluidos do conselho e multa de 200$000 a 500$000.

§ 2.º Constitue crimo a ocultação dos impedimentos ou motivos de suspeição estabelecidos pela lei, devendo alegá-los os próprios jurados. (Consol. das Leis Penais, art. 207, n. 8). Dos impedidos entre si por parentesco servirá o sorteado em primeiro logar.

Art. 53. Os jurados excluidos por impedimento ou suspeição serão computados para constituição do número legal.

§ 1.º Si, em consequência das suspeições ou recusações, não houver

número para formação do conselho, será adiado o julgamento para o primeiro dia útil desimpedido.

§ 2.º Á medida que forem as cédulas tiradas da urna por uma criança e lidas pelo juiz, o réo ou seu defensor e, depois dele, o acusador, farão suas recusações, sem as motivar, até o número de três, cada um. Aceito o jurado por ambas as partes, o juiz o convidará a tomar assento.

Art. 54. A suspeição arguida ao presidente do Tribunal, ao representante do Ministério Público, aos jurados ou a qualquer funcionário, quando não reconhecida, não suspenderá o julgamento, devendo, entretanto, constar da ata a arguição.

Art. 55. Si os réos forem dois ou mais, poderão incumbir das recusas um só defensor; não convindo nisto, e si não coincidirem as recusas, dar-se-á a separação dos julgamentos, realizando-se nesse dia somente o do réo que houver aceitado o jurado, salvo si êste, recusado por um réo e aceito por outro, fôr tambem recusado pela acusação.

Art. 56. São impedidos de servir no mesmo conselho marido e mulher ascendentes e descendentes, sogros e genro ou nora, irmãos, cunhados, durante o cunhadio, tio e sobrinho, padrasto ou madrasta e enteado.

Art. 57. O mesmo conselho poderá conhecer de mais de um processo na mesma sessão de julgamento, si as partes o aprovarem, mas prestará novo compromisso de cada vez.

Art. 58. Formado o conselho, o juiz, levantando-se, e com êle todos os presentes, fará aos jurados a seguinte exortação:

"Em nome da lei, concito-vos a examinar a acusação que pesa sôbre o réo, sem ódios ou simpatias, mas com a retidão e a imparcialidade necessárias para que o vosso julgamento traduza a vossa coragem pela verdade e zêlo pela Justiça, tal como a sociedade espera de vós."

Os jurados, nominalmente chamados pelo juiz, responderão, erguendo a mão direita:

"Assim o prometo."

Art. 59. Em seguida o presidente interrogará o réo pela forma estabelecida na lei processual.

Art. 60. Feito e assinado o interrogatório, o presidente, sem manifestar sua opinião sôbre o mérito da acusação ou da defesa, fará o relatório do processo, expondo o fato, as provas existentes e as conclusões das partes.

§ 1.º Nos logares onde seja possivel, o presidente mandará distribuir aos jurados cópias dactilografadas ou impressas da pronúncia, do libelo e da contrariedade, além de outras peças que considerar úteis para o julgamento da causa.

§ 2.º Os jurados poderão tambem, a qualquer momento, e por intermedio do juiz, pedir ao orador que indique a folha dos autos onde se encontra a peça por êle lida ou referida.

Art. 61. Terminado o relatório, o promotor lerá o libelo e os dispositivos da lei penal em que o réo se achar incurso, e produzirá a acusação mostrando as provas em que se funda.

§ 1.º Havendo auxiliar de acusação, êste falará depois do promotor.

§ 2.º Sendo o processo promovido pela parte ofendida, o promotor falará depois dela, tanto na acusação, como na réplica.

Art. 62. Finda a acusação, terá a palavra o defensor, para desenvolver a defesa.

Art. 63. Em seguida, serão introduzidas na sala da sessão, cada uma por sua vez, as testemunhas de acusação, que deporão sôbre os artigos do libelo; inquirindo-as primeiro o juiz, o acusador e o auxiliar de acusação, depois o advogado do réo e, por fim, os jurados que o quizerem.

Art. 64. Ouvidas as testemunhas de acusação, as testemunhas do réo serão introduzidas na sala e deporão sôbre os artigos da contrariedade ou os fatos alegados pela defesa, sendo inquiridas sucessivamente pelo juiz, pelo advogado do réo, pelo acusador parti-

cular, pelo promotor e pelos jurados que o quizerem.

Art. 65. Os depoimentos das testemunhas de acusação, como das de defesa, serão reduzidos resumidamente a escrito, sendo cada têrmo assinado pela respectiva testemunha, com o juiz e as partes.

Art. 66. Quando duas ou mais testemunhas divergirem sôbre pontos essenciais da causa, o juiz as reperguntará, em face umas das outras, mandando que expliquem a divergência ou contradição, reduzindo-se a têrmo a acareação.

Art. 67. O acusador poderá replicar e a defesa treplicar, sendo admitida a reinquirição de qualquer das testemunhas já ouvidas em plenário.

Art. 68. O tempo, tanto para a acusação, quanto para a réplica, não excederá de uma hora, observando-se o mesmo prazo para a defesa e a tréplica.

Parágrafo único. Havendo mais de um acusador ou de um defensor, combinarão entre si a distribuição do tempo, o qual, na falta dêsse entendimento, será marcado pelo juiz, de modo que não sejam excedidos os prazos fixados neste artigo.

Art. 69. Durante o julgamento não é permitida a produção ou leitura de documento que não tenha sido comunicado á parte contrária com antecedência pelo menos de tres dias, compreendida nessa proibição a leitura de jornais ou qualquer escrito cujo conteúdo versar sôbre matéria de fato do processo.

Art. 70. Aos jurados, quando se recolherem á sala secreta ou destinada a descanso, serão sempre entregues os autos do processo, bem como, si o pedirem, os instrumentos do crime, devendo o juiz estar presente para evitar que se exerça influência de uns sôbre outros.

Art. 71. Sendo impossivel ou inconveniente a verificação imediata de algum fato, que o juiz reconheça essencial á decisão da causa, será dissolvido o conselho, devendo as partes formular desde logo quesitos para as diligências que se tenham de realizar e aos quais poderá o juiz acrescentar os que entender necessários.

Art. 72. Achando-se a causa em estado de ser decidida, o juiz perguntará aos jurados si se acham habilitados a julgá-la ou si precisam de mais algum esclarecimento.

§ único — Si qualquer dos jurados necessitar de novos esclarecimentos, sobre questão de fato, o juiz lhos dará, ou mandará que o faça o escrivão.

Art. 73. Em seguida, lendo os quesitos por êle formulados e explicando a significação legal de cada um e o efeito que terá a resposta afirmativa ou negativa do jurado, o juiz indagará das partes si têm algum requerimento ou reclamação a fazer, devendo constar da ata qualquer reclamação não atendida.

Art. 74. Lidos os quesitos, o juiz anunciando que se vai proceder ao julgamento, fará retirar o réu e convidará os assistentes a deixarem a sala.

Art. 75. Fechadas as portas, o conselho, sob a presidência do juiz, assistido do escrivão, que servirá de secretário, do promotor e do advogado, que se conservarão nos seus lugares, sem intervir nas discussões e votações, e de dois oficiais de justiça, passará a votar os quesitos que lhe forem propostos, observada completa incomunicabilidade dos jurados.

§ único — Onde fôr possivel, a votação será feita em sala especial, com o mesmo carater secreto.

Art. 76. Antes ou durante a votação, poderão os jurados consultar os autos do processo, ou examinar qualquer outro elemento material de prova que tenha sido apresentado em juizo e conste do processo.

Art. 77. O juiz não permitirá que o promotor ou o defensor intervenham na votação, perturbando a livre manifestação do conselho e fará retirar da sala aquele que se portar inconvenientemente, impondo-lhe a multa de 200$000 a 500$000, sem prejuizo da responsabilidade penal que couber.

Art. 78. Os quesitos serão formulados com observancia das seguintes regras:

I — O primeiro deles versará sobre o fato principal, de conformidade com o libelo.

II — Si entender que alguma circunstancia, exposta no libelo, não é absolutamente conéxa ou inseparável do fato de maneira que êste não possa existir ou subsistir sem ela, o juiz desdobrará o quesito em tantos quantos forem necessários.

III — A cada circunstancia agravante, articulada no libelo, corresponderá um quesito.

IV — Si resultar dos debates o conhecimento da existência de alguma circunstancia agravante não articulada no libelo, o juiz formulará, a requerimento do acusador, o quesito a ela relativo.

V — Si o réu apresentar, na sua defesa, ou alegar, nos debates, qualquer fato que a lei qualifique como justificativa ou dirimente, ou importe desclassificação do delito, o juiz formulará os quesitos correspondentes.

VI — Si os fatos da acusação forem diversos, o juiz proporá, acerca de cada um deles, os quesitos que julgar convenientes.

VII — O juiz formulará sempre um quesito sôbre a existência de circunstâncias atenuantes.

VIII — Nos crimes de homicidio, os quesitos relativos ás concausas que não constarem do libelo só serão formulados a requerimento de qualquer das partes.

IX — Si forem dois ou mais os réus, o juiz formulará tantas séries de quesitos quantos forem êles.

X — No caso do n. VI, quando o juiz tiver que fazer diferentes quesitos, sempre os formulará em proposições simples e bem distintas, de maneira que a cada um deles se possa responder sem o menor equivoco.

Art. 79. Não será admitido quesito sôbre existência de concausa nos casos em que fôr evidente que o evento, no homicidio, resultou da natureza e sede do ferimento, ou da preexistente constituição ou estado morbido da vítima.

Art. 80. Após os quesitos relativos ao fato principal, o juiz formulará os propostos pela defesa, seguindo-se os referentes ás circunstancias agravantes e atenuantes.

Art. 81. O juiz, antes de se proceder á votação de cada um dos quesitos, mandará distribuir pelos jurados pequenas cédulas, feitas de papel opaco e facilmente dobraveis, contendo umas a palavra "sim" e outras a palavra "não", afim de, secretamente, serem recolhidos os votos.

Art. 82. Distribuidas as cédulas, o juiz lerá o quesito sôbre o fato principal, mandando que um oficial de justiça receba os votos dos jurados, que os colocarão numa urna ou saco que lhes fôr apresentado, recolhendo outro oficial de justiça, de igual maneira, as cédulas não utilizadas.

Art. 83. Após a votação de cada quesito, o presidente tomará as urnas e, verificados os votos e as cédulas não utilizadas, mandará escrever o resultado pelo escrivão, declarando o número de votos afirmativos e negativos.

Parágrafo único. Si o Juri decidir existirem circunstâncias atenuantes, o juiz porá em votação cada uma das enumeradas na lei penal, mandando escrever as que forem reconhecidas.

Art. 84. As decisões do Juri serão tomadas por maioria de votos.

Ar. 85. Si a resposta a algum dos quesitos estiver em contradição com outra ou outras já proferidas, o juiz, explicando aos jurados em que consiste a contradição, submeterá novamente á votação os quesitos a que se referirem tais respostas.

Art. 86. Si, pela resposta dada a qualquer dos quesitos, o juiz verificar que ficam prejudicados os seguintes, assim o declarará, dando por finda a votação.

Art. 87. Em seguida, o juiz lavrará a sentença, de acôrdo com as respostas do Juri, lendo-a de público.

Art. 88. Si o juri negar o fato, ou, afirmando-o, reconhecer alguma dirimente ou justificativa, o juiz absolverá o réu. Tratando-se, porém, de crime inafiançável, não determinará a soltura, senão depois de passar em julgado a sentença.

Art. 89. De cada sessão de julgamento o escrivão lavrará uma ata, assinada pelo juiz e pelo representante do ministério público.

CAPITULO V

Das atribuições do presidente do tribunal do juri

Art. 90. São atribuições do presidente do Tribunal do Juri, além de outras que lhe são expressamente conferidas nesta lei:

I — Regular a policia das sessões e prender os desobedientes.

II — Requisitar o auxilio da força pública, que ficará sob sua exclusiva autoridade.

III — Regular os debates.

IV — Resolver as questões incidentes, que não dependam da decisão do Juri.

V — Nomear defensor ao réu quando o considerar indefeso, podendo neste caso dissolver o conselho, marcado novo dia para o julgamento e nomeado outro defensor.

VI — Fazer retirar da sala o réu que, com injúrias ou ameaças, dificultar o livre curso do julgamento, prosseguindo-se, neste caso, independentemente de sua presença.

VII — Suspender a sessão pelo tempo indispensável à execução de diligências requeridas ou julgadas necessárias, mantida a incomunicabilidade dos jurados.

VIII — Interromper a sessão por algum tempo para repouso ou refeição dos jurados.

IX — Decidir *ex-officio*, ouvidos o Ministério Público e o representante da defesa, ou a requerimento de qualquer das partes, a preliminar da extinção da ação penal.

X — Resolver as questões de direito que se apresentarem no decurso do julgamento.

XI — Ordenar *ex-officio*, ou a requerimento das partes ou de algum jurado, as diligências destinadas a sanar qualquer nulidade, ou ao mais amplo esclarecimento da verdade.

XII — Dar execução à sentença do Juri.

CAPITULO VI

Da apelação e do protesto por novo juri

Art. 91. Só se admitirá apelação de qualquer das partes quando interposta por escrito, depois de dissolvido o conselho de sentença, e dentro de cinco dias, sempre com efeito suspensivo, salvo si, no caso de absolvição, e tratando-se de crime afiançável, o réu estiver preso.

Art. 92. A apelação sómente pode ter por fundamento:

a) nulidade posterior à pronúncia;

b) injustiça da decisão, por sua completa divergência com as provas existentes nos autos ou produzidas em plenário.

Art. 93. Provida a apelação por motivo de nulidade, o Tribunal de Apelação mandará o réu a novo julgamento, guardadas as formalidades legais.

Art. 94. Si se verificar divergência entre a sentença proferida pelo presidente do Juri e as respostas dos jurados, o Tribunal de Apelação fará a retificação devida, aplicando a pena legal.

Art. 95. No caso de incongruência entre as respostas aos quesitos, o Tribunal de Apelação fará prevalecer a que se ajustar à prova dos autos, salvo quando uma importar a absolvição e outra a condenação do réu, ca-

so em que se declarará a nulidade do julgamento.

Art. 96. Si, apreciando livremente as provas produzidas, quer no sumário de culpa, quer no plenário de julgamento, o Tribunal de Apelação se convencer de que a decisão do juri nenhum apôio encontra nos autos, dará provimento à apelação, para aplicar a pena justa, ou absolver o réu, conforme o caso.

Art. 97. O protesto por novo julgamento é privativo do acusado e só se admitirá uma única vez, quando a sentença condenatória fôr de prisão por vinte e quatro anos ou mais.

Parágrafo único. O protesto invalida qualquer outro recurso interpôsto e deverá ser feito na forma e prazo estabelecidos para interposição da apelação, sendo tomado por têrmo nos autos.

Art. 98. No novo julgamento não podem servir jurados que tenham tomado parte no primeiro, podendo, no entanto, presidí-lo o mesmo juiz.

CAPITULO VII

Das nulidades

Art. 99. Não será declarada a nulidade de nenhum ato processual, quando êste não haja influido concretamente na decisão da causa ou na apuração da verdade material.

Art. 100. Não será igualmente declarada a nulidade, quando já não seja possível a repetição ou retificação do ato, ou quando, não obstante sua irregularidade, tenha êle conseguido o fim visado, em relação a todos os interessados.

Art. 101. Nenhuma das partes pode arguir as nulidades a que haja dado causa ou referentes a dispositivos cuja observância lhe seja indiferente.

Art. 102. A nulidade de citação, intimação ou notificação é sanada desde que a parte interessada compareça em juízo, embora declare que o faz para o único fim de arguí-la. Todavia, reconhecendo que a irregularidade prejudica efetivamente o direito de defesa, o juiz ordenará a repetição do ato.

Art. 103. A nulidade de um ato, uma vez declarada, acarretará a dos atos sucessivos que dêle diretamente dependam.

Art. 104. Não obstante a inobservância das formalidade prescritas, nenhum ato será declarado nulo si as partes, ainda que tacitamente, lhe tenham aceitado os efeitos, salvo tratando-se de omissão de formalidade de ordem pública.

Disposições Transitórias

Art. 105. Os crimes que, no Distrito Federal e no Território do Acre, deixam, pela presente lei, de caber à competência do Tribunal do Júri, passam a ser processados e julgados pelos juizes de direito competentes para as causas criminais.

Art. 106. A presente lei entrará em vigor na data de sua publicação.

§ 1.º Para o corrente ano, a lista de jurados a que se refere o artigo 10 será feita e publicada dentro de 15 dias, após o decurso dos prazos estabelecidos no art. 2.º da Introdução do Código Civil, podendo ser alterada, *ex-officio*, ou mediante reclamação de qualquer do povo, até sua publicação definitiva, que se fará 15 dias depois da primeira, e devendo renovar-se, de acôrdo com o dispôsto no parágrafo 2.º do art. 10.

§ 2.º Enquanto não fôr possível o sorteio de jurados dentre os alistados, segundo a forma acima estabelecida, continuarão a servir os jurados presentemente alistados.

§ 3.º O disposto no art. 96 só se aplicará aos processos julgados pelo Juri na vigência desta lei, prevalecendo, neste particular, em relação aos julgados anteriormente, a legislação processual até agora vigente.

Art. 107. Revogam-se as disposições em contrário.

Rio de Janeiro, 5 de janeiro de 1938, 117.º da Independência e 50º da República.

GETULIO VARGAS
Francisco Campos

LEGISLAÇÃO NÃO COMPILADA

LEGISLAÇÃO DE PROCESSO PENAL NÃO COMPILADA, QUE PODERÁ SER CONSULTADA PARA UMA PESQUISA MAIS ABRANGENTE

— Alvará de 1.º de abril de 1808

Cria o Conselho Supremo Militar e de Justiça.

— Alvará de 22 de abril de 1808

Cria o Tribunal do Desembargo do Paço e da Consciência e Ordens.

— Decreto de 22 de outubro de 1810

Concede perdão aos criminosos presos.

— Decreto de 6 de fevereiro de 1818

Perdoa aos presos que se acharem por causas crimes nas cadeias públicas deste Reino do Brasil com exceção dos crimes que enumera.

— Alvará de 30 de março de 1818

Proíbe as sociedades secretas debaixo de qualquer denominação que seja.

— Decreto de 30 de julho de 1818

Sobre as execuções da pena última.

— Decreto de 20 de março de 1821

Perdoa a todos os réus que se acharem presos até a publicação deste Decreto com as exceções nele declaradas.

— Lei de 19 de dezembro de 1821

Permite que nos acórdãos das Relações, e nas sentenças em que os juízes votam coletivamente, possam os mesmos juízes assinar-se vencidos, ficando responsáveis pelos julgados os que assim o não fizerem.

— Decreto de 23 de março de 1822

Estende ao Reino do Brasil o perdão concedido aos réus no Reino de Portugal por ocasião do juramento das bases da Constituição.

— Decreto de 18 de setembro de 1822

Concede anistia geral para as passadas opiniões políticas; ordena o distintivo — Independência ou Morte — e a saída dos dissidentes.

— Decreto de 26 de novembro de 1822

Comuta a pena de morte na imediata aos réus que contarem mais de três anos de prisão.

— Decreto de 26 de novembro de 1822

Comuta a pena de degredo para a Índia e Costa d'África na de trabalhos nas obras públicas aos réus detidos nas cadeias.

— Lei de 20 de outubro de 1823

Revoga o Alvará de 30 de março de 1818 sobre Sociedades Secretas.

— Decisão do Governo n. 242, de 17 de novembro de 1824

Determina a fiel observância do art. 161 do Tít. 6.º Capítulo único da Constituição Política do Império sobre a reconciliação, antes do começo do processo.

— Lei de 18 de setembro de 1828

Cria o Supremo Tribunal de Justiça e declara suas atribuições.

— Decreto de 24 de setembro de 1828

Dá providências acerca da substituição dos membros das Juntas de Justiça das províncias, e manda que das respectivas sentenças de pena de morte se apele *ex-officio* para a Relação do distrito.

— Lei de 11 de setembro de 1830

Estatui que os presos, ou afiançados, possam ser citados, e demandados, sob certas providências, por qualquer feito cível.

— Decreto de 11 de setembro de 1830

Manda eleger Juízes de Paz em todas as capelas filiais curadas, e providencia quanto aos limites de seus distritos.

— Decreto de 20 de dezembro de 1830

Marca as declarações com que deve ser cumprida a Lei de 18 de setembro de 1828 da criação do Tribunal Supremo de Justiça.

— Lei de 7 de novembro de 1831

Declara livres todos os escravos vindos de fora do Império, e impõe penas aos importadores dos mesmos escravos.

— Decreto de 12 de abril de 1832

Dá regulamento para a execução da Lei de 7 de novembro de 1831, sobre o tráfico de escravos.

— Decreto de 9 de março de 1837

Dispõe sobre o direito de petição de graça.

— Decreto n. 284, de 14 de junho de 1843

Aplica no julgamento dos crimes individuais dos Membros da Assembléia Geral Legislativa o artigo cento e setenta do Código do Processo.

— Decreto n. 1.458, de 14 de outubro de 1854

Dispõe sobre os recursos de graça.

— Decreto n. 2.423, de 25 de maio de 1859

Regula a execução do artigo 148 do Código do Processo Criminal.

— Decreto n. 2.438, de 6 de julho de 1859

Declara como se deve proceder nos processos de que trata o artigo 205 do Código do Processo Criminal.

— Decreto n. 2.506, de 28 de março de 1860

Dispõe sobre petição de graça para perdão e comutação de pena que não for capital

— Decreto n. 1.090, de 1.º de setembro de 1860

Providencia sobre o processo nos crimes de furto de gado vacum, cavalar, e outros.

— Decreto n. 3.572, de 30 de dezembro de 1865

Manda executar o Regulamento da estatística policial e judicial.

— Decreto n. 4.992, de 3 de julho de 1872

Altera algumas disposições do Decreto n. 4.824, de 23 de novembro de 1871, na parte relativa à presidência do Júri nas comarcas especiais.

— Decreto n. 5.886, de 13 de março de 1875

Determina que os agravos e cartas testemunháveis sejam julgados nas sessões ordinárias das Relações, e dá outras providências.

— Decreto n. 6.207, de 3 de junho de 1876

Manda registrar as decisões definitivas proferidas pelas Relações do Império.

— Decreto n. 6.840, de 16 de fevereiro de 1878

Declara que o pai não pode advogar nos feitos em que é Escrivão o filho.

— Decreto n. 7.001, de 17 de agosto de 1878

Manda executar regulamento da estatística policial e judiciária.

— Decreto n. 7.085, de 16 de novembro de 1878

Regula a execução do § 7.º, do artigo 1.º do Decreto n. 2.342, de 6 de agosto de 1873.

— Decreto n. 8.821, de 30 de dezembro de 1882

Dá regulamento para a execução da Lei n. 3.150, de 4 de novembro de 1882 (nos artigos 135 a 144, que formam o Capítulo IX, encontramos disposições penais e de processo penal).

— Decreto n. 39, de 30 de janeiro de 1892

Regula a extradição dos criminosos entre os Estados do Brasil.

— Decreto n. 1.820, de 19 de dezembro de 1907

Autoriza a expedição de novo regulamento para a execução da Lei n. 1.181, de 25 de fevereiro de 1904.

— Decreto n. 2.110, de 30 de setembro de 1909

Estabelece penas para os crimes de peculato, moeda falsa, falsificação de documentos e dá outras providências.

— Lei n. 2.992, de 25 de setembro de 1915

Modifica os arts. 266, 277 e 278 do Código Penal.

— Decreto n. 4.790, de 2 de janeiro de 1924

Define os direitos autorais e dá outras providências.

— Decreto n. 20.381, de 9 de setembro de 1931

Dispõe sobre o julgamento no Supremo Tribunal Federal em casos de empate na votação.

— Decreto n. 20.656, de 14 de novembro de 1931

Determina que seja processado e julgado pela Justiça Militar todo aquele que, militar, assemelhado, ou civil, tomar parte, por qualquer forma, nas atentados contra a ordem pública ou contra os governos da União e dos Estados.

— Decreto n. 22.494, de 24 de fevereiro de 1933

Reduz à metade os prazos de prescrição penal para os menores delinqüentes de mais de 18 e menos de 21 anos, na data da perpetração de crime ou contravenção.

CÓDIGO DE PROCESSO PENAL

CÓDIGO DE PROCESSO PENAL

EXPOSIÇÃO DE MOTIVOS (*)

EM 8 DE SETEMBRO DE 1941

Senhor Presidente:

Tenho a honra de passar às mãos de Vossa Excelência o projeto do Código de Processo Penal do Brasil.

Como sabe Vossa Excelência, ficara inicialmente resolvido que a elaboração do projeto de Código único para o processo penal não aguardasse a reforma, talvez demorada, do Código Penal de 90.

Havia um dispositivo constitucional a atender, e sua execução não devia ser indefinidamente retardada. Entretanto, logo após a entrega do primitivo projeto, organizado pela Comissão oficial e afeiçoado à legislação penal substantiva ainda em vigor, foi apresentado pelo Senhor Alcântara Machado, em desempenho da missão que lhe confiara o Governo, o seu anteprojeto de novo Código Penal. A presteza com que o insigne e pranteado professor da Faculdade de Direito de São Paulo deu conta de sua árdua tarefa fez com que se alterasse o plano traçado em relação ao futuro Código de Processo Penal.. Desde que já se podia prever para breve tempo a efetiva remodelação da nossa antiquada lei penal material, deixava de ser aconselhado que se convertesse em lei o projeto acima aludido, pois estaria condenado a uma existência efêmera.

Decretado o novo Código Penal, foi então empreendida a elaboração do presente projeto, que resultou de um cuidadoso trabalho de revisão e adaptação do projeto anterior.

Se for convertido em lei, não estará apenas regulada a atuação da justiça penal em correspondência com o referido novo Código e com a Lei de Contravenções (cujo projeto, nesta data, apresento igualmente à apreciação de Vossa Excelência): estará, no mesmo passo, finalmente realizada a homogeneidade do direito judiciário penal no Brasil, segundo reclamava, de há muito, o interesse da boa administração da justiça, aliado ao próprio interesse da unidade nacional.

A REFORMA DO PROCESSO PENAL VIGENTE

II. De par com a necessidade de coordenação sistemática das regras do processo penal num Código único para todo o Brasil, impunha-se o seu ajustamento ao objetivo de maior eficiência e energia da ação repressiva do Estado contra os que delinqüem. As nossas vigentes leis de processo penal asseguram aos réus, ainda que colhidos em flagrante ou confundidos pela evidência das provas, um tão extenso catálogo de garantias e favores, que a repressão se torna, necessariamente, defeituosa e retardatária, decorrendo daí um indireto estímulo à expansão da criminalidade. Urge que seja abolida a injustificável primazia do

---

(*) Publicada no Diário Oficial da União de 13 de outubro de 1941.

interesse do indivíduo sobre o da tutela social. Não se pode continuar a contemporizar com pseudosdireitos individuais em prejuízo do bem comum. O indivíduo, principalmente quando vem de se mostrar rebelde à disciplina jurídico-penal da vida em sociedade, não pode invocar, em face do Estado, outras franquias ou imunidades além daquelas que o assegurem contra o exercício do poder público fora da medida reclamada pelo interesse social. Este o critério que presidiu à elaboração do presente projeto de Código. No seu texto, não são reproduzidas as fórmulas tradicionais de um mal-avisado favorecimento legal aos criminosos. O processo penal é aliviado dos excessos de formalismo e joeirado de certos critérios normativos com que, sob o influxo de um mal-compreendido individualismo ou de um sentimentalismo mais ou menos equívoco, se transige com a necessidade de uma rigorosa e expedita aplicação da justiça penal.

As *nulidades processuais*, reduzidas ao mínimo, deixam de ser o que têm sido até agora, isto é, um meandro técnico por onde se escoa a substância do processo e se perdem o tempo e a gravidade da justiça. É coibido o êxito das fraudes, subterfúgios e alicantinas. É restringida a aplicação do *in dubio pro reo*. É ampliada a noção do *flagrante delito*, para o efeito da prisão provisória. A decretação da prisão preventiva, que, em certos casos, deixa de ser uma *faculdade*, para ser um *dever* imposto ao juiz, adquire a suficiente elasticidade para tornar-se medida plenamente assecuratória da efetivação da justiça penal. Tratando-se de crime inafiançável, a falta de exibição do mandado não obstará à prisão, desde que o preso seja imediatamente apresentado ao juiz que fez expedir o mandado. É revogado o formalismo complexo da extradição interestadual de criminosos. O prazo da formação da culpa é ampliado, para evitar o atropelo dos processos ou a intercorrente e prejudicial solução de continuidade da detenção provisória dos réus. Não é consagrada a irrestrita proibição do julgamento *ultra petitum*. Todo um capítulo é dedicado às medidas preventivas assecuratórias da reparação do dano *ex-delicto*.

Quando da última reforma do processo penal na Itália, o ministro Rocco, referindo-se a algumas dessas medidas e outras análogas, introduzidas no projeto preliminar, advertia que elas certamente iriam provocar o desagrado daqueles que estavam acostumados a aproveitar e mesmo abusar das inveteradas deficiências e fraquezas da processualística penal até então vigente. A mesma previsão é de ser feita em relação ao presente projeto, mas são também de repetir-se as palavras de Rocco: "Já se foi o tempo em que a alvoroçada coligação de alguns poucos interessados podia frustrar as mais acertadas e urgentes reformas legislativas."

E se, por um lado, os dispositivos do projeto tendem a fortalecer e prestigiar a atividade do Estado na sua função repressiva, é certo, por outro lado, que asseguram, com muito mais eficiência do que a legislação atual, a defesa dos acusados. Ao invés de uma simples faculdade outorgada a estes e sob a condição de sua presença em juízo, a defesa passa a ser, em qualquer caso, uma indeclinável injunção legal, antes, durante e depois da instrução criminal. Nenhum réu, ainda que ausente do distrito da culpa, foragido ou oculto, poderá ser processado sem a intervenção e assistência de um defensor. A pena de revelia não exclui a garantia constitucional da contrariedade do processo. Ao contrário das leis processuais em vigor, o projeto não pactua, em caso algum, com a insídia de uma acusação sem o correlativo da defesa.

SUBSÍDIO DA LEGISLAÇÃO VIGENTE E PROJETOS ANTERIORES

III. À parte as inovações necessárias à aplicação do novo Código Penal e as orientadas no sentido da melhor adaptação das normas processuais à sua própria finalidade, o projeto não altera o direito atual, senão para corrigir imperfeições apontadas pela experiência, dirimir incertezas da jurisprudência ou evitar ensejo à versatilidade dos exegetas. Tanto quanto o permitiu a orientação do projeto, foi aproveitado o material da legislação atual. Muito se respigou em vários dos códigos de processo penal estaduais, e teve-se também em conta

não só o projeto elaborado pela Comissão Legislativa nomeada pelo Governo Provisório em 1931, como o projeto de 1936, este já norteado pelo objetivo de unificação do direito processual penal.

A respeito de algumas das inovações introduzidas e da fidelidade do projeto a certas práticas e critérios tradicionais, é feita, a seguir, breve explanação.

A CONSERVAÇÃO DO INQUÉRITO POLICIAL

IV. Foi mantido o inquérito policial como processo preliminar ou preparatório da ação penal, guardadas as suas características atuais. O ponderado exame da realidade brasileira, que não é apenas a dos centros urbanos, senão também a dos remotos distritos das comarcas do interior, desaconselha o repúdio do sistema vigente.

O preconizado *juízo de instrução,* que importaria limitar a função da autoridade policial a prender criminosos, averiguar a materialidade dos crimes e *indicar* testemunhas, só é praticável sob a condição de que as distâncias dentro do seu território de jurisdição sejam fácil e rapidamente superáveis. Para atuar proficuamente em comarcas extensas, e posto que deva ser excluída a hipótese de criação de juizados de instrução em cada sede do distrito, seria preciso que o juiz instrutor possuísse o dom da ubiqüidade. De outro modo, não se compreende como poderia presidir a todos os processos nos pontos diversos da sua zona de jurisdição, a grande distância uns dos outros e da sede da comarca, demandando, muitas vezes, com os morosos meios de condução ainda praticados na maior parte do nosso *hinterland,* vários dias de viagem. Seria imprecindível, na prática, a quebra do sistema: nas capitais e nas sedes de comarca em geral, a imediata intervenção do juiz instrutor, ou a *instrução única;* nos distritos longínquos, a continuação do sistema atual. Não cabe, aqui, discutir as proclamadas vantagens do juízo de instrução.

Preliminarmente, a sua adoção entre nós, na atualidade, seria incompatível com o critério de unidade da lei processual. Mesmo, porém, abstraída essa consideração, há em favor do inquérito policial, como *instrução provisória* antecedendo à propositura da ação penal, um argumento dificilmente contestável: é ele uma garantia contra apressados e errôneos juízos, formados quando ainda persiste a trepidação moral causada pelo crime ou antes que seja possível uma exata visão de conjunto dos fatos, nas suas circunstâncias objetivas e subjetivas. Por mais perspicaz e circunspecta, a autoridade que dirige a investigação inicial, quando ainda perdura o alarma provocado pelo crime, está sujeita a equívocos ou falsos juízos *a priori,* ou a sugestões tendenciosas. Não raro, é preciso voltar atrás, refazer tudo, para que a investigação se oriente no rumo certo, até então despercebido. Por que, então, abolir-se o inquérito preliminar ou instrução provisória, expondo-se a justiça criminal aos azares do *detetivismo,* às marchas e contramarchas de uma instrução imediata e única? Pode ser mais expedito o sistema de unidade de instrução, mas o nosso sistema tradicional, com o inquérito preparatório, assegura uma justiça menos aleatória, mais prudente e serena.

A AÇÃO PENAL

V. O projeto atende ao princípio *ne procedat judex ex-officio,* que, ditado pela evolução do direito judiciário penal e já consagrado pelo novo Código Penal, reclama a completa separação entre o juiz e o órgão da acusação, devendo caber exclusivamente a este a iniciativa da ação penal. O procedimento *ex-officio* só é mantido em relação às *contravenções,* que, dado o carater essencialmente preventivo que assume, na espécie, a sanção penal, devem ser sujeitas a um processo particularmente célere, sob pena de frustrar-se a finalidade legal. A necessidade de se abolirem, nesse caso, as delongas processuais, motivou mesmo a

transferência, respeitada pelo projeto, de se permitir à autoridade policial, para o efeito de tal processo, excepcional função judiciária.

É devidamente regulada a formalidade da *representação*, de que depende em certos casos, na conformidade do novo Código Penal, a iniciativa do Ministério Público.

São igualmente disciplinados os institutos da *renúncia* e do *perdão*, como causas de extinção da punibilidade nos crimes de ação privada.

Para dirimir dúvidas que costumam surgir no caso de recusa do promotor da justiça em oferecer denúncia, adotou o projeto a seguinte norma: "Se o órgão do Ministério Público, ao invés de apresentar a denúncia, requerer o arquivamento do inquérito policial ou de quaisquer peças de informação, o juiz, no caso de considerar improcedentes as razões invocadas, fará remessa do inquérito ou peças de informação ao Procurador-Geral, e este oferecerá a denúncia, designará outro órgão do Ministério Público para oferecê-la ou insistirá no pedido de arquivamento, ao qual só então estará o juiz obrigado a atender".

A REPARAÇÃO DO DANO "EX-DELICTO"

VI. O projeto, ajustando-se ao Código Civil e ao novo Código Penal, mantém a separação entre a ação penal e a ação civil *ex-delicto*, rejeitando o instituto ambíguo da constituição de "parte civil" no processo penal. A obrigação de reparar o dano resultante do crime não é uma conseqüência de caráter *penal*, embora se torne *certa* quando haja sentença condenatória no juízo criminal. A invocada conveniência prática da economia de juizo não compensa o desfavor que acarretaria ao interesse da repressão a interferência de questões de caráter patrimonial no curso do processo penal. É indissimulável o mérito da argumentação de Sá Pereira na "Exposição de Motivos" do seu "Projeto de Código Penal", refutando as razões com que se defende o deslocamento da reparação do dano *ex-delicto* para o campo do direito público:

> "A meu ver, o que há de verdade nessas alegações não atinge os dois pontos seguintes: 1) que a reparação do dano é matéria de direito civil, e 2) que a repressão sofreria, se, no crime, a pleiteássemos. Se há lesão patrimonial, a reparação há de ser pedida a um outro patrimônio, se me afigura impossível deslocar esta relação entre dois patrimônios do campo do direito privado para o do direito público, como querem os positivistas. Abrir no processo-crime a necessária margem à ação reparadora, seria ou fazer marcharem simultaneamente as duas ações no mesmo processo, o que se tornaria tumultuário, ou paralisar o processo-crime para que o cível o alcançasse no momento final de pronunciamento da sentença que aplicasse a pena e fixasse a indenização. Não creio que a repressão ganhasse com isto alguma coisa; ao contrário, perderia muito de sua prontidão e rapidez".

Limita-se o projeto a outorgar ao juiz da *actio civilis ex-delicto* a faculdade de sobrestar no curso desta até o pronunciamento do juízo penal. Desde que exista julgamento definitivo no processo-crime, prevalece o disposto no art. 1.525 do Código Civil, isto é, a prejudicialidade daquele sobre o julgamento no cível, relativamente à existência do fato, ou quem seja o seu autor. É expressamente declarado que faz coisa julgada no cível a sentença penal que reconhecer, no caso concreto, qualquer das hipóteses do art. 19 do Código Penal. Não será prejudicial da ação cível a decisão que, no juízo penal: 1) absolver o acusado, sem reconhecer, *categoricamente*, a inexistência material do fato; 2) ordenar o arquivamento do inquérito ou das peças de informação, por insuficiência de prova quanto à existência do crime ou sua autoria; 3) declarar extinta a punibilidade; ou 4) declarar que o fato imputado não é definido como crime.

O projeto não descurou de evitar que se torne ilusório o direito à reparação do dano, instituindo ou regulando eficientemente medidas assecuratórias (seqüestro e hipoteca legal dos bens do indiciado ou do responsável civil), antes mesmo do início da ação ou do julgamento definitivo, e determinando a intervenção do Ministério Público, quando o titular do direito à indenização não disponha de recursos pecuniários para exercê-lo. Ficará, assim, sem fundamento a crítica, segundo a qual, pelo sistema do direito pátrio, a reparação do dano *ex-delicto* não passa de uma promessa vã ou platônica da lei.

AS PROVAS

VII. O projeto abandonou radicalmente o sistema chamado da *certeza legal.* Atribui ao juiz a faculdade de iniciativa de provas complementares ou supletivas, quer no curso da instrução criminal, quer a final, antes de proferir a sentença. Não serão atendíveis as restrições à prova estabelecidas pela lei civil, salvo quanto ao estado das pessoas; nem é prefixada uma *hierarquia* de provas: na livre apreciação destas, o juiz formará, honesta e lealmente, a sua convicção. A própria confissão do acusado não constitui, fatalmente, *prova plena* de sua culpabilidade. Todas as provas são relativas; nenhuma delas terá, *ex-vi légis,* valor decisivo, ou necessariamente maior prestígio que outra. Se é certo que o juiz fica adstrito às provas constantes dos autos, não é menos certo que não fica subordinado a nenhum critério apriorístico no apurar, através delas, a verdade material. O juiz criminal é, assim, restituído à sua própria consciência. Nunca é demais, porém, advertir que *livre convencimento* não quer dizer puro capricho de opinião ou mero arbítrio na apreciação das provas. O juiz está livre de *preconceitos legais* na aferição das provas, mas não pode abstrair-se ou alhear-se ao seu conteúdo. Não estará ele dispensado de *motivar* a sua sentença. E precisamente nisto reside a suficiente garantia do direito das partes e do interesse social.

Por outro lado, o juiz deixará de ser um espectador inerte da produção de provas. Sua intervenção na atividade processual é permitida, não somente para dirigir a marcha da ação penal e julgar a final, mas tambem para ordenar, de ofício, as provas que lhe parecerem úteis ao esclarecimento da verdade. Para a indagação desta, não estará sujeito a *preclusões.* Enquanto não estiver averiguada a matéria da acusação ou da defesa e houver uma fonte de prova ainda não explorada, o juiz não deverá pronunciar o *in dubio pro reo* ou o *non liquet.*

Como corolário do sistema de livre convicção do juiz, é rejeitado o velho brocardo *testis unus testis nullus.* Não se compreende a prevenção legal contra a *voix d'un,* quando, tal seja o seu mérito, pode bastar à elucidação da verdade e à certeza moral do juiz. Na atualidade, aliás, a exigência da lei, como se sabe, é contornada por uma simulação prejudicial ao próprio decoro ou gravidade da justiça, qual a consistente em suprir-se o *mínimo legal* de testemunhas com pessoas cuja insciência acerca do objeto do processo é previamente conhecida, e que somente vão a juízo para declarar que nada sabem.

Outra inovação, em matéria de prova, diz respeito ao interrogatório do acusado. Embora mantido o princípio de que *nemo tenetur se detegere* (não estando o acusado na estrita obrigação de responder o que se lhe pergunta), já não será esse termo do processo, como atualmente, uma série de perguntas predeterminadas, sacramentais, a que o acusado dá as respostas de antemão estudadas, para não comprometer-se, mas uma franca oportunidade de obtenção de prova. É facultado ao juiz formular ao acusado quaisquer perguntas que julgue necessárias à pesquisa da verdade, e se é certo que o silêncio do réu não importará confissão, poderá, entretanto, servir, em face de outros indícios, à formação do convencimento do juiz.

O projeto ainda inova quando regula especialmente como meio de prova o "reconhecimento de pessoas e coisas"; quando estabelece a forma de explicação

de divergência entre testemunhas presentes e ausentes do distrito da culpa; e, finalmente, quando, ao regular a *busca*, como expediente de consecução de prova, distingue-a em *domiciliar e pessoal*, para disciplinar diversamente, como é justo, as duas espécies.

A PRISÃO EM FLAGRANTE E A PRISÃO PREVENTIVA

VIII. A prisão em flagrante e a prisão preventiva são definidas com mais latitude do que na legislação em vigor. O *clamor público* deixa de ser condição necessária para que se equipare ao *estado de flagrância* o caso em que o criminoso, após a prática do crime, está a fugir. Basta que, vindo de cometer o crime, o fugitivo seja perseguido "pela autoridade, pelo ofendido ou por qualquer pessoa, em situação que faça presumir ser autor da infração": preso em tais condições, entende-se preso em flagrante delito. Considera-se, igualmente, em estado de flagrância o indivíduo que, logo em seguida à perpetração do crime, é encontrado "com o instrumento, armas, objetos ou papéis que façam presumir ser autor da infração". O interesse da administração da justiça não pode continuar a ser sacrificado por obsoletos escrúpulos formalísticos, que redundam em assegurar, com prejuizo da futura ação penal, a afrontosa intangibilidade de criminosos surpreendidos na atualidade ainda palpitante do crime e em circunstâncias que evidenciam sua relação com este.

A prisão preventiva, por sua vez, desprende-se dos limites estreitos até agora traçados à sua admissibilidade. Pressuposta a existência de suficientes indícios para imputação da autoria do crime, a prisão preventiva poderá ser decretada toda vez que o reclame o interesse da ordem pública, ou da instrução criminal, ou da efetiva aplicação da lei penal. Tratando-se de crime a que seja cominada pena de reclusão por tempo, no máximo, igual ou superior a dez anos, a decretação da prisão preventiva será *obrigatória*, dispensando outro requisito além da prova indiciária contra o acusado. A duração da prisão provisória continua a ser condicionada, até o encerramento da instrução criminal, à efetividade dos atos processuais dentro dos respectivos prazos; mas estes são razoavelmente dilatados.

Vários são os dispositivos do projeto que cuidam de prover à maior praticabilidade da captura de criminosos que já se acham sob decreto de prisão. Assim, a falta de exibição do mandado, como já foi, de início, acentuado, não obstará à prisão, ressalvada a condição de ser o preso conduzido imediatamente à presença da autoridade que decretou a prisão.

A prisão do réu ausente do distrito da culpa, seja qual for o ponto do território nacional em que se encontre, será feita mediante simples precatória de uma autoridade a outra, e até mesmo, nos casos urgentes, mediante entendimento entre estas por via telegráfica ou telefônica, tomadas as necessárias precauções para evitar ludíbrios ou ensejo a maliciosas vinditas. Não se compreende ou não se justifica que os Estados, gravitando dentro da unidade nacional, se oponham mutuamente obstáculos na pronta repressão da delinqüência.

A autoridade policial que recebe um mandado de prisão para dar-lhe cumprimento, poderá, de sua própria iniciativa, fazer tirar tantas cópias quantas forem necessárias às diligências.

A LIBERDADE PROVISÓRIA

IX. Abolida a pluralidade do direito formal, já não subsiste razão para que a liberdade provisória mediante fiança, que é matéria tipicamente de caráter processual, continue a ser regulada pela lei penal substantiva. O novo Código

Penal não cogitou do instituto da fiança, precisamente para que o futuro Código de Processo Penal reivindicasse a regulamentação de assunto que lhe é pertinente. Inovando na legislação atual, c presente projeto cuidou de imprimir à fiança um cunho menos rígido. O *quantum* da fiança continuará subordinado a uma tabela graduada, mas as regras para a sua fixação tornam possível sua justa correspondência aos casos concretos. É declarado que, "para determinar o valor da fiança, a autoridade terá em conta a natureza da infração, as condições pessoais de fortuna e vida pregressa do acusado, as circunstâncias indicativas de sua periculosidade, bem como a importância provável das custas do processo, até final julgamento". Ainda mais: o juiz não estará inexoravelmente adstrito à tarifa legal, podendo aumentar até o tríplo a fiança, quando "reconhecer que, em virtude da situação econômica do réu, não assegurará a ação da justiça, embora fixada no máximo".

Não é admitida a fiança fidejussória, mas o projeto contem o seguinte dispositivo, que virá conjurar uma iniqüidade freqüente no regime legal atual, relativamente aos réus desprovidos de recursos pecuniários: "Nos casos em que couber fiança, o juiz, verificando ser impossível ao réu prestá-la, por motivo de pobreza, poderá conceder-lhe a liberdade provisória. . ."

Os casos de *inafiançabilidade* são taxativamente previstos, corrigindo-se certas anomalias da lei vigente.

A INSTRUÇÃO CRIMINAL

X. O prazo da instrução criminal ou formação da culpa é ampliado (em cotejo com os estabelecidos atualmente): estando o réu preso, será de 20 dias; estando o réu solto ou afiançado, de 40 dias.

Nesses prazos, que começarão a correr da data do interrogatório, ou da em que devera ter-se realizado, terminando com a inquirição da última testemunha de acusação, não será computado o tempo de qualquer impedimento.

O sistema de inquirição das testemunhas é o chamado *presidencial*, isto é, ao juiz que preside à formação da culpa cabe privativamente fazer perguntas diretas à testemunha. As perguntas das partes serão feitas por intermédio do juiz, a cuja censura ficarão sujeitas.

O ACUSADO

XI. Suprindo uma injustificável omissão da atual legislação processual, o projeto autoriza que o acusado, no caso em que não caiba a prisão preventiva, seja forçadamente conduzido à presença da autoridade, quando, regularmente intimado para ato que, sem ele, não possa realizar-se, deixa de comparecer sem motivo justo. Presentemente, essa medida compulsória é aplicável somente à testemunha faltosa, enquanto ao réu é concedido o privilégio de desobedecer à autoridade processante, ainda que a sua presença seja necessária para esclarecer ponto relevante da acusação ou da defesa. Nenhum acusado, ainda que revel, será processado ou julgado sem defensor; mas a sua ausência (salvo tratando-se de crime da competência do tribunal do júri) não suspenderá o julgamento, nem o prazo para recurso, pois, de outro modo, estaria a lei criando uma prerrogativa em favor de réus foragidos, que, garantidos contra o julgamento à revelia, poderiam escapar, indefinidamente, à categoria de reincidentes. Se algum erro judiciário daí provier, poderá ser corrigido pela revisão ou por um decreto de graça.

A SENTENÇA

XII. O projeto, generalizando um princípio já consagrado pela atual Lei do Júri, repudia a proibição de sentença condenatória *ultra petitum* ou da desclassificação *in pejus* do crime imputado. Constituía um dos exageros do liberalismo o transplante dessa proibição, que é própria do direito privado, para a esfera de direito processual penal, que é um ramo do direito público. O interesse da defesa social não pode ser superado pelo unilateralíssimo interesse pessoal dos criminosos. Não se pode reconhecer ao réu, em prejuízo do bem social, estranho *direito adquirido* a um *quantum* de pena injustificadamente diminuta, só porque o Ministério Público, ainda que por equívoco, não tenha pleiteado maior pena. Em razão do antigo sistema, ocorria, freqüentemente, a seguinte inconveniência: não podendo retificar a classificação feita na denúncia, para impor ao réu sanção mais grave, o juiz era obrigado a julgar nulo o processo ou improcedente a ação penal, conforme o caso, devendo o Ministério Público apresentar nova denúncia, se é que não estivesse extinta a punibilidade pela prescrição. Se o réu estava preso, era posto em liberdade, e o êxito do segundo processo tornava-se, as mais das vezes, impossível, dado o intercorrente desaparecimento dos elementos de prova. Inteiramente diversa é a solução dada pelo projeto, que distingue duas hipóteses: o fato apurado no sumário é idêntico ao descrito na denúncia ou queixa, mas esta o classificou erradamente; ou o fato apurado ocorreu em circunstâncias diversas não contidas explícita ou implicitamente na peça inicial do processo, e estas deslocam a classificação. E os dois casos são assim resolvidos: no primeiro, é conferida ao juiz a faculdade de alterar a classificação, ainda que para aplicar pena mais grave; no segundo, se a circunstância apurada não estava contida, explícita ou implicitamente, na denúncia ou queixa, mas não acarreta a nova classificação pena mais grave, deverá o juiz conceder ao acusado o prazo de 8 dias para alegação e provas, e se importa classificação que acarrete pena mais grave, o juiz baixará o processo, afim de que o Ministério Público adite a denúncia ou a queixa e, em seguida, marcará novos prazos sucessivos à defesa, para alegações e prova.

Vê-se que o projeto, ao dirimir a questão, atendeu à necessidade de assegurar a defesa e, ao mesmo tempo, impedir que se repudie um processo realizado com todas as formalidades legais.

É declarado, de modo expresso, que, nos crimes de ação pública, o juiz poderá proferir sentença condenatória, ainda que o Ministério Público tenha opinado pela absolvição, bem como reconhecer agravantes, embora nenhuma tenha sido alegada.

Quando o juiz da sentença não for o mesmo que presidiu à instrução criminal, é-lhe facultado ordenar que esta se realize novamente, em sua presença.

A sentença deve ser *motivada*. Com o sistema do relativo arbítrio judicial na aplicação da pena, consagrado pelo novo Código Penal, e o do *livre convencimento* do juiz, adotado pelo presente projeto, é a *motivação* da sentença que oferece garantia contra os excessos, os erros de apreciação, as falhas de raciocínio ou de lógica ou os demais vícios de julgamento. No caso de absolvição, a parte dispositiva da sentença deve conter, de modo preciso, a razão específica pela qual é o réu absolvido. É minudente o projeto, ao regular a *motivação* e o *dispositivo* da sentença.

AS FORMAS DO PROCESSO

XIII. São estabelecidas e devidamente reguladas as várias formas do processo.

O *processo sumário* é limitado às contravenções penais e aos crimes a que seja cominada pena de detenção. Para o efeito da aplicação de medida de segu-

rança, nos casos do parágrafo único do artigo 76 do Código Penal, é instituído processo especial.

Ao cuidar do processo por crimes contra a honra (ressalvada a legislação especial sobre os "crimes de imprensa") o projeto contém uma inovação: o juízo preliminar de reconciliação entre as partes. Antes de receber a queixa, o juiz deverá ouvir, separadamente, o querelante e o querelado e, se julgar possível a reconciliação, promoverá um entendimento entre eles, na sua presença. Se efetivamente se reconciliarem, será lavrado termo de desistência e arquivada a queixa. Os processos por calúnia, difamação ou injúria redundam, por vezes, em agravação de uma recíproca hostilidade. É de boa política, portanto, tentar-se, *in limine litis*, o apaziguamento dos ânimos, sem quebra da dignidade ou amor próprio de qualquer das partes.

O processo por crime de falência é atribuído integralmente ao juízo criminal, ficando suprimido, por sua conseqüente inutilidade, o termo de pronúncia. Não são convenientes os argumentos em favor da atual dualidade de juízos, um para o processo até pronúncia e outro para o julgamento. Ao invés das singularidades de um processo *anfibio*, com instrução no juízo cível e julgamento no juízo criminal, é estabelecida a competência deste *ab initio*, restituindo-se-lhe uma função específica e ensejando-se-lhe mais segura visão de conjunto, necessária ao acerto da decisão final.

O JÚRI

XIV. Com algumas alterações, impostas pela lição da experiência e pelo sistema de aplicação da pena adotado pelo novo Código Penal, foi incluído no corpo do projeto o Decreto-lei n. 167, de 5 de janeiro de 1938. Como atestam os aplausos recebidos, de vários pontos do país, pelo Governo da República, e é notório, têm sido excelentes os resultados desse decreto-lei que veio afeiçoar o tribunal popular à finalidade precípua da defesa social. A aplicação da justiça penal pelo júri deixou de ser uma *abdicação*, para ser uma *delegação* do Estado controlada e orientada no sentido do superior interesse da sociedade. Privado de sua antiga *soberania*, que redundava, na prática, numa sistemática indulgência para com os criminosos, o júri está, agora, integrado na consciência de suas graves responsabilidades e reabilitado na confiança geral.

A relativa individualização da pena, segundo as normas do estatuto penal que entrará em vigor a 1.º de janeiro do ano vindouro, não pode ser confiada ao *conselho de sentença*, pois exige, além da apreciação do fato criminoso em si mesmo, uma indagação em torno de condições e circunstâncias complexas, que não poderiam ser objeto de quesitos, para respostas *de plano*. Assim, ao conselho de sentença, na conformidade do que dispõe o projeto, apenas incumbirá afirmar ou negar o fato imputado, as circunstâncias elementares ou qualificativas, a desclassificação do crime acaso pedida pela defesa, as causas de aumento ou diminuição especial de pena e as causas de isenção de pena ou de crime. No caso em que as respostas sejam no sentido da condenação, a *medida* da pena caberá exclusivamente ao presidente do Tribunal, pois, com o meditado estudo que já tem do processo, estará aparelhado para o ajustamento *in concreto* da pena aplicável ao réu. Também ao presidente do Tribunal incumbe, privativamente, pronunciar-se sobre a aplicação de medidas de segurança e penas accessórias.

A decisão do conselho de sentença, prejudicial da sentença proferida pelo juiz-presidente, é reformável, *de meritis*, em grau de apelação, nos estritos casos em que o autoriza a legislação atual; mas do pronunciamento do juiz-presidente, cabe apelação segundo a regra geral.

O RECURSO "EX-OFFICIO" DA CONCESSÃO DE "HABEAS-CORPUS" NA PRIMEIRA INSTÂNCIA

XV. O projeto determina o recurso *ex-officio* da sentença proferida pelos juízes inferiores concedendo *habeas-corpus*. Não é exato que a Constituição vigente tenha suprimido, implicitamente, essa providência de elementar cautela de administração da justiça penal. A opinião contrária levaria a admitir que tais sentenças são atualmente irrecorríveis, pois delas, pela mesma lógica, não caberia recurso do Ministério Público, ainda que se tornasse obrigatória a intervenção deste nos processos de *habeas-corpus*.

A Constituição, em matéria de processo de *habeas-corpus*, limita-se a dispor que das decisões *denegatórias* desse *remedium juris*, proferidas "em última ou única instância", há recurso ordinário para o Supremo Tribunal Federal.

A *última instância*, a que se refere o dispositivo constitucional, é o Tribunal de Apelação, sendo evidente que, salvo os casos de competência originária deste, a decisão denegatória de *habeas-corpus*, de que há recurso para o Supremo Tribunal, pressupõe um anterior recurso, do juiz inferior para o Tribunal de Apelação. Ora, se admitiu recurso para o Tribunal de Apelação, da sentença do juiz inferior no caso de denegação do *habeas-corpus*, não seria compreensível que a Constituição, visceralmente informada no sentido da incontrastável supremacia do interesse social, se propusesse à abolição do recurso *ex-officio*, para o mesmo Tribunal de Apelação, da decisão concessiva do *habeas-corpus*, também emanada do juiz inferior, que passaria a ser, em tal caso, *instância única*. É facilmente imaginável o desconchavo que daí poderia resultar. Sabe-se que um dos casos taxativos de concessão de *habeas-corpus* é o de não constituir infração penal o fato que motiva o constrangimento à liberdade de ir e vir. E não se poderia conjurar, na prática, a seguinte situação aberrante: o juiz inferior, errada ou injustamente, reconhece penalmente lícito o fato imputado ao paciente, e, em conseqüência, não somente será este posto em liberdade, como também impedido o prosseguimento da ação penal, sem o pronunciamento da segunda instância.

Não se pode emprestar à Constituição a intenção de expor a semelhante desgarantia o interesse da defesa social. O que ela fez foi apenas deixar bem claro que das decisões sobre *habeas-corpus*, proferidas pelos Tribunais de Apelação, como última ou única instância, somente caberá recurso para o Supremo Tribunal quando *denegatórias*. No caso de decisão denegatória, não se tratando de *habeas-corpus* originário de Tribunal de Apelação, haverá, excepcionalmente, *três* instâncias; se a decisão, porém, é concessiva da medida, *duas* apenas, segundo a regra geral, serão as instâncias.

OS NOVOS INSTITUTOS DA LEI PENAL MATERIAL

XVI. O projeto consagra capítulos especiais à detalhada regulamentação dos institutos que, estranhos à lei penal ainda vigente, figuram no novo Código Penal, como sejam as medidas de segurança e a reabilitação, do mesmo modo que provê à disciplina da execução das penas principais e accessórias, dentro da sistemática do referido Código.

AS NULIDADES

XVII. Como já foi dito de início, o projeto é infenso ao excessivo rigorismo formal, que dá ensejo, atualmente, à infindável série das nulidades processuais. Segundo a justa advertência de ilustre processualista italiano, "um bom direito processual penal deve limitar as sanções de nulidade àquele estrito *mínimo* que não pode ser abstraído sem lesar legítimos e graves interesses do Estado e dos cidadãos".

O projeto não deixa respiradouro para o frívolo *curialismo*, que se compraz em espiolhar nulidades. É consagrado o princípio geral de que nenhuma nulidade ocorre se não há prejuízo para a acusação ou a defesa.

Não será declarada a nulidade de nenhum ato processual, quando este não haja influído concretamente na decisão da causa ou na apuração da verdade substancial. Somente em casos excepcionais é declarada insanável a nulidade.

Fora desses casos, ninguém pode invocar direito à irredutível subsistência da nulidade.

Sempre que o juiz deparar uma causa de nulidade, deve prover imediatamente à sua eliminação, renovando ou retificando o ato irregular, se possível; mas, ainda que o não faça, a nulidade considera-se sanada:

a) pelo silêncio das partes;

b) pela efetiva consecução do escopo visado pelo ato, não obstante sua irregularidade;

c) pela aceitação, ainda que tácita, dos efeitos do ato irregular.

Se a parte interessada não argúi a irregularidade ou com esta implicitamente se conforma, aceitando-lhe os efeitos, nada mais natural que se entenda haver renunciado ao direito de argüí-la. Se toda formalidade processual visa um determinado fim, e este fim, é alcançado, apesar de sua irregularidade, evidentemente carece esta de importância. Decidir de outro modo, será incidir no despropósito de considerar-se formalidade um fim em si mesma.

É igualmente firmado o princípio de que não pode argüir a nulidade quem lhe tenha dado causa ou não tenha interesse na sua declaração. Não se compreende que alguém provoque a irregularidade e seja admitido, em seguida, a especular com ela; nem tampouco que, no silêncio da parte prejudicada, se permita à outra parte investir-se no direito de pleitear a nulidade.

O ESPÍRITO DO CÓDIGO

XVIII. Do que vem de ser ressaltado, e de vários outros critérios adotados pelo projeto, se evidencia que este se norteou no sentido de obter equilíbrio entre o interesse social e o da defesa individual, entre o direito do Estado à punição dos criminosos e o direito do indivíduo às garantias e seguranças de sua liberdade. Se ele não transige com as sistemáticas restrições ao poder público, não o inspira, entretanto, o espírito de um incondicional autoritarismo do Estado ou de uma sistemática prevenção contra os direitos e garantias individuais.

É justo que, ao finalizar esta Exposição de Motivos, deixe aqui consignada a minha homenagem aos autores do projeto, Drs. Vieira Braga, Nélson Hungria, Narcélio de Queiroz, Roberto Lira, desembargador Florêncio de Abreu e o saudoso professor Cândido Mendes de Almeida, que revelaram rara competência e a mais exata e larga compreensão dos problemas de ordem teórica e de ordem prática que o Código se propõe resolver.

Na redação final do projeto contei com a valiosa colaboração do Dr. Abgar Renault.

Aproveito a oportunidade para renovar a Vossa Excelência os protestos do meu mais profundo respeito — *Francisco Campos*.

DECRETO-LEI N.º 3.931 — DE 11 DE DEZEMBRO DE 1941 *

LEI DE INTRODUÇÃO AO CÓDIGO DE PROCESSO PENAL

O Presidente da República, usando da atribuição que lhe confere o art. 180 da Constituição decreta:

Art. 1.º O Código de Processo Penal aplicar-se-á nos processos em curso a 1.º de janeiro de 1942, observado o disposto nos artigos seguintes, sem prejuízo da validade dos atos realizados sob a vigência da legislação anterior.

Art. 2.º À prisão preventiva e à fiança aplicar-se-ão os dispositivos que forem mais favoráveis.

Art. 3.º O prazo já iniciado, inclusive o estabelecido para a interposição de recurso, será regulado pela lei anterior, se esta não prescrever prazo menor do que o fixado no Código de Processo Penal.

Art. 4.º A falta de argüição em prazo já decorrido, ou dentro do prazo iniciado antes da vigência do Código Penal e terminado depois de sua entrada em vigor, sanará a nulidade, se a legislação anterior lhe atribui este efeito.

Art. 5.º Se tiver sido intentada ação pública por crime que, segundo o Código Penal, só admite ação privada, esta, salvo decadência intercorrente, poderá prosseguir nos autos daquela, desde que a parte legítima para intentá-la ratifique os atos realizados e promova o andamento do processo.

Art. 6.º As ações penais, em que já se tenha iniciado a produção de prova testemunhal, prosseguirão, até sentença de primeira instância, com o rito estabelecido na lei anterior.

§ 1.º Nos processos cujo julgamento, segundo a lei anterior, competia ao júri e, pelo Código de Processo Penal, cabe a juiz singular:

a) concluída a inquirição das testemunhas de acusação, proceder-se-á a interrogatório do réu, observado o disposto nos arts. 395 e 396, § único, do mesmo Código, prosseguindo-se depois de produzida a prova de defesa, de acordo com o que dispõem os artigos 499 e seguintes;

b) se, embora concluída a inquirição das testemunhas de acusação, ainda não houver sentença de pronúncia ou impronúncia, prosseguir-se-á na forma da letra anterior;

c) se a sentença de pronúncia houver passado em julgado, ou dela não tiver ainda sido interposto recurso, prosseguir-se-á na forma da letra *a*;

d) se, havendo sentença de impronúncia, esta passar em julgado, só poderá ser instaurado o processo no caso do art. 409, § único, do Código de Processo Penal;

e) se tiver sido interposto recurso da sentença de pronúncia, aguardar-se-á o julgamento do mesmo, observando-se, afinal, o disposto na letra *b* ou na letra *d*.

§ 2.º Aplicar-se-á o disposto no § 1.º aos processos da competência do juiz

(*) Publicada no Diário Oficial da União de 13 de outubro de 1941.

singular, nos quais exista a pronúncia, segundo a lei anterior.

§ 3.º Subsistem os efeitos da pronúncia, inclusive a prisão.

§ 4.º O julgamento caberá ao júri se, na sentença de pronúncia, houver sido ou for o crime classificado no § 1.º ou § 2.º do art. 295, da Consolidação das Leis Penais.

Art. 7.º O juiz da pronúncia, ao classificar o crime, consumado ou tentado, não poderá reconhecer a existência de causa especial de diminuição da pena.

Art. 8.º As perícias iniciadas antes de 1.º de janeiro de 1942 prosseguirão de acordo com a legislação anterior.

Art. 9.º Os processos de contravenções, em qualquer caso, prosseguirão na forma da legislação anterior.

Art. 10. No julgamento, pelo júri, de crime praticado antes da vigência do Código Penal, observar-se-á o disposto no art. 78 do Decreto-lei n.º 167, de 5 de janeiro de 1938, devendo os quesitos ser formulados de acordo com a Consolidação das Leis Penais.

§ 1.º Os quesitos sobre causas de exclusão de crime, ou de isenção de pena, serão sempre formulados de acordo com a lei mais favorável.

§ 2.º Quando as respostas do júri importarem condenação, o presidente do Tribunal fará o confronto da pena resultante dessas respostas e da pena que seria imposta segundo o Código Penal, e aplicará a mais benigna.

§ 3.º Se o confronto das penas concretizadas, segundo uma e outra lei, depender do reconhecimento de algum fato previsto no Código Penal, e que, pelo Código de Processo Penal, deva constituir objeto de quesito, o juiz o formulará.

Art. 11. Já tendo sido interposto recurso de despacho ou de sentença, as condições de admissibilidade, a forma e o julgamento serão regulados pela lei anterior.

Art. 12. No caso do art. 673 do Código de Processo Penal, se tiver sido imposta medida de segurança detentiva ao condenado, este será removido para estabelecimento adequado.

Art. 13. A aplicação de lei nova a fato julgado por sentença condenatória irrecorrível, nos casos previstos no art. 2.º e seu parágrafo, do Código Penal, far-se-á mediante despacho do juiz, de ofício, ou a requerimento do condenado ou do Ministério Público.

§ 1.º Do despacho caberá recurso, em sentido estrito.

§ 2.º O recurso interposto pelo Ministério Público terá efeito suspensivo, no caso de condenação por crime a que a lei anterior comine, no máximo, pena privativa de liberdade, por tempo igual ou superior a oito anos.

Art. 14. No caso de infração definida na legislação sobre a caça, verificado que o agente foi, anteriormente, punido, administrativamente, por qualquer infração prevista na mesma legislação, deverão ser os autos remetidos à autoridade judiciária que, mediante portaria, instaurará o processo, na forma do art. 531 do Código de Processo Penal.

§ único. O disposto neste artigo não exclui a forma do processo estabelecido no Código de Processo Penal, para o caso de prisão em flagrante do contraventor.

Art. 15. No caso do art. 145, n.º IV, do Código de Processo Penal, o documento reconhecido como falso será, antes de desentranhado dos autos, rubricado pelo juiz e pelo escrivão em cada uma de suas folhas.

Art. 16. Esta lei entrará em vigor no dia 1.º de janeiro de 1942, revogadas as disposições em contrário.

Rio de Janeiro, 11 de dezembro de 1941; 120.º da Independência e 53.º da República.

GETÚLIO VARGAS

Vasco T. Leitão da Cunha

DECRETO-LEI N.º 3.689 — DE 3 DE OUTUBRO DE 1941 *

CÓDIGO DE PROCESSO PENAL

O Presidente da República, usando da atribuição que lhe confere o artigo 180 da Constituição, decreta a seguinte lei:

CÓDIGO DE PROCESSO PENAL

LIVRO I

Do processo em geral

TÍTULO I

Disposições preliminares

Art. 1.º O processo penal reger-se-á, em todo o território brasileiro, por este Código, ressalvados:

I — os tratados, as convenções e regras de direito internacional;

II — as prerrogativas constitucionais do Presidente da República, dos ministros de Estado, nos crimes conexos com os do Presidente da República, e dos ministros do Supremo Tribunal Federal, nos crimes de responsabilidade (Constituição, arts. 86, 89, § 2.º, e 100);

III — os processos da competência da Justiça Militar;

IV — os processos da competência de tribunal especial (Constituição, art. 122, n.º 17);

V — os processos por crimes de imprensa.

Parágrafo único. Aplicar-se-á, entretanto, este Código aos processos referidos nos ns. IV e V, quando as leis especiais que os regulam não dispuserem de modo diverso.

Art. 2.º A lei processual penal aplicar-se-á desde logo, sem prejuízo da validade dos atos realizados sob a vigência da lei anterior.

Art. 3.º A lei processual penal admitirá interpretação extensiva e aplicação analógica, bem como o suplemento dos princípios gerais de direito.

TÍTULO II

Do inquérito policial

Art. 4.º A polícia judiciária será exercida pelas autoridades policiais no território de suas respectivas jurisdições e terá por fim a apuração das infrações penais e da sua autoria.

Parágrafo único. A competência definida neste artigo não excluirá a de autoridades administrativas, a quem por lei seja cometida a mesma função.

Art. 5.º Nos crimes de ação pública o inquérito policial será iniciado:

I — de ofício;

II — mediante requisição da autoridade judiciária ou do Ministério Público, ou a requerimento do ofendido ou de quem tiver qualidade para representá-lo.

§ 1.º O requerimento a que se refere o n. II conterá sempre que possível:

a) a narração do fato, com todas as circunstâncias;

b) a individualização do indiciado ou seus sinais característicos, e as razões de convicção ou de presunção de ser ele o autor da infração, ou os motivos de impossibilidade de o fazer;

c) a nomeação das testemunhas, com indicação de sua profissão e residência.

§ 2.º Do despacho que indeferir o requerimento de abertura de inquérito caberá recurso para o chefe de Polícia.

§ 3.º Qualquer pessoa do povo que tiver conhecimento da existência de infração penal em que caiba ação pública, poderá, verbalmente ou por escrito, comunicá-la à autoridade policial,

---

* Publicado no Diário Oficial da União de 13 e retificado em 24 de outubro de 1941. Reajustados os valores monetários, na proporção de 1:2000 (um por dois mil), conforme determina o art. 4.º da Lei n.º 6.416, de 24 de maio de 1977.

e esta, verificada a procedência das informações, mandará instaurar inquérito.

§ 4.º O inquérito, nos crimes em que a ação pública depender de representação, não poderá sem ela ser iniciado.

§ 5.º Nos crimes de ação privada, a autoridade policial somente poderá proceder a inquérito a requerimento de quem tenha qualidade para intentá-la.

Art. 6.º Logo que tiver conhecimento da prática de infração penal, a autoridade policial deverá:

I — se possivel e conveniente, dirigir-se ao local, providenciando para que se não alterem o estado e conservação das coisas, enquanto necessário;

II — apreender os instrumentos e todos os objetos que tiverem relação com o fato;

III — colher todas as provas que servirem para o esclarecimento do fato e suas circunstâncias;

IV — ouvir o ofendido;

V — ouvir o indiciado, com observância, no que for aplicável, do disposto no Capítulo III do Título VII deste Livro, devendo o respectivo termo ser assinado por duas testemunhas que lhe tenham ouvido a leitura;

VI — proceder a reconhecimento de pessoas e coisas e a acareações;

VII — determinar, se for caso, que se proceda a exame de corpo de delito e a quaisquer outras perícias;

VIII — ordenar a identificação do indiciado pelo processo datiloscópico, se possível, e fazer juntar aos autos sua folha de antecedentes;

IX — averiguar a vida pregressa do indiciado, sob o ponto de vista individual, familiar e social, sua condição econômica, sua atitude e estado de ânimo antes e depois do crime e durante ele, e quaisquer outros elementos que contribuírem para a apreciação do seu temperamento e caráter.

Art. 7.º Para verificar a possibilidade de haver a infração sido praticada de determinado modo, a autoridade policial poderá proceder à reprodução simulada dos fatos, desde que esta não contrarie a moralidade ou a ordem pública.

Art. 8.º Havendo prisão em flagrante, será observado o disposto no Capítulo II do Título IX deste Livro.

Art. 9.º Todas as peças do inquérito policial serão, num só processado, reduzidas a escrito ou datilografadas e, neste caso, rubricadas pela autoridade.

Art. 10. O inquérito deverá terminar no prazo de 10 dias, se o indiciado tiver sido preso em flagrante, ou estiver preso preventivamente, contado o prazo, nesta hipótese, a partir do dia em que se executar a ordem de prisão, ou no prazo de 30 dias, quando estiver solto, mediante fiança ou sem ela.

§ 1.º A autoridade fará minucioso relatório do que tiver sido apurado e enviará os autos ao juiz competente.

§ 2.º No relatório poderá a autoridade indicar testemunhas que não tiverem sido inquiridas, mencionando o lugar onde possam ser encontradas.

§ 3.º Quando o fato for de dificil elucidação, e o indiciado estiver solto, a autoridade poderá requerer ao juiz a devolução dos autos, para ulteriores diligências, que serão realizadas no prazo marcado pelo juiz.

Art. 11. Os instrumentos do crime, bem como os objetos que interessarem à prova, acompanharão os autos do inquérito.

Art. 12. O inquérito policial acompanhará a denúncia ou queixa, sempre que servir de base a uma ou outra.

Art. 13. Incumbirá ainda à autoridade policial:

I — fornecer às autoridades judiciárias as informações necessárias à instrução e julgamento dos processos;

II — realizar as diligências requisitadas pelo juiz ou pelo Ministério Público;

III — cumprir os mandados de prisão expedidos pelas autoridades judiciárias;

IV — representar acerca da prisão preventiva.

Art. 14. O ofendido, ou seu representante legal, e o indiciado poderão requerer qualquer diligência, que será realizada, ou não, a juízo da autoridade.

Art. 15. Se o indiciado for menor, ser-lhe-á nomeado curador pela autoridade policial.

Art. 16. O Ministério Público não poderá requerer a devolução do inquérito à autoridade policial, senão para novas diligências, imprescindíveis ao oferecimento da denúncia.

Art. 17. A autoridade policial não poderá mandar arquivar autos de inquérito.

Art. 18. Depois de ordenado o arquivamento do inquérito pela autoridade judiciária, por falta de base para a denúncia, a autoridade policial poderá proceder a novas pesquisas, se de outras provas tiver notícia.

Art. 19. Nos crimes em que não couber ação pública, os autos do inquérito serão remetidos ao juízo competente, onde aguardarão a iniciativa do ofendido ou de seu representante legal, ou serão entregues ao requerente, se o pedir, mediante traslado.

Art. 20. A autoridade assegurará no inquérito o sigilo necessário à elucidação do fato ou exigido pelo interesse da sociedade.

● Parágrafo único. Nos atestados de antecedentes que lhe forem solicitados, a autoridade policial não poderá mencionar quaisquer anotações referentes a instauração de inquérito contra os requerentes, salvo no caso de existir condenação anterior.

● Parágrafo determinado pela Lei n.º 6.900, de 18 de abril de 1981.

Art. 21. A incomunicabilidade do indiciado dependerá sempre de despacho nos autos e somente será permitida quando o interesse da sociedade ou a conveniência da investigação o exigir.

Parágrafo único. A incomunicabilidade não excederá de três dias.

● Parágrafo único. A incomunicabilidade, que não excederá de três dias, será decretada por despacho fundamentado do juiz, a requerimento da autoridade policial, ou do órgão do Ministério Público, respeitado, em qualquer hipótese o disposto no artigo 89 inciso III, do Estatuto da Ordem dos Advogados do Brasil (Lei n.º 4.215, de 27 de abril de 1963).

● Redação dada pela Lei n.º 5.010, de 30 de maio de 1966, que organizou a Justiça Federal de primeira instância.

Art. 22. No Distrito Federal e nas comarcas em que houver mais de uma circunscrição policial, a autoridade com exercício em uma delas poderá, nos inquéritos a que esteja procedendo, ordenar diligências em circunscrição de outra, independentemente de precatórias ou requisições, e bem assim providenciará, até que compareça a autoridade competente, sobre qualquer fato que ocorra em sua presença, noutra circunscrição.

Art. 23. Ao fazer a remessa dos autos do inquérito ao juiz competente, a autoridade policial oficiará ao Instituto de Identificação e Estatística, ou repartição congênere, mencionando o juízo a que tiverem sido distribuídos, e os dados relativos à infração penal e à pessoa do indiciado.

TITULO III

Da ação penal

Art. 24. Nos crimes de ação pública, esta será promovida por denúncia do Ministério Público, mas dependerá, quando a lei o exigir, de requisição do ministro da Justiça, ou de representação do ofendido ou de quem tiver qualidade para representá-lo.

Parágrafo único. No caso de morte do ofendido ou quando declarado ausente por decisão judicial, o direito

de representação passará ao cônjuge, ascendente, descendente ou irmão.

Art. 25. A representação será irretratável, depois de oferecida a denúncia.

Art. 26. A ação penal, nas contravenções, será iniciada com o auto de prisão em flagrante ou por meio de portaria expedida pela autoridade judiciária ou policial.

Art. 27. Qualquer pessoa do povo poderá provocar a iniciativa do Ministério Público, nos casos em que caiba a ação pública, fornecendo-lhe, por escrito, informações sobre o fato e a autoria e indicando o tempo, o lugar e os elementos de convicção.

Art. 28. Se o orgão do Ministério Público, ao invés de apresentar a denúncia, requerer o arquivamento do inquérito policial ou de quaisquer peças de informação, o juiz, no caso de considerar improcedentes as razões invocadas, fará remessa do inquérito ou peças de informação ao procurador-geral, e este oferecerá a denúncia, designará outro órgão do Ministério Público para oferecê-la, ou insistirá no pedido de arquivamento, ao qual só então estará o juiz obrigado a atender.

Art. 29. Será admitida ação privada nos crimes de ação pública, se esta não for intentada no prazo legal, cabendo ao Ministério Público aditar a queixa, repudiá-la e oferecer denúncia substitutiva, intervir em todos os termos do processo, fornecer elementos de prova, interpor recurso e, a todo tempo, no caso de negligência do querelante, retomar a ação como parte principal.

Art. 30. Ao ofendido ou a quem tenha qualidade para representá-lo caberá intentar a ação privada.

Art. 31. No caso de morte do ofendido ou quando declarado ausente por decisão judicial, o direito de oferecer queixa ou prosseguir na ação passará ao cônjuge, ascendente, descendente ou irmão.

Art. 32. Nos crimes de ação privada, o juiz, a requerimento da parte que comprovar a sua pobreza, nomeará advogado para promover a ação penal.

§ 1.º Considerar-se-á pobre a pessoa que não puder prover às despesas do processo, sem privar-se dos recursos indispensáveis ao próprio sustento ou da família.

§ 2.º Será prova suficiente de pobreza o atestado da autoridade policial em cuja circunscrição residir o ofendido.

Art. 33. Se o ofendido for menor de 18 anos, ou mentalmente enfermo, ou retardado mental, e não tiver representante legal, ou colidirem os interesses deste com os daquele, o direito de queixa poderá ser exercido por curador especial, nomeado, de ofício ou a requerimento do Ministério Público, pelo juiz competente para o processo penal.

Art. 34. Se o ofendido for menor de 21 e maior de 18 anos, o direito de queixa poderá ser exercido por ele ou por seu representante legal.

Art. 35. A mulher casada não poderá exercer o direito de queixa sem consentimento do marido, salvo quando estiver dele separada ou quando a queixa for contra ele.

Parágrafo único. Se o marido recusar o consentimento, o juiz poderá supri-lo.

Art. 36. Se comparecer mais de uma pessoa com direito de queixa, terá preferência o cônjuge, e, em seguida, o parente mais próximo na ordem de enumeração constante do art. 31, podendo, entretanto, qualquer delas prosseguir na ação, caso o querelante desista da instância ou a abandone.

Art. 37. As fundações, associações ou sociedades legalmente constituídas poderão exercer a ação penal, devendo ser representadas por quem os respectivos contratos ou estatutos designarem ou, no silêncio destes, pelos seus diretores ou sócios-gerentes.

Art. 38. Salvo disposição em contrário, o ofendido, ou seu representante legal, decairá do direito de queixa ou de representação, se não o exercer

dentro do prazo de seis meses, contado do dia em que vier a saber quem é o autor do crime, ou, no caso do art. 29, do dia em que se esgotar o prazo para o oferecimento da denúncia.

Parágrafo único. Verificar-se-á a decadência do direito de queixa ou representação, dentro do mesmo prazo, nos casos dos arts. 24, parágrafo único, e 31.

Art. 39. O direito de representação poderá ser exercido, pessoalmente ou por procurador com poderes especiais, mediante declaração, escrita ou oral, feita ao juiz, ao órgão do Ministério Público ou à autoridade policial.

§ 1.º A representação feita oralmente ou por escrito, sem assinatura devidamente autenticada, do ofendido, de seu representante legal ou procurador, será reduzida a termo, perante o juiz ou autoridade policial, presente o órgão do Ministério Público, quando a este houver sido dirigida.

§ 2.º A representação conterá todas as informações que possam servir à apuração do fato e da autoria.

§ 3.º Oferecida ou reduzida a termo a representação, a autoridade policial procederá a inquérito, ou, não sendo competente, remetê-lo-á à autoridade que o for.

§ 4.º A representação, quando feita ao juiz ou perante este reduzida a termo, será remetida à autoridade policial para que esta proceda a inquérito.

§ 5.º O órgão do Ministério Público dispensará o inquérito, se com a representação forem oferecidos elementos que o habilitem a promover a ação penal, e, neste caso, oferecerá a denúncia no prazo de quinze dias.

Art. 40. Quando, em autos ou papéis de que conhecerem, os juízes ou tribunais verificarem a existência de crime de ação pública, remeterão ao Ministério Público as cópias e os documentos necessários ao oferecimento da denúncia.

Art. 41. A denúncia ou queixa conterá a exposição do fato criminoso, com todas as suas circunstâncias, a qualificação do acusado ou esclarecimentos pelos quais se possa identificá-lo, a classificação do crime e, quando necessário, o rol das testemunhas.

Art. 42. O Ministério Público não poderá desistir da ação penal.

Art. 43. A denúncia ou queixa será rejeitada quando:

I — o fato narrado evidentemente não constituir crime;

II — já estiver extinta a punibilidade, pela prescrição ou outra causa;

III — for manifesta a ilegitimidade da parte ou faltar condição exigida pela lei para o exercício da ação penal.

Parágrafo único. Nos casos do n. III, a rejeição da denúncia ou queixa não obstará ao exercício da ação penal, desde que promovida por parte legítima ou satisfeita a condição.

Art. 44. A queixa poderá ser dada por procurador com poderes especiais, devendo constar do instrumento do mandato o nome do querelante e a menção do fato criminoso, salvo quando tais esclarecimentos dependerem de diligências que devem ser previamente requeridas no juízo criminal.

Art. 45. A queixa, ainda quando a ação penal for privativa do ofendido, poderá ser aditada pelo Ministério Público, a quem caberá intervir em todos os termos subseqüentes do processo.

Art. 46. O prazo para oferecimento da denúncia, estando o réu preso, será de 5 dias, contado da data em que o órgão do Ministério Público receber os autos do inquérito policial, e de 15 dias, se o réu estiver solto ou afiançado. No último caso, se houver devolução do inquérito à autoridade policial (art. 16), contar-se-á o prazo da data em que o órgão do Ministério Público receber novamente os autos.

§ 1.º Quando o Ministério Público dispensar o inquérito policial, o prazo para o oferecimento da denúncia contar-se-á da data em que tiver recebido as peças de informação ou a representação.

§ 2.º O prazo para o aditamento da queixa será de 3 dias, contado da data em que o órgão do Ministério Público receber os autos, e, se este não se pronunciar dentro do tríduo, entender-se-á que não tem o que aditar, prosseguindo-se nos demais termos do processo.

Art. 47. Se o Ministério Público julgar necessários maiores esclarecimentos e documentos complementares ou novos elementos de convicção, deverá requisitá-los diretamente, de quaisquer autoridades ou funcionários que devam ou possam fornecê-los.

Art. 48. A queixa contra qualquer dos autores do crime obrigará ao processo de todos, e o Ministério Público velará pela sua indivisibilidade.

Art. 49. A renúncia ao exercício do direito de queixa, em relação a um dos autores do crime, a todos se estenderá.

Art. 50. A renúncia expressa constará de declaração assinada pelo ofendido, por seu representante legal ou procurador com poderes especiais.

Parágrafo único. A renúncia do representante legal do menor que houver completado 18 anos não privará este do direito de queixa, nem a renúncia do último excluirá o direito do primeiro.

Art. 51. O perdão concedido a um dos querelados aproveitará a todos, sem que produza, todavia, efeito em relação ao que o recusar.

Art. 52. Se o querelante for menor de 21 e maior de 18 anos, o direito de perdão poderá ser exercido por ele ou por seu representante legal, mas o perdão concedido por um, havendo oposição do outro, não produzirá efeito.

Art. 53. Se o querelado for mentalmente enfermo ou retardado mental, e não tiver representante legal, ou colidirem os interesses deste com os do querelado, a aceitação do perdão caberá ao curador que o juiz lhe nomear.

Art. 54. Se o querelado for menor de 21 anos, observar-se-á, quanto à aceitação do perdão, o disposto no art. 52.

Art. 55. O perdão poderá ser aceito por procurador com poderes especiais.

Art. 56. Aplicar-se-á ao perdão extraprocessual expresso o disposto no artigo 50.

Art. 57. A renúncia tácita e c perdão tácito admitirão todos os meios de prova.

Art. 58. Concedido o perdão, mediante declaração expressa nos autos, o querelado será intimado a dizer, dentro de três dias, se o aceita, devendo, ao mesmo tempo, ser cientificado de que o seu silêncio importará aceitação.

Parágrafo único. Aceito o perdão, o juiz julgará extinta a punibilidade.

Art. 59. A aceitação do perdão fora do processo constará de declaração assinada pelo querelado, por seu representante legal ou procurador com poderes especiais.

Art. 60. Nos casos em que somente se procede mediante queixa, considerar-se-á perempta a ação penal:

I — quando, iniciada esta, o querelante deixar de promover o andamento do processo durante 30 dias seguidos;

II — quando, falecendo o querelante, ou sobrevindo sua incapacidade, não comparecer em juízo, para prosseguir no processo, dentro do prazo de 60 dias, qualquer das pessoas a quem couber fazê-lo, ressalvado o disposto no artigo 36;

III — quando o querelante deixar de comparecer, sem motivo justificado, a qualquer ato do processo a que deva estar presente, ou deixar de formular o pedido de condenação nas alegações finais;

IV — quando, sendo querelante pessoa jurídica, esta se extinguir sem deixar sucessor.

Art. 61. Em qualquer fase do processo, o juiz, se reconhecer extinta a punibilidade, deverá declará-lo de ofício.

Parágrafo único. No caso de requerimento do Ministério Público, do querelante ou do réu, o juiz mandará autuá-lo em apartado, ouvirá a parte contrária e, se o julgar conveniente, concederá o prazo de cinco dias para a prova, proferindo a decisão dentro de cinco dias ou reservando-se para apreciar a matéria na sentença final.

Art. 62. No caso de morte do acusado, o juiz somente à vista da certidão de óbito, e depois de ouvido o Ministério Público, declarará extinta a punibilidade.

TÍTULO IV

Da ação civil

Art. 63. Transitada em julgado a sentença condenatória, poderão promover-lhe a execução, no juízo cível, para o efeito de reparação do dano, o ofendido, seu representante legal ou seus herdeiros.

Art. 64. Sem prejuízo do disposto no artigo anterior, a ação para ressarcimento do dano poderá ser proposta no juízo cível, contra o autor do crime e, se for caso, contra o responsável civil.

Parágrafo único. Intentada a ação penal, o juiz da ação civil poderá suspender o curso desta, até o julgamento definitivo daquela.

Art. 65. Faz coisa julgada no cível a sentença penal que reconhecer ter sido o ato praticado em estado de necessidade, em legítima defesa, em estrito cumprimento de dever legal ou no exercício regular de direito.

Art. 66. Não obstante a sentença absolutória no juízo criminal, a ação civil poderá ser proposta quando não tiver sido, categoricamente, reconhecida a inexistência material do fato.

Art. 67. Não impedirão igualmente a propositura da ação civil:

I — o despacho de arquivamento do inquérito ou das peças de informação;

II — a decisão que julgar extinta a punibilidade;

III — a sentença absolutória que decidir que o fato imputado não constitui crime.

Art. 68. Quando o titular do direito à reparação do dano for pobre (art. 32, §§ 1.º e 2.º), a execução da sentença condenatória (art. 63) ou a ação civil (art. 64) será promovida, a seu requerimento, pelo Ministério Público.

TÍTULO V

Da competência

Art. 69. Determinará a competência jurisdicional:

I — o lugar da infração;

II — o domicílio ou residência do réu;

III — a natureza da infração;

IV — a distribuição;

V — a conexão ou continência;

VI — a prevenção;

VII — a prerrogativa de função.

CAPÍTULO I

Da competência pelo lugar da infração

Art. 70. A competência será, de regra, determinada pelo lugar em que se consumar a infração, ou, no caso de tentativa, pelo lugar em que for praticado o último ato de execução.

§ 1.º Se, iniciada a execução no território nacional, a infração se consumar fora dele, a competência será determinada pelo lugar em que tiver sido praticado, no Brasil, o último ato de execução.

§ 2.º Quando o último ato de execução for praticado fora do território nacional, será competente o juiz do lugar em que o crime, embora parcialmente, tenha produzido ou devia produzir seu resultado.

§ 3.º Quando incerto o limite territorial entre duas ou mais jurisdições, ou quando incerta a jurisdição por ter sido a infração consumada ou tentada

nas divisas de duas ou mais jurisdições, a competência firmar-se-á pela prevenção.

Art. 71. Tratando-se de infração continuada ou permanente, praticada em território de duas ou mais jurisdições, a competência firmar-se-á pela prevenção.

CAPÍTULO II

Da competência pelo domicílio ou residência do réu

Art. 72. Não sendo conhecido o lugar da infração, a competência regular-se-á pelo domicílio ou residência do réu.

§ 1.º Se o réu tiver mais de uma residência, a competência firmar-se-á pela prevenção.

§ 2.º Se o réu não tiver residência certa ou for ignorado o seu paradeiro, será competente o juiz que primeiro tomar conhecimento do fato.

Art. 73. Nos casos de exclusiva ação privada, o querelante poderá preferir o foro do domicílio ou da residência do réu, ainda quando conhecido o lugar da infração.

CAPÍTULO III

Da competência pela natureza da infração

Art. 74. A competência pela natureza da infração será regulada pelas leis de organização judiciária, salvo a competência privativa do tribunal do júri.

§ 1.º Competirá privativamente ao tribunal do júri o julgamento dos crimes previstos no Código Penal, arts. 121, §§ 1.º e 2.º, 122 e 123, consumados ou tentados.

● § 1.º Compete ao Tribunal do Júri o julgamento dos crimes previstos nos arts. 121, § 1.º, 121, § 2.º, 122, parágrafo único, 123, 124, 125, 126 e 127 do Código Penal, consumados ou tentados.

● Parágrafo com redação determinada pela Lei n.º 263, de 23 de fevereiro de 1948.

§ 2.º Se, iniciado o processo perante um juiz, houver desclassificação para infração da competência de outro, a este será remetido o processo, salvo se mais graduada for a jurisdição do primeiro, que, em tal caso, terá sua competência prorrogada.

§ 3.º Se o juiz da pronúncia desclassificar a infração para outra atribuída à competência de juiz singular, observar-se-á o disposto no art. 410; mas, se a desclassificação for feita pelo próprio tribunal do júri, a seu presidente caberá proferir a sentença (art. 492, § 2.º).

CAPÍTULO IV

Da competência por distribuição

Art. 75. A precedência da distribuição fixará a competência quando, na mesma circunscrição judiciária, houver mais de um juiz igualmente competente.

Parágrafo único. A distribuição realizada para o efeito da concessão de fiança ou da decretação de prisão preventiva ou de qualquer diligência anterior à denúncia ou queixa prevenirá a da ação penal.

CAPÍTULO V

Da competência por conexão ou continência

Art. 76. A competência será determinada pela conexão:

I — se, ocorrendo duas ou mais infrações, houverem sido praticadas, ao mesmo tempo, por várias pessoas reunidas, ou por várias pessoas em concurso, embora diverso o tempo e o lugar, ou por várias pessoas, umas contra as outras;

II — se, no mesmo caso, houverem sido umas praticadas para facilitar ou ocultar as outras, ou para conseguir impunidade ou vantagem em relação a qualquer delas;

III — quando a prova de uma infração ou de qualquer de suas circunstâncias elementares influir na prova de outra infração.

Art. 77. A competência será determinada pela continência quando:

I — duas ou mais pessoas forem acusadas pela mesma infração;

II — no caso de infração cometida nas condições previstas nos arts. 51, § 1.º, 53, segunda parte, e 54 do Código Penal.

Art. 78. Na determinação da competência por conexão ou continência, serão observadas as seguintes regras:

I — no concurso entre a competência do júri e a do juiz singular, prevalecerá a deste, salvo se o crime concorrente, de competência do juiz singular, for qualquer dos enumerados no Capítulo II do Título I da Parte Especial do Código Penal;

II — no concurso de jurisdições da mesma categoria:

a) prevalecerá a do lugar da infração à qual for cominada a pena mais grave;

b) prevalecerá a do lugar em que houver ocorrido o maior número de infrações, se as respectivas penas forem de igual gravidade;

c) firmar-se-á a competência pela prevenção, nos outros casos.

III — no concurso de jurisdições de diversas categorias, prevalecerá a de maior graduação;

IV — no concurso entre a jurisdição comum e a especial, prevalecerá esta.

● Art. 78. Na determinação da competência por conexão ou continência, serão observadas as seguintes regras:

I — no concurso entre a competência do júri e a de outro órgão da jurisdição comum, prevalecerá a competência do júri;

II — no concurso de jurisdições da mesma categoria:

a) preponderará a do lugar da infração, à qual for cominada a pena mais grave;

b) prevalecerá a do lugar em que houver ocorrido o maior número de infrações, se as respectivas penas forem de igual gravidade;

c) firmar-se-á a competência pela prevenção, nos outros casos;

III — no concurso de jurisdições de diversas categorias, predominará a de maior graduação;

IV — no concurso entre a jurisdição comum e a especial, prevalecerá esta.

● Artigo com redação determinada pela Lei n.º 263, de 23 de fevereiro de 1948.

Art. 79. A conexão e a continência importarão unidade de processo e julgamento, salvo:

I — no concurso entre a jurisdição comum e a militar;

II — No concurso entre a jurisdição comum e a do juízo de menores.

§ 1.º Cessará, em qualquer caso, a unidade do processo, se, em relação a algum co-réu, sobrevier o caso previsto no art. 152.

§ 2.º A unidade do processo não importará a do julgamento, se houver co-réu foragido que não possa ser julgado à revelia, ou ocorrer a hipótese do art. 461.

Art. 80. Será facultativa a separação dos processos quando as infrações tiverem sido praticadas em circunstâncias de tempo ou de lugar diferentes, ou, quando pelo excessivo número de acusados e para não lhes prolongar a prisão provisória, ou por outro motivo relevante, o juiz reputar conveniente a separação.

Art. 81. Verificada a reunião dos processos por conexão ou continência, ainda que no processo da sua competência própria venha o juiz ou tribunal a proferir sentença absolutória ou que desclassifique a infração para outra que não se inclua na sua competência, continuará competente em relação aos demais processos.

Parágrafo único. Reconhecida inicialmente ao júri a competência por

conexão ou continência, o juiz, se vier a desclassificar a infração ou impronunciar ou absolver o acusado, de maneira que exclua a competência do júri, remeterá o processo ao juízo competente.

Art. 82. Se, não obstante a conexão ou continência, forem instaurados processos diferentes, a autoridade de jurisdição prevalente deverá avocar os processos que corram perante os outros juízes, salvo se já estiverem com sentença definitiva. Neste caso, a unidade dos processos só se dará, ulteriormente, para o efeito de soma ou de unificação das penas.

CAPÍTULO VI

Da competência por prevenção

Art. 83. Verificar-se-á a competência por prevenção toda vez que, concorrendo dois ou mais juízes igualmente competentes ou com jurisdição cumulativa, um deles tiver antecedido aos outros na prática de algum ato do processo ou de medida a este relativa, ainda que anterior ao oferecimento da denúncia ou da queixa (arts. 70, § 3.º, 71, 72, § 2.º e 78, n. II, letra c).

CAPÍTULO VII

Da competência pela prerrogativa de função

Art. 84. A competência pela prerrogativa de função é do Supremo Tribunal Federal e dos Tribunais de Apelação, relativamente às pessoas que devam responder perante eles por crimes comuns ou de responsabilidade.

Art. 85. Nos processos por crime contra a honra, em que forem querelantes as pessoas que a Constituição sujeita à jurisdição do Supremo Tribunal Federal e dos Tribunais de Apelação, àquele ou a estes caberá o julgamento, quando oposta e admitida a exceção da verdade.

Art. 86. Ao Supremo Tribunal Federal competirá, privativamente, processar e julgar:

I — os seus ministros, nos crimes comuns;

II — os ministros de Estado, salvo nos crimes conexos com os do Presidente da República;

III — o procurador-geral da República, os desembargadores dos Tribunais de Apelação, os ministros do Tribunal de Contas e os embaixadores e ministros diplomáticos, nos crimes comuns e de responsabilidade.

Art. 87. Competirá, originariamente, ao Tribunal de Apelação o julgamento dos governadores ou interventores nos Estados ou Territórios e prefeito do Distrito Federal, seus respectivos secretários e chefes de Polícia, juízes de instância inferior e órgãos do Ministério Público.

CAPÍTULO VIII

Disposições especiais

Art. 88. No processo por crimes praticados fora do território brasileiro, será competente o juízo da Capital do Estado onde houver por último residido o acusado. Se este nunca tiver residido no Brasil, será competente o juízo da Capital da República.

Art. 89. Os crimes cometidos em qualquer embarcação nas águas territoriais da República, ou nos rios e lagos fronteiriços, bem como a bordo de embarcações nacionais, em alto mar, serão processados e julgados pela justiça do primeiro porto brasileiro em que tocar a embarcação, após o crime, ou quando se afastar do país, pela do último em que houver tocado.

Art. 90. Os crimes praticados a bordo de aeronave nacional, dentro do espaço aéreo correspondente ao território brasileiro, ou ao alto mar, ou a bordo de aeronave estrangeira, dentro do espaço aéreo correspondente ao território nacional, serão processados e julgados pela justiça da comarca em cujo território se verificar o pouso após o crime ou, pela da comarca de onde houver partido a aeronave.

Art. 91. Se não se firmar a competência de acordo com as normas es-

tabelecidas nos arts. 89 e 90, será competente o juízo da Capital da República.

● Art. 91. Quando incerta e não se determinar de acordo com as normas estabelecidas nos arts. 89 e 90, a competência se firmará pela prevenção.

● Redação determinada pela Lei n.º 4.893, de 9 de dezembro de 1965.

TÍTULO VI

Das questões e processos incidentes

CAPÍTULO I

Das questões prejudiciais

Art. 92. Se a decisão sobre a existência da infração depender da solução de controvérsia, que o juiz repute séria e fundada, sobre o estado civil das pessoas, o curso da ação penal ficará suspenso até que no juízo cível seja a controvérsia dirimida por sentença passada em julgado, sem prejuízo, entretanto, da inquirição das testemunhas e de outras provas de natureza urgente.

Parágrafo único. Se for o crime de ação pública, o Ministério Publico, quando necessário, promoverá a ação civil ou prosseguirá na que tiver sido iniciada, com a citação dos interessados.

Art. 93. Se o reconhecimento da existência da infração penal depender de decisão sobre questão diversa da prevista no artigo anterior, da competência do juízo cível, e se neste houver sido proposta ação para resolvê-la, o juiz criminal poderá, desde que essa questão de difícil solução e não verse sobre direito cuja prova a lei civil limite, suspender o curso do processo, após a inquirição das testemunhas e realização das outras provas de natureza urgente.

§ 1.º O juiz marcará o prazo da suspensão, que poderá ser razoavelmente prorrogado, se a demora não for imputavel à parte. Expirado o prazo, sem que o juiz cível tenha proferido decisão, o juiz criminal fará prosseguir o processo, retomando sua competência para resolver, de fato e de direito, toda a matéria da acusação ou da defesa.

§ 2.º Do despacho que denegar a suspensão não caberá recurso.

§ 3.º Suspenso o processo, e tratando-se de crime de ação pública, incumbirá ao Ministério Público intervir imediatamente na causa cível, para o fim de promover-lhe o rápido andamento.

Art. 94. A suspensão do curso da ação penal, nos casos dos artigos anteriores, será decretada pelo juiz, de ofício ou a requerimento das partes.

CAPÍTULO II

Das exceções

Art. 95. Poderão ser opostas as exceções de:

I — suspeição;

II — incompetência de juízo;

III — litispendência;

IV — ilegitimidade de parte;

V — coisa julgada.

Art. 96. A arguição de suspeição precederá a qualquer outra, salvo quando fundada em motivo superveniente.

Art. 97. O juiz que espontaneamente afirmar suspeição, deverá fazê-lo por escrito, declarando o motivo legal, e remeterá imediatamente o processo ao seu substituto, intimadas as partes.

Art. 98. Quando qualquer das partes pretender recusar o juiz, deverá fazê-lo em petição assinada por ela própria ou por procurador com poderes especiais, aduzindo as suas razões acompanhadas de prova documental ou do rol de testemunhas.

Art. 99. Se reconhecer a suspeição, o juiz sustará a marcha do processo, mandará juntar aos autos a petição do recusante com os documentos que a instruam, e por despacho se declarará suspeito, ordenando a remessa dos autos ao substituto.

Art. 100. Não aceitando a suspeição, o juiz mandará autuar em apartado a petição, dará sua resposta dentro em três dias, podendo instruí-la e oferecer testemunhas, e, em seguida, determinará sejam os autos da exceção remetidos, dentro em vinte e quatro horas, ao juiz ou tribunal a quem competir o julgamento.

§ 1.° Reconhecida, preliminarmente, a relevância da argüição, o juiz ou tribunal, com citação das partes, marcará dia e hora para a inquirição das testemunhas, seguindo-se o julgamento, independentemente de mais alegações.

§ 2.° Se a suspeição for de manifesta improcedência, o juiz ou relator a rejeitará liminarmente.

Art. 101. Julgada procedente a suspeição, ficarão nulos os atos do processo principal, pagando o juiz as custas, no caso de erro inescusável; rejeitada, e evidenciando-se a malícia do excipente, a este será imposta a multa de quatrocentos cruzeiros a quatro mil cruzeiros.

Art. 102. Quando a parte contrária reconhecer a procedência da argüição, poderá ser sustado, a seu requerimento, o processo principal, até que se julgue o incidente da suspeição.

Art. 103. No Supremo Tribunal Federal e nos Tribunais de Apelação, o juiz que se julgar suspeito deverá declará-lo nos autos e, se for revisor, passar o feito ao seu substituto na ordem da precedência, ou, se for relator, apresentar os autos em mesa para nova distribuição.

§ 1.° Se não for relator nem revisor, o juiz que houver de dar-se por suspeito, deverá fazê-lo verbalmente, na sessão de julgamento, registrando-se na ata a declaração.

§ 2.° Se o presidente do Tribunal se der por suspeito, competirá ao seu substituto designar dia para o julgamento e presidi-lo.

§ 3.° Observar-se-á, quanto à argüição de suspeição pela parte, o disposto nos arts. 98 a 101, no que lhe for aplicável, atendido, se o juiz a reconhecer, o que estabelece este artigo.

§ 4.° A suspeição, não sendo reconhecida, será julgada pelo tribunal pleno, funcionando como relator o presidente.

§ 5.° Se o recusado for o presidente do tribunal, o relator será o vice-presidente.

Art. 104. Se for argüida a suspeição do órgão do Ministério Público, o juiz, depois de ouvi-lo, decidirá, sem recurso, podendo antes admitir a produção de provas no prazo de três dias.

Art. 105. As partes poderão tambem argüir de suspeitos os peritos, os intérpretes e os serventuários ou funcionários de justiça, decidindo o juiz de plano e sem recurso, à vista da matéria alegada e prova imediata.

Art. 106. A suspeição dos jurados deverá ser arguida oralmente, decidindo de plano o presidente do tribunal do júri, que a rejeitará se, negada pelo recusado, não for imediatamente comprovada, o que tudo constará da ata.

Art. 107. Não se poderá opor suspeição às autoridades policiais nos atos do inquérito, mas deverão elas declarar-se suspeitas, quando ocorrer motivo legal.

Art. 108. A exceção de incompetência do juízo poderá ser oposta, verbalmente ou por escrito, no prazo de defesa.

§ 1.° Se, ouvido o Ministério Público, for aceita a declinatória, o feito será remetido ao juízo competente, onde, ratificados os atos anteriores, o processo prosseguirá.

§ 2.° Recusada a incompetência, o juiz continuará no feito, fazendo tomar por termo a declinatória, se formulada verbalmente.

Art. 109. Se em qualquer fase do processo o juiz reconhecer motivo que o torne incompetente, declará-lo-á nos autos, haja ou não alegação da parte, prosseguindo-se na forma do artigo anterior.

Art. 110. Nas exceções de litispendência, ilegitimidade de parte e coisa julgada, será observado, no que lhes for aplicável, o disposto sobre a exceção de incompetência do juízo.

§ 1.º Se a parte houver de opor mais de uma dessas exceções, deverá fazê-lo numa só petição ou articulado.

§ 2.º A exceção de coisa julgada somente poderá ser oposta em relação ao fato principal, que tiver sido objeto da sentença.

Art. 111. As exceções serão processadas em autos apartados e não suspenderão, em regra, o andamento da ação penal.

CAPÍTULO III

Das incompatibilidades e impedimentos

Art. 112. O juiz, o órgão do Ministério Público, os serventuários ou funcionários de justiça e os peritos ou intérpretes abster-se-ão de servir no processo, quando houver incompatibilidade ou impedimento legal, que declararão nos autos. Se não se der a abstenção, a incompatibilidade ou impedimento poderá ser argüido pelas partes, seguindo-se o processo estabelecido para a exceção de suspeição.

CAPÍTULO IV

Do conflito de jurisdição

Art. 113. As questões atinentes à competência resolver-se-ão não só pela exceção própria, como também pelo conflito positivo ou negativo de jurisdição.

Art. 114. Haverá conflito de jurisdição:

I — quando duas ou mais autoridades judiciárias se considerarem competentes, ou incompetentes, para conhecer do mesmo fato criminoso;

II — quando entre elas surgir controvérsia sobre unidade de juízo, junção ou separação de processos.

Art. 115. O conflito poderá ser suscitado:

I — pela parte interessada;

II — pelo órgão do Ministério Público junto a qualquer dos juízos em dissídio;

III — por qualquer dos juízes ou tribunais em causa.

Art. 116. Os juizes e tribunais, sob a forma de representação, e a parte interessada, sob a de requerimento, darão parte escrita e circunstanciada do conflito, perante o tribunal competente, expondo os fundamentos e juntando os documentos comprobatórios.

§ 1.º Quando negativo o conflito, os juízes e tribunais poderão suscitá-lo nos próprios autos do processo.

§ 2.º Distribuído o feito, se o conflito for positivo, o relator poderá determinar imediatamente que se suspenda o andamento do processo.

§ 3.º Expedida ou não a ordem de suspensão, o relator requisitará informações às autoridades em conflito, remetendo-lhes cópia do requerimento ou representação.

§ 4.º As informações serão prestadas no prazo marcado pelo relator.

§ 5.º Recebidas as informações, e depois de ouvido o procurador-geral, o conflito será decidido na primeira sessão, salvo se a instrução do feito depender de diligência.

§ 6.º Proferida a decisão, as cópias necessárias serão remetidas, para a sua execução, às autoridades contra as quais tiver sido levantado o conflito ou que o houverem suscitado.

Art. 117. O Supremo Tribunal Federal, mediante avocatória, restabelecerá a sua jurisdição, sempre que exercida por qualquer dos juízes ou tribunais inferiores.

CAPITULO V

Da restituição das coisas apreendidas

Art. 118. Antes de transitar em julgado a sentença final, as coisas apreendidas não poderão ser restituídas enquanto interessarem ao processo.

Art. 119. As coisas a que se referem os artigos 74 e 100 do Código Penal não poderão ser restituídas, mesmo depois de transitar em julgado a sentença final, salvo se pertencerem ao lesado ou a terceiro de boa fé.

Art. 120. A restituição, quando cabível, poderá ser ordenada pela autoridade policial ou juiz, mediante termo nos autos, desde que não exista dúvida quanto ao direito do reclamante.

§ 1.º Se duvidoso esse direito, o pedido de restituição autuar-se-á em apartado, assinando-se ao requerente o prazo de 5 dias para prova. Em tal caso, só o juiz criminal poderá decidir o incidente.

§ 2.º O incidente autuar-se-á também em apartado e só a autoridade judicial o resolverá, se as coisas forem apreendidas em poder de terceiro de boa fé, que será intimado para alegar e provar o seu direito, em prazo igual e sucessivo ao do reclamante, tendo um e outro dois dias para arrazoar.

§ 3.º Sobre o pedido de restituição será sempre ouvido o Ministério Público.

§ 4.º Em caso de dúvida sobre quem seja o verdadeiro dono, o juiz remeterá as partes para o juízo cível, ordenando o depósito das coisas em mãos de depositário ou do próprio terceiro que as detinha, se for pessoa idônea.

§ 5.º Tratando-se de coisas facilmente deterioráveis, serão avaliadas e levadas a leilão público, depositando-se o dinheiro apurado, ou entregues ao terceiro que as detinha, se este for pessoa idônea e assinar termo de responsabilidade.

Art. 121. No caso de apreensão de coisa adquirida com os proventos da infração, aplica-se o disposto no art. 133 e seu parágrafo.

Art. 122. Sem prejuízo do disposto nos artigos 120 e 133, decorrido o prazo de 90 dias, após transitar em julgado a sentença condenatória, o juiz decretará, se for caso, a perda em favor da União, das coisas apreendidas (art. 74, n. II, letras "a" e "b", do Código Penal) e ordenará que sejam vendidas em leilão público.

Parágrafo único. Do dinheiro apurado será recolhido ao Tesouro Nacional o que não couber ao lesado ou a terceiro de boa fé.

Art. 123. Fora dos casos previstos nos artigos anteriores, se dentro no prazo de 90 dias, a contar da data em que transitar em julgado a sentença final, condenatória ou absolutória, os objetos apreendidos não forem reclamados ou não pertencerem ao réu, serão vendidos em leilão, depositando-se o saldo à disposição do juízo de ausentes.

Art. 124. Os instrumentos do crime, cuja perda em favor da União for decretada, e as coisas confiscadas, de acordo com o disposto no artigo 100 do Código Penal, serão inutilizados ou recolhidos a museu criminal, se houver interesse na sua conservação.

CAPÍTULO VI

Das medidas assecuratórias

Art. 125. Caberá o sequestro dos bens imóveis, adquiridos pelo indiciado com os proventos da infração, ainda que já tenham sido transferidos a terceiro.

Art. 126. Para a decretação do seqüestro, bastará a existência de indícios veementes da proveniência ilícita dos bens.

Art. 127. O juiz, de ofício, a requerimento do Ministério Público ou do ofendido, ou mediante representação da autoridade policial, poderá ordenar o seqüestro, em qualquer fase do processo ou ainda antes de oferecida a denúncia ou queixa.

Art. 128. Realizado o sequestro, o juiz ordenará a sua inscrição no Registro de Imóveis.

Art. 129. O seqüestro autuar-se-á em apartado e admitirá embargos de terceiro.

Art. 130. O seqüestro poderá, ainda, ser embargado:

I — pelo acusado, sob o fundamento de não terem os bens sido adquiridos com os proventos da infração;

II — pelo terceiro, a quem houverem os bens sido transferidos a título oneroso, sob o fundamento de tê-los adquirido de boa fé.

Parágrafo único. Não poderá ser pronunciada decisão nesses embargos antes de passar em julgado a sentença condenatória.

Art. 131. O seqüestro será levantado:

I — se a ação penal não for intentada no prazo de sessenta dias, contado da data em que ficar concluida a diligência;

II — se o terceiro, a quem tiverem sido transferidos os bens, prestar caução que assegure a aplicação do disposto no art. 74, n. II, letra "b", segunda parte, do Código Penal;

III — se for julgada extinta a punibilidade ou absolvido o réu, por sentença transitada em julgado.

Art. 132. Proceder-se-á ao seqüestro dos bens móveis se, verificadas as condições previstas no art. 126, não for cabível a medida regulada no Capítulo XI do Título VII deste Livro.

Art. 133. Transitada em julgado a sentença condenatória, o juiz, de ofício ou a requerimento do interessado, determinará a avaliação e a venda dos bens em leilão público.

Parágrafo único. Do dinheiro apurado, será recolhido ao Tesouro Nacional o que não couber ao lesado ou a terceiro de boa fé.

Art. 134. A hipoteca legal sobre os imóveis do indiciado poderá ser requerida pelo ofendido em qualquer fase do processo, desde que haja certeza da infração e indícios suficientes da autoria.

Art. 135. Pedida a especialização mediante requerimento, em que a parte estimará o valor da responsabilidade civil, e designará e estimará o imóvel ou imóveis que terão de ficar especialmente hipotecados, o juiz mandará logo proceder ao arbitramento do valor da responsabilidade e à avaliação do imóvel ou imóveis.

§ 1.º A petição será instruída com as provas ou indicação das provas em que se fundar a estimação da responsabilidade com a relação dos imóveis que o responsável possuir, se outros tiver, além dos indicados no requerimento, e com os documentos comprobatórios do domínio.

§ 2.º O arbitramento do valor da responsabilidade e a avaliação dos imóveis designados far-se-ão por perito nomeado pelo juiz, onde não houver avaliador judicial, sendo-lhe facultada a consulta dos autos do processo penal respectivo.

§ 3.º O juiz, ouvidas as partes no prazo de dois dias, que correrá em cartório, poderá corrigir o arbitramento do valor da responsabilidade, se lhe parecer excessivo ou deficiente.

§ 4.º O juiz autorizará somente a inscrição da hipoteca do imóvel ou imóveis necessários à garantia da responsabilidade.

§ 5.º O valor da responsabilidade será liquidado definitivamente após a condenação, podendo ser requerido novo arbitramento se qualquer das partes não se conformar com o arbitramento anterior à sentença condenatória.

§ 6.º Se o réu oferecer caução suficiente, em dinheiro ou em títulos de dívida pública, pelo valor de sua cotação em Bolsa, o juiz poderá deixar de mandar proceder à inscrição da hipoteca legal.

Art. 136. O seqüestro do imóvel poderá ser decretado de início, revogando-se, porém, se no prazo de 15 dias não for promovido o processo de inscrição da hipoteca legal.

Art. 137. Se o responsável não possuir bens imóveis ou os possuir de valor insuficiente, poderão ser seqüestrados bens imóveis suscetíveis de pe-

nhora, nos termos em que é facultada a hipoteca legal dos móveis.

§ 1.º Se esses bens forem coisas fungíveis e facilmente deterioráveis, proceder-se-á na forma do § 5.º do art. 120.

§ 2.º Das rendas dos bens móveis poderão ser fornecidos recursos, arbitrados pelo juiz, para a manutenção do indiciado e de sua família.

Art. 138. O processo de especialização da hipoteca legal e do seqüestro correrão em auto apartado.

Art. 139. O depósito e a administração dos bens seqüestrados ficarão sujeitos ao regime do processo civil.

Art. 140. As garantias do ressarcimento do dano alcançarão também as despesas processuais e as penas pecuniárias, tendo preferência sobre estas a reparação do dano ao ofendido.

Art. 141. O seqüestro será levantado ou cancelada a hipoteca, se, por sentença irrecorrível, o réu for absolvido ou julgada extinta a punibilidade.

Art. 142. Caberá ao Ministério Público promover as medidas estabelecidas nos arts. 134, 136 e 137, se houver interesse da Fazenda Pública, ou se o ofendido for pobre e o requerer.

Art. 143. Passando em julgado a sentença condenatória, serão os autos de hipoteca ou seqüestro remetidos ao juiz do cível (art. 63).

Art. 144. Os interessados ou, nos casos do art. 142, o Ministério Público, poderão requerer no juízo cível, contra o responsável civil, as medidas previstas nos arts. 134, 136 e 137.

CAPITULO VII

Do incidente de falsidade

Art. 145. Argüida, por escrito, a falsidade de documento constante dos autos, o juiz observará o seguinte processo:

I — mandará autuar em apartado a impugnação, e em seguida ouvirá a parte contrária, que, no prazo de 48 horas, oferecerá resposta;

II — assinará o prazo de três dias, sucessivamente, a cada uma das partes, para prova de suas alegações;

III — conclusos os autos, poderá ordenar as diligências que entender necessárias;

IV — se reconhecida a falsidade por decisão irrecorrível, mandará desentranhar o documento e remetê-lo, com os autos do processo incidente, ao Ministério Público.

Art. 146. A argüição de falsidade, feita por procurador, exige poderes especiais.

Art. 147. O juiz poderá, de ofício, proceder à verificação da falsidade.

Art. 148. Qualquer que seja a decisão, não fará coisa julgada em prejuízo de ulterior processo penal ou civil.

CAPÍTULO VIII

Da insanidade mental do acusado

Art. 149. Quando houver dúvida sobre a integridade mental do acusado, o juiz ordenará, de ofício ou a requerimento do Ministério Público, do defensor, do curador, do ascendente, descendente, irmão ou cônjuge do acusado, seja este submetido a exame médico-legal.

§ 1.º O exame poderá ser ordenado ainda na fase do inquérito, mediante representação da autoridade policial ao juiz competente.

§ 2.º O juiz nomeará curador ao acusado, quando determinar o exame, ficando suspenso o processo, se já iniciada a ação penal, salvo quanto às diligências que possam ser prejudicadas pelo adiamento.

Art. 150. Para o efeito do exame, o acusado, se estiver preso, será internado em manicômio judiciário, onde houver, ou, se estiver solto, e o requererem os peritos, em estabelecimento adequado que o juiz designar.

§ 1.º O exame não durará mais de quarenta e cinco dias, salvo se os peritos demonstrarem a necessidade de maior prazo.

§ 2.º Se não houver prejuízo para a marcha do processo, o juiz poderá autorizar sejam os autos entregues aos peritos, para facilitar o exame.

Art. 151. Se os peritos concluírem que o acusado era, ao tempo da infração, irresponsável nos termos do art. 22 do Código Penal, o processo prosseguirá, com a presença do curador.

Art. 152. Se se verificar que a doença mental sobreveio à infração o processo continuará suspenso até que o acusado se restabeleça, observado o § 2.º do art. 149.

§ 1.º O juiz poderá, neste caso, ordenar a internação do acusado em manicômio judiciário ou em outro estabelecimento adequado.

§ 2.º O processo retomará o seu curso, desde que se restabeleça o acusado, ficando-lhe assegurada a faculdade de reinquirir as testemunhas que houverem prestado depoimento sem a sua presença.

Art. 153. O incidente da insanidade mental processar-se-á em auto apartado, que só depois da apresentação do laudo será apenso ao processo principal.

Art. 154. Se a insanidade mental sobrevier no curso da execução da pena, observar-se-á o disposto no art. 682.

TÍTULO VII

Da prova

CAPÍTULO I

Disposições gerais

Art. 155. No juízo penal, somente quanto ao estado das pessoas serão observadas as restrições à prova estabelecida na lei civil.

Art. 156. A prova da alegação incumbirá a quem a fizer; mas o juiz poderá, no curso da instrução ou antes de proferir sentença, determinar, de ofício, diligências para dirimir dúvida sobre ponto relevante.

Art. 157. O juiz formará sua conconvicção pela livre apreciação da prova.

CAPÍTULO II

Do exame do corpo de delito, e das perícias em geral

Art. 158. Quando a infração deixar vestígios, será indispensável o exame de corpo de delito, direto ou indireto, não podendo supri-lo a confissão do acusado.

Art. 159. Os exames de corpo de delito e as outras perícias serão em regra feitos por peritos oficiais.

§ 1.º Não havendo peritos oficiais, o exame será feito por duas pessoas idôneas, escolhidas de preferência as que tiverem habilitação técnica.

§ 2.º Os peritos não oficiais prestarão o compromisso de bem e fielmente desempenhar o encargo.

Art. 160. Os peritos descreverão minuciosamente o que examinarem e responderão aos quesitos formulados.

Parágrafo único. Se os peritos não puderem formar logo juízo seguro ou fazer relatório completo do exame, ser-lhes-á concedido prazo até cinco dias. Em casos especiais, esse prazo poderá ser prorrogado, razoavelmente, a requerimento dos peritos.

Art. 161. O exame do corpo de delito poderá ser feito em qualquer dia e a qualquer hora.

Art. 162. A autópsia será feita pelo menos seis horas depois do óbito, salvo se os peritos, pela evidência dos sinais de morte, julgarem que possa ser feita antes daquele prazo, o que declararão no auto.

Parágrafo único. Nos casos de morte violenta, bastará o simples exame externo do cadáver, quando não houver infração penal que apurar, ou quando as lesões externas permitirem

precisar a causa da morte e não houver necessidade de exame interno para a verificação de alguma circunstância relevante.

Art. 163. Em caso de exumação para exame cadavérico, a autoridade providenciará para que, em dia e hora previamente marcados, se realize a diligência, da qual se lavrará auto circunstanciado.

Parágrafo único. O administrador de cemitério público ou particular indicará o lugar da sepultura, sob pena de desobediência. No caso de recusa ou de falta de quem indique a sepultura, ou de encontrar-se o cadáver em lugar não destinado a inumações, a autoridade procederá às pesquisas necessárias, o que tudo constará do auto.

Art. 164. Os cadáveres serão, sempre que possível, fotografados na posição em que forem encontrados.

Art. 165. Para representar as lesões encontradas no cadáver, os peritos, quando possível, juntarão ao laudo do exame provas fotográficas, esquemas ou desenhos, devidamente rubricados.

Art. 166. Havendo dúvida sobre a identidade do cadáver exumado, proceder-se-á ao reconhecimento pelo Instituto de Identificação e Estatística ou repartição congênere ou pela inquirição de testemunhas, lavrando-se auto de reconhecimento e de identidade, no qual se descreverá o cadáver, com todos os sinais e indicações.

Parágrafo único. Em qualquer caso, serão arrecadados e autenticados todos os objetos encontrados, que possam ser úteis para a identificação do cadáver.

Art. 167. Não sendo possível o exame do corpo de delito, por haverem desaparecido os vestígios, a prova testemunhal poderá suprir-lhe a falta.

Art. 168. Em caso de lesões corporais, se o primeiro exame pericial tiver sido incompleto, proceder-se-á a exame complementar por determinação da autoridade policial ou judiciária, de ofício, ou a requerimento do Ministério Público, do ofendido ou do acusado ou de seu defensor.

§ 1.º No exame complementar, os peritos terão presente o auto de corpo de delito, a fim de suprir-lhe a deficiência ou retificá-lo.

§ 2.º Se o exame tiver por fim precisar a classificação do delito no art. 129, § 1.º, n. I, do Código Penal, deverá ser feito logo que decorra o prazo de 30 dias, contado da data do crime.

§ 3.º A falta de exame complementar poderá ser suprida pela prova testemunhal.

Art. 169. Para o efeito de exame do local onde houver sido praticada a infração, a autoridade providenciará imediatamente para que não se altere o estado das coisas até a chegada dos peritos, que poderão instruir seus laudos com fotografias, desenhos ou esquemas elucidativos.

Art. 170. Nas perícias de laboratório, os peritos guardarão material suficiente para a eventualidade de nova perícia. Sempre que conveniente, os laudos serão ilustrados com provas fotográficas, ou microfotográficas, desenhos ou esquemas.

Art. 171. Nos crimes cometidos com destruição ou rompimento de obstáculo a subtração da coisa, ou por meio de escalada, os peritos, além de descrever os vestígios, indicarão com que instrumentos, por que meios e em que época presumem ter sido o fato praticado.

Art. 172. Proceder-se-á, quando necessário, à avaliação de coisas destruídas, deterioradas ou que constituam produto do crime.

Parágrafo único. Se impossível a avaliação direta, os peritos procederão à avaliação por meio dos elementos existentes nos autos e dos que resultarem de diligências.

Art. 173. No caso de incêndio, os peritos verificarão a causa e o lugar em que houver começado, o perigo que dele tiver resultado para a vida ou para o patrimônio alheio, a extensão do dano e o seu valor e as demais

circunstâncias que interessarem à elucidação do fato.

Art. 174. No exame para o reconhecimento de escritos, por comparação de letra, observar-se-á o seguinte:

I — a pessoa a quem se atribua ou se possa atribuir o escrito será intimada para o ato, se for encontrada;

II — para a comparação, poderão servir quaisquer documentos que a dita pessoa reconhecer ou já tiverem sido judicialmente reconhecidos como de seu punho, ou sobre cuja autenticidade não houver dúvida;

III — a autoridade, quando necessário, requisitará, para o exame, os documentos que existirem em arquivos ou estabelecimentos públicos, ou nestes realizará a diligência, se daí não puderem ser retirados;

IV — quando não houver escritos para a comparação ou forem insuficientes os exibidos, a autoridade mandará que a pessoa escreva o que lhe for ditado. Se estiver ausente a pessoa, mas em lugar certo, esta última diligência poderá ser feita por precatória, em que se consignarão as palavras que a pessoa será intimada a escrever.

Art. 175. Serão sujeitos a exame os instrumentos empregados para a prática da infração, afim de se lhes verificar a natureza e a eficiência.

Art. 176. A autoridade e as partes poderão formular quesitos até o ato da diligência.

Art. 177. No exame por precatória, a nomeação dos peritos far-se-á no juízo deprecado. Havendo, porém, no caso de ação privada, acordo das partes, essa nomeação poderá ser feita pelo juiz deprecante.

Parágrafo único. Os quesitos do juiz e das partes serão transcritos na precatória.

Art. 178. No caso do art. 159, o exame será requisitado pela autoridade ao diretor da repartição, juntando-se ao processo o laudo assinado pelos peritos.

Art. 179. No caso do § 1.º do art. 159, o escrivão lavrará o auto respectivo, que será assinado pelos peritos e, se presente ao exame, também pela autoridade.

Parágrafo único. No caso do art. 160, parágrafo único, o laudo que poderá ser datilografado, será subscrito e rubricado em suas folhas por todos os peritos.

Art. 180. Se houver divergência entre os peritos, serão consignadas no auto do exame as declarações e respostas de um e de outro, ou cada um redigirá separadamente o seu laudo, e a autoridade nomeará um terceiro; se este divergir de ambos, a autoridade poderá mandar proceder a novo exame por outros peritos.

Art. 181. No caso de inobservância de formalidade ou no caso de omissões, obscuridades ou contradições, a autoridade policial ou judiciária mandará suprir a formalidade ou completar ou esclarecer o laudo.

Parágrafo único. A autoridade poderá também ordenar que se proceda a novo exame, por outros peritos, se julgar conveniente.

Art. 182. O juiz não ficará adstrito ao laudo, podendo aceitá-lo ou rejeitá-lo, no todo ou em parte.

Art. 183. Nos crimes em que não couber ação pública, observar-se-á o disposto no art. 19.

Art. 184. Salvo o caso de exame de corpo de delito, o juiz ou a autoridade policial negará a perícia requerida pelas partes, quando não for necessária ao esclarecimento da verdade.

CAPITULO III

Do interrogatório do acusado

Art. 185. O acusado, que for preso, ou comparecer, espontaneamente ou em virtude de intimação, perante a autoridade judiciária, no curso do processo penal, será qualificado e interrogado.

Art. 186. Antes de iniciar o interrogatório, o juiz observará ao réu que, embora não esteja obrigado a responder às perguntas que lhe forem formuladas, o seu silêncio poderá ser interpretado em prejuízo da própria defesa.

Art. 187. O defensor do acusado não poderá intervir ou influir, de qualquer modo, nas perguntas e nas respostas.

Art. 188. O réu será perguntado sobre o seu nome, naturalidade, estado, idade, filiação, residência, meios de vida ou profissão e lugar onde exerce a sua atividade e se sabe ler e escrever, e, depois de cientificado da acusação, será interrogado sobre:

I — onde estava ao tempo em que foi cometida a infração e se teve notícia desta;

II — as provas contra ele já apuradas;

III — se conhece a vítima e as testemunhas já inquiridas ou por inquirir, e desde quando, e se tem que alegar contra elas;

IV — se conhece o instrumento com que foi praticada a infração, ou qualquer dos objetos que com esta se relacione e tenha sido apreendido;

V — se verdadeira a imputação que lhe é feita;

VI — se, não sendo verdadeira a imputação, tem algum motivo particular a que atribuí-la, se conhece a pessoa ou pessoas a que deva ser imputada a prática do crime, e quais sejam, e se com elas esteve antes da prática da infração ou depois dela;

VII — todos os demais fatos e pormenores, que conduzam à elucidação dos antecedentes e circunstâncias da infração;

VIII — sua vida pregressa, notadamente se foi preso ou processado alguma vez e, no caso afirmativo, qual o juízo do processo, qual a pena imposta e se a cumpriu.

Parágrafo único. Se o acusado negar a imputação no todo ou em parte, será convidado a indicar as provas da verdade de suas declarações.

Art. 189. Se houver co-réus, cada um deles será interrogado separadamente.

Art. 190. Se o réu confessar a autoria, será especialmente perguntado sobre os motivos e circunstâncias da ação e se outras pessoas concorreram para a infração e quais sejam.

Art. 191. Consignar-se-ão as perguntas que o réu deixar de responder e as razões que invocar para não fazê-lo.

Art. 192. O interrogatório do mudo, do surdo ou do surdo-mudo será feito pela forma seguinte:

I — ao surdo serão apresentadas por escrito as perguntas, que ele responderá oralmente;

II — ao mudo as perguntas serão feitas oralmente, respondendo-as ele por escrito;

III — ao surdo-mudo as perguntas serão formuladas por escrito, e por escrito dará ele as respostas.

Parágrafo único. Caso o interrogado não saiba ler ou escrever, intervirá no ato, como intérprete e sob compromisso, pessoa habilitada a entendê-lo.

Art. 193. Quando o acusado não falar a língua nacional, o interrogatório será feito por intérprete.

Art. 194. Se o acusado for menor, proceder-se-á ao interrogatório na presença de curador.

Art. 195. As respostas do acusado serão ditadas pelo juiz e reduzidas a termo que, depois de lido e rubricado pelo escrivão em todas as suas folhas, será assinado pelo juiz e pelo acusado.

Parágrafo único. Se o acusado não souber escrever, não puder ou não quiser assinar, tal fato será consignado no termo.

Art. 196. A todo tempo, o juiz poderá proceder a novo interrogatório.

CAPÍTULO IV

Da confissão

Art. 197. O valor da confissão se aferirá pelos critérios adotados para os outros elementos de prova, e para a sua apreciação o juiz deverá confrontá-la com as demais provas do processo, verificando se entre ela e estas existe compatibilidade ou concordância.

Art. 198. O silêncio do acusado não importará confissão, mas poderá constituir elemento para a formação do convencimento do juiz.

Art. 199. A confissão, quando feita fora do interrogatório, será tomada por termo nos autos, observado o disposto no art. 195.

Art. 200. A confissão será divisível e retratável, sem prejuízo do livre convencimento do juiz, fundado no exame das provas em conjunto.

CAPÍTULO V

Das perguntas ao ofendido

Art. 201. Sempre que possível, o ofendido será qualificado e perguntado sobre as circunstâncias da infração, quem seja ou presuma ser o seu autor, as provas que possa indicar, tomando-se por termo as suas declarações.

Parágrafo único. Se, intimado para esse fim, deixar de comparecer sem motivo justo, o ofendido poderá ser conduzido à presença da autoridade.

CAPÍTULO VI

Das testemunhas

Art. 202. Toda pessoa poderá ser testemunha.

Art. 203. A testemunha fará, sob palavra de honra, a promessa de dizer a verdade do que souber e lhe for perguntado, devendo declarar seu nome, sua idade, seu estado e sua residência, sua profissão, lugar onde exerce sua atividade, se é parente, e em que grau, de alguma das partes, ou quais suas relações com qualquer delas, e relatar o que souber, explicando sempre as razões de sua ciência ou as circunstâncias pelas quais possa avaliar-se de sua credibilidade.

Art. 204. O depoimento será prestado oralmente, não sendo permitido à testemunha trazê-lo por escrito.

Parágrafo único. Não será vedada à testemunha, entretanto, breve consulta a apontamentos.

Art. 205. Se ocorrer dúvida sobre a identidade da testemunha, o juiz procederá à verificação pelos meios ao seu alcance, podendo, entretanto, tomar-lhe o depoimento desde logo.

Art. 206. A testemunha não poderá eximir-se da obrigação de depor. Poderão, entretanto, recusar-se a fazê-lo o ascendente ou descendente, o afim em linha reta, o cônjuge, ainda que desquitado, o irmão e o pai, a mãe, ou filho adotivo do acusado, salvo quando não for possível, por outro modo, obter-se ou integrar-se a prova do fato e de suas circunstâncias.

Art. 207. São proibidas de depor as pessoas que, em razão de função, ministério, ofício ou profissão, devam guardar segredo, salvo se, desobrigadas pela parte interessada, quiserem dar o seu testemunho.

Art. 208. Não se deferirá o compromisso a que alude o artigo 203 aos doentes e deficientes mentais e aos menores de 14 anos, nem às pessoas a que se refere o artigo 206.

Art. 209. O juiz, quando julgar necessário, poderá ouvir outras testemunhas, além das indicadas pelas partes.

§ 1.º Se ao juiz parecer conveniente, serão ouvidas as pessoas a que as testemunhas se referirem.

§ 2.º Não será computada como testemunha a pessoa que nada souber que interesse à decisão da causa.

Art. 210. As testemunhas serão inquiridas cada uma de per si, de modo que umas não saibam nem ouçam os depoimentos das outras, devendo o juiz adverti-las das penas cominadas ao falso testemunho.

Art. 211. Se o juiz, ao pronunciar sentença final, reconhecer que alguma

testemunha fez afirmação falsa, calou ou negou a verdade, remeterá cópia do depoimento à autoridade policial para a instauração de inquérito.

Parágrafo único. Tendo o depoimento sido prestado em plenário de julgamento, o juiz, no caso de proferir decisão na audiência (art. 538, § 2.º), o tribunal (art. 561), ou o conselho de sentença, após a votação dos quesitos, poderão fazer apresentar imediatamente a testemunha à autoridade policial.

Art. 212. As perguntas das partes serão requeridas ao juiz, que as formulará à testemunha. O juiz não poderá recusar as perguntas da parte, salvo se não tiverem relação com o processo ou importarem repetição de outra já respondida.

Art. 213. O juiz não permitirá que a testemunha manifeste suas apreciações pessoais, salvo quando inseparáveis da narrativa do fato.

Art. 214. Antes de iniciado o depoimento, as partes poderão contraditar a testemunha ou argüir circunstâncias ou defeitos, que a tornem suspeita de parcialidade, ou indigna de fé. O juiz fará consignar a contradita ou argüição e a resposta da testemunha, mas só excluirá a testemunha ou não lhe deferirá compromisso nos casos previstos nos arts. 207 e 208.

Art. 215. Na redação do depoimento, o juiz deverá cingir-se, tanto quanto possível, às expressões usadas pelas testemunhas, reproduzindo fielmente as suas frases.

Art. 216. O depoimento da testemunha será reduzido a termo, assinado por ela, pelo juiz e pelas partes. Se a testemunha não souber assinar, ou não puder fazê-lo, pedirá a alguém que o faça por ela, depois de lido na presença de ambos.

Art. 217. Se o juiz verificar que a presença do réu, pela sua atitude, poderá influir no ânimo da testemunha, de modo que prejudique a verdade do depoimento, fará retirá-lo, prosseguindo na inquirição, com a presença do seu defensor. Neste caso deverão constar do termo a ocorrência e os motivos que a determinaram.

Art. 218. Se, regularmente intimada, a testemunha deixar de comparecer sem motivo justificado, o juiz poderá requisitar à autoridade policial a sua apresentação ou determinar seja conduzida por oficial de justiça, que poderá solicitar o auxílio da força pública.

Art. 219. O juiz poderá impor à testemunha faltosa prisão até 15 dias, sem prejuízo do processo penal por crime de desobediência, e condená-la ao pagamento das custas da diligência.

● Art. 219. O juiz poderá aplicar à testemunha faltosa a multa prevista no art. 453, sem prejuízo do processo penal por crime de desobediência e condená-la ao pagamento das custas da diligência.

● Redação determinada pela Lei n.º 6.416, de 24 de maio de 1977.

Art. 220. As pessoas impossibilitadas, por enfermidade ou por velhice, de comparecer para depor, serão inquiridas onde estiverem.

Art. 221. O Presidente da República e seus ministros, os governadores e secretários de Estado, os ministros do Supremo Tribunal Federal, ministros do Supremo Tribunal Militar, desembargadores dos Tribunais de Apelação, ministros do Tribunal de Contas e juízes do Tribunal de Segurança Nacional serão inquiridos em local, dia e hora previamente ajustados entre eles e o juiz.

§ 1.º Os militares deverão ser requisitados à autoridade superior.

§ 2.º Aos funcionários públicos aplicar-se-á o disposto no art. 218, devendo, porém, a expedição do mandado ser imediatamente comunicada ao chefe da repartição em que servirem, com indicação do dia e da hora marcados.

● Art. 221. O Presidente e o Vice-Presidente da República, os Senadores e Deputados Federais, os Ministros de Estado, os Governadores de Estado e Territórios, os Secretários de Estado, os Pre-

feitos do Distrito Federal e dos Municípios, os Deputados às Assembléias Legislativas Estaduais, os membros do Poder Judiciário, os Ministros e Juízes dos Tribunais de Contas da União, dos Estados, do Distrito Federal, bem como os do Tribunal Marítimo serão inquiridos em local, dia e hora previamente ajustados entre eles e o juiz.

§ 1.° O Presidente e o Vice-Presidente da República, os Presidentes do Senado Federal, da Câmara dos Deputados e do Supremo Tribunal Federal poderão optar pela prestação de depoimento por escrito, caso em que as perguntas, formuladas pelas partes e deferidas pelo juiz, lhes serão transmitidas por ofício.

§ 2.° Os militares deverão ser requisitados à autoridade superior.

§ 3.° Aos funcionários públicos aplicar-se-á o disposto no art. 218, devendo, porém, a expedição do mandado ser imediatamente comunicada ao chefe da repartição em que servirem, com indicação do dia e da hora marcados.

● Artigo com redação determinada pela Lei n.° 3.653, de 4 de novembro de 1959.

● §§ 1.° a 3.° com redação determinada pela Lei n.§ 6.416, de 24 de maio de 1977.

Art. 222. A testemunha que morar fora da jurisdição do juiz, será inquirida pelo juiz do lugar de sua residência, expedindo-se, para esse fim, carta precatória, com prazo razoável, intimadas as partes.

§ 1.° A expedição da precatória não suspenderá a instrução criminal.

§ 2.° Findo o prazo marcado, poderá realizar-se o julgamento, mas, a todo tempo, a precatória, uma vez devolvida, será junta aos autos.

Art. 223. Quando a testemunha não conhecer a língua nacional, será nomeado intérprete para traduzir as perguntas e respostas.

Parágrafo único. Tratando-se de mudo, surdo ou surdo-mudo, proceder-se-á na conformidade do art. 192.

Art. 224. As testemunhas comunicarão ao juiz, dentro de um ano, qualquer mudança de residência, sujeitando-se pela simples omissão, às penas do não comparecimento.

Art. 225. Se qualquer testemunha houver de ausentar-se, ou, por enfermidade ou por velhice, inspirar receio de que ao tempo da instrução criminal já não exista, o juiz poderá, de ofício ou a requerimento de qualquer das partes, tomar-lhe antecipadamente o depoimento.

CAPÍTULO VII

Do reconhecimento de pessoas e coisas

Art. 226. Quando houver necessidade de fazer-se o reconhecimento de pessoa, proceder-se-á pela seguinte forma:

I — a pessoa que tiver de fazer o reconhecimento será convidada a descrever a pessoa que deva ser reconhecida;

II — a pessoa, cujo reconhecimento se pretender, será colocada, se possível, ao lado de outras que com ela tiverem qualquer semelhança, convidando-se quem tiver de fazer o reconhecimento a apontá-la;

III — se houver razão para recear que a pessoa chamada para o reconhecimento, por efeito de intimidação ou outra influência, não diga a verdade em face da pessoa que deve ser reconhecida, a autoridade providenciará para que esta não veja aquela;

IV — do ato de reconhecimento lavrar-se-á auto pormenorizado, subscrito pela autoridade, pela pessoa chamada para proceder ao reconhecimento e por duas testemunhas presenciais.

Parágrafo único. O disposto no n. III deste artigo não terá aplicação na fase da instrução criminal ou em plenário de julgamento.

Art. 227. No reconhecimento de objeto, proceder-se-á com as cautelas estabelecidas no artigo anterior, no que for aplicável.

Art. 228. Se várias forem as pessoas chamadas a efetuar o reconhecimento de pessoa ou de objeto, cada uma fará

a prova em separado, evitando-se qualquer comunicação entre elas.

CAPÍTULO VIII

Da acareação

Art. 229. A acareação será admitida entre acusados, entre acusado e testemunha, entre testemunhas, entre acusado ou testemunha e a pessoa ofendida, e entre as pessoas ofendidas, sempre que divergirem, em suas declarações, sobre fatos ou circunstâncias relevantes.

Parágrafo único. Os acareados serão reperguntados, para que expliquem os pontos de divergência, reduzindo-se a termo o ato de acareação.

Art. 230. Se ausente alguma testemunha, cujas declarações divirjam das de outra, que esteja presente, a esta se darão a conhecer os pontos da divergência, consignando-se no auto o que explicar ou observar. Se subsistir a discordância, expedir-se-á precatória à autoridade do lugar onde resida a testemunha ausente, transcrevendo-se as declarações desta e as da testemunha presente, nos pontos em que divergirem, bem como o texto do referido auto, a fim de que se complete a diligência, ouvindo-se a testemunha ausente, pela mesma forma estabelecida para a testemunha presente. Esta diligência só se realizará quando não importe demora prejudicial ao processo e o juiz a entenda conveniente.

CAPÍTULO IX

Dos documentos

Art. 231. Salvo os casos expressos em lei, as partes poderão apresentar documentos em qualquer fase do processo.

Art. 232. Consideram-se documentos quaisquer escritos, instrumentos ou papéis, públicos ou particulares.

Parágrafo único. À fotografia do documento, devidamente autenticada, se dará o mesmo valor do original.

Art. 233. As cartas particulares, interceptadas ou obtidas por meios criminosos, não serão admitidas em juízo.

Parágrafo único. As cartas poderão ser exibidas em juízo pelo respectivo destinatário, para a defesa de seu direito, ainda que não haja consentimento do signatário.

Art. 234. Se o juiz tiver notícia da existência de documento relativo a ponto relevante da acusação ou da defesa, providenciará, independentemente de requerimento de qualquer das partes, para sua juntada aos autos, se possível.

Art. 235. A letra e firma dos documentos particulares serão submetidas a exame pericial, quando contestada a sua autenticidade.

Art. 236. Os documentos em língua estrangeira, sem prejuízo de sua juntada imediata, serão, se necessário, traduzidos por tradutor público, ou, na falta, por pessoa idônea nomeada pela autoridade.

Art. 237. As públicas-formas só terão valor quando conferidas com o original, em presença da autoridade.

Art. 238. Os documentos originais, juntos a processo findo, quando não exista motivo relevante que justifique a sua conservação nos autos, poderão, mediante requerimento, e ouvido o Ministério Público, ser entregues à parte que os produziu, ficando traslado nos autos.

CAPÍTULO X

Dos indícios

Art. 239. Considera-se indício a circunstância conhecida e provada, que, tendo relação com o fato, autorize, por indução, concluir-se a existência de outras circunstâncias.

CAPÍTULO XI

Da busca e da apreensão

Art. 240. A busca será domiciliar ou pessoal.

§ 1.º Proceder-se-á à busca domiciliar, quando fundadas razões a autorizarem, para:

a) prender criminosos;

b) apreender coisas achadas ou obtidas por meios criminosos;

c) apreender instrumentos de falsificação ou de contrafação e objetos falsificados ou contrafeitos;

d) apreender armas e munições, instrumentos utilizados na prática de crime ou destinados a fim delituoso;

e) descobrir objetos necessários à prova de infração ou à defesa do réu;

f) apreender cartas, abertas ou não, destinadas ao acusado ou em seu poder, quando haja suspeita de que o conhecimento do seu conteúdo possa ser útil à elucidação do fato;

g) apreender pessoas vítimas de crimes;

h) colher qualquer elemento de convicção.

§ 2.º Proceder-se-á à busca pessoal quando houver fundada suspeita de que alguém oculte consigo arma proibida ou objetos mencionados nas letras "b" a "f" e letra "h" do parágrafo anterior.

Art. 241. Quando a própria autoridade policial ou judiciária não a realizar pessoalmente, a busca domiciliar deverá ser precedida da expedição de mandado.

Art. 242. A busca poderá ser determinada de ofício ou a requerimento de qualquer das partes.

Art. 243. O mandado de busca deverá:

I — indicar, o mais precisamente possível, a casa em que será realizada a diligência e o nome do respectivo proprietário ou morador; ou, no caso de busca pessoal, o nome da pessoa que terá de sofrê-la ou os sinais que a identifiquem;

II — mencionar o motivo e os fins da diligência;

III — ser subscrito pelo escrivão e assinado pela autoridade que o fizer expedir.

§ 1.º Se houver ordem de prisão, constará do próprio texto do mandado de busca.

§ 2.º Não será permitida a apreensão de documento em poder do defensor do acusado, salvo quando constituir elemento do corpo de delito.

Art. 244. A busca pessoal independerá de mandado, no caso de prisão ou quando houver fundada suspeita de que a pessoa esteja na posse de arma proibida ou de objetos ou papéis que constituam corpo de delito, ou quando a medida for determinada no curso de busca domiciliar.

Art. 245. As buscas domiciliares serão executadas de dia, salvo se o morador consentir que se realizem à noite, e, antes de penetrarem na casa, os executores mostrarão e lerão o mandado ao morador, ou a quem o represente, intimando-o, em seguida, a abrir a porta.

§ 1.º Se a própria autoridade der a busca, declarará previamente sua qualidade e o objeto da diligência.

§ 2.º Em caso de desobediência, será arrombada a porta e forçada a entrada.

§ 3.º Recalcitrando o morador, será permitido o emprego de força contra coisas existentes no interior da casa, para o descobrimento do que se procura.

§ 4.º Observar-se-á o disposto nos §§ 2.º e 3.º, quando ausentes os moradores, devendo, neste caso, ser intimado a assistir à diligência qualquer vizinho, se houver e estiver presente.

§ 5.º Se é determinada a pessoa ou coisa que se vai procurar, o morador será intimado a mostrá-la.

§ 6.º Descoberta a pessoa ou coisa que se procura, será imediatamente apreendida e posta sob custódia da autoridade ou de seus agentes.

§ 7.º Finda a diligência, os executores lavrarão auto circunstanciado, assinando-o com duas testemunhas presenciais, sem prejuízo do disposto no § 4.º.

Art. 246. Aplicar-se-á também o disposto no artigo anterior, quando se tiver de proceder a busca em compartimento habitado ou em aposento ocupado de habitação coletiva ou em compartimento não aberto ao público, onde alguém exercer profissão ou atividade.

Art. 247. Não sendo encontrada a pessoa ou coisa procurada, os motivos da diligência serão comunicados a quem tiver sofrido a busca, se o requerer.

Art. 248. Em casa habitada, a busca será feita de modo que não moleste os moradores mais do que o indispensável para o êxito da diligência.

Art. 249. A busca em mulher será feita por outra mulher, se não importar retardamento ou prejuízo da diligência.

Art. 250. A autoridade ou seus agentes poderão penetrar no território de jurisdição alheia, ainda que de outro Estado, quando, para o fim de apreensão, forem no seguimento de pessoa ou coisa, devendo apresentar-se à competente autoridade local, antes da diligência ou após, conforme a urgência desta.

§ 1.º Entender-se-á que a autoridade ou seus agentes vão em seguimento da pessoa ou coisa, quando:

a) tendo conhecimento direto de sua remoção ou transporte, a seguirem sem interrupção, embora depois a perca de vista;

b) ainda que não a tenham avistado, mas sabendo, por informações fidedignas ou circunstâncias indiciárias, que está sendo removida ou transportada em determinada direção, forem ao seu encalço.

§ 2.º Se as autoridades locais tiverem fundadas razões para duvidar da legitimidade das pessoas que, nas referidas diligências, entrarem pelos seus distritos, ou da legalidade dos mandados que apresentarem, poderão exigir as provas dessa legitimidade, mas de modo que não se frustre a diligência.

TÍTULO VIII

Do juiz, do Ministério Público, do acusado e defensor, dos assistentes e auxiliares da Justiça

CAPÍTULO I

Do juiz

Art. 251. Ao juiz incumbirá prover à regularidade do processo e manter a ordem no curso dos respectivos atos, podendo, para tal fim, requisitar a força pública.

Art. 252. O juiz não poderá exercer jurisdição no processo em que:

I — tiver funcionado seu cônjuge ou parente, consanguíneo ou afim, em linha reta ou colateral até o 3.º grau, inclusive, como defensor ou advogado, órgão do Ministério Público, autoridade policial, auxiliar da justiça ou perito;

II — ele próprio houver desempenhado qualquer dessas funções ou servido como testemunha;

III — tiver funcionado como juiz de outra instância, pronunciando-se, de fato ou de direito, sobre a questão;

IV — ele próprio ou seu cônjuge ou parente, consanguíneo ou afim em linha reta ou colateral até o 3.º grau inclusive, for parte ou diretamente interessado no feito.

Art. 253. Nos juízos coletivos, não poderão servir no mesmo processo os juízes que forem entre si parentes, consanguíneos ou afins, em linha reta ou colateral até o 3.º grau, inclusive.

Art. 254. O juiz dar-se-á por suspeito, e, se não o fizer, poderá ser recusado por qualquer das partes:

I — se for amigo íntimo ou inimigo capital de qualquer delas;

II — se ele, seu cônjuge, ascendente ou descendente, estiver respondendo a

processo por fato análogo, sobre cujo carater criminoso haja controvérsia;

III — se ele, seu cônjuge, ou parente, consangüíneo ou afim, até o 3.º grau, inclusive, sustentar demanda ou responder a processo que tenha de ser julgado por qualquer das partes;

IV — se tiver aconselhado qualquer das partes;

V — se for credor ou devedor, tutor ou curador, de qualquer das partes;

VI — se for sócio, acionista ou administrador de sociedade interessada no processo.

Art. 255. O impedimento ou suspeição decorrente de parentesco por afinidade cessará pela dissolução do casamento que lhe tiver dado causa, salvo sobrevindo descendentes; mas, ainda que dissolvido o casamento sem descendentes, não funcionará como juiz o sogro, o padrasto, o cunhado, o genro ou enteado de quem for parte no processo.

Art. 256. A suspeição não poderá ser declarada nem reconhecida, quando a parte injuriar o juiz ou de propósito der motivo para criá-la.

CAPÍTULO II

Do Ministério Público

Art. 257. O Ministério Público promoverá e fiscalizará a execução da lei.

Art. 258. Os órgãos do Ministério Público não funcionarão nos processos em que o juiz ou qualquer das partes for seu cônjuge, ou parente, consangüíneo ou afim, em linha reta ou colateral, até o terceiro grau, inclusive, e a eles se estendem, no que lhes for aplicável, as prescrições relativas à suspeição e aos impedimentos dos juízes.

CAPÍTULO III

Do acusado e seu defensor

Art. 259. A impossibilidade de identificação do acusado com o seu verdadeiro nome ou outros qualificativos, não retardará a ação penal, quando certa a identidade física. A qualquer tempo, no curso do processo, do julgamento ou da execução da sentença, se for descoberta a sua qualificação, far-se-á a retificação, por termo nos autos, sem prejuízo da validade dos atos precedentes.

Art. 260. Se o acusado não atender à intimação para o interrogatório, reconhecimento ou qualquer outro ato que, sem ele, não possa ser realizado, a autoridade poderá mandar conduzílo à sua presença.

Parágrafo único. O mandado conterá, além da ordem de condução, os requisitos mencionados no art. 352, no que lhe for aplicável.

Art. 261. Nenhum acusado, ainda que ausente ou foragido, será processado ou julgado sem defensor.

Art. 262. Ao acusado menor dar-se-á curador.

Art. 263. Se o acusado não o tiver, ser-lhe-á nomeado defensor pelo juiz, ressalvado o seu direito de, a todo tempo, nomear outro de sua confiança, ou a si mesmo defender-se, caso tenha habilitação.

Parágrafo único. O acusado, que não for pobre, será obrigado a pagar os honorários do defensor dativo, arbitrados pelo juiz.

Art. 264. Salvo motivo relevante, os advogados e solicitadores serão obrigados, sob pena de multa de duzentos a mil cruzeiros, a prestar seu patrocínio aos acusados, quando nomeados pelo juiz.

Art. 265. O defensor não poderá abandonar o processo senão por motivo imperioso, a critério do juiz, sob pena de multa de duzentos a mil cruzeiros.

Parágrafo único. A falta de comparecimento do defensor, ainda que motivada, não determinará o adiamento de ato algum do processo, devendo o juiz nomear substituto, ainda que provisoriamente ou para o só efeito do ato.

Art. 266. A constituição de defensor independerá de instrumento de mandato, se o acusado o indicar por ocasião do interrogatório.

Art. 267. Nos termos do art. 252, não funcionarão como defensores os parentes do juiz.

CAPÍTULO IV

Dos assistentes

Art. 268. Em todos os termos da ação pública, poderá intervir, como assistente do Ministério Público, o ofendido ou seu representante legal, ou, na falta, qualquer das pessoas mencionadas no art. 31.

Art. 269. O assistente será admitido enquanto não passar em julgado a sentença e receberá a causa no estado em que se achar.

Art. 270. O co-réu no mesmo processo não poderá intervir como assistente do Ministério Público.

Art. 271. Ao assistente será permitido propor meios de prova, requerer perguntas às testemunhas, aditar o libelo e os articulados, participar do debate oral e arrazoar os recursos interpostos pelo Ministério Público, ou por ele próprio, nos casos dos artigos 584, § 1.°, e 598.

§ 1.° O juiz, ouvido o Ministério Público, decidirá acerca da realização das provas propostas pelo assistente.

§ 2.° O processo prosseguirá independentemente de nova intimação do assistente, quando este, intimado, deixar de comparecer a qualquer dos atos da instrução ou do julgamento, sem motivo de força maior devidamente comprovado.

Art. 272. O Ministério Público será ouvido previamente sobre a admissão do assistente.

Art. 273. Do despacho que admitir, ou não, o assistente, não caberá recurso, devendo, entretanto, constar dos autos o pedido e a decisão.

CAPÍTULO V

Dos funcionários da justiça

Art. 274. As prescrições sobre suspeição dos juízes estendem-se aos serventários e funcionários da justiça, no que lhes for aplicável.

CAPÍTULO VI

Dos peritos e intérpretes

Art. 275. O perito, ainda quando não oficial, estará sujeito à disciplina judiciária.

Art. 276. As partes não intervirão na nomeação do perito.

Art. 277. O perito nomeado pela autoridade será obrigado a aceitar o encargo, sob pena de multa de duzentos a mil cruzeiros, salvo escusa atendível.

Parágrafo único. Incorrerá na mesma multa o perito que, sem justa causa, provada imediatamente:

a) deixar de acudir à intimação ou ao chamado da autoridade;

b) não comparecer no dia e local designados para o exame;

c) não der o laudo, ou concorrer para que a perícia não seja feita, nos prazos estabelecidos.

Art. 278. No caso de não comparecimento do perito, sem justa causa, a autoridade poderá determinar a sua condução.

Art. 279. Não poderão ser peritos:

I — os que estiverem sujeitos à interdição de direito mencionada nos ns. I e IV do art. 69 do Código Penal;

II — os que tiverem prestado depoimento no processo ou opinado anteriormente sobre o objeto da perícia;

III — os analfabetos e os menores de 21 anos.

Art. 280. É extensivo aos peritos, no que lhes for aplicável, o disposto sobre suspeição dos juízes.

Art. 281. Os intérpretes são, para todos os efeitos, equiparados aos peritos.

TÍTULO IX

Da prisão e da liberdade provisória

CAPÍTULO I

Disposições gerais

Art. 282. À exceção do flagrante delito, a prisão não poderá efetuar-se senão em virtude de pronúncia ou nos casos determinados em lei, e mediante ordem escrita da autoridade competente.

Art. 283. A prisão poderá ser efetuada em qualquer dia e a qualquer hora, respeitadas as restrições relativas à inviolabilidade do domicílio.

Art. 284. Não será permitido o emprego de força, salvo a indispensável no caso de resistência ou de tentativa de fuga do preso.

Art. 285. A autoridade que ordenar a prisão fará expedir o respectivo mandado.

Parágrafo único. O mandado de prisão:

a) será lavrado pelo escrivão e assinado pela autoridade;

b) designará a pessoa, que tiver de ser presa, por seu nome, alcunha ou sinais característicos;

c) mencionará a infração penal que motivar a prisão;

d) declarará o valor da fiança arbitrada, quando afiançável a infração;

e) será dirigido a quem tiver qualidade para dar-lhe execução.

Art. 286. O mandado será passado em duplicata, e o executor entregará ao preso, logo depois da prisão, um dos exemplares com declaração do dia, hora e lugar da diligência. Da entrega deverá o preso passar recibo no outro exemplar; se recusar, não souber ou não puder escrever, o fato será mencionado em declaração, assinada por duas testemunhas.

Art. 287. Se a infração for inafiançável, a falta de exibição do mandado não obstará à prisão, e o preso, em tal caso, será imediatamente apresentado ao juiz que tiver expedido o mandado.

Art. 288. Ninguém será recolhido à prisão, sem que seja exibido o mandado ao respectivo diretor ou carcereiro, a quem será entregue cópia assinada pelo executor ou apresentada a guia expedida pela autoridade competente, devendo ser passado recibo da entrega do preso, com declaração de dia e hora.

Parágrafo único. O recibo poderá ser passado no próprio exemplar do mandado, se este for o documento exibido.

Art. 289. Quando o réu estiver no território nacional, em lugar estranho ao da jurisdição, será deprecada a sua prisão, devendo constar da precatória o inteiro teor do mandado.

Parágrafo único. Havendo urgência, o juiz poderá requisitar a prisão por telegrama, do qual deverá constar o motivo da prisão, bem como, se afiançável a infração, o valor da fiança. No original levado à agência telegráfica será autenticada a firma do juiz, o que se mencionará no telegrama.

Art. 290. Se o réu, sendo perseguido, passar ao território de outro município ou comarca, o executor poderá efetuar-lhe a prisão no lugar onde o alcançar, apresentando-o imediatamente à autoridade local, que, depois de lavrado, se for o caso, o auto de flagrante, providenciara para a remoção do preso.

§ 1.º Entender-se-á que o executor vai em perseguição do réu, quando:

a) tendo-o avistado, for perseguindo-o sem interrupção, embora depois o tenha perdido de vista;

b) sabendo por indícios ou informações fidedignas, que o réu tenha passado, há pouco tempo, em tal ou qual direção, pelo lugar em que o procure, for no seu encalço.

§ 2.º Quando as autoridades locais tiverem fundadas razões para duvidar da legitimidade da pessoa do executor ou da legalidade do mandado que apresentar, poderão pôr em custódia o réu, até que fique esclarecida a dúvida.

Art. 291. A prisão em virtude de mandado entender-se-á feita desde que o executor, fazendo-se conhecer do réu, lhe apresente o mandado e o intime a acompanhá-lo.

Art. 292. Se houver, ainda que por parte de terceiros, resistência à prisão em flagrante ou à determinada por autoridade competente, o executor e as pessoas que o auxiliarem poderão usar dos meios necessários para defender-se ou para vencer a resistência, do que tudo se lavrará auto subscrito também por duas testemunhas.

Art. 293. Se o executor do mandado verificar, com segurança, que o réu entrou ou se encontra em alguma casa, o morador será intimado a entregá-lo, à vista da ordem de prisão. Se não for obedecido imediatamente, o executor convocará duas testemunhas e, sendo dia, entrará à força na casa, arrombando as portas, se preciso; sendo noite, o executor, depois da intimação, ao morador, se não for atendido, fará guardar todas as saídas, tornando a casa incomunicável, e, logo que amanheça, arrombará as portas e efetuará a prisão.

Parágrafo único. O morador que se recusar a entregar o réu oculto em sua casa será levado à presença da autoridade, para que se proceda contra ele como for de direito.

Art. 294. No caso de prisão em flagrante, observar-se-á o disposto no artigo anterior, no que for aplicável.

Art. 295. Serão recolhidos a quartéis ou a prisão especial, à disposição da autoridade competente, quando sujeitos à prisão antes de condenação definitiva:

I — os ministros de Estado;

II — os governadores ou interventores de Estados ou Territórios, o prefeito do Distrito Federal, seus respectivos secretários e chefes de Polícia;

● II — os governadores ou interventores de Estados ou Territórios, o prefeito do Distrito Federal, seus respectivos secretários, os prefeitos municipais, os vereadores e chefes de Polícia;

● Inciso com redação determinada pela Lei n.º 3.181, de 11 de junho de 1957.

III — os membros do Parlamento Nacional, do Conselho de Economia Nacional e das Assembléias Legislativas dos Estados;

IV — os cidadãos inscritos no "Livro de Mérito";

V — os oficiais das Forças Armadas e do Corpo de Bombeiros;

VI — os magistrados;

VII — os diplomados por qualquer das faculdades superiores da República;

VIII — os ministros de confissão religiosa;

IX — os ministros do Tribunal de Contas;

X — os cidadãos que já tiverem exercido efetivamente a função de jurado, salvo quando excluídos da lista por motivo de incapacidade para o exercício daquela função.

● XI — os delegados de polícia e os guardas-civis dos Estados e Territórios, ativos e inativos.

● Inciso acrescentado pela Lei n.º 4.760, de 23 de agosto de 1965 e com a redação determinado pela Lei n.º 5.126, de 29 de setembro de 1966.

Art. 296. Os inferiores e praças de pré, onde for possível, serão recolhidos à prisão, em estabelecimentos militares, de acordo com os respectivos regulamentos.

Art. 297. Para o cumprimento de mandado expedido pela autoridade judiciária, a autoridade policial poderá expedir tantos outros quantos necessários às diligências, devendo neles ser fielmente reproduzido o teor do mandado original.

Art. 298. Se a autoridade tiver conhecimento de que o réu se acha em território estranho ao da sua jurisdição, poderá, por via postal ou telegráfica, requisitar a sua captura, declarando o motivo da prisão e, se afiançável a infração, o valor da fiança.

Art. 299. Se a infração por inafiançável, a captura poderá ser requisitada, à vista de mandado judicial, por via telefônica, tomadas pela autoridade, a quem se fizer a requisição, as precauções necessárias para averiguar a autenticidade desta.

Art. 300. Sempre que possível, as pessoas presas provisoriamente ficarão separadas das que já estiverem definitivamente condenadas.

CAPÍTULO II

Da prisão em flagrante

Art. 301. Qualquer do povo poderá e as autoridades policiais e seus agentes deverão prender quem quer que seja encontrado em flagrante delito.

Art. 302. Considera-se em flagrante delito quem:

I — está cometendo a infração penal;

II — acaba de cometê-la;

III — é perseguido, logo após, pela autoridade, pelo ofendido ou por qualquer pessoa, em situação que faça presumir ser autor da infração;

IV — é encontrado, logo depois, com instrumentos, armas, objetos ou papéis que façam presumir ser ele autor da infração.

Art. 303. Nas infrações permanentes, entende-se o agente em flagrante delito enquanto não cessar a permanência.

Art. 304. Apresentado o preso à autoridade competente, ouvirá esta o condutor e as testemunhas que o acompanharam e interrogará o acusado sobre a imputação que lhe é feita, lavrando-se auto, que será por todos assinado.

§ 1.º Resultando das respostas fundada suspeita contra o conduzido, a autoridade mandará recolhê-lo à prisão, exceto no caso de livrar-se solto ou de prestar fiança, e prosseguirá nos atos do inquérito ou processo, se para isso for competente; se não o for, enviará os autos à autoridade que o seja.

§ 2.º A falta de testemunhas da infração não impedirá o auto de prisão em flagrante; mas, nesse caso, com o condutor, deverão assiná-lo pelo menos duas pessoas que hajam testemunhado a apresentação do preso à autoridade.

§ 3.º Quando o acusado se recusar a assinar, não souber ou não puder fazê-lo, o auto de prisão em flagrante será assinado por duas testemunhas, que lhe tenham ouvido a leitura, na presença do acusado, do condutor e das testemunhas.

Art. 305. Na falta ou no impedimento do escrivão, qualquer pessoa designada pela autoridade lavrará o auto, depois de prestado o compromisso legal.

Art. 306. Dentro em vinte e quatro horas depois da prisão, será dada ao preso nota de culpa assinada pela autoridade, com o motivo da prisão, o nome do condutor e os das testemunhas.

Parágrafo único. O preso passará recibo da nota de culpa, o qual será assinado por duas testemunhas, quando ele não souber, não puder ou não quiser assinar.

Art. 307. Quando o fato for praticado em presença da autoridade, ou contra esta, no exercício de suas funções, constarão do auto a narração desse fato, a voz de prisão, as declarações que fizer o preso e os depoimentos das testemunhas, sendo tudo assinado pela autoridade, pelo preso e pelas testemunhas e remetido imediatamente ao juiz a quem couber tomar conhecimento do fato delituoso, se

não o for a autoridade que houver presidido o auto.

Art. 308. Não havendo autoridade no lugar em que se tiver efetuado a prisão, o preso será logo apresentado à do lugar mais próximo.

Art. 309. Se o réu se livrar solto, deverá ser posto em liberdade, depois de lavrado o auto de prisão em flagrante.

Art. 310. Quando o juiz verificar pelo auto de prisão em flagrante que o agente praticou o fato, nas condições do art. 19, ns. I, II ou III do Código Penal, poderá, depois de ouvir o Ministério Público, conceder ao réu liberdade provisória, mediante termo de comparecimento a todos os autos do processo, sob pena de revogação.

● Parágrafo único. Igual procedimento será adotado quando o juiz verificar, pelo auto de prisão em flagrante, a inocorrência de qualquer das hipóteses que autorizam a prisão preventiva (arts. 311 e 312).

● Parágrafo inserido pela Lei n.º 6.416, de 24 de maio de 1977.

CAPÍTULO III

Da prisão preventiva

Art. 311. Em qualquer fase do inquérito policial ou da instrução criminal, caberá a prisão preventiva decretada pelo juiz, de ofício, a requerimento do Ministério Público, ou do querelante, ou mediante representação da autoridade policial, quando houver prova da existência do crime e indícios suficientes da autoria.

● Art. 311. Em qualquer fase do inquérito policial ou da instrução criminal, caberá a prisão preventiva decretada pelo juiz, de ofício, a requerimento do Ministério Público, ou do querelante, ou mediante representação da autoridade policial.

● Artigo com redação determinada pela Lei n.º 5.349, de 3 de novembro de 1967.

Art. 312. A prisão preventiva será decretada nos crimes a que for cominada pena de reclusão por tempo, no máximo, igual ou superior a dez anos.

● Art. 312. A prisão preventiva poderá ser decretada como garantia da ordem pública, por conveniência da instrução criminal ou para assegurar a aplicação da lei penal, quando houver prova de existência do crime e indícios suficientes da autoria.

● Artigo com redação determinada pela Lei n.º 5.349, de 3 de novembro de 1967.

Art. 313. A prisão preventiva poderá ser decretada como garantia da ordem pública, por conveniência da instrução criminal ou para assegurar a aplicação da lei penal:

I — nos crimes inafiançáveis, não compreendidos no artigo anterior;

II — nos crimes afiançáveis, quando se apurar no processo que o indiciado é vadio ou quando, havendo dúvida sobre a sua identidade, não fornecer ou indicar elementos suficientes para esclarecê-la;

III — nos crimes dolosos, embora afiançáveis, quando o réu tiver sido condenado por crime da mesma natureza, em sentença transitada em julgado.

● Art. 313. Em qualquer das circunstâncias, previstas no artigo anterior, será admitida a decretação da prisão preventiva nos crimes dolosos:

I — punidos com reclusão;

II — punidos com detenção, quando se apurar que o indiciado é vadio ou, havendo dúvida sobre a sua identidade, não fornecer ou não indicar elementos para esclarecê-la;

III — se o réu tiver sido condenado por outro crime doloso, em sentença transitada em julgado, ressalvado o disposto no parágrafo único do art. 46 do Código Penal.

● Artigo com redação determinada pela Lei n.º 6.416, de 24 de maio de 1977.

Art. 314. A prisão preventiva em nenhum caso será decretada se o juiz verificar pelas provas constantes dos autos ter o agente praticado o fato nas condições do art. 19, ns. I, II ou III do Código Penal.

Art. 315. O despacho que decretar ou denegar a prisão preventiva será sempre fundamentado.

Art. 316. O juiz, salvo o caso do artigo 312, poderá revogar a prisão preventiva, se, no curso do processo, verificar a falta de motivos para que subsista, bem como de novo decretá-la, se sobrevierem razões que a justifiquem.

● Art. 316. O juiz poderá revogar a prisão preventiva se, no correr do processo, verificar a falta de motivo para que subsista, bem como de novo decretá-la, se sobrevierem razões que a justifiquem.

● Artigo com redação determinada pela Lei n.º 5.349, de 3 de novembro de 1967.

CAPÍTULO IV

Da apresentação espontânea do acusado

Art. 317. A apresentação espontânea do acusado à autoridade não impedirá a decretação da prisão preventiva nos casos em que a lei a autoriza.

Art. 318. Em relação àquele que se tiver apresentado espontaneamente à prisão, confessando crime de autoria ignorada ou imputada a outrem, não terá efeito suspensivo a apelação interposta da sentença absolutória, ainda nos casos em que este Código lhe atribuir tal efeito.

CAPÍTULO V

Da prisão administrativa

Art. 319. A prisão administrativa terá cabimento:

I — contra remissos ou omissos em entrar para os cofres públicos com os dinheiros a seu cargo, afim de compeli-los a que o façam;

II — contra estrangeiro desertor de navio de guerra ou mercante, surto em porto nacional;

III — nos demais casos previstos em lei.

§ 1.º A prisão administrativa será requisitada à autoridade policial nos casos dos ns. I e III, pela autoridade que a tiver decretado e, no caso do n. II, pelo cônsul do país a que pertença o navio.

§ 2.º A prisão dos desertores não poderá durar mais de três meses e será comunicada aos cônsules.

§ 3.º Os que forem presos à requisição de autoridade administrativa ficarão à sua disposição.

Art. 320. A prisão decretada na jurisdição cível será executada pela autoridade policial a quem forem remetidos os respectivos mandados.

CAPÍTULO VI

Da liberdade provisória, com ou sem fiança

Art. 321. Ressalvado o disposto no art. 323, ns. III e IV, o réu livrar-se-á solto, independentemente de fiança:

I — no caso de infração, a que não for, isolada, cumulativa ou alternativamente, cominada pena privativa de libordade;

II — quando o máximo da pena privativa de liberdade, isolada, cumulativa ou alternativamente cominada, não exceder a três meses.

Art. 322. Ninguém será levado à prisão ou nesta conservado, se prestar fiança, nos casos em que a lei não a proibir.

● Art. 322. A autoridade policial somente poderá conceder fiança nos casos de infração punida com detenção ou prisão simples.

Parágrafo único. Nos demais casos do art. 323, a fiança será requerida ao juiz, que decidirá em quarenta e oito horas.

● Artigo 322 e seu parágrafo com a redação determinada pela Lei n.º 6.416, de 24 de maio de 1977.

Art. 323. Não será concedida fiança:

I — nos crimes punidos com pena de reclusão, salvo ao réu maior de setenta anos ou menor de vinte e um, no caso de não ser superior a dois anos o máximo da pena cominada;

II — nas contravenções previstas nos artigos 50, 51 e seu parágrafo 1.º, 52 e seu parágrafo, 53 e seu parágrafo, 54 e seu parágrafo, 58, 59 e 60 da Lei das Contravenções Penais;

III — nos crimes ou contravenções punidos com pena privativa de liberdade, se o réu já tiver sido condenado por infração penal da mesma natureza em sentença irrecorrível;

IV — em qualquer caso, se houver no processo prova de ser o réu vadio.

● Art. 323. Não será concedida fiança:

I — nos crimes punidos com reclusão em que a pena mínima cominada for superior a dois anos;

II — nas contravenções tipificadas nos arts. 59 e 60 da Lei das Contravenções Penais;

III — nos crimes dolosos punidos com pena privativa da liberdade, se o réu já tiver sido condenado por outro crime doloso, em sentença transitada em julgado;

IV — em qualquer caso, se houver no processo prova de ser o réu vadio;

V — nos crimes punidos com reclusão, que provoquem clamor público ou que tenham sido cometidos com violência contra a pessoa ou grave ameaça.

● Incisos I, II, III e V, do artigo 323, com a redação determinada pela Lei n.º 6.416, de 24 de maio de 1977.

Art. 324. Não será, igualmente, concedida fiança:

I — aos que, no mesmo processo, tiverem quebrado fiança anteriormente concedida ou infringido, sem motivo justo, qualquer das obrigações a que se refere o art. 350;

II — em caso de prisão por mandado do juiz do cível, de prisão disciplinar, administrativa ou militar;

III — ao que estiver no gozo de suspensão condicional da pena ou de livramento condicional, salvo se processado por crime culposo, ou contravenção que admita fiança;

● IV — quando presentes os motivos que autorizam a decretação da prisão preventiva (art. 312).

● Artigo 324, inciso IV com a redação determinada pela Lei n.º 6.416, de 24 de maio de 1977.

Art. 325. O valor da fiança será fixado pela autoridade que a conceder, nos limites seguintes: de quatrocentos cruzeiros a dez mil cruzeiros, quando se tratar de infração punida, no grau máximo, com detenção ou prisão simples até um ano; de mil cruzeiros a vinte mil cruzeiros, quando o máximo da pena não for além de dois anos; de mil e quatrocentos cruzeiros a trinta mil cruzeiros, quando não for além de três anos; de dois mil cruzeiros a quarenta mil cruzeiros, quando for maior de três anos.

Parágrafo único. A fiança poderá ser aumentada até o triplo, se o juiz reconhecer que, em virtude da situação econômica do réu, não assegurará a ação da justiça, embora fixada no máximo.

● Parágrafo único. Se assim o recomendar a situação econômica do réu, a fiança poderá ser:

I — reduzida até o máximo de dois terços;

II — aumentada, pelo juiz, até o décuplo.

● Parágrafo com redação determinada pela Lei n.º 6.416, de 24 de maio de 1977.

Art. 326. Para determinar o valor da fiança, a autoridade terá em consi-

deração a natureza da infração, as condições pessoais de fortuna e vida pregressa do acusado, as circunstâncias indicativas de sua periculosidade, bem como a importância provável das custas do processo, até final julgamento.

Art. 327. A fiança tomada por termo obrigará o afiançado a comparecer perante a autoridade, todas as vezes que for intimado para atos do inquérito e da instrução criminal e para julgamento. Quando o réu não comparecer, a fiança será havida como quebrada.

Art. 328. O réu afiançado não poderá, sob pena de quebramento da fiança, mudar de residência, sem prévia permissão da autoridade processante, ou ausentar-se por mais de oito dias de sua residência, sem comunicar àquela autoridade o lugar onde será encontrado.

Art. 329. Nos juízos criminais e delegacias de polícia, haverá um livro especial, com termos de abertura e de encerramento, numerado e rubricado em todas as suas folhas pela autoridade, destinado especialmente aos termos de fiança. O termo será lavrado pelo escrivão e assinado pela autoridade e por quem prestar a fiança, e dele extrair-se-á certidão para juntar-se aos autos.

Parágrafo único. O réu e quem prestar a fiança serão pelo escrivão notificados das obrigações e da sanção previstas nos artigos 327 e 328, o que constará dos autos.

Art. 330. A fiança, que será sempre definitiva, consistirá em depósito de dinheiro, pedras, objetos ou metais preciosos, títulos da dívida pública, federal, estadual ou municipal, ou em hipoteca inscrita em primeiro lugar.

§ 1.º A avaliação de imóvel, ou de pedras, objetos ou metais preciosos será feita imediatamente por perito nomeado pela autoridade.

§ 2.º Quando a fiança consistir em caução de títulos da dívida pública, o valor será determinado pela sua cotação em Bolsa, e, sendo nominativos, exigir-se-á prova de que se acham livres de ônus.

Art. 331. O valor em que consistir a fiança será recolhido à repartição arrecadadora federal ou estadual, ou entregue ao depositário público, juntando-se aos autos os respectivos conhecimentos.

Parágrafo único. Nos lugares em que o depósito não se puder fazer de pronto, o valor será entregue ao escrivão ou pessoa abonada, a critério da autoridade, e dentro de três dias dar-se-á ao valor o destino que lhe assina este artigo, o que tudo constará do termo de fiança.

Art. 332. Em caso de prisão em flagrante, será competente para conceder a fiança a autoridade que presidir ao respectivo auto, e, em caso de prisão por mandado, o juiz que o houver expedido, ou a autoridade judiciária ou policial a quem tiver sido requisitada a prisão.

Art. 333. Depois de prestada a fiança, que será concedida independentemente de audiência do Ministério Público, este terá vista do processo a fim de requerer o que julgar conveniente.

Art. 334. A fiança poderá ser prestada em qualquer termo do processo, enquanto não transitar em julgado a sentença condenatória.

Art. 335. Recusando ou demorando a autoridade policial a concessão da fiança, o preso, ou alguém por ele, poderá prestá-la, mediante simples petição, perante o juiz competente, que decidirá, depois de ouvida aquela autoridade.

Art. 336. O dinheiro ou objetos dados como fiança ficarão sujeitos ao pagamento das custas, da indenização do dano e da multa, se o réu for condenado.

Parágrafo único. Este dispositivo terá aplicação ainda no caso de prescrição depois da sentença condenatória (Código Penal, art. 110 e seu parágrafo).

Art. 337. Se a fiança for declarada sem efeito ou passar em julgado a sen-

tença que houver absolvido o réu ou declarado extinta a ação penal, o valor que a constituir será restituído sem desconto, salvo o disposto no parágrafo do artigo anterior.

Art. 338. A fiança que se reconheça não ser cabível na espécie será cassada em qualquer fase do processo.

Art. 339. Será também cassada a fiança quando reconhecida a existência de delito inafiançável, no caso de inovação na classificação de delito.

Art. 340. Será exigido o reforço da fiança:

I — quando a autoridade tomar, por engano, fiança insuficiente;

II — quando houver depreciação material ou perecimento dos bens hipotecados ou caucionados, ou depreciação dos metais ou pedras preciosas;

III — quando for inovada a classificação do delito.

Parágrafo único. A fiança ficará sem efeito e o réu recolhido à prisão, quando, na conformidade deste artigo, não for reforçada.

Art. 341. Julgar-se-á quebrada a fiança quando o réu, legalmente intimado para ato do processo, deixar de comparecer, sem provar, incontinenti, motivo justo, ou quando, na vigência da fiança, praticar outra infração penal.

Art. 342. Se vier a ser reformado o julgamento em que se declarou quebrada a fiança, esta subsistirá em todos os seus efeitos.

Art. 343. O quebramento da fiança importará a perda de metade do seu valor e a obrigação, por parte do réu, de recolher-se à prisão, prosseguindo-se, entretanto, à sua revelia, no processo e julgamento, enquanto não for preso.

Art. 344. Entender-se-á perdido, na totalidade, o valor da fiança, se, condenado, o réu não se apresentar à prisão.

Art. 345. No caso de perda da fiança, depois de deduzidas as custas e mais encargos a que o réu estiver obrigado, o saldo será recolhido ao Tesouro Nacional.

Art. 346. No caso de quebramento de fiança, feitas as deduções previstas no artigo anterior, o saldo será, até metade do valor da fiança, recolhido ao Tesouro Federal.

Art. 347. Não ocorrendo a hipótese do art. 345, o saldo será entregue a quem houver prestado a fiança, depois de deduzidos os encargos a que o réu estiver obrigado.

Art. 348. Nos casos em que a fiança tiver sido prestada por meio de hipoteca, a execução será promovida no juízo cível pelo órgão do Ministério Público.

Art. 349. Se a fiança consistir em pedras, objetos ou metais preciosos, o juiz determinará a venda por leiloeiro ou corretor.

Art. 350. Nos casos em que couber fiança, o juiz, verificando ser impossível ao réu prestá-la, por motivo de pobreza, poderá conceder-lhe a liberdade provisória, sujeitando-o às obrigações constantes dos artigos 327 e 328. Se o réu infringir, sem motivo justo, qualquer dessas obrigações ou praticar outra infração penal, será revogado o benefício.

Parágrafo único. O escrivão intimará o réu das obrigações e sanções previstas neste artigo.

TÍTULO X

Das citações e intimações

CAPÍTULO I

Das citações

Art. 351. A citação inicial far-se-á por mandado, quando o réu estiver no território sujeito à jurisdição do juiz que a houver ordenado.

Art. 352. O mandado de citação indicará:

I — o nome do juiz;

II — o nome do querelante nas ações iniciadas por queixa;

III — o nome do réu, ou, se for desconhecido, os seus sinais característicos;

IV — a residência do réu, se for conhecida;

V — o fim para que é feita a citação;

VI — o juízo e o lugar, o dia e a hora em que o réu deverá comparecer;

VII — a subscrição do escrivão e a rubrica do juiz.

Art. 353. Quando o réu estiver fora do território da jurisdição do juiz processante, será citado mediante precatória.

Art. 354. A precatória indicará:

I — o juiz deprecado e o juiz deprecante;

II — a sede da jurisdição de um e de outro;

III — o fim para que é feita a citação, com todas as especificações;

IV — o juízo do lugar, o dia e a hora em que o réu deverá comparecer.

Art. 355. A precatória será devolvida ao juiz deprecante, independentemente de traslado, depois de lançado o "cumpra-se" e de feita a citação por mandado do juiz deprecado.

§ 1.º Verificado que o réu se encontra em território sujeito à jurisdição de outro juiz, a este remeterá o juiz deprecado os autos para efetivação da diligência, desde que haja tempo para fazer-se a citação.

§ 2.º Certificado pelo oficial de justiça que o réu se oculta para não ser citado, a precatória será imediatamente devolvida, para o fim previsto no art. 362.

Art. 356. Se houver urgência, a precatória, que conterá em resumo os requisitos enumerados no art. 354, poderá ser expedida por via telegráfica, depois de reconhecida a firma do juiz, o que a estação expedidora mencionará.

Art. 357. São requisitos da citação por mandado:

I — leitura do mandado ao citando pelo oficial e entrega da contrafé, na qual se mencionarão dia e hora da citação;

II — declaração do oficial, na certidão, da entrega da contrafé, e sua aceitação ou recusa.

Art. 358. A citação do militar far-se-á por intermédio do chefe do respectivo serviço.

Art. 359. O dia designado para funcionário público comparecer em juízo, como acusado, será notificado assim a ele como ao chefe de sua repartição.

Art. 360. Se o réu estiver preso, será requisitada a sua apresentação em juízo, no dia e hora designados.

Art. 361. Se o réu não for encontrado, será citado por edital, com o prazo de quinze dias.

Art. 362. Verificando-se que o réu se oculta para não ser citado, a citação far-se-á por edital, com o prazo de cinco dias.

Art. 363. A citação ainda será feita por edital:

I — quando inacessível, em virtude de epidemia, de guerra ou por outro motivo de força maior, o lugar em que estiver o réu;

II — quando incerta a pessoa que tiver de ser citada.

Art. 364. No caso do artigo anterior, n. I, o prazo será fixado pelo juiz entre quinze e noventa dias, de acordo com as circunstâncias, e, no caso do n. II, o prazo será de trinta dias.

Art. 365. O edital de citação indicará:

I — o nome do juiz que a determinar;

II — o nome do réu, ou, se não for conhecido, os seus sinais característicos, bem como sua residência e profissão, se constarem do processo;

III — o fim para que é feita a citação;

IV — o juízo e o dia, a hora e o lugar em que o réu deverá comparecer;

V — prazo, que será contado do dia da publicação do edital na imprensa, se houver, ou da sua fixação.

Parágrafo único. O edital será afixado à porta do edifício onde funcionar o juízo e será publicado pela imprensa, onde houver, devendo a afixação ser certificada pelo oficial que a tiver feito e a publicação provada por exemplar do jornal ou certidão do escrivão, da qual conste a página do jornal com a data da publicação.

Art. 366. O processo seguirá à revelia do acusado que, citado inicialmente ou intimado para qualquer ato do processo, deixar de comparecer sem motivo justificado.

Art. 367. Estando o réu no estrangeiro, mas em lugar sabido, será citado mediante carta rogatória, se a infração for inafiançável; se afiançável, a citação far-se-á mediante editais, com o prazo de trinta dias, no mínimo, sabido ou não o lugar.

Art. 368. As citações que houverem de ser feitas em legações estrangeiras serão deprecadas por intermédio do ministro da Justiça.

Art. 369. Ressalvado o disposto no art. 328, o réu, depois de citado, não poderá, sob pena de prosseguir o processo à sua revelia, mudar de residência ou dela ausentar-se, por mais de oito dias, sem comunicar à autoridade processante o lugar onde passará a ser encontrado.

CAPÍTULO II

Das intimações

Art. 370. Nas intimações dos réus, das testemunhas e demais pessoas que devam tomar conhecimento de qualquer ato, será observado, no que for aplicável, o disposto no capítulo anterior.

Parágrafo único. O escrivão poderá fazer as intimações, certificando-as nos autos.

Art. 371. Será admissível a intimação por despacho na petição em que for requerida, observado o disposto no art. 357.

Art. 372. Adiada, por qualquer motivo, a instrução criminal, o juiz marcará desde logo, na presença das partes e testemunhas, dia e hora para seu prosseguimento, do que se lavrará termo nos autos.

TÍTULO XI

Da aplicação provisória de interdições de direitos e medidas de segurança

Art. 373. A aplicação provisória de interdições de direitos poderá ser determinada pelo juiz, de ofício, ou a requerimento do Ministério Público, do querelante, do assistente, do ofendido, ou de seu representante legal, ainda que este não se tenha constituído como assistente:

I — durante a instrução criminal após a apresentação da defesa ou do prazo concedido para esse fim;

II — na sentença de pronúncia;

III — na decisão confirmatória da pronúncia ou na que, em grau de recurso, pronunciar o réu;

IV — na sentença condenatória recorrível.

§ 1.º No caso do n. I, havendo requerimento de aplicação da medida, o réu ou seu defensor será ouvido no prazo de dois dias.

§ 2.º Decretada a medida, serão feitas as comunicações necessárias para a sua execução, na forma do disposto no Capítulo III do Título II do Livro IV.

Art. 374. Não caberá recurso do despacho ou da parte da sentença que decretar ou denegar a aplicação provisória de interdições de direitos, mas estas poderão ser substituídas ou revogadas:

I — se aplicadas no curso da instrução criminal, durante esta ou pelas sentenças a que se referem os ns. II, III e IV do artigo anterior;

II — se aplicadas na sentença de pronúncia, pela decisão que, em grau de recurso, a confirmar, total ou parcialmente, ou pela sentença condenatória recorrível;

III — se aplicadas na decisão a que se refere o n. III do artigo anterior, pela sentença condenatória recorrivel.

Art. 375. O despacho que aplicar, provisoriamente, substituir ou revogar interdição de direito, será fundamentado.

Art. 376. A decisão que impronunciar ou absolver o réu fará cessar a aplicação provisória de interdição anteriormente determinada.

Art. 377. Transitando em julgado a sentença condenatória, serão executadas somente as interdições nela aplicadas ou que derivarem da imposição da pena principal.

Art. 378. A aplicação provisória de medida de segurança obedecerá ao disposto nos artigos anteriores, com as modificações seguintes:

I — o juiz poderá aplicar, provisoriamente, a medida de segurança, de ofício, ou a requerimento do Ministério Público;

II — a aplicação poderá ser determinada ainda no curso do inquérito, mediante representação da autoridade policial;

III — a aplicação provisória de medida de segurança, a substituição ou a revogação da anteriormente aplicada poderão ser determinadas, tambem, na sentença absolutória.

IV — decretada a medida, atender-se-á ao disposto no Título V do Livro IV, no que for aplicável.

Art. 379. Transitando em julgado a sentença, observar-se-á, quanto à execução das medidas de segurança definitivamente aplicadas, o disposto no Título V do Livro IV.

Art. 380. A aplicação provisória de medida de segurança obstará à concessão de fiança, e tornará sem efeito a anteriormente concedida.

TÍTULO XII

Da sentença

Art. 381. A sentença conterá:

I — os nomes das partes ou, quando não possivel, as indicações necessárias para identificá-las;

II — a exposição sucinta da acusação e da defesa;

III — a indicação dos motivos de fato e de direito em que se fundar a decisão;

IV — a indicação dos artigos de lei aplicados;

V — o dispositivo;

VI — a data e a assinatura do juiz.

Art. 382. Qualquer das partes poderá, no prazo de dois dias, pedir ao juiz que declare a sentença, sempre que nela houver obscuridade, ambigüidade, contradição ou omissão.

Art. 383. O juiz poderá dar ao fato definição jurídica diversa da que constar da queixa ou da denúncia, ainda que, em conseqüência, tenha de aplicar pena mais grave.

Art. 384. Se o juiz reconhecer a possibilidade de nova definição jurídica do fato, em conseqüência de prova existente nos autos de circunstância elementar, não contida, explícita ou implicitamente, na denúncia ou na queixa, baixará o processo, afim de que a defesa, no prazo de oito dias, fale e, se quiser, produza prova, podendo ser ouvidas até três testemunhas.

Parágrafo único. Se houver possibilidade de nova definição jurídica que importe aplicação de pena mais grave, o juiz baixará o processo, a fim de que o Ministério Público possa aditar a denúncia ou a queixa, se em virtude desta houver sido instaurado o processo em crime de ação pública, abrindo-se, em seguida, o prazo de três dias à defesa, que poderá oferecer prova, arrolando até três testemunhas.

Art. 385. Nos crimes de ação pública, o juiz poderá proferir sentença con-

denatória, ainda que o Ministério Público tenha opinado pela absolvição, bem como reconhecer agravantes, embora nenhuma tenha sido alegada.

Art. 386. O juiz absolverá o réu, mencionando a causa na parte dispositiva, desde que reconheça:

I — estar provada a inexistência do fato;

II — não haver prova da existência do fato;

III — não constituir o fato infração penal;

IV — não existir prova de ter o réu concorrido para a infração penal;

V — existir circunstância que exclua o crime ou isente o réu de pena (arts. 17, 18, 19, 22 e 24, § 1.°, do Código Penal);

VI — não existir prova suficiente para a condenação.

Parágrafo único. Na sentença absolutória, o juiz:

I — mandará, se for caso, pôr o réu em liberdade;

II — ordenará a cessação das penas acessórias provisoriamente aplicadas;

III — aplicará medida de segurança, se cabível.

Art. 387. O juiz, ao proferir sentença condenatória:

I — mencionará as circunstâncias agravantes ou atenuantes definidas no Código Penal, e cuja existência reconhecer;

II — mencionará as outras circunstâncias apuradas e tudo o mais que deva ser levado em conta na aplicação da pena, de acordo com o disposto nos arts. 42 e 43 do Código Penal;

III — imporá, de acordo com essas conclusões, as penas, fixando a quantidade das principais e a duração, se for caso, das acessórias;

● III — aplicará as penas, de acordo com essas conclusões, fixando a quantidade das principais e, se for o caso, a duração das acessórias;

IV — aplicará as medidas de segurança que no caso couberem;

● IV — declarará, se presente, a periculosidade real e imporá as medidas de segurança que no caso couberem;

● incisos III e IV, do artigo 387, com a redação determinada pela Lei n.° 6.416, de 24 de maio de 1977.

V — atenderá, quanto à aplicação provisória de interdições de direitos e medidas de segurança, ao disposto no Título XI deste Livro;

VI — determinará se a sentença deverá ser publicada na íntegra ou em resumo e designará o jornal em que será feita a publicação (art. 73, § 1.°, do Código Penal).

Art. 388. A sentença poderá ser datilografada e neste caso o juiz a rubricará em todas as folhas.

Art. 389. A sentença será publicada em mão do escrivão, que lavrará nos autos o respectivo termo, registrando-a em livro especialmente destinado a esse fim.

Art. 390. O escrivão, dentro de três dias após a publicação, e sob pena de suspensão de cinco dias, dará conhecimento da sentença ao órgão do Ministério Público.

Art. 391. O querelante ou o assistente será intimado da sentença, pessoalmente ou na pessoa de seu advogado. Se nenhum deles for encontrado no lugar da sede do juízo, a intimação será feita mediante edital com o prazo de 10 dias, afixado no lugar do costume.

Art. 392. A intimação da sentença será feita:

I — ao réu, pessoalmente, se estiver preso;

II — ao réu, pessoalmente, ou ao defensor por ele constituído, quando

se livrar solto, ou, sendo afiançável a infração tiver prestado fiança;

III — ao defensor constituído pelo réu, se este, afiançável, ou não, a infração, expedido o mandado de prisão, não tiver sido encontrado, e assim o certificar o oficial de justiça;

IV — mediante edital, nos casos do n. II, se o réu e o defensor que houver constituído não forem encontrados, e assim o certificar o oficial de justiça;

V — mediante edital, nos casos do n. III, se o defensor que o réu houver constituído também não for encontrado, e assim o certificar o oficial de justiça;

VI — mediante edital, se o réu, não tendo constituído defensor, não for encontrado, e assim o certificar o oficial de justiça.

§ 1.º O prazo do edital será de 90 dias, se tiver sido imposta pena privativa de liberdade por tempo igual ou superior a um ano, e de 60 dias, nos outros casos.

§ 2.º O prazo para apelação correrá após o término do fixado no edital, salvo se, no curso deste, for feita a intimação por qualquer das outras formas estabelecidas neste artigo.

Art. 393. São efeitos da sentença condenatória recorrível:

I — ser o réu preso ou conservado na prisão, assim nas infrações inafiançáveis, como nas afiançáveis enquanto não prestar fiança;

II — ser o nome do réu lançado no rol dos culpados.

LIVRO II

DOS PROCESSOS EM ESPÉCIE

TÍTULO I

Do processo comum

CAPÍTULO I

Da instrução criminal

Art. 394. O juiz, ao receber a queixa ou denúncia, designará dia e hora para o interrogatório, ordenando a citação do réu e a notificação do Ministério Público e, se for caso, do querelante ou do assistente.

Art. 395. O réu ou seu defensor poderá, logo após o interrogatório ou no prazo de três dias, oferecer alegações escritas e arrolar testemunhas.

Art. 396. Apresentada ou não a defesa, proceder-se-á à inquirição das testemunhas, devendo as da acusação ser ouvidas em primeiro lugar.

Parágrafo único. Se o réu não comparecer, sem motivo justificado, no dia e à hora designados, o prazo para defesa será concedido ao defensor nomeado pelo juiz.

Art. 397. Se não for encontrada qualquer das testemunhas, o juiz poderá deferir o pedido de substituição, se esse pedido não tiver por fim frustrar o disposto nos arts. 41, *in fine*, e 395.

Art. 398. Na instrução do processo serão inquiridas no máximo oito testemunhas de acusação e até oito de defesa.

Parágrafo único. Nesse número não se compreendem as que não prestaram compromisso e as referidas.

Art. 399. O Ministério Público ou o querelante, ao ser oferecida a denúncia ou a queixa, e a defesa, no prazo do art 395, poderão requerer as diligências que julgarem convenientes.

Art. 400. As partes poderão oferecer documentos em qualquer fase do processo.

Art. 401. As testemunhas de acusação serão ouvidas dentro do prazo de vinte dias, quando o réu estiver preso, e de quarenta dias, quando solto.

Parágrafo único. Esses prazos começarão a correr depois de findo o tríduo da defesa prévia, ou, se tiver havido desistência, da data do interrogatório ou do dia em que devera ter sido realizado.

Art. 402. Sempre que o juiz concluir a instrução fora do prazo, consignará nos autos os motivos da demora.

Art. 403. A demora determinada por doença do réu ou do defensor, ou outro motivo de força maior, não será computada nos prazos fixados no art. 401. No caso de enfermidade do réu, o juiz poderá transportar-se ao local onde ele se encontrar, aí procedendo à instrução. No caso de enfermidade do defensor, será ele substituído, definitivamente, ou para o só efeito do ato, na forma do artigo 265, parágrafo único.

Art. 404. As partes poderão desistir do depoimento de qualquer das testemunhas arroladas, ou deixar de arrolá-las, se considerarem suficientes as provas que possam ser ou tenham sido produzidas, ressalvado o disposto no art. 209.

Art. 405. Se as testemunhas de defesa não forem encontradas e o acusado, dentro em três dias, não indicar outras em substituição, prosseguir-se-á nos demais termos do processo.

CAPÍTULO II

Do processo dos crimes da competência do júri

SECÇÃO I

Da pronúncia, da impronúncia e da absolvição sumária

Art. 406. Terminada a inquirição das testemunhas, mandará o juiz dar vista dos autos, para alegações, ao Ministério Público, pelo prazo de cinco dias, e, em seguida, por igual prazo, e em cartório, ao defensor do réu.

§ 1.º Se houver querelante, terá este vista do processo, antes do Ministério Público, por igual prazo, e havendo assistente, o prazo lhe correrá conjuntamente com o do Ministério Público.

§ 2.º Nenhum documento se juntará aos autos nesta fase do processo.

Art. 407. Decorridos os prazos de que trata o artigo anterior, os autos serão enviados, dentro de quarenta e oito horas, ao presidente do tribunal do júri, que poderá ordenar as diligências necessárias para sanar qualquer nulidade ou suprir falta que prejudique o esclarecimento da verdade inclusive inquirição de testemunhas (art. 209), e proferirá sentença, na forma dos artigos seguintes.

Art. 408. Se o juiz se convencer da existência do crime e de indícios de que o réu seja o seu autor, pronunciá-lo-á, dando os motivos do seu convencimento.

§ 1.º Na sentença de pronúncia o juiz declarará o dispositivo legal em cuja sanção julgar incurso o réu, mandará lançar-lhe o nome no rol dos culpados, recomendá-lo-á na prisão em que se achar, ou expedirá as ordens necessárias para a sua captura.

§ 2.º Se o crime for afiançável, será, desde logo, arbitrado o valor da fiança, que constará do mandado de prisão;

§ 3.º O juiz não ficará adstrito à classificação do crime, feita na queixa ou denúncia, embora fique o réu sujeito à pena mais grave, atendido, se for caso, o disposto no art. 410 e seu parágrafo.

§ 4.º Se dos autos constarem elementos de culpabilidade de outros indivíduos não compreendidos na queixa ou na denúncia, o juiz, ao proferir a decisão de pronúncia ou impronúncia, ordenará que os autos voltem ao Ministério Público, para aditamento da peça inicial do processo e demais diligências do sumário.

● 2.º Se o réu for primário e de bons antecedentes, poderá o juiz deixar de decretar-lhe a prisão ou revogá-la, caso já se encontre preso.

§ 3.º Se o crime for afiançável, será desde logo, arbitrado o valor da fiança, que constará do mandado de prisão.

§ 4.º O juiz não ficará adstrito à classificação do crime, feita na queixa ou denúncia, embora fique o réu sujeito à pena mais grave, atendido, se for o caso, o disposto no artigo 410 e seu parágrafo.

§ 5.º Se dos autos constarem elementos de culpabilidade de outros indivíduos não compreendidos na queixa ou na de-

núncia, o juiz, ao proferir a decisão de pronúncia ou impronúncia, ordenará que os autos voltem ao Ministério Público, para aditamento da peça inicial do processo e demais diligências do sumário.

● §§ 2.º ao 5.º com a redação determinada pela Lei n.º 5.941, de 22 de novembro de 1973.

Art. 409. Se não se convencer da existência do crime ou de indício suficiente de que seja o réu o seu autor, o juiz julgará improcedente a denúncia ou a queixa.

Parágrafo único. Enquanto não extinta a punibilidade, poderá, em qualquer tempo, ser instaurado processo contra o réu, se houver novas provas.

Art. 410. Quando o juiz se convencer, em discordância com a denúncia ou queixa, da existência de crime diverso dos referidos no art. 74, § 1.º, e não for o competente para julgá-lo, remeterá o processo ao juiz que o seja. Em qualquer caso, será reaberto ao acusado prazo para defesa e indicação de testemunhas, prosseguindo-se, depois de encerrada a inquirição, de acordo com o art. 499 e seguintes. Não se admitirá, entretanto, que sejam arroladas testemunhas já anteriormente ouvidas.

Parágrafo único. Tendo o processo de ser remetido a outro juízo, à disposição deste passará o réu, se estiver preso.

Art. 411. O juiz absolverá desde logo o réu, quando se convencer da existência de circunstância que exclua o crime ou isente de pena o réu (arts. 17, 18, 19, 22 e 24, § 1.º, do Código Penal), recorrendo, de ofício, da sua decisão. Este recurso terá efeito suspensivo e será sempre para o Tribunal de Apelação.

Art. 412. Nos Estados onde a lei não atribuir a pronúncia ao presidente do júri, ao juiz competente caberá proceder na forma dos artigos anteriores.

Art. 413. O processo não prosseguirá até que o réu seja intimado da sentença de pronúncia.

Parágrafo único. Se houver mais de um réu, somente em relação ao que for intimado prosseguirá o feito.

Art. 414. A intimação da sentença de pronúncia, se o crime for inafiançável, será sempre feita ao réu pessoalmente.

Art. 415. A intimação da sentença de pronúncia, se o crime for afiançável, será feita ao réu:

I — pessoalmente, se estiver preso;

II — pessoalmente, ou ao defensor por ele constituído, se tiver prestado fiança antes ou depois da sentença;

III — ao defensor por ele constituído se, não tendo prestado fiança, expedido o mandado de prisão, não for encontrado e assim o certificar o oficial de justiça;

IV — mediante edital, no caso do n. II, se o réu e o defensor não forem encontrados e assim o certificar o oficial de justiça;

V — mediante edital, no caso do n. III, se o defensor que o réu houver constituído também não for encontrado e assim o certificar o oficial de justiça;

VI — mediante edital, sempre que o réu, não tendo constituído defensor, não for encontrado.

§ 1.º O prazo do edital será de trinta dias.

§ 2.º O prazo para recurso correrá após o término do fixado no edital, salvo se antes for feita a intimação por qualquer das outras formas estabelecidas neste artigo.

Art. 416. Passada em julgado a sentença de pronúncia, que especificará todas as circunstâncias qualificativas do crime e somente poderá ser alterada pela verificação superveniente de circunstância que modifique a classificação do delito, o escrivão imediatamente dará vista dos autos ao órgão do Ministério Público, pelo prazo de cinco dias, para oferecer o libelo acusatório.

Art. 417. O libelo, assinado pelo promotor, conterá:

I — o nome do réu;

II — a exposição, deduzida por artigos, do fato criminoso;

III — a indicação das circunstâncias agravantes, expressamente definidas na lei penal, e de todos os fatos e circunstâncias que devam influir na fixação da pena;

IV — a indicação da medida de segurança aplicável.

§ 1.º Havendo mais de um réu, haverá um libelo para cada um.

§ 2.º Com o libelo poderá o promotor apresentar o rol das testemunhas que devam depor em plenário, até o máximo de cinco, juntar documentos e requerer diligências.

Art. 418. O juiz não receberá o libelo a que faltem os requisitos legais, devolvendo ao órgão do Ministério Público, para apresentação de outro, no prazo de quarenta e oito horas.

Art. 419. Se findar o prazo legal, sem que seja oferecido o libelo, o promotor incorrerá na multa de cem cruzeiros, salvo se justificada a demora por motivo de força maior, caso em que será concedida prorrogação de quarenta e oito horas. Esgotada a prorrogação, se não tiver sido apresentado o libelo, a multa será de quatrocentos cruzeiros e o fato será comunicado ao procurador-geral. Neste caso, será o libelo oferecido pelo substituto legal, ou, se não houver, por um promotor *ad-hoc*.

Art. 420. No caso de queixa, o acusador será intimado a apresentar o libelo dentro de dois dias; se o não fizer, o juiz o haverá por lançado e mandará os autos ao Ministério Público.

Art. 421. Recebido o libelo, o escrivão, dentro de três dias, entregará ao réu, mediante recibo de seu punho ou de alguém a seu rogo, a respectiva cópia, com o rol de testemunhas, notificado o defensor para que, no prazo de cinco dias, ofereça a contrariedade; se o réu estiver afiançado, o escrivão dará cópia ao seu defensor, exigindo recibo, que se juntará aos autos.

Parágrafo único. Ao oferecer a contrariedade, o defensor poderá apresentar o rol de testemunhas que devam depor no plenário, até o máximo de cinco, juntar documentos e requerer diligências.

Art. 422. Se, ao ser recebido o libelo, não houver advogado constituído nos autos para a defesa, o juiz dará defensor ao réu, que poderá em qualquer tempo constituir advogado para substituir o defensor dativo.

Art. 423. As justificações e perícias requeridas pelas partes serão determinadas somente pelo presidente do tribunal, com intimação dos interessados, ou pelo juiz a quem coube o preparo do processo até julgamento.

Art. 424. Se o interesse da ordem pública o reclamar, ou houver dúvida sobre a imparcialidade do júri ou sobre a segurança pessoal do réu, o Tribunal de Apelação, a requerimento de qualquer das partes ou mediante representação do juiz, e ouvido sempre o procurador-geral, poderá desaforar o julgamento para comarca ou termo próximo, onde não subsistam aqueles motivos, após informação do juiz, se a medida não tiver sido solicitada, de ofício, por ele próprio.

Parágrafo único. O Tribunal de Apelação poderá ainda, a requerimento do réu ou do Ministério Públicoo, determinar o desaforamento, se o julgamento não se realizar no período de um ano, contado do recebimento do libelo, desde que para a demora não haja concorrido o réu ou a defesa.

Art. 425. O presidente do tribunal do júri, depois de ordenar, de ofício, ou a requerimento das partes, as diligências necessárias para sanar qualquer nulidade ou esclarecer fato que interesse à decisão da causa, marcará dia para o julgamento, determinando sejam intimadas as partes e as testemunhas.

Parágrafo único. Quando a lei de organização judiciária local não atribuir ao presidente do tribunal do júri o preparo dos processos para o julgamento, o juiz competente remeter-lhe-á os processos preparados, até cinco dias

antes do sorteio a que se refere o art. 427. Deverão também ser remetidos, após esse prazo, os processos que forem sendo preparados até o encerramento da sessão.

Art. 426. O tribunal do júri, no Distrito Federal, reunir-se-á todos os meses, celebrando em dias úteis sucessisivos, salvo justo impedimento, as sessões necessárias para julgar os processos preparados. Nos Estados e nos Territórios, observar-se-á, relativamente à época das sessões, o que prescrever a lei local.

Art. 427. A convocação do júri far-se-á mediante edital, depois do sorteio dos vinte e um jurados que tiverem de servir na sessão. O sorteio far-se-á no Distrito Federal, de dez a quinze dias antes do primeiro julgamento marcado, observando-se nos Estados e nos Territórios o que estabelecer a lei local.

Parágrafo único. Em termo que não for sede de comarca, o sorteio poderá realizar-se sob a presidência do juiz do termo.

Art. 428. O sorteio far-se-á a portas abertas, e um menor de dezoito anos tirará da urna geral as cédulas com os nomes dos jurados, as quais serão recolhidas a outra urna, ficando a chave respectiva em poder do juiz, o que tudo será reduzido a termo pelo escrivão, em livro a esse fim destinado, com especificação dos vinte e um sorteados.

Art. 429. Concluído o sorteio, o juiz mandará expedir, desde logo, o edital a que se refere o artigo 427, dele constando o dia em que o júri se reunirá e o convite nominal aos jurados sorteados para comparecerem, sob as penas da lei, e determinará também as diligências necessárias para intimação dos jurados, dos réus e das testemunhas.

§ 1.º O edital será afixado à porta do edifício do tribunal e publicado pela imprensa, onde houver.

§ 2.º Entender-se-á feita a intimação quando o oficial de justiça deixar cópia do mandado na residência do jurado não encontrado, salvo se este se achar fora do município.

Art. 430. Nenhum desconto será feito nos vencimentos do jurado sorteado que comparecer às sessões do júri.

Art. 431. Salvo motivo de interesse público que autorize alteração na ordem do julgamento dos processos, terão preferência:

I — os réus presos;

II — dentre os presos, os mais antigos na prisão;

III — em igualdade de condições, os que tiverem sido pronunciados há mais tempo.

Art. 432. Antes do dia designado para o primeiro julgamento, será afixada na porta do edifício do tribunal, na ordem estabelecida no artigo anterior, a lista dos processos que devam ser julgados.

Secção II

Da função do jurado

Art. 433. O tribunal do júri compõe-se de um juiz de direito, que é o seu presidente, e de vinte e um jurados, que se sortearão dentre os alistados, sete dos quais constituirão o conselho de sentença em cada sessão de julgamento.

Art. 434. O serviço do júri será obrigatório. O alistamento compreenderá os cidadãos maiores de vinte e um anos, isentos os maiores de sessenta.

Art. 435. A recusa ao serviço do júri motivada por convicção religiosa, filosófica ou política, importará a perda dos direitos políticos (Constituição, art. 119, letra "b").

● Refere-se à Carta Constitucional de 1937. V. arts. 149 e 153 da Constituição vigente (Emenda Constitucional n.º 1/69).

Art. 436. Os jurados serão escolhidos dentre cidadãos de notória idoneidade.

Parágrafo único. São isentos do serviço do júri:

I — o Presidente da República e os ministros de Estado;

II — os governadores ou interventores de Estado ou Territórios, o prefeito do Distrito Federal e seus respectivos secretários;

III — os membros do Parlamento Nacional, do Conselho de Economia Nacional, das Assembléias Legislativas dos Estados e das Câmaras Municipais, enquanto durarem suas reuniões;

IV — os prefeitos municipais;

V — os magistrados e órgãos do Ministério Público;

VI — os serventuários e funcionários da Justiça;

VII — o chefe, demais autoridades e funcionários da Polícia e Segurança Pública;

VIII — os militares em serviço ativo;

IX — as mulheres que não exerçam função pública e provem que, em virtude de ocupações domésticas, o serviço do júri lhes é particularmente difícil;

X — por um ano, mediante requerimento, os que tiverem efetivamente exercido a função de jurado, salvo nos lugares onde tal isenção possa redundar em prejuízo do serviço normal do júri;

XI — quando o requererem e o juiz reconhecer a necessidade da dispensa;

a) os médicos e os ministros de confissão religiosa;

b) os farmacêuticos e as parteiras.

Art. 437. O exercício efetivo da função de jurado constituirá serviço público relevante, estabelecerá presunção de idoneidade moral e assegurará prisão especial, em caso de crime comum, até o julgamento definitivo, bem como preferência, em igualdade de condições, nas concorrências públicas.

Art. 438. Os jurados serão responsáveis criminalmente, nos mesmos termos em que o são os juízes de ofício, por concussão, corrupção ou prevaricação (Código Penal, arts. 316, 317, §§ 1.º e 2.º, e 319).

Secção III

Da organização do júri

Art. 439. Anualmente, serão alistados pelo juiz-presidente do júri, sob sua responsabilidade e mediante escolha por conhecimento pessoal ou informação fidedigna, trezentos a quinhentos jurados no Distrito Federal e nas comarcas de mais de cem mil habitantes, e oitenta a trezentos nas comarcas ou nos termos de menor população. O juiz poderá requisitar às autoridades locais, associações de classe, sindicatos profissionais e repartições públicas a indicação de cidadãos que reúnam as condições legais.

Parágrafo único. A lista geral, publicada em novembro de cada ano, poderá ser alterada de ofício, ou em virtude de reclamação de qualquer do povo, até a publicação definitiva, na segunda quinzena de dezembro, com recurso, dentro de vinte dias, para a superior instância, sem efeito suspensivo.

Art. 440. A lista geral dos jurados, com indicação das respectivas profissões, será publicada pela imprensa, onde houver, ou em editais afixados à porta do edifício do tribunal, lançando-se os nomes dos alistados, com indicação das residências, em cartões iguais, que, verificados com a presença do órgão do Ministério Público, ficarão guardados em urna fechada à chave, sob a responsabilidade do juiz.

Art. 441. Nas comarcas ou nos termos onde for necessário, organizar-se-á lista de jurados suplentes, depositando-se as cédulas em urna especial.

Secção IV

Do julgamento pelo júri

Art. 442. No dia e à hora designados para reunião do júri, presente o órgão do Ministério Público, o presidente, depois de verificar se a urna contém as cédulas com os nomes dos

vinte e um jurados sorteados, mandará que o escrivão lhes proceda à chamada, declarando instalada a sessão, se comparecerem pelo menos quinze deles, ou, no caso contrário, convocando nova sessão para o dia util imediato.

Art. 443. O jurado que, sem causa legítima, não comparecer, incorrerá na multa de duzentos cruzeiros por dia de sessão realizada ou não realizada por falta de número legal até o término da sessão periódica.

§ 1.º O jurado incorrerá em multa pelo simples fato do não comparecimento, independentemente de ato do presidente ou termo especial.

§ 2.º Somente serão aceitas as escusas apresentadas até o momento da chamada dos jurados e fundadas em motivo relevante, devidamente comprovado.

§ 3.º Incorrerá na multa de seiscentos cruzeiros o jurado que, tendo comparecido, se retirar antes de dispensado pelo presidente, observado o disposto no § 1.º, parte final.

§ 4.º Sob pena de responsabilidade, o presidente só relevará as multas em que incorrerem os jurados faltosos, se estes, dentro de quarenta e oito horas após o encerramento da sessão periódica, oferecerem prova de justificado impedimento.

Art. 444. As multas em que incorrerem os jurados serão cobradas pela Fazenda Pública, a cujo representante o juiz remeterá no prazo de dez dias, após o encerramento da sessão periódica, com a relação dos jurados multados, as certidões das atas de que constar o fato, as quais, por ele rubricadas, valerão como título de dívida líquida e certa.

Parágrafo único. Sem prejuízo da cobrança das multas, será remetida cópia das certidões à autoridade fiscal competente para a inscrição da dívida.

Art. 445. Verificando não estar completo o número de vinte e um jurados, embora haja o mínimo legal para a instalação da sessão, o juiz procederá ao sorteio dos suplentes necessários, repetindo-se o sorteio até perfazer-se aquele número.

§ 1.º Nos Estados e Territórios, serão escolhidos como suplentes, dentre os sorteados, os jurados residentes na cidade ou vila ou até a distância de 20 quilômetros.

§ 2.º Os nomes dos suplentes serão consignados na ata, seguindo-se a respectiva notificação para comparecimento.

§ 3.º Os jurados ou suplentes que não comparecerem ou forem dispensados de servir na sessão periódica serão, desde logo, havidos como sorteados para a seguinte.

§ 4.º Sorteados os suplentes, os jurados substituídos não mais serão admitidos a funcionar durante a sessão periódica.

Art. 446. Aos suplentes são aplicáveis os dispositivos referentes às dispensas, faltas, escusas e multas.

Art. 447. Aberta a sessão, o presidente do tribunal, depois de resolver sobre as escusas, na forma dos artigos anteriores, abrirá a urna, dela retirará todas as cédulas, verificando uma a uma, e em seguida, colocará na urna as relativas aos jurados presentes e, fechando-a, anunciará qual o processo que será submetido a julgamento e ordenará ao porteiro que apregoe as partes e as testemunhas.

Art. 448. Se, por motivo de força maior, não comparecer o órgão do Ministério Público, o presidente adiará o julgamento para o primeiro dia desimpedido da mesma sessão periódica. Continuando o órgão do Ministério Público, impossibilitado de comparecer, funcionará o substituto legal, se houver, ou promotor *ad hoc*.

Parágrafo único. Se o órgão do Ministério Público deixar de comparecer sem escusa legítima, será igualmente adiado o julgamento para o primeiro dia desimpedido, nomeando-se, porém, desde logo, promotor *ad hoc*, caso não haja substituto legal, comunicado o fato ao procurador-geral.

Art. 449. Apregoado o réu, e comparecendo, perguntar-lhe-á o juiz o nome, a idade e se tem advogado, nomeando-lhe curador, se for menor e não o tiver, e defensor, se maior. Em tal hipótese, o julgamento será adiado para o primeiro dia desimpedido.

Parágrafo único. O julgamento será adiado, somente uma vez, devendo o réu ser julgado, quando chamado pela segunda vez. Neste caso a defesa será feita por quem o juiz tiver nomeado, ressalvado ao réu o direito de ser defendido por advogado de sua escolha, desde que se ache presente.

Art. 450. A falta, sem escusa legítima, do defensor do réu ou do curador, se um ou outro for advogado ou solicitador, será imediatamente comunicada ao Conselho da Ordem dos Advogados, nomeando o presidente do tribunal, em substituição, outro defensor, ou curador, observado o disposto no artigo anterior.

Art. 451. Não comparecendo o réu ou o acusador particular, com justa causa, o julgamento será adiado para a seguinte sessão periódica, se não puder realizar-se na que estiver em curso.

§ 1.º Se se tratar de crime afiançável, e o não comparecimento do réu ocorrer sem motivo legítimo, far-se-á o julgamento à sua revelia.

§ 2.º O julgamento não será adiado pelo não comparecimento do advogado do assistente.

Art. 452. Se o acusador particular deixar de comparecer, sem escusa legítima, a acusação será devolvida ao Ministério Público, não se adiando por aquele motivo o julgamento.

Art. 453. As testemunhas que, sem justa causa, deixarem de comparecer, incorrerão na multa de cem cruzeiros a mil cruzeiros, ou em prisão de três a quinze dias, imposta pelo presidente do tribunal.

● Art. 453. A testemunha que, sem justa causa, deixar de comparecer, incorrerá na multa de cem cruzeiros a mil cruzeiros, aplicada pelo presidente, sem prejuízo do processo penal, por desobediência, e da observância do preceito do art. 218.

● Redação determinada pela Lei n.º 6.416, de 24 de maio de 1977.

Parágrafo único. Aplica-se às testemunhas, enquanto a serviço do júri, o disposto no art. 430.

Art. 454. Antes de constituído o conselho de sentença, as testemunhas, separadas as de acusação das de defesa, serão recolhidas a lugar de onde não possam ouvir os debates, nem as respostas umas das outras.

Art. 455. A falta de qualquer testemunha não será motivo para o adiamento, salvo se uma das partes tiver requerido sua intimação, declarando não prescindir do depoimento e indicando seu paradeiro com a antecedência necessária para a intimação. Proceder-se-á, entretanto, ao julgamento, se a testemunha não tiver sido encontrada no local indicado.

§ 1.º Se, intimada, a testemunha não comparecer, o juiz suspenderá os trabalhos e mandará trazê-la pelo oficial de justiça ou adiará o julgamento para o primeiro dia útil desimpedido, ordenando a sua condução ou requisitando à autoridade policial a sua apresentação.

§ 2.º Não conseguida, ainda assim, a presença da testemunha no dia designado, proceder-se-á ao julgamento.

Art. 456. O porteiro do tribunal, ou na falta deste, o oficial de justiça, certificará haver apregoado as partes e as testemunhas.

Art. 457. Verificado publicamente pelo juiz que se encontram na urna as cédulas relativas aos jurados presentes, será feito o sorteio de sete para a formação do conselho de sentença.

Art. 458. Antes do sorteio do conselho de sentença, o juiz advertirá os jurados dos impedimentos constantes do artigo 462, bem como das incompatibilidades legais por suspeição, em razão de parentesco com o juiz, com

o promotor, com o advogado, com o réu ou com a vítima, na forma do disposto neste Código sobre os impedimentos ou a suspeição dos juízes togados.

§ 1.º Na mesma ocasião, o juiz advertirá os jurados de que, uma vez sorteados, não poderão comunicar-se com outrem, nem manifestar sua opinião sobre o processo, sob pena de exclusão do conselho e multa, de quatrocentos cruzeiros a mil cruzeiros.

§ 2.º Dos impedidos entre si por parentesco servirá o que houver sido sorteado em primeiro lugar.

Art. 459. Os jurados excluídos por impedimento ou suspeição serão computados para a constituição do número legal.

§ 1.º Se, em conseqüência das suspeições ou das recusas, não houver número para a formação do conselho, o julgamento será adiado para o primeiro dia desimpedido.

§ 2.º À medida que as cédulas forem tiradas da urna, o juiz as lerá, e a defesa e, depois dela, a acusação poderão recusar os jurados sorteados, até três cada uma, sem dar os motivos da recusa.

Art. 460. A suspeição argüida contra o presidente do tribunal, o órgão do Ministério Público, os jurados ou qualquer funcionário, quando não reconhecida, não suspenderá o julgamento, devendo, entretanto, constar da ata a argüição.

Art. 461. Se os réus forem dois ou mais, poderão incumbir das recusas um só defensor; não convindo nisto e se não coincidirem as recusas, dar-se-á a separação dos julgamentos, prosseguindo-se somente no do réu que houver aceito o jurado, salvo se este, recusado por um réu e aceito por outro, for também recusado pela acusação.

Parágrafo único. O réu, que pela recusa do jurado tiver dado causa à separação, será julgado no primeiro dia desimpedido.

Art. 462. São impedidos de servir no mesmo conselho marido e mulher, ascendentes e descendentes, sogro e genro ou nora, irmãos, cunhados, durante o cunhadio, tio e sobrinho, padastro ou madrasta e enteado.

Art. 463. O mesmo conselho poderá conhecer de mais de um processo na mesma sessão de julgamento, se as partes o aceitarem; mas prestará de cada vez novo compromisso.

Art. 464. Formado o conselho, o juiz, levantando-se, e com ele todos os presentes, fará aos jurados a seguinte exortação:

— "Em nome da lei, concito-vos a examinar com imparcialidade esta causa e a proferir a vossa decisão, de acordo com a vossa consciência e os ditames da justiça".

Os jurados, nominalmente chamados pelo juiz, responderão:

— "Assim o prometo".

Art. 465. Em seguida, o presidente interrogará o réu pela forma estabelecida no Livro I, Título VII, Capítulo III, no que for aplicável.

Art. 466. Feito e assinado o interrogatório, o presidente, sem manifestar sua opinião sobre o mérito da acusação ou da defesa, fará o relatório do processo, expondo o fato, as provas e as conclusões das partes.

Parágrafo único. Onde for possível, o presidente mandará distribuir aos jurados cópias datilografadas ou impressas da pronúncia, do libelo e da contrariedade, além de outras peças que considerar úteis para o julgamento da causa.

● Art. 466. Feito e assinado o interrogatório, o presidente sem manifestar sua opinião sobre o mérito da acusação ou da defesa, fará o relatório do processo e exporá o fato, as provas e as conclusões das partes.

§ 1.º Depois do relatório, o escrivão lerá, mediante ordem do presidente, as peças do processo, cuja leitura for requerida pelas partes ou por qualquer jurado.

§ 2.º Onde for possível, o presidente mandará distribuir aos jurados cópias da-

tilografadas ou impressas da pronúncia, do libelo e da contrariedade, além de outras peças que considerar úteis para o julgamento da causa.

● Artigo e parágrafos com redação determinada pela Lei n.º 263, de 23 de fevereiro de 1948.

Art. 467. Terminado o relatório, o juiz, o acusador, o assistente e o advogado do réu e, por fim, os jurados que o quiserem, inquirirão sucessivamente as testemunhas de acusação.

Art. 468. Ouvidas as testemunhas de acusação, o juiz, o advogado do réu, o acusador particular, o promotor, o assistente e os jurados que o quiserem, inquirirão sucessivamente as testemunhas de defesa.

Art. 469. Os depoimentos das testemunhas de acusação e de defesa serão reduzidos a escrito, em resumo, assinado o termo pela testemunha, pelo juiz e pelas partes.

Art. 470. Quando duas ou mais testemunhas divergirem sobre pontos essenciais da causa, proceder-se-á de acordo com o disposto no art. 229, parágrafo único.

Art. 471. Terminada a inquirição das testemunhas o promotor lerá o libelo e os dispositivos da lei penal em que o réu se achar incurso, e produzirá a acusação.

§ 1.º O assistente falará depois do promotor.

§ 2.º Sendo o processo promovido pela parte ofendida, o promotor falará depois do acusador particular, tanto na acusação como na réplica.

Art. 472. Finda a acusação, o defensor terá a palavra para defesa.

Art. 473. O acusador poderá replicar e a defesa treplicar, sendo admitida a reinquirição de qualquer das testemunhas já ouvidas em plenário.

Art. 474. O tempo para a acusação e para a defesa será de uma hora e meia para cada um, e de meia hora para a réplica e outro tanto para a tréplica.

§ 1.º Havendo mais de um acusador ou mais de um defensor, combinarão entre si a distribuição do tempo, que, na falta de entendimento, será marcado pelo juiz, por forma que não sejam excedidos os prazos fixados neste artigo.

§ 2.º Havendo mais de um réu, o tempo para a acusação e para a defesa será, em relação a todos, acrescido de uma hora e elevado ao dobro o da réplica e da tréplica, observado o disposto no parágrafo anterior.

● Art. 474. O tempo destinado à acusação e à defesa será de duas horas para cada um, e de meia hora a réplica e outro tanto para a tréplica.

§ 1.º Havendo mais de um acusador ou mais de um defensor, combinarão entre si a distribuição do tempo, que, na falta de entendimento, será marcado pelo juiz, por forma que não sejam excedidos os prazos fixados neste artigo.

§ 2.º Havendo mais de um réu, o tempo para a acusação e para a defesa será, em relação a todos, acrescido de uma hora e elevado ao dobro o da réplica e da tréplica, observado o disposto no parágra anterior.

● Artigo e parágrafos com a redação determinada pela Lei n. 5.941, de 22 de novembro de 1973.

Art. 475. Durante o julgamento não será permitida a produção ou leitura de documento que não tiver sido comunicado à parte contrária, com antecedência, pelo menos, de três dias, compreendida nessa proibição a leitura de jornais ou qualquer escrito, cujo conteúdo versar sobre matéria de fato constante do processo.

Art. 476. Aos jurados, quando se recolherem à sala secreta, serão entregues os autos do processo, bem como, se o pedirem, os instrumentos do crime, devendo o juiz estar presente para evitar a influência de uns sobre os outros.

Parágrafo único. Os jurados poderão também, a qualquer momento, e por intermédio do juiz, pedir ao orador que indique a folha dos autos

onde se encontra a peça por ele lida ou citada.

Art. 477. Se a verificação de qualquer fato, reconhecida essencial para a decisão da causa, não puder ser realizada imediatamente, o juiz dissolverá o conselho, formulando com as partes, desde logo, os quesitos para as diligências necessárias.

Art. 478. Concluídos os debates, o juiz indagará dos jurados se estão habilitados a julgar ou se precisam de mais esclarecimentos.

Parágrafo único. Se qualquer dos jurados necessitar de novos esclarecimentos sobre questão de fato, o juiz os dará, ou mandará que o escrivão os dê, à vista dos autos.

Art. 479. Em seguida, lendo os quesitos, e explicando a significação legal de cada um, o juiz indagará das partes se têm requerimento ou reclamação que fazer, devendo constar da ata qualquer requerimento ou reclamação não atendida.

Art. 480. Lidos os quesitos, o juiz anunciará que se vai proceder ao julgamento, fará retirar o réu e convidará os circunstantes a que deixem a sala.

Art. 481. Fechadas as portas, presentes o escrivão e dois oficiais de justiça, bem como os acusadores e os defensores, que se conservarão nos seus lugares, sem intervir nas votações, o conselho, sob a presidência do juiz, passará a votar os quesitos que lho forem propostos.

Parágrafo único. Onde for possível, a votação será feita em sala especial.

Art. 482. Antes de dar o seu voto, o jurado poderá consultar os autos, ou examinar qualquer outro elemento material de prova existente em juízo.

Art. 483. O juiz não permitirá que os acusadores ou os defensores perturbem a livre manifestação do conselho, e fará retirar da sala aquele que se portar inconvenientemente, impondo-lhe multa, de quatrocentos cruzeiros a mil cruzeiros.

Art. 484. Os quesitos serão formulados com observância das seguintes regras:

I — o primeiro versará sobre o fato principal, de conformidade com o libelo;

II — se entender que alguma circunstância, exposta no libelo, não tem conexão essencial com o fato ou é dele separável, de maneira que este possa existir ou subsistir sem ela, o juiz desdobrará o quesito em tantos quantos forem necessários;

III — se o réu apresentar, na sua defesa, ou alegar, nos debates, qualquer fato ou circunstância que por lei isente de pena ou exclua o crime, ou o desclassifique, o juiz formulará os quesitos correspondentes, imediatamente depois dos relativos ao fato principal;

IV — se for alegada a existência de causa que determine aumento de pena em quantidade fixa ou dentro de determinados limites, ou de causa que determine ou faculte diminuição de pena, nas mesmas condições, o juiz formulará os quesitos correspondentes a cada uma das causas alegadas;

V — se forem dois ou mais os réus, o juiz formulará tantas séries de quesitos quantos forem eles. Também serão formuladas séries distintas, quando diversos os pontos de acusação.

VI — quando o juiz tiver que fazer diferentes quesitos, sempre os formulará em proposições simples e bem distintas, de maneira que cada um deles possa ser respondido com suficiente clareza.

Parágrafo único. Não serão formulados quesitos relativamente às circunstâncias agravantes e atenuantes previstas nos arts. 44, 45 e 48 do Código Penal.

● Parágrafo único. Serão formulados quesitos relativamente às circunstâncias agravantes e atenuantes, previstas nos artigos 44, 45 e 48 do Código Penal, observado o seguinte:

I — para cada circunstância agravante, articulada no libelo, o juiz formulará um quesito;

II — se resultar dos debates o conhecimento da existência de alguma circunstância agravante, não articulada no libelo, o juiz, a requerimento do acusador, formulará o quesito a ela relativo;

III — o juiz formulará sempre um quesito sobre a existência de circunstâncias atenuantes, tenham ou não sido articuladas ou alegadas;

IV — se o júri afirmar a existência de circunstâncias atenuantes, o Juiz o questionará a respeito das que lhe parecerem aplicáveis ao caso, fazendo escrever os quesitos respondidos afirmativamente com as respectivas respostas.

● Parágrafo único com a redação determinada pela Lei n.º 263, de 23 de fevereiro de 1948.

Art. 485. Antes de proceder-se à votação de cada quesito, o juiz mandará distribuir pelos jurados pequenas cédulas, feitas de papel opaco e facilmente dobráveis, contendo umas a palavra *sim* e outras a palavra *não*, a fim de, secretamente, serem recolhidos os votos.

Art. 486. Distribuídas as cédulas, o juiz lerá o quesito que deva ser respondido e um oficial de justiça recolherá as cédulas com os votos dos jurados, e outro, as cédulas não utilizadas. Cada um dos oficiais apresentará, para este fim, aos jurados, uma urna ou outro receptáculo que assegure o sigilo da votação.

Art. 487. Após a votação de cada quesito, o presidente, verificados os votos e as cédulas não utilizadas, mandará que o escrivão escreva o resultado em termo especial e que sejam declarados o número de votos afirmativos e o de negativos.

Art. 488. As decisões do júri serão tomadas por maioria de votos.

Art. 489. Se a resposta a qualquer dos quesitos estiver em contradição com outra ou outras já proferidas, o juiz, explicando aos jurados em que consiste a contradição, submeterá novamente à votação os quesitos a que se referirem tais respostas.

Art. 490. Se, pela resposta dada a qualquer dos quesitos, o juiz verificar que ficam prejudicados os seguintes, assim o declarará, dando por finda a votação.

Art. 491. Finda a votação, será o termo a que se refere o artigo 487 assinado pelo juiz e jurados.

Art. 492. Em seguida, o juiz lavrará a sentença, com observância do seguinte:

I — no caso de condenação, atenderá ao disposto no art. 387;

II — no caso de absolvição:

a) mandará pôr o réu em liberdade, se afiançável o crime, ou, desde que tenha ocorrido a hipótese prevista no art. 318, ainda que inafiançável;

b) ordenará a cessação das interdições de direitos que tiverem sido provisoriamente impostas;

c) aplicará medida de segurança, se cabível.

§ 1.º Se, pela resposta a quesito formulado aos jurados, for reconhecida a existência de causa que faculte diminuição da pena, em quantidade fixa ou dentro de determinados limites, ao juiz ficará reservado o uso dessa faculdade.

§ 2.º Se for desclassificada a infração para outra atribuída à competência do juiz singular, ao presidente do tribunal caberá proferir em seguida a sentença.

● Art. 492. Em seguida, o juiz lavrará a sentença, com observância do seguinte:

I — no caso de condenação, terá em vista as circunstâncias agravantes ou atenuantes, reconhecidas pelo júri, e atenderá quanto ao mais, ao disposto nos n.ºs II a IV do art. 387;

II — no caso de absolvição:

a) mandará pôr o réu em liberdade, se afiançável o crime, ou desde que tenha ocorrido a hipótese prevista no art. 318, ainda que inafiançável;

b) ordenará a cessação das interdições de direitos que tiverem sido provisoriamente impostas;

c) aplicará medida de segurança, se cabível.

§ 1.º Se, pela resposta a quesito formulado aos jurados, for reconhecida a existência de causa que faculte diminuição da pena, em quantidade fixa ou dentro de determinados limites, ao juiz ficará reservado o uso dessa faculdade.

§ 2.º Se for desclassificada a infração para outra atribuída à competência do juiz singular, ao presidente do tribunal caberá proferir em seguida a sentença.

● Redação determinada pela Lei n.º 263, de 28 de fevereiro de 1948.

Art. 493. A sentença será fundamentada, salvo quanto às conclusões que resultarem das respostas aos quesitos, e lida pelo juiz, de público, antes de encerrada a sessão do julgamento.

Art. 494. De cada sessão de julgamento o escrivão lavrará ata, assinada pelo juiz e pelo órgão do Ministério Público.

Art. 495. A ata descreverá fielmente todas as ocorrências e mencionará especialmente:

I — a data e a hora da instalação dos trabalhos;

II — o magistrado que a presidiu e os jurados presentes;

III — os jurados que deixarem de comparecer, com escusa legítima ou sem ela, e os ofícios e requerimentos a respeito apresentados e arquivados;

IV — os jurados dispensados e as multas impostas;

V — o sorteio dos suplentes;

VI — o adiamento da sessão, se houver ocorrido, com a declaração do motivo;

VII — a abertura da sessão e a presença do órgão do Ministério Público;

VIII — o pregão das partes e das testemunhas, o seu comparecimento. ou não, e as penas impostas às que faltaram;

IX — as testemunhas dispensadas de depor;

X — o recolhimento das testemunhas a lugar de onde não pudessem ouvir os debates, nem as respostas umas das outras;

XI — a verificação das cédulas pelo juiz;

XII — a formação do conselho de sentença, com indicação dos nomes dos jurados sorteados e das recusas feitas pelas partes;

XIII — o compromisso, simplesmente com referência ao termo;

XIV — o interrogatório, também com a simples referência ao termo;

XV — o relatório e os debates orais;

XVI — os incidentes;

XVII — a divisão da causa;

XVIII — a publicação da sentença, na presença do réu, a portas abertas.

Art. 496. A falta da ata sujeita o responsável a multa, de quatrocentos cruzeiros a mil cruzeiros, além da responsabilidade criminal em que incorrer.

Secção V

Das atribuições do presidente do tribunal do júri

Art. 497. São atribuições do presidente do Tribunal do Júri, além de outras expressamente conferidas neste Código:

I — regular a polícia das sessões e mandar prender os desobedientes;

II — requisitar o auxílio da força pública, que ficará sob sua exclusiva autoridade;

III — regular os debates;

IV — resolver as questões incidentes, que não dependam da decisão do júri;

V — nomear defensor ao réu, quando o considerar indefeso, podendo, neste caso, dissolver o conselho, marcado novo dia para o julgamento e nomeado outro defensor;

VI — mandar retirar da sala o réu que, com injúrias ou ameaças, dificultar o livre curso do julgamento, prosseguindo-se independentemente de sua presença;

VII — suspender a sessão pelo tempo indispensável à execução de diligências requeridas ou julgadas necessárias, mantida a incomunicabilidade dos jurados;

VIII — interromper a sessão por tempo razoável, para repouso ou refeição dos jurados;

IX — decidir de ofício, ouvidos o Ministério Público e a defesa, ou a requerimento de qualquer das partes, a preliminar da extinção da punibilidade;

X — resolver as questões de direito que se apresentarem no decurso do julgamento;

XI — ordenar de ofício, ou a requerimento das partes ou de qualquer jurado, as diligências destinadas a sanar qualquer nulidade, ou a suprir falta que prejudique o esclarecimento da verdade.

CAPÍTULO III

Do processo e do julgamento dos crimes da competência do juiz singular

Art. 498. No processo dos crimes da competência do juiz singular, observar-se-á, na instrução, o disposto no Capítulo I deste Título.

Art. 499. Terminada a inquirição das testemunhas, as partes — primeiramente o Ministério Público ou o querelante, dentro de 24 horas, e depois, sem interrupção, dentro de igual prazo, o réu ou réus — poderão requerer as diligências, cuja necessidade ou conveniência se origine de circunstâncias ou de fatos apurados na instrução, subindo logo os autos conclusos, para o juiz tomar conhecimento do que tiver sido requerido pelas partes.

Art. 500. Esgotados aqueles prazos, sem requerimento de qualquer das partes, ou concluídas as diligências requeridas e ordenadas, será aberta vista dos autos, para alegações, sucessivamente, por três dias:

I — ao Ministério Público ou ao querelante;

II — ao assistente, se tiver sido constituído;

III — ao defensor do réu.

§ 1.º Se forem dois ou mais os réus, com defensores diferentes, o prazo será comum.

§ 2.º O Ministério Público, nos processos por crime de ação privada ou nos processos por crime de ação pública iniciados por queixa, terá vista dos autos depois do querelante.

Art. 501. Os prazos a que se referem os arts. 499 e 500 correrão em cartório, independentemente de intimação das partes, salvo em relação ao Ministério Público.

Art. 502. Findos aqueles prazos, serão os autos imediatamente conclusos, para sentença, ao juiz, que, dentro em cinco dias, poderá ordenar diligências para sanar qualquer nulidade ou suprir falta que prejudique o esclarecimento da verdade.

Parágrafo único. O juiz poderá determinar que se proceda, novamente, a interrogatório do réu ou a inquirição de testemunhas e do ofendido, se não houver presidido a esses atos na instrução criminal.

TÍTULO II

Dos processos especiais

CAPÍTULO I

Do processo e do julgamento dos crimes de falência

Art. 503. Nos crimes de falência fraudulenta ou culposa, a ação penal poderá ser intentada por denúncia do Ministério Público ou por queixa do liquidatário ou de qualquer credor habilitado por sentença passada em julgado.

Art. 504. A ação penal será intentada no juízo criminal, devendo nela funcionar o órgão do Ministério Público que exercer, no processo da falência, a curadoria da massa falida.

Art. 505. A denúncia ou a queixa será sempre instruída com cópia do relatório do síndico e da ata da assembléia de credores, quando esta se tiver realizado.

Art. 506. O liquidatário ou os credores poderão intervir como assistentes em todos os termos da ação intentada por queixa ou denúncia.

Art. 507. A ação penal não poderá iniciar-se antes de declarada a falência e extinguir-se-á quando reformada a sentença que a tiver decretado.

Art. 508. O prazo para denúncia começará a partir do dia em que o órgão do Ministério Público receber os papéis que devem instruí-la. Não se computará, entretanto, naquele prazo o tempo consumido posteriormente em exames ou diligências requeridos pelo Ministério Público ou na obtenção de cópias ou documentos necessários para oferecer a denúncia.

Art. 509. Antes de oferecida a denúncia ou a queixa, competirá ao juiz da falência, de ofício ou a requerimento do Ministério Público, do síndico, do liquidatário ou de qualquer dos credores, ordenar inquéritos, exames ou quaisquer outras diligências destinadas à apuração de fatos ou circunstâncias que possam servir de fundamento à ação penal.

Art. 510. O arquivamento dos papéis, a requerimento do Ministério Público, só se efetuará no juízo competente para o processo penal, o que não impedirá seja intentada ação por queixa do liquidatário ou de qualquer credor.

Art. 511. No processo criminal não se conhecerá de argüição de nulidade da sentença declaratória da falência.

Art. 512. Recebida a queixa ou a denúncia, prosseguir-se-á no processo, de acordo com o disposto nos Capítulos I e III, Título I, deste Livro.

CAPÍTULO II

Do processo e do julgamento dos crimes de responsabilidade dos funcionários públicos

Art. 513. Nos crimes de responsabilidade dos funcionários públicos, cujo processo e julgamento competirão aos juízes de direito, a queixa ou a denúncia será instruída com documentos ou justificação que façam presumir a existência do delito ou com declaração fundamentada da impossibilidade de apresentação de qualquer dessas provas.

Art. 514. Nos crimes afiançáveis, estando a denúncia ou queixa em devida forma, o juiz mandará autuá-la e ordenará a notificação do acusado, para responder por escrito, dentro do prazo de quinze dias.

Parágrafo único. Se não for conhecida a residência do acusado, ou este se achar fora da jurisdição do juiz, ser-lhe-á nomeado defensor, a quem caberá apresentar a resposta preliminar.

Art. 515. No caso previsto no artigo anterior, durante o prazo concedido para a resposta, os autos permanecerão em cartório, onde poderão ser examinados pelo acusado ou por seu defensor.

Parágrafo único. A resposta poderá ser instruída com documentos e justificações.

Art. 516. O juiz rejeitará a queixa ou denúncia, em despacho fundamentado, se convencido, pela resposta do acusado ou do seu defensor, da inexistência do crime ou da improcedência da ação.

Art. 517. Recebida a denúncia ou a queixa, será o acusado citado, na forma estabelecida no Capítulo I do Título X do Livro I.

Art. 518. Na instrução criminal e nos demais termos do processo, observar-se-á o disposto nos Capítulos I e III, Título I, deste Livro.

CAPÍTULO III

Do processo e do julgamento dos crimes de calúnia e injúria, de competência do juiz singular

Art. 519. No processo por crime de calúnia ou injúria, para o qual não haja outra forma estabelecida em lei especial, observar-se-á o disposto nos Capítulos I e III, Título I, deste Livro, com as modificações constantes dos artigos seguintes.

Art. 520. Antes de receber a queixa, o juiz oferecerá às partes oportunidade para se reconciliarem, fazendo-as comparecer em juízo e ouvindo-as separadamente, sem a presença dos seus advogados, não se lavrando termo.

Art. 521. Se depois de ouvir o querelante e o querelado, o juiz achar provável a reconciliação, promoverá entendimento entre eles, na sua presença.

Art. 522. No caso de reconciliação, depois de assinado pelo querelante o termo da desistência, a queixa será arquivada.

Art. 523. Quando for oferecida a exceção da verdade ou da notoriedade do fato imputado, o querelante poderá contestar a exceção, no prazo de dois dias, podendo ser inquiridas as testemunhas arroladas na queixa, ou outras indicadas naquele prazo, em substituição às primeiras, ou para completar o máximo legal.

CAPÍTULO IV

Do processo e do julgamento dos crimes contra a propriedade imaterial

Art. 524. No processo e julgamento dos crimes contra a propriedade imaterial, observar-se-á o disposto nos Capítulos I e III do Título I deste Livro, com as modificações constantes dos artigos seguintes.

Art. 525. No caso de haver o crime deixado vestígio, a queixa ou a denúncia não será recebida se não for instruída com o exame pericial dos objetos que constituam o corpo de delito.

Art. 526. Sem a prova de direito à ação, não será recebida a queixa, nem ordenada qualquer diligência, preliminarmente requerida pelo ofendido.

Art. 527. A diligência de busca ou de apreensão será realizada por dois peritos nomeados pelo juiz, que verificarão a existência de fundamento para a apreensão, e quer esta se realize, quer não, o laudo pericial será apresentado dentro de três dias após o encerramento da diligência.

Parágrafo único. O requerente da diligência poderá impugnar o laudo contrario à apreensão, e o juiz ordenará que esta se efetue, se reconhecer a improcedência das razões aduzidas pelos peritos.

Art. 528. Encerradas as diligências, os autos serão conclusos ao juiz para homologação do laudo.

Art. 529. Nos crimes de ação privativa do ofendido, não será admitida queixa com fundamento em apreensão e em perícia, se decorrido o prazo de 30 dias, após a homologação do laudo.

Parágrafo único. Será dada vista ao Ministério Público dos autos de busca e apreensão requeridas pelo ofendido, se o crime for de ação pública e não tiver sido oferecida queixa no prazo fixado neste artigo.

Art. 530. Se ocorrer prisão em flagrante e o réu não for posto em liberdade, o prazo a que se refere o artigo anterior será de oito dias.

CAPÍTULO V

Do processo sumário

Art. 531. O processo das contravenções terá forma sumária, iniciando-se pelo auto de prisão em flagrante ou mediante portaria expedida pela autoridade policial ou pelo juiz, de ofício ou a requerimento do Ministério Público.

Art. 532. No caso de prisão em flagrante, observar-se-á o disposto nos arts. 261 e 304, sendo ouvidas, no máximo, três testemunhas.

● Art. 532. No caso de prisão em flagrante, observar-se-á o disposto no art. 304 e, quando for possível, o preceito do art. 261, sendo ouvidas, no máximo, três testemunhas.

● Artigo com redação determinada pelo Decreto-lei n.º 4.769, de 1.º de outubro de 1942.

Art. 533. Na portaria que der início ao processo, a autoridade policial ou o juiz ordenará a citação do réu para se ver processar até julgamento final, e designará dia e hora para a inquirição das testemunhas, cujo número não excederá de três.

§ 1.º Se for desconhecido o paradeiro do réu ou este se ocultar para evitar a citação, esta será feita mediante edital, com o prazo de cinco dias.

§ 2.º Se o processo correr perante o juiz, o órgão do Ministério Público será cientificado do dia e da hora designados para a instrução.

§ 3.º A inquirição de testemunhas será precedida de qualificação do réu, se este comparecer, e do respectivo termo deverá constar a declaração do domicílio, de acordo com o disposto no artigo seguinte. Se o réu não comparecer, serão ouvidas as testemunhas, presente o defensor que lhe for nomeado.

§ 4.º Depois de qualificado o réu, proceder-se-á à intimação a que se refere o artigo seguinte.

Art. 534. O réu preso em flagrante, quando se livrar solto, independentemente de fiança, ou for admitido a prestá-la, será, antes de posto em liberdade, intimado a declarar o domicílio onde será encontrado, no lugar da sede do juízo do processo, para o efeito de intimação.

Art. 535. Lavrado o auto de prisão em flagrante ou, no caso de processo iniciado em virtude de portaria expedida pela autoridade policial, inquirida a última testemunha, serão os autos remetidos ao juiz competente, no prazo de dois dias.

§ 1.º Se, porém, a contravenção deixar vestígios ou for necessária produção de outras provas, a autoridade procederá desde logo às buscas, apreensões, exames, acareações ou outras diligências necessárias.

§ 2.º Todas as diligências deverão ficar concluídas até cinco dias após a inquirição da última testemunha.

Art. 536. Recebidos os autos da autoridade policial, ou prosseguindo no processo, se tiver sido por ele iniciado, o juiz, depois de ouvido, dentro do prazo improrrogável de 24 horas, o órgão do Ministério Público, procederá ao interrogatório do réu.

Art. 537. Interrogado o réu, ser-lhe-á concedido, se o requerer, o prazo de três dias para apresentar defesa, arrolar testemunhas até o máximo de três e requerer diligências.

Parágrafo único. Não comparecendo o réu, o prazo será concedido ao defensor nomeado, se o requerer.

Art. 538. Após o tríduo para a defesa, os autos serão conclusos ao juiz, que, depois de sanadas as nulidades, mandará proceder às diligências indispensáveis ao esclarecimento da verdade, quer tenham sido requeridas, quer não, e marcará para um dos oito dias seguintes a audiência de julga mento, cientificados o Ministério Público, o réu e seu defensor.

§ 1.º Se o réu for revel, ou não for encontrado no domicílio indicado (arts. 533, § 3.º, e 534), bastará para a realização da audiência a intimação de defensor nomeado ou por ele constituído.

§ 2.º Na audiência, após a inquirição das testemunhas de defesa, será dada a palavra, sucessivamente, ao órgão do Ministério Público e ao defensor do réu ou a este, quando tiver sido admitido, a defender-se, pelo tempo de vinte minutos para cada um, prorrogável por mais dez, a critério do juiz, que em seguida proferirá a sentença.

§ 3.º Se o juiz não se julgar habilitado a proferir decisão, ordenará que os autos lhe sejam imediatamente

conclusos, e, no prazo de cinco dias, dará sentença.

§ 4.º Se, inquiridas as testemunhas de defesa, o juiz reconhecer a necessidade de acareação, reconhecimento ou outra diligência, marcará para um dos cinco dias seguintes a continuação do julgamento, determinando as providências que o caso exigir.

Art. 539. Nos processos por crime a que não for, ainda que alternativamente, cominada a pena de reclusão, recebida a queixa a que se refere o art. 534, e ouvidas as testemunhas arroladas pelo querelante ou pelo Ministério Público, até o máximo de cinco, prosseguir-se-á na forma do disposto nos artigos 538 e seguintes.

§ 1.º A defesa poderá arrolar até cinco testemunhas.

§ 2.º Ao querelante ou ao assistente será, na audiência do julgamento, dada a palavra pelo tempo de vinte minutos, prorrogável por mais dez, devendo o primeiro fălar antes do órgão do Ministério Público e o último depois.

§ 3.º Se a ação for intentada por queixa, observar-se-á o disposto no artigo 60, n. III, salvo quando se tratar de crime de ação pública (art. 29).

Art. 540. No processo sumário, observar-se-á, no que lhe for aplicável, o disposto no Capítulo I do Título I deste Livro.

CAPÍTULO VI

Do processo de restauração de autos extraviados ou destruídos

Art. 541. Os autos originais de processo penal extraviados ou destruídos, em primeira ou segunda instância, serão restaurados.

§ 1.º Se existir e for exibida cópia autêntica ou certidão do processo, será uma ou outra considerada como original.

§ 2.º Na falta de cópia autêntica ou certidão do processo, o juiz mandará, de ofício, ou a requerimento de qualquer das partes, que:

a) o escrivão certifique o estado do processo, segundo a sua lembrança, e reproduza o que houver a respeito em seus protocolos e registros;

b) sejam requisitadas cópias do que constar a respeito no Instituto Médico-Legal, no Instituto de Identificação e Estatística ou em estabelecimentos congêneres, repartições públicas, penitenciárias ou cadeias;

c) as partes sejam citadas pessoalmente, ou, se não forem encontradas, por edital, com o prazo de dez dias, para o processo de restauração dos autos.

§ 3.º Proceder-se-á à restauração na primeira instância, ainda que os autos se tenham extraviado na segunda.

Art. 542. No dia designado, as partes serão ouvidas, mencionando-se em termo circunstanciado os pontos em que estiverem acordes e a exibição e a conferência das certidões e mais reproduções do processo apresentadas e conferidas.

Art. 543. O juiz determinará as diligências necessárias para a restauração, observando-se o seguinte:

I — caso ainda não tenha sido proferida a sentença, reinquirir-se-ão as testemunhas, podendo ser substituídas as que tiverem falecido ou se encontrarem em lugar não sabido;

II — os exames periciais, quando possível, serão repetidos, e de preferência pelos mesmos peritos;

III — a prova documental será reproduzida por meio de cópia autêntica ou, quando impossível, por meio de testemunhas;

IV — poderão também ser inquiridas sobre os atos do processo, que deverá ser restaurado, as autoridades, os serventuários, os peritos e mais pessoas que tenham nele funcionado;

V — o Ministério Público e as partes poderão oferecer testemunhas e produzir documentos, para provar o teor do processo extraviado ou destruído.

Art. 544. Realizadas as diligências que, salvo motivo de força maior, deverão concluir-se dentro de vinte dias, serão os autos conclusos para julgamento.

Parágrafo único. No curso do processo e, depois de subirem os autos conclusos para sentença, o juiz poderá, dentro em cinco dias, requisitar de autoridades ou de repartições todos os esclarecimentos para a restauração.

Art. 545. Os selos e as taxas judiciárias, já pagos nos autos originais, não serão novamente cobrados.

Art. 546. Os causadores de extravio de autos responderão pelas custas, em dobro, sem prejuízo da responsabilidade criminal.

Art. 547. Julgada a restauração, os autos respectivos valerão pelos originais.

Parágrafo único. Se no curso da restauração aparecerem os autos originais, nestes continuará o processo, apensos a eles os autos da restauração.

Art. 548. Até à decisão que julgue restaurados os autos, a sentença condenatória em execução continuará a produzir efeito, desde que conste da respectiva guia arquivada na cadeia ou na penitenciária, onde o réu estiver cumprindo a pena, ou de registro que torne a sua existência inequívoca.

CAPÍTULO VII

Do processo de aplicação de medida de segurança por fato não criminoso

Art. 549. Se a autoridade policial tiver conhecimento de fato que, embora não constituindo infração penal, possa determinar a aplicação de medida de segurança (Código Penal, arts. 14 e 27), deverá proceder a inquérito, afim de apurá-lo e averiguar todos os elementos que possam interessar à verificação da periculosidade do agente.

Art. 550. O processo será promovido pelo Ministério Público, mediante requerimento que conterá a exposição sucinta do fato, as suas circunstâncias e todos os elementos em que se fundar o pedido.

Art. 551. O juiz, ao deferir o requerimento, ordenará a intimação do interessado para comparecer em juízo, afim de ser interrogado.

Art. 552. Após o interrogatório ou dentro do prazo de dois dias, o interessado ou seu defensor poderá oferecer alegações.

Parágrafo único. O juiz nomeará defensor ao interessado que não o tiver.

Art. 553. O Ministério Público, ao fazer o requerimento inicial e a defesa, no prazo estabelecido no artigo anterior, poderão requerer exames, diligências e arrolar até três testemunhas.

Art. 554. Após o prazo de defesa ou a realização dos exames e diligências ordenados pelo juiz, de ofício ou a requerimento das partes, será marcada audiência, em que, inquiridas as testemunhas e produzidas alegações orais pelo órgão do Ministério Público e pelo defensor, dentro de dez minutos para cada um, o juiz proferirá sentença.

Parágrafo único. Se o juiz não se julgar habilitado a proferir a decisão, designará, desde logo, outra audiência, que se realizará dentro de cinco dias, para publicar a sentença.

Art. 555. Quando, instaurado processo por infração penal, o juiz, absolvendo ou impronunciando o réu, reconhecer a existência de qualquer dos fatos previstos no art. 14 ou no art. 27 do Código Penal, aplicar-lhe-á, se for caso, medida de segurança.

TÍTULO III

Dos processos de competência do Supremo Tribunal Federal e dos Tribunais de Apelação

CAPÍTULO I

Da instrução

Art. 556. Nos processos por delitos comuns e funcionais, da competência

do Supremo Tribunal Federal e dos Tribunais de Apelação, a denúncia ou a queixa será dirigida ao Tribunal e apresentada ao seu presidente para a designação de relator.

Art. 557. O relator será o juiz da instrução do processo, com as atribuições que o Código confere aos juízes singulares.

Parágrafo único. Caberá agravo, sem efeito suspensivo, para o Tribunal, na forma do respectivo Regimento Interno, do despacho do relator que:

a) receber ou rejeitar a queixa ou a denúncia, ressalvado o disposto no art. 559;

b) conceder ou denegar fiança, ou a arbitrar;

c) decretar a prisão preventiva;

d) recusar a produção de qualquer prova ou a realização de qualquer diligência.

Art. 558. Recebida a queixa ou a denúncia, notificar-se-á o acusado para que, no prazo improrrogável de quinze dias, apresente resposta escrita, excetuados os seguintes casos:

I — achar-se o acusado fora do território sujeito à jurisdição do Tribunal, ou em lugar desconhecido ou incerto;

II — ser o delito inafiançável.

Parágrafo único. A notificação, acompanhada de cópias do ato de acusação e dos documentos que o instruírem, será encaminhada ao acusado sob registro postal, ou por intermédio de qualquer autoridade do lugar onde se encontre.

Art. 559. Se a resposta ou defesa prévia do acusado convencer da improcedência da acusação, o relator proporá ao Tribunal o arquivamento do processo.

Art. 560. Não sendo vencedora a opinião do relator, ou se ele não se utilizar da faculdade que lhe confere o artigo antecedente, proceder-se-á à instrução do processo, na forma dos Capítulos I e III, Título I, deste Livro, e do Regimento Interno do Tribunal.

Parágrafo único. O relator poderá determinar que os juizes locais procedam a inquirições e outras diligências.

CAPÍTULO II

Do julgamento

Art. 561. Finda a instrução, o Tribunal procederá, em sessão plenária, ao julgamento do processo, observando-se o seguinte:

I — por despacho do relator, os autos serão conclusos ao presidente, que designará dia e hora para o julgamento. Dessa designação serão intimadas as partes, as testemunhas e o Ministério Público;

II — aberta a sessão, apregoadas as partes e as testemunhas, lançado o querelante, que deixar de comparecer (art. 29), e salvo o caso do art. 60, n. III, proceder-se-á às demais diligências preliminares;

III — a seguir, o relator apresentará minucioso relatório do feito, resumindo as principais peças dos autos e a prova produzida. Se algum dos juízes solicitar a leitura integral dos autos ou de parte deles, o relator poderá ordenar seja ela efetuada pelo secretário;

IV — o relator passará depois a inquirir as testemunhas de acusação e de defesa, que não tiverem sido dispensadas pelas partes e pelo Tribunal, podendo repergunta-las os outros juízes, o órgão do Ministério Público e as partes;

V — findas as inquirições, e efetuadas as diligências que o Tribunal houver determinado, o presidente dará a palavra, sucessivamente, ao acusador, se houver, ao órgão do Ministério Público e ao acusado, ou a seu defensor, para sustentarem oralmente a acusação e a defesa, podendo cada um ocupar a tribuna durante uma hora, prorrogável pelo Tribunal;

VI — encerrados os debates, o Tribunal passará a funcionar em sessão

secreta, para proferir o julgamento, que será anunciado em sessão pública;

VII — o julgamento efetuar-se-á em uma ou mais sessões, a critério do Tribunal, observado, no que for aplicável, o disposto no Título XII do Livro I.

Art. 562. Logo após os pregões (art. 561, n. II), o réu poderá, sem motivação, recusar um dos juízes e o acusador, outro. Havendo mais de um réu ou mais de um acusador, e se não entrarem em acordo, será determinado, por sorteio, quem deva exercer o direito de recusa.

LIVRO III

DAS NULIDADES E DOS RECURSOS EM GERAL

TÍTULO I

Das nulidades

Art. 563. Nenhum ato será declarado nulo, se da nulidade não resultar prejuízo para a acusação ou para a defesa.

Art. 564. A nulidade ocorrerá nos os seguintes casos:

I — por incompetência, suspeição ou suborno do juiz;

II — por ilegitimidade de parte;

III — por falta das fórmulas ou dos termos seguintes:

a) a denúncia ou a queixa e a representação e, nos processos de contravenções penais, a portaria ou o auto de prisão em flagrante;

b) o exame de corpo de delito nos crimes que deixam vestígios, ressalvado o disposto no art. 167;

c) a nomeação de defensor ao réu presente, que o não tiver, ou ao ausente, e de curador ao menor de 21 anos;

d) a intervenção do Ministério Público em todos os termos da ação por ele intentada e nos da intentada pela parte ofendida, quando se tratar de crime de ação pública;

e) a citação do réu para ver-se processar, o seu interrogatório, quando presente, e os prazos concedidos à acusação e à defesa;

f) a sentença de pronúncia, o libelo e a entrega da respectiva cópia, com o rol de testemunhas, nos processos perante o tribunal do júri;

g) a intimação do réu para a sessão de julgamento, pelo tribunal do júri, quando a lei não permitir o julgamento à revelia;

h) a intimação das testemunhas arroladas no libelo e na contrariedade, nos termos estabelecidos pela lei;

i) a presença pelo menos de 15 jurados para a constituição do júri;

j) o sorteio dos jurados do conselho de sentença em número legal e sua incomunicabilidade;

k) os quesitos e as respectivas respostas;

l) a acusação e a defesa, na sessão de julgamento;

m) a sentença;

n) o recurso de ofício, nos casos em que a lei o tenha estabelecido;

o) a intimação, nas condições estabelecidas pela lei, para ciência de sentenças e despachos de que caiba recurso;

p) no Supremo Tribunal Federal e nos Tribunais de Apelação, o *quorum* legal para o julgamento.

IV — por omissão de formalidade que constitua elemento essencial do ato.

● Parágrafo único. Ocorrerá ainda a nulidade, por deficiência dos quesitos ou das suas respostas, e contradição entre estas.

● Parágrafo acrescentado pela Lei n.º 263, de 23 de fevereiro de 1948.

Art. 565. Nenhuma das partes poderá argüir nulidade a que haja dado causa, ou para que tenha concorrido, ou referente a formalidade cuja observância só à parte contrária interesse.

Art. 566. Não será declarada a nulidade de ato processual que não houver influído na apuração da verdade substancial ou na decisão da causa.

Art. 567. A incompetência do juízo anula somente os atos decisórios, devendo o processo, quando for declarada a nulidade, ser remetido ao juiz competente.

Art. 568. A nulidade por ilegitimidade do representante da parte poderá ser a todo tempo sanada, mediante ratificação dos atos processuais.

Art. 569. As omissões da denúncia ou da queixa, da representação ou, nos processos das contravenções penais, da portaria ou do auto de prisão em flagrante, poderão ser supridas a todo o tempo, antes da sentença final.

Art. 570. A falta ou a nulidade da citação, da intimação ou notificação estará sanada, desde que o interessado compareça, antes de o ato consumar-se, embora declare que o faz para o único fim de argüí-la. O juiz ordenará todavia, a suspensão ou o adiamento do ato, quando reconhecer que a irregularidade poderá prejudicar direito da parte.

Art. 571. As nulidades deverão ser argüidas:

I — as da instrução criminal dos processos da competência do júri, nos prazos a que se refere o art. 406;

II — as da instrução criminal dos processos de competência do juiz singular e dos processos especiais, salvo os dos Capítulos V e VII do Título II do Livro II, nos prazos a que se refere o art. 500;

III — as do processo sumário, no prazo a que se refere o artigo 537, ou, se verificadas depois desse prazo, logo depois de aberta a audiência e apregoadas as partes;

IV — as do processo regulado no Capítulo VII do Título II do Livro II, logo depois de aberta a audiência;

V — as ocorridas posteriormente à pronúncia, logo depois de anunciado o julgamento e apregoadas as partes (art. 447);

VI — as da instrução criminal dos processos de competência do Supremo Tribunal Federal e dos Tribunais de Apelação, nos prazos a que se refere o art. 500;

VII — se verificadas após a decisão da primeira instância, nas razões de recurso ou logo depois de anunciado o julgamento do recurso e apregoadas as partes;

VIII — as do julgamento em plenário, em audiência ou em sessão do tribunal, logo depois de ocorrerem.

Art. 572. As nulidades previstas no art. 564, n. III, letras "d" e "e", segunda parte, "g" e "h", e n. IV, considerar-se-ão sanadas:

I — se não forem argüidas, em tempo oportuno, de acordo com o disposto no artigo anterior;

II — se, praticado por outra forma, o ato tiver atingido o seu fim;

III — se a parte, ainda que tacitamente, tiver aceito os seus efeitos.

Art. 573. Os atos, cuja nulidade não tiver sido sanada, na fórma dos artigos anteriores, serão renovados ou retificados.

§ 1.º A nulidade de um ato, uma vez declarada, causará a dos atos que dele diretamente dependam ou sejam conseqüência.

§ 2.º O juiz que pronunciar a nulidade declarará os atos a que ela se estende.

TÍTULO II

Dos recursos em geral

CAPÍTULO I

Disposições gerais

Art. 574. Os recursos serão voluntários, excetuando-se os seguintes casos, em que deverão ser interpostos, de ofício, pelo juiz:

I — da sentença que conceder *habeas-corpus*;

II — da que absolver desde logo o réu com fundamento na existência de circunstância que exclua o crime ou isente o réu de pena, nos termos do artigo 411.

Art. 575. Não serão prejudicados os recursos que, por erro, falta ou omissão dos funcionários, não tiverem seguimento ou não forem apresentados dentro do prazo.

Art. 576. O Ministério Público não poderá desistir de recurso que haja interposto.

Art. 577. O recurso poderá ser interposto pelo Ministério Público, ou pelo querelante, ou pelo réu, seu procurador ou seu defensor.

Parágrafo único. Não se admitirá, entretanto, recurso da parte que não tiver interesse na reforma ou modificação da decisão.

Art. 578. O recurso será interposto por petição ou por termo nos autos, assinado pelo recorrente ou por seu representante.

§ 1.º Não sabendo ou não podendo o réu assinar o nome, o termo será assinado por alguém a seu rogo, na presença de duas testemunhas.

§ 2.º A petição de interposição de recurso, com o despacho do juiz, será, até o dia seguinte ao último do prazo, entregue ao escrivão, que certificará no termo da juntada a data da entrega.

§ 3.º Interposto por termo o recurso, o escrivão, sob pena de suspensão por dez a trinta dias, fará conclusos os autos ao juiz, até o dia seguinte ao último do prazo.

Art. 579. Salvo a hipótese de má fé, a parte não será prejudicada pela interposição de um recurso por outro.

Parágrafo único. Se o juiz, desde logo, reconhecer a impropriedade do recurso interposto pela parte, mandará processá-lo de acordo com o rito do recurso cabível.

Art. 580. No caso de concurso de agentes (Código Penal, art. 25), a decisão do recurso interposto por um dos réus, se fundado em motivos que não sejam de carater exclusivamente pessoal, aproveitará aos outros.

CAPÍTULO II

Do recurso em sentido estrito

Art. 581. Caberá recurso, no sentido estrito, da decisão, despacho ou sentença:

I — que não receber a denúncia ou a queixa;

II — que concluir pela incompetência do juízo;

III — que julgar procedentes as exceções, salvo a de suspeição;

IV — que pronunciar ou impronunciar o réu;

V — que conceder, negar, arbitrar, cassar ou julgar inidônea a fiança, ou indeferir requerimento de prisão preventiva, no caso do artigo 312;

● V — que conceder, negar, arbitrar, cassar ou julgar inidônea a fiança, indeferir requerimento de prisão preventiva ou relaxar prisão em flagrante.

● Inciso V com redação determinada pela Lei n.º 6.416, de 24 de maio de 1977.

VI — que absolver o réu, no caso do artigo 411;

VII — que julgar quebrada a fiança ou perdido o seu valor;

VIII — que decretar a prescrição ou julgar, por outro modo, extinta a punibilidade;

IX — que indeferir o pedido de reconhecimento da prescrição ou de outra causa extintiva da punibilidade;

X — que conceder ou negar a ordem de *habeas-corpus*;

XI — que conceder, negar ou revogar a suspensão condicional da pena;

XII — que conceder, negar ou revogar livramento condicional;

XIII — que anular o processo da instrução criminal, no todo ou em parte;

XIV — que incluir jurado na lista geral ou desta o excluir;

XV — que denegar a apelação ou a julgar deserta;

XVI — que ordenar a suspensão do processo, em virtude de questão prejudicial;

XVII — que decidir sobre a unificação de penas;

XVIII — que decidir o incidente de falsidade;

XIX — que decretar medida de segurança, depois de transitar a sentença em julgado;

XX — que impuser medida de segurança por trangressão de outra;

XXI — que mantiver ou substituir a medida de segurança, nos casos do artigo 774;

XXII — que revogar a medida de segurança;

XXIII — que deixar de revogar a medida de segurança, nos casos em que a lei admita a revogação;

XXIV — que converter a multa em detenção ou em prisão simples;

Art. 582. Os recursos serão sempre para o Tribunal de Apelação, salvo nos casos dos ns. V, X e XIV.

Parágrafo único. O recurso, no caso do n. XIV, será para o presidente do Tribunal de Apelação.

Art. 583. Subirão nos próprios autos os recursos:

I — quando interpostos de ofício;

II — nos casos do artigo 581, ns. I, III, IV, VI, VIII e X;

III — quando o recurso não prejudicar o andamento do processo.

Parágrafo único. O recurso da pronúncia subirá em traslado, quando, havendo dois ou mais réus, qualquer deles se conformar com a decisão ou todos não tiverem sido ainda intimados da pronúncia.

Art. 584. Os recursos terão efeito suspensivo nos casos de perda da fiança, de concessão de livramento condicional e dos ns. XV, XVII e XXIV do artigo 581.

§ 1.º Ao recurso interposto de sentença de impronúncia ou no caso do n. VIII do art. 581, aplicar-se-á o disposto nos arts. 596 e 598.

§ 2.º O recurso da pronúncia suspenderá tão-somente o julgamento.

§ 3.º O recurso do despacho que julgar quebrada a fiança, suspenderá unicamente o efeito de perda da metade do seu valor.

Art. 585. O réu não poderá recorrer da pronúncia senão depois de preso, salvo se prestar fiança, nos casos em que a lei admitir.

Art. 586. O recurso voluntário poderá ser interposto no prazo de cinco dias.

Parágrafo único. No caso do artigo 581, n. XIV, o prazo será de vinte dias, contado da data da publicação definitiva da lista de jurados.

Art. 587. Quando o recurso houver de subir por instrumento, a parte indicará, no respectivo termo, ou em requerimento avulso, as peças dos autos de que pretenda traslado.

Parágrafo único. O traslado será extraído, conferido e concertado no prazo de cinco dias, e dele constarão sempre a decisão recorrida, a certidão de sua intimação, se por outra forma não for possível verificar-se a oportunidade do recurso, e o termo de interposição.

Art. 588. Dentro de dois dias, contados da interposição do recurso, ou do dia em que o escrivão, extraído o traslado, o fizer com vista ao recorrente, este oferecerá as razões e, em seguida, será aberta vista ao recorrido por igual prazo.

Parágrafo único. Se o recorrido for o réu, será intimado do prazo na pessoa do defensor.

Art. 589. Com a resposta do recorrido ou sem ela, será o recurso concluso ao juiz, que, dentro de dois dias, reformará ou sustentará o seu despacho, mandando instruir o recurso com os traslados que lhe parecerem necessários.

Parágrafo único. Se o juiz reformar o despacho recorrido, a parte contrária, por simples petição, poderá recorrer da nova decisão, se couber recurso, não sendo mais lícito ao juiz modificá-la. Neste caso, independentemente de novos arrazoados, subirá o recurso nos próprios autos ou em traslado.

Art. 590. Quando for impossível ao escrivão extrair o traslado no prazo da lei, poderá o juiz prorrogá-lo até o dobro.

Art. 591. Os recursos serão apresentados ao juiz ou tribunal *ad quem*, dentro de cinco dias da publicação da resposta do juiz *a quo*, ou entregues ao Correio dentro do mesmo prazo.

Art. 592. Publicada a decisão do juiz ou do tribunal *ad quem*, deverão os autos ser devolvidos, dentro de cinco dias, ao juiz *a quo*.

CAPÍTULO III

Da apelação

Art. 593. Caberá apelação, no prazo de cinco (5) dias:

I — das sentenças definitivas de condenação ou absolvição proferidas por juiz singular;

II — das decisões definitivas, ou com força de definitivas, proferidas por juiz singular, nos casos não previstos no capítulo anterior;

III — das decisões do tribunal do juri, e fundada nos seguintes motivos:

a) nulidade posterior à pronúncia;

b) injustiça da decisão dos jurados, por não encontrar apoio algum nas provas existentes nos autos ou produzidas em plenário;

c) injustiça da sentença do juiz presidente, quanto à aplicação da pena ou da medida de segurança.

Parágrafo único. Quando cabível a apelação, não poderá ser usado o recurso em sentido estrito, ainda que somente de parte da decisão se recorra.

● Art. 593. Caberá apelação no prazo de cinco dias:

I — das sentenças definitivas de condenação ou absolvição proferidas por juiz singular;

II — das decisões definitivas, ou com força de definitivas, proferidas por juiz singular nos casos não previstos no capítulo anterior;

III — das decisões do Tribunal do Júri, quando:

a) ocorrer nulidade posterior à pronúncia;

b) for a sentença do juiz Presidente contrária à lei expressa ou à decisão dos jurados;

c) houver erro ou injustiça no tocante à aplicação da pena ou medida de segurança;

d) for a decisão dos jurados manifestamente contrária à prova dos autos.

§ 1.º Se a sentença do juiz Presidente for contrária à lei expressa ou divergir das respostas dos jurados aos quesitos, o Tribunal **ad quem** fará a devida retificação.

§ 2.º Interposta a apelação com fundamento no n.º III, letra **c**, deste artigo, o Tribunal **ad quem**, se lhe der provimento, retificará a aplicação da pena ou da medida de segurança.

§ 3.º Se a apelação se fundar no n.º III, letra **d**, deste artigo, e o Tribunal **ad quem** se convencer de que a decisão dos jurados é manifestamente contrária à prova dos autos, dar-lhe-á provimento para sujeitar o réu a novo julgamento; não se admite, porém, pelo mesmo motivo, segunda apelação.

§ 4.º Quando cabível a apelação, não poderá ser usado o recurso em sentido

estrito, ainda que somente de parte da decisão se recorra.

● Redação determinada pela Lei n.º 263, de 23 de fevereiro de 1948.

Art. 594. O réu não poderá apelar sem recolher-se à prisão, ou prestar fiança, salvo se condenado por crime de que se livre solto.

● Art. 594. O réu não poderá apelar sem recolher-se à prisão, ou prestar fiança, salvo se for primário e de bons antecedentes, assim reconhecido na sentença condenatória, ou condenado por crime de que se livre solto.

● Redação determinada pela Lei n.º 5.941, de 22 de novembro de 1973.

Art. 595. Se o réu condenado fugir depois de haver apelado, será declarada deserta a apelação.

Art. 596. A apelação de sentença absolutória não impedirá que o réu seja posto imediatamente em liberdade, salvo nos processos por crime a que a lei comine pena de reclusão, no máximo, por tempo igual ou superior a oito anos.

Parágrafo único. A apelação em nenhum caso suspenderá a execução da medida de segurança aplicada provisoriamente.

● Art. 596. A apelação da sentença absolutória não impedirá que o réu seja posto imediatamente em liberdade.

Parágrafo único. A apelação não suspenderá a execução da medida de segurança aplicada provisoriamente.

● Artigo e parágrafo com redação determinada pela Lei n.º 5.941, de 22 de novembro de 1973.

Art. 597. A apelação de sentença condenatória terá efeito suspensivo, salvo o disposto no art. 393, a aplicação provisória de interdições de direitos e de medidas de segurança (arts. 374 e 378), e o caso de suspensão condicional de pena.

Art. 598. Nos crimes de competência do tribunal do júri, ou do juiz singular, se da sentença não for interposta apelação pelo Ministério Público no prazo legal, o ofendido ou qualquer das pessoas enumeradas no artigo 31, ainda que não se tenha habilitado como assistente, poderá interpor apelação, que não terá, porém, efeito suspensivo.

Parágrafo único. O prazo para interposição desse recurso será de quinze dias e correrá do dia em que terminar o do Ministério Público.

Art. 599. As apelações poderão ser interpostas quer em relação a todo o julgado, quer em relação a parte dele.

Art. 600. Assinado o termo de apelação, o apelante e, depois dele, o apelado terão o prazo de oito dias cada um para oferecer razões, salvo nos processos de contravenção, em que o prazo será de três dias.

§ 1.º Se houver assistente, este arrazoará, no prazo de três dias, após o Ministério Público.

§ 2.º Se a ação penal for movida pela parte ofendida, o Ministério Público terá vista dos autos, no prazo do parágrafo anterior.

§ 3.º Quando forem dois ou mais os apelantes ou apelados, os prazos serão comuns.

● § 4.º Se o apelante declarar, na petição ou no termo, ao interpor a apelação, que deseja arrazoar na Superior Instância, serão ou autos remetidos ao Tribunal **ad quem** onde será aberta vista às partes, observados os prazos legais, notificadas as partes pela publicação oficial.

● Parágrafo acrescentado pela Lei n.º 4.336, de 1.º de junho de 1964.

Art. 601. Findos os prazos para razões, os autos serão remetidos à instância superior, com as razões ou sem elas, no prazo de cinco dias, salvo no caso do artigo 603, segunda parte, em que o prazo será de trinta dias.

§ 1.º Se houver mais de um réu, e não houverem todos sido julgados, ou não tiverem todos apelado, caberá ao apelante promover extração do tras-

lado dos autos, o qual deverá ser remetido à instância superior no prazo de trinta dias, contado da data da entrega das últimas razões de apelação, ou do vencimento do prazo para apresentação das do apelado.

§ 2.º As despesas do traslado correrão por conta de quem o solicitar, salvo se o pedido for de réu pobre ou do Ministério Público.

Art. 602. Os autos serão, dentro dos prazos do artigo anterior, apresentados ao tribunal *ad quem* ou entregues ao Correio, sob registro.

Art. 603. A apelação subirá nos autos originais e, a não ser no Distrito Federal e nas comarcas que forem sede de Tribunal de Apelação, ficará em cartório traslado dos termos essenciais do processo referidos no artigo 564, n. III.

● Art. 604. Se houver divergência entre a sentença proferida pelo presidente do tribunal do júri e as respostas dos jurados aos quesitos, o Tribunal de Apelação fará a retificação devida, aplicando a pena legal.

● Art. 605. No caso de contradição entre as respostas aos quesitos, o Tribunal de Apelação fará prevalecer a que se ajustar à prova dos autos, salvo quando uma importar a absolvição e outra a condenação do réu, caso em que se declarará a nulidade do julgamento.

● Art. 606. Se a apelação se fundar no n. III, letra "b", do artigo 593 e o Tribunal de Apelação se convencer de que a decisão dos jurados não encontra apoio algum nas provas existentes nos autos, dará provimento à apelação para aplicar a pena legal, ou absolver o réu, conforme o caso.

● Parágrafo único. Interposta a apelação com fundamento no n. III, letra "c", do artigo 593, o Tribunal de Apelação, dando-lhe provimento, retificará a aplicação da pena ou da medida de segurança.

● Os artigos 604, 605 e 606 e seu parágrafo, foram revogados pela Lei n.º 263, de 23 de fevereiro de 1948.

CAPÍTULO IV

Do protesto por novo júri

Art. 607. O protesto por novo júri é privativo da defesa, e somente se admitirá quando a sentença condenatória for de reclusão por tempo igual ao superior a vinte anos, não podendo em caso algum ser feito mais de uma vez.

§ 1.º Não se admitirá protesto por novo júri, quando a pena for imposta em grau de apelação (art. 606).

§ 2.º O protesto invalidará qualquer outro recurso interposto e será feito na forma e nos prazos estabelecidos para interposição da apelação.

§ 3.º No novo julgamento não servirão jurados que tenham tomado parte no primeiro.

Art. 608. O protesto por novo júri não impedirá a interposição da apelação, quando, pela mesma sentença, o réu tiver sido condenado por outro crime, em que não caiba aquele protesto. A apelação, entretanto, ficará suspensa, até a nova decisão provocada pelo protesto.

CAPÍTULO V

Do processo e do julgamento dos recursos em sentido estrito e das apelações, nos Tribunais de Apelação

Art. 609. Os recursos e apelações serão julgados pelo Tribunal de Apelação, câmaras criminais ou turmas, de acordo com a competência estabelecida pelas leis de organização judiciária.

● Art. 609. Os recursos, apelações e embargos serão julgados pelos Tribunais de Justiça, Câmaras ou Turmas criminais, de acordo com a competência estabelecida nas leis de organização judiciária.

Parágrafo único. Quando não for unânime a decisão de segunda instância, desfavorável ao réu, admitem-se embargos infringentes e de nulidade, que poderão ser opostos dentro de 10 (dez) dias, a contar da publicação do acórdão, na forma

do artigo 613. Se o desacordo for parcial, os embargos serão restritos à matéria objeto de divergência.

● Artigo e parágrafo com redação determinada pela Lei n.º 1.720-B, de 3 de novembro de 1952.

Art. 610. Nos recursos em sentido estrito, com exceção do de *habeas corpus*, e nas apelações interpostas das sentenças em processo de contravenção ou de crime a que a lei comine pena de detenção, os autos irão imediatamente com vista ao procurador-geral pelo prazo de cinco dias, e, em seguida, passarão por igual prazo, ao relator, que pedirá designação de dia para o julgamento.

Parágrafo único. Anunciado o julgamento pelo presidente, e apregoadas as partes, com a presença destas ou à sua revelia, o relator fará a exposição do feito, e, em seguida, o presidente concederá, pelo prazo de dez minutos, a palavra aos advogados ou às partes que solicitarem e ao procurador-geral, quando o requerer, por igual prazo.

● Art. 611. Quando o recurso for de **habeas-corpus**, o procurador geral não terá vista dos autos.

● Artigo revogado pelo Decreto-lei n.º 552, de 25 de abril de 1969.

Art. 612. Os recursos de *habeas-corpus*, designado o relator, serão julgados na primeira sessão.

Art. 613. As apelações interpostas das sentenças proferidas em processos por crime a que a lei comine pena de reclusão, deverão ser processadas e julgadas pela forma estabelecida no artigo 610, com as seguintes modificações:

I — exarado o relatório nos autos, passarão estes ao revisor, que terá igual prazo para o exame do processo e pedirá designação de dia para o julgamento;

II — os prazos serão ampliados ao dobro;

III — o tempo para os debates será de um quarto de hora.

Art. 614. No caso de impossibilidade de observância de qualquer dos prazos marcados nos artigos 610 e 613, os motivos da demora serão declarados nos autos.

Art. 615. O Tribunal decidirá por maioria de votos.

§ 1.º Havendo empate de votos no julgamento de recursos, se o presidente do Tribunal, câmara ou turma, não tiver tomado parte na votação, proferirá o voto de desempate; no caso contrário, prevalecerá a decisão mais favoravel ao réu.

§ 2.º O acórdão será apresentado à conferência na primeira sessão seguinte à do julgamento, ou no prazo de duas sessões, pelo juiz incumbido de lavrá-lo.

Art. 616. No julgamento das apelações poderá o Tribunal, câmara ou turma proceder a novo interrogatório do acusado, reinquirir testemunhas ou determinar outras diligências.

Art. 617. O Tribunal, câmara ou turma atenderá nas suas decisões ao disposto nos artigos 383, 386 e 387, no que for aplicável, não podendo, porém, ser agravada a pena, quando somente o réu houver apelado da sentença.

Art. 618. Os regimentos dos Tribunais de Apelação estabelecerão as normas complementares para o processo e julgamento dos recursos e apelações.

CAPÍTULO VI

Dos embargos

Art. 619. Aos acórdãos proferidos pelos Tribunais de Apelação, câmaras ou turmas, poderão ser opostos embargos de declaração, no prazo de dois dias contado da sua publicação, quando houver na sentença ambigüidade, obscuridade, contradição ou omissão.

Art. 620. Os embargos de declaração serão deduzidos em requerimento, de que constem os pontos em que o acordão é ambíguo, obscuro, contraditório ou omisso.

§ 1.º O requerimento será apresentado pelo relator e julgado, indepen-

dentemente de revisão, na primeira sessão.

§ 2.º Se não preenchidas as condições enumeradas neste artigo, o relator indeferirá desde logo o requerimento.

CAPÍTULO VII

Da revisão

Art. 621. A revisão dos processos findos será admitida:

I — quando a sentença condenatória for contrária ao texto expresso da lei penal ou à evidência dos autos;

II — quando a sentença condenatória se fundar em depoimentos, exames ou documentos comprovadamente falsos;

III — quando, após a sentença, se descobrirem novas provas de inocência do condenado ou de circunstância que determine ou autorize diminuição especial da pena.

Art. 622. A revisão poderá ser requerida em qualquer tempo, antes da extinção da pena ou após.

Parágrafo único. Não será admissível a reiteração do pedido, salvo se fundado em novas provas.

Art. 623. A revisão poderá ser pedida pelo próprio réu ou por procurador legalmente habilitado ou, no caso de morte do réu, pelo cônjuge, ascendente, descendente ou irmão.

Art. 624. As revisões criminais serão processadas e julgadas:

I — pelo Supremo Tribunal Federal, quanto às condenações proferidas por ele próprio;

II — pelos Tribunais de Apelação, nos demais casos.

Parágrafo único. No Supremo Tribunal Federal, o julgamento obedecerá ao que for estabelecido no seu Regimento Interno. Nos Tribunais de Apelação, o julgamento será efetuado pelas câmaras ou turmas criminais, reunidas em sessão conjunta, quando houver mais de uma e, no caso contrário, pelo Tribunal Pleno.

● Art. 624. As revisões criminais serão processadas e julgadas:

I — pela Supremo Tribunal Federal, quanto às condenações por ele proferidas;

II — pelo Tribunal Federal de Recursos, Tribunais de Justiça ou de Alçada, nos demais casos.

§ 1.º No Supremo Tribunal Federal e no Tribunal Federal de Recursos o processo e julgamento obedecerão ao que for estabelecido no respectivo Regimento Interno.

§ 2.º Nos Tribunais de Justiça ou de Alçada, o julgamento será efetuado pelas Câmaras ou Turmas Criminais, reunidas em sessão conjunta, quando houver mais de uma, e, no caso contrário, pelo Tribunal Pleno.

§ 3.º Nos Tribunais onde houver quatro ou mais Câmaras ou Turmas Criminais, poderão ser constituídos dois ou mais Grupos de Câmaras ou Turmas para o julgamento de revisão, obedecido o que for estabelecido no respectivo Regimento Interno.

● Redação determinada pelo Decreto-lei n.º 504, de 18 de março de 1969.

Art. 625. O requerimento será distribuído a um relator e a um revisor, devendo funcionar como relator um desembargador que não tenha pronunciado decisão em qualquer fase do processo.

§ 1.º O requerimento será instruído com a certidão de haver passado em julgado a sentença condenatória e com as peças necessárias à comprovação dos fatos argüidos.

§ 2.º O relator poderá determinar que se apensem os autos originais, se daí não advier dificuldade à execução normal da sentença.

§ 3.º Se o relator julgar insuficientemente instruído o pedido e inconveniente ao interesse da justiça que se apensem os autos originais, indeferi-lo-á *in limine*, dando recurso para as câmaras reunidas ou para o Tribunal, conforme o caso (art. 624, parágrafo único).

§ 4.º Interposto o recurso por petição e independentemente de termo,

o relator apresentará o processo em mesa para o julgamento e o relatará sem tomar parte na discussão.

§ 5.º Se o requerimento não for indeferido *in limine*, abrir-se-á vista dos autos ao procurador-geral, que dará parecer no prazo de dez dias. Em seguida, examinados os autos, sucessivamente, em igual prazo, pelo relator e revisor, julgar-se-á o pedido na sessão que o presidente designar.

Art. 626. Julgando procedente a revisão, o Tribunal poderá alterar a classificação da infração, absolver o réu, modificar a pena ou anular o processo.

Parágrafo único. De qualquer maneira, não poderá ser agravada a pena imposta pela decisão revista.

Art. 627. A absolvição implicará o restabelecimento de todos os direitos perdidos em virtude da condenação, devendo o Tribunal, se for caso, impor a medida de segurança cabível.

Art. 628. Os regimentos internos dos Tribunais de Apelação estabelecerão as normas complementares para o processo e julgamento das revisões criminais.

Art. 629. À vista da certidão do acórdão que cassar a sentença condenatória, o juiz mandará juntá-la imediatamente aos autos, para inteiro cumprimento da decisão.

Art. 630. O Tribunal, se o interessado o requerer, poderá reconhecer o direito a uma justa indenização pelos prejuízos sofridos.

§ 1.º Por essa indenização, que será liquidada no juízo cível, responderá a União, se a condenação tiver sido proferida pela justiça do Distrito Federal ou de Território, ou o Estado, se o tiver sido pela respectiva justiça.

§ 2.º A indenização não será devida:

a) se o erro ou a injustiça da condenação proceder de ato ou falta imputável ao próprio impetrante, como a confissão ou a ocultação de prova em seu poder;

b) se a acusação houver sido meramente privada.

Art. 631. Quando, no curso da revisão, falecer a pessoa, cuja condenação tiver de ser revista, o presidente do Tribunal nomeará curador para a defesa.

CAPÍTULO VIII

Do recurso extraordinário

● Art. 632. Das decisões criminais, proferidas pelos Tribunais de Apelação, em última ou única instância, caberá recurso extraordinário para o Supremo Tribunal Federal:

I — quando a decisão for contra a letra de tratado ou de lei federal sobre cuja aplicação se haja questionado;

II — quando se questionar sobre a vigência ou a validade de lei federal em face da Constituição, e a decisão do tribunal local negar aplicação à lei impugnada;

III — quando se contestar a validade de lei ou ato dos governos locais em face da Constituição, ou de lei federal, e a decisão do tribunal local julgar válida a lei ou o ato impugnado;

IV — quando decisões definitivas dos Tribunais de Apelação de Estados diferentes, inclusive do Distrito Federal ou dos Territórios, ou decisões definitivas de um desses tribunais e do Supremo Tribunal Federal derem à mesma lei federal inteligência diversa.

● Art. 633. O recurso extraordinário será interposto mediante petição ao presidente do Tribunal de Apelação, dentro de dez dias, contados da publicação do acórdão.

● Art. 634. Concedido o recurso e intimado o recorrido, ou, se este for o réu, o seu defensor, extrair-se-á traslado, e depois de conferido e, concertado, abrir-se-á vista dos respectivos autos por quinze dias, sucessivamente, ao recorrente e ao recorrido.

● Art. 635. O traslado conterá cópia da denúncia ou da queixa das sentenças e acórdãos, assim como das demais peças indicadas pelo recorrente.

● Art. 636. O traslado ficará concluído dentro de sessenta dias, contados da data

do despacho que conceder o recurso, e os respectivos autos, depois de arrazoados, serão entregues à secretaria do Supremo Tribunal Federal, dentro de cinco dias, devendo ser registrados no Correio, no mesmo prazo, os originários dos Estados ou Territórios.

● Artigos 632, 633, 634, 635 e 636 revogados pela Lei n.º 3.396, de 2 de junho de 1958.

Art. 637. O recurso extraordinário não tem efeito suspensivo, e uma vez arrazoados pelo recorrido os autos do traslado, os originais baixarão à primeira instância, para a execução da sentença.

Art. 638. O recurso extraordinário será processado e julgado no Supremo Tribunal Federal na forma estabelecida pelo respectivo regimento interno.

CAPÍTULO IX

Da carta testemunhável

Art. 639. Dar-se-á carta testemunhável:

I — da decisão que denegar o recurso;

II — da que, admitindo embora o recurso, obstar à sua expedição e seguimento para o juízo *ad quem.*

Art. 640. A carta testemunhável será requerida ao escrivão, ou ao secretário do Tribunal, conforme o caso, nas quarenta e oito horas seguintes ao despacho que denegar o recurso, indicando o requerente as peças do processo que deverão ser trasladadas.

Art. 641. O escrivão, ou o secretário do Tribunal, dará recibo da petição à parte e, no prazo máximo de cinco dias, no caso de recurso no sentido estrito, ou de sessenta dias, no caso de recurso extraordinário, fará entrega da carta, devidamente conferida e concertada.

Art. 642. O escrivão, ou o secretário do Tribunal, que se negar a dar o recibo, ou deixar de entregar, sob qualquer pretexto, o instrumento, será suspenso por trinta dias. O juiz, ou o presidente do Tribunal de Apelação, em face de representação do testemunhante, imporá a pena e mandará que seja extraído o instrumento, sob a mesma sanção, pelo substituto do escrivão ou do secretário do Tribunal. Se o testemunhante não for atendido, poderá reclamar ao presidente do Tribunal *ad quem,* que avocará os autos, para o efeito de julgamento do recurso e imposição da pena.

Art. 643. Extraído e autuado o instrumento, observar-se-á o disposto nos arts. 588 a 592, no caso de recurso em sentido estrito, ou o processo estabelecido para o recurso extraordinário, se deste se tratar.

Art. 644. O Tribunal, câmara ou turma a que competir o julgamento da carta, se desta tomar conhecimento, mandará processar o recurso, ou, se estiver suficientemente instruída, decidirá logo, *de meritis.*

Art. 645. O processo da carta testemunhável, na instância superior seguirá o processo do recurso denegado.

Art. 646. A carta testemunhável não terá efeito suspensivo.

CAPÍTULO X

Do "habeas-corpus" e seu processo

Art. 647. Dar-se-á *habeas-corpus* sempre que alguém sofrer ou se achar na iminência de sofrer violência ou coação ilegal na sua liberdade de ir e vir, salvo nos casos de punição disciplinar.

Art. 648. A coação considerar-se-á ilegal:

I — quando não houver justa causa;

II — quando alguém estiver preso por mais tempo do que determina a lei;

III — quando quem ordenar a coação não tiver competência para fazê-lo;

IV — quando houver cessado o motivo que autorizou a coação;

V — quando não for alguém admitido a prestar fiança, nos casos em que a lei a autoriza;

VI — quando o processo for manifestamente nulo;

VII — quando extinta a punibilidade.

Art. 649. O juiz ou o tribunal, dentro dos limites da sua jurisdição, fará passar imediatamente a ordem impetrada, nos casos em que tenha cabimento, seja qual for a autoridade coatora.

Art. 650. Competirá conhecer, originariamente, do pedido de *habeas-corpus:*

I — ao Supremo Tribunal Federal nos casos previstos no art. 101, n. I, letra "g", da Constituição;

II — aos Tribunais de Apelação, sempre que os atos de violência ou coação forem atribuídos aos Governadores ou Interventores dos Estados ou Territórios e ao prefeito do Distrito Federal, ou a seus secretários, ou aos chefes de Polícia.

§ 1.º A competência do juiz cessará sempre que a violência ou coação provier de autoridade judiciária de igual ou superior jurisdição.

§ 2.º Não cabe o *habeas-corpus* contra a prisão administrativa atual ou iminente, dos responsáveis por dinheiro ou valor pertencente à Fazenda Pública, alcançados ou omissos em fazer o seu recolhimento nos prazos legais, salvo se o pedido for acompanhado de prova de quitação ou de depósito do alcance verificado, ou se a prisão exceder o prazo legal.

Art. 651. A concessão do *habeas-corpus* não obstará, nem porá termo ao processo desde que este não esteja em conflito com os fundamentos daquela.

Art. 652. Se o *habeas-corpus* for concedido em virtude de nulidade do processo, este será renovado.

Art. 653. Ordenada a soltura do paciente em virtude de *habeas-corpus*, será condenada nas custas a autoridade que, por má fé ou evidente abuso de poder, tiver determinado a coação.

Parágrafo único. Neste caso, será remetida ao Ministério Público cópia das peças necessárias para ser promovida a responsabilidade da autoridade.

Art. 654. O *habeas-corpus* poderá ser impetrado por qualquer pessoa, em seu favor ou de outrem, bem como pelo Ministério Público.

§ 1.º A petição de *habeas-corpus* conterá:

a) o nome da pessoa que sofre ou está ameaçada de sofrer violência ou coação e o de quem exercer a violência, coação ou ameaça;

b) a declaração da espécie de constrangimento ou em caso de simples ameaça de coação, as razões em que funda o seu temor;

c) a assinatura do impetrante, ou de alguém a seu rogo, quando não souber ou não puder escrever, e a designação das respectivas residências.

§ 2.º Os juízes e os tribunais têm competência para expedir de ofício ordem de *habeas-corpus,* quando no curso de processo verificarem que alguém sofre ou está na iminência de sofrer coação ilegal.

Art. 655. O carcereiro ou o diretor da prisão, o escrivão, o oficial de justiça ou a autoridade judiciária ou policial que embaraçar ou procrastinar a expedição de ordem de *habeas-corpus,* as informações sobre a causa da prisão, a condução e apresentação do paciente, ou a sua soltura, será multado na quantia de quatrocentos cruzeiros a dois mil cruzeiros sem prejuízo das penas em que incorrer. As multas serão impostas pelo juiz ou tribunal que julgar o *habeas-corpus*, salvo quando se tratar de autoridade judiciária, caso em que caberá ao Supremo Tribunal Federal ou ao Tribunal de Apelação impor as multas.

Art. 656. Recebida a petição de *habeas-corpus,* o juiz, se julgar necessário, e estiver preso o paciente, mandará que este lhe seja imediatamente apresentado em dia e hora que designar.

Parágrafo único. Em caso de desobediência, será expedido mandado de prisão contra o detentor, que será processado na forma da lei, e o juiz providenciará para que o paciente seja tirado da prisão e apresentado em juízo.

Art. 657. Se o paciente estiver preso, nenhum motivo escusará a sua apresentação, salvo:

I — grave enfermidade do paciente;

II — não estar ele sob a guarda da pessoa a quem se atribui a detenção;

III — se o comparecimento não tiver sido determinado pelo juiz ou pelo tribunal.

Parágrafo único. O juiz poderá ir ao local em que o paciente se encontrar, se este não puder ser apresentado por motivo de doença.

Art. 658. O detentor declarará à ordem de quem o paciente estiver preso.

Art. 659. Se o juiz ou o tribunal verificar que já cessou a violência ou coação ilegal, julgará prejudicado o pedido.

Art. 660. Efetuadas as diligências, e interrogado o paciente, o juiz decidirá, fundamentadamente, dentro de vinte e quatro horas.

§ 1.º Se a decisão for favorável ao paciente, será logo posto em liberdade, salvo se por outro motivo dever ser mantido na prisão.

§ 2.º Se os documentos que instruírem a petição evidenciarem a ilegalidade da coação, o juiz ou o tribunal ordenará que cesse imediatamente o constrangimento.

§ 3.º Se a ilegalidade decorrer do fato de não ter sido o paciente admitido a prestar fiança, o juiz arbitrará o valor desta, que poderá ser prestada perante ele, remetendo, nesse caso, à autoridade os respectivos autos, para serem anexados aos do inquérito policial ou aos do processo judicial.

§ 4.º Se a ordem de *habeas-corpus* for concedida para evitar ameaça de violência ou coação ilegal, dar-se-á ao paciente salvo-conduto assinado pelo juiz.

§ 5.º Será incontinenti enviada cópia da decisão à autoridade que tiver ordenado a prisão ou tiver o paciente à sua disposição, a fim de juntar-se aos autos do processo.

§ 6.º Quando o paciente estiver preso em lugar que não seja o da sede do juízo ou do tribunal que conceder a ordem, o alvará de soltura será expedido pelo telégrafo, se houver, observadas as formalidades estabelecidas no artigo 289, parágrafo único, *in fine*, ou por via postal.

Art. 661. Em caso de competência originária do Tribunal de Apelação, a petição de *habeas-corpus* será apresentada ao secretário, que a enviará imediatamente ao presidente do Tribunal, ou da câmara criminal, ou da turma, que estiver reunida, ou primeiro tiver de reunir-se.

Art. 662. Se a petição contiver os requisitos do artigo 654, parágrafo 1.º, o presidente, se necessário, requisitará da autoridade indicada como coatora informações por escrito. Faltando, porém, qualquer daqueles requisitos, o presidente mandará preenchê-lo, logo que lhe for apresentada a petição.

Art. 663. As diligências do artigo anterior não serão ordenadas, se o presidente entender que o *habeas-corpus* deva ser indeferido *in limine*. Nesse caso, levará a petição ao Tribunal, câmara ou turma, para que delibere a respeito.

Art. 664. Recebidas as informações, ou dispensadas, o *habeas-corpus* será julgado na primeira sessão, podendo, entretanto, adiar-se o julgamento para a sessão seguinte.

Parágrafo único. A decisão será tomada por maioria de votos. Havendo empate, se o presidente não tiver tomado parte na votação, proferirá voto de desempate; no caso contrário, prevalecerá a decisão mais favorável ao paciente.

Art. 665. O secretário do Tribunal lavrará a ordem que, assinada pelo presidente do Tribunal, câmara ou turma, será dirigida por ofício ou telegrama, ao detentor, ao carcereiro ou autoridade que exercer ou ameaçar exercer o constrangimento.

Parágrafo único. A ordem transmitida por telegrama obedecerá ao disposto no artigo 289, parágrafo único, *in fine*.

Art. 666. Os regimentos dos Tribunais de Apelação estabelecerão as normas complementares para o processo e julgamento do pedido de *habeas-corpus* de sua competência originária.

Art. 667. No processo e julgamento do *habeas-corpus* de competência originária do Supremo Tribunal Federal, bem como nos de recurso das decisões de última ou única instância, denegatória de *habeas-corpus*, observar-se-á, no que lhes for aplicável, o disposto nos artigos anteriores, devendo o regimento interno do Tribunal estabelecer as regras complementares.

LIVRO IV

DA EXECUÇÃO

TÍTULO I

Disposições gerais

Art. 668. A execução, onde não houver juiz especial, incumbirá ao juiz da sentença, ou, se a decisão for do tribunal do júri, ao seu presidente.

Parágrafo único. Se a decisão for de tribunal superior, nos casos de sua competência originária, caberá ao respectivo presidente prover-lhe a execução.

Art. 669. Só depois de passar em julgado, será exeqüível a sentença, salvo:

I — quando condenatória, para o efeito de sujeitar o réu a prisão, ainda no caso de crime afiançável, enquanto não for prestada a fiança;

II — quando absolutória, para o fim de imediata soltura do réu, desde que não proferida em processo por crime a que a lei comine pena de reclusão, no máximo, por tempo igual ou superior a oito anos.

Art. 670. No caso de decisão absolutória confirmada ou proferida em grau de apelação, incumbirá ao relator fazer expedir o alvará de soltura, de que dará imediatamente conhecimento ao juiz de primeira instância.

Art. 671. Os incidentes da execução serão resolvidos pelo respectivo juiz.

Art. 672. Computar-se-á na pena privativa da liberdade o tempo:

I — de prisão preventiva no Brasil ou no estrangeiro;

II — de prisão provisória no Brasil ou no estrangeiro;

III — de internação em hospital ou manicômio.

Art. 673. Verificado que o réu, pendente a apelação por ele interposta, já sofreu prisão por tempo igual ao da pena a que foi condenado, o relator do feito mandará pô-lo imediatamente em liberdade, sem prejuízo do julgamento do recurso, salvo se, no caso de crime a que a lei comine pena de reclusão, no máximo, por tempo igual ou superior a 8 anos, o querelante ou o Ministério Público também houver apelado da sentença condenatória.

TÍTULO II

Da execução das penas em espécie

CAPÍTULO I

Das penas privativas de liberdade

Art. 674. Transitando em julgado a sentença que impuser pena privativa de liberdade, se o réu já estiver preso, ou vier a ser preso, o juiz ordenará a expedição de carta de guia para o cumprimento da pena.

Parágrafo único. Na hipótese do art. 82, última parte, a expedição da carta de guia será ordenada pelo juiz competente para a soma ou unificação das penas.

Art. 675. No caso de ainda não ter sido expedido mandado de prisão, por tratar-se de infração penal em que o réu se livra solto ou por estar afiançado, o juiz, ou o presidente da câmara ou Tribunal, se tiver havido recurso, fará expedir o mandado de prisão, logo que transite em julgado a sentença condenatória.

§ 1.º No caso de reformada pela superior instância, em grau de recurso, a sentença absolutória, estando o réu solto, o presidente da câmara ou do Tribunal fará, logo após a sessão de julgamento, remeter ao chefe de Polícia o mandado de prisão do condenado.

§ 2.º Se o réu estiver em prisão especial, deverá, ressalvado o disposto na legislação relativa aos militares, ser expedida ordem para sua imediata remoção para prisão comum, até que se verifique a expedição de carta de guia para o cumprimento da pena.

Art. 676. A carta de guia, extraída pelo escrivão e assinada pelo juiz, que a rubricará em todas as folhas, será remetida ao diretor do estabelecimento em que tenha de ser cumprida a sentença condenatória, e conterá:

I — o nome do réu e a alcunha por que for conhecido;

II — a sua qualificação civil (natu ralidade, filiação, idade, estado, profissão), instrução e, se constar, número do registro geral do Instituto de Identificação e Estatística ou de repartição congênere;

III — o teor integral da sentença condenatória e a data da terminação da pena.

Parágrafo único. Expedida carta de guia para cumprimento de uma pena, se o réu estiver cumprindo outra, só depois de terminada a execução desta será aquela executada. Retificar-se-á a carta de guia sempre que sobrevenha modificação quanto ao início da execução ou ao tempo de duração da pena.

Art. 677. Da carta de guia e seus aditamentos se remeterá cópia ao Conselho Penitenciário.

Art. 678. O diretor do estabelecimento, em que o réu tiver de cumprir a pena, passará recibo da carta de guia para juntar-se aos autos do processo.

Art. 679. As cartas de guia serão registadas em livro especial, segundo a ordem cronológica do recebimento, fazendo-se no curso da execução as anotações necessárias.

Art. 680. Computar-se-á no tempo da pena o período em que o condenado, por sentença irrecorrível, permanecer preso em estabelecimento diverso do destinado ao cumprimento dela.

Art. 681. Se impostas cumulativamente penas privativas da liberdade, será executada primeiro a de reclusão, depois a de detenção e por último a de prisão simples.

Art. 682. O sentenciado a que sobrevier doença mental, verificada por perícia médica, será internado em manicômio judiciário, ou, à falta, em outro estabelecimento adequado, onde lhe seja assegurada a custódia.

§ 1.º Em caso de urgência, o diretor do estabelecimento penal poderá determinar a remoção do sentenciado, comunicando imediatamente a providência ao juiz, que, em face da perícia médica, ratificará ou revogará a medida.

§ 2.º Se a internação se prolongar até o término do prazo restante da pena e não houver sido imposta medida de segurança detentiva, o indivíduo terá o destino aconselhado pela sua enfermidade, feita a devida comunicação ao juiz de incapazes.

Art. 683. O diretor da prisão a que o réu tiver sido recolhido provisoriamente ou em cumprimento de pena, comunicará imediatamente ao juiz o óbito, a fuga ou a soltura do detido ou sentenciado para que fique constando dos autos.

Parágrafo único. A certidão de óbito acompanhará a comunicação.

Art. 684. A recaptura do réu evadido não depende de prévia ordem judicial e poderá ser efetuada por qualquer pessoa.

Art. 685. Cumprida ou extinta a pena, o condenado será posto, imediatamente, em liberdade, mediante alvará do juiz, no qual se ressalvará a hipótese de dever o condenado continuar na prisão por outro motivo legal.

Parágrafo único. Se tiver sido imposta modida de segurança detentiva, o condenado será removido para estabelecimento adequado (art. 762).

CAPÍTULO II

Das penas pecuniárias

Art. 686. A pena de multa será paga dentro em 10 dias após haver transitado em julgado a sentença que a impuser.

Parágrafo único. Se interposto recurso da sentença esse prazo será contado do dia em que o juiz ordenar

o cumprimento da decisão da superior instância.

Art. 687. O juiz poderá, desde que o condenado o requeira:

I — prorrogar o prazo do pagamento da multa até três meses, se as circunstâncias justificarem essa prorrogação;

II — permitir, se a multa exceder a importância de mil cruzeiros, que o pagamento se realize em quotas mensais, dentro no prazo de um ano, prorrogável por seis meses, desde que metade da quantia tenha sido paga ou o condenado assegure o pagamento, mediante caução real ou fidejussória.

● II — permitir, nas mesmas circunstâncias que o pagamento se faça em parcelas mensais, no prazo que fixar, mediante caução real ou fidejussória, quando necessário.

● Redação determinada pela Lei n.º 6.416, de 24 de maio de 1977.

§ 1.º O requerimento, tanto no caso do n. I, como no do n. II, será feito dentro do decêndio concedido para o pagamento da multa.

§ 2.º A permissão para pagamento da multa em quotas mensais será revogada, se o juiz reconhecer que o condenado dela se vale para fraudar a execução da pena.

● § 2.º A permissão para o pagamento em parcelas será revogada, se o juiz verificar que o condenado dela se vale para fraudar a execução da pena. Nesse caso, a caução resolver-se-á em valor monetário, devolvendo-se ao condenado o que exceder à satisfação da multa e das custas processuais.

● § 2.º com redação determinada pela Lei n. 6.416, de 24 de maio de 1977.

Art. 688. Findo o decêndio ou a prorrogação sem que o condenado efetue o pagamento, ou ocorrendo a hipótese prevista no § 2.º do artigo anterior, observar-se-á o seguinte:

I — possuindo o condenado bens sobre os quais possa recair a execução, será extraída certidão da sentença condenatória, a fim de que o Ministério Público proceda à cobrança judicial;

II — sendo o condenado insolvente, far-se-á a cobrança:

a) mediante desconto de quarta parte de sua remuneração (arts. 29, 1.º, e 37 do Código Penal), quando cumprir pena privativa da liberdade, cumulativamente imposta com a de multa;

b) mediante desconto em seu vencimento ou salário, se, cumprida a pena privativa da liberdade, ou concedido o livramento condicional, a multa não houver sido resgatada;

c) mediante esse desconto, se a multa for a única pena imposta ou no caso de suspensão condicional da pena.

§ 1.º O desconto, nos casos das letras "b" e "c", será feito mediante ordem ao empregador, à repartição competente ou à administração da entidade paraestatal, e, antes de fixá-lo, o juiz requisitará informações e ordenará diligências, inclusive arbitramento, quando necessário, para observância do art. 37, § 3.º, do Código Penal.

§ 2.º Sob pena de desobediência e sem prejuízo da execução a que ficará sujeito, o empregador será intimado a recolher mensalmente, até o dia fixado pelo juiz, a importância correspondente ao desconto, em selo penitenciário, que será inutilizado nos autos pelo juiz.

§ 3.º Se o condenado for funcionário estadual ou municipal ou empregado de entidade paraestatal, a importância do desconto será, semestralmente, recolhida ao Tesouro Nacional, delegacia fiscal ou coletoria federal, como receita do selo penitenciário.

§ 4.º As quantias descontadas em folha de pagamento de funcionário federal constituirão renda do selo penitenciário.

Art. 689. A multa será convertida, à razão de vinte cruzeiros por dia, em detenção ou prisão simples, no caso de crime ou de contravenção:

I — se o condenado solvente frustrar o pagamento da multa;

II — se o condenado reincidente deixar de pagá-la.

● II — se não forem pagas pelo condenado solvente as parcelas mensais autorizadas sem garantia.

● Item II com redação determinada pela Lei n.º 6. 416, de 24 de maio de 1977.

§ 1.º Se o juiz reconhecer desde logo a existência de causa para a conversão, a ela procederá de ofício ou a requerimento do Ministério Público, independentemente de audiência do condenado; caso contrário, depois de ouvir o condenado, se encontrado no lugar da sede do juízo, poderá admitir a apresentação de prova pelas partes, inclusive testemunhal, no prazo de três dias.

§ 2.º O juiz, desde que transite em julgado a decisão, ordenará a expedição de mandado de prisão ou aditamento à carta de guia, conforme esteja o condenado solto ou em cumprimento de pena privativa da liberdade.

● § 3.º Na hipótese do inciso II deste artigo, a conversão será feita pelo valor das parcelas não pagas.

● § 3.º com redação determinada pela Lei n.º 6.416, de 24 de maio de 1977.

Art. 690. O juiz tornará sem efeito a conversão, expedindo alvará de soltura ou cassando a ordem de prisão, se o condenado, em qualquer tempo:

I — pagar a multa;

II — prestar caução real ou fidejussória que lhe assegure o pagamento.

Parágrafo único. No caso do n. II, antes de homologada a caução, será ouvido o Ministério Público dentro do prazo de dois dias.

CAPÍTULO III

Das penas accessórias

Art. 691. O juiz dará à autoridade administrativa competente conhecimento da sentença transitada em julgado, que impuser ou de que resultar a perda da função pública ou a incapacidade temporária para investidura em função pública ou para exercício de profissão ou atividade.

Art. 692. No caso de incapacidade temporária ou permanente para o exercício do pátrio poder, da tutela ou da curatela, o juiz providenciará para que sejam acautelados, no juízo competente, a pessoa e os bens do menor ou do interdito.

Art. 693. A incapacidade permanente ou temporária para o exercício da autoridade marital ou do pátrio poder será averbada no registro civil.

Art. 694. As penas acessórias consistentes em interdições de direitos serão comunicadas ao Instituto de Identificação e Estatística ou estabelecimento congênere, figurarão na folha de antecedentes do condenado e serão mencionadas no rol de culpados.

Art. 695. Iniciada a execução das interdições temporárias (art. 72, letras "a" e "b", do Código Penal), o juiz, de ofício, a requerimento do Ministério Público ou do condenado, fixará o seu termo final, completando as provi dências determinadas nos artigos anteriores.

TÍTULO III

Dos incidentes da execução

CAPÍTULO I

Da suspensão condicional da pena

Art. 696. O juiz poderá suspender, por tempo não menor de dois nem maior de seis anos, a execução da pena de detenção não superior a dois anos, ou de reclusão, no caso do art. 30, § 3.º, do Código Penal, ou, por tempo não menor de um nem maior de três anos, a execução da pena de prisão simples, não superior a dois anos, desde que:

I — não haja o sentenciado sofrido, no Brasil ou no estrangeiro, condenação por outro crime, ou condenação, no Brasil, por motivo de contravenção;

● Art. 696. O juiz poderá suspender, por tempo não inferior a dois nem superior a seis anos, a execução das penas de reclusão e de detenção que não excedam a dois anos, ou, por tempo não inferior a um e nem superior a três anos, a execução da pena de prisão simples, desde que o sentenciado:

I — não haja sofrido, no País ou no estrangeiro, condenação irrecorrível por outro crime a pena privativa da liberdade, salvo o disposto do parágrafo único do art. 46 do Código Penal;

● Artigo e inciso I com redação determinada pela Lei n.º 6.416, de 24 de maio de 1977.

II — os antecedentes e a personalidade do sentenciado, os motivos e as circunstâncias do crime autorizem a presunção de que não tornará a delinqüir.

Parágrafo único. Processado o beneficiário por outro crime ou contravenção, considerar-se-á prorrogado o prazo da suspensão da pena até o julgamento definitivo.

Art. 697. O juiz ou tribunal, na sentença condenatória, desde que reunidos os requisitos mencionados no artigo anterior e em seu n. I, deverá pronunciar-se sobre a suspensão condicional da pena, concedendo-a ou denegando-a dando, em qualquer caso, os motivos da decisão.

● Art. 697. O juiz ou tribunal, na decisão que aplicar pena privativa da liberdade não superior a dois anos, deverá pronunciar-se, motivadamente, sobre a suspensão condicional, quer a conceda quer a denegue.

● Redação determinada pela Lei n.º 6.416, de 24 de maio de 1977.

Art. 698. No caso de concessão do benefício, a sentença estabelecerá as condições e regras a que ficará sujeito o réu durante o prazo fixado, começando este a correr da audiência em que o juiz ou o tribunal der conhecimento da sentença ao beneficiário.

● Art. 698. Concedida a suspensão, o juiz especificará as condições a que fica sujeito o condenado, pelo prazo previsto, começando este a correr da audiência em que se der conhecimento da sentença ao beneficiário e lhe for entregue documento similar ao descrito no art. 724.

§ 1.º As condições serão adequadas ao delito e à personalidade do condenado.

§ 2.º Poderão ser impostas, além das estabelecidas no art. 767, como normas de conduta e obrigações, as seguintes condições:

I — freqüentar curso de habilitação profissional ou de instrução escolar;

II — prestar serviços em favor da comunidade;

III — atender aos encargos de família;

IV — submeter-se a tratamento de desintoxicação.

§ 3.º O juiz poderá fixar, a qualquer tempo, de ofício ou a requerimento do Ministério Público, outras condições além das especificadas na sentença e das referidas no parágrafo anterior, desde que as circunstâncias o aconselhem.

§ 4.º A fiscalização do cumprimento das condições deverá ser regulada, nos Estados, Territórios e Distrito Federal, por normas supletivas e atribuída a serviço social penitenciário, patronato, conselho de comunidade ou entidades similares, inspecionadas pelo Conselho Penitenciário, pelo Ministério Público ou ambos, devendo o juiz da execução na comarca suprir, por ato, a falta das normas supletivas.

§ 5.º O beneficiário deverá comparecer periodicamente à entidade fiscalizadora, para comprovar a observância das condições a que está sujeito, comunicando, também, a sua ocupação, os salários ou proventos de que vive, as economias que conseguiu realizar e as dificuldades materiais ou sociais que enfrenta.

§ 6.º A entidade fiscalizadora deverá comunicar imediatamente ao órgão de inspeção, para os fins legais (arts. 730 e 731)), qualquer ato capaz de acarretar a revogação do benefício, a prorrogação do prazo ou a modificação das condições.

§ 7.º Se for permitido ao beneficiário mudar-se, será feita comunicação ao juiz e à entidade fiscalizadora do local da

nova residência, aos quais deverá apresentar-se imediatamente.

● Artigo e parágrafos com redação determinada pela Lei n.º 6.416, de 24 de maio de 1977.

Art. 699. No caso de condenação pelo Tribunal do Júri, a suspensão condicional da pena competirá ao seu presidente.

Art. 700. A suspensão não compreende a multa, as penas acessórias, os efeitos da condenação nem as custas.

Art. 701. O juiz, ao conceder a suspensão, fixará, tendo em conta as condições econômicas ou profissionais do réu, o prazo para o pagamento, integral ou em prestações, das custas do processo e taxa penitenciária.

Art. 702. Em caso de co-autoria, a suspensão poderá ser concedida a uns e negada a outros réus.

Art. 703. O juiz que conceder a suspensão lerá ao réu, em audiência, a sentença respectiva, e o advertirá das conseqüências de nova infração penal e da transgressão das obrigações impostas.

Art. 704. Quando for concedida a suspensão pela superior instância, a esta caberá estabelecer-lhe as condições, podendo a audiência ser presidida por qualquer membro do Tribunal ou câmara, pelo juiz do processo ou por outro designado pelo presidente do Tribunal ou câmara.

Art. 705. Se, intimado pessoalmente ou por edital com prazo de 20 dias, o réu não comparecer à audiência a que se refere o art. 703, a suspensão ficará sem efeito e será executada imediatamente a pena, salvo prova de justo impedimento, caso em que será marcada nova audiência.

Art. 706. A suspensão também ficará sem efeito, se, em virtude de recurso interposto pelo Ministério Público, for aumentada a pena de modo que exclua a concessão do benefício.

● Art. 706. A suspensão também ficará sem efeito se, em virtude de recurso, for aumentada a pena de modo que exclua a concessão do benefício.

● Redação determinada pela Lei n.º 6.416, de 24 de maio de 1977.

Art. 707. A medida será revogada:

I — se, durante o prazo da suspensão, em sentença irrecorrível, o réu for condenado por crime, ou lhe for imposta pena privativa da liberdade, por motivo de contravenção;

II — se o réu, solvente, frustrar o pagamento da multa ou a reparação do dano.

§ 1.º O juiz poderá ainda revogar a suspensão ou prorrogar o período de prova até o máximo, se não tiver sido este o fixado, quando o réu for condenado irrecorrivelmente, por motivo de contravenção, somente a pena de multa, ou infringir qualquer das obrigações impostas pela sentença.

§ 2.º No caso do n. I, a revogação será decretada à vista da certidão da sentença condenatória intercorrente, ou da comunicação feita pelo juiz que a tiver proferido ou da informação prestada pelo Instituto de Identificação e Estatística ou repartição congênere.

● Art. 707. A suspensão será revogada se o beneficiário:

I — é condenado, por sentença irrecorrível, a pena privativa da liberdade;

II — frustra, embora solvente, o pagamento da multa, ou não efetua, sem motivo justificado, a reparação do dano.

Parágrafo único. O juiz poderá revogar a suspensão, se o beneficiário deixa de cumprir qualquer das obrigações constantes da sentença, de observar proibições inerentes à pena acessória, ou é irrecorrivelmente condenado a pena que não seja privativa da liberdade; se não a revogar, deverá advertir o beneficiário, ou exacerbar as condições ou, ainda, prorrogar o período da suspensão até o máximo, se esse limite não foi fixado.

● Artigo e parágrafo com redação determinada pela Lei n.º 6.416, de 24 de maio de 1977.

Art. 708. Expirado o prazo de suspensão ou a prorrogação, sem que tenha ocorrido motivo de revogação, a pena privativa de liberdade será declarada extinta.

Parágrafo único. O juiz, quando julgar necessário, requisitará, antes do julgamento, nova folha de antecedentes do beneficiário.

Art. 709. A condenação será inscrita, com a nota de suspensão, em livros especiais do Instituto de Identificação e Estatística, ou repartição congênere, averbando-se, mediante comunicação do juiz ou do Tribunal, a revogação da suspensão ou a extinção da pena. Em caso de revogação, será feita a averbação definitiva no registro geral.

§ 1.º Nos lugares onde não houver Instituto de Identificação e Estatística ou repartição congênere, o registro e a averbação serão feitos em livro próprio no juízo ou no Tribunal.

§ 2.º O registo será secreto, salvo para efeito de informações requisitadas por autoridade judiciária, no caso de novo processo.

§ 3.º Não se aplicará o disposto no § 2.º, quando houver sido imposta ou resultar de condenação pena accessória consistente em interdição de direitos.

CAPÍTULO II

Do livramento condicional

Art. 710. O livramento condicional poderá ser concedido ao condenado à pena de reclusão ou de detenção superior a três anos, desde que se verifiquem as condições seguintes:

I — cumprimento de mais da metade da pena, se primário, e de mais de três quartos, se reincidente.

● Art. 710. O livramento condicional poderá ser concedido ao condenado a pena privativa da liberdade igual ou superior a dois anos, desde que se verifiquem as condições seguintes:

I — cumprimento de mais da metade da pena, ou mais de três quartos, se reincidente o sentenciado;

● Artigo e inciso I com redação determinada pela Lei n.º 6.416, de 24 de maio de 1977.

II — ausência ou cessação de periculosidade;

III — bom comportamento durante a vida carcerária;

IV — aptidão para prover à própria subsistência mediante trabalho honesto;

V — satisfação das obrigações civis resultantes do crime, salvo quando provada a insolvência.

● V — reparação do dano causado pela infração, salvo impossibilidade de fazê-lo.

● Item V com redação determinada pela Lei n.º 6.416, de 24 de maio de 1977.

Art. 711. No caso de condenação a duas ou mais penas privativas de liberdade, da mesma espécie ou de espécies diferentes, o juiz somente poderá conceder o livramento, se qualquer delas for superior a três anos e o condenado já houver cumprido mais de metade ou três quartos da soma do tempo de todas (art. 710, n. I).

● Art. 711. As penas que correspondem a infrações diversas, podem somar-se, para efeito do livramento.

● Artigo com redação determinada pela Lei n.º 6.416, de 24 de maio de 1977.

Art. 712. O livramento condicional poderá ser concedido mediante requerimento do sentenciado, de seu cônjuge ou de parente em linha reta, ou por proposta do diretor do estabelecimento penal, ou por iniciativa do Conselho Penitenciário, incumbindo a decisão ao juiz ou Tribunal que houver proferido a sentença em primeira ou única instância.

● Art. 712. O livramento condicional poderá ser concedido mediante requerimento do sentenciado, de seu cônjuge ou de parente em linha reta, ou por proposta do diretor do estabelecimento penal ou por iniciativa do Conselho Penitenciário.

● Redação determinada pelo Decreto-lei n.º 6.109, de 16 de dezembro de 1943.

Parágrafo único. No caso do artigo anterior, a concessão do livramento competirá ao juiz da execução da pena que o condenado estiver cumprindo.

Art. 713. As condições de admissibilidade, conveniência e oportunidade da concessão do livramento serão verificadas pelo Conselho Penitenciário, a cujo parecer não ficará, entretanto, adstrito o juiz.

Art. 714. O diretor do estabelecimento penal remeterá ao Conselho Penitenciário minucioso relatório sobre:

I — o caráter do sentenciado, revelado pelos seus antecedentes e conduta na prisão;

II — o procedimento do liberando na prisão, sua aplicação ao trabalho e seu trato com os companheiros e funcionários do estabelecimento;

III — suas relações, quer com a família, quer com estranhos;

IV — seu grau de instrução e aptidão profissional, com a indicação dos serviços em que haja sido empregado e da especialização anterior ou adquirida na prisão;

V — sua situação financeira, e seus propósitos quanto ao seu futuro meio de vida, juntando o diretor, quando dada por pessoa idônea, promessa escrita de colocação do liberando, com indicação do serviço e do salário.

Parágrafo único. O relatório será, dentro do prazo de quinze dias, remetido ao Conselho, com o prontuário do sentenciado, e, na falta, o Conselho opinará livremente, comunicando à autoridade competente a omissão do diretor da prisão.

Art. 715. Se tiver sido imposta medida de segurança detentiva, o livramento não poderá ser concedido sem que se verifique, mediante exame das condições do sentenciado, a cessação da periculosidade.

Parágrafo único. Consistindo a medida de segurança em internação em casa de custódia e tratamento, proceder-se-á a exame mental do sentenciado.

Art. 716. A petição ou a proposta de livramento será remetida ao juiz ou ao Tribunal por ofício do presidente do Conselho Penitenciário, com a cópia do respectivo parecer e do relatório do diretor da prisão.

§ 1.º Para emitir parecer, o Conselho poderá determinar diligências e requisitar os autos do processo.

§ 2.º O juiz ou o Tribunal mandará juntar a petição ou a proposta, com o ofício ou documento que a acompanhar, aos autos do processo, e proferirá sua decisão, previamente ouvido o Ministério Público.

Art. 717. Na ausência de qualquer das condições previstas nos arts. 710, n. I, e 711, o requerimento será liminarmente indeferido.

● Art. 717. Na ausência da condição prevista no art. 710, inciso I, o requerimento será liminarmente indeferido.

● Redação determinada pela Lei n.º 6.416, de 24 de maio de 1977.

Art. 718. Deferido o pedido, o juiz, ao especificar as condições a que ficará subordinado o livramento, atenderá ao disposto no art. 767, devendo sempre impor ao liberado a obrigação de, periodicamente, comunicar ao juiz da execução ou ao diretor do estabelecimento penal a sua ocupação, os salários ou proventos de que vive, as economias que conseguiu realizar e as dificuldades com que luta para manter-se.

§ 1.º Se for permitido ao liberado residir fora da jurisdição do juiz da execução, remeter-se-á cópia da sentença de livramento à autoridade judiciária do lugar para onde ele se houver transferido e ao patronato oficial ou à autoridade policial, a quem ali couber a vigilância.

§ 2.º O liberado será advertido da obrigação de apresentar-se imediatamente à autoridade judiciária e ao órgão incumbido da vigilância, referidos no parágrafo anterior.

● Art. 718. Deferido o pedido, o juiz, ao especificar as condições a que ficará subordinado o livramento, atenderá ao disposto no art. 698, §§ 1.º, 2.º e 5.º.

§ 1.º Se for permitido ao liberado residir fora da jurisdição do juiz da execução, remeter-se-á cópia da sentença do livramento à autoridade judiciária do lugar para onde ele se houver transferido, e à entidade de observação cautelar e proteção.

§ 2.º O liberado será advertido da obrigação de apresentar-se imediatamente à autoridade judiciária e à entidade de observação cautelar e proteção.

● Artigo e parágrafos com redação determinada pela Lei n.º 6.416, de 24 de maio de 1977.

Art. 719. O livramento ficará também subordinado à obrigação de pagamento das custas do processo e da taxa penitenciária, salvo caso de insolvência comprovada.

Parágrafo único. O juiz poderá fixar o prazo para o pagamento integral ou em prestações, tendo em consideração as condições econômicas ou profissionais do liberado.

Art. 720. A forma de pagamento da multa, ainda não paga pelo liberando, será determinada de acordo com o disposto no art. 688.

Art. 721. Reformada a sentença denegatória do livramento, os autos baixarão ao juiz da primeira instância, afim de que determine as condições que devam ser impostas ao liberando.

Art. 722. Concedido o livramento, será expedida carta de guia, com a cópia integral da sentença em duas vias, remetendo-se uma ao diretor do estabelecimento penal e outra ao presidente do Conselho Penitenciário.

Art. 723. A cerimônia do livramento condicional será realizada solenemente, em dia marcado pela autoridade que deva presidi-la, observando-se o seguinte:

I — a sentença será lida ao liberando, na presença dos demais presos, salvo motivo relevante, pelo presidente do Conselho Penitenciário, ou pelo seu representante junto ao estabelecimento penal, ou, na falta, pela autoridade judiciária local;

II — o diretor do estabelecimento penal chamará a atenção do liberando para as condições impostas na sentença de livramento;

III — o preso declarará se aceita as condições.

§ 1.º De tudo, em livro próprio, se lavrará termo, subscrito por quem presidir a cerimônia, e pelo liberando, ou alguém a seu rogo, se não souber ou não puder escrever.

§ 2.º Desse termo, se remeterá cópia ao juiz do processo.

Art. 724. Ao sair da prisão o liberado, ser-lhe-á entregue, além do saldo do seu pecúlio e do que lhe pertencer, uma caderneta que exibirá à autoridade judiciária ou administrativa sempre que lhe for exigido. Essa caderneta conterá:

I — a reprodução da ficha de identidade, ou o retrato do liberado, sua qualificação e sinais característicos;

II — o texto impresso dos artigos do presente capítulo;

III — as condições impostas ao liberado.

● IV — a pena acessória a que esteja sujeito.

● Item IV com redação determinada pela Lei n.º 6.416, de 24 de maio de 1977.

Parágrafo único. Na falta dessa caderneta, será entregue ao liberado um salvo conduto, de que constem as condições do livramento, podendo substituir-se a ficha de identidade ou o retrato do liberado pela descrição dos sinais que possam identificá-lo.

● § 1.º Na falta de caderneta, será entregue ao liberado um salvo-conduto, em que constem as condições do livramento e a pena acessória, podendo substituir-se a ficha de identidade ou o retrato

do liberado pela descrição dos sinais que possam identificá-lo.

§ 2.º Na caderneta e no salvo-conduto/ deve haver espaço para consignar o cumprimento das condições referidas no art. 718.

● Os §§ 1.º e 2.º foram criados com a Lei n.º 6.416, de 24 de maio de 1977, ficando, assim, excluído o parágrafo único, que ficou revogado.

Art. 725. A vigilância dos patronatos oficiais subordinados ao Conselho Penitenciário, ou de autoridade policial exercer-se-á para o fim de:

I — proibir ao liberado a residência, estada ou passagem nos locais indicados na sentença;

II — permitir visitas e buscas necessárias à verificação do procedimento do liberado;

III — deter o liberado que transgredir as condições constantes da sentença, comunicando o fato não só ao Conselho Penitenciário como também ao juiz, que manterá ou não a detenção.

Parágrafo único. Se o liberado infringir quaisquer das condições impostas, o Conselho Penitenciário poderá, conforme a gravidade da falta, representar ao juiz, para o efeito de revogar-se o livramento.

● Art. 725. A observação cautelar e proteção realizadas por serviço social penitenciário, patronato, conselho de comunidade ou entidades similares, terá a finalidade do:

I — fazer observar o cumprimento da pena acessória, bem como das condições especificadas na sentença concessiva do benefício;

II — proteger o beneficiário, orientando-o na execução de suas obrigações e auxiliando-o na obtenção de atividade laborativa.

Parágrafo único. As entidades encarregadas de observação cautelar e proteção do liberado apresentarão relatório ao Conselho Penitenciário, para efeito da representação prevista nos arts. 730 e 731.

● Redação determinada pela Lei n.º 6.416, de 24 de maio de 1977.

Art. 726. Revogar-se-á o livramento condicional, se o liberado vier, por crime ou contravenção, a ser condenado por sentença irrecorrível a pena privativa de liberdade.

Art. 727. O livramento poderá ser também revogado, se o liberado deixar de cumprir qualquer das obrigações constantes da sentença ou for irrecorrivelmente condenado, por motivo de contravenção, a pena que não seja privativa de liberdade.

● Art. 727. O juiz pode, também, revogar o livramento, se a liberado deixar de cumprir qualquer das obrigações constantes da sentença, de observar proibições inerentes à pena acessória ou for irrecorrivelmente condenado, por crime, à pena que não seja privativa da liberdade.

Parágrafo único. Se o juiz revogar o livramento, deverá advertir o liberado ou exacerbar as condições.

● Artigo e parágrafo com a redação determinada pela Lei n.º 6.416, de 24 de maio de 1977.

Art. 728. Se a revogação for motivada por infração penal anterior à vigência do livramento, computar-se-á no tempo da pena o período em que esteve solto o liberado, sendo permitida, para a concessão de novo livramento, a soma do tempo das duas penas.

Art. 729. No caso de revogação por outro motivo, não se computará na pena o tempo em que esteve solto o liberado, e tão pouco se concederá, em relação à mesma pena, novo livramento.

Art. 730. A revogação será decretada a requerimento do Ministério Público, mediante representação do Conselho Penitenciário ou dos patronatos oficiais ou da autoridade policial a quem incumbir a vigilância, ou, de ofício, pelo juiz, que, antes, poderá ouvir o liberado, ordenar diligências e permitir a produção de prova no prazo de cinco dias, sem prejuízo do disposto no art. 725, n. III.

● Art. 730. A revogação do livramento será decretada mediante representação do Conselho Penitenciário, ou a requerimento do Ministério Público, ou de ofício, pelo juiz, que antes, ouvirá o liberado, podendo ordenar diligências e permitir a produção de prova no prazo de cinco dias.

● Redação determinada pela Lei n.º 6.416, de 24 de maio de 1977.

Art. 731. O juiz, de ofício, a requerimento do Ministério Público, ou mediante representação do Conselho Penitenciário, dos patronatos oficiais, ou autoridade policial encarregada da vigilância, poderá modificar as normas de conduta impostas na sentença, devendo a respectiva decisão ser lida ao liberado por uma das autoridades ou um dos funcionários indicados no n. I do art. 723, observado o disposto nos ns. II e III e §§ 1.º e 2.º do mesmo artigo.

● Artigo 731. O juiz, de ofício, a requerimento do Ministério Público, ou mediante representação do Conselho Penitenciário, poderá modificar as condições ou normas de conduta especificadas na sentença, devendo a respectiva decisão ser lida ao liberado por uma das autoridades ou por um dos funcionários indicados no inciso I do art. 723, observado o disposto nos incisos II e III e §§ 1.º e 2.º do mesmo artigo.

● Redação determinada pela Lei n.º 6.416, de 24 de maio de 1977.

Art. 732. Praticada pelo liberado nova infração, o juiz ou o Tribunal poderá ordenar a sua prisão, ouvido o Conselho Penitenciário, suspendendo o curso do livramento condicional, cuja revogação ficará, entretanto, dependendo da decisão final no novo processo.

Art. 733. O juiz, de ofício, ou a requerimento do interessado, do Ministério Público, ou do Conselho Penitenciário, julgará extinta a pena privativa de liberdade, se expirar o prazo do livramento sem revogação, ou na hipótese do artigo anterior, for o liberado absolvido por sentença irrecorrível.

TÍTULO IV

Da graça, do indulto, da anistia e da reabilitação

CAPÍTULO I

Da graça, do indulto e da anistia

Art. 734. A graça poderá ser provocada por petição do condenado, de qualquer pessoa do povo, do Conselho Penitenciário, ou do Ministério Público, ressalvada, entretanto, ao Presidente da República, a faculdade de concedê-la espontaneamente.

Art. 735. A petição de graça, acompanhada dos documentos com que o impetrante a instruir, será remetida ao ministro da Justiça por intermédio do Conselho Penitenciário.

Art. 736. O Conselho Penitenciário, à vista dos autos do processo, e depois de ouvir o diretor do estabelecimento penal a que estiver recolhido o condenado, fará, em relatório, a narração do fato criminoso, examinará as provas, mencionará qualquer formalidade ou circunstância omitida na petição e exporá os antecedentes do condenado e seu procedimento depois de preso, opinando sobre o mérito do pedido.

Art. 737. Processada no Ministério da Justiça, com os documentos e o relatório do Conselho Penitenciário, a petição subirá a despacho do Presidente da República, a quem serão presentes os autos do processo ou a certidão de qualquer de suas peças, se ele o determinar.

Art. 738. Concedida a graça e junta aos autos cópia do decreto, o juiz declarará extinta a pena ou penas, ou ajustará a execução aos termos do decreto, no caso de redução ou comutação de pena.

Art. 739. O condenado poderá recusar a comutação da pena.

Art. 740. Os autos da petição de graça serão arquivados no Ministério da Justiça.

Art. 741. Se o réu for beneficiado por indulto, o juiz, de ofício ou a requerimento do interessado, do Ministério Público ou por iniciativa do Conselho Penitenciário, providenciará de acordo com o disposto no art. 738.

Art. 742. Concedida a anistia após transitar em julgado a sentença condenatória, o juiz, de ofício ou a requerimento do interessado, do Ministério Público ou por iniciativa do Conselho Penitenciário, declarará extinta a pena.

CAPÍTULO II

Da reabilitação

Art. 743. A reabilitação será requerida ao juiz da condenação, após o decurso de quatro ou oito anos, pelo menos, conforme se trate de condenado ou reincidente, contados do dia em que houver terminado a execução da pena principal ou da medida de segurança detentiva, devendo o requerente indicar as comarcas em que haja residido durante aquele tempo.

Art. 744. O requerimento será instruído com:

I — certidões comprobatórias de não ter o requerente respondido, nem estar respondendo a processo penal, em qualquer das comarcas em que houver residido durante o prazo a que se refere o artigo anterior;

II — atestados de autoridades policiais ou outros documentos que comprovem ter residido nas comarcas indicadas e mantido, efetivamente, bom comportamento;

III — atestados de bom comportamento fornecidos por pessoas a cujo serviço tenha estado;

IV — quaisquer outros documentos que sirvam como prova de sua regeneração;

V — prova de haver ressarcido o dano causado pelo crime ou persistir a impossibilidade de fazê-lo.

Art. 745. O juiz poderá ordenar as diligências necessárias para apreciação do pedido, cercando-as do sigilo possível e, antes da decisão final, ouvirá o Ministério Público.

Art. 746. Da decisão que conceder a reabilitação haverá recurso de ofício.

Art. 747. A reabilitação, depois de sentença irrecorrível, será comunicada ao Instituto de Identificação e Estatística ou repartição congênere.

Art. 748. A condenação ou condenações anteriores não serão mencionadas na folha de antecedentes do reabilitado, nem em certidão extraída dos livros do juízo, salvo quando requisitadas por juiz criminal.

Art. 749. Indeferida a reabilitação, o condenado não poderá renovar o pedido senão após o decurso de dois anos, salvo se o indeferimento tiver resultado de falta ou insuficiência de documentos.

Art. 750. A revogação da reabilitação (Código Penal, art. 120), será decretada pelo juiz, de ofício ou a requerimento do Ministério Público.

TÍTULO V

Da execução das medidas de segurança

Art. 751. Durante a execução da pena ou durante o tempo em que a ela se furtar o condenado, poderá ser imposta medida de segurança, se:

I — o juiz ou o tribunal, na sentença:

a) omitir sua decretação, nos casos de periculosidade presumida;

b) deixar de aplicá-la ou de excluí-la expressamente;

c) declarar os elementos constantes do processo insuficientes para a imposição ou exclusão da medida e ordenar indagações para a verificação da periculosidade do condenado.

II — tendo sido, expressamente, excluída na sentença a periculosidade do condenado, novos fatos demonstrarem ser ele perigoso.

Art. 752. Poderá ser imposta medida de segurança, depois de transitar

em julgado a sentença, ainda quando não iniciada a execução da pena, por motivo diverso de fuga ou ocultação do condenado:

I — no caso da letra "a" do n. I do artigo anterior, bem como no da letra "b", se tiver sido alegada a periculosidade;

II — no caso da letra "c" do n. I do mesmo artigo.

Art. 753. Ainda depois de transitar em julgado a sentença absolutória, poderá ser imposta a medida de segurança, enquanto não decorrido tempo equivalente ao da sua duração mínima, a indivíduo que a lei presuma perigoso.

Art. 754. A aplicação da medida de segurança, nos casos previstos nos arts. 751 e 752, competirá ao juiz da execução da pena, e, no caso do art. 753, ao juiz da sentença.

Art. 755. A imposição da medida de segurança, nos casos dos arts. 751 a 753, poderá ser decretada de ofício ou a requerimento do Ministério Público.

Parágrafo único. O diretor do estabelecimento penal, que tiver conhecimento de fatos indicativos da periculosidade do condenado a quem não tenha sido imposta medida de segurança, deverá logo comunicá-los ao juiz.

Art. 756. Nos casos do n. I, letras "a" e "b", do art. 751, e n. I do art. 752, poderá ser dispensada nova audiência do condenado.

Art. 757. Nos casos do n. I, letra "c", e n. II do art. 751 e n. II do art. 752, o juiz, depois de proceder às diligências que julgar convenientes, ouvirá o Ministério Público e concederá ao condenado o prazo de três dias para alegações, devendo a prova requerida ou reputada necessária pelo juiz ser produzida dentro em dez dias.

§ 1.º O juiz nomeará defensor ao condenado que o requerer.

§ 2.º Se o réu estiver foragido, o juiz procederá às diligências que julgar convenientes, concedendo o prazo de provas, quando requerido pelo Ministério Público.

§ 3.º Findo o prazo de provas, o juiz proferirá a sentença dentro de três dias.

Art. 758. A execução da medida de segurança incumbirá ao juiz da execução da sentença.

Art. 759. No caso do art. 753, o juiz ouvirá o curador já nomeado ou que então nomear, podendo mandar submeter o condenado a exame mental, internando-o, desde logo, em estabelecimento adequado.

Art. 760. Para a verificação da periculosidade, no caso do § 3.º do art. 78 do Código Penal, observar-se-á o disposto no art. 757, no que for aplicável.

Art. 761. Para a providência determinada no art. 84, § 2.º, do Código Penal, se as sentenças forem proferidas por juízes diferentes será competente o juiz que tiver sentenciado por último ou a autoridade de jurisdição prevalente no caso do art. 82.

Art. 762. A ordem de internação, expedida para executar-se medida de segurança detentiva, conterá:

I — a qualificação do internando;

II — o teor da decisão que tiver imposto a medida de segurança;

III — a data em que terminará o prazo mínimo da internação.

Art. 763. Se estiver solto o internando, expedir-se-á mandado de captura, que será cumprido por oficial de justiça ou por autoridade policial.

Art. 764. O trabalho nos estabelecimentos referidos no art. 88, § 1.º, n. III, do Código Penal, será educativo e remunerado, de modo que assegure ao internado meios de subsistência, quando cessar a internação.

§ 1.º O trabalho poderá ser praticado ao ar livre.

§ 2.º Nos outros estabelecimentos, o trabalho dependerá das condições pessoais do internado.

Art. 765. A quarta parte do salário caberá ao Estado, ou, no Distrito Federal e nos Territórios, à União, e o restante será depositado em nome do internado ou, se este preferir, entregue à sua família.

Art. 766. A internação das mulheres será feita em estabelecimento próprio ou em secção especial.

Art. 767. O juiz fixará as normas de conduta que serão observadas durante a liberdade vigiada.

§ 1.º Serão normas obrigatórias, impostas ao indivíduo sujeito à liberdade vigiada:

a) tomar ocupação, dentro de prazo razoável, se for apto para o trabalho;

b) não mudar do território da jurisdição do juiz, sem prévia autorização deste.

§ 2.º Poderão ser impostas ao indivíduo sujeito à liberdade vigiada, entre outras obrigações, as seguintes:

a) não mudar de habitação sem aviso prévio ao juiz, ou à autoridade incumbida da vigilância;

b) recolher-se cedo à habitação;

c) não trazer consigo armas ofensivas ou instrumentos capazes de ofender;

d) não freqüentar casas de bebidas ou tavolagem, nem certas reuniões, espetáculos ou diversões públicas.

§ 3.º Será entregue ao indivíduo sujeito à liberdade vigiada uma caderneta, de que constarão as obrigações impostas.

Art. 768. As obrigações estabelecidas na sentença serão comunicadas à autoridade policial.

Art. 769. A vigilância será exercida discretamente, de modo que não prejudique o indivíduo a ela sujeito.

Art. 770. Mediante representação da autoridade incumbida da vigilância, a requerimento do Ministério Público ou de ofício, poderá o juiz modificar as normas fixadas ou estabelecer outras.

Art. 771. Para execução do exílio local, o juiz comunicará sua decisão à autoridade policial do lugar ou dos lugares onde o exilado está proibido de permanecer ou de residir.

§ 1.º O infrator da medida será conduzido à presença do juiz que poderá mantê-lo detido até proferir decisão.

§ 2.º Se for reconhecida a transgressão e imposta, conseqüentemente, a liberdade vigiada, determinará o juiz que a autoridade policial providencie a fim de que o infrator siga imediatamente para o lugar de residência por ele escolhido, e oficiará à autoridade policial desse lugar, observando-se o disposto no art. 768.

Art. 772. A proibição de freqüentar determinados lugares será comunicada pelo juiz à autoridade policial, que lhe dará conhecimento de qualquer transgressão.

Art. 773. A medida de fechamento de estabelecimento ou de interdição de associação será comunicada pelo juiz à autoridade policial, para que a execute.

Art. 774. Nos casos do parágrafo único do art. 83 do Código Penal, ou quando a transgressão de uma medida de segurança importar a imposição de outra, observar-se-á o disposto no art. 757 no que for aplicável.

Art. 775. A cessação ou não da periculosidade se verificará ao fim do prazo mínimo de duração da medida de segurança pelo exame das condições da pessoa a que tiver sido imposta, observando-se o seguinte:

I — o diretor do estabelecimento de internação ou a autoridade policial incumbida da vigilância, até um mês antes de expirado o prazo de duração mínima da medida, se não for inferior a um ano, ou até quinze dias nos outros casos, remeterá ao juiz da execução minucioso relatório que o habilite a resolver sobre a cessação ou permanência da medida;

II — se o indivíduo estiver internado em manicômio judiciário ou em casa de custódia e tratamento, o relatório

será acompanhado do laudo de exame pericial feito por dois médicos designados pelo diretor do estabelecimento;

III — o diretor do estabelecimento de internação ou a autoridade policial deverá, no relatório, concluir pela conveniência da revogação ou não, da medida de segurança;

IV — se a medida de segurança for o exílio local ou a proibição de frequentar determinados lugares, o juiz, até um mês ou quinze dias antes de expirado o prazo mínimo de duração, ordenará as diligências necessárias, para verificar se desapareceram as causas da aplicação da medida;

V — junto aos autos o relatório, ou realizadas as diligências, serão ouvidos sucessivamente o Ministério Público e o curador ou o defensor, no prazo de três dias para cada um;

VI — o juiz nomeará curador ou defensor ao interessado que o não tiver;

VII — o juiz, de ofício, ou a requerimento de qualquer das partes, poderá determinar novas diligências, ainda que já expirado o prazo de duração mínima da medida de segurança;

VIII — ouvidas as partes ou realizadas as diligências a que se refere o número anterior o juiz proferirá a sua decisão, no prazo de três dias.

Art. 776. Nos exames sucessivos a que se referem o § 1.º, n. II, e § 2.º do art. 81 do Código Penal, observar-se-á, no que lhes for aplicável, o disposto no artigo anterior.

Art. 777. Em qualquer tempo, ainda durante o prazo mínimo de duração da medida de segurança, poderá o Tribunal, câmara ou turma, a requerimento do Ministério Público ou do interessado, seu defensor ou curador, ordenar o exame, para a verificação da cessação da periculosidade.

§ 1.º Designado o relator e ouvido o procurador-geral, se a medida não tiver sido por ele requerida, o pedido será julgado na primeira sessão.

§ 2.º Deferido o pedido, a decisão será imediatamente comunicada ao juiz, que requisitará, marcando prazo, o relatório e o exame a que se referem os ns. I e II do art. 775 ou ordenará as diligências mencionadas no n. IV do mesmo artigo, prosseguindo de acordo com o disposto nos outros incisos do citado artigo.

Art. 778. Transitando em julgado a sentença de revogação, o juiz expedirá ordem para a desinternação, quando se tratar de medida detentiva, ou para que cesse a vigilância ou a proibição, nos outros casos.

Art. 779. O confisco dos instrumentos e produtos do crime, no caso previsto no art. 100 do Código Penal, será decretado no despacho de arquivamento do inquérito, na sentença de impronúncia, ou na sentença absolutória.

LIVRO V

DAS RELAÇÕES JURISDICIONAIS COM AUTORIDADE ESTRANGEIRA

Título único

CAPÍTULO I

Disposições gerais

Art. 780. Sem prejuízo de convenções ou tratados, aplicar-se-á o disposto neste título à homologação de sentenças penais estrangeiras e à expedição e ao cumprimento de cartas rogatórias para citações, inquirições e outras diligências necessárias à instrução de processo penal.

Art. 781. As sentenças estrangeiras não serão homologadas, nem as cartas rogatórias cumpridas, se contrárias à ordem pública e aos bons costumes.

Art. 782. O trânsito, por via diplomática, dos documentos apresentados constituirá prova bastante de sua autenticidade.

CAPÍTULO II

Das cartas rogatórias

Art. 783. As cartas rogatórias serão, pelo respectivo juiz, remetidas ao Mi-

nistro da Justiça, a fim de ser pedido o seu cumprimento, por via diplomática, às autoridades estrangeiras competentes.

Art. 784. As cartas rogatórias emanadas de autoridades estrangeiras competentes não dependem de homologação e serão atendidas se encaminhadas por via diplomática e desde que o crime, segundo a lei brasileira, não exclua a extradição.

§ 1.º As rogatórias, acompanhadas de tradução em língua nacional, feita por tradutor oficial ou juramentado, serão, após *exequatur* do presidente do Supremo Tribunal Federal, cumpridas pelo juiz criminal do lugar onde as diligências tenham de efetuar-se, observadas as formalidades prescritas neste Código.

§ 2.º A carta rogatória será pelo presidente do Supremo Tribunal Federal remetida ao presidente do Tribunal de Apelação do Estado, do Distrito Federal, ou do Território, afim de ser encaminhada ao juiz competente.

§ 3.º Versando sobre crime de ação privada, segundo a lei brasileira, o andamento, após o *exequatur*, dependerá do interessado, a quem incumbirá o pagamento das despesas.

§ 4.º Ficará sempre na secretaria do Supremo Tribunal Federal cópia da carta rogatória.

Art. 785. Concluídas as diligências, a carta rogatória será devolvida ao presidente do Supremo Tribunal Federal, por intermédio do presidente do Tribunal de Apelação o qual, antes de devolvê-la, mandará completar qualquer diligência ou sanar qualquer nulidade.

Art. 786. O despacho que conceder o *exequatur* marcará, para o cumprimento da diligência, prazo razoável, que poderá ser excedido, havendo justa causa, ficando esta consignada em ofício dirigido ao presidente do Supremo Tribunal Federal, juntamente com a carta rogatória.

CAPÍTULO III

Da homologação das sentenças estrangeiras

Art. 787. As sentenças estrangeiras deverão ser previamente homologadas pelo Supremo Tribunal Federal para que produzam os efeitos do art. 7.º do Código Penal.

Art. 788. A sentença penal estrangeira será homologada, quando a aplicação da lei brasileira produzir na espécie as mesmas conseqüências e concorrerem os seguintes requisitos:

I — estar revestida das formalidades externas necessárias, segundo a legislação do país de origem;

II — haver sido proferida por juiz competente, mediante citação regular, segundo a mesma legislação;

III — ter passado em julgado;

IV — estar devidamente autenticada por cônsul brasileiro;

V — estar acompanhada de tradução, feita por tradutor público.

Art. 789. O procurador-geral da República, sempre que tiver conhecimento da existência de sentença penal estrangeira, emanada de Estado que tenha com o Brasil tratado de extradição e que haja imposto medida de segurança pessoal ou pena acessória que deva ser cumprida no Brasil, pedirá ao Ministro da Justiça providências para a obtenção de elementos que o habilitem a requerer a homologação da sentença.

§ 1.º A homologação de sentença emanada de autoridade judiciária de Estado, que não tiver tratado de extradição com o Brasil, dependerá de requisição do Ministro da Justiça.

§ 2.º Distribuído o requerimento de homologação, o relator mandará citar o interessado para deduzir embargos, dentro em dez dias, se residir no Distrito Federal, ou trinta dias, no caso contrário.

§ 3.º Se neste prazo o interessado não deduzir os embargos, ser-lhe-á pelo

relator nomeado defensor, o qual dentro em dez dias produzirá a defesa.

§ 4.º Os embargos somente poderão fundar-se em dúvida sobre a autenticidade do documento, sobre a inteligência da sentença, ou sobre a falta de qualquer dos requisitos enumerados nos artigos 781 e 788.

§ 5.º Contestados os embargos dentro de dez dias pelo procurador-geral, irá o processo ao relator e ao revisor, observando-se no seu julgamento o Regimento Interno do Supremo Tribunal Federal.

§ 6.º Homologada a sentença, a respectiva carta será remetida ao presidente do Tribunal de Apelação do Distrito Federal, do Estado, ou do Território.

§ 7.º Recebida a carta de sentença, o presidente do Tribunal de Apelação a remeterá ao juiz do lugar de residência do condenado, para a aplicação da medida de segurança ou da pena acessória, observadas as disposições do Título II, Capítulo III, e Título V do Livro IV deste Código.

Art. 790. O interessado na execução de sentença penal estrangeira, para a reparação do dano, restituição e outros efeitos civis, poderá requerer ao Supremo Tribunal Federal a sua homologação, observando-se o que a respeito prescreve o Código de Processo Civil.

LIVRO VI

DISPOSIÇÕES GERAIS

Art. 791. Em todos os juízos e tribunais do crime, além das audiências e sessões ordinárias, haverá as extraordinárias, de acordo com as necessidades do rápido andamento dos feitos.

Art. 792. As audiências, sessões e os atos processuais serão, em regra, públicos e se realizarão nas sedes dos juízos e tribunais, com assistência dos escrivães, do secretário, do oficial de justiça que servir de porteiro, em dia e hora certos, ou previamente designados.

§ 1.º Se da publicidade da audiência, da sessão ou do ato processual, puder resultar escândalo, inconveniente grave ou perigo de perturbação da ordem, o juiz, ou o Tribunal, câmara ou turma, poderá, de ofício ou a requerimento da parte ou do Ministério Público, determinar que o ato seja realizado a portas fechadas, limitando o número de pessoas que possam estar presentes.

§ 2.º As audiências, as sessões e os atos processuais, em caso de necessidade, poderão realizar-se na residência do juiz, ou em outra casa por ele especialmente designada.

Art. 793. Nas audiências e nas sessões, os advogados, as partes, os escrivães e os espectadores poderão estar sentados. Todos, porém, se levantarão quando se dirigirem aos juízes ou quando estes se levantarem para qualquer ato do processo.

Parágrafo único. Nos atos da instrução criminal, perante os juizes singulares, os advogados poderão requerer sentados.

Art. 794. A polícia das audiências e das sessões compete aos respectivos juízes ou ao presidente do Tribunal, câmara, ou turma, que poderão determinar o que for conveniente à manutenção da ordem. Para tal fim, requisitarão força pública, que ficará exclusivamente à sua disposição.

Art. 795. Os espectadores das audiências ou das sessões não poderão manifestar-se.

Parágrafo único. O juiz ou o presidente fará retirar da sala os desobedientes, que, em caso de resistência, serão presos e autuados.

Art. 796. Os atos de instrução ou julgamento prosseguirão com a assistência do defensor, se o réu se portar inconvenientemente.

Art. 797. Excetuadas as sessões de julgamento, que não serão marcadas para domingo ou dia feriado, os demais atos do processo poderão ser praticados em período de férias, em domingos e dias feriados. Todavia, os julgamentos iniciados em dia útil não se interromperão pela superveniência de feriado ou domingo.

Art. 798. Todos os prazos correrão em cartório e serão contínuos e peremptórios, não se interrompendo por férias, domingo ou dia feriado.

§ 1.º Não se computará no prazo o dia do começo, incluindo-se, porém, o do vencimento.

§ 2.º A terminação dos prazos será certificada nos autos pelo escrivão; será, porém, considerado findo o prazo, ainda que omitida aquela formalidade, se feita a prova do dia em que começou a correr.

§ 3.º O prazo que terminar em domingo ou dia feriado considerar-se-á prorrogado até o dia útil imediato.

§ 4.º Não correrão os prazos, se houver impedimento do juiz, força maior, ou obstáculo judicial oposto pela parte contrária.

§ 5.º Salvo os casos expressos, os prazos correrão:

a) da intimação;

b) da audiência ou sessão em que for proferida a decisão, se a ela estiver presente a parte;

c) do dia em que a parte manifestar nos autos ciência inequívoca da sentença ou despacho.

Art. 799. O escrivão, sob pena de multa de cem cruzeiros a mil cruzeiros e, na reincidência, suspensão até trinta dias, executará dentro do prazo de dois dias os atos determinados em lei ou ordenados pelo juiz.

Art. 800. Os juízes singulares darão seus despachos e decisões dentro dos prazos seguintes, quando outros não estiverem estabelecidos:

I — de dez dias, se a decisão for definitiva, ou interlocutória mista;

II — de cinco dias, se for interlocutória simples;

III — de um dia, se se tratar de despacho de expediente.

§ 1.º Os prazos para o juiz contar-se-ão do termo de conclusão.

§ 2.º Os prazos do Ministério Público contar-se-ão do termo de vista, salvo para a interposição do recurso (art. 798, § 5.º).

§ 3.º Em qualquer instância, declarando motivo justo, poderá o juiz exceder por igual tempo os prazos a ele fixados neste Código.

§ 4.º O escrivão que não enviar os autos ao juiz ou ao órgão do Ministério Público no dia em que assinar termo de conclusão ou de vista, estará sujeito à sanção estabelecida no art. 799.

Art. 801. Findos os respectivos prazos, os juízes e os órgãos do Ministério Público, responsáveis pelo retardamento, perderão tantos dias de vencimentos quantos forem os excedidos.

Na contagem do tempo de serviço, para o efeito de promoção e aposentadoria a perda será do dobro dos dias excedidos.

Art. 802. O desconto referido no artigo antecedente far-se-á à vista da certidão do escrivão do processo ou do secretário do Tribunal, que deverão, de ofício, ou a requerimento de qualquer interessado, remetê-la às repartições encarregadas do pagamento e da contagem do tempo de serviço, sob pena de incorrerem, de pleno direito, na multa de mil cruzeiros, imposta por autoridade fiscal.

Art. 803. Salvo nos casos expressos em lei, é proibida a retirada de autos do cartório, ainda que em confiança, sob pena de responsabilidade do escrivão.

Art. 804. A sentença ou o acórdão, que julgar a ação, qualquer incidente ou recurso, condenará nas custas o vencido.

Art. 805. As custas serão contadas e cobradas de acordo com os regulamentos expedidos pela União e pelos Estados.

Art. 806. Salvo o caso do art. 32, nas ações intentadas mediante queixa nenhum ato ou diligência se realizará, sem que seja depositada em cartório a importância das custas.

§ 1.º Igualmente, nenhum ato requerido no interesse da defesa será realizado, sem o prévio pagamento das custas, salvo se o acusado for pobre.

§ 2.º A falta do pagamento das custas, nos prazos fixados em lei, ou marcados pelo juiz, importará renúncia à diligência requerida ou deserção de recurso interposto.

§ 3.º A falta de qualquer prova ou diligência que deixe de realizar-se em virtude do não pagamento de custas, não implicará a nulidade do processo, se a prova de pobreza do acusado só posteriormente foi feita.

Art. 807. O disposto no artigo anterior não obstará à faculdade atribuída ao juiz de determinar de ofício inquirição de testemunhas ou outras diligências.

Art. 808. Na falta ou impedimento do escrivão e seu substituto, servirá pessoa idônea, nomeada pela autoridade, perante quem prestará compromisso, lavrando o respectivo termo.

Art. 809. A estatística judiciária criminal, a cargo do Instituto de Identificação e Estatística ou repartições congêneres, terá por base o *boletim individual*, que é parte integrante dos processos e versará sobre:

I — os crimes e as contravenções praticados durante o trimestre, com especificação da natureza de cada um, meios utilizados e circunstâncias de tempo e lugar;

II — as armas proibidas que tenham sido apreendidas;

III — o número de delinqüentes, mencionadas as infrações que praticaram, sua nacionalidade, sexo, idade, filiação, estado civil, prole, residência, meios de vida e condições econômicas, grau de instrução, religião, e condições de saúde física e psíquica;

IV — o número dos casos de co-delinqüência;

V — a reincidência e os antecedentes judiciários;

VI — as sentenças condenatórias ou absolutórias, bem como as de pronúncia ou de impronúncia;

VII — a natureza das penas impostas;

VIII — a natureza das medidas de segurança aplicadas;

IX — a suspensão condicional da execução da pena, quando concedida;

X — as concessões ou denegações de *habeas-corpus*.

§ 1.º Os dados acima enumerados constituem o mínimo exigível, podendo ser acrescidos de outros elementos úteis ao serviço da estatística criminal.

§ 2.º Esses dados serão lançados anualmente em mapa e remetidos ao Serviço de Estatística Demográfica, Moral e Política do Ministério da Justiça.

§ 3.º O *boletim individual* a que se refere este artigo é dividido em três partes destacáveis, conforme modelo anexo a este Código, e será adotado nos Estados, no Distrito Federal e nos Territórios. A primeira parte ficará arquivada no cartório policial; a segunda será remetida ao Instituto de Identificação e Estatística, ou repartição congênere; e a terceira acompanhará o processo, e, depois de passar em julgado a sentença definitiva, lançados os dados finais, será enviada ao referido Instituto ou repartição congênere.

Art. 810. Este Código entrará em vigor no dia 1.º de janeiro de 1942.

Art. 811. Revogam-se as disposições em contrário.

Rio de Janeiro, em 3 de outubro de 1941; 120.º da Independência e 53.º da República.

GETÚLIO VARGAS

Francisco Campos

LEGISLAÇÃO COMPLEMENTAR

DECRETO-LEI N.º 7.661 — DE 21 DE JUNHO DE 1945 *

LEI DE FALÊNCIAS

O Presidente da República, usando da atribuição que lhe confere o artigo 180 da Constituição, decreta:

. . . .

TÍTULO VII

Do Inquérito Judicial

Art. 103. Nas vinte e quatro horas seguintes ao vencimento do dobro do prazo marcado pelo juiz para os credores declararem os seus créditos (artigo 14, parágrafo único, n. V) o síndico apresentará em cartório, em duas vias, exposição circunstanciada, na qual, considerando as causas da falência, o procedimento do devedor, antes e depois da sentença declaratória, e outros elementos ponderáveis, especificará, se houver, os atos que constituem crime falimentar, indicando os responsáveis e, em relação a cada um, os dispositivos penais aplicáveis.

§ 1.º Essa exposição, instruída com o laudo do perito encarregado do exame da escrituração do falido (artigo 63, n. V), e quaisquer documentos, concluirá, se for o caso, pelo requerimento de inquérito, exames e diligências, destinados à apuração de fatos ou circunstâncias que possam servir de fundamento à ação penal (Código de Processo Penal, artigo 509).

§ 2.º As primeiras vias da exposição e do laudo e os documentos formarão os autos do inquérito judicial e as segundas vias serão juntas aos autos da falência.

Art. 104. Nos autos do inquérito judicial, os credores podem, dentro dos cinco dias seguintes ao da entrega da exposição do síndico, não só requerer o inquérito, caso o síndico o não tenha feito, mas ainda alegar e requerer o que entenderem conveniente à finalidade do inquérito pedido.

Art. 105. Findo o prazo do artigo anterior, os autos serão feitos, imediatamente, com vista ao representante do Ministério Público, para que, dentro de três dias, opinando sobre a exposição do síndico, as alegações dos credores e os requerimentos que hajam apresentado, alegue e requeira o que for conveniente à finalidade do inquérito, ainda que este não tenha sido requerido pelo síndico ou por credor.

Art. 106. Nos cinco dias seguintes, poderá o falido contestar as argüições contidas nos autos do inquérito e requerer o que entender conveniente.

---

* *Publicado no Diário Oficial da União de 31 de julho de 1945.*

Art. 107. Decorrido o prazo do artigo anterior, os autos serão imediatamente conclusos ao juiz, que, em quarenta e oito horas, deferirá ou não as provas requeridas, designando dia e hora para se realizarem as deferidas, dentro dos quinze dias seguintes, que não poderão ser ultrapassados, determinando expediente extraordinário, se necessário.

Art. 108. Se não houver provas a realizar ou realizadas as deferidas, os autos serão imediatamente feitos com vista ao representante do Ministério Público, que, no prazo de cinco dias, pedirá a sua apensação ao processo da falência ou oferecerá denúncia contra o falido e outros responsáveis.

Parágrafo único. Se o representante do Ministério Público não oferecer denúncia, os autos permanecerão em cartório pelo prazo de três dias, durante os quais o síndico ou qualquer credor poderão oferecer queixa.

Art. 109. Com a denúncia, ou, se esta não tiver sido oferecida, decorrido o prazo do parágrafo único do artigo anterior, haja ou não queixa, o escrivão fará imediatamente, conclusão dos autos. O juiz, no prazo de cinco dias, se tiver havido oferecimento de denúncia ou de queixa ou se não receber a que tiver sido oferecida, determinará que os autos sejam apensados ao processo da falência.

§ 1.º Não tendo sido oferecida queixa, o juiz, se considerar improcedentes as razões invocadas pelo representante do Ministério Público para não oferecer denúncia, fará remessa dos autos do inquérito judicial ao procurador-geral, nos termos e para os fins do artigo 28 do Código de Processo Penal. A remessa será feita pelo escrivão, no prazo de quarenta e oito horas, e o procurador-geral se manifestará no prazo de cinco dias, contados do recebimento dos autos.

§ 2.º Se receber a denúncia ou queixa, o juiz, em despacho fundamentado, determinará a remessa imediata dos autos ao juízo criminal competente para prosseguimento da ação nos termos da Lei processual penal.

§ 3.º Antes da remessa dos autos ao juízo criminal, o escrivão extrairá do despacho cópia que juntará aos autos da falência.

Art. 110. Recebida a denúncia ou queixa por fato verificável mediante simples inspeção nos livros do falido, ou nos autos, e omitido na exposição do síndico, o juiz o destituirá por despacho proferido nos autos da falência.

Art. 111. O recebimento da denúncia ou da queixa obstará, até sentença penal definitiva, a concordata suspensiva da falência (artigo 177).

Parágrafo único. Na falência das sociedades, produzirá o mesmo efeito o recebimento da denúncia ou da queixa contra seus diretores, administradores, gerentes ou liquidantes.

Art. 112. O recurso do despacho que não receber a denúncia ou a queixa não obstará ao pedido de concordata, desde que feito antes de seu provimento; e a concordata, uma vez concedida na pendência do recurso, prevalecerá até sentença condenatória definitiva.

Art. 113. A rejeição da denúncia ou da queixa, observado o disposto no artigo 43, e seu parágrafo único, do Código de Processo Penal, não impede o exercício da ação penal (artigo 194), quer esta se refira aos mesmos fatos nela argüidos, quer a fatos destes distintos.

Parágrafo único. O recebimento da denúncia ou da queixa, nesses casos, não obstará à concordata.

....

Art. 193. O Juiz, de ofício ou a requerimento do representante do Ministério Público, do síndico ou de qualquer credor, pode decretar a prisão preventiva do falido e de outras pessoas sujeitas à penalidade estabelecida na presente Lei.

Art. 194. A inobservância dos prazos estabelecidos no artigo 108 e seu parágrafo único não acarreta decadência do direito de denúncia ou de queixa. O representante do Ministério Público, o síndico ou qualquer credor podem, após o despacho de que tratam o artigo 109 e seu § 2.º, e na conformidade do que dispõem os artigos 24 e 62 do Código de Processo Penal, intentar ação penal por crime falimentar perante o Juiz Criminal da jurisdição onde tenha sido declarada a falência.

Art. 195. Constitui efeito da condenação por crime falimentar a interdição do exercício do comércio.

Art. 196. A interdição torna-se efetiva logo que passe em julgado a sentença, mas o seu prazo começa a correr do dia em que termine a execução da pena privativa de liberdade.

Art. 197. A reabilitação extingue a interdição do exercício do comércio, mas somente pode ser concedida após o decurso de três ou de cinco anos, contados do dia em que termine a execução, respectivamente, das penas de detenção ou de reclusão, desde que o condenado prove estarem extintas por sentença as suas obrigações.

Art. 198. O requerimento de reabilitação será dirigido ao juiz da condenação acompanhado de certidão de sentença declaratória da extinção das obrigações (artigo 136).

Parágrafo único. O juiz ouvirá o representante do Ministério Público e proferirá sentença, da qual, se negar a reabilitação, caberá recurso em sentido estrito.

Art. 199. A prescrição extintiva da punibilidade de crime falimentar opera-se em dois anos.

Parágrafo único. O prazo prescricional começa a correr da data em que transitar em julgado a sentença que encerrar a falência ou que julgar cumprida a concordata.

....

Rio de Janeiro, 21 de junho de 1945, 124.º da Independência e 57.º da República.

Getúlio Vargas
Alexandre Marcondes Filho
Agamemnon Magalhães

DECRETO-LEI N.º 7.903 — DE 27 DE AGOSTO DE 1945 *

CÓDIGO DE PROPRIEDADE INDUSTRIAL

....

CAPÍTULO VII

Da Ação Penal e das Diligências Preliminares

Art. 181. Nos crimes previstos nos capítulos I a V, excetuados os dos artigos 173 e seu parágrafo único; 179 e seu parágrafo único; e 187, somente se procede mediante queixa.

---

* *Publicado no Diário Oficial da União de 29 de setembro de 1945.*

Nos crimes de concorrência desleal, somente se procede mediante queixa, salvo nos casos dos números IX a XII, do art. 178, em que cabe ação pública mediante representação.

Art. 182. A ação penal e as diligências preliminares de busca e apreensão, nos crimes contra a propriedade industrial, regulam-se pelo disposto no Código de Processo Penal, com as modificações constantes dos artigos seguintes.

Art. 183. A infração de privilégio que tenha por objeto a invenção de novos meios ou processos ou aplicação nova de meios ou processos conhecidos será verificada por meio de vistoria, podendo o juiz ordenar a apreensão dos objetos ou produtos obtidos pelo contrafator, com o emprego do meio ou processo privilegiado.

Art. 184. Além das diligências preliminares de busca e apreensão, o interessado poderá requerer:

a) apreensão e destruição de marca falsificada ou imitada no local onde for preparada ou onde quer que seja encontrada, antes de utilizada para fins criminosos;

b) destruição da marca falsificada ou imitada nos volumes, produtos ou artigos que a contiverem, antes de serem despachadas nas repartições fiscais, ainda que fiquem inutilizados os envoltórios ou os próprios produtos ou artigos.

Art. 185. Serão apreendidas, *ex-officio*, pelas alfândegas, no ato da conferência das mercadorias, os produtos ou artigos revestidos de marcas falsificadas ou imitadas ou que contenham falsa indicação de procedência.

Art. 186. Tratando-se de estabelecimentos industriais ou comerciais, legalmente organizados e que estejam funcionando publicamente, as diligências preliminares se limitarão à vistoria e à apreensão dos produtos, artigos ou objetos, quando ordenadas pelo juiz, não podendo ser paralisada a sua atividade.

Art. 187. Responderá por perdas e danos a parte que requerer e realizar diligência de busca e apreensão, agindo de má fé, ou por espírito de emulação, mero capricho ou erro grosseiro, ou que se exceder na execução dessas medidas.

Art. 188. Poderá constituir matéria de defesa na ação criminal a alegação de nulidade da patente ou registro em que a ação se fundar. A absolvição do réu, entretanto, não importará na nulidade da patente ou do registro, que só poderá ser demandada pela ação competente.

Art. 189. Independentemente da ação criminal, o prejudicado poderá intentar ação para proibir ao infrator a prática do ato incriminado, com a cominação de pena pecuniária para o caso de transgressão do preceito.

Parágrafo único. Esta ação poderá ser cumulada com a de perdas e danos pelos prejuízos anteriormente sofridos em virtude da infração.

. . . .

NOTA DO ORGANIZADOR — O artigo 128, da Lei n. 5.772, de 21 de dezembro de 1971, manteve em vigor os artigos 169 a 189 deste Decreto-lei.

LEI N.º 1.079 — DE 10 DE ABRIL DE 1950 *

Define os crimes de responsabilidade e regula o respectivo processo de julgamento

O Presidente da República:

Faço saber que o Congresso Nacional decreta e eu sanciono a seguinte Lei:

PARTE PRIMEIRA

Do Presidente da República e Ministros de Estado

Art. 1.º São crimes de responsabilidade os que esta lei especifica.

Art. 2.º Os crimes definidos nesta lei, ainda quando simplesmente tentados, são passíveis da pena de perda do cargo, com inabilitação, até cinco anos, para o exercício de qualquer função pública, imposta pelo Senado Federal nos processos contra o Presidente da República ou Ministros de Estado, contra os Ministros do Supremo Tribunal Federal ou contra o Procurador-Geral da República.

Art. 3.º A imposição da pena referida no artigo anterior não exclui o processo e julgamento do acusado por crime comum, na justiça ordinária, nos termos das leis de processo penal.

Art. 4.º São crimes de responsabilidade os atos do Presidente da República que atentarem contra a Constituição Federal, e, especialmente contra:

I — a existência da União;

II — o livre exercício do Poder Legislativo, do Poder Judiciário e dos poderes constitucionais dos Estados;

III — o exercício dos direitos políticos, individuais e sociais;

IV — a segurança interna do País;

V — a probidade na administração;

VI — a lei orçamentária;

VII — a guarda e o legal emprego dos dinheiros públicos;

VIII — o cumprimento das decisões judiciárias (Constituição, artigo 89).

TITULO I

CAPÍTULO I

Dos Crimes Contra a Existência da União

Art. 5.º São crimes de responsabilidade contra a existência política da União:

1 — entreter, direta ou indiretamente, inteligência com governo estrangeiro, provocando-o a fazer guerra ou cometer hostilidade contra a República, prometer-lhe assistência ou favor, ou dar-lhe qualquer auxílio nos preparativos ou planos de guerra contra a República;

---

* *Publicada no Diário Oficial da União de 12 de abril de 1950.*

2 — tentar diretamente e por fatos, submeter a União ou algum dos Estados ou Territórios a domínio estrangeiro, ou dela separar qualquer Estado ou porção do território nacional;

3 — cometer ato de hostilidade contra nação estrangeira expondo a República ao perigo da guerra ou comprometendo-lhe a neutralidade;

4 — revelar negócios políticos ou militares, que devam ser mantidos secretos a bem da defesa da segurança externa ou dos interesses da Nação;

5 — auxiliar, por qualquer modo, nação inimiga a fazer guerra ou a cometer hostilidade contra a República;

6 — celebrar tratados, convenções ou ajustes que comprometam a dignidade da Nação;

7 — violar a imunidade dos embaixadores ou ministros estrangeiros acreditados no País;

8 — declarar a guerra, salvo os casos de invasão ou agressão estrangeira, ou fazer a paz, sem autorização do Congresso Nacional;

9 — não empregar contra o inimigo os meios de defesa de que poderia dispor;

10 — permitir o Presidente da República, durante as sessões legislativas e sem autorização do Congresso Nacional, que forças estrangeiras transitem pelo território do País, ou, por motivo de guerra, nele permaneçam temporariamente;

11 — violar tratados legitimamente feitos com nações estrangeiras.

CAPÍTULO II

Dos Crimes Contra o Livre Exercício dos Poderes Constitucionais

Art. 6.º São crimes de responsabilidade contra o livre exercício dos poderes legislativo e judiciário e dos poderes constitucionais dos Estados:

1 — tentar dissolver o Congresso Nacional, impedir a reunião ou tentar impedir por qualquer modo o funcionamento de qualquer de suas Câmaras;

2 — usar de violência ou ameaça contra algum representante da Nação para afastá-lo da Câmara a que pertença ou para coagi-lo no modo de exercer o seu mandato bem como conseguir ou tentar conseguir o mesmo objetivo mediante suborno ou outras formas de corrupção;

3 — violar as imunidades asseguradas aos membros do Congresso Nacional, das Assembléias Legislativas dos Estados, da Câmara dos Vereadores do Distrito Federal e das Câmaras Municipais;

4 — permitir que força estrangeira transite pelo território do País ou nele permaneça quando a isso se oponha o Congresso Nacional;

5 — opor-se diretamente e por fatos ao livre exercício do Poder Judiciário, ou obstar, por meios violentos, ao efeito dos seus atos, mandados ou sentenças;

6 — usar de violência ou ameaça, para constranger juiz, ou jurado, a proferir ou deixar de proferir despacho, sentença ou voto, ou a fazer ou deixar de fazer ato do seu ofício;

7 — praticar contra os poderes estaduais ou municipais ato definido como crime neste artigo;

8 — intervir em negócios peculiares aos Estados ou aos Municípios com desobediência às normas constitucionais.

CAPÍTULO III

Dos Crimes Contra o Exercício dos Direitos Políticos Individuais e Sociais

Art. 7.º São crimes de responsabilidade contra o livre exercício dos direitos políticos, individuais e sociais:

1 — impedir por violência, ameaça ou corrupção, o livre exercício do voto;

2 — obstar ao livre exercício das funções dos mesários eleitorais;

3 — violar o escrutínio de seção eleitoral ou inquinar de nulidade o seu resultado pela subtração, desvio ou inutilização do respectivo material;

4 — utilizar o poder federal para impedir a livre execução da lei eleitoral;

5 — servir-se das autoridades sob sua subordinação imediata para praticar abuso do poder, ou tolerar que essas autoridades o pratiquem sem repressão sua;

6 — subverter ou tentar subverter por meios violentos a ordem política e social;

7 — incitar militares à desobediência à lei ou infração à disciplina;

8 — provocar animosidade entre as classes armadas ou contra elas, ou delas contra as instituições civis;

9 — violar patentemente qualquer direito ou garantia individual constante do art. 141 e bem assim os direitos sociais assegurados no artigo 157 da Constituição;

10 — tomar ou autorizar durante o estado de sítio, medidas de repressão que excedam os limites estabelecidos na Constituição.

CAPÍTULO IV

Dos Crimes Contra a Segurança Interna do País

Art. 8.º São crimes contra a segurança interna do País:

1 — tentar mudar por violência a forma de governo da República;

2 — tentar mudar por violência a Constituição Federal ou de algum dos Estados, ou a lei da União, de Estado ou Município;

3 — decretar o estado de sítio, estando reunido o Congresso Nacional ou no recesso deste, não havendo comoção interna grave nem fatos que evidenciem estar a mesma a irromper, ou não ocorrendo guerra externa;

4 — praticar ou concorrer para que se perpetre qualquer dos crimes contra a segurança interna, definidos na legislação penal;

5 — não dar as providências de sua competência para impedir ou frustrar a execução desses crimes;

6 — ausentar-se do País sem autorização do Congresso Nacional;

7 — permitir de forma expressa ou tácita, a infração de lei federal de ordem pública;

8 — deixar de tomar, nos prazos fixados, as providências determinadas por lei ou tratado federal e necessárias à sua execução e cumprimento.

CAPÍTULO V

Dos Crimes Contra a Probidade da Administração

Art. 9.º São crimes de responsabilidade contra a probidade na administração:

1 — omitir ou retardar dolosamente a publicação das leis e resoluções do Poder Legislativo ou dos atos do Poder Executivo;

2 — não prestar ao Congresso Nacional, dentro de sessenta dias após a abertura da sessão legislativa, as contas relativas ao exercício anterior;

3 — não tornar efetiva a responsabilidade dos seus subordinados, quando manifesta em delitos funcionais ou na prática de atos contrários à Constituição;

4 — expedir ordens ou fazer requisição de forma contrária às disposições expressas da Constituição;

5 — infringir, no provimento dos cargos públicos, as normas legais;

6 — usar de violência ou ameaça contra funcionário público para coagi-lo a proceder ilegalmente, bem como utilizar-se de suborno ou de qualquer outra forma de corrupção para o mesmo fim;

7 — proceder de modo incompatível com a dignidade, a honra e o decoro do cargo.

CAPÍTULO VI

Dos Crimes Contra a Lei Orçamentária

Art. 10. São crimes de responsabilidade contra a lei orçamentária:

1 — não apresentar ao Congresso Nacional a proposta do orçamento da República dentro dos primeiros dois meses de cada sessão legislativa;

2 — exceder ou transportar, sem autorização legal, as verbas do orçamento;

3 — realizar o estorno de verbas;

4 — infringir, patentemente, e de qualquer modo, dispositivo da lei orçamentária.

CAPÍTULO VII

Dos Crimes Contra a Guarda e Legal Emprego dos Dinheiros Públicos

Art. 11. São crimes de responsabilidade contra a guarda e o legal emprego dos dinheiros públicos:

1 — ordenar despesas não autorizadas por lei ou sem observância das prescrições legais relativas às mesmas;

2 — abrir crédito sem fundamento em lei ou sem as formalidades legais;

3 — contrair empréstimo, emitir moeda ou apólices, ou efetuar operação de crédito sem autorização legal;

4 — alienar imóveis nacionais ou empenhar rendas públicas sem autorização em lei;

5 — negligenciar a arrecadação das rendas, impostos e taxas, bem como a conservação do patrimônio nacional.

CAPÍTULO VIII

Dos Crimes Contra o Cumprimento das Decisões Judiciárias

Art. 12. São crimes de responsabilidade contra as decisões judiciárias:

1 — impedir, por qualquer meio, o efeito dos atos, mandados ou decisões do Poder Judiciário;

2 — recusar o cumprimento das decisões do Poder Judiciário no que depender do exercício das funções do Poder Executivo;

3 — deixar de atender a requisição de intervenção federal do Supremo Tribunal Federal ou do Tribunal Superior Eleitoral;

4 — impedir ou frustrar pagamento determinado por sentença judiciária.

TÍTULO II

Dos Ministros de Estado

Art. 13. São crimes de responsabilidade dos Ministros de Estado:

1 — os atos definidos nesta lei, quando por eles praticados ou ordenados;

2 — os atos previstos nesta lei que os Ministros assinarem com o Presidente da República ou por ordem deste praticarem;

3 — a falta de comparecimento sem justificação, perante a Câmara dos Deputados ou o Senado Federal, ou qualquer das suas comissões, quando uma ou outra casa do Congresso os convocar para, pessoalmente, prestarem informações acerca de assunto previamente determinado;

4 — não prestarem dentro em trinta dias e sem motivo justo, a qualquer das Câmaras do Congresso Nacional, as informações que ela lhes solicitar por escrito, ou prestarem-nas com falsidade.

PARTE SEGUNDA

Processo e Julgamento

TÍTULO ÚNICO

Do Presidente da República e Ministros de Estado

CAPÍTULO I

Da Denúncia

Art. 14. É permitido a qualquer cidadão denunciar o Presidente da República ou Ministro de Estado, por crime de responsabilidade, perante a Câmara dos Deputados.

Art. 15. A denúncia só poderá ser recebida enquanto o denunciado não tiver, por qualquer motivo, deixando definitivamente o cargo.

Art. 16. A denúncia assinada pelo denunciante e com a firma reconhecida, deve ser acompanhada dos documentos que a comprovem, ou da declaração de impossibilidade de apresentá-los, com a indicação do local onde possam ser encontrados. Nos crimes de que haja prova testemunhal, a denúncia deverá conter o rol das testemunhas, em número de cinco, no mínimo.

Art. 17. No processo de crime de responsabilidade, servirá de escrivão um funcionário da Secretaria da Câmara dos Deputados, ou do Senado, conforme se achar o mesmo em uma ou outra casa do Congresso Nacional.

Art. 18. As testemunhas arroladas no processo deverão comparecer para prestar o seu depoimento, e a Mesa da Câmara dos Deputados ou do Senado, por ordem de quem serão notificadas, tomará as providências legais que se tornarem necessárias para compeli-las à obediência.

CAPÍTULO II
Da Acusação

Art. 19. Recebida a denúncia, será lida no expediente da sessão seguinte e despachada a uma comissão especial eleita, da qual participem, observada a respectiva proporção, representantes de todos os partidos para opinar sobre a mesma.

Art. 20. A comissão a que alude o artigo anterior se reunirá dentro de 48 horas e, depois de eleger seu presidente e relator, emitirá parecer, dentro do prazo de dez dias, sobre se a denúncia deve ser ou não julgada objeto de deliberação. Dentro desse período poderá a comissão proceder às diligências que julgar necessárias ao esclarecimento da denúncia.

§ 1.º O parecer da comissão especial será lido no expediente da sessão da Câmara dos Deputados e publicado integralmente no *Diário do Congresso Nacional* e em avulsos juntamente com a denúncia, devendo as publicações ser distribuídas a todos os deputados.

§ 2.º Quarenta e oito horas após a publicação oficial do parecer da Comissão especial será o mesmo incluído, em primeiro lugar, na ordem do dia da Câmara dos Deputados, para uma discussão única.

Art. 21. Cinco representantes de cada partido poderão falar, durante uma hora, sobre o parecer, ressalvado ao relator da comissão especial o direito de responder a cada um.

Art. 22. Encerrada a discussão do parecer, e submetido o mesmo a votação nominal, será a denúncia, com os documentos que a instruam, arquivada, se não for considerada objeto de deliberação. No caso contrário, será remetida por cópia autêntica ao denunciado, que terá o prazo de vinte dias para contestá-la e indicar os meios de prova com que pretenda demonstrar a verdade do alegado.

§ 1.º Findo esse prazo e com ou sem a contestação, comissão especial determinará as diligências requeridas, ou que julgar convenientes, e realizará as sessões necessárias para a tomada do depoimento das testemunhas de ambas as partes, podendo ouvir o denunciante e o denunciado, que poderá assistir pessoalmente, ou por seu procurador a todas as audiências e diligências realizadas pela comissão, interrogando e contestando as testemunhas e requerendo a reinquirição ou acareação das mesmas.

§ 2.º Findas essas diligências, a comissão especial proferirá, no prazo de dez dias, parecer sobre a procedência ou improcedência da denúncia.

§ 3.º Publicado e distribuído esse parecer na forma do § 1.º do art. 20, será o mesmo incluído na ordem do dia da sessão imediata para ser submetido a duas discussões, com o interregno de 48 horas entre uma e outra.

§ 4.º Nas discussões do parecer sobre a procedência ou improcedência da denúncia, cada representante de partido poderá falar uma só vez e durante uma hora, ficando as questões de ordem subordinadas ao disposto no § 2.º do art. 20.

Art. 23. Encerrada a discussão do parecer, será o mesmo submetido a votação nominal, não sendo permitidas, então, questões de ordem, nem encaminhamento de votação.

§ 1.º Se da aprovação do parecer resultar a procedência da denúncia, considerar-se-á decretada a acusação pela Câmara dos Deputados.

§ 2.º Decretada a acusação, será o denunciado intimado imediatamente pela Mesa da Câmara dos Deputados, por intermédio do 1.º Secretário.

§ 3.º Se o denunciado estiver ausente do Distrito Federal, a sua intimação será solicitada pela Mesa da Câmara dos Deputados, ao Presidente do Tribunal de Justiça do Estado em que ele se encontrar.

§ 4.º A Câmara dos Deputados elegerá uma comissão de três membros para acompanhar o julgamento do acusado.

§ 5.º São efeitos imediatos ao decreto da acusação do Presidente da República, ou de Ministro de Estado, a suspensão do exercício das funções do acusado e da metade do subsídio ou do vencimento, até sentença final.

§ 6.º Conforme se trate de acusação de crime comum ou de responsabilidade, o processo será enviado ao Supremo Tribunal Federal ou ao Senado Federal.

CAPÍTULO III

Do Julgamento

Art. 24. Recebido no Senado o decreto de acusação com o processo enviado pela Câmara dos Deputados e apresentado o libelo pela comissão acusadora, remeterá o Presidente cópia de tudo ao acusado, que, na mesma ocasião e nos termos dos §§ 2.º e 3.º do art. 23, será notificado para comparecer em dia prefixado perante o Senado.

Parágrafo único. Ao Presidente do Supremo Tribunal Federal enviar-se-á o processo em original, com a comunicação do dia designado para o julgamento.

Art. 25. O acusado comparecerá, por si ou pelos seus advogados, podendo, ainda, oferecer novos meios de prova.

Art. 26. No caso de revelia, marcará o Presidente novo dia para o julgamento e nomeará para a defesa do acusado um advogado, a quem se facultará o exame de todas as peças de acusação.

Art. 27. No dia aprazado para o julgamento, presentes o acusado, seus advogados, ou o defensor nomeado à sua revelia, e a comissão acusadora, o Pre-

sidente do Supremo Tribunal Federal, abrindo a sessão, mandará ler o processo preparatório, o libelo e os artigos de defesa; em seguida inquirirá as testemunhas, que deverão depor publicamente e fora da presença umas das outras.

Art. 28. Qualquer membro da Comissão acusadora ou do Senado, e bem assim o acusado ou seus advogados, poderão requerer que se façam às testemunhas perguntas que julgarem necessárias.

Parágrafo único. A Comissão acusadora, ou o acusado ou seus advogados, poderão contestar ou argüir as testemunhas, sem contudo interrompê-las e requerer a acareação.

Art. 29. Realizar-se-á a seguir o debate verbal entre a Comissão acusadora e o acusado ou os seus advogados pelo prazo que o Presidente fixar, e que não poderá exceder de duas horas.

Art. 30. Findos os debates orais e retiradas as partes, abrir-se-á discussão sobre o objeto da acusação.

Art. 31. Encerrada a discussão, o Presidente do Supremo Tribunal Federal fará relatório resumido da denúncia e das provas da acusação e da defesa e submeterá à votação nominal dos senadores o julgamento.

Art. 32. Se o julgamento for absolutório produzirá, desde logo, todos os efeitos a favor do acusado.

Art. 33. No caso de condenação, o Senado por iniciativa do Presidente fixará o prazo de inabilitação do condenado para o exercício de qualquer função pública; e no caso de haver crime comum deliberará ainda sobre se o Presidente o deverá submeter à justiça ordinária, independentemente da ação de qualquer interessado.

Art. 34. Proferida a sentença condenatória o acusado estará, *ipso facto*, destituído do cargo.

Art. 35. A resolução do Senado constará de sentença que será lavrada, nos autos do processo, pelo Presidente do Supremo Tribunal Federal, assinada pelos senadores que funcionarem como juízes, transcrita na ata da sessão e, dentro desta, publicada no *Diário Oficial* e no *Diário do Congresso Nacional*.

Art. 36. Não pode interferir, em nenhuma fase do processo de responsabilidade do Presidente da República ou dos Ministros de Estado, o deputado ou senador:

a) que tiver parentesco consangüíneo ou afim, com o acusado, em linha reta; em linha colateral, os irmãos, cunhados, enquanto durar o cunhadio, e os primos co-irmãos;

b) que, como testemunha de processo tiver deposto de ciência própria.

Art. 37. O Congresso Nacional deverá ser convocado, extraordinariamente, pelo terço de uma de suas câmaras, caso a sessão legislativa se encerre sem que se tenha ultimado o julgamento do Presidente da República ou de Ministro de Estado, bem como no caso de ser necessário o início imediato do processo.

Art. 38. No processo e julgamento do Presidente da República e dos Ministros de Estado, serão subsidiários desta lei naquilo em que lhes forem aplicáveis, assim os regimentos internos da Câmara dos Deputados e do Senado Federal, como o Código de Processo Penal.

PARTE TERCEIRA

TÍTULO I

CAPÍTULO I

Dos Ministros do Supremo Tribunal Federal

Art. 39. São crimes de responsabilidade dos Ministros do Supremo Tribunal Federal:

1 — alterar por qualquer forma, exceto por via de recurso, a decisão ou voto já proferido em sessão do Tribunal;

2 — proferir julgamento quando, por lei, seja suspeito na causa;

3 — exercer atividade político-partidária;

4 — ser patentemente desidioso no cumprimento dos deveres do cargo;

5 — proceder de modo incompatível com a honra, dignidade e decoro de suas funções.

CAPÍTULO II

Do Procurador-Geral da República

Art. 40. São crimes de responsabilidade do Procurador-Geral da República:

1 — emitir parecer, quando, por lei, seja suspeito na causa;

2 — recusar-se à prática de ato que lhe incumba;

3 — ser patentemente desidioso no cumprimento de suas atribuições;

4 — proceder de modo incompatível com a dignidade e o decoro do cargo.

TÍTULO II

Do Processo e Julgamento

CAPÍTULO I

Da Denúncia

Art. 41. É permitido a todo cidadão denunciar, perante o Senado Federal, os Ministros do Supremo Tribunal Federal e o Procurador-Geral da República, pelos crimes de responsabilidade que cometerem (artigos 39 e 40).

Art. 42. A denúncia só poderá ser recebida se o denunciado não tiver, por qualquer motivo deixado definitivamente o cargo.

Art. 43. A denúncia, assinada pelo denunciante com a firma reconhecida, deve ser acompanhada dos documentos que a comprovem ou da declaração de impossibilidade de apresentá-los, com a indicação do local onde possam ser encontrados. Nos crimes de que haja prova testemunhal, a denúncia deverá conter o rol das testemunhas, em número de cinco, no mínimo.

Art. 44. Recebida a denúncia pela Mesa do Senado, será lida no expediente da sessão seguinte e despachada a uma comissão especial, eleita para opinar sobre a mesma.

Art. 45. A comissão a que alude o artigo anterior, reunir-se-á dentro de 48 horas e, depois de eleger o seu presidente e relator, emitirá parecer no prazo de 10 dias sobre se a denúncia deve ser, ou não, julgada objeto de deliberação. Dentro desse período poderá a comissão proceder às diligências que julgar necessárias.

Art. 46. O parecer da comissão com a denúncia e os documentos que a instruírem será lido no expediente de sessão do Senado, publicado no *Diário do Congresso Nacional* e em avulsos que deverão ser distribuídos entre os senadores, e dado para ordem do dia da sessão seguinte.

Art. 47. O parecer será submetido a uma só discussão, e a votação nominal, considerando-se aprovado se reunir a maioria simples de votos.

Art. 48. Se o Senado resolver que a denúncia não deve constituir objeto de deliberação, serão os papéis arquivados.

Art. 49. Se a denúncia for considerada objeto de deliberação, a Mesa remeterá cópia de tudo ao denunciado, para responder à acusação no prazo de 10 dias.

Art. 50. Se o denunciado estiver fora do Distrito Federal, a cópia lhe será entregue pelo Presidente do Tribunal de Justiça do Estado em que se achar. Caso se ache fora do País ou em lugar incerto e não sabido, o que será verificado pelo 1.º Secretário do Senado, a intimação far-se-á por edital, publicado no *Diário do Congresso Nacional*, com a antecedência de 60 dias, aos quais se acrescerá, em comparecendo o denunciado, o prazo do art. 49.

Art. 51. Findo o prazo para a resposta do denunciado, seja esta recebida, ou não, a comissão dará parecer, dentro de dez dias, sobre a procedência ou improcedência da acusação.

Art. 52. Perante a comissão, o denunciante e o denunciado poderão comparecer pessoalmente ou por procurador, assistir a todos os atos e diligências por ela praticados, inquirir, reinquirir, contestar testemunhas e requerer a sua acareação. Para esse efeito, a comissão dará aos interessados conhecimento das suas reuniões e das diligências a que deva proceder, com a indicação de lugar, dia e hora.

Art. 53. Findas as diligências, a comissão emitirá sobre elas o seu parecer, que será publicado e distribuído, com todas as peças que o instruírem e dado para ordem do dia 48 horas, no mínimo, depois da distribuição.

Art. 54. Esse parecer terá uma só discussão e considerar-se-á aprovado se, em votação nominal, reunir a maioria simples dos votos.

Art. 55. Se o Senado entender que não procede a acusação, serão os papéis arquivados. Caso decida o contrário, a Mesa dará imediato conhecimento dessa decisão ao Supremo Tribunal Federal, ao Presidente da República, ao denunciante e ao denunciado.

Art. 56. Se o denunciado não estiver no Distrito Federal, a decisão ser-lhe-á comunicada à requisição da Mesa, pelo Presidente do Tribunal de Justiça do Estado onde se achar. Se estiver fora do País ou em lugar incerto e não sabido, o que será verificado pelo 1.º Secretário do Senado, far-se-á a intimação mediante edital pelo *Diário do Congresso Nacional*, com a antecedência de 60 dias.

Art. 57. A decisão produzirá desde a data da sua intimação os seguintes efeitos contra o denunciado:

a) ficar suspenso do exercício das suas funções até sentença final;

b) ficar sujeito à acusação criminal;

c) perder, até sentença final, um terço dos vencimentos, que lhe será pago no caso de absolvição.

CAPÍTULO II

Da Acusação e da Defesa

Art. 58. Intimado o denunciante ou o seu procurador da decisão a que aludem os três últimos artigos, ser-lhe-á dada vista do processo, na Secretaria do Senado, para, dentro de 48 horas, oferecer o libelo acusatório e o rol das testemunhas. Em seguida abrir-se-á vista ao denunciado ou ao seu defensor, pelo mesmo prazo para oferecer a contrariedade e o rol das testemunhas.

Art. 59. Decorridos esses prazos, com o libelo e a contrariedade ou sem eles, serão os autos remetidos, em original, ao Presidente do Supremo Tribunal Federal, ou ao seu substituto legal, quando seja ele o denunciado, comunicando-se-lhe o dia designado para o julgamento e convidando-o para presidir a sessão.

Art. 60. O denunciante e o acusado serão notificados pela forma estabelecida no art. 56, para assistirem ao julgamento, devendo as testemunhas ser, por um magistrado, intimadas a comparecer à requisição da Mesa.

Parágrafo único. Entre a notificação e o julgamento deverá mediar o prazo mínimo de 10 dias.

Art. 61. No dia e hora marcados para o julgamento, o Senado reunir-se-á, sob a presidência do Presidente do Supremo Tribunal Federal ou do seu substituto legal. Verificada a presença de número legal de senadores, será aberta a sessão e feita a chamada das partes, acusador e acusado, que poderão comparecer pessoalmente ou pelos seus procuradores.

Art. 62. A revelia do acusador não importará transferência do julgamento, nem perempção da acusação.

§ 1.º A revelia do acusado determinará o adiamento do julgamento para o qual o Presidente designará novo dia, nomeando um advogado para defender o revel.

§ 2.º Ao defensor nomeado será facultado o exame de todas as peças do processo.

Art. 63. No dia definitivamente aprazado para o julgamento, verificado o número legal de senadores será aberta a sessão e facultado o ingresso às partes ou aos seus procuradores. Serão juízes todos os senadores presentes, com exceção dos impedidos nos termos do art. 36.

Parágrafo único. O impedimento poderá ser oposto pelo acusador ou pelo acusado e invocado por qualquer senador.

Art. 64. Constituído o Senado em Tribunal de julgamento, o Presidente mandará ler o processo e, em seguida, inquirirá publicamente as testemunhas, fora da presença uma das outras.

Art. 65. O acusador e o acusado, ou os seus procuradores, poderão reinquirir as testemunhas, contestá-las sem interrompê-las e requerer a sua acareação. Qualquer senador poderá requerer sejam feitas as perguntas que julgar necessárias.

Art. 66. Finda a inquirição, haverá debate oral, facultadas a réplica e a tréplica entre o acusador e o acusado, pelo prazo que o Presidente determinar.

Parágrafo único. Ultimado o debate, retirar-se-ão as partes do recinto da sessão e abrir-se-á uma discussão única entre os senadores sobre o objeto da acusação.

Art. 67. Encerrada a discussão, fará o Presidente um relatório resumido dos fundamentos da acusação e da defesa bem como das respectivas provas, submetendo em seguida o caso a julgamento.

CAPÍTULO III

Da Sentença

Art. 68. O julgamento será feito, em votação nominal pelos senadores desimpedidos que responderão "sim" ou "não" à seguinte pergunta enunciada pelo Presidente: "Cometeu o acusado F o crime que lhe é imputado e deve ser condenado à perda do seu cargo?"

Parágrafo único. Se a resposta afirmativa obtiver, pelo menos, dois terços dos votos dos senadores presentes, o Presidente fará nova consulta ao plenário sobre o tempo, não excedente de cinco anos, durante o qual o condenado deverá ficar inabilitado para o exercício de qualquer função pública.

Art. 69. De acordo com a decisão do Senado o Presidente lavrará nos autos, a sentença que será assinada por ele e pelos senadores, que tiverem tomado parte no julgamento, e transcrita na ata.

Art. 70. No caso de condenação, fica o acusado desde logo destituído do seu cargo. Se a sentença for absolutória, produzirá a imediata reabilitação do acusado, que voltará ao exercício do cargo, com direito à parte dos vencimentos de que tenha sido privado.

Art. 71. Da sentença, dar-se-á imediato conhecimento ao Presidente da República, ao Supremo Tribunal Federal e ao acusado.

Art. 72. Se no dia do encerramento do Congresso Nacional, não estiver concluído o processo ou julgamento de Ministro do Supremo Tribunal Federal ou do Procurador-Geral da República, deverá ele ser convocado extraordinariamente pelo terço do Senado Federal.

Art. 73. No processo e julgamento de Ministro do Supremo Tribunal, ou do Procurador-Geral da República, serão subsidiários desta lei, naquilo em que lhes forem aplicáveis, o Regimento Interno do Senado Federal e o Código de Processo Penal.

PARTE QUARTA

TÍTULO ÚNICO

CAPÍTULO I

Dos Governadores e Secretários dos Estados

Art. 74. Constituem crimes de responsabilidade dos Governadores dos Estados ou dos seus Secretários, quando por eles praticados, os atos definidos como crimes nesta lei.

CAPÍTULO II

Da Denúncia, Acusação e Julgamento

Art. 75. É permitido a todo cidadão denunciar o Governador perante a Assembléia Legislativa, por crime de responsabilidade.

Art. 76. A denúncia, assinada pelo denunciante e com a firma reconhecida, deve ser acompanhada dos documentos que a comprovem, ou da declaração de impossibilidade de apresentá-los, com a indicação do local em que possam ser encontrados. Nos crimes de que houver prova testemunhal, conterá o rol das testemunhas, em número de cinco pelo menos.

Parágrafo único. Não será recebida a denúncia depois que o Governador, por qualquer motivo, houver deixado definitivamente o cargo.

Art. 77. Apresentada a denúncia e julgada objeto de deliberação, se a Assembléia Legislativa, por maioria absoluta, decretar a procedência da acusação, será o Governador imediatamente suspenso de suas funções.

Art. 78. O Governador será julgado, nos crimes de responsabilidade, pela forma que determinar a Constituição do Estado e não poderá ser condenado, senão à perda do cargo, com inabilitação até cinco anos, para o exercício de qualquer função pública, sem prejuízo da ação da justiça comum.

§ 1.º Quando o tribunal de julgamento for de jurisdição mista, serão iguais, pelo número, os representantes dos órgãos que o integrarem, excluído o Presidente, que será o Presidente do Tribunal de Justiça.

§ 2.º Em qualquer hipótese, só poderá ser decretada a condenação pelo voto de dois terços dos membros de que se compuser o tribunal de julgamento.

§ 3.º Nos Estados, onde as Constituições não determinarem o processo nos crimes de responsabilidade dos Governadores, aplicar-se-á o disposto nesta lei, devendo, porém, o julgamento ser proferido por um tribunal composto de cinco membros do Legislativo e de cinco desembargadores, sob a presidência do Presidente do Tribunal de Justiça local que terá direito de voto no caso de empate A escolha desse Tribunal será feita — a dos membros do Legislativo, mediante eleição pela Assembléia; a dos desembargadores, mediante sorteio.

§ 4.º Esses atos deverão ser executados dentro em cinco dias contados da data em que a Assembléia enviar ao Presidente do Tribunal de Justiça os autos do processo, depois de decretada a procedência da acusação.

Art. 79. No processo e julgamento do Governador serão subsidiários desta lei naquilo em que lhe forem aplicáveis, assim o regimento interno da Assembléia Legislativa e do Tribunal de Justiça, como o Código de Processo Penal.

Parágrafo único. Os Secretários de Estado, nos crimes conexos com os dos Governadores, serão sujeitos ao mesmo processo e julgamento.

Disposições Gerais

Art. 80. Nos crimes de responsabilidade do Presidente da República e dos Ministros de Estado, a Câmara dos Deputados é tribunal de pronúncia e o Senado Federal, tribunal de julgamento; nos crimes de responsabilidade dos Ministros do Supremo Tribunal Federal e do Procurador-Geral da República, o Senado Federal é, simultaneamente, tribunal de pronúncia e julgamento.

Parágrafo único. O Senado Federal, na apuração e julgamento dos crimes de responsabilidade, funciona sob a presidência do Presidente do Supremo Tribunal, e só proferirá sentença condenatória pelo voto de dois terços dos seus membros.

Art. 81. A declaração de procedência da acusação nos crimes de responsabilidade só poderá ser decretada pela maioria absoluta da Câmara que a proferir.

Art. 82. Não poderá exceder de cento e vinte dias, contados da data da declaração da procedência da acusação, o prazo para o processo e julgamento dos crimes definidos nesta lei.

Art. 83. Esta lei entrará em vigor na data de sua publicação, revogadas as disposições em contrário.

Rio de Janeiro, 10 de abril de 1950; 129.º da Independência e 62.º da República.

EURICO G. DUTRA
Honório Monteiro
Sylvio de Noronha
Canrobert P. da Costa
Raul Fernandes
Guilherme da Silveira
João Valdetaro de Amorim e Mello
Daniel de Carvalho
Clemente Mariani
Armando Trompowsky

LEI N.º 1.508 — DE 19 DE DEZEMBRO DE 1951 *

Regula o processo das contravenções definidas nos artigos 58 e 60 do Decreto-lei n. 6.259, de 10 de fevereiro de 1944

O Presidente da República:

Faço saber que o Congresso Nacional decreta e eu sanciono a seguinte Lei:

Art. 1.º O procedimento sumário das contravenções definidas nos artigos 58 e seu § 1.º, e 60 do Decreto-lei n. 6.259, de 10 de fevereiro de 1944, pode ser iniciado por auto de flagrante, denúncia do Ministério Público ou portaria da autoridade policial ou do juiz.

Art. 2.º O auto de flagrante será lavrado por determinação da autoridade judiciária ou policial a que for apresentado o preso, observando-se o disposto no artigo 304, do Código do Processo Penal; e, quando policial a autoridade, será por ela imediatamente remetido ao juiz.

§ 1.º Lavrado o auto de flagrante pelo juiz ou recebido o que for remetido pela polícia, o juiz designará, incontinenti, para daí a cinco dias a audiência de instrução e julgamento, notificados da designação o Ministério Público, o réu e seu defensor, designando curador para o réu menor.

§ 2.º O réu, por seu defensor, ou curador, poderá requerer, dentro do prazo de três dias anteriores à audiência, sejam ouvidas as testemunhas de defesa, em número não superior a três, pedindo sejam notificadas, ou declarando que comparecerão independente de notificação.

§ 3.º Na audiência de instrução e julgamento, o juiz ouvirá o réu e as testemunhas por este arroladas. Em seguida, realizar-se-ão os debates e será proferida a sentença, de acordo com o que estatui o artigo 538, §§ 2.º e 3.º, do Código do Processo Penal.

* *Publicada no Diário Oficial da União de 20 de dezembro de 1951.*

Art. 3.º Quando o processo se iniciar por denúncia do Ministério Público, recebida esta, designará o juiz, audiência de instrução e julgamento, e notificados da designação o Ministério Público, o réu ou o curador, quando menor, proceder-se-á na forma dos §§ 2.º e 3.º do artigo anterior.

Art. 4.º O mesmo procedimento será observado quando a ação for promovida por portaria do juiz. Nesse caso, a portaria conterá a designação da audiência e rol das testemunhas de acusação. Funcionará na audiência de instrução e julgamento o representante do Ministério Público, ao qual, desde então, incumbirá movimentar o processo em todos os seus termos.

Art. 5.º Quando a ação penal se iniciar por portaria da autoridade policial, observar-se-á o disposto no artigo 536 do Código do Processo Penal. Depois de ouvido o Ministério Público, designará o juiz dia e hora para a audiência de instrução e julgamento, nos termos do disposto nos §§ 2.º e 3.º do artigo 2.º desta lei.

Art. 6.º Quando qualquer do povo provocar a iniciativa do Ministério Público, nos termos do artigo 27 do Código do Processo Penal, para o processo tratado nesta lei, a representação, depois do registro pelo distribuidor do juízo, será por este enviada, incontinenti, ao Promotor Público, para os fins legais.

Parágrafo único. Se a representação for arquivada, poderá o seu autor interpor recurso no sentido estrito.

Art. 7.º São revogadas as disposições em contrário, e, especialmente, o disposto no artigo 58, § 3.º, do Decreto-lei n. 6.259, de 10 de fevereiro de 1944.

Art. 8.º Esta lei entrará em vigor na data de sua publicação.

Rio de Janeiro, 19 de dezembro de 1951; 130.º da Independência e 63.º da República.

GETÚLIO VARGAS
Francisco Negrão de Lima

LEI N.º 1.521 — DE 26 DE DEZEMBRO DE 1951 *

Altera dispositivos da legislação vigente sobre crimes contra a economia popular

O Presidente da República:

Faço saber que o Congresso Nacional decreta e eu sanciono a seguinte Lei:

Art. 1.º Serão punidos, na forma desta lei, os crimes e as contravenções contra a economia popular. Esta lei regulará o seu julgamento.

Art. 2.º São crimes desta natureza.

I — recusar individualmente em estabelecimento comercial a prestação de serviços essenciais à subsistência: sonegar mercadoria ou recusar vendê-la a quem esteja em condições de comprar a pronto pagamento;

II — favorecer ou preferir comprador ou freguês em detrimento de outro, ressalvados os sistemas de entrega ao consumo por intermédio de distribuidores ou revendedores;

III — expor à venda ou vender mercadoria ou produto alimentício, cujo fabrico haja desatendido a determinações oficiais, quanto ao peso e composição;

IV — negar ou deixar o fornecedor de serviços essenciais de entregar ao freguês a nota relativa à prestação de serviço, desde que a importância exceda

* *Publicado no Diário Oficial da União de 27 de dezembro de 1951.*

de quinze cruzeiros, e com a indicação do preço, do nome e endereço do estabelecimento, do nome da firma ou responsável, da data e local da transação e do nome e residência do freguês;

V — misturar gêneros e mercadorias de espécies diferentes, expô-los à venda ou vendê-los como puros; misturar gêneros e mercadorias de qualidade desiguais para expô-los à venda ou vendê-los por preço marcado para os de mais alto custo;

VI — transgredir tabelas oficiais de gêneros e mercadorias, ou de serviços essenciais, bem como expor à venda ou oferecer ao público ou vender tais gêneros, mercadorias ou serviços, por preço superior ao tabelado, assim como não manter afixadas, em lugar visível e de fácil leitura, as tabelas de preços aprovadas pelos órgãos competentes;

VII — negar ou deixar o vendedor de fornecer nota ou caderno de venda de gêneros de primeira necessidade, seja à vista ou a prazo, e cuja importância exceda de dez cruzeiros ou de especificar na nota ou caderno — que serão isentos de selo — o preço da mercadoria vendida, o nome e o endereço do estabelecimento, a firma ou o responsável, a data e local da transação e o nome e residência do freguês;

VIII — celebrar ajuste para impor determinado preço de revenda ou exigir do comprador que não compre de outro vendedor;

IX — obter ou tentar obter ganhos ilícitos em detrimento do povo ou de número indeterminado de pessoas mediante especulações ou processos fraudulentos ("bola de neve", "cadeias", "pichardismo" e quaisquer outros equivalentes);

X — violar contrato de venda a prestações, fraudando sorteios ou deixando de entregar a coisa vendida, sem devolução das prestações pagas, ou descontar destas, nas vendas com reserva de domínio, quando o contrato for rescindido por culpa do comprador, quantia maior do que a correspondente à depreciação do objeto;

XI — fraudar pesos ou medidas padronizados em lei ou regulamentos; possuí-los ou detê-los, para efeito de comércio, sabendo estarem fraudados;

Pena: detenção de seis meses a dois anos e multa de dois mil a cinqüenta mil cruzeiros.

Parágrafo único. Na configuração dos crimes previstos nesta Lei, bem como na de qualquer outra, de defesa de economia popular, sua guarda e seu emprego considerar-se-ão como de primeira necessidade ou necessários ao consumo do povo, os gêneros, artigos, mercadorias e qualquer outra espécie de coisas ou bens indispensáveis à subsistência do indivíduo em condições higiênicas e ao exercício normal de suas atividades. Estão compreendidos nesta definição os artigos destinados à alimentação, ao vestuário e à iluminação, os terapêuticos ou sanitários, o combustível, a habitação e os materiais de construção.

Art. 3.º São também crimes dessa natureza:

I — destruir ou inutilizar, intencionalmente e sem autorização legal, com o fim de determinar alta de preços, em proveito próprio ou de terceiro, matérias-primas ou produtos necessários ao consumo do povo;

II — abandonar ou fazer abandonar lavoura ou plantações, suspender ou fazer suspender a atividade de fábricas, usinas ou quaisquer estabelecimentos de produção, ou meios de transporte, mediante indenização paga pela desistência da competição;

III — promover ou participar de consórcio, convênio, ajuste, aliança ou fusão de capitais, com o fim de impedir ou dificultar, para o efeito de aumento arbitrário de lucros, a concorrência em matéria de produção, transporte ou comércio;

IV — reter ou açambarcar matérias-primas, meios de produção ou produtos necessários ao consumo do povo, com o fim de dominar o mercado em qualquer ponto do País e provocar a alta dos preços;

V — vender mercadorias abaixo do preço de custo com o fim de impedir a concorrência;

VI — provocar a alta ou baixa de preços de mercadorias, títulos públicos, valores ou salários por meio de notícias falsas, operações fictícias ou qualquer outro artifício;

VII — dar indicações ou fazer afirmações falsas em prospectos ou anúncios, para o fim de substituição, compra ou venda de títulos, ações ou quotas;

VIII — exercer funções de direção, administração ou gerência de mais de uma empresa ou sociedade do mesmo ramo de indústria ou comércio com o fim de impedir ou dificultar a concorrência;

IX — gerir fraudulenta ou temerariamente bancos ou estabelecimentos bancários, ou de capitalização; sociedades de seguros, pecúlios ou pensões vitalícias; sociedades para empréstimos ou financiamento de construções e de vendas de imóveis a prestações, com ou sem sorteio ou preferência por meio de pontos ou quotas; caixas econômicas, caixas Raiffeisen; caixas mútuas, de beneficência, socorros ou empréstimos; caixas de pecúlio, pensão e aposentadoria; caixas construtoras; cooperativas; sociedades de economia coletiva, levando-as à falência ou a insolvência, ou não cumprindo qualquer das cláusulas contratuais com prejuízo dos interessados;

X — fraudar de qualquer modo escriturações, lançamentos, registros, relatórios, pareceres e outras informações devidas a sócios de sociedades civis ou comerciais, em que o capital seja fracionado em ações ou quotas de valor nominativo igual ou inferior a Cr$ 1.000,00 com o fim de sonegar lucros, dividendos, percentagens, rateios ou bonificações, ou de desfalcar ou desviar fundos de reserva ou reservas técnicas.

Pena: detenção de dois anos a dez anos e multa de vinte mil a cem mil cruzeiros.

Art. 4.º Constitui crime da mesma natureza a usura pecuniária ou real, assim se considerando:

a) cobrar juros, comissões ou descontos percentuais, sobre dívidas em dinheiro, superiores à taxa permitida por lei; cobrar ágio superior à taxa oficial de câmbio sobre quantia permutada por moeda estrangeira; ou ainda, emprestar sob penhor que seja privativo de instituição oficial de crédito;

b) obter ou estipular, em qualquer contrato, abusando da premente necessidade, inexperiência ou leviandade de outra parte, lucro patrimonial que exceda o quinto do valor corrente ou justo da prestação feita ou prometida.

Pena: detenção de seis meses a dois anos e multa de cinco mil a vinte mil cruzeiros;

§ 1.º Nas mesmas penas incorrerão os procuradores, mandatários ou mediadores que intervierem na operação usuária, bem como os cessionários de crédito usuário que cientes de sua natureza ilícita, o fizerem valer em sucessiva transmissão ou execução judicial.

§ 2.º São circunstâncias agravantes do crime de usura:

I — ser cometido em época de grave crise econômica;

II — ocasionar grave dano individual;

III — dissimular-se a natureza usurária do contrato;

IV — quando cometido:

a) por militar, funcionário público, ministro de culto religioso, por pessoa cuja condição econômico-social seja manifestamente superior à da vítima;

b) em detrimento de operário ou de agricultor; de menor de 18 anos ou de deficiente mental, interditado ou não.

§ 3.º A estipulação de juros ou lucros usurários será nula, devendo o Juiz ajustá-los à medida legal, ou, caso já tenha sido cumprida, ordenar a restituição da quantia paga em excesso, com os juros legais a contar da data do pagamento indevido.

Art. 5.º Nos crimes definidos nesta lei, haverá suspensão da pena e livramento condicional em todos os casos permitidos pela legislação comum. Será a fiança concedida nos termos da legislação em vigor, devendo ser arbitrada dentro dos limites de Cr$ 5.000,00 (cinco mil cruzeiros) a Cr$ 50.000,00 (cinqüenta mil cruzeiros), nas hipóteses do artigo 2.º, e dentro dos limites de Cr$ 10.000,00 (dez mil cruzeiros) a Cr$ 100.000,00 (cem mil cruzeiros) nos demais casos, reduzida à metade dentro desses limites, quando o infrator for empregado do estabelecimento comercial ou industrial, ou não ocupe cargo ou posto de direção dos negócios.

● Artigo com redação determinada pela Lei n. 3.290, de 23 de outubro de 1957.

Art. 6.º Verificado qualquer crime contra a economia popular ou contra a saúde pública (Cap. III do Tít. VIII do Código Penal) e atendendo à gravidade do fato, sua repercussão e efeitos, o Juiz, na sentença declarará a interdição de direito, determinada no artigo 69, n. IV, do Código Penal, de seis meses a um ano assim como mediante representação da autoridade policial, poderá decretar, dentro de quarenta e oito horas, a suspensão provisória, pelo prazo de quinze dias, do exercício da profissão ou atividade do infrator.

Art. 7.º Os juízes recorrerão de ofício sempre que absolverem os acusados em processo por crime contra a economia popular ou contra a saúde pública, ou quando determinarem o arquivamento dos autos do respectivo inquérito policial.

Art. 8.º Nos crimes contra a saúde pública, os exames periciais serão realizados, no Distrito Federal, pelas repartições da Secretaria Geral de Saúde e Assistência e da Secretaria da Agricultura, Indústria e Comércio da Prefeitura ou pelo Gabinete de Exames Periciais do Departamento de Segurança Pública e nos Estados e Territórios pelos serviços congêneres, valendo qualquer dos laudos como corpo de delito.

Art. 9.º (Revogado pela Lei n.º 6. 649, de 16 de maio de 1979).

Art. 10. Terá forma sumária, nos termos do Capítulo V, Título II, Livro II, do Código de Processo Penal, o processo das contravenções e dos crimes contra a economia popular, não submetidos ao julgamento pelo Júri.

§ 1.º Os atos policiais (inquérito ou processo iniciado por portaria) deverão terminar no prazo de dez dias.

§ 2.º O prazo para oferecimento da denúncia será dois dias, esteja ou não o réu preso.

§ 3.º A sentença do Juiz será proferida dentro do prazo de trinta dias contados do recebimento dos autos da autoridade policial (art. 536 do Código de Processo Penal).

§ 4.º A retardação injustificada, pura e simples, dos prazos indicados nos parágrafos anteriores, importa em crime de prevaricação (art. 319 do Código Penal).

Art. 11. No Distrito Federal, o processo das infrações penais relativas à economia popular caberá, indistintamente, a todas as varas criminais com exceção das 1.ª e 20.ª, observadas as disposições quanto aos crimes da competência do Júri de que trata o art. 12.

Art. 12. São da competência do Júri os crimes previstos no art. 2.º desta Lei.

Art. 13. O Júri compõe-se de um juiz, que é o seu presidente, e de vinte jurados sorteados dentre os eleitores de cada zona eleitoral, de uma lista de cento e cinqüenta a duzentos eleitores, cinco dos quais constituirão o conselho de sentença em cada sessão de julgamento.

Art. 14. A lista a que se refere o artigo anterior será semestralmente organizada pelo presidente do Júri, sob sua responsabilidade, entre pessoas de notória idoneidade, incluídos de preferência os chefes de família e as donas de casa.

Art. 15. Até o dia quinze de cada mês, far-se-á o sorteio dos jurados que devam constituir o tribunal do mês seguinte.

Art. 16. O Júri funcionará quando estiverem presentes, pelo menos quinze jurados.

Art. 17. O presidente do Júri fará as convocações para o julgamento com quarenta e oito horas de antecedência pelo menos, observada a ordem de recebimento dos processos.

Art. 18. Além dos casos de suspeição e impedimento previstos em Lei, não poderá servir jurado da mesma atividade profissional do acusado.

Art. 19. Poderá ser constituído um Júri em cada zona eleitoral.

Art. 20. A presidência do Júri caberá ao Juiz do processo, salvo quando a Lei de organização judiciária atribuir a presidência a outro.

Art. 21. No Distrito Federal, poderá o juiz presidente do Júri representar ao Tribunal de Justiça para que seja substituído na presidência do Júri por Juiz substituto ou Juízes substitutos, nos termos do art. 20 da Lei n. 1.301, de 28 de dezembro de 1950. Servirá no Júri o Promotor Público que for designado.

Art. 22. O Júri poderá funcionar com pessoal, material e instalações destinados aos serviços eleitorais.

Art. 23. Nos processos da competência do Júri far-se-á a instrução contraditória, observado o disposto no Código de Processo Penal, relativamente ao processo comum (Livro II, Título I, Capítulo I) com as seguintes modificações:

I — o número de testemunhas, tanto para a acusação como para a defesa, será de seis no máximo.

II — serão ouvidas as testemunhas de acusação e de defesa, dentro do prazo de quinze dias se o réu estiver preso, e de vinte quando solto.

III — havendo acordo entre o Ministério Público e o réu, por seu defensor, mediante termo lavrado nos autos, será dispensada a inquirição das testemunhas arroladas pelas partes e cujos depoimentos constem do inquérito policial.

IV — ouvidas as testemunhas e realizada qualquer diligência porventura requerida, o Juiz, depois de sanadas as nulidades e irregularidades e determinar ou realizar qualquer outra diligência, que entender conveniente, ouvirá, nos autos, sucessivamente, por quarenta e oito horas, o órgão do Ministério Público e o defensor.

V — em seguida, o Juiz poderá absolver, desde logo, o acusado, quando estiver provado que ele não praticou o crime, fundamentando à sentença e recorrendo *ex-officio*.

VI — se o Juiz assim não proceder, sem manifestar, entretanto sua opinião, determinará a remessa do processo ao presidente do Júri ou que se faça a inclusão do processo na pauta do julgamento se lhe couber a presidência.

VII — são dispensadas a pronúncia e a formação de libelo.

Art. 24. O órgão do Ministério Público, o réu e o seu defensor, serão intimados do dia designado para o julgamento. Será julgado à revelia o réu solto que deixar de comparecer sem justa causa.

Art. 25. Poderão ser ouvidas em plenário as testemunhas da instrução que, previamente e com quarenta e oito horas de antecedência, forem indicadas pelo Ministério Público ou pelo acusado.

Art. 26. Em plenário, constituído o conselho de sentença, o Juiz tomará aos jurados o juramento de bem e sinceramente decidirem a causa, proferindo o voto a bem da verdade e da justiça.

Art. 27. Qualificado o réu e sendo-lhe permitida qualquer declaração a bem da defesa, observadas as formalidades processuais, aplicáveis e constantes da Seção IV do Cap. II do Livro II, Tít. I do Código de Processo Penal, o Juiz abrirá os debates, dando a palavra ao órgão do Ministério Público e ao assistente, se houver, para dedução da acusação e ao defensor para produzir a defesa.

Art. 28. O tempo, destinado à acusação e à defesa será de uma hora, para cada uma. Havendo mais de um réu, o tempo será elevado ao dobro, desde que assim seja requerido. Não haverá réplica nem tréplica.

Art. 29. No julgamento que se realizará em sala secreta com a presença do Juiz, do escrivão e de um oficial de Justiça, bem como dos acusadores e dos defensores que se conservarão em seus lugares sem intervir na votação, os jurados depositarão na urna a resposta — sim ou não — ao quesito indagando se o réu praticou o crime que lhe foi imputado.

Parágrafo único. Em seguida, o Juiz, no caso de condenação, lavrará sentença tendo em vista as circunstâncias atenuantes ou agravantes existentes nos autos e levando em conta na aplicação da pena o disposto nos arts. 42 e 43 do Código Penal.

Art. 30. Das decisões do Júri, e nos termos da legislação em vigor, cabe apelação, sem efeito suspensivo, em qualquer caso.

Art. 31. Em tudo mais que couber e não contrariar esta Lei aplicar-se-á o Código de Processo Penal.

Art. 32. É o Poder Executivo autorizado a abrir ao Poder Judiciário o crédito especial de Cr$ 2.000.000,00 (dois milhões de cruzeiros) para ocorrer, (vetado), às despesas do pessoal e material necessários à execução desta Lei no Distrito Federal e nos Territórios.

Art. 33. Esta Lei entrará em vigor sessenta dias depois de sua publicação, aplicando-se aos processos iniciados na sua vigência.

Art. 34. Revogam-se as disposições em contrário.

GETÚLIO VARGAS
Francisco Negrão de Lima

LEI N.º 3.274 — DE 2 DE OUTUBRO DE 1957 *

Dispõe sobre Normas Gerais do Regime Penitenciário, em conformidade do que estatui o art. 5.º, n. XV, letra "b", da Constituição Federal e amplia as atribuições da Inspetoria-Geral Penitenciária

Faço saber que o Congresso Nacional decreta e eu sanciono a seguinte Lei:

Art. 1.º São normas gerais de regime penitenciário, reguladoras da execução das penas criminais e das medidas de segurança detentivas, em todo o território nacional:

I — A individualização das penas, de modo que a cada sentenciado, conhecida a sua personalidade, corresponda o tratamento penitenciário adequado.

II — A classificação dos sentenciados, para efeito de cumprimento das penas.

III — A internação, em estabelecimentos apropriados, dos que estiverem passíveis de prisão preventiva, ou provisória.

IV — O trabalho obrigatório dos sentenciados, segundo os preceitos da psicotécnica e o objetivo corretivo e educacional dos mesmos.

V — A percepção de salário, conforme a espécie de trabalho executado, sua perfeição e rendimento, levado em conta ainda o procedimento do sentenciado.

VI — A formação do pecúlio penitenciário, deduzido do salário percebido no trabalho executado.

VII — O seguro contra acidentes no trabalho interno, ou externo, dos estabelecimentos penitenciários.

VIII — A separação dos sentenciados em estabelecimentos adequados, consoante a natureza e gravidade das penas — prisão simples, detenção ou reclusão.

IX — O isolamento e tratamento, em estabelecimentos para esse fim, dos sentenciados que sofrerem ou revelarem começo, infiltração, ou contaminação, de tuberculose ou lepra.

X — A separação das mulheres sentenciadas em estabelecimentos apropriados, tendo-se em vista o disposto nos incisos VIII e IX deste artigo.

XI — A internação, em estabelecimentos apropriados, aos menores infratores que tiverem mais de 18 anos e menos de 21.

XII — A internação, em estabelecimentos adequados, dos que forem atingidos por medidas de segurança detentivas.

XIII — A educação moral, intelectual, física e profissional dos sentenciados.

XIV — O livramento condicional, preenchidos os requisitos enumerados nas leis penais e processuais-penais.

---

* *Publicada no Diário Oficial da União de 3 de outubro de 1957.*

XV — A assistência social aos sentenciados, aos liberados condicionais, aos egressos definitivos da prisão, e às famílias dos mesmos e das vítimas.

Art. 2.º Constituem elementos necessários para a aplicação destas normas:

I — (Vetado).

II — O preparo técnico especializado em normas e administração penitenciárias, ministrado aos diretores e pessoal de vigilância interna dos respectivos estabelecimentos.

III — O cadastro penitenciário como base da estatística criminal, para efeito de ser acompanhada a curva da reincidência, segundo a natureza dos crimes e a classificação dos criminosos, de modo que possam ser traçados os meios de prevenção e defesa social.

IV — A centralização técnico-científica de todos os serviços penitenciários, de tal sorte que fique assegurada a unidade de sua execução no regime estabelecido pelo Código Penal.

V — A padronização dos estabelecimentos penitenciários, no mínimo estabelecido por esta lei.

VI — A uniformização dos regulamentos desses estabelecimentos, segundo a categoria respectiva, salvantes as adaptações de caráter local.

Art. 3.º A classificação dos sentenciados, com o objetivo de estudar-lhes a personalidade, individualizar-lhes o tratamento corretivo e educacional (art. 1.º, incisos I, II e IV) e distribuí-los pelos estabelecimentos adequados, será feita no Distrito Federal, nos Estados e nos Territórios.

Art. 4.º Na Capital de cada uma dessas Unidades Federativas, ou onde estiverem sediados os principais estabelecimentos penitenciários, funcionará uma Comissão de Classificação.

Art. 5.º (Vetado).

I — (Vetado).

a) (Vetado).

b) (Vetado).

c) (Vetado).

d) (Vetado).

e) (Vetado).

II — (Vetado).

a) (Vetado).

b) (Vetado).

c) (Vetado).

d) (Vetado).

e) (Vetado).

Art. 6.º (Vetado).

Parágrafo único. (Vetado).

Art. 7.º (Vetado).

a) (Vetado).

b) (Vetado).

c) (Vetado).

Art. 8.º (Vetado).

Parágrafo único. (Vetado).

Art. 9.º O trabalho penitenciário (art. 1.º, inciso IV) será racionalizado, tendo-se em conta os índices psitécnicos de cada sentenciado.

§ 1.º Visando a habilitar o sentenciado ao aprendizado, ou aperfeiçoamento de uma profissão, que lhe assegure subsistência honesta na recuperação da vida livre, atenderá o trabalho às circunstâncias ambientais do seu futuro emprego: meio urbano ou meio rural.

§ 2.º Conforme o disposto no parágrafo antecedente, o trabalho será industrial, ministrado em oficinas de Reformatórios desta atividade; agropecuário, em Reformatórios ou Colônias dessa especialidade; ou de pesca, em Colônias que se lhe destinem.

Art. 10. Tratando-se do trabalho de mulheres, serão seguidas, precipuamente, as atividades profissionais compatíveis com o seu sexo, em estabelecimentos apropriados (art. 1.º, inciso X), tendo-se ainda em conta o disposto no art. 9.º e seus parágrafos.

Art. 11. Quando se tratar de menores infratores (art. 1.º, inciso XI) regular-se-lhes-á o trabalho de acordo com o estatuído para os institutos ou Escolas de Reforma, que lhes forem destinados.

Art. 12. Verificando-se pela vida pregressa dos sentenciados que os mesmos exerciam atividades intelectuais, ou artísticas, ser-lhe-á permitida, nos estabelecimentos onde cumprirem pena (art. 1.º, inciso IX) e dentro em limites compatíveis com os respectivos Regulamentos, a continuação dessas atividades, ou sua adaptação a atividades congêneres.

Art. 13. O trabalho externo dos sentenciados obedecerá às mesmas regras e será cercado das mesmas garantias que se atribuem ao trabalho realizado no interior dos estabelecimentos penais.

Art. 14. Far-se-á o pagamento do salário aos sentenciados mediante prévia tabela de valores, deduzidas as percentagens marcadas nesta lei.

§ 1.º Essa tabela, que levará em conta, assim a espécie de trabalho, sua perfeição e rendimento (art. 1.º, inciso V), como as condições do meio ou local onde o mesmo for executado, será organizada, no Distrito Federal, nos Estados e nos Territórios, pelos Diretores dos respectivos estabelecimentos penitenciários.

§ 2.º (Vetado).

Art. 15. Deduzidas do salário, em percentagens mensais, as quantias que se destinam a cumprir as indenizações previstas em lei e marcadas na sentença, o restante será o que há de formar o pecúlio do sentenciado.

Parágrafo único. (Vetado).

a) (Vetado).

b) (Vetado).

c) (Vetado).

Art. 16. Quando o sentenciado não tiver família a quem deva assistir, a parcela do pecúlio que lhe era destinada será dividida em duas partes iguais, sendo uma levada à crédito do pecúlio de reserva, e a outra acrescida à parte de auxílio à manutenção do próprio sentenciado no estabelecimento penitenciário.

Art. 17. (Vetado).

Parágrafo único. (Vetado).

Art. 18. O pecúlio de reserva será mandado depositar pelo Diretor do estabelecimento penitenciário, em nome do sentenciado, em caderneta da Caixa Econômica Federal, a qual só lhe será entregue em caso de livramento condicional, ou de cumprimento da pena.

Parágrafo único. Sempre que o sentenciado justificar a necessidade do levantamento de determinada quantia do pecúlio de reserva, para seu uso particular, poderá autorizá-lo o Diretor do estabelecimento penitenciário.

Art. 19. Para cumprimento do disposto no art. 1.º, inciso VII, o Diretor do estabelecimento penitenciário, onde se achar trabalhando o sentenciado, promoverá o respectivo seguro em Instituto, Empresa ou Companhia seguradora tendo em vista a legislação da espécie.

Art. 20. Quando não efetuado esse seguro nos termos do artigo antecedente, a indenização do acidente correrá por conta do poder público.

Art. 21. (Vetado).

Parágrafo único. (Vetado).

Art. 22. Toda a educação dos sentenciados (art. 1.º, inciso XIII), levando-se-lhes em conta os índices psicopedagógicos (art. 9.º) e orientada a sua vocação na escolha de uma profissão útil, objetivará readaptá-los ao meio social.

Parágrafo único. Nesse sentido serão organizados os respectivos programas de modo que a educação intelectual, artística, profissional e física se processem em equilíbrio no desenvolvimento eugênico das faculdades mentais em consonância com a saúde e fortalecimento do corpo.

Art. 23. Na educação moral dos sentenciados, infundindo-se-lhes hábitos de disciplina e de ordem, também se compreendem os princípios de civismo e amor à Pátria, bem como os ensinamentos de religião, respeitada, quanto a estes, a crença de cada qual.

Art. 24. Quando pela classificação dos sentenciados (vetado) se registrar a presença de retardados mentais, dar-se-lhes-á, em curso separado, e em estabelecimento ou pavilhão à parte, a educação compatível com as suas faculdades.

Art. 25. O livramento condicional (art. 1.º, inciso XIV) e bem assim outras medidas da competência dos Conselhos Penitenciários, no Distrito Federal, nos Estados e nos Territórios, continuam a ser processados e decididos na forma das leis penais.

Art. 26. A assistência social aos sentenciados, aos liberados condicionais, aos egressos definitivos da prisão e às famílias dos mesmos e das vítimas (art. 1.º, inciso XV), começa desde o início do cumprimento da pena nos estabelecimentos penitenciários.

Parágrafo único. Essa assistência abrange os que foram atingidos por medidas de segurança detentivas e de liberdade vigiada.

Art. 27. A assistência, a que se refere o artigo anterior, será moral, material e jurídica, compreendendo todos os meios de prevenção contra a reincidência, de modo que assegure aos assistidos e às suas famílias, lar honrado, profissão honesta e ambiente de bons costumes.

Art. 28. São órgãos dessa assistência os Patronatos, que serão criados, onde os não houver, no Distrito Federal e nas capitais dos Estados e dos Territórios.

§ 1.º Os Patronatos podem ser oficiais ou particulares.

§ 2.º Sempre que se tornar necessário, poderão ser criadas subseções de Patronatos nos Municípios.

Art. 29. A lei estabelecerá a maneira de composição jurídica e administrativa dos Patronatos, definir-lhes-á as atribuições e indicar-lhes-á a fonte de receita.

Art. 30. (Vetado).

Parágrafo único. (Vetado).

Art. 31. (Vetado).

Art. 32. (Vetado).

§ 1.º (Vetado).

§ 2.º (Vetado).

Art. 33. (Vetado).

Art. 34. (Vetado).

Parágrafo único. (Vetado).

Art. 35. Constituem mínimo de estabelecimentos penitenciários padronizados, ou adaptados, e de órgãos técnicos necessários ao cumprimento das prescrições desta lei:

a) Reformatórios para homens;

b) Reformatórios para mulheres;

c) Institutos, ou Escolas, para menores infratores;

d) Colônias Penais;

e) Colônias para Liberados;

f) Sanatórios Penais;

g) Casas de Custódia e Tratamento;

h) Manicômios Judiciários;

i) Institutos, ou Gabinetes de Biotipologia Criminal.

Parágrafo único. Enquanto não houver estabelecimentos adequados à execução das medidas de segurança, serão os segurados colocados em seções especiais dos Manicômios Judiciários, ou das Colônias Penais.

Art. 36. É aumentado de Cr$ 1,00 (um cruzeiro) o valor do selo penitenciário aposto nos requerimentos e certidões de que tratam os artigos 31 e 32 do Decreto n. 1.441, de 8 de fevereiro de 1937.

Art. 37. O produto da venda do selo penitenciário será aplicado (Vetado) em percentagem nunca inferior a 80% (oitenta por cento), nas obras e serviços penitenciários das Unidades da Federação onde tiver sido arrecadado (Vetado).

Art. 38. Do Orçamento Geral da União constará rubrica especial para a renda proveniente da venda do Selo Penitenciário, de acordo com a estimativa fixada pela Diretoria de Rendas Internas, consignando-se no Orçamento da Despesa, como dotação, no Anexo do Ministério da Justiça e Negócios Interiores, à Inspetoria Geral Penitenciária correspondente à mesma renda.

Art. 39. É o Poder Executivo autorizado a fazer nova emissão desse selo, atendendo à elevação do seu valor.

Art. 40. Esta lei entrará em vigor na data de sua publicação, revogadas as disposições em contrário.

Rio de Janeiro, 2 de outubro de 1957; 136.º da Independência e 69.º da República.

JUSCELINO KUBITSCHEK
Nereu Ramos
João de Oliveira Castro Viana Júnior

LEI N.º 3.396 — DE 2 DE JUNHO DE 1958 *

Altera a redação dos arts. 864 e 865 do Código de Processo Civil.

O Presidente da República:

Faço saber que o Congresso Nacional decreta e eu sanciono a seguinte Lei:

Art. 1.º Caberá recurso extraordinário para o Supremo Tribunal Federal das decisões proferidas, em única ou última instância, pelos Tribunais e Juízes da União, dos Estados, do Distrito Federal e dos Territórios, nos casos previstos na Constituição Federal.

Artigo 2.º O recurso extraordinário será interposto dentro de dez (10) dias, depois de intimada a parte da decisão recorrida, ou de publicadas as suas conclusões no órgão oficial e se for baseado no art. 101, III, *d*, da Constituição, deverá ser feita a prova da decisão divergente mediante certidão ou indicação do número e página do jornal ou repertório de jurisprudência que a houver publicado.

Artigo 3.º O recurso será interposto perante o presidente do Tribunal recorrido, e, nas causas de alçada, perante o próprio juízo prolator da decisão da qual se recorre.

§ 1.º Recebida a petição, publicar-se-á aviso do seu recebimento e ficará ela na Secretaria do Tribunal ou no cartório do Juízo, à disposição do recorrido, que poderá examiná-la e impugnar o cabimento do recurso dentro em três (3) dias, a contar da publicação do aviso.

§ 2.º Findo esse prazo, serão os autos, com ou sem impugnação, conclusos ao presidente do Tribunal ou ao juiz, que deferirá ou não o seguimento do recurso no prazo de cinco (5) dias.

§ 3.º Será sempre motivado o despacho pelo qual o Presidente do Tribunal ou o juiz admitir o recurso ou denegar a sua interposição.

Artigo 4.º Admitido o recurso, mandará o presidente do Tribunal, ou o juiz, abrir vista dos respectivos autos, sucessivamente, ao recorrente e ao recorrido, para que cada um, no prazo de dez (10) dias, apresente as suas alegações escritas.

Artigo 5.º Apresentada ou não a defesa, os autos serão entregues, dentro de quinze (15) dias, à Secretaria do Supremo Tribunal Federal, ou postos no correio sob registro, dentro do mesmo prazo, se originários dos Estados ou dos Territórios.

Artigo 6.º Denegado o recurso, poderá o recorrente, dentro em cinco (5) dias, interpor agravo de instrumento para o Supremo Tribunal Federal. Esse recurso subirá instruído com as peças que forem indicadas pelo agravante e, obrigatoriamente, com a certidão do despacho denegatório.

Artigo 7.º O recurso extraordinário será processado e julgado no Supremo Tribunal Federal de acordo com o respectivo regimento interno.

Artigo 8.º Esta lei entrará em vigor na data de sua publicação, revogadas as disposições em contrário, especialmente os arts. 863 e 864 do Código de Processo Civil e 632 a 636 do Código de Processo Penal.

Rio de Janeiro, 2 de junho de 1958; 137.º de Independência e 70.º da República.

JUSCELINO KUBITSCHEK
Eurico de Aguiar Salles

---

* *Publicada no Diário Oficial da União de 4 de junho de 1958.*

DECRETO N.º 48.456 — DE 30 DE JUNHO DE 1960 *

Regulamenta o artigo 4.º, letra "b", da Lei n. 1.521, de 26 de dezembro de 1951

Art. 1.º Entende-se por "valor corrente", a que se refere a alínea "b" do artigo 4.º da Lei n. 1.521, de 26 de dezembro de 1951, aquele constante das cotações oficiais ou de bolsas de mercadorias, ou notoriamente atribuído, em geral, a determinados produtos, e por "valor justo" se entende aquele que representa a soma do preço do custo, transporte e tributos, acrescida de 20%.

Parágrafo único. O valor justo será apurado pelo órgão de que cuida o artigo 3.º do presente Decreto, toda vez que não conste o preço de cotação oficial ou de bolsa, ou não seja notório o preço corrente.

Art. 2.º Compreende-se na situação de premente necessidade todo aquele que procura adquirir no mercado, para seu sustento ou de sua família, gêneros de primeira necessidade.

Art. 3.º Para aferir-se do preço extorsivo a que se refere o preceito legal em questão, isto é, que importe lucro superior a um quinto do valor corrente ou justo, o Conselho Coordenador do Abastecimento, até que a Lei disponha, na forma do artigo 146 da Constituição sobre a intervenção no domínio econômico para assegurar a livre distribuição de mercadorias e serviços essenciais do povo, expedirá e publicará, sempre que houver alterações de algarismos, relação dos preços correntes ou justos desses serviços ou dos produtos ou artigos de primeira necessidade.

Art. 4.º Tendo conhecimento do artigo 4.º, letra "b", da Lei n. 1.521, o Conselho Coordenador do Abastecimento comunicará o fato imediatamente à autoridade policial para que esta proceda a inquérito tendente ao processo penal, sem prejuízo da ação policial, independentemente de qualquer iniciativa por parte do dito Conselho.

Art. 5.º O Conselho Coordenador do Abastecimento poderá contratar, para auxiliá-lo na função de que cogita o presente Decreto, o pessoal que servia à extinta Comissão Federal de Abastecimento e Preços.

Art. 6.º O Conselho Coordenador do Abastecimento designará delegados nos Territórios e nos Estados para execução das atribuições conferidas por este Decreto.

Art. 7.º Este Decreto entrará em vigor a 1.º de julho do corrente ano, revogadas as disposições em contrário.

LEI N.º 4.611 — DE 2 DE ABRIL DE 1965 **

Modifica as normas processuais dos crimes previstos nos artigos 121, § 3.º, e 129, § 6.º, do Código Penal

O Presidente da República:

Faço saber que o Congresso Nacional decreta e eu sanciono a seguinte Lei:

Art. 1.º O processo dos crimes previstos nos artigos 121, § 3.º, e 129, § 6º, do Código Penal, terá o rito sumário estabelecido nos artigos 531 a 538 do Código de Processo Penal (Vetado).

---

* *Publicada no Diário Oficial da União de 30 de junho de 1960.*

** *Publicada no Diário Oficial da União de 6 de abril de 1965.*

§ 1.º Quando a autoria do crime permanecer ignorada por mais de quinze dias, proceder-se-á a inquérito policial e o processo seguirá o rito previsto no artigo 539.

§ 2.º Poderão funcionar, como defensores dativos, nas Delegacias de Polícia, como estagiários, na falta de profissionais diplomados e solicitadores, alunos da Faculdade de Direito, indicados pelo Procurador-Geral da Justiça.

§ 3.º Quando não for possível a assistência de defensor do acusado na lavratura do auto de flagrante, a autoridade policial é obrigada, sob pena de nulidade do ato, a mencionar, fundamentadamente, essa impossibilidade.

Art. 2.º Verificando-se a hipótese do artigo 384 e parágrafo único do Código de Processo Penal, o juiz dará vista dos autos, pelo prazo de três dias, ao representante do Ministério Público, para o oferecimento da denúncia, seguindo o processo o rito ordinário.

Art. 3.º Esta Lei entrará em vigor trinta dias após a sua publicação, não se aplica aos processos em curso e revoga as disposições em contrário.

Brasília, 2 de abril de 1965; 144.º da Independência e 77.º da República.

H. CASTELLO BRANCO
Milton Campos

LEI N.º 4.737 — DE 15 DE JULHO DE 1965 *

Institui o Código Eleitoral

....

CAPÍTULO III

Do Processo das Infrações

Art. 355. As infrações penais definidas neste Código são de ação pública.

Art. 356. Todo cidadão que tiver conhecimento de infração penal deste Código deverá comunicá-la ao juiz eleitoral da zona onde a mesma se verificou.

§ 1.º Quando a comunicação for verbal, mandará a autoridade judicial reduzi-la a termo, assinado pelo apresentante e por duas testemunhas, e a remeterá ao órgão do Ministério Público local, que procederá na forma deste Código.

§ 2.º Se o Ministério Público julgar necessários maiores esclarecimentos e documentos complementares ou outros elementos de convicção, deverá requisitá-los diretamente de quaisquer autoridades ou funcionários que possam fornecê-los.

Art. 357. Verificada a infração penal, o Ministério Público oferecerá a denúncia dentro do prazo de 10 (dez) dias.

---

* *Publicada no Diário Oficial da União de 19 de julho de 1965.*

§ 1.º Se o órgão do Ministério Público, ao invés de apresentar a denúncia, requerer o arquivamento da comunicação, o juiz, no caso de considerar improcedentes as razões invocadas, fará remessa da comunicação ao Procurador Regional e este oferecerá a denúncia, designará outro Promotor para oferecê-la, ou insistirá no pedido de arquivamento, ao qual só então estará o juiz obrigado a atender.

§ 2.º A denúncia conterá a exposição do fato criminoso com todas as suas circunstâncias, a qualificação do acusado ou esclarecimentos pelos quais se possa identificá-lo, a classificação do crime e, quando necessário, o rol das testemunhas.

§ 3.º Se o órgão do Ministério Público não oferecer a denúncia no prazo legal representará contra ele a autoridade judiciária, sem prejuízo da apuração da responsabilidade penal.

§ 4.º Ocorrendo a hipótese prevista no parágrafo anterior o juiz solicitará ao Procurador Regional a designação de outro promotor, que, no mesmo prazo, oferecerá a denúncia.

§ 5.º Qualquer eleitor poderá provocar a representação contra o órgão do Ministério Público se o juiz, no prazo de 10 (dez) dias, não agir de ofício.

Art. 358. A denúncia será rejeitada quando:

I — o fato narrado evidentemente não constituir crime;

II — já estiver extinta a punibilidade, pela prescrição ou outra causa;

III — for manifesta a ilegitimidade da parte ou faltar condição exigida pela lei para o exercício da ação penal.

Parágrafo único. Nos casos do número III, a rejeição da denúncia não obstará ao exercício da ação penal, desde que promovida por parte legítima ou satisfeita a condição.

Art. 359. Recebida a denúncia e citado o infrator, terá este o prazo de 10 (dez) dias para contestá-la, podendo juntar documentos que ilidam a acusação a arrolar as testemunhas que tiver.

Art. 360. Ouvidas as testemunhas da acusação e da defesa e praticadas as diligências requeridas pelo Ministério Público e deferidas ou ordenadas pelo juiz, abrir-se-á o prazo de 5 (cinco) dias a cada uma das partes — acusação e defesa — para alegações finais.

Art. 361. Decorrido esse prazo, e conclusos os autos ao juiz dentro de quarenta e oito horas, terá o mesmo 10 (dez) dias para proferir a sentença.

Art. 362. Das decisões finais de condenação ou absolvição cabe recurso para o Tribunal Regional, a ser interposto no prazo de 10 (dez) dias.

Art. 363. Se a decisão do Tribunal Regional for condenatória, baixarão imediatamente os autos à instância inferior para a execução da sentença, que será feita no prazo de 5 (cinco) dias, contados da data da vista ao Ministério Público.

Parágrafo único. Se o órgão do Ministério Público deixar de promover a execução da sentença serão aplicadas as normas constantes dos parágrafos 3.º, 4.º e 5.º do art. 357.

Art. 364. No processo e julgamento dos crimes eleitorais e dos comuns que lhes forem conexos, assim como nos recursos e na execução, que lhes digam respeito, aplicar-se-á, como lei subsidiária ou supletiva, o Código de Processo Penal.

....

LEI N.º 4.898 — DE 9 DE DEZEMBRO DE 1965 *

Regula o Direito de Representação e o Processo de Responsabilidade Administrativa Civil e Penal, nos casos de abuso de autoridade

O Presidente da República:

Faço saber que o Congresso Nacional decreta e eu sanciono a seguinte Lei:

Art. 1.º O direito de representação e o processo de responsabilidade administrativa civil e penal, contra as autoridades que, no exercício de suas funções, cometerem abusos, são regulados pela presente Lei.

Art. 2.º O direito de representação será exercido por meio de petição:

a) dirigida à autoridade superior que tiver competência legal para aplicar, à autoridade civil ou militar culpada, a respectiva sanção;

b) dirigida ao órgão do Ministério Público que tiver competência para iniciar processo-crime contra a autoridade culpada.

Parágrafo único. A representação será feita em duas vias e conterá a exposição do fato constitutivo do abuso de autoridade, com todas as suas circunstâncias, a qualificação do acusado e o rol de testemunhas, no máximo de três, se as houver.

Art. 3.º Constitui abuso de autoridade qualquer atentado:

a) à liberdade de locomoção;

b) à inviolabilidade do domicílio;

c) ao sigilo da correspondência;

d) à liberdade de consciência e de crença;

e) ao livre exercício do culto religioso;

f) à liberdade de associação;

g) aos direitos e garantias legais assegurados ao exercício do voto;

h) ao direito de reunião;

i) à incolumidade física do indivíduo;

j) aos direitos e garantias legais assegurados ao exercício profissional.

● Alínea com redação determinada pela Lei n.º 6.657, de 5 de junho de 1979.

Art. 4.º Constitui também abuso de autoridade:

a) ordenar ou executar medida privativa da liberdade individual, sem as formalidades legais ou com abuso de poder;

b) submeter pessoa sob sua guarda ou custódia a vexame ou a constrangimento não autorizado em lei;

c) deixar de comunicar, imediatamente, ao juiz competente a prisão ou detenção de qualquer pessoa;

d) deixar o Juiz de ordenar o relaxamento de prisão ou detenção ilegal que lhe seja comunicada;

e) levar a prisão e nela deter quem quer que se proponha a prestar fiança, permitida em lei;

* *Publicada no Diário Oficial da União de 9 de dezembro de 1965.*

f) cobrar o carcereiro ou agente de autoridade policial carceragem, custas, emolumentos ou qualquer outra despesa, desde que a cobrança não tenha apoio em lei, quer quanto à espécie, quer quanto ao seu valor;

g) recusar o carcereiro ou agente de autoridade policial recibo de importância recebida a título de carceragem, custas, emolumentos ou de qualquer outra despesa;

h) o ato lesivo da honra ou do patrimônio de pessoa natural ou jurídica, quando praticado com abuso ou desvio de poder ou sem competência legal.

Art. 5.º Considera-se autoridade, para os efeitos desta lei, quem exerce cargo, emprego ou função pública, de natureza civil, ou militar, ainda que transitoriamente e sem remuneração.

Art. 6.º O abuso de autoridade sujeitará o seu autor à sanção administrativa civil e penal.

§ 1.º A sanção administrativa será aplicada de acordo com a gravidade do abuso cometido e consistirá em:

a) advertência;

b) repreensão;

c) suspensão do cargo, função ou posto por prazo de cinco a cento e oitenta dias, com perda de vencimentos e vantagens;

d) destituição de função;

e) demissão;

f) demissão, a bem do serviço público.

§ 2.º A sanção civil, caso não seja possível fixar o valor do dano, consistirá no pagamento de uma indenização de quinhentos a dez mil cruzeiros.

§ 3.º A sanção penal será aplicada de acordo com as regras dos artigos 42 a 56 do Código Penal e consistirá em:

a) multa de cem cruzeiros a cinco mil cruzeiros;

b) detenção por dez dias a seis meses;

c) perda do cargo e a inabilitação para o exercício de qualquer outra função pública por prazo até três anos.

§ 4.º As penas previstas no parágrafo anterior poderão ser aplicadas autônoma ou cumulativamente.

§ 5.º Quando o abuso for cometido por agente de autoridade policial, civil ou militar de qualquer categoria, poderá ser cominada a pena autônoma ou acessória, de não poder o acusado exercer funções de natureza policial ou militar no município da culpa, por prazo de um a cinco anos.

Art. 7.º Recebida a representação em que for solicitada a aplicação de sanção administrativa, a autoridade civil ou militar competente determinará a instauração de inquérito para apurar o fato.

§ 1.º O inquérito administrativo obedecerá às normas estabelecidas nas leis municipais, estaduais ou federais, civis ou militares, que estabeleçam o respectivo processo.

§ 2.º Não existindo no município, no Estado ou na legislação militar normas reguladoras do inquérito administrativo serão aplicadas supletivamente, as disposições dos artigos 219 a 225 da Lei n. 1.711, de 28 de outubro de 1952 (Estatuto dos Funcionários Públicos Civis da União).

§ 3.º O processo administrativo não poderá ser sobrestado para o fim de aguardar a decisão da ação penal ou civil.

Art. 8.º A sanção aplicada será anotada na ficha funcional da autoridade civil ou militar.

Art. 9.º Simultaneamente com a representação dirigida à autoridade administrativa ou independentemente dela, poderá ser promovida, pela vítima do abuso, a responsabilidade civil ou penal ou ambas, da autoridade culpada.

Art. 10. Vetado.

Art. 11. A ação civil serão aplicáveis as normas do Código de Processo Civil.

Art. 12. A ação penal será iniciada, independentemente de inquérito policial ou justificação, por denúncia do Ministério Público, instruída com a representação da vítima do abuso.

Art. 13. Apresentada ao Ministério Público a representação da vítima, aquele, no prazo de quarenta e oito horas, denunciará o réu, desde que o fato narrado constitua abuso de autoridade, e requererá ao Juiz a sua citação, e, bem assim, a designação de audiência de instrução e julgamento.

§ 1.º A denúncia do Ministério Público será apresentada em duas vias.

Art. 14. Se o ato ou fato constitutivo do abuso de autoridade houver deixado vestígios o ofendido ou o acusado poderá:

a) promover a comprovação da existência de tais vestígios, por meio de duas testemunhas qualificadas;

b) requerer ao Juiz, até setenta e duas horas antes da audiência de instrução e julgamento, a designação de um perito para fazer as verificações necessárias.

§ 1.º O perito ou as testemunhas farão o seu relatório e prestarão seus depoimentos verbalmente, ou o apresentarão por escrito, querendo, na audiência de instrução e julgamento.

§ 2.º No caso previsto na letra "a" deste artigo a representação poderá conter a indicação de mais duas testemunhas.

Art. 15. Se o órgão do Ministério Público, ao invés de apresentar a denúncia requerer o arquivamento da representação, o Juiz, no caso de considerar improcedentes as razões invocadas, fará remessa da representação ao Procurador-Geral e este oferecerá a denúncia, ou designará outro órgão do Ministério Público para oferecê-la ou insistirá no arquivamento, ao qual só então deverá o Juiz atender.

Art. 16. Se o órgão do Ministério Público não oferecer a denúncia no prazo fixado nesta Lei, será admitida ação privada. O órgão do Ministério Público poderá, porém, aditar a queixa, repudiá-la e oferecer denúncia substitutiva e intervir em todos os termos do processo, interpor recursos e, a todo tempo, no caso de negligência do querelante, retomar a ação como parte principal.

Art. 17. Recebidos os autos, o Juiz, dentro do prazo de quarenta e oito horas proferirá despacho, recebendo ou rejeitando a denúncia.

§ 1.º No despacho em que receber a denúncia, o Juiz designará, desde logo, dia e hora para a audiência de instrução e julgamento, que deverá ser realizada, improrrogavelmente, dentro de cinco dias.

§ 2.º A citação do réu para se ver processar, até julgamento final e para comparecer à audiência de instrução e julgamento, será feita por mandado sucinto que, será acompanhado da segunda via da representação e da denúncia.

Art. 18. As testemunhas de acusação e defesa poderão ser apresentadas em Juízo, independentemente de intimação.

Parágrafo único. Não serão deferidos pedidos de precatória para a audiência ou a intimação de testemunhas ou, salvo o caso previsto no artigo 14, letra "b", requerimentos para a realização de diligências, perícias ou exames, a não ser que o Juiz, em despacho motivado, considere indispensáveis tais providências.

Art. 19. À hora marcada, o Juiz mandará que o porteiro dos auditórios ou o oficial de justiça declare aberta a audiência, apregoando em seguida o réu, as testemunhas, o perito, o representante do Ministério Público ou o advogado que tenha subscrito a queixa e o advogado ou defensor do réu.

Parágrafo único. A audiência somente deixará de realizar-se se ausente o Juiz.

Art. 20. Se até meia hora depois da hora marcada o Juiz não houver comparecido, os presentes poderão retirar-se, devendo o ocorrido constar do livro de termos de audiência.

Art. 21. A audiência de instrução e julgamento será pública, se contrariamente não dispuser o Juiz, e realizar-se-á em dia útil, entre dez (10) e dezoito (18) horas, na sede do Juízo ou, excepcionalmente, no local que o Juiz designar.

Art. 22. Aberta a audiência o Juiz fará a qualificação e o interrogatório do réu, se estiver presente.

Parágrafo único. Não comparecendo o réu nem seu advogado, o Juiz nomeará imediatamente defensor para funcionar na audiência e nos ulteriores termos do processo.

Art. 23. Depois de ouvidas as testemunhas e o perito, o Juiz dará a palavra sucessivamente, ao Ministério Público ou ao advogado que houver subscrito a queixa e ao advogado ou defensor do réu, pelo prazo de quinze minutos para cada um, prorrogável por mais dez (10), a critério do Juiz.

Art. 24. Encerrado o debate, o Juiz proferirá imediatamente a sentença.

Art. 25. Do ocorrido na audiência o escrivão lavrará no livro próprio, ditado pelo Juiz, termo que conterá, em resumo, os depoimentos e as alegações da acusação e da defesa, os requerimentos e, por extenso, os despachos e a sentença.

Art. 26. Subscreverão o têrmo o Juiz, o representante do Ministério Público ou o advogado que houver subscrito a queixa, o advogado ou defensor do réu e o escrivão.

Art. 27. Nas comarcas onde os meios de transporte forem difíceis e não permitirem a observância dos prazos fixados nesta Lei, o juiz poderá aumentá-los, sempre motivadamente, até o dobro.

Art. 28. Nos casos omissos, serão aplicáveis as normas do Código de Processo Penal, sempre que compatíveis com o sistema de instrução e julgamento regulado por esta Lei.

Parágrafo único. Das decisões, despachos e sentenças, caberão os recursos e apelações previstas no Código de Processo Penal.

Art. 29. Revogam-se as disposições em contrário.

H. A. CASTELLO BRANCO
Juracy Magalhães

LEI N.º 5.249 — DE 9 DE FEVEREIRO DE 1967 *

Dispõe sobre a Ação Pública de Crimes de Responsabilidade

O Presidente da República,

Faço saber que o Congresso Nacional decreta e eu sanciono a seguinte Lei:

Art. 1.º A falta de representação do ofendido, nos casos de abusos previstos na Lei n. 4.898, de 9 de dezembro de 1965, não obsta a iniciativa ou o curso de ação pública.

Art. 2.º A presente Lei entra em vigor na data de sua publicação.

Art. 3.º Revogam-se as disposições em contrário.

Brasília, 9 de fevereiro de 1967; 146.º da Independência e 79.º da República.

H. Castello Branco
Carlos Medeiros Silva

LEI N.º 5.250 — DE 9 DE FEVEREIRO DE 1967 **

Regula a liberdade de manifestação do pensamento e de informação

....

SEÇÃO III

Do Processo Penal

Art. 42. Lugar do delito, para a determinação da competência territorial, será aquele em que for impresso o jornal ou periódico, e o do local do estúdio do permissionário ou concessionário do serviço de radiodifusão, bem como o da administração principal da agência noticiosa.

Parágrafo único. Aplica-se aos crimes de imprensa o disposto no art. 85, do Código de Processo Penal.

Art. 43. A denúncia ou queixa será instruída com exemplar do jornal ou periódico e obedecerá ao disposto no art. 41 do Código de Processo Penal, contendo a indicação das provas que o autor pretendia produzir. Se a infração penal tiver sido praticada através de radiodifusão, a denúncia ou queixa será instruída com a notificação de que trata o art. 57.

§ 1.º Ao despachar a denúncia ou queixa, o juiz determinará a citação do réu para que apresente defesa prévia no prazo de cinco dias.

§ 2.º Não sendo o réu encontrado, será citado por edital com o prazo de quinze dias. Decorrido esse prazo e o qüinqüídio para a defesa prévia, sem

* *Publicada no Diário Oficial da União de 10 de fevereiro de 1967.*

** *Publicada no Diário Oficial da União de 10 de fevereiro e retificada em 10 de março de 1967.*

que o réu haja contestado a denúncia ou queixa, o juiz o declarará revel e lhe nomeará defensor dativo, a quem se dará vista dos autos para oferecer defesa prévia.

§ 3.º Na defesa prévia, devem ser argüidas as preliminares cabíveis, bem como a exceção da verdade, apresentando-se, igualmente, a indicação das provas a serem produzidas.

§ 4.º Nos processos por ação penal privada será ouvido a seguir o Ministério Público.

Art. 44. O juiz pode receber ou rejeitar a denúncia ou queixa, após a defesa prévia, e, nos crimes de ação penal privada, em seguida à promoção do Ministério Público.

§ 1.º A denúncia ou queixa será rejeitada quando não houver justa causa para a ação penal, bem como nos casos previstos no art. 43 do Código de Processo Penal.

§ 2.º Contra a decisão que rejeitar a denúncia ou queixa cabe recurso de apelação e, contra a que recebê-la, recurso em sentido estrito sem suspensão do curso do processo.

Art. 45. Recebida a denúncia, o juiz designará data para a apresentação do réu em juízo e marcará, desde logo, dia e hora para a audiência de instrução e julgamento, observados os seguintes preceitos:

I — se o réu não comparecer para a qualificação, o juiz considerá-lo-á revel e lhe nomeará defensor dativo. Se o réu comparecer e não tiver advogado constituído nos autos, o juiz poderá nomear-lhe defensor. Em um e outro caso, bastará a presença do advogado ou defensor do réu, nos autos da instrução;

II — na audiência serão ouvidas as testemunhas de acusação e, em seguida, as de defesa, marcando-se novas audiências, se necessário, em prazo nunca inferior a oito dias;

III — poderá o réu requerer ao juiz que seja interrogado, devendo, nesse caso, ser ele ouvido antes de inquiridas as testemunhas;

IV — encerrada a instrução, autor e réu terão, sucessivamente, o prazo de três dias para oferecerem alegações escritas.

Parágrafo único. Se o réu não tiver apresentado defesa prévia, apesar de citado, o juiz o considerará revel e lhe dará defensor dativo, a quem se abrirá o prazo de cinco dias para contestar a denúncia ou queixa.

Art. 46. Demonstrada a necessidade de certidões de repartições públicas ou autárquicas, e a de quaisquer exames, o juiz requisitará aquelas e determinará estes, mediante fixação de prazos para o cumprimento das respectivas diligências.

§ 1.º Se dentro do prazo não for atendida, sem motivo justo, a requisição do juiz, imporá este a multa de Cr$ 10.000,00 (dez mil cruzeiros) a Cr$ 100.000,00 (cem mil cruzeiros) ao funcionário responsável e suspenderá a marcha do processo até que em novo prazo seja fornecida a certidão ou se efetue a diligência. Aos responsáveis pela não realização desta última, será aplicada a multa de Cr$ 10.000,00 (dez mil cruzeiros) a Cr$ 100.000,00 (cem mil cruzeiros). A aplicação das multas acima referidas não exclui a responsabilidade por crime funcional

§ 2.º (Vetado).

§ 3.º A requisição de certidões e determinação de exames ou diligências serão feitas no despacho de recebimento da denúncia ou queixa.

Art. 47. Caberá apelação, com efeito suspensivo, contra a sentença que condenar ou absolver o réu.

Art. 48. Em tudo o que não é regulado por norma especial desta Lei, o Código Penal e o Código de Processo Penal se aplicam à responsabilidade penal, à ação penal e ao processo e julgamento dos crimes de que trata esta Lei.

....

DECRETO-LEI N.º 201 — DE 27 DE FEVEREIRO DE 1967 *

Dispõe sobre a responsabilidade dos Prefeitos e Vereadores, e dá outras providências

O Presidente da República, usando da atribuição que lhe confere o parágrafo 2.º, do artigo 9.º, do Ato Institucional n.º 4, de 7 de dezembro de 1966, decreta:

Art. 1.º São crimes de responsabilidade dos Prefeitos Municipais, sujeitos ao julgamento do Poder Judiciário, independentemente do pronunciamento da Câmara dos Vereadores:

I — apropriar-se de bens ou rendas públicas, ou desviá-los em proveito próprio ou alheio;

II — utilizar-se, indevidamente, em proveito próprio ou alheio, de bens, rendas ou serviços públicos;

III — desviar, ou aplicar indevidamente, rendas ou verbas públicas;

IV — empregar subvenções, auxílios, empréstimos ou recursos de qualquer natureza, em desacordo com os planos ou programas a que se destinam;

V — ordenar ou efetuar despesas não autorizadas por lei, ou realizá-las em desacordo com as normas financeiras pertinentes;

VI — deixar de prestar contas anuais da administração financeira do Município à Câmara de Vereadores, ou ao órgão que a Constituição do Estado indicar, nos prazos e condições estabelecidos;

VII — deixar de prestar contas, no devido tempo, ao órgão competente, da aplicação de recursos, empréstimos, subvenções ou auxílios internos ou externos, recebidos a qualquer títulos;

VIII — contrair empréstimo, emitir apólices, ou obrigar o Município por títulos de crédito, sem autorização da Câmara, ou em desacordo com a lei;

IX — conceder empréstimos, auxílios ou subvenções sem autorização da Câmara, ou em desacordo com a lei;

X — alienar ou onerar bens imóveis, ou rendas municipais, sem autorização da Câmara, ou em desacordo com a lei;

XI — adquirir bens, ou realizar serviços e obras, sem concorrência ou coleta de preços, nos casos exigidos em lei;

XII — antecipar ou inverter a ordem de pagamento a credores do Município, sem vantagens para o erário;

XIII — nomear, admitir ou designar servidor, contra expressa disposição de lei;

* *Publicado no Diário Oficial da União de 27 de fevereiro de 1967.*

XIV — negar execução a lei federal, estadual ou municipal, ou deixar de cumprir ordem judicial, sem dar o motivo da recusa ou da impossibilidade, por escrito, à autoridade competente;

XV — deixar de fornecer certidões de atos ou contratos municipais, dentro do prazo estabelecido em lei.

§ 1.º Os crimes definidos neste artigo são de ordem pública, punidos os dos itens I e II, com a pena de reclusão, de dois a doze anos, e os demais, com a pena de detenção, de três meses a três anos.

§ 2.º A condenação definitiva em qualquer dos crimes definidos neste artigo, acarreta a perda do cargo e a inabilitação, pelo prazo de cinco anos, para o exercício de cargo ou função pública, eletivo ou de nomeação, sem prejuízo da reparação civil do dano causado ao patrimônio público ou particular.

Art. 2.º O processo dos crimes definidos no artigo anterior é o comum do juízo singular, estabelecido pelo Código de Processo Penal, com as seguintes modificações:

I — antes de receber a denúncia o Juiz ordenará a notificação do acusado para apresentar defesa prévia, no prazo de cinco dias. Se o acusado não for encontrado para a notificação, ser-lhe-á nomeado defensor, a quem caberá apresentar a defesa, dentro do mesmo prazo;

II — ao receber a denúncia, o Juiz manifestar-se-á, obrigatória e motivadamente, sobre a prisão preventiva do acusado, nos casos dos itens I e II do artigo anterior, e sobre o seu afastamento do exercício do cargo durante a instrução criminal, em todos os casos;

III — do despacho, concessivo ou denegatório, de prisão preventiva, ou de afastamento do cargo do acusado, caberá recurso, em sentido estrito, para o Tribunal competente, no prazo de cinco dias, em autos apartados. O recurso do despacho que decretar a prisão preventiva ou o afastamento do cargo terá efeito suspensivo.

§ 1.º Os órgãos federais, estaduais ou municipais, interessados na apuração da responsabilidade do Prefeito, podem requerer a abertura de inquérito policial ou a instauração da ação penal pelo Ministério Público, bem como intervir, em qualquer fase do processo, como assistente da acusação.

§ 2.º Se as providências para a abertura do inquérito policial ou instauração da ação penal não forem atendidas pela autoridade policial ou pelo Ministério Público estadual, poderão ser requeridas ao Procurador-Geral da República.

Art. 3.º O Vice-Prefeito, ou quem vier a substituir o Prefeito, fica sujeito ao mesmo processo do substituído, ainda que tenha cessado a substituição.

Art. 4.º São infrações político-administrativas dos Prefeitos Municipais sujeitas ao julgamento pela Câmara dos Vereadores e sancionadas com a cassação do mandato:

I — impedir o funcionamento regular da Câmara;

II — impedir o exame de livros, folhas de pagamento e demais documentos que devam constar dos arquivos da Prefeitura, bem como a verificação de obras e serviços municipais, por comissão de investigação da Câmara ou auditoria, regularmente instituída;

III — desatender, sem motivo justo, as convocações ou os pedidos de informações da Câmara, quando feitos a tempo e em forma regular;

IV — retardar a publicação ou deixar de publicar as leis e atos sujeitos a essa formalidade;

V — deixar de apresentar à Câmara, no devido tempo, e em forma regular, a proposta orçamentária;

VI — descumprir o orçamento aprovado para o exercício financeiro;

VII — praticar, contra expressa disposição de lei, ato de sua competência ou omitir-se na sua prática;

VIII — omitir-se ou negligenciar na defesa de bens, rendas, direitos ou interesses do Município, sujeitos à administração da Prefeitura;

IX — ausentar-se do Município, por tempo superior ao permitido em lei, ou afastar-se da Prefeitura, sem autorização da Câmara dos Vereadores;

X — proceder de modo incompatível com a dignidade e o decoro do cargo.

Art. 5.º O processo de cassação do mandato do Prefeito pela Câmara, por infrações definidas no artigo anterior, obedecerá ao seguinte rito, se outro não for estabelecido pela legislação do Estado respectivo:

I — a denúncia escrita da infração poderá ser feita por qualquer eleitor, com a exposição dos fatos e a indicação das provas. Se o denunciante for Vereador, ficará impedido de votar sobre a denúncia e de integrar a Comissão processante, podendo, todavia, praticar todos os atos de acusação. Se o denunciante for o Presidente da Câmara, passará a Presidência ao substituto legal, para os atos do processo, e só votará se necessário para completar o "quorum" de julgamento. Será convocado o suplente do Vereador impedido de votar, o qual não poderá integrar a Comissão processante;

II — de posse da denúncia, o Presidente da Câmara, na primeira sessão, determinará sua leitura e consultará a Câmara sobre o seu recebimento. Decidido o recebimento, pelo voto da maioria dos presentes, na mesma sessão será constituída a Comissão processante, com três Vereadores sorteados entre os desimpedidos, os quais elegerão, desde logo, o Presidente e o Relator;

III — recebendo o processo, o Presidente da Comissão iniciará os trabalhos, dentro em cinco dias, notificando o denunciado, com a remessa de cópia da denúncia e documentos que a instruírem, para que, no prazo de dez dias, apresente defesa prévia, por escrito, indique as provas que pretender produzir e arrole testemunhas, até o máximo de dez. Se estiver ausente do Município, a notificação far-se-á por edital publicado duas vezes, no órgão oficial, com intervalo de três dias, pelo menos, contado o prazo da primeira publicação. Decorrido o prazo de defesa, a Comissão processante emitirá parecer dentro em cinco dias, opinando pelo prosseguimento ou arquivamento da denúncia, o qual, neste caso, será submetido ao Plenário. Se a Comissão opinar pelo prosseguimento, o Presidente designará desde logo, o início da instrução, e determinará os atos, diligências e audiências que se fizerem necessários, para o depoimento do denunciado e inquirição das testemunhas;

IV — o denunciado deverá ser intimado de todos os atos do processo, pessoalmente, ou na pessoa de seu procurador, com a antecedência, pelo menos, de vinte e quatro horas, sendo-lhe permitido assistir as diligências e audiências, bem como formular perguntas e reperguntas às testemunhas e requerer o que for de interesse da defesa;

V — concluída a instrução, será aberta vista do processo ao denunciado, para razões escritas, no prazo de cinco dias, e após, a Comissão processante emitirá parecer final, pela procedência ou improcedência da acusação, e solicitará ao Presidente da Câmara a convocação de sessão para julgamento. Na sessão de julgamento, o processo será lido, integralmente, e, a seguir, os Vereadores que o desejarem poderão manifestar-se verbalmente, pelo tempo máximo de quinze minutos cada um, e, ao final, o denunciado, ou seu procurador, terá o prazo máximo de duas horas, para produzir sua defesa oral;

VI — concluída a defesa, proceder-se-á tantas votações nominais, quantas forem as infrações articuladas na denúncia. Considerar-se-á afastado, definitivamente, do cargo, o denunciado que for declarado, pelo voto de dois terços, pelo menos, dos membros da Câmara, incurso em qualquer das infrações especificadas na denúncia. Concluído o julgamento, o Presidente da Câmara proclamará imediatamente o resultado e fará lavrar ata que consigne a votação nominal sobre cada infração, e, se houver condenação, expedirá o competente decreto legislativo de cassação do mandato de Prefeito. Se o resultado da votação for absolutório, o Presidente determinará o arquivamento do processo. Em qualquer dos casos, o Presidente da Câmara comunicará à Justiça Eleitoral o resultado;

VII — o processo, a que se refere este artigo, deverá estar concluído dentro em noventa dias, contados da data em que se efetivar a notificação do acusado. Transcorrido o prazo sem o julgamento, o processo será arquivado, sem prejuízo de nova denúncia ainda que sobre os mesmos fatos.

Art. 6.º Extingue-se o mandato de Prefeito, e, assim, deve ser declarado pelo Presidente da Câmara de Vereadores, quando:

I — ocorrer falecimento, renúncia por escrito, cassação dos direitos políticos ou condenação por crime funcional ou eleitoral;

II — deixar de tomar posse, sem motivo justo aceito pela Câmara, dentro do prazo estabelecido em lei;

III — incidir nos impedimentos para o exercício do cargo, estabelecidos em lei, e não se desincompatibilizar até a posse, e, nos casos supervenientes, no prazo que a lei ou a Câmara fixar.

Parágrafo único. A extinção do mandato independe de deliberação do plenário e se tornará efetiva desde a declaração do fato ou ato extintivo pelo Presidente e sua inserção em ata.

Art. 7.º A Câmara poderá cassar o mandato de Vereador, quando:

I — utilizar-se do mandato para a prática de atos de corrupção ou de improbidade administrativa;

II — fixar residência fora do Município;

III — proceder de modo incompatível com a dignidade da Câmara ou faltar com o decoro na sua conduta pública.

§ 1.º O processo de cassação de mandato de Vereador é, no que couber, o estabelecido no artigo 5.º deste Decreto-lei.

§ 2.º O Presidente da Câmara poderá afastar de suas funções o Vereador acusado, desde que a denúncia seja recebida pela maioria absoluta dos membros da Câmara, convocando o respectivo suplente, até o julgamento final. O suplente convocado não intervirá nem votará nos atos do processo do substituído.

Art. 8.º Extingue-se o mandato do Vereador e assim será declarado pelo Presidente da Câmara, quando:

I — ocorrer falecimento, renúncia por escrito, cassação dos direitos políticos ou condenação por crime funcional ou eleitoral;

II — deixar de tomar posse, sem motivo justo aceito pela Câmara, dentro do prazo estabelecido em lei;

III — deixar de comparecer, em cada sessão legislativa anual, à terça parte das sessões ordinárias da Câmara Municipal, salvo por motivo de doença comprovada, licença ou missão autorizada pela edilidade, ou, ainda, deixar de comparecer a cinco sessões extraordinárias convocadas pelo Prefeito, por escrito e mediante recibo de recebimento, para apreciação de matéria urgente, assegurada ampla defesa, em ambos os casos.

● Inciso III com a redação dada pela Lei n.º 6.793, de 11-6-80.

IV — incidir nos impedimentos para o exercício do mandato, estabelecidos em lei e não se desincompatibilizar até a posse, e, nos casos supervenientes, no prazo fixado em lei ou pela Câmara.

§ 1.º Ocorrido e comprovado o ato ou fato extintivo, o Presidente da Câmara, na primeira sessão, comunicará ao plenário e fará constar da ata a declaração da extinção do mandato e convocará imediatamente o respectivo suplente.

§ 2.º Se o Presidente da Câmara omitir-se nas providências do parágrafo anterior, o suplente do Vereador ou o Prefeito Municipal poderá requerer a declaração de extinção do mandato, por via judicial, e se procedente, o juiz condenará o Presidente omisso nas custas do processo e honorários de advogado que fixará de plano, importando a decisão judicial na destituição automática do cargo da Mesa e no impedimento para nova investidura durante toda a legislatura.

§ 3.º O disposto no item III não se aplicará às sessões extraordinárias que forem convocadas pelo Prefeito, durante os períodos de recesso das Câmaras Municipais.

● § 3.º acrescentado pela Lei n.º 5.659, de 8 de junho de 1971.

Art. 9.º O presente Decreto-lei entrará em vigor na data de sua publicação, revogadas as Leis ns. 211, de 7 de janeiro de 1948, e 3.528, de 3 de janeiro de 1959, e demais disposições em contrário.

H. CASTELLO BRANCO
Presidente da República

DECRETO-LEI N.º 552 — DE 25 DE ABRIL DE 1969 *

Dispõe sobre a concessão de vista ao Ministério Público nos processos de "habeas corpus"

O Presidente da República, usando das atribuições que lhe confere o § 1.º do artigo 2.º do Ato Institucional n. 5, de 13 de dezembro de 1968, decreta:

Art. 1.º Ao Ministério Público será sempre concedida, nos Tribunais Federais ou Estaduais, vista dos autos relativos a processos de "habeas corpus", originários ou em grau de recurso, pelo prazo de 2 (dois) dias.

§ 1.º Findo esse prazo, os autos, com ou sem parecer, serão conclusos ao relator para julgamento, independentemente de pauta.

§ 2.º A vista ao Ministério Público será concedida após a prestação das informações pela autoridade coatora, salvo se o relator entender desnecessário solicitá-las, ou se solicitadas, não tiverem sido prestadas.

§ 3.º No julgamento dos processos a que se refere este artigo será assegurada a intervenção oral do representante do Ministério Público.

Art. 2.º Este Decreto-lei entrará em vigor na data de sua publicação, revogados o artigo 611 do Código de Processo Penal e demais disposições em contrário.

A. COSTA E SILVA
Presidente da República

* *Publicado no Diário Oficial da União de 28 de abril de 1969.*

LEI N.º 5.970 — DE 11 DE DEZEMBRO DE 1973 *

Exclui da aplicação do disposto nos artigos 6.º, inciso I, 64 e 169, do Código de Processo Penal, os casos de acidente de trânsito, e dá outras providências

O Presidente da República,

Faço saber que o Congresso Nacional decreta e eu sanciono a seguinte Lei:

Art. 1.º Em caso de acidente de trânsito, a autoridade ou agente policial que primeiro tomar conhecimento do fato poderá autorizar, independentemente de exame do local, a imediata remoção das pessoas que tenham sofrido lesão, bem como dos veículos nele envolvidos, se estiverem no leito da via pública e prejudicarem o tráfego.

Parágrafo único. Para autorizar a remoção, a autoridade ou agente policial lavrará boletim da ocorrência, nele consignando o fato, as testemunhas que o presenciaram e todas as demais circunstâncias necessárias ao estabelecimento da verdade.

Art. 2.º Esta Lei entra em vigor na data de sua publicação, revogadas as disposições em contrário.

EMÍLIO G. MÉDICI
Presidente da República
Alfredo Buzaid

LEI N.º 5.974 — DE 11 DE DEZEMBRO DE 1973 **

Dispõe sobre a competência criminal para o processo e julgamento dos membros do Ministério Público da União

O Presidente da República,

Faço saber que o Congresso Nacional decreta e eu sanciono a seguinte Lei:

Art. 1.º Compete, originariamente, ao Tribunal Federal de Recursos processar e julgar os membros do Ministério Público da União nas infrações penais comuns.

Parágrafo único. O disposto neste artigo não se aplica aos crimes da competência da Justiça Militar, da Justiça Eleitoral e do Tribunal do Júri.

Art. 2.º Esta Lei entrará em vigor na data de sua publicação, revogadas as disposições em contrário.

Brasília, 11 de dezembro de 1973; 152.º da Independência e 85.º da República.

EMÍLIO G. MÉDICI
Alfredo Buzaid

---

* *Publicada no Diário Oficial da União de 13 de dezembro de 1973.*

** *Publicada no Diário Oficial da União de 13 de dezembro de 1973.*

LEI N.º 6.368 — DE 21 DE OUTUBRO DE 1976 *

Dispõe sobre medidas de prevenção e repressão ao tráfico ilícito e uso indevido de substâncias entorpecentes ou que determinem dependência física ou psíquica, e dá outras providências.

....

CAPÍTULO IV

Do Procedimento Criminal

Art. 20. O procedimento dos crimes definidos nesta Lei reger-se-á pelo disposto neste Capítulo, aplicando-se subsidiariamente o Código de Processo Penal.

Art. 21. Ocorrendo prisão em flagrante, a autoridade policial dela fará comunicação imediata ao juiz competente, remetendo-lhe juntamente uma cópia do auto lavrado e o respectivo auto nos 5 (cinco) dias seguintes.

§ 1.º Nos casos em que não ocorrer prisão em flagrante, o prazo para remessa dos autos do inquérito a juízo será de 30 (trinta) dias.

§ 2.º Nas comarcas onde houver mais de uma vara competente, a remessa far-se-á na forma prevista na Lei de Organização Judiciária local.

Art. 22. Recebidos os autos em juízo, será aberta vista ao Ministério Público para, no prazo de 3 (três) dias, oferecer denúncia, arrolar testemunhas até o máximo de 5 (cinco) e requerer as diligências que entender necessárias.

§ 1.º Para efeito da lavratura do auto de prisão em flagrante e do oferecimento da denúncia, no que tange à materialidade do delito, bastará laudo de constatação da natureza da substância firmado por perito oficial ou, na falta deste, por pessoa idônea escolhida de preferência entre as que tiverem habilitação técnica.

§ 2.º Quando o laudo a que se refere o parágrafo anterior for subscrito por perito oficial, não ficará este impedido de participar da elaboração do laudo definido.

§ 3.º Recebida a denúncia, o Juiz, em 24 (vinte e quatro) horas, ordenará a citação ou requisição do réu e designará dia e hora para o interrogatório, que se realizará dentro dos 5 (cinco) dias seguintes.

§ 4.º Se o réu não for encontrado nos endereços constantes dos autos, o Juiz ordenará sua citação por edital, com prazo de 5 (cinco) dias, após o qual decretará sua revelia. Neste caso, os prazos correrão independentemente de intimação.

§ 5.º No interrogatório, o Juiz indagará do réu sobre eventual dependência, advertindo-o das conseqüências de suas declarações.

§ 6.º Interrogado o réu, será aberta vista à defesa para, no prazo de 3 (três) dias, oferecer alegações preliminares, arrolar testemunhas até o máximo de 5 (cinco) e requerer as diligências que entender necessárias. Havendo mais de um réu, o prazo será comum e correrá em cartório.

Art. 23. Findo o prazo do § 6.º do artigo anterior, o Juiz proferirá despacho saneador, em 48 (quarenta e oito) horas, no qual ordenará as diligências indispensáveis ao julgamento do feito e designará, para um dos 8 (oito) dias seguintes, audiência de instrução e julgamento, notificando-se o réu e as testemunhas que nela devam prestar depoimento, intimando-se o defensor e o Ministério

---

* *Publicada no Diário Oficial da União de 22 de setembro e 29 de outubro de 1976. Regulamentada pelo Decreto n.º 78.992, de 21 de dezembro de 1976.*

Público, bem como cientificando-se a autoridade policial e os órgãos dos quais dependa a remessa de peças ainda não constantes dos autos.

§ 1.º Na hipótese de ter sido determinado exame de dependência, o prazo para a realização da audiência será de 30 (trinta) dias.

§ 2.º Na audiência, após a inquirição das testemunhas, será dada a palavra, sucessivamente, ao órgão do Ministério Público e ao defensor do réu, pelo tempo de 20 (vinte) minutos para cada um, prorrogável por mais 10 (dez), a critério do Juiz que, em seguida, proferirá sentença.

§ 3.º Se o Juiz não se sentir habilitado a julgar de imediato a causa, ordenará que os autos lhe sejam conclusos para, no prazo de 5 (cinco) dias, proferir sentença.

Art. 24. Nos casos em que couber fiança, sendo o agente menor de 21 (vinte e um) anos, a autoridade policial, verificando não ter o mesmo condições de prestá-la, poderá determinar o seu recolhimento domiciliar na residência dos pais, parentes ou de pessoa idônea, que assinarão termo de responsabilidade.

§ 1.º O recolhimento domiciliar será determinado sempre "ad referendum" do Juiz competente que poderá mantê-lo ou revogá-lo, ou ainda conceder liberdade provisória.

§ 2.º Na hipótese de revogação de qualquer dos benefícios previstos neste artigo o Juiz mandará expedir mandado de prisão contra o indiciado ou réu, aplicando-se, no que couber, o disposto no § 4.º do artigo 22.

Art. 25. A remessa dos autos de flagrante ou de inquérito a juízo far-se-á sem prejuízo das diligências destinadas ao esclarecimento do fato, inclusive a elaboração do laudo de exame toxicológico e, se necessário, de dependência, que serão juntados ao processo até a audiência de instrução e julgamento.

Art. 26. Os registros, documentos ou peças de informação, bem como os autos de prisão em flagrante e os de inquérito policial para a apuração dos crimes definidos nesta Lei serão mantidos sob sigilo, ressalvadas, para efeito exclusivo de atuação profissional, as prerrogativas do Juiz, do Ministério Público, da autoridade policial e do advogado na forma da legislação específica.

Parágrafo único. Instaurada a ação penal, ficará a critério do Juiz a manutenção do sigilo a que se refere este artigo.

Art. 27. O processo e o julgamento do crime de tráfico com o exterior caberão à Justiça Estadual com interveniência do Ministério Público respectivo, se o lugar em que tiver sido praticado, for município que não seja sede de vara da Justiça Federal, com recurso para o Tribunal Federal de Recursos.

Art. 28. Nos casos de conexão e continência entre os crimes definidos nesta Lei e outras infrações penais, o processo será o previsto para a infração mais grave, ressalvados os da competência do júri e das jurisdições especiais.

Art. 29. Quando o Juiz absolver o agente, reconhecendo por força de perícia oficial, que ele, em razão de dependência, era, ao tempo da ação ou da omissão, inteiramente incapaz de entender o caráter ilícito do fato ou de determinar-se de acordo com esse entendimento, ordenará seja o mesmo submetido a tratamento médico.

§ 1.º Verificada a recuperação, será esta comunicada ao Juiz que, após comprovação por perícia oficial, e ouvido o Ministério Público, determinará o encerramento do processo.

§ 2.º Não havendo peritos oficiais, os exames serão feitos por médicos, nomeados pelo Juiz, que prestarão compromisso de bem e fielmente desempenhar o encargo.

§ 3.º No caso de o agente frustrar, de algum modo, tratamento ambulatorial ou vir a ser novamente processado nas mesmas condições do *caput* deste

artigo, o Juiz poderá determinar que o tratamento seja feito em regime de internação hospitalar.

Art. 30. Nos casos em que couber fiança, deverá a autoridade, que a conceder ou negar, fundamentar a decisão.

§ 1.º O valor da fiança será fixado pela autoridade que a conceder, entre o mínimo de Cr$ 500,00 (quinhentos cruzeiros) e o máximo de Cr$ 5.000,00 (cinco mil cruzeiros).

§ 2.º Aos valores estabelecidos no parágrafo anterior, aplicar-se-á o coeficiente de atualização monetária referido no parágrafo único do artigo 2.º da Lei n. 6.205, de 29 de abril de 1975.

Art. 31. No caso de processo instaurado contra mais de um réu, se houver necessidade de realizar-se exame de dependência, far-se-á sua separação no tocante ao réu a quem interesse o exame, processando-se este em apartado, e fixando o Juiz prazo até 30 (trinta) dias para sua conclusão.

Art. 32. Para os réus condenados à pena de detenção, pela prática de crime previsto nesta Lei, o prazo para requerimento da reabilitação será de 2 (dois) anos.

Art. 33. Sob pena de responsabilidade penal e administrativa, os dirigentes. funcionários e empregados dos órgãos da administração pública direta e autárquica, das empresas públicas, sociedades de economia mista, ou fundações instituídas pelo poder público, observarão absoluta precedência nos exames, perícias e na confecção e expedição de peças, publicação de editais, bem como no atendimento de informações e esclarecimentos solicitados por autoridades judiciárias, policiais ou administrativas com o objetivo de instruir processos destinados à apuração de quaisquer crimes definidos nesta Lei.

Art. 34. Os veículos, embarcações, aeronaves e quaisquer outros meios de transporte, assim como os maquinismos, utensílios, instrumentos e objetos de qualquer natureza utilizados para a prática dos crimes definidos nesta Lei, após a sua regular apreensão, serão entregues à custódia da autoridade competente.

§ 1.º Havendo possibilidade ou necessidade da utilização dos bens mencionados neste artigo, para sua conservação, poderá a autoridade deles fazer uso.

§ 2.º Transitada em julgado sentença que declare a perda de qualquer dos bens referidos passarão eles à propriedade do Estado.

Art. 35. O réu condenado por infração dos artigos 12 ou 13 desta Lei não poderá apelar sem recolher-se à prisão.

CAPÍTULO V

Disposições Gerais

Art. 36. Para os fins desta Lei serão consideradas substâncias entorpecentes ou capazes de determinar dependência física ou psíquica aquelas que assim forem especificadas em lei ou relacionadas pelo Serviço Nacional de Fiscalização da Medicina e Farmácia, do Ministério da Saúde.

Parágrafo único. O Serviço Nacional de Fiscalização da Medicina e Farmácia deverá rever, sempre que as circunstâncias assim o exigirem, as relações a que se refere este artigo, para o fim de exclusão ou inclusão de novas substâncias.

Art. 37. Para efeito de caracterização dos crimes definidos nesta Lei, a autoridade atenderá à natureza e à quantidade da substância apreendida, ao local e às condições em que se desenvolveu a ação criminosa, às circunstâncias da prisão, bem como à conduta e aos antecedentes do agente.

Parágrafo único. A autoridade deverá justificar, em despacho fundamentado, as razões que a levaram à classificação legal do fato, mencionando concretamente as circunstâncias referidas neste artigo, sem prejuízo de posterior alteração da classificação pelo Ministério Público ou pelo Juiz.

Art. 38. A pena de multa consiste no pagamento, ao Tesouro Nacional, de uma soma em dinheiro que é fixada em dias-multa.

§ 1.º O montante do dia-multa será fixado segundo o prudente arbítrio do Juiz, entre o mínimo de Cr$ 25,00 (vinte e cinco cruzeiros) e o máximo de Cr$ 250,00 (duzentos e cinqüenta cruzeiros).

§ 2.º Aos valores estabelecidos no parágrafo anterior, aplicar-se-á o coeficiente de atualização monetária referido no parágrafo único do artigo 2.º da Lei n. 6.205, de 29 de abril de 1975.

§ 3.º A pena pecuniária terá como referência os valores do dia-multa que vigorarem à época do fato.

39. As autoridades sanitárias, policiais e alfandegárias organizarão e manterão estatísticas, registros e demais informes, inerentes às suas atividades relacionadas com a prevenção e repressão de que trata esta Lei, deles fazendo remessa ao órgão competente com as observações e sugestões que julgarem pertinentes à elaboração do relatório que será enviado anualmente ao Órgão Internacional da Fiscalização de Entorpecentes.

Art. 40. Todas as substâncias entorpecentes ou que determinem dependência física ou psíquica, apreendidas por infração a qualquer dos dispositivos desta Lei, serão obrigatoriamente remetidas, após o trânsito em julgado da sentença, ao órgão competente do Ministério da Saúde ou congênere estadual, cabendo-lhes providenciar o seu registro e decidir do seu destino.

§ 1.º Ficarão sob a guarda e responsabilidade das autoridades policiais, até o trânsito em julgado da sentença, as substâncias referidas neste artigo.

§ 2.º Quando se tratar de plantação ou quantidade que torne difícil o transporte ou apreensão da substância na sua totalidade, a autoridade policial recolherá quantidade suficiente para exame pericial destruindo o restante, de tudo lavrando auto circunstanciado.

Art. 41. As autoridades judiciárias, o Ministério Público e as autoridades policiais poderão requisitar às autoridades sanitárias competentes, independentemente de qualquer procedimento judicial, a realização de inspeções nas empresas industriais ou comerciais, nos estabelecimentos hospitalares, de pesquisa, ensino e congêneres, assim como nos serviços médicos que produzirem, venderem, comprarem, consumirem ou fornecerem substâncias entorpecentes ou que determinem dependência física ou psíquica, ou especialidades farmacêuticas que as contenham, sendo facultada a assistência da autoridade requisitante.

§ 1.º Nos casos de falência ou de liquidação judicial das empresas ou estabelecimentos referidos neste artigo, ou de qualquer outro em que existam tais produtos, cumpre ao juízo por onde correr o feito oficiar às autoridades sanitárias competentes, para que promovam, desde logo, as medidas necessárias ao recebimento, em depósito, das substâncias arrecadadas.

§ 2.º As vendas em hasta pública de substâncias ou especialidades a que se refere este artigo serão realizadas com a presença de 1 (um) representante da autoridade sanitária competente, só podendo participar da licitação pessoa física ou jurídica regularmente habilitada.

Art. 42. É passível de expulsão, na forma da legislação específica, o estrangeiro que praticar qualquer dos crimes definidos nesta Lei, desde que cumprida a condenação imposta, salvo se ocorrer interesse nacional que recomende sua expulsão imediata.

Art. 43. Os Tribunais de Justiça deverão, sempre que necessário e possível, observado o disposto no artigo 144, § 5.º, da Constituição Federal, instituir juízos especializados para o processo e julgamento dos crimes definidos nesta Lei.

Art. 44. Nos setores de repressão a entorpecentes do Departamento de Polícia Federal, só poderão ter exercício policiais que possuam especialização adequada.

Parágrafo único. O Poder Executivo disciplinará a especialização dos integrantes das Categorias Funcionais da Polícia Federal, para atendimento ao disposto neste artigo.

Art. 45. O Poder Executivo regulamentará a presente Lei dentro de 60 (sessenta) dias, contados da sua publicação.

Art. 46. Revogam-se as disposições em contrário, em especial o artigo 311 do Decreto-lei n. 1.004, de 21 de outubro de 1969, com as alterações da Lei n. 6.016, de 31 de dezembro de 1973, e a Lei n. 5.726, de 29 de outubro de 1971, com exceção do seu artigo 22.

Art. 47. Esta Lei entrará em vigor 30 (trinta) dias após a sua publicação.

ERNESTO GEISEL
Presidente da República
Armando Falcão
Ney Braga
Paulo de Almeida Machado
L. G. do Nascimento e Silva

LEI N.º 6.900 — DE 14 DE ABRIL DE 1981 *

Acrescenta parágrafo único ao artigo 20 do Decreto-lei n. 3.689, de 3 de outubro de 1941 — Código de Processo Penal

O Presidente da República,

Faço saber que o Congresso Nacional decreta e eu sanciono a seguinte Lei:

Art. 1.º Acrescente-se ao artigo 20 do Decreto-lei n. 3.689, de 3 de outubro de 1941 — Código de Processo Penal, o seguinte parágrafo:

"Art. 20. ....

Parágrafo único. Nos atestados de antecedentes que lhe forem solicitados, a autoridade policial não poderá mencionar quaisquer anotações referentes à instauração de inquérito contra os requerentes, salvo no caso de existir condenação anterior."

Art. 2.º Esta Lei entrará em vigor na data de sua publicação.

Art. 3.º Revogam-se as disposições em contrário.

JOÃO FIGUEIREDO
Presidente da República
Ibrahim Abi-Ackel
Hélio Beltrão

* *Publicada no Diário Oficial da União de 15 de abril de 1981.*

BIBLIOGRAFIA

BIBLIOGRAFIA

1 — ADRIÁN, Salvador Minguijón — História del Derecho Español, tomo II, 4.ª edición, Editorial Labor, Barcelona-Buenos Aires, 1953.

2 — ALMEIDA FILHO, Amaro Alves de — Ministério Público, *in* Revista Justitia, vol. 29, São Paulo, 1960.

3 — ALMEIDA, Candido Mendes de —

a) Codigo Philipino, 14.ª edição, Instituto Philomathico, Rio de Janeiro, 1870;

b) Arestos do Supremo Tribunal de Justiça, B. L. Garnier, Rio de Janeiro, 1881.

4 — ALMEIDA, Fernando H. Mendes de — As Constituições do Brasil, 4.ª edição, Saraiva, São Paulo, 1963.

5 — ALMEIDA, Joaquim Canuto Mendes de —

a) Ação Penal, Editora Revista dos Tribunais, São Paulo, 1938;

b) A Contrariedade na Instrução Criminal, editora Saraiva, São Paulo, 1937;

c) Princípios fundamentais do Processo Penal, editora Revista dos Tribunais, São Paulo, 1973;

d) Processo Penal, ação e jurisdição, editora Revista dos Tribunais, São São Paulo, 1975;

e) Uma carta de seguro em São Paulo, concedida em 1782, *in* Revista da Faculdade de Direito, vol. XXXV fasc. I, São Paulo, 1939.

6 — ALMEIDA JÚNIOR, João Mendes de —

a) O processo criminal brazileiro, 2 tomos, Editora Francisco Alves, São Paulo, 1911;

b) Programa de Ensino de Prática Forense, com remissões de João Mendes de Almeida Neto, editora Freitas Bastos, Rio-São Paulo, 1958.

7 — ALKMIN, José Maria Rodrigues — A instituição do Ministério Público, conferência proferida no Congresso Nacional do Ministério Público, em Guarapari, em 1973, publicada pela Revista Justitia, vol. 80, São Paulo, 1973.

8 — ALTAVILLA, Jayme de — Origem dos Direitos dos Povos, edição Melhoramentos, São Paulo.

9 — ALVES JÚNIOR, Thomaz — Annotações Theoricas e Praticas ao Codigo Criminal, tomo III, B. L. Garnier, Rio de Janeiro, 1882.

10 — AUTRAN, Manoel Godofredo de Alencastro — Codigo do Processo Criminal de Primeira Instancia, B. L. Garnier, Rio, 1881.

11 — Ayrragaray, Carlos A. —

a) El Ministério Público, *in* Anais do I Congresso Interamericano do Ministério Público, vol. 2;

b) El porvenir del Ministério Público, *in* Anais do I Congresso Interamericano do Ministério Público, vol. 1.

12 — AZEVEDO, Luiz Carlos de — Carta de Seguro, "habeas corpus" lusitano, *in* Revista Ciência Penal, ano III, n.º 3, São Paulo, 1976.

13 — AZEVEDO, Vicente de Paulo Vicente — Curso de Direito Judiciário Penal, vol 1.º, editora Saraiva, São Paulo, 1958.

14 — BARROS, Romeu Pires de Campos — Lineamentos do Processo Penal Brasileiro, Goiânia, 1967.

15 — BASTOS, Aureliano Cândido Tavares — A Província, São Paulo, 1938.

16 — BELING, Ernst von — Derecho Procesal Penal, tradução para o espanhol de M. Fenech, Buenos Aires, 1943.

17 — BOITARD — Leçons sur les Codes Pénal et d'Instruction Criminelle, pu blicado por Gustave de Linage, Librairie du Conseir d'Etat, Paris, 1856.

18 — BRAGA, Theophilo — Historia do Direito Portuguez, os forais, Imprensa da Universidade, Coimbra, 1868.

19 — BUENO, José Antonio Pimenta — Apontamentos sobre o Processo Criminal Brasileiro, 2.ª edição, Empreza Nacional do Diário, Rio de Janeiro, 1857.

20 — CAETANO, Marcello —

a) História do Direito Português, vol. I (1140-1495), editorial Verbo, Lisboa-São Paulo;

b) Lições de História do Direito Português, Coimbra editora, Coimbra, 1962;

c) Manual de Ciência Política e Direito Constitucional, tomo II, 6.ª edição, Coimbra-Lisboa, 1972.

21 — CALADO, Frei Manuel — O valeroso Lucideno e o Triunfo da Liberdade, vol 1.º, edição Cultura, São Paulo, 1943.

22 — CALASSO, Francesco — Medio Evo del Diritto, tomo I, le fonti, A. Giuffrè, Milano, 1954.

23 — CALMON, Pedro —

a) O Estado e o Direito nos Lusíadas, edições Dois Mundos, Rio de Janeiro, MCMXLV;

b) Curso de Direito Constitucional Brasileiro, editora Freitas Bastos, Rio-São Paulo, 1937;

c) A vida de D. Pedro II, o Rei Filósofo, edição da Biblioteca do Exército, Rio de Janeiro, 1975.

24 — CALÓGERAS, J. Pandiá — Formação histórica do Brasil, 7.ª edição, Brasiliana, 1967.

25 — CÂMARA, José Gomes B. — Subsídios para a história do Direito Pátrio, volumes III e IV, Brasiliana, Rio, 1966/67.

26 — CAMPOS, Benedicto de — O Ministério Público e o novo Código de Processo Civil, editora Revista dos Tribunais, São Paulo, 1976.

27 — CAMPOS FILHO, Paulo Barbosa — Ensaio sobre a ação popular, editora Saraiva, São Paulo, 1939.

28 — CANTU, Cesare — História Universal, edição ampliada por Antonio Enes.

29 — CARPENTER, L. F. S. — O Direito Processual do Império *in* Livro do Centenário dos Cursos Jurídicos.

30 — CARVALHO, João da Cunha Neves de — "Que actoridade teve entre nós o Codigo dos Wisigodos desde o princípio da Monarchia? Quando cessou essa auctoridade? E porque causas? *in* Memoria da Academia Real de Sciencias de Lisboa, tomo VI, Lisboa, 1820.

31 — CAVALCANTI, Themístocles Brandão —

a) Instituições de Direito Administrativo Brasileiro, vol. 2, 2.ª edição, Freitas Bastos, Rio-São Paulo, 1938.

b) A Constituição Federal Comentada, vol. II, 3.ª edição, José Konfino, Rio de Janeiro, 1952.

32 — CENEVIVA, Valter — Ministério Público, *in* Revista Justitia, vol. 36, São Paulo, 1962.

33 — CHAVEAU et HÉLIE — Complement de la théorie du Code Pénal — Le droit pénel français, Bruylant-Christophe et Compagnie éditeurs, Bruxelles, 1863.

34 — COSTA, Edgard — Efemérides Judiciárias, publicação do Ministério de Educação e Cultura, Rio de Janeiro, 1961.

35 — COSTA, Moacyr Lobo da — A revogação de sentença na Península Ibérica, São Paulo, 1979.

36 — CUNHA, Fernando Whitaker da — Campos Salles e o Ministério Público, *in* Revista Justitia, vol. 64, São Paulo, 1969.

37 — DIAS, Astor Guimarães — Introdução à História do Ministério Público do Estado de São Paulo, *in* Revista Justitia, vol. 50, São Paulo, 1965.

38 — DIAS, Mário — Ministério Público Brasileiro, vol. 1, 2.ª edição, José Konfino editor, Rio de Janeiro, 1955.

39 — DINAMARCO, Cândido Rangel — O Ministério Público na sistemática do Direito Brasileiro, *in* Revista Justitia, vol. 61, São Paulo, 1968.

40 — FERNANDES, Ana Maria B. e FERNANDES, Paulo Sérgio L. — Aspectos jurídicos-penais da tortura, editora Saraiva, 1982.

41 — FERRÃO, F. A. F. da Silva — Theoria do Direito Penal, vol. I, Typographia Universal, Lisboa, 1856.

42 — FREUISS, Max — História Administrativa do Brasil, 2.ª edição, Cia. Melhoramentos, São Paulo.

43 — FILGUEIRAS JUNIOR, Araujo — Codigo do Processo — Império do Brasil, vol. I, ed. Eduardo & Henrique Laemmert, Rio, 1874.

44 — GUIMARÃES, Ary Florencio — O Ministério Público no mandado de segurança, Curitiba, 1959.

45 — HISTÓRIA DO BRASIL, vol. II, Bloch editores.

46 — INACARATO, Márcio Antonio — O Ministério Público na ordem jurídico-constitucional, *in* Revista Justitia, vol. 66, São Paulo, 1969.

47 — LANGHANS, F. P. de Almeida — Estudos de Direito, publicação da Universidade de Coimbra, Coimbra, 1957.

48 — LEAL, Aurelino —

a) História Judiciária, Dicionário Histórico, Geográfico e Etnográfico Brasileiro, Rio de Janeiro, 1922;

b) História Constitucional do Brasil, Rio de Janeiro, 1916.

49 — LIRA, A. Tavares de — A situação do Brasil em 1840, *in* Revista do Instituto Histórico e Geográfico Brasileiro, Rio, 1925.

50 — LIVRO DE LEIS E POSTURAS, Universidade de Lisboa, Faculdade de Direito, Lisboa, 1971.

51 — LOPEZ, Gregorio — Las Siete Partidas del Sabio Rey don Afonso el nono, neuamente glofadas por el Licenciado Gregorio Lopez del Confejo Real de Indias de fu Mageftad. Año MDLV, Andrea de Portonaris, Salamanca.

52 — LYRA, Roberto — Teoria e Prática da Promotoria Pública, Livraria Jacintho, Rio de Janeiro, 1937.

53 — LUSTOSA, Frei Oscar de Figueiredo — A presença da Igreja no Brasil, história e problemas (1500 a 1968), editora Giro, São Paulo, 1977.

54 — MACHADO, Joaquim de Oliveira — O "habeas corpus" no Brasil, recurso popular e protector à liberdade individual, editora Eduardo & Henrique Laemmert, Rio, 1881.

55 — MAGNE, Augusto —

a) Dicionário da Língua Portuguesa, especialmente dos períodos medieval e clássico, vol. I, INL, Rio, 1950;

b) A demanda do Santo Graal-Glossário, vol. III, INC, Rio, 1944.

56 — MALUF, Sahid — Curso de Direito Constitucional, Tipografias e Livrarias Brasil, Bauru, 1956.

57 — MANZINI, Vincenzo — Trattato di Diritto Processuale Penale italiano, vol. II, Fratelli Bocca, Torino, 1924.

58 — MARQUES, José Frederico —

a) Evolução histórica do Processo Penal, separata da Revista Investigação, ano I, n.º 7, São Paulo, 1949;

b) Estudos de Direito Processual Penal, 1.ª ed., editora Forense, Rio, 1960;

c) A instituição do Júri, vol. I, Saraiva, São Paulo, 1963;

d) Instituições de Direito Processual Civil, vol. I, Forense, Rio, 1958;

e) Elementos de Direito Processual Penal, vol. I, Forense, Rio-São Paulo, 2.ª edição, 1965.

59 — MARTENS, João Baptista Ferraz de Carvalho — O Ministério Público e a Procuradoria Geral da Coroa e Fazenda — história, natureza e fins —, *in* Boletim do Ministério da Justiça de Portugal de fevereiro, Lisboa, 1974.

60 — MARTIN-GRANIZO, Mariano Fernandez — El Ministério Fiscal en España (notas para una futura construcción de dicha figura y estudio de sua posición en el Derecho procesal español) separata de documentación jurídica, n.ºs 10 y 11, Madrid, 1977.

61 — MATOS, L. C. Melo — Páginas da História Constitucional, Rio de Janeiro, 1870.

62 — MELLO, Abdon de — Ministério Público Riograndense, subsídios para a sua história, Imprensa Oficial, Porto Alegre, 1943.

63 — MELLO, Mário Tobias Figueira de — verbete Ministério Público, *in* Repertório Enciclopédico do Direito Brasileiro, vol. 33, Borsoi, Rio de Janeiro.

64 — MERÊA, Manuel Paulo — Contribuições para a História do Direito Português — versão portuguesa das "Flores de las Leyes", de Jácome Ruiz, Imprensa da Universidade, Coimbra, 1918.

65 — MIRANDA, Pontes de — História e Prática do "Habeas Corpus", tomo I, 7.ª edição, Borsoi, Rio de Janeiro, 1972.

66 — NETTO, J. Cabral — O Ministério Público na Europa-Latina, Belo Horizonte, 1974.

67 — NOGUEIRA, Octaciano — Poder Legislativo — O Poder Legislativo no Brasil, edição da Fundação Petrônio Portella-MJ; Fundação Mílton Campos, Imprensa Nacional, Brasília, 1981.

68 — NORONHA, E. Magalhães —

a) Direito Penal, 1.º volume, parte geral, 15.ª edição, editora Saraiva, São Paulo, 1978;

b) Curso de Direito Processual Penal, 10.ª edição, editora Saraiva, São Paulo, 1978.

69 — NUNES, Castro — Teoria e Prática do Poder Judiciário, editora Forense, Rio de Janeiro, 1943.

70 — OLIVEIRA FILHO, João de — Código do Processo Penal de Minas Geraes, Casa Duprat e Casa Mayença reunidas, São Paulo, 1927.

71 — OLIVEIRA, Jacyr Villar de — O Ministério Público e o aperfeiçoamento da tutela jurisdicional através do Direito Processual Civil, tese para a livre docência de Teoria da Processualística de Direito, Universidade Federal Fluminense.

72 — PALLIERI, Balladore — Diritto Costituzionale, 4.ª edizione, A. Giuffrè, Milano, 1955.

73 — PARANO, Juan Antonio Sardiña — El concepto de fuero, ed. de la Universidad de Santiago de Compostela, Santiago de Compostela, 1979.

74 — PECES, Gregorio — MARTINEZ, Barba — Textos basicos sobre Derechos Humanos, edición de la Facultad de Derecho de la Universidad Complutense, ed. Artes Gráficas Benzal, Madrid, 1973.

75 — PESSOA, Vicente Alves de Paula —

a) Codigo do Processo Criminal de Primeira Instancia, editora Jacintho Ribeiro dos Santos, Rio de Janeiro, 1899;

b) Reforma Judiciária, edição da Typographia de Antonio Pereira Ramos d'Almeida & Irmão, Maranhão, 1880.

76 — PIERANGELLI, José Henrique —

a) Códigos Penais do Brasil, evolução histórica, editora Jalovi, Bauru, 1980;

b) Ministério Público e Magistratura: frutos da mesma árvore, *in* O Estado de São Paulo, edição de 13/5/1982, p. 30;

c) O início da codificação penal iberoamericana, conferência proferida na sessão inaugural no "Encuentro de penalistas iberoamericanos", realizado em Valparaiso, Chile, entre 3 e 5 de novembro de 1980, publicado pela Revista Justitia, vol. 109, São Paulo, 1980.

77 — PIMENTA, Alfredo — "Fuero Real de Afonso X, o Sábio", versão portuguesa do século XIII, Instituto para a alta cultura, Lisboa, 1946.

78 — PINHO, Ruy Rebello — História do Direito Penal Brasileiro, editor J. Bushatsky, São Paulo, 1943.

79 — RAMALHO, Joaquim Ignacio — Elementos do Processo Criminal para uso nas faculdades de Direito do Imperio, Typographia Dous de Dezembro, São Paulo, 1856.

80 — RASSAT, Michèle-Laure — Le Ministère Public entre son passé et son avenir, Librairie Générale de Droit et de Jurisprudence, Paris, 1967.

81 — REIS, Fábio Wanderley — artigo publicado no Jornal da Tarde, caderno de leituras, edição de 15/5/1982, p. 3.

82 — REZENDE FILHO, Gabriel José de — Curso de Direito Processual Civil, vol. I, Editora Saraiva, São Paulo, 1957.

83 — RIGHI, Ivan Ordine — A intervenção do Ministério Público nas ações de desapropriação, *in* Revista MP, n.º 7, Curitiba.

84 — ROCHA, Justiniano José da — Acção; Reacção; Transacção: duas palavras acerca da actualidade politica do Brasil, Typ. Imp. e Const. de G. Villeneuve, Rio, 1855.

85 — SECCO, Antonio Luiz — Da História do Direito Criminal Português, *in* Revista de Legislação e Jurisprudência, ano IV, n.ºs 157/158, Coimbra, 1871/1872.

86 — SIQUEIRA, Galdino — Curso de Processo Penal, 2.ª edição, Livraria Magalhães, São Paulo, 1924.

87 — SILVA, José Afonso da — Aplicabilidade das normas constitucionais, 2.ª edição, Revista dos Tribunais, São Paulo, 1982.

88 — SILVA, José Veríssimo Alvares da — Memoria sobre a fórma dos juizos nos primeiros seculos da Monarchia Portugueza, Academia Real de Sciencias, tomo IV, Tipografia da Academia de Lisboa, Lisboa, MDCCXVI.

89 — SILVA, Nuno J. Espinosa Gomes da — Sobre os compiladores das Ordenações Filipinas, separata do Boletim do Ministério da Justiça, Lisboa, 1977.

90 — SILVA, Octacílio Paula da — Ministério Público, editora Sugestões Literárias, São Paulo, 1981

91 — SOUZA, Joaquim José Caetano Pereira e — Primeiras Linhas sobre o Processo Criminal, Impressão Régia, Lisboa, 1831.

92 — SODRÉ, Nelson Werneck — Panorama do Segundo Império, Brasiliana, São Paulo, 1939.

93 — SOUZA, Joaquim Pereira de; GOMES, José Batista e SZNICK, Valdir — O Ministério Público no Processo Civil (teses aprovadas no II Concurso Miguel Cirqueira) Goiânia, 1978.

94 — SOUSA, Octávio Tarquínio de — História de Dois Golpes de Estado, José Olímpio-editor, Rio de Janeiro, 1939.

95 — The Encyclopaedia Britannica, 14th. edition.

96 — THOMPSON, Augusto — Escorço histórico do Direito Criminal Luso-Brasileiro, editora Revista dos Tribunais, São Paulo, 1976.

97 — TORNAGHI, Hélio —

a) Instituições de Processo Penal, vol. III, 1.ª edição, editora Forense, Rio de Janeiro, 1959;

b) Curso de Processo Penal, editora Saraiva, São Paulo, 1980.

98 — TORRES, João Camillo de Oliveira — A democracia coroada — coleção de documentos brasileiros dirigida por Octávio Tarquínio de Souza, Livraria José Olympio editora, Rio, 1957.

99 — TOURINHO FILHO, Fernando da Costa — Processo Penal, vols. 2 e 4, 3.ª edição, editora Jalovi, Bauru.

100 — TRÍPOLI, César — História do Direito Brasileiro (ensaio); vol. I (época colonial) e vol. 2 (época imperial) editora Revista dos Tribunais, São Paulo, 1936 e 1947.

101 — TUCCI, Rogério Lauria — Lineamentos do Processo Penal Romano, editor José Bushatsky, São Paulo, 1976.

102 — URQUIZA, Manuel de Lardizabal y — Discurso "sobre la legislación de los visigodos y formación del Libro o Fuero de los Jueces y su versión castellana, *in* Edición de la Real Academía Española, Ibarra, Madrid, 1815.

103 — VANGUERVE, Antônio Cabral — Pratica Judicial muyto util e necessaria, Rollandiana, Lisboa, 1842.

104 — VITERBO, Fr. Joaquim de S. R. de — Elucidário das Palavras, Termos e Frases, vol. 1, Livraria Civilização, Porto, 1962.

105 — WATJEN, Hermann — O domínio holandês no Brasil: um capítulo da história colonial do século XVII, tradução de Pedro Celso Ulhoa Cavalcanti, Brasiliana, vol. 123, São Paulo, 1938.

106 — WHITAKER, Firmino — O Jury — 6.ª edição, Livraria Academica, São Paulo, 1930.

ÍNDICES

ÍNDICE DA PARTE DOUTRINÁRIA

Cap.

Cap.

ÍNDICE DO CÓDIGO DO PROCESSO CRIMINAL DE PRIMEIRA INSTÂNCIA

PARTE PRIMEIRA

DA ORGANIZAÇÃO JUDICIÁRIA

Título I

De várias disposições preliminares, e das pessoas encarregadas da Administração da Justiça Criminal, nos Juízos de Primeira Instância

Cap.

PARTE SEGUNDA

DA FORMA DO PROCESSO

Título II

Do Processo em geral

Cap.

Título III

Do Processo Sumário

Título IV

Do Processo Ordinário

ÍNDICE DA LEI N.º 261, DE 3 DE DEZEMBRO DE 1841 (REFORMA DO CÓDIGO DO PROCESSO CRIMINAL)

TÍTULO I

DISPOSIÇÕES CRIMINAIS

Cap.

TÍTULO II

DISPOSIÇÕES CÍVEIS

ÍNDICE DO REGULAMENTO N.º 120, DE 31 DE JANEIRO DE 1842 (REGULA A EXECUÇÃO DA PARTE POLICIAL E CRIMINAL DA LEI N.º 261, DE 3 DE DEZEMBRO DE 1841

DISPOSIÇÕES POLICIAIS

Cap.

Cap.

DISPOSIÇÕES CRIMINAIS

Cap.

ÍNDICE DA LEGISLAÇÃO SUPLEMENTAR

ÍNDICE SISTEMÁTICO DO CÓDIGO DE PROCESSO PENAL

(Vigente)

LIVRO IV

DA EXECUÇÃO

LIVRO V

DAS RELAÇÕES JURISDICIONAIS COM AUTORIDADE ESTRANGEIRA

LIVRO VI

DISPOSIÇÕES GERAIS

ÍNDICE REMISSIVO DO CÓDIGO DE PROCESSO PENAL

A

AÇÃO PENAL

AÇÃO PRIVADA

AUTO(S)

AUTUAÇÃO

AVALIAÇÃO

AVERBAÇÃO

AVOCATÓRIA

EXECUTOR

EXEQUATUR

EXERCÍCIO REGULAR DE DIREITO

EXÍLIO LOCAL

HONORÁRIOS

I

IDADE

IDENTIFICAÇÃO

IDONEIDADE MORAL

ILEGITIMIDADE DE PARTE

IMÓVEIS

IMPARCIALIDADE DO JÚRI

IMPEDIMENTO(S)

IMPRENSA

INSTRUÇÃO CRIMINAL

INSTRUMENTO

INSTRUMENTOS DO CRIME

INTERDIÇÃO(ÕES)

JUÍZO

JULGAMENTO

JURADOS

LÍNGUA NACIONAL

LIQUIDATÁRIO

LISTA GERAL

LITISCONSÓRCIO

LITISPENDÊNCIA

LIVRAMENTO CONDICIONAL

de busca e apreensão; conteúdo — art. 243
de citação, indicações — arts. 351 e 352
de citação de funcionário público — art. 359
de citação de militar — art. 358
de citação por precatória — art. 353
de condução do acusado à presença da autoridade — art. 260 e parágrafo único
de prisão, conterá o arbitramento do valor da fiança — art. 408, § 2.º
de prisão; quando será considerada feita — art. 291
de prisão; ação da autoridade — art. 297
de prisão; expedição; lavratura e conteúdo — arts. 285 e 286
de prisão, quando e por quem será expedido — art. 675
de prisão; resistência — art. 292
de prisão; sem exibição do mesmo ao diretor ou carcereiro não será feito — art. 288
de prisão; será passado em duplicata; recibo passado pelo preso — art. 286
em crime inafiançável — art. 287
quando o réu se encontrar em alguma casa — art. 293

MANDATO

V. também ADVOGADO
instrumento de, por ocasião do interrogatório, não será imprescindível — art. 266
para a queixa; conteúdo — art. 44

MANICÔMIO JUDICIÁRIO

cômputo, na pena privativa de liberdade, do tempo de internação — arts. 672, III e 680
doença mental, superveniência à infração; suspensão do processo; internação — art. 152, § 1.º
internação, para efeito de exame médico-legal — art. 150
internação de sentenciado, sobrevindo doença mental — art. 682

MANUTENÇÃO DA ORDEM

nas audiências e sessões — art. 794

MÁXIMO

de testemunhas, para a acusação e a defesa — art. 398

MEDIDA(S) DE SEGURANÇA

aplicação a fato não criminoso; inquérito; audiência; prazo para alegações — arts. 549, 550, 552 e 554
aplicação definitiva — art. 379
aplicação a réu absolvido ou impronunciado, em caso de crime impossível ou impunibilidade — art. 555
aplicação na sentença absolutória — art. 386, parágrafo único, III
aplicação, se cabível, em sentença absolutória do Júri — art. 492, II, c
aplicação na sentença condenatória — art. 387, IV e V
aplicação provisória — arts. 373 a 380
aplicação provisória, efeitos quanto à fiança — art. 380
aplicação provisória — art. 378
aplicação quando for proferida a sentença condenatória — art. 387, IV
aplicada provisoriamente, a apelação não suspenderá a execução — art. 596, § 1.º
cessação ou não da periculosidade — art. 775
como se exercerá a vigilância, no caso de liberdade vigiada — art. 769
como se procederá à execução de mais de uma, simultaneamente imposta — art. 761
competência para aplicação — art. 754
comunicação à autoridade policial, das obrigações impostas pela sentença — art. 768
comunicação quando consistir no fechamento de estabelecimento ou associação — art. 773
confisco dos instrumentos e produtos do crime — art. 779
consistente em internação em casa de custódia e tratamento, exame mental do sentenciado — art. 715, parágrafo único
decretação de ofício — art. 755
defensor do condenado; nomeação — art. 757, § 1.º
detentiva; conteúdo da ordem de internação — art. 762

MEDIDAS ASSECURATÓRIAS

MENDICÂNCIA

MENOR

MICROFOTOGRAFIAS

MILITAR(ES)

MINISTÉRIO PÚBLICO

MINISTRO(S)

N

NATUREZA DA INFRAÇÃO

NAVEGAÇÃO

NOITE

NORMA(S)

NOTA DE CULPA

NOTIFICAÇÃO

NULIDADE

O

OBEDIÊNCIA HIERÁRQUICA

ÓBITO

OBJETOS APREENDIDOS

OBRIGATORIEDADE

OCULTAÇÃO

OFENDIDO

OFICIAIS

OFICIAL DE JUSTIÇA

PETIÇÃO

POBREZA

POLÍCIA

PORTARIA

PORTEIRO

POVO

PRAÇAS

PRAZO(S)

de permanência dos autos em cartório, para exame do funcionário público, em crime de responsabilidade — art. 515
de prova testemunhal; transformação de multa em detenção ou prisão simples — art. 689, § 1.º
de vista, concedida ao procurador geral em recursos e apelações — arts. 610 e 613
debate oral; audiência de julgamento das contravenções — art. 538
debate oral; julgamento dos processos da competência dos tribunais — art. 561, V
debate oral; julgamento das apelações de sentença que cominar pena de reclusão — art. 613, II e III
defesa oral; processos sumários por crime em que não haja pena de reclusão — art. 539, § 2.º
denúncia por crime de falência — art. 508
do pedido ou graça — art. 737
duração da prisão dos desertores de navios — art. 319, § 2.º
entrega de carta testemunhável; recurso em sentido estrito e extraordinário — art. 641
entrega de relatório do exame do corpo de delito — art. 160, parágrafo único
exame complementar para classificar o delito — art. 168
exame do processo, pelo relator — art. 613, I
execução, pelo escrivão, de atos determinados em lei — art. 799
fixação para pagamento das custas do processo para o liberado condicionalmente — art. 719
inobservância, no julgamento dos recursos e das apelações, deverá ser motivada nos autos — art. 614
interposição do recurso extraordinário — art. 633
intimação da sentença ao querelante — art. 391
oferecimento de alegações, no incidente de verificação ou periculosidade do réu passível de medida de segurança — art. 760
não computação do dia do começo e inclusão do vencimento na contagem — art. 798, § 1.º
para o juiz decidir sobre concessão de fiança — art. 322
para aceitação do pedido de perdão pelo querelado — art. 58
para aditamento da queixa — art. 46, § 2.º
para alegações — art. 500
para alegações nos processos de medida de segurança — art. 552
para alegações orais no processo de medida de segurança — art. 554
para apelação — art. 593
para apresentação de alegações nos processos da competência do Júri, pelo Ministério Público e defensor do réu — art. 406
para apresentação de novas provas pelo condenado — art. 698, § 1.º
para apresentação de resposta escrita pelo acusado — art. 558
para apresentação do laudo de diligência de busca e apreensão — art. 527
para apresentação do libelo pelo acusador — art. 420
para autópsia — art. 162
para citação de réu no estrangeiro — art. 367
para citação por edital; casos — arts. 361 a 364
para citação por edital de réu ausente, nos processos de contravenções — art. 533, § 1.º
para comparecimento do réu à audiência de leitura de sentença — art. 705
para conclusão dos autos ao juiz — art. 578, § 3.º
para contestação da exceção da verdade ou notoriedade, nos crimes de injúria e calúnia — art. 523
para decretação da perda das coisas apreendidas — art. 122
para dedução de embargos à homologação de sentença estrangeira — art. 798, § 2.º
para defesa prévia e arrolamento de testemunhas de instrução — art. 395
para despachos e decisões pelos juízes singulares; definitivos ou interlocutórios mistos — art. 800
para destinação do valor da fiança — art. 331, parágrafo único
para diligências na restauração de autos — art. 544
para entrega de cópia do libelo ao réu e oferecimento de contrariedade — art. 421

PRECATÓRIA

PREGÃO

PREJUÍZO

QUERELADO

QUERELANTE

QUESITOS

QUESTÕES PREJUDICIAIS

R

RAZÕES DE APELAÇÃO

REABERTURA

REABILITAÇÃO

RECUSA

REDUÇÃO DA PENA

REFORÇO

REGIME PENITENCIÁRIO

REQUISITO(S)

RESIDÊNCIA DO RÉU

RESISTÊNCIA À PRISÃO

RESPONSABILIDADE

RESPOSTA

RESSARCIMENTO DO DANO

RESTAURAÇÃO DE AUTOS

RESTITUIÇÃO DAS COISAS APREENDIDAS

RETIFICAÇÃO

RETRATABILIDADE

RÉU

REVELIA

REVISÃO

SUSPENSÃO

TRADUÇÃO

TRANSGRESSÃO

TRASLADO

TRATADOS

TRÉPLICA

TRIBUNAIS DE APELAÇÃO

TRIBUNAL DO JÚRI

ÍNDICE DA LEGISLAÇÃO COMPLEMENTAR

Impresso nas Oficinas
da
EDITORA "AVE MARIA" LTDA.
C.E.P. 01226 — Rua Martim Francisco, 656
Vila Buarque
Tel.: 826-6111 — Inscr. Mun. 0.221.653-1
Inscr. Est. 101.067.554 — CGC 60.494.200/0001-70
São Paulo